DER

NEU-ARAMAEISCHE DIALEKT

DES

ṬÛR 'ABDÎN

VON

EUGEN PRYM und ALBERT SOCIN.

ERSTER TEIL.
DIE TEXTE.

Mit Unterstützung der Königl. Gesellschaft der Wissenschaften
zu Göttingen.

Göttingen,
Vandenhoeck & Ruprecht's Verlag.
1881.

Das Recht der Uebersetzung in fremde Sprachen ist vorbehalten.

UNSERM LIEBEN FREUNDE

GEORG HOFFMANN

IN KIEL.

Einleitung.

———

Nördlich von Nisibis fällt das Kurdengebirge auf eine weite Strecke ziemlich steil gegen das mesopotamische Flachland ab. Innerhalb dieses Gebirgsabfalles liegt das Gebiet des D s c h e b e l T û r. Dasselbe ist von neueren Reisenden verhältnissmässig selten berührt worden. Als Ritter sich bemühte, die Berichte über jene Gegend zusammenzustellen [1]), lagen ihm ausser Shiel's [2]) Angaben bloss die spärlichen Notizen von Niebuhr [3]) und Southgate [4]), welche den Tûr nicht besucht hatten, vor. Kiepert verzeichnet auf seiner Karte der Euphrat- und Tigrisländer (Berlin 1854) auch eine Route von „Beaufort 1839“, über welche ich jedoch nichts näheres erfahren konnte. Im Jahre 1850 reiste Badger [5]), bald darauf auch Sandreczky [6]) quer durch den Tûr; im Beginn der sechziger Jahre Taylor [7]). Mitte Juli des Jahres 1870 durchzog ich jenes Gebiet [8]).

Der Unterschied, welchen bereits Niebuhr zwischen dem „Gebürge Midiâd“ oder „Dsjäbbel Tôr“ und dem ausschliesslich von Jakobiten bewohnten kleinen District „Tôr“ aufstellt, beruht wol auf richtiger Erkundigung; auch mir wurde von einem Tûr im engeren Sinne gesprochen, als solcher jedoch besonders die Gegend von Midhjât gegen Nisibis hin bezeichnet. Die Richtigkeit dieser Angabe müsste indessen erst noch bewiesen werden; man könnte wol eher vermuten, dass der mehr gegen N. gelegene,

---

1) Erdkunde XI 439 ff.
2) JRGS 1838, 80 ff. Ritter XI 117.
3) Reise II 387; genauere Titelangaben s. in dem Verzeichniss der citirten Werke.
4) Narrative II 268.
5) Nestorians I 52.
6) Reise III 344.
7) JRGS 1865. 1868.
8) Der geographische Detailbericht über obgenannte Reisen wird in Kurzem in einer Fachzeitschrift veröffentlicht werden.

noch heutzutage am meisten mit Jakobiten bevölkerte Landstrich auf diese Weise von dem Ṭûr im weiteren Sinne unterschieden werde. Gewöhnlich wird der Name heute, wie schon im
Altertum, für den grösseren District gebraucht. Auch ist der alt-
syrische Ausdruck Ṭûr-'abdîn[1]) noch heute, besonders unter den
Christen in der Form ṭúro dá-ʒabóde oder arabisch Ṭûr-'abedîn
(auch Ṭûr el-'abedîn) in seiner weiteren Bedeutung im Gebrauche.

Der Ṭûr — denn so dürfen wir ihn abgekürzt nennen — beginnt im O. in unmittelbarer Nähe von Dscheſîre[2]). Näher bestimmt Černik[3]) seinen Umfang, indem er als Ostgrenze das Wâdî
H'Sawi (sic; Hesâwi bei Kiepert) und als Westgrenze das Wâdi
„Zuarêk" bei Märdîn angibt, während das Wâdi „Djachdjacha"
ihn nahezu in seiner Längemitte durchbreche. Die Länge des
Gebirgszugs wird von dem genannten Reisenden auf 100 Kilom.,
seine durchschnittliche Höhe auf 900 M.[4]) geschätzt; dazu wird
bemerkt, dass die flachen Abdachungen eine dichte Bevölkerung
tragen, die Abhänge hingegen steril seien. Da der obere Lauf des
Hesâwi auf unseren Karten nicht angegeben ist[5]), so lässt sich nicht
bestimmt ausmachen, ob Černik den Ṭûr sich ebenfalls bis nach
Dscheſîre bin erstrecken lässt. Die natürliche Südgrenze bildet
jedenfalls der oben erwähnte Gebirgsabfall. Auch die Westgrenze
ist durch Černik's Beschreibung wenigstens nicht genau genug bestimmt; denn die Frage, ob der Berg von Märdîn noch zum Ṭûr
zu rechnen sei oder nicht, bleibt ungelöst. Sandreczky III 366
sieht sogar das W. von Märdîn gelegene Karadscha-Gebirge
als den westlichen Teil des Ṭûr, d. h. wol als dessen Fortsetzung
an; denn im Grunde scheint auch er das Gebiet des letzteren als
mit dem von N. nach S. streichenden Qorosgebirge (III 364) abgeschlossen zu betrachten. Dabei bleibt jedoch unklar, wie weit
er die westlichen Abhänge des Qoros noch zum Ṭûr hinzurechnet;
vielleicht gehört das Dorf Qillis (Sdz. Kellith) nicht mehr dazu,
da sowol Badger sein „Jabel Toor" östlich vom Qoros auf die
Karte eingetragen hat, als auch Taylor (JRGS 1865, 35), von N.
kommend, erst bei Käfrdschôf (Keffr Joze) angelangt, von „the

1) Nöldeke macht mich auf Wright Catalogue of the Syr. Man. of the
Brit. Mus. (1872. III) 1136 aufmerksam, wo der Ṭûr 'abdîn bereits in dem Leben eines Heiligen aus der Zeit Julian's genannt ist.

2) Sdz. R. III 345; JRGS 1865, 35; vgl. auch Jâqût III 559.

3) Petermann's Mittheilungen. Ergänzungsheft 45. (1876), 14.

4) Ritter X 905: 2000 Fuss.

5) Vgl. jedoch „Hesav" JRGS 1888, 81.

first portion of the Toor" spricht. Was die Nordgrenze betrifft, so scheint sich Taylor selbst zu widersprechen, da er (einige Zeilen weiter unten) den Ṭûr nicht erst hier beginnen, sondern sich nördlich bis zum Tigris erstrecken lässt. Mit Letzterem stimmt überein, dass Ḥasan Kêf als zum Ṭûr gehörig bezeichnet wird und selbst Ortschaften, welche oberhalb dieser alten Feste am Tigris liegen, noch dazu gezält werden: nach Sdz. I 270 beginnt der Ṭûr schon bei „Osman Kiöj." Von der etwas unklaren Grenzbestimmung Taylor's wird wol in der Tat schliesslich als richtig übrig bleiben, dass die Nordgrenze und teilweise auch die Ostgrenze durch den Tigris gebildet wird, wie auch Badger (I 66) angibt. — Der Ṭûr gehört zum Paschalik Diârbekr und zum Ssandschaq Märdîn.

Der auf solche Weise begrenzte Bezirk Ṭûr ist folglich ein ziemlich ausgedehntes Gebirgs- und Tafelland. Im O. in der Nähe von Dschefîre, findet sich vulcanisches Gestein (Sdz. R. III 347); der grösste Teil des Ṭûr besteht jedoch aus Kalkfelsen (ebd.); Černik nennt ihn ein Dolomitgebirge. Im Ganzen ist der District ein „sehr zahm aussehendes Bergland" (Sdz. R. III 348); doch ist das Kalkgestein ausserordentlich verwittert; daher sind die Wege meistens äusserst rauh. Viele Hügel sind mit Wald von Zwergeichen bedeckt; diese Eichengebüsche stehen jedoch nicht dicht bei einander (l. l. 352). Trotz des Waldbestandes wird von den meisten Reisenden über Wassermangel geklagt, welcher wol, wie in Palästina, der Natur des Kalkgesteins zuzuschreiben ist. Die ganze Gegend muss früher sehr bevölkert gewesen sein, wie die zalreichen Ruinen beweisen, von denen schon Niebuhr hörte (II 388: siebzig verfallene Klöster); teilweise ist sie es auch noch heute.

Eine in dem Kloster Dêr el-'Amer (Daru-l-Aḥmar d. K.) aufbewahrte karschunische Chronik gibt die Anzal der Dörfer des Ṭûr auf 243 an. Badger (I 63) schätzt die Zal der in diesem District von Jakobiten bewohnten Dörfer auf 150. Unter diesen Ortschaften sind jedoch sicher manche, in welchen Jakobiten mit Kurden zusammenwohnen. Diese beiden Raçen nämlich leben heute noch wie vor Alters im Ṭûr bei einander, und noch häufig genug kommt es vor, dass die „verfluchten Kurden" (wie sie in den syrischen Chroniken heissen) über die verhältnissmässig wehrlosen und friedlicheren Christen herfallen. Aber nicht bloss mit den Kurden des Ṭûr leben die letzteren in steter Feindschaft und Fehde, sondern sie werden häufig sogar von Raubzügen entfernter

wohnender Kurdenbeg's (wie Bedr Chân BN I 303. 372, 'Afdîn
-Schêr), besonders aus dem benachbarten Bohtân-Gebirge schwer
heimgesucht. Unter den Kurden finden sich auch Jefîden (vgl.
NR II 387; černik 15), doch, wie es scheint, nur in geringer
Zal. Araber wohnen nicht im Ṭûr; die Meḥallemîje-Bauern, welche
W. von Midhjât sitzen, sollen nach Niebuhr (l. l.) arabisch-redende
Kurden sein. Nur in den grösseren Ortschaften, wie Midhjât,
Middo u. s. w. wird Arabisch von der Mehrzal der Bevölkerung
überhaupt verstanden [1]; am verbreitetsten ist die kurdische Sprache
und bei den Christen die syrische. Natürlich haben da, wo alle
drei Sprachen bekannt sind, dieselben stark auf einander einge-
wirkt; dasselbe gilt in's besondere vom Kurdischen, da alle Christen des Ṭûr neben dem Syrischen wenigstens auch diese Sprache
verstehen und sprechen [2], ja sogar ihre Volksgesänge nicht mehr
syrisch, sondern durchgängig kurdisch sind.

Wie das Kurdische als Sprache, so haben jedenfalls die Kurden auch als Raçe numerisch die Oberhand; es liegen jedoch
keine speciellen Schätzungen über die Zal ihrer Häuser vor,
weder bei Ubicini noch bei zur Helle von Samo [3]. Was die Jakobiten betrifft, so finden wir eine Statistik derselben zunächst
bei Southgate (II 268. 275. 313); laut Angabe des Patriarchen
würden im Ṭûr 6000 jakobitische Familien, also ungefähr 30000
Seelen leben. Diese Schätzung scheint indessen etwas übertrieben,
wie ja auch schon Southgate selbst an der anderen Angabe
zweifelt, dass die Zal der zwei Tagereisen N. von Damaskus
lebenden Jakobiten 5000 Seelen (d. h. 1000 Familien) betrage.
Badger I 63 spricht zwar von vier jakobitischen Dörfern in jener
Gegend; ausserdem sollen nach ihm 5 jakobitische Ortschaften im
District von Môçul, 6 im D. von Diârbekr, 15 im D. von Charpût,
50 im D. von 'Orfa und Gawar liegen, was mit den obengenannten
150 Dörfern des Ṭûr die Gesammtzal von 230 jakobitischen Ortschaften ausmachen würde. Im Ganzen harmonirt Southgate's Be-
rechnung nach der Zal der Familien ziemlich mit Badger's Statistik nach Dörfern. Wenn aber letzterer die Gesammtzal der im
türkischen Reiche wohnenden Jakobiten auf 100000 Seelen an-
schlägt (I 62), so möchte er dem wirklichen Sachverhältniss noch

---

1) Vgl. jedoch die Bemerkung Shiel's (JRGS 1888, 82; Ritter XI 116),
dass auch in „Kermo" arabisch gesprochen werde.

2) Vgl. die Angabe Garzoni's bei Ritter IX 658.

3) Die Völker des osmanischen Reiches. Wien 1877. S. 99 Diarbekir.

ferner stehen als Southgate mit 64000 und Sandreczky (I 233)
mit 60000 Seelen; die Schätzung auf 30000 Familien, welche
Sdz. ebenfalls anführt, ist sicher zu hoch gegriffen. Besser wiederum stimmt Ritter's (XI 382) Angabe, dass im Masius-Gebirge
40000 Jakobiten wohnen. Etwas niedrigere Ziffern gibt Taylor
(JRGS 1865, 58) an; nach ihm soll die Einwohnerzal des ganzen
Ssandschaq Märdîn sich auf 21,101 muslimische, 6413 christliche
und 689 jefîdische Familien (zu 6 Seelen) belaufen [1]); diese Be-
rechnung ist warscheinlich türkischen Steuerlisten entnommen
und kann somit als die genaueste bezeichnet werden [2].

Märdîn und der Ṭûr müssen, auch wenn letzterer eine gerin-
gere Seelenzal als die oben angegebene enthalten sollte, entschieden als Centrum der jakobitischen Kirche betrachtet werden;
denn nirgends sitzen die Jakobiten in so gedrängter Masse beisammen, wie hier. Man vergleiche beispielsweise mit der oben
angeführten Statistik Southgate's und Badger's weitere Einzelan-
gaben über das Vorhandensein von Jakobiten in 'Orfa NR II 408;
PR II 353; in Diârbekr Ritter XI 61; BN I 63. In der Gegend N. von Môçul (PR II 327; Ritter XI 211) gibt es nicht
bloss jakobitische Klöster wie Mâr Mattai (Ritter IX 735), sondern
wie bereits bemerkt auch jakobitische Dörfer z. B. Bertilla (JAOS
1851, 110); in „Baazani“ und „Baasheekhah“ wohnen nach LD
133 einige Jakobiten unter den Jefîden; Jakobiten gibt es ferner
in 'Aqra (GN 39) und Amadia (Ritter IX 719). Selbst in
Baghdad findet sich eine jakobitische Gemeinde (PR II 281).
Im Ganzen geht jedoch aus den Berichten der Reisenden hervor,
dass die Zal der Anhänger dieser Sekte ausserhalb ihres Cen-
trums in entschiedener Abnahme begriffen ist. Nach Smith [3]) gibt
es „im Norden der Kurdischen Berge“ keine Jakobiten mehr, in
der Tat finden sie sich von dem District von Charpût abgesehen
(BN I 33) nur vereinzelt in Bitlis (SN I 218; LD 37); in Red-
wan (LD 46); in „Tela Navroua“ bei Dschefîre (Ritter IX 724) u. s. w.

Ausserhalb ihres Centralsitzes scheinen die Jakobiten auch

---

1) Ueber die Ausdehnung des Ssandschaq Märdîn vgl. Kiepert's General-
Karte des Türkischen Reiches in Asien oder Kiepert, Neuer Handatlas No. 27.

2) Ueber die Sitze der höheren Geistlichkeit der Jakobiten berichtet BN
I 60 und besonders PR II 46, wozu nur bemerkt werden muss, dass der Pa-
triarch sich im Jahre 1870 nicht in Dêr-ef-Sa'ferân (vgl. U. et P. 61), sondern in Diârbekr aufzuhalten pflegte.

3) Eli Smith and H. G. O. Dwight. Missionary Researches in Armenia.
London 1834, 372 (Ritter IX 971.)

keine ihnen eigenttümliche Sprache mehr zu reden. Die in Bertilla ansässigen sprechen warscheinlich das Idiom (Fellîḥi) der dort wohnenden sogenannten Chaldaeer. Wie schon anderwärts berichtet[1]), kann man in dem heutigen Ostaramaeisch drei Dialekte unterscheiden, den der Nestorianer der Urmiaebene, den der nestorianischen Bergbewohner und Chaldaeer und den der Jakobiten. Die Frage, ob den letzteren die Sprache der andern verständlich sei, ist von verschiedenen Reisenden bejaht worden. Smith (l. l. 370) berichtet auf Gewähr eines aus Märdîn gebürtigen, in el-Qôsch auferzogenen Diakons, dass die Sprache der Bergnestorianer von der der „Jakobiten in Mesopotamien" nicht verschieden sei. Ebenso urteilt auch Sandreczky (II 184)[2]). Aus einer genaueren Durchforschung dieser verschiedenen Dialekte wird sich ergeben, wie weit sie in einander übergehen; die an den äussersten Grenzen dieses aramaeischen Sprachgebietes ansässigen Syrer verstehen sich mindestens nicht mehr.

Indem wir hier bloss die Sprache der Jakobiten in's Auge fassen, wollen wir versuchen zu bestimmen, wie weit die Sprachgrenze dieses einen Dialektes heutzutage reicht. Von NW. kommend fand Badger in Qillis (Killeth) 120 jakobitische Familien, von denen die meisten ebenso gut arabisch, als kurdisch und vulgärsyrisch sprachen. Sandreczky (III 350), von O. kommend, bemerkt erst bei Bâsebrîna, dass nicht arabisch, sondern syrisch gesprochen wurde. Shiel, welcher von N. O. in den Ṭûr eindrang, fand zwar schon in „Chelek" (Tschêlik) Jakobiten (JRGS 1838, 80); es fällt ihm jedoch erst in „Kermó" auf, dass dieselben syrisch sprechen (82). Auch aus „Ernuz" berichtet Shiel (ebds. 85), dass die Bewohner der umliegenden Dörfer kurdisch, arabisch und syrisch sprächen. Nach meinen eigenen, natürlich ebenfalls lückenhaften Beobachtungen wird ịn Aïech (zwischen Dscheŝîre und Middo) noch arabisch, N. von der Route Dscheŝîre-Midhjât syrisch, und W. von Midhjât wieder arabisch gesprochen. — Nach Erkundigungen, die wir, wie weiter unten berichtet werden wird, in Damaskus einzogen, soll das Syrische noch in 30—40 Dörfern des Ṭûr gesprochen werden. Als die westlichste syrische Ortschaft an der genannten Strasse wurde auch von diesem Ge-

---

1) Mémoires du Congrès International des Orientalistes, 1re session, Paris 1878, II 261.

2) Southgate's Meinung (II 242) kann als total unwissenschaftlich hier nicht weiter in Betracht kommen.

währsmann Midhjât angegeben (schon in Astel tritt das Arabische
auf). Von Midhjât ausgehend liegen ostwärts folgende syrische
Dörfer: 1¹/₂—2 St. Mellfaḥ¹); 2—3 St. Dêr 'Amer; ¹/₂ St. Kä-
fârb; 1¹/₂ St. Bâsebrîn; 3 St. Middo ; 3 St. Hafaḥ²), der östlichste
Punkt dieser Route, wol das oben genannte Âfech. Von Midhjât südwärts: 1¹/₂—2 St. Anḥel; 5—6 St. Dâra(?). Zwischen
diesen beiden Strassen mehr südostwärts wiederum von Midhjât
ausgehend: 4 St. Ḳafra; 1 St. Charabâle³); 1. St. Ḥäbâb, syr.
Aeḥvo⁴); ¹/₄ St. W. Bâdibbe; ¹/₄—¹/₂ St. W. Uçêdäri; 1 St. O.
von Ḥäbâb Ôlin; 1 St. N. Arbo. — Nordwärts von Midhjât gegen
Ḥasan Kêf hin 1¹/₂ St., W. vom Wege, Ḥabsenâs, syr. Ḥabsus; 2¹/₂ St.,
O. vom Wege, Ssâläḥ (Çâläḥ); 1 St. O. Bôte; 2 St. S. Oernis⁵)
(Arnâs); 1¹/₂ St. O. 'Ain Wärd; 2 St. N. Kfârfe; darüber auf der
Höhe Ḥâḥ (Ḥâch). In der Nähe von Ḥasan Kêf liegen die sy-
rischen Dörfer: Ibn Kälbe (Bin Kälbe); S. el-Järd (syr. u-Järdo);
1 St. O. Dêr eç-çalîb (syr. i-Dairo du-çlîbo); 1¹/₂ St. O. Sâf.⸺ —
Neben diesen 26 Ortschaften gibt es noch andere, in welchen
bloss einige syrische (und syrisch redende) Familien unter den
Muslimen (d. h. Kurden) wohnen, z. B. Tschêlik (vgl. oben den
Bericht von Shiel). So weit unser Gewährsmann in Damaskus.

Als die wichtigste unter den genannten Ortschaften ist entschieden Midhjât zu betrachten, die Hauptstadt des Ṭûr, obwol
die Angabe, dass dieselbe von 700 jakobitischen Familien bewohnt werde, wol auf Uebertreibung beruht. In Midhjât selbst
wurde mir von 500 Familien gesprochen; Badger (I 54) redet
von 450 Familien. Kurden wohnen hier keine (vgl. dagegen Shiel
JRGS 1838, 83). Der Qâimmaqâm bringt übrigens nur die eine
Hälfte des Jahres an diesem Orte, die andere in Ḥasan Kêf zu.

In dem vorliegenden Verzeichnisse dürfte durch eine genaue
Erforschung des Ṭûr noch manche Lücke ausgefüllt werden. Im
Grossen aber können wir uns aus dem eben Gesagten doch ein
Bild von der Ausdehnung des Gebietes, in welchem das jakobitische Syrisch gesprochen wird, entwerfen: wärend diese Sprache
gegen Nisibis hin nur wenig mehr vorkommt, überwiegt sie in
dem Centrum des Ṭûr. Wenn schon hier eine genaue Sprachgrenze

---

1) Dasselbe soll zur Hälfte von Kurden bewohnt sein, welche ebenfalls
syrisch sprechen (?).

2) 500 Häuser.

3) Mit einer Kirche des Môr Dôräs.

4) Mit einer Kirche des Môr Malke.

5) Zur Hälfte muslimisch.

vorläufig nicht festgestellt werden kann, so bleibt noch viel mehr
im Ungewissen, wie weit jene Sprache noch ausserhalb des Ṭûr
vorkommt. Bereits oben ist von dem Dorfe Qillis die Rede gewesen, in welchem syrisch-redende Jakobiten wohnen; ob diese
Ortschaft noch zum Ṭûr gerechnet werden kann, ist fraglich. Aus
den Erkundigungen, welche ich in Diârbekr einzog, geht hervor,
dass vor noch nicht langer Zeit auch in der Umgebung dieser
Stadt noch syrisch gesprochen wurde; ja man versicherte mir,
dass „vor zwanzig Jahren" (also ungefähr im J. 1850) in dem
nahen Quturbul diese Sprache noch gehört worden sei. Ganz
sicher ist, dass die in Mellâḫa wohnhaften Jakobiten einen von
dem im Ṭûr gesprochenen nur unbedeutend abweichenden syrischen
Dialekt reden. Man gab mir an, dass dieses Dorf Mellâḫa eine
gute Strecke nordwestlich von Diârbekr, also auf dem Wege nach
Charpût hin liege. Unser Erzäler in Damaskus behauptete sogar,
dass in Charpût selbst und dessen Umgebung noch Syrisch gesprochen werde. Dies beruht jedoch sehr warscheinlich auf einem
Irrtum; ein mir befreundeter Armenier aus Charpût, Herr Solikian,
(welcher in Tübingen studirt), wusste wenigstens nichts davon zu
berichten. Dagegen erzälte er mir, dass die Jakobiten in Charpût
sich selbst „Assorzi" (s. unten) nennen. — Man wird nicht irre
gehen, wenn man aus all dem Gesagten den Schluss zieht, dass
die syrische Sprache in jenen Gegenden Kurdistans überhaupt
mehr und mehr vor der arabischen und kurdischen zurückweicht.

Aber nicht nur ihrer Sprache nach sind die Jakobiten des
Ṭûr ein eigentümliches Volk, sondern auch sonst hat ihnen die
Abgeschlossenheit von der Aussenwelt und das Zusammenleben
mit grimmigen Feinden einen besonderen Charakter aufgeprägt.
Trotz ihres ausgesprochenen Nationalhasses gegen die übermäch-
tigen Kurden haben sie doch vieles Gemeinsame mit denselben.
Was Lebensbedingungen und Beschäftigungen betrifft, so sind die
beiden Nationen ja einander völlig gleich. In den bewaldeten
Teilen des Ṭûr werden Galläpfel und Manna gesammelt; auf den
Feldern wird weniger Weizen, als Gerste gebaut, da meistens Ger-
stenbrot gegessen wird; ferner pflanzt man Wicken, Rhicinus,
Gurken, etwas Reis und besonders in den westlichen Teilen Baum-
wolle an. Von Früchten werden Feigen, Weintrauben und Was-
sermelonen in grossen Mengen gezogen. Beinahe auffällig ist der
Reichtum an Hühnern in allen Dörfern.

Die Jakobiten scheiden sich zwar selbst sehr strenge von den
Kurden ab; als Raçe nennen sie sich Surjôje (vgl. Sdz I 231;

JRGS 1838, 82; RN II 79 u. a.), als Christen Surôje; jeden Muslim nennen sie Ṭâjo. Sie halten streng darauf, dass keiner von ihnen jemals eine Moschee betrete. Jedoch sind sie sogar dem Aeusseren nach den Kurden nicht unähnlich; worin die Verschiedenheit der Gesichtszüge besteht, ist schwierig zu bestimmen. Im Allgemeinen möchten die Jakobiten der Statur nach wol etwas grösser sein, als die Kurden. Sie haben einen dünnen schwarzen Bart; manche jedoch rasiren denselben; den Schnurrbart lassen sie alle stehen [1]); dagegen rasiren sie die vordere Hälfte des Kopfes. Ihre Wangen sind dünn, die Nase gross und etwas gebogen, die Augen mandelförmig, das Kinn klein. Die Weiber zeichnen sich durch breite Gesichter und kleine Stumpfnasen aus. — Von der Tracht der Jakobiten gibt Badger I 55 im Allgemeinen eine gute Beschreibung, daher ich dieselbe dem Folgenden zu Grunde lege. Die Männer tragen wie die Kurden (vgl. PR II 40) weisse baumwollene Hosen, einen buntfarbigen wollenen Rock, der an der Hüfte mit einem Gürtel zusammengehalten wird; über dem Rock eine schwarz und weisse Jacke; auf dem Kopfe haben sie eine spitze Filzkappe; um dieselbe winden sie einen dunkelfarbigen, rot gefleckten (Sdz. R. III 349) Turban [2]). Im Gürtel pflegen sie einen Dolch bei sich zu führen. Auch die Weiber tragen Hosen, ferner einen roten Rock [3]), der einigermassen einem Chorhemde gleicht (s. das Bild bei Badger); die langen Aermel werden gewöhnlich aufgebunden und über die Schulter geworfen. Der Rock wird von einem schmalen Gürtel mit zwei grossen silbernen Schnallen zusammengehalten. Als Kopfschmuck tragen die Weiber nach meiner Beobachtung bisweilen bloss eine hochaufgerichtete Binde auf dem Hinterkopf, meistens aber eine spitze Kappe (s. Badger und JRGS 1838, 82), an welcher Silbermünzen in Reihen befestigt sind. Wenn die Weiber das Haus verlassen, legen sie einen leichten Ueberwurf um; derselbe wird von der Kappe gehalten. An den Armen tragen sie silberne Ringe und Bänder mit Glasperlen s. Sdz. R. III 350.

Die guten und schlechten Charaktereigenschaften der Kurden finden sich wenigstens teilweise bei den Jakobiten wieder. Wie

---

1) Dschâno (s. später) erzälte uns, dass man es sogar für Sünde halte, denselben absurasiren, weil er die Form eines Kreuzes habe; das Querholz desselben bilde die Linie unterhalb der Nase bis zur Oberlippe.

2) Sie legen denselben auch beim Schlafengehen nicht ab.

3) Vgl. JRGS 1838, 82 „a red cotton petticoat, red jacket and a red veil or sheet, which reaches to the ground",

die ersteren, so sind auch die letzteren stolz auf ihre Unabhän-
gigkeit; beide suchen sich des Einflusses, welchen die türkische
Regierung nach und nach im Ṭûr zu gewinnen strebt, zu erwehren.
Die Jakobiten mögen wol nicht ganz so kriegerisch sein, wie die
Kurden; sie tragen, obwol sie alle Flinten besitzen, nicht immer
Waffen, wie die letzteren, ausser wenn sie auf Reisen gehen. Auch
unter ihnen gibt es Leute, die sich offen rühmen, von ihren Feinden so und so viele erdolcht zu haben (BN I 55); Mord und Tod-
schlag scheinen im Ṭûr an der Tagesordnung zu sein. Der mu-
tige Charakter der Jakobiten wird von Southgate (II 268) gerühmt,
und ihre Mannhaftigkeit im Vergleich mit dem servilen Auftreten
der Armenier von Shiel (JRGS 1838, 82) hervorgehoben. Andrer-
seits führen besonders Badger (I 55) und Sandreczky (III 350)
bittere Klagen über die geistige Verwarlosung der Jakobiten und
ihre grosse Gleichgiltigkeit religiösen Dingen gegenüber; dies rühre
hauptsächlich daher, dass die Geistlichen, deren es zwar viele gebe,
durchaus ungebildet seien, und von Schulen wenig oder nichts vorhanden sei. Das harte Urteil, welches Badger (I 44. 61 ff.) über
den niedrigen geistigen Horizont der Jakobiten fällt, hat daher
gewiss seine Berechtigung; dieser Reisende setzt die katholisch
gewordenen Syrer, was Bildung und Gesittung betrifft, entschieden
über die andern, und auch wir können seinem Urteil, dass die ka-
tholische Mission unter jenen Leuten rühmenswerte Erfolge er-
zielt hat, im vollsten Maasse zustimmen. Die Geistlichkeit der
Jakobiten wirkt nicht bloss der Arbeitsscheu — denn die Männer
sitzen, statt zu arbeiten, lieber den halben Tag, die lange Pfeife
rauchend, zu Hause —, sondern selbst wirklichen Lastern, z. B.
dem ziemlich verbreiteten Brantweintrinken, viel zu wenig entgegen, ja sie ist ihrer Trägheit und Stumpfheit wegen mit Recht
mehr oder weniger verachtet. Ueberhaupt scheint im Ṭûr eher
ein lockeres Leben zu herrschen, namentlich in geschlechtlicher
Beziehung. Die Frauen werden durchgängig roh behandelt;
Ehescheidung ist unmöglich. Auf wirklich nachgewiesenen Ehe-
bruch soll indess Tödtung der Frau als Strafe stehen.

Da die Jakobiten des Ṭûr weder in Kirche noch Schule erzogen werden, so ist um so eher zu erwarten, dass sich bei ihnen
noch manche altertümliche Sitten und Volksanschauungen, welche
für den Ethnographen von Wert sein dürften, erhalten haben mögen. Auch in dieser Beziehung möchten unsere nun zu bespre-
chenden Sammlungen manches Neue bieten.

A. S.

Es war im März des Jahres 1869, dass einige junge Christen in Damaskus, die von unserm Interesse für die noch lebenden Ueberreste der syrischen Sprache wussten, uns einen Mann aus dem oben genannten Städtchen Midhjât zuführten. Derselbe gehörte einer seit drei Monaten in Damaskus angesidelten Colonie jakobitischer Christen an, die wegen sechs Jahre hintereinander wiederkehrender Heuschreckenplage ihr Vaterland verlassen hatten. Neben dem harten Gebote der Not wirkte auf ihre Wanderung und die Richtung derselben mitbestimmend das Ziel Jerusalem und die Hoffnung, durch Teilnahme an der Osterfeier in der Grabeskirche sich den Ehrentitel eines „Wallfahrers" zu erwerben, Vergebung für vergangene und zukünftige Vergehen zu erlangen [1]. So erstreckte sich der Zug dieser syrischen Wanderer naturgemäss über die grosse Karawanenstrasse, die vom Osten des türkischen Reiches in nördlichem Bogen die syrische Wüste umgehend über Mârdîn, Diârbekr, 'Orfa zu den grossen Emporien des Westens, nach Ḥaleb und Damaskus, führt. Zalreich und beständig noch sich mehrend war die Familie, die mit ihnen die Heimat verlassen, gering und bald verzehrt die Habe, die sie mitnehmen konnten. Bald galt es, schon unterwegs den Lebensunterhalt zu verdienen, und wo sich an einem der berührten Orte Aussicht auf Erwerb bot, da blieb ein Teil der Ausgewanderten zurück, um erst die Mittel zur Weiterreise zu erübrigen. Sogar nach Orten, die ziemlich abseits vom Wege lagen, wie Adana in Kleinasien, wurde aus dem angegebenen Grunde hin und wieder ein Häuflein versprengt. Unser neuer Bekannter selbst hatte sich mit seiner Familie eine Zeit lang in letzterer Stadt aufgehalten. Kein Ort aber konnte ihnen für längeres Verweilen günstigere Bedingungen bieten als Damaskus. Seit dem grossen Gemetzel von 1860, der Tôscha, deren Schrecken noch in aller Mund waren, lag das Christenviertel zum grössten Teile in Ruinen; langsam erst und vorsichtig erhob es sich wieder aus seiner Asche. Hier war für fleissige Hände Arbeit genug zu finden, in den verlassenen Wohnungen für Weib und Kinder Unterkommen leicht beschafft. Unsere Syrer liessen sich in einer in der Nähe des Osttores gelegenen Gasse

---

1) Als ich den Mann später in Midhjât wiederfand, hatte er die Wallfahrt in der Tat gemacht, jedoch klagte seine Frau, er habe sich seitdem stark dem Brantweintrinken ergeben; seine Landsleute freilich fanden darin kein Arg, da dieses Laster ihm das durch die Wallfahrt erworbene Anrecht auf's Paradies ja nicht mehr schmälern könne. *A. S.*

nieder, die Männer hatten als Maurer und Handlanger ein ihren
bescheidenen Bedürfnissen leicht genügendes Einkommen, und die
Weiber suchten ausser der Sorge für Haushalt und Kinder durch
kleinere Dienstleistungen, wie Wassertragen in der heissen Jahreszeit, auch ihrerseits den Erwerb zu fördern.

Unser Mann, mit Namen Dschâno[1]), der in der Heimat
wol sein Gärtchen oder einen kleinen Acker bestellt haben mochte,
war nun auch nichts mehr als ein einfacher Handlanger; an der
Kalkgrube oder am Baugerüste hatten unsere Freunde ihn entdeckt. Von Lesen und Schreiben keine Spur bei ihm, dagegen
das wundervolle Gedächtniss des Illiteraten, gesunder Menschen-
verstand, rasche und scharfe Auffassungsgabe. In Folge des Völker-
gemisches seiner Heimat befand er sich im Besitze von drei bis
vier Sprachen, Syrisch, Kurdisch und Arabisch, zu denen er in
Adana noch etwas Türkisch erlernt hatte. Auf Arabisch suchten
wir uns mit ihm zu verständigen, was im Anfange nicht so leicht
war, da er den nordmesopotamischen Dialekt desselben redete,
wärend wir, von Aegypten kommend, eben erst die Mundart
dieses Landes mit der Syriens vertauscht hatten. Sobald er uns
einige Proben seiner syrischen Muttersprache gegeben hatte, bemerkten wir gleich, dass dieses Syrisch dem durch Nöldeke's Grammatik näher bekannten Urmiadialekte auch in wesentlichen Punkten
ferner stehe, als man bis dahin allgemein annahm[2]), und, wie
schon jener Gelehrte richtig vermutet hatte, ein selbständigerer,
lautlich weniger verfallener Ueberrest der alten Sprache sei. Rasch
wurde der Entschluss gefasst, von diesem Dialekte so viel wie
möglich aus dem Manne heraus zu locken. Wir waren nicht an
den Unrechten gekommen.

Zuerst fragten wir einzelne Wörter und Wortreihen ab, Namen
der Körperteile, Hausgeräte, Tiere u. s. w., gingen dann dazu über,
ihn kleine Sätze bilden zu lassen, vom einfachsten Verbalausdrucke
an bis zur vollständigen Beschreibung complicirter Tätigkeiten,
wie Bebauung des Feldes, Behandlung des Weines, Backen,

---

1) Seinem Taufnamen nach hiess er eigentlich Schakéro, (arab. سَكَر),
jedoch nannten ihn seine Eltern später Dschano, was nach seiner Angabe
dasselbe wie arab. Dschirdschi (Georg) sei (?), und nur mit diesem Namen
wurde er gerufen. Solche Doppelnamen kommen auch in den nachfolgenden
Texten vor, vgl. 'Amsche.

2) Vgl. Th. Nöldeke, Grammatik der neusyrischen Sprache am Urmia-See
und in Kurdistan, Leipzig 1868, S. XXIV.

Schlachten u. s. w. Anfänglich war es schwer, den Mann zu der
nötigen Abstraction zu veranlassen, ihm abzugewöhnen, dass er
mit Possessivsuffixen verbundene Nomina statt der verlangten
einfachen gab, oder beim Verbum die Personen oder gar Beja-
hung und Verneinung vertauschte[1]). Der Sammler von Sprach-
proben kann vor solchen Quiproquo's nicht genug auf der Hut
sein; jene ungeschulten Lehrer übersetzen nicht unmittelbar aus
der einen Sprache in die andere, sie verschieben den Begriff zuvor
in das Gesichtsfeld ihres eigenen Standpunktes. Ein gutes Cor-
rectiv lag darin, dass wir ihn zugleich mit den syrischen Ausdrücken auch die kurdischen sagen liessen. Gegen Ende des Monates forderten wir ihn auf, uns auf Syrisch eine Geschichte zu
erzälen, wozu er gleich bereit war. Dieselbe war inhaltlich zwar
nicht viel wert, auch, wenigstens beim Dictiren, noch ziemlich un-
beholfen erzält, sie verschaffte uns jedoch die Gewissheit, dass er
Volkserzälungen kannte und im Zusammenhange wiederzugeben
verstand, so dass wir nicht zu dem für linguistische Sammlungen
manche Gefahren in sich bergenden Auskunftmittel der Uebersetzung gedruckter Stücke zu greifen brauchten. Auch das Dictiren und von unserer Seite das Nachschreiben nach einem solchen Dictate wollte gelernt sein. Nach einigen Tagen waren wir
beiderseits im richtigen Zuge, und als er uns nun versicherte, er
wisse eine ganze Menge solcher Geschichten, mehr als wir würden
aufschreiben können, da ward uns immer mehr klar, auf welch
eine ergiebige Fundgrube wir geraten waren. Mit dieser Beruhi-
gung und in der frohen Aussicht, nach unserer Rückkehr eine reiche
Ernte von Volkserzälungen einzuheimsen, unterbrachen wir unsere
Sitzungen mit ihm, um die schon längst beabsichtigte Reise nach
Palästina und durch den Haurân zu unternehmen.

Anfangs Mai trafen wir wolbehalten und durch das Wanderleben
der letzten Zeit gestärkt und erfrischt in Damaskus wieder ein. Unsere erste Sorge war, Dschano zu benachrichtigen; derselbe liess
nicht lange auf sich warten. Von jetzt an trat er mit Ausnahme der
Sonn- und Festtage jeden Morgen um sechs Uhr bei uns an und arbeitete bis gegen eins mit uns. Wir bezalten ihm etwas mehr, als

---

1) Statt der gefragten „Augen“ oder „Ohren“ gab er die Aequivalente für
„meine Augen“ oder „deine Ohren“; statt des aufgegebenen „ich schreibe“
übersetzte er „du schreibst“, und als wir ihm unsererseits durch ein „du schreibst“
die Form der ersten Person entlocken wollten, gab er uns sein „ich kann
nicht schreiben“.

er bei seiner sonstigen Beschäftigung als Lohn für den ganzen
Tag zu verdienen pflegte, ausserdem durfte er von unserm Tabak
so viel rauchen als er Lust hatte, gelegentlich eine Schale Kaffe
oder ein Schluck Raqi erhöhten seinen guten Mut; Nachmittags
war er sein eigener Herr. Soviel freie Zeit mussten wir ihm lassen,
er dachte dann über das nach, was er uns den folgenden Tag
erzälen wollte, und stellte sich die Geschichten, die immer länger
wurden, aus ihren einzelnen Teilen zusammen. Trotz der geistigen
Anstrengung, welche jene Beschäftigung ihm wenigstens anfangs
verursachte, zog er, wie leicht begreiflich, dieses Leben der här-
teren Handarbeit in der heissen Jahreszeit entschieden vor. In
der ihm neuen Stellung betrug er sich, wie man das bei den
Orientalen durchschnittlich findet, stets mit natürlichem Anstande
und angeborener Bescheidenheit; seine Freude an der Arbeit, sein
Diensteifer und seine Anhänglichkeit an uns wuchsen mehr und
mehr[1]). Nur einmal machte er allerlei Ausflüchte, er wisse keine
Geschichten mehr, müsse wieder an seine Arbeit gehen u. dgl. m.;
wir brachten jedoch bald aus ihm heraus, dass sein Geistlicher
dahintersteckte. Dieser hatte ihn in die Beichte genommen und
ausgefragt, was er bei uns mache; die ungebildeten orientalischen
Pfaffen wittern in jedem Franken, der kein Geschäft treibt, einen
Missionar. Darauf hatte er ihm streng verboten, uns so lügenhaftes
Zeug zu erzälen; wenn wir Syrisch lernen wollten, so möchten
wir nur zu ihm kommen, er wolle uns die schönen und wahren Geschichten der frommen Heiligen und gottseligen Märtyrer, deren
sie so viele hätten, in echtem Syrisch (Altsyrisch!) vortragen. Wir
statteten dem geistlichen Herrn einen Besuch ab und bemühten
uns, ihm mit Hilfe „einer kleinen Gabe für die Kirche" verständlich zu machen, dass unser Umgang mit dem Manne einzig und
allein den Zwecken der Wissenschaft diene. Ein zweiter Conflict
drohte auszubrechen, als Dschano uns später kurdische Lieder
recitirte[2]). Der Geistliche war der Meinung, er singe uns dieselben vor, und da in ihrer Heimat kein ehrbarer Mann dies um
Geld tue, so versuchte er allen Ernstes, ihn von weiterm Verkehre

---

1) Grosse Genugtuung bereitete es ihm, als wir im Stande waren, unter
seinem Beistande einen Brief in syrischer Sprache an die in Kiel tagenden
Fachgenossen zu richten (vgl. ZDMG 24, S. III), und noch lebhaftere Freude
äusserte er, als wir ihn gegen das Ende unseres Zusammenseins photographiren
liessen.

2) Hiernach ist zu berichten, was Justi, Dictionnaire Kurde-Français,
S. XVI in Bezug auf meine Person von einem „séjour en Assyrie" sagt.

mit uns abzuhalten. Wir besänftigten ihn jedoch durch die Erklärung, dass wir den Mann die Gedichte bloss dictiren und her-
sagen liessen.

Unsere tägliche Arbeit mit Dschano ging in folgender Weise
vor sich. Zuerst dictirte er uns die Geschichte des Tages, die
wir beide gleichzeitig in einem Transcriptionsalfabete aufschrieben;
hierbei kam es uns ganz unabhängig vom Verständnisse lediglich
auf richtige Lautauffassung an. Nach einer kurzen Pause ging
es an die Erklärung. Der eine las langsam seinen Text vor,
wärend der andere auf etwaige Verschiedenheiten seiner Aufzeichnung genau aufmerkte. Stellte sich eine solche heraus, so musste
Dschano die betreffende Stelle repetiren; in streitigen Fällen liessen
wir ihn wol ein und dasselbe Wort vier- bis sechsmal wiederholen,
allein und im Zusammenhange, um übereinstimmende Auffassung
zu erzielen; gelang uns die Einigung nicht, so wollten wir lieber
die Verschiedenheit anmerken, als sie verwischen, da aus der
Mehrzal der Fälle sich später das Richtige dennoch ergeben musste.
Kamen Wörter oder Formen vor, die uns noch unbekannt waren,
so musste Dschano eine Erklärung geben, die wir entweder auf
Arabisch oder auch gleich auf Deutsch unter den Text schrieben.
Bei jedem neuen Nomen musste er die Formen der anderen Numeri
und Genera sagen, bei neuen Verbis wurden ihm ganze Paradigmen
abgefragt; zeigte sich eine auffällige syntaktische Wendung, so
wurden ähnliche gebildet, um hinter das Prinzip derselben zu
kommen; alles dieses wurde auf besonderen Blättern ebenfalls beiderseits notirt. Dazu eine Menge sachlicher Erklärungen, bei
welchen wir uns je nach Bedürfniss auch Abschweifungen gestatteten, da der Anschauungskreis des Erzälers uns mehr und mehr
zu interessiren begann [1]). Vom Altsyrischen suchten wir vollständig

---

1) Viele der bei solchen Gelegenheiten erhaltenen Mitteilungen über Volksanschauungen und Aberglauben haben wir in den Anmerkungen zur Uebersetzung untergebracht. Aus den übrigen möge hier noch etwas von dem Wenigen seine Stelle finden, was er uns über die Weltstellung und sagenge-
schichtliche Ueberlieferung seines Volkes berichtete. Bisweilen teilte er die muslimische Anschauung, dass der Sultan und der Islâm das Centrum der Welt
seien, und die Franken rings herum wohnen. Daneben drang dann auch wieder
die christliche Anschauung durch, dass die Zal der Muslime gegenüber der
der Christen mit der weissen Blässe an einer schwarzen Kuh zu vergleichen
sei, und dass sich der Sultan in Stambul bloss dadurch erhalten könne, dass
er die christlichen Fürsten mittelst Geldsendungen dahin bringe, untereinander
Krieg zu führen und nicht gegen ihn. Sein Heimatland, der Tûr, sei ursprünglich ein Maṭraḥ el-Frendsch (Frankenland), d. h. ganz von Christen bevölkert

abzusehen, um in der möglichst treuen und unbefangenen Einzeichnung des Bildes der lebenden Sprache nicht beirrt zu sein. Allerdings konnte diese Abstraction nicht so weit gehen, dass sie uns
verhindert hätte, hier und da unter einer seltsam erscheinenden
Form einen alten Bekannten oder das Fortbestehen eines schon
in der alten Sprache wirkenden Lautgesetzes mit grosser Freude
zu erkennen. Aus dem Gesagten wird klar, dass unsere Aufzeichnungen zwei grosse Vorzüge in sich tragen: 1) die der leisesten
Schattirung des Gehörten angepasste Transcription, 2) eine durch
die beiderseitige Aufnahme gewährleistete Treue der Auffassung, wie sie unter ähnlichen Sammlungen vielleicht einzig dasteht.

Zwar liegen nicht alle Stücke in doppelten Texten vor.
Im Laufe des Juli wurde Socin von einem hartnäckigen dysenterie-artigen Leiden befallen, welches gegen Ende des Monates seine
Ueberführung nach Bêrût und eine vierzehntägige Kur daselbst
erforderlich machte. Wärend dieser Zeit, d. i. bis zum 15. August, habe ich mit Dschano allein weiter gearbeitet und unsere
Sammlung abgeschlossen. Unmittelbar nach Socin's Genesung gingen wir, da erneuter Aufenthalt in Damaskus ihm vom Arzte
einstweilen verboten war, auf's Land, zuerst nach Ma'râba und
später nach Ma'lûla, wo andere Aufgaben unser warteten. So
sind denn die Nummern XXXIII—LIII, LVIII—LXIV, LXXIX—
LXXXV von mir allein gesammelt worden, wärend ich bei Aufzeichnung von LV, LVI, LXXVII und LXXVIII durch einen zweitägigen Ausflug nach 'Ain Fîdsche Socin zu assistiren verhindert war.

Man könnte die Frage aufwerfen, warum wir uns bei unseren
Arbeiten auf Dschano allein beschränkten und nicht lieber so viele
Syrer, als uns erreichbar waren, abhörten. Die übrigen Mitglieder

---

gewesen; es seien aber Streitigkeiten zwischen den Griechen und den Syrern
ausgebrochen, und die ersteren hätten viele der letzteren umgebracht, was sie
später, als die Muslime gekommen seien, sehr bereut hätten. Wegen der an den
Syrern begangenen Sünden lassen die griechischen Priester ihr Haar lang wachsen. Muḥammed mit seinem Schwerte aus Feigenbaumholz habe den Anführer
der Syrer, welcher ein Schwert aus Eisen führte, besiegt. Vor den Muslimen
seien viele Syrer in die damals noch unbewohnten entfernteren Länder Europa's
ausgewandert, unter diesen der Malek Ḥanna (Priester Johannes?), König von
Ḥâch. Derselbe sei zunächst nach Qars, dann in ein Land oberhalb Qars, das
die Franken Fîlefesîa nennten, geflohen. Er wohne noch jetzt im Frankenlande,
und man erwarte seine Wiederkunft. Dschano bat uns, nach unserer Heimkehr dort Nachforschungen nach ihm anzustellen. Malek Ḥanna war nicht
der einzige König jener Zeit; in Dâra sass damals der König Urîa und in Bâsebrîn der König Dschebrâl.

der Colonie, mit welchen wir zusammengekommen sind, machten bei weitem nicht den intelligenten Eindruck Dschano's; es würde sehr viel Zeit gekostet haben, bis wir jeden Einzelnen so weit eingeschult gehabt hätten, dass er auf unsere Fragen richtige Antworten zu geben vermocht hätte. Zu zusammenhängenden Originaltexten wäre es bei ihnen vielleicht gar nicht gekommen, jedenfalls hätten sie uns nicht so viel und nicht so gut erzält wie Dschano, der eben der berufene Erzäler seines Heimatortes war. Man brauchte ihm nur einmal zuzusehen, wie er dasass mit innerlichem Vergnügen an seiner Kunst und mit unverwüstlicher Sicherheit selbst die tollsten Phantasiegebilde vortrug, wie er seine Worte mit dem lebendigsten Geberdenspiele[1]) und den bezeichnendsten Gesten begleitete, um sich hierüber auch ohne seine ausdrückliche Versicherung gleich klar zu sein. Etwas anderes wäre es gewesen, wenn sich in der Colonie Leute aus andern Ortschaften des Ṭûr befunden hätten, so dass wir an ihnen weitere Schattirungen des Dialektes hätten studiren können; da jedoch alle aus Midhjât selbst waren, so wollten wir den guten Fund, den wir an Dschano gemacht hatten, lieber vollauf ausnützen, als die ohnehin ziemlich beschränkte Zeit unseres Aufenthaltes an Ungewisses setzen.

Die in der angegebenen Weise gesammelten Texte beanspruchen sowol sprachlich wie stofflich von Interesse zu sein. Die linguistische Ausbeutung des in ihnen enthaltenen Materiales wird durch die Grammatik und das Glossar, deren Bearbeitung uns obliegt, wesentlich erleichtert, ja überhaupt erst ermöglicht werden. Eine vorläufige Skizzirung der hauptsächlichsten Eigentümlichkeiten des Dialektes habe ich ZDMG 25, 652 versucht, auf die ich einstweilen verweise.

Auch ist dort die andere, stoffliche Seite bereits kurz berührt worden; eine genauere Uebersicht des in den folgenden Blättern enthaltenen Sagen- und Märchenstoffes dürfte hier am Platze sein und kann füglich mit der Berichterstattung über die Anordnung unserer Sammlung verbunden werden.

Zwei verschiedene Momente waren bei derselben zu berücksichtigen. Uns kam es in erster Linie auf die sprachliche Form, den Text, an, anderseits wollten wir inhaltlich Zusammengehöriges nicht allzusehr von einander reissen: so entstand unsere Rei-

---

1) Dieser Lebendigkeit des Vortrages ist es zuzuschreiben, dass er bisweilen aus der im Allgemeinen treu eingehaltenen Objectivität des Märchenerzälers herausgetreten ist, vgl. Band II 7,16; 52,6 v. u.; 78,6 v. u.; 181,27; 182,19; 197,8 v. u.; 228,5.

henfolge unter fortwärender Kreuzung des formalen Gesichtspunktes durch den stofflichen. Dem letztern trugen wir in so fern Rechnung, als wir zwei grosse Hauptabteilungen machten und in die zweite (No. LVII—LXXXV) alle eigentlichen Tiergeschichten verwiesen. Der erstere zwang uns, in jeder Abteilung die gemeinschaftlich gesammelten Erzälungen den nur einfach aufgezeichneten voranzustellen, und ferner unter den gemeinschaftlichen die zuerst erzälten so viel wie möglich an's Ende zu setzen, teils des Erzälers wegen, der anfangs noch nicht recht im Zuge war, teils unserer Lautauffassung wegen, die im Beginne noch manche Unvollkommenheit zeigt, später dagegen immer einheitlicher und fester wird. Indem wir diese Grundsätze fest hielten, suchten wir durch Annahme kleinerer Unterabteilungen auch innerhalb den Hauptgruppen Verwandtes, so weit es anging, zusammen zu rücken. Um aber denjenigen, welche sich in die Texte einarbeiten wollen, immer vor Augen zu stellen, an welchen Punkt der ursprünglichen Reihenfolge jede Geschichte gehört, haben wir den einzelnen Nummern in arabischen Ziffern die Zälung unserer Manuscripte beigefügt. Wir würden ihnen empfehlen, ihr Studium mit sehr hohen Nummern zu beginnen, und allmälich erst zu den früher erzälten als den schwierigeren fortzuschreiten. Die niedrigste Ziffer ist 91, die neunzig vorhergehenden Nummern enthalten die vorhin erwähnten lexikalischen Aufzeichnungen, kleinere Sätze u. s. w.

Im Einzelnen ergibt sich nun Folgendes. Die zehn ersten Stücke enthalten romantische Sagen und von Dschano als wahr bezeichnete Geschichten. An der Spitze steht (No. I.) die ergreifende Sage von der unglücklichen Liebe Mammo's und Sîne's, auf deren Herkunft wir in der ersten Anmerkung hinweisen. Gewisse Züge erinnern an Sigfrid und den Hof der Burgunden, dem grimmen Hagen steht Bakko der Schlimme gegenüber.

No. II, Ose, hat sich nach dem Erzäler „vor zehn Jahren", das wäre 1858, wirklich zugetragen; man kann dies für den ersten Teil cum grano salis zugeben (vgl. LD 45 und Pauli in Westermann's Monatsheften, Mai 1878, 188); der Schluss der Geschichte verläuft dagegen wieder in's Märchenhafte.

Fárcho (III) verrät deutlich seinen Ursprung aus kurdischer Sage.

In Särîfe (IV) haben wir ein *Mädchen als Soldat* [1] (vgl.

---

[1] Verkleidung eines muslimischen Mädchens in einen Soldaten berichtet auch Rich 1 285.

Liebrecht, Zur Volkskunde 217), jedoch nur äusserst lose mit den
sonstigen Conceptionen dieses Sagenkreises zusammenhangend.

V und die erste Hälfte von VI schlagen in das Capitel von
ausgesetzten Kindern, die zu Macht und Ehre gelangen;
die letztere Erzälung geht hierauf zu der arabischen Sage von
Abu Sêd (vgl. LMC 391 u. fgg.) über, der auch in der folgenden Nummer (VII), in Verbindung mit Ḥêtim eṭṭai, erscheint.
Der auch sonst vorkommende Zug des Verschenkens und Wieder-
erhaltens der Frau (vgl. Oesterley zu Gest. Rom. 171) mag erst
in später Zeit auf den Heros arabischer Gastfreundschaft übertragen worden sein.

Die Geschichte Josef's (VIII) wurde vom Erzäler ausdrücklich als wahr bezeichnet. Als Wohnort der Familie Jakob's gab
er Môçul an; von dem biblischen Ursprunge der Erzälung hatte
er keine Ahnung. Wie sie hier vorliegt, stammt sie warscheinlich
nächst aus dem kurdischen Epos Jûsif u Selîcha.

No. IX und X sind dürftige Reste der in ihnen kaum noch
erkennbaren Alexandersage, vielfach mit andern Stoffen ver-
mischt. In ihren Kreis gehört auch, aus den nur einfach aufgezeichneten Stücken, No. L, Kandar, eine der wenigen Perlen
unserer Sammlung. — Aus jenen wären ferner in diese Unterabteilung zu setzen LI, kurzer Bericht über eine Fehde zweier kurdischer Raubritter, und die in kurdischer Sage wurzelnden Nummern XLVII Ḥassan mit dem Blitzschwert, XLVIII
Dschambalîjo und XLIX Nûre. Auch die erste Hälfte von
XXXV, der Krieg Afdîn-Schêr's, über den Socin ein langes epi-
sches Gedicht in kurdischer Sprache besitzt, gehört hierher.

In den vier folgenden Nummern (XI—XIV) sind die wenigen
Schwänke zusammen gestellt, welche vom Erzäler Menschen und
nicht Tieren (s. später) zugeschrieben wurden; unter den Tiergeschichten finden sie sich in grösserer Menge. No. XI ist die aus
1001 N. Br. 14, 73 bekannte, durch die occidentalischen Bearbei-
tungen der sieben weisen Meister weit verbreitete, auch dem Mi-
les gloriosus des Plautus zu Grunde liegende (vgl. ZDMG 30, 141)
Erzälung von dem Ehemanne, der vermittelst eines unterirdischen Ganges zwischen seinem Hause und dem des Nachbars
um seine Frau betrogen wird. No. XII ist als ein letzter Ausläu-
fer der von Benfey Pantsch. § 50 besprochenen Erzälung zu betrachten, wärend die zweite Hälfte von XIII, in der Jemand
den Hahn als Pfand für die gekauften Hühner zurückgibt, zu
unserm *Eulenspiegel* hinführt. Die cynische Anekdote XIV, die

b*

wir gern unterdrückt hätten, wenn nicht die Aehnlichkeit des
Schlusses von LXII ihre Häufigkeit verraten hätte, ist vielleicht
entfernt verwandt mit Sindbaṅ, übers. von Baethgen, 32, durch
1001 N. Hab. 12, 327.

Von No. XV an folgt eine Reihe von Ueberlieferungen, in
welchen übernatürliche Wesen, wie Elfen, Riesen, Unholde
und Dämonen auftreten; zu ihnen gesellen sich gewisse halbdä-
monische Tierarten, die Löwen mit ihrem Könige Bani-Ssab'a
XXV, XXX, XXXI, die Halbmenschen XXVII, die Affen mit der
Affenmutter Pîr 'Abôke XXV, die Schlangen XXIII, der Bär XXIX,
der Hai XXIV, der Vogel Ssîmer, der Wolf Dêverâsch u. s. w.;
sie alle zeigen durchaus mythischen Charakter. Hier musste noch
manches Sagenhafte untergebracht werden. So finden wir in XVI
und XXVIII den persischen Rustem in Verbindung mit Riesen,
mit Schlangen, Löwen und Dämonen. Der kurdischen Sage gehören wieder an die Mädchenräuber Bärdawîl und Pelagân
(XVII), der die todte Stadt Mûsch befreiende Ḥamîo (XIX), der
Anfang von XXV Pirkân-Agha. Am Schlusse von XX werden
wir an den *armen Heinrich* erinnert.

No. XVIII bietet eine ziemlich selbständige Version des von
Köhler zu Aw. T. IV behandelten Märchens von den *Tierschwägern*;
auch bei uns S. 65 das charakteristische: „Wer hat mich aus
diesem langen Schlafe aufgeweckt?"

No. XXVI ist ein Ausschnitt aus dem Märchenkreise vom
Grindkopf, den derselbe Gelehrte im Jahrb. f. rom. Lit. 8, 256 u.
fgg. besprochen hat.

Die erste Hälfte von XXXII zeigt uns *Odysseus* dem *Polyphem* unter dem Bauche des Bockes entrinnend, wärend die
zweite Hälfte zu dem *Dschânschâh* der 1001 N., Weil 4, 208 u.
fgg. (vgl. auch Hammer-Zinserling 1, 349 u. fgg., wo S. 373 der
Name des Ssîmer noch nachklingt) hinüberleitet.

Hiermit enden die der ersten Serie zugewiesenen gemeinschaftlichen Erzälungen; von den folgenden, nur einfach aufgezeichneten wurden des bessern Anschlusses wegen diejenigen
vorangestellt, in welchen wiederum übernatürliche Wesen auftreten,
XXXIII—XLVI, und innerhalb dieser von den später erhaltenen
zu den früheren fortgeschritten. Es treten in ihnen einige neue
Typen hinzu, die Seemärchen mit ihren Meerungeheuern (XXXIV,
XLI, XLII, 2. Hälfte), die Zwerge mit ihrer Welt unter der Erde
und ihren merkwürdigen Sitten (XXXVI, XLIII, XLIV), das Schloss
des Weltendes (XL) u. s. w. Der Armenier und seine Ge-

liebte im Anfange von XXXIV erinnern an Hero und Leander, die erste Hälfte von XLII zeigt in 'Ȧjiſ den *Meisterdieb* (Gr. KM 192) in Verbindung mit dem Märchen vom *Schatze des Rhampsinit*, dessen verschiedene Fassungen von Köhler in O. u. O. II 303—313 übersichtlich zusammen gestellt sind. Qûlin in No. XLIV ist der *Däumling*.

Die zweite Hälfte von XXXV, in der Melek - Diwân für die erkrankte Gulsînam Aepfel von den singenden Wassern und tanzenden Bäumen holt, ist offenbar ein losgelöstes und selbständig umgestaltetes Stück des Märchens, welches unter dem Namen der *neidischen Schwestern* aus der 1001 N. (Br. 10, 4 u. fgg.) allgemein bekannt und von Köhler zu Gonz. 5 und Aw. T. XII in vielseitiger Richtung verfolgt worden ist. Den Rahmen dieser Episode, die Grundlage des eigentlichen Märchens, finden wir später in No. LXXXIII, Ssa'îd und Ssa'd, unter den Tiergeschichten wieder, die mit dem awarischen M. auch das Einnähen der Frau in eine Tierhaut und ihr Ausstellen im Stadttore gemein hat. Der diesem M. sonst überall eigene Eingang fehlt jedoch bei uns, hingegen findet er sich in einer arabischen Aufzeichnung Socin's aus Märdîn.

No. XXXVII Dälli gehört zu den Geschichten von *der treuen, in Folge einer Wette der Untreue geziehenen Frau* (vgl. O. u. O. II 314 u. fgg. und die dort citirten Ges. Ab. III, LXXXIII u. fgg. und Dunlop-Liebrecht 224).

Ein anderes weit verbreitetes Märchen (vgl. Köhler im J. r. L. VII 24—27 und zu Gonz. No. 58 u. fgg., auch zu Aw. T. II [1])) liegt in XXXIX und XLVI in zwei verschiedenen Versionen vor; die erstere ausführlicher und besser erzält, die letztere kürzer und mit anderem Ausgange. Wir mussten die beiden Nummern der Beschaffenheit des Textes wegen leider von einander trennen, die zweite war eine der zu allererst erzälten. Es ist das M. vom *jüngsten Sohne, der aus der Höle des seines Vaters Aepfel* (Gänse) *raubenden Dämons drei Prinzessinnen befreit, von denen er trotz des Verrates seiner Brüder die ihm bestimmte erhält.* In beiden Erzälungen hält der Jüngling sich dadurch wach, dass er Salz in eine seiner Hand eingeritzte Wunde streut; derselbe Zug auch in dem (sonst ganz verschiedenen) awarischen M. VIII, vgl. dazu Köhler's Bemerkung S. XVIII.

Die Nummern XLVII—LI wurden schon früher an passender

---

1) In diesem S. 20 wie bei uns Warnung vor dem Verrat der Gefährten.

Stelle eingereiht, in LII Çabḥa (Morgenröte!) sind *Allerleirauh-Aschenbrödel* und *Genoveva* ähnlich wie bei Gr. KM III 35 und Musäus' Nymphe des Brunnens zu einer Erzälung verwebt. Der *genoveva*-artige Teil derselben ist in manchen Stücken wieder mit der vorhin erwähnten No. LXXXIII und ihren Reflexen verwandt.

Trägt diese Erz. schon einzelne legendenartige Züge an sich, so erhalten wir in No. LIII, dem heil. Malke, eine eigentliche Legende, deren treffliche Darstellung und gesunde Komik bedauern lassen, dass sie in unserer Sammlung vereinzelt dasteht. Denn die folgende No. LIV, eine sehr frühe gemeinschaftliche Aufzeichnung, wird man nach dem in der Anm. zu 218 berichteten kaum mehr für eine solche halten dürfen. Hieran haben wir in LV drei kleinere legendarisch-kosmogonische Fragmente angeschlossen, und in No. LVI beschliesst der Riese Dschimdschim, verwandt mit dem Dschimdschime („Schädel")-Sultân eines längeren in Socin's Besitz befindlichen kurdischen Gedichtes, und wegen des Auftretens Christi und des Todesengels an diese Stelle verwiesen, die ganze erste Abteilung.

In der zweiten Abteilung, Tiergeschichten, haben wir wegen der überwiegenden Menge von Fuchsgeschichten, über die Dschano verfügte, unterschieden zwischen solchen, in denen dem Fuchse ein hervorragender Anteil am Gange der Handlung zufällt, und solchen, in denen dies nicht der Fall ist. Letztere haben wir an die Spitze gestellt, LVII—LXIV. In den vier ersten ist der Kater Hauptacteur, LXI berichtet vom Kriege der Fliegen und Ameisen, LXII versetzt zu dem noch geringeren Volke der Flöhe, Läuse und Wanzen, wärend LXIII in die reinlichere Region der Vogelwelt (Falken und Kraniche) hinaufführt; der am Schlusse auftretende Bär bildet den Uebergang zur Bärin LXIV, in deren Geschichte schon ein Streich des Fuchses eng verwebt ist. Die hieran unmittelbar sich anschliessenden Fuchsgeschichten (LXV—LXXXV) dem Inhalte nach noch besonders zu ordnen, war ihrer Buntscheckigkeit wegen unmöglich; es gehen wieder die gemeinschaftlichen den nur einfach aufgezeichneten voraus, hier beidemal nach der Reihenfolge, in der sie aufgeschrieben wurden. Einen Anhang bilden dann schliesslich noch Rätsel nebst andern Kleinigkeiten (LXXXVI) und ein Lied (LXXXVII), über welche die betreffenden Anmerkungen Auskunft erteilen.

Den Stoff der Tier- und Fuchsgeschichten hier im Einzelnen zu zerlegen, ihn aufzuführen und auf Verwandtes hinzuweisen, würde zu weit führen. Vielmehr sei der Leser auf das ausführliche, wie bei den übrigen Tieren so namentlich bei dem Artikel Fuchs mit besonderer Sorgfalt ausgearbeitete Sachregister verwiesen, in dem, ebenso wie bei den Eigennamen, hin und wieder vergleichende Citate, wo und wie sie sich eben boten, hinzugefügt sind. Die letztern haben einzig und allein den Zweck, dem auch die vorhin gegebenen Nachweise dienen sollen, den Märchenforscher auf das aufmerksam zu machen, was für ihn in dem vorliegenden Buche etwa zu finden sei, nicht jedoch sollen sie seine Arbeit vorweg nehmen, noch auch machen sie Anspruch auf irgend welche Vollständigkeit. Der Schreiber dieser Zeilen hat in der letzten Zeit schon zu viel von der sinnverwirrenden Frucht der Märchenvergleichung gekostet, um nicht zu wissen, wie hier ein Zuwenig dem Zuviel vorzuziehen ist, und wie leicht die Gefahr eines alles durcheinander mengenden Dilettantismus an uns herantritt. Ein Meister auf jenem Gebiete, Herr Dr. Reinhold Köhler, bot uns vor Jahren in zuvorkommendster Weise an, unsere Sammlung mit vergleichenden Anmerkungen zu begleiten, wodurch in der Tat die stoffliche Seite derselben erst den rechten Wert erlangt haben würde. Nachdem die dankbare Annahme und Ausführung dieses wertvollen Anerbietens an dem Willen des Herrn Verlegers, der vergleichende Anmerkungen von dem ursprünglich vereinbarten Plane der Veröffentlichung ausgeschlossen erachtete, leider gescheitert ist, wollen wir hier öffentlich den Wunsch aussprechen, dass H. Köhler auch jetzt noch unserer Arbeit seine Aufmerksamkeit widmen und dieselbe in irgend einer Weise durch einen seiner so überaus belehrenden Commentare ergänzen möge.

Dagegen geben uns die, häufig aus allerlei kleineren und selbständigen Stücken zusammengesetzten, Tiergeschichten Veranlassung zu einigen allgemeinen Bemerkungen über die Frage, welchen Anteil der Erzäler selbst an den Erzälungen gehabt haben mag. Die vielfach verschlungenen Fäden, welche von ihnen zu den Sagen, Märchen, Fabeln, Schwänken anderer Völker hinüberleiten, werden bei Kennern nicht den geringsten Zweifel darüber aufkommen lassen, dass sie nicht vom Erzäler frei und willkürlich erfunden sein können, selbst dann nicht, wenn sich auch für eine beträchtliche Anzal von ihnen keine Parallelen auffinden liessen. Er kann den Stoff nur aus mündlicher Ueberlieferung erhalten haben, und alle Spuren weisen hier für die Hauptmasse desselben nach Kurdistan und Armenien; man vergleiche z. B.

die in Einzelheiten fast wörtlich stimmenden Fabeln Vartan's und die diesen sehr ähnlichen des (karschunischen) Codex 1049 des India Office[1]). Als Werk des Erzälers müssen wir aber ansehen die Aneinanderreihung der disjecta membra und ihre Verbindung zu mehr oder weniger einheitlichen Ganzen. Hier ist er bisweilen recht willkürlich verfahren; er hat manchmal dort Tiere eingeführt, wo man es gar nicht mit einem Tiermärchen zu tun hat und die Tradition der andern Nationen auch keine Tiere zeigt. So z. B. sehen wir im zweiten Teile von LVIII die Katzen in ihrer natürlichen Rolle als Feinde der Mäuse und Maulwürfe, und weil erklärt werden soll, warum sie in den Häusern der Menschen wohnen, sind sie für die Erzälung unentbehrlich; um nun diesen Teil mit dem vorhergehenden in Einklang zu setzen, verwandelt der Erz. den *Zauberlehrling* des letztern, der sonst immer ein Mensch ist (vgl. Pantsch. I 410 u. fgg., Köhler in Revue Celtique I 132) und auch hier ganz wie ein Mensch handelt, in einen jungen Kater. LXXXI beginnt und schliesst mit echten Fuchsgeschichten, in der Mitte stossen wir auf das bekannte Märchen vom *Tischchendeckdich* (Gr. KM 36), dessen Held nun auch der Fuchs wird. Gegen das Ende von LXXXIII lockt der Fuchs die Heuschrecken in eine Cisterne und steinigt sie dort; vorher geht, wie schon früher bemerkt, eine Version des M. von den *neidischen Schwestern*; der Einheit der Erzälung zu Liebe ist der Schauplatz des letztern von den Menschen zu den Heuschrecken verlegt. Diese drei Beispiele mögen genügen. Solche Verwandlungen dürfen wir wol stets als Zutaten des Erz. ansehen; er weiss dann aber geschickt die einmal gegebene Rolle fest zu halten und durchzuführen. Auch wo der sonstige Inhalt nicht dazu nötigte, scheint er derartige Veränderungen aus freien Stücken vorgenommen zu haben. So sind in No. LIX, Seidîn und Senâti, die Tiere nichts anderes als Repräsentanten von Völkern oder Stämmen, die man statt jener einfach hineinsetzen könnte; warscheinlich haben wir es mit einem alten Sagenstoffe zu tun. Hier liegt nun die Vermutung nahe, dass Dschano wegen unserer Vorliebe für Tiermärchen, und weil wir zu jener Zeit beständig welche von ihm verlangten, die Tiere erst eingeführt und an die Stelle jener gesetzt habe. Doch wird man bei der Annahme solcher Umänderungen in jedem einzelnen Falle mit grosser Vorsicht

---

1) O. Loth, A Catalogue of the Arabic Manuscripts in the Library of the India Office, London 1877, p. 808.

zu Werke gehen müssen; ein Hauptkriterium wird überall die
mythographische Vergleichung an die Hand geben. Es ist durchaus
nicht massgebend, ob die Tiere vollständig ihrem eigenen Charakter
gemäss handeln, manchmal sind sie jedenfalls auch ursprünglich
nichts anderes als in der Hülle einer Tiergestalt auftretende Menschen;
der Witz, die Komik besteht oft nur darin, dass ein Tier, besonders ein kleines Tier, sich so geberdet wie ein Mensch. So erin-
nere ich mich noch deutlich, wie Dschano bei dem Vortrage von
LXII ein ganz besonderes Vergnügen daran fand und wiederholt
äusserte, dass der k l e i n e F l o h alle jene liederlichen Pfaffen-
streiche verübte; dagegen ist im Anfang der Geschichte wieder
ein bekannter Schwank (vgl. das Sachregister) des arabischen
Dschóha [1]) d. i. Naçr ed-dîn's auf ihn übertragen. No. LVII ist
eigentlich eine recht dumme Geschichte; eine Seiltänzer- und Pup-
penspielerbande zieht Vorstellungen gebend umher, die Statthalter
reissen sich um sie, selbst der Sultan befielt sie zu sich. Die Komik und die raison d'être lag für unsern Syrer nur darin, dass
die beiden Künstler keine Menschen, sondern K a t e r sind.

Es ist die blosse Lust am Fabuliren, das Vergnügen am Ge-
genstande selbst, das den Erzäler zur Mitteilung drängt; von einer
lehrhaften Nebenabsicht, einer im Hintergrunde lauernden „Moral“
kann bei ihm keine Rede sein. Wie liesse sich derartiges
auch erwarten bei einem Individuum, bei einem Volke, dessen
tief gesunkenen moralischen Stand fast jede Seite unseres Buches
leider nur zu deutlich vor Augen führt. Ich meine damit nicht
allein das Fehlen jeglichen Sinnes für sittlichen Anstand, die in
allzu reicher Menge vorhandenen, oft raffinirten Obscönitäten, bei
deren Beurteilung der Orientale bekanntlich einen von dem unsrigen verschiedenen Massstab anlegt, sondern ganz besonders die
an so manchen Stellen hervortretende Treulosigkeit, Charakterlo-
sigkeit, die Verleugnung derjenigen moralischen Fähigkeiten, ohne
welche wir uns ein Zusammenleben von Menschen überhaupt nicht
denken können.

E. P.

---

1) Diese heutzutage in Aegypten und Syrien überaus volkstümliche Persönlichkeit findet sich schon bei Meidâni I, 197 (Freytag, Arabum Proverbia
I, 408): Törichter als Dschóhâ. Auch werden dort drei seiner Eulenspiegeleien
erzält. Person und Namen treffen wir wieder an im sicilianischen G i u f à,
im toskanischen G i u c c a (ebenso in Trapani) und im albanesischen G i u χ a.

Aus dem Oriente zurückgekehrt beschlossen wir, von unsern verschiedenen Sammlungen zuerst die vorliegende herauszugeben. Wir verteilten zu diesem Zwecke die Erzälungen so unter einander, dass jeder eine Hälfte übersetzen und den Text derselben später, nach Feststellung der anzuwendenden Typen, auf Grund der Manuscripte auch transcribiren sollte. Die Arbeit eines jeden wurde fortwärend von dem andern durchgesehen und verbessert, so dass wir beide gemeinsam für die Genauigkeit und Richtigkeit des Ganzen die Verantwortung tragen.

Im Frühjahre 1872 gelang es uns, mehrere Mitglieder der Kgl. Gesellschaft der Wissenschaften zu Göttingen, von welchen wir nur die Herren Benfey, Ewald und Wüstenfeld dankend nennen, für unsere Arbeit zu interessiren. Ganz besonders nahm sich der verstorbene Ewald, dem wir das Manuscript der Uebersetzung nebst unsern Originalaufzeichnungen vorlegten, der Sache an. Auf seinen Antrag hin beschloss die Gesellschaft der Wissenschaften, unser Werk durch einen erheblichen Druckkostenbeitrag zu unterstützen und unter ihrer Autorität erscheinen zu lassen. Ein dahingehender Vertrag wurde von ihr im Sommer 1872 mit der Verlagsbuchhandlung abgeschlossen.

Bevor wir den Text druckgerecht zu machen im Stande waren, mussten wir zunächst wissen, über welche Transcriptionstypen wir verfügen durften. Die Gesellschaft kam uns hierbei in der liberalsten Weise entgegen; sie überliess uns die Aufstellung des Alfabetes und die Wal der Typen. Nach reiflicher Ueberlegung gelangten wir zu dem Entschlusse, in Bezug auf die Consonanten von dem für die Darstellung semitischer Sprachen nicht so geeigneten Lepsius'schen „Standard Alphabet" abzusehen und das Alfabet der Deutschen morgenländischen Gesellschaft vorbehaltlich einiger Abänderungen und Zusätze zu Grunde zu legen. Für die Vocale hätten wir gern das Standard Alphabet, welches gerade hier grosse Vorteile bietet, angenommen und in seinem eigenen Sinne weiter ergänzt, wenn nicht eben zu jener Zeit ein Aufsatz von Böhmer in Halle [1]) erschienen wäre, der einerseits unsern Anschauungen über Vocaltranscription noch mehr entsprach,

---

1) Romanische Studien I, 2. Heft: Quaestiones grammaticae et etymologicae, Halle 1872, S. 295—301: De sonis grammaticis accuratius distinguendis et notandis.

andererseits schon eine solche Menge von bereits fertigen, im Besitze der Buchdruckerei des Waisenhauses befindlichen Vocaltypen
aufwies, dass wir unter diesen nur zu wälen brauchten. Schon
einfach deswegen, weil wir dachten, das Buch würde in Halle ge-
druckt und der Druck sofort begonnen werden können, empfalen
wir dieselben der Gesellschaft. Diese wollte sich jedoch überhaupt in den Besitz eines ausführlichen Transcriptionsalfabetes
setzen und entschied sich dahin, auf ihre eigene Rechnung Typen
nach dem Muster der Halle'schen anfertigen zu lassen. Der Druck
von Text und Uebersetzung begann im Winter 1872 auf 73 und
wurde nach einer durch Krankheit des Setzers verursachten längeren Unterbrechung gegen den Schluss des Jahres 1875 zu Ende
geführt. Schwierigkeiten anderer Art, deren Auseinandersetzung
an diesem Orte zu weit führen würde, verhinderten bis jetzt den
Abschluss und die Veröffentlichung dieser beiden ersten Bände.
So unangenehm auch diese Verzögerung in jeder Hinsicht war,
so kam sie dem Werke doch dadurch zu gute, dass sie uns in
den Stand setzte, für Anmerkungen und Einleitung reichlicheres
Material zu sammeln.

Zur Bezeichnung der in unsern Texten vorkommenden Laute
haben wir nun aus den von der Gesellschaft der Wissenschaften
angeschafften Typen folgende gewält:

1. Consonanten.

b ﺏ	h ة	m م	ṣ ص	y ى
c ج	ḥ s. unten	n ن	t ت	z ز
d د	ḥ ح	ñ s. unten	ṯ ث	ž ژ
ḏ ذ	ḥ s. unten	p پ	t s. unten	z s. unten
ḍ s. unten	ḥ خ	q ق	ṭ ط	ẓ ظ
f ف	j ج	r ر	ɣ s. unten	' ʿ s. unten
g ك	k ك	s س	v s. unten	ʾ ʿ s. unten
ġ غ	l ل	š ش	w و	ʿ

Bei t und d haben wir neben der stärkeren Aspiration (ṯ, ḏ)
eine schwächere (t, ḍ) unterschieden und ihre Zeichen auch da angewandt, wo wir über das Vorhandensein der Aspiration in Zweifel oder Widerspruch waren. Aus denselben Gründen sahen wir
uns genötigt, zwischen h und ḥ, sowie zwischen ḥ und ḥ je einen
Mittellaut ḫ und ḥ einzuführen; der letztere wird sich in vielen

Fällen als dem syrischen ܘ entsprechend herausstellen. y ist ein Mittellaut zwischen f und deutschem w (transcr. v); ñ ist der gutturale Nasal. Mit ẓ wird die Aussprache bezeichnet, welche das arabische ض heutzutage im Ṭûr hat; zur Empbase des d (ḍ) tritt noch eine Aspiration hinzu. Das ع wollten wir nicht als eine Art Nebenlaut durch einen Haken über der Zeile ausdrücken, sondern es musste wegen der entschieden starken consonantischen Aussprache, die es meistens hat, mit den übrigen Consonanten auf gleiche Linie gestellt werden: ع; dabei haben wir durch Einsetzung wenigstens von a und e die Fälle unterschieden, in welchen vor oder nach diesem Laute ein deutlicher Vocalanschlag hörbar war: ع, ع. —. Das Hamfa (') wenden wir nur im Innern der Wörter an.

Consonanten haben wir da in Klammern gesetzt, wo bei der Aufzeichnung entweder uns beiden, oder auch bloss einem von uns, das wirkliche Vorhandensein derselben nicht völlig klar und erwiesen erschien. Meistens betrifft dies euphonische Verdoppelung und die Halbvocale y und w zwischen heterogenen Vocalen.

2. Vocale.

Noch grössere Schwierigkeit bot die Darstellung der Vocale, da hier aus einer unendlich reichen Zal feiner Schattirungen eine Auswal zu treffen war. Das Streben nach möglichst genauer Fixirung des Gehörten einerseits, und die bereits mehrfach erwähnten Differenzen unserer beiderseitigen Aufzeichnungen andererseits brachten es dabei mit sich, dass wir gewisse rein phonetische Unterschiede notwendig bezeichnen mussten, deren tiefere Gründe eher auf allgemein lautphysiologischem als auf grammatischem Gebiete zu suchen sind. Wir hielten im Allgemeinen an folgenden zwei Hauptpunkten des Lepsius'schen Systems fest: 1) alle diakritischen Zeichen mit Ausnahme der Quantitäts- und Tonbezeichnung unter den Vocal zu setzen, 2) uns die Beziehungen der Vocale zu einander so vorzustellen, dass die drei reinen Vocale die drei Spitzen eines Dreiecks bilden, auf dessen Seiten und in dessen Innerm die Uebergangsbewegungen von einem Vocale zum andern sich vollziehen.[1]

---

1) Wir haben die Richtungen dieser Uebergänge in dem Dreieck durch Linien angedeutet.

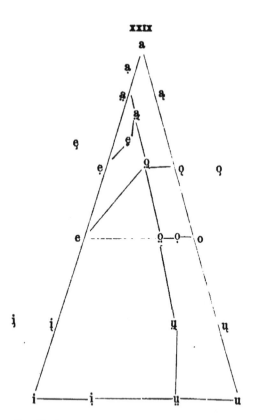

Neben den Umlauten ạ, ọ, ụ bezeichnen wir mit einem Punkte
(ạ[1]), ọ, ụ) Mittelstufen zwischen diesen und den entsprechenden
einfachen Vocalen, ebenso mit į die Mittelstufe zwischen i und ụ,
mit ẹ die zwischen e[2]) und ạ; sie sind namentlich da angewandt,
wo das Manuscript des Einen a, das des Andern ạ, u. s. w., auf-
weist. Die Trübung der Vocale sowol wie ihrer Umlaute wird
durch den nach rechts offenen Haken ausgedrückt: so ą, ę, į, ǫ,
ų ą̈, ǫ̈, ų̈. Die Aussprache dieser acht Laute ist durch ihre Stellung in der Lautpyramide gegeben: so ist

ą als ein nach o hin gehendes a zu sprechen,
ǫ[3]) als ein nach a hin gehendes o[4]),

ų	"	"	"	o	"	"	u,
ą̈	"	"	"	ǫ̈	"	"	ą,
ǫ̈	"	"	"	ą̈	"	"	ǫ,
ų̈	"	"	"	ǫ̈	"	"	ụ,
į	"	"	"	e	"	"	i,
ę	"	"	"	ą̈	"	"	e.

1) das zweite a im franz. madame. 2) franz. é fermé.
8) franz. o ouvert. 4) franz. o fermé.

Der horizontale Strich über dem Vocale drückt die Länge, das Zeichen ~ nach dem Vocale das lange Aushalten desselben aus.

Zur Bezeichnung der unbestimmten Vocale der drei Classen haben wir i̯, ẹ, ǫ gewält, die beiden letztern, weil sie innerhalb ihrer Classe diesen beiden Vocalen dem Gehör und der Aussprache nach noch am nächsten stehen.

Diphthonge sind ai, a̯i, au, ǫu; āi, āu, āo, āǫ, ōẹ. Der auf den ersten Blick auffällige Diphthong a̯i ist ein Compromisszeichen zwischen ai des Einen und äi des Andern.

Das Accentzeichen ′ haben wir der Vereinfachung wegen jeder Silbe gegeben, die vom Tone getroffen wird, mag dieser Haupt- oder Nebenaccent sein; auf diese Weise gelang es uns nicht nur auch hier wieder bei Differenzen der Aufzeichnung den beiderseitigen Auffassungen gerecht zu werden, sondern auch das eigentümliche Schweben des Accentes, welches in der Tat vorhanden ist, zur Geltung zu bringen. In demselben Verhältnisse stehen auch die Accente der durch einen Verbindungsstrich (-) vorn oder hinten angeschlossenen kleinen Wörter (Artikel, Verbum Sein, Negation, selbständigere Suffixe u. s. w.) zu dem Hauptaccente des Wortes; sie haben bald einen Nebenton, bald auch ziehen sie den Hauptton des Wortes auf sich, so dass dieses nunmehr bloss einen Nebenton erhält. Der Verbindungsstrich[1]) bezeichnet somit die Zusammengehörigkeit zweier oder mehrerer Wörter zu einander überall da, wo wir dieselbe nach Ausweis unserer Manuscripte als eine besonders enge empfunden haben. Dies ist selbstverständlich auch da der Fall, wo der Anlaut eines Wortes den Auslaut des vorhergehenden entweder verdrängt oder entstellt hat (auch der umgekehrte Fall tritt bisweilen ein).

Mit der vorliegenden Darstellung unserer Transcription beabsichtigten wir nur, dem Leser eine Anweisung darüber zu geben, was er sich unter den einzelnen Zeichen des Textes zu denken habe. Manchem könnte ihre Reichhaltigkeit vielleicht als eine zu grosse erscheinen. Dieselbe, teilweise aus der Gemeinsamkeit unseres Arbeitens hervorgegangen, mag in der Tat auch ihre Schattenseiten haben; es wird erst Aufgabe der Grammatik sein, hier das wesentlich Wichtige von dem Unwichtigeren, welches sich ja nicht auf den ersten Blick als solches zu erkennen gab, zu scheiden und die Schwierigkeiten, Widersprüche und Bedenken, die dem Leser unfehlbar aufsteigen werden, aufzuheben und zu lösen.

E. Prym.   A. Socin.

---

1) Ein Strich am Schlusse der Zeilen dient dagegen nur zur Silbenbrechung

I (158.)

Kítvō ág̈ā yúsif ág̈ā, qārivǫ-ve ꞏ älu-bálad dú-hónd, kítvō-le
ábred-ꞏ ámmǫ. rǫhámvo yúsif ág̈ā í-hóto dábre dụ-ꞏ ámmǫ; símle
ꞏ ámā begnóvǫ, híya bárto, atꞏ ínǫ bu-baítǫ. ú-ahúnǫ ómer mẹmäne
atꞏ ínēt? ómmo taꞏ nónǫ miyúsif ág̈ā. hávịn dí-qrítǫ ídẹt-dahúne
di-kácẹke. ómmi yūsíf-ág̈ā, ẹšqúl í-kácẹke. ómer bótr dẹmahtólhū 5
lú-zór ló kšǫqánnā. mqātálle bí-qrítǫ, ló qādíri ꞏ al yúsif ág̈a. hā-
vịla li-kácẹke ábrǫ ubártǫ. qrálle íšme du-ábrǫ mámmǫ, íšme di
-kácẹke amína. yáŕū mámmǫ. ómer bábi mányǫ? ómmi bábǫh klé,
ꞏ álu-hólo. ómer lácy-ánǫ bábi. rǫhámvo áhdō mámmǫ. mǫllále
láyǫ drǫhámvō-la ómmo kódꞏ at bábǫh mányǫ? ómer mányǫ? ómmo 10
yúsif ág̈a, símle ꞏ ám émǫh híya bártǫ, wumqātálle albẹ-hólǫh
walyúsif ág̈a. ló qādíri ꞏ ále. hávịt mú-harám. ómer haúhā, ómmo
é. átī lu-baítǫ, azzé, qtóꞏ le á-dīnóre díy-ẹmǫ, hūvíle psaífǫ
uꞏ qólle-le zaúgo d-damanjāyát. māhátle u-saífǫ baqdóle umāhátle
á-damanjāyät qúme. ázzē liy-aúda dyúsif ág̈a, ládaꞏ yúsif ág̈ā. 15
ómer tóh mámmǫ ítaú. yátū mámmǫ, húwe uyúsif ág̈ā, ášg̈ili.
amqāhárre. gríšle ī-damanjáe ẹlmámmǫ. mahtóle ꞏ al yúsif ág̈a.
qāꞏ ítǫ ẹblébe. ẹmhāválle ẹlyúsif ág̈a. ómer ẹqtẹléli ẹlmámmǫ.
átịn bi-yúsif ág̈a án(n)-ahunóne uꞏ án(n)-ábne. átịn ẹlmámmǫ. azzó
-hábrǫ ẹlhóle dẹmámmǫ. ómmi qtólle mámmǫ. átī hólẹd-mámmǫ 20
líy-aúdā dẹyúsif ág̈a, fālíti ꞏ āl ẹhdóde bá-saife. qtíle íštǫ lmámmǫ
ẹmbẹ-yúsif ág̈a. átī lu-baítǫ, dí-qrítǫ kúlle azzịn sẹmámmǫ, ómmi
hvaꞏ ū-ág̈aídan. ómer tróve. hávi u-ág̈a mámmǫ. tart-íšne qǫd
yálif ág̈atíye.

ꞏ zzě há-mdi-qrítǫ lá-qaiṣe, laqíbe sábꞏ ǫ daivóno, āhíle u-mérẹkǫ 25
uꞏ ú-báglǫ. ómmi mzáyaꞏ u-mérẹkǫ. ázzịn trē kāríhi ꞏ āle. hẹzálle
ádmǫ ꞏ āliy-árꞏ ǫ. azzịn bu-šób du-ádmǫ. azzịn lụ-náqvǫ dụ-sábꞏ ǫ.
ẹhzálle á-ꞏ qulyótǫ ū-nárgǫ uꞏ ú-haúlǫ uꞏ í-rišvónǫ bu-tárꞏ ǫ dụ-sábꞏ ǫ.

1

náfąq u-sáb꞉ǫ mídle ęlḥá āḥíle.   maḥęzámle lu̯-ḥrẹ̄nǫ, áti li-qríṭǫ.
ómęr álō kit sáb꞉ǫ daivǫ̀nǫ, qtíle á-trē zlāmất.   mámmǫ ómęr mǫ́
kǫmmítū?   ómmi ú-ḥavāl-ánǫ-yǫ.   qắyim mámmǫ, ęlvíšle u-saifǫ u·ú
-tụ́rsǫ.   azzé lu̯-sáb꞉ǫ, maubéle tụ́rtǫ ęlmámmǫ.   náfąq ū-sáb꞉ǫ.   ḥę·
5 zéle mámmǫ kitlē saífǫ.   ęqliⁱr u-sáb꞉ǫ męmámmǫ.   kimfárji di-qríṭǫ
kúllę.   mídle ęlmámmǫ lú-sáb꞉ǫ, ęmḥéle ú-mirtắl qúmę.   lǫ́ símle
mẹ́de lu̯-sáb꞉ǫ.   ęmḥęléle saífǫ lmámmǫ, hōl fắlgęd-yaúmǫ húwe
u꞉u-sáb꞉ǫ kimqátli ḥid ętré zlāmất.   qtíle ęlmámmǫ u-sáb꞉ǫ.   áti lu̯-
baítǫ.   náfịl dắ̄g ębmámmǫ.   náfịl išmęd-mámmǫ bębríṭǫ.

10   áti tụjár męmaúṣạl lu̯-bálad dụ-hụ́nd.   hávī ęzbę-mámmǫ zaífǫ.
ómęr hátạt mámmǫ?   ómęr é.   ómęr šām꞉ína išmǫḥ bú-bálad ęd-
maúṣạl.   ómęr dlǫ gvǫ́rǫ-hất?   ómęr é.   ómęr kóḥlǫ ꞉álǫḥ zíne, mǫ-
gzírǫ-yǫ, bárṭęt-mīré-zęráv.   kítla tlǫt aⁱunǫ́ne, mír-sēᵛdīn uḥásṣǫ
ucákkǫ.   ómęr klá bú-qúṣrǫ dęgzírǫ.   á-zinéjir di-dạrgắṭṭe ęd-dáḥ-
15 vǫ-ne.   mámmǫ ómęr má gęzé hǫl tắmǫ?   ū-bázịrgán ómęr ǫ́nǫ.   ómęr
i-náqęlā dǫzóḥ aubéla ī-ḥūṣạídi.   ómęr ꞉ála-꞉aíne.   ómęr bál(l)ē
ad꞉álli ḥábrǫ, mǫlléle lu-bázịrgán.   áti u-bázịrgáṇ lụ́-hụ́nd, símle
u-bázār-díde udá꞉ạr.   áti lbę-mámmǫ.   maubéle i-ḥúṣa ędmámmǫ.
ázzē lmaúṣạl lu̯-baítǫ.   sáląq ęlgęzírǫ ęlbe-zíne.   ḥęzéle zíne bú-šib·
20 bák.   ómęr zíne.   lǫ ráziyo ạdmišgǫ́lǫ ꞉ámu-bázịrgán.   ómęr zínę.
ómmo mínyǫ?   ómęr mamtẹ́lī-lęḥ mẹ́de mędúktǫ.   ómmǫ mínyǫ dę-
mamtẹ́lǫḥ?   ómęr ḥụ́r ꞉álę.   šréla u-trabzúni męḥása.   mtautáḥlā bú
-šibbák kle u-tijár lắltaḥ uzíne lál꞉ịl.   ómmo qtáre mịd-kícyǫ bę·
rišęt-du-trabzúni.   aqtǫ́lle lu̯-tijár.   gríšla ęlzíne ú-trabzúni.   ạ̄šréla
25 mú-trabzúni.   ḥǫ́lla ꞉álę ḥęzéla ḥúsa.   ḥá-faṣṣó almás-yǫ uḥá fáṣṣǫ
lúl uḥá fáṣṣǫ išme dęmámmǫ ęktívǫ búwe.   ómmo aíkǫ-yǫ mǫ́re
di-ḥúsa?   ómęr klē bu-bálad-díde.   ómmo šām꞉ǫnǫ íšme, gimšailǫ̀nǫ
mẹ́nǫḥ, ka꞉ísǫ-yǫ?   lǫ́?   ómęr ḥǫ́rt ṭaú mẹ́ne laít.   azzínǫ lụ́-hụ́nd
unāḥátnǫ ḥǫl maúṣạl, lǫ-ḥzéli zlām꞉taú mẹ́ne u꞉ájrjal mẹ́ne.   ómmo
30 gdǫ́꞉ṛịt ęltắmǫ?   ómęr é.   qā꞉ímǫ ęktúla ṣúrtǫ hǫd ṣúrta bu-kắġad.
wụktúlā-le bi-ṣúrtǫ, ómmo tǫ́ḥ lú-bálad-dídan, hōve ḥarám ꞉áli, lo
kšǫqlǫ́nǫ gaúre ġér ī-ruḥaíde.   á-gaúre ękǫ́ṛḥi ꞉álá-(n)níše. lácyǫ
꞉aíbǫ.   á-(n)níše dękǫ́ṛḥi ꞉álá-gaúre ꞉aíbǫ-yǫ.   búla u-kắġad lu̯
-bázịrgán.   tréla i-ḥúsa ꞉áma.   áti u-bázịrgán ęlmaúṣạl, ęmsíkle ꞉ṭa꞉
35 naíde.   azzé lu̯-bálad dụ-hụ́nd.   mátị ęlbę-mámmǫ.   azzé lídęd-mámmǫ,
ómęr áḥęlá ubęḥére bú-bázịrgán.   ómęr mišġél bázịrgán.   ómęr mǫ́
gi(m)mišġánnǫ?   mámmǫ.   maufáqęle u-kắġad mę꞉ębe, húlē ęlmámmǫ.

ḥǫ́lle ꞌālu-káġad, aḥzéle î-ṣúrtǫ dęzíne uꞌá-ḥábrē dęḳṭúlā-le. an̤-
šǫ́qle i-ṣúrtǫ. ómęr kǫ́yǫ î-ḥúṣā? ómęr šqęlólā ạlzíne. fáiš tạrt
-ȇšne, húwe uzíne kimšaꞌi laḥędǫ́de kuwȇġid. aqḥírǫ zíne mę-
m̤ámmǫ. ạmsíklá ḥä̆ hūlále. alfó-qurš. wumšáyáꞌla káġad ꞌámę
lú-ḥúnd ęlmámmǫ. ómmo mą́llę kǫ́ṭē trǫ́ṭē, ló kǫ́ṭē gęšǫ́qęlǫ́nǫ 5
mîr akábịr ú-áġa dú-wán. ázzē u-zlám, mšāyéle ꞌāl mámmǫ. húle
u-káġad ęḥmámmo. qrę́le lmámmo u-káġad. qạyim mámmǫ símle kár
-díḍe. ráḥū ꞌāl i-sístǫ. qạyim ꞌámę trě uꞌạrbꞌi ęmdí-qrítǫ, lą́tne aḥu-
nǫ́ne, bi-ḥkę́ye kómmi aḥunǫ́ne-ne. ázzịn ꞌam mámmǫ bu-dą́rbǫ. lǫ
mǫ́llę-lin laíkǫ gizí. mǫrrállē ómmi mámmǫ. ómęr ḥá. ómmi î-niyaí- 10
dǫ̆ḥ laíkǫ-yǫ? ómęr gęzínǫ ạlmaúṣal; aína dękǫ́ṭ-ꞌámi ꞌāla-ꞌaíne,
uḍlǫ́ kǫ́ṭe ꞌámi mụstáfil, gęzínǫ bî-ġaríbiye. dāꞌịri męfą́lgę dęḍą́rbǫ,
wụtrą́lle mámmǫ. ą́tī ęlꞌaínǫ bu-dą́rbo, dámạḥ ꞌāli-ꞌaínǫ. laịt qạr-
yāvǫ́tǫ ęlḥęḍǫ́r i-ꞌaínǫ. faꞌíšǫ î-sístǫ ędló ꞌálaq kāfíntǫ. kitvo arbáḥ
tą́lme dęlą́ḥmǫ ꞌꞌám mámmǫ. ęfęrḥíle bī-túre di-sístǫ. láḥila li 15
-sístǫ u-láḥmǫ. mǫ́llę ęrrúḥę, nóšǫ laịt gábę, ómęr lǫ́ kǫḍꞌánǫ iꞌ
-sístǫ qaí lǫ kóḥlǫ. bú-šibḥǫ dālǫ́ḥǫ hāvíla lišǫ́nǫ li-sístǫ, ịšġílǫ,
ómmo mámmǫ. ómęr ḥá, ꞌaínī. ómmo qúm ędꞌár ęm(m)ą́rke lụ
-baítǫ. ómęr lǫ́ kǫ́vę, ędló mamtę́nǫ zíne ló kóvę. ómmo é mụstáflit. ulǫ́-mtānę́la ę́dī lí-sístǫ. ịšġíl ꞌáma mámmǫ, ló kmišġǫ́lǫ. 20
ęzmǫ́lle bi-ꞌaínǫ ubáḥị ꞌāl zíne.

qạyim ṣáfrǫ ą́ti qūnáḥ ạḥrę́nǫ. māḥátle ꞌal mą́rgǫ. dámạḥ,
krǫ́ꞌyǫ î-sístǫ. ā́tíle ḥaíye, mālífǫ ạrrágle. ómęr· nḥát ḥaiváne.
ómmo lǫ́ zaíꞌat lǫ́ gędausą́llǫḥ, ló kámil ū-yaumaídǫḥ. nāḥítǫ i
-ḥaíye, ómmo dękomą́lvǫ ū-yaumaídǫḥ, ommą́tvo ulǫ́mmatvō gę- 25
dausánvǫ-lǫḥ.

qạyim mámmo, ráḥū, ạmḥę́le ꞌālu-dą́rbǫ. mą́ti lán(n)-adrǫ́ṭǫ
dagzírǫ qmí-valái. náḥat mí-sístǫ, kịmfárij ꞌāli-valái mlárval.
kit ḥä́ bákkǫ ꞌaván, dáyim bú-méjlis dá-ꞌmírǫnę-yǫ. u-ḥábrǫ ạt-
kǫ́męr lǫ ksaimílę tré. kítle bą́rtǫ ęlbákkǫ, íšmā ą́rjaḥ zíne. nā- 30
ḥítǫ bą́rtǫ dębákkǫ lú-šat, kęmāšíġǫ á-júlę ạḥęzéla mámmǫ. náfịl
léba ębmámmǫ. šāmíꞌi á-bę-bábed zíne î-kā́ꞌístǫ kịmšaiꞌǫ
kuwȇġad híya umámmō laḥḍǫ́de. kómmi šqúl gaúre, kómmo lǫ
kšǫqęlǫ́nǫ ġér mámmǫ, ušāmíꞌi di-valái, á-(r)rábe uꞌá-(n)naꞌíme.
ęšġílǫ ꞌámę bą́rtęd-bákkǫ. ómmo má(n)nāt? ómęr mámmǫ-nǫ. 35
ómmo ꞌāl mǫ́ kórḥịt? ómęr ꞌāl zíne. ómmo zíne ędhǫzą́tla gędǫ-
dꞌátla? ómęr é. ómmo ǫnǫ-nǫ zíne. ḥǫllébā, ómęr ḥaír, lą́tạt zíne.

ꞏꞌālū-wáṣaf ẹdkóbi mẹzíne aḥlé ména laít; hȧt lȧtāt aḥlíto, kịm-
dáglịt. ómmo mȧmmo ālǫ́ho kǫ́da꞉ zíne-no. ǒmẹr bȧlki íšmẹḥ zi-
nẹ-yo, élo lȧtat ī-zíne ẹdkobꞋéno. ómmo mȧmmo íšmī zíne-yo, ubȧr-
tẹd-bákko ꞌāvān-no, zínẹ ẹdbẹ-꞉ạmíro aḥvȧrti-yo. ómẹr zéḥ aqraᴵlā
5 a(l)lȧrke. azzá bȧrtẹd-bákko ꞌavān. ómmo zínẹ. ómmo ḥá. ómmo
téḥ dozäno lú-šatt ẹmfạrjínā ꞌāl ṭaíro, u-ṭairáno nuḥrǫ́yo-yo,
ṭaú méne laít ṭaíro, trẹ́li ạ-júle uꞋatyǫ́no bǫ́trẹḥ, dimfạrjịt ꞌalú
-ṭairäno. nāḥíto zíne, ạlvíšla í-mišáye, unāḥíto bī-valái, kimfạrji
dí-valaí udá-dukkáne ꞌạ́lā, kómmi ḥēš lǫ́ nāfíqo zíne ịlla
10 ǫ̇Ꞌdō. nāfíqi azzịn ẹlfẹ́me dú-šát. ḥǫllē-bạ lmȧmmo. nȧfịl ukȧyū
lẹ́bẹ. yātívo arríšẹd-mȧmmo kfǫ́rho lẹ́bẹ. bȧrtẹd-bȧkko ꞌavān
kimfạrjo. ạfrǫ́ḥla lẹ́bẹ dẹmȧmmo. māḥạsle ẹlmȧmmo. ḥạlla
bmȧmmo. kȧyu lẹ́bā, fríḥle lẹ́bā ẹlmȧmmo. ṣádrā ḥẹvǫ́ro urā-
kíḥo ḥú-abrísam. māḥạsla lzíne. ạnšǫ́qqe ẹḥdǫ́de. ómmo kazzíno
15 lu-baíto, ẹrḥạú ꞌāli-sísto, tóḥ ẹlgābạᴵnā. ómẹrꞋé. azzá zíne lọ
ꞏ-baíto, sālíqo ẹlqár꞉e du-qúṣro. ẹkḥaíro, yȧqịd lẹ́ba. āṭi mȧmmō
ẹlbọ-꞉míro ẹlbẹ-mīr-sēᵥdín. yȧtu bi-aúda. ómmi maíkọ hȧt?
ómẹr nuḥrǫ́yo-no. khaírī búwe, ṭaú mẹnaíyẹ-yo. kimfạrji ꞌạ́lẹ.
zínẹ mǫ́lla lẹcákko wulḥássọ lán(n)-aḥunǫ́ne, ómmo mȧmmo-yo,
20 ṣúdu(l)le ꞉ẹ́zze uꞋẹkrám. ló kmȧrfịn aḥẹdǫ́de mȧmmo uꞋȧn(n)-aḥu-
nǫ́ne. bákko ꞌavān mǫllále li-bȧrto, ómmo lo rȧẓī bǫno, rȧẓī zínẹ
ómẹr gẹmaqtánne, bákko.

qȧyim u-ḥā yaúmo mīr-sēᵥdín, ómẹr dúšu lu-ṣaido dá-ġazālát,
mǫ́lle lmȧmmo. mȧmmo ómẹr é. zíne mǫ́lla ẹlḥássọ, ómmo lọ
25 mọblítū mámmo lu-ṣaído, ẓaífo-yo, ꞌaíbo-yo, dló maqṭẹ́lẹ bákko.
ómẹr lọ zạí꞉at hǫ́to, klan ꞌáme. simme ạ-(s)sisyȧtte lá-grēꞋe. zínē
nāḥíto míy-audái, símlā i-sísto ẹdmȧmmo. khozȧllā cákko uḥássọ;
ló kumtánịn, blẹ̄baíyẹ-yo. mīr-sēᵥdín lȧtle ḥȧbro. azzịl-lu-ṣaido
dá-ġazālát. qȧyim ġazále, mạrfȧlle bǫ́trā. ẹmsikǫ́le ẹlmȧmmō,
30 hūwǫ́le lmīr-sēᵥdín. ómẹr hȧno ubạġbíš-dídoḥ. ómẹr mȧqoblǫ́li
mẹ́noḥ. mȧmmo mǫ́lle ẹlḥássọ, ómẹr ṣāhíno, kazzíno lu-baíto
qul dọtẹ́tū. ómẹr zóḥ. ȧṭi mámmo wọtrálle. klā zíne ꞌālu-qúṣro
ẹkhaíro bu-dȧrbo, kómmo éma ǫ́te mámmo? ȧṭi mámmō. sȧlạq
liy-aúdā búwe uzíne. simme ḥának, blíšše baḥdǫ́de. ȧṭịn ȧn(n)
35 aḥunǫ́ne mu-ṣaído. sālíqi liy-aúda. lāwíla dȧrbo ạdnǫ́fqo. cíko
bǫ́tr mȧmmo, mkạsyǫ́le bú-kurk. ȧṭi mīr-sēᵥdín, kle mámmo yātívo, drẹ́le šlǫ́mo, lǫ́ qȧyim mámmo mọqúmẹ. ạtqóyim gi(m)mi-

baínọ zíue. yấtū mír-sēɣdín uɣátu bákkọ.   bákkọ ómẹr drẹ́le
šlọ́mọ ẹlmír-sēɣdín ›álọ̄ḥ ulọ qāʾímẹt mọqúmẹ.   ómẹr aḥúni u-rá-
bọ-yọ, mámmọ.   ḥássọ ucákkọ kọ́d〈ṣ〉i zíne kla táḥt u-kúrk ẹd-
mámmọ.   mọ́llẹ̄-lin ẹbːaine, ādíˑi.   mọ́rre ẹlmír-sēɣdín, ómmi qúm
ozzál-li-bákca. ˌómẹr lọ kọtẹ́nọ.   aqḥir mír-sēɣdín.   ázzē ḥássọ 5
qt̤íle īɣ-át̤t̤ọ, mẹrfẹ́le núrọ bu-baitaíde lá̤šan dẹqọ́yim mír-sēɣdín miɣ-aúda qọd nọ́fqọ zíne mẹbótẹr mámmọ.   símlẹ haúḥā lá̤-
šan mámmọ.   át̤in mọ́rre lmír-sēɣdín, ómmi ḥássọ qt̤íle īɣ-át̤t̤ọ,
mẹrfẹ́le núrọ bu-baít̤ọ.   qá̤yim mír-sēɣdín miɣ-aúda.   át̤i ẹlbẹ
-ḥássọ, ḥúwe ubákkọ ꞌaván; lọ́ fáiš nọ̄́šọ bīɣ-aúda, žgẹ́r mámmọ 10
uzíne.   nāfíqọ zíne táḥt u-kúrk.   sālíqọ lu-qúṣrọ.   mọllẹ́le ẹlbákkọ
ẹlmír-sēɣdín, ómẹr lọ́ qá̤yim mọqúmọḥ mámmọ, zíne taḥtu-kúrk-va,
mauḥá̤ ló qá̤yim mámmọ.   mqātẹ́le ẹlmír-sēɣdín wulḥássọ.   qá̤yim
ḥássọ ucá̤kkọ ẹg̔bínī, rāḥívi ꞌálá̤-sísye, át̤in ẹ(l)lá̤rke lú-šám.
qá̤yim mír-sēɣdín, māḥátle mámmọ bi-zịndāníye.   kozzá̤ zíne lu 15
-tárɛọ di-zịndāníye, ẹgbọ́ḥyọ ꞌal mámmọ.   mámmọ kọmálla zíne lọ
bọ́ḥit, mauqá̤dlẹḥ qányi.   kẹbóḥyọ, kẹbọ́ḥē mámmọ.   má̤t̤i mámmọ
ẹlmaútọ mú-qāḥá̤r.

    át̤i ḥá̤ da̤rvíš, ómẹr zíne qai gẹbọ́ḥit?   maḥkẹlále lụ-da̤rvíš,
ómmo laikọ gẹzóḥ?   da̤rvíš.   ómẹr gezí lụ-ḥọ́j.   ómmo lọ gẹzóḥ lụ 20
-šám?   ómẹr bẹ́le.   ómmo zọ́ḥ márre láḥunọ́ne, mar mamsá̤kle ẹl-
bákko mámmọ, wá̤ḥtā dẹkmọ́yit, itọ́ḥū lọ kọlétū.   ómẹr ḥáli ẹn-
šọ́qtọ, ú-da̤rvíš.   ómmo tọ́ḥ a̤nšá̤qli ẹlḥá̤t̤ar ˙demámmọ.   a̤nšiqọ́le
uꞌázzē u-da̤rvíš.   kẹmamt̤iyọ́le mọ́kẹlọ ẹlmámmọ, lọ kọ́ḥil.   máyit̤
mámmọ, ẹbɛíjọ zíne mū-qáḥar.   māḥátte zíne umámmọ bḥá̤ qaúrọ. 25
maḥvá̤lle ḥāṣaíye laḥdọ́de.   bu-šíbḥọ dālọ́ḥọ qālíbọ fóta̤íye laf a̤ḥ-
dọ́de.   azzọ́-da̤rvíš.   a̤ḥzẹ́le cákkọ uḥássọ, mọllẹ́lin.   rāḥívi ꞌálá̤-
sísye, dāɛíri lụ́-bá̤lad.   ómmi kọ́yọ mámmọ?   ómmi máyịt̤.   ómmi
zíne?   ómmi maꞌít̤ọ.   ázzịn ẹft̤á̤ḥḥe u-qaúrọ, bá̤ḥin ꞌalaíye.   azzẹ́
mír-sēɣdín ubákkọ ꞌáma̤íye.   bákkọ ómẹr bi-brīt̤áti rọḥmívo ḥẹdọ́de 30
ubá̤yọ krọ́ḥmi a̤ḥdọ́de.   ómmi qaúwyọ?   ómẹr maḥvẹ́lan ḥāṣaíye
laḥdọ́de, maḥvá̤lle fóta̤íye laḥdọ́de.   ómẹr ḥássọ: ḥọ́nne sá̤ḥ lọ
trẹ́lọḥ mẹṇaíye, umaꞌít̤i lọ ktọ́rịt mẹṇaíye.   a̤mḥẹ́llẹ̄-le saifọ ẹlbákkọ, qt̤á̤ɛle qárɛẹd-bákkọ.   ná̤qạt núqtọ da̤dmọ bu-qaúrọ bạin
ẹlmámmọ ulzínē.   hávi sālúnọ bainá̤-tre wọṣḥọ́rre u-qaúrọ.   tụ̄ 35
šmẹ́ra̤ sá̤ḥ.

II (113).

kítvo mírz-ága úw-ága dặ-kócạr, i-duktại̯de bú-mặrgo-va.
kitvō-le ańúno, mại̯t úw-ańúnọ. kitvóle ábro ubặrtọ. íšme dú-a-
5 bro óse uʼíšme di-bặrtọ ꞏámše. brāhím-ága ú-ágad-bặdlus mšāyáꞏ-
le ẹgréꞏo lsẹmírz-ága. ómẹr zóḥ mặlle tr-ọbélạn ꞏámšẹ. ặti
u-gréꞏo ẹlbẹmírz-ága. ómẹr mírz-ága. ómẹr ḥắ. ómẹr brāhím-ága
mšāyáꞏlē-li, mọ̆lle izóḥ, mặlle lmírz-ága tr-ọbélạn í-bặrtọ. ómẹr
lọ kọbéna. dáꞏẹr u-gréꞏo, mọlléle lẹbrāhím-ága, ómẹr lọ kọ-
10 béna. ibrahím-ága mạškẹ́le ꞏalại̯ye bú-ḥụkụ̆m. mọfqị̆le mẹtắmo
á-kócạr; ázzị̆l-lụ̆-zōzắn. óse ú-brázi-dmírz-ága mọ̆llẹ̄-le lẹmírz-ága,
ómẹr fāišína šắto bú-zōzắn, dụ̆š ōzạ́n ạlduktại̯na. ẹtlặlle á-kowắn
lặ-kócạr, ặtị̆n ạlduktại̯ye. brāhím-ága šắmạḥ dắtị̆n ạlduktại̯ye,
mšāyáꞏlē-lin gréꞏo, ómẹr zóḥ, aqị́mị̆n mẹtắmo. ặti u-gréꞏo mau-
15 fặqẹle u-kắgad mụꞛẹ̆bẹ. húlẹ lmírz-ága. mírz-ága ḥọ̆lle bu-kắgad
óse ómẹr ꞏámmo mọ́ kíbe bú-kắgad? ómẹr yǎ́ ábri, kómmi qụ̆mu
ạmmặrke, bẹ-brāhím-ága. ómẹr qaúwyo? óse. ómẹr lặšạn ꞏámše
dlauvólạn. óse qắyim, mẹhẹ́le lụ-gréꞏo, mḥẹ̆(l)lẽ-le šáqẹmo ꞏál aqdọ̆le
du-gréꞏo, u-gréꞏo nắfị̆l líy-ặrꞏo, tuwír tlọtọ̆ ꞏặrše mẹdu-gréꞏo. ómẹr
20 dizóḥ dẹḥọzéna mí gẹsại̯mítū. qắyim u-gréꞏo, ráḥū ꞏálu-sị̆syo
umaḥzámle. ázze lí-valái, ḥzéle klọ-ú-dívan mặlyo. azẹ̆́ lị̆dẹd-brā-
hím-ága. ómẹr ḥắ ại dặrbo? qắyim ḥắ íšme
óse, ańúne dẹꞏámše, ạmḥọlléli šáqmo, atvúlle ꞏạršóni. ómẹr ḥẹ́-
tu-lẽ bụ̆-ḥabís u-gréꞏo, ahílọḥ bartíl mẹnại̯ye, ómẹr ḥại̯r affặndim.
25 mẹšāyáꞏle gréꞏo ḥréno. ómẹr zóḥ mọ̆lle lmírz-ága mar tóḥ dōvẹna
ańunóne, ibrāhím-ága simlẽ-le mị̆štụ́to lú-ábro, kọ̆bꞏẹ dótạt. azzọ́
-gréꞏo ạlbẹ-mírz-ága, ặti mọ̆llẽ-le ạlmírz-ága u-gréꞏo, ómẹr qụ̆m
dọzáno ạlsū-ága, kŏmẹr trọ̆te dōvéna ańunóne. ómẹr kāʼíso. simle
mẹštụ́to lú-ábro, kọbꞏéno dótẹ. óse ómẹr lọ̆ kótẹ. mírz-ága ómẹr
30 gẹdọtẹ́no ló-msantat ꞏále. qắyim mírz-ága, ázze ꞏámu-gréꞏo,
ázze lbặdlus lí-valái lsú-ága. ázze lú-díván. klọ-u-dívan mặlyo
mặn(n)-ágawíye. ómmi kắti mírz-ága, súmụ-le dúktọ; mẹzaúno
nayárẹ-ne. yắtū bi-ṣádꞏo mẹqábil du-ága. óse ráḥū māḥátle á-dā-
manjayắt qụ́me uʼú-sại̯fo baqdọ̆le. ạlvíšle ꞏagẹ̄líye uꞏabáye bag-
35 dādíye ucặzma sẹmọ̆qo uꞏakfíye, wázze lí-valái bọ̆tro-ꞏámmo, māḥátle i-sistại̯de bu-ḥặn wazzẹ́ lí-sarái lisbọ-brāhím-ága. klọ-u-dívan
mặlyo. yắtu bại̯na-šákālāt bại̯na-sꞏúne. ạmlilẹ́le sabíl ḥẹdä̆

-ꭓaráb. klǫ-ꞩámmo yātívo. klǫ brāhim-áǧa yatívō. klǫ-u-méjlis
mályo áǧawíye. símme qáhve, húwwe u-finján qāmaꞩto ęlmírz-áǧa.
mídle lu-finján kle kšóte. ibrāhím-áǧa ạnhíꞩle á-gréꞩe ạbꞩaíne,
ómęr qtắlu-le. ęmqaúmi a-gréꞩe ꞩál mírz-áǧa bá-ḥnéjạr. mírz-áǧa
ómęr brr~, mídlē li-ḥánjạr, miḥyóle ba-gréꞩe, lǫ símle mę́de. aq- 5
tǫ́lle bú-dīván. qáyim óse, māqládle u-tárꞩo umídle lu-ꞩaifo unáfịl
bu-dívan. ạqtíle brāhím-áǧa u-ꞩú-ábro u-án(n)-áǧawiye. mkāmę́le
šaúwꞩi qtíle bú-dívan. mídle lu-ꞩaifo unáfạq. ázze ęlsạ́-(n)níšęd
-bǫ-brāhím-áǧa. kítle tắrt-abnóto lǫbrāhím-áǧa u-ꞩáṯto. mamtę́le
a-tắrt-abnóto, marḥuvíle kúl ạḥdó ꞩal sísyo uráḥū ꞩāli-sistaíde 10
uḥǫ́ꞩle ú-ꞩámmo ꞩal báġlo húwe qtílo. áti lu-baíto láqi bá-kócạr
-díde, ómmi mí símlǫḥ? ómęr qtǫ́lle ꞩámmi, qtíli šaúꞩi, mamtę́li
á-tắrte abnóto dibrāhím-áǧa wukle ꞩámmi qtílo ꞩālu-báġlo. átịl
-lu-baíto, yātívi bu-baíto, aqwǫ́rre u-ꞩámmo. ạmhǫ́lle í-ḥędo ꞩálę
löse, u-ꞩi-ḥdo ḥęvóle ęljalál ábręd-mírz-áǧa ábre du-ꞩámmo.   15

qā-ꞩimo bár̤te dibrāhím-áǧa, áṯte dóse, mǫ́lla 'lóse, ómmo ḥęzéli
ḥá ꞩal ḥóṯoḥ ꞩal ꞩámšę knōyạ́kla, ạbędúgle. qáyim óse, qréle lę-
ꞩámšę, ómęr ꞩámšē. ómmo mínyo? ꬼúne. ómęr šǧǫ́lǫ símlę lnóšo
ꞩámęḥ? ómmo ḥę́r ꬼúne. ḥạzy-ú-ḥálvo ḥạ́lyo aí dárbo-yo óno
baúḥa-no. kodꞩóno ạlbắrtęt-du-dālíqo símla haúḥa. mǫblóle, 20
ómęr ꬼóto, ómmo ꬼá. ómęr dúš óno uḥáꞩt nǫšmína ꬼáwa. záyạꞩ
léba, báḥyo, ạbléba ómmo gęqǫtę́li. mǫblóle. ázzịn alṯúro, ꞩābíri,
ḥęzálle mꞩárto, yātívi bi-mꞩárto, óse u-í-ꬼóto ꞩámšę, ṭaú mę́na bębríto kúla laít nóšo. ómmo bléba, ómmo gi(d)dǫmḥóno wotrǫ́
qǫtę́li, élo óno ꞩaíni ạftíḥị gęzaiꞩǫ́no dęqǫtę́li. ómmo ꬼúne gę- 25
dǫmḥóno. ómęr dmáḥ ꬼóto. dāmíḥo. dāmíḥo qáyim óse ęshǫ́lle
ú-tárꞩo di-mꞩárto bkéfe rábe, wáṭi lu-baíto.

ú-ḥā yaúmo qáyim šérbak ú-áǧa da-šérva. ázze lu-ṣaídǫ, qáyim ǧazále, šędálle la-ṭụwéži bǫtré-ǧazále. kálịn á-ṭụwéži bu-tárꞩo
di-mꞩárto. šérbak kle rāḥívo ꞩal sísto, u-sạrgaída ꭊ-í-rašmaída 30
wạ-rkēbát kúlle sę́mǫ událivǫ. a-ṭụwéži kimná-węsī bu-tárꞩo di-
-mꞩárto. maqláꞩle i-sísto. mắṭi lạ́-ṭụéži, męhāwạ́ll-ꞩalá-páya. ómęr
qadému. átịn á-páya, kibin ắlfo payá, klē dạ́lli rāḥívo ú-aꬼúno,
rāꬼívo ꞩáme, átịn. ómmi mínyo? bāgím. ómęr ạftáḥū u-tárꞩo dí-mꞩar-
ṭáti. ạftḥ̌ḥę u-tárꞩo di-mꞩárto, ḥęzálle ạḥędó šíbḥō lālǫ́ḥǫ ályaq 35
mę́na laít. mǫfqǫ́lle. ómmi maíko ḥáṯ? lǫ-mtānéla. báḥyo. manḥátle
lšérbak dạ́lli mú-sísyo, mạrḥęvǫ́le, húwạ(l)la máye, štéla. símla

haúḥa. húwạ(l)la láḥmo. iẓg̣ílo í-kạ́cẹke, ómmo mạik-átu? ómẹr
šérbág-no, u-áġa dạ-šérva. ómmi hát mạíko hát? ómmo hóṭe dóšē-no
ú-áġa dạ-kócạr, uḥaúḥa simlábī lạ́tte-daḥúni. ạ́tte-daḥúni bạ́rtẹt-dị-
brāhím-áġa ú-áġa dẹbạ́dlus. ómmi lạ́t-lẹ̣ gaúro? ómmo ló. ẹṇ-
5 ḥẹrọ́yo? ló. bạ́rṭo hát? ḗ. mamṭiyọ́lle. ạ́ṭịl-lu-qúṣro tšérbak. dạ̣lli
ómẹr lọ́no-yo. šérbak ómẹr zóḥ aí dạ́rbo gdọbḗna? ịllah lọ́no-yo.
ạmḥaróle ạlšérbak. ázze dẹgówạr. nāffiqo bạ́rṭo.

    qáyim óse, ázze li-mẹạ́rṭo, nóšo lọ ḥzéle. ẹmšāyéle má-(r)rọ́ṣye.
ómmi lọ ḥạzyólạn. ḥálạṣ ạal táạlo, maḥzámle lụ-táạlo. u-táạlo
10 mhāvạ̣lle mú-diyár. ómẹr wạrróḥ. káli óse. ómẹr ḥọ́ṭọḥ dẹkọ́rḥẹt
ạála mọblọ́le ẹlšérbak. azzẽ óse ạlbẹ-šérbak. ázze lú-divāṇ ẹd-
bẹ-šérbak. yātū bu-dívan. gríššе i-sụ́fro. maḥšámme lạ́-(n)nuḥ-
rọ́ye. óse mọ́llẹ̄-le lẹšérbak, ómẹr šérbak. ómẹr ḥá. ómẹr ḥzéloḥ
ạḥdọ́ bi-mẹạ́rṭo? ómẹr ḗ. ómẹr aíko-yo? ómẹr klā gábi, ạmḥaróli
15 ạáli. ómẹr haúvyo briḥọ. ómẹr krọ́ḥmạt ālọ́ḥọ, bạ́rṭo-vā? ló?
ómẹr ālō bạ́rṭo-va. báḥi óse. šérbak ómẹr qaí gẹbóḥẹt? ómẹr
ḥóṭi-yo. qáyim šérbak, mịdle lẹdrọ́ṣẹ dóse umaubéle līy-audáye
dẹạámšẹ. ḥárre baḥḍöde ubáḥạn á-tre, ạnšíqqẹ ḥḍóde. óse ómẹr
g̣ámo lạít, hárke lạ̣cyo dúkṭo nụḥraíṭọ, u·ạ́ṭạt ịlbẹ-bák. qáyim
20 šérbak, húlē-le lạóse i-sísto dụ-sẹ́mo udụ-dáḥvo í-mạlvạ́sto, hūlélẹ-yo
ḥọ́lạa lóse. ráḥū óse. ạ́ṭī lụ-baíto, aqṭịle iy-ạ́tto umaṭạ́lle u-bai-
taịdẹ u·ạ́ṭī ẹlbi-šérbak, yātū bú-qúṣro sí-ḥóṭo. tụ šmérrā ḥváš.

III (114).

    kítvo áḥmạd káhya bidiárbạkẹr, u-ḥụ́kịm dẹdiárbạkẹr ráfyo-ve.
kítvo ḥá, imám-áġa ạ́šmē. kítvo-le šaúwạo ábne wạ́ḥdo bạ́rṭo.
mšāyáạle laḥmád-kahyā ú-grēạaíḍẹ ạlbe-imám-áġa. ómẹr trọ šọqẹlóli
30 bạ́rṭọḥ í-ḥalíme. ázze u-grēạo ạlbẹ-imám-áġa, maḥvẹ́le u-kág̣ạd
limám-áġa. qrạ̣lle lí-ḥalíme lú-dīvān. mọrrálla lụ-bábo ulạ́n-aḥu-
nóne, kọbạẹ́laḥ áḥmạd káhya. mšāạállā-le lúwe ulu-grēạo. ạ́ṭī
u-grēạo ạlbáḥmạd káhya. ómẹr ḥá mụ̣ mọrrálloḥ? ómẹr áġa mẹạạárre
lọ́nō ulóḥ. ḥịso ḥụ́kịm bidiárbạkẹr. aḥmád-káhya ráḥū, mamṭẹ́l
35 ạáme ạisrī rimọ́ye, ạ́ṭi ạlbẹ-ímām áġa, msíkle ạ-šauwạạ-ábne dẹ-
ạimám-áġa, maḥtílẹ bú-nazám. fạ̣iš imám-áġa u·íy-ạ́ṭṭo wuḥalíme
ḥu-baíto, ạgḥóḥịn. áṭyo i-ḥalíme, ạlvíšla ạ-jūlaíḍa umāḥạ́ṭla u

-cárcav-dída ꞏála u·átyo lidiárbaker, azzá-lbe-qóze, báḥyo. ómer
qai kebóḥit? ómmo aḥmád-káhya mꞷáyáꞏle alsebábi lajáni, lo
ꞷqíli, maḥátle a-ꞷaúwꞏo aꞷunón bú-nazám. ómer mí-(s)soyámno?
laíbi dimtānéno. qā·ímo i-ḥalíme, ázza lbe-ḥás(s)ān-áġa úw-áġa
da-zerekíye, ázzā lu-dívān, klo-u-dívan mályo, báḥyo. ómer qai 5
gebóḥit? ómmo aḥmád-káhya laꞷáni, lo ꞷqíli, māḥátle a-ꞷaúwꞏo
aꞷunóne bú-nazám. ómer mí sámno? laíbi dimtānéno. qa·ímo,
kāríḥo ꞏāl án(n)-āġawíye kúlle, ḥá lo qádir demarfélin. mórralla
lá-(n)nóꞷe, ómmī zéḥ albe-farḥó deba-ꞏzér-áġa, hávo sáḥem-yo
qmo-ḥúkim.—ázzā elbe-farḥó lí-valái didéreke, mꞷáyéla ꞏal be-farḥó 10
u·azzá lu-qúꞷro, ázzā liy-aúdad-fárho, kle fárho alḥúde yātivo,
ázzā líde wumtāḥálla. ómer mú-kóbꞏat? yā ḥárme. ómmo áġa
dōvátli bāsímo, atyóno lgáboḥ, ubáḥyo, aḥmád-káhya laꞷáni dlo
ꞷqíli msíkele a-ꞷaúwꞏo aꞷunōnaídi, maḥtíle bú-nazám. ómer bárte
demán-āt? ómmo dimām-áġa. aqḥír fárḥo, samíqi ꞏaine. mídlē 15
lu-qályun atvólle, qréle lꞏámar u-gréꞏo, ómer tóḥ. ómer mínyo? áġa.
ómer qúm alím ꞏáskar mú-bálad ugezál-lediárbaker, marféna án
-aꞷunóne dḥalíme, kān ló marfálle láḥmad káhya, kimqatlína bí-valái
dediyárbaker. mālímme ꞏáskar, wazzín lediárbaker. tréle lfárho
i-ꞏáskar mu-tárꞏo ulárval u·áber húwe utré gréꞏe, ázzil-lí-sarái, 20
mꞷāyálle ꞏal aḥmád-káhya. ómmi aíko kóve? ómmi hárçke kóve.
ꞏáber fárḥo algábe. aḥmád-káhya náḥat mú-táḥt, maslágle fárḥo
lu-táḥt, yátū fárḥo ꞏālu-táḥt. mamtálle qáhwe, ꞷtálle, mamtálle
u-mókelo, lāḥíle elfárḥo. aḥmád-káhya ómer qaúwyo ló-kóḥlat?
ómer lo koḥánno. ómer qaúwyo? ómer árfai á-ꞷaúwꞏo aꞷunóned 25
-ḥalíme, gedoḥánno, uló, lo koḥánno. ómer ló kmarfénin. ómer
ló kmarfátte? ómer ló. mídlē lu-saifo alfárho wumḥéle baḥmád
-káhya. maḥezámle laḥmád-káhya. qáyit ibkátfe daḥmád-káhya,
amhaválle umaliẓámle. mꞷāyáꞏle alfárḥo ḥá gréꞏo mi(d)díde botrí
ꞏáskar. ómer trótyo ꞏúbro y-ꞏáskar. náḥit fárḥo bá-dárge lí-dórto 30
dí-(s)sarái, u-saifo bíde, ázze lu-tárꞏo dú-ḥabís. mḥéle saifo lu
-ziajirván, qtíle, maufáqele qáis dekítve bú-ḥabís msikóye, mārfálle.
átyo i-ꞏáskar, mórrálle lfárho aldi-ꞏáskar, ómmi mú kóbꞏat? ómer
méde ló kobꞏéno, aubélū a-ꞷaúwꞏáni ꞏamaíḥu án(n)-aꞷenóned-ḥalíme.
u·áti fárḥo ꞏámi-ꞏáskar. áti lu-baíto. malqéle ú-ábro u-naꞏímo, 35
simléle ꞏáskar dizꞏúre u·áti bótro-bábo. ómer yábō laíko gizzoḥ?
ómer átino bótroḥ. ómer daꞏár, molléle lú-ábro, ómer mamtéli

á-(š)šaúwᵉo aħunŏnęd-ḥalíme. átịl-lụ-baíto, yātívi. qᶐyim aħúnęt
-ḥalíme u-rábo, nšíqle ídęt-fᶐrño, ómęr áǵa mbaḥbᶏšī-lọḥ ḥalíme,
sịmlọḥyo jēríye. ómęr lọ́ kọ́ve, fᶐrño. ómęr sịmlíli námús gędọ́mmi
á-(n)nŏše: simle lášạn átto ạlfᶐrño. izŏ́ḥu lụ-baịtᶐdḥu, ītáu, ú-bᶏlā
5 dạ-(r)ręmọ́ye ᷄ālu-kạ᷄baịdi. unáfạq išmịt-fᶐrño bębríto. tụ̄ šmęra ᷄ᶏḥ.

IV (111).

10   kítvō ħᶏ u᷄ᶏḥędo, rọḥmívo ḥędóde.   mọrrálla li-kᶏcęke lá-bę
-bábe ómmi gędọbīnᶏlęḥ ęlbę-ḥáji-bák.   ómmo lọ́ kšọqęlọ́nọ ǵēr
ħánọ dękrọḥmọ́nọ.   laúwalle-yọ lu-kúrękọ ęlséfdīn-áǵa.   ᷄ainaíye
biḥḍóde.   ᶏti u-pášā lụ-baḷạd-dᶏtte ęlbę-ḥáji-bak, mọ́rralle lụ-pᶏša,
ómmi ħáno fęrár-iyọ ħᶒte bú-nạzᶏm.   māḥátle lu-pᶏša bú-nazᶏm.
15 ạmsíkle, māḥátle ębbaíto bainᶏ-msękọ́ye.   kít qaraqŏ́l bu-tárᶐọ. kít
ḥánjạr ᷄ᶏmę ᷄am séfdīn-áǵa, náfạq ạdmᶏzraq, mahęzᶏmle.   azzᶒ
᷄áskar bọ́tre.   ạqtịle íšto bí-ḥánjar, wumsíkke.   māḥátte bainᶏ-msi-
kọ́ye.   ázza ī-zạrife ạlgábu-pᶏša.   ómmo yā pᶏša.   ómęr ményọ?
ómmo kobᶐọ́no ukmitrajyọ́no mᶒnọḥ ạdęmᶏrfęt-séfdīn-áǵa.   ómęr
20 lọ́ kọ́ve, ạqtịle íšto nafạrᶏt.   ómmo gędọbᶏllọḥ ᶐụlbo ạddīnọ́re
bartịl. ómęr lọ́ kọ́ve. qᶐyim u-pᶏša u᷄i-᷄áskạr, maqᶏmle ạ-msikọ́ye
᷄ᶏmę wᶏzzịn ęlvalái ębvalái.   ázzại-zạrife ᷄ᶏme.   kúl valái kózza
sa-pašawíye, kimrᶏjyo, lọ́ qọ́tạḥ hol dázzin lụ-qᶏrs qęmú-gáwạr.
ázzịn sú-wᶏli-pᶏša, ú-pᶏša rábo taht íde dụ-šultọ́nọ. ᷄ābíro í-zạrife
25 ạlbainᶏ-msikọ́ye.   mọllále lséfdīn-áǵa ómmo ħáli júlọḥ ušqúllọḥ
júli.   ęmqāyᶏḍḍe bᶏ-júle séfdīn-áǵa wi-zạrife.   ạlvíšle ᶏ-júle dᶏ
-(n)níše uhíyạ lvíšla ᶏ-júle di-᷄áskạr.   ómmo zŏ́ḥ ạlbaíni-valái,
akraílọḥ baíto wītaú búwe ħọd-dęḥọzᶒna.   ázzē makrᶒle baíto sí
-sarᶏi.

30   wᶏli-pᶏša mọ́lle ạlkạrim-pᶏša ulá-qōlaǵasịye ulᶏ-bimbāšíye
ómęr aufēqu iy-᷄áskạr ḥaṭṭ-áti, aulᶒfu(l)lā ta᷄lím.   mọfqọ́nne, kla
i-zạrife bainōtạíye, kīt ᷄ála júlę da-᷄áskạr.   kúl cáviš ạmsíklē-le
᷄ásrọ wukmọlfᶏnne, klē wᶏli-pᶏsā kimfᶏrij ᷄áli-᷄áskạr ᷄álụ-ta᷄lím
ḥáto. ú-cáviš dí-zạrife kmọḥᶒla ǵálabe, lọ́ kŏ́dạḥ átto-yọ. i-᷄áskạr
35 kimḥálqọ aúwwịl rágla í-yameníye, í-zạrife kimḥálqọ í-capíye,
kịmǵálto ú-ta᷄lím.   ú-cáviš mọ́lle lá-qōlaǵasíye ómęr tŏ́ḥu ḥúru lọ́
kyŏ́lif ú-zlam-áno.   á-qōlaǵasíye mọ́rre lá-bīmbāšíye.   ḥọ́rre, klē

wȧli-páša kimfárij. fālītī ᵓála ᴂ-bīmbāšíye bá-qúfe dȧ-sȧife, wȧli
páša kimfárij, ęmḣȧllȧ-lā gálabe. mịdla lsȧdra, wuftȧḣla, wȧzza
sụ́-taḣt dụ-páša. ómmo amán affȧndim átto-no. simla haúḣa.
qębír wȧli-páša, aqtȧᵓᴇle qárᵈęd-ḣamšó pāšāwíye, ómer fā'íšo i-gíra
maḣtólḣu bú-nazám?· ómmo ḣair affȧndim, gędọmȧllọḣ, ḣáli dȧstúr. 5
ómer míšgịl. ómmo kítvō-li ȧnḣerọ́yọ, látve fęrár. māḣátte ȧldí
-qríto bú-nȧzám. mitrājéli ma-pāšāwíye lọ́ marfȧlle, lọ́ qtịᵒ ídi
męne, atyọ́no ᵈáme hol(l)ȧrke unāfęlọ́no będúkte. ómer ȧiko-yo?
ómmo klȧrke. ómer qríle, kán šāfírọ-yo ḣwótęḣ gemȧrféne, ukán
pis-yo gęmāḣátne bụ-nazám. ómmo trọ́ve. qrīlále, ȧlvíšle jule 10
uᵈȧti lqúmu-páša. ḣọ́llē-bē lụ-páša. ómer álō ḣórt kā'íso-yo,
ḣáno wȧjib di-ᵈáskȧr-yo, élo mbaḣbašlíleḣ-yo. ȧnšíqęla ídę dụ
-páša, ómmo áffȧndim, ksȧimọ́no ḣēvíye mḙnọḣ dękotvátli kȧgȧd
umóḣat ú-méḣer di-daúle búwe, nóšo dlọ́ mosákle. ktúlē-la kȧgȧd
uḣúlē-la. átyo lụ-baíto ḣíya uḣúwe wọmḣọ́rre ęḣdóde. utụ-šmerā záḣ. 15

V (107).

kítvō páša, kitvóle bȧrto, u-páša dędiyárbakęr. tlọbóle lábręt 20
-du-páša dębúgdad. ómmo kázzi lụ-bustóno, bȧrte du-páša. ázzạ
lụ-bustóno lú-kēf. ḣúla jeván ᵈam ábre dụ-qọ́ze, azz-ȧbrę dụ-qọ́ze
lụ-bustọ́no. ḣezéle bȧrte dụ-páša. yātivi á-tre, mịdlē-la, símle
ᵈáma. átyo lụ-baíto. kámil šáto, ȧmḣaulụ́lle ȧlbę-páša ȧdbúgdad
lú-ȧbro. átyo í-ᵈáskȧr uᵈú-taḣtirawán, maḣtólle bu-táḣtirēwán. 25
kit jḕríye ᵈáma. kāyúla lbȧrte dụ-páša u-kévo dụ-ḣevọ́yọ. ómmo
jḕríye. ómmo ḣá. ómmo koyaúli. ómmo ȧiko? ómmo gávi uḣási.
i-jḕríye mọllála ómmo dęlózzē dlót atᵈȧnto? ómmo lọ́ kodᵈọno.
ómmo már, nóšo laít. ómmo tȧḣ gúš. ómmo tęᵈȧntọ ḣát, i-jēríye,
gędōvélȧḣ ọ̀ᵈdo, gęmahịtkátlan. bȧrto du-páša ómmo aí dȧrbo? 30
i-jḕríye qréla lá-gréᵈę á-gārọ́še dụ-táḣtirawán. ómmi mínyo?
ómmo aklȧu ędnóḣto ī-ḣātúne mázạrqo. māklȧlle. nāḣíto í-ḣā-
túne uᵈ-i-jḕríye ᵈáma, ázzịn baịnu-gḕlo, u-gḕlo ḣávi drọ́ᵈo, yātívo
i-ḣātúne, fríḣla ḣȧsa lị-jḕríye. ḣāvíla bȧrto, uᵈȧtịn cíkī bu-taḣtọ-
rawán, ᵈȧbíri wọtrȧlle i-kácęke baịnu-gḕlo, i-jḕríye ómmo grȧšu, 35
mọ́lla lá-gréᵈe. i-ḣatúne mọ́llā-la lị-jēríye, ómmo sụ́mli tȧgbír.
i-jḕríye ómmo ᵈaí álo uᵈȧlī. mátạl-lęqríto, māḣátte. á-gréᵈe mọrrálla

li-jēríye ómmi jēríye, ómmo há. ómmi mụ̆ kobꜞḗtu doḥlítū? í-jēríye
ómmo távu(l)lạn ạgḙ̇ṭaíto kómto, utávu(l)lạl-láḥmo, ̣áhna gḙṇọhrína
i-gḙ̇ṭaíto. mạṃtánnạ-(n)ne gḙ̇ṭaíto kómto uláḥmo. ̣ạnhọróla i-gḙ̇-
ṭaíto li-jēríye. māḥátla u-ádmo bšušái naꞏámto. ̣ázzịn máṭạn ạl-
5 búġdạd. qā̇ꞏímo búġdạd kúla, á-(n)níšē u·á-gaúre u·a-zḙ̇-
ꞏúre távda, qā̇ꞏími li-fạrje. mḥálle tōpát. kátyo í-kálo dábre du
-páša, ꞏābíro. maḥtólle biy-audái, wí-jēríye gába. mọ̆llā-la li
-jēríye ómmo í-naqḙlā dọ̆ṭē ábre du-páša ạdḙgóvẹr, ḥ́ḙ̇ṭ ī-mạndḗlo
táḥtẹḥ uḥ́ḙ̇t núqṭḙ dạdmo, súm ī-mạndḗlo núqṭḙ dạdmo, lọ̆ kụmtáṇi
10 ulọ̆ kmalitạklạḥ. hávi lạ́lyo. ̇ạ́ṭi ábre du-páša ḙlsí-kálo. štạ́lle
ꞏạráq wụmkāyạ̈ffe. maḥraúla ábre du-páša bọ̆·ꞏạráq. qáyim ạdḙgóvẹr. māḥạ́tlại-mạndḗlo táḥta. nạ̈kle, gávẹr. mlḙ́la i-mạndḗlo
núqṭḙ dạdmo. qáyim ábre du-páša, ḥ́ạlle ꞏāli-mạndḗlo. ḙḥḙzéle kíba
ádmo. ḙnšạ́qle í-ḥātúne. í-ḥātúne mọ̆llā-le lábre du-páša lu-gaúro,
15 ómmo haúla baḥbíš rábo li-jēríye, ḙ́lo mḙꞏạ́dbo ꞏámi. húlē-la
baḥbíš rábo, unáfạq míy-aúda. ̇ázze lsú-bábo. ómẹr bábo gā-
vọnno. ómẹr ábri škúr málō. mḥálle tōpát wọfṣịhi. maḥválle
i-mạndḗlo li-jēríye lạ́-(n)níše du-páša, hūwạ́lla bạ́ḥbiš.

    qáyim bāqọ̆ro rḗ꞉yo, kmárꞏe á-qanyọ́ne bú-ṭúro. ḥzéle kặçḙke
20 naꞏámto, kle várvār-didạ. maḥtóle bi-túre, mauklḗla ḥálvo (t)tauróto
hōl ꞏạꞏríye. ꞏạꞏríy-ạ́ṭī lu-baíto. mọ̆llḗ-la liy-ạ́tto ómẹr ẓ́ịnḙkḕ.
ómmo mínyo? ómẹr ḥezịlílạn kặçḙke. omm-ạíko? ómẹr bu-ṭúro.
ómmo dḙlọzzē hōvéla móre. ómẹr lọ̆ zḙ̇꞉ạt. mọfqọ́la mí-túre.
fṣíḥo bíya ġálabe, lạ́ttḙ zḙ꞉úre. mạshiyóla bú-lagạn. ṭ́aif ú-lagạn
25 sḗmo u-dáḥvo ꞏál fóṭḙ dạ́-(m)mai. afṣịhi u-rḗ꞉yo u·iy-ạ́tto. mā-
límmau-sḗmo u·ú-dáḥvo. mzābạ́lle lu-rḗ꞉yo, húle bḙꞏạsrạ́lfo. kúl
šábṭo kmashạ́lla náqelā. kúl šábṭo kịmzábịn bḙꞏ̇ạsrạ́lfo. hávi ú
-baíto du-rḗ꞉yo ṭaú mạdbḙ-páša. kómmi alóho hūléle lụ̆-rḗ꞉yo.
hávī bázạrgán. yārívo i-bạ́rto ḍ̣u-rḗ꞉yo. í-gḙḍalaiḍa sḗmo u·í
30 -ḥeḍo dáḥvo, ̇ályaq mḕna lạít bḙbríṭo. ̇ábre dú-wāzíro ómẹr ịlla
kobꞏḙno bạ́rte du-rḗ꞉yo. ómmi kā̇꞉íso. ú-rō꞉y-ávi bāzḙrgán. ṭlọ̆bbe
bạ́rto du-rḗ꞉yo lábre dú-wāzíro, ạmhaulụ́lle.

    kótyo ḙlsú-bábo ạlsú-rọ̆꞉yo. mọrrálla lạ́-(n)nọ̆še ómmi mạnyo
bábḙḥ u·ḙ́mḙḥ? ómmo ú-rọ̆꞉yo da-qanyọ́ne. ómmi lọ̆ lạ́co bábḙḥ.
35 ómmo báꞏ mạnyo? ómmi bu-ṭúro ḥzēlélḙḥ. họ̆lla li-kặçḙke wobꞏíjo
umā·íto mụ́-qahạr-didạ. ̇ábro du-wāzíro mḥéle ṣaifo bí-valái.
ómmi qaúwyo? ómẹr mọrḥụ́(l)la lạ́tti lạ́cyo u-rọ̆꞉yo bábḙḥ. ómmi

gęṭólbīnáloḥ aḥréto. ómęr hóve ḥarám ʾáli bóṭęr máyo dšoqánno
níše. hávī dạrviš, náfạl bębríṭo. ázzē lbúġdạd. ázze laqmú-šibák
dī-kálo du-páša. mḥéle bu-dáfo ubáḥi. ęmsānáṭla lí-kálo dú-páša.
ómmo yā dạrviš, qại gębóḥiṭ? ómęr u-dạ́rd-diḍi ġálabe-yo, umọ́lle
bí-zmọ́rto. ubáḥi ʾáli-kạ́cęke dḥạzyóle lụ́-rọ̈ʾyo umāqạmọ́le uhaúvyo 5
šáfạ́rto. wụṭlębóle lábre dú-wāzíro, umọrrálla haúḥa, wọbęʾijo,
uʾọ́nę-no ábre du-wāzíro, wọkębọ́ḥe kle kmáḥke bí-zmọ́rto li-kálo
du-páša dębúġdạd, lẹ́me dí-zeʾ-ạ́rto. báḥyo i-kálo du-páša. qrẹ́la
lụ́-dạrviš, trẹ́la gába, simla gréʾo. ómęr yá sítti. ómmo mínyo?
dạ́rviš. ómęr ṣúrtęḥ uqúmtęḥ kúla dạ́tti. ubáḥi. ómęr yá ḥātún, 10
hót kítno sáḥ lọ́ knōfáqno męgábạḥ, gi(m)misāléno bṣúrtạḥ. ómmo
yá dạrviš, i-ḥátūn. ómęr mínyo? ómmo lọ́ máḥkạt. ómęr lọ́.
ómmo bạ́rti-va. maḥkilále lụ-dạrviš ufáiš ghōdạ́mla.

15

VI (115).

kítvō wāzíro, lạtvō-le ạ́tto úlọ́ bábo ulọ́ ẹ́mo. kítvō ḥęḍo ar-
mạ́lto, kāʾísto-va. kítvō-la mόre; ōṭẹ́vo u-wāzíro ạlgába sōyạ́mmo
ʾáma. hāvíla tęʾọ́nto, ạtʾíno hol šáto, lọ nāfíqo męlálgul mụ-ʾaíbo 20
dạ́-(n)nόše. hávī-la ábro. māḥátla beʾụ́lbękē, māḥátlā-le fạ́lqo
dęsíkkar ạffẹ́mę wọshílla fẹ́mę dí-ʾụlbo. í-qrītạ́tte qārúto-yo lụ-ba-
ḥạ́r. mídla lí-ʾụlbęke, mḥalqọ́la bu-báḥar. ázzại-ʾụlbęke, ęmzaíʾo.
áti ḥá bázęrgán, ráḥū bú-baḥạ́r, kl-ʾálu-pạ́pụr kšόte í-sigára. mọl-
lẹ́le lụ-gámci ómęr yā gámci. ómęr ḥá. ómęr ạnfáq ạsḥại kla 25
hō ʾụlbo taíya. náḥiṭ u-gámci, húwe wutré ḥréne, ạsḥálle, ęmḥálle
i-ʾụlbo qmi-šálqe dạ́-(m)mai, mamtiyọ́lle lsú-pạ́pụr, msikọ́lle usālíqi.
ú-gámci ómęr gęfotáḥna. ú-tụjár ómęr qại gęfotḥátla? gi(z)zōvạ́nna
mẹ́noḥ dlọ́ ftóḥo. ḥáḍ ubáḥt ạzvinóle lụ-bázạrgān bęʾásro kise.
lọ́ fteḥóle lụ-bázạrgán, maḥṭọ́le bạiná-(s)sęfōqaíde. áti lụ-baíto 30
msāfẹ́le ú-šuġlaíde. bọṭr ębšábto mọ́llā-le liy-ạ́tto ómmo mẹ́ręko.
ómęr ḥá. ómmo mụ mamtęlọ́ḥlạn bi-ʾụlb-áti? ómęr álọ lọ́ kodaḥ
mínyo, šqęlóli mú-gámci bęʾásro kise, taíya tfotḥīnála. mamtiyọ́la
ạtfotḥíla. símme ulọ́ símme, lọ ftíḥo. ómęr trávu(l)la tamhόne hόl
ṣáfęro, dsoyạ́mno qlído li-ʾụlbo. maḥṭọ́lle utạryọ́lle. họnne kmíšgọ́li, 35
báḥi ú-zʾúrọ. lạ́tvolle ábro, kitvụ́lle ḥammíš abnọ́to lụ-bázęrgán
ulïy-ạ́tto. báḥi u-zęʾúro, ęfsíḥi. ómmi yálla dόve ęzʾúro. kul-bạ́rto

ẹndólla nádrọ lildāt̠ālo, kul a̠ḥẹd̠ó dīnọ̈́rọ. lọ dāmíḥi ú-la̠ly-ávo,
hol dhǎvi ṣáfẹro. ṣáfẹro náha̠r, mọrrálle lu̠-bá̠za̠rgān qúm izóḥ,
sûm aqlíd̠o li-ṣu̠lbo. qáyim u-bá̠zargān, ázze lú̠-šú̠qo, símle qlíd̠o;
mamt̠éle, mḥéle ʾa̠li-ṣu̠lbo, ẹftiḥọ́le. nǎʿa̠q a̠zʿúro bi-ṣu̠lbo, kítle fá̠lqo
5 a̠dsíkkar bíd̠e. a̠fṣíḥi g̠álahe. šámiʿo i-valái, u-bá̠zẹrgán a̠ḥzí(l)lē-le
ábro. símme bẹmọ́re ú-zʿúro. šáto bšáto símme bmọ́re, hǎvi mọ́-
rẹt-dẹʾa̠srí-šne. má̠t̠ u-pǎša dí-valái. kāríḥi uw-áḥel dí-valái ʾal
ḥẹdóde má gẹṣaimína pǎša? ómmi nóšo mi-valái lọ kṣaimína
pǎša, gẹṣaimína u-zẹʾúro da̠ḥẹzéle lu̠-bá̠za̠rgán. símme pǎša bi
10 -valái. hǎvi pǎša ukmáḥka̠m kāʾiso; a̠tléle ú-ḥá̠rij mí-valái; mi̠n
ʾáska̠r a̠tkót̠e kmāḥátla bá-ḥānát; uhǎvī kāʾiso. a̠tlu̠bbá̠llc át̠o
lu̠-pǎša í-bá̠rt̠o du-qọ́ze.

ázze arbá-šne bí-ḥọ́lọ, a̠tʿi̠nọ át̠te du-pǎša, hāvíla bá̠rt̠o. di
-valái ómmi vai lu-šu̠gl-áno, ḥvá̠zzi ḥọ́ve-vọ́le ábro. haúvyo i-bá̠rt̠o
15 uyārívo. yārívo, haúvyo g̠álabe šáfa̠rto. a̠rḥámla ábre dú-bāqọ́rọ
dá-qanyọ́ne. kul yaúmo aqaímo mi-šá̠nto umọ́blo mọ́klo ʾáma
ukózza̠ lbẹ-bāqọ́rọ. kommíla á-(n)nōše uʾíy-émo uʾú-bábo a̠lmọ́
kozzẹḥ a̠lbẹ-bāqọ́rọ? kómmo kozzíno mfa̠rjóno, gzōmálla̠n u-bāqọ́rọ
bi-ba̠llúre. mọllále lu̠-bábo ómmo nóšo lọ kšọqẹlóno g̠ér ábrẹ du
20 -bāqọ́ro. mṣa̠ʿállē-la umḥẹ(l)léla, ómẹr ọ́no ma̠nno uʾú-bāqọ́rọ
ma̠nyo? ómmo mustá̠flit̠. ú-ḥā yaúmo qréla lábre du-bāqọ́ro ómmo
qúm aḥzá̠mli sábu-zéd ú-á̠g̠a da̠-bani-halāliyẹ, hávo záḥm-iyo.
qáyim ábre du-bāqọ́ro maḥzá̠mle i-ká̠cẹke i-bá̠rt̠o du-pǎša. azzé
sabu-zéd ú-á̠g̠a da̠-bani-halāliye, ázze ltáḥtu-kón, húwe uʾí-ká̠cẹke,
25 ázzi̠l-lid̠ẹd abu-zéd, ẹnšíqqe íd̠e wumtāḥárre. ḥọ́llē-bi̠n a̠l-ábu-zéd.
ómẹr minátu mẹméde? ómmi za̠ifẹ-na. ómẹr ʾála-ʾaíne, itáu. yātívi.
gríšše í-súfrọ. āḥíle lu̠-kúrẹkọ. í-ká̠cẹke ómmo lọ́ koḥlóno. ábu
-zéd ómẹr qaúwyo lọ kóḥli̠t? ómmo haúḥā. ómẹr lọ kóvē, má̠lli,
ábu-zéd. ómmo gẹdoma̠llọḥ, kān simlọḥ gẹdoḥlóno, ukāl-lọ́ simlọḥ
30 lọ́ koḥlóno. ómẹr ábu-zéd, mǎr, ʾal álọ uʾáli u-šu̠g̠laid̠a̠ḥ. ómmo
rḥi̠mli ábre du-báqōro ulaúlē-li ẹlbábi, uma̠ḥzá̠mli watyóno a̠lgáboḥ,
óno uhúwe. ábu-zéd qrọ́t̠le ʾárše, ómẹr aḥšém ulọ́ za̠ʿʿat, u-juwáb
a̠dbábaḥ má̠t̠i̠ ʾáli. maḥšámla, maḥšá̠mme udāmíḥi. qréle lu̠-má̠lla,
a̠mḥọ́lle i-ká̠cẹke ʾal ábro du-bāqọ́ro uhūléle kọ́n, umālímlē-le kul
35 baíto qanyóno waʿvóno ugámlo, uhúlē-lc. yátū ábre du-bāqọ́ro.

šámiʿi bẹ-pǎšā, á-bẹ-bábe di-ká̠cẹke. qáyim u-pǎša uʾú
-má̠jlis-díd̠e, rāḥívi uʾát̠i̠n sẹʾabu-zéd. át̠i̠n má̠t̠i̠n lá̠-kōnát̠. mša̠-

yálle ꞏꞌálu-kóne deꞏꞌábu-zéd, uꞏꞌú-bázirgán bábe du-páša kl-ꞏámaiye.
átin cíki bú-kónet ábu-zéd. yātívi, símme ḥešómto uqáhwe. ī
-mezárfe di-bríto ḥáti-yo, u-móklo uꞏí-qáhwe. maḥšámme wutlálle
i-súfero. kárạḥ ú-májlis deꞏꞌábu-zéd, ešǵili ꞏam ábu-zéd. ómer
mó kobꞏétu? ómmi yā abu-zéd, kítvō-le bárto lu-pāš-áno dídan, 5
mahzámla ábre du-bāqóro uꞏátyo lú-taraf-dídoḥ, láçyo blēbaína.
ómer kla gábi, híya ubúwe. ómmi kobeꞏéna dimsalmátlan-nē. ōmer
ḥaír ló kóve. ómmi béle kóve. ómer dmáḥu lsáfero. dāmíhi
alsáfero. ómmi yállā hálan-nē. qáyim ábu-zéd maufáqle u-páša
wá-(n)nōše dekítv-ꞏáme, mofqíle lárval, maḥtíle ꞏálu-ḥásōk, šnaqíle. 10
šámiꞏ ú-sultóno símle haúḥa elꞏábu-zéd. símle ꞏáskar wázze
ríše. emqatálle tvúlle ꞏáskar dú-šultóno. emšāyáꞏle elꞏábu-zéd
lú-šultóno. ómer tai ꞏáskar, qáiš admámtat hóve harám ꞏáli dló
mātímno islāme. mšāyáꞏlē-le lu-šultóno kágad blébo bāsímo:
eksámno hēvíye ménoḥ, ábri hat, adló taúrat u-nefús-dídi, atfaíšit 15
šáto lárval, ló máḥkemit ꞏálá-bani-halālíye; qóyim aḥréno máḥkim
bedúktoḥ šáto, uitóḥ árjaꞏ bainá-bani-halālíye. ábu-zéd ómer
kāꞏiso. māqómle hréno, símle ága. móllē-la liy-átto lábu-zēd
ómer óno kazíno bebríto, ḥét u-kōn-didáḥ bāróyo ꞏal ído di-yám-
mun usúme ꞏal aḥdó stúne. látle ábne, klaiy-átto atꞏánto, nóšo 20
lo kódaꞏ. ázze ábu-zéd emtaútaḥ láltaḥ. ḥálas ꞏal bírre deꞏárab
bkōnát. náḥat ḥamšó yaúme ištó yaúme. ḥezéle bírre dekōnát, kibin
māté kōnát. azzé la-kónāt-ánek, mšāyéle ꞏal be-šéḥ, šéḥ gánim.
yátū gābaíye zaífo-yo. simmálle ꞏázze uꞏikrám. fáiš tlotó yaúme
gābaiye. emqatálle la-ꞏárab adbe-šéḥ gánim ulá-ꞏánez´ ꞏam bedóde. 25
uw-ága dá-ꞏániz íšme sifúk. qāꞏimi be-šéḥ gánim nāḥiti li-kále
dá-ꞏánez. hólle-lꞏabu-zéd, sāmíqi ꞏaíne waqrótle ꞏaršóne wulvíšle
ú-zére. nóšo bá-kōnát ló fáiš, azzíl-li-kále, uꞏá-(n)níše ázzil-li
-fárje. ráḥu abu-zéd ꞏáli-várdake, taúwyo alfó ḥaznát. náḥat lú
-maidán. mabrámle i-rúmho bīdóte, wumꞏāyášle. ḥezéle á-ꞏánez 30
kúlle dló kumám. náfil bainotaíye, atvoríle. aqtíle tlot álfo uḥá
labu-zéd. máti lsifúk, húwe usifúk mdáqeri qum aḥdóde bá-rumaḥ.
ábu-zéd ḥízle ú-zángo ꞏali-várdake, ómer lá yírḥim abúk, óno ábu
-zéd bábet fárba ꞏuw-ága dá-bani-halālíye. náḥat sifúk mi-sísto,
símlē-le iy-árꞏo tamánna wunšóqle ráglet abu-zéd. marḥaúle sifúk 35
umamtéle, uꞏátin albí-šēg-gánim. bi-šēg-gánim ādiꞏi abu-zéd-yo,
afaíḥi gálabe, káti abu-zéd, mamtéle ꞏáme sifúk; kimfárji á-(n)níše

uʾá-(n)nŏše ꞏal sifúk uꞏal abu-zĕd.   mhalhálle lá-(n)niše ęlʾábu-zĕd.

átī ꞏ{sri mí-ḥasr-áyo uꞏ{sri mi-ḥasr-áti, msíkke ábu-zĕd, manḥátte

mí-sisto, maꞏbárre lálgul.   ómęr tắwu sifúk algắbi.   maꞏbárre sifúk

algắbe. kárah ú-májlis dšēg̣-g̣ánįm, dárbo lǫ fáiš bu-kŏn mu-ꞏúḥmo.

5 aínat dkŏtē kozzĕ nŏsąq abu-zĕd. áh azzŏ-yaum-ắo.   bízi ặ-(n)nŏše.

ęlʾábu-zĕd manšáqle sifúk ušēg̣-g̣ánįm bahḍŏde.   hávįn aḥunŏne,

uʾázze sifúk albaína-ꞏánąz. qáyim šēg̣-g̣ánįm mǫlle-lʾábu-zĕd ómęr

kitlī tlŏt abnŏto, aína adkǫbꞏat ęmhắra ꞏáloh; ahęḍŏ kítla gaúro

utárte látte gaúre, bu-baíto-ne. hǫlle lʾábu-zĕd bặ-tlŏt. ómęr kǫbꞏéno

10 háti í-naꞏámto. ęmhǫrǫle ꞏále. hávile išt-ábne męna. íšme dán(n)-abne

ḥosaín hásan ꞏáli ꞏámąr músa mehámmad. ráhū abu-zĕd, marḥaúle

án(n)-ábne uꞏiy-átto kúl-hā ꞏal sísyo, uʾátī lu-baíto. hávíla liy-átto

qámaíto ábro íšme aꞏęláwi. afsíhį á-bani-halālíye, átī abu-zĕd hā-

víle št-ábne, uha bárke, šauvꞏ-ábne. krǫꞏli á-bani-halālíye mi-zǫhto.

15 nāhíti ęlqúmę uʾí-zernáye uʾí-nakára. átī ábu-zĕd, náhat bu-kŏn,

húwe uʾán(n)-abne. msālámmalle u-ḥúkęm bíde.   fáiš yárḥo bu

-baíto. ráhū húwe uʾá-šauvꞏ-ábne, ázze sú-šultǫno. alvíšle hamꞏó

nišānát ęlʾábu-zĕd, ukúl ábro alvíšle nīšán. uʾátī lú-balad-díḍe.

VII (102).

kítvo ábu-zĕd ága dặ-bani-halālíye, kítvo ḥĕtim-áttaí ága dá

-ṭaíya. kítvo tlŏt niše ganderjiyát. ázzįn sábu-zĕd, māḥátle-lįn

25 mŏkęlo utušqíyo, húle-lįn kúl-ahḍo ꞏásro kíse. ómęr ásham męni

má ḥzálhū? tárte lǫ mtānálle. ahęḍo męnaíye ómmo haúli dastúr.

ómęr dastúr, mišgél.   ómmo ḥĕtim-attaí ásham męnǫh-yo.   ómęr

waí lę-ꞏajŏb-áno, óno abu-zĕd-no ú-ága dặ-bani-halālíye, ukómmi

kít taú męnǫh. hĕṭu ꞏá-tlot biy-aúda. kázzi dehǫzĕno šg̣ŏlo-yo.

30 dŏve dúgle qǫtáꞏno qarꞏaíye dá-ganderjiyát, udŏve šg̣ŏlo gęḍobĕnin

u-mál di-bríto kúlē. ázze abu-zĕd, hávi darvíš, męꞏaláqęle u-saí-

faíde bękátfe, wázze bębríto, mšāyéle ꞏálá-ṭaíya, ázze ęlbaínát

kōnát dá-ṭaíya. hávi ꞏaṣríye, nāfíli á-grēꞏe tḥĕṭįm-attaí bainá-

kōnát, lo trálle nŏšo dlo mamṭálle li-súfro. láqạn bu-darvíš.

35 ómmi darvíš. ómęr mínyo? ómmi qúm li-súfęro lú-moklo. ómęr

lǫ kōténo. ómmi qaúwyo? ómęr haúha. ázzįn mǫrralle lęhĕtim

-attaí lá-grēꞏe. ómmi yā ága kít hặ darvíš lǫ kŏte li-súfro. alvíšle

u-cásma aḷḥétim-aṭṭaí, ázze boṭrú-darvíš. ómer yá darvíš. ómer
mínyo? ómer qúm li-súfero. ómer ló kōṭéno. ómer mú murád
kit ębléboḥ? ómer gędobátli áttoḥ gędoṭéno, uló ló kōṭéno. ómer
qúm gędobénoḥ átti. ḥāzíro í-súfero, gūnáḥ-yo. qáyim u-dárviš,
ázze, maꞏázle, maḥšámle udámaḥ bú-kōn ędḥétim-ęṭṭaí.   ázze 5
sá-(n)níše, mléle qályūn ubízle, štéle qályūn ubízle uló-mtanéle.
iy-áṭto ómmo yā ḥétim-ęṭṭaí. ómer há. ómmo qai-yóḥa-hát?
ómer aí dárbo? ómmo ló kumtánịt. ómer mú gumtanéno? kítvo
há dárviš láṭi li-súfro; ōmánno mú kóbꞏịt? wítóḥ li-súfro; ómer
áttoḥ; ōmánno qúm gędobénoḥ átti; ꞏalaúha ksōyámno fękár. 10
ómmo laít gámo. qáyim mu-sáfro, maqęrátle lú-dárviš woṭlóble
i-žęnęke męḥétim-aṭṭaí, mamṭiyóle yaúmo aḷ-abū-zéd i-žęnęke.
gáni u-yaúmo. māḥátte bu-ṭúro. dāmíḥi á-tre. māḥátle u-saífo
bainoṭaíye. náḥer. áṭi lbainá-kōnát dúw-ēl-dídę. símle-la kón
bášqa uyátu.   15
   ú-ḥa yaúmo qáyim, māqómle á-ꞏagáid ꞏáme unābiti li-ḥarbe
tsárval, mšāyáꞏle bóṭre ḥétim-aṭṭaí, ómer tróṭe dōvéna aḥonóne,
máru l-abu-zéd mólle. áṭi ḥétim-aṭṭaí wá-ꞏagáꞏid-dídę, láqan biḥ-
dódę bi-ḥárbe-dsárval. ómer dúš ęlgābaína, ábū-zēd mólle ęlḥétim-aṭṭaí. ómer yálla. ázze lgābaíye aḷbe-ábū-zēd. ęnḥóllę l-ábū 20
-zēd mo-ríše barānát, símle móklo. hávi sáfro. ómer aḥúno, ábū
-zéd mólle ęlḥétim-aṭṭaí, ómer méde laíd ęgábi dęmbaḥbášnoḥ, do-
bénoḥ ḥóṭo. ómer é kā-ꞏiso. náḥer sáfero, hūléle i-ḥóṭo. mamṭiyóle
u-áṭi lu-baíto, ḥétim-aṭṭaí. mamṭéle í-ḥórme, hávi bęlályo ló dámaḥ
gába. ómmo qaúvyo ló-gdómḥịt gábi? mólla ęlḥétim-aṭṭaí. ómer 25
haúḥa, ládaꞏ iy-áṭto-yo, ómer haúḥā. ómmo qai mdāgéloḥ ꞏál
aḥúni? ómer haúḥā. ómmo qúm, óno áttoḥ-no, ló zaíꞏat. ḥállē
-bā wumfākáḷle. ómmo léboḥ ló kobé hịš ęqrár? ómer ló. ómmo
mịn nišán kítloḥ báttoḥ? ómer ęmḥélila ríšo dsaífo pꞏádra. ómmo
ḥó. ómer ḥáq. dámaḥ gába. hāvile ábro, mólléle lú-ábro thókmịt 30
ꞏalá-taíya. qáyim u-ábro, kámịl gaúro. mú bárto mdúw-ēl dę-
kómlo knōyákla. láṭimi úw-ēl kúlle gábu-bábo, ómmi ló kmaqę-
blína á-ḥabráni. ómer qaúvyo? ómmi ábroḥ knóyịk á-zęꞏuryóto
dúw-ēl. māqómme mbainoṭaíye húwe u-bábo. náfili bębríto.
símmanne šéḥ aḥréno. tā-ꞏimo.   35

VIII (104).

kítvō ḫá, kítvōle tráḫsar ábne. ú-naﹶímo ṭaú moḳúlle rǫ-
ḥammóle ú-bábo, íšme yúsẹf ú-naﹶímo. šúglo lǫ ṣamó, yātívo-ve.
5 moqharívo án(n)-aḥnóne mẹ́ne. ázzịn lụ-ḥṣǫ́do, ómmi bá. ómẹr ḫá.
ómmi šaiyáﹶlạn móklo ﹶam yúsẹf. ómẹr é. ázzịl-lụ-ḥṣǫ́do. yúsẹf
qáyim, ázze maubéle láḫmo uráḫu ﹶáli-gúmlo. ómmi ạ-zẹﹶúre,
mǫrre liḫdǫ́de. ómmi mínyo? ómmi dǫ́te yúsẹf maḫṭínāle bu-gúbo;
qai bābạina krǫḫámle zịd mẹnạina? ómmi trǫ́ve. áṭī náḫạṭ. mịdde,
10 ẹmsịkke, māḫáṭṭē bu-gúbo. hávi ﹶạṣríye. áṭịl-lụ-baíto, ú-bábo ómẹr
kóyo yúsẹf? ómmi lǫ́-ḥzélạn. ómẹr mamṭéle móklo u⁸áṭī lẹgābạiḥū.
ómmi dáﹶar lụ-baíto. ómẹr lǫ ḥẹzéli. gẹbóḥe bẹlạ̈lyo ubīmómo
u-bábo, ómẹr qtǫ́lḥū. ómmi ló qṭílạn; īmạ́lle. ú-bábo gẹbóḥe.

áṭī bázạrgắn, māḫáṭle su-gúbo, gríšše máye lạ̈-gréﹶẹ, síkle
15 u-ḫaúlo. á-gréﹶe mǫrre lụ-bázạrgắn ómmi kít ḫá bu-gúbo. man-
ḥáttạlle a-ḫaúle, họṣíle ﹶal ḫáṣe, ạgríšše, maufạ́qqe. ómmi qai
bu-gúbo ḫát? ómẹr láḫẹnóni māḫạtálli. ọzﹶúro kāﹶíso, mạmṭéle
lụ-bázạrgắn. áṭī lẹmạ́ṣẹr, fáiš ú-zﹶúro sụ-bázạrgắn, kmalvạ́šle
uroḫámle. u-mạ́lko dẹmạ́ṣẹr ḥẹzéle ú-zﹶúro, mǫ́lle lụ-bázạrgắn
20 ómẹr maíko-yo u-zﹶūráno? ómẹr maufạ́qẹlī mu-gúbo. ómẹr zạḅạ̈lli-yo.
ómẹr bǫ́ṭẹr dẹmǫ́lloḫ gẹdọbénọḫ-yo. ómẹr ẹṭláb. ómẹr ḫámš ạ̈lfo
kíse. šqíle lụ-mạ́lko, u⁸áṭī lụ-baíto dụ-mạ́lko. krōḫámle gálabe
yúsẹf. yúsẹf símle wākílo du-baíto kúlē, dá-qẹlíde udá-ḳạllát udạ̈-
móḳlo udụ-mášqiyo.

25   kitle átto lụ-mạ́lko, ályaq mẹ́na laịt, krǫ́ḥmo yúsẹf, yúsẹf ló
kụmtánẹ, kún-naqẹlá kommóle ẹlyúsẹf iy-átto dụ-mạ́lko kómmo
itóḫ súm ﹶámiy-aṭṭáyo, átte dụ-mạ́lko komm-aúḫa, kómẹr lǫ́, ulǫ́
kmáḫkē lụ-mạ́lko. ú-ḫa yómo qáyim u-mạ́lko ázze lu-kéf, húwe
nyúsẹf. u-mạ́lko mǫlle lẹyúsẹf ómẹr zóḫ lụ-baíto, amtạ́ilạn ḫámro
30 dimkạifína. áṭī yúsẹf lụ-baíto. ạmléle ḫámro biy-ạ̈lfíya. ﹶáber
sí-žạ́nẹke, mamṭéle ú-qalyún dụ-mạ́lko miy-aúda di-žénẹke, mā-
qẹlạ́dla á-tạ̈rﹶẹ qúme, maḥẹzámle. mẹzaﹶwáqla, mịdlạ̈-lqamíste
millaḥálf. círo. ẹtvụ́lle á-tạ̈rﹶẹ, unáfạq, húwe maḥạzmóno. ázze
sú-malko, lǫ́-mtānéle. yātívi, ịštálle, kāyạ́ffe u⁸áṭịn lụ-baíto. átte
35 dụ-mạ́lko ḳtúla kágạd wụmšāyáﹶla lụ-mạ́lko. qréle, lị̈zle qárﹶẹ.
látịm ú-mẹjlís dụ-mạ́lko. ómẹr yúsẹf. ómẹr ḫá. ómẹr qai haúḫa
símloḫ? ﹶá ábrī. ómẹr ḫáṭịno? šạ́iyil. qrálle li-žénẹke. aṭyó

lu-dîvān. ómmi žénẹke u-mamraídẹ̄ḥ mínyo? ómmo mídlẽli ạl-
yúsẹf. yúsẹf mādꞏálle ú-ḥábro ómẹr ikắn ố no mídlila, lố ḥárke
gẹmícẹr, hárke kmīcẹ̄r mḭllaḥắlf. ḥạ̄lle lụ-mắlko, ắdạ꞉ duglế-yo,
ếlọ lố kốvē dimbắlḭdḭl iy-ắtto. māḥắtle bú-ḥabís ašvá꞉ ạ̄sne.
ụkít ḥắ qāsọ̆bo uḥắ fạrmáci klin bu-ḥạ̄bis, ú-fạrmací mọllếle lyúsẹf, 5
ómẹr ḥẹzếli pḥắlmī kẹmākráńno láḥmo. ómẹr gẹmọfqḭ́lọḥ, yúsẹf.
maufạ́qqe u-fạrmáci mú-ḥabís. ú-qāsọ̆bo ómẹr yúsẹf. ómẹr ḥắ.
ómẹr ḥẹzếli ḥắlmo. ómẹr ḥếr ḥốve, mínyo? ómẹr ḥẹzếli kẹmākráńno básro. ómẹr gi(n)nọ̆ḥrílọḥ. qrắlle lụ́-qāsọ̆bo, maufạ́qqe,
ạnḥạ́rre. ú-mắlko ómẹr ḥẹzếli ḥắlmo. nốšo lọ-mfāšáqle. ú-ḥābốzo 10
mọ̈lle lụ-mắlko ómẹr kfốhịm yúsẹf á-ḥalme. qrắlle lyúsẹf, maubắlle
lí-ḥlếqa, ạhlạ́qqe. maubắllc lụ-ḥammắm mashắlle, malvạ́ššallē júle
kāꞏíse umautaúwwe bu-mắjlis. ú-mắlko ómẹr yúsẹf. ómẹr ḥắ.
ómẹr ḥẹzếli ạbḥắlmi kítlī zắd gálabe. ómẹr yắ mắlko. ómẹr ḥắ.
ómẹr ẹmlạ́i á-꞉anếbạr-dídọḥ hốl išvạ꞉ ạ̄sne, šqúl ḥẹ́te gẹdốve kálno. 15
šqílle lu-mắlko ḥẹ́te wumꞏạmbắlle bá-꞉anếbir. símle yúsẹf wākílo.
mắyiṭ ú-mắlko. símme yúsẹf mắlko. hávi mắlko. hávi šáto gála ꞉álu-bắlạd
dạ́-bẹbábe dẹyúsẹf. qāꞏími án(n)-ạńnốne dẹyúsẹf, rāḥívi ꞏá la-gámle,
wắzzịn almạ́sạr lụ-zwọ́no dá-ḥẹ̄tē. yúsẹf náḥat kimzābắnne ḥẹ́te
lạn(n)-ạńẹnốne. húwe ādạ́꞉ẹ uḥọnne lắdạꞏíle. cíkle i-ṭāssaídẹ bu 20
-ṭáꞏno ạdráb mẹ̄ne, kitvọ́iye mạ́ḥdo ẹ́mo húwe uyúsẹf. māṭẹ꞉ánne,
nāfíqi í-valái. yúsẹf mšāyáꞏle á-grếꞏẹ bọṭraíye mādẹ꞉ārḭ́nnē.
ómmi mọ kọ̆bꞏịt? yắ mắlko. ómẹr gnúḥu i-ṭāssaídi. ómmi lálố
lố gnúlạn. ómẹr mạqlẹ̄bū á-ṭáꞏne dịmfātặšnịn. māqlạ̄bbe á-ṭáꞏne,
ẹmfāṭẹšíle. nāfíqo í-ṭasse bu-ṭáꞏno dú-ạńúno ạtkítne mạ̄ḥdo ẹ́mo. 25
ạmsíkle uw-ạńúno uḥạ̄nịk ázzịn án(n)-ạńnốne. ázzịl-lụ-baíto. u
-bābạ́tte ómẹr kốyo yáḥqub? ómmi gnúle i-ṭásse dụ-mắlko, ạmsíkle. ómẹr ḥáwuste qṭọ́lḥū ḥid-yúsẹf. ómmi klẽ su-mắlko. qạ́yim
u-bābạ́tte, ạmšāyáꞏle lụ-mắlko, ómẹr ksạ́mno ḥẹ̄víye mẽnọḥ ẹd-
mạ́rfịt yáḥqub. mādꞏálle lụ-mắlko, ómẹr trốtịn mạ́mtạn u-baitạ́tte 30
lạ́rkẹ. yúsẹf mọ̈llēle ạlyáḥqūb. ómẹr yáḥqub. ómẹr ḥắ. ómẹr
ốno yúsẹf-no. ómẹr yúsẹf ḥắt? ómẹr é. ạnšíqqe-ḥḍốḍẹ ubáḥịn.
yātívi. ạ́ti u-baitạ́tte dá-bẹbábe. ạ́tịn li-dạ́rga dẹyúsẹf. ú-bábo
sámi ḥọ́ñgi dẹgẹbọ̆ḥe. náḥat yúsẹf ạlqūmạíye. ú-bábo ómẹr oḥ
yắꞏi, ạ́ti rḭ́ḥịt diyaúsẹf bạnńírī. ạftíḥi ꞏaíne. ómẹr bắ. ómẹr 35
ốno-no yúsẹf, uyātívi. uyúsẹf mắlko u-ꞏán(n)-ạńnốne kḥọdẹmíle.

IX (105).

kítvō ḫá zlám, látvōle ló émo, uló bábo. kítvōle kallát
gálabe, íšme ḫuṣaín u-mṣaidǫno. kúl yaúmo kǫzze lu-ṣaído. á
5 -(n)nóše ómmi ęgvár, mǫrralle. ómęr ló govánno. hāvíle bárto
lu-ɪámmo. aúwil daúvyo mídlēla ulqaṭóle. mamṭiyǫle lu-baíto,
simǫle ębmǫre. hūvóle ạltūníqo. yārivo, kāmílo, qréle lu-málla.
ạmhęrǫle. ḫęzéle qǫl kómo. ómęr lo-kyǫtvit ạgréɪo? ómęr béle,
u-yárḫo ębmín? ómęr tlǫtmo. ómęr kā'íso. yátū ú-qōl. ázze
10 ḫuṣaín lu-ṣaído, u-qǫl dámaḫ siy-áṭṭo thuṣaín ú-mṣaidǫno. hāvíla
ábro kómo. ęáyim ḫuṣaín, qṭíle iy-áṭṭo, maufáqęle u-gréɪo. fáiš
húwe u'ú-ábro. yáru uw-ábro. magválle ū-ábro. ū-ábro knóṭar
i-bákca. áṭi ɪaṣríye lu-baíto. ḫęzéle u-bábo knóyik iy-áṭṭo dú
-ábro. mídle lu-ṣaífo lú-abro, qṭíle u-bábo, wạqṭíle iy-áṭṭo. náfil
15 íšme bębríṭo, íšme kándar, kándar du-qárno. ú-méjlis ló kóriḫ
dlo męne. kítle mál gálabe bí ḫasáb. ómmi yá kandár. ómęr
há. ómmi kóḫil ɪálǫḫ ī-bárto du-šaí dá-ɪajam. ómęr aíkǫ-yo?
ómmi klā baínó-ɪajám. ḫzéle dạrvíš. ómęr yá dạrvíš. ómęr há
bāgúm. ómęr laíko gęzóḫ? ómęr gi(z)zí lbaíno-ɪájam. ómęr gę-
20 dǫbénǫḫ kágạd ló-kmoblátlē? ómęr béle. ómęr gędǫbéno ḫáq
-dídǫḫ. ómęr kā'íso. kṭúle kágạd, māḫátle íšme wǫmhǫlle bú
-mehér-díde. ómęr háve, kándar, háve ęlbártet du-šaí dá-ɪajam.
ómęr kā'íso. ómęr mídī lídǫḫ lída. ómęr ka'íso. azzé ú-dạrvíš,
máṭi lbaínó-ɪajám. mšāyéle ɪálu-baíto du-šaí dá-ɪajám. ómmi
25 kle bi-valái ạtšát ubenɪát kló-baíto du-šaí támo. ázze ú-dárvíš.
máṭi li-valái, mšāyéle ɪálu-qúṣro. máṭi lu-qúṣro. ɪábęr lálgul.
ómęr aíko-yo ī-bárto du-šaí? ómmi kla bíy-audáye ɪạlaíto. ómmi
qaúwyo? ómęr ázzi lu-ḫǫj, mamṭēlíla ṣalám msú-šéḫ dú-ḫǫj.
ómmi kla támo. sálaq. ázze lu-tárɪo. ḫęzéle tré gréɪe klen yātíve
30 qmu-tárɪo, á-quwás-dída, ómmi laíko? ómmi tráu trǫ ɪóbęr sí-siti.
ɪábęr ęlgába, dréle šlómo ɪála. ómmo qadém dạrvíš. maufáqęle
u-kágạd, húlēla-yo, qréla wunšíqęla, māḫátla ɪaí qárɪa, ómmo yá
dạrvíš. ómęr há. ómmo ló zoḫ, dạstúr laít, ómmo ɪóṭmān, qréla
lú-gréɪo. ómęr há. ómmo ḫáṭle láhmo lu-dạrvíš dóḫęl; dạrvíš!
35 ómęr há. ómmo aḫúl u'itǫḫ ạlgábi. ómęr ka'íso. ázze āḫíle.
kṭúla kágạd. kṭúla bú-kágạd ómmo kándar ạhvaí gaúro witóḫ
aḫęzámli. kṭúla ú-kágạd ušmǫtla í-ḫúṣa du-dáhvo udu-álmās,

maḥṭóla bu-káġad woṭvéla u-káġad waqréla lu-dạrviš, hūlále-yo.
ómmo ̣aubéle, háve ạlkạndar, gdobóno ḥáq-díḍoḥ. mamṭéle lu-dạrviš.
áṭi u-dạrviš, máṭi ạlmaúṣạl ạlṣekạndạr, ázze líḍē wuktífle droːóne.
ómẹr yá áhla bu-dạrviš, mišġél yā dạrviš. maufáqẹle u-káġadǃ
húlẹ-lkándar aqréle wụnšáqẹle. māḥáṭle ̣al qárːe. nāfíqo i-ḥúṣa 5
bu-káġad. ḥóllē bá ugáḥaḥ. nšīqóle maḥṭólẹ bíḍe. qáyịm kạndạr,
maubéle ú-dạrviš uráḥū ̣álụ-sísyo, umạrḥaúle u-dạrviš ̣al sísyo
umaubéle ̣áme. ázzịn máṭạn lí-valái ạtšát umenːát. yátū ẹbbákca,
makréle i-bákca mú-jenénji, nóšo ló tóṛịt ạdːóbẹr yaúma li-bákca.
ómẹr kā ̣íso. mšāyá ̣le u-dạrviš zóḥ qraíla lí-sịttí, mar ạnfáq 10
yaúma lu-kéf, kle kạndạr bí-bákca yátívo li-héviyạiḍạḥ. ázze
u-dạrviš, bu-zór qud-dạtrálle ạdːóbẹr si-bạrṭe dụ-šaí. mhāvólla
mlálgul ómmo tráu ú-dạrviš deːóbẹr ẹlgábi, élo gẹqotːóno qarːaíḥu.
 ̣ábẹr u-dạrviš ẹlgába. ómmo há dạrviš. ómẹr qúm, kle kạndạr
bí-bákca yátívo li-hēviyạiḍạḥ. ómmo zóḥ katyóno. qā ̣ímo í-sịttí, 15
qréla li-jériye, ómmo súmlạn klíca usúmlạn baqláva umóḳẹlo
wụmlại ːạráq, noḟqịna lú-kéf li-bákca. ázza hiya u ̣í-jériye, ázzịl
-li-bákca. ḥzálle kle kạndạr yátívo, húwe u ̣ú-dạrviš, áṭyo i-sịtti
u ̣í-jériye, yátívi, aḥálle wuštálle ̣ạráq wumkāyáffẹ kéf rábo. ómẹr yā
dạrviš, ómẹr há. ómẹr šqúlloḥ kạllát, izóḥ, ạzwán tré-sịsyẹ ḥréne. 20
ạzvílle lú-dạrviš tré-sịsyẹ ḥréne u ̣áṭi. símme kár-dạṭṭe, rāḥívi,
kándar u ̣ú-dạrviš kúlḥa ̣al sísyo. rāḥívo í-sịttí u ̣í-jériye, kúl
ạḥdo ̣al sísyo, unāfíqị. áṭịn ḥamšó yaúme, náfạl ḥạllaḥạlla ̣álí
-valái w ̣ālá- ̣ạjam. ómmi mínyo? ómmi maḥẹzàmme i-bạrto dụ-šaí.
ráḥu u-šaí wá- ̣asékạr, wạzzịn boṭraíye, šẹḍálle boṭraíye. māṭịnne. 25
ạmqáṭạlle li- ̣áskạr wulkándạr, wi-ḥātúne u ̣í-jeríye áṭịn ạlmaúṣạl,
ukándar u ̣ú-dạrviš fā ̣íši kimqáṭli. qṭíle ẹlkándar árba ̣ álfo mí
- ̣áskạr dạ- ̣ajám, wụmsíkke ú-dạrviš waqtólle lá- ̣ajam. ómmi láno
maubéle í-sịttí. áṭi kándạr, máṭi lu-baíto, yátu, símle dá ̣ve
wumkāyáffe urāqíḍi, wụmhoróle ̣ále lu-málla. kótịn dí-qríto, 30
kómmi yá rabbí šíbho líšmoḥ, mó qáis šáfạrto-yo. uyátū bu-baíto
ukmáḥkịm ̣ālí-valái.

------

kítvo gaúro u ̣áṭto, fā ̣íši lávụlle ábne. ālóho húlēlịn tré

ábne. qrēl-íšme dụ-rábo kạ̈ndạr, íšme dụ́-na⸱ímo jạ́nninār. mẵṭ
ú-bābạ́ṭte, họ́nne na⸱íme. íy-émo ksạimọ́lle ẹbmóre, kimgạ̈dyo
mạ̈rke umạ̈rkē wụkmọklọ́lle hód yārivi. yārivi hávẹr-rắbe. mọtvila
sạ̈-(n)nőše rő⸱ẹ. šáṭọ-yo, tạ̈rtẹ-yo krọ́⸱ịn á-⸱ẹ́ze dạ̈-(n)nőše. ụ̈-ḥā
5 lạ̈lyo á-tre ạ̈ṡg̣íli ⸱am hẹdọ́de. ómmi lọ́ kővélạn haúḥā, o(z)zạ̈n
bẹbríto kụ́lḥā rụ́ḥẹ dhozéna mụ̈ gẹmamtẹ́na. qā⸱imi ṣáfẹro, sịmme
kặr-dạ́ṭte. íy-émo báḥyo wạ̈lạdi laíko gẹzóḥū? u⸱ọ́no lḥụ́di hạ̈rke,
mụ̈ gẹsạimọ́no? ómmi ló zạí⸱ạt, gẹ(z)zạ̈n wọtẹ́na. ṭlọ́bbe hạ̈tạr
mẹhḍóde wunšịqqe ạ̈hḍóde. ázze kạ̈ndạr lafī-qọblo wazzaú-jạ̈nninár
10 lafú-šạrq. ázze kạ̈ndạr azzé lvalái. ạ̈hzél-ạ̈hdő ⸱ạ̈lu-bíro. mọllále
ómmo yặ zẹlắm. ṓmẹr hặ. ómmo lọ́-kyọtvit ạg̣ré⸱o? hạ̈lle bā
ẹlkạ̈ndạr, ạ́ṭto kā⸱ísṭọ-yo. ṓmẹr aíko? ómmo g̣ặbi. ṓmẹr hát
mạ̈nạṭ? ómmo ọ́no bạ̈rṭo dụ̈-⸱ẹmíro dí-valái. ṓmẹr mắ kítlẹ̈ḥ?
ómmo nőšo lạ̈tlī, gaúrī máyịt, kítlī bạ̈rṭő. ṓmẹr gẹdọtẽno. ázzē
15 ⸱áma, azzél-lụ-baíto, yātívi. ṓmẹr ú-šụg̣laídạ̈ḥ mínyo? ómmo bạ̈s
gẹzóḥ mạ̈šqạt á-jẹnạinät u⸱ọ́ṭịt lụ-baíto, hắnọ-yo šụg̣laídọḥ. ṓmẹr
kā⸱íso. kózze kạ̈ndạr kẹmášqē á-jẹnạinät ugdó⸱ạr. kóṭịn ẹlbạ̈rṭet
dí-ḥātúne ẹṭṭọlbíla. kómmo na⸱ámtọ-yo. kạ̈ndạr ṓmẹr hắva ẹd-
miṭnẹḥína mẽna. hūvọ́lle, fắ⸱ịš kạ̈ndạr u⸱í-ḥātúne. kózze kạ̈ndạr
20 kmášqē á-jẹnạinät u⸱ọ́ṭē lụ-baíto. ú-ḥā lạ̈lyo símla lí-ḥātúne
ẹhšọ́mto bāsímto. kạ̈ndạr ṓmẹr hạ̈tlạn ẹdmaḥašmína. í-ḥātúne
ómmo ló, ad-lạ̈lyo ọ́no uhắt gimšarṭína. ṓmẹr mínyo u-šárṭ? ómmo
gẹšọtẹ́na ⸱ạ̈raq, kän hārívit gẹtọmg̣állọḥ, ukằn harvọ́no ạtmág̣li.
ṓmẹr í-tạ̈mg̣a aíko? ómmo pṭịzạina. ṓmẹr kā⸱íso. mamtẹ́lle ⸱ạ̈rāq
25 ištạ́lle. hārívo í-ḥātúne. ómmo qúm ạtmág̣li. ṓmẹr hő-dmaḥašmína.
maḥšạ́mme. ṓmẹr dé ẹdmáḥ. mšāhạ̈lle ú-mẹhẹ́r. ṓmẹr dmọḥẹ́ne.
ómmo lọ́-ksạimọ́no. ṓmẹr qạl? ómmo lọ́ bú-mẹhẹrắno. ṓmẹr baína?
ómmo bú-mẹhẹr-dídọḥ u-táḥṭọyo. ạmḥẹ́le ú-mẹhẹr-dídẹ u-táḥṭọyo
nẹkọ́le. ómmo tmụ̈g̣lọḥlī? ṓmẹr é. ómmo hőve harắm ⸱ạ̈li, ịllaḥ mẹ́nọḥ
30 gaúre lọ́-kšọqlőno. kózze kạ̈ndạr lí-jẹnaíne ubẹlạ̈lyo kóṭē lụ-baíto.
   ú-ḥā yaúmo mọllẹ́la lí-ḥātúne ṓmẹr ka(z)zíno bẹbríto wọtẹ́no.
qạ̈yim kạ̈ndạr ázze, ázze lḥịrbe, kle rāḥívo ⸱ạ̈lụ-sísyo. hávi lạ̈lyo
⸱ạ̈lẹ. dắmạḥ bí-hạ̈rbe. hávi u-rábạḥ ẹdrọ́⸱o bi-hạ̈rbe. mạrféle
u-sísyo bạínu-gélo. hávi qrọ́ṭạn, šáhịn u-yaúmo, klē dāmíḥo. qạ̈yim
35 mlẹlẹ́le qắlyūn, ịštéle. hạ̈lle hẹzéle kīt náqvo dẹ⸱ọbúgro qúmẹ.
ḥzéle knáfạq ⸱ọbúgro sámyo. maufáqle ⸱ạ̈fẹro lụ̈-⸱ọbúgro. bízlẹ
u-⸱ạ̈fro lụ-⸱ọbúgro. kạ̈ndạr kimfárij ⸱ạ̈le. ⸱ạ̈bạr ụ-⸱ọbúgro lụ-náqvo,

maufą́qle dinǫ́rǫ lu̥-ɔ̣qbúgro, māhátle hạ́rke. ꞏábạr u̥-ɔ̣qbúgro, mau-
fą́qle hrę́no, maufą́qle lu̥-ɔ̣qbúgro mōhą́mši ḥappǫ́to, ꞏábạr ulǫ
-náfạq. ką́ndạr māl(mle á-(d)dinǫ́rǫ, maḥtíle bi-kísto. qą́yim ką́n-
dạr, kítvo ꞏámę sātǫ́r, ạhfǫ́lle ꞏálu-náqvo. ázze bǫ́tru·náqvo.
ꞏnáḥạt ú-ɔ̣qbúgro ạlkábbo naꞏímo. náḥạt ką́ndạr bǫ́tre lú-kabó. 5
ꞏábạr hzéle ẹlkạ́ndạr audáe naꞏą́mto, kít biy-audái ꞏę̣srí dẹrāyát
kẹmálzạn. hzéle kīt dáno-ddinǫ́re. maufą́qlēle išmǫd-dinǫ́re
unáfạq shǫ́llẹ u-náqvo, ráhū ꞏálu-sísyo. azzé lvalái, šqị́le arbẹɔ̣́ǫ
bạ́gle ušqị́le arbẹɔ̣́ǫ hụ́rje u·ꞏą́tī. ą́tī lu̥-náqvo du̥-ɔ̣qbúgro, ạftą́hlẹ
ú-náqvo, ꞏábẹr hzéle kīt tạrtẹmę́ni są́myo kle bẹgáve dú-kabó. 10
ꞏábẹr ką́ndạr. ką́ndạr mǫ́llēle lú-tạrtẹmę́ni są́myo, ómẹr várōh
mǫ́ꞏksaímit-ą́rke? ú-tạrtẹmę́ni są́myo mfātą́šl-aúhā. mị́ddẹ lạhdǫ́de
bú-dịbǫ́lo. mẹáfẹro hol ꞏaṣríye lǫ́-drạll-ạhdǫ́de. ꞏaṣríye yātívi.
yą́tū ką́ndạr ẹrrúhẹ, uyą́tū ú-tạrtẹmę́ni są́myo ẹrrúhẹ, kúlhā bášqa.
mléle u-qályụn ẹlką́ndạr. hǫ́lle hzéle katyǫ̈ hẹdǫ́ mamtę́l-ạhšǫ́mto 15
lú-tạrtẹmę́ni. ạzꞏu̥rto ályaq mę́na laịt, á-jūlaịda kúllẹ sę́mo udáhvo,
máyịt ką́ndạr ꞏála. ómẹr wáwạịle ꞏal baíti, aị dą́rbo gẹ(z)zí
utọrę́no i-šáfạrtą́ti su̥-samyą́no? māhátle hšǫ́mto qmó-tạrtẹmę́ni.
kótyo ạdnǫ̣́šqō ką́ndạr, ulǫ́-kmājịryo mú-tạrtẹmę́ni są́myo. mahṣámle
lú-tạrtẹmę́ni. fáị š ką́ndạr kāfíno. ázza mamtẹlále ẹhšǫ́mto gér. 20
šmǫ́tla u-sẹꞏūnaịda umẹhāláhla arríšet-sauvẹɔ̣́ǫta, māhátla qum
kạ́ndạr i-hšǫ́mto udāɔ̣íro. hạ́rre bịhdǫ́de ugāhíhị. ką́ndạr kmáhšị̣m,
wú-tạrtẹmę́ni ómẹr maịkoyo i-hšu̥mtaịdǫ̣h? ómẹr ꞏámi-va. ꞏómẹr
é. dāmíhị hól ꞏáfẹro, ꞏáfẹro qā ꞏími mištaꞏálle bú-dẹbǫ́lǫ hól ꞏaṣríye.
lǫ́-drạ́lle ẹhdǫ́de. ẹmhāvą́lle lú-ꞏaft ꞏáli-kạ́cẹke. átyo ạlvíšla gér 25
bą́dẹle. mauqą́dla á-hnāvát ẹdką́ndạr. khaíri bạhẹdǫ́de ugǫ́bhị
híya uką́ndạr. ú-ꞏafd ómẹr sụm ạhšǫ́mto hẹd kódꞏạt lǫ́no wul-
ką́ndạr. ómmo ka ꞏíso, símla ạhšǫ́mto lú̈we wilką́ndạr, māhátla
bú-sifǫ̣qo du̥-ꞏáfd ạhféto dsámo. mahṣámme. ẹmbą́rꞏaq ú-ꞏáft. qā ꞏímle
ką́ndạr, pāžéle bą́-saịfe; māqą́dle ú-bạ́liro lką́ndạr uꞏábẹr bẹnáqvo 30
hịdu̥-šibák tạhtǫ́yo. ázzē ẹhzéle klaị-kạ́cẹke ạlhụ́da kla mrą́hto
ꞏálu-tą́ht. ꞏábẹr ạlgą́ba. ómmo aíko majrélǫh dǫ́tạt? ómẹr óno
ꞏainạh-no, qtị́li. ómmo lǫ́no qtị́li. yātívi ẹmkāyą́ffe. ómẹr qúm,
mǫ́llē li-kạ́cẹke, qúm dozą́n. ómmo laíkǫ♥ ómẹr maubą́nnẹh. ómmo
lǫ́ kotyǫ́no hód lo saịmịt ꞏámīy-attą̣yo. ómẹr gịmalhaqína. ómmo 35
hạir. qą́yim siml-ꞏáma. náfạq haíye mị́fę́me di-kạ́cẹkē kómto.
ómmo qtą́l i-haiyą́ti. qtị́le i-haíye. ómẹr i-maꞏnaịda mínyo?

ómmo háṭi í-šáhve dṇ-ṣáfd-yo, qaúwyo mọllílọḥ qtála hárke, lášan dlọ́ nọ́fqọ ẹlfóṭe dẹbríṭo. ómmo qúm dọzán. qaˀímo nāfíqo. maufáqle á-ka(l)lát uˀá-(d)dẹrrāyát uˀú-mál dkítvo támo, unáfạq matːálle á-báġle umạrhaúle í-káčẹke ṣálu-báġlo uráḥū ṣálṇ-sísyo uˀáṭịn. áṭi
5 lí-valái dí-ḥātúne dí-jẹnạíne. manḥátle á-ṭáṣne gába. ḥálla lí -ḥātúne bí-káčẹke. ḥọ́ru baíṭẹ dẹ́mẹḥ, ályaq mẹ́na laít. símme mọ́kẹlo uˀāḥịlle. fáiš šápto sí-ḥātúne dí-jẹnạíne. ómẹr ḥātúne. ómmo ḥá. gẹdóṭạt ṣāmaína? ómmo laíko? ómẹr lṇ-balad-díḍi. ómmo é. ómẹr súm kār-díḍẹḥ gẹzán. ázzā mọ́lla lṇ-ṣẹmíro lṇ-bábo
10 ómmo bá. ómẹr ḥá. ómmo šqịli ḥá gị(z)zí ṣámẹ, tróvịn á-jẹnạinát lọḥát. ómẹr é, mustáflit. áṭyo í-ḥātúne lṇ-baíto. kítle ábro lṇ -ṣẹmíro ḥọ́rt. mọ́llẹ̄le lṇ-bábo. ómẹr yā abrí qúm izọ́ḥ hát uˀémọḥ, zóḥu šaúṭọ sí-ḥātúne, élō gị(z)zá ẹmsáfẹro. qáyim ábro dú-ṣẹmíro uˀíy-émo, áṭịn sí-ḥātúne sí-ḥọ́ṭo. ḥállāle ábre dṇ-ṣẹmíro. ạḥzéle
15 kít ạzːṳ́rto ṣam kándạr, ályaq mẹ́na laít. máiṭ ṣála ábre dú-ṣẹmíro. ạlvíšle u-jạzmạíḍe udáṣạr lṇ-baíto. mọ́llẹ̄le lṇ-bábo, ómẹr bá. ómẹr ḥá. ómẹr kít ẹzːṳ́rto ṣam kándạr, lọ kọbːẹ́no ġair híya; lọ šọqẹláṭli-yo mẹ́nẹ, gẹqọtánno rúḥi. ázze ṳ́-ṣẹmíro ạlbẹkándạr, ḥálle-bā lṇ-ṣẹmíro uḥáru ḥáñgi dẹkícyo šáfạ́rṭọ. mọllẹ́le lú-ṣẹmíro
20 ẹlkándạr. ómẹr kobːẹ́no dobáṭlạn-yo lábri. kándạr qáyim ẹmdạívin aqḥír. ómẹr ạí dárbo gẹdọbéna? ṳ́-ṣẹmíro ómẹr gešọqánna bu-zọ́r. ómẹr é, gẹroḥaúno unọfáqno, itọ́ḥ ịšqúla bú-zōr. maṭːálle-lkándạr á-(b)báġle uráḥū ṣálu-sísyo umạrhaúle á-tárte unáfạq mí-valái. qáyim ṳ́-ṣẹmíro, māqámle í-valái kúla. nāfíqị bọ́ṭr kándạr. mọ́llāle
25 li-káčẹke ạlváš i-qmistáṭi wṳmqāṭịl, zarbát lọ kẹːóbẹr bíya. ạlvíšle ẹlkándạr wṳmqạṭálle woḥríz bạinōṭaíye wọqṭịle íy-ṣáskạr, qṭịle ṣáskar kúla. ṣábẹr lí-valái, ạnḥọ́lle níše uzẹːṳ́re, lọ fáiš ġẹ́r ú -ṣạmíro uˀú-ábro. ázze lṇ-dívan, qṭịle á-tre umamṭẹ́le án(n)-arbaː ạdnōṭáṭte uˀáṭi. máṭị lá-ḥātūnát. ómmi mí-simlọḥ? ómẹr álọ lọ
30 mạrféli ḥá, qṭịli kúlle, wṳklén adnóṭẹt ạdbábẹḥ udaḥúnẹḥ. báḥyo. ómẹr kóyu lébẹḥ ṣālạíye? ómmo ló. ómẹr kóbːịt adːár. ómmo ːas mọ́ mọllí? áṭi kándạr lṇ-baíto, náḥạt bu-baíto. mhalḥéla lí-y-émo wọfsịḥo. kítvōle qárịš ẹlkándạr, maḥraúle wọbẹḍéle bí -ṣạmára, maṣạmálle qṳ́sɾ̣o uyaudāyát. maṣạmálle ṣạsrí yaudāyát
35 bu-qṳ́sɾo, kul-iyaudáye māḥátlēbā dẹráe mdárb u-mášmaːdán, kmálzạn ạbláḷyo ubīmọ́mo. ómẹr họ́ve ḥarám ṣáli ikán ẹkmoḥánno á-(n)nīšáni ṣáli, ạdlọ́-mḥọ́ro gịdọmáḥno gábạíye.

mšāyéle míy-émo ómẹr yắ. ómmo ắbrī. ómẹr lọ šámiṣat
ḥábro mú-jạninắr? ómmo lố wạlạ̈d, sốmin ṣaíne démọḥ, mẓắyạ?
aḥúnọḥ. ạlvíšle i-qmísto urắḥū ṣálụ-sísyo. ómẹr ka(z)zíno mšāyạ̈nno.
ṣāl aḥúni. ázze lafú-šạrq, mắṭị lvalắi baịnú-gắwịr. išġíl ṣámaịye
bu-lišōnạ̈tte. valắi rábtọ-yo, má-kōḍạ? mắne. ázze lqáhve, yắtū 5
bi-qáhve. kmọ̈ḥẹ bu-ṭámbūr ḥā zotọ̈yo wụgẹzómẹr ubọ̈ḥẹ. kắyū
lébẹt kándạr ṣálẹ. ómẹr giḍọmắtli ú-tafsír di-zmọrtắṭi mínyo, šqúl
u-báḥbiš-díḍọḥ. ómẹr yā affạ̈ndim lố-kmitáḥke. ómẹr ịšqúllọḥ
u-aḥkaíli. ómẹr kítvo ḥắ íšmẹ jạ̈(n)ninắr, ázzē lúw-aṭro dạ̈-sạ̈mye,
mamṭẹ̈le tạ̈rte ṭaú mẹnaíye laịt, u-óno ṣáme-vi. ắṭī lí-valāyắṭi, 10
ạmsíkle lu-mạ̈lko du-gắwịr, ómẹr yắ gẹḍóbịt á-tạrtáni yă lọ kmạr-
fénọḥ, wúklẹ-msíko hạ̈rke hắni tmọnạ̈šne. ómẹr laíbọḥ ẹdmaḥ-
vắtli-yo? kándar mọ̈lle lú-zotọ̈yo. ómẹr béle. ómẹr dụ̈š óno
u-aḥúnọ-no. ómẹr šrólō? ómẹr ẹ́. ú-zotọ̈yo ómẹr ṣájab, kándạr-ắt?
ómẹr é, kándạr-no. ómẹr šamísi i-valāyắṭi daqṭílọḥ valắi. ómẹr 15
hắvọ-no. ạlvíšle i-qmísto u-ázz-ṣámu-zotọ̈yọ. azzē lụ-ḥabís dụ-mạ̈lko.
qrēle lu-jạ̈(n)ninắr. náfạq. ḥzạ̈lle ḥẹdóde. ḥọ̈lle ubắḥi. sắlạq
kándạr sú-mạ̈lko, ómẹr árfại u-zlámáno dẹkícyo bụ̈-ḥabís. ómẹr
lọ̈-kmạrféne. ómẹr kándạr-no, hắno aḥúni-yo u-msíko. rắṣẹl u
-mạ̈lko. ómẹr arfaíye. ómẹr bọ̈ṭẹr dmọ̈llọḥ kándạr-no gi(m)mạrféne. 20
mạrféle. ómẹr mụ̈-mamṭẹ̈lọḥ ṣámọḥ? ómẹr mamṭẹ̈li tạ̈rte uṣẹ̈sri ṭáṣne
maṭṣáne ạdbắgle, šqaṭíle lu-mạ̈lko wamḥọ̈lle á-tạ̈rte ṣālá-trábne.
ẹmọ̈ṭle u-saífo, ṣáber ríše dụ-mạ̈lko, qṭíle u-mạ̈lko umaufạ̈qle
á-tạ̈rte u-á-(b)bagle. mamṭẹ̈le bạ̈rte dụ-mạ̈lko ṣámẹ unáfịl baịní
-valắi, qṭíle i-valắi kúla. wú-zọtọ̈yo ómẹr kándạr. ómẹr hắ. 25
ómẹr hắvulli ạ̈ḥḍo mẹnaíye, óno u-grē ṣáḍḥụ-no. hūwạ̈lle bạ̈rte
dụ-mạ̈lko; wọzmọ̈lle lú-zọtọ̈yo ṣāl ẹskándạr ábu qarnaịn, qṭíle
ṭạrté mẹdīnắt. u-áṭịl-lụ-baíto. náfịl íšmẹ bẹbríṭo, u-ú-zọtọ̈yo
ṣámaịye. kílme bẹṣárabi skándạr ábu qarnaịn qátal mẹdīnẹṭaín.
mú-yaumáo hắvi skándạr ábu qarnaịn. — 30

XI (101).

kítvo trế ḥauróne, á-tre ḥạdóye, ú-ḥā daulạ̈tli u-ú-ḥā bémijál. 35
kózzo-bémijál ẹlsu-daulạ̈tli, arḥạ̈mle iy-ạ̈tto du-daúlạtli lụ-ḥaúro.
kózze u-daúlạtli lí-dukáno, u-bémijál kózze lbẹdaulạ̈tli ksóyim ṣámi-

y-átto ú-šuġláo, ukẹmámtē kạllát. u-daúlạtli kōmạ̈lle lụ̈-faqiro,
kómẹr maiko-ne a-kạllatáni? kómẹr ālóho húlēli. áttẹ du-daulạ̈tli
·mọllále lụ-bĕmijál, ómmo súm láġam mẹgābạina ẹlgābạíḥu ulọ
ḥárūlọḥ. ómẹr ꞌála-ꞌaíne. qrĕle la-fọꞌle lu-bĕmijál tóḥū ꞌọwádu
5 ꞌámi. símle láġam rắbo ḫōlu-baíto di-žịnẹke. —. ú-ḥa yaúmo ázze,
mamṭĕle i-sísto du-ḥaúro du-daulạ̈tli, mamṭiyóle bú-laġám, mọfqóle
lu-šúqo. ázze lí-dukắno dú-ḥauro, ómẹr aḥúno, ẹzvílli sịstắṭi. ẹblĕbe
u-daúlạtli ómẹr ḥắṭi dídi-yo. ómẹr bẹmọ̈-qắis zvinólọḥ? ómẹr
bẹꞌẹ́sri kísẹ. ómẹr kā̇ꞌiso. qắyim u-daúlạtli, azzĕ lụ-baíto. hắno
10 u-bĕmijál dáꞌar bú-laġám, mĕqạm madꞌálle i-sísto ạldúkṭa. ắṭi
u-daúlạtli, mṭaqṭáqle bu-tárꞌo, ómẹr ftắḥ u-tárꞌo. ftặḥla ú-tárꞌo.
ómẹr kóyo í-sistō? ómmo klá lálġul. ḥọlle ꞌála, ḥẹzĕle í-sísto
lálġul, ómẹr yắ rábbi, ạzvílle ẹlḥaúri óꞌẹdo sísto, kšóbho lắṭi.
madꞌálla líy-átto ómmo mĕde ló kšóbẹh ẹlmĕde? ómẹr yímkin.
15 dáꞌar li-dukắno. ázze u-bĕmijál bú-laġam, mamṭĕle í-mišắi dụ-sĕmo
di-žẹnẹke, hūlále-yo, ómmo izóḥ aḥvạ́llẹ-yo ạlgaúri, mắr zvinóli,
mọ́ṭṭauwyo? mọblóle bú-laġam ạlgábu-mĕrẹko ú-ḥaúro, ómẹr aḥúno
mọ́ṭṭauwyo í-mšāyắṭi? khóyẹr ꞌálā, ạblĕbe kómẹr ḥắṭi dắṭṭi-yo.
khóyạs qárꞌe, ómẹr bẹmọ̈ zvịnólọḥ? ómẹr mọ́ṭṭauwyo? mādẹꞌálle
20 lụ-bĕmijál, ómẹr šqẹlóli bẹꞌẹ́sri lírắt. ómẹr kā̇ꞌiso. ắṭi u-daulạ̈tli
lụ-baíto ṭaqṭáqle bu-tárꞌo, ómẹr ftắḥ. ftặḥla u-tárꞌo. ꞌáber u-bĕmijál
mĕqạm, mamṭĕle í-mšái bú-laġám. ómẹr ḥọrme. ómmo ḥắ. ómẹr
kóyo i-mšāyĕdạḥ? ómmo klá. ḥọzyóle, ómẹr yắ rábbi, ạzvílle
óꞌẹdo laḥúni mišắe, hắma kómmịt i-mšāyắṭi-yo. iy-átto ómmo
25 mĕde kšóbẹh ạlmĕde. ómẹr yímkin. ắṭi lí-dukắno.

qāꞌímo i-žĕnẹke mọllále lụ-bĕmijál, ómmo qụ̈m sụm mọ́klo
uꞌazíme; ꞌázim aḥúnọḥ, gẹdọtyóno óno ṭọbḥóno. ómẹr kā̇ꞌiso.
maubĕle rézo umọ́kẹlo mẹgába, uꞌázze lụ-baíto umọblóle ꞌáme
wušqíle básro wušqíle ꞌạráq mẹgābi-žắnẹke wụṭbúḥla lálġul. ómẹr
30 aḥúno, ītóḥ ạlgābạina. ómẹr ạlmúne? ómẹr símli mọ́klo. ómẹr
yálla. ắṭịn su-bĕmijál. ómẹr aḥúno, u-bĕmijál, óꞌẹdo gāwụnno.
ómẹr ạbríḥo aḥúno, ómẹr kóyo ắṭṭọḥ? ómẹr klắ. khọyárbā,
ómẹr. ḥắṭi ắṭṭi-yo. dáꞌar lụ-baíto. ḥắṭi azzắ bú-laġam mĕqạm
lụ-baíto, yātívo bú-baíto. ómẹr ftắḥ u-tárꞌo, ẹftặḥla u-tárꞌo. ómẹr
35 yắ rábbī, aḥúni gắwạr, mamṭẹlĕle ắṭto, hắma kšóbho lẹḥắt. ómmo
ḥóro baíṭọḥ, qaí mĕde ló kšóbẹh ẹlmĕde? dáꞌar sú-aḥúno, híya
ázzā mĕqạm bú-laġám. ázze lẹsú-aḥúno. ḥzĕle kla yātúto sụ

-aĥúno. ómẹr aĥúno, ōmẹr ĥá. ómẹr haúvyo i-kālạídọ̣ĥ ibríĥo.
ómẹr bríĥẹt lálō, álo mādímlọ̣ĥ. yātívi štạ̈lle ,ạráq wụmkāyạ̈ffe
lạ̈-tlóṭo, iy-ạṭto ,āmạíye. ómẹr aĥúno, fúš bu-tár,o, mọ́lle lụ-dau-
lạ̈tli, qụt gōvánno. fáiš bu-tár,o lárval. ĥáno u-bḗmijä̆l nị̆kle
uqäim, ómẹr aĥúno itóĥ. ómẹr lạíko? ómẹr ẹdmáĥ sạ̈tti, ĥáno 5
u-bḗmijä̆l kṓmẹr lụ-daulạ̈tli. ómẹr é. ázze u-daulạ̈tli dámạĥ gába,
nị̆kle uqäim, tlọ̣́ble ĥạ́ṭạr mú-bēmijä̆l. ómẹr rámĥụl, ū-daúlạtli,
ιtóĥ ạlgäbi, daúrị-yo. símle lụ-daúlạtli mókẹlō wẹ,ạráq waqréle
lúw-aĥúno lú-bēmijä̆l. ázze ạlgäbe u-bḗmijä̆l. yātívi, ẹštạ̈lle ,ạráq
u,äĥọ́lle básro urézo umókẹlo. ómẹr aĥúno, u-daúlạtli mọ́lle lu 10
-bḗmijä̆l ạ̈dmaĥ sạ̈tti. u-bḗmijä̆l ómẹr lọ̣́ kŏ̆ve. u-daúlạtli ómẹr
daíno-yo, qạí óno dāmạ́ĥno sạ̈ttọ̣ĥ? dámạĥ nị̆kle uqáyim. māĥátte
mókẹlo bóṭẹr mẹddámạĥ u,ạráq. mahraúwwe ú-daulạ̈tli, maštạ̈llale
sámo. maubạ̈lle aqwọ́rre. mọ́rralla ldí-valái, áĥạl dụ-májlis, ómmi
má gišóqlịt? ómmo gẹšoqlóno u-bḗmijä̆l, u-aĥúno. ẹšqíla u,áṭyo 15
lụ-baíto. yātívi wụmkāyạ̈ffe. ómmi máyiṭ tró móyiṭ. tụ šmẹ́(r)rā ṣaĥ.

XII (106).

kítvo mạ̈lla, ĥẹzéle ĥá kạcạ́l. ómẹr yạ́ kạcạ́l. ómẹr ĥạ́. ómẹr
lọ̣ kṓṭạt ,ámi? ómẹr lạíko⸮ ómẹr mä̆lẹmína apšóṭo má-kạ́rme.
ómẹr béle. ázzịn láqạn ẹbĥá cạlkọ̣́yo. ómmi cạlkọ̣́yo. ómẹr ĥá.
ómmi lọ̣ kṓṭạt ,āmạína? ómẹr lạíko? ómmi lụ-tụlímo dạn-apšóṭo
lä̆-kạ́rme. ómẹr béle. ázzịn á-tlóṭo u,ụ-ĥmọ́ro ,amạíye. ázzịn 25
ạtlọ̣́bbe abšóṭo mẹmọ́rẹ dạ̈-kạ́rme. mẹlạ̈lle ụ-ṭá,no. azzịl-lẹqríṭo,
ázze u-mạ̈lla ạlbaíto, ómẹr ĥvãwullạn. ómmi ,ä̆la-,aíne, tṓĥu
itáu. ú-kacạ́l ómẹr lọ̣́-kyōtaúno ĥárke. u-mạ̈lla ómẹr qaúwyo?
ómẹr haúĥā, níše šáfíre laít ĥárẹke. ázze ú-kácạl altár,o dạ́ĥdo
ạ̈kla ko,ụ̈zlo bu-dẹlábo, kít kúĥlo bẹ,aína, ạ̈ĥdo šáfạ́rṭo. ú-kacạ́l 30
ómẹr gi(d)domĥína gábẹĥ. ómmo lọ̣́. ómẹr béle. bú-zọ̣r māqlạ̈ble
u-tạ́,no bú-līvän. ómmo bábo, i-žạ̈nẹke, kẹmụmle u-baitạídạn máye
bẹlạ̈lyo. ú-mạ̈lla ómẹr kạ́cạl, kób,ạt dẹĥọnqátli? ú-kácạl ómẹr lọ̣́
lọ̣́, lọ̣ zé,ạt, gẹmadmáĥnọ̣ĥ bú-šibbák. yātívi lálgul. ĥávi ,a,ríye
i-žénẹke yātívo qmí-núro, uĥọ̣nne dāmíĥi su-ṭá,no dạn(n)-abšóṭo. 35
ú-kácạl kle yātívo ,aíne ftíĥe. kĥọ̣́yạr bí-žénẹke. i-žénẹke o,ẹdo
ẹtkómmo klēn dāmíĥe, mamṭéla ĥúṭo kómọ, māĥáṭla psaú,ra wạq-

ṭạlla bu-tárɘo dṓṯe u-dọ́st-díḏa, dāmíḥo. qā́yim ú-kacạ́l, hēdíka šmọ́ṯle ú-ḫṓṯo mẹ'íḏe di-žẹ́neke. māḥā́ṭle bíḏẹ. ā́ṯi ú-dọ́st di-žẹ́neke mídle lụ-ḫṓṯo ạgríšle. qā́yim ú-kácạl. ú-kacạ́l símle rū́ḥẹ ạ́ṯṯo ukṓmẹr mọ́-kobɘạt? ṓmẹr kobɘẹ́no dẹnōyákno. ṓmẹr kítlạn ẓaífe, ú-kacạ́l u'ú-mạ́lla u'ú-cạ́lkōyo. ṓmẹr bẹ'aí dạ́rbo? u-dọ́st. ú-kácạl ṓmẹr cúg ẹdáḫrọḥ baịnạ́-dāfṓṯo du-tárɘo. ṓmẹr šqúllẹḥ i-gẹḏaịtā́ṯi i-mbāšạ́lto. húlē lu-kácạl. ú-dọst cíkle dáḫrẹ baịna-dāfṓṯo, mịdléle lụ́-kacạ́l mẹlálǧul, wuqtáɘle bu-šạ́lfo. ā́ṯi lsú-ḥaúro sú-cạ́lkōyo, kṓḥẹl bi-gẹḏaíto. ú-cạlkṓyo ṓmẹr mụ́-kóḥlịt? ṓmẹr koḥánno wārīḏo. ú-cạlkṓyo ṓmẹr ḥairān háliyo. húlēle ú-zíbbo, kẹnōqạ́ṭle u-cạ́lkōyo. lọ́-kōṯe mẹ́de ạffẹ́me. ú-kacạ́l ṓmẹr ḥẹ́ṭē li-nū́ro, mọ́lle lụ-cạ́lkọyo. wụḥrízle ụ-ḫṓṯo psaúɘẹt dí-žẹnẹke, híya dāmạ́ḥto. u-dóst qmọ-tárɘo u-qṭā́ɘ dáḫro. klẹ́qmọ-tárɘo símle núro, māḥátle šāfū́ḏo bí-núro, wugríšle u-ḫṓṯo mu-tárɘo. ạ́ṯyo í-žẹ́neke, ómmo mụ́-kobɘạt? mákkē. ṓmẹr kobɘẽno ạdnōyạ́kno. ómmo kítlạn ẓaífe. ṓmẹr mḥaí ṭịzạḥ lạ́-dāfṓṯo, gicákno zíbbi nōyạ́knạḥ. ómmo trọ́ve. ạmḥéla ṭíza lạ́-dāfṓṯo, mšāḥálle ú-šāfū́ḏo wụḥrịzle baịnạ́-dāfṓṯo, húwe šāḥíno. cík bi-zẹ́neke. ómmo úff yāqẹḏṓno. ú-cạlkọ́yo ọ́ɘdo dẹkṓmẹr, lụ́-kacạ́l mịdle lụ́-básro mí-núro. ú-cạlkóyo midlạiḏe li-núro dmaúfạq u-básro, qā'íṯo íḏe bí-mesíne. bízo, náfạl bụ́qbụq ɘāli-mesíne. ú-mạ́lla ṓmẹr mlṓ-baịto máye. qábịs mú-šịbbák, náfạl ṭọwíri ɘaršóne dụ́-mạ́lla, umā'íṯo i-žẹ́nẹke umáyiṯ u-dọ́st, uqā'ími ú-kacạ́l u'ú-mạ́lla u'ú-cạlkọ́yo maṭɘánne u'ā́ṭịl-lụ-baíto.

XIII (130).

kítvō ḥá ā́ǵa da-kṓcạr, kítvōle ábrọ mạḥẹbū́l daịvọ́nọ. ṓmẹr gimḥāvạ́nnọ-lọḥ kálọ. ṓmẹr mọ́-gẹsạ́mnọ bi-kálọ? ṓmẹr dmā́ḥ gába. ṓmẹr lọ́-gẹdōmā́ḥno. kózze qmá-ɘvọ́ne ú-ábrọ. ṓmẹr gẹṭọlạ́bnōle lábri. ṭlọbléle ā́ṯṯọ, ksóyim lọ́ sóyim lọ́-gẹdṓmạḥ gába. í-kạ́cẹke mọ́lla lụ́-ḥụmyọ́nọ, ómmo ạlvạ́šli bạ́dle dẹgaúre, ugẹrụḥvọ́no ɘal sísyọ. u-gaúrọ kle bu-ṭúrọ. ạlvíšlāla júlẹ-dgaúre, klạn-šarvolaịḏa ɘála. rāḥívọ ɘál sísyo u'azzá lsu-gaúrọ lú-ṭúrọ, ló kodáɘla, símlā rū́ḥā rẹmọ́yọ. kṓṭē mátrọ. azzạ́-lgábē, ómmo rọ́ɘyo. ṓmẹr há. ómmo lạit pū́šī uqạddáḥa? ṓmẹr ẹlmịnnē? ómmo sụ́mlī núrọ dimšaḥnọ́nọ. simléla núrọ. ạftạ́ḥla rū́ḥā qmi-núrọ,

knófa̱ḫ bi-núrǫ; kítla náqvǫ bú-s̱arvǫ́lo, knófa̱ḫ bi-núrǫ ukḫóya̱r
bú-náqvo. ómer á̱gā. ómer há̱. ómer há̱vo mḭ-(n)náqvǫ-yǫ?
ómer húš tá̱ras. ₁anfá̱ḫle, ḫǫ́lle bu-náqvǫ náqlā ḫrétǫ, wunfá̱ḫle.
ómer á̱ga mḭ-náqvǫ-yǫ? ómer qayá̱tli rúmḫǫ há̱rke, ā̱tino ęlgá-
bǫ̱ḫ a̱dmānęḫátle. ómer ḫwa̱zzí~ dǫdá₁nǫ māná̱ḫnō. ómer kód₁a̱t. 5
ómer a̱í-dá̱rbǫ? ómer šaḫḭn há̱nǫ aqḭme witóḫ ḫę́te há̱ręke gi(n)-
nóya̱ḫ, há̱nǫ-yǫ u-da̱rmona̱ídę. mša̱ḫálle lu-rǫ́₁yǫ umāqǫ́mle. a̱ftá̱ḫlę
rúḫę̄ lú-á̱ga. ómer ú-á̱ga ḫǫ́t rá̱gli há̱rkē uḫǫ́t a̱ḫędǫ́ há̱rke uḫǫ́t
u-da̱rmǫ́no há̱rke. mā̱há̱tle lu-rǫ́₁yo u-da̱rmǫ́no há̱rkē, bāsímle lu̱
-rǫ́₁yo. ómer á̱gā. ómer há̱. ómer kúl yaúmǫ itóḫ gęmā̱há̱tnǫ̱ḫ 10
mú-da̱rmonánǫ. ómmo ma̱ḫrábǫ, az lá̱tnǫ á̱ttǫ̱ḫ? haúḫa ́kómer
bábǫ̱ḫ sǫ̱́m, kómmi̱t lǫ́ kod₁áno. u₁á̱tyǫ lu̱-ba̱itǫ. á̱tḭ ₁a̱s̱ríye, ómer
kóy-á̱tti. ómmi klá. ómer gi(f)fǫllá̱gno mębábi, a̱flǫ́ǧle.

ázzē ú-ḫā yaúmǫ lú-dvǫ́rǫ. kítte kę̱tǫ́tǫ ǧálabe. á̱tḭ ḫā nuḫrǫ́yǫ,
ómer lǫ́ kimzabná̱tli ḫamíš kę̱tǫ́tǫ uzóǧo. ómmo bélę. húlāle 15
ḫamíš kę̱tǫ́tǫ uzóǧo. ómmo kón-a-ka̱llát? ómer šqúllę̱ḫ u-zóǧo trǫ
íṓiš gábę̱ḫ ęgráu̱ dá-ka̱llát. šqíla u-zóǧo, mā̱há̱tla bu-kúḫǫ, kíbla
qá̱r₁a. u-mę́rękǫ dęšqíle a-kę̱tǫ́to mdāvāslē-la̱yo mḭllahá̱lf u₁ázzę.
lǫ́-mtānéla. á̱ti u-gaúro mú-dvǫ́rǫ. ómmo mę́rękō. ómer há̱.
ómmo mzābá̱lli ḫamíš kę̱tǫ́tǫ uzóǧo. ómer kōn-á̱-ka̱llát? ómmo 20
klḭn ₁á̱mę, tréle u-zóǧo gráu̱. ómer ǫ́ḫ ęmaḭtḗt, az lá̱cyo u-zǫ́ǧǫ
dḭdę̱ḫ? ḫǫ́šū lǫ́-s̱qíle ú-zǫ́ǧǫ. ómmo vá~ waḭlę. ómer á̱lō, nḭ-
klę́lę̱ḫ. ómmo dlōvę́vǫ qár₁ḭ bu-kúḫǫ, kítvō-be dnakvóli? qáyim
a̱qtḭle iy-á̱tto. (tu̱ šmę́ra sáǹ).

XIV (91).

ómmi kítvō ḫā u₁á̱ḫdo, u-gaúro iy-á̱tto. á(n)náqęlā azó-mę́ręko
lā́-saukótǫ, mḫél-u-ná̱rgǫ ₁arrá̱ǧle. jęrḭḫle rá̱glę. á(n)náqęlā qáyim, 30
ā̱tḭ lu-ba̱itǫ. ómer žḭ́nękę á̱qlḭb u-tá̱₁no. ómmo qaúwyo? ómer
qtǫ̱́₁li zíbbi. dá̱ma̱ḫ baḭná-gálę. ómer žḭ́nękē, sǫ̱́mli mókęlo bāsimo. ómme la̱it mókęlō bāsímo. ęmḫę́llēlā. ómmo hohóḫ, óno
kóte qim-díḍi uhá̱t lǫ kóte qim-díḍǫ̱ḫ. qā₁ímo gębíno, ázza sḭ-
y-émo. fá̱iš tlótǫ yaúme, qáyim azzē bǫ́tra. ómer žénękę téḫ lu 35
-ba̱itǫ. ómmo lǫ́ kotyóno. ómer qaḭ lo kótēt? ómmo ló kotyóno.
ómer qaḭ lo kótęt? ómmo á̱ttǫ sę₁á̱tto gdǫ́mǹo? ma̱ḥvi(l)lēlā zíbbe.

ómmo háno mạ̈íkō-yo? ómẹr ẹzvílli. ómmo bmí zvílloĥ? ómẹr
zvílli bẹqá̈dro naːámto. ómmo maḥrábo qai lọ - zvílloĥ bi-qá̈dro
rábtọ? ómẹr lọ́ ḥazyọ́li ạíko-vā. ómmo ạík-aṭín ẹlzibọ́no? ómẹr
á̈tin lọqmo-tá̈rːo. ómmo gá̈labe-vaíye? ómẹr túre-vạíye. ómmo
5 gẹdọbátvo i-qá̈dro rábtọ, šōqẹlátvo ḥā rábō.

XV (162).

10   kítvō ḥá̈ zlám tụjár, kítvōle gréːọ, išme dú-gréːaídē ú-dạrviš.
azzé lá-qaíṣe, ḥẹzéle mịštútọ ẹdjín.   maubá̈lle ːá̈qẹl-dídē lạ̈-jín;
hávi dạivọ́nọ, ẹmzá̈yaḥ bạinạ̈-jín.   ká̈riḥ u-tijár ːá̈lẹ uːá̈li-bagá̈ltọ.
ḥẹzá̈llē i-bagá̈ltọ, lọ́ ḥẹzá̈lle u-gréːọ.   ómmi mọ́-ḥá̈rūlạn mẹ́ne?
u-tụjár umọ́re du-baítọ.   maubá̈lle lạ̈-mːáre lá-jín; cụ̈lle júle, fá̈iš
15 zaltọ́nọ. kọ́we mištavótọ bạinạ̈-jín, kmọblíle. gá̈vẹr mạ̈-jín, haúvyọ
iy-á̈ttọ ú-g̣urimạíde.   hāvíle ábne mí-jịnníye.   fá̈iš arbːíšne bạína
-jín, kle zaltọ́nọ, ẹmkásyọ i-lāšạíde bú-pụrc, kmázhẹri ːaíne bạinu
-pịrc, ẹgzóyạḥ ḥā mẹ́ne.   ḥẹzéle lu-dévọ iy-á̈ttọ aḥịlóle, nāyịḥle
lú-dạrviš.   ḥọ́lle bẹːaqẹl-dídẹ, ómẹr mọ́-gẹṣạmn-ạ̈rke? qá̈yim á̈tī
20 lọqmí-valái dú-tụjár.   ómẹr ːaíbọ-yọ, lọ́ kọzzí bạiní-valái.   símlēle
qá̈riš ẹdkéfe mí-valai ulárval, yá̈tū bu-qá̈riš.

    náfạq ú-ḥā yaúmọ, ḥẹzéle ḥá̈ aqṭílọ, kle u-ṣạífọ uːi-tfá̈ñge sú
-qṭílọ.   mamṭéle u-ṣạífọ uːi-tfá̈ñge lu-qá̈riš.   ẹmšā̈yá̈lle lạ̈-mọ́re du
-qṭílọ ːá̈lu-qṭílọ, ẹḥzá̈lle ī-lāšạíde, ómmi ẹlmá̈-qṭíle ú-zlāmá̈nọ?
25 kómmi-rruḥaíye dí-valái, kómmi lọ́ kọdːína.   kómmi lávọ daqṭíle
maubéle u-ṣạífọ uːí-tfá̈ñge, aíkọ dhọzéna u-ṣạífọ uːi-tfá̈ñge i-daː
vạídan ːalá̈nẹk-yọ.   ómmi maːlúm.   ẹmšā̈yá̈lle lọ́-mšā̈yá̈lle, lādịːi
ạlmá̈ne.   azzịn ẹtré lú-ṣạídọ, ḥẹzá̈lle ú-dạrviš, zā̈ːiːi mẹ́ne, kle u
-ṣạífọ uːi-tfá̈ñge ːá̈mẹ.   ómmi ú-ṣạífó uːi-tfá̈ñge dú-qṭílọ-ne, kómmi
30 -rruḥaíye, klịn ːámáno.   dāːíri á-mṣaidọ́ne lụ-baítọ, maḥká̈lle ẹldí
-valái, ómmi kit ḥá̈ lárval mī-valai, kítlē qá̈riš, kle u-ṣạífo uːi-tfá̈ñge
dú-qṭílọ ːá̈mẹ, zāyẹːịna mẹ́ne.   ómmi zóḥū ːá̈srọ, ḥẹzáu mín ẹzlám-yọ.
azzịn ːá̈srọ, lọ́ qādíri dịmqa(d)dẹmíle, zā̈ːiːi mẹ́ne.   azzín lí-valái,
maḥ ká̈lle, ómmi lọ́-kmajréna mqadmīná̈le, lạ̈cy-á̈nọ zlám, júle laít
35 ːá̈lẹ, u-pịrj-dídẹ hávi ṣịtọ.   hávi bá̈ḥas bi-valái, mā̈ːalạ̈mme u-pá̈šā
ómmi qúmū dimfạrjína ːá̈lẹ, lọ́ qọtliná̈le.   ómmi gẹqọ́ṭẹl nọ̃šē mẹ
naína.   á̈zzē u-pá̈šā udi-valái kúlle, lọ́-kmajrín ẹmqá̈(d)dẹmi lụ

-ḍȧrviš. ȧ-mọ́re du-qt̤ílọ ómmi hȧnọ u-ṣa̤ifa̤ídan-yọ u᾽i-tfȧn̄ga̤i-
dan-yọ. ȧzzịn mịddalle. kit hȧva ẹmdȧ-jin ᾽ȧmẹ, ḳẹmọ́hē u-sa̤ifọ
a̤qọ́t̤ẹl; kmohȧbbe sa̤ifē u᾽a̤tfȧnaq, kọ́we duḥọ́nọ, lọ́ ḳumha̤isa̤líle.
fa̤᾽ia̤i ẹm᾽ȧjẹbē dí-valȧi mẹ́nẹ; a̤ína ẹdbọlȧšbẹ bú-dạrviš ẹqọt̤ẹ́le.
dí-valȧye ᾽ȧjízi mẹ́ne. kọ́te lí-valȧi ọ́ḥẹl unọ́fẹq. kózzē lȧ-dȧrbe 5
da-(n)nọ́še, ḳịmšālȧ́ḥḥe uqọt̤ẹ́lin. hȧvi mȧl gȧbe gȧlabe ẹdlọ́ họ̣-
zẹbe. mšāyȧ᾽le lu-pȧ́šā lú-šult̤ọ́nọ, ómẹr kit ẹzlȧm bú-fa̤sa̤lȧnọ
gȧbạlnā, lọ́ kmạ̇qta̤l ulọ́ kmụmsik, haúḥā símlē bí-valȧi, ẹqọ́t̤ẹl
ȧ-(n)nȧfọ́qe u᾽ȧ-dāsọ́re, bȧt̤a̤l ú-bāzȧr mí-valȧi. kt̤úlẹ kȧ́gad lụ
-šult̤ọ́nọ, mšāyȧ᾽le ẹlsu-pȧ́šā, ómẹr lȧphụ̄ ẹdmọskitullē, mšaiyᵴi- 10
t̤ulli-yọ deḥọzéna mínyọ mẹmẹ́de? kt̤úlē lú-pȧ́šā, mšāyȧ᾽le lụ
-šult̤ọ́nọ, ómẹr la̤iban; qt̤ílẹ i-᾽ȧskar kúla; kmọhȧbbē ȧ-zarbȧt,
kọ́we duḥọ́nọ, wukẹmọ́ḥē ú-sa̤ifọ a̤qọ́t̤ẹl. qȧyim ú-šult̤ọ́nọ, símle
᾽ȧskar mẹbrit̤ọ kúla, ȧt̤i a̤rríše. ẹmfārȧjje ᾽ȧ́lẹ, lọ́ qọdrí mọskíle;
kmọhȧlle kọ́ve duḥọ́nọ, matlȧfle ī-᾽ȧskar. yȧtū ú-šult̤ọ́nọ mẹqȧbil 15
dídẹ, ḥọllébe bu-dúrubén, ómẹr mịn(n)āt mẹmẹ́de? a̤nsȧn-āt?
ḥaivȧn-āt? ómẹr ḥalíqā dȧlọ-nọ, símlọḥ ᾽ȧskar ᾽ȧli, kómmịt gị(z)-
zȧmọ; qȧis ẹdmạ̇mt̤ẹt ᾽ȧskar gẹqọtȧnnā bu-ḥa̤ílọ dȧlọ. ú-šult̤ọ́nọ
ómẹr qúmu mibẹ̄zū ȧ-᾽asẹ̄kir, a̤trȧvulle; a̤qọ́t̤ẹl uḳumšȧlạḥ, nọ́šọ
lọ́ ḳumtȧne. 20

nȧfíqọ bȧrt̤ọ du-pȧ́šā lụ-sa̤irān. a̤lqọt̤ọ́le mu-sísyọ; zā᾽iᵴọ, ómmo
gẹqọt̤ẹ́lī. mọblọ́le lụ-qȧríš, ómẹr kȧcẹkē. ómmo hȧ. ómẹr ẹbzọ́r
lọ́-ksạmn-᾽ȧ́mẹḥ, kọ́wịt iy-a̤tta̤idi a̤hví, lọ́ kọ́wịt gẹqọtȧnnẹḥ. ómmo
gẹdauvyọ́nọ ulọ́ qọtlȧtli; ẹḥlọ́ taú mẹ́nọḥ gẹšọqlọ́nọ? ómẹr é.
qȧyim símle ᾽ȧma. ómmo ḥlȧq ú-pịrjȧnọ. ómẹr lọ́, lọ́mmịt-aúḥā. 25
kọ́bᵴọ dómẹr a̤hlȧqli a̤dnọ́ḥrọ́le. ksọ́yim ᾽ȧma, ómmo ọ̣nọ a̤lḥúdi,
lọ́ kọ́tẹ sȧbẹr-dídi, ta̤ílọḥ a̤hrẹ́t̤ọ ẹdmīva̤nsina ta̤rtetạína ba̤ḥdọ́de.
ómẹr a̤íkọ kit a̤hẹdọ́ kā᾽ístọ? ómmo kit a̤hẹdọ́ sụ-᾽afrit bi-qȧlᵴọt
-cȧkkọ, bȧrte du-ȧ́gā dí-valȧi, ọ́nọ bȧrtẹ du-pȧ́šā-nọ ubiya bȧrtẹ
dú-ȧ́ga-yọ, mahazmọ́le. ómẹr kazzínọ, a̤dlọ́ mȧhazmịt; a̤dmȧhazmịt 30
gẹdọtẹ́nọ ẹlbẹbȧbẹḥ, sȧmnọ hȧt ubȧbẹḥ ba̤rníti unọšȧmnọ-lḥū bẹn-
ḥiri. ómmo lọ́, lọ́ kmahazmọ́nọ. ómẹr ọ́tē bȧbẹḥ ẹbrȧgle, mȧr lọ
-mqȧ́(d)dẹmịt lụ-ba̤ítọ du-mẹ́rẹkọ. ómmo trọ́ve. ȧzzē u-dȧrviš ẹm-
᾽ȧyéle ᾽ȧli-qȧlᵴọt-cȧkkọ. ȧt̤i u-pȧ́ša bȧbẹ dí-kȧcẹkē ómẹr qúm
ẹdmaubȧnnẹḥ lụ-ba̤ítọ. ómmo lọ́ kọtyọ́nọ, lọ́-kmajẹryọ́nọ. ómẹr 35
gị(m)maubȧnnọ u-mẹ́de. ómmo lọ́ mọ́blịt, gẹdọ́tē gẹsȧmlọḥ ba̤rnít̤ị.
ómẹr a̤bȧ́ḥ gẹdọ́ḥẹl ạ̇hre. maubéle u-mẹ́de lu-pȧ́šā, lȧzza ī-kȧ́cẹke,

faꞏîṣọ bu-baítọ. ázzē ú-dạrviš, máṭi li-qálꞏọ ẹtcákkọ. ī-qálꞏọ ꞏạ-
laítọ-yọ, ú-tárꞏọ dẹfặrzi̜lọ-yọ. hávi duhǫ̆nọ, sálạq ẹlqárꞏẹ di-qálꞏọ,
náḥạt li-dọ̆rtọ. ḥẹzéle i-kạcẹ̆ké yātútọ, kit arbꞏó ꞏạfrít gába, klạ
yātútọ bainán(n)-arbꞏọ, knọ̆sqila án(n)-árbꞏọ. ḥạrrẹ lá-ꞏafrít ẹ̆hzạ̈lle,
5 ẹmzạíyꞏi án(n)-árbꞏọ mọlqúle. míḏle lī-kạcẹ̆kẹ, mọfqọ̆le. mọ́rre
lá-ꞏafrít laḥḏọ̆de, ómmi hánọ mínyọ mẹmḛ̆de? lặtyō jín, lặcyọ
ạnsán ulặtyọ ḥaiván ulặtyọ ꞏạfrít, hánọ gér šíkẹl-yọ. ómmi dúšụllē,
ặḥnā árbꞏọ ubúwe há. azzặlle. mặnyọ dẹgimqādặmle? mqādặmlē-
le lu-rábọ, ẹmḥẹ̆llēbē saífọ. hávi duhǫ̆nọ, faꞏîṣọ ī-kạcẹ̆kē, lọ̆-hzạlle
10 u-dạrviš. náḥạt ḥi-háwa ꞏạlú-ꞏafrít, ẹmzāyáꞏle; kọ́rhẹt tlọ̆tọ́ yaúmẹ
qul dẹmālímẹt á-(f)fặlqē dụ̆-ꞏafrít. bízle mạḥḏọ̆de. há bḥá qṭíle
án(n)-árbꞏọ. ạftặḥle u-tárꞏọ umaufặqle ī-kạcẹ̆ke. gẹzạíꞏọ i-kạcẹ̆ke
mḛ̆ne, ómmo laíkō gi(m)mọblátli? lọ̆-mtānḛ̆le. ómmo laíko gẹ-
mọblátli? ómmo dhọzyǫ̆nọ i-šgāliyại̜de dhaiyévin-yọ? dinsānát-yọ?
15 kómmo blḛ̆ba. ómẹr gi(m)maubặnnẹḥ lí-valái ẹdbábẹḥ. ómmo lọ́
kmityaqnǫ̆nọ. ómẹr dúš gẹhǫ̆zit, klạ bặrtẹ dú-pášā gábi, líya
mšāyáꞏlāli ẹlgábẹḥ. ómmo dóvē ẹšrọ́lọ hi̜d kómmi̜t, gi(m)māši̜gǫ̆nọ
rag̱lọ́tọ̆ḥ ušọtyọ̆nọ á-(m)mái. ómẹr dúš. ómmo bāṭẹlǫ̆nọ. ạṭꞏạnọ̆le
wumzặyạḥ. māḥạtle qmụ-tárꞏọ du-qáriš. ḥẹzéle gẹbọ̆ḥyọ iy-ặttọ.
20 ómẹr qai gẹbọ̆hẹt? ómmo ặti bábī ẹmḥẹ̆(l)lēli umaubéle u-mḛ̆de
kúlẹ; mú-yaúmọ dạzzọ̆ḥ hol ọ̆ꞏẹdọ óno kāfi̜ntọ. mautaúle á-tặrte
siḥḏọ̆de. afsi̜ḥi baḥḏọ̆de, mahkặlle laḥḏọ̆de mí-simlē bi-valạ̈ye
umí-simlé bá-ꞏafrít. ómmi lọ́ kromšína mẹgábe, ṭaú mḛ̆ne laít, lọ́
kọḥélan, á-(n)nīšại̜de̱-na, trọ sọ̆yim ꞏāmaína, ásḥam mḛ̆ne laít.
25 ómẹr kọbặtli ízin, mọ̆lle liy-ặttọ, dsặmnọ bábẹḥ bặrnḗṭi̜? ómmo
ízi̜n-yọ lọ̆ḥát. ázzē lí-valái mamṭẹ̆le mál mí-valái umọ́kẹlọ. ómẹr
šqúlū ặḥúlu wulvášu ukaiyéfu. ázzē lí-yaúdā du-pášā, mídle lu
-pášā mbainú-mejlís. ẹldú-mejlís kúlle mazráqqe taḥtaíye; hǫ̆nne
yātívi, lọ́ kọ̆rẹḥ fēmaíye ẹdmišg̱ọ́li, ẹšḥir fēmaíye, hávi̜l-lál, khaíri
30 urọ̆ꞏli mī-zọ̆ḥtọ. símle u-pášā hābúšọ bíde̱, maufặqle. ặti lụ-baítọ
ẹbcụ̆qle bíde̱, símle bặrnít. ặti siy-ặttọ ómẹr klḗ bábẹḥ. ómmo
lặcyówe. qḥír u-dạrviš, māqláble líde̱, madꞏặlle líde̱, hávi hābúšọ;
māꞏẹlḗle ú-hābúšọ, hávi u-pášā. ómẹr ḥẹzélẹḥ? ómmo é. ómẹr
kómmi̜t lạcyọ bábi? ómmo mityāqặlli. ómẹr qọtánnẹ? lọ́? ómmo
35 mụstáfli̜t. ómẹr zọ́ḥ, lọ́ qọtánnọ̆ḥ ạlḥặtạr dẹꞏainẹt-bặrtọ̆ḥ, bāt sím-
lọ̆ḥ, ọ̆nọ lọ-ksặmnọ, lákin ḥvazzí lauvọ̆va bặrtọ̆ḥ ặtti, ọ̆ꞏẹdọ kim-
zāyáꞏvọ-lílọ̆ḥ; ạdꞏai lá-háye ẹdbặrtọ̆ḥ. ẹfsi̜ḥọ iy-ặttọ bú-ḥabránọ.

ázzē u-páša lụ-májlis, hẹzạ̈lle ᶜụjẹbọ, ómmi ại dạrbó māḥláslọḥ
mídẹ? ómẹr lọ́-maḥkétū, símlēbī šúglọ ᶜụjẹbō, élọ lālọ́họ wulbạ́rtī
māḥláslāli. ómẹr símlēlī barnítị̣ umadᶜállēli ẹzlám. faᵓíši dụ̣
-mạjlís kạ́r.   •

qáyim u-dạrviš, lắqi bizlám, ómẹr lạíkọ gi(z)zóḥ yā zlám? 5
bālị̣ u-zlám, kắyu lẹ́be du-dạrviš ᵓálẹ. ómẹr qại gẹbóḥẹt? ómẹr
gẹbọḥẹ́nọ mí-zọḥtạídi. ómẹr lọ́-bóḥạt, lọ́-qọtánnọḥ, qrár ᵓám ālọ́họ
uᵓámọḥ, málli lạíkọ gẹzóḥ? ómẹr ạ́tị̣ kítlī tlọtó nāᶜíme, hã̆ kle
bi-dạrgušṭọ, wá-tre ḥrḙne ráb mẹ́ne-ne, ātị̣ hã̆, mahẹzạ̈mle ạ́ttị̣,
gẹbóḥe ú-zᶜúrọ dí-dạrgúšṭọ, ạḳóyu lẹ́bi, kazzínọ tọlábnā mẹ́ne, hū- 10
lḙ́liyọ gẹmamṭḙ́na, laúlēliyọ trọ qọtḙ́li, gi(m)miṭnáḥnọ mi-ḥtịṭọ
dã̆-(n)naᶜimắnẹk. ómẹr kọ́dᶜịt aíkọ-yọ? ómẹr é. ómẹr dụ̃š,
ạḥvaíliyọ, šọqạ̈nnọ ạ́ttọḥ mḙne uᵓọbḙ́nọḥyọ. azzḙ́n á-tre, kāríḥi;
dúḳtọ lọ́-trạ́lle dló kāríḥi. hẹzạ̈lle maᶜạ́rṭọ. ómẹr faᵓíšọ í-mᶜạrṭ-
ạ́tị̣ dlọ́-krọ́ḥọ. sālị̣qi lí-mᶜạ́rṭọ, hẹzạ̈lle kle u-ḥút kẹmọ́ḥē lí-žẹnẹḳẹ́. 15
ómẹr hát lọ́-mqadmịt mẹ́rẹḳọ, ú-dạrviš, gẹqọṭḙ́lọḥ; fạrij ᵓáli uᵓálẹ.
ómẹr ālọ́họ mādímlọḥ. azzḙ́le u-dạrviš. qāyímle u-ḥút. ạlvíšle lú
-ḥút ī-gúrza, nābrámle i-gúrzā, mahyọ́le bú-dạrviš. hắvi ú-dạrviš
duḥọ́nọ. ᵓābírọ í-gúrzā biy-árᶜọ, šọ́qlā íy-árᶜọ hū-bạ́rqọ. ómẹr
lọ́-mhḙ́lọḥ i-zarbaídọḥ, húd? ómẹr bẹ́le. ómẹr fắiš daúri. ómẹr 20
fắiš daúrọḥ. nã̆hịt ᵓálẹ, mhḙ́llēbē saífọ ẹmdí-háva dã̆-jin. bízle
mahẹdọ́de. hắvi u-ḥút cikát ạdnúrọ utã̆yịr mahdọ́de. qtíle, mam-
tḙ́le ī-žị̈nẹḳe. ạ́tị̣ húwe uᵓi-žị̈nẹḳē uᵓú-mẹ́rẹḳọ li-dúḳtọ daḥzéle u
-mẹ́rẹḳọ. ómẹr zóḥ lụ-baítọ hát wạ́ttọḥ, aúbẹl-ạ́ttọḥ, kazzínọ ọ́nọ
lụ-baítọ.• ómẹr ālọ́họ mādímlọḥ, simlọḥ mị̣nne rábtọ ᵓáli, gi(d)dọ- 25
ᵓḙ́nọḥ ọ́nọ uᵓábni uᵓáttị̣, hod kítnā sã̆ḥ lọ́-qtọ᷉ᵓéna i-kā᷉ᵓisúṭọ dẹsímlọḥ
ᵓāmaína. ómẹr zóḥ, ᵓam ālọ́họ símli. azzḙ u-mẹ́rẹḳọ uᵓiy-ạ́ttọ lụ
-baítọ, ẹfsị̣hi án(n)-ábne bī-žị̈nẹḳe. mahḳélo ẹldí-valắi, ómmi
trāwụllan, dí-valắi, hắnọ hã̆sọ, ẹdlọ́-mtānḙna ᵓámẹ, húwe lọ́-kụm-
tắne ᵓāmaína, taú mḙ́ne lạít.   30
šắmạᶜ u-páša dí-valắi, kít hã̆ bī-qálᶜọ ạdšã̆t ubẹnᶜã̆t, ásḥam
mḙ́ne lạít, kọmmíle íšme u-bárᶜabrān, lọ́-kmạ́rfē nọ́šọ. u-páša
kṭúlẹ lụ-šụltọ́nọ, ómẹr kṭan kã̆gạd mílišónọḥ lụ-bárᶜabrān, klē bi
-qálᶜọ ạdšã̆d ubẹnᶜã̆t, mar tóḥ li-flán valắye, gẹdọbīnálọḥ mã̆tọ mil-
yūnã̆t dīnọ́re, élọ kít hã̆ qmí-valắye mauqádle í-valắye, ītóḥle. 35
ạḳṭúle lụ-šụltọ́nọ, ạmbḙ́le ú-mẹber-dídẹ, mšāyáᶜle lụ-bárᶜabrān.
ạ́ti u-qạ̈sed dú-šụltọ́nọ, ázzē mšāyéle ᵓāli-qálᶜọ ạtšã̆t ubẹnᶜã̆d.

ómmi kle bi-qaḥáihō, ló-kmajréna ǫzzáṇǫ ạlgábẹ. ómẹr ǫ́nǫ geꞏ
zínǫ ạlgábẹ. ázzē lu-tárꞏǫ dī-qáliǫ, dǫ́qle u-tárꞏǫ. ómẹr wáḥ ǫ́nǫ
u-bárꞏạbrán-nǫ, mạnyǫ ẹddǫ́qle u-tárꞏǫ? qáyim ẹftạ́hle u-tárꞏǫ, ḥẹzéle
u-mẹ́rẹkǫ. maufạ́qle u-kạ́gad lu-mẹ́rẹkǫ. ómẹr ú~ꞏ. tạ́yir u-mẹ́rẹkǫ
5 bú-nǫfúḥǫ, ráḥạq mu-bárꞏạbrán. maḥvíllēle u-kạ́gad lu-mẹ́rẹkǫ. ómẹr
tại u·kạ́gad, ló-zaíꞏạt. ómẹr gẹzáꞏnǫ. ómẹr ló-zẹ́ꞏạt, mǫllílǫḥ ló
-zẹ́ꞏạt. mqādạ́mle lu-mẹ́rẹkǫ, ẹnšíqle rágle. qréle u-kạ́gad, gáḥạḥ
u-bárꞏạbrán, ómẹr zóḥ mạ́lle lu-šụltǫ́nǫ mȧr lạ́cyǫ ꞏúyụz mịlyūnȧ́t,
knóyik ú-gaurávǫ á-mịlyūnȧ́t dạ̇-dīnǫ́re, élǫ gẹdǫtẹ́ne, ꞏal nǡf-dídi
10 ẹkǫrạ́ḥnǫ, ẹmjạrbina ǫ́nǫ uhúwe ạḥdóde, izóḥ mạ́lle lu-šụltǫ́nǫ
hauḥā, mȧr bú-nīšānávǫ, ẹmḥéle ídẹ ꞏáli-kẹ́fǫᵣ ḥúr ạlqúlǫḥ, mḥéle
ídẹ ꞏáli-kẹ́fǫ simǫ́le pīžȧ́t, hauḥā mạ́lle. ómẹr é, ꞏála-ꞏaíne. ázzē
u-qáꞏẹd ẹlsú-šụltǫ́nǫ, mǫ́lle lú-šụltǫ́nǫ, u-gréꞏǫ ómẹr ạlqúli ạmḥélẹ
ídẹ ꞏáli-kẹ́fǫ, bizóle mạhdóde, ómẹr mạ́lle gẹdǫtẹ́nǫ. ạnḥǫ́lle gụ-
15 múšǫ lu-bárꞏạbrán, maḥšạ́mle búwe, lǫ fáiš mẹ́de ạlsáfrǫ, ạnḥǫ́lle
sáfẹrǫ ḥạ́, māqrátlē búwe, lǫ fáiš mẹ́de mú-gumúšǫ. qáyim ạlvíšle
u-saífǫ unáfạq. áti ạlsú-šụltǫ́nǫ, nȧ́fịl haíbe ꞏálú-šụltǫ́nǫ. ú-gréꞏǫ
ādạ́ꞏle, ómẹr yā šụltǫ́nǫ qụm mẹqúme, u-bárꞏạbrán-yǫ, dló-qaímịt
gẹqǫtẹ́lǫḥ. qáyim u-šụltǫ́nǫ. yȧ́tu u-bárꞏạbrán, ómẹr aíkǫ-yǫ u
20 -mẹdánǫ dẹkǫmmítu? ómmi klē bi-flȧn valáye. ómẹr dúš aḥvaí-
liyǫ, élǫ laíbi dkǫlẹ́nǫ dḥǫzẹ́nǫ mínyǫ mẹmẹ́de. qáyim u-šụltǫ́nǫ
u·í-ꞏáskar ꞏámẹ, azzín ẹlsú-darvíš. ómẹr yȧ́ šụltǫ́nǫ hȧ́t u·í-ꞏáskạr
ló-mqadẹmítū, farḗju ꞏálaịnā, ǫ́nǫ uhúwe gi(m)maịdína lạhdǫ́de, yǡ
gimzāyȧ́ꞏli yǡ gimzāyȧ́ꞏne. ázzē u-bárꞏạbrán lu-tárꞏǫ dụ-dạrvíš,
25 ómẹr mịnạt mẹmẹ́de? ómẹr ḥaliqa dȧ́lǫ-nǫ. ómẹr súm kȧ́ram,
ạnfạ́qli. ómẹr ó~f, ḥáni ꞏẹạrí-šne kǫrạ́ḥno ꞏálǫḥ. ómẹr꞉kạ·íꞏǫ
ẹnfȧ́q. nǡḥíti lạhẹdǫ́de. kimfạ́rji ꞏȧlaíye ú-šụltǫ́nǫ wȧ-ꞏasẹ́kir.
kmǫ́ḥẹ u-bárꞏạbrán u-saífǫ búwe, kóve duḥǫ́nǫ. knǫ́hat ú-dạrvíš
ꞏȧ́le, kmícịk biy-árꞏǫ u-bárꞏạbrán. mqátạlle hōl ꞏạꞏríye, mẹ́de ló
30 -símme bạhdǫ́de. dāmíḥị, i-ꞏáskạr kimfạ́rjǫ, á-trē sạhdǫ́de. sáfẹrǫ
qā·ími ẹmqātạ́lle. ẹmḥéle lú-barꞏabrán ú-saífǫ búwe, hȧ́vī duḥǫ́nǫ.
māqǫ́mle túz míy-ạ́rꞏǫ, hȧ́vi ꞏalꞏǫ́lǫ u-túz, cík baínu-ꞏalꞏǫ́lǫ ạdlǫ́
ḥǫzéle u-dạrvíš. nǡḥạt ú-dạrvíš liy-árꞏǫ. ẹmḥẹ́llēbe saífǫ lu-bárꞏạbrán, hȧ́vi duḥǫ́nǫ ú-dạrvíš. ꞏáli ẹdꞏǫ́le, msíkle lu-bárꞏạbrán ú-du-
35 ḥǫ́nǫ, ẹfrị́ḥ̇le bídẹ. nǡḥíti liy-árꞏǫ á-tre, hȧ́vịn ẹzlāmȧt. ḥẹlạ́qlēle
saífǫ lu-bárꞏạbrán, qtǫ́ꞏle qárꞏǫ dụ́-dạrvíš. ómẹr tóḥ šụltǫ́nǫ, mạt-
nǡḥli í-valai mẹ́ne, nóšǫ ló-qǫdạ́rvǫ ꞏȧ́le, mī-hȧ́va dạ̇-jin-ve, bí-hịle

msíkli, aqtíli. ómẹr aṭláb bắrᵃabrán. ómẹr mẹ́de ló-kọbᵃẹ́nọ żġẹ́r
má-tắrte nĩšaíde. ómẹr hǫ́vin ḥalál ᵃáloḥ. maubẹ́le á-tắrte niše
dụ-dạrviš u-ázzē. azzẹ́ li-qálᵃọ, yátū bi-qálᵃọ gẹdốmẹḥ gābaíye,
mkắyif ᵃāmaíye, u-ᵃíšmẹ bọbrítọ-yọ. —.

5

XVI (127).

kítvō rụ̃sṭam, mắlkō-ve bẹdǫ́rọ. qrẹ́le ẹldí-valái kúllẹ. kắrịḥ
ú-mắjlis, ómmi mụ̃-kọ̀bᵃịt? yā rụ̃sṭam. ómẹr saiuína bắdạn lí-va▸10
lái. ómmi qúmu dẹsaimína, dí-valái mǫ́rre rrụ̃sṭam. símmalla
bắdạn lí-valái.

qắyim rụ̃sṭam ḥẹzẹ́le ḥálmọ. ẹ̃šqịle zắd, māḥátle bá-ᵃanẹ́bịr.
hō-mi-dắštọ dẹmaúṣal bízī á-grẹ̃ᵃaídẹ kmālími zắt, māḥátle bá-ᵃa-
nẹ́bịr. hắvi í-ḥdọ šắtọ ġálā, kāfíni dí-valái. aftịḥle rụ̃sṭam á-ᵃa-15
nẹ́bịr, húlẹ lắ-(f)faqịre zắt. táyim ú-ġálā.

rụ̃sṭam mǫ́llẹ̄le lu-grẹ́ᵃọ ómẹr yā grẹ́ᵃọ. ómẹr hắ. mšāválle
bú-grẹ̃ᵃọ, rụ̃sṭam ómẹr fā-ᵃíšnọ núqus átto kā-ᵃịstọ. u-grẹ́ᵃọ mọllẹ́le
ẹrrụ̃sṭam, ómẹr yā rụ̃sṭam. ómẹr hắ. ómẹr kít aḥdố bẹmaúṣal
íšmā żạrífe, áttọ dú-baílọs, taú mẹ́na laít. kọmálle u-grẹ́ᵃọ. rụ̃sṭam 20
ómẹr dụ̃š dọzắn mamtẹ́nāla. rắḥụ rụ̃sṭam u-u-grẹ́ᵃọ azzịn ạlmaúṣạl, azzẹ́l-li-valái ẹdmaúṣạl, ạkǫ́raḥ bú-šūqọ rụ̃sṭam, húwe u-u-grẹ́ᵃọ.
khairíbē dẹmaúṣạl, kómmi hắnọ mạnyānọ? kómmi laḥdốde ẹdmaúṣạl, lādạᵃíle. āṭí hắ mǫ́llẹ̄le-rrụ̃sṭam, ómẹr maíko hắt? ómẹr
mẹdǫ́rọ-nọ. ómm-íšmọḥ mínyọ? ómẹr rụ̃sṭam-no. raᵃịli dí-valaí.25
azzẹ́-lbẹbaíḷọs, yắtū-sbẹbaíḷọs, símme qáhwe, símmalle ẹkrám.
áttẹ dú-baíḷọs í-żạrífe mǫ́lla lu-baíḷọs, ómmo mācázlọḥ rụ̃sṭam,
ónẹste gịmacazắlle li(y)-audaídi. u-baíḷọs ómẹr trǫ́ve. macázla lí
-żạrífe rụ̃sṭam li(y)-audaída. ú-baílós mšāyắᵃle ẹlsí-żạrífe, ómẹr
gẹdọtẹ́nọ ónẹste. ómmo lố, trọ lǫ́te li(y)-audaídi. macazámla rụ̃-30
sṭam, símmē mǫ́klo, í-żạrífe ómmo yā rụ̃sṭam. ómẹr hắ. ómmo
lố-kmáḷạq ú-mọklo ẹdlǫ́ ᵃạráq uḥámrọ. ómẹr mụ̃sṭắflit. ištắlle
ᵃạráq. ḥắrū rụ̃sṭam, tákī ᵃáli-mḥádde ᵃálu-táñt. í-żạrífe mǫ́lla la
-grẹ̃ᵃe, ómmo aqlẹ́du u-tárᵃọ ᵃalaína, rụ̃sṭam ḥắrū-dámạḥ, kómmo
i-żạrífe. māqlắdde u-tárᵃọ u-ázzịn a grẹ̃ᵃe dāmíḥi. fā-ᵃíšo i-żạrífe 35
urụ̃sṭam ᵃálu-táñt. qa-ᵃímo-i-żạrífe ẹšlắḥla ú-šarvǫ́lọ dẹrụ̃sṭam, mi-
štaᵃẹ́la bi-ṣọtraíde. māḥásle rụ̃sṭam, ómẹr mọ́-gẹsaímịt, żarífe?

3*

ómmo ád-lályọ u-zaifaídi hát, gẹdọ́mḥịt maɜaɜríye. ốmẹr ại dárbọ
kọbɜịt? rụ́sṭạm. ómmo qúm súm. ốmẹr lọ́·o, qúm ạdmaḥzámnẹḥ.
ómmo súm ɜámi ugẹmaḥazmína. ómẹr lọ́·o. qā·ími ạtmaḥzámla,
maɜalámme u-gréɜọ, rāḥívi ɜála-sísye, raḥívo-i-żạrífe ɜálu-sísyọ dụ
5 -baílọs, unāfíqi mí-valaí. çmḥálle ɜálu-dárbọ ẹblályọ ḥi-pọ́sta, átịn
ạldọ́rọ ẹblályọ, nábạr ɜālaíye ạbẹdọ́rọ. hávi· ḥíd ọ̇ɜẹdọ, qáyim
ú-baílọs mi-šánṭọ, ázzē li(y)-aúda di-żạrífe, nóšo lọ́-ḥẹżéle. mšāyéle
lu-baílọs bí-valáí, nóšo lọ́-ḥẹżánne. mšāyéle ḥá málla, ú-málla mọ́lle
lu-baílọs, ốmẹr bẹlályọ qāyímno dimvādẹ́nọ, ḥẹżéli tlótō rāḥíve,
10 ḥdo átṭo wụtrĕ zlāmát, maḥẹzmívọ ḥi-pọ́sta. ú-baílọs ốmẹr ẹrrụ́-
sṭạm maḥẹzámlẹ átti. qáyim ú-baílọs ạkṭúle kágad, mšāyáɜlé
sẹrụ́sṭạm. họ́lla lí-żạrífe ɜálẹ ɜálu-kágad, cụ́lla ú-kágad, mọ́llā
lu-gréɜọ, ómmo málle mí-dkóṭe mẹ́ne trọ sóyim.

     qaratáždin náfal išmẹ bẹbrítọ, maḥzámle bártẹt dḥálaf ága,
15 ú-ága dẹznáwẹr. išmā mánjẹ-yọ, ṭaú mẹ́na laít. kẹ́ọtyọ á-(m)mai
ki(m)mibaíni bí-karẹkaída; í-nauqaída ḥdí-mḥátọ-yo. klã siqara-
táždin bu-qúsrọ-dšạɜbáne yātívọ. qáyim u-baílọs, ázzé sẹqaratáž-
dín, mọ́llẹle ẹlqaratáždin lú-baílọs, ốmẹr yá qaratáždín. ốmẹr há.
ốmẹr maḥzámle átti ẹrrụ́sṭạm, izóḥ ṭaíya, traúvyọ lọḥát ulaúvyo
20 lúwe. qaratáždin ốmẹr aíkọ-yọ rụ́sṭạm? ốmẹr kle bẹdọ́rọ.

     ḥálaf ága ázzē sẹrụ́sṭạm, maubẹ́lē á-(n)nāɜímaíde u·á-(n)nīsaíde,
mḥāláqle rúḥẹ bu-tọ́r-ẹdrụ́sṭạm. ốmẹr mụ-kọ́bɜạt, ḥálaf ága?
ốmẹr yā rụ́sṭạm i-kiflaídi kúla qúmọḥ, kọbɜẹ́nọ ẹdmámṭạt bárti msẹqa-
ratáždín, maḥazmọ́le, ẹ́lọ lọ́-kmistáhlọ, ṭaíyā wutraúvyo· lọḥát.
25 ốmẹr aikọ-yọ qaratáždín? ốmẹr kle bu-qúsrọ dẹšạɜbánẹ lọ́-kma-
jréna dọzzán ẹrríšẹ dlō hát mamṭátla. ốmẹr yállah. rãḥū rụ́sṭạm
ɜáli-sístọ di-háva, mịdle 'lu-saífọ dạcá-rịtle, mẹɜāláqle bẹkáṭfe. ốmẹr
ḥálaf ága. ốmẹr há. ốmẹr tróte gréɜọ mi(d)dídọḥ mạhvẹ́li u
-qúsrọ udóɜạr. ázze·u-gréɜọ ɜam rụ́sṭạm, azzé-lqũm u-qúsrọ, maḥ-
30 víllēle ú-qúsrọ lu-gréɜọ ẹrrụ́sṭạm udáɜạr u-gréɜọ. náḥat rụ́sṭạm mí-sístọ,
āḥíle láḥmọ, ẹmlēléẹle qályūn, họ́lle bu-qúsrọ. kít átrĕ ɜáfd átịn
ạdẹgónvi mánjẹ, dạmqátli ɜam qaratáždin. rụ́sṭạm aḥzálle, uḥọ́nne
lọ́-ḥẹżálle rụ́sṭạm. á-ɜaft kómmi laḥdóde, kómmi daiqína ɜáli
-dárga dẹnófạq qaratáždín kimqaṭlína, kāl-lácyo bbaíto gị(n)nọ́fqọ
35 mánjẹ gị(m)máḥazmínála. kšómaɜ rụ́sṭạm, ốmẹr lọ́-kumtānéno,
ᴖrụ́sṭạm, dḥọzéna mọ́-gẹsaími qaratáždin wá-ɜáft. dụ̃qqe ɜalu-tárɜọ
lá-ɜáft. qaratáždin láco bbaíto, ázzē kórạḥ ɜal dọ́rọ. klọu-baílọs

ęsbeqaratáždin. nắhạt u-bailọs dęfótạḥ u-tárṣọ du-qúṣrọ. ạftḷhle
u-tárṣọ, ⸲ạbiri á-⸲áft, ęmḥálle u-bailọs qmá-sạife. sāliqọ mạnjẹ lu
-qúṣrọ mžaꞩwáqla. rụ̀stạm rắḥū ⸲áli-sístọ u⸲azzĕ lụ-tárṣọ du-qúṣrọ.
sāliqị á-⸲áft, mamtálle mạnjē ạdmāhạzmíla, nāfiqị māhạzmọ́lle.
azzĕlịr-rụ̀stạm. bọ́nne urụ̀stạm ęmqātálle. i-sístọ dẹrụ̀stạm mi 5
-hắva-yo, lọ́-kmạhzọ́yọ. qtịle á-tre ⸲afd ušqịle mạnje, mạmtịyóle
u⸲átị lụ-baíto.

qaratáždin azzĕ ęldọ́rọ lú-qúṣrọ ạdberụ̀stạm. nāfiqo i-žạrife
lú-kēf lęꞩālá-(m)mai. hạzyóle ęlqaratáždin, māhạzmọ́lʼe, mhalqólẹ
bọ́trẹ ⸲álụ-sísyọ u⸲átī qaratáždin. láqị húwe urụ̀stạm bạhḍóde, 10
ęmbāvọ́rre ⸲al hęḍóde. hắvọ ómẹr qaratáždin-nọ, ú-hrę̃nọ mad-
ꞩálle rụ̀stạm-nọ. mạnhátle rụ̀stạm mạnje umạnhátle ęlqaratáždin
i-žạrife. azzại-žạrife umạnje ęlsęhḍóde, qā⸲imi sịhḍóde, mọ́rrē
lqaratáždin wurụ̀stạm, ómmi ạina daqtịle ú-hrę̃nọ, lúwę̃-na. ęmḥálle
bịhḍóde ęrrụ̀stạm wulqaratáždin hol ⸲aṣríye; mĕde lọ́-símme bị-15
hḍóde. ⸲aṣríye húwwe ināníye lạhḍóde. dámạḥ rụ̀stạm sí-žạrife
udámạḥ qaratáždin si-mạnjẹ. qa⸲imo-i-žạrife símlại-sístọ dẹrụ̀stạm,
họ́sla á-tạñgắt-díḍa usímlāle qáhwe. qā⸲imo mạnje, símlau-sisyọ
dẹqaratáždin, họ́sla á-tạñgắt-díḍe usimlálō qáhwe. štĕle. qā⸲imi
rāhívi ⸲ála-sisye, míddē lá-sạife, mqātálle hŏl ⸲aṣríye, mĕde lọ 20
símme bạhḍóde. ęrrụ̀stạm ázzē-lqaratáždin. bắtạl u-sísyo dẹqaratáždin. šqịle hắṣẹt qaratáždin, ęmhĕllēle sạifọ, símlẹ trĕ fắlqe
qaratáždin, nāfạl mu-sísyo qaratáždin, fáiš mẹfắlge ulắltạh ⸲álụ
-sạrgo dụ-sísyọ. qtịlẹ mhāláqle mú-sísyọ. mạrhaúle mạnjẹ u⸲í-žạrife
⸲álụ-sísyọ dẹqaratáždin. ắti lụ-baítọ, ạmhọ́lle mạnjẹ-ste ⸲álẹ. hắlạf 25
ắga qáyim ạmbęrụ̀stạm, azzĕ lụ-baíto. ómẹr rụ̀stạm. ómẹr hắ.
ómẹr haúvyo mạnje bęríhọ lọḧắt. yắtū rụ̀stạm bụ-baíto, nāfịl
íšme bębrítọ.

mọllále lạhḍọ́ pírе ęrrụ̀stạm, ómmo yằ⸲ rụ̀stạm. ómẹr hắ.
ómmo kít hắ bainá-⸲árab qmú-tụ́rọ tšígur íšmē bịlắl. kla bắrtẹt 30
hájjibak kla gắbẹ, māhạzmọ́le, ályaq mę̃na lạit, uhắvuste záhẹm
-yo ạhvọ́tọh; ędqọ́tlạt-ávo nóšo lọ́-gẹfóiš záhẹm bębrítọ gēr hắt.
qáyim rụ̀stạm rắḥū ⸲álụ-sísyọ ukárạḥ ⸲ál ęblắl ęcắlạbi wạzzē lu
-tụ́rọ tšígur. hẹzéle kīt kón rábọ qmú-tụ́rọ. ómẹr kít ulắit ú-kōn
-ắnọ-yọ dạblắl ęcắlạbi. mqādámle lu-kón. kít sísto qmu-tárṣọ dụ 35
-kón urụ̀mho dọ́qtọ. ęmhāvọ́lle ęrrụ̀stạm ⸲ál du-kón. nāfạq ęblắl.
ómẹr mụ̀-kọ́beịt? wạrrọḷị. ómẹr rụ̀stạm-no, kātinọḥ, sūm kắr-dịḍọḥ.

ráḫū bẹlál ᵊáli-sistọ. i-sistọ dẹblál ạdhắva-yọ uᵊí-sistọ dẹrụ́stạm
hū́wẹste dẹhắva-yọ. ẹmqātắlle. šqīle lẹblál ḫắsẹt rụ́stạm, ẹmḫẹ́llē-
le rụ́mḫọ. qāᵊitọ bḫắsē, nāfíqọ ẹblẹ́be dẹrụ́stạm. drẹ́le rụ́stạm
mi-sísto. á-ᵊaráb mạ́ḫdọ z̦árbọ upẹ́va lọ́-kmóḫịn. maubẹ́le i-sístọ
5 dẹrụ́stạm, masrọ́le qmú-kón, šqīle u-saịfọ dẹrụ́stạm, maubẹ́le lụ-
baíto. ạḫfọ́lle núqrọ ẹrrụ́stạm ạblạ́lyọ, dắmạḫ bi-núqrọ, grišle u-ᵊá-
fẹrọ ᵊắlẹ, trẹ́le qárᵊe lárval udắmạḫ hol fótẹt sáfẹrọ. nāyị́ḫle ẹr-
rụ́stạm. ázzē lú-kón, klọu-saịfọ mẹᵊạ́lqọ, klē bẹlál dāmíḫo, hū́we
ubártẹt ḫájjibak. maᵊalẹ́le u-saịfọ, mạrfẹ́le ᵊal qárᵊe dẹblál, bízle
10 mạḫdọ́de; māqạ́mle bắrtẹt ḫájjibak, mạrḫuwọ́le ᵊắli sísto dẹblál
urắḫu ᵊắli-sistạịde rụ́stạm. mídla lí-rụmḫo ẹlbắrtẹt ḫájjibak, mạḫ-
tóla ᵊal kắtfa uᵊạ́tịl-lụ-baíto. nắḫạt bu-qúsrọ, mạḫkẹ́le ẹldí-valaí,
ómẹr qtọllẹ́lī lẹblál unāyị́ḫli, ẹqtị́lī umamtẹ́lī-kắcẹke. ómmi dí-va-
láí škúr mắlọ ẹddāᵊírạt bẹḫẹ́r.
15 hāvílc tlọ́t níše ufắiš rụ́stạm bẹbrítọ.

* * *

XVII (126).

20
   kítvō ḫusạin ắga, ú-ắgad-ḫạsno. kítvō ḫā fāqịrọ, mautaúwe
bāqọ́rọ. kitvóle trḗ ábne, u-bạrdawíl uᵊú-pēlagắn. mắịt u-bābắttẹ.
kózze u-bắrdawíl uᵊu-pélagắn qmi-báqrọ. kul yaúmo ẹktaúri rắglẹt qanyọ́nọ. qrillēlin ẹlḫusạin ắga lụ-dīvắn, ómẹr qai ktauritu
25 rắglẹt dá-qanyọ́ne? ómmi haúḫā. ómẹr lắtātū lázim, ẹnfắqū mí
-valáí. nāfíqị họ́nne uᵊíy-ẹ́mo mí-valáí, ázzịl-lu-tụ́rọ limᵊắrtọ. maᵊitọ
iy-ēmắttẹ. fāᵊíši á-tre ẹlḫúde. kúl yaúmọ kozzịn á-tre ẹlḫọ́dọr
á-(r)rọ́ᵊye ạgóᵊavi ᵊẹ́zọ, mamtắlla li-mᵊắrtọ, dnọḫríla uᵊoḫlíla. qắyim
u-bắrdawíl azzḗ, ú-ḫā yaúmọ ázze lu-tụ́rọ, ḫezẹ́le kít ᵊábd ạkḫófạr.
30 mọ́llẹle lụ-bắrdawíl, ómẹr mụ́-ksaịmịt ḫắrke? u-ᵊáfd ómẹr kít
ḫázne, gi(m)maufắqnā, dẹkạllắt. ómẹr gimᵊāwắnnọḫ u-bắrdawíl.
ómẹr trọ́ve, u-ᵊáft. ạḫfọ́lle lụ-ᵊáft, mắtị li-dánọ dắ-kạllắt. mídlēla
lụ-ᵊáft li-dánọ, maᵊalyọ́le, huvóle lụ-bắrdawíl. ẹmsikóle mọfqọ́le.
nắfạq u-ᵊáfd ạdnófạq mi-núqrọ. mídle lụ-bắrdawíl lu-ᵊắ̃gus, ẹm-
35 ḫéle ḫắ lụ-ᵊábd ᵊal qárᵊẹ, tvụ́lle qárᵊe dụ́-ᵊaft. nắfạq mẹqárᵊe dụ́
-ᵊaft dẹráye. mamtiyọ́le lú-baítọ hiya uᵊi-dánọ. — ú-pēlagắn mam-
tẹ́le ᵊẹ́zọ; ẹmbạšlọ́lle wāḫẹlọ́lle. u-pélagắn mọ́lle lụ-bắrdawíl,

ómẹr aħúnọ mọ̆-mamṭẹ́lọħ hắt? ómẹr aħúnọ mamṭẹ́li dẹrái umam-
ṭẹ́li dánọ-dkạ̀llāt. họ̀ll-ạ̀lạịye lū-pélagắn, ómẹr kā·isọ.

u-pélagắn mọ́lle lụ-bạrdawil, ómẹr aħúnọ kọbᵃẹ́lạn nísẹ ómẹr
á-(n)nísẹ ẹlmínne? ómẹr dẹnạikínạ̀lle. u-bạ́rdawil ómẹr qaí, kmi-
nọ̆́ki á-(n)nísẹ? ómẹr é. ómẹr aħúnọ, u-pélagắn, kīt ka·ise ukít 5
pẹsin, ló-kmamṭẹ́na á-pẹsin, gị(m)mamṭẹ́na kā·ise. ómẹr trọ́ve.
ắṭịl-lí-valái dẹħásnọ, ạhzạ́lle ẹzlám mí-valái, ạqṭọ́lle udāᵃíri li
-mᵃạ́rtọ. mšāyéle ẹlhụsạin-áǧa. ẹlmá-qṭị́le u-zlāmáŋọ? ómẹr hụ-
sạín-áǧa. ómmi álọ, lụ-pēlagắn ulụ-bạ́rdawil. símle ᵃáskar ẹlhụsạin-áǧa, ázzē ẹrrišạịye li-mᵃạ́rtọ. ẹmqātạ́lle. qṭọ́lle arbáᵃ-mọ 10
mi-ᵃáskạr, šdạ́lle bọṭré-ᵃáskạr hol,í-valái. qạ́yim déri-yaúmọ hụsạin-áǧa, símle ᵃáskạr rábtọ wázze-rrišạịye. mqātạ́lle. qṭọ́lle šét
-mọ mi-ᵃáskạr, kāmạ́lle álfọ á-trẹ yaúmẹ. kítvōle kálọ lẹhụsạin
-áǧa lú-ábrọ ubạ́rtọ. azzịn ẹblạ́lyọ li(y)-aúda, ạqṭọ́lle hụsạin-áǧa
ū-ábrọ, mamṭạ́lle i-kálọ u·i-bạ́rtọ, mamṭánne li-mᵃạ́rtọ; ksạími 15
ᵃāmạíye ú-pēlagắn u·ú-bạrdawil ẹdló-mħọ́rọ. gẹdómạħ lạ́lyọ u-bạ́r-
dawil si-kálọ ugẹdómạħ lạ́lyọ si-bạ́rtọ, kimbạ́dli. u-bạ́rdawil
mọ́llēle lụ-pélagắn, ómẹr yā~i mụ-bạ́simọ̆yo ú-nyọ̆́kọ.

u-pélagắn ómẹr aħúnọ. ómẹr hắ. ómẹr aħúnọ kítle bạ́rtọ
lọsmán-áǧa, hếš ọ́ŋọ bí-valái u-baitaídạn, hắt naᵃimọ-vọħ, maħ- 20
kạ̀nvo ᵃálā, ṭaú mẹ́na lạịt, bạ́rtọ dọsmán-áǧa u-ħarpéti. ómẹr
ạíkọ-yọ? aħúnọ. ómẹr kla bú-qụṣrọ dħarpút. ómẹr aħúnọ dụ̀š
dọzánōla, yā gị(m)maqẹṭlína ruħạina, yā gị(m)mamṭẹnála. ómẹr
aħúnọ kla bú-qúṣrọ. ómẹr baᵃaí dạ́rbọ? ómẹr kọbᵃẹ́lạn síllạm
bẹṭlọ́tmō dạ́rge. ómẹr gẹsạ́mŋọ síllạm. azzén, azzịn bu-ṭúrọ. 25
mắṭịl-lí-valái dħarpút. náħạt li-dáħle lẹbạini-bákca. ħẹzéle tré
spindārát yāríħẹ, grišíle bídẹ. māħásle lụ-jẹnẹ́nji, ómẹr qaí grīšlọħ
á-spindārātáni? mọ́lle lụ-bạ́rdawil. mídlēle lụ-bạ́rdawil, ħẹsọ́l-
lạịdẹ ᵃal ẹqḍọ́lẹt dụ̄-jẹnẹ́nji. ṭā·íri ᵃaínẹ. azzọ́-jẹnẹ́nji dámạħ.
símle lụ-bạ́rdawil síllạm bitlọ́tmō dạ́rge. mắṭịl-lu-qúṣrọ bẹ·ọsmán 30
-áǧạ. sálạq u-pélagắn bú-síllạm. ħọ́zle lụ-bạ́rdawil u-síllạm táħtu
-pélagắn. ráᵃal u-pélagắn mi-zọ̆́ħtọ. ómẹr tóħ ạnħát maítạt. náħạt
u-pélagắn, sálạq u-bạ́rdawil, qálib li-gọ́rọ, azzé, blạ́lyọ-yọ, lá-yaudát.
kárạħ, azzé ẹlyaúda, kúlle grēᵃē-ne dāmíħẹ. azzé li(y)-aúda ħẹzéle
·ọsmán-áǧa u·iy-ạ́ttọ.- dáᵃạr, azzé liy-aúda ħrétọ, ħẹzéle á-jēriyắt. 35
azzé liy-aúda ħrétọ, ħẹzéle ħá dāmíħọ ọmo-tárᵃọ grēᵃọ. māħásle
lụ-grēᵃọ, māħátle lụ-bạ́rdawil ídẹ ᵃal fẹ́mẹ, ạbᵃạ́jlẹ. mídle lụ-tárᵃọ,

maufáqle mi-siyára. ꞌáber ḥezéle, kla bárṭet dǫsmãn-áġa dāmáḥtǫ
ꞌálu-táḥt, klai-kaffíye dú-kiṭán ꞌal fóṭa. maꞌaléle i-mandḗlǫ, ęnꞌi-
qǫ̈le lu-bárdawil. māliꞌfǫ̈le bá-gálę, híya damáḥtǫ, ḥeṣǫ̈lę pháṣę
bú-ḥaúlǫ. lǫ́-māḥásla. áṭi ęlqárꞌe, du-qúṣrǫ, náḥaṭ bú-sillám. klo
5 -pélagán yātívǫ. ǒmęr aḥúnǫ. ǒmęr há. ǒmęr mamṭiyǫ̈lǫḥ? ǒmęr
é. ęmhálle ꞌálu-dárbǫ. lǫ́-māḥásla li-kácęke. áṭil-li-mꞌárṭo, lǫ́
-ḥzálle á-(n)níše bí-mꞌárṭǫ; māhazmínoe ęldi-valái ęṭhásnǫ. šrélē
lu-bárdawil i-kácęke męhásę, anḥišǫ̈le. qāꞌimǫ ḥóllā ubáḥyo.
ǒmęr lǫ́-bǒḥęt, ǫnǫ ṭaú mębábęḥ-nǫ, gędovéna gaúrǫ uꞌáttǫ. u-pé-
10 lagán ǒmęr aḥúnǫ ai dárbǫ ṣaimína? ǒmęr ai dárbǫ? gi(z)zánǫ
li-valái. u-pélagán ǒmęr lǫ́-kozán trētaina. u-bárdawil ǒmęr zǫ̈ḥ
hát, mǫ̈lle lu-pélagán. u-pélagán ǒmęr ǫnǫ laíbī. qáyim u-bárdawil
ázze li-valái, mšāyéle maḥędǫ́ áttǫ, ǒmęr ęlmá-maḥzámle á-(n)ní-
ꞌꞌṣaidán? ǒmmo ęldi-valái. kárịḥ ꞌálaíye, aḥzálle, mídle lu-ṣaifǫ
15 unáfal bí-valái. qṭịle dí-valái kúllc umaḥęzámle á-kacękát. ǒmęr
u-bárdawil kęfi-yǫ. mú-yaumáo kommíla ęlhásnǫ hásan kéf.
mamṭálle li-mꞌárṭǫ. ǒmęr pélagán. ǒmęr há. ǒmęr símlǫḥ ꞌam
bárṭed-ǫsmán-áġa? ǒmęr é. ǒmęr qaúwyo dlǫ́-mliꞌšǫ̈ni? maꞌaléle
u-ṣaifǫ admoḥéle lu-pélagán. ǒmęr lō aḥúnǫ, hǒve taúbe dlǫ́
20 męliꞌšǫ̈nǫḥ lǫ́-fáiš gęsámnǫ, ꞌḥáṭịno. ǒmęr pélagán. ǒmęr há. ǒmęr
á-ṭarṭáni lǫ́ḥ uháti lǫ́nǫ bárṭed-ǫsmán-áġa. ęmkāyáffe bi-mꞌárṭǫ
bu-mǫ́kęlǫ ubú-ꞌšṭǫ̈yǫ ubú-iṭǫ̈vǫ.

ú-ḥā yaúmǫ mǫ̈llále ęlbárṭę dǫsmán-áġa, ómmo bárdawil. ǒmęr
há. ómmo kúl lályǫ ksaímịt ꞌámi hol sáfęrǫ, aqṭé(l)lǫḥli; aḥúnǫḥ
25 tárṭę-ne, ki(m)mịṭnǫ̈hi bu-daúrǫ, ǒnęste taíli aḥvárṭǫ. ǒmęr dlǒvịn
kā-ꞌíse, lǫ́-kmamṭęno, aḥvǒṭęḥ. ómmo bárṭet fātáḥbak dá-gárza
ka-ꞌístǫ-yo, izóḥ ṭaíya. fáiš u-pélagán bú-baiṭǫ, qáyim u-bárdawil
mšāyéle ꞌála-gárza. azzé máṭi lu-qúṣrǫ ędbefatáḥbak. kla bárṭęt
fatáḥbak kñaiṭǫ bíšto bú-ꞌšibbák. māḥátle u-sillam, blályǫ-yǫ, usálaq.
30 ḥǫ̈llēbā, ġálabe kā-ꞌístǫ-yǫ. ǒmęr kít ulaít háṭi-yǫ bárṭet fātáḥbak,
ṭaú máṭi laít. mịdlēla mú-ꞌšibbák, ḥáṣle mandḗlǫ ꞌal fęma dlǫ́
-mhaúrǫ, mǫblóle. láqi bú-fędꞌán. ǒmęr laíkǫ gemǫ́bliṭ háṭi?
ǒmęr gi(m)maubánna lu-baiṭǫ. u-fędꞌánęste áṭi ęlbárṭet fatáḥbak.
ǒmęr mány-áṭi? mǫ̈lle lu-bárdawil. ǒmęr átti-yǫ. lǫ́-mtānéle lu
35 -fędꞌán. áṭi lu-baiṭǫ, mamṭiyǫ̈le. ksǒyim u-bárdawil ꞌāmá-tárte
ka-ꞌíse, uksǒyim u-pélagán ꞌamá-tárte psín, lǫ́-kmajr-ęmtáne.

qáyim kítvō ḥá išmę brāhím ú-yāríḥǫ, misęꞌárt-iyǫ, ásham

mẹ̄ne laít, náfạl íšmẹ bẹbritọ. kommíle ạgwár. kómẹr lọ́-gō-
wánnọ ẹdlọ́vc níše bdúktọ dẹkále lọ́-kšọqánuọ. mšáyčle ʾal ibrāhím ú-yāríhọ ẹlfẹdːán wạzzé-lgábẹ. šámạ› ú-fẹdːán brāhím kaˈí-
sọ-yọ. yātívi ẹsbẹbrāhím u-fẹdːán wụbrāhím. šámiːi u-fẹdːán
wụbrāhím, ómmi mahẹzạ̄mle lụ-bạ̄rdawíl bạ́rtẹt fatáḥbạg ubạ́rtẹt 5
dọsmán-ä́ga u-ḥárpẹti, wọqtạ́lle díˈ-valái ẹdhásnọ, umahẹzạ̀mme
i-kálọ dḥṇsạín-ä́ga uˈi-bạ́rtọ. ómmi ạíkọ-ne? kmáḥkịn ạ-(n)nóše.
brāhím uˈú-fẹdːán qāˈími. ḥọ́ru baítẹ-dẹ̄mọ̣, brāhím šọ́qtọ dọraí-
ḥan-yọ. kítle saífọ dẹbạ́rqọ-yọ, kítle mạrtạ́l ạ́-šäfūdạíde dú-mạrtạ́l
dẹfạ̄rzẹ̣lọ dbạ́rqọ. qạ́yim ịbrāhím, ạlvíšle ú-mạrtạ́l uˈ-ú-saífọ unạ́ḥạt, 10
ạdːállẹ-ldíˈ-valaí, ómmi ālọ́họ sóyim ẹddọ́ːrẹt bú-ḥẹ̄r ubíˈ-salámẹ,
nóšo lọ́-kmạ̀jre ozzé li-kále du-bạ̄rdawíl udu-pẹ̄lagán. azzịn
mšáyạ̀lle ʾáli-mẹ̀ạrtọ du-bạ̄rdawíl. ú-fẹdːán wụbrāhím ázzịl-lu-tárːọ
diˈ-mẹ̀ạrtọ. ạ̀ḥzéla ẹlbạ́rtẹt fatáḥbạg ibrāhím. ọbːánvọ tọlbívọ-léyọ
librāhím. ḥẹzéla ugāḥíḥọ. u-bạ̄rdawíl ốmẹr qai góḥḥạt? ómmo 15
haúḥā. ốmẹr ịllah gẹdọ́mmịt. ómm-ẹnfáq lárval gẹḥốzịt. náfạq
u-bạ̄rdawíl uˈ-ú-pẹ̄lagán māsịrre ạ́-saífe, ḥẹzạ̀lle kít ẹtré. u-bạ̄rda-
wíl ốmẹr lụ-pẹ̄lagán hánọ dạḥzi(l)léli bu-dạ́rbọ u-fẹdːán-yọ. ịbrāhím mọ́lle lụ-pẹ̄lagán umọ́lle lụ-bạ̄rdawíl súmu kár-dạ̄thụ, kātī-
nọ́lhụ. ẹmqātạ̀lle háni trē uháni trế, u-bạ̄rdawíl wụbrāhím kim- 20
qátli wu-fẹdːán uˈ-ú-pẹ̄lagán kimqátli. kmóḥẹ u-bạ̄rdawíl u-saífọ
bẹbrāhím, kmadːálle bu-tụ́rsọ, ḥáru fẹ̄mẹ du-saífọ du-bạ̄rdawíl;
ẹmḥẹ(l)léle librāhím bạsaífe. qḥír u-bạ̄rdawíl, ẹmḥẹ́le u-saífọ,
qạ́yịt bu-tụ́rsọ. hávi tré fạ́lqe u-saífọ. ịbrāhím ốmẹr yálla, uḥọ̀s-
laíde, ẹmḥẹ(l)lébe u-saífọ bu-bạ̄rdawíl, aqtịle u-bạ̄rdawíl. ázzịn 25
lụ-pẹ̄lagán ạ́-tre. mjārạ́ḥle lụ-pẹ̄lagán ú-fẹdːán, ạ̄tí ḷịbrāhím ẹm-
ḥẹ(l)lébō lụ-pēlagán saífọ bọbrāhím. qạ́yịt bu-tụ́rsọ, twír u-saífọ
dụ-pẹ̄lagán. ẹmḥẹ(l)lébe saífọ ḷịbrāhím, qtạ́ːle ạ́-tạ̄rte raǧlọ́tọ du
-pẹ̄lagán. náfạl u-pẹ̄lagán. mqātạ́ːle bạ̄-saífe. ʾábẹr ibrāhím li
-mẹ̀ạrtọ, maufạ́qle ạ́-(n)níše. ạ̄tí lḥásnọ, húlē ạ́-tạ̄rte ẹdbẹḥụsaín 30
ä́ga. nóšo lọ́-fäíš mẹnaíye. ómmi gẹdọténa ʾámọ̣, hōvēnáḷọ̣
jēriyát. ạ̄tịl-lu-baítọ. u-fẹdːán ốmẹr ḥáli ḥẹdọ̄ má-kaˈíse, yā
bạ́rtẹt fātáḥbạk yā bạ́rtẹt ọsmán-ä́ga. ốmẹr lọ́-kọbénọ̣. ẹmqātạ́lle.
qtịle librāhím ú-fẹdːán,· brindárve ú-fẹdːán. ạ̄tí lu-baítọ ibrāhím,
ạ̀fːịhi díˈ-valái, wọmhọ́lle ạ́-tạ̄rte ʾále, wá-tạrtánẹk hávịn jēriyát. 35
maḥtíle bi-qálːọ dọsːạ́rt. unáfịl íšmẹ bẹbritọ.

XVIII (124).

kítvō ulátvo ṭaú mālóho láṭvo, kítvō mīr-séɣdīn ú-áǵa dá
5-bólita. kítvōle tloṭ ábne utlóṭ abnóṭo. aína dáṭī lán(n)-abnóṭo
laúwile. ómęr ló-ḳọbę́nin lá-bólita. ómmi ḳaúwyo? ómęr aína
dọbę́ne wudlóbę́ne gęfóš lę́be mę́ni. i-ḥḍō hūwóle lụ-dévo dēvę
-rą́š, wi-ḥḍō huwóle lụ-ṭaíro lụ-ḳáǵo ú-áǵa dá-ṭaíre, u-ꞌi-ḥḍo hūwóle
lęṭaíre-simęr. fa-ꞌíši án(n)-abne ą̣dló gęvǫ́ro. u-rábo ḳą́yim, ómęr
10 kázzi mamṭę́ni áṭto, mír-zaidín u-ábro. ráḥū azzę́, ázze blą́lyo
ęltúro, dámąḥ bu-ṭúro, ḥęzélē kīt mą̌stúto ędjín. švíšše ꞌą́ḳęl-díde.
kīt ą̣ḥḍo krǫ́qḍo bi-mištúto. ázzē ęlbainoṭạiye, mšāyéle mą̣-jin,
ómęr mąny-áṭi dękrǫ́qḍo? ómmi bą̣rte dụ̌-ꞌ ęmíro dą̣-jin, i-ḥíꞵ́ge-yo.
máyiṭ ꞌála, ṭaú mę́na laíṭ. ómęr dlō ḥáṭī šóqánno, blę́be, ló-gšo-
15 qánno nóšo. ázzē lụ-ḥágo, blą́lyo-yo. ḥollábē li-ḥíꞵge, ą̣ḥzéla,
marféla mú·ḥágo, mídla líḍeṭ dmír-zaidín. ḳą́yim mír-zaidín, ázz
-ꞌáma. maubę́la lụ-baíto du-bābạíḍa, klō-bábo yātivo ꞌálu-táꞵt
ụ́-ꞌ ęmíro dą̣-jin. ómmo yā bábo. ómęr ḥá. ómmo ló-gęšǫ́qlóno
nóšo gēr mír-zaidín. ómęr mír-zaidín mąnyo? ómmo wáǵa dá
20-bólitá. ómęr kéf-díḍęḥ-yo. ḥulélēyo lụ-ꞌ ęmíro dą̣-jín. fáiš ṭạrt
-íšne gābạ̣-jin. ú-ḥā yaúmo ą̣zmǫ́lle ubáꞵụni. ī-ḥíꞵge ómmo qai
gębóḥiṭ mír-zaidín? ómęr áṭī ú(w)-áṭro ęlbóli. ómmo dụ̌š-ozą̣l-lu(w)
-aṭraiḍọḥ. qa-ꞌími ṭlǫ́bbe ḥáṭạr mụ̣-ꞌ ęmíro dą̣-jin. ụ́-ꞌ ęmíro dą̣-jín
mǫ́llēla li-bą̣rto, ómęr šqúlụnḥu ṭarté kịmám mi(d)díḍąn dlōvetą́nne
25 lázim. šqǫ́llạnne ṭarté kịmám u-ꞌáṭịn lụ-baíto. áṭī lụ-baíto ęmḥę-
rǫ́le ꞌále.

u-ꞌ́ręno dęną́ꞌam mę́ne ómęr hóve ḥarám ꞌáli dló mamṭęnǫ́li
ḥęḍó ḥęš ṭaú mędaꞵúni. ázze bębríṭo, kárịḥ bạiná-jin, lọ rázī
nóšo. ḥęzéle baíto ęḍḥā sǫ́vo, effą̣lge dụ-dạ̣rbo u-baitạíḍe. kíṭle
30 kármo lụ-sǫ́vo, kimzábin ꞌą̣nve. ḥávi zaífo sụ-sǫ́vo. yātivi šǵíli
húwe u-ꞌú-sǫ́vo. ómęr yá wą̣ląḍī laiko gęzǫ́ḥ? u-sǫ́vo. ómęr yā
ꞌámmo kōrą̣ḥnōli ꞌal áṭto. ómęr ahú~ ábri, ómęr u-dạ̣rbáno dę-
kózzịn ą̣-(n)nóšę-yo ulǫ́-gęḍǫ́ꞌri. ómęr ḳaúwyo? ꞌámmo. ómęr yā
abri, kīt-árke bu-dạ̣rbáno ꞌáft ḥęsạin, áshạm mę́ne laíṭ, kla bą̣rṭe
35 dụ-ꞌ ęmíro dá-gúrj gábe, ꞌǫ́rvǫṭ iy-árꞌo, ṭaú mę́na laíṭ. ómęr baꞋ
ai dą̣rbo? ꞌámmo. ómęr wą̣ląḍi alóho męꞌ ádil šúǵlọḥ. ḳą́yim
u-kúręko, ráḥū ꞌálu-sísyo. azzę́ Ꞁamšó yaúme, ló-ḥzéle mę́de.

bạn(n)-ịsto yaúme ḥezéle qúṣrọ kẹmáḥvạr, kle-lḥḍọ́re báḥar. yátū
ꞌal fẹ́me du-báḥar khọ́yịr bu-qúṣrọ. ómẹr aí dạ̊rbo sōyạ̊mno? laíbi
dṣọ̊ḥḗno. yátū eghọ́yịr. sāliqo bạ́rte dụ̊-꞉ẹmíro dạ̊-gúrj lụ-qúṣrọ,
ḥọ́lla bẹbriṭo, ḥezéla kīt ḥá ꞌal fẹ́me du-báḥar. ómmo qaí tạ̊mo
ḥát? ómẹr āṭino doṭḗno ẹlgábẹḥ, dạ̊rbo laít. ómmo gẹḍọmállọḥ, 5
ꞌáft ḥuṣaín lạ̊cyo bụ-baíto, kā kít ꞌạ̊mọḥ saifo súmlọḥ qāyíqe wur-
ḥaú biya witóḥ ẹlgábi. ómẹr bạsmọ́re laít. ómmo bạsmọ́re ẹṭqaíṣe,
uꞁú꞉ā bẹ꞉áfrọ ṣẹmọ́qọ mẹlaf lálgul. simle qāyíqe bu-saifo umbas-
mẹrọ́le bẹqaíṣe bạsmọ́red-qaíṣe, šụ꞉ọ́le mlaf lálgul unáḥạt bi-qaiyíq.ꞌ
qḷ̊ꞁle i-qaíyiqe ṭọwíro i-qaíyiqe.   maubéla lạ̊-(m)mai i-qaíyiqe. 10
fḁ́iꞁ ꞌal dạ́pṭo yátívo. azzaí-dạ́pṭo, nāfiqo lu-bár.   ázzē lú-qúṣrọ,
ꞌábẹr lálgul, sạ̊lạ̊q ẹlsí-ḥātúne bạ́rṭe dụ̊-꞉ẹmíro dạ̊-gúrj. lọ́-sāvíꞁi
mạḥḍóde. ḥávi ꞌạṣríye.   ạḥfọ́llāle gúbo tạ́ḥtụ-táḥt.   cik bu-gúbo.
ḥúlāle mọ́klo, uyátū.   ạ́ṭī ꞌáft ḥuṣaín lálgul mu-ṣaido.   ómẹr ó⁓f
kọ́ṭē ríḥet ạ̊ns ḥạ́rke gábẹḥ. ómmo yá ꞌaft-ḥuṣaín, maḥezạ̊mlọḥli 15
mú-ạ̊ṭro dá-gúrj umamṭẹ́lọḥli lạ́rke lu-quṣrántọ baíná-baḥáre, nóšo
laíbe dóṭe ẹlgábi. ómẹr mdāgéli.   yátívi ꞌafd-ḥuṣaín u-ꞁí-ḥātúne,
iꞁgíli udāmíḥi. dámạḥ gába ꞌafd-ḥuṣaín, kōmálla ꞌaft-ḥuṣaín kómẹr
ḥáli dsōyạ̊mno.   kómmo lọ́-kāmilọ i-šáto.   hol ṣáfẹro lọ-kọṭéle
ṣạ̊nto, knọkạ́tla uknọšạ̊qla wuqorásla.   kẹmámṭe ṣábẹr-diḍe baúḥa 20
qut-kọ́mlō i-šáto.   iꞁꞁíle lu-kúrẹko.   qáyim ꞌaft-ḥuṣaín ẹmdaívịn.
ómẹr mọ́llilẹḥ kít nōš-ạ́rke. ómmo má-kít? ómẹr ó꞉ẹdo ẹšꞁíle
lḥạ́. kárịḥ lálgul, nóšo lọ́-ḥezéle, ạnfọ́sle u-táḥt ẹltạ́mḥō, ḥezéle
kīt gúbo taḥtụ-táḥt.   kle zẹlám yátívo.   kible, mídlēle dmaufạ́qle.
qaꞌimo i-ḥātúne, ómmọ aí dạ̊rbo ṣaimọ́nọ? gẹqọ́ṭẹl trētaina. mídlạ 25
lụ-ṣaifaíde ucíkla íḍa, mídla-lšaqvọ́ṭe umabẹrmíla. nāfịl qárqār
ꞌálụ-ꞁáft.   ḥạslaíḍa, ẹgríšla mẹfẹ́me du-gúbo.   ómmo ẹnfạ́qle du
-gúbo, aš qwúllilọḥ?   nāfạ́qle.   ómmo klé u-saifo.   ú-ꞁaft kómẹr
yạ̊mān arfaíli.   ómmọ qtál qtál.   ḥẹláqlēle saifo, ẹmḥẹléle ꞁẹ́sri,
qṭọ́lle.   ómmo aí dạ̊rbo ṣaimína?   ómẹr gịmḥalqīnále lárval. mḥā- 30
lạ́qqe lárval.   ómmo taí dẹmọqdīnále.   mauqáḍde.   ómẹr aí dạ̊rbo
ṣaimína dẹqọṭꞁína li-ḥasráyọ?   ómmo kít ẹtré gaúde gi(n)nọfḥinạlle
urauḥína ꞁālaíye.   ómẹr gị(m)mạḥnaqína.   ómmo lọ́-zaiꞁạt. ẹnfạ́ḥḥe
á-tre gaúde uḥọ́sse arbꞁó qaíṣe ꞌalaíye.   simmịnne kạ́lak urāḥívi
ꞁalaíye.   qaṭịꞁi li-ḥasráyo.   mạ́ṭịn lụ-sísyo, mạrḥuwóle ꞁálụ-sísyo, 35
u-ạ́ṭī lụ-baíto.   ạ́ṭī lẹsú-ꞁámmo dụ-dạ̊rbo.   ú-ꞁámmo ómẹr mamṭiyọ́lọḥ?
wạ̊lạd.   ómẹr é ꞁámmo.   ómẹr lọ́-mọllílọḥ taú mẹ́na laít?   ómẹr

fáiš aḥréto báyiste kásto-yo. ómer aíko? ªámmo. ómer bárte
du-ꜣemíro dá-dimdim, klą sú-šamál aḥúne dú-sábꜣo, ómer, gálabe
kä-ꜣísto-yo. ómer ªámmo tro faíšo háṭī gáboḥ, kazzíno maíntęno
ḥáyo. qáyim räḥū, ázze bebríṭo mšáyéle. mâṭi limꜣárto, ªáber li
5 -mꜣárto. dámąḥ bi-mꜣárto. húwe dämíḥo bú-ḥaunaíde móllęle
ęlḥá, ómer qúm izóḥ klou-qúṣro dú-šamál fä-ꜣíšle sáꜣa, kazzaú
-šamál, háni ḥámšo yaúme mzáyiḥ, kla bárte du-ꜣemíro dá-dímdim
yätúto, kómmo yállä dóṭē ḥá maḥzámli. räḥū ªálu-sísyo, azzé lu
ꜥ-qúṣro, ªáber lálgul. kla bárte du-ꜣemíro yätúto, klaú-šamál dämíḥo
10 ªal bárka, kfórḥo lébe. ḥezéla u-kúreko ęlbárted dú-ꜣemíro. sim-
läle haúḥā. mḭdlē li-ḥánjar, maḥvilélayo. ló-kumtänin, kmädílę
laḥdóde bidąíye. símla haúḥā bída. hūléla i-ḥánjar. kla kfórḥo
lébe dú-šamál. mäḥátlē-ḥánjar ªal lébe umäkwášla ªála wugrišóla,
ṣróṭla gäve. äṭile u-kúreko, mḭddę laḥdóde lúwe ulú-šamál. brin-
15 dár-yo u-šámäl. aṭyóle i-kácęke millaḥálf bá-saífe, ęmḥélläle
saífo. íde dú-kuręko ªal ęqdóle du-šámäl. ęmḥéla u-saífo, mḥai-
šéla á-tárte sauvꜣóto du-kúreko, qtaꜣíla. qtólle u-šámäl. ómmo
qai ídoḥ ijríḥe-ne? ómer qtaꜣíleḥ bu-saífo. qaꜣímo mdarmálla
idóte bu-darmóno dú-šámäl, mänęḥíla, malvášlälin šémo. maufáqqe
20 tré sisye mdú-šámäl, áṭin lu-baíto, räḥivi. ómer blébe, ḥędó lóno
waḥdó laḥúni. áṭin su-ªámmo. ḥezéle kla kimqátlo bártet dú-ꜣemíro dá-gúrj uꜣú-ªámmo kimqátli. ómer qaúwyo kimqatlítu? ómmo
kómer ḥáli. mḭdle lu-saífo ḥelą́qle lu-ªámmo sóvo. ḥelą́qle qárꜣe.
räḥivi ªála-sísye uꜣáṭil-lu-baíto. yätú bu-baíto. mâiṭ ú-aḥúno u
25 -naꜣímo. ęmḥólle á-tárte ªálę. faꜣíši ªasró yaúme ázzil-lá-(m)mäi
á-tloṭ, bárto dú-ꜣemíro dá-jin ubárto du-ꜣemíro dá-gúrj ubárto dú
-ꜣemíro dá-dimdim. näyḭḥle lú-šamál, áṭi mšáyéle lú-šamál. aḥzéle
á-tloṭ ªálu-gúbo, mḭdlēlíl-lu-šámäl, maḥzámle á-tárte. bárto du
-ꜣemíro dá-jin ąlvíšla i-kímme, ęmzáyeꜣo, ló-ḥazyóle lu-šámäl
30 áṭyō lu-baíto. ómmo álo maḥczámle lú-šamál á-tárte ḥätūnät.
räḥū u-kúreko azzé botraíye, ázze lu-qúṣro. klou-šámäl yätívo,
ḥezéle u-kúreko. maḥzámle lu-kúreko. äṭile ú-šamál, mäṭile,
qṭile u-kúreko.

ázze ęḥsár ašné, húwe qṭílo. šámąꜣ déve-ráš ómmi qtólle
35 ábre demír-séydin. gebóḥyo áṭted-déve-ráš, gebóḥyo ªálú-aḥúno.
déve-ráš qáyim, azzé su-qágo, móllēle lu-qágo, ómer qtólle ábre
dú-ꜣemíro, qúmu dimšaílína ªále. ázze déve-ráš uꜣú-qágo seṭaíre

simer. morrálle eltaire-simer, ómmi qtólle ábre dú-ᴣemíro, qúmu dimšailína šále. taíre-símer ómer déve-rᶏš. ómer há. ómer šaiyil má-dēvaídọḥ. qréle eldéve-rᶏš lá-déve kúlle, mšailíle, ómer nóšo aqtílo lọ-ḥzᶏlḥu? ómmi ló. ú-qᶏ́go mšayéle má-qᶏ̄ge kúlle, nóšo aqtílo lọ́-ḥezᶏlḥu? ómmi ló. taíre-símar qréle lá-taíre dụ-simᶏ́rmᶏr 5 kúllē, ómer nóšo aqtílo lọ-ḥzᶏlḥu? ómmi ló. ḥᶏ́ ómer álọ meᴣaủno ᶏḥzélaṇ ḥᶏ́, ḥēš naᴣíme-vaína, símle elbᶏ́bi u-qēnaídạn baiṅá-garmaídẹ. ómer kódᴣat aíko? ómer č. ómmi dẹdúšū dẹḥọzéna aíko. ázzịn, ḥezᶏ́lle i-jaụnjᶏ́mto. déve-rᶏš ómer ᴣáli dimnᶏ̄qéno gᶏ́rmọ bgᶏ́rmọ. u-qᶏ́gọ ómer ᴣáli ᶏdbōnéno í-lāšaídẹ.10 taíre-símer ómer ᴣáli dẹmamtḝno máye emdá-ḥáye. déve-rᶏš mọ́lle lá-déve, ómer naqᶏ̃u gᶏ́rmo begᶏ́rmo. mnᶏ̄qᶏ́lle. ẹbnḗle lu-qᶏ́gọ i-lāšaídẹ. fᶏ́iš núquᶊ tᶏ́rte sauvᴣóto. kāríḥi ᴣᶏrrúwwe u-tị́ro lᶏ -déve, lọ́-ḥezᶏnne á-tᶏ́rte sauvᴣóto. ómmi tróv-aúḥā núquᶊ á-tᶏrte sauvᴣóto. ẹbnḗle lu-qᶏ́gọ, símle mᶏ́dde. wᶏ́ṅta-tkụmtáne. azzé 15 taíre-símᶏr, mamtḗle máye emdá-ḥái, rọslḗle mᶏ́i eltaíre-símạr. ómer ó∼f, elmá-māqᶏ́mlēli mi-šạntᶏ́ti? ómmi qúm, ḥáni eḥsár-šne hᶏ́t aqtílọ. māqọ́mme. ómmi qai eqtílịt? maḥkílēlīn mịn-ᶏ́ti bríše. ómmi dụ̄š-ozᶏ́l-lụ-baíto. ómer álọ gẹzíno lụ-šamᶏ́l. ázze húwe udéve-rᶏš lu-qúṣro. ᶏ́tịl-lu-qúṣro. klọu-šámāl ẹkōyaúle. māḥát-20 talle sámo bu-mọ́klo la-ḥātūnᶏ́t. ᴣᶏber déve-rᶏš. mịdde laḥdódẹ, húwe ú-šamᶏ́l, bú-dịbọ́lọ. ᶏkōyaúle lụ-šᶏmᶏ́l. ātịlo-kúrẹko, húwe uᴣú-dévo emsíke baḥdódẹ, māḥátle qmá-saífe. aqtọ́lle ú-šamᶏ́l umauqᶏ́ddẹ. mamtᶏ́lle á-ḥātūnᶏ́t uᴣátịn. azzé déve-rᶏš lụ-baíto, uᶏ́tī u-kúrẹko lụ-baíto dụ-bᶏ́bo uyᶏ́tu bu-baíto wạtníḥ mu-šámāl.25 tụ̄ šmé(r)ra ṣᶏ́ḥ.

30

kítvō ḥᶏ́, íšme diyᶏ́b, ᶏ́ga di-qríto, kítvōle bᶏ́rto. kítvō ḥᶏ́ ḥᶏ́mzo u-páhlawān, bĕmijᶏ́l-yo. eftḥlēle dukkᶏ́no. kozzᶏ́ bᶏrted diyᶏ́b ᶏlgᶏ́be, kozzᶏ́ kul yaúmo. diyᶏ́b mọ́llēla ómer lọ́-zẹḥ ạlgᶏ́be. ómmo gọzíno. mọllḗle ldiyᶏ́b, mọllḗlẹ-lḥámzo, ómer lọ́-tọ́rit bᶏ́rtī dótyo ẹlgᶏ́bọḥ. ló-msānátl-ᴣᶏ́lẹ elḥámzo. kózza i-kᶏ́cẹkc ẹlsẹ-35 ḥámzo, ló-gẹdọ́ᴣro meḥámzo. qᶏ́yim ᴣᶏmíle ᴣᶏ́ma lḥámzo. mšāyᶏ́ᴣle ẹldiyᶏ́b tré blᶏ́lyo, ómer zóḥu qtálulle; kān lọ́-ḥzᶏlḥu, anḥḝbulle.

azzén a̤-tré lí-dukkáno dqọtlı̣le. lọ́-ḥzálle ḥámzo, manhábbe. qǻ-
yim ḥámzo ṣáfẹro, azzé lı̣-dukkáno, mę́de lọ́-ḥẹzéle bi-dukkåno.
ázze mọllę́le ldiyáb, ómẹr manhábbạlli. ómẹr⁻ bā mí-sạmno? ǻtī
lu-baíto, átyo bạ́rtẹt diyáb ạlgåbe. ómmo yā ḥámzo, ẹlbå̄bi mau-
5 bę́le ú-mēdaídọḥ. ómẹr kā⁻íso. ksóyim ᷈am bạ́rtẹt diyáb. a̤t᷈íno.
qáyim diyáb, mšāyá᷈le bọ́tr-ḥámzo, ómẹr tróṭe lạ́rke. ḥámz-ómẹr
lọ́-kozzí. átịn ẹlḥámzo. á-(m)mọ́rẹt ḥámzo lọ́-maqbạ́lle. ẹmqātạ́lle
bi-qríto. fạlge dí-qríto hávịn īdı̣t ḥámzo ufạ́lga īdı̣d diyáb. ázze
ḥámzo, mı̣dle lu̯-saífo, wạzzé-lbẹdiyáb. qṭı̣le diyáb wábne dá
10 ᷈ammọ́ne, umamṭę́le bạ́rtẹd diyáb u᷈ǻtī lu̯-baíto. maṛfę́le núro bu
-baíto dbé-diyáb, mauqádle. hávī ḥámzo ú-ǻga di-qríto.
    ǻtī ḥā mẹģér ẹqríṭo, maḥzạ́mle ḥdọ́ u᷈ǻtī ẹlsẹḥámzo. ómẹr
mụ-kọ́b᷈ạt? mọllę́le lḥámzo. ómẹr ọ́no uḥǻtị rẹḥı̣mlan a̤ḥdọ́de, u
-bábo laúlēliyo, maḥạzmọ́li lgáboḥ. ómẹr itaú, lọ́-zaí᷈ạt. átịn
15 á-bẹbábe di-kạcẹkåyo ẹlsẹḥámzo, ómmi yā ḥámzō. ómẹr ḥá. ómmi
auféq í-kạ́cẹke u᷈ú-kúrẹko mẹgáboḥ. ómẹr lọ́-kmōfạ́qnin. ẹm-
qātạ́lle lá-tạ́rte qaryavọ́ṭo. qṭı̣le ẹlḥámzo ú-ǻga di-qrı̣ṭáyo uman-
hẹbíle. ázze sạ́ḥdo píre dẹmanháb1ā. ómmo ḥámzo. ómẹr ḥá.
ómmo mụ̆ kı̣tlọḥ ᷈áli? ọ́no píre fāqạ́rto, kǻn gaúro hát gẹzóḥ lí
20 -valái dẹmúš, kīt ᷈áft bi-valái, a̤nḥọ́lle dí-valái kúllẹ ušqı̣́lẹ bạ́rtẹ
du̯-mạlko, ọ́no fāqạrto-no. då᷈ạr ḥámzo lu̯-baíto. a̤mḥọ́lle ᷈å̤le
bạ́rtẹd diyáb. hāvíle ábro mę́na, íšme gárnọs. qáyim ḥámzo,
råḥu ᷈å̤lu̯-sísyo. azzé bẹbríto, mšāyę́le ᷈alí-valái dú-muš. mǻtị lí
-valái dú-muš. hāvír dí-valái bạ́dạn-yo, kíba árb᷈ọ tạ́r᷈ẹ dẹfạ́rsịlo,
25 klịn án(n)-árb᷈ọ ᷈á᷈ye. bárẹm ᷈alí-valái, húwe rāḥívo, lọ́-ḥzéle
dávạre bú-bạdạ́n. ḥẹzéle ḥẹdọ́ píre saútō, kítla mẹ᷈ạ́rto taḥtú-ba-
dạ́n. ázze lu̯-tár᷈o dí-m᷈ạ́rṭo, kóte ḥẹ́s mlálgul. ómẹr má-kīt
hạ́rke? nāfı̣qo i-píre, ómmo ọ́no. mọ́llāle li-píre, ómmo ẹlmı̣n
átẹt ẹ(l)lạ́rke? ómẹr āṭíno li-valái. ómmo ahū⌢h qúrba, ǻtī
30 u-᷈áft, a̤nḥọ́lle dí-valái kúlle, wušqı̣́le bạ́rte du̯-mạlko, wụnḥọ́lle
arbẹ᷈-ábne mı̣ddídi. ómẹr bạ́rte du̯-mạlko aíkọ-yọ ọ̯᷈do? ómmó
kla hạ́rke bí-valái. ómẹr ụ̆-᷈afd gába-yo ọ̯᷈do? ómmo lọ́-kọdạ᷈no.
gríšle u-sísyo lí-m᷈ạ́rṭo, yátū si-píre. mọllę́la li-píre ómẹr
laíbaḥ dọzzéḥ ẹlgába? ómmo bę́le, kún-náqẹlā kozzí-lgába. izéḥ
35 málla, már kátị ḥámzo ẹlgábẹḥ, ḥzaí mọ́-gẹdómmo. ázzā i-píre,
ḥrízo lálgul. ómẹr laíko gizéḥ támo? ómmo ọ́no hạ́rke kózzi
lgába; á-tạ́r᷈ẹ ᷈á᷈ye-ne. i-píre kómmo. ázzā ạlgába i-píre. bạ́rte

dṵ-málko ómmo áḥęlá bi-píre, téḥ dęmi(s)sálęna ṭšmo. ázzai-píre,
yātívo gába. ómmo kóyo u-ṣáft? ómmo ázzē, mǫlle kīt aḥdó
kā-ísto sṵ-ṭartamę̄ni sá̦myo, kazzino gonaúnǫla. ómmo áṭī ḥā
a̦lgábi, í-píre, ṭaú mę̄ne la̦ít, íšme ḥámzǫ-yo, áṭī lgábęḥ, lá̦tna
-tá̦rṣe ftíḥe u-ǫ̇sdǫ kle gá̦bī, lúwe mšāyá̦ṣlēli. ómmo aíkǫ-yo? 5
ómmo kle gá̦bi. qā-ímo bá̦rtę dṵ-málko, azz-ṣámi-píre, azzṵl-li
-mṣá̦rtǫ, iš gí̦li uḥúwwe sóz ṣam ęḥdóde, u-a̦nṣṭqqe ęḥdóde. bá̦rtę
dṵ-málko maubéla ḥámzo ęlgába. ká̦riḥ bí-valái, nóšo la̦ít bí-va-
la̦í. klḭn á-dukkáne ftíḥe, ú-māl bínne u-á-(f)fá̦rme u-láḥmo bínne.
ná̦tḭn ú-šúqǫ mṵ-rę̄ḥo dá-qṭíle. maubéla lá̦-bebábe lu-qú̦srǫ du 10
-má̦lko. ómmo ḥáno u-qú̦sro dębábi-yǫ, uḥáno bábi-yo u-qṭílǫ,
uḥáno aḥúni-yǫ u-qṭī́lǫ, há̦ni án(n)-árbṣo aḥunóni-ne, uḥá̦ṭī ę̄mi-yo.
maubéla lṵ́-ba̦íto dá̦-beṣámme, ómmo há̦ni beṣámmi-ne, uḥáno u-qṭílǫ
nṵḥrǫyi-yo, ubáḥyo. ḥámzo qḭïr, ómęr ę́ma gędóṭe u-ṣáft? ómmo
ṣa̦ṣríye. ómęr í-ná̦qęlā dómaḥ, téḥ ṣa̦lá̦mli, ǫ́no klí-sbepíre. ázze 15
ḥámzo ęlbepíre. mamṭę́la li-píre rę̄zo mu-šúqǫ dlǫ́ zwǫ́no, mǫ́re
lá̦tte. símme mǫ́kęlo u-áḥǫ́lle í-píre uḥámzo. hávi ṣa̦ṣríye, áṭī
u-ṣáft, sála̦q bú-badá̦n, ṣábęr li-valái, mšāḥálle á-ṭǫpát. mḥę́le
árbṣo. i-píre ómm-áṭī u-ṣáft, -mǫlla-lḥámzo. ḥámz-ómęr há̦ni mǫ
-ṭǫpát-ne? i-píre ómmo kul ṣa̦ṣríye dękóṭę, haúḥā ksóyim. ázza̦i 20
-píre lgābaiye ędga̦íšo ḥábrǫ. ma̦ṣa̦láqle lú-ṣáfd bá̦rted dṵ-má̦lko,
ra̦glóta lá̦lṣil uqárṣa lá̦ltaḥ, kḭmṣa̦dá̦blā. bá̦rte dṵ-má̦lko gębóḥyo,
klạ̦i-píre tá̦mǫ. kōmálla ú-ṣafd ęlbá̦rte dṵ-má̦lko, kómęr man-áṭī
ęlgá̦bęḥ yaúma dęgǫ́ḥḥit? mu-yaúmo dęqṭíli í-valái ubębábęḥ
heš ló gāḥíḥet, yaúma gǫ́ḥḥit. ómmo nóšo lá̦ti lgábi, klạ̦i-píre. 25
ká̦riḥ í-valái kúla, ná̦ḥat ęlbępíre dǫzé lbepíre. nāḥíto i-píre
mę́qa̦m mę̄ne. ómmo ḥámzo, a̦lizém. ná̦fa̦q ḥámzo. ráḥu ṣa̦lṵ
-sísyo, ma̦ḥęzámle blạ̦lyo. āṭī u-ṣáft, ká̦riḥ ęzbepíre. nóšo lǫ́
-ḥzéle. dá̦ṣer sębá̦rtę dṵ-má̦lko.

lá̦qī ḥámzo ępsálúno, ḥęzéle kīt dévo bęlạ̦lyo, kle kcóyik qá̦rṣe 30
ba̦inṵ-sālúno, mauf á̦qęle zęṣúro lṵ-dévo. kle gębóḥe ęfféme dṵ
-dévǫ. māḥátle i-dāma̦njái ṣa̦lu-dévo, qṭíle u-dévo. šqíle ú-zęṣúro
mę̄féme dṵ-dévo. á̦tyǫ ę́męt dú-zęṣúro, báḥyo qum ḥámzo. ómmo
ḥá̦li ábri. ómęr ló-kǫbéne dlǫbá̦tli kḭmme mḭ(d)dǫ́tḥu. mamṭę(l)-
lále kḭmme, húlále, dá̦ṣer ḥámzo ęlsi-píre bęlạ̦lyo. ómęr píre 35
mǫ́-kīt? ómmo hawár ḥváde, qṭíle bá̦rte dṵ-má̦lko bá-za̦rbá̦t. a̦l-
víšle i-kímme dá̦-jin ęlḥámzo u-ázze. ṣábęr lálgul ęlgābaiye, lǫ́

-fáiš gęzóyąḥ hámzọ.   ḥęzéle klę ksóyim u-ɪáft ɪam bą́rțe dụ
-mą́lkọ, kle qārqár-dịḍa bạín iḍǫ́țe.   mídle lḥámzo lụ-saífo dụ́
-tartęmę́ni, wụmḥę(l)léle ḥą́, húwe yātívo ksǫ́yim.   qą́yim ú-tąrtę-
mę́ni lụ-saífo.ꞏ lǫ́-ḥęzéle saífo.   āqáḍle á-zạrbát unóšo lǫ́-gęḥǫ́ze.
5 ḥámzo ḥǫ́slạiḍe ɪálụ-saífo, wǫmḥę́(l)lēle ḥą́ bạína-ɪaíne, nấfạl u-ɪáft,
ęmhāvǫ́lle lḥámzo ušláḥle i-kímme.   ḥęzéle lụ-ɪáft, lǫ́-qǫ́dęr qǫ́yim.
qạsqą́sle bạ-saífe wumḥālą́qle lárval, mạrféle bą́rțe dụ-mą́lko ma
-haúle wǫfsịḥo bą́rțe dụ-mą́lko.   ómmo tí qạíse u-ɪauqę́ḍe dlǫ́zze
dǫ́ɪạr noyą́ḥle.   ómęr lǫ́ zę́ɪạt.   mamțę́le qạíse lḥámzo, māḥátle
10 bạína-qạíse umạrféle nűrǫ bá-qạíse ęlḥámzo.   yą́qịḍ húwe u-á-qạíse.
hávi qą́țmo.   țníḥo bą́rțe dụ-mą́lko.   yātívo híya uḥámzo bi(y)-aúda.
u-mǫ́kęlo ġálabę-yo ba-bóțe ubá-dukkán̆e dlǫ́-mǫ́re.

  qą́yim hámzo ɪą́fęro, ạ̈ftịḥle á-tą́rɪe dí-valáı u-ázzę mamțę́le
i-qrịtạíḍe kúla u-ú-baıtạíḍe.   mā-ɪíțo iy-ą́tto bą́rted diyáb.   fáiš
15 u-ábro gárnọs.   mǫllę́lịn ęldi-qrịțo dúšu lí-valáı dú-múš; qțịle lụ
-ɪáft kúlle, ęqțịli ụ-ɪábd, itóḥu itáu bí-valáı, kul baíto gęḍọbé̆ne
baíto mdí-valáı.   mamțę́le di-qrịțo u-ą́ți, yátū bu-qúɪrǫ dụ-mą́lkǫ
hámzọ, ukúl baíto mdi-qrịțo mautaúle ębbaíto.   átyo i-pıre, mǫl-
lą́le ęlhámzo, ómmo kǫdɪǫ́nǫ á-dukkán̆e daína bǫ́țe-ne.   átyo bạiuą́
20 -dukkán̆e i-pıre.   maḥvéla kul dukkáno ęlmǫ́re du-baíto.   yātívi
bạ-dukkānáțțe, ksạími ālíšvēríš.   fáiš tlóțo miskén̆e dlǫ́ dukkán̆e,
ạ̈ftạḥlélịn ęlhámzo kúlḥā dukkáno.   hámzo qáyim, māɪalą́mle
á-gaúre, ómęr qúmu dęmnaźfína á-šúqe u-á-bǫ́țe má-qțịlǫ́ye.   qā-ɪimi
tą́yda, ạḥfǫ́rre qaúrę wạnqą́lle bạ-llāšát, maufą́qqę-mbạini-valáı̆,
25 qwǫ́rre kúllę.   símle tą́mbī ɪalạíyе lḥámzo ašíġu á-bóțe u-á-šúqe
mū-ą́dmo ạdnǫ́źfǫ í-valáı.

  hávi hámzo mą́lko.   ú-ábro kámịl gaúro, gárnọs.   ómęr gę-
țọlábnе átțo ęlgárnọs.   ómmo bą́rțe dụ-mą́lko mǫllále ęlhámzo,
ómmo lǫ-ktǫlbināle níše ęmmą́rke.   hámz-ómęr bā mạíkō?   ómmo
30 kít bą́rțęt ɪámmi mi-valáyaíḍan-yo; máhạzmǫ́le lu-tartęmę́ni sámyo,
izóḥ țaílęyo.   hámzo ómęr aíkǫ-yo?   ómmo klē bi-zạrzamíne.   ráḥu
hámzo, ạlvíšle i-kımme dą̈-jíu, umịdle lụ-saífo dụ-ɪábd, maɪalą́qle
bęką́tfe u-ázze, mšāyéle ɪáli-zạrzamíne.   láqi-bbázạrgán rábo.
ómęr laíko gęzóḥu?   šmǫ́țle i-kimme.   ómmi āțína lí-valáı dú-múš
35 dsaimína bāzár, ālíšvēríš; kómmi kīt ɪáfd bíya, qțịle dí-valáı, lǫ́
-kmajréna ozáno.   ómęr zóḥu, qțịli u-ɪáft klin á-(n)nóšạíḍi bí-valáı
ubá-dukkán̆e.   azzǫ́-bázạrgán lụ́-múš.   ęlvíšle i-kímme ęlḥámzo

u·ázze· li-zárzamíne. māsólle u-sísyo lárval· mi-zárzamíne. ázzē
hámzo, alvíšle i-kímme u·áber li-zárzamíne, ahzéle hedó hu-bálĭro
kmáldiyo, khárbā hámzo gálabe uhíya ló-khózyo hámzo, klau
-tarteméni sámyo dāmího ʔal bárka. šláhle elhámzo i-kímme.
ahzéla li-káceke, afsího gálabe, ómmo háti súrto dánsānát-yo. 5
qā·ímo edqaímo, māhásle lú-ʔáfd sámyo. alvíšle i-kimme lhámzo
umídle lu-saífo, wú-tarteméni sámyo molléla li-káceke, ómer laíko?
ómmo baizóno máye. nāfíqo i-káceke, emfóslēbe saífo elhámzo.
qáid bekátfe dú-ʔábd. símle qírēn bí-mʔárto lú-ʔáft. náfaq tráh-
sar sámye, māqómme i-qiyómto bí-mʔárto bu-hállahálla. kommíle 10
lú-ʔáft rábo, qaí-auhā símloh? ómer há emheléli saífo, klē bí
-mʔárto. ekórhi mfáci, nóšo ló-khózin, wuqátte á-zarbát. fáliti
ʔal ehdóde á-tarteméniye sámye. kimfárij hámzo ʔalaíye, qtólle
hdóde lá-tarteméniye. fáiš hā sáh. qāyímle hámzo bá-saífe, qtíle.
áti hámzo, maufáqele i-káceke, áti lsu-sísyo, āhíle lu-dévo, átin 15
emhalhóne. áti lí-valái dú-múš, mamtéle i-káceke. dárbo má-(n)nu-
hróye laít bí-valái, amlén á-hānát, ksaími ališvēríš. ʔáber li
-valái. ahzálle, afsíhi wumhalhálle. mhāvárre lá-dālóle bí-valái:
nóšo ló-sóyim bāzár, átī hámzo u-malkaídan, mamtéle kálo elgár-
nos, hol árbʔo yaúme zíne-yo bí-valái. emheróle ʔálu-ábro. knófqi 20
á-bāzargán, ozzíl-la-valái-dátte ukmáhkin ʔal hámzo. hávi málko
bú-múš usímle arbʔó yaúme zíne lú-ábro.

XX (100).

kítvō há gaúro, kítvōle átto, hāvíle ábro, mā·íto y-átto, mamtéle hréto. ú-kúreko ómer yá, kāfíno-no, mhellále, báhi. azzé
·gbin. azzé dámah lárval mi-qríto. áti bāzargán, · māhátle gábe
utebóhle lu-bāzargán mókelo. áti u-gréʔo elsú-kúreko, ómer qaí 30
hárke hát? ómer faqíro-no. ázzo-gréʔo elsú-ága, ómer yá ága,
kit há bēmijál háreke. ómer aubélule mókelo. maubállele móklo.
ómer ló-kohánno. dāmíhi u-bázargān. hávi fálget lályo, qáyim
ú-zeʔúro, menāqéle u-sísyo dú-bāzargán uráwah ʔále umabezámle.
náhat laf búgdad. u-bāzargán māhásle, ómer kóyo u-sísyo? 35
ómmi ló-kmibáin. ómer ehzáu u-kúreko bi-dúkto-yo? azzén ló
-hzálle. ómer láwe maubéle. ómer tráwulle. azzé u-kúreko, láqi

4

ębḥá qúṣro kíbē ze�481ꓧrto. yátū gába ęliaṣríye, siꓲmla ḫẻó̧mto,
siꓲmle u-šuꓱlávo ᴣáma. áṭiꓲn a-šaúꓳo aḫęnóne di-kácęke, áṭiꓲn mu-ṣaido.
ómmi háno mányo? ómęr zaifo-no. ómmi ᴣála-ᴣaine. náhęr ᴣálaiye.
ómmi dúš lǫ-ṣaido ᴣāmaina. i-kácęke ómmo zaifo-yo, lǫ-mobḹtúlle.
5 ómmi éh, tró fóiš yaúma. hǫnne ázziꓲn uhúwe fáiš. gędómḥi hōl
ᴣaṣríye, húwe uꓳi-kácęke, kimkaifi bú-ᴣaráq ubú-ḫámro ubú-nyók.
ᴣaṣríye áṭiꓲn án(n)-aḫęnóne di-kácęke. yátivi maḫšámme. árbęꓳo
męnaíye ómmi gędobína ḫōṭaina láno, utlóṭo ómmi ló kobína,
māqnáꓳę-ḥdóde uhúwwallayó. i-kálo ędbępáša-yo, dá-bęꓳammátte.
10 é, ęmhęrólle ᴣálę. ómęr kāzino ḥozéno šwáḥ lęšauꓳoṭaiḥu. ázzē,
láqi bḥá dāvóro. ómęr dāvóro. ómęr há. ómęr laiꓲt abnóṭo gáboḥ? ómęr béle. ómęr kmábnōṭo kitlǫḥ? ómęr šwáꓳ. ómęr dúꓳà
ęlgābaiḥū. azzén ęlbędāvóro. ḥęzéle kīt ęswáḹ abnóṭo so-dā-
vóro. mamṭéle á-šwāḹ uᴣáṭi lu-qúṣro dá-šaúꓳo áḫęnōne. ḥzéle
15 klaú-qúṣro hāᴣidǫ wá-šauꓳo gaúre qṭíle ugríšše iy-áṭṭo ǫlbopáša.
yátū ębbaíto dáḥdǫ píre. ómęr píre. ómmo há. ómęr zéḥ se
-ḥātúne. ómmo lǫ-kmājaryóno. ómęr qaúwyo? ómmo qṭóllę-lbę-
páša án(n)-aḫęnóne. ómęr zéḥ málla, mar gaúręḥ mšāyáᴣlēli;
šqúꓲlęḥ í-tášse du-qātiráno, māḥátno ī-ḥúṣa bainóṭe. ázza i-píre
20 algába lu-tárꓳo diy-aúda, ómmo yá ḥātún. ómmo míꓲnyo? ómmo
trí deꓳobróno algábęḥ. ómmo ló. ómmo lgaúręḥ mšāyáᴣlēli. ómmo
tíḥ. ᴣābíro, mḥéla u-tarwódę bu-qáṭiro. nāfiqo i-ḥúṣa. ómmo
kóyo mǫre di-ḥúṣa? ómmo klé gábi, i-píre; ómmo téḥ ilgābaina.
ómmo zéḥ katyóno. ạlvíšla ú-sęꓳúno wázza lgābaiye. maḥazmíle
25 á-tmóne. áṭi lú-balaḍ-díḍe, yátū sú-bábo, ęmhǫlle á-tmóne ᴣálę.

ázziꓲn lá-(m)maí, azziꓲl-lu-bíro, áṭi ᴣáft, maḥęzámle í-kaᴣistǫ.
áṭiꓲl-lú-baíto. ómęr kōye-ḥātúne? ómmi maḥęzmóle lꓲ-ᴣáft. ómęr
baína dárbo? ómmi bu-dárbo deꓳęlmo-bíro. ázze bǫtre, ázze
ḥamšó yaúme, láqi bróꓳyo. ómęr róꓳyo. ómęr há. ómęr nóšo
30 lo ḥálaṣ hárękę? ómęr béle. ómęr mín-ve memęde? ómęr ᴣáft,
kítvo ᴣámę áṭṭo ᴣálu-sísyo. ómęr aík-azzé? ómęr azzé li-mᴣart-
aiho. ázze bǫtre. ázze lu-tárꓳo di-mᴣarṭo, ḥzéle klé dāmíḥo, klại
-ḥātún waḥrēto klin yātivi, klaí-ḥātún kębóḥyo. ᴣábęr. ḥáyo heš-
taú mi-ḥátun-yo. ázze ríše. maᴣléle u-ṣaifo dęqoṭéle, ęmhęlléle
35 ṣaifo, qṭáꓳle qárꓳe. mamṭéle á-ṭárte. náfaq dóṭe lu-baíto. áṭi lu
-baíto, ęmhǫlle háyustę, hávin cáli. alóho húlēle, hávi páša.

mḥāláqęle lú-gárvo ᴣálę, šāᴣéle má-ḥākime. ómęr ú-darmóno

dú-kēvăno mínyo? ómmi ádmo daz꞉úro nohrátle. mehāválle lú
-déllāl bí-valáye: má-kĭt az꞉úro gắbe elzebŏno? hắ ŏmer kít
gắbi. mú-káfno mezābálle. mamtálle lí-sarắi. húwe bíde dú
-jellát deqŏtah qár꞉e, hắlle lu-kúreko, hắlle haúhā, nŏšo lọ-hzéle,
émo ubábo lọ-hzéle. ma꞉léle qár꞉e lālŏho. u-pášā ŏmer qaúwyo 5
haúhā hắllọh? ŏmer hắlli bālŏho, nŏšo lắtli. ŏmer arfắwulle,
trózze lu-baíto. marfálle, ázze lu-baíto. nāythle lu-pášā. tā꞉ímo.

10

XXI (98).

kítvō šultŏno, kitvŏle árbe꞉-ábne. ómmi án(n)-ábne, gezán
lu-hój. ázzin yárho. u-ha yaúmo qā꞉ími mṣáfro, ehzálle árba꞉
abnŏto. án(n)-abnŏto ómmi yā hŏrtīn, laíko gezŏhu? ómmi gezán 15
lu-hój. án(n)-abnŏto ómmi tŏhu tšoqlína hdŏde. tré ómmi é,
utré ómmi lŏ, māqenáꞅe-hdŏde. yātívi ṣan-abnŏto. hắvo u-rábo
ŏmer hắti lóno i-šáfirto. uhá ábro du-pášá ŏmer gesaimína i-rábto
lu-rábo wudenáꞅam lidnáꞅam u꞉i-naꞅámto lu-naꞅímo. flọgínne ꞉al
ehdŏde. atfíq ꞉áskar at꞉áft utartemēníye ꞉alaíye. ahzálle kĭt ár- 20
ba꞉ abnŏto u꞉árbe꞉o gaúre sahdŏde. emqātálle ꞉am ehdŏde hol
꞉aꞅríye. ꞉aꞅríye yātívi, hávin tárte ōrdiyát. ómmi tro qaími á-(n)níše,
ṣaimílan bišŏlo, háto ruhaíhu u꞉áhna ruhaína, tobhílan á-(n)níše.
ṣimmanne bišŏlo. ṣimmanne dásto, maufáqqe lá-(n)níše qátro desámo,
māhátte bu-dásto, māhátte qumaíye, āhólle la-꞉áft umā꞉íti. á(n)náqela 25
ꞅ-(n)níše márre, qúmu ozáno lu-hój. ázzin luw-átro dá-bebábe dá-(n)-
níše. á(n)náqelā yātívi bi-m꞉árto, ómmi u-hój háno-yo. ómmi
tŏhu dgauwrína bi-m꞉árto. yātívi degaúre, náfaq etré gaúre utárte
níše. hárre lábne du-šultŏno, hzálle klin tré gaúre utárte níše.
dá-(n)níše gāvíre udá-gaúre nāfíqi gaúre bezíbbe. qātálle bi-m꞉árto, 30
eqtólle tré mábne dú-šultŏno ulá-tré hréne qtóll-a-tré. háni á-tre
dfa꞉íši mamtálle á-(n)níše, u꞉átin lu-bálad du-bábo. átin, atfíqi
bázargán. u-bázargán ŏmer maíkō kōtétu? ómmi mu-hój. átin
lu-baíto. yātívi bí-serắi. mahkálle ómmi haúhā jári brīšaína.
ómmi aíko? ómmi ptŏr ꞉ábedīn. gāvíri bu-baíto, emliorrínne ꞉ā- 35
laíye. hávi-la lu-hdo ábro. bắhi u-ábro, ŏmer yáde hắli abšŏto.
ómmo had rĭšed bábọh dlo kod꞉ŏno a-garmaid-aíko-ne, lait abšŏto.

u-mę́ręko ábre dṳ̂-ṣulṭóno kįmsánẹt ꞏála, ắṭi ómẹr ẑ́{nẹke. ómmȯ
há. ómẹr kítlęḥ gaúro ḫréno? ómmo ló. ómẹr qai kommátle lá-
bri-aúḥā? ómmo ónẹste haúḥā áṭi qųm fémi, mólli. qắim qṭẹlóle.
qā꞉imo i-ḫréto, i-kálo dú-ṣulṭóno, maḥátlăle sắmo lu-gaúro.   mắiṭ,
5 umaḥẹzámla blályo.   láqyo bẹḍạrvíš, ómẹr mínat mẹmę́de? ómmo
ḥọrmẹ-no. ómẹr lo-kmạrfénaḫ. moblóle ꞏáme. azzĕ́ lú-hṳ́nt, maḥṭóle
bi-cárciye dịmzābálla.   zvinóle lẹḥá tẹjár.   ázze lu-dívān dú-ṣulṭóno, ómẹr yā málakémin, ạzwílli bárṭo. ómẹr zóḥ tíya, ómẹr
bẹmọ́-qáis ẹzvínóloḥ?   ómẹr zvínōli bárbeꞏiy-álfo.   mamṭiyólle
10 lṳ-méjlis, hắlle-bá lu-málko. ómẹr ḥáṭi bárṭi-yo, ubáḥi, mẹmạ-ṣqẹ-
lóloḥ?   ómẹr mẹḥá dárvīs.   mạrféle a-dālóle bí-valái.   ạḥzálle u-
dárvīs.   ómẹr yá dạrvíš.   ómẹr náꞏam.   ómẹr maiko mamṭéloḥ
í-bạrṭáti?   ómẹr ḥazyóli ạblályo pṭúr ꞏábẹdīn. mǎ̄yắlle lá-málke
ḫréne dú-hịnt mī-kạ́cẹke, ómmi kón-an(n)-abnōṭaidạn ẹdkitvaíye
15 ꞏámaḫ. ómmo mā꞉íṭo. ta꞉imo. tṳ šmẹrra ṣáḫ. -

XXII (96).

20

     kítvō ábrạt pắṣā, kítvōle ḫóṭo uꞏáṭṭo, íy-ạṭṭṓ mọllále, ómmo
ḫóṭoḥ lácu-mꞏadálto.   ómẹr qaúwyo? ómmo ꞏaína lárval-yo. maḥṭóle bimaẑára, ẹṣḫọ́lle u-tárꞏo qúma, ẹtréle kŏ́ ẹftáḥto, kẹmámṭạn
u-láḥmo uꞏá-(m)māyéḍạ ukōbílanē, kóḥlo uṣọ́tyo. māḥátlala ḥaíye
25 bi-šárbo látte du-aḫúno, šịtyōlā li-kạ́cẹke. nắḥito ẹlgáwa, i-kạ́cẹke
ḥắšino, ạnfíḫ gáwa. átte dú-aḫúno mólla lú-gaúro, ómmo ḫóṭoḥ
ạṭꞏṣíno. āṭi uw-aḫúno, ḥólle ꞏála.   ḥẹzéle ạnfíḫo. ómẹr ló-qoṭánna,
maubánna lu-ṭúro. ómẹr ḫóṭō. ómmo mínyo? ḫúne. ómẹr dúš
dozạ̀n lu-ṣaido lu-ṭúro. ómmo mụstáflịt ḫúne. rāḫívi kúlḥā ꞏal
30 sísyo wazél-lu-ṭúro.   bríṭo ḥẹ́mo-yo. ómmo ḫúne ṣaḫyóno. ómẹr
bah ḫóṭo máye laít. áṭi dubúro, ómẹr zéḥ bọṭrú-dubụráno, gi(m)-
máḥạt ꞏal mái, ištạí witéḥ úkẹli óno ḥárke li-hēviyaídạḥ. ázza
bọṭru-dubóro.   ázza yaúmo, tré; māḥátle ꞏal máye. māḥátla ištéla
mái. dāꞏíro, áṭyo, lọ́-ḥzéla uw-aḫúno. dámíḥo, māṣạ́lla í-sísto
35 bẹrágla udāmíḥo. áṭi pắṣā lú-ṣaído, ẹḥzéle kla ẑ́{(n)ẹke dāmáḥto.
išgíl ꞏáma, lọ́-mtānéla. sịmle lo-sịmle, lọ́-kụmtányo. mōblóle lu
-baiṭaídạ, fa꞉íšo ꞏásro yaúme lọ́-kụmtányo. qréle la-ḥāyóre. ómẹr

ḥzáu mi(d)-dáṛet kítla li-ḥọrmáṭi. ómmi kítla ḥaiye bẹgáwa. ómẹr
bā ại dáṛbo? ómmi šaḥán dásto-dḥálvo, ḥéṭ li-núro uḥéṭ suráda
ẋal féme du-dásto uẋállọq raġlóṭa láᶅẋil uqárẋa láltaḥ, gị(n)nọ̀ḥto
i-ḥaiye mẹféma lú-(s)suráda; á(n)naqẹlā gimtányo. náfạq i-ḥaiye
mẹféma. ómẹr qai lọ-kụmtánịt? ómmo mọ-gúmtányóno? ómẹr 5ᵈ
maíko hát? ómmo háma ḥzíli ḥázạr. qáyim ázzā lá-(m)mái. áṭi
ẋáft ḥọzyóle ẋálu-bíro, ạlqạṭóle, mōblóle. azé moblóle lqúṣro,
maḥṭóle bú-qúṣro. kít ẹtlóṭo tartamẹ̄níye lálġul. maẋabróle láḷġul.
ẹṭᶅóble ména u-ẋuġláo. lō-trẹ̄la. mḥalqóle bi-zạrzamíne.

úw-āḥunạịda qáyim, qṭịle iy-áṭṭo, ẹmšāẋéle ẋāli-ḥóṭo. ómmi 10
klá sú-páša. áṭi sú-páša. ómẹr páša. ómẹr mịnyo? ómẹr ḥóṭi
kóyo? ómẹr mányo ḥóṭọḥ? ómẹr ḥáy-ẹt ḥạzyólọḥ bú-ṭúro. ómẹr
yábo maufáqẹli ḥaiye mgáva umẋádle zẹ̣ụ̄rto uẋázza lá-(m)māye
lu-bíro; áṭi u-ẋáft mẹḥạzmóle, moblóle lu-qúṣro ẹdbán ẋāmúd
ạmḥéle ẋálu-dáṛbo du-qúṣro. ázze qunáġ ẹdyáṛḥo, náḥạt bu-qúṣro. 15
ẋábịr lálġul. ḥẹzéle klại-ḥóṭo uḥréto bi-zạrzamíne, báṛte du-šéḥ
dá-jin, ályaq ména lạịt. mofqịle mi-zạrzamíne, mamṭálle lụ-baíto
dẹmamṭélịn á-ṭáṛte, māḥásle lu-ẋáfd ulá-ṭạrtamẹ̄níye. hávo ómẹr
lóḥ moblílọḥ. qṭálle ḥḍóḍe án(n)-arbẋo. mamṭéle i-ḥóṭo ubáṛte
dụ-šéḥ dá-jin lụ-baíto, ẹmḥẹróle ẋále wi-ḥóṭo mọtvóle gábe. hāvíle 20
ábro, wumzáyaḥ. hāvíle báṛto, fa'íšo gábe. kōwéle ábne, kẹmí-
ẋaíẋi, ukówēle abnóṭo kfaíši. ómẹr žịnẹke má-ḥawál-yo? ómmo
mịnyo? ómẹr kówēlẹḥ ábne kẹmiẋaíẋị ukówēlẹḥ abnóṭo kfaíši.
ómmo máẋlūm ménọḥ, báṛte dụ-šéḥ dá-jin-no, kmoblínne bẹbábi.
ómẹr laíbẹḥ dlō-tórịt ạdmōblínne? ómmo ḥáli u-máṭlaq dẹlišónọḥ. 25
ómẹr u-máṭlaq dẹlišóni léḥ. á(n)náqẹla mamṭéla a-zẹẋūrạịda. ta'ímo.

XXIII (92). 30

kítvō páša, kítvóle tlóṭó ábne. mọ̀llēlín lán-ábne, ómẹr wá-
ḷạḍi gváru. ómmi ló-gauréna. ómẹr qaúwyo lo gaurítū? ómmi
dló mamṭéna tlóṭ aḥvóṭo ló-gauréna, ẹlo gubaíz-u-baitaídạn. mārfálle u-gréẋo. ómmi zóḥ kẹráḥ bẹbríto, kráḥlạn ẋal itlóṭ aḥvóṭo, 35
aḥzilạn-né gẹzán ṭọlbīnálle. qáim u-gréẋo, qárạḥ. azé-lvalái, aḥzéle páša. kítvóle lu-páša tlóṭ abnóṭo. ómẹr páša lọ-kóbịt ab-

nótoḥ? ómẹr ạlmạnne? ómẹr lạ-tlóṭo ábnē du-pȧ̌šā, u-pȧ̌šā ẹtḥȧ́ḥ.
ómẹr gẹdọbénin. ómẹr zuḥ ṭại ḳạllȧ́t wītóḥ. qȧ́yim u-gréꞏo, ȧṭi
lu-bạ̣íto, mọ́llelē lū-pȧ̌ša ḥzéli tlóṭ abnóṭo. ómẹr aíko ạḥzȧ́llọḥ?
ómẹr ḥzạ̣́lli bẹvalȧ́i.   maqạ̇́mme i-ꞏȧ́skar ꞏȧ́maịye, umaṭꞏȧ́nne bȧ́ǧle
5 ḳạllȧ́t umȧ́l u-ꞏȧ́zzịn. ȧ́zzịn mamṭȧ́lle ȧ́-tlóṭ abnóṭo. ȧṭịn bu-dȧ́rbo.
ḥȧ́vi lȧ́lyo. mȧḥȧ́ttẹ ꞏȧ́lu-mȧ́rgo. qȧ́yim ꞏȧ́laịye ḥaịye yǡrího lú
-pȧ̌šā. fǡlíti ꞏȧ́la bạ-sạịfe, kmōḥȧ́lla ul̇ó moḥȧ́lla, l̇ó-kmaqtṓlo,
ḥȧ́šno, kaúwyo rȧ́bṭo. u-pȧ̌šā ómẹr murȧ́d-dīḍạḥ mịnyo? ómmo
kọbꞏóno í-kȧ́lo i-naꞏȧ́mtọ.   ómẹr l̇ọ́-kōbéna.   ómmo gẹšoqẹlạ̇́lla.
10 ȧ́(n)nȧ́qẹla húlelaịyo, mōbẹl̇óla, maḥṭóla bẹqạ̇́sro ꞏạl̇óyo. haúwyo
i-ḥaịye ȧ́tṭo wuẑǧilo ꞏȧ́mi-ẑạ̇́nẹke.

qȧ́yim u-pȧ̌šā, sịmle tǡbút, umȧḥȧ́tle ꞏȧ́lu-bȧ́ǧlo u-ꞏǡṭí lu-baíto,
uḥȧ́rre lȧ́bne du-pȧ̌šā bu-dúrubén, ḥzạ̇́lle kȧ́tyeꞏȧ́skar dú-bȧ́bō.
manḥȧ́tte ȧ́-kǡl̇óṭo. ú(w)-abró nǡꞏimo ómẹr kóyo i-kǡlaíḍị? ú-bȧ́bō
15 ómẹr mǡꞏíṭo. ómẹr aíko maḥṭọ́lḥū? ómẹr kịl̇ȧ́ bū-tȧ́būt. ómẹr
ftȧ́ḥu ú-tǡbūt thōyȧ́nno ꞏȧ́la. ómmi l̇ó-ꞏo. ómẹr bél̇ē. ẹftḷḥḥe ú-tȧ́-
būt. ḥzéle ḥȧ́lyo. ómẹr mí-jǡrilǡ? ómmi šqạ(l)l̇óla lí-ḥaịye.
ómẹr aík-aza i-ḥaịye? ómmi ȧ́zza bẹfl̇ȧ́n dȧ́rbo. rȧ́ḥū u-ȧ́zze bọ́-
ṭra. ȧ́zze nȧ́ḥaṭ, lȧ́qi bu-qạ̇́sro. ḥzéle kīt ṭȧ́rte ꞏȧ́lọ-qạ̇́sro. i-ḥaịye
20 mọ́llǡ li-kạ̇́cẹke, ómmo kạ̇́ti gaúrạ̄ḥ. nǡḥito i-kạ̇́cẹke, ẹftạ̇́hla u
-tȧ́rꞏo. nǡḥito i-ḥaịye, ómmo mạ̇́-kóbꞏạt? ómẹr ǡṭino liy-aṭṭaíḍị.
ómmo l̇ọ́-kobạ̇́lla. ómẹr qaúwyo? ómmo zóḥ tịli u-saıfo u-ṭȧ́rꞏo
thúte ḥȧ́ft sạri. ómẹr óno maíko koḍȧ́ꞏno aíko-yō? ómmo iḍȧ́ꞏ.
qȧ́yim rȧ́ḥū, ạmḥéle ꞏȧ́lu-dȧ́rbo. ȧ́zze bu-ṭúro. ḥzéle ḥịrbe, kẹl̇én
25 niše kmǡšíǧị júle. ómẹr ꞏaíbo-yo dozino ꞏȧ́laịye, gẹfạ̇́sno hȧ́rke
šaúṭo qul ẹdmǡšíǧị. sȧ́lạq li-daúmo kimfǡrij. ȧ́ṭi u-dé̇ꞏō, ẹlqạ̇́ṭle
azꞏúro mꞏȧ́lqo bí-daúmo. maubél̇ē lú-dé̇ꞏō. qȧ́yim, nȧ́ḥaṭ ú-zlǡm
bọ́ṭru-dé̇ō. ȧ́zze šqíle mu-dé̇ꞏō. mȧḥȧ́tle bẹdúkṭe u-kúrẹko. ómẹr
ȧ́ꞏma mí-simlọ̣́ḥ? u-mḗrẹko ómẹr qai? šqịll̇ílọḥ mẹfḗme dụ-dé̇ꞏō.
30 ómẹr mȯ́bḷạtv̇óli ẹlséfe dḗmī dọmmóva ẹtlȧ́b mị-dịkṭọ́lbịṭ. ōmẹr
ḥȧ́li i-kịmme wi-ša(q)qa. ómmo ḥwȧ́zzi l̇ó-ṭọlbȧ́ṭvō ḥȧ́ni ulọ-mam-
ṭȧ́tvo u-abraídị, él̇o šqȧ́llọḥni. rȧ́ḥū ꞏȧ́li-šȯ́qqa. ómẹr yǡ šȯ́qqa,
i-mꞏȧ́rṭo thúṭ ḥúte ḥȧ́ft sạri aíko-yo? kobꞏéno dozȧ́no ẹltȧ́mo.
ȧ́zze lẹfḗmē di-mꞏȧ́rṭo. ḥzéle kl̇ē ḥúṭe ḥȧ́ft sạri dǡmíḥọ. kịtle
35 stúneṭ fạ̇́rsilo ꞏal sȧ́dre. ómẹr mạ̇́-kọ̣bꞏẹt? yǡ gaúro. ómẹr kọb-
ꞏóno u-saífo u-ꞏu-ṭȧ́rꞏo. ómẹr izóḥ ṭạili í-kaffíye dẹbạ̇́rte du-mȧ́lko
dạ̇-jin. ómẹr l̇ọ́-koḍȧ́ꞏno azíno. ómẹr bél̇ē kóḍꞏạṭ. rȧ́ḥū ꞏȧ́li-šȯ́qqa

uʾázze, ázze lu-qúꜱro dẹbárṭe du-mạlko dặ-jin. ḥzéle kit ꜱafrít
qmu-tárꜱo dí-dạ́rga. ạlvíꜱle i-kimme dặ-jin. ꜱábar laúg̣ul. ḥzéle
bạ́rṭe du-mạlko kla yātúto ꜱálu-táħt. cik táħtu-táħt. ạ́ṭi u-ꜱafrit.
ómẹr ó~f, kóṭe rḗħạt ịns ujịns hárẹkẹ. ómmo mạlko kóṭe rḗħạt
ịns bárẹkẹ? az lặtvọħ qmī-dạ́rga yātíʾu? má ꜱábạr lálg̣ul? ómẹr 5
n̊dāgéli. háví lặlyo, mamṭặlle i-ħꜱ̣ọmto. ạlvíꜱle í-kimme uʾặhíle
ꜱáma, lọ̆-sāvíꜱọ. dāmíħo, maqládle ꜱaúwꜱo tặrꜱe ạffóṭa lú-ꜱafrit.
dāmíħo. qạ́yim u-mḗreko, ạlvíꜱle i-kimme dá-jin umịdle li-kaffíye.
maħṭóle bẹꜱ̇ẹ̆be. qāʾimo, māħạ́sla, ħặlla, nóꜱo lọ̆-ħzéla. māħátla
i·kaffíye, lọ̆-kmibạino. dāmíħo. qạ́yim mịdle ạrraglóṭa, ẹmħalqóle 10
ꜱálu-táħt. māħạ́sla, qaʾimo i-qyọ̆mto. ómmo ạnfáq mặ-tkítạt, qẹrár
ꜱámọħ, lọ̆-zéꜱịt. náfaq, ħặllābē. yặtū ꜱálu-taħt, ꜱṭặlle ꜱặráq
uħámro umkāyặffe. udámạħ gába. simle ꜱáma, urāħívi ꜱālí-ꜱạqqá
uʾázzịn, áṭin ạlfémẹ dẹgúbo. ḥzặlle kit ħā bú-gúbo, ạħúnạt dụ̆
-ꜱafrít. qrị(l)lēle mú-gúbo, ómẹr ħáli íḍoħ. ómmo trại mḗnē. háno 15
mịdle íḍē, gríꜱle. náfạq lárval. ạmqatálle. qṭịle ạħúne dụ̆-ꜱafrit
uʾáṭin li-mꜱárṭo dẹħúte ħáft.sạrí. ẹṭlọ́ble u-sạifo uʾu-tụ̆rso, aqṭịle
hávuste umamṭéle u-sạifo uʾú-tụ̆rso, uʾáṭi lu-qúꜱro ạlsi-ħaíye. ħặlla
li-ħaíye, ḥzéla mamṭéle í-bạ́rṭo dú-mạlko dặ-jin. ómẹr ẹꜱqúllạħ
ú-saifo uʾú-tụ̆rso. ómmo mụ̆-gi(s)sạimábbe? g̣ámi ạdẹmámṭat bạ́rṭẹ 20
dụ̆-mạlko dá-jin. ạlqạ́ṭle, á-tạ́rte umamṭặlle lụ̆-baíto. ạħzéle kẹlé
u-ꜱafrit uʾú-ꜱaft, klén qúme bú-dạ́rbo. náħạt qṭịle á-tre, uʾáṭi lụ̆
-baíto. mamṭéle á-tạ́rte nīꜱạiḍe usimle mịꜱtúṭo. māsúle lụ̆-bábō,
dáqnē ħẹwọ́rto. bạ́rṭe du-mạlko dặ-jin maufặqẹla tlóṭ ꜱ̇ạnve, hūlále lụ̆-bábo. ·āħíle á-ꜱanve. háví ħórt. á(n)naqẹlā tāꜱimo. 25

XXIV (161).

30

kítvō ẹzlám, u-ꜱug̣lạiḍe ú-dvọ́rọ-ve. ázzē u-ħā yaúmọ lu-dvọ́rọ.
ḥẹzéle zẹꜱúrọ mħạlqọ bu-dạ́rbọ, mālímle u-zẹꜱúrọ, māħátle bi-túre.
áṭi ꜱạꜱríye lụ̆-baíṭọ, mamṭéle ꜱáme. íy-ạ́ṭṭọ ómmo hánọ mínyọ bi
·túre? ómẹr ạħzéli zẹꜱúrọ. kítlē trạbne lu-dāvọ́rọ. simle ẹbmọ́re.
yárū, māħátle íꜱme yúsif u-cặlạbī. háví rábọ, ẹmqatéle lúwe ulábre 35
du-dāvọ́rọ. aqṭịle ábre du-dāvọ́rọ. ú-dāvọ́rọ ómẹr qaúwyọ qṭịlọħ
ábri? ómẹr ẹmꜱāꜱállẹħ. ómẹr mọ̆-mọllélọħ? ómẹr mọllẹli wặlṭẹzịnne,

qt̤li. ómẹr ìšmọ̆ḫ hau̇ḥa-yọ. qt̤le ú-davọ̆rọ-sté. mqāhá̤lle lúwe
ulá̤bre du-dāvọ̆rọ, qt̤le ábre du-dāvọ̆rọ, mạšká̤lle ꞏá̤lẹ ẹldí-qrit̤o.
ná̤fạq mi-qrit̤o, māṣọ́lle u-saifọ uꞏí-tfá̤ṅge. azzé lú-t̤úrọ, yắtū bu
-dá̤rbọ. kít ẹmꞏá̤rt̤ọ ꞏá̤lu-dá̤rbọ. yắtū bi-mꞏá̤rt̤ọ, ló-kimṣá̤lẹ uló
5 -kṣọ́yim uꞏạqọ́t̤ẹl wug̲ẹzóṉẹ uló-gzóyạḫ. kimšáyạꞏ u-pá̤šā bọ́trẹ,
ló kozzé su-pá̤šā. mín(n)-ẹgréꞏọ dẹkozzé bọ́trẹ, ẹqọt̤éle. mãqọ̆ˢᴅ̄ē
lṳ́-pá̤šā fịrmá̤n ꞏá̤lẹ. azzại-ꞏáskạr kúla ẹrrìšẹ, ẹmqātéle ꞏāmạiye,
ló-qādírī ꞏá̤lẹ. ẹqọ́yim yúsị̇f u-cá̤lạbi, kozzé lí-valáye ẹ(g)gónū
uꞏạqọ́t̤ẹl ạblá̤lyọ. zā'ịꞏi dí-valái mẹ̇ne, ẹkaúši á-tá̤rꞏẹ, ú-yaúmọ
10 dlọ́-gnọ́yọ, mi-zọ̆ḫt̤ọ. kót̤ē fót̤ạḫ ạ-tá̤rꞏe uꞏọ́bẹr lí-valái, gọ́nū. á̤t̤ị
pá̤šā ḫá̤t̤ọ lí-valái, mọ́rralle ẹldí-valai, ómmi gi(m)mahạzmína.
ómẹr qaúyo? u-pá̤šā. ómmi kít ḫá̤ mí-valái ulárval, maḫraúle
í-valái, gẹmahạzmína. ómẹr izóḫū arbꞏó gréꞏe bọ́trẹ, mar: qọrẹ́lọḫ
ú-pá̤šā, tóḫ ẹtsá̤mnọ̆ḫ ā̲g̲á̤ dī-valái. azzị̇n a-gréꞏe, á̤zzị̇n ẹlgá̤bẹ,
15 yātívī ị̇šg̲ị̇lī, mọrrálle ḫid mọ́lle lu-pá̤šā. ómẹr é. māṣọ́lle u-ṣaifọ
uꞏí-tfá̤ṅge, uꞏá̤zzē ẹlsú-pá̤ša. ómẹr šláḫ u-ṣaifọ uꞏí-tfá̤ṅge uꞏạbár
lṳ́-divá̤n. kọmá̤lle u-pá̤šā. ómẹr ló-kšọ́lá̤ḫnị̇n, bí-tfá̤ṅge ubú-ṣaifọ
gẹꞏọbánnọ. ómẹr múdụlle, u-pá̤šā. middá̤lle lá̤-(r)rimọ́ye uli-ꞏáskạr,
ná̤fị̇l bạinōt̤ạiye bū-ṣaifọ, drá̤lle ꞏá̤liy-árꞏọ kúlle bú-ṣaifọ, mahzá̤mle.
20 azzé li-mꞏá̤rt̤ọ. ẹkt̤úlē lṳ́-šụlt̤ọ́nọ, mšāyáꞏle lụ-pá̤šā. ómẹr mṣá̤kū
ú-zlāmá̤nọ, ló-qọtlítṳ̤llē uló-ꞏọnqị̇tṳ̤lle, ḫālẹ́qullē bú-baḥár gi(m)-
má̤ḫnạq, bišnọ̆qọ ló-kmọ́yị̇t wọbqá̤tlo ló-kmá̤qt̤ẹl. ạḫzá̤lle lá̤-pá̤šā-
vīye kạcẹkē, t̤aú mẹ́na lạit. ómmi gimšại(y)ꞏína i-kạcẹke ẹlgá̤be
ẹtsóyim ꞏá̤ma, húwe ꞏá̤lā gẹmọskīná̤le. ómmi trọ́ve. mnāqá̤llē
25 ká̤cẹkē šá̤fá̤rto, ẹmšāyáꞏe ạlgá̤be, maulá̤ffe i-ká̤cẹkē lá̤-pášawíye.
azzá̤ ạlgá̤be, ómmo ẹbmṳ̆-kēfá̤t? yūsíf cá̤lạbi. ómẹr kéf dóvịt bā-
símtọ. yātívō gá̤bẹ, blíšlābe li-ká̤cẹke. mọlfólle lá̤-pášawíye.
qá̤yim rá̤ḫū ꞏá̤lā, símle ꞏá̤mā. ṣọ́dla lí-ꞏáskạr ꞏá̤li-mꞏá̤rt̤ọ, húwe
ꞏá̤li-ká̤cẹkē, ạmsikke, māṣọ́rre ị̇dót̤ē bọ́trẹ ḫá̤ṣẹ, mamt̤á̤lle ẹlsú
30 -pá̤šā. ómẹr ḫẹ́tulle bú-ḥabis, hol dimšāyá̤ꞏnọ ká̤gạd lṳ́-šụlt̤ọ́nọ,
dọt̤ēlī ú-mejúb du-ká̤gạd. māḫá̤ttē bú-ḥabis.

bá̤rt̤et ẹdmír aká̤bịr híya uꞏi-jériye azzị̇n ẹlfẹ́me du-bá̤ḫar kimfá̤rji.
kịtlā ḫúṣa ẹlbá̤rt̤et ẹdmír aká̤bir, u-faṣṣạida almá̤s-yọ, t̤aú mẹ́nā
lạit. mášị̇gla íḏā ufót̤a bạ̤-(m)mai du-bá̤ḫar. nāfịqọ ī-ḫúṣa mẹṣaúwꞏā,
35 mọblọ́la li-nụ̆ntọ. ạmḫālá̤qlā rúḫā ꞏá̤li-nụ̆ntọ, ạmsíkla dạ̤nve di-nụ̆ntọ
bu-gáve du-bá̤ḫar. á̤t̤i ú-gāmá̤z, blọ́ꞏle i-ká̤cẹke uꞏi-nụ̆ntọ bíḏā,
fā'íꞏọ bu-gávịt dú-gāmá̤z i-ká̤cẹkē. šqị̇la i-ḫúṣa mẹfémẹ di-nụ̆ntọ,

maḥtóla ębṣaúwꞏä.—. áṱi u-ḥábrǫ lǫ́-páša ęmsú-ș̌ṷlṱǫ́nǫ. ómęr lǫ́
qǫ́tlịt yúsịf u-cáḷabī, hālę́ǭ bú-baḥar. maubę́le lǫ́-páša másrǫ
yúsif ęlfę́me du-báḥar, mǫ́lle lá̦-gāmcíye hę́ṱṷllē ꞏāli-gāmíye u-ꞏar̦-
hę́qṷllē mí-valái uhalę́qṷllē bá̦-(m)māi á̦dmịhnaq. maubá̦lle lá̦
-gāmcíye, ma̦rhá̦qqē tá̦rte sä̦át mi-sá̦ptę dá̦-(m)māi. ómmi há̦rke 5
ꞏāmúqę-ne. másrō-ve á̦tfṷ́qqę. náfịl bú-baḥár ęlqǫ́tle lú-gāmáz,
ębḷǫ́ꞏle. ꞏáběr ęlgávịt dú-gāmáz, hęzę́le ká̦cękę yātútǫ, ta̦ú mę́na
la̦ít. ęfsịhǫ i-ká̦cękē, ędꞏáběr u-zlám a̦lgábā. ịș̌ǵilī, maḥká̦lle
ú-hawál-dá̦tte la̦hędǫ́de. maḥraúla li-ká̦cękę lę́bā, ętsǫ́yim yúsif
ꞏáma; lǫ́-símlę. húwwe qrár ꞏām a̦hdǫ́de, gišǫqęlína hędǫ́de, bę- 10
gáve du-báḥar lǫ́-ksaimína ꞏám a̦hdǫ́de.

i-ję̄ríye knǫ́trǫ ꞏal fę́mịt du-báḥar li-ḥātúne. fa ꞏǐș̌ǫ ș̌áptǫ.
nǫ̌ș̌ǫ lǫ́-mbáyin, lǫ́ dāꞏírǫ i-ḥātúne. áṱyǫ i-ję̄ríye bāḥa̦ítǫ lṷ
-baítǫ. ázzā sęmír akábir. ómęr kǫ́yǫ bá̦rṱi? maḥkęlále ḥid
hávi. a̦msiklē gāmcíye uṱǫrcíye. ómęr ṣaiyę́dū á-(n)nṷ́ne. 15
nāfịqǫ i-nṷ́ntǫ ędmaubę́la i-ḥúṣa męgávịt du-gámāz. ęmṣā-
yá̦dde núne lá̦-gāmcíye ulá-mṣaidǫ́ne. ómęr lǫ́ qǫ́tlịtū á-(n)núne,
mir akábịr. kęmǫ́skī ulǫ́-qǫ́tli. msíkke gálabe, msíkke i-nṷ́nto
dęmaubę́la i-ḥúṣa. ómęr má-kǫ́da̦h blišǫ́nę da-núne? mír akábịr.
ómmi kít má̦lla bęqrítǫ, húwe kǫ́da̦ꞏ blišǫ́nǫ dá̦-(n)núne. qrá̦lle 20
lṷ-má̦lla. áṱī ịș̌ǵil ꞏámá̦-(n)núne. aina-hḑǫ́ dękịmș̌āyę́lā ꞏáli-ká̦-
cękē, kómmo lǫ́-hǫzyǫ́li. ękyómin lṷ-má̦llā. áṱyǫ ędmaubę́la i
-ḥúṣa. ș̌ǵíl u-má̦lla ꞏáma. ómmo lǫ́-kyǫmyǫ́nǫ, lǫ́no maubę́li i
-ḥúṣa, ęmsíklāli li-ká̦cękē bain á̦-(m)mái; áṱi ú-gāmáz, bḷǫ́ꞏlē ǫ́nǫ
uhíya a̦lgáve; kḷai-ká̦cękē bęgávịd du-gāmáz, wṷș̌qíla i-ḥúṣa mę́ni. 25
ómęr ș̌rǫ́lō? ómmo é. mǫ́lle lṷ-má̦llā ęlmír akábịr. ómęr haúhā
kómmo i-nṷ́ntǫ. ómęr kúlle a̦rfáwṷ(n)ne bú-baḥár, a̦hṱịtǫ-yǫ; uháyǫ
a̦dmaubę́la i-ḥúṣa qṱálulā. ma̦rfá̦nne bú-baḥár wǫqtǫ́lle háyǫ.
ómęr má̦llā. ómęr há. ómęr kǫbꞏę́nǫ u-gāmáz mę́nǫh. ómęr
affá̦ndim ǫ́nǫ qǫdánnǫ mamtę́nǫ ú-gāmáz? ómęr é, kǫ́dꞏat blišǫ́nę 30
dá̦-(n)núne. ómęr kǫ́dꞏánǫ blišōna̦íye, élō la̦íbī ędmamtę́nin. ómęr
kmamtá̦tle tíye, lǫ́, gęqǫtá̦ꞏnǫ qárꞏǫh. ómęr la̦íbi a̦dmamtę́ne. ómęr
qtá̦ꞏu qárꞏę. ęqtǫ́ꞏꞏe qárꞏe du-má̦llā. bátạl mír akábịr bú-šiyǫ́lǫ
ꞏáli-bá̦rtǫ. nǫ̌ș̌ǫ lǫ́-qádịr a̦dmaufá̦qlā, ma̦rfélē fę́mǫ mi-bá̦rtǫ.

azzę́ ș̌átǫ. ú-gāmáz hávi naḥváș̌. yáqạr lǫ́-qǫ́děr sǫ́hę̄. náfạq 35
lęsá̦ptǫ du-báḥar. kimhárha̦r a̦bgávę bęsá̦ptǫ dú-baḥar ꞏālá-kéfe,
ęftáhle fę́mę lú-gāmáz. náfạq yúsif, há̦llę lyúsif, náfạq mu-báḥar, kla

íḍe di-ḳåcẹkē bíḍe, gríšle i-ḳåcẹkē, nāfíqị á-trē. ómmi ló qọtlína
u-gámāz, símle kāʾisútọ ʾāmạinā. qāʾími á-tre, azzịn ạlqúṣrọ, ạḥzạlle ạḥẹḍó ẹmʾạláqtọ, qárʾā lạltah, raġlótā lạlṣịl. ómmi qaiyạrke
ḥåt? ómmo mamtẹ(l)lēli ẹlmír meḥám(m)ā, gāvịrtọ-vi, maḥezạmlēḥ
5 ẹl(l)ạrke, símle ʾámi, ómẹr qai ló-nāfíqet bạrtọ? ẹmʾạláqlēli. taú
mẹna laịt. kle u-sạifọ uʾu-tụrsọ ẹmʾálqe. ómẹr kóyọ mír me-
ḥám(m)ā? ómmo náfạq. mẹ₃ạláqle u-sạifọ uʾú-mịrṭál baqḍóle. áṭī
mír meḥám(m)ā, ʾábẹr lálġul, ḥọlle ẹbyúsịf. ló-mtānạlle ʾām ạḥḍóde, mídde lạḥẹḍóde. ẹdréle ẹlyúsif, māḥátle u-sạifọ ʾāl ẹqḍóle;
10 ẹftạḥlẹ ʾṣádrẹ, náfạq bạrtọ. ómẹr mịn(n)at mẹmẹde? ómẹr nẹr
umẹ-nọ. ómẹr dóvē áttọ ló qọtlóli, kíbē gaurútọ gẹqọtẹli. kómẹr
yúsịf ẹblẹbe. ạnḥólle, mạrfẹle i-ḳåcẹke. ómẹr mạíkọ ḥåt? ómmo
mú-átrọ dá-qarã-nọ. ómẹr qaúwyọ ẹmsiklẹlẹḥ? ómmo mḥávụlạlli
ẹlbạḥmóhi, ạtʾạnóṇọ, azzínọ lú-gẹlọ ẹdmamtịyóṇọ lá-qanyóṇe, hāvílī
15 bu-ṭúrọ, māḥátli ʾāliy-árʾọ, ẹqšóʾli gẹlọ, ẹmlẹli i-javále gẹlọ; hāvílī
dạrd bụ króḥọ, ló-ḥzẹli ú-zẹʾúrọ, ọmmóṇọ, lạ-jín maubạlle; atyóṇọ
lụ-baịtọ, maḥkẹli ẹlbạḥmóhi, kārịhi bịḥmóhi ʾālu-zẹʾúrọ wumšā-
yạlle; ómmi ḥẹzóle ạlḥá dāvóṛọ, hāví rábọ sú-dāvóṛọ, qṭíle ú-dā-
vóṛọ uʾán(n)-abne, wụmsíkke lá-pāšawiye u-lāḍẹʾínā ạíkọ maubạlle;
20 ẹmḥállạlli ẹlbịḥmóhi, ẹgbīnóṇọ, nāfịqóṇọ lu-ṭúrọ, mamtẹlẹli ẹlmír
meḥam(m)á ẹ(l)lạrke, ḥáti-yọ i-ḥkēyaịdi. ómẹr kāʾisọ. áḍạ₃ īy-émọ-yọ.
ómẹr ẹhví ḥåt émi uḥáti áṭṭi-yọ. ló-mọllẹla ábreḥ-nọ. ómmo kāʾiso.

bi-valáye dimsíkke hāvílā li-ḳåcẹkē ẹtsímle ʾáma ẹlyúsịf, hāvílā ábrọ miyúsịf, kommíle u-jínni. kúl yaúmọ qóṭẹl
25 ḥá mí-valái, māḥátle í-valái bu-ʾásar lụ-jinnávi, ạqṭíle u-pášā.
kommíle lụ-jín, ábre deyúsif-ḥåt; qṭíle u-pášā ʾāl çoíkle u-bábọ
bu-báḥar. nóšō ló-kmájre ẹmtáne qúmẹ bi-valaí. áṭī yúsịf uʾīy-áṭṭẹ
uʾīy-émọ lí-mʾạrtọ du-dạrbọ lạqmí-valáye dimsíkke. ạina dẹnófạq
mí-valái ẹqọtẹle. šámaḥ u-jín, kīt ḥá bi-mʾạrtọ du-bábọ, kit ʾámẹ
30 tạrte níše. éme du-kúrẹkọ kla ṣāḥ, dẹsiml-ʾáma ạlyúsịf. símle
kārdíḍe lụ-jín dọzzéle. ázzại(y)-émọ ʾámu-jín. ómmo hẹdi ábri
ló-mqatlítu, kīt hóvē bábọḥ. ázzā i-žénẹke, ḥazyóle ẹlyúsịf. ómẹr
ḥáti dẹsímli ʾáma wumsikạlli. ómmo óṇọ-no. qáyim ạdqọtẹla.
ómmo hóve ḥarám ʾáli, bóṭẹr mẹnọḥ ạlgaúre ló-siml-ʾámi, uhāvílī
35 ábrọ mẹnọḥ, kommíle ú-jín, ạqṭíle zid mẹnọḥ bi-valaí, qṭíle u-pášā
dịmsiklẹlọḥ, kúle lạšánọḥ, uʾóʾdọ kómmịt gẹqọtánnā. ómẹr kóyọ
ábri? qrẹlále līy-émọ. áṭi, ómmo klẹ bábọḥ; umóllā ẹlyúsịf, ómmo

ęklé ábroḥ; ḳobꞏꜩętu ęqṭálu aḥdǫ́de. anꜱǫ́qqe aḥdǫ́de, qāꞏimī maubálle á-(n)nǐše uꞏázzịn lí-valái, yātīvī bí-valái, kmáḥkẹmī ꞏālí-valái.
ómẹr hấni á-(n)nǐšaịḍi-ne, mǫ́lle lụ-jín, uḥáṭị qáštoḥ-yǫ; ómẹr
lǫmmạtlā qáštǫ. ómẹr trǫ́ve. yātīvī.

simme ḥánạk ęlyúsif wulbártẹt mír akábịr. ómẹr kǫ́dꞏạt í-valái 5
adbábẹḥ? ómmo é. ómẹr aíkǫ-yǫ? ómmo bú-wán-yǫ. ómẹr dúꜱu
ǫzzánǫ albẹbábạḥ. ómmo dúš. ómẹr kán mǫ́lle ęlbábẹḥ lǫ́-kǫbénǫ bárti,
ómẹr édi gẹsaímịt bidbábẹḥ? bi(d)dídị? ómmo bẹdídǫḥ gẹsaimǫ́nǫ.
ómẹr yállah qúmu. qāꞏimī, azzịn lǫ́qmu-wán. kịt aqrítǫ qẹmú-wán,
ꞏšme di-qrítǫ í-ḥịšḥišǫ́qe. yātīvī biyā. kịt bákca alḥẹdǫ́ra ubistǫ́ne. 10
nāfíqị lá-bistǫ́ne lú-kéf. ú-gréꜱǫ ẹdmír akábịr bí-qriṭáyǫ-ve ꞏālú-za-
mán di-qrítǫ. bártẹ dẹmír akábịr āḍẹꜱǫ́le, húwẹstē āḍáꜱlā; lávi
inán dǫmálla bártẹt ẹdmír akábẹr-át. aḳhárbā u-gréꜱǫ du-bábo,
ráḥū u-gréꜱǫ, ázzē, mǫ́lle lụ-bábǫ, ómẹr ḥẹzéli aḥẹdǫ́, kla ꞏam ẹtré,
ḳǫmánnǫ bártǫḥ-yo ulǫ́·kmiťyāqánnǫ; ꜱúrtā adbártǫḥ-yǫ u-halḥaída 15
adẹbártǫḥ-yǫ, i-šgāliyaída adbártǫḥ-yǫ. ómẹr aíkǫ-yǫ? ómẹr klā
bi-ḥịšḥišǫ́qe. ráḥū mír akábịr, húwe wán(n)-ábne, azzịn li-ḥịšḥišǫ́qe
ꞏámu-gréꜱǫ. aḥzánne bú-bistǫ́nǫ. ḥǫ́llẹbā lụ-bábǫ. ú-bábǫ ómẹr
híya-yǫ. án(n)-ábne ómmi láṭyo híya. ómmi qráwu líy-émǫ,
gẹḍǫḍꜱǫ́la; kāl-láċyǫ híya gẹḍǫḍꜱǫ́la. qrálle líy-émǫ, kimfárjī 20
á-(n)nǫ́še ꞏālaíyė. áṭyǫ iy-émǫ āḍẹꜱǫ́la. báḥyǫ iy-émǫ, báḥyǫ i
-ḳáċẹḳẹ-ste. ómmi álǫ í-bártǫ-yǫ. maublíle ęlmír akábịr lū-wán
algábe, māḥáttē mịjlis. ómmi lǫ́-ḳǫbína bartaína lǫḥát. mǫ́rre
alyúsif. ómẹr klá í-ḳáċẹḳē, lǫ́-kꜱǫqánnā bu-zǫ́r, mǫ́lla gẹšǫqlálle,
lábḥū dimtānétu, umǫ́lla lǫ́-gꜱǫqlálle, laíbi dimtānénǫ. ómmi mǫ 25
-kómmịt káċẹḳē? ómmo lǫ́-kmạrfiyálle, qǫṭꜱịtu qárꜱī, lǫ́-kꜱǫqẹlǫ́nǫ
nǫ́šo gér mẹ́ne. lǫ́-mtānálle. ómẹr yúsif, mǫ́lle lụ-bábǫ, ómẹr
āṭịnǫ algábǫḥ aṭlabóli? ómẹr lǫ́. ómẹr mahạzmóli? ómẹr lǫ́.
ómẹr óno bẹgáve du-báḥạr uꞏabgáve du-gámāz, ḥạzyóli, kla bẹgáve
du-gámāz, ęklá, lạcy-aúḥā? ómmo béle. ómẹr símla ulǫ́-símla 30
ẹdsámn-ꞏáma bẹgáve dụ-báḥạr, lǫ́-símli ꞏáma; lālóho húléliyǫ,
haúwyǫ í-qismaíḍi, hát kíbǫḥ dẹšǫqlátlā bū-zǫ́r? ómẹr lǫ́. ómẹr
dlováṭvo u-bábǫ gimmạrfénǫ-vǫ qrǫ́bǫ bí-valái. ómẹr ahá, élo
hávịt yúsif u-cálạbī. ómẹr ǫ́nǫ-nǫ yúsif u-cálạbī. ómẹr šrǫ́lǫ?
ómẹr šaiyíl bártǫḥ. ómẹr šrǫ́lǫ? bárti. ómmo húwẹ-yǫ. yātīvī 35
yárḥǫ· sẹmír akábịr, mahkẹléle ęlmír akábịr, ómẹr kịt valáye
ịꜱmā ḥǫ́ñgẹlḥán, bí-valáye dimqātélǫḥ ꞏám a-pášawíye, bǫ́ṭẹr

mę̆nǫ̇ẖ šāmęːi̯na, qāyímbā ẖá, kǫmmíle u-jín, hávǫste záẖęm-yǫ,
hát záẖm uhúwe záẖęm. ŏ́męr klē ábri-yǫ. ŏ́męr šrǫ́lǫ? ŏ́męr é.
maẖkílēle ęlyúsif i-ẖkēyai̯de udːálu-ábrǫ, ędhávi ú-ábrǫ. qrę́le li
-žę́(n)ękē ŏ́męr lący-aúẖa? ŏ́mmo bĕ́le. ꞏŏ́męr ló ꞏálęẖ ęmaiką̣lli
5 lá-pášawíye? ŏ́mmo bĕ́le. fāꞏiši šátō gābai̯ye. qāꞏimi tlǫ́bbe ẖá-
tąr męmír akábir. azzį̣n lu̇-bą̣lad dá-qará du̇-bábǫ dyúsif. ŏ́męr
kǫ́dːąt u-bai̯tǫ dębiẖmŏ́hęẖ? mǫ́lle liy-ę̆mo. ŏ́mmo é. ŏ́męr
yáde. ŏ́mmo há. ŏ́męr ǫnǫ-nǫ ábręẖ daẖęzi̯(l)lēli lú-dāvǫ́rǫ,
uhaúẖā simli bi-valái. qaꞏímǫ anšǫ́qla wǫfęi̯ẖǫ. ŏ́mmo yá abri
10 škúr málǫ daẖzęlílǫẖ ądlǫ́-bábǫ wudló-ę̆mǫ, uhāvílǫẖ tą́rte níše
u-ábrǫ, á(n)náqęlā trǫ mai̯tǫ́nǫ. ázzį̣n lí-qritǫ du̇-bábǫ. húwe ló
-kǫ́dąẖ u-bábǫ. iy-ę̆mǫ kǫdːǫ́le. mátąn ꞏąsríye lęgābai̯yĕ́. ŏ́mmi
lǫ-khǫvĕ́tu ẕai̯fe? ŏ́mmi bĕ́le ꞏála-ꞏaíne. kǫbꞏą̣n ú-lạlyávǫ attǫ́lbi
ạẖdǫ́ ęlbábed yúsif. simme mǫ́kęlǫ lá-bębábe deyúsif. qrą́lle lá
15 -(n)nǫ́še dóẖlī udǫzzį̣n tǫ́lbi. ą̣šġil yúsif. ŏ́męr mu̇-šaúra kitẖú?
ŏ́mm-i-ẖkēyai̯dą̣n lǫ́-kmītą́ẖkiyǫ. ŏ́męr qaúwyǫ? ŏ́mmi kítvōle
áttǫ lánǫ, hāvílā bú-ṭúrǫ wǫmzāyáːlā ú-ábrǫ, ęmẖę́lēla lu-gaúrǫ,
— klā híya kimsántǫ — qāꞏímǫ, aġbínǫ, ẖazyǫ́le ęlmír maẖámmā ú
-jạ(l)láli, maẖazmǫ́le wǫqtęlǫ́le, kǫbꞏę́nā attǫlbínāle ạẖdǫ́ lu-gaúrǫ,
20 lątl-áttǫ. ŏ́męr bątę́lu u-tlǫ́bǫ. ŏ́mmi qaúyǫ? ŏ́męr klai̯y-áttǫ
ꞏą́mi, šqęlǫ́li męmír męhám(m)ā. ŏ́mmi kimdáglit, ẖlǫ́ hávịt yúsif
u-cą̣lą̣bī yá u-jín. ŏ́męr tĕ́ẖ ę(l)lą́rke. lǫ́ mǫ́lle yáde. átyǫ. ŏ́męr
ai̯na-yǫ gaúręẖ máni kúllę? ŏ́mmo hánǫ-yǫ. ŏ́męr ẖamyŏ́nęẖ
ai̯na-yǫ? ŏ́mmo hánǫ. ŏ́mmi álō šrǫ́lǫ. ŏ́męr ǫnǫ-nǫ yúsif u-cą̣-
25 lą̣bī. ŏ́mmi šrǫ́lǫ? žị̣(n)nęke. ŏ́mmo é. u-ŏ́męr ǫnǫ-nǫ ú-ábrǫ,
waẖzęlę́li lú-dāvǫ́rǫ uhaúẖa simli bi-valái uhánǫ u-jín-yǫ ábri-yǫ̣
lǫ́-kmityaqnítu? trǫ máẖkịn á-(n)níše ẖid-ávi. mityāqánne, ạfęi̯ẖī
uhávi fą́rẖā. yą́rẖǫ kmǫ́kli lą̣-(n)nǫ́še, wugędai̯qǫ í-naqą́ra u-í
-zą̣rnái.
30   tu̇ šmę́rā sáñ.

35
   kítvō ñamš-áñǫnóne, kítvole ñṓtǫ. úw-ága dá-cą̣lkǫ́ye mšá-
yáːle ęlgābai̯ye, ŏ́męr kǫbꞏę́no ñōt̤aíẖu. íšme pírkán-ága, ú-ága

dá-calkǫ́ye. šéḥ-mús aḫûne di-káçȩke ómȩr bávo gȩdǫbinála,
mǫ́lle lán(n)-aḫȩnóne. án(n)-aḫȩnóne ómmi lǫ́-kówe, lǫ́-kobinála.
mad꞉árre u-qáṣȩt, ázze u-qáṣȩt sipīrkán-ága, ómȩr lǫ́-kobila, ága.
mālįmle ꞉áskar, wumšāyá꞉le ȩrīšaiye. waḫûnȩt pírkán-ága ráḫū
꞉ámi-꞉áskar, wázzēn, aftįḫḫȩ á-buwȩ́rȩq wazzįn ȩrīšȩt dá-ḥamš-áḫȩ- 5
nǫ́ne, klo-kón-dátte bu-túro. marfēla li-꞉áskar ꞉álu-kón. qā꞉imy-a
-ḥamšo, rāḥívi ꞉ála-sistōtátte, umįdde lá-rumáḥ, wųmqātálle hól
꞉asriye. qtǫ́lle ꞉áskar kúla. fáiš tlóto, qtǫ́꞉ȩ anḫíre dų-ḥā, waq-
tǫ́꞉ȩ lišǫ́ne dú-ḥā, waqtǫ́꞉ȩ ádne dų-ḥā. ómmi zóḫū aḥkáu lú-
(w)-āgátḥu. ázzēn á-tlóto lǫ́-divān dpírkán-ága, ómȩr mįn-ávī? mǫ́lle 10
lu-qtá꞉ anḫíro. ómȩr h̄gh̄gh̄g, siml-aúḥā. ómȩr tāu-ḥrȩ́no.
ómȩr mišgįl. ómȩr mgā꞉umgā. ómȩr tfāqúlle, táwu u-ḥrȩ́no. mamtálle. ómȩr mišgil. ómȩr hē~. pīrkán-ága ómȩr qûmu, mǫ́lle
lu-májlis; ómȩr hávī ḥdo rábto. mālímle ꞉áskar uqáyim. átįn
ȩrrišat bȩšéḥ-mús, ȩmqātálle, qtálle á-ḥamš-aḫunóne umaubálle sįt- 15
tíye, ȩmharóle ꞉ále. hávī lályo, sįmle ulǫ́-sįmlē dótȥo lȩbainá-gále,
látyo. masróle bu-ḥaúlo usíml-꞉áma bū-zór. fā꞉íšo gábe ꞉asró
yaúme lǫ́-kóḥlo ulǫ́-kšǫ́tyo. ú-ḥā yaúmo nāfíqo lárval, mǫ́llāle
alḥá gȩdōbálloḥ ḥáq-dídoḥ waufáqlī a(m)márke. ómȩr kā꞉íso. húlāle mǫ qurúš. mǫblóle ḥamšó yaúme u꞉átį utaryóle. nāḥíto bí 20
-baríye ḥarábcé, láqyo bȩqúṣro, mqādámla lu-qúṣro. ḥzélā knáfaq
pír꞉abók, bįzóna baín-araglóta, uklá bi-ká(š)še, trē ꞉árše mȩ(d)-
díḍa ksǫ́lqį haúḥa wutrḗ knǫ́ḥti haúḥa. átyo li-káçȩke, aftáhla
fŝma, háti i-káçȩke ómmo átto-no. šámi꞉o i-ḥātúne mi(y)-aúda,
ómmo trí mȩ́na, mǫ́llā li-pír꞉abóke, mzá꞉waqlála li-ḥātúne. sālíqo 25
i-káçȩke ȩlsi-ḥātúne. á-tárte šáfar maḥdóde. ómmo maíko kótȩt?
ómmo yā ḫóti, i-ḥkēyaídi rábto-yo. i-ḥātúne ómmo ḥóf-át lǫ́-saimȩt,
mādám átȩt algábī lǫ-zé꞉at. yātívo hol ꞉asriye. ꞉asriye átį ḥá,
ú-ága da-sáb꞉e, ú-báni-sáb꞉a, yátū. i-ḥātúne i-dǫstaíḍa-yo. ómȩr
yá ḥātún. ómmo ága. ómȩr háti maíkǫ-yō? ómmo nųḥraítǫ-yo. 30
ómȩr ꞉álá-꞉aíne. hávi cáḫ dų-dmǫ́ḥo. frísla li-ḥātúne a-gále. dāmího híya u꞉i-káçȩke u꞉ú-bani-sáb꞉a, dámaḥ baína-tárte, nįkle
á-tárte. kul lályo kótȩ̄ ugȩdómaḥ. atꞏįno i-káçȩke.

nāfíqį ú-ḥā yaúmo li-꞉aíno lų-tųšígo dá-júle. ḥǫ́nne kóḥli í-ḥātúne wī-káçȩke, átyo(l)lȩ-꞉áskar dȩpírkán-ága, tlálle á-tárte umam- 35
táne. átįl-lu-baíto, yātívi. mǫ́llēlįn ȩlpírkán-ága, ómȩr gȩmǫ-
ḫánꞏolḥu ꞉áli, háti átti-yo uḥátįstē gṣámnā átti. ȩmharíle. hāvíla

li-kácęke qāmạito ábro fạ̈lge zęɜúro ufạ̈lge sáb꞉o. háno pīrkán-ạ̈ga
ómęr haúhā ló-kówe, símme ꞉áma lạ̈-sạ̈b꞉e, ịlla gęqōtạ́nna. qtọlóle.
qạ́yim ú-ábro, hávi rábo, ómęr ɇ́mi mạnyo? ómmi í-ḥātúnạ-yo.
lọ́-mịtyāqálle. á(n)nạ́qęlā ú-ḥā yaúmo mọ́llāle lí-ḥātúne, ómmo
5 hát ábre dú-bạni-sạ̈b꞉a hát u꞉óno iy-ạtt̲ō-no, maḥęzạmlélạl-láno,
hávịt, qtịl-ɇ́moḥ. qạ́yim, ktụle kạ̈gạd lu-kúrękọ wọmḥɇ́lo-mọ́hęr
-dịde wụmäāyá꞉le lú-bạni-sạ̈b꞉a, súm ꞉áskạr mạ̈-sáb꞉e witóḥ li-kạ́-
lęd pírkán-ạ̈ga. háno u-kúrękọ ksóyim ꞉āmí-ḥātúne bęgnọ́vo.
átyoi-꞉áskạr dú-bạni-sạ̈b꞉a ęrríšęt pírkán-ạ̈ga. háno u-kúrękọ
10 qtịle pírkán-ạ̈ga, umaḥęzạ́mle i-ḥātúne ucik bạini-꞉áskạr dạ̈-sạ̈b꞉e,
wumqātéla li-꞉áskạr dụ-bạni-sáb꞉a udpírkán-ạ̈ga. mamtạ́lle ꞉ạsri
abnóto midbepírkán-ạ̈ga, wátịl-lọ́-qụ̈sro. yātívi bu-qúṣro. i-ḥātúne
mọ́lla lú-bạni-sạ̈b꞉a, omm-ạ́n-abrọ́hyo. ómęr mụ́-lébo? ómmo é.
ómęr kóyē-y-ɇ́mo? ómmo qtịlọ́lle. krọ́ḥmi ḥdọ́de i-ḥātúne u꞉ábrę
15 dụ-bạni-sạ̈b꞉a. ómęr ḥātúnɇ́. ómmo mínyo? ómęr māṭịlạḥ ábri?
ómmo yá bạni-sạ̈b꞉a, hạrke lō māṭịlī, élo támo māṭịli. ómęr hóvęt
ḥarám ꞉áli. usimóle i-kālạịde, wọmḥạ́lle á-꞉ạ̈sri kạcękất ꞉al ꞉ęsrí
sáb꞉e. kōwạ́lle lá-kạcękất ạz꞉úre u꞉abnóto, falgạíye sáb꞉e falgạíye
ịnsānát, qálịb u-jíns-dạtte kúlę haúhā. tụ̈ šmęrạ̈ ṣaḥ.
20

XXVI (103).

25   kítvu pạ̈šā, kitvōlę-tlot ábne utlót abnóto, magvạ́lle ạn(n)-abne,
fā꞉íši ạn(n)-abnóto. ómęr yá abnóti ęgváru. ómmi kā꞉íso. í-ḥdo
šqịla ábre du-qọ́ze, wí-ḥędo šqịla ábre dụ-mụ́ftī, fā꞉íšo í-naɜámto,
nóšo lọ́-šqịla. átịn dí-qrịto kúllę, á-(n)nóšę ómmi ꞉ajạ̈b lęḥạ̈́.
mḥéla u-ḥābūšạịda bḥạ̈́ kạ̈cạl. ábre dú-sạrrạ́f ómęr bóno ęmḥéla.
30 ómmo ló. ómmi mḥại nạ́qla ḥrɇ́to. ęmḥéla ạ̈rjạḥ bú-kạcạ́l. sā-
ɜállēla lu-bábo, ómęr dlö-kácạl šọ́qlịt, lọ́-kówe. ómmo óno ukɇ́f
-dịdi. ómęr háv꞉ullā lú-kạ́cạl. húvwallēyo lú-kạcạ́l. cik bu-kúḥo
dạ̈-kętóto, yātū támo. ómęr žínęke, ú-kạcạ́l. ómmo mínyo? u-kạ-
cạ́l ómęr gędoɜéno lálo dękoyaúle ęlbábạḥ. ómmo a(m)mín. kā-
35 yúle lu-pạ̈šā, qréle lá-ḥākíme. máṭị ạlmaúto. ómmi á-ḥākíme, kód꞉-
꞉ạt mụ̈-kmạnfá꞉lọḥ? ómęr múne? ómmi ḥạlvo cɇ́r bęgạ́ldod cɇ́r
꞉al ḥạ́sęt cɇ́r, šɇ́r ędmamtéle, hávọ kmạnfá꞉lọḥ. ómęr dɇ́ yálla,

mắ gẹmamṭéli? a-hắḏnawōṭaíḏi.   símmẹnē kắr á-haḏnawóṭọ, ábro
du-qóẓe u›ábre dụ-mụftī.   ú-kacắl lọ́-mšāwarrábbẹ.   hắviṇ kắr, rāhívi.   ázziṇ nāfíqi.   ú-kacắl mọlléla liy-áṭṭọ, ốmẹr qốm izéh sẹ-
bábẹh ṭlắblan bắrgil.   ónẹstē · doẓíno.   ázza í-kắcẹke ẹlsíy-émo
wulsú-bábo.   ómmo yắ bắbo.   ốmẹr qozúrqụrt.   ónụmo hắlan bắrgil, 5
ắhnastē doẓó-kacắl.   ốmẹr lólo›, tro lọ́zze.   bắhyo.   ốmẹr hắvụlla
bắrgil.   hûwạlla bắrgil.   mamṭéla lụ-baíto.   ómmo kắcạl ẹšqúlloh.
ráhu ú-kacắl.   gahího yí·qríṭo kúla »ále.   ómmi ú-kacắl gẹmámṭe
hálvo tšérīn.   ázze ẹlbọ́tri-qríṭo, ạqẹdáhle í-pạrré du-ṭaíro, náfạq
sisyo bóẓ ạdháva ubáḏle duwāzíre.   lūšíle lú-kacắl uráhu.   ázze 10
kắrih bú-ṭúro qúnāg̣ dắrbī yaúme, láqị bíy-émo dá-šērīn.   hẹzéle
klé ai›ai-díḏa, klā dāmáhto, klā rágla qọ́sto kla mlíṭo ádmo uzaúqo.
náhạt mú-sisyo, mịdle lụ-dfáñge, yáṭu qúma, hẹbíšlēle gurtále wum-
kạsyóle bqárśo.   māhátle i-tfáñge »ála, kla rágla ạlháwa »alạíto,
lọ́-kmahṭóle liy-ár›o, mẹhélle-bā g̣éro ubúg̣ro, qā›íṭo fálgịd rágla, 15
ẹmhāválla.   lātími á-šērīn kúlle.   hắyir mẹrágla dẹgústo ạd›ádmo
uzaúqo.   fā›ího rágla.   bízi á-šērīn kúl hā-ldúkṭe.   ómmo ánfāq,
mắ-tkíṭạt qẹrár »ámọh »am alóho, mụ-dáb›iṭ gẹdōbálloh.   náfạq.
ómmo ṭláb.   ốmẹr hálvo ạtšér, begáldo cér, »al hášẹṭ šér, šér
mamṭéle.   ómmo wwái lú-habráno, hwáẓzi ló-ṭolbáṭvo haúha; ómmo 20
deqúm, húli »ámọh qẹrár.   ómmo taị u-fạrháno díḏi, aubéle nháre
bẹdúkṭo dlọ́-šom›óno họ́s-díḏe, élo cim›óno qoṭ›óno qár›oh.   maubéle ẹnhọ́lle, mamṭéle ú-galdạíḏe; ạmlīláleyo hálvo umaṭsálle lẹšér,
u›áṭi ráhū »álụ-sisyaíḏe.   áṭi lẹqríṭo, hẹzéle kúrte, khāvíla.   ẹmléle
jaúdẹke dhálvo mdí-kurte, u›áṭi māhátle bụ-ṭlólo ạddaúmo, húwe 25
kšóṭo qályūn-díḏe wụmkáyif.   áṭi ábre dụ-qọ́ẓẹ u›ábre dụ-mụ́fti,
kit »amạiye árbẹ›o gré›e, áṭin yāṭívi gábe, drálle šlóm-»ále, mad-
sálle u-šlōmáṭṭe.   yāṭívi.   ốmẹr »almụ-korhíṭū?   ómmi má»lūm
ménoh, kíṭlạn pášā kāyúle, mamṭéle á-hakíme, họ́rre bá-kṭóve,
ómmi mḗdē lọ́-kmanfá›loh g̣ēr hálvo tšérīn.   hẹzálle u-šér »áme. 30
ốmẹr tóhu dimzābánnọlhū hálvo.   ómmi kit »ámọh?   ốmẹr é.
ómmi yálla.   ómmi bmọ́-qāis ú-gaudáno u-nā›ímo?   ốmẹr bkạllát
lọ́-kobéno.   ómmi bá›› abmúne?   ốmẹr kúlhā ẹṭọmág̣ẹno ṭẹzaíhū.
mšāvárre bahḏóḏe, ómmi má-kōdáh maɪko-yo?   ditáu trọ́-ttọmág̣lan.
g̣lálle ṭizaíye.   mšāhálle ú-meher bí-núro wụmhéle pṭizaíye, tme- 35
g̣íle.   húlēlin ú-hálvo dá-kạlbe, áṭin lụ-baíto, húwe fáiš hārạíto.

áṭi ábre du-qọ́ẓe u›ábre dụ-mụfti, nāhíto i-›áskar ạlqūmạiye,

mẹhalhálle lá̤-(n)níše ulá-gaúre. á̤ti u-ká̤ca̤l a̤lqafi-qríto, rá̤ḥū ꞏálu
-bá̤rgil uꞏá̤ti lu-baíto, gā̤ḥíḥi ꞏále dí-qríto.   ábre du-qọ́ze uꞏábre
dụ-mụ́fti ázzin a̤lbọpā̤šā̤, maufá̤qqe u-ḥa̤lvo, mẹlá̤llale kä̤se. e̤štéle
lụ́-pä̤šā̤, hé̤š zít ḥáro, lọ́-nāyá̤ḥle.   qá̤yim ú-kacá̤l, mọ̤lléla liy-á̤tto,
5 ọ́mẹr ž̤ɪnẹke.   ómmo mínyo?   ọ́mẹr maúbel í-tā̤ssá̤ti dụ-ḥálvo lẹ-
bá̤ba̤ḥ.   maubéla, ázza e̤lsú-ḥábo.   ómmo bá̤.   ọ́mẹr hā̤∼.   ómm
šqúlloḥ ḥálvo.   msaꞏará̤lla, ómmi mamtẹ́le lá̤bre du-qọ́ze ulábre
dụ-mụ́fti, mamtá̤lle ḥálvo, ištéle, wáḥda kmóya̤t.   á̤tyē̤-y-ẹ́mo dí
-ká̤cẹke, á̤tte du-pä̤ša, ómmo qai kụmsá̤ꞏri̤t a̤lbá̤rtō̤ḥ?   i̤šta̤í há̤nọ-
10 ste, mọ́-gẹjöre?   i̤štéle, nāy̤ḥle.   ọ́mẹr bá̤r̤ti hé̤š laít?   ómmo béle,
bábo.   á̤tyo lẹsú-kacá̤l í-ká̤cẹke, ú-kacá̤l ú-gaúro-yo.   ómmo ká̤ca̤l.
ọ́mẹr há̤.   ómmo qúm a̤lvä̤š júlo̤ḥ á-kā̤ꞏise dọ́zza̤l-lú-ma̤jlís a̤dbábi.
ọ́mẹr yálla.   at̤ꞏálle u-gaúdo umamtá̤lle u-šé̤r.   á̤til-lụ-má̤jlis.   ḥọ̤lle
lụ-pä̤ša bú-kacá̤l, há̤vi ḥọ́rt a̤mná̤qyo.   ọ́mẹr itọ́ḥ itaú.   yátū.   ọ́mẹr
15 maíko-yo ḥa̤lváno?   ọ́mẹr qáitliyo.   klá̤bre du-qọ́zē udụ́-mụfti
yátívi.   ọ́mẹr lọ́no húlīlin u-ḥa̤lvávo.   mā̤ꞏi̤ti mi-zọ́ḥdo.   ómmi há̤t
éma húlọḥla̤n?   ọ́mẹr ọ́no kítlī nīšán ꞏa̤maíḥū.   ómmi mi̤n-nīšán?
dú-má̤jlis.   ọ́mẹr gláwu ꞏt̤izaíye.   glálle t̤izaíye.   ḥọ̤lle lú-pä̤šā̤.
ọ́mẹr ḥá̤q, ꞏú-pä̤ša.   ú-kacá̤l ọ́mẹr lọ́-kmi̤tyáqni̤t há̤no ú-šé̤r?   á̤ti
20 li̤-ḥọ́lo, uhá̤no u-gá̤ldo uhá̤no u-ḥá̤rvo; šé̤r míšĝil ḥid á̤sẹl-dídọ̤ḥ.
ú-šé̤r ọ́mẹr á̤šhad ubíllah haúḥa-yo.   qáyim ú-pä̤ša, msíkle ábre
du-qọ́ze uꞏábre dụ-mụ́fti, maḥt̤íle bụ̤-ḥabís.   símle ú-kacá̤l pä̤ša
bẹdúkte, kḥọ́ki̤m ꞏá̤li-valái, kyómi̤n e̤bríše dú-kacá̤l.   taꞏímo.

25

XXVII (133).

kítvō ulá̤tvō t̤aú mālọ́ḥọ nọ́šọ lá̤tvō.   kítvōle má̤lko lá̤-(m)-
30 maimún, má̤lko rábọ.   kítvōle ḥá̤ ábrọ naꞏímọ-ve.   ukítvo ú-bạni
-sá̤bꞏa, ú-á̤ĝa dá̤-sabꞏe̤-ve.   má-bābá̤tte umá-jjiddá̤tte nayár-vaíye
ꞏam e̤ḥdọ́de bụ̤-bani-sá̤bꞏa uꞏú-má̤lkọ dá̤-(m)maimún.   qá̤yim máit
u-má̤lkọ dá̤-(m)ma̤imún.   fā̤ꞏíšle ábrọ naꞏímọ.   qáyim u-bạni-sá̤bꞏa,
qrḗle la-rábe da̤-sábꞏe.   lātímī bú-méjlis gábẹ.   ómmi mọ̤-kọbꞏa̤t?
35 ọ́mẹr súmū ká̤r-dá̤t̤hū dọzánọ li-mꞏāzíye dụ-má̤lkọ dá̤-(m)maimán,
má̤yi̤t, má-bābaídan umá-jjiddaídan nayár-na, gi(z)zánọ, ĝámo laít.
azzé̤ ú-bani-sá̤bꞏa uꞏán(n)-āĝawíye.   azzé̤ lí-valái a̤dbẹmá̤lkọ dá̤

·(m)maimún. ḥezắllē klātŕmọ ú-bắlạd dắ-(m)maimún kúle ạzbẹ-
mắlkọ. ómmi kắṭī ú-bạni-sắbɛa ẹlgābaína. ɛẹ́srī mɛíkke i-sístọ
uɛẹ́ri manḥátte. ɛắbẹr líy-aúda, klạí-yaúda mẹlíṭọ mạn(n)-āġa-
wiye dắ-(m)maimún. mắyiṯ u-mắlkọ dắ-(m)maimún. šmọ́ṭṭe u
-tắj-díde. māḥắttẹ bqárɛẹ dú-abrọ, klē yātívọ ɓiy-aúda. ómmi ắti 5
ắ-bạni-sắbɛa. qắyim mọqúmẹ. ẹšḥắ̱dlẹ̄le lú-bani-sắbɛa, símlẹ̄le iy
-ắrɛo tamánnā. yātívi. símme mọ́kẹlọ lú-bani-sắbɛa ulắn(n)-āġa-
wiyaíde, mọ́klọ du-míṭọ. įšġíli hól aḥšẹmọ́ṭọ. bizí dú-mejlís. fáiš
ú-bạni-sắbɛa uɛábre du-mắlkọ dắ-(m)maimún. ábrẹ du-mắlkọ mọ́lle
lu-grēɛaíde, ómẹr kōṯéli šấntọ, sum dúkṯi udú-bạni-sắbɛa ɛal qárɛẹ 10
du-qúṣrọ. símle dukṯạíye lu-grēɛọ ɛal qárɛe du-qúṣrọ. ázzē u-grēɛọ
mọllẹ́lin ómẹr qúmu dmắḥŭ. qắyim ábre du-mắlkọ uɛú-bạni-sắbɛa.
ẹmḥéle lábre du-mắlkọ bi-qāmaíṭọ dú-bạni-sắbɛa, naɛímọ-yọ, ábrẹ
dẹšváɛ ắšnẹ-yọ. sắlaq bắ-dắrġe. klọ-u-bạni-sắbɛa bọ́ṭṭe. ắ
-dắrġe ġálabẹ-nẹ ɛalọ́yẹ. bắṭạl ábrẹ dū-mắlkọ bắ-dắrġe. 15
aṭɛắlle lú-bạni-sắbɛa usắlạq. bắṭạl u-bắni-sắbɛa táḥṭẹ. ómẹr u-bani
-sắbɛa, šlắq bắbọ mī-yāqúrọ-yọ. ắdaɛ ábre du-mắlkọ mọ-mọ́lle lú
-bạni-sắbɛa. ú-bạni-sắbɛa kómẹr blẹ́bẹ maíkọ kódạh mú-mọ́lli?
lọ́-mtānéle lábre du-mắlkọ. dāmíḥị u-lạlyắvọ ɛālu-qúṣrọ. aqhír
ábre du-mắlkọ. dāmíḥị hol sắfrọ. qắyim sắfẹrọ ú-bạni-sắbɛa, ráḥu 20
uɛắṭi lu-baíṭọ húwe uɛán(n)-āġawíye dẹkíṭv-ɛắmẹ. lọ́-qṭọ́ɛẹ ábre dú
-mắlkọ ú-ḥábrọ dẹmọ́llẹ̄le lu-bạni-sắbɛa. yắru, maḥkắmle ɛālu-bắ-
lạd dắ-(m)maimún taú mo-bắbọ. qréle lắn(n)-āġawíye dắ-(m)mai-
mún. lātími gắbe. ómmi mú-kọbɛịt? mắlkọ. ómẹr msāɛállẹ̄li lú
-bạni-sắbɛa, mšaiɛína bọ́ṭre dọmmína tóḥ ẹlgābaína dhọzẹ́na ạh- 25
ḏóde. ómmi šaiyắɛ. mšāyắɛle grēɛọ bọ́ṭre, ómẹr qọréḷọḥ u-mắlkọ
gẹmaɛzắmlọḥ. qắyim ú-bạni-sắbɛa ạlhúde. ắti ɛam u-grēɛọ. ắṭịn
ẹlbemắlkọ dắ-(m)maimún. dréle šlọ́mọ ɛalạíye lú-bani-sắbɛa. ómmi
ɛāla-ɛaíne. yắtū u-bắni-sắbɛa, mamṭọ́llalle qáhwe lú-bạni-sắbɛaɛ
būwắlle ú-finjắn. ẹnḥíšle ắ-grēɛe bẹɛaíne lu-mắlkọ dắ-(m)mai- 30
mún, ẹmqaúmi ɛắlẹ ɛālu-bắni-sắbɛa. mịdle li-ḥánjar. qrọ́ṭle ɛárše
lú-bạni-sắbɛa. qṭíle tráḥsar bú-dívan. ázzē lu-mắlkọ bi-ḥánjar.
ómẹr lắṭli ḥábrọ mẹnaíye, dlọ́ mẹ́ni simm-aúḥa lắ-grēɛe. ómẹr
ġắme laít, ú-bạni-sắbɛa. ázze u-mắlkọ dắmạḥ. fáiš u-bắni-sắbɛa
ẹlhúde biy-aúda, u-mắlkọ ázze ẹlsă-ḥarắm. māḥátle qmu-tárɛọ 35
arbắɛmō zlāmắt, ómẹr ẹdnófạq ú-bạni-sắbɛa ẹmsắlẹ ẹqṭắlŭlle, mọl-
lẹ́lil-lu-mắlkọ. arbắɛmọ zlāmắt ạnṭọ́rre u-tárɛọ diy-aúda. hắvi sắ-

frō, qáyim u-bá̱ni-sá̱bꞏa mi-šá̱ntọ. mị́dle lĭ-misíne. náfa̱q bu-tárꞏọ.
māḥátte ꞏále arbáꞏ mó-tfanák. qtọ́llẹ u-bá̱ni-sá̱bꞏa, māḥátte bu
-qaúrọ lá̱-(m)maimún.

     kítle ábrọ lu-bá̱ni-sá̱bꞏa naꞏímọ ĭšmẹ žáḥa̱r. mištaꞏẹ́le ḉlžáḥa̱r
5 ulábret dá̱ḥdọ pírẹꞏ ba̱-káꞏbe. qmọ́lle lá̱bre di-píre á-káꞏbẹ ẹdžá-
ha̱r. žáḥa̱r mọllẹ́le lábre di-píre, ómẹr háli á-ka̱ꞏba̱ídi. ómẹr lọ́
-kọbḗnin. ẹmqātá̱lle. mídle lá̱dnẹ ḉlžáḥa̱r. gríšle á̱dne dábre di
-píre. bá̱ḥī ábre di-píre. á̱zze mọ́lle lĭ-píre. ómmo qai gẹbóḥẹt?
ómẹr grišl-á̱dni ḉlžáḥa̱r. á̱ty̱ọ i-píre lžáḥa̱r. ómmo yá̱bọ˙ḥlố lọnố
10 qtị́li bá̱bọḥ dẹgríšlọḥ á̱dnẹt dú-abra̱ídi? ómẹr šqúllẹḥ á-káꞏbẹ.
ómẹr píre. ómmo há̱. ómẹr málli ẹlmá-qtị́le bá̱bī. ómmo zóḥ
málla lémọḥ. á̱t̲ī mọ́llē lí̱y-ḗmọ. ómẹr yádē. ómmo há̱. ómẹr
ẹlmá-qtị́le bá̱bī?   ómmo nóšọ lọ́-qtị́le, maútọ má̱yit̲. ómẹr ḥair
ị̱llah gẹdommá̱tli. bá̱ḥyọ iy-ḗmọ. ómẹr lọ́-bóḥẹt, má̱lli. ómmo
15 lu-má̱lkọ dá̱-(m)maimún qtị́le bá̱bọḥ. mị́dle li-tfañga̱ídẹ ulí̱-ḥán-
jar-dídẹ ẹžžáḥa̱r, uꞏá̱zzē lú-bá̱la̱d dá̱-(m)maimún. mšāyéle ꞏá̱li-va̱-
la̱i du-má̱lkọ. azzḗ gnạ̱ítẹd-yaúmọ. má̱t̲i li-dá̱rga dī-valá̱i. kvíšše
u-tárꞏọ lá̱-dargahya̱níye. ómẹr ftá̱ḥū ú-tárꞏọ. ómmi lọ́-kfọ-
t̲ḥína u-tárꞏọ. ómẹr kítlī šúģlọ su-má̱lkọ. ómmi hol sáfẹrọ. ómẹr
20 mamt̲ẹlílē ká̱ġad ẹmbainá̱-šādíye msú-má̱lkọ dá̱-šādíye. ẹftḥ̲ḥalle
u-tárꞏọ. ómmi lọ́-zoḥ bainí-valá̱i gẹmọskilọḥ á-qọl, ẹdmá̱ḥ há̱rke
gābaína hol sáfẹrọ. dá̱ma̱ḥ sa̱-dá̱rgabya̱níye hōl sáfrọ. sáfrọ qá̱-
yim á̱zzē mšāyéle ꞏá̱lu-qúṣrọ du-má̱lkọ. ḥẹzéle u-qúṣrọ, ómẹr u
-má̱lkọ lá̱lgul-y̱ọ? ómmi lọ́ꞏo. ómẹr la̱ik-azzḗ? ómmi azzḗ lú-ṣaídọ
25 dá̱-ģazālát̲. ómẹr baína dá̱rbọ? ómmi bú-dá̱rbọ di-má̱ḥfara. ómmi
qaúwyọ? ómẹr mamt̲ẹllíle ká̱ġad. mšāyéle ꞏá̱lu-dá̱rbọ di-má̱ḥfara
ḉlžáḥa̱r. azzḗ bu-dá̱rbọ di-má̱ḥfara. a̱ḥzéle klọ-u-má̱lkọ dá̱-(m)-
maimún kš́óḏẹ bĭ-sístọ bọt̲ré-gazále. yátū žáḥa̱r qúmẹ bi-tfá̱ñgẹ.
marfẹ́le í-tfáñgẹ ḉlžáḥa̱r. qáꞏit̲ọ ba̱-(m)mḗne ḥará̱m. fáꞏirọ ꞏẹl-
30 mẹt̲íze. ẹdréle u-má̱lkọ mi-sístọ. maḥẹzá̱mle ḉlžáḥa̱r lu-baítọ.
ẹnnọ́šọ lọ́-ḥzéle.. kāríḥọ íy-ꞏáskar ẹtkítvo ꞏámu-má̱lkọ ꞏá̱lu-má̱lkọ.
á̱t̲in ẹḥzá̱lle klẹ-qtị́lo lá̱-(m)maimún. ḥọ́sse ꞏá̱lu-bá̱ģlọ, mamt̲á̱lle
lĭ-vala̱í. kíbẹ rúḥọ. qrá̱llē lá̱-ḥakímẹ ẹrríšẹ du-má̱lkọ. mā-
ná̱ḥḥe lá̱-ḥākímẹ. mšāyéle lu-má̱lkọ ómẹr ẹlmá̱ne ẹmḥẹ́llēli
35 í-tfáñgá̱t̲i? ómmi á̱t̲ī há̱ mọ́lle mamt̲ẹlíle ká̱ġad lu-má̱lkọ; á̱t̲ī
mẹsáfrọ mšāyéle ꞏá̱lọḥ, lọ́-ḥzēlélọḥ? ómẹr lọ́. ómmi lávọ mḥẹ́lē-
lọḥ i-tfáñge. qréle la-dá̱rgaḥya̱níye lu-má̱lkọ. ómẹr blá̱lyọ á̱t̲ī

nóšǫ mẹlárval? ómmi é, áṯī ḥá ẹftiḥálle u-tár:ǫ, ómẹr mamṯẹ́li
kágad lu-málkǫ. ómẹr lávo ẹmḥẹ́lēli í-tfáñge, šaiyélu ·ále. mšāyálle
·ále, ómmi žáhar-yǫ, ábre du-báni-sáb:a. ómẹr ḥá~, ẹtlẹ́le ḥaif
du-bábǫ.

šámạ: žáhar, nāyṯhle lǫ-málkǫ dạ-(m)maimún, ẹkṯúle kágad   5
ẹlžáhar, mšāyá·le ẹldéve-rấš, ú-ága dạ-déve. ómẹr gẹdobénǫḥ
ḥóṯī, usúm ·áskar mạ́-déve, u·itóḥ ẹlgábi. ázze u-kágad lu-dévǫ
ẹldéve-rấš. mālímle á-déve kúlle wǫ́ftạ̀ḥl-a-bu·ẹ́raq, u·áṯī ẹlsežáhar
ẹlḥaína-sáb:ẹ. qáyim žáhar mālímle á-sáb:e kúlle. waḥlíṯǫ íy-·áask-
kạr dạ-sáb:e uda-déve ·am ḥẹdóde. áṯin ẹrríšẹ dú-málkǫ dá-(m)- 10
maimún. šámạ: ú-málkǫ dạ-(m)maimún, atyǫ́-i-·áskạr dạ-déve
udạ-sáb:e ẹrríše. ẹmšāyá·le su-málkǫ dá-šādíya. ómẹr sum ·áas-
kạr witóḥ ẹlgábi. mālímle lǫ-málkǫ dá-šādíye á-šādíye kúllẹ.
ḥlíṯǫ i-·áskạr dạ-šādíye udá-(m)maimún baḥdóde, ẹmqáṭalle lúnne
wǫlžáhar. šláḥle ẹlžáhar u-saifǫ ušláḥle ẹldéve-rấš u-saifǫ. fā·íši 15
bǫṯri-·áskar, aína dẹmáhzim kmoḥálle uḥánẹk-ẹsté á-málke fā·íši
bǫṯri-·áskar, aína dẹmáhzim kmoḥálle. ẹmqáṭalle lǫ́-kṭaúre ḥẹdóde.
šláḥle ẹlžáhar i-kímme wumhāvǫ́lle ·ála-sáb:e, ùmídle lu-saifǫ.
ṭwire-·áskar dá-tartamẹniye udạ-šādíye, ušẹdálle bǫṭraiye lạ̀-sáb:e
ulạ-déve. lǫ́-trálle de:ǫ́bri lí-valáye dạ-(m)maimún.   mahzạ́mme 20
lá-(m)maimún ulạ-šādíye lafú(w)-áṯrǫ dạ-šādíye.   ẹšqǫ́lle í-valái
dạ-(m)maimún. ·ábẹr žáhar lí-valái dá-(m)maimún húwe udéve-rấš
u·i-·áskar. yấtū bu-qúsrǫ du-málkǫ. kítle ḥǫ́ṯǫ u·áṯṯǫ lu-málkǫ
dạ-(m)maimún. žáhar ómẹr traúwyǫ i-ḥóṯǫ lǫ́nǫ u·iy-àṯṯǫ lǫḥát,
mǫ́lle ldéve-rấš. ómẹr trǫ́ve. ẹmbaḥdálle lí-·áskạr á-(n)níše dạ-(m)- 25
maimún, yá rabbí ·ín alláḥ. dāmíḥi bí-valaí žáhar udéve-rấš.
qa·ími sáfrǫ. ẹḥzạ́lle msíkla li-·áskar havír dí-valaí. qáyim žáhar
udéve-rấš u·i-·áskạr mi-valái, nāfiqi li-kále. ẹmqáṭalle ẹqṯǫ́lle mí
-·áskạr dạ-(m)maimún udạ-šādíye gálabe. qṯǫ́lle lá-(m)maimún
aḥúnẹd dévē-rấš utíš:ǫ mi-·áskạr dạ-déve udạ-sáb:e. ẹṭwírǫ i-·ás- 30
kạr dá-tartạmẹníye. mamṯálle ḥóṯe du-málkǫ u·áṯṯe dụ-málkǫ
u·ẹ́sri zẹ:úre mẹdá-tartẹmẹníye. mamṯánne yásire. u·áṯil-lụ-balád.
ẹmḥǫ́lle ẹlžáhar bártẹ du-málkǫ ·ále, u·ẹmḥǫ́lle ldéve-rấš áṯṯe du
-málkǫ ·ále. uḥúlēle i-ḥǫ́ṯǫ ẹžžáhar ẹldéve-rấš. ázzē dévē-rấš
lụ-baiṯǫ, u·á-yāsíre klin sẹžáhar.   35

XXVIII (125)

kítvō valái, í-valái ẹddǫ́ro, kitvóla mạ̊lkǫ, máiṯ u-mạlkaída.
ómmi má-gẹsaimína mạ̊lko? ómmi gẹsaimína rụ̊sṭam ēzál mạ̊lko.
5 ázzịn ẹlgábe, mǫ́rralle, ómmi. rụ̊sṭạm, ómẹr há. ómmi flívại
mạ̊lko ꞏalí-valái. ómẹr laíbi dǫvę́nǫ. símle, lǫ́-símle, ómmi gẹ-
saimīnálǫḥ. símme mạ̊lko. mãḥáttalle táj ẹbqárꞏe, ẹmlíkle ꞏalí
-valái. ábne lạ́tle. ṭaꞏínǫ iy-ạ̊ṭṭo, ạnfíḥo ġálabe, mátyǫ lmaúto
iy-ạ̊ṭṭo, hāvíla ábro ubạ̊rṭo, qāꞏíṭe baḥdǫ́de ḥāṣaíye. qạ̊yim ꞏsáfẹrǫ,
10 qrẹ́le lạ̊-malawíye ulạ̊-šāmǫ́še, ómẹr ḥúru bá-kṭóve, ạḥzáu, aí-dạ̊rbǫ
-yo u-šuġlaídi. ómmi kāꞏísǫ-yo u-šuġlaídǫḥ, ālǫ́ho húlélǫḥ zaúgo
távda berúkṭo. u-mạ̊lko gǫ́rịš ḥaznfíye rụ̊sṭam. aṭꞏino iy-ạ̊ṭṭo déri šáto,
hāvíla zẹꞏúro, nóšo lạ́tvo gãba, u-gréꞏǫ-ve. tlẹ́le u-zẹꞏúrǫ lu-gréꞏo,
mãḥátle bẹdúkṭe kạ̊lbo naꞏímo. mšãyáꞏle lu-mạ̊lkp ẹlgábā níše,
15 ómẹr ḥezáu mín hāvíla. ómmi hāvíla kạ̊lbo naꞏímo. ómẹr é, nạ-
ṣíb. gríšle ẹrrụ̊sṭam ḥoznfíye. qrẹ́le lụ̊-mạ̊jlis-díde. ómẹr aí dạ̊rbo
saimína mú-zẹꞏúro umi-kạ́cẹke? ómmi lǫ́-kodꞏína, mạ̊lko. kítvō
ḥá kạ́cạl, mšāvárre búwẹ, ómẹr táwulli mánšār mu-gármǫ ạdnų́nto.
mamṭạ̊llale mánšạr mu-gármo dẹnų́nto. ạnšǫ́lle bainạ̊-tre, mǫfqịle
20 miḥdǫ́de, ijríḥi, mẹdarmẹnịnne lạ̊-ḥākíme. nāyạ̊ḥḥe. ạ̊tte dẹrụ̊-
sṭam kẹmǫ́nqo u-kạ̊lbo, khǫ́lǫs u-kạ̊lbo kiyǫ́tū ꞏalu-daúšak, kiyǫ́tū
ꞏpséfẹt dạ̊ṭṭẹt rụ̊sṭam, kiyǫ́naq ḥá-nsānáṭ. ábrẹ dẹrụ̊sṭam ạdmaubẹ́le
lu-gréꞏo hạ̊vī rábo, kmǫ́yẹd lạ̊-(n)naꞏíme, meḥāláqqe liy-ạ̊rꞏo. mqā-
ꞏtéle lúwe wulḥá, lábrẹt rụ̊sṭam, mídle lạ̊dnẹt ḥá, grišǫ́lẹ. mǫllẹ́le
25 lávo degríšǫ ádnẹ ómẹr lǫ́-kǫ́daꞏ nóšo maíko hát. šámaꞏ rụ̊sṭam,
qrẹ́le lu-gréꞏǫ, ómẹr gréꞏo. ómẹr há. ómẹr már didǫ́gríye, élo
gẹqǫṭạ̊nnǫḥ. ómẹr yạ̊ rụ̊sṭạm, u-zẹꞏúro dídǫḥ-yo, lǫ́no māḥạ́tlī
u-kạ̊lbo ꞏbẹdúkṭe ulǫ́no maubéli, símli ạbmǫ́rẹ ꞏal báḥtī. mamṭẹ́le
rụ̊sṭam ú-zꞏúro lụ-baíto, qṭílẹ u-gréꞏo. ómẹr rụ̊sṭam qṭálu u-kạ̊lbo,
30 élǫ māḥạtkína. qṭǫ́lle ꞏ-kạ̊lbo. afṣiḥ rụ̊sṭạm bú-ábrǫ.
qạ̊yim rụ̊sṭam, rạ̊ḥū, azzẹ̃ su-mạ̊lko dá-ḥaiyáṭ. kíṭle bạ̊rṭo
kāꞏísto lụ-mạ̊lko· dá-ḥaiyáṭ. yátu su-mạ̊lko dá-ḥaiyáṭ rụ̊sṭạm,
símme ꞏạ́zze umǫ́kẹlō. qạ̊yim u-mạ̊lko dá-ḥaiyáṭ, mǫ́lle rụ̊sṭam,
ómẹr yạ̊ rụ̊sṭạm, ạ́ṭịṭ ẹlgábi, mẹde laíṭ wạ̊jib dǫbẹ̃nǫḥ, aubẹ́lǫḥ
35 bạ̊rṭi lábrǫḥ. rụ̊sṭam ómẹr ǫ́nẹste lạ́jan haúḥa ạ̊ṭíno. mǫblǫ́le ẹr-
rụ̊sṭam, ẹmḥẹrǫ́le ꞏalú-ábro. fāꞏíšo šáto, qayídbā kę́vo ġálabe pís.
qrẹ́le lá-ḥākíme rụ̊sṭam, ḥạ́rre lá-ḥākíme. ómẹr rụ̊sṭam, mǫ́lle

lá-ḥākime, mó-ḳobṣẹla darmóno? ómmi ḳobṣẹla lásqā ẹdmáljame
ẹrrĩšā, u-kēvaĩda bẹrĩša-yo. ráḥu ẹgréṣo, mšāyáṣle rụ̈sṭam sú
-málko dá-ḥaiyät. ázze su-málko dá-ḥaiyät u-gréṣo. u-málko dá
-ḥaiyät ómẹr mụ̈-ḳobṣat? mólle lu-gréṣo. ómẹr āṭino ạlgábọḥ,
mšāyáṣlēli rụ̈sṭam, ómẹr málle lú-málko dá-ḥaiyät, mar bạ̈rtọḥ 5
ẹḳoyaúla, ḳobṣẹla lásqa dẹmáljame, laíd-ẹgābaíḥu? qáyim u-málko
dá-ḥaiyät, qrẹ́le lá-ḥaiyät ulá-ḥaíve. lätīmī gäbẹ, mollẹ́le lú-málko
ómẹr yä ḥaiyät, yä ḥaíve. ómmi mínyo? ómẹr lait gäbaíḥu lásqa
ạdẹmáljam? ómmi lọ̈, ḥä mẹnaiye má-ḥaíve ómẹr älọ, í-ḥdo šáto
bú-qụ̈srọ dẹbạ̈rtẹ dụ-málko dá-šér-vi, máḥazmōväle lụ̈-jịnnávi, kā- 10
yúla, māḥáttalla lásqā ẹdmáljam. ú-málko ómẹr kódṣat aíḳọ-yo
u-qụ̈srọ? ómẹr é, kodáṣnọ aíḳọ-yo. ómẹr zóḥ tḷába. ómẹr lọ̈
-kmajrẹ́no, ạdẹvúsli u-jịnnávi, ú-ḥā lályo šẹdẹ́le bọ̈tri bu-saífọ,
bu-zọ̈r qọd-maḥlásli. mšāyáṣle lụ̈-málko dá-ḥaiyät bọ̈tr-ábre drụ̈-
stạm. äṭi ábrẹd-rụ̈stạm gäbu-málko dá-ḥaiyät. ómẹr zóḥ ṣámu 15
-ḥaiväno, dẹmaḥvélọḥ u-qụ̈srọ dụ̈-jịnnávi, kīt gäbẹ máljam, tḷábē
mẹ́nẹ; kāl-lọ̈-ḥzélọḥ, tḷábē mẹbạ̈rtẹt dụ-málko dá-šér, mār ẹlḥổ-
lạḥ mšāyáṣlēli. ázzē, ázze u-ḥaívo ṣámẹ, ṣāmíqi bibríto, yárḥo
mátạl-lọqmọ́-qụ̈srọ. símme lá-sábṣe ṣáskar u-ṣätịn ẹrrĩšịt dụ-jịnnávi.
ú-kúrẹko mollẹ́le lu-ḥaívo, ómẹr aí dạ̈rbo saimína? ómẹr gimfạr- 20
jína dẹḥọzẹ̈na aí dạ̈rbo gẹsaími. mqátạ̈lle lẹṣasríye, mẹ̄de lọ̈-símme
bú-jịnnávi. ázzai-ṣáskar dá-sábṣe lu-baíto. qáyim u-jịnnávi, moll-
lẹ́la ẹlbạ̈rtọ dụ-málko dá-šér, ómẹr kazínọ, kīt ẹḥrẹ́to bainá-sábṣe,
gẹmamtẹ́na ádlạ̈lyo. qáyim u-kúrẹko, ázze lu-qụ̈srọ, ṣábẹr lálgul.
u-ḥaívọ däṣạr. ḥẹzẹ́le lu-kúrẹko klai-ḥätŭne yätúto, bạ̈rtẹ dụ-málko 25
dá-šér. ṣábẹr ẹlgába, ḥẹzẹ́la ṣújẹbo. ómmo wạ́llọḥ aíkätịt ẹ(l)lạ̈rke?
ómẹr ḥẹzíli ḥádạr. ẹlmịn äṭịt? mäyịt ṣála. ómẹr āṭinọ ẹllásqā
dẹmáljame lgábẹḥ, mšāyáṣlēli ẹlḥóḷẹḥ. ómmo ḥóli maíko kọdṣátle?
ómẹr kọdṣáne, klai-bạ̈rto gäbi. ómmo lọ̈-kmarfiyạ́llẹḥ, klā i-lásqā
gäbi di-máljame, gimšaiyẹṣínāla, kómmo, ṣam ḥaívọ. qrálle ẹlḥaívọ. 30
ómmo šqúllọḥ i-mạljamäti, hävä lu-málkọ dá-ḥaiyät, mär ẹlbạ̈rtẹt
dẹḥótọḥ mšaiyẹṣọ́la. lọ̈-trélạ ẹddọ́ṣạr ábrẹt rụ̈stạm, kle gäba.
yätívi, štálle u-äḥịlle, mkāyạ̈ffe ṣálu-táḥt. mọ́llälē ómmo qúm sạm
ṣámi, ẹ́lọ gálabẹ mkāráble lẹ́bi ṣal sụ̈rtọ dạ́-nsänät. qáyim, símle
ṣáma udämíḥi, dämíḥi hol ṣáfrọ. ómẹr gẹdọ́te ú-jịnnávi, aí dạ̈rbo 35
saimína? ómmo kīt ẹmṣárto naṣámto dụ-mẹ̄daídi, klo-qlídọ ṣámi,
lọ̈-kṣobạ̈lla ú-jịnnávi, mícek bíya qọd ḥọzẹ̈na. äṭi u-jịnnávi brīn-

dắr, húlēla darmǫ́no. ǒmęr dắrmįn i-brīnaídi kla bhắṣi. dắmaḥ
u-jįnnắvi. māḥátlāle sắmo bí-brīnaíde. yắrim u-jįnnắvi, lǫ́-qǫ́dạr
qǫ́yim. mǫllắle lắbręt rǫ́sṭạm lí-ḥātúne, ǒmmo ęnfắq. ắṭi liy-aúda.
ḥǫ́llębē lụ-jįnnắvi, sāmíqị ꞌaíne dụ́-jįnnắvi, lǫ́-qǫ́dạr qǫ́yim. mǫl-
5 lắle lí-ḥātúne lắbrę dęrǫ́sṭạm, ǒmmo tǒḥ sụm ꞌắmi męqắbil dụ́-jįn-
nắvi, trǫ́-mụbęꞌᶅj. rắḥū ꞌắla ắbrę dęrǫ́sṭạm, ú-jįnnắvi khǫ́yįr lǫ
-qǫ́dạr qǫ́yim, qǫ́ręt ꞌắrše. qāyímle ắbrę dęrǫ́sṭạm, mídle lụ-saífǫ,
ǒmęr gimtắnịt? msāváḥle lụ-jįnnắvi, fā꞊íši šaútǫ, bịt ú-jįnnắvi. ắṭi
rḗ̌ḥę mu-sắmǫ, maḥraúle u-basraíde lụ-sắmǫ, sịmme nǘrǫ, mḥāláqqe
10 ꞌāli-nǘrǫ.

    mkāyắffe lắbrę dęrǫ́sṭạm ulí-ḥātúne. mǫllắle lí-ḥātúne, ǒmmo
kít bắrtę dú-ắġā dạ-sęlōpíye, ạḥvắrti-yǫ, māḥazmǫ́le lụ́-jín, aḥúnę
dụ́-jínnāvi, kla bi-mꞌắrtǫ dá-qayāsắt, ṭaú mḗna laít, gękoṭvặllǫḥ
kắġạd, mǫḥyǫ́no ú-mǫḥer-dídi búwe, lǫ́-koṭyǫ ꞌắmǫḥ, dḥǫzyǒ́-mǫ-
15 hér gędǫ́ṭyo, ḗlǫ kítla ạnḥarǫ́yo bu-bắlạd, ṭaú mḗne laít, bi-ḥas-
raídạ-yo kimḥásro ꞌắlę. azzḗ dlǫ́-sísyo, mšāyélē ꞌāli-mꞌắrtǫ dá-qayāsắt. lắqị bḥắ, hắvǫ mǫ́lle lắbręt rǫ́sṭạm, ǒmęr laíko gęzǒḥ? war-
rǒḥ. ǒmęr gęzínǫ li-mꞌắrtǫ dá-qayāsắt. ǒmęr tǒḥ, mǫ́lle lắbrę
dęrǫ́sṭạm, mjạrbína ḥḍǫ́de. mišṭaꞌálle bu-djbǒ́lo hol ꞌaꞌríye, ꞌaꞌ-
20 ríye mābrámle lắbrę dęrǫ́sṭạm, drḗle táḥte. mídle lụ-saífo lắbrę
dęrǫ́sṭạm ạdnōḥálle. ǒmęr ắꞌū, maḥrắbǫ átto-no, ḥlǫ́-knǫḥrátli?
ǒmęr qúm, lǫ-zḗꞌạt. ǒmęr aíkǫ-yo i-mꞌắrtǫ dá-qayāsắt? ǒmmo klắ.
ázze li-mꞌắrtǫ, ḥęzḗle klǫ-u-jín dāmíḥo. maḥraúla mukúz-dídạ,
ắlyaq mḗna laít. heš ṭaú mębắrtę dụ-málko dạ-šḗr-yǫ. maufắqęle
25 u-kắġạd męꞌ̌ębe, simlắle haúbā, ꞌắbęr, hūlḗlayǫ, aqrḗla, ạfṣị̆ho,
įꞌšịqla u-kắġạd. ǒmmo tlaį rúḥǫḥ ặlšaúto dęqǫ́yim u-jín, gįzzḗ
lu-ṣaídǫ gędaiqinắlạn ṭạgębir. tlḗle rúḥę. qắyim u-jín, azzḗ lụ
-ṣaídǫ. ắṭi ắbrę dęrǫ́sṭạm ạlgắba, įꞌšġíli wamzaplatǫ́le. ǒmęr hắṭī,
blḗbe, báḥto lắṭlā, dlǫ́zzā maqęṭlǫ́li, gęṣamn-ꞌắma, kǒ́męr blḗbe, dlǫ́-
30 maqṭęlǫ́li. dǫqánne ṭạgębir, tlḗle rúḥe, ắṭi u-jín. mǫllắle ęlbắrtę
dú-ắġa lụ́-jín, ꞌǒmmo yắ jín. ǒmęr ḥắ. ǒmmo māíṭina mu-ṣắhvo,
nắfạl u-daúlo bu-bírǫ, ęnḥátle. nāḥắtle u-jín, nắḥạt lu-gúbo.
mamṭắlle kḗfe, marfắlle bu-gúbo, qṭǫ́lle u-jin. męlắlle u-bíro kḗfe
unāfíqị. ắṭịn, lắqạn bu-nḥęrǫ́yǫ di-kắcęke. ǒmęr laíko gęmǫ-
35 blắtlā? mǫ́lle lắbre dęrǫ́sṭạm lú-nḥęrǫ́yo di-kắcęke. ǒmęr gi(m)-
maubắnnoliyo. ǒmęr sūm kắr-dídǫḥ, u-nḥęrǫ́yo di-kắcęke. mịdde
lịḥḍǫ́de. í-kắcęke ǒmmo aína dędrḗle u-ḥrḗno, lúwę-no. mišṭaꞌálle

bu-dịbọ̆lo hol ꞏaꞏríye. ẹdrẹ́le lábre dẹrụ̈sṭạm u-nḥẹrọ́yo di-kậcẹke.
ómmo lậcyọ-lḥalál, rámḥụl mištạꞏáu. dāmíḥi. qậyim ú-nọḥrọ́yo
di-kậcẹke dẹmaḥẹzậmla. qāyímle ábrẹd rụ̈sṭạm, mịdde lạḥẹḍọ̆́de,
ẹdrẹ́le wụnḥọ́lle umamṭẹ́le i-kậcẹke.

  ậṭi lú-qúṣro dẹbậrṭẹ dụ·mậlko dậ-šẹ́r. ꞏậbẹr lálgul, nọ̆́šo lọ̆ 5
-ḥzẹ́le. ómmo kọ́yo ḥwậrṭị? i-kậcẹke. ómẹr lọ́-kọdꞏậnọ. ꞏáfạq
kậrạḥ ꞏậla, kla bí-jẹnạíne yātúto baína-vậrde. qrẹ̄lẹ́la, ậṭyọ. ẹn-
šịqqe ẹḥḍọ̆́de líya ulí-kậcẹke, mšāyậlle bẹkẹ́f dạḥḍọ̆́de. rāḥivi kúlḥā ꞏāl sísyo, ūyállā lụ-baíṭọ. ậṭịn sụ-mậlko dậ-ḥaiyặt, fāꞏiši lậlyo
gậbe. mọ́rralle lụ-mậlko dậ-ḥaiyặt, ómmi ạí dậrbo haúwyo bậr- 10
ṭọ̆ḥ? ómẹr škúr mậlọ nāyịḥla. ậṭi lụ-baíṭọ, ạfṣịḥi bẹrụ̈sṭạm, húle
bậrṭẹ dụ-mậlko dậ-ḥaiyặt lū-aḥúno. lọ̆-rāzíla. ómẹr háli bậrṭẹ
dú-ậga dậ-sẹlọpíye. mqātậlle lá-tre aḥunọ̆ne. qṭịle ú-aḥúno dụ
-baíṭọ, wọmḥọ́lle á-tậrṭe ꞏậlẹ. ạgbíno bậrṭẹ dụ-mậlko dậ-ḥaiyặt.
ậzzā su-bábọ, ómmꞏo á-tre lọ-rázạllí. hávịn nạyár ú-mậlko dậ-ḥai- 15
yặ́ṭ ubẹrụ̈sṭạm, kul šáto kụmqậtli bẹrụ̈sṭạm uꞏú-mậlko dậ-ḥaiyặt.

XXIX (110). 20

  kítvō ḥḍọ̆́. kítvōla arbáꞏ-aḥunọ̆́ne, íšma bẹbríṭo, ṭaú mẹ́na
laít, kozậllā á-wāzíre, lọ́-gšọ̆́qẹlo nọ̆́šo. kítvo ḥậ ꞏọsmán-āgậ, ṭaú
mẹ́ne lậtvo ḥọ̆́rt. mọ́rralle lậ-(n)nọ̆́še, ómmi ꞏọsmán-ága. ómẹr ḥá.
ómmi kọ́dꞏạt? ómẹr ḥá. ómmi mậne kmāláqlọ̆ḥ? ómẹr mậne? ómmi 25
i-ḥậnemē kla bu-qúṣrọ dẹꞏabd-ẹlꞏazíz. ómẹr gẹzíla. símle kār-díḍe.
qậyim mu-baíto, iy-ẹ́mo ómmo yā ábrī, laíko gẹzọ̆́ḥ? ómẹr yáde, gẹzí,
traí mẹ́ni, gẹzí. qậyim mšāyẹ́le ꞏậlu-qúṣrọ. ázze ḥamšáḥsar yaúme,
mậṭị ạlbírke ẹdmậi. yáṭu, maufậqẹle láḥmo āḥíle, mlẹ̄lẹ́le qậlyūn,
štẹ́le. mậṭị lú-qụsro, u-qúṣro ꞏọlọ́yo. kítlẹ̄ dậrga dẹfậrsilo, kítlẹ̄ 30
cirmẹ́l dẹrẹ̣sậꞏ. dậqẹle u-tậrꞏo, ī-jẹ́ríye ómmo mậny-ávo? ómẹr
ọnọ̆́no. ạftậḥla u-tậrꞏo wọꞏḥọ́lla. sāliqọ̆ lậlꞏịl sí-ḥātún. ómmo yá
ḥātún. ómmo ḥá. ómmo kít ḥā qmo-tậrꞏo. ómmo zọ̆́ḥ, kán pís-yo
trọ-dọ̆ꞏạr, ukán kā-ꞏisọ-yo ftậḥle u-tậrꞏo, wudẹlọ́zze, mọfqọ̆nọ u-dú-
rubẹ́n ꞏhairábbe, qọryọ́no laḥunọ̆ni, tsaími u-falqaíḍe ḥọd·ậdne. 35
ậṭyo i-jẹ́ríye, ẹftậḥla u-tậrꞏo, sậlạq. ázze liy-aúda ꞏạlaíto. sậlạq
ạlgába, ạdrẹ́le šlọ̆́mo ꞏậla. qā-ꞏímo muqậme, ḥọ̆́llābe kā-ꞏíso, maꞏ-

jậbla. húwe hǫllẹbā, máyiṭ ꞌála.　klạ yātúto ꞌálu-táħt, ꞌálu-daú-
šak dú-aṭlás, ẹtkíṭo ꞌáli-mḥádde dǘ-pạrrịn-naꞌắm, u-qalyǘn bíḏạ,
i-mắmeke du-káhẹrab búwe, īdóṭa málye ḥúwạṣ. ómmo mǘ-kǫb-
ꞏạt? ómẹr hắt kódꞏạt. ómmo óno maịko koḏꞏǫ́no? ómẹr ắtịno
5 lạjáuẹḥ. ómmo kā꞉iso, kít šárṭ kắn símlǫḥ geꞌǫqlậllǫḥ ukāl-lǫ́
-símlǫḥ, lǫ́-kẹǫqelậllǫḥ. ómẹr már mịnyo. ómmo ꞏịto dẹqịtắn
dalmás dẹbậrṭet dú-málko dậ-sábꞏe, mamṭịye geꞌoqlậllǫḥ. ómẹr
lǫ́-koḏꞏáno aịko-yǫ. ómmo qai ādíꞏạt dóṭịt ẹ(l)lậrke, bậlē lǫ́-kóḏ-
ꞏạt. ómẹr yálla. ázze bẹbríṭo, mšāyéle valái ẹbvalái uꞏázze. mắṭị
10 lú-bạlạd dí-ꞏǫ́tmo, blậlyo ꞏụ́tmǫ-yo ubīmómo ꞏụ́tmǫ-yǫ. mắṭị lú(w)
-aṭrávo. dắmạḥ ạbẹlậlyo. ạftậhle i-sáꞏa. kắmil u-lậlyo, ú-īmómo
ꞏụ́tmo.　ráḥū ázze, lắqị ẹpirꞏabók, ạftậhla fẽma uꞏaṭyóle, ẹšmóṭle
u-saịfo uꞏazzéla, mištaꞏálle bú-dịbólo, dạryóle, mịdle lụ-saịfo ẹdno-
ḥálla. ṣṭậhla ṣậdra, ómmo ẹ̌ꞏū áttō-no. ómẹr gi(n)nǫḥánneḥ. ómmo
15 lǫ́-nǫhrátli, mịm-murád ạtkitlǫḥ gẹsaimậlle. ómẹr hắli u-mắtlạq
ẹdlišónạḥ, qụ̌ṣ bíske midẹsaúqeḥ uhắli. húlāle, uꞏazzẽn. azzẽn
ḥālíṣṭ ú(w)-aṭrávo di-ꞏụ́tmo. ómmo ꞏǫsmán-ắgā. ómẹr hắ. ómmo
ạhvaí gaúro, mātịna lǘ-bậlạd dậ-sábꞏe. ázzịn꞉ lắqạn ạbmịštúto
mdậ-jin, msānậtte ậhḏo mậ-jin, hāvíla fậrħo ábro. mịdlāle li-pír-
20 ꞏabók, maliẹzậmla líy-ẽmo dú(w)-ábro. ómmo ꞏǫsmán-ắga. ómẹr hắ.
ómmo šqúllǫḥ ú(w)-abráno, udụ̌ṣ dozán. mắṭạn laqríṭo mdậ-jịn. yātívi,
húwe uꞏi-pírꞏabóke, wu-zꞏúro ꞏāmaịye. yātívi āḥólle láḥmo. āṭị
ḥā, ómẹr qúmu. ómmi laịko? kobꞏậlḥu ú-mắlko dậ-jịn. ázzịn sú
-mắlko dậ-jịn. ꞏābíri ạlgắbe. ómẹr ú-zeꞏūráno aịko ḥezậlḥu? ómmi
25 bu-túrǫ. ómẹr díḏan-yo. ómmi lǫ́-kobīnále. ómẹr mí-dǫbꞏétu gdǫ-
bīnậlḥu uhắvụ(l)lắnyo. ómmo í-pīrꞏabóke hắvu(l)lạn tarté kẹmám
mdậ-jin. ómẹr šqúlụnḥu. hūwậnne. húwwe ú-zeꞏúro uꞏázzịn.
ú-mắlko dậ-jin ómẹr ạddǫꞏrítu mụ̌-rīšávo itóḥu ạlgábi. ómmi trǫ́ve.
ázzịn baịnu-áṭro dậ-sabꞏe, ạ̌ꞏvíšše á-kịmám lí-pīrꞏabóke wulꞏǫsmán
30 -ắga, ẹkḥólsi ꞏālá-sábꞏe ulǫ́-kḥozậnne, króꞏli a-sábꞏe ukrǫ́ꞏlo iy-árꞏo.
ázzịn lụ-baịto dụ-mắlko dậ-sábꞏe, ạhzậlle kít kíbịn mó sậbꞏe knǫ́-
trị u-tárꞏo di-dậrga dụ-mắlko. ꞏābíri, nóšo lǫ́-kḥozẽlịn. ázzịn li
-(y)audắye dẹbậrṭet dụ-mắlko.　ẹmdaivậlla kíbe yárḥo, ậkla zal-
ṭǫníṭo. í-pīrꞏabóke móllā leꞏǫsmán-āgá. ómmo ắga. ómẹr hắ.
35 ómmo lǫ́-kmibậin u-qịṭān dú-almás. ómẹr bāꞏaí dậrbo?ꞏ ómmo
lǫ́-koḏꞏóno. ómmo hédi ậklaí, í-pīrꞏabóke mólla lú-ắga. hắvī
ạbẹlậlyo nāfạqóla í-pīrꞏabók, mǫllála ómmo lǫ́-knōyáhleḥ ạdlǫ

-máḥṭịt ú-qị̄tān du-álmās si-mḥádde.   udāːịro lúšlại-kịmmạịḏa.
bárṭe dú-málko mhāváḷḷa ːālíy-ḗmo, ómmo yá itéḥ lárke. ómmo
mínyo? wáḷạḏ. ómmo tại ú(w)-almás-díḍi witéḥ ạlgábi. mamṭḗla
ạlvíšla, ómmo yá nāyị̄ḥli. ómmo tróve yáde, škúr máḷọ. gáni
u-yaúmo. māḥáttạlla móḳẹlo. āḥịla, dāmị̄ḥo. māḥátla u-ál- 5
mās si-mḥádde. mị̣dla li-pírːabók lú-almás, unāfíqị, híya uːọsmán
-áǵa, áṭịn. mdạịváḷḷa ạlbárṭe du-málko dá-sábːe. azzó-almás,
mhāváḷḷạː áṭyo íy-ḗmo ú-bábo. ːābíri ạlgába. ómmi kóyo ú-al-
más ú-qị̄tán? ómmo hárke-ve si-mḥádde, maubáḷḷe, mdạịvunóno,
ạṭyó ḥḍó móḷḷāli, ómmo dḷọ máḥṭạt ú-qị̄tān si-mḥádde ló-ḳẹnáḥḷẹḥ; 10
māḥátli udāmẹḥóno wumzáyạḥ. qáyim u-málko dá-sábːe, qréle
la-sábːe dú-báḷạd kúle, ómer kráḥū ːálu-qị̄tān dú-almás. kāríḥị̄,
dúkṭō lo-trálle. ẹ̣ḳḥólsị ạ-sábːe ːālạịye uló-ḳḥōzánne. gáni u
-yaúmo, lātímī ạ-sábːe su-málko, ómmi ló-ḥezélạn nóšo. ómmi baː
ại dárbo? lá-jin maubáḷḷe.   15

   ázz-ːōsmán-áǵá uːí-pírːabók. ráḥū ú-málko dá-sábːe, ázze ːnọ
-málko dá-jin. yátū gábe. u-málko dá-jín simléle ːázze lụ-málko
dá-sábːe. u-málko dá-jín ómẹr yá málko, móḷḷe lụ-málko dá-sábːe.
ómẹr bá. ómẹr mạ̣-ḥavāl-dị̣ḍọḥ-yo, dátạt bát wị̣-ːáskạr-dị̣ḍọḥ?
ómẹr bárṭi mdạịváḷḷa, kítvōla almás gába, ẹmzáyạḥ, nóšo ló-kmájre 20
ozzé lgába, ḳọbːẹno mḗnọḥ dị̣mšạịlị̣t á-jin-dị̣ḍọḥ. qréle lu-málko
dá-jin á-jin kúḷḷẹ. ómẹr wárrọḥ nóšo mị̣(n)nạịḥu ḥezéle u-álmās
dẹbárṭe du-málko dá-sábːe? ómmi ḥaír. ḥá išǵịl bú-dívan, ómẹr
ạhzéli gaúro uːátṭo kít kị̣mạm mị̣díḍạn ẹpqarːạịye, ạhzáḷḷī ẹblályo,
ḥāliṣị hárke óno kmazráqno, lọ-mtānéli ːāmạịye, ōmánno qai bli- 25
ːóne dụ-malkạịḍạn-yo. ómmi zóḥu bọtrạịye. ázzị̣n bọtrạịye holu
-áṭro di-ːṇ̣ṭmo, udāːịri. nóšo ló-ḥzáḷḷe. áṭị̣n lụ-baíto, mọ́rre la
-málke, ómmi nóšō ló-ḥezélạn. dáːạr u-málko dá-sábːe lụ-baíto.
maːíto i-bárṭo, ḥẹnạ̣ḳ́ụ́lle lá-jin. áṭi ːosmán-áǵa uːí-pírːabóḳẹ,
ḥāliṣị ú(w)-áṭro di-ːṇ̣ṭmo. í-pírːabóḳẹ móḷḷāle lẹːọsmān-áǵa, ómmo 30
ːḳúḷḷọḥ í-kimmáṭi wízọḥ, óno gọ́zzi lụ-baítạịḍi, ālóho ːámọḥ, zóḥṭo
lọ fái̯š, í-pírːabóḳẹ kómmo. ázze ːosmán-áǵa, máṭi lu-qúṣro, ːáber
lálgul, maubéḷẹ u-qịtān uhúle li-ḥātúne. qāːímo, ạnšị̣qla ú-áǵa,
umamṭéḷẹ í-ḥātúne uːí-jeríye uːáṭi lụ-baíto. uːạmḥóḷḷẹ í-ḥātúne ːáḷẹ,
uṣ́imle ništáṭo hol šáto, ksóyim móḳlo lu-ːṇ̣lmo uːóno támọ-vi. 35

_____

XXX (128).

kítvō ḥä́n dimdím bainá-ᵻa(k)kāríye, kítvōle tré ábne, ḥā rä́bo
5 uḥä́ naᵻimo. ú-naᵻimo doyáqqo bá-kạllä́t, miŝtaᵻẹ́vo hä́we utré
naᵻime. qrēlẹ́le lḥä́n-dimdim lú-ábro naᵻimo, ómer bạs dạíqạt bá
-kạllä́t. ẹmḥé(l)lēle lḥä́n-dimdim. ḥä́n-dímdim qrẹ́le lá-bábe dä́nẹk
dạ̈-zẹᵻúre, ómer ẹmḥä́wụnne la-zẹᵻūrä́ṯhu ạdló dạíqi, óno mḥẹlíle
lábrī. qā-ᵻimi ạmḥä́lle lä́n(n)-abnä́ṯṯe. qä́yim ábrẹt ḥä́n-dímdim,
10 qrẹ́le la-tränᵻk, ómer mḥä́llạlạn ẹlbābaína, dúŝu dmọ́g̣bẹnína.
ómẹr gẹzä́l-lú-ä́ṯro dạ̈-sábᵻe, kīt ẹziyä́ra, kúl yạ́rħo ksọlqíla náqẹlā
á-kạcẹkä́t dạ̈-sábᵻe. ómmi dúŝu. ä́ṯịn nāfíqị ạg̣bīnī. ä́ṯịn ẹltä́rọ.
dāmíḥi bu-ṯä́rọ blä́lyo á-tlóṯo. ẹmsānä́ṯṯe kóṯe ḥọ́s dạ̈-dẹ́ve, aqọ́-
rịl-laḥdóde á-dẹ́ve, kómmi māyẹṯína mu-káfno. ábrẹt ḥä́n-dímdim
15 kóḍạᵻ mọ́ kómmi a-dẹ́ve. näher ᵻä́lạíye, ä́ṯịn bu-ṯä́rọ ló-kozzịn
ᵻᵴl qaryāvóṯo, kimḥä́lḥị bu-ṯä́ro. ᵴä́hịn. kāríḥī ᵻᵴl mä́i ạhzä́lle
gúrnọ ẹdmä́i bi-ŝẹ́nọ, iŝtä́lle máye udāmíḥi. azzä́n bu-ṯä́rọ. yätivi
bẹdúkṯo. gä́ni u-yaúmọ. ḥẹzä́lle kóṯe ḥọ́s gálabe, ḥọ́s dạ̈-sábᵻe
udá-dịbáb kịmiŝg̣óli ᵻam ạhdóde. ä́ṯịn li-ziyä́ra á-sábᵻe wá-dịbáb.
20 kóṯe ḥọ́s dí-díbbe, kommọ́le lụ-sábᵻọ kómmo māiṯọ́nọ mu-káfnọ.
yätivi á-tlóṯo qụm kẹ́fọ kụmsántị ᵻä́li-díbbe uᵻä́lụ-sábᵻọ. ᵻ-díbbe
mọ́lla lụ-sábᵻọ dụ̈ŝ-ozä́n ẹlgābaína, sụm ᵻä́mi. gä́ḥạḥ ábrẹt ḥä́n
-dímdim. ä́ṯịn lafá-zẹᵻūränẹk, í-díbbe uᵻú-sábᵻọ. ú-sábᵻọ ómẹr kóṯe
ḥọ́s hä́rẹke, kómẹr li-díbbe. ábrẹt ḥä́n-dímdim ómẹr zẹᵻúre. ómmi
25 ḥä́. ómẹr á(n)náqẹlā azzä́nọ, gẹdọḥlílan. mä́ṯạnne u-sä́bᵻọ u-ᵻi
-díbbe. ạmsikínne. i-díbbe ómmo ḥä́ lọ́no uḥä́ loḧä́t. ábrẹt ḥä́n
-dímdim kóḍạᵻ mọ́-kọmmi. ẹmsíkle lụ-sábᵻọ ḥä́, wạmsíkla lí-díbbe
ḥä́. fáiŝ ḥä́, ẹnḥọ́rre ú-ḥā hä́vọ. ạslọ́ḥḥe bi-ná́ve, fä́lge lụ-sábᵻọ
ufä́lge lí-díbbe, āḥọ́lle kúlḥā u-fạlgä́ṯṯe. ạmsíkke bẹdrọ́ᵻe da-hrẹ́ne
30 umamṯánne. ä́ṯyo i-díbbe lu-baíto wazzé u-sä́bᵻọ lụ-baíṯọ. ugẹ-
dọmmína ᵻä́li-díbbe. maubẹ́la ú-zẹᵻúro, wábrẹt ḥä́n-dímdim mau-
bẹ́le lụ-sä́bᵻọ. azzaí-díbbe, maubẹ́lau-kúrẹkọ, maᵻbä́lla lụ-náqvọ,
bä́ḥi. ómmo ló-bóḥịt, í-díbbe. ló-kóḍạᵻ mọ-kómmo. kmạído lmạn-
dẹ́lọ kimkáfẹrọ á-dạmᵻaíde, kómmo lọ-bóḥịt. maᵻbä́lle lálg̣ul ᵴạhdó
35 ä́sbaḥ mẹ́na lait yọg̣jä́r. ạtníḥ lẹ́bẹ dụ-kúrẹkọ lọ́-fä́iŝ ẹgẹbọ́ḥe.
mautaúla sí-kạ́cẹke, māḥä́ttạlle mọ́klō. āḥọ́lle. í-kạ́cẹke bä́rṯẹ dú
-ä́g̣a dạ̈-ṯạrtạmẹ́niye-yo. māḥẹzmọ́la li-díbbe. gä́ni u-yaúmo. qä́yim

i-díbbe, gędǫ́ryǫ i-ḱącęke ukmárhǫvō u-kúręko ꞏáli-ḱącęke. gsaími
ꞏam hḍóde. agóhhǫ i-díbbe, kmāqímǫ u-kúręko mí-ḱącęke, kmar-
hęvǫ́le arrúha ī-dfbbe. kúl lályo ksaími bú-faṣaláno. kozzaí-díbbe
lu-ṣaídǫ, kfóiš u-kúrękǫ uꞏi-ḱącęke lálgul. húwe uꞏí-ḱącęke šúglǫ
látte. hol ꞏaṣríye kimbál̦ꞏazi bįhḍóde. kótyǫ i-díbbe ablályǫ, 5
kmādámhǫ u-kúręko gábā ubīmǫ́mo kobǫ́le li-ḱącęke. yárū hávi
gaúrǫ. hávi u-pirc-dide saúwꞏǫ ukle šílf zaltǫ́no. lǫ́-knófạq abę-
lályǫ ubīmǫ́mǫ, lǫ́-kóda̦ꞏ u-lályo éma-yo ulǫ́-kǫ́da̦ꞏ u-imǫ́mǫ éma-yǫ.
azzaí-díbbe su-sábꞏǫ, mǫ́llāle lu-sábꞏǫ, ómmo kǫ́yǫ u-zęꞏūraídǫh?
ómęr ęšqíle lú-bani-sábꞏa. maubę́le lu-sábꞏǫ u-kúrękǫ. kúl yaúmǫ 10
kmǫhę́lę ábręt hán-dímdim. šámạꞏ ú-bani-sábꞏa kít kúrękǫ su
-sábꞏǫ. mšāyáꞏle tré gréꞏe, ómęr zóhu táwulle. ázzịn mamtálle ęlsú
-bani-sábꞏa. kęmišgóli ꞏam hḍóde a-sábꞏe, kóda̦ꞏ mǫ-kómmi ábręt
hán-dímdim. ú-bani-sábꞏa ómęr gęqǫtlīnále. báhī u-kúrękǫ. lǫ́
-maqbę́lā látte dú-bani-sábꞏa, áttę dú·bani-sábꞏa mǫ́lla lú-bani-sábꞏa, 15
ómmo kla bártǫh bí(y)-audáe, u-tárꞏǫ māqáldǫ qúma, lǫ́-kóvịt īnán
ad̦óbęr sábꞏe ęlgába. hę́te gábā, tró hodámla. ęfṣíh u-kúrękǫ,
maubálle ęlgába. yátū gába, hávi gréꞏǫ. ktǫ́lbo máye, kǫbę́la.
kóda̦ꞏ bú-lišǫ́nǫ, atkommǫ́le ksǫ́yim. fáiš krǫhámle ú-bani-sábꞏa
uꞏáttę du-bani-sábꞏa, krǫhmíle hịd-walad-dáttę. lǫ́-kōbílę bęnǫ́sǫ. 20
ęblályo gędómah bí-(y)aúda sí-ḱącęke, á-gālaíde bášqa udí-ḱącęke
bášqa. ęmvākéle lú-bani-sábꞏa ꞏálu-baitaíde kúlę. ęblályo gęqaímǫ
i-ḱącęke aqoryóle kozzé ęlgába. kmādịmhǫ́le bainá-gále. ksǫ́yim
ꞏáma. -

qáyim ú-bani-sábꞏa ętlǫblę́le lú-ábrǫ bárte dú-ága dá-jín, íšma 25
ꞏádlę-yǫ, kórhịt ębrítǫ kúla, laịt ahvǫ́ta. nāꞏámtǫ-yo, bártę dahsár
ạšné. ęmhaulóle lú-bani-sábꞏa. mamtiyǫ́le lu-baítǫ. lǫ́-kǫ́dꞏǫ bu
-lišǫ́nǫ dá-sábꞏe. ábręt hán-dimdím kóda̦ꞏ bú-lišǫ́nǫ dá-jin, ukóda̦ꞏ
bu-lišóno dá-sábꞏe. kóve tarjęmán baịl-lá-sabꞏe wulbártet dú-ága
dá-jín. ęttǫ́lbǫ komárre aḅbębáni-sábꞏa. ómmi báyo trǫ lǫ́-fóiš 30
si-bartaídan, tro sóyim i-hídme di-kálǫ,. élo lǫ́-kǫ́dꞏǫ bú-lisǫ́no. ag-
binǫ bártet dú-bani-sábꞏa mú-bábo. ómmo gęšǫqlítū u-gréꞏaídi
uꞏǫbítulle láttę dahúni? ómęr ú-bani-sábꞏa trǫ-hódim tartętaíhu,
mǫ́lle li-bártǫ. ękhǫ́dim á-tártę. bártę du-málkǫ dá-jín mǫllále
lú-kúrękǫ, ómmo súm ꞏámi. ksǫ́yim ꞏáma adlǫ́·mdu-baítǫ. ómmi 35
ú-bani-sábꞏa wá-sábꞏe, gimšaiyꞏína á-kącękát-dídan uꞏá-(n)nišaídan
lī-ziyára. rāhịvo bártę dú-málko dá-sábꞏe ubártę dú-ága dá-jín

kul-ḥeḏṓ ꞏal sisyo, u꞉azzḗ u-grḗꞏọ ꞏamaíye. ázzēl-lí-ziyắra, mä́tạl
-lí-ziyắra, nā́ḥíti mạ́-sisye. lätímī á-kạcekä́t dạ̈-sä́bꞏe u꞉á-(n)nĭ̌še
kúlle bí-ziyắra. gaúre lọ́-kozzḗ, yāsáq-yọ. u-grḗꞏọ ázze ꞏam bạ́rtẹ
dú-bani-sä́bꞏa uꞏám i-kālaíḏe, krọ́qzī uzọ́mri bí-ziyắra. ạ̈ḥzḗle i
5 -díbbe ạdmaubḗla ú-ḥaúrọ, išg̣íl ꞏáma ʼbu-lišọ̈́nọ dạ̈-djbáb. ómmo
maíko kọ́dꞏạt bú-lišōnä́nọ? ómẹr kọdꞏä́nọ mālọ́ḥọ. ómmo i-díbbe
ḥaúrọḥ gä́bi-vē, kítvo bạ́rtẹ dú-ág̣a dạ̈-(m)maimún gä́bi-va; mā-
ḥạzmọ́le u꞉azzḗ, lọ́-kọdꞏọ́no aík-azjn; ẹkráḥ ꞏalaíye, kómmo í-díbbe,
ẹdlọ́-kórḥjt ꞏalaíye gj(n)nọḥrállọḥ. ázzē, mọllḗla ẹlbạ́rtẹt dú-bạni
10 -sä́bꞏa wulbạ́rtẹ dú-ág̣ā dạ̈-jín, ómẹr kọmmóli í-díbbe gẹqọtꞏọ́nọ
qárꞏọḥ. qrạ́lle li-díbbe. átyo. ómmi qaúwyo kommạ́tle lụ̄-grḗꞏai-
dạn gẹqọtꞏọ́no qárꞏọḥ? mā꞉ítọ i-díbbe. djryọ́lle í-díbbe ulätímī á
-(n)nĭ̌še dạ̈-sä́bꞏe kúlle ꞏála. kúl-ạ̈ḏṓ ẹntĭ̌šlála cíke mẹ́na, ā́ḥẹ-
lụ́lle. rā́ḥivi ạ́tjn lu-baítọ ẹdbebạ́ni-sä́bꞏa. ẹkḥọ́djm á-tạ́rte wọk-
15 sọ́yim ꞏamá-tạ́rte. húwwe qaúl ꞏam ḥẹḏṓde gj(m)maḥzámno tạ́rtẹ-
taíḥu. húlāle kímme ẹlbạ́rtẹ dú-ág̣a dạ̈-jín, kímme ẹdjín. ẹblĭšō-
naíyẹ-yọ ómẹr gẹzjnọ lụ́-bạ̈lạd udōꞏánnọ maḥzámnọlḥu. ómmi
ẹtrọ́ve, ẹtlạ̈́b dạstúr mú-bani-sä́bꞏa, bạ́lē lọ́-kóljt, kommíle. ómẹr
tlọ́tọ yaúmẹ mjḥẹle hä́vulli. ómmi tlọ́tọ yaúme mjḥẹle. ạktúwwe
20 kä́g̣ad ẹlbạ́rtẹ dú-bani-sä́bꞏa wulbạ́rtẹ dú-ág̣a dạ̈-jín. mšāyä́ꞏe ú
-kä́g̣ad sú-bani-sä́bꞏa. aqrḗlē lụ́-bani-sä́bꞏa u-kä́g̣ad. ómẹr é,
trózze. ạlvíšle í-kímme dạ̈-jín wazzḗ lụ́-bạ̈lạd umaubḗle kímme
ḥrḗtō ꞏámẹ. ázzē lu-baíto. mä́tj limꞏártọ, ꞏábẹr li-mꞏártọ, i-kímme
dạ̈-jín ẹbqárꞏe. ạ̈ḥzḗle klọ-u-ḥaúro ubạ́rtẹ dú-ág̣ā dạ̈-(m)maimún
25 kle kmáḥkē ú-šúg̣lọ ẹdjäríbe büwe ubá-ḥaurọ́ne, kmáḥke lẹbạ́rtẹ
dú-ág̣a dạ̈-tạrtẹmḗniye, kla ꞏáme. šlạ́ḥle i-kímme dạ̈-jín. ómẹr
ạ̈ḥúnọ. ómẹr hŏ ꞏaini. ẹnšíqqe ḥẹḏṓde. mọllḗla li-kạ̈cẹke, ómẹr
hä́nọ-yo ạ̈ḥúni. bä́ḥạn ꞏálụ-ḥaurä́tte. ábrẹt ḥä̆n-dimdím ómẹr lọ́
-zḗꞏạt aqtjli í-díbbe. dāmíḥī u-lạlyávọ bí-mꞏártọ. qā꞉ímī sä́fẹrọ,
30 ä́tjl-lụ-bạ̈lạd, lādẹꞏánne. ẹšg̣íl ábrẹt ḥä̆n-dimdím lu-bábọ. ādạ̈́le.
uhä́no, ómmi, mạnyo? ómẹr hä́no ábrẹ dẹflānkä́s-yọ. ẹfạ̈ṭḥi bínnẹ.
ómmi kọ́yo u-ḥaurä́ṭhū? ómmi qtọ́lle. bä́ḥyo íy-ḗmọ u꞉u-bäbọ.
ábrẹt ḥä̆n-dimdím mọllḗle lú-ạ̈ḥúnọ, ómẹr yä̆ ạ̈ḥúnọ, kít tạ́rte bai-
ná-sä́bꞏe bu-baíto dẹbẹbạ̈́ni-sä́bꞏa. i-ḥẹḏṓ i-bạ́rtọ-yọ u꞉i-ḥḏọ í-kā-
35 laiḏạ-yọ, ṭaú menaíye laít; ḥúli qaúl ꞏamaíye, ạdmaḥzámnọlḥū.
ū-ạ̈ḥúnọ ómẹr dụ̈š mamtḗnạlle. húlēlẹ kímme lú-ạ̈ḥúnọ mdá-jjn
u꞉azzḗn daꞏiri lbainá-sä́bꞏe. azzḗ li-(y)aúda dẹbạ́rtẹ dú-ág̣a dạ̈-jín.

aḥzéla á-trē, išǵíli ꞌam ḫḍóde. ómmo ḫáno mányǫ? ómẹr aḫúni
-yǫ. ómẹr šaíyiḥ albártẹ dú-bani-sábꞁa már téḫ yaúma ẹlgábi,
ạdmāḥạzmínạlḥu. mšāyáꞁla ẹlbártẹ dú-áǵā dạ̈-jin ẹlsẹbártẹt dú-bani-sábꞁa, ómmo téḫ yaúma ẹlgábi. qāꞁímǫ atyó bártẹ dú-bani
-sábꞁa. yātívi šláḫle ī-kímme. aḥzéla, afsịḥi ǵálabe. qréle lu-aḫúno. 5
náfạq. ómmo ḫáno mányo? ómẹr aḫúni-yǫ. ómmi dẹqúmu dẹ-
māḥạzmína. malvášꞁšalla kímme ẹlbártẹt dú-bani-sábꞁa unāfíqị
àn(n)-árbꞁǫ maḥzámme. nǫšǫ lǫ́-kḫọzélịn. átịn bu-dárbǫ, ábnẹt
ḫán-dimdím ẹmqátạlle ꞁal bártẹt dú-áǵa dạ̈-jin. hávo ómẹr lǫ́no
uhávo ómẹr lǫ́nǫ. ẹqtíle u-aḫúnǫ rábǫ. mamtéle á-tárte. átī lu 10
-baíto. ómmi kǫ́yo aḫúnǫḥ? ómẹr qtǫ́lle, lǫ́-mǫlle lǫ́nǫ ẹqtílī,
ómẹr ẹqtǫ́lle. ạmḫǫ́lle á-tárte ꞁálẹ. šamíꞁi á-sábꞁe, ómmi ẹlmá
-maḥạzmíle? ómmi lábrẹt ḫán-dimdím. ómmi u-qusrátte ꞁásyǫ-yǫ.

15

XXXI (112)

kítvo ḫá zlám, ukítvo átto, iy-átto-va, miskēne-vaꞁye. hāvíllẹ
ábro. i-žénẹke kómmo lu-gaúro yā gaúro ạꞁvád doḫlína u-laḫ- 20
maídạn. ẹkꞁǫ́vit ulǫ́-ꞁǫ́vit lǫ-ksaúwꞁị. ú-ḫā yaúmo qáyim, kítvole
ꞁyóǵǫ bi-dǫ́rto, māḥạdle dẹmzábịn a-kēfaídẹ. nāfạ́qle dánǫ ẹddí-
nǫ́re. qréle líy-átto ulú-ábro. ómẹr tóḫu. ómmi mínyo? ómẹr
tóḫū, nāfạ́qlan dánǫ dinǫ́re. iy-átto ómmo húš, lóte ḫás-dídoḫ dlo
ꞁómaꞁ nóšǫ. maꞁabrǫ́lle lálgul, ālǫ́ḥǫ húlēlin. kšǫ́qlị bágle wuk- 25
šǫ́qlị sisye, wukšǫ́qlị ꞁéze. hávi u-bēmijál bázịrgán. a-(n)nóše
kómmi maíko-yo ú-mālánǫ? kómmi ālǫ́ḥǫ húlēle. símmo-pášạ di
-valái, ú(w)-ábro kmáḥkạm. mǫ́rrạlle lạ̈-(n)nóše ómmi yá bịšár
ẹgwár. ómẹr lǫ́-gōvánno, hóve ḥarám ꞁáli ǵēr bártẹt dú-ḫalifa
dbụ́ǵdạd. qáyim u-bábo umāqámle ꞁáme ꞁẹ́srī zlāmát, wạ́zze ạlsú 30
-ḥalifa dẹbụ́ǵdạd. ꞁábẹr li(y)-aúda, yātívi. símme qáhwe umóḳẹlǫ
ukáram. išǵíli. bábe du-kúrẹko ómẹr yā ḥalífa. ómẹr ḫá. ómẹr
lǫ́-kommịt ạlmịn-átina? ómẹr lǫ́-kodꞁánǫ. ómẹr átina albártǫḥ
lájạn ábri. u-ḥalífa ómẹr ásal bárti-yo ẹtšóqẹlo gẹdọbéna. ómmi
qráwula lǫ́-dívan. qrạlálla. átyo. u-ḥalífa ómẹr bárti. ómmo 35
mínyo? ómẹr gẹšóqlị gaúre? kátịl-lǫ́-tlōbaídạḥ. lǫ́-kódꞁo mánnẹ,
ómmo bǎ. ómẹr ḫá. ómmo hóve ḥarám ꞁáli, lǫ́-kšoqẹlóno nóše

ġér bįšār, ábre dụ-bázạrgán ạdnáfịḷ išmē bẹbrịṭọ, ẹtkícyo ú-saị-
faịḏe mu-fạ́rsilo du-bárqọ. ú-ḥalífa ómẹr bártī, hắnọ-yo ú-bāzạrgán. ómmo é, gẹšọqlálle; ṭlặb n-naqẹdaịḍọḥ. ómẹr u-ḥalífa ˈásro
bággle mạtáˈne họ́nne wá-kạllät. ú-bāzạrgán ómẹr ˈāla-ˈaíne.
5 qaˈími ạ́ṭịn lụ-baíto. fāˈiši arbˈọ́ yárḥe bu-baíto. mạtˈánne ˈásro
bággle, uˈázzịn hūwạlle á-ˈásro bággle lú-ḥalífa umāḥátte i-kálo bu
-táḥtẹrawán. kítlạ-lbárṭe dú-ḥalífa dóst. mạlvạ́šläle júle dẹniše,
símla jēríye, uˈābíri lụ-taḥtẹrawán, híya uˈí-jēríye. ẹgríšše lí-ˈás-
kạr á-bággle dụ́-taḥtẹrawán, áṭịn, mamṭiyọ́lle, maḥṭọ̈lle bi(y)-aúda
10 híya uˈí-jēríye. i-jēríye hot-kícyo í-ḥātúne bárṭo ksaịmo í-jēríye
ˈáma mịllaḥálf. ˈábẹr ábre dụ-bázịrgān. ˈábẹr ạdẹgówẹr. gáwẹr.
ˈābíro í-jēríye bọ́ṭẹr mábre du-bázạrgán. símla ˈāmí-ḥātúne. kúl
tlóve nóšo ksaịmo í-jēríye ˈáma.
　　ú-ḥā yaúmo kāyúla lí-ḥātúne. mamṭạ́lle á-ḥākíme ạlgába.
15 ú-bāzịrgắn mọ́lle lá-ḥakíme, aíko koyaúla lí-ḥātúne? ómmi rìša.
ómmi mọ-kobˈéla? mọ́rre lá-ḥakíme. á-ḥakíme ómmi kobˈéla gạldo
ạdšér, ábrẹt dẹšwáˈ ạ́šne ạdnōyạ́ḥla. má-gịzzé? gịzzé bišár. qáyim bišár. ú bábo ómẹr yá ábrī, aúbil nóše ˈámọḥ. ómẹr ḥaír
gịzzi óno ạlḥúdi. ázze. mẹˈāláqle u-saịfaịḏe bẹkátfe, uráḥū ˈálụ
20 -sísyo simọ́qo. ázze arbˈí yaúme. ḥẹzéle ạḥḏó kla kmaíyˈo bu
-tárˈo di-mˈárṭo, kómmo lụ-yaúmo ạnḥát dsọlqọ́no ẹldúkṭọḥ, ḥáñgi
dẹkícyo šáfạrṭo. ḥẹzéla ú-zẹˈúrọ rāḥívọ, qrélále, ázze ẹlgába.
ómẹr mọ-kóbˈạt? yā bárṭo. ómmụ laíko gẹzóḥ? ómẹr gịzzi kōráḥno. ómmo min-ávi? ádlạ́lyo fúš gābạina. bāsimle lu-kúrẹko.
25 náḥat mụ-sịsyo. maˈbạ́lle ú-sísyo li-mˈárṭo. ạfrísla daúšạk upāsit
uyātivi. ómẹr ú-kúrẹkọ ḥāt-umánạt hárẹke? ómmo ọ́no ubábi-na.
ómẹr bábẹḥ mạnyo? ómmo u-ˈáft. ómẹr kāˈiso, ukán ạ́ṭi ẹblạ́lyo
wụmqāṭélạn? ómmo lọ́-zéˈạt, lọ́-kobóno tárge-dídọḥ, aqrár ˈámọḥ.
ómẹr kāˈiso. mamṭéla ˈạráq uḥámro wuštạ́lle. maḥraúla u-kúrẹko,
30 mịdlā ledrọ́ˈẹ ugríšla ˈála, mdaqdaqọ́le. ẹmkāyáffe hól ˈạ
ᵃsríye.
áṭi u-tạrtẹmḗni mu-saído. ómẹr ó~f kóṭẹ ríḥạt ịns hárke. í-bárṭo
ómmo rkád. ạ́ṭi lbịšár, mịdde laḥḏóde bú-dịbọ́lọ. hízo í-mˈárṭo,
dréle-lbišár. mídle lụ-saífo ạdnọḥạ́lle. átyo i-bárṭo, mọllále lụ
-ˈáfd ómmo hắno gaúri-yo, nikléli, mụbˈéj, kóbˈạt gị(n)noḥạ́llọḥ,
35 ukóbˈạt itaú rẹḥạt. ạmsāláḥḥe. yātívi ạnšˈịqqe ḥẹḏóde. fāˈiši
šáto saḥḏóde. ú-ˈáft mọlléle ẹlbišár ómẹr mọ-murád kítlọḥ ạblẹ́bọḥ?
ómẹr gạldo ạdsáбˈo, ábrẹ díšwaˈ ạ́šne. ómẹr ˈal ˈaíni. ráḥū húwe

ubišár. ázzịn lú(w)-áṭro dá-šếṛ. kítle lụ-ꞌábd dộste bainá-sēr.
ốmẹr fụš-ạ̄rke, óno kázzi. ốmẹr zóḥ. ázze u-ꞌáfd bẹlạ̄lyo, ázze
bišár bóṭre. ꞌábẹr ụ-ꞌáft sạḥẹdo. ꞌábẹr bišár ẹrriše. ḥólla li
-ẕénẹke, i(y)-áṭto dạ̄-šērịn. ómmo ꞌáft. ốmẹr hå. ómmo håno
mạ̄ny-āno? ốmẹr u-ḥaṭnạịdi-yo. áṭte dụ́-šēr hēš ṭaú mi ḥāṭúne-yo. 5
nåfạl léba ẹbbišár. ómmo mụ́-kobꞌḗtu? ómmi kobꞌéna gạ́ldo ẹd-
šēr, ábrịt dišwaꞌ ạ̄šne. ụ-ꞌáfd ốmẹr gaúreḥ laịk-azzế? ómmo ázze
ẹlbemạ̄lko lí-štagaliye. qā-ꞌimo qrḗla ạlꞌábro mẹdạ́-jīrán, ábrịd
ịšwaꞌ ạ̄šne, ạnḥạ́rre, šmóṭṭe u-gáldo. qā-ꞌimi dóṭịn. áṭte dụ́-šēr
ómmo gẹdọtyóno ꞌāmạíḥu. ómmi qúm yálla. áṭịn, rāḥivi ꞌālá 10
-sịsye, u-ꞌáṭịl-li-mꞌạrto sí-kạ́cẹke. yātivi maḥšạ́mme. dámạḥ ụ-ꞌábd.
bišár-ạ́gā ốmẹr rámḥụl gịzzi. ómmi laịko? ốmẹr lụ́-baḷad-dídi.
ómmi gẹdọtḗna ꞌámọḥ. ốmẹr kān lọ́-trḗle lụ-ꞌábd? ꞌómmi tóḥu
dẹqọtlinále. qā-ꞌimle bišár, mịdle lụ-saịfo uráḥu ꞌále. ẹnḥạ́lle,
qṭạ́ꞌle qárꞌẹ. qā-ꞌimi mu-sạ́fẹrọ. rāḥivi kúlḥā ꞌal sịsyo, wáṭịn, 15
ạ̄ṭẹ̃~n lú-baḷad ẹdbišár. ẹmhọrile ꞌále, maḥtíle kúl ạḥḍố byaúda
bấšqa. nāyíḥịla lí-ḥātúne. ú-ḫā yaúmo ázze sí-ḥātúne, ḥẹzéle klai
-jẹríye rāḥúto ꞌáli-ḥātúne. mịdlḗ lí-jẹríye, mịdle lẹdrọ̇ꞌā, ḥoll-ꞌáli
-jẹríye kítla zíbbo. mḥẹlḗla saịfo, qṭạ́ꞌle qárꞌa uqárꞌa dí-ḥātúne,
mọblịnne qwạrịnne. 20

XXXII (97).

25

kítvō pấšā, kítvolē tré ábne, qạyim ú-ḥā ábrō, ốmẹr kazi li
-daíro, kítvole kṭóvo. azzế bẹlạ̄lyo fấịš bu-ṭúro, dámạḥ hōl falgịd
lạ̄lyo. ḥzéle ḥạ́ kimhấwẹr. ốmẹr kázzi ḥọzéno håno mịny-āno.
ázze ḥzéle ạmꞌárṭo, kle dụ́mdụm di-núro. ꞌábẹr lálgul. ḥzéle ḥạ́
dāmíḥo qmí-(n)núro, ꞌáft sạmyo, kle qmi-nụ́ro. yátu u-kúrẹko, 30
ạnḥíšle ụ-ꞌáfd ba-mḥạ́ṭe. qạyim kạ́rịḥ ꞌále, lọ-ḥzéle. bóṭẹr ẹbsáꞌa
qạyim náqẹla ḥrḗto, ạnḥíšle u-ꞌáft. u-ꞌáft qạyim. nábar, nāfíqi
á-ꞌēze, mfācạ́ñle bu-tárꞌo di-mꞌạrṭo. nāfaq ꞌézo bẹꞌézo. cik u-kúrẹko táḥt-ẹgấwẹt du-taíso. nāfaq lárval. ázzịn a-ꞌéze li-márꞌa lú
-ṭúro. ázzo-kúrẹko ꞌāmạíye, ꞌāmá-ꞌéze. hávi ꞌasríye. qạ́rịḥ u-ꞌábd 35
bi-mꞌárṭo. nốšo lọ-ḥzéle. áti ꞌasríye. mamṭéle á-ꞌéze lu-kúrẹko.
ꞌábạr ꞌāmạíye. u-ꞌáfd ốmẹr ố~f kóṭe rḗḥẹt ịns hárẹke. ốmẹr

óno-no. ómẹr hắt manắt? ómẹr ábrọḥ-no, krōꞩéno á-ꞩéze. ómẹr
wạlạd, ábri hắt? ómẹr é. ómẹr kazíno lẹḥásạt di-mꞩạrto, maz-
ráqno ꞩálọḥ, kān ábri hát, gẹkŏlịt qmá-(m)mazrūqaịḍi, dọténo lo-
tánọḥ. māḥátle kéfo qmi-kŏvo lu-kúrẹko, udịfle mắi umạlḥo li
5 -lāꞩaịḍe. mazráqle lụ-ꞩáft mí-kŏvo ꞩạli-kéfo. ḥāḥíto biy-árꞩo ḥú
-gúbo. nắḥạt mi-mꞩạrtọ, altắle ú-kúrẹko. ómẹr á(n)náqẹla ábri
hát; dīzŏḥ qmá-ꞩéze. ázze lọqmá-ꞩéze. ḥzéle díbbe kátyo mlugábo-
ómmo tŏḥ fālaíli. ómẹr īsáq li-daúmo. sālíqo lí-daúmo. qtŏlle
á-gẹḍāla-díḍa, qtaríle bu-qaịṣo di-daúmo wutfẹqŏle. faꞩíꞩo mzạl-
10 záqto. ómmo tŏḥ arfíli. ómẹr lọ́-kmarfénaḥ. ómmo qaúwyo?
ómẹr ꞩaínẹd bábi kŏne? ómmo tŏḥ arfíli, ꞩqúllọḥne. ómẹr ḥẹ́ṭịn
bíḍi. maḥtíla bíḍe. ómmo ạrfíli. ómẹr lọ-kmạrfénaḥ. áṭi ꞩaꞩríye
lụ-baíto. ꞩ-ꞩáfd ómẹr qai mẹꞩaúqạt? ábri. ómẹr bā, mamtéli
ꞩaínọḥ, ídmaḥ dẹmānạ̄ḥnin. dámạḥ, māḥátle ꞩaíne, mḥọ́llēle ꞩáqmo
15 ꞩal ꞩaíne, maḥẹzámle lu-kúrẹko ḥód-nā'íḥi ꞩaínẹt dụ-bábo. ómẹr
tŏḥ ạnfắq. nắfạq. ómẹr á(n)náqla ábri hát, kazíno óno qmá-ꞩéze,
šqúllọḥ tlóṭo qẹlíḍe, ẹtré ftắḥịn uḥắ lọ-fothátle. ẹftịḥle tré tạ́rꞩe.
nắfạq yaúda ẹdmál wạ̈ḥẹḍo dinŏre. ómẹr gẹfōtáḥno hắtiste, thō-
zéno qai mọ́lle lọ-fọthátla ẹlbábi. ẹftẹḥŏle, ḥzéle báḥra bgắwịd dí
20 -auda. yắtū, áṭi tlóṭ yaúne, hắvịn níꞩē, māḥátte á-dạlqáṭṭe lịy
-árꞩo ucíki bi-báḥẹrā. ẹmsíkle u-dạlqo dí-ḥẹḍo mẹnạíye. á-tạ́rtc
faꞩíri, í-ḥḍo faꞩíꞩo. ómmo bú-baḥtaịḍọḥ ḥáli ú-dạlqaịḍi. ómẹr kle
ꞩạ́mi lọ́no-yo. moblŏle mi-mꞩạrtoꞩ, mōfáqẹle sísyo umālịẹzmŏle.
mōblŏle lú-bạlạd-díḍe. ómmi kắṭi ábret dú-pắꞩa. ọmharŏle ꞩạ́le.
25 sịmme ḥánạk. nắfịl ú-dạlqo bi-nụ́ro, yáqạḍ íꞩmo mẹ́ne. fā-꞉íro
i-yaúno, i-káᵴẹke. hắvīle ábne mẹ́na. ázza híya uꞩán(n)-ạbne.
dắꞩạr su-ꞩáft. ómẹr bắ. ómẹr ábri, aịkō-vọḥ? ómẹr haúḥa sịm-
lābi lạ́ḥḍo ḥọ́rme. ómẹr í-ḥọ́rme maịkō-vā? ómẹr bā, mi-yaúda
ẹdmọ́llọḥ lọ-fọthátla. ómạr aḥú~ yā ábri, maúḥa mọ́lli lọ-fọthátla,
30 u-ꞩáft, dụ̈š-ọzạ̀n so-ṭaíre símạr. ázzịn su-ṭaíre símạr. ómẹr aḥúno
ẹbmọ̈́-kēf-ắt? u-ꞩáft. ómẹr kéf dóvạt bāsimo, mọ́-kóbꞩạt? ómẹr
maḥẹzámla ẹlắttọ ulizꞩúre hárẹke, lọ́-ḥọzyŏlọḥ? ómẹr béle. ómẹr
kobꞩéna dẹmaḥváṭlạnyo. ómẹr kí(l)la bú-qúṣro. u-ꞩáfd dắꞩạr, u
-kúrẹko ázze lú-qúṣro. yắtu ꞩáli-bịrke dẹqmụ-tárꞩo. nắfạq ú(w)
35 -ábro uꞩí-bạ́rto áṭịn lạ̀-(m)mái. mlắlle í-dẹgúšto. ómẹr ṣáhyō-no.
í-bạ́rto ómmo lọ́-kobꞩóno. u(w)-ábro ómẹr šqúllọḥ. ómẹr ḥŏṭo
lọ́mmịt lémi, maštélan ḥá. ómmo lọ́ꞩo. ázzịn lụ-baíto. ómmo

ęlma-àtéle mi-dęguštáthū? ómmi nóšo ló-àtēle. á(n)náqęla ú-kúręko
òmęr yáde, ištéle ęlhá. ómmo qráwulle. ęqrēláȷlle, ómmi mēřęko,
itõñ ęlgābaína. ázze lálġul. ạhzéla liy-ạtto, ómmo aiko átịt lạ
·dękōtáni? ómęr háma ạhzíli háręke. á(n)náqęlā ómmo mụ-kób-
ṣạt? ómęr dúš dọzáno. mamṭiyóle lụ-baíto uháviȷn gaúro u·ạtto. 5
á(n)náqęlā tā·ímo.

kítvo ḥá zlám, ága-ve. kitvóle tlọt-ábne ubáṛtọ. ęṭlóble lán
·ábne tlọ́t abnọ́tọ, ęmhaulíle, ġálabe šáfiṛę-ne. kozịn á-nóše ęṭólbi
i-báṛtọ, lō-kšọ́qęlọ nóšõ. kítte lán-añunóne tlọ́t níše; azzịn lu-bírọ
á-tlọ́t, báṛtę du-ága lázzā lá-mai. āti tlọ́tọ́ tạrtęmēníye, rāḥíve 15
·áȷla-sísye, kúlhā mị́dlē lạhḍṍ, mahtánne ·áȷla-sísye, mahzámme,
mọblínne. mọblínne ęlqúṣro bainá-baháre, mọtvínne bu-qúṣrọ,
ksaími ·ámaíye. kmọtvịnne bášqā, kul ạhḍṍ biyaúdā. šámíȷī
ábne du-ága, á-nīšátte ęmzaíȷī. ` kāríhi ·áȷlá-nīšátte, lọ́-hzánne.
yātivi lọ́-mtānáḷle. 20
qā·imi á-tlọ́tọ tạrtęmēníye, azzịn lu-átro da-gúrj. u-ága dá
·gúrj išme dēršaúwi-yọ, kítle tlọ́t abnọ́tọ, laȷít hvōṭaíye bainá-nsānát.
azzịnne, mátạl-lụ-bálạd da-gúrj. u-bálạd da-gúrj kíbe ġálabe sālúne.
yātivi ęblályọ táhtu-qúṣrọ dụ-dēršaúwi, klen á-gurzát ·ámaíye.
dịqqe šéke bu-qúṣrọ dfáṛzęlọ. sálạq u-ḥá, mátị lụ-šíbbak, sálạq bu 25
·šíbbak, yátū bụ-šíbbak, msānátlę, gréȷę-ne bi-yaúda dāmíhę. ęftáhle
u-táȷṣọ di-yaúdā, náhạt li-dọ́rtọ, ęftáhle u-táȷṣọ di-dáṛgā, qréle lá
·tạrtęmēníye. ·ábíri ·ámę, kāríhi bá-yaudát ·áȷlá-kácękāt. lọ́-hzánne.
kit yaúda ·ọlaítọ, lọ́-kāręhílā. azzịlla, sālạqịla li-yaúda. ęftáhhe
u-táȷṣọ̇̀ ·ábíri. kít tlọ́tọ tahtát bi-yaúdā. kul kácęke klá ·al táhṭ 30
dāmáhtọ mālęfọnne bá-lhēfát wut·ánnę, kúlhā ạhḍṍ. átịn, lọ́-mā-
hásse lá-kacękát. náhạr, mahásse ęlbe·ága dá-gúrj, kāríhi ·áȷla
·kácękāt lọ́-hzánne. maṛféle á-gréȷę lu-ága bu-bálạd dá-gúrj, lọ́
·hzánne. hḍṍ píre mdá-gúrj ómmo ·almọ́-kọrhítu? mọ́llā lu-ága
da-gúrj. ómęr ęmzaíȷī án-abnōṭaiḍạn, lọ́-kọḍ·ína ęlmá-mọblile. 35
ómmo álọ bęrámšụl ạhzéli tlọ́tọ́ tạrtęmēníye, kít ulaít, línne mọblínne. ómmi šrọ́lọ. simle ·áskạr lu-ága da-gúrj u·áti bọtrú-tạr-

6

tᵉmēníye, húwe u·i·ᴣáskar. .mátạn lá-tạrtᵉmēníye, ᵉmhāvạ́lle lu
-ága uli·ᴣáskar ᴣalạíye. dāᴣíri ᴣáli-ᴣáskar á-tlọ́tọ. ᵉmqātạ́lle. qtọ́lle
ú-hā, á-trē hrḗne ᵉqhíri, fālíti baíni-ᴣáskar, qtọ́lle mátᵉ mi-ᴣáskar.
mahzạ́mlā li-ᴣáskar, dāᴣírọ i-ᴣáskar lu-bạ́lạd. átịn á-tạrtᵉmēníye
5 á-trē, tᴣánne á-kacᵉkát, hạ́ tᴣálle tạ́rte, u-hrḗnọ tᴣálle ạhdọ́. mam-
tạ́nne lụ-qụ́srọ. hzạ́lle klịn á-tlọt ạhrḗne yātíve. hávin ᴣḗt.
    íšme du-ága qāmọ́yọ yúsịf ága. ᵉmᴣāyạ́lle ulọ́-mᴣāyạ́lle, lā-
ḍírí ᵉlmá-mọblíle. azzélin zaífọ nuhrọ́yọ, mahᴣámle gáb biyúsịf
ága. hávi báhạs dá-kacᵉkát bī-yaúdā. ómmi lọ́-kọdᴣína ᵉlmá
10 mọblíle. ómᵉr u-zaífọ í-qrītaiḍạn ᴣálu-dạ́rbọ-yọ, hzéli ú-hā yaúmọ
tlọtọ tạrtᵉmēníye, kítvō tlọt kacᵉkát ᴣāmaíye, mahạzmínne. ómmi
ᴣrọ́lọ? ómᵉr é. ómᵉr ū-qụ́srọ dá-tạrtᵉmēníye kle baina-baháre.
qā·ími a-tlọ́tọ ábne diyúsịf ága, rāhívi ᴣálá-sísye u·azzịn. mᴣā-
yạ́lle ᴣálu-qụ́srọ ᵉdbainá-baháre, rāhúqọ-yọ. azzịn hámᴣọ yaúme
15 bu-dạ́rbọ, mátạn lạqrítọ, azzịn ᵉlbaítọ, hávịn zaífe, mahᴣámme bi
-qrītáyọ, úyātívi bi-yaúdā. ómmi maíkọ hátu? dí-qrítọ. ómmi mu
-bạ́lạd dụ-zaúq-nā, ábnet yúsif ága. ómmi ᴣalmọ́-kọrhítu? ómmi
hạ́l uhawál-díḍạn haúhạ-yọ. ómmi dᴣáru, ᵉdsaimítu ᵉbhabraínā,
gᵉdọᴣrítu. ómmi qaúyọ? ómmi lạ́bhu dọzọ́hu baina-ᵗbaháre. ómmi
20 gᵉzánọ, kíbạn laíbạn gᵉzánọ. rāhívi sáfᵉrọ ᴣálá-sísye u·azzịn.
mátạn ᵉlféme dá-baháre, kle u-qụ́srọ kmibáin, laít dạ́rbọ má-máye
dọzịn lu-qụ́srọ. yātívi ᴣal sáptᵉ du-báhar, kimᴣaúri bạhdọ́de,
ómmi ᴣaí dạ́rbọ qọtᴣína lu-qụ́srọ? fā·íši tmọ́nyọ yaúme ᴣal féme
dá-mai; laít dạ́rbọ ᵉtqọtᴣī. átị taírọ, māhátle ᴣal féme da-mai.
25 ómᵉr qai hárke hátu? hịd hávi, mahkạlạ́lle. ómᵉr lạ́bhu ᵉdqọ-
tᴣítu bu-báhar. ómmi baᴣaí dạ́rbọ? ómᵉr ọnọ gᵉdọmánnọlhu, ᵉz-
vánu tlọt dāfọ́tọ, ạrháu ᴣálá-dāfọ́tọ, wụqtáᴣu. ómmi álọ ᴣrọ́lọ.
ómᵉr kazzínọ, u-taírọ, lụ-bạ́lạd-díḍi. ómmi taírọ lọ́-zọh hól dᵉ-
mamtḗnā á-dafọ́tọ. ómᵉr izọ́hu. dáᴣạr u-hạ́ rāhívọ. azzé lạqrítọ,
30 ᵉzvụ́lle dāfọ́tọ, mamtạ́lle. ómᵉr ạrháu ᴣál á-dāfọ́tọ, u·aṣirl á-dā-
fọ́tọ bạhdọ́de. rāhívi umāᵴọ́rre á-dafọ́tọ. ómmi taírọ, fúᴣ sa-sísye.
ómᵉr é. azzịn ᴣálu-báhar, qātᴣi ᵉlsú-qụ́srọ, ᵉftạ́hhe i-dạ́rgā, klịn
á-tạrtᵉmēníye dāmíhe. hzạ́lle á-tlọt níᴣatte utlọt ạhrḗne, taú ma
-níᴣatte-ne. mamtạ́lle á-ᴣet urāhívi ᴣálá-dāfọ́tọ u·átịn ᴣálu-báhar.
35 u-taírọ kle támọ kimfárij ᴣálaíye. átịn, rāhívi ᴣála-sísye wụqlḗᴣe.
māhásse lá-tạrtᵉmēníye, níᴣe laít. mịdde lá-gurzát unāfíqi. qātᴣi
ᴣálụ-báhar á-tre tạrtᵉmēníye, mátạn lábnᵉd yúsif ága mqātạ́lle,

qṭọ̈lle a-tlọ́ṭọ umamṭạ̈lle á-nĭše. azzé yạ̈rḥọ bi-ḥọ̈lọ. šämĭɛi biyú-
ṣịf ạ̈ġa qṭọlọ́nne lá-ṭạrtẹmē̱níye. —.

kĭtle bạ̈rṭọ ẹlyúṣịf ạ̈ġa, lọ̈-kꜱọ̈qlo nọ́šọ, kla bu-baíṭọ. máiṭ
yúṣịf ạ̈ġa mú-qahár, ẹbꜱíj. qā̱ʼimọ i-bạ̈rṭọ, ẹlvĭšlā júle ẹdgaúre
umāꜱọ̈llā ꜱạlfọ ẹlḥạ̈ꜱa. áṭyo, mꜱāyĕla ꜱālán-aḥunọ̈ne. máṭyọ ẹl- 5
ṭúṛọ, dāmíḥọ bụ-ṭúṛọ, qā̱ʼimọ ꜱáfẹṛọ, ạḥzéla u-mạ̈lkọ dá-haiyä́t
kꜱọ̈yim ꜱám haíye. ọ̈mẹr kạ̈ceke. ómmo há. ọ̈mẹr ḥẹzelạ̈ḥli
kꜱạ̈mnọ ꜱámi-haíye, hếš nọ́šọ lọ̈-ḥzẹlḗli, kọbꜱẹnọ dlọ̈-māqịṛẹt ꜱáli;
mé-dọ̈bꜱạt gẹdọbénẹḥ, udmāqịṛẹt ꜱáli, aíkọ dọ́vịt, gẹdọtẹ́nọ dọvä́ꜱ-
nẹḥ. ómmo lọ̈-kmāqịṛọ́nọ mạ̈lkọ. ọ̈mẹr mạ̈r ẹqrä́r ꜱạ̈mọḥ. ómmo 10
qrä́r ꜱạ̈mọḥ. ọ̈mẹr ṭláb mé-dkọ̈bꜱạt gẹdọbénẹḥ. ómmo háli haíye
daúwyọ daivọnĭṭọ, gọzínọ mọblạ̈llā lú-qúꜱṛọ dá-ṭạrtẹmē̱níye. ōmẹr
ẹlmọ̈-(g)gẹzéḥ? ómmo qṭọ̈llẹ aḥunọ́ni umaḥzạ̈mme á-nĭšạ̈tte. ọ̈mẹr
é. qrḗle ẹlhaíye daivọnĭṭọ, huwọ̈le li-kạ̈ceke, ọ̈mẹr ạḥvạlli aḥunọ́-
nẹḥ á-qṭịle. ómmo lọ̈-kọdꜱẹ́nọ aíkọ-ne. qrḗle lá-haiyä́t kúlle lụ 15
-mạ̈lkọ. lätimi su-mạ̈lkọ. ẹmꜱāyéle mẹnaíye, ọ̈mẹr lọ̈-ḥzạ̈lḥu zlā-
mä́t ạqṭịle? ạḥḍọ̈ ómmo mạ̈lkọ. ọ̈mẹr há. ómmo kịt ẹtlọ́ṭọ ạqṭịle,
klén sụ-naqvạịdi. ọ̈mẹr dụ̈š ạḥvạilạnne. ẹlvĭšle lụ-mạ̈lkọ i-bạ̈dẹle
dạ̈-nsānát läšān dlọ̈-zaiꜱọ ī-kạ̈ceke. azzé u-mạ̈lkọ uꜱi-kạ̈ceke uꜱá
-haiyä́t, ḥzạ̈lle á-tlọ́ṭọ ạqṭịle. ọ̈mẹr häni-ne aḥunọ̈nẹḥ? ómmo é. 20
ọ̈mẹr dīzéḥ hä́t uꜱi-haíye daivōnĭṭọ, izọ̈ḥu lu-qúꜱṛọ, ọ́nọ gẹfọyạ̈šnọ
bạ̈rke hol dọ́tịṭ. ọ̈mẹr haíye. ómmo há. ọ̈mẹr trọ raúḥọ ī-kạ̈-
ceke ꜱálẹḥ bú-bahár, ạqṭẹꜱā. ómmo trọ́ve. nọ́šọ lọ̈-kọ́daḥ kạceḱé-yọ,
u-mạ̈lkọ kọ́daꜱ. mä́ṭạn lụ-báhar. rạ̈ḥivọ ꜱáli-haíye, qạ̈ṭịꜱọ lụ-qúꜱṛọ.
ꜱäbịṛọ, ḥzélā á-ṭạrtẹmē̱níye dāmíḥe, klén á-nĭše yǟtíve. ómmo 25
haíye. ómmo há. ómmo klén á-tre, ẹdvä́ꜱịn. ẹdvúꜱlā li-haíyo
u-ḥä́, lọ̈-māhä́sle, máyịt; ẹdvúꜱla u-ḥrẹ́nọ, ọ̈mẹr ā~, mịdle li
-gúrza. ẹlzíqọ i-haíye bídẹ, ẹdvúꜱlā. fälíṭọ i-gúrza mịdẹ, lọ̈
-máyịṭ. ẹdvúꜱlā näqẹlä brẹ́ṭọ, bạ̈-tlọṭ mkāméla, máyịṭ. mamṭạ̈lle
á-šẹt nĭše uꜱạ̈ṭịn ẹlfẹ́me du-báhar ẹdqọ̈ṭꜱī. ómmi ꜱalmúne gẹqọ- 30
ṭꜱịna? mamṭạ̈lle qaiꜱọ yäríḥọ, mạ̈rḥụwila ꜱälu-qaiꜱọ li-haíye umā-
ꜱọ̈llā u-qaiꜱọ ẹbhaúlọ ugríšlā u-qaiꜱọ. ä́ṭịn, qạ̈ṭịꜱi. mä́ṭạl-lụ
-mạ̈lkọ. bä́ḥyọ i-kạ̈ceke ꜱäl an-aḥunọ́ne. ọ̈mẹr qaúyọ ạgẹbọ́ḥạt?
kọ̈mẹr u-mạ̈lkọ. ómmo ꜱal aḥunọ̈ni. ọ̈mẹr lọ̈-zéꜱạṭ, gẹmāqạ̈mnin.
qrḗle lá-haiyä́t, ọ̈mẹr tä́wụli máye ẹmdá-ḥáye. azzén á-haiyä́t, 35
käríḥi, mamṭạ̈lle máye ẹmdá-ḥáye, huwọ̈nne lụ-mạ̈lkọ. maꜱịġle
á-tlọ́ṭọ bá-mä́e dá-ḥáye. qā̱ʼimi á-tlọ́ṭọ, nāyạ̈ḥḥe. ḥọ́rre ạḥzạ̈lle

i-ḥōṭáṭte gābaíye u·á-šeṭ níše du-qúṣrọ. ómẹr ẹlmáne māqáṃ-
lēlạn? u-ḥá. ómmo lụ-málkọ dá-ḥaiyát. ẹnšíqqe u-málkọ u·azzén
ạlbẹmálkọ kúlle. yātívi bi-yaúdā dụ-málkọ ẹžgíli ú-lạlyáo. náḥạr, tḷóbbe dạstúr mụ-málkọ uqā·ími. átịn lụ-baíṭọ. ómmi kóyọ
5 bābaínā? ómmi máyiṭ. yātívi bu-qúṣrọ, ẹmḥórre a-gúrj ·ālaíye,
kulḥá ạḥḍó. hāvúlle kúlḥā ṭárte níše. mā·íṭọ í-ḥōṭáṭte.
　　　kít ḥá íšme jámmọ ú-jạláli, laít nóšọ ásḥam mẹ́ne. ẹmšāyéle
·al níše šāfíre. ómmi kít ẹtlóṭ abnóṭọ su-áġa da-gúrj, mọrrálle
ẹljámmọ, taú mẹnaíye laít. ómẹr yállā uyá ḥvadé. ázzē lụ-bálạd
10 da-gúrj, ·ábạr sáḥḍō píre, ómẹr ló-khọváṭli, píre, ád-lályọ gábẹḥ?
ómmo ma-·aíni, gẹḥauwyállọḥ. ·ábạr ẹlgába, yátū, ómẹr píre.
ómmo ḥá. ómẹr šróḷọ? kítle lu-áġa dá-gúrj abnóṭọ šāfírē? ómmo
aḥú~ qúrban, kitvóle tlóṭ abnóṭọ gálabe šāfíre, gẹmaḥkiyállọḥ.
ómẹr ạḥkaí. ómmo áṭi tlọṭó ṭạrtẹmēníye, sālíqị blályọ bu-qúṣrọ,
15 maḥzámme á-tlọṭ umọblínne; šámạ꞉ ú-āġaiḍạn, símle ·áskạr, azzé
bọṭraíye, mátạn lá-ṭạrtamēníye, qṭólle ḥá má-ṭạrtẹmēníye; qlíḥri
á-ṭạrtẹmēníye, qṭólle máte mi-·áskạr ušḍálle bóṭri-·áskạr; kitvóli
tlọṭ-ábne ·ámi-·áskạr, á-tlọṭọ qṭọlánne, umaḥzámme á-kạcẹkáṭ;
ḥáṭi-yọ i-ḥkéye dá-kạcẹkáṭ. ómẹr šróḷọ? ómmo é. ómẹr ọ꞉dọ
20 aíkọ-ne á-ṭạrtẹmēníye? ómmo klen baíná-baḥáre bu-qúṣrọ. qáyim
jámmọ, ẹmḥéle ·álụ-dárbọ, áṭi lụ-qúṣrọ, ráḥū ·álụ-saífọ uqáṭạ꞉
·álụ-báḥar. azzé lu-qúṣrọ, ·ábạr lu-qúṣrọ. ḥzéle á-tre ṭạrtẹmēníye
klen míṭe, kóṭẹ rḗḥọ pís mẹnaíye, nātíni. qáyim, náfạq. ráḥū
·álụ-saífọ, qáṭạ꞉ mu-báḥar. ḥzéle ḥaíye, ómmo ꞉almó-kórḥạṭ?
25 jámmọ. ómẹr kọráḥnọ ·ālá-tlọṭ abnóṭọ du-áġa da-gúrj. ómmo
mọblínne. ómẹr ẹlmáne? ómmo lábne-dyúsif áġa dụ-zaúq. ómẹr
꞉aí dárbọ mọblínne? maḥkẹlále ḥid ḥávi li-ḥaíye. ẹmšāyéle ·álụ
-bálạd dụ-zaúq. áṭi lụ-bálạd dụ-zaúq, ḥzéle u-qúṣrọ ẹdbiyúsif
áġa. dámạḥ bu-ṭúrọ ḥól dḥávi ẹblályọ. áṭi lu-tár꞉ọ du-qúṣrọ,
30 símle aqlíḍọ, ẹftáḥle u-tár꞉ọ du-qúṣrọ. kít ẹtré qúmu-tár꞉ọ dạr-
gahyāncíye. māḥásse ·ále. ẹnḥólle á-tre. sáḷạq li-yaúda, ḥzéle
klen dāmíḥe, bẹlályọ-yọ u·ṇ́ṭmọ-yọ, lọ-kóḍạ꞉ aína-ne á-kạcẹkáṭ.
māqáṭle báḥẹrọ, ḥzéle aḥḍó seḥá, ḥzéle i-ḥrēṭọ sụ-ḥrēnọ, ḥzéle
i-ḥrēṭọ sụ-nā꞉ímọ. māqáṃle á-tlọṭ. ómmi laíkọ gẹmọblạ́ṭlạn?
35 ló-kọṭéna ·ámọḥ. ómẹr ẹlbābaíḥu ẹmšāya꞉léli. ómmi bābaínā
aíkọ-yọ? ómẹr klē gābaínā. ómmi šróḷọ? īmẹlélin. míṭyāqánne.
átịn, mamṭálle. mọblíle lí-qal꞉aíḍe. ómmi kóyọ bābaína? ómẹr

dúgle ǫmdāgéli ʾālạíḥu. ómmi gẹzánǫ. ǫmḥẹlélin, bú-zǫ́r ǫksǫ́yiɯ
ʾāmạíye. māḥạsse lábne dẹyúsif áǵa sáfẹrǫ. ómmi lǫ́-kmibạíni
á-niśạídạn, wạqtǫ́lle á-tre dạrgahɣāníye. u-ṭạírǫ dạḥzạ́lle ʾālu
-báḥar áṭi lu-qúṣrǫ, ǫ́mẹr ʾạlmúne kimśạilítu? ómmi maubạ́lle
á-niśạídạn wạqtǫ́lle a-dạ́rgahɣānciye. ǫ́mẹr lǫ́-mśạilítu. ómmi 5
qạíyo? ǫ́mẹr mǫblíle ǫljámmǫ ú-jạláli. lǫ́-mtānạ́lle, ómmi lǫ́-
-kmajrẹ́na ǫmqatlína ʾám jámmo. ú-nāʾímǫ ómẹr ǫ́nǫ gǫzínǫ ǫljámmǫ. qáyim azzé ǫljámmǫ. ạqtíle ǫljámmǫ, ạqtíle a-tlǫ́tǫ,
u·ǫmḥǫ́lle á-kạcẹkát ʾ ālẹ.

10

XXXIV (175).

kítvō tạ́rte qịryavótǫ, kítvō báḥar ǫdmáye bạinōtạíye. bi-ḥdō 15
qrítǫ kítvō ḥá, ḥórt ạrmẹnǫ́yǫ, śúǵle u-ṣạídǫ-ve bí-ṭfáñge, qǫtálvǫ
á-ǵazālát. bị-qrítǫ ạhrẹ́tǫ kítvō qáśǫ, kitvóle kálǫ kāʾịstǫ. u-ạr-
mẹnǫ́yǫ ǫbḥálmẹ ḥẹzéle i-kálǫ du-qáśǫ. i-kálǫ du-qáśǫ ǫbḥálmā
ạhzéla u-ạrmẹnǫ́yǫ. húwe u·iy-ẹ́mǫ-vạíye, lạtvóle bábo. nịdle
lị-ṭfaũgạíde, azzé lu-ṣạídǫ ʾam fẹ́me du-báḥar. i-kálǫ du-qáśǫ 20
átyǫ ǫlfẹ́mẹ du-báḥar kmāśígo á-júle: maufạ́qle lú-ạrmẹnǫ́yǫ u
-dúrubēn, ḥǫ́lle bi-kálǫ du-qáśǫ; lǫ́ kǫdáʾlā, bu-ḥạ́lmǫ ḥạzyǫ́le.
ómẹr kít ulạít, ḥạ́ti-yǫ i-kálǫ du-qáśǫ. trẹ́le i-ṭfaũgạíde ʾäl fẹ́mc
du-báḥar unáḥat ǫshẹ́le, qáṭaʾ li-ḥasráyǫ. lạ́tlā ḥáś li-kálǫ du
-qáśǫ, ʾ ʾlạ́ḥlā júla ǫdsǫ́hyǫ ǫbmáye śáḥine. ázzē gnúle júla ; 25
lǫ́-ḥzéla. ǫgnúle u-msạ́rqǫ u·ú-ṣāfǫ́nǫ; māḥátla máye ʾal qárːa,
lǫ́-ḥzéla ú-msạ́rqǫ u·ú-ṣāfǫ́nǫ. kāríḥǫ ʾạlạíye, lǫ-ḥzạ́lla. ḥǫ́llā bạ
-júle, lǫ-ḥzạ́lla; kla zalṭǫnítǫ. ómmo ǫnfáqǫ má-tkịtát; qrár ʾ ʾámǫḥ,
nié-dǫ́bːạt, gẹdǫbạ́llǫḥ. uáfạq ḥórt taú mẹ́ne lạít, uhíya tau
mẹ́na lạít. húlēla i-qmístǫ ạlviśǫ́la. ómmo mạíkǫ ḥát? ómẹr u 30
-ạrmẹnǫ́yǫ-nǫ, ómẹr ḥát mạíkǫ ḥát? ómmǫ i-kálǫ du-qáśǫ-nǫ.
ómẹr ḥẹzelíleḥ ǫbḥạ́lmi. ómmo ónẹste ạhzǫ́lílǫḥ ǫbḥạ́lmi. yātivi
ǫmkāyáffe. ráḥu ʾālā, simle ʾáma, simle tlǫ́t kǫ́rẹ ʾámā ú-yauɯáo.
ómmo lạíbạn bːmǫ́mǫ dimkạifína, blạ́lyǫ medgáni u-yaúmǫ itóḥ
ǫlfẹ́me du-báḥar, u·ǫ́nǫ gẹdǫtyǫ́nǫ ǫlfẹ́me du-báḥar, gedyǫtvǫ́nǫ 35
ʾạ́li-kēfáṭi, mǫskǫ́nǫ ú-fanár bídi, ʾ ạ́lǫ̣-śaúq dụ-fanár ạqtạʾ bu-báḥar, tóḥ ǫlgặbi, gimkạifinā hōl fạ́lge dẹlạ́lyǫ, mẹfạ́lge dẹlạ́lyǫ

izǫ́ḥ lṳ-baitǫ; haúḥā gęṣaimína. ómęr trǫ́vę. qáyim āṭ́i lṳ-baitǫ.
i-kálǫ du-qắšǫ māš{ǵla a-júle. áṭi lṳ-baitǫ, hắvi saudéni, azzě
ṣáqęl-dīḍe lafi-kắcęke. yátu bu-baitǫ, lǫ́-kṳmtáne. īy-émǫ kmi-
šǵǫ́lǫ ɩ́ámę, kimṣáɩ̨ar liy-émǫ. kómmo aḥúl, kǒ́męr lǫ́-kǫḥánnǫ.
5 gáni u-yaúmǫ, azzě ęlfę́me du-báḥar, fắiš sáɩ̨a yātívǫ, ꬲkhǫ́yęr
bí-qritǫ di-kálǫ du-qắšǫ. ḥzěle katyǒ́ kle u-fánar bíḍā, yātívǫ ɩ̨āl
i-kě́fǫ. i-ḥmǫ́tǫ di-kắcęke ómmo laík-azzā i-kālaiḍan bú-lalyắnǫ?
átyǫ bí-dausaiḍa, ḥazyǫ́lā ɩ̨al fę́me du-báḥar. i-kắcęke lǫ́-ḥzę́la
i-ḥmǫ́tǫ. ómmo hědi, ꬲblę́ba, dḥǫzyǫ́nǫ mǫ́-(g)gęṣaimǫ, í-ḥmǫ́tǫ.
10 ꬲmḥāláqle rúḥę lu-armęnǫ́yǫ bu-báḥar, áṭi ꬲlfắlge du-báḥar. í
-ḥmǫ́tǫ átyę ꬲlgắbā, fā·íšǫ bǫ́trā, mįdlā lṳ-fánar, mḥāláqla bá-māi
údaɩ̨irǫ. fā·íšǫ i-kắcęke, báḥyǫ i-kắcęke, lályǫ·yǫ uɩ̨ǫ́tmǫ-yǫ.
ꬲmzắyaɩ̨ u-armęnǫ́yǫ bu-báḥar, lǫ́-kǫ́ḍaɩ̨ aíkǫ qǫ́taɩ̨. ómęr mǫ́
-kitvǫ́lęḥ ɩ̨áli dsímlęḥ-bi haúḥā? īmę́la, ómmo lō lǫ́no. ómęr bá·
15 ꬲlmáne? ómmo laḥmǫ́ti. ꬲksǫ́ḥę ɩ̨al haṣ-díḍā, lǫ-kǫ́ḍaɩ̨ aíkǫ-yǫ.
hắvi šáš, ꬲmqādắmle lafę́la. ómmo tóḥ hắrke. qārū ꬲlgắbā,
mįdlę́lc lṳ-báḥrī. hiya mįdla la-drǫ́ɩ̨e, u-báḥrī ꬲgǫrắšlē. hiya
ꬲgóršǫ, u-báḥrī ꬲgǒ́riš. grišl-á-tre lṳ-báḥrī ꬲlbaínu-báḥar, mǫblíle
begắvę du-báḥar. azzįn ꬲlqṳ́srǫ ꬲbbistǫ́ne baínu-báḥar. mǫblíle
20 lṳ-báḥrī lí-yaudáe. kít aḥḍǫ́ bi-yaudáe su-báḥri, tau mę́na laít,
íšmā núre. mǫtvíle gắba lṳ-báḥrī.

ábre du-qắšǫ ómęr kǫ́y-ắṭti? ómmi ꬲmḥalqǫ́lā lę́mǫḥ bu-báḥar. mįdle ꬲlkę́fǫ, ꬲmhę́lę bi-qárɩ̨ed diy-émǫ, qṭǫlǫ́le, mḥalqǫ́le
bu-báḥar. u-qắšo ómęr kǫ́yǫ áṭti? ómmi qṭǫlǫ́le lábrǫḥ. mįdle
25 ꬲlkę́fǫ lṳ-qắšǫ, ꬲmhę́le lú-ábrǫ, qṭílę u-ábrǫ, mḥāláqle bu-báḥar.
á-pįzmám dṳ-qắšǫ qṭǫ́lle u-qắšǫ, flắgge ú-baitaịḍe ɩ̨arrúḥaiye.
tǫrę́nā mu-qắšǫ.

núre, ómmo maíkǫ hátu? mǫ́llā lu-armęnǫ́yǫ. ómęr kúl ḥá
męqritǫ-nā, rǫḥmínávǫ aḥdǫ́de, uhaúḥā jāriban. ḥid hắvi maḥ-
30 kęlę́lā. ómmo laít ǵámǫ. u-báḥrī ómęr gęqǫtánnǫ u-armęnǫ́yǫ.
lǫ́-trę́la ꬲlnúre, ómmo súme ábrǫḥ. símle u-ábrǫ. fắiš sṳ-báḥrī
ḥúwe u·i-kắcęke. kmáḥęšmi udǫ́mḥi. u-armęnǫ́yǫ gędǫ́maḥ si
-kálǫ du-qắšǫ, u-báḥrī gędǫ́maḥ si-núre. u-armęnǫ́yǫ máyit ɩ̨āli
-núre. sáfęrǫ qáim u-báḥrī ꬲlbaínu-báḥar. núre ómmo tóḥ ꬲlgắbi
35 armęnǫ́yǫ. yátu gắba, mšāyáɩ̨e i-kálǫ dṳ-qắšǫ lu-tárɩ̨ǫ du-qṳ̄srǫ,
ǫ́mmi dǫ́te u-báḥrī, tę́ḥ mállan mę́qam mę́nę. ómmo trǫ́ve. ꬲm-
kāyắffe lu-armęnǫ́yǫ wilnúre. ómmo qúm. ómęr laíkǫ? ómmo

sum ʼắmi. kmiṭmáne u-ạrmẹnọ̆yọ. ráḥu ʼála nẹkọ̈le. yātívi,
átyọ i-kálọ du-qáṣ̌ọ, ómmo áṭi u-báḥrī. ázzē u-ạrmẹnọ̆yọ, yátu
ʼálụ-táḥt-díḍẹ, yātívọ i-kálọ du-qáṣ̌ọ gắbẹ. áṭi u-báḥrī, yátu si
-nǘre, mkāyặffẹ lán-árbẹọ. qáyim u-báḥrī· ẹlbạinu-báḥar, lọ-káli.
ómẹr gẹzáːnọ mu-báḥrī ẹdlọ̆-qọṭẹ́li. ómmi lọ̆-zẹ́ːaṭ, adlạ́lyọ gẹ- 5
qọṭláḷle, hat lọ̆-mtáníṭ ʼắmẹ. ómẹr é, mụṣṭáfliṭ. áṭi bẹláḷyo u
-báḥrī, yátu. ómmo qai lọ-kṣ̌ọ̆ṭẹt ʼạráq? ómẹr tại i-dáÌnọ dụ-ːạráq.
mamṭẹ́la i-dáÌnọ dụ̆-ːạráq, kmọlyọ̈le bu-kás̄, kṣ̌ọ̆ṭẹ. maš̆tẹláḷle i-dáÌnọ
kúla. ḥárū u-báḥrī, qā·ʼímọ nǘre, mamṭẹ́la iṣkínọ ḥārụ́ftọ, cikọ̈la
ẹbgáve, lọ̆-maḥásle, ṣrọ̈tla gáve. ómẹr mọ̆-gsạímiṭ? nǘre. ómmo 10
mọfqọ̆́nọ ụ̆-ːạráq mẹlẹ́boḥ, ẹdnọyáḥloḥ. ómẹr ṣrọ̈tlẹḥ gávi. ómmo
gẹḥaiṭáḷle gávọḥ, gẹmānẹḥáḷloḥ. ómẹr é. qṭọ̈la lẹ́bẹ bi-skínọ.
lọ̆-máiṭ, lọ̆-qọ̈dẹr qọ̈yim. ẹmḥẹ́lā i-skínọ ʼal ạqḍọ̈le, qṭọ̈lā qárːe,
máiṭ. ómmo ạ́rmẹnọ̄yo. ómẹr ḥá. ómmo ḍníḥaṭ mẹ́ne? ómẹr é.
ẹmkāyặffẹ. ómmo kla ḥọ́ṭi bqụ́ṣrọ ḥrẹ́ːnọ sụ̆-bahlúl dụ-báḥar, 15
ḥọ́ṭiste kā·ʼ[sṭọ-yọ, dụš̄-ọzán ẹlgába. ómẹr ạíkọ? ómmo bạinu
-báḥar. ómẹr dúš̄. azz[ṇ bạinu-báḥar, trạ́lle i-kálọ du-qáṣ̌ọ bụ
-qụ́ṣrọ, knọ́trọ u-qụ́ṣrọ. maḥvịláÌle i-fặrje ạdẹgáve du-báḥar. mátạn lụ-qụ́ṣrọ dḥọ́ṭẹ dẹnúre. ʼábiri lụ-qụ́ṣrọ, kle u-báhlúl yātívo
gab ḥọ́ṭed nǘre. drạ́lle š̄lọ́mọ ʼālạíye. ú-bahlúl ómẹr áḥlā bẹ- 20
nǘre. yātívi. ómẹr ḥáṇọ mạíkọ-yọ? ómmo u-grē·ːạiḍạn-yọ. ómẹr
é. qáyim u-báhlūl, azzé bạinu-báḥar. nǘre ómmo qúm ạrmẹnọ̆́yọ,
sụ̆m ʼam ḥọ́ṭi. ḥáyọ heš̄ taú mẹnúrẹ-yọ. qáyim u-ạrmẹnọ̆́yọ,
simle ʼáma. nǘre mọ̈llā li-ḥọ́ṭọ, ómmo ọ̆nọ qṭ[li u-báḥrī, ḥáṭẹstē
qṭál u-báhlūl, dọzánọ nọfq[nā mú-báḥar, ʼájẹzína bẹgáve du-báḥar. 25
ómmo trọ̈ve. áṭi u-báhlūl, ómẹr sụ̆mlạn aḥš̆ọ̆́mṭọ bāsímṭọ, mọ̈lle
liy-ạ́ṭṭọ. símlā aḥš̆ọ̆́mṭọ bāsímṭọ, māḥátlā ẹmḥáṭọ bạinu-biš̆ọ̈lọ
du-báhlūl. āḥíle ú-biš̆ọ̈lọ nʼí-mḥáṭọ. áṭyọ i-mḥáṭọ bạqḍọ̈le, ẹm-
bạ́lqi ʼạíne unáfil. ómẹr aḥnáḳqnọ bí-mḥáṭọ. ómmo ḥédi dẹmọfqáḷla.
dáÌmạḥ ẹftáḥle féme. m[dle lu-ạrmẹnọ̆́yọ lụ-ṣạifọ, ẹmḥẹlẹ́le ṣạifọ 30
ʼál ạqḍọ̈le, qṭọ̈le qárːe. ómmi qúmu dọzánọ. ḥọ́ṭẹ dẹnúre ómmo
kitlạn sisyọ. nǘre ómmo é, gẹrauḥínā ʼále. rāḥívi ʼále. ómmi
sisyọ. ómẹr ḥá. ómmi aufặqlạn ẹlfọ́ṭẹ dẹbritọ. ómẹr kā·ʼisọ.
mọfq[le. trạ́lle i-kálọ du-qáṣ̌ọ bu-báḥar. ómmi sisyọ ẹdːár ẹl-
dúktọḥ. dáːạr ẹldúkṭe. 35

áṭī u-ạrmẹnọ̆́yọ uʼá-tạrte, taú mẹnạíyc lạịt, ẹmzaị́sī, lọ̆-kọ̈dsi
ạik-ozín. láḳi u-tạrtẹmẹ́ni bínne, áṭi lu-ạrmẹnọ̆́yọ. nǘre āḍíːọ

geqotéle. ómmo tartaméni. ómer hắ. ómmo tóħ eqtál óno uħóti
méqam mu-armenóyǫ. ómer qaúyǫ? u-tarteméni. ómmo ędqotlátle,
lǫ-kǫtếnā ʼắmǫħ hód dlǫ-qotlátlęn, láħva ętraíye, lǫ́-qotlátle, u
-grēʼaídęn-yǫ. ómer u-grēʼáthu-yǫ? ómmo ė́. ómer lǫ-qotánne.
5 mǫblíle lú-tartaméni. azzế lu-baítǫ, ħzắlle kít aħdǫ́ gắbe, taú
ména laít, sắmyǫ ħǫ́ñgi ędbáħyǫ. yātívi, ksǫ́yim u-tarteméni ʼắm
núre ųʼắm i-ħǫ́tǫ ęlqúlu-armenóyǫ, lǫ́-kmájre ęmtáne u-armenóyǫ.
íā-ʼiśi śắtǫ, u-armenóyǫ kħǫdámme, ulǫ́-náfąq u-tarteméni męlálǵul.
kāmílǫ i-śắtǫ, ómer kazzínǫ lu-ṣaídǫ yaúmā. azzế lu-ṣaídǫ. ęźǵíli
10 ʼắmi-smítǫ núre uʼi-ħǫ́tǫ. ómmi maíkǫ hắt? ómmo bắrtę du-ắġa
dá-daqǫríyę-nǫ. ómmi aíkǫ mamtęlếlęħ lu-ʼắft? ómmo maħśắmli
unáfęqǫ́nǫ, māśíǵli ídi bá-mắye ubú-ṣafǫ́nǫ, ęmħāláqlēli ʼal kátfe,
mahzámlēli ęblắlyǫ. ómmi qaí smítǫ hắt? ómmo ħǫ́ñgi ędbaħyǫ́nǫ,
samyǫ́nǫ. ómmo gęmānęħǫ́nǫ ʼaínęħ, núre. ómmo deníħ, demānę-
15 ħátte, gęħodmắllęħ śēt íśne. dāmíħǫ, maufắqlā dąrmǫ́ne ęlnúre,
māħátlā ạbʼaína. ómmo lǫ́-fǫthat ʼaínęħ hol fắlge diyaúmǫ. lǫ́
-ftắħlā ʼainā hōl fắlge diyaúmǫ. māħátlāla fắlge diyaúmǫ ħếś
dąrmǫ́nǫ. ómmo lǫ-fǫtħátte hól ʼaṣríye. lǫ-ftęħílā hól ʼaṣríye.
ómmo ęftắħįn, ʼaṣríye. ạ́ftęħílā. hắvin taú męmếqąm ʼainā
20 afṣíħǫ bắrtę du-ắġa dạ́-daqǫ́riye. taú męnúre umi-ħǫ́tǫ-yǫ. ắti
u-tarteméni mu-ṣaídǫ, ạħzéle bắrtę du-ắġa ęftíħi ʼainā, nāyíħi.
dắmąħ gắbā, sáfęrǫ azzế lu-ṣaídǫ, ómer gędǫtếnǫ fắlge diyaúmǫ,
sắmuli mǫ́kęlǫ bāsímǫ. ómmi trǫ́ve. ómmi aí dắrbǫ ṣaiminā bú
-tartaméni? kómmi lạħdǫ́de. ómmi gęmaħtinắle sắmǫ bú-biśǫ́lǫ.
25 māħáttạlle sắmǫ bú-biśǫ́lǫ. ắti ạ̄ħíle unáfil, yắrįm. qắyim u-armenóyǫ,
mídlē li-gúrza, lǫ-qắdįr dmaʼalếla, maʼavắnne lá-níśe, maʼạlyǫ́lle.
ómer mǫ́-gṣaimítu? ómmi gęqotlīnálǫħ. qrǫ́tle ʼárśe. lǫ́-qǫ́dęr
qǫ́yim, klé dāmíħǫ. mạrfiyǫ́lle ʼal qárʼe. ʼábạr húwe uʼi-gúrza
biy-árʼǫ, qtǫ́lle. ómmi dęqúmu ǫzzắnǫ. qāʼimi ắtįn ʼam sáptǫ
30 du-báħar, ħęzắlle ęmṣaidǫ́ne dạ́-núne. ómmi maína valắi hắtu?
núre uʼu-armenóyǫ mǫrránne. ómmi męfĺán valáye-na. azzịn.
ómer qārịvínā lí-qrītaídęn. azzịn, mắtạn lí-qrítǫ dú-armenóyǫ.
ómer núre. ómmo hắ. ómer ħụ́r, kla ħǫ́ne i-qrítǫ di-kắlǫ du
-qắṣǫ. ómmo śrǫ́lǫ? ómer é́. ómmo trǫ faíśǫ będuktaínā i-kắlǫ
35 du-qắṣǫ. mắti lu-baítǫ ạ̄lsiy-ếmǫ. ęfṣíħǫ iy-ếmǫ. qrếle lu-qắṣǫ,
ómer ęmħár á-tartáni ʼáli, ħáti tāyaítǫ-yǫ, lǫ-kmǫħánnā. bắrtę
du-ắġa ómmo qaúyǫ lǫ́-kmǫhrátli? ómer tāyaítǫ hắt. ómmo gę-

dauwyǫnǫ suraitǫ. ómęr é, ąhvai, gęmǫhánnęḥ. maṣlaúle lǫ̆-qáš̆ǫ
·arriš̆a u·ęm·amḍóle. ęmhǫ́lle á-tloṭ ·álę. kimfą̆rji di-qritǫ ·āla
-niš̆e du-armęnǫ́yǫ; gȧlabe š̆āfirę-ne. ómmi maíkǫ-lǫḥ á-niš̆ăni?
ómęr mú-baḥár. ómmi kit bu-báḥar niš̆e š̆āfire? ómęr gȧlabe.
mḥālą́qqę rūḥaíye lá-ḥǫ́rtīn bu-báḥar, ąhníqi. di-qritǫ ómmi lą́ṭin 5
á-zęźūraídąn. ómęr gęḍóṭin ·al máḥęlǫ. gȧḥąḥ ·ālaíye.

---

kítvō ·āzdin-š̆ér umęsų́rbąk, aḥunóne-vaiye. gúlsinam í-ḥǫ-
tą̀tte-vā. mu-ṭúrǫ dá-bǫ́lita-vaíye. ęmqatlívǫ ·āmá-rimǫ́ye, lǫ́
-maqbęlívǫ ụ-ḥų́kịm. š̆āmạ: ụ-š̆ụltǫ́nǫ, mǫfqịle mbainá-bǫ́lita,
māḥátle u-baitą́tte ębmaúṣąl. hȧvin hǫnne u·u-qǫnsęr ędmaúṣąl 15
ḥaurǫ́ne. ómmi gimqatlína ·āmá-rimǫ́ye. ómęr trǫ́ve, u-qǫ́nsęr.
ómęr zǫ́ḥu alímu ·áskar má-bǫ́litā. rāḥívi á-trē, ą́ṭịn ęlbaína-bǫ́litā;
gúlsinam tąryǫ́lle są́ttǫ dų-qǫ́nsęr. ą́ṭịn lǫgzírǫ. yātívi bǫgzírǫ,
qrą̀lle lą́n-agawíye dá-bǫlitā. . lātimi gabaíye á-rábe da-bǫ́lita,
ómmi mǫ́-kǫbͻétu? ómmi sǔmulan ·áskar ráptǫ, gęzánǫ ęlbų́ǵdąd, 20
mqatlína ·āmu-gȧwir. kǫmmínne haúḥā ęmbedúgle, dḥózịn mǫ́
-(g)gęḍómmi án-agawíye. ómmi lǫ́, lǫ́-kęmaqęblína dǫzóḥu ęlbų́ǵ-
dąd, gęsaimína ·áskar, gimqatlína ·āmá-rimǫ́ye. ómmi trǫ́ve.
qā·imi, bízi á-grēͻe bu-bą́lad dá-bǫlitā, mālímme ·áskar ráptǫ,
u·án-agawíye ·āmaíye. ą́ṭịn li-sąrái dągzírǫ. kit msą́llim bí-sąrái. 25
ómmi gęqǫṭlína ú-msą́llim wá-(r)rimǫ́ye. ą́ṭịn li-sąrái. š̆áma: ụ
-msą́llim gęqǫṭlíle, qą́yim maḥzą́mle lúwe ulą̆-(r)rimǫ́ye. ęmsikke
árbͻǫ rimǫ́ye aqtǫlǫ́nne: lātimǫ i-·áskar ląḥḍóde, ęflą́ǵǵe i-·áskar
lá-trē fą́lga ęlmęsų́rbąk ufą́lga ęl·āzdin-š̆ér. sȧląq u-ḥȧ u·i-·áskar
-didę ęltēláne, u·ú-ḥā ą́ṭi ęlmịdyat. aqṭólle gȧlabe nǫ̆š̆e umau- 30
ḥábbe á-qriyavǫ́ṭǫ. ȧti u-ḥrénǫ męteláne húwe u·i-·áskar ęlmịdyat ęlsú-aḥúnǫ. mȧtạn á-tre ląḥḍóde, á-·asę̆kir ·āmaíye. —. ú
-š̆ụltǫ́nǫ simle ·áskar u·azzé ęlmaúṣąl u·i-·áskar-dą̀tte. š̆āmiͻi
azzé ụ-š̆ụltǫ́nǫ ęlmaúṣąl, dāͻiri lǫ̆-š̆ụltǫ́nǫ, ęmqātą́lle tą́ḥtę maúṣąl,
bú-ṭúrǫ ędnínvā. u-ṭúrǫ ędnínvā ęmͻárę-yǫ uḥịrab-yǫ; ·ásyǫ i 35
-·áskar dá-bǫlita baína-ḥịrab. i-·áskar dų-š̆ụltǫ́nǫ fārǫ̆š̆ę-ne, lǫ
-qǫ́dri ęmqátli baína-ḥịrab. i-·áskar dá-bǫlitā payá-ne, kimqátli

bá-ʦanaq. aqtọ́lle g̣álabe mi-ʔáskar dụ́-ṣụltọ́nọ, fā·ʔši baina-ḥịrab.
símle lụ-ṣụltọ́nọ ámr, mamtẹ́le ʔasẹ̄kir g̣álabe, símle ọrdiyát laḥẹ-
dọ̄r í-ḥárbe. ẹmqātạ́lle arbʔọ́ yạ́rḥe lụ-ṣụltọ́nọ ulá-bọ̈itä. lō-qádạr
ʔála-bọ̈itä. ú-ṣụltọ́nọ ọ̄mẹr mọ́kẹlọ umáye lạ́tte, ʔalmọ́-gmidábri
5 ḥáni árbʔọ yạ́rḥe? šámạʔ ʔāzdín-šēr úmẹzụ́rbạk ạdẹmọ́ll-aúḥā lụ
-ṣụltọ́nọ. hāvilä li-sístọ ẹdmẹsụ́rbạk, ạḥlúwe ḥálvọ mẹ́na, símme
qātịrọ, ẹmšāyáʔʔe lụ-ṣụltọ́nọ. họ́llẹ ʔále lụ-ṣụltọ́nọ, ẹm·ʔájib. ọ̄mẹr
ḥáni árbʔọ yạ́rḥe kimqātánnọ ʔāmạíye, kọmánnọ laít mẹ́de dóḥli,
ọ̣·dọ mšāyáʔalli qatịrọ. mšāyáʔle ẹlʔāzdín-šēr wulmẹzụ́rbạk ḥábrọ
10 lu-tụ́rọ da-bọ̈ita, ọ̄mẹr ẹnqáwu mẹtáḥtu-tụ́rọ, uʔạ́ḥnā gẹnọqvína
ẹmárke, gẹlọqẹ̄nā baḥḍóde táḥtiy-árʔọ, ksaimīnále lág̣am, táwụlạn
zād umáye bú-lag̣ám, ẹnqálụlạn zaḥíre. símme ḥid mọ́rre, knọq-
línne mọ́kẹlọ umáye ẹmbaina-bọ̈ita bu-lág̣am, kimqátli ʔāmú-ṣụl-
tọ́nọ. fā́iš tlọt íšne ú-ṣụltọ́nọ uʔá-ʔasẹ̄kir ẹrríšaịye, lọ́-qádạr ʔā-
15 laíye. ktúle lụ-ṣụltọ́nọ kág̣ad ẹmšāyáʔlēlin, ọ̄mẹr gẹsaimīnā fáṣal.
ọ́mmi trọ́ve, ẹ̄lo gzaiʔịna dlọ́-mọskátlạn bi-ḥíle. ọ̄mẹr báḥti
lọḥátu, lọ́-zaiʔịtu, ālọ́ḥọ bail-lọ́nọ ulọ̈átu. ẹmyáqni. ḥlíti
á-ʔasẹ̄kir baḥḍóde. ạ́ti ú-ṣụltọ́nọ ẹlgábaịye, ẹmfārájle ʔálu-tụ́rọ
ẹdnínvā ʔālá-ḥịráb uʔála-mʔáre. ạḥzéle ʔụ̈jẹbọ, ọ̄mẹr maíkọ ọtē-
20 vọ́lḥu mọ́kẹlọ umášqiyọ? ọ́mmi tóḥ, ḥụ̄r mọ́-símlạn taḥt iy-árʔọ.
azzẹ́ ụ-ṣụltọ́nọ, họ́llẹ taḥt iy-árʔọ, símme lág̣am, knọ́faq lu-tụ́rọ
u-lág̣am, hávi síkke u-lág̣am; ẹm·ʔájib ú-ṣụltọ́nọ. sálạq lu-tụ́rọ
dá-bọ̈itä, ẹmfārájle ʔálu-tụ́rọ, ʔásyọ-yọ. dāʔạr li-ḥárbe, ọ̄mẹr dqọ-
drínāvọ ʔālaíḥu, aíkọ gẹmaḥẹzmītúvọ? ọ̄mẹr bú-lag̣ám, ʔāzdín-šēr.
25 qáyim ú-ṣụltọ́nọ, malvạ́šle á-trē, húlelin kúl ḥá nīšán, ọ̄mẹr aḥ-
kẹ̄mu ʔála-bọ̈itä. bízle á-ʔasẹ̄kir lụ-ṣụltọ́nọ, dāʔạr ẹldúkte. qā·ímọ
i-ʔáskar dá-bọ̈itä, sālíqi lu-tụ́rọ, ẹmlạ́lle u-lág̣am kẹ́te. yātívi
bainá-bọ̈itä, aína dọ́bʔạn, ạqọtlíle. mamtạ́lle í-ḥōtạ́tte gúlsinam.
· kit ḥá bainōtaíye, ág̣a-yọ, íšme malạ́k-dīván. azzẹ́ malạ́k
30 ·dīván, azzẹ́ ẹlgábaịye. krọhmíle g̣álabe. ọ̄mẹr kọbʔẹ̄nọ gúlsīnam.
gaúro sáḥm-yọ, kítle arbáḥ qiryavóʔọ, húwẹ-yọ u-āg̣ạ́tte. ọ́mmi
gẹdọbīnālọḥyo, itaú gābaina grẹ́ʔọ, šét íšne, ẹḥdámlạn; bọ́tr mā
-šet íšne gẹmọhrinála ʔálọḥ. ọ̄mẹr trọ́ve. —. kít ạḥḍṍ bainá
-ʔákariye, bạ́rte dmir-dạ́rviš, g̣álabe kā·ístọ-yọ. ʔāzdín-šēr ọ̄mẹr
35 kọbʔẹ̄na. ọ́mmi lọ́-kọbílọḥyo. ọ̄mẹr qaúyọ? ọ́mmi klā bi-yaúda,
kítlä ʔẹ́sri grẹ́ʔe, ẹblạ́lyọ ubimọ́mo a-saífe biḍaíye šlíḥe, knọtríla;
lọ-kọbéla ẹlnṏšo mír-dạ́rviš. ọ̄mẹr qúm malạ́k-dīván, gẹzạ́n ọ̣nọ

uhát. ómẹr qúm. māsọ́rre á-saịfe ẹlhāsaíye, ẹmhạ́lle ꞏáḷụ-dạ́rbọ
payá, sísye lọ-qọ́dẹr ẹmhắlạḥ bu-dạ́rbọ, túrọ ꞏáṣyọ-yọ. ẹmšāyạ́lle
ꞏáḷụ-bạ́lạd dá-ꞏakaríye. mắtạn lụ-bạ́lạd-dạ́tte. mšāyạ́lle ꞏáli-va-
lắye dẹmír-dạ́rviš. ómmi hắti-yọ. ꞏābíri lí-valaí. kit qúṣrọ
ꞏạlóyọ bī-valắe. mšāyạ́lle, ómmi hắnọ mịn qúṣrọ-yọ? ómmi u 5
-qúṣrọ ẹdbạ́rtẹt mír-dạ́rviš-yọ. ómmi é. hẹzạ́lle baítọ dạḥḍǒ píre.
ómmi píre. ómmo hắ. ómmi lọ́-khọvạ́tlạn gắbẹḥ? ꞈómmo bĕle,
mắ-ꞏaíne. yātívi sí-píre, ẹmšāyạ́lle mí-píre, ómmi aịkọ-yọ bạ́rtẹt
mír-dạ́rviš? ómmo kla bu-qúṣrọ. ómmi lạíbạn dọzạ́n ẹlgắba?
ómmo lóꞏo. ómmi qaúyo? ómmi kítlā ꞏ ẹ́sri gréꞏe klín gắba, á-saịfe 10
bidaíye, knọtríla ẹblạ́lyọ ubīmọ́mo, gẹqọtlánhu dọzóhụ. ómmi
laíbẹḥ dọzéḥ ẹlgắbā? ómmo lọ́-kmajẹryọ́nọ, gẹmọhạ́lli. ómmi gẹ-
zaunínā daúšọ, aubĕlayọ, kā trạ́lle ẹdꞏọ́brịt, haúlā í-hūsạ́ti. ómmo
trọ́ve. ẹzvínne daúšọ, māhạ́tlā bẹꞏạ̄ngaríye, uhūwállā i-hụ́sā.
azzá ẹlbemír-dạ́rviš. sālíqọ li-yaúdā di-kạ́cẹke. ómmi laịkọ? 15
píre, á-gréꞏe. ómmo kit ú-daušắnọ dmọblạ́lle lí-hātúne, bẹ̆mijālẹ
-nọ, dọbǒli baḥbíš. lọ-trạ́lle lá-gréꞏe, bạ́hyọ i-pírẹ. šắmạꞏ mír-dạ́r-
viš gẹbọ́hyọ i-píre, họ́llẹ mú-šibbák, ómẹr qaúyo ẹkbọ́hyọ í-fāqịr-
tắyọ? mọrrálle, ómmi ꞏālaúhā. ómẹr trắu trọ́zzā ẹlgắbā. tạryọ́lle.
azzá ẹlgắbā, yātívọ gắba. hūlála dīnọ́rọ. maufạ́qlā i-hụ́sa li 20
-píre, huwọ́lā li-hātúne; họ́llā ꞏála, ómmo mọ́rẹ di-hụ́sa aịkọ-yọ?
ómmo kle gắbi. ómmo zéḥ málle mắr hvaí ꞏgaúrọ, itóḥ ạblạ́lyọ,
ahzạ́mli, hạ́ ꞏqúllẹḥ í-hūsaịdi, haúlayọ, dídẹ trọ faịšọ ꞏ ámi. átyọ
i-píre mọ́llā lẹꞏāzdín-šēr wulmạ́lạk-dívān. ẹzwụ́nne tré spindārát
yāríhẹ, símme sịllam. azzịn ạblạ́lyọ; māhạ́tte u-sịllam qmú-qúṣrọ 25
usālíqị á-trē, qālíbi lụ-qúṣrọ, klaị-hātún yātútọ, lọ́-dāmíhọ. a-gréꞏe
dāmíhị. ẹftạḥlálịn u-tárꞏọ di-yaúda. ꞏābíri, yātívi gắba. ómẹr
gẹnọhánnọ a-gréꞏe, mạ́lạk-dívān. ómmo dāmíhẹ-ne, múlọḥ mẹnaíye? ómẹr gị(n)nọhánnịn. ẹnhọ́lle á-ꞏẹ́sri gréꞏe. maufạ́qqe i
-hātúne, nāhíti bu-sịllam, ạ́tịn ạ́lsi-píre. náhạr ꞏālaíye, lọ́-majrạ́lle 30
dmahạ́zmi, fā꞉íši ẹzbepíre baịni-valái. hắvi fạ́lgẹ diyaúmọ, ómmi
mọ́-hawắl da-gréꞏe-yọ ẹdlọ́-mahạ̈sse yaúma? mšāyáꞏle hạ́ ẹlmír
-dạ́rviš, ómẹr zóḥ aqím a-gréꞏe mi-šạ́ntọ. azzá u-gréꞏọ, họ́lle
uzáyạꞏ: klen á-gréꞏe ẹnhíre, í-hātúne lọ́-kmibaịnọ. dạ́ꞏạr rāhọ́tọ,
mọ́lle ẹlmír-dạ́rviš. ạ́ti mír-dạ́rviš, ạhzạ́lle. hắvi karabạ́lạḥ bí 35
-valaí, á-nǒše dlọ́-šāmí꞉i kómmi mọ-báhạs-yọ? dšāmí꞉i ómmi ẹn-
họ́rre a-gréꞏe umaubạ́lle í-hātúne. simle ꞏáskạr ẹlmír-dạ́rviš, nā-

fíqi ękkǫrḥi, nṓšō lǫ́-ḥzą́lle; kāríḥi bí-valáye, nṓšǫ lǫ́-ḥzą́lle, kāríḥi hol ębląlyǫ, ęmbātálle ękrǫ́ḥǫ. —. qāˀími ąblą́lyǫ á-tre, ma-
ḥęzą́mme i-ḥātúne, mamṭiyǫ́lle lǫ-bą́lạd dá-bǫḥtā; ęmhǫrǫ́le ˀą́lę
ęlˀāzdín-šér. šą́mạꜱ mír-dą̣rviš maḥęzmǫ́le ęlˀāzdín-šér, lǫ́-mtānḕle.
5 ṓmęr lǫ́-qǫdánnǫ ˀą́la-bǫḥtā.   fą́iš męzų́rbạk dlǫ́-gvǫ́rǫ.   kítlē
bą́rtǫ ęlḥálafe-šuyí, taú mę́nā lạịt.   maḥęzmǫ́le ęlzạịdín ábre dę-
mír-dą̣rviš.   kle mą́lạk-dívān bụ-ṣạịdǫ, lą́qị ębzạịdín.   ṓmęr zạịdín.
ṓmęr ḥá.   ṓmęr mạíkǫ-yǫ í-zꜱų́rtą́ṭi?   ṓmęr mu-bą́lạd dạsꜱǫ́rt-yǫ.
ṓmęr gęšǫqánnā mę́nǫḥ.   ṓmęr lǫ́-kǫbę̄na.   ṓmęr maḥęzą́mli ḥṓ-
10 ṭǫḥ-ęsté.   mqāṭą́lle lá-trē bá-sạife.   ęmḥęlę́le sạịfǫ ęlmą́lạk-dívān,
ąqṭíle.   mamṭę́le i-ką́ çęke, ąmhęrǫ́le ˀal męzų́rbạk.   šąmạꜱ mír
-dą̣rviš qtǫ́llę u-ábrǫ, lǫ́-mtānę̄le, ṓmęr lǫ́-qǫdánnǫ ˀālá-bǫḥtā.
magválle á-trē.   ṓmęr á(n)náqęlā gęgǫvánnǫ, lǫ́-kǫbitų́lli gúlsinám?
ómmi bę́le.   kāyúlā, mamṭą́lle á-mạllawíye, ḥǫrrálla, ómmi dmạm-
15 ṭę́ṭụla ḥābúše, gęną́ḥlā.   ómmi mạínā ḥābúše?   mǫrrą̀nne mǫḥán
ḥābúše.   ómmi má gęzé?   ómmi gęzé mą́lạk-dívān.   rą́ḥū mą́lạk
-dívān, azzé, ḥzéle ęzlą́m sǫ́vǫ kla bfą́lgęd dụ-dą̣rbǫ ú-baitạịde.
ṓmęr lạíkǫ gęzóḥ, mą́lạk-dívān?   ṓmęr gęzínǫ mamṭę́nǫ ḥābúše
msa-áve sterónak udáre rą́qzōnak.   ṓmęr lạíbǫḥ dǫzóḥ.   ṓmęr
20 kíbi lạíbi, gęzínǫ.   ṓmęr gęzóḥ, gędǫmánnǫḥ ḥábrǫ.   ṓmęr mą́r.
ṓmęr gęzóḥ, ęshại bu-šą́t, gęqǫ́tꜱạṭ ęlsá-ḥābúše, taị arbꜱǫ ḥābúše
ucą́ñ ędmạịḍịt lá-ḥābúše uˀǫ́ṭịt, gimhaúri á-diyārą́t uˀá-navalą́t
uˀá-ṭaịre uˀá-dābíbe; i-náqęlā dịmhaúri, lǫ́-hạịrịt bǫ́ṭrǫḥ, ędhạịrịt
bǫ́ṭrǫḥ, gędóvịt kéfo kómtǫ mi-zǫ́ḥtǫ, uˀitǫ́ḥ ęshại bu-šą́t, ęqtáꜱ,
25 gęmạꜱlą́llǫḥ á-mą́e ugęmanḥatílǫḥ, lǫ́-zạíꜱạṭ.   ṓmęr é.   ṓmęr bí-
mǫ́mǫ lǫ́ṭịt baína-sáb꞉e.   ą́ṭi mą́ṭị lụ-bą́lạd da-sáb꞉e.   trę́le ú-sis-
yaíde.   blą́lyǫ ḥą́lạs baínu-bą́lạd dá-sáb꞉e.   ązzē ḥęzę́le u-šą́t,
gęzǫ́mri á-maị ukrǫ́qḍi á-daúme.   qą́ṭạꜱ bú-šą́t, azzē lá-ḥābúše.
ḥid mǫ́lle lụ-sǫ́vǫ, ḥávi: ęmhāvą́llā liy-ą́rꜱǫ uli-šmą́yǫ.   lǫ́-ḥǫ́lle
80 bǫ́ṭrę.   ną́ḥat lụ-šą́ṭ ęshę́le mā꞉lą́lle lá-mạye umanḥą́tte, lǫ́-zą́yạꜱ,
qą́ṭạꜱ.   ą́ṭi ąblą́lyǫ bu-bą́lạd da-sáb꞉e, rą́ḥū ˀą́lụ-sísyǫ, ą́ṭi lụ-baítǫ.
húlēla ḥābúše, nāyą́ḥlā.   ṓmęr gęgǫvánnǫ.   ą́rjaḥ kāyúla.   azzé
náqęlā ḥrétǫ mamṭę́le ḥābúše, nāyą́ḥlā.   ṓmęr gęgǫvánnǫ.   kāyúla,
ą́zzē lá-ḥābúše.   trę́le u-sísyǫ uḥą́lạs ąblą́lyǫ bu-bą́lạd dá-sáb꞉e.
85 ą́zzē lụ-šą́t, gęzǫ́mri á-mą́ye urǫ́qḍi á-daúme.   qą́ṭạꜱ bú-šą́t.   mlę́lę
kísę ḥābúšę, qāˀímǫ iy-ą́rꜱǫ uˀí-šmą́yǫ uˀą́ṭạm ˀą́lę.   lǫ-ḥǫ́lle bǫ́ṭrę,
cík baína-maị dqǫ́ṭạꜱ, mạꜱlą́lle lá-mą́ye umanḥą́tte liy-ą́rꜱǫ.   ṓmęr

á(n)náqȩlā azzíno. ómȩr yállā. shḗle, qátaȝ. náfịl h̃állah̃álla ȝála-sábȝe. h̃álas bu-bálad-dátte. h̤zálle u-sísyo. cik bu-gúbo, fáiš ȝásro yaúme bu-gúbo. náfaq. ȩmsíkke lá-sábȝe, maubálle sú-bani-sábȝā. lǫ-majrálle dqotlíle á-sábȝe mú-bani-sábȝa. ómȩr almịn-átịt ȩlárke? ómȩr bh̃ásoh̃ ātíno ȩlárke. mah̃kȩlḗle h̃id 5 h̃ávi. ómȩr lǫ-zaíȝat. —. šāmíȝi a-bǫlitā ómmi qtǫlle málak-dívān la-sábȝe. —. kítvō h̃á rȩšídbak ȩbmaúsal, tlǫble gúlsīnam, ȩm-haulóle ȩmhorǫlle ȝálȩ. kit šámȝo bi-yaúda qā'íto. azzé ádgówȩr, táfi u-šámȝo, tlǫt kórȩ māqátle utáfī. ómȩr lǫ-fáiš ȩggowánno. qáyim málak-dívān, tlǫble dastúr mú-bani-sábȝa. átị lu-baíto. 10 ómȩr kóyo gúlsinám? ómmi ȩmhaulóle rȩšídbak. ȩmšāyáȝȝe bótr rȩšídbak. mamtḗle u-šámȝo, u'átị, ugúlsinám. ómȩr qaúyo mh̃ā-wḗloh̃ gúlsinam? ómȩr ómmi aqtǫlle, maúh̃ā ȩmhaulóli uh̃éš lo -gāwánno, lácyaúh̃ā? ómȩr u-mášmaȝdán haúh̃a-yo. hāvíle fḗmo lu-mášmaȝdán, ȩšgíl, ómȩr haúh̃a-yo, bú-h̃aq dālǫh̃o, i-kácȩke 15 ȩlmálak-dívan ȩknǫflo. ȩmhorǫlle ȝal málak-dívān. dáȝar rȩšíd-bak ȩlmaúsal, húwe u'ú-mášmaȝdán.

20

XXXVI (173).

u-šaí u-ága da-jín-ve u'u-záljm u-malkátte-ve. kitvóle lu-šaí ú-ȝafrít, ú-zotǫyo-ve. qáyim ú-šaí, kitvóle tárte níše, qrḗle lu-ȝá-frít, ómȩr kítle bárto lu-málko, zóh̃ tlāblīyo. ú-ȝafrít qáyim, azzé 25 ȩmšāyéle ȝálu-záljm. aíko dozzé ómmi zóh̃ lu-gábo. mátị lí-valáye du-málko. azzé yátū ázbȩmálko. ómȩr mǫ-kóbȝat? ȝafrít. ómȩr ātíno ȩttolábno bártoh̃ lu-šaí. ómȩr tlobóle lu-sǫlnās. ómȩr lǫ -kóve, ú-ȝafrít. ómȩr tlobóle. qáyim ú-ȝafrít, ȩmh̃ḗlȩ ȝálu-dárbo, átị ȩlsu-šaí, ómȩr yā šaí. ómȩr h̃á. ómȩr tlǫbbe bártȩ du-málko. 30 ómȩr ȩlmá-tlobóle? ómȩr lu-sǫlnās. ómȩr ȩnfál bainu-bálad ȩkráh̃ alim ȝáskar. kárah̃ u-ȝafrít bainu-bálad dá-jín, mālímle ȝáskar, laít h̃ózbe ȝála. ráh̃ū ú-šaí, azzé ȩlbemálko, ómȩr qaúyo? ȩm-šāyáȝli u-ȝafrít ȩlgáboh̃, laúloh̃ bártoh̃. ómȩr tlobóle lu-sǫlnās. ómȩr u-sǫlnās mányo? ómȩr málko ȩmdá-jín-yo. ómȩr šaiyáȝlȩ 35 káğad trǫte lárke. šaiyáȝlele káğad lu-záljm, ómȩr trǫte ú-sǫlnās u'i-ȝáskar-dide. šámaȝ u-sǫlnās, azzéle u-káğad. māqámle ȝáskar

ráptǫ uʾáṭi, áṭi ęlbeżáljm, mály̦ǫ í-valáye ędżáljm má-ꞵasę̃kir.
yātivi á-tlǫ́tǫ bú-diván, żáljm uʾú-ꞵai uʾú-ꞵǫ́lnās, ę̃ꞵǵili. ǒmęr
qaúy̦ǫ ęṭlǫ́blǫḥ bą́rṭǫ dężáljm? kǒmęr u-ꞵai. ǒmęr ṭlȧbǫ́li, u-ꞵǫ́l-
nās. ǒmęr kǫbꞵę̃nā. ǒmęr lǫ-kǫbę̃na. ę̃ꞵǵil żáljm, ǒmęr gęqǫrę̃na
5 li-ḥą́ñge, aína dęꞵqíla. ǒmmi qraíla. qrelę́la lu-żáljm. ęlviꞵla
í-bądlaíḏa, áty̦ǫ lu-dívan. mǫllélā lu-bábǫ, ǒmęr aína gęꞵǫ́qljt?
u-ꞵǫ́lnās? u-ꞵai? ǒmmo u-ꞵai. ǒmęr é, mustáflit. ąqḥir u-ꞵǫ́lnās.
ęmqātą́lle bu-dívan, lǫ-trę́le lu-żáljm, ǒmęr ęnḥátu mí-valáye ulą́l-
taḥ, qātélu. qāʾimi māqą́mme á-ꞵasę̃kir mī-valą́e, mqātą́lle lárval
10 mí-valáye, qtǫ́lle ǵálabe mąḥḏóde. ú-ꞵǫ́lnās mídle lu-saífǫ, náfjl
baíni-ꞵáskar du-ꞵai, qṭíle ǵálabe, ęmsíkle u-ꞵai ꞵáǵ, lǫ́-qṭíle, mau-
bę́le nꞵáꞵrǫ, maubę́le lu-bąlad-díḏe, māḥátle bú-ḥabís. fáiꞵ arbáꞵ
íꞵne ęmsíkǫ su-ꞵǫ́lnās. qáyim u-ꞵǫ́lnās, azzé su-żáljm, mamtę́le
i-ḥą́ñge, ęmḥarǫ́le ꞵálę. ꞵámaꞵ ú-ꞵulṭǫ́nǫ dȧ-jin, kle u-ꞵai ęmsíkǫ
15 su-ꞵǫ́lnās. ǒmęr zǒḥu, táu á-trē ęlą́rke dhǫzéna qai ęmqātą́lle.
azzín a-gréꞵe du-ꞵulṭǫ́nǫ, mamtą́lle á-trē, mǫblínne ęlsu-ꞵulṭǫ́nǫ.
maḥką́lle ḥid hȧvi su-ꞵulṭǫ́nǫ. ǒmęr naḥáq-y̦ǫ u-ꞵai, mẽqam ṭlȧ-
bǫ́le lu-ꞵǫ́lnās. ęmsíkle u-ꞵai, ęmꞵāyáꞵle lu-ꞵárgun baínu-ḥájūj
umájūj. kítte ꞵulṭǫ́nǫ lá-ḥájūj umájūj. fáiꞵ u-ꞵai ęmsíkǫ baína
20 -ḥájūj umájūj. marfę́le lu-mąlkǫ du-ḥájūj umájūj, maubę́le çlgábe.
kitvǫ́le bą́rṭǫ lu-mąlkǫ, taú mę́na laít, íꞵmā ḥádrā. ǒmęr gędǫ-
ꞵę̃nǫḥ bą́rṭi, ꞵai. ǒmęr trǫ́ve. ṭlȧbǫ́le, ęmḥarǫ́le ꞵálę ęzbemąlkǫ.
qáyim u-ꞵai, ṭlǫ́ble dąstúr mu-mąlkǫ, ǒmęr gęzínǫ lu-baítǫ. ǒmęr
zǒḥ. mamtę́le bą́rṭǫ du-mąlkǫ uʾáṭi ęmbādę́le á-jūlaíḏe ꞵal ǵér ꞵíkęl.
25 áṭi húwe uʾiy̦-ą́tṭǫ ęlbeꞵǫ́lnās. lāḏaꞵíle. kla i-ḥą́ñge gębǫ́ḥy̦ǫ
ꞵálu-ꞵai. ǒmęr qai gębǫ́ḥat? ǒmmo gębǫ́ḥy̦ǫ́nǫ ꞵálu-ꞵai. ǒmęr
aíkǫ-y̦ǫ u-ꞵai? ǒmmo ęmsíkle lu-ꞵulṭǫnaíḏan, mꞵāyáꞵle lu-ꞵárgun
baínu-ḥájūj umájūj, lu-bąlad raḥúqǫ. mǫ́lle liy̦-ą́ṭṭǫ, ǒmęr mállā
li-ḥą́ñge, mār hȧnǫ-y̦ǫ u-ꞵai, dȧꞵąr. nāfíqi a-tą́rte lu-kéf, bą́rṭe
30 du-mąlkǫ du-ḥájūj umájūj ūʾi-ḥą́ñge, ęmkāyąffe. ǒmmo maíkǫ
bát? kǫmmǫ́la i-ḥą́ñge. ǒmmo bą́rṭe du-mąlkǫ du-ḥájūj-nǫ. ǒmmo
lǫ́-ḥzélęḥ u-ꞵai baínu-ḥájūj? ǒmmo bę́le aḥzéli. ǒmmo ǫ́ꞵdǫ aíkǫ
-y̦ǫ? ǒmmo kle ꞵámi. ǒmmo ꞵrǫ́lǫ? ǒmmo é. qrelále ęlbą́rṭę du
-mąlkǫ. áṭi ęnꞵíqqe aḥḏóde, láḏaꞵǫ́le. qáyim ębląly̦ǫ mahzą́mle
35 á-tą́rte, áṭi lu-bąlad-díḏe. beꞵǫ́lnās ǒmmi ęmzaíꞵǫ i-ḥą́ñge. áṭin
ęlbeżáljm, lǫ́-ḥazyǫ́lle. ęmꞵāyéle lu-ꞵǫ́lnās, láḏaꞵ ęlmá-mǫblǫ́le.
ḥá má-jín du-ꞵǫ́lnās ǒmęr ḥazyǫ́li híya uḥrę́tǫ ꞵámu-ꞵai, maḥęz-

míle. ómẹr ṣrọ́lọ? ómẹr é. ráḫū, azzé sụ̆-ṣụltọ́nọ, ómẹr mạrféloḷ
ú- šaí? ómẹr lọ́-mạrféli. ómẹr dẹšaiyặ꞉ sụ̆-ṣụltọ́nọ dụ-ḫájūj, dḫọ-
zéna amsíkọ-yọ? lọ́? mẹ̄āyặ꞉꞉e bí-pọ́sta, mọ́rre lụ̆-ṣụltọ́nọ dụ-ḫájūj.
ómẹr mạrféli. ạqliír ú-ṣụltọ́nọ dá-jín. simle ꞉áskar lụ̆-ṣụltọ́nọ dá
-jín wụmqāṭéle ꞉ámụ-ḫájūj umájūj. māqạmle ꞉áskar lụ̆-šaí má-jín 5
gálabe ráptọ. ặṭi lụ̆-ṣụltọ́nọ ulụ̆-ṣọ́lnās, klen kimqátli họ́nne u꞉u
-ḫájūj. máṭị li-valaí dụ̆-ṣọ́lnās, mọqdọ́le. mịn-ẹqrítọ dẹkḫọ́ze,
kmauqáḏla. máṭị lí-valáye dụ̆-ṣụltọ́nọ, mọqdọ́le. azzé u-ḫábrọ
lụ̆-ṣụltọ́nọ dá-jín, ómmi mamṭéle ꞉áskar ráptọ lụ̆-šaí umauqáḏle
u-bạ́laḏ u꞉á-walāyắt. šāmí꞉i baínu-ḫájūj umájūj ẹdmauqáḏle lụ̆ 10
-šaí á-walāyắt wá-qriyāwọ́tọ. máṭị li-꞉áskar dụ̆-ṣụltọ́nọ udụ̆-ṣọ́l-
nās, m꞉adéle á-ṭọpắt ꞉álaíye. áṭyọ i-꞉áskar dụ̆-ṣụltọ́nọ udụ̆-ṣọ́lnās
ẹlgábu-šaí, ẹnšíqqe raglọ́ṭe, ómmi hvaí ḫắt ú-ṣụltọ́naffḏan. ómẹr
ẹmsáku ú-ṣụltọ́nọ u꞉ú-ṣọ́lnăs, asírụne. masrọ́nne. haúwyọ i-꞉ás-
kạr dá-jín kúlā ạḥḏọ́, kúlle ksọ́gdi lụ̆-šaí, símme ṣụltọ́nọ. dā꞉írọ 15
i-꞉áskar dụ̆-ḫájūj umájūj. ặṭi u-šaí u꞉i-꞉áskar, ặṭịn ẹlbeẓắlịm, hĕš
klai-ḫặ́ñge dlọ́-mḫọ́rọ. mọ́lle lụ̆-ẓálịm lụ̆-šaí, ómẹr qai húlọḫle
i-ḫặ́ñge lụ̆-ṣọ́lnās? ọ́nọ amsi(k)kálli, ḫắt húlọḫleyọ. ómẹr šqọlọ́le
bu-zọ́r. ạmsíkle u-ẓálịm-ẹstĕ, māṣọ́lle. mamṭéle á-tlọ́tọ, ẹšnọqíle.
fặiš u-šaí šụltọ́nọ kmáḫkịm ꞉ála-jín. 20

ú-ḫā̆ yaúmo nāfíqọ i-ḫặ́ñge ubạ́rtọ dụ-málkọ dụ-ḫájūj lụ̆-kéf.
azzịn bainá-mai dặ-nsānắt, ḥẹzặ́lle áḥmạd u-jạnnéni, taú mĕ̆ne laít,
kle ꞉áliy-ạr꞉ọ dặ-nsānắt, kšọ́ṭẹ ꞉ạráq, húwe ẹlḫúdẹ-yọ. nāfíqị ẹlgábẹ.
ḥẹzặ́lle láḥmạd, máyịt ꞉álaíye, ẹmḫāláqle rúḫẹ ꞉álaíye. ḫrízi baina
-máye, ẹmḫāláqle rúḫẹ ꞉álaíye. ẹmzáyạ꞉ áḥmạd. maubạ́lle áḥmạd, 25
ẹmzaíy꞉i a-tlọ́tọ. mọfqíla ẹlbạ́rṭẹ dụ-málkọ baínu-ḫájūj. ẹkḫaírọ i
-ḫặ́ñge, látyọ u-bạ́laḏ-dắtte. ómmo ḫạrke aíkọ-yọ? ꞉ámše. ómmo
u-bạ́laḏ-diḏan-yọ. ḫărū áḥmạd, ẹkḫárbịn ulọ-qọ́ḏer ẹmtáne. azzịn
ẹlbemálkọ, yātívi ẹzbemálkọ ẹmkāyắffe. ómẹr málkọ-yọ ú-zlāmắnọ
꞉āmaíḫu? ómmi má-nsānắt-yọ. ómmi gẹqọṭlinále. lọ-trặ́lle. fặ꞉iši tré 30
yaúme ẹzbemálkọ; qā̆ími dọ́ṭịn sụ-šaí. mọ́rre laḥḏóde la-tạ́rte bu
-dạ́rbọ, ómmi lọ́-kmọblína áḥmạd ặlsu-šaí dlọ́-qọṭéle. ómmo i-ḫặ́ñge
gemaḥtặ́lle bi-barbạžnạíḏi. ómmo kíbeḫ? ómmo é, kúl dọb꞉éna,
gẹmọfqínále, ukúl dọb꞉énā gẹṭollinále. bạ́rṭẹ dụ-málkọ ómmo trọ
sọ́yim ꞉amaínā. ómmo trọ̆́ve. nịkle á-tạ́rte bu-dạ́rbọ. ẹnfịḥlābē, 35
simla kágaḏ, cikla bí-barbặ́žne. ặṭịn ẹlsụ̆-šaí. ómẹr aíkọ-vaíḫu
ḫáni tlọ́tọ yaúme? ómmi bu-kéf-vaínā. kle áḥmạd kụmsānạt.

ǫmḥęlélin lụ-šaí, ómẹr kǫzóḥu, kǫrḥítu. maḥtíle a-tártе biyaúdä;
shǫ́lle u-tárǫ di-yaúdä ębkéfe, wụshǫ́lle á-šębébịk, laít dä́rbǫ
ędnǫ́fqị. ętrę́le náqvǫ ęftíhǫ bi-yaúda. hǫ́nne lǫ́-kǫ́dꞏī dętrę́le
náqvǫ, á-kạcękát. khǫ́yir bu-náqvǫ bínne. maufá̤qlä ęlhä́ñge
5 áḥmạd, ksǫ́yim ꞏamạiye lálgụl bi-yaúdä. mäḥátle lụ-šaí ḥá ꞏä́lụ
-náqvǫ jäsús. ḥęzéle lụ-jäsūs maufá̤qqe ęzlä́m ksǫ́yim ꞏamạiye.
mǫllę́le lụ-šaí u-jäsūs. ómẹr yä šaí. ómẹr ḥá. ómẹr kít ęzlä́m
má-nsänät sá-ḥätūnät. ómẹr šrólo? ómẹr tóḥ. ä́ti ú-šaí, ęftä́ḥle
u-tárꞏǫ. tlä́lle áḥmạd. ómẹr kǫ́yǫ u-zlä́m dkít gäbạíḥu? ómmi
10 mín ęzlä́m? ómẹr ḥęzéle lụ-jäsūs. ómmi kráḥ, kla i-yaúdä.
kärạḥ, nóšǫ lǫ́-ḥzéle, qtǫ́ꞏle qárꞏe dụ-jäsūs, ómẹr dúgle kimdáglit.
mäḥátle jäsús ạḥrénǫ, shǫ́lle u-tárꞏǫ. maufá̤qqe áḥmạd ksǫ́yim
ꞏamạiye. ázzē u-jäsūs, mǫ́lle lụ-šaí, ómẹr kít ęzlä́m má-nsänät
klé sa-ḥátūnät. ftä́ḥle u-tárꞏǫ lụ-šaí. tlä́lle áḥmạd. ómẹr kǫ́yǫ
15 u-zlä́m dkít gabạíḥu? ómmi maíkǫ kít ęzlä́m gäbạínä? ómẹr ḥęzéle lụ-jä̤sūs. ómmi kráḥ, kän ạḥzélǫḥ, ạqtä́lạn. kärạḥ, nóšǫ lǫ
-ḥzéle. qtǫ́ꞏle qárꞏe dụ-jäsūs. mkamlíle tlǫ́tǫ. ómẹr á(n)náqęlä
ǫ́nǫ gędǫvénǫ jäsús. hávi húwe jäsús, ḥęzéle kmaufá̤qqe ú-zlä́m,
ksǫ́yim ꞏämạiye. ḥǫ́lla li-ḥä́ñge, ḥęzéla u-náqvǫ. nä́ḥạt u-šaí,
20 ęftä́ḥle u-tárꞏǫ. hávin duḥǫ́nǫ ufä-íri a-tárte bu-náqvǫ. ęftä́ḥle
u-tárꞏǫ, nóšǫ lǫ́-ḥzéle. ómẹr ǫ́ꞏdǫ ḥä́rke vạíye. kärạḥ ꞏalạíye lǫ́
-ḥzä́lle. mạrféle á-jin bębrítǫ. käríḥi ꞏalạíye lǫ́-ḥzä́nne. mǫfqịla
li-ḥä́ñge li-dúktǫ dạḥzéla áḥmạd. maufá̤qlä mī-bạrbä́žne, ómmo
ḥä́rke aíkǫ-na? áḥmạd. ómẹr ḥä́nǫ bä́lạd dá̤-nsänä́t-yǫ, i-dúktǫ
25 dạḥzęlílḥu. ómmi dędụ́š, aubélạn lụ-baitạídǫḥ. mǫblíle lụ-baitạíde.
ḥzä́nne ęldí-valäí, kimfä́rji ꞏälạíye. mǫblíle láḥmạd lụ-baítǫ.
šämíꞏi dí-valaí, kítle níše láḥmạd, lä́tne má-nsänät. kịmfä́rji
ꞏalạíye, taú mẹnạíye laít.

šámạꞏ šạmälbạk u-ágạ dá-gä́rza, kítle tä́rte níše láḥmạd ú
30 -jenéni, taú mẹnạíye laít. qáyim šạmälbạk, húwe ęlḥúdę, taú
mẹ́ne ḥǫ́rt laít, ómẹr kazzínǫ mfärájnǫ ꞏälа-níše dáḥmạd. ázzē
ạḥzä́lle ęlšạmälbạk, mäyit ꞏalạíye, fáiš tlǫ́tǫ yaúme gäbạíye.
näfịl lēbạíye bšạmälbạk. näfạq áḥmạd, azzé gęzóvin mǫ́kẹlǫ mu
-šúqǫ. maḥạzmíle ęlšạmälbạk, maḥtíle bu-qúꞏrǫ. mšayéle láḥmạd.
35 ómmi maḥạzmíle ęlšạmälbạk. azzé áḥmạd sęšạmälbạk, ómẹr qai
haúḥä símlǫḥ? ómẹr ai dä́rbǫ? ómẹr maubélǫḥ á-nīšạídi. ómẹr
lịnne ạrḥęmä́lli u-ꞏä́tịn ꞏämi, lä́cyǫ haúḥä? ómmi béle, ómmi izǫ́ḥ

ló-kọdꞃīnáloḥ uló-kọdꞏátḷạn. fáꞏîŝi ạḥsár îŝne siŝạmálbạk. ạqḥíri
mú-bạ́lạd dá-nsānáṯ. mọ́rre lạḥḍóde, ómmi gẹzắnọ lụ̌-bạlạd-díḍạn,
á-tạ́rte, gẹmọblínā ŝạmálbạk ꞏamạínā. ómmi gẹzánọ ẹlbạínu-ḥájūj,
�862umájūj, lọ-kọzạ́n ẹlbạiná-jin. qāꞏími maubạ́lle ŝạmálbạk wum-
zạíri. azzị́n á-nóŝe dbé-ŝạmálbạk, mọ́rre lạ́ḥmạd, ómmi ạíkọ ạḥ- 5
zéloḥ á-kạcẹkātáni? ómẹr ḥzạ́lli bạina-maꞏ, í-ḥḍo mbạínu-ḥájúj-yọ,
ꞏꞏí-ḥḍō mbạína-jín-yọ. ómmi maubạ́lle ŝạmálbạk, lọ-kọdꞏị́na ạíkọ
maubạ́lle. ómẹr lọ́-zẹꞏꞏ̣tu ꞏạ́lẹ, gẹmadꞏạrile. — maubạ́lle, azzén ẹlbạínu-ḥájūj. ómmi mạíkọ-yọ ú-zlāmánọ? ómmi mbạín á-nsānáṯ-yọ.
ómmi kọ́yọ hávọ dí-naqlặyọ? ómmi azzé hávọ. ómmi ŝqọ́lḥu 10
hánọ? ómmi lóo, á-níŝe dụ-ŝạí-na. fáíŝ ꞏạmạíye, ẹmkāyặffe bu
ꞏátrọ dá-ḥājúj. ŝámạꞏ u-ŝạí, ráḥū, ázzē ẹlbạina-ḥájūj, ạḥzạ́lle.
yátū azbẹmálkọ, maḥkạ́lle ḥid-hávi. ómmi lạ́tḷạn hặŝ mẹ́ne,
ꞏꞏ

ꞏꞏꞏ

ꞏꞏꞏꞏ

ꞏꞏꞏ

uló-símlạn ꞏámẹ, mamṭẹ́lạn ẹgréꞏọ. ómmi lạít zárar. fáíŝ ꞏẹꞏsr
ꞏîŝne ŝạmálbạk bu-ạ́trọ dá-jín ẹgréꞏọ sụ-ŝạí. u-ŝạí mọ́lle li-ḥạ́ñge, 15
ómẹr ꞏạ́jiz ú-zlāmánọ hạ́rke, aubéḷẹ lụ̌-bạ́lạd-díḍe uꞏitéḥ. ẹkḥọ́zẹt
ŝạmálbạk, gẹzạíꞏạt mẹ́ne. mamṭéla ẹlfóṭẹ dẹbríṭọ. ómmo zóḥ lụ
ꞏbaitọ, á(n)náqẹla gẹdọ́ꞏrọ̆nọ. ómẹr dụ̌ŝ ọzạ́n îŝmọ ẹlgābạina uꞏizéḥ.
ómmo gumꞏẩnẹt u-ŝạí. ómẹr lạít gạ́mọ, fúŝ trē yaúme uꞏizéḥ.
maqẹnꞏọ́le, mọblọ̆́lẹ. ómẹr ŝláḥ ú-dạlqaiḍẹḥ, dḥọzạ́llẹḥ ŝüfạrtọ. 20
ŝláḥlā u-dạ́lqọ, māḥátle bú-sạndúqọ. fāꞏíŝọ tre yaúme, ṭlọ́bla u
ꞏdạ́lqọ. ómẹr zéḥ lọ́-kọbẹ́ne. ómmo baí yamắn baí daḥíl, háli
u-dạ́lqọ, dozínọ. ómẹr ḥaír lọ́-kọbẹ́nọ u-dạ́lqọ. ẹdlọ́-dạ́lqọ, lạíbā
dọzzá. fāꞏíŝọ gábẹ ḥsár iŝnĕ. ẹgnúla u-qlíḍọ mẹ́nẹ, ẹftạ́ḥlā ú
ꞏsạndúqọ, ẹlvíŝlā u-dạ́lqọ wazzắ. kárạḥ ꞏạ́lu-qlíḍọ, lọ-ḥzéle; azzé 25
lụ̌-sạndúqọ, lạít dạ́lqọ. ẹmdạívin ẹkọ́rạḥ bu-ṭúrọ; hávi daivọ́nọ,
ẹqọ́re ḥạ́ñge. nóŝo lọ́-kmádꞏar. fáíŝ daivọ́nọ, họl dẹmáíṭ.

———

30

XXXVII (171).

kítvō tré aḥunọ̆́ne, u-ḥá bāzịrgán-ve, u-ḥá bēmijál-ve. kitvóle
mál gálabe lụ̌-bázịrgán. kitvóle ábrọ. u-bāzịrgán kāyúle, húle
á-bágle uꞏú-mál lú-aḥúnọ. ómẹr súm mẹdạ́rbi bāzár, hód nọyạ́ḥli. 35
ómẹr trọ́ve. símle bāzár lú-aḥúnọ, ŝqịle umzābạ́lle, hávi kallát
gálabe. ú-bāzịrgán mọ́lle lu-ábrọ, ómẹr ábri. ómẹr há. ómẹr

7

aḥtíti baqdǫ́lǫḥ, ꞓaráq lǫ́-šótẹt, bú-qumár lǫ́-mištáꞓat, u꞉aḥúl hod
kitát ṣáġ, lǫ́-ktaími á-kallát. ómẹr trǫ́ve. máyiṯ ú-bāzịrgán. lǫ́
-kóḍa꞉ u-kúrẹkǫ dẹkítne á-báġle sụ-ꞓámmǫ u꞉ú-mál. kozĕ ábre
dụ-bāzịrgán šótē ꞓaráq udǫ́yịq bú-qumár, kmaúbẹl ꞓámẹ ꞓásrǫ
5 ḥórtīn, lǫ́-ktǫ́rẹ ẹdhǫ́sri, kmaštẹ́lin mẹkíse, kmaukẹ́lin mẹgábe.
hávi bĕmijál, lǫ́-ksǫ́wa꞉ láḥmǫ. aḥzéle lụ ꞓámmǫ, ómẹr qaí haúhā
hát? komálle ụ-ꞓámmǫ. ómẹr ꞓaí ḍárbǫ? ómẹr hávịt bĕmijál.
ómẹr mǫllẹ́li ẹlbábi, lǫ́-šótẹt ꞓaráq ulǫ́-daiqịt bú-qumár, lǫ́-símli
bḥábrẹ-dbábi, havínǫ bĕmijál. ómẹr ba꞉aí ḍárbǫ? ómẹr lǫ́-kǫḍꞓánǫ.
10 ómẹr gimtaúbịt ꞓaráq dlǫ́-šótẹt? ómẹr hǫ́ve taúbe qum alǫ́hǫ, lǫ-fáiš
kšǫtĕnǫ ꞓaráq udáqnǫ bú-qumár. ómẹr tóḥ ẹlgábi. maụbẹ́le ẹlgábe.
ómẹr šqúllǫḥ mó kíse, súm bịnne bāzár. ómẹr trǫ́ve. mamtẹ́le á-mǫ
kíse, ẹzvúlle báġle wuzvúlle mál. azzĕ ẹlbụ́ġdad, símle tijāríye,
húle wušqíle. áti lụ-baitǫ lídiyárbạkẹr, fā꞉íšle bú-qụ́rš qụ́rš maḥ-
15 ṣúl. šáma꞉ ụ-ꞓámmǫ, ómẹr ĕ haúhā, ksǫ́yim bāzár, hávi mál
ꞓámẹ zíd mẹdu-bábǫ. ázze u-ꞓámmǫ ẹlgábe, ómẹr gẹtǫlábnōlǫḥ.
ómẹr mụstáḍflit ꞓámmǫ. azzĕ u-ꞓámmǫ ẹlbaín a-ꞓárab, ạlbẹšĕḥ,
u-šĕḥ dá-taíya. kítlē bárṭǫ, laít aḥvóta. yátū sụ-šĕḥ, ómẹr ạ́lmịu
-ạ́tịt, bāzịrgán? ómẹr atínǫ ẹlbárṭǫḥ. ómẹr ẹlmạnyǫ? ómẹr lábre
20 daḥúni. ómẹr kā꞉ísǫ, ómẹr zóḥ taíli tlǫ́tǫ báġle, aṭꞓẹ́nin dīnǫ́re
utaíyin u꞉aubẹ́la. qáyim ụ-ꞓámmǫ, áti lụ-baitǫ, maṭꞓálle tlǫ́tǫ báġle
dīnǫ́re u꞉azzĕ ạlbẹšĕḥ. hūlẹ́le á-tlǫ́tǫ báġle u꞉á-dīnǫ́re, mamtẹ́le
bárṭẹ dụ-šĕḥ. áti lụ-baitǫ ạmhẹrǫ́le ꞓál ábre dú-aḥúnǫ. lǫ́-knófạq
mẹgábā mǫ-sáfẹrǫ hód gǫ́ne u-yaúmǫ, húwe dāmíḥǫ gába ạblạ́lyǫ
25 úbīmǫ́mǫ. fáiš tlǫ́t íšne lǫ́-náfạq mẹgába. mǫllále, ómmǫ zóḥ,
sụ́m bāzár u꞉itóḥ lụ-baitǫ, ạrja꞉ kli ạ́ttǫḥ. ómẹr lǫ-kmǫqtǫ́ꞓǫ íḍi
mẹ́nẹḥ. ómmǫ dlǫ́zzǫḥ ṣaimịt bāzár, lǫ́-kolyǫ́nǫ gábǫḥ. ómẹr
gezzínǫ. ómmǫ ktau ṣúrtǫ ḥid ṣúrti, aubẹ́la ꞓámǫḥ, kúl dǫtyǫ́nǫ
ẹlbólǫḥ, aufẹ́q i-ṣụ́rtǫ, ẹnšáqa. ẹktúle ṣúrtǫ ḥid ṣúrtā bu-kágad
30 umaḥtǫ́le ẹbkíse. máit ụ-ꞓámmǫ, fáiš u-mál lúwe. mamtẹ́le ú-mál
dụ-ꞓámmǫ, ẹmsíkle á-taꞓnaíḍe, ukítle ištó grẹ́꞉e. qáyim azzĕ ẹl-
bụ́ġdad. láqi ẹbbāzịrgán aḥrẹ́nǫ bǫgzírǫ. ú-bāzịrgán ẹdbụ́ġdad
kóbꞓẹ dǫzĕ lídiyárbạkẹr, u-kúrẹkǫ kóbꞓẹ dǫzĕ ẹlbụ́ġdad. íšme du-
-kúrẹkǫ dạ́lli-yǫ. yátívi saḥdóde húwe u꞉u-bāzịrgán ẹdbụ́ġdad,
35 ksaími hának. kítlē lụ-bāzịrgán ẹdbụ́ġdad grẹ́꞉ǫ má-jin, íšme ú
-síllǫ. húwe nāꞓímǫ aḥzéle, símle ẹbmǫ́re, kmakráḥle ꞓámẹ bá-walāyát. dạ́lli kmaúfạq i-ṣụ́rtǫ knǫšáqlā. u-bāzịrgán ẹdbụ́ġdad

ómər mọ́rtọ di-ṣụrtáti í-dọstaídi-yọ. ómər bás mišgọ́lịt, dặlli.
mọllẹ́lẹ lụ-sillọ, ómər már, ọ́nọ í-dọstaídi bạ́rtẹ dụ-šéḥ-yọ u·am-
ḥaulụ́lle, lọ́-kọdá·nọ, ọ̇·dọ ạiḳọ-yọ; kọmálle ú-jín lụ-bāzịrgán. ómər
lọ́-kmityáqnit ẹdkítyọ í-dọstaídi? ómər lọ́. ómər ọ́nọ í-dọstaídi
bạ́rtẹ dụ-šéḥ dá-·aráb-yọ, ẹmḥaulụ́lle, lọ-kọdá·nọ ọ̇·dọ lạiḳọ mọb- 5
lọ́lle. dặlli ẹblẹ̆be ómər ·al báḥti šṛọ́lọ; ómər kā mamṭẹ̆lọḥ nīšán
mẹgába, šṛọ́lọ í-dọstaídọḥ-yọ. ómər mị-nīšán? ómər taị í-kạffí-
yaịdā. ómər gimšāyá·nọ u-grē·aídi, gẹṭọrẹ̆nọ ẹdmamṭẹ̆la. ómər
šaíya·. ómər gẹfaišínā ḥạ́rke hol dọzẹ̆ u-grē·ọ lidiyárbạkẹr
u·ọ̆tẹ. ómər trọ́ve. ómər kā mamṭẹle í-kạffíye mẹgába, gẹšọ- 10
qánnọ á-baglaídọḥ u·á-tá·ne ukál-lọ́-mamṭiyọ́le, gẹdọbẹ̆nọḥ á-bag-
laídi u·á-ṭa·naídi. símme ·álu-ḥabrắnọ šạ́rṭ. ẹmšāyá·le lụ-bāzịrgán
u-síllọ. ómər síllọ. ómər ḥá. ómər kọb·ẹ́no ạdgónvit í-kạffíye
miy-ặttọ. ómər trọ́ve. azzẹ̆ u-síllọ lidiyárbạkẹr. ẹmšāyéle ·álụ
-baítọ ẹddặlli. ómmi klẹ̆. gắni u-yaúmọ. cik táḥtu-tár·ọ, hụ́we 15
jín-yọ. ·ábạr klaị-ḥātúne dāmạ́ḥtọ. ẹgnúle í-kạffíye wunšọ́qle
i-ḥātúne. mọrvọlále lí-ḥātúne ẹldạ́lli, ómmo lọ́-mzaí·aṭ i sụ́rtọ.
mamṭẹ̆le lụ-síllọ í-kạffíye, huwọ́le lụ-bāzịrgán. ómər dặlli. ómər
ḥá. ómər kọ́d·aṭ í-kạffíye? ómər ẹ́. ómər klā mamṭiyọ́le lu
-grē·ọ. họ́llẹ̆ba ẹldạ́lli, ẹblẹ̆be ómər híye-yọ, ẹffẹ̆me ómər lạ́cyọ 20
í-kạffíye dạ́tti. ómər bá· ẹdmạ́nyọ? ómər zwọ́nọ zwinọ́lẹ lu-grē·ọ.
ómər mọ̇-kọ́b·aṭ ẹdmamṭẹ̆nọ mẹgába? ómər kā mamṭẹ̆lọḥ í-ḥazmaịda, šṛọ́lọ-yọ. ómər síllọ. ómər ḥá. ómər kọb·ẹ́nọ ẹdmámṭẹt
í-ḥazmaịda. ómər kā·ísọ. qáyim u-síllọ, kọ́dạ· u-baítọ. ặti lidiyárbạkẹr, fặiš lebẹlạ́lyọ, cik táḥtụ-tár·ọ, ẹgnúle ī-ḥázme mạṇḥīrā 25
wunšọ́qọ́le. ặtī, mamṭiyọ́le, huwọ́le lụ-bāzịrgán. ómər dạ́lli. ómər
ḥá. ómər kọ́d·aṭ i-ḥázme? ómər ẹ́. ómər klā. họ́lle ·álā ẹl-
dặlli, ómər álọ yábọ híyẹ-yọ. ómər dẹqúm, ḥáli á-bágle.
šqị̆le á-bágle u·ú-māl mẹdặlli ušqị̆lọ í-sụrtọ mẹdặlli. fặiš
dặlli bọgzírọ. ặti u-bāzịrgán ẹdbụ́gdad lidiyárbạkẹr. yátū bú 30
-ḥān, māḥátle á-ṭá·ne. azzẹ̆ hụ́we u·ú-síllọ ẹlbedặlli, dịqle ·álụ-tár·ọ
lụ-síllọ. ómmo mặny-ávọ? i-jẹ̄ríye. ómər ftáḥ u-tár·ọ. ftạ́ḥla u-tár·ọ.
sāliqị ặlsi-ḥātúne. ómmo ặlmịn-ạ́tịt, bāzịrgán? ómər mqāyạ́dlan
lọ́nọ wuldặlli bá-níše, ómər ḥáli ạ́ttọḥ, gẹdọbẹ̆nọḥ ạ́tti; ẹmánnọ
trọ́ve. ómmo šṛọ́lọ? ómər klẹ̆ u-síllọ. ómmo šṛọ́lọ? síllọ. ómər 35
ẹ̆. ómər lọ́-kmityáqnit? klaị-sụ́rtọ ·ámi. họ́llā ·áli-sụ́rtọ, ómmo
šṛọ́lọ. mityāqállā. ómmo jẹ̄ríye. ómmo ḥá. ómmo sụmlan mọ̇-

kęlǫ utailan ꞏꞯráq lǫ́nǫ ulṵ-bázịrgān. ęꞯtä̇lle ꞏꞯráq uꞏᴀ́ḫǫ́lle. hȧvi
bęlä̇lyǫ. dămᴀ̇ḫ u-bāzịrgä́n sí-ḫātúne, símle ꞏᴀ́ma ᴀḫsár kǫ́rę,
udámᴀ̇ḫ u-síllǫ sí-jēríye, knáklā mętị̄za. ómmo qai mä́rke ęksaí-
mịt? ómęr báꞏ maíkǫ? ómmo ęmä́rke. ómęr lǫ́ ᴀ̇ḫnā ꞏä́dę-yǫ
5 gābaínā mịllaḫálf ksaimínā. qä́yim u-bāzịrgä́n, húwe uꞏu-síllǫ
azzén lu-ḫä́n sá-ṭᴀꞏne. í-jēríye mǫ́llā lí-ḫātúne, ómmo ꞏai dä́rbǫ
símle ꞏä́męḫ lṵ-bä́zịrgān? ómmo símle ḫị-ꞏä́de, ęmꞏä́dlǫ; ómmo hä́t
ꞏai dä́rbǫ símle lṵ-síllǫ? ómmo ǫ́nǫ millaḫálf símle ꞏä́mi. gāḫịḫǫ
í-ḫātúne. —. ātị dä̇lli lidiyä́rbᴀkęr, azzé lṵ-baítǫ, ḫzéle í-ḫātúne
10 uꞏí-jēríye. yȧtū lǫ-kṵmtä́ne. ómmo qai haúḫa símlǫḫ? dä̇lli.
ómęr ai dä́rbǫ? ómmo mqāyä́dlǫḫ lóḫ ulṵ-bázịrgān bá-niꞏše, húlǫḫli
lṵ́-bāzịrgän wṵꞏšqị́lǫḫ iy-ä́ttǫ. ómęr ḫaír kimdáglit, hä́t i-dǫstaídę
hä́t. īmḗla, ómmo lä̇tli hä́š mḗnę. maḫkęléla ḫid hȧvi. īmęlä̇le,
lǫ́-mịtyāqä́lle ęldä̇lli. ätị u-bä́zịrgān ᴀlbędä̇lli, kle dä̇lli yätívǫ,
15 ꞏtä̇lle ꞏꞯráq, símle ꞏä́mi-ḫātúne ęlquldä̇lli. ębꞏíj dä̇lli mä́it. qä́yim
u-bä́zịrgān, mᴀrḫaúle í-ḫātúne umaṭꞏä́lle ú-mä́l ęddä̇lli, ätị ęlbú̇g-
dᴀd, í-ḫātúne ꞏä́mę. māḫátle ꞏä́lṵ-mä́rgǫ di-qarrǫ́sye. kít ṭúrǫ
ꞏᴀlǫ́yǫ, kit ęmꞏᴀ́rtǫ bu-ṭúrǫ, kíba ꞏafrít, náḫat ṵ-ꞏafrit lṵ-mä́rgǫ,
ḫǫ́llę, ḫęzéle í-ḫātúne ꞏä́mu-bäzịrgān. šqǫ(l)lǫ́le umaḫęzmǫ́le. azzéle
20 u-bäzịrgān uꞏä́-grḗꞏe bä́-tfanáq, däꞏar ꞏä́lṵ-bäzịrgān. kitvǫ́le sistǫ
lṵ-bäzịrgān, maḫzä́mle. ätị bǫtrá-grḗꞏe, cíki baína-ṭᴀꞏne. qtǫ(l)líle,
ḫǫ́nne uꞏä́-bä́gle, umasláqle u-mä́l lí-mꞏä́rtǫ uꞏí-ḫātúne. yätū bi
-mꞏä́rtǫ, kimkä́yif ꞏä́ma, lǫ́-kṵmtányǫ. qä́yim ṭaryǫ́le bí-mꞏä́rtǫ,
híya uꞏú-mäl. ätị ękǫ́rᴀḫ bębrítǫ. ᴀḫzéle ᴀḫdǫ́, ęǵbinǫ mu-gaúrǫ,
25 bä́rtęd taṭᴀr ä́ga, taú mḗnā laít. ęlqǫtǫ́le maḫęzmǫ́le. ḫazyṵ́lle
lárbꞏǫ rǫ́ꞏye ꞏä́mę. azzé lí-mꞏä́rtǫ, māḫátle á-tᴀrte saḫdǫ́de, kim-
kä́yif ꞏämaíye ṵ-ꞏafrít. šämaꞏ tä́tᴀr ä́ga ęǵbinǫ i-bä́rtǫ mu-gaúrǫ
umaḫzä́mlā. kāríḫi ꞏälā lǫ́-ḫazyǫ́lle. ḫzä́lle á-rǫ́ꞏye ęltᴀtä́r ä́ga
wulgaúrǫ di-bä́rtǫ. ómmi ꞏalmǫ́-kǫrḫítu? ómmi kǫrḫína ꞏäli-zę-
30 ꞏṵ́rtǫ. ómmi ḫä́ma lǫ́-kǫrḫítu. ómmi qaúyǫ? ómmi maḫęzmǫ́le
ṵ-ꞏafrít. ómmi aíkǫ kǫ́ve ṵ-ꞏafrit? ómmi bu-ṭúrǫ ꞏᴀlǫ́yǫ. azzé
tä́tᴀr ä́ga úꞏu-mḗrękǫ, sālíqị lí-mꞏä́rtǫ, ḫzä́lle á-tä́rte, nǫ́šǫ laít
gābaíye. mǫfqǫ́nne maḫęzmínne, mǫblínne bęǵér dä́rbǫ. ätị ṵ
-ꞏafrít lṵ-baítǫ, lǫ́-ḫzä̇lle, ękǫ́rᴀḫ ꞏälaíye ḫú-daivǫ́nǫ. azzé bǫtraíye.
35 hȧvi bęlä̇lyǫ. ḫä́las taírǫ fāyǫ́rǫ ꞏä́lṵ-ꞏafrit, mä́tị ęltᴀtä́r ä́ga u
-taírǫ, ómęr aḫzém ukāꞏísǫ aḫzém. ómęr qaiyǫ? ómęr kä́tị ṵ-ꞏafrit
bǫtraíḫu. símme núqrǫ biy-árꞏǫ ucíki bi-núqrǫ ęmkᴀsyǫ́lle ębqä́ršǫ.

āṭi ụ-ꜣafrit, dĭšle ꜣal sápṭẹ di-núqrọ ulọ́-ḥzạ́lle. ḥẹzéle u-ṭaírọ lụ
-ꜣafrĭt, ómẹr maíkọ kọ́ṭẹt? ómẹr mláf ẹgnạíṭẹ diyaúmọ. ómẹr lọ́
-ḥzélọḥ nĭše? gaúre? ómẹr lố, nốšọ lọ-ḥálạṣ hạ́rke. dá꞉ạr ụ-ꜣafrĭt.
ẹmzáyạ꞉ taṭạ́r áġa uꜣá-nĭše uꜣú-zlám. azzẹ́u ẹblạ́lyọ, láqạn ẹbkō-
nát ẹdꜣárab. mšáyặlle ꜣālụ-kōn dụ-šéḥ. aḥzạ́lle, yātĭvi ạzbẹšéḥ. 5
u-šéḥ ómẹr hạ́ti bạ́rṭi-yọ. ạ́dạ꞉ i-bạ́rṭọ. ómẹr maíkọ mamṭiyọ́lọḥ,
taṭạ́r áġa? ómẹr ḥạ́l uḥawál-diḍi haúḥa-yọ, bĭ-mꜣạ́rṭọ ḥạzyọ́li.
ómẹr aíkọ ázzẹḥ lĭ-mꜣạ́rṭọ? hịd kítyọ maḥkẹ́la lụ-bábọ. ómẹr fụš
gábi. fā꞉ísọ su-bábọ. taṭạ́r áġa áṭi lụ-baíṭọ, mamṭẹ́lẹ i-bạ́rṭọ.
láqị u-ꜣafrĭt búwe, ạqṭị́le taṭạ́r áġa uꜣu-mẹ́rẹkọ, mahzạ́mle i-kạ́cẹke. 10

XXXVIII (169).

15

kítvō pášā, kitvọ́le tlọ́ṭọ ábne, rọhámvọ án-ábne, mautaúwo
ạ̀-tlọ́ṭọ ꜣālụ-táḥt. kitvọ́le grẹ꞉ọ lụ-pášā sáḥm, azzẹ́ lu-ṭúrọ u-grẹ꞉ọ,
aḥzéle haíye rápṭọ. aṭyọ́le i-haíye ẹddauṣọ́lẹ. kitvọ́le saífọ lu
-grẹ꞉ọ, mịdlā li-haíye lụ-kālán dụ-saífọ. grĭšle u-saífọ mu-kálān,
i-haíye lọ́-mạrfẹ́la u-kálān, táị̆š ẹffẹ́ma. ẹmḥẹlẹ́la saífọ, ẹmḥẹṭẹ́la 2ō
trẹ̆, ẹmkamẹlílẹ tlọ́ṭọ, qṭị́le i-haíye. kítla li-haíye ḧọ́ṭọ rab mẹ́na
smíṭọ; hạ́yọ ĭ-smíṭọ áshạm mạ́ti-yọ daạṭị́le, ẹ́lọ smíṭọ-yọ. áṭi u
-grẹ꞉ọ lụ-baíṭọ, maḥkẹ́le lụ-pášā, ómẹr yā pášā, ạlọ́họ mastállẹ
꞉áli. ómẹr ꞉aí dạ́rbọ? u-pášā. ómẹr qáyim haíye ꜣáli, wáḥta
ẹddaúṣọváli ạqṭẹlọ́li. ómẹr kā꞉ísọ sĭmlọḥ daạqṭẹlọ́lọḥ. i-haíye 25
smíṭọ báḥyọ, ómmo ḧọ́ti látyọ lụ-baíṭọ. ẹmšāyẹ́la ꜣáli-ḧọ́ṭọ má
-haiyát. ómmi lọ-ḥazyọ́lan. ómmo ẹlnọ̆šọ ạqṭẹlọ́lẹ. báḥyọ. āṭí
taírọ, ómẹr qai gẹbọ́ḥaṭ haíye? ómmo ꜣal ḧọ́ti, lọ́-kọdꜣ꞉ọnọ aík
-azzā, hạ́ni ꜣásrọ yaúmẹ látyọ lụ-baíṭọ. ómẹr qṭị́le aḥdọ́ lu-grẹ꞉ọ
du-pášā. ómmọ hiyẹ-yọ. ẹmšāyẹ́la má-haiyát, ómmo lố-qṭịl mẹ- 30
naíḥu a-yaumáni? ómmi lố. ómmo qṭọ́lle ḧọ́ti ẹlbepášā; ómmo
taírọ. ómẹr há. ómmo dụš aḥvaíli bepášā, gẹdọbạ́llọḥ tre mar-
vọ́de ẹddáhvọ. ómẹr kā꞉ísọ; ómẹr ḥáli á-marvọ́de ugẹdọṭénọ.
ómmo šqúllọḥ á-marvọ́de. ̄ḥúlālẹnē. ómẹr dmánne á-marvọ́dani?
ómmo dẹbạ́rṭẹ du-áġa dá-sáb꞉ẹ, azzá ḧọ́ti ẹrríša, lọ-dvọꜣọ́la, mam- 35
ṭẹ́la á-marvọ́de. ómẹr é, dụš-ọzạ́n, maḥvénẹḥ bepášā. ázzē u
-taírọ, maubẹ́le i-haíye smíṭọ. ómẹr klén bepášā. cíkọ bu-syọ̆ġọ

du-qúṣrọ, dáꭒar u-ṭairọ lụ-baitọ. ázzại-ḥaiye bá-ꮪyoǵǫ́ne li-yaúda
du-pãꭒā, klé·u-ḥa ábrọ yātívọ ꭒālụ-táḥt. sālíqọ lụ-táḥt, ẹdvúꭒlā,
udãꭒrọ lụ-ꮪyǫ́ǵọ. báḥi ábre du-pãꭒā. ómẹr qaúyọ gẹbóḥạt? ómẹr
qróꮪlẹli ẹlmḗde. ḥǫune kmiꭒǵǫ́li yárim u-kúrẹkọ. qrạ́lle lá-ḥā-
5 kíme, ḥǫ́rre ꭒálẹ lá-ḥākíme. nóꭒe ómmi ádmọ-yọ, unóꭒe ómmi
ạrfúwụlle ꭒálqẹ, nóꭒe ómmi mḥáwụlle ḥạjāmät. kắmịl tạ́rte sãꭒát,
máyiṭ u-kúrẹko, maubạ́lle dqauríle. kla áttẹ du-pãꭒā·yātútọ, nāfíqọ, ẹdvuṣǫ́la, dãꭒrọ ẹldúkṭa i-ḥaíye. ạ̀ttọ du-pãꭒā mhāvállā.
ómmi qaúyọ kụmhaúrạt? ómmo qróꮪlẹ̃li ẹlmḗde. ómmi mínyọ?
10 ómmo lǫ́-kọdꭒǫ́nọ. ómmi lǫ́-ḥzḗlẹḥ? ómmo lǫ́. mā·ꭒítọ háyẹste.
á-tre bḥā yaúmọ ạqtẹlílā. fā·ꭒꭒọ i-ḥaíye lẹblạ́lyọ bú-ꮪyǫ́ǵọ. mꭒāyéle lu-pãꭒā, ómẹr málavā, minyāuọ dẹqǫ́rẹꮪ? ómmi lǫ́-kọdꭒína,
ómmi lạ́tyọ ꭒiqárvọ, lạ́tyọ ḥaíye ulạ́tyọ ḥábọ, ómmi lǫ́-kọdꭒína.
ẹblạ́lyọ dāmíḥi, nāfíqọ ẹdvúꭒlā ábre du-pãꭒā u-ḥrḗnọ, báḥi. mā-
15 qáttẹ báhrọ, lọ-ḥzạ́lle mḗde; ázzā lụ-ꮪyǫ́ǵọ ẹldúkṭā. qrḗle lá-ḥākíme, mạrfẹlạ́lle ꭒálqẹ, lǫ́-nāyạ́ḥle, máyiṭ. nāfíqọ mú-ꮪyǫ́ǵọ, ḥạz-
yǫ́lle ẹmḥạ́llabbā kéfẹ, cikọ bu-ꮪyǫ́ǵọ. u-pãꭒā mǫ́llẹ ẹldí-valái,
ómẹr li-ḥaíye ẹdvúꭒla ábni u·ꭒátti. ómmi ꮬkǫ́yọ? ómẹr cikọ bú
-ꮪiyǫ́ǵọ du-qúṣrọ. ómmi baꭒai dạ́rbọ? ómẹr gẹmaḥraúnọ u-qúṣrọ.
20 maḥraúle u-qúṣrọ, maḥczạ́mlā li-ḥaíye, lǫ́-ḥạzyǫ́lle, azzắ lụ-baítọ.
ómẹr lǫ́-ḥzēli i-ḥaíye, maḥraúli u-qúṣrọ ulǫ́-kmibaínọ. bẹnḗle u
-qúṣrọ ḥáṭọ. ómẹr ꭒai dạ́rbọ ꮪoyạ́mnọ? ómmi zóḥ ꮪu-mạ́lkọ dá
-ḥaiyát, gịmaḥvẽlọḥ i-ḥaíye dẹdvúꭒlā ábnọḥ. qáyim u-pãꭒā, rávạḥ
ꭒālụ-síꮪyọ. azzẽ u-gréꭒọ ꭒámẹ. mꭒāyéle ꭒālụ-mạ́lkọ dá-ḥaiyát.
25 maḥvạllálle í-dúktọ dkóve u-mạ́lkọ. ómẹr kǫ́yọ u-mạ́lkọ? ómmi
lạ́cyọ ẹbbaítọ. ómẹr lạíkazzē? ómmi azzẽ ꮪu-ága da-ṭairẹ, wáḥta
kótẹ. kắli ẹzbemạ́lkọ u-pãꭒā. ạ́ti u-mạ́lkọ, ómẹr mǫ́-kọbꭒạt pãꭒā?
ómẹr ạ́tino ẹlgábọḥ. ómẹr ẹlmúnẹ? ómẹr ḥaíye, ẹdvúꭒlā á-tre
abnạídi u·ꭒátti. ómẹr kọdꭒátla? ómẹr lǫ́ọ, bạ́lle kọdãꭒnọ ẹlhaíye
30 ẹdvọꭒila. qrḗle lá-ḥaiyát, lǫ́-fáiꭒ ḥaiyát ẹbdúktọ, kúlle ạ́tịn. ómẹr
ẹlmánẹ ẹdvúꭒlẹ ábue du-pãꭒā u·ꭒiy-ạ́ttọ? ómmi lạ́tlan hãꭒ mẹnạíye.
ómẹr lǫ́-fáiꭒ ḥaiyát? u-mạ́lkọ. ómmi fáiꭒ ḥaivọ ꮪǫ́vọ. qrạ́lle lụ
-ḥaivọ ꮪǫ́vọ, mamtạ́llẹ. mǫ́llẹlẹ lụ-mạ́lkọ, ómẹr lǫ́-dvúꭒlọḥ nóꭒọ?
ómẹr kíbe ạḥsár iꭒne. ómẹr laiṭ nóꭒọ, pãꭒā, dẹdvúꭒle ábnọḥ; zóḥ
35 ꭒụiyíl mu-mạ́lkọ dá-ḥaiyát ꮪạmye. azzẽ mꭒāyéle mu-mạ́lkọ dá
-ḥaiyát ꮪạmye. qrḗle lá-ḥaiyát ꮪạmyẹ, ómẹr ẹlmánẹ ẹdvúꭒle ábne
du-pãꭒā? ómmo lǫ́nọ. ómẹr qaúyọ ẹdvọꮪilẹḥ? ómmo qtǫ́llẹ ꮯóṭi.

ómẹr qaúyọ, påšā, qtọ́lḥu i-ḫótọ? ómẹr óno lọ́-qtẹlọ́li, lu-gréꜱọ
qtẹlọ́le. ómẹr qai qtẹlọ́lọḥ, gréꜱọ? ómẹr mịdla lụ-ṣaifọ, ạqtẹlọ́li.
ẹmḫāláqla li-ḥaíye smítọ rúḥā ꜱālu-gréꜱọ, ẹdvúṣlā. u-mạ́lkọ ẹm-
qātẹ́le ꜱámi-ḥaíye, nắfíqọ i-ḥaíye, ẹǵbínọ. ómẹr qúm påšā, sum
ꜱáskạr uꜱitóḥ ạqtālā, gẹmaḥvẹ́nọḥ ú-baitạídạ. qảyim u-påšā, ảtị 5
li-valaí, símle ꜱáskạr uꜱ́ạti ẹlsu-mạ́lkọ dá-ḥaiyāt sámye, ómẹr aḥ-
vạili ú-baitạídạ. maḥvilẹ́le ú-baitạídạ. näfíqọ i-ḥaíyẹ mqātẹ́la
líya uli-ꜱáskạr. kmọḫằllā bá-ṣaife, lọ́-kmaqtọ́lọ, qảis ẹdmọḫálla
ẹkḥọ́šnọ, lọ́ qādíri ꜱála, dvúṣlā ǵalabe mi-ꜱáskạr. maḥẹzạ́mle lu
-påšā, ảtị maḥkéle bí-valaí, ómẹr ꜱai dạ́rbọ ṣaimína bi-ḥaiyáṭi. 10
ḥá dạrvíš āṭí li-valaí, ómẹr mịnyọ? mọ́-baḥás-yọ? maḥkạ́llạlle ḥid
ḥáv i. ómẹr dọọtánnā mọ́-gẹdọ́bitụ́lli? ómẹr u-påšā: bạ́rṭi gāwịrtọ
-yọ, gẹmạrfẹ́na mu-gaúrọ uꜱọbẹ́nọḥyọ. ómẹr kä꜔ísọ, u-dạ́rviš.
ómmi ꜱai dạ́rbọ gẹqọtlátlā? ómẹr štéli máye mdá-ḥaiyát lọ-qọ́drọ
dauṣọ́li, uꜱọ́nọ lọ́-kmọ́ḥẹna, gẹḥọnáqna. azzín maḥviyọ́lle lụ-dạ́r- 15
víš. ḥạzyọ́lẹ lụ-dạ́rviš, šǵil ꜱáma bú-lišọ́nọ dá-ḥaiyát. mịddc
lạḥdọ́de, gẹdauṣọ́le, lọ́-kmọdvúṣ. mịdle lạqdọ́la, ạḥnẹqọ́lẹ. mqa-
ṭọ́lẹ bá-muwás, maḥtọ́le ꜱali-núrọ. matfẹ́la i-núrọ, simọ́la fáḥmọ
bu-sámọ. ómẹr ḥúru mọ-símla bi-núrọ, matfẹ́la i-núrọ bu-sámọ.
ómmi šrọ́lọ? ómẹr ḥlọ́ lọ-kḥọzétu? áṭi u-dạ́rviš ꜱámu-påšā, ḥúlẹlẹ 20
i-bạ́rṭọ. šqịlẹ bạ́rṭẹ du-påšā, cikọ́lẹ bí-mzídọ, uꜱazzú u-dạ́rviš.

ázze lụ-ḥọ́j, nắfạq mụ́-ḥọj ꜱam á-ḥajíye dóṭẹ lụ-baítọ. mäḥátte ꜱal mạ́rgọ blạ́lyọ, dámiḥi. qā꜔íni á-ḥajjíye, maṭꜱánne mọ-sá-
fẹrọ; fáiš u-dạ́rviš dämíḥọ, ẹlnọ́šọ lọ́-māqạ́mle. mäḥạ́sle, lọ́-ḥzéle
á-ḥajjíye. ảṭị ḥáwe ẹlḥúdẹ, ẹmzayáꜱle u-dạ́rbọ. ảṭị ꜱal ụ-bạ́lạd 25
dá-sáb꜔ẹ, ảṭị ẹlbeꜱáǵa da-sáb꜔ẹ, yátū gābaíye. ómmi maikọ kọ́ṭẹt?
ómẹr mụ́-ḥọj. ómmi i-bạrtạídạn ẹmdaiválla. ómẹr qaúyọ? ómmi
atyó ḥaíye ẹddauṣọ́la, lọ́-dvuṣọ́la, maubéla á-marvọ́daídạ, ꜱálā
-marvọ́de ẹmdaívọnọ. ómẹr kọd꜔íṭu i-ḥaíye? ómmi lọ́. ómẹr dúš
dọzánọ lu-ṭúrọ dá-ḥaiyát, qọrẹ́nọ lá-ḥaiyát bu-lišōnáṭṭe, aína dóvịn 30
ꜱáma gẹdọ́mmọ klén. ómẹr dúš. ómẹr cọqánnin á-marvọ́de, mọ́
-gẹdọbạ́tli? ómẹr gẹdọbẹ́nọḥ bạ́rti. ómẹr kä꜔ísọ. ảṭịn lu-ṭúrọ dá
-ḥaiyát, qréle lá-ḥaiyát, lá-sạmye uldá-ꜱaíne, kúlle lātími su-dạ́rviš,
ómmi mọ-kọ́b꜔ạt, dạrvíš? ómẹr ẹlmá-mamṭẹ́le á-marvọ́de ẹdbạ́rṭẹ
du-áǵa dá-sáb꜔ẹ? ómmi lọ́-ḥzạ́llạn. ạḥdọ́ ómmo mamtálla li-ḥaíyẹ 35
dạqtẹlọ́lọḥ. ómẹr ẹlmán hovíla? ómmo hovíla lu-ṭaírọ, maḥvilẹ́la
bepåšā. ómẹr su-ṭaírọ-ne? ómmo ć. ómẹr izọ́ḥu kul-ạ̊ḥdọ ẹldúkṭa.

azzín kul-aḥḍō ẹldúkṭā. qrḗle lá-ṭaíre bú-lišǫ́nǫ da-ṭaíre. ómẹr
ẹlmán ẹšqíḷẹ marvǫ́de mi-ḥaíye? ḥá ómẹr lǫ́nǫ. ómẹr kóne?
ómẹr klen bádne dátti. ómẹr zóḥ ṭaíyin. azzẹ́ mamṭálle, šqoḷíle
lụ-dárviš. áṭịn ẹlbesábsǫ, mamṭánne, nāyáḥlā li-kácẹke. ómẹr
5 anbḗlọhyǫ, dárviš, bárṭi. maḥṭǫ́le bí-mzídǫ, áṭi lu-ṭúrǫ dá-ḥaiyát,
ẹmsíkle ṭarté ḥaiyát, ómmi ẹlmínne á-ḥaiyātáni? á-kacẹkát. ómẹr
aína dẹmqátil ªāmaíhu, á-ṭárte ḥaiyātáni gẹdausánne; mị́-náqẹla
dẹmqátil nóšǫ ªāmaíhu, máru ḥaiyát itóḥu ẹdvášunne; kmǫ́llilin
lá-ḥaiyát. ómmi trǫ́ve. azzẹ́ u-dárviš, maubḗle á-kacẹkát, máṭị
10 lụ-bálạd-díḍẹ. kítte ága lá-dárviš, íšme n̥-ªaízar, u-ágā dá-dárviš.
maufáqle lụ-dárviš a-ṭárte kacẹkát mí-mzídǫ. aḥzáḷle lụ-ªaizar,
ómẹr maíkō-le lụ-dárviš á-níše kā ªisáni? ómmi lǫ́-kọdṣ́ina. ómẹr
gẹšọqánnin mu-dárviš. ẹṭlọbíle mú-dárviš, lauvíle. ómẹr gẹšọqánnin bu-zǫ́r. šqoḷíle mu-dárviš, simle ªāmaíye lụ-ªaízar. qrḗle
15 lụ-dárviš lá-ḥaiyát. áṭịn á-ḥaiyát ẹlgábu-dárviš, ómmi mọ́-kǫ́bṣat?
yā dárviš. ómẹr aínahḍō lọ-štḗla máye? atyó aḥḍǫ́, ómmo ónǫ
lǫ́-štḗli máye mẹzaúnǫ. ómẹr kíbe kmǫ́-šne, lọ-štḗlẹḥ máye?
ómmo kíbe ªạsríshne. ómẹr zéḥ, ẹdváṣ n̥-ªaízar. azzẹ́ ẹdvǫ́ṣla
n̥-ªaízar, máyiṭ. azzẹ́ u-dárviš, šqíḷe á-nīšaíḍe. ómmi lǫ́-kọbinā-
20 lọḥne, á-dárviš. ómẹr gimšāláṭnǫ á-ḥaiyát ªāḷaíhu, ómmi ḥlọ
ksaími á-ḥaiyát ẹbḥábrọḥ? ómẹr é. ómmi dẹqraíḷịn dhọzéna.
qrelélin, lātími, ómmi mọ́-kǫ́bṣat? ómẹr aḥzánhu? mọ́lle la-dárviš.
ómmi álǫ šrǫ́lǫ. ómẹr lǫ́nǫ madváṣli n̥-ªaízar. ómmi hví u-āgaí-
dạn. hávi u-āgátte. mǫ́lle lá-ḥaiyát ómẹr míbézu. ẹmbǫ́lle á
25 -ṭárte ªáḷẹ, bǫ́tr mẹdášqelíle mụ-ªaizar. hāvíla kul-aḥḍǫ ábrǫ;
bárṭẹ dú-ága da-sábᵓe hāvíla ábrǫ fáḷge sábᵓǫ ufáḷge ịnsán. húwe
kmáḥkịm ªāla-dárviš. —.

30

XXXIX (168).

kítvō páša, kitvóle trē ábne, kitvóle mo-wáze, ḷaidívǫ. kítvōle baítǫ bášqa la-wáze. kítvō ªáft, kul ḷáḷyǫ ọ̣ṭḗvǫ maubáḷvǫ
35 aḥḍǫ́. gẹbọnánne a-wáze, kul sáfẹrǫ knǫ́qṣi aḥḍǫ́. maⁱaḷámme
u-páša ḷán-ábne, ómmi yā bábǫ. ómẹr mínyǫ? ómmi nāqṣ̣i á
-wāzaíḍạn. ómẹr qaúyo? ómmi kul ḷáḷyǫ kozzẹ́ aḥḍǫ́, lǫ́-kọdṣ́ịna

má-kmaubęlin.   qręle ęldí-valái, ómęr má-kīt ḥarámī bī-valái?
maḥvillálle tlǫ́tǫ, ómmi· háni ḥarāmiyę-ne, háni-ne a-gānǫ́ve ędbạíni
-valaí.   ęmsikle á-tlǫ́tǫ, māḥátle u-zínjęr baqdǫ́lạíye, fā·íši bú
-ḥabís.   áti ụ-ʂábd ạbęlą́lyǫ, maubę́le ạḥdǫ́.   ębnạ́nne, nāqịsi.
maʂalámme u-pášā lạ́n-ábue, ómmi bábǫ.   ómęr há.   ómmi azzé 5
ạḥrę́tǫ.   ómęr šrǫ́lǫ?   ómmi é.   ómęr lǫ́ la-ḥarāmiye ęgnūwụ́nue,
maḥtị́li bú-ḥabís, lạ́tte hás.   mạrfạ̈́lle mụ̈-ḥabís.   mšāyéle ulǫ́-mšā-
yéle, lạ́dạ? ú-gānǫ́vǫ mạ́nyǫ.   ómęr gędǫmáḥnǫ ád-lạ́lyǫ qūmạíye,
u-pášā, dḥǫzę́na u-gānǫváuǫ mạ́nyǫ.   fáiš u-pášā ęlfạ̈́lge dęlạ́lyǫ
yātívǫ, dámạḥ qmaú-wáze.   áti ụ-ʂáft, maubę́le ạḥdǫ́.   lǫ́-māḥásle 10
lu-pášā.   qáyim sáfęrǫ u-pášā, ębnę́le á-wáze, nāqịsi ạḥdǫ́.   ómęr
mạ̈ny-ánǫ dękmaubę́lin, bęrámšụl dāmạ́ḥnǫ qma-wáze, lǫ-ḥzéli
nóšǫ dáti, unāqịsi ạḥdǫ́.   aḥúne dú-pášā ómęr ǫno gędǫmáḥnǫ.
hávǫste dāmạḥ, azzé ạḥdǫ́.   dámạḥ ábre du-pášā u-rábǫ qumạíye,
lǫ́-māḥásle āti ęgnúle ạḥdǫ́ lụ-ʂáft.   ú-naʂímǫ ómęr bá.   ómęr há. 15
ómęr ǫnǫ adlạ́lyǫ gędǫmáḥnǫ.   dámạḥ ú-naʂímǫ, kšǫ́tę qályūn,
ʂlạ́ḥle ídę bu-šạ́lfǫ, mạlyǫ́le málḥǫ, ędlótęle šạ́ntǫ, klại-tfáñge bídę.
áti ụ-ʂáft, mịdle li-wázǫ.   ḥęzéle lu-kúrękǫ, māḥátle i-tfáñge ʂálę,
qā·ítǫ ębqárʂę ī-tfáñge.   tréle i-wázǫ umaḥzạ́mle.   áti u-pášā,
bnę́le a-wáze, ómęr lǫ nāqịsi a-wáze yaúma.   ómęr bábǫ.   ómęr 20
há.   ómęr ḥzéli mę́de, lạ́cyǫ ịnsán ulạ́cyǫ ḥaiván, ḥdụ-dáḥba-yǫ,
áti mịdle li-wázǫ, māḥátli i-tfáñge ʂálę, fālítǫ i-tfáñge, mahzạ́mle,
lǫ́-kǫdʂánǫ ęmḥaisę́li?   lǫ-mhaisę́li?   ómęr aík-azze?   ómęr náfạq
bī-dạ́rgā.   ómęr ęmhaurátvǫ ʂálạínā.   ómęr lǫ́-kárạḥ lišǫ́ni.   qáyim
ábre du-pášā, ómęr gęzínǫ kǫrạ́ḥnǫ ʂálę.   azzén á-tre ábne du 25
-pášā u·aḥúnǫ du-pášā, ázzịn táyda, ękǫ́rḥi ʂálę.   ḥęzạ́lle u-ádmǫ,
azzén bǫ́tru-ádmǫ.   azzén limʂártǫ, dámạḥ bí-mʂártǫ, hávi u-ádmǫ
gǫ́lę.   qāyímvǫ mí-mʂártǫ.   azzén bi-daúse du-ádmǫ ęlfę́mę du
-gúbǫ.   ómmi kle bu-gúbǫ, qáyim mí-mʂártǫ, áti lu-gúbǫ.   dá:ạr
ábre dụ-pášā lụ-baítǫ, mamtę́le ḥaúle, áti ęlfę́mę du-gúbǫ.   aḥúnǫ 30
dụ-pášā ómęr ęnḥę́tụlli.   manḥátte ęlfạ̈́lge du-gúbǫ, ómęr bęʂíjnǫ
mụ-rę́ḥǫ, grášụlli.   gríššę.   manḥátte ábre du-pášā u-rábǫ ęlfạ̈́lge
du-gúbǫ.   ómęr mā·ítnǫ mụ-rę́ḥǫ, grášụlli.   gríššę.   ómęr ęnḥę́tụlli,
ú-naʂímǫ; ómęr ǫmánnǫ ulǫmánnǫ ębʂịjnǫ grášụlli, ló gǫršītụ́lli.
mášǫ́rre manḥátte.   náḥạt, lǫ́-mtānéle.   ómęr tautę́ḥu.   manḥátte; 35
náḥạt lu-gúbǫ, šrę́le a-ḥaúle męḥáʂę, ḥęzéle tlǫ́t ęmʂáre bu-gúbǫ,
kul ạḥdǫ́ bḥásra.   ʂábạr lí-ḥdǭ, ḥęzéle kit ʂáft dāmíḥǫ, kit ạḥdǭ

gábe ḫi-jauharáe, taú mẹ́na laịt. ómmo aíkọ äṭịt ẹlắrke? ómẹr
qaúyọ? ómmo dmáḫas u-ʳáft ʳálọḫ, gẹdọḫẹ́lọḫ. ómẹr ʳaí dắrbọ
söyåmnọ? ónmo múd lụ-saịfọ. mịdle lụ-saịfọ. ómmo ẹmḫaiye
ʳarrágle gẹqọṭlắtle, ẹdmọḫátle ʳäl aqḍọ́le lọ́-qọṭlắtle. maʳlẹ́le u
5 -saịfọ, ẹmḫẹ́le ʳarrágle, qtọʳọ́le; máyiṭ. maufắqle i-kắcẹke u⸝ú-mäl
di-mʳắrṭọ. māsọ́lle bá-ḫaúlẹ, ómẹr gräʳụlle. gríšše i-kắcẹke u⸝ú
-mäl, mọfqắlle. aḫúnọ du-pȧsä ómẹr ḫắti lọ́nọ-yọ. ʳábạr li-mʳắrṭọ
ḫrẹ́tọ, ḫẹzẹ́le aḫḍọ́ heš taú máyọ, kit ʳáft ʳal bắrka dämíḫọ.
ómmo aik-ắṭịt ẹlắrke? ómẹr āṭịnọ bu-gúbọ. ómmo dmáḫas ụ-ʳábd
10 ʳálọḫ, gẹsắmlọḫ barnịt. ómẹr ʳai dắrbọ soyắmnọ? ómmo gẹdọ-
mállọḫ, kle hó u-saịfọ ẹmʳálqọ, ṭaiye. mamṭẹ́le. ómmo cúke
ẹbgáve, ẹʳrắṭ gáve, gẹqọṭlắtle, dmóḫaṭ ʳäl aqḍọ́le lọ́-qọṭlắtle.
cikle u-saịfọ ẹbgáve, ʳrắṭle gáve. ómẹr ú~h umäyiṭ. näfịl u
-kúrẹkọ liy-ắrʳọ, tlọ́t säʳät hól dẹmäḫȧsle. frịḫla lẹ́bẹ li-kắcẹkọ.
15 qáyim maufắqle i-kắcẹke u⸝ú-mäl, maʳrilẹ bá-ḫaúle, ómẹr gräʳn.
gríšše, maufắqqe i-kắcẹke u⸝ú-mäl. ábre du-päsä ómẹr ḫắti lọ́nọ
-yọ. äzzē li-mʳắrṭọ ḫrẹ́tọ, aḫzẹ́le aḫḍọ́ taú má-ṭartänẹk; blẹ́be
ómẹr ḫắti lọ́nọ-yọ. kitlä qẹfáfe ẹddáhvo uzẹǵúnẹ ẹdsẹ́mọ klọ́qti
lúl, kimfắrjọ ʳälaíye; kítlä bíštọ lọ-qịs bọmqắss ulọ-ḫịt bọmḫắtẹ;
20 kítla mịšáye ẹddáhvọ, kimhálḫọ lụ-kmīḍọ́qọ_biy-ắrʳọ. kle ụ-ʳábd
ẹmjắrḫo gäbā. ómmo aík-ắṭịt ẹlắrke? ómẹr ḫẹzíli ḫázịr. ómmo
kle u-ʳáft mjắrḫọ. maʳlẹ́le u-saịfọ, ẹmḫẹ́le ʳal qárʳẹ, pẹ́qqle qárʳẹ.
qáyim u-ʳáft, ẹmḫẹlẹ́le ḫrẹ́nọ ʳäl aqḍọ́le, qtọ́ʳle aqḍọ́le. ómẹr qúm
dozänọ. äṭịl-lu-gúbọ. ómẹr téḫ, īsáq. ómmo īsáq ḫät. ómẹr ló,
25 ḫät. ọ́mmo gẹmándimịt; gẹsọlqọ́nọ gẹmọblíli aḫunọ́nọḫ, gẹṭọrắllọḫ
bu-gúbọ, ẹtsọ́lqịt ḫát qāmaịtọ, lọ-ktọrátli, gigọršắtli. ómẹr ló, lọ
-zéʳaṭ, aḫunọ́ni lọ-ksaịmi haúhä. ómmo é, mụstáflit; ómmo šqúllọḫ
á-tlọṭọ faʳʳáni, hánọ dfọrḫátle gẹnọ́fqọ i-qẹfáfe, uhánọ dfọrḫátle
gẹnọ́fqạ u-bíštọ, uhánọ dfọrḫátle gẹnọ́fqọ i-mišáe. ómẹr kä⸝isọ.
30 maḫtíle ẹbkíse. ómmo šqúllọḫ ú-ṭaíránọ. maufắqläle ṭaírọ, ómmo
ï-náqẹlä dẹgọršílọḫ aḫunọ́nọḫ, gẹqọ́tʳi u-ḫaúlọ, gẹdọrắllọḫ, gẹnọ́flit
bu-gúbọ, gẹnọ́ḫtịt li-zạrzamíne taḫtaítọ lárʳẹ dẹbrítọ, gẹdọ́tọ-ṭaírọ
ʳämọḫ; kit tlọṭó sísye bi-zạrzamíne, šmắṭ kul sísyọ mắnṭọ mẹ-
dắnve, ḫẹ́tịn ẹbkisọḫ; lọ-kọ́dʳaṭ aíkọ nọ́fqịt ẹlfọ́te dẹbrítọ, mär ya
35 ṭaírọ, aufắqli ẹlfọ́te dẹbrítọ, gẹmaufắqlọḫ. maulȧflä. ómẹr gräʳu.
gríšše i-ḫätȧne kä⸝istọ, mọfqọ́lle ẹlfẹ́me du-gúbọ, khaíri bíya, taú
ma-ṭắrṭẹ-yọ. ábre du-päsä ómẹr lọ́nọ-yọ; aḫúnọ du-päsä ómẹr

lóno-yọ. ómmi gẹgọr8inále ẹlfẹ́mẹ du-gúbọ, qọt:ína a-haúle, dọrẹnálẹ, mọblína í-8áfạrtọ, dọmmína qtọ́llẹ. ṓmẹr grá8ṇlli. grí88e ẹlfạ́lge du-gúbọ, qtạ́:ẹ a-haúle bá-sạifẹ. náfịl bu-gúbọ, cik bi -zạrzạmíne, náhạt lár:ẹ dẹbritọ. fái8 :asró yaúmẹ hod māhạ́sle. māhạ́sle, hẹzéle á-tlótọ sísyẹ, 8mọ́tlẹ kul sísyọ mạ̀ntọ mẹdạ̀nve, 5 mahtíle ẹbkísẹ. ládạ: aíkọ nọ́fạq ẹlfótẹ dẹbritọ, hẹzéle u-tairọ gábẹ. ṓmẹr yā taírọ, anfạ̀qli ẹlfótẹ dẹbritọ. maufạ̀qlẹ ẹlfótẹ dẹbritọ :al fẹ́mọ du-gúbọ. ṓmẹr taírọ ẹd:ár çldúktọh. dá:ạr çldúkteáti li-valáye du-bábọ, ẹzvụlléle gávọ dsafúrọ, māhátle ẹbqár:ẹ, simle rúhẹ kácạl, nọ́8ọ dlọdá:lẹ. —. ú-pá8ā mọ́lle lú-ahúnọ ulu 10 -ábrọ, ṓmẹr kóyọ ahūnạíhu? ómmi qtọ́lle.- ṓmẹr aínạ-yọ iy-ạ́ttọ? ómmi hạ́ti-yọ i-kā'[stọ. ṓmẹr traúwyọ lábri lu-rábọ, iy-ạ́ttọ u'ạ́ttọ dú-ahúnọ, a-tạ́rte trọ́vin lúwe, hávọ qtọ́llẹ. simme mi8tútọ lahúnọ du-pá8ā. ráhu ahúnọ du-pá8ā, nāhíti á-fārọ́8ẹ :ámẹ, kimsạíri. qạ́yim u-kácạl, maufạ̀qle mạ̀ntọ mẹkísẹ, náfạq sísyọ kọ́mọ çdháva, 15 u'ạlví8le bạ́dle kā'[stọ. náhạt bạiná-fārọ́8e, khạíri búwe, kónmi ú-kạcạlánọ maíkọ-yọ? kítle sísyọ kā'í8ọ. ómmi nuhrọ́yọ-yọ. ázze ẹmqāyạ́dle u-sísyọ, maufạ̀qle mạ̀ntọ hrétọ, náfạq sísyọ bọ́z. náfịl bạiná-fārọ́8e. ómmi u-kácạl sísyọ kọ́mọ kitvọ́le, ọ:ẹdọ hávi hẹvọ́rọ. ómmi mọ́lhu mẹ́ne? nuhrọ́yọ-yọ. ázzē ẹmbādéle, mau- 20 fạ̀qle mạ̀ntọ, hávi sísyọ sẹmọ́qọ. náfịl bạiná-fārọ́8e. mahzạ́mle i-kímme dahúnọ dụ-pá8ā, 8dạ́llẹ bọ́trẹ, lọ́-mātạ́llẹ. náhạt mu-sísyọ, māhátle á-mẹ́ne ẹbkísẹ. kāríhi :álẹ, lọ-hzạ́lle. ạ́tịn ẹmhọ́rrẹ ahúnọ du-pá8ā, gávạr. ómmi á(n)náqçlā gẹsạimína í-mi8tútọ dábre du-pá8ā. simme i-mi8tutạídẹ. ạ́ti u-mạ́lla çdmọ́hẹr 25 á-tạ́rtẹ :álẹ. lọ́-maqbẹ́la li-hātúnẹ ráptọ, híya kọ́d:ọ āti, hẹzéla a-sísye táhte. ázzē yátū gré:ọ sụ-zívkạr, u-yạ́rhọ bẹqír8. azzé u-mạ́lla, mọ́lle lu-pá8ā, ṓmẹr lọ-ktọ́ryọ í-hātúne çdmọhánnọla :āl ábrọh. azzé u-pá8ā, ṓmẹr qaúyọ? ómmo kọb:ọ́nọ mẹ́nọh qçfáfe çddáhvọ, á-zọgúnẹ çdsẹ́mọ, çdlọ́qtị lúl. ázzē u-pá8ā, mọ́lle lụ 30 -zívkạr, ṓmẹr zívkạr. ṓmẹr há. ṓmẹr kọb:ẹ́nọ qçfáfe çddáhvọ uzọgúnẹ çdsẹ́mọ çdlọ́qtị lúl. ṓmẹr lạíbi çtsạ́mnọ. ṓmẹr súm, gẹqọtá:nọ qár:ọh. u-zívkạr gẹbọ́hẹ. ú-kạcạl ṓmẹr lọ́-bọ́hạt, ọ́nọ gẹdsạ́mnọ. ṓmẹr mút, maítẹt kácạl. u-kácạl frịhle u-fássọ, maufạ̀qle í-qçfáfe wá-zọgúnẹ; mọblíle lụ-zívkạr lu-pá8ā. huwíle lí 35 -hātúne lụ-pá8ā. ómmo taúli bí8tọ çdlọ́-qị8 bạmqáss, udlọ́-hịt bạmhátọ. azzé u-kạcạl, yátu gré:ọ sụ-tạ́rsci. tlọ́blc lụ-pá8ā bí8tọ

mu-tᶖrsci ḥid mǫ́llā. frᵢ̣ĥle lṵ-kᶖcᶐl u-fáᶊᶊǫ, náfᶐq u-bíᶊtǫ. maubḗle
lṵ-páᶊā, húle li-ḫātúne. ómmo kǫbᶾǫ́nǫ miᶊáye ᶒddáhvǫ ᶒdlǫ́-mi-
dǫ́qǫ biy-ᶐrᶾǫ. u-páᶊā mǫ́llᶒ lá-sāyǫ́mᶒ dá-miᶊāyát. ómmi laíbᶐn
ᶒtsaimína. ú-kᶐcᶐl ómᶒr kíbi ᶒtsᶐ́mnǫ. ᶚ́mᶒr sṵm. ómᶒr gābaíḫu
5 gᶒsᶐ́mnǫ. azzḗ ᶒlgābaíye u-kᶐcᶐ́l, frᵢ̣ĥle u-fáᶊᶊǫ, nāfíqǫ í-miᶊáye.
hūwᶐllā í-miᶊáye. ómmo lǫ́-kᶊǫqᶒlǫ́nǫ nóᶊǫ ġēr hávǫ ᶒtsímle í-miᶊáye. ómmi u-kᶐcᶐl-yǫ dsímle í-miᶊáye. ómmo álǫ ábrǫḥ-yǫ. ómᶒr
abrí? ómmo é, ómmo ᶒnfáq kᶐcᶐ́l, ᶐḥkaí i-ḥkēyaídǫḥ. náfᶐq ń
-kᶐcᶐ́l, maḥkḗle ḥid hávi, uᶺá-sísye klen ᶾámi. ᶒnᶊᵢqle lṵ-páᶊā
10 uᶺᶐmḥǫ́llᶒ í-ḫātúnᶒ ᶾámᶒ. ómᶒr ḥaᶺín nāfíqi aᶗunǫ́ni ᶾámi.

15
kítvō ḥᶐ́, íᶊmᶒ kalᶐ́ᶊ ágā, u-ága dᶐsᶾᶐ́rt, rab mḗne nóᶊo lᶐ́tvō,
kitvóle mᶐl gálabe. kitvóle ábrǫ, íᶊme du-ábrǫ jaúhar-ve, ḥǫ́rt,
miᶊtaᶾᶒ́vǫ bú-djbǫ́lǫ, nóᶊǫ lǫ́-dǫrévǫle, náfᶐq íᶊme. kítvō ḥᶐ́ ḥᶐ́-
nṵn, hávᶒstc sáhᶒm-ve. ḥᶐ́nṵn ujaúhar maidívǫ lᶐḥdǫ́de, lǫ́-dǫ-
20 ránvǫ ᶐḥdǫ́de. hávin á-tre ḥaurǫ́ne. ḥᶐ́nṵn ómᶒr jaúhar. ómᶒr ḥᶐ́.
ómᶒr dṵ́ᶊ kǫrḥína bᶒbrítǫ. ómᶒr dṵ́ᶊ. rāḥívi ᶾālá-sísye watlǫ́bbe ḥᶐ́tᶐr
mᶐ́-bābᶐ́tte. azzḗn ᶒlvalái. kīt páᶊā bí-valaí, mᶐrfḗle trḗ lṵ-páᶊā
kmiᶊtᶐ́ᶾᶐn bu-saífǫ ubu-tṵrsǫ. lǫ́-ḥā qtᶊ́le ṵ-ḥᶐ́. ú-páᶊā ómᶒr ᶒn-
ḥátṵle mā-dᶒknǫḥátle. lǫ́-majrᶐ́lle ᶒldí-valaí. jaúhar mǫ́lle lṵ
25 -páᶊā, ómᶒr dqǫtᶐ́nnᶒ bu-tṵᶊtᶒᶾǫníyǫ, nóᶊǫ lǫ́-kṵmdáᶾe ᶾáli? ómᶒr
ḥair u-páᶊā. miᶊtaᶾḗle ᶒljaúhar ulṵ-mḗrᶒkǫ. ᶊqᵢ́le u-máfᶐr mḗne
ᶒljaúhar, ᶒmḥᶒlḗle saífǫ, qtǫ́ᶾle rágle. ómᶒr ᶾáfarᶖm, u-páᶊā, gᶒdǫ-
benǫ́lǫḥ bᶐ́rti. ómᶒr kāᶺísǫ. maubḗle lṵ-páᶊā ᶒlgábᶒ, húwe uḥᶐ́-
nṵn. yātívi ᶒzbepáᶊā. ómᶒr kǫ́yǫ bᶐ́rtǫḥ? páᶊā. ómᶒr klā bṵ
30 -baítǫ. ómᶒr qrailā dḥǫzenǫ́la. ómᶒr lǫ́ dṵ́ᶊ-ǫzᶐ́n ᶒlgábā. qáyim
azzḗ húwe uᶺu-páᶊā ᶒlgábā. ḥǫ́lle bíya ᶒljaúhar lǫ́-mᶾajebǫ́le,
ómᶒr bᶐ́rtǫḥ kāᶺístǫ-yǫ, trǫ faíᶊǫ ǫ́ᶾdǫ gáboḥ hol dǫzí wǫtḗnǫ. ómᶒr
laíkǫ gezóḥ? ómᶒr gezínǫ lēḥǫ́r dᶒbrítǫ, kīt ᶐḥdǫ́ bᶒᶺēḥǫ́r dᶒbrítǫ,
kómmi taú mḗna laít, kítlā ᶾᶒ́sri tᶐrtamēníye, kúlle grḗᶾᶒ-ne gába.
35 ómᶒr é ónᶒste ᶊāmᶐ́ᶾnǫ ᶾála. qáyim jaúhar uḥᶐ́nṵn, masǫ́rre á
-saífe, rāḥívi ᶾāla-sísye, azzḗn mᶊāyálle ᶾᶐl ēḥǫ́r dᶒbrítǫ. azzḗn
ᶒltṵ́rǫ ḥályǫ, ḥᶒzálle ᶒmᶾᶐ́rtǫ, fémᶒ dí-mᶾᶐ́rtǫ kle ᶊḥírǫ ᶒbkéfǫ,

kębóħyǫ aḥdǫ́ bí-mṣ́artǫ, lādíṣi lo-gaúrǫ-yǫ ulo-áttǫ-yǫ. ęftáḥhe u
-tárṣǫ, ṣābíri li-mṣ́artǫ. kit gúbǫ bí-mṣ́artǫ. męfémę du-gúbǫ ómmi
mịn-at męmę́de? ómmo áttǫ-nǫ. jaúhar ómęr gęnǫḥátnā maufáǫna.
ḥánụn ómęr ǫnǫ gęnǫḥátnǫ. nāḥátlā. grišǫ́lle bḥāṣaíye, látvǫ
haúlǫ, masalqǫ́lle lí-mṣ́artǫ ęlgáwa. ḥánụn ómęr grạ́šli. grišle ęl- 5
jaúhar. ṣ́ali tré drǫ́ṣę mīy-árṣǫ, kle u-ṣaífǫ ṣ́ámę. kítvō ḥá bu
-gúbǫ, lǫ́-ḥzéle ęlḥánụn. jaúhar ęggǫ́riš, ú-zlāın du-gúbǫ mịdle
arrágle, grišle. ómęr jaúhar arfaíli. marféle ęljaúhar, húwe u-ú
-zlām ęmsíkke laḥdǫ́de, ṣ́abíri li-mṣ́artǫ begáve du-gúbǫ, mištaṣ́alle
bú-djbǫ́lǫ, lǫ-drạ́lle aḥdǫ́de. jaúhar kle knǫ́tar ṣ́ālu-gúbǫ, ómęr 10
azzě́ ḥánụn uláṭi, kómęr li-kạ́cęke. ómmo kīt ḥá bu-gúbǫ ucǎ́ħ
dęgríšḥu(l)li dāmíḥǫ-ye, kán ǫ́ṣdǫ māḥásle. ómęr šrólo? ómmo é.
ómęr gęnǫḥátnǫ. manḥátla li-kạ́cęke, ṇ́áḥat jaúhar lu-gúbǫ, nǫ́šǫ
lǫ́-ḥzéle, cik bi-mṣ́artǫ, ḥezę́le á-tre kimqátli. ómęr ḥánụn. ómęr ḥá.
ómęr mǫ́-ksaímịt? ómęr ǫ́nǫ u-ṇ́-ṣafrīt kimqatlína. āṭile jaúhar 15
mi(d)dạ́lle lá-tre, ęmḥálle biy-árṣǫ, qtáṣę qárṣę, ḥzạ́lle kit tạ́rte jau-
haráyāt, mamtánne, áṭịn, sālíqị. sālíqị ęlsi-kạ́cęke, ómmi ṣaí dárbǫ
mamtęlę́lęḥ lụ-ṣafrīt? ómmo bu-šíbbakvi yātútǫ, ḥaiṭánvǫ, áṭi mahzámlēli. ómmi maíkǫ ḥát? ómmo bárṭę du-áġa dę-álmadina.
ómmi gezéḥ lụ-baítǫ? ómmo lǫ́, gędǫtyǫ́nǫ ṣ́āmạíḥū. ómmi gezánǫ 20
ęlbạ́lad rāḥúqǫ. ómmo trǫ́ve. rāḥívi ṣ́ala-sísye, marḥęvǫ́le ęlḥánụn bǫ́trę. azzén ęlvalǎi, ęzvụnạ́lla sísyǫ, malvạ́ššạ(l)lā bạ́dle ęd-
gaúre, ęzvụnạ́lla saífǫ, kómmịt gaúrǫ-yǫ, nǫ́šǫ lǫ́-kǫdáṣle. qā-ími
mi-valaí, azzén ęlqúṣrǫ, ḥezạ́lle kīt ṣ́áft bu-qúṣrǫ, mahzámle arbṣ́i
kacękát núqus aḥdǫ́. mšāvárre baḥdǫ́de ęljaúhar wulḥánụn. ómmi 25
gęǫotlína ụ-ṣafdánǫ, šǫqlína á-kacękát ménę. ómęr trǫ́ve. dámaḥ
ụ-ṣáft, sālíqị á-kacękát lu-qúṣrǫ, ómmi zlāmát. ómmi ḥá. ómmi
bụ-baḥtáṭhu aḥlę́sulan mídęt dú-kufuránǫ. ómmi ftáḥulan u-tárṣǫ.
ęftáḥnne u-tárṣǫ, ṣ́abíri á-tlǫ́tǫ bá-saífę. māḥásle lụ-ṣáft, ómęr
ó~f, ḥáni maíkǫ-ne? kǫráḥnǫ ṣ́ālaíḥu blạ́lyǫ, ḥezēlílḥu bīmǫ́mǫ. 30
ómmi qúm. qáyim, męnáválle baḥdǫ́de bá-saífę. ęmḥelále li-kạ́-
cęke du-gúbǫ saífǫ, qtǫ́sla kátfę. áṭi li-kạ́cęke, ǫ́ṣdǫ ętkómęr
gaúrǫ-yǫ. ęmḥelę́le ḥá ęlḥánụn, qtǫ́sle qárṣę, fạ́iš dlǫ́-qárṣǫ. áṭi
ęlḥánụn ędlǫ́-qárṣǫ, ęmḥelę́le ḥá ęljaúhar, dréle, mauqáḍde. yātívi bu-qúṣrǫ. án-arbṣ́i núqus aḥdǭ kúlle kā-íṣę-ne. ómmi maíko 35
ḥátu? ómmi kul-ạ́ḥdō mǫbạ́lad-nā. kítvō ištǒ́ sisye sụ-ṣáft, mǫblínne, umaubạ́lle dánǫ ęddīnǫ́re. azzén ęlvalai ḥǫ́nne u-á-kacę-

kåt, šqólle sísye ujúlę ędgaúrę, malvåššę lá-kạcękåt, zvụ̈nnạ(n)ne
saife udámanjäyåt, malvåššạ(n)ne. håvin kúlle hórtin çdló-švérib,
án-ạrbɪ̈ malvåšlēlin kímam ętfås. rähivi, håvin tre wạrbɪ̈ fårǫ̈še,
näfíqi̧ mi-valaí hi-ɪ̈áskạr. azzén li-valaí dú-šụltǫ̈nǫ, çmšäyạ̈lle
5 ɪ̈ālụ́-šụltǫ̈nǫ. ómmi kle ú-šụltǫ̈nǫ yätivǫ ɪ̈álụ-táñt. azzé jaúhar
líḍe dú-šụltǫ̈nǫ, näfil haíbe ɪ̈älú-šụltǫ̈nǫ. qåyim u-šụltǫ̈nǫ mękúmę,
hǫ́llę lụ́-šụltǫ̈nǫ ębjaúhar ubi-ɪ̈áskạr, çmɪ̈ájib umáhsid ú-šụltǫ̈nǫ,
kúlle šáfi̧r mahdóde, çdló-švérib. ómęr laíkǫ gezóh? yä jaúhar.
ómęr gezínǫ lēhǫ́r dębrítǫ, kít ạ̈hḍǫ támǫ taú męna laít, gezínǫ
10 mamtę́na. ómęr lǫ́zzǫ̈h, ítaú gäbi, håt wi-ɪ̈áskạr-dídǫh, gęmäzídnǫ
u(w)-ailah-dátẖu zid mędá-ɪ̈asękir. ómęr laíbi, yá šụltǫ̈nǫ, lǫ-kyǫ-
taúnǫ. ú-hä má-grēɪ̈e mǫ́llę lụ-hå, ómęr håṇǫ bäbi-yǫ, ɪ̈álụ́-šụl-
tǫ̈nǫ. ómęr šrǫ́lǫ? ómęr é, ómęr arfaí fę́mǫ męne. qåyim jaúhar, rähu, tlǫ́ble håtạr mú-šụltǫ̈nǫ, bähi ú-šụltǫ̈nǫ. i-náqęlä drähū
15 jaúhar u'á-grēɪ̈e, ómęr yä jaúhar, gabin da-grēɪ̈äni gęmaqętlátte
bá-tạrtęmę́niye. ómęr ló, šụltǫ̈nǫ, dạktúle lálçil, låltah båṭịl-yǫ.
ómęr é, ōgạ̈r-dídǫh hǫ́vę hę́r.

azzén, çmšäyạ̈lle ɪ̈aí ēhǫ́r dębrítǫ, lǫ́-fáiš balạdåt, kimhálhi
bu-hälä, lǫ-máye ulǫ-láhmǫ, yárhǫ lähǫ́lle ulǫ-štálle. ómęr jaúhar:
20 hvazzí qatvǫ́li sigära çdtụtún. maufạ̈qle lụ-hä grēɪ̈ǫ tlǫ́t sigäråt
tụtún mękíse, hūwíle ęljaúhar. šqíle ạ̈hḍō ęljaúhar wahḍǫ́ çlhánụn
wahḍǫ́ çldu-gúbǫ; ištálle á-sigäråt. måtạn lu-qúsrǫ dēhǫ́r dębrítǫ,
kle qmú-diyǎr u-qúsrǫ, kla i-šmáyǫ ɪ̈álụ-diyǎr mạrkaúto. mähátte
çblạ̈lyǫ qmu-tárɪ̈ǫ du-qúsrǫ. hånụn ujaúhar mǫ́rrę li-ɪ̈áskạr, ómmi
25 šlähu á-saife, gękǫlę́na qmï-dårgä, hä ụɪ̈ęsri mí hasråṭi uhå ụɪ̈ęsri
mí-hasräṭi, aína çdnǫ́fạq, gęmahtína ɪ̈ále bá-saife, qǫtlinálle. hávi
sáfęrǫ, qä'ími qmu-tárɪ̈ǫ. näfạq hä má-tạrtęmę́niyc, mähåttę ɪ̈álę
bá-saife, qtǫ́lle, gríššę mu-tárɪ̈ǫ, çmhäláqqe. näfạq ạhrę́nǫ, qtǫ́lle.
näfạq hrę́nǫ, qtǫ́lle. qtǫ́lle hamšáhsar. fáiš hå, lädí̧çi. ómmi
30 häni-ne, qtǫ́lílạn, fä'íšǫ ï-çạlkäzíye. ɪ̈äbíri lu-qúsrǫ, kle jaúhar
mạlvíšǫ, kitle tré nišänåt çmdú-šụltǫ̈nǫ. säliqi̧ jaúhar u'i-ɪ̈áskạr
li-yaúda ɪ̈alaítǫ di-hätúne, kle u-tạrtęmę́ni dämíhǫ bu-tárɪ̈ǫ. hǫ́lla
li-hätúne ębjaúhar ubi-ɪ̈áskạr, klen á-saife šlíhę bíḍaíye. ómmo
aíkǫ ätitu çlạ̈rke? ómęr hezílạn håzịr. ómmo gędohçlǫ́nhu á
35 -tạrtęmę́niye. ómęr kmǫ́-ne? ómmo ištáhsar-ne. ómęr qtílạn
hamšáhsar. ómmo fáiš hå. ómęr håṇǫ-yǫ? ómmo é. ómęr sáhęm
-yǫ? ló? ómmo sáhęm-yǫ. kle dämíhǫ, lǫ́-mähásle. nhíššę bạ̈

-saífe, qắyim hǫ́llę. qắyim ętqǫ́yim, mauqắddę bá-saífe, qtǫ́lle.
»ắbạr jaúhar sí-cĳlkāzíye, ómęr ātínǫ misę;ắrt hol lắrkę lạšắnęh.
ómmo lázim níše lǫ-qāyắdlǫh, maúhā ắtịt hol lắrkę. ómęr qāyịdli
níše ulǫ-šqíli, kúlę lạšắnęh. ómmo dǫqátvǫlǫh ắttǫ, lǫ́-kǫtắtvǫ
ęlắrke. ómęr hắnǫ gaúrǫ-yǫ, ahúni-yǫ, »āl hắnųn, uhắni 5
kúlle abnǫ́tǫ-ne. ómmo dúgle. ómęr qúm, húr »ālaíye. ómmo
gláu sadraíhu, dhǫzyǫ́nǫ. glắlle sadraíye lá-kạcękắt. ómmo ắlǫ
šrǫ́lǫ, níšę-ne; ómmo maíkǫ mamtắllǫh? ómęr hál uhawál-dídị
haúhā jāríbi. ómmo é, kā»ísǫ. ómęr lǫ́mmịt kạcękắt-ne. ómmo
lǫ́; ómmo qúm tóh lụ-táhṭ ęlgắbi. mamtę́la hắmrǫ, ištắlle. ómmo 10
sụm »ắmi, ắttǫh-no. ómęr haír, lǫ́-ksắmnǫ. ómmo qaúyǫ? ómęr
hǫd lǫ-mamtę́nǫ ạhdǫ́ lahúni, lǫ́-kụmqādắmnęh. hắnųn ómęr dmáh
gắba, ǫ́nǫ »al máhęlǫ. ómęr lǫ́, lǫ-ksắmnǫ.

qā»ími māqắmme i-hātúne, ắtịn lafu-bắlạd. māhlắssę u-hắlā,
ắtịn sụ-šụltǫ́nǫ, ómęr mamtę́lǫh í-cĳlkāzíye? ómęr é. ómęr kǫ́yǫ? 15
ómęr klắ. hǫ́llēbā lụ-šụltǫ́nǫ, lǫ-ksǫ́wạ; mí-fạrjaídạ. ómęr kā»ístǫ
-yǫ? šụltǫ́nǫ. ómęr gálabe kā»ístǫ-yǫ, ắlǫ mástạr »ắlā; ómęr
á(n)náqęla fuš gắbi. ómęr lǫ́ lǫ́-kfắšnǫ, hắli ámrǫ dęmahkắmnǫ
»ắlụ-se;ắrt. hūlę́le ámrǫ, ắti húwe u»i-»ắskạr u»í-hātúne. ắtịn
lalmadína. bắbe di-kạcęke dękítvā bu-gúbǫ hắvi mǘflis, kīt daíne 20
»ắlę. hęzéla kle bịdę dá-grē»e, kmǫblíle ęlsu-pắšā ędmāhátle bụ
-habís. ómmo jaúhar. ómęr hắ. ómmo hắnǫ bắbi-yǫ, ksaímíbe
haúhā, kǫb;ǫ́nǫ ędmạrfắtle. ázzē jaúhar lụ-mắjlis, húwe u»á-grē»e.
qắyim u-pắšā męqúmę. yắtū jaúhar, ómęr qai haúhā ksaímịt bụ
-zlāmắnǫ? ómęr kīt daíne »ắlę. ómęr mę́qạm rắbǫ-ve u-zlāmắnǫ? 25
ómęr pắša-ve u»ắga-ve, ǫ́;ędǫ hắvi bémijāl. ómęr qraí ęlmǫ́re dá
-daíne. u-qǫ́zę ómęr ǫ́nǫ-nǫ mǫ́re dụ-daínǫ, u»ú-mụ́ftī u»ú-pắšā.
ómęr haq ędmínnę »ắlę? ómęr húlēlạ(n)ne bartịl udá;ạr laúlēlắnne.
ómęr haq ędmúnę gędǫbę́lǫh? ómmi dsaimínále ắga. ómęr hat
qǫ́zę, kǫ́we dǫ́hlịt bartịl? ómęr é. ómęr múdu lụ-qǫ́ze. mịddę 30
lụ-qǫ́zę la-grē»e ędjaúhar. ómęr húsu ídǫ́tę bǫ́tęr hắsę. hǫ́ssę
u-qǫ́zę. ómęr húsu dụ-mụ́fti. hǫ́ssę dụ-mụ́fti. u-pắšā ómęr lǫ́
-kmaqbắnnǫ. ómęr gęhắsnǫ dídǫh-estē. hǫ́sle u-pắšęste. ęmhắllę
qmá-sísye ęmhalhǫ́ne, mǫblíle ęlsụ-šụltǫ́nǫ, mahkắlle i-hkēyắtte lụ
-šụltǫ́nǫ. ęmsíkle á-tlótǫ lụ-šụltǫ́nǫ, mahtíle bú-habís, lǫ-tvúllę u 35
-hắbrǫ ędjaúhar. ómęr yā šụltǫ́nǫ, kǫb;ę́nǫ dǫbắtli ámrǫ lụ-zlā-
mắnǫ dǫ́ve u-ắga dálmadíne. húlēle ámrǫ. ắtịn lálmadíne, símle

bábe di-ká̱ce̱ke á̱ga. ṓme̱r ya jaúhar, ma̱i̱di̱t lṇ-ɪá̱fe̱rọ, hó̱ve̱ dī-
nó̱re, sĭmlọ̆ ɪámi kāisútọ, dauwyŏva bá̱r̤ti há̱rke, ge̱dọbēnọvŏlọ̆hyọ.
ṓme̱r kó̱yọ bá̱r̤tọ̆? ṓme̱r mahazmó̱le lṇ-ɪafri̱t. ṓme̱r la̱ĭkọ mọblṓle̱?
ṓme̱r ló̱-kọd̤ɪă̱nọ, mahazmó̱le. ṓme̱r dhọzá̱tla, ge̱dọd̤ɪá̱tlā? ṓme̱r
5 é. ló̱-mọllé̱le e̱ljaúhar: bá̱r̤tọ̆ klá̱.
    qā̱ɪími rā̱hívi, azzi̱n la̱s̤ɪá̱r̤t. šá̱ma̱ɪ kālá̱š á̱ga: á̱t̤i jaúhar,
ki̱t ɪá̱me̱ ɪáskar umamt̤é̱le̱le ahdó̱. ná̱hat kālá̱š á̱ga u̱ɪu-pá̱šā u̱ɪí
-valaí kúlle̱ e̱lqāmút̤e̱. yá̱tū bis̤ɪá̱r̤t. māqá̱mle u-pá̱šā, msaktá̱rle,
há̱vi hú̱we pá̱šā. maufá̱qle a-gré̱ɪe á̱-rimó̱ye du-pá̱šā, tré̱le á̱-grē-
10 ɪaí̱de. kĭtvō ahdó̱ bis̤ɪá̱r̤t kā̱ɪi̱stọ. qt̤í̱le ú-gauraí̱da, huwó̱le e̱l-
há̱nṇn. á̱t̤i u-má̱llā e̱mbārá̱hle á-tre, gāvíri. yātívi kmá̱hke̱mi ɪá̱l
is̤ɪá̱r̤t. á-ka̱ce̱ká̱t fā̱ɪĭši há̱miš ĭšne gá̱be̱. t̤ló̱bbe̱ da̱stúr, ómmi
gezá̱nọ lá-bọte lá-baladá̱t-dí̱da̱n. ṓme̱r kọd̤ɪĭtu ọzó̱hu? ómmi é.
ṓme̱r da̱stúr-dá̱thu·yọ, izó̱hu. ómmi ge̱saimína hré̱tọ, ká̱n ge̱šọq-
15 lá̱tla̱n, lọ-kọzá̱n. ṓme̱r haír, lọ-kó̱ve, kšṓma̱ɪ u-šṇlt̤ó̱nọ, ge̱dó̱mmi
sĭmle ɪāmá̱-grē̱ɪaí̱de, ge̱sá̱mli qabá̱ha. há̱vin yaúne̱ ufā̱ɪíri. e̱m-
ɪaišíle̱ mu-qúsrọ, kul-á̱hdọ azzá̱ e̱rrú̱hā, tá̱rte ázzi̱n tá̱yda. qré̱le
lá-tá̱rte, ṓme̱r tó̱hu e̱d̤ɪá̱ru. da̱ɪíri a-tá̱rte. ṓme̱r qaúyọ azzá̱ kul
á̱hdō e̱rrú̱hā uhá̱tu ta̱rtetaí̱hu tá̱yda? ómmi kul-á̱hdọ mọbá̱lad-yọ,
20 u̱ɪá̱hnā ta̱rtetaína mhá̱ balá̱d-nā, á-bọt̤aí̱da̱n klen sa̱hdó̱de. ṓme̱r
mahdó̱ valá̱ye? ómmo é. ṓme̱r zó̱hu. azzi̱n. azzín kul-á̱hdō lṇ
-balad-dí̱dā, mahká̱lle hi̱d há̱vi. ná̱fi̱l ĭšme̱ be̱brítọ e̱djaúhar,
umamt̤é̱le ī-ca̱lkāzi̱ye e̱dkĭtvā̱ bēhó̱r de̱brítọ.

25

XLI (166).

    kĭtvō tlọt-á̱hunó̱ne, gré̱ɪe vaíye á-tlótọ su-pá̱šā. gnú̱we ú-hā
30 yaúmọ kallá̱t e̱mdu-pá̱šā. šá̱ma̱ɪ u-pá̱šā ɪālá̱-kallá̱t de̱gnuwúnne.
mó̱lle̱lin ṓme̱r e̱lmá̱-gnūwíle á-kallá̱t? u-há̱ ṓme̱r ló̱-lọnó̱; u-hré̱nọ
ṓme̱r ló̱-lọnó̱. mahtíle bú-habís á-tlótọ. ĭšme̱ dṇ-há̱ kŏsa-yọ u-rá̱bọ,
e̱dná̱ɪa̱m mé̱ne̱ sa̱rkósa, u-nā̱ɪímọ šá̱fi-kósa. ṓme̱r má̱rú e̱lmá̱-gnū-
wíle? lọ-māqá̱rre ɪal ahdó̱de. ómmi lá̱tla̱n há̱š. ṓme̱r e̱nfá̱qu
35 me̱gá̱bi, lá̱t-ātu lá̱zim, tró̱zzi̱n á-kallá̱t. mọfqíle mṇ-habís. á̱zzēn
lṇ-baítọ, e̱flá̱g̤g̤e á-kallá̱t de̱gnú̱we. šá̱ma̱ɪ u-pá̱šā de̱kfọ̆lgi á-kal-
lá̱t. māqá̱lle lṇ-na̱ɪímọ, ṓme̱r lú-kósa gnūwíle. šqọlíle lu-pá̱šā.

hávịn bémijál. u-kósa ómẹr gezínọ lu-ṣaídọ dá-núne. u-ṣạrkósa
ómẹr gezínọ lu-ṣaídọ dán-arnúwe. u-ṣáfi-kósa ómẹr gimjásásnọ
ꞏạlạíhu bu-dạrbọ, mi-dmamtẹ́na táγda-yọ. ómmi trọ́ve. azzịn.
ázze u-kósa lụ-bábar dụmṣạ́yid núne. hzẹ́le tlọ́t dạrrāyát, ạ́ti
mamtạ́lle. hzẹ́le u-ạ́núnọ bu-dạrbọ, ạ́tịl-lụ-baítọ. án-ạ́núnọ́ne lọ́ 5
-mamtạ́lle mẹ́de. ómmi mọ́-mamtẹ́lọ́h, kósa? ómẹr mamtẹ́li tlọ́t
dạrrāyát; ómẹr hátu mọ́-mamtạ́lhu? ómmi mẹ́de lọ́-mamtẹ́lan. ómẹr
lọ-kfōláģnin ꞏámạíhu, kúlhā ạrrúhẹ trọ́-mhábạt. ómmi qaúyọ?
ómẹr haúhā. á-tlōtọ gāwírẹ-ne. mzābạ́lle lu-kósa á-dạrrāyát, kul
-ạ́hdō bẹ ꞏálfọ. kóhẹl uꞏóte húwe u ꞏiy-ạ́ttọ, u ꞏán-ạ́núnọ́ne kāfínẹ 10
-ne, họ́nne wa-nīꞏátte.

azzịn dēri-yaúmọ lu-ṣaídọ. hẹzẹ́le lụ-sạrkósa ẹmꞏạ́rtọ, kíbā
tlọ́t dáne, í-hdō dinọ́re, u ꞏí-hdō cạrhíye, u ꞏí-hdō majīdíye. dáꞏạr
qrẹ́le lú-ạ́húnọ naꞏímọ, ómẹr ạ́húnọ. ómẹr há. ómẹr tọ́h ꞏáválli.
ómẹr mịn ạhzẹ́lọh? ú-nāꞏímọ. ómẹr hat tọ́h. ázzịn lí-mꞏạ́rtọ. 15
ẹshír fẹ́me di-mꞏạ́rtọ, lọ́-kódꞏi aíkọ-yọ. kāríhi hol ꞏaṣríye lọ́-hzạ́lle
fẹ́me di-mꞏạ́rtọ. ạ́tịn ꞏaṣríye lụ-baítọ. ạ́ti u-kósa lụ-baítọ, mam-
tẹ́lẹ tlọ́t dạrrāyát utúre dnúne. bhá baítọ kọ́vin. mọ́lle liy-ạ́ttọ
u-kọ́sa, ómẹr haúwe núne lạ́húnọ́ni dọ́hli. ómmi mín ẹmsíklọh,
kósa? ómẹr tlọ́t dạrrāyát utúrẹ dẹnúne; ómẹr hátu mịn-ẹmsíkhu? 20
ómẹr u-sạrkósa: hẹzẹ́li ẹmꞏạ́rtọ kíbā tlọ́t dáne, í-hdō dinọ́re u ꞏí
-hdọ cạrhíye, í-hrẹ́tọ majīdíye; ātínọ qrẹ́li lạhúni, maubẹ́li ạ́húni
dmamtẹnạ́lle, shír fẹ́me di-mꞏạ́rtọ, lādꞏína aíkọ-yọ. ómẹr dúꞏu
rámhụl, ạhváwụli-yọ́, họltịna táγda u-mẹ́de ẹdmamtẹ́na. ómmi
trọ́ve. ázzịn á-tlōtọ, mahvelạ́lle dúktẹ di-mꞏạ́rtọ. ómẹr ꞏāmẹ́ꞏu 25
ꞏainạíhu. maꞏamáꞏꞏe ꞏainạíye; ẹmhẹ́le kẹ́fe bi-ꞏénọ, ómẹr aíkọ
dimhámhịm, i-mꞏạ́rtọ́-yọ. mhẹ́le bitạ́rte dukọ́tọ, lọ́-mbamhámle;
ẹmhẹ́le bẹdúktọ hrẹ́tọ, ẹmhamhámle. ómẹr hạ́rkẹ-yọ i-mꞏạ́rtọ.
ẹmnaiꞏạ́lle. ómẹr dúꞏu mamtẹ́na ꞏaukát umạrzābát. ázzịn su
-hādọ́dọ, ómmi sụ́mlan ꞏtạrté ꞏaukát umạrzábbe ạhdọ́. ómẹr trọ́ve. 30
simlẹ́lin, hūwạ́lle haq-dídẹ. ạ́tịn, ạhzạ́lle trẹ́ kfọ́thi bi-mꞏạ́rtọ,
nuhrọ́ye. ómmi mọ́-ksaimítu? á-kọ́sa. ómmi kfọthína i-mꞏạ́rtọ.
ómmi i-mꞏạ́rtọ dídạn-yọ. ómmi lọ́, dídạn-yọ. ẹmqātạ́lle. qtọ́lle á-trẹ
nuhrọ́ye. lá-nuhrọ́ye hzẹvọlle i-mꞏạ́rtọ mẹ́qạm. ạqtẹlọ́nne. ẹftáhhẹ
bi-mꞏạ́rtọ, ẹmkāmạ́lle ẹftọ́họ u-tárꞏọ dí-mꞏạ́rtọ. ạhzạ́lle á tlọt dáne. 35
hzạ́lle kít mẹꞏạ́rtọ hrẹ́tọ bigáve di-mꞏạ́rtọ, ꞏíqọ-yọ u-tarꞏaídā. ómẹr
fúꞏu hạ́rke, u-kósa, kazínọ ꞏọbạ́nnọlā, họzẹ́nọ mọ-kíba. ꞏábạr

u-kósa, ḥęzéle tlǫ́tǫ sisye kǫ́me ędháwa. qrę́le lu̯-ḥắ aḥúnǫ, ómęr
ḥắ fúš támǫ uḥắ trǫ́te ęlắrke. azzé u‑aḥúnǫ ędnắꝛam mę́nę, u
-sắrkósa. ómęr ḥúr aḥúnǫ, klén tlǫ́tǫ sisye, tī dmāqatína ꝛámꝛǫ,
kǫrḥina bí-mꝛắrtǫ, ḥǫzĕna mǫ-kít, élǫ ꝛúꞇmǫ-yǫ. māqắꞇꞇe báḥrǫ,
5 ḥząlle kít saifǫ męꝛálqǫ su-tárꝛǫ di-mꝛắrtǫ, kít ęmꝛắrtǫ ḥrę́tǫ bę-
gắvę di-mꝛắrtǫ. maꝛáláqle u-saifǫ u-kósa baqdǫ́le wušlä́ḥle u-saifǫ,
kle bíḑę šlíḥǫ, u̯ꝛu-báḥrǫ bíḑę. ómęr aḥúnǫ, fuš bắrke sá-sísye.
ómęr é. ꝛábạr aḥzéle ḥā dāmíḥǫ, lắcyǫ zlám ulắcyǫ ḥaiván ulắꞇyǫ
ꞇạrtamę́ni. ęnḥíšle bu-saifǫ. qắyim ú-dāmíḥǫ, ómęr ū~f. ꝛálu-ūf
10 -díḑe ęshǫ́lle la‑sísye. ómęr aḥúnǫ, u-kósa, ęꞇraí a-sísye uhaúwịr
ꝛal aḥúni, itóḥu ęlgắbi. ęmhāvắlle lu̯-sắrkósa ꝛálú-aḥúnǫ, ómęr
tóḥ ęlgáb-aḥúni. ęmsikke aḥdǫ́de lu̯-kósa ulu̯-bắrdawil bú-dịbǫ́lǫ,
dréle u-kósa lu̯-bắrdawīl; kle u-saifǫ bíḑę du-kósa, u-kósa ęgǫrắšle
u̯ꝛu-bắrdawīl ęgǫrắšle. mắꞇạn án-aḥunǫ́ne lu-kǫ́sa, ḥząlle u-kósa
15 taḥtu-bắrdawil. ómęr múḑule, ębꝛájlēli, hod qǫyámnǫ. mịdlę́le
lu̯-sắrkǫ́sa, lǫ́-qáḑạr ędmāqắmle mú-aḥúnǫ.   midlę́le lụ̈-nāꝛímǫ,
aḥḑắlle qum ꞇádrę, māqắmle mú-aḥúnǫ. qắyim u-kósa mị(d)ḑálle
la-tlǫ́tǫ, dṛắlle. ḥắ saifǫ kīt baín an-árbꝛǫ, kle bíḑę du-kǫ́sa.
ạmḥęlę́le saifǫ lu̯-kǫ́sa, qꞇílę. ómęr u-bắrdawīl: lǫ́-qǫꞇlatvǫ́li ędlǿ
20 bu-saifạiḑi. mắiꞇ u-bắrdawil. māqắꞇꞇe u-ꞩámꝛǫ, ḥząlle kít męꝛắrtǫ
ḥrę́tǫ. ꝛábiri á-tlǫ́tǫ li-mꝛắrtǫ, ḥząlle kít ęꞇlǫ́ꞇ níꞩe, taú męnạiye
lait, ęmbạiná-mặgreₚbíye, kít ḥắ dāmíḥǫ ꝛal bắrkę di-rápꞇǫ. ęnḥíšle
bu-saifǫ lu-kósa, lǫ́-māḥạsle lu̯-dāmíḥǫ. ómmo i-žéₐnęke: kle bǿ
u-saifạiḑe męꝛálqǫ, táwu̯le. mịdlę lu̯-kósa lu̯-saifǫ, húle lú-aḥúnǫ
25 nāꝛímǫ; u-sạrkósa ómęr hắliyǫ. ómęr lǿ, aḥúni u-nāꝛímǫ áꞩḥam
mę́nǫḥ-yǫ. ómmo i-náqęlā ęꞇqǫ́yim, i-žéₐnęke, lǫ́-gędǫrę́túlle, múdu
ęľꞩaqvǫ́ꞇę, gędǫ́rę́túlle. qā‑ꝛimi á-tlǫ́tǫ ꝛạlmęríꞩe, ęnḥíꞩꞩe bạ-saife.
qắyim ęnꝛálla li-mꝛắrtǫ. midde laḥḑǫ́de húwe ukósa, bắrịm u-sắr-
kósa ęlbǫ́ꞇrę, mídle ęľꞩaqvǫ́ꞇę. ómęr aḥúnǫ tóḥ lafé̜li, ęqǫ́re lu̯
30 -bắrdawil. mābrắmle ꞩaqvǫ́ꞇę lu̯-sắrkósa‚ ómęr qꞇílan aḥúnǫḥ.
męḑmǫ́lle haúḥā lu̯-sắrkósa, náfịl liy-árꝛǫ u-gábūs. ędrắlle, fālíti
ꝛắlę bạ-saifę, qꞇǫ́lle. maufắqqe á-tlǫꞇ níꞩe, áꞇịn li-mꝛắrtǫ du-bắr-
dawīl, áꞇịn li-mꝛắrtǫ dá-sísye, mạrḥaúwe á-níꞩe ꝛála-sísye. áꞇịn
li-mꝛắrtǫ dá-dắne, ạꞇꝛánne kúlḥā dắnǫ, mamꞇắllę á-dắne u̯ꝛá-níꞩe.
35 ómęr u-kósa: lǫ-kǫzál-li-valaí, maꝛamrīnálạn qúꞩrǫ mī-valáye ulárval, ędlǫ́-ḥǫ́zịn dī-valaí á-nīꞩạiḑạn, élǫ gęꞩǫqęlínne męnạina. ómmi
tróₓve, án-aḥuₙǫ́ne. maꝛamárre qúꞩrǫ mí-valáye ulárval. māḥắtte

á-tlọt níše bu-qúṣrọ, mamṭắllẹ á-nīšắṭṭe á-qāmǫ̆ye, ṣẹmínne jēriyắt.
hắvi mắl ⁸āmạíye ġálabe ⁸āmắ-kǒsa. kǒṭịn ẹblắlyǫ mu-ṣaídǫ kim-
kạífī ⁸áma-nīšắṭṭe. ómmi mạík-átu? mǫ́rre la-níše. ómmi tlọtạína
aḥvǒṭọ-na, abnǒṭọ du-ắġa dá-mạ́grẹbiyẹ-na. ṓmẹr ⁸ai-dắrbọ mam-
ᵗẹnánḥu lụ-bắrdawīl ulụ-ġắbūs? ómmi ṣǫ́dde ⁸ắlī-valāyaídạn, 5
māqlắbbe i-valaí, símme árⁱā qárⁱā, ạḥdẹmǫ́lle; ậḥnā ⁸āli-⁸aínọ
-vạina, māšịġīnávǫ, mamtạ(l)lắllạn, cíkkạ(l)lạn bá-mⁱắrẹ, āṭítu,
qṭọlǫ́nḥu; hắṭi-yǫ i-ḥkēyaídạn. ómmi lạít ġắmǫ.
    azzịn lu-ṣaídǫ. klē u-kǒsa ẹlḥúḍe ⁸álu-báḥar, kimṣáyid núne.
mḥāláqle ú-cịnqắl, qắiḍ ẹffẹ́mẹ du-ġámāz. kít daúmǫ ⁸al fẹ́mẹ du 10
-báḥar. gríšle lu-kǒsa, māṣǫ́lle ú-ḥā ḥaúlǫ bi-daúmǫ, u⁸ú-ḥā ḥaúlǫ
gǫ́riš. gríšle lu-kǒsa u-ġámāz, mqắdạmle lafá-mai. ạ́ṭi u-ġābǫ́rǫ,
ḥẹzẹ́le u-ġámāz qā⁸íṭọ bạ-ḥaúle, kle gǫrắšle u-kǒsa. ṓmẹr bu-baḥ-
taídǫḥ gābǫ́rǫ, lǫ́-tǫ́rịt dẹgǫrắšli u-kǒsa. gríšle lú-gābǫ́rǫ á-ḥaúle.
ạ́ṭi u-kǒsa ⁸ámụ-ḥaúlǫ, nắfịl bu-báḥar u-kǒsa, maubẹ́le lu-gābǫ́rǫ. 15
hắvi bẹlắlyǫ, lắṭi, u-kǒsa lụ-baítǫ. ẹmšāyắlle lán-aḥunǫ́ne ⁸álu
-kǒsa. ómmi heš lắṭi lụ-baítǫ, á-níše. dāmíḥi ú-lạlyávǫ, lắṭi u
⁸-kǒsa. ạ́ṭịn lụ-báḥar án-aḥunǫ́ne, ḥzắlle ú-ḥā ḥaúlǫ qā⁸íṭọ bi-daúmǫ.
ómmi bú-baḥar nắfil. ạ́ṭịn wutrắlle, ómmi ḥníq. ạ́ṭịl-lụ-baítǫ,
mạrfắlle fẹ́mǫ mẹ́nẹ. maubẹ́le lú-gābǫ́rǫ, mākráḥle bu-báḥar, ṓmẹr 20
gẹqǫtánnǫḥ kǒsa. ṓmẹr qaúyǫ gẹqǫtlắtli? ṓmẹr ạlmịn-ắṭịt lu-báḥar? ṓmẹr āṭínǫ kụmṣāyắdnǫ núne. ṓmẹr é, lǫ-qǫtánnǫḥ, gẹdǫ-
vẹ́na aḥunǫ́ne. maubẹ́le maḥvụlẹ́lẹ á-dạrrāyắt du-báḥar, maḥvụ-
lẹ́le qúṣrọ bu-báḥar. ⁸ābíri lu-qúṣrọ bẹgắve du-báḥar. kít ạḥḍǒ
yātúṭọ íšmā ḥānṃm-ḥātún, ḥẹzẹ́la u-kǒsa, ẹfṣịḥọ. yātívi húwe u⁸ú 25
-gābǫ́rǫ ġába. knǒfạq ú-gābǫ́rǫ ẹlbạínu-báḥar, kfǫ́iš u-kǒsa u⁸í
-ḥātúne. kómẹr ⁸ai-dắrbọ ṣaimínā bú-gābǫ́rǫ? ómmo lǫ-zḗⁱạt,
kẹtọryǫ́nǫ dẹqǫtlátle, ṓmẹr bá⁸ máne gẹmaufắqlạn mu-báḥar?
ómmo u-sísyǫ kǫ́mǫ u-báḥrī. ṓmẹr é. ómmo tǒḥ, sṃm ⁸ámi. ṓmẹr
dlǫ́-ḥọzẹ́lạn ú-gābǫ́rǫ. ómmo tǒḥ lǫ-zḗⁱạt. rắḥu u-kǒsa ⁸ála, símle 30
⁸áma, lǫ-kǫ́bⁱẹ-tqǫ́yim u-kǒsa mẹ́na. āṭi ḥás du-gābǫ́rǫ. qắyim
u-kǒsa mí-ḥātúne, ṓmẹr ạíkọ-vǫ́ḥ, gābǫ́rǫ? ṓmẹr bạinā-jín, kitle
bắrtǫ lụ-mắlkǫ da-jín bẹgắve du-báḥar, kǫbⁱẹ́nǫ dẹgonaúna, kmā-
ḥísi ⁸áli. ṓmẹr dṇš ǫ́nǫ gẹgonaúnā. azzẹ́ u-kǒsa u⁸u-gābǫ́rǫ
maḥuyǫ́le lu-kǒsa. ạtⁱạnǫ́le lụ-kǒsa, híya dāmắḥtǫ, mamṭiyǫ́le 35
ẹlsu-gābǫ́rǫ, ṓmẹr klắ, gābǫ́rǫ. ạtⁱạnǫ́le lú-gābǫ́rǫ, mamṭiyǫ́le ẹlsí
-ḥātúne u⁸áṭịn frísse ġắlẹ, dāmạ́ḥ ú-gābǫ́rǫ bainá-tắrte. i-ḥātúne

māṣǫ́llā ḫútǫ bíḍe du-kósa, ukle u-ḫútǫ bíḍa. dámạḥ u-gābǫ́rǫ,
gríšlā u-ḫútǫ. áṭi u-kósa, ómẹr múne? ómmo sụm ʻámi míllaḥalf.
símle ʻáma, lǫ́-māḥạsle lú-gābǫ́rǫ. qáyim u-kósa, bárịm ẹlbárṭẹ
dụ-málkǫ dá-jin. dámạḥ bǫ́trā u-kósa dsóyim ʻáma, klā íḍẹ dú
5 -gābǫ́ro ʻal ạqḍǫla. māḥạsle lú-gābǫ́rǫ, ázze u-kósa, dámạḥ ẹb-
dúkṭǫ. ómẹr mạny-ávǫ? nǫ́šo lǫ́-mtānẹ́le. ómẹr kósa. ómẹr ḫá.
ómẹr lá́tvǫḥ ḫát dá́ṭịt ẹlárke? ómẹr ló. ómẹr baʼ mạnve? í-ḫátúne
ómmo ǫnǫ́vi, qāyimǫ́nǫ ẹštẹ́li, ʼụ́tmǫ-ve, lád̲ạʻǫ́nǫ. lǫ́-mtānẹ́le u
-gābǫ́rǫ. qáyim u-gābǫ́rǫ, ázzẹ́ sáfrǫ ẹlbaín u-báḥar. símme i
10 -šaurá́ṭṭe lụ-kósa ulí-ḫátúne wulbárṭẹ dụ-málkǫ. si(m)málle bišǫ́lǫ
lu-gābǫ́rǫ, dóṭe ẹblályǫ ǫ́ḥẹl, ·māḥáttạ(l)le sámǫ bainóṭẹ. áṭi u
-gābǫ́rǫ ʻạṣríye, ómẹr käfínǫ-nǫ. ómmo símlạn bišǫ́lǫ. māḥát-
tạ(l)le ā́ḥíle. ná́fịl, yárịm. qáyimle u-kósa bạ́-saife, ẹmḥẹ́lẹ̄le
saifǫ, qṭíle u-gābǫ́rǫ. dámạḥ u-kósa bainá-tạ́rte hol sáfẹrǫ, kim-
15 kạ́yif. ómẹr dẹ́ ḫátúne, tạí u-sisyǫ. · mamṭẹ́la u-sísyǫ báḥri. rāḥívi á-tlǫ́ṭǫ ʻálẹ. ómmo yā sísyǫ aufạ́qlạn mu-báḥar. mǫfqíle.
ómmo dḍ̣́ár ẹldúkṭǫḥ. ómẹr gẹmǫblīnáḷe, u-kósa. ómmo ló, dụ
-baḥár-yǫ, lǫ́-kmǫblīnáḷe. áṭi u-kósa lụ-baíṭǫ, ẹfṣíḥi án-aḥunǫ́ne
u⁐á-nìše, hāvíle tlǫ́ṭ nìše lu-kǫ́sa. šámạʼ u-pá́šā dí-valaí, kíṭle
20 ḫámšo ábne, á-ḫámšǫ dẹlǫ́-gẹvǫ́rǫ. áṭi u-pá́šā wá-ḫámšǫ ábne
ẹlbekǫ́sa, yātívi ẹzbekósa. ómẹr ạlmịn-ạ́tịtu pạ́šā? ómẹr ạ́tina
ẹlgá́bǫḥ, dǫbạ́tlạn á-nìšáni lábni.· ómẹr yā pá́šā, lǫ-kǫ́ve, a-nìšạí-
dạn-ne. ómẹr kǫbʼẹ́nin. ómẹr lǫ-kǫbinạ́lle. ẹmqātạ́lle ẹzbekósa,
ạqṭǫ́lle u-pá́šā. lábne du-pá́šā qṭǫ́lle u-kósa u⁐án-aḥunǫ́ne, šǫ́lle
25 á-nìše, mǫblínne, trạ́lle á-jẹrīyá́t. azzén ẹmḫǫ́rre kúlḫā ạ̈ḥḍǫ ʻálẹ.
u-nāʼímǫ ábrẹ du-pá́šā lǫ-rạ́zi biy-ạ́ttǫ dqāyạ́tle. ẹmqātạ́lle, qṭíle
lábre du-pá́šā an-árbʼǫ aḥunǫ́ne, ẹmḥǫ́lle a-ḫámiš ʻálẹ. šámạʼ
rīḫán, ásḥam mẹ́nẹ laít, qṭíle gálabe wumšálạ́ḥle gálabe. šámạʼ
kíṭle nìše kāʼíse lábre du-pá́šā. áṭi lu-qúṣrǫ dábre du-pá́šā, qṭíle
30 umaḥzạ́mle a-nìše, ẹmḥǫríle ʻálẹ.

XLII (165).

35
kítvō ḫā ḥarámı gānóvǫ, kítvōle ḫóṭǫ. ḫúle i-ḫóṭǫ, ḥāvíla
ábrǫ, qrạ́lle íšme ʻáyiz. u-ḫólo kozḗ bẹlạ́lyǫ lu-gnǫ́vǫ. ḫávi u

-ꜗåyiz råbọ, håvi åqṭaꜗ mu-ḥólo bú-gnȯvọ. azzé ḥúwe u·ú-ḥỏlọ
lå-qaiṣe, aḥzålle qẹ̃nọ· ẹṭṭaírọ ꜗåli-daúmọ. ómẹr ꜗåyiz īsåqle. ómẹr
laíbi ḥỏlọ. sålåqle u-ḥỏlọ, kítlē šạrvỏlọ ꜗålẹ lụ̃-ḥỏlọ, gnúle u-šạr-
vỏlọ dụ̃-ḥỏlọ, lọ́-måḥạsle. manḥåtle u-qẽnọ, kíbe ṭạrte bẹ̃ꜗẹ, āḥỏlle
kúlḥā åḥḍō. åṭịn lụ-baítọ, ómẹr ḥólọ. ómẹr hå. ómẹr kỏ́yọ u-šạrvọ· 5
laídọḥ? ómẹr lọ-kọḍꜗånọ. ómẹr ḥezélọḥ? gnúli mẽnọḥ, lọ́-måḥạslọḥ.
ómẹr ásḥam mẽni nāfíqẹt, ꜗåyiz, bú-gnȯvọ. —. qåyim ú-ḥỏlọ ómẹr
dụ̃š-ọzånọ lú-gnȯvọ di-ḥázne du-påšā. ómẹr dụ̃š. måḥåtle lu-påšā
ọmi-ḥázne qịrọ uzåftọ urọ́ṣle ꜗålẹ ꜗåfẹrọ, aína dóṭẹ gónu gẹmíg̣ạt
bu-qịrọ ubu-zåftọ, lọ́-knọ̃fạq, gẹmọṣåkle u-påšā. åṭịn ẹlsi-ḥázne, 10
ḥzålle å-dīnọ̃re. ómẹr ꜗå(y)iz izóḥ ẹmlaí i-túre. ómẹr laíbi, ḥỏlọ,
zọḥ håt. åḍạꜗ kīt qịrọ uzåftọ. azzé u-ḥỏlọ, g̣íṭ bú-qịrọ ubú-zåftọ.
ómẹr ꜗå(y)iz itóḥ aufåqli. ómẹr ḥédi, ḥỏlọ, dẹmamṭẽnọ i-ḥázne
ubọ̃ṭr gẹmaufåqnọḥ, lọ-kṭọrẽnọḥ. díšle lu-ꜗåiz ꜗal kåṭfe dụ̃-ḥỏlọ,
qåbịz li-ḥázne mlẽle i-ḥázne bi-túre, díšle ꜗal kåṭfe dụ̃-ḥỏlọ, dåꜗạr 15
ẹldúkṭe. mịdle lẹdrọ́ṣẹ dụ̃-ḥỏlọ. åṭi drọ́ṣẹ du-ḥỏlọ ꜗåmẹ, šmíṭ mi
-låše u-drọ̃ꜗọ, lọ́-nåfạq u-ḥỏlọ. mịdle ẹlqårꜗẹ, gríšle, qṭịꜗ ạqḍọ́le.
mamṭẽle u-drọ̃ꜗọ u·u-qårꜗọ u·í-ḥázne. åṭi lụ-baítọ, maḥkẽlẹ liy
·ẽmọ, båḥyo iy-ẽmọ, ómmo ꜗåiz. ómẹr hå. ómmo lo-ṭọ̃rịt i-låšẹ
ẹdḥỏlọḥ ṭåmọ. ómẹr lọ-kṭọrẽna, lọ-zẽꜗạt. —. qā·ími bepåšā, 20
aḥzålle maubålle i-ḥázne, klē zlåm g̣íṭọ dlọ́-qårꜗọ wudlọ-drọ́ꜗọ.
ómmi ṭọ́ḥu ẹdnọṭrína ī-låše, kítlā mọ́re, gẹdóṭịn mọblíla, gẹmọṣ-
kinålle. bảrṭẹ du-påšā ómmo ónọ gẹnọṭrạllā, håli ꜗásrọ grẽꜗẹ
ukón. húlēlā ꜗásrọ grẽꜗẹ ukón lụ-båbọ. måḥåtlā u-kón umaubẹla
å-grẽꜗẹ. qåyim u-ꜗåiz, ẹzvụllẽle ṭåmbụr uråvạḥ ꜗålụ-ḥmọ́rọ. åṭi 25
ẹlsú-kọn, ẹmḥẹ̃le ꜗålu-ṭåmbụr wạzmọ́lle. ómmo bảrṭẹ du-påšā:
tóḥ ådlạlyọ ẹzmållan. ómẹr laíbi ẹtfåšnọ hårke, gẹmaḥšåmnọ
wạzínọ. ómmo fúš ådlạlyọ hårke. ómẹr gẹgọ́nvi u-ḥmọraídi.
ómmo kā gnúwe, ẹqrår ꜗam ālọ́ḥọ, me-dọ́bꜗạt gẹdọbállọḥ. ómẹr
kā·ísọ, ómẹr håvụli qúrꜗọ dạsꜗọ́rẹ dimꜗ̄ålåqnọ lụ̃-ḥmọraídi. būwålle, 30
mꜗꜗ̄ålåqle lụ-ḥmọ́rọ, mọ́llẹ lụ-ḥmọ́rọ, ómẹr aḥmọ́rọ. ómẹr hå. ómẹr
gẹḥåṣnọ ḥóli ꜗålọḥ, aubẹ́le lụ-baítọ. ómẹr é. ẹmḥẹ̃le lụ-ꜗåiz bu
-ṭåmbụr wạzmọ́llẹ, dåmíḥi å-grẽꜗẹ du-påšā, ẹzmọ́lle, dåmíḥọ bảrṭẹ
du-påšā, lọ́-måḥạsse. qåyim u-ꜗåiz, mamṭẽle u-ḥólọ, họ́slẹ ꜗålụ
-ḥmọ́rọ, mšāyåꜗle u-ḥmọ́rọ lụ-baítọ, maubẹle u-ḥỏlọ. åṭi u-ꜗåiz 35
ẹltåḥtu-kón, klen dåmíḥi. qåyim šlåḥle ú-šạrvỏlọ-dbảrṭẹ du-påšā,
njkọ́le ulọ́-måḥạslā. qåyim išꜗílẹ, måḥạsse la-grẽꜗẹ, måḥạslā ẹl-

báṛṭe du-páŝā. ómmo gréᵊe qúmu ḥzáu, nǫ́ŝǫ láṭi lī-láŝe? ḥǫ́rrɐ
la-gréᵊe, lǫ́-ḥzálle ī-láŝe ulǫ́-kmībáin ú-ḥmǫ́rǫ dụ-ᵊáiz. ómmi ḥātúne. ómmo ḥá. ómmi lǫ-kmībaínǫ ī-láŝe u-ụ́-ḥmǫ́rǫ dụ-ᵊáiz.
ómẹr lǫ́-mǫllíleḥ gẹgǫ́nvi ụ́-ḥmǫráḍi? gẹdǫbátli ḥáq dụ́-ḥmǫráḍi.
5 ómmo me-dǫ́bᵊaṭ gẹdǫbálloḥ. ómẹr tī dsámnǫ ᵊámẹḥ. ómmo gréᵊe
izóḥu, máru ẹlbábi, máru maubálle ī-láŝe, lǫ́-māḥáslan ᵊālaíye.
ázzịn á-gréᵊe, ráḥū u-ᵊáiz ᵊála, símle ᵊáma. —. ázzē u-ᵊáiz lụ
-baítǫ, azzá báṛṭe du-páŝā lụ-baítǫ. ómẹr yá, u-ᵊáiz. ómmo ḥá.
ómẹr mamṭélẹ lụ-ḥmǫ́rǫ ḱóli? ómmo é, ẹtmǫ́lli bu-qaúrǫ. ómẹr
10 trǫ́ve.

ẹggǫ́nū u-ᵊáiz mí-valaí. ázzē ẹlbepáŝā. ómẹr lǫ́-kǫdᵊína u
-gānǭvánǫ mányǫ, u-páŝā. ómẹr gẹdǫmannǫ́lǫḥ ḥábrǫ, yā páŝā.
ómẹr már. ómẹr rúṣ bu-ŝúqǫ dīnǫ́re, aína ẹdmōyádde, u-gānǫ́vǫ
hávǫ-yǫ. ómẹr álǫ ŝrǫ́lǫ. rịṣle lu-páŝā dīnǫ́re bu-ŝúqǫ. símlēle
15 lụ-ᵊáiz cázma u(w)-árᵊǫ dẹŝámᵊǫ, kimhálaḥ bu-ŝúqǫ, kmǫ́sịk u
-ŝámᵊǫ á-dīnǫ́re. bú-kāránǫ mālímle á-dīnǫ́re kúllẹ. lāḍíᵊi ú-gā-
nǫ́vǫ mányǫ. ú-páŝā ómẹr fāiŝína ẹmhaíre. ḥǭŝvīnále u-páŝā
dụ-ŝám. u-páŝa-dḥálạb ŝámạᵊ, kít gānǫ́vǫ bu-ŝám. kṭúle kágạd
lu-páŝā ẹdḥálạb, mŝāyáᵊle lụ-páŝā dụ-ŝám, ómẹr kít gānǫ́vǫ bí
20 -valāyaíḍǫḥ, lǫ-qǫ́drịt mǫṣkátle, látat páŝā. ómẹr é, trǫ́ve. mạr-
félẹ á-dālǫ́le lu-páŝā bú-ŝám, ómẹr hauwéru bú-ŝám: u-gānǫ́vǫ
ma-tkịtyǫ trǫ máḥvẹ rúḥẹ bu-qrár dálǫ, gẹdǫbénẹ mǫ kísẹ ubárṭi,
trǫ máḥvẹ rúḥẹ. u-ᵊáiz ómẹr ǫ́nǫ-nǫ. ómẹr hátạt? ómẹr é. ómẹr
ŝqúlloḥ mǫ́ kísẹ uŝqúlloḥ bárṭi. ẹmhǫ́lle i-bárṭǫ ᵊálẹ lụ-ᵊáiz. ómẹr
25 yā ᵊáiz. ómẹr ḥá. ómẹr kǫbᵊénǫ ménǫḥ dẹgónvit u-páŝā ẹdḥálạb,
mamṭátle ẹlgábi. ómẹr kā-ᵊisǫ, taíli gáldǫ dẹᵊézǫ umǫ́ záge. mamṭélẹ gáldǫ dẹᵊézǫ umǫ́ záge. ḥrízle á-záge bu-pịrj dụ-gáldǫ wul-
víŝlẹ ᵊálẹ lụ-ᵊáiz, maubelélẹ ᵊáñgus, ŝláḥle í-kimmaiḍe u-ázze. ázzɛ
ẹlḥálạb máṭị ẹltámǫ gnaiṭẹ-dyaúmǫ. maḥŝámle lụ-páŝā udámaḥ.
30 hávi fálge dẹlályo sálạq bu-qúṣrǫ u-ᵊáiz, ázze li-yaúda du-páŝā,
kle u-páŝā ẹlḥúḍe dāmíḥǫ. ẹnḥíŝle u-páŝā bụ-ᵊáñgus. māḥásle
lụ-páŝā, ẹftáḥle ᵊaíne. ḥázle u-ᵊáñgus u-á-záge lụ-ᵊáiz. záyaᵊ
u-páŝā, ómẹr mịnat mẹméde? ómẹr ū-māláḥǫ-nǫ, áṭịnǫ dŝǫqánnǫ
rúḥǫḥ. ómẹr yamán bú-baḥtaíḍǫḥ, lǫ-ŝǫ́qlịt ádlályǫ rúḥi, kịtlī
35 ábne, dḥǫzénin rámḥul usámni tābút, lályǫ ḥrénǫ tóḥ ŝqur-rúḥi.
ómẹr bálle gẹdǫmánnǫḥ sūm ẹbḥábri. ómẹr ᵊaí dárbǫ? ómẹr gẹ-
maubánnǫḥ lụ-dīvān dālǫ́hǫ, hāt ẹbgáve dụ-tābūt, gẹdǫmánnǫ ẹn-

váḥ ḥu-ḳálbọ, fóiš ẹnváḥ. ómẹr ó. ómẹr gẹdọmánnọ qraí ḥu-zóġọ.
ómẹr ó. ómẹr gẹdọmánnọ sụm ḥu-qātụ́nọ. ómẹr ó. ómẹr lọ-kšọ-
qánnọ ádlályọ rúḥoḥ, hol lályọ ḥrẹ́nọ gẹšọqánna. ómẹr tróvẹ.
tléle lụ-ʾáiz rúḥẹ bi-sarái. áti bẹlályọ. sāláqle u-ʾáiz, kle u-pášā
bú-tābút. ómẹr mí-símlọḥ, pášā? ómẹr kli ḥázạr šqụ̣r-rúḥi. mam- 5
tẹ́le lụ-ʾáiz ḥaúlọ, ḥóslẹ ú-tābút ẹbḥásẹ. áti li-valáyẹ dụ-šám,
azzé lụ-dívan du-pášā fálge diyaúmọ, māḥátle u-tábūt bụ-dívan,
kle u-májlis yātívọ. ómẹr pášā dụ-tābút. ómẹr ḥá. ómẹr ẹnváḥ
ḥu-ḳálbọ. ẹnváḥle. ómẹr qraí ḥu-zóġọ. qréle ḥu-zóġọ. ómẹr
súm ḥá-qātúne. símle ḥá-qātúne. ómẹr ẹnʾár ḥu-ḥmóṛọ. ẹnʾálle. 10
ẹmbādéle júle lụ-ʾáiz, yátū bu-dívan, ómẹr ẹftáḥu ú-tābút. ẹftáḥḥe
ú-tābút, ạḥzálle kle u-pášā. ḥólle lu-pášā ẹdḥálạb, ómẹr ḥánọ
u-šám-yọ. gāḥíḥi ʾálẹ dụ-májlis, maufáqqe mú-tābūt. u-pášā dụ ‹
‑šám ómẹr ẹhzélọḥ, pášā ẹdḥálạb? kómmịt kīt ḥarámi bu-šám
laíbọḥ ẹdmọskátle, lụ-ḥarāmiyávọ mamtẹlélọḥ ẹlárke, klé bạináni 15
‑yọ, qúm ídáʾẹ. ómẹr ḥátịnọ. ómẹr qúm izóḥ lụ-baítọ ẹlḥálạb.
azzé mẹhalḥónọ.

kítvō šámdīn ága, kítvōle bárṭọ gálabe kāʾístọ. mgárvọnọ fóṭā,
mọlléla lụ́-hākímọ, ómẹr ašíga bu-báḥar, gẹnaíḥọ. azzá lu-báḥar,
mäšịgóla fóṭa, nāʾiḥọ ; mäšịgóla náqẹla ḥrétọ, kitvóla ḥázme ẹddáḥvọ 20
baṇḥíra, nāfílọ baín a-maí, mịdlála li-nụ́ntọ. mḥāláqlā rúḥạ ʾáli-nụ́ntọ,
ẹlqọṭọ́lẹ lu-gámāz. šámạ₃ šámdīn ága, húwe u-ʾán-ábne, mạrféle
á-sāḥóye bu-báḥar, lọ-ḥzálle mḗde. ẹmsāyádde núne, mfātášše
gáve da-núne, lọ-ḥzálle mḗde. nụ́ntọ ómmo lọ-qọṭlitụ́lli, gẹdọ-
mánḥu. ómmi mắr. ómmo ḥzéli aḥḍó ʾálu-báḥar, mäšịgóvā fóṭā, 25
nāfílọ i-ḥazmaíḍa baína-maí, mọblóli, ₃mḥāláqlā rúḥā ʾáli, ẹlqọṭọ́lẹ
lu-gámāz. ómmi dúgle. ómmo lọ́-kmityaqnítu? aḥfáḥla i-ḥázme,
nāfíqọ i-ḥázme mi-fḗmọ di-nụ́ntọ. ḥórre ʾálā, ómmi yálọ šrólọ.
ẹmḥāláqqe ẹịnéqil bu-báḥar, lọ́-msík u-gámáz. ómmi azzá, u-bábọ
u-ʾán-aḥunóne. — qáyim u-ʾáiz šámạ₃ máyit ú-šụltónọ, māḥátte bu 30
‑qaúrọ, á-jūlaíḍe sḗmọ udáḥvọ dụ-šụltónọ. ázzē u-ʾáiz lu-qaúrọ
dụ-šụltónọ ẹdgónū á-júle. ẹftáḥle u-qaúrọ ẹblályọ, náḥat lu-qaúrọ,
ẹmóṭle á-júle mu-šụltónọ, ḥezéle nụ́ntọ bu-qaúrọ, ẹbʾéle dqọṭẹ́lā,
ómẹr haíyẹ-yọ. ómmo lọ́-qọṭlátli, bárṭẹ dụ-málkọ da-núnẹ-nọ,
ẹḳọyaúle ẹlbábi, ómmi zéḥ taí íšmọ ẹdsaúqọ ẹmdụ-šụltónọ, gẹ- 35
náḥle ẹlbábẹḥ. ómẹr ó. húlēla saúqọ ẹmdụ-šụltónọ, ómẹr hau
qrár ʾámi, mar gẹšọqlállọḥ. ómmo qrár ʾámọḥ, gezáṇ ónọ uhát,

mǫblĭna u-saúqǫ ęlbăbi ugçšǫqlắllǫḥ. ómęr băbęḥ aíkǫ-yǫ? ómmo klē
bainu-báḥar. ómęr laĭbi dsǫḥĕnǫ. ómmo rḥaú ˬáli. nāfíqį, ętmǫ́lle
á-júle ˬal fĕmę du-báḥar, ráḥu ˬal ḥáşę di-nų́ntǫ, azzĭn bu-báḥar.
āṭĭ gāmáz, mįdlĕle blǫ́ᵉle. sĭmlā lǫ-sĭmlā li-nų́ntǫ, lǫ-qādírǫ ˬálu
5 -gắmāz. ázzā ęlsu-bábǫ, hūlăle u-saúqǫ, nāyắḥle. ómmo bá.
ómęr hắ. ómmo ḥzĕli ḥắ bu-qaúrǫ, húli qrắr ˬámę dšǫqlálle,
húlēli saúqǫ, mamtĕli ˬámi bu-báḥar, šqĭle mĕni lu-gắmāz. ómęr
šrǫ́lǫ? ómmo é. qrĕle lu-mắlkǫ lá-gāmáz kúllę, lātĭmi gắbę. ómęr
má-kĭt ębgắvę nǫ́šǫ? dęblǫ́ᵉle u-ˬáiz ómęr kĭt ębgávi ḥắ. dęblǫ́ᵉle
10 i-kắcęke ómęr kĭt ębgắvi ąḥdǫ́. ómęr zóḥu ęlfĕme du-báḥar,
ąḥfáḥų́nne, trǫ nǫ́fqį. ázzįn ęlfĕme du-báḥar ąḥfęḥǫ́nne, nāfíçį.
ḥzĕle lu-ˬáiz i-kắcęke, taú mĕna laĭt. haúwyǫ i-nų́ntǫ áttǫ gắlabe
ˬ šāfắrtǫ. ómęr maĭkǫ hắt? ómmo i-nų́ntǫ-nǫ bắrtę dų-mắlkǫ, at-
yǫ́nǫ dšǫqlállǫḥ. ęlvíšle á-júle dų́-šųltǫ́nǫ, mamtĕle á-tắrte. āṭĭ
15 lų-baĭtǫ, bắrtę du-pắšā iy-áttǫ-yǫ, hāvĭle tlǫ́t nĭšе. fắiš šắtǫ bu
-baĭtǫ, bắrtęt šắmdīn ắgā ómmo ˬắ(y)iz. ómęr hắ. ómmo dų́š
ǫzán ęlbebắbi, faĭšĭna tắmǫ arbˬó yaúmę udǫˬạrĭna. ázzįn ęlbе-
šắmdīn ắgā. ąḥzắlle i-bạrtắtte, ęfşĭḥi, ómmi aíkǫ nāfíqęt? maḥ-
kĕle lu-ˬáiz, ómęr ḥál uhawắl-dídạn haúḥā jārĭbạn. ómmi haúwyǫ
20 bríḥǫ lǫḥắt, rizắq-dídǫḥ-yǫ. mamtiyǫ́le lų-baĭtǫ. ḥzắlle ˬále á-júle
dų́-šųltǫ́nǫ, sĭmme ˬasĕkir, āṭálle, lǫ́-qādíri ˬálę, maštęlắlle sắmǫ bi
-ḥĭle, máyiṭ. ázzā i-nų́ntǫ lų-baĭtǫ, azzá bắrtęt šắmdīn ắgā lų
-baĭtǫ, bắrtę dų-pắšā mátyǫ lų-bắbǫ.

25 ·
·

XLIII (164).

kĭtvō pắšā, kitvóle tắrte nĭšе. kĭtvō wāzírǫ, hắvǫ-ste kitvóle
30 tắrte nĭšе. á-tre bạḥdǫ́ valaĭ. lóvevóle ábne. u-pắšā mǫ́lle lú
-wāzírǫ, ómęr lǫ-kǫvĕli ábne, lō lǫnǫ ulō lǫḥắt, ˬaĭ-dắrbǫ saimína?
ómęr lǫ́-kǫdˬắnǫ. ómęr tóḥ ęmqaizĭna bá-nĭšе, gędǫbĕnǫḥ á-tạr-
taĭdi, háli á-tạrtaĭdǫḥ. ómęr trǫ́ve. átte du-pắšā kla tˬą́ntǫ, lǫ́
-kǫ́dạ; u-pắša. ęmqāyázzе, mamtĕle lu-pắšā á-nĭšе du-wāzírǫ,
35 u-wāzírǫ mamtĕle á-nĭšе du-pắšā. hāvĭle ábrǫ lú-wāzírǫ máttę
du-pắšā. šắmạ; u-pắšā, mǫ́lle liy-áttǫ i-qāmaĭtǫ, ómęr mĕni-yǫ?
mú-wāzírǫ-yǫ? ómmo lǫ́-kǫdˬǫ́nǫ. ómęr mār dīdų́griye. ómmo lǫ́

-kommǫnǫ. ázze u-pášā ęlsú-wāzírǫ, ómęr gęšǫqánnǫ ú-zꞋúrǫ.
ómęr lǫ-kǫbéne. ómęr qaúyǫ lǫ-kǫbȧtle? ómęr mqāyázlạn bá-níše
wazzé. ómęr męni-yǫ, u-pášā. u-wāzírǫ ómęr męni-yǫ. mqābárre
lá-tre, ómmi dụ̀š mạškęna ꞋꞋal ạhḍǫ́de, kómęr u-pášā. ómęr dụ̀š,
u-wāzírǫ. azzén su-šụltǫ́nǫ, mạškạ́lle ꞋꞋal ạhḍǫ́de, mǫrre u-mę́de 5
dhávi. ómęr táu í-žę́nęke çlạ́rke, híya kǫ́ḍꞋǫ męmạ̣n-yǫ. qrạ́lle
li-žę́nęke, ómęr lǫ́-mtānę́tu, ǫ̣nǫ gęmišgánnǫ ꞋꞋáma. ómmi tróve.
ómęr žę́nęke. ómmo há. ómęr gędǫmánnęh̨ h̨ábrǫ, ędlǫ́mmịt dī-
dụ́ġriye gęqǫṭáꞋnǫ qárꞋęh̨. ómmo mạ́r. ómęr u abrạ́nǫ dhävílęh̨
mú-pášā-yǫ? mú-wāzírǫ-yǫ? ómmo mu-pášạ-yǫ. ómęr háwụlc lụ 10
-pášā, haúh̨ā kómmo í-šạrịꞋa, izóh̨u lụ-baítǫ. ạ́ṭịn lụ-baítǫ. šqíle
u-ábrǫ lụ-pášā, qrę́lẹ h̨ḍǫ́ mǫnqōnịṭǫ, kmaúnęqǫ ábre du-pášā.
hāvíla lạ́ṭṭe du-páša ábrǫ mú-pášā. ú-wāzírǫ šámạꞋ, ómęr u-ábrǫ
dídi-yǫ. u-páša ómęr męni-yǫ. ꞋꞋęmqāhárre. ázzịn sụ-šụltǫ́nǫ,
kmáškịn ꞋꞋal ạhḍǫ́de. ómęr ú-šụltǫ́nǫ, ksạimítu ẹbh̨ábri? ómmi é. 15
ómęr wāzírǫ. ómęr há. ómęr šqul á-nīšạidǫh̨ á-qamǫ́ye uꞋábrǫh̨
dávi ǫ̣Ꞌdǫ, uhaúle lụ-pášā á-nīšạide, adꞋꞋéru h̨ịd męqạm, kulh̨ā
wá-nīšạíde. ómmi tróve. ạ́ṭịn lụ-baítǫ, kúlh̨ā, ušqílẹ á-nīšạíde. —
yārívi án-abnáṭṭe dú-wāzírǫ udu-pášā. lǫ-kǫ́le ábre du-wāzírǫ
ẹzbu-wāzírǫ, mu-pášạ-yǫ. ksǫ́yim lǫ-sǫ́yim ú-wāzírǫ, lǫ́-qǫ́dęr ꞋꞋálẹ. 20
ẹmh̨ẹlę́le lú-wāzírǫ, ạ́ṭṭe dú-wāzírǫ ómmo qai kmǫ̣h̨ạ́tle? ómęr lǫ
-kóle gábi. ómmo mǫ̣-gę̀kǫ́le gáböh̨? mú-pášại-yǫ. qh̨ir u-wāzírǫ,
ẹbꞋꞋij, mạ́yiṭ. fáiš á-níše dú-wāzírǫ ędló-gaúrǫ, ẹšqǫlíle lu-pášā.
á-mǫ́re dú-wāzírǫ ómmi lǫ́-kǫbína ábre du-wāzírǫ lu-pášā, šqíle
á-níše, múlạn mẹnạíye? u-ábrǫ lǫ-kǫbīnále. ómmo ạ́ṭṭe du-wāzírǫ, 25
ómmo lácyǫ mú-wāzírǫ. ómmi męmạ̣nǫ? ómmo mu-pášại-yǫ.
lǫ́-mtānạ̀lle. hávịn án-árbaꞋ lụ-pášā uꞋá-trabne. kmalvạ́šše júle
męhạ šíkl lá-trē. á-trē h̨ạhḍǫ́dẹ-ne rạ́bẹ, hávịn h̨a-sạ́bꞋẹ sạh̨mín,
kúlh̨ā kítlē sísyǫ, knǫ́fqi tạ́vda lụ-saírān. ómęr u-pášā: gęṭǫlạ́b-
nǫlh̨u níše. ómmi ṭlạ́b. ṭlǫblę́lin bạ́rṭẹ du-qǫ́zę lụ-h̨ā ubạ́rṭẹ dụ-30
-mụ́fti lụ-h̨ā. náfịl išmạíye bẹbrịṭǫ. ú-h̨ā išme h̨ụsaín, ú-h̨ā h̨ásan.

mǫrre lạhḍǫ́de, ómmi dụ́š ẹmkạifína, kít gaúmǫ ędmáyc bi
-jẹnạíne, kít ꞋꞋāli-gaúmǫ livạ̄n, kít qahwáci bu-livạn, ǫzạ̀n mkạifína
gạ́bẹ. maubạ́lle ꞋꞋạráq uh̨ámrǫ, ázzịn li-jẹnạíne, ẹzwụ́nne fárǫ,
húwwe lụ-qahwáci, ómmi sụmlạ́nyǫ mǫ́kẹlǫ. ómęr tróve. yātívi 35
ꞋꞋāli-gaúmǫ kšǫ́tịn ꞋꞋạráq. māh̨átte a-šụšáyāt baína-maí, ędqǫ́yęr
ụ-ꞋꞋạráq. h̨ǫ́nne kšǫ́tịn, ạh̨zạ́lle tạ́rte baín a-maí, taú mẹnạíye laít.

māʼíti ʼālaíye. · maubą́lle á-šn̦šáyāt mbaín a-maí lá-kącękát. ęm-
ḫāláqqe rūḫaíye ʼālá-kącękát baín a-maí. mǫblinne lá-kącękát,
ázzịn baína-maí. u-qahwáci drẹ́le hawár. áṭịn dī-valaí ʼal ḫọ́s
du-qahwáci, ómmi qai gẹdǫ́rịt hawár? ómẹr nāfíli ábne du-pášā
5 bi-ǵaúmǫ dá-mai. átyǫ i-valáye kúla uʼú-pášā, mạrfẹ́le a-sāḫǫ́ye
baín a-maí, lǫ-ḫzą́nne. símle tạmbíh lṇ-pášā ʼāli-valaí, ómẹr u
-rábǫ uʼú-nāȝímǫ dī-valaí táu sẹfǫ́qe, búzu i-ǵaúmǫ. mamṭálle
ęldí-valaí dẹgṇšyǫ́ṭǫ uȿúlab umabbaḫiyát, bízze i-ǵaúmǫ, lǫ-ḫzą́nne.
ómẹr dúgle kimdáglịt, u-pášā, mǫ́lle lṇ-qahwáci. ómẹr bẹ́le, ęlqúl
10 ʼaínī nāfíli baín a-mai. ómẹr bali, kóne? lǫ́-kmibaíni, bízlạn á
-mai ulǫ-ḫzą́llạn. ómẹr ǫnǫ ḫzẹ́li ędnāfíli. ómẹr qṭálṇle. u-qǫ́zẹ
ómẹr ḫẹ́ṭṇle bú-ḫabís, lǫ-qǫṭlītúlle, bą́lki nǫ́fqi ábnǫḫ șáń, ʼalmǫ́-gẹ-
qǫṭlátle? ómẹr é, ḫẹ́ṭṇle bú-ḫabís. māḫátte bú-ḫabis. mātrą́kle
fẹ́mǫ lṇ-pášā mẹnaíye, ómẹr azzịn ęmzaíȿi.
15   maubą́lle lá-kącękát á-zȿúrẹ ęlbą́lạd bāsímǫ, básim mẹ́ne laít.
nāfíqǫ í-ḫdo bą́rtẹ dṇ-mą́lkǫ dṇ-ḫájūj umájūj, uʼi-ḫdǫ bą́rtẹ du-šéḫ
áȿżam dṇ-ḫájūj umájuj. mǫblínne. ázzā bą́rtẹ dṇ-mą́lkǫ maubẹ́la
ú-ḫā ęlgābaíye. ubą́rtẹ dṇ-šéḫ maubẹ́la ụ́-ḫā ęlgābaíye, ómmo ḫṇ́r
bā, mamṭẹlíli ḫá, taú mẹ́ne laít. ómẹr maíkǫ-yǫ? bą́rṭi. ómmo
20 má-nsānát-yǫ. ómẹr é, kāʼisǫ. kḫǫ́yir bínne ábre du-pášā umȿájib,
qumṭaíye biy-árȿǫ. bą́rtẹ dṇ-mą́lkǫ mǫ́llā lṇ-bábǫ, ómmo mamṭẹlíli ḫá.
ómẹr maíkǫ-yǫ? ómmo má-nsānát-yǫ. ómẹr gẹqǫṭlīnále. ómmo lǫ́
-kmaqẹblǫ́nǫ. qāʼimi dẹqǫṭlíle, mahzą́mlā li-kącẹke ú-zȿúrǫ, maubẹ́la
ęlsi-bą́rtẹ dṇ-šéḫ. ómmo qaúyǫ mahzą́mlẹḫ, bą́rtẹ dṇ-šéḫ, ęmsẹbábẹḫ?
25 ómmo ębȿą́lle ędqǫ́tli ábre du-pášā. ómmo oh maíṭịt, hát ubábẹḫ,
ǫnǫ · mamṭẹ́li, bábi ómẹr trǫ́ve. yātívi bą́ḫdǫ aúda á-tre uʼá-tą́rte.
ęmbạríle lṇ-šéḫ ʼal aḫdǫ́de, hávin níše ugaúre. kǫbẹ́lin mǫ́kẹlǫ
ukąllát u-šéḫ, krǫḫámme u-šéḫ. á-ḫájúj kimfą́rji ʼālaíye ugóḫḫi,
uḫǫ́nne kimfą́rji ʼála-ḫájūj uḫózin ȿn̦jẹbǫ. símle lṇ-šṇlṭǫ́nǫ dṇ
30 -ḫájūj umájūj ʼazíme lá-ḫájūj umájūj, kítle tą́rte abnǫ́ṭǫ lṇ-šṇlṭǫ́nǫ,
taú mẹnaíye laít. mšāyáȿle lṇ-šṇlṭǫ́nǫ bǫ́tru-mą́lkǫ ubǫ́tru-šéḫ,
itóḫu ęlgábi li-ȿazíme. qáyim u-šéḫ maubẹ́le ábne du-pášā uʼá
-kącękát ʼámẹ li-ȿazíme. azzịn ęlbešṇlṭǫ́nǫ, ękḫárbịn ú-šṇlṭǫ́nǫ,
ómẹr maíkǫ-ne ḫáni? šéḫ. ómẹr má-nsānát-ne. ómẹr ạlmịn-áṭịn
35 ęlgábǫḫ? ómẹr mamṭánne ęlbą́rti wulbą́rtẹ du-mą́lkǫ. ómẹr kāʼisǫ.
ęfșịḫ u-šṇlṭǫ́nǫ bínne. ú-šṇlṭǫ́nǫ mǫ́lle liy-áṭṭǫ, ómẹr klēn tre
ḫórtīn kāʼise, mamṭánne ęlbą́rtẹ dṇ-mą́lkǫ wulbą́rtẹ dṇ-šéḫ, ęm-

ḥọrre án-abnōṭátte ꞏâlaíye. ómmo kọ́ne? ómẹr téḥ maḥvénẹḥne.
ḥọ́lla bínne, ǵálabe šâfírẹ-ne. ázzā átṭọ dụ̀-šụlṭọ̀nọ liy-aúda dáṇ
ꞏabnōṭaíḍā, ómmo abnóṭi. ómmi ḥâ. ómmo qúmu fạréju ꞏâla-trế
zẹꞏūráni. ómmi mín ẹzꞏûre? ómmo mdâ̦-nsānát. qāꞏimi fārạ̀jje
ꞏâlaíye, ómmi tóḥu isâqu ẹlgābạinā, mọ́rre lá-zꞏûrẹ. sāliqi ẹlgā- 5
baiye, ázzịn á-nīšátte ꞏâmaíye. ẹkḥaíri ábne du-páša babnóṭẹ dụ̀
ꞏšụlṭọ̀nọ, taú mẹbạ́rṭẹ dụ̀-šéḥ-ne umẹbạ́rṭẹ du-málkọ, lọ-fáiš ẹkḥaíri
bậ-nīšátte, ḥáni taú-ne. kómmi laḥḍóde ábne du-páša: dšọqẹlílaṇ,
gẹšọqlīnạ́lle, gẹmạrfẹ́na ḥáni. abnóṭo dụ̀-šụlṭọ̀nọ mā̀ꞏiṭi ꞏal ábne
du-páša, kómmi lọ-fáiš kmạrfenạ́lle, ọꞏdọ qaímọ í-qiyọ́mṭọ. yātívi 10
ꞏâlu-táñt, kúlḥā sạ́ḥḍọ, lọ-kmájrin ẹmtánin á-nīšátte mabnọ́ṭẹt dụ̀
ꞏšụlṭọ̀nọ. —. símle ꞏazíme lụ̀-šụlṭọ̀nọ mọ́kẹlọ, mšāyáꞏle grḗꞏọ lúwe
ulụ̀-šéḥ bọṭrá-zꞏûre du-páša. madꞏárre u-grḗꞏọ la-kaçẹkát, ómmi
lọ-ktọrẹ́na dóṭịn, gẹsaimína ḥạ́rke ꞏazíme, lạ́ḥna ulịnne, aubélu
bạ́rṭẹ dụ̀-šéḥ ubạ́rṭẹ du-málkọ ẹlgābạiḥu, kómmi lu-grḗꞏọ du-bábọ. 15
maubéle lu-grḗꞏọ bạ́rṭẹ dụ̀-šéḥ ubạ́rṭẹ du-málkọ. kómmo bạ́rṭẹ
du-šéḥ ẹlbạ́rṭẹ du-málkọ, gẹšọqlínne mẹnạinā, kómmi laḥḍóde. kómmo
ẹlbábẹḥ mamṭẹlḗlan ạ́ḥnā uḥọ́nne ẹlạ́rke, kómmo bạ́rṭẹ du-málkọ.
ạ́ṭịn lụ̀-dīván dụ̀-šụlṭọ̀nọ klen á-bābátte yātívi. ómmi āḥúlu,
mọ́rre lán-abnōṭátte, ú-šéḥ uꞏú-málkọ. ómmi lọ́-kọḥlína. ómmi 20
qaúyọ? ómmi šqọ́lle á-gauraídaṇ labnọ́ṭọ dụ̀-šụlṭọ̀nọ. mšāyáꞏle
lụ̀-šụlṭọ̀nọ, ómẹr tráu dóṭịn á-zꞏūránek lụ̀-májlis. ázzē grḗꞏọ bọṭraíye, mọ́lle lán-abnọ́ṭọ. ómmi zọ́ḥ kóḥẹl ạ́ḥrē, lọ́-ktọrẹ́na dóṭin.
ḥẹzéle lu-grḗꞏọ ẹbꞏaíne kšóṭịn ꞏạráq a-tạ́rte uꞏá-tre. mọ́rre lá-tre,
ómmi qúmu ẹlqúl u-grḗꞏọ, súmu ꞏāmạina, trọ́zzē máḥke ẹlbābạina 25
ulụ̀-méjlis, dọ́mmi šqọlạ́nne. qāꞏimi ẹlqúl u-grḗꞏọ, símme ꞏāmạíye
mọqímẹ. ómmi ḥzẹ́lọḥ, grḗꞏọ? ómẹr é. ómmi zọ́ḥ ạḥkaí bu-méjlis. ázzē u-grḗꞏọ. ómẹr kọ́ne? ú-šụlṭọ̀nọ. ómẹr lọ-ktọ́rịn dóṭịn,
klen ẹkšóṭịn ꞏạráq u-símme ꞏāmạíye ẹlqúli. ómẹr lọ́-kmaqbạ̀nnọ,
u-šéḥ uꞏu-málkọ, hắwụlan á-zꞏūraídaṇ. ómẹr šqọlínne, ú-šụlṭọ̀nọ. 30
azzḗ u-šéḥ uꞏu-málkọ, ómmi tóḥu dọzánọ. ómmi lọ-kọṭẹ́na. ómmi
qai šqọ́lḥu abnōṭaína? kómẹr u-málkọ uꞏú-šéḥ lábne du-páša.
kómmi lọ-ktọ́rịn dọṭéna abnọ́ṭọ dụ̀-šụlṭọ̀nọ. ómmi qai lọ-ktọrẹ́tu
dóṭịn? ómmi lọ́-ktọrẹ́na. ómmi gẹšọqlīnạ́lle mẹnaíḥu, kómẹr ú-šéḥ.
ómmi gẹdóḥlịt ạ́ḥre. qáyim u-šéḥ ạ̀ǵbin húwe uꞏu-málkọ, mau- 35
bạ́lle án-abnōṭátte. símle ꞏáskar lụ̀-šéḥ ulu-málkọ má-ḥájūj umájūj, uꞏáṭịn ạrríše dú-šụlṭọ̀nọ dimqátli. símle ꞏáskar lụ̀-šụlṭọ̀nọ

mqātặlle lụ̆-šēḥ ulụ̆-šụltǫ̆nǫ ulá-ꜱasę́kir. ómmi gęnǫḥtína mqatlína.
ómmi šqúlụnḫu á-jūlạídạn ęlvášụne, kommínne á-kạcękạ́tˋ, ędlǫ́
-ꜱǫ́bęr ẓarbạ́t bi-lāšạ̄ṭḥu. ómmi trǫ́ve. maufaqánne tre ẓạrḥạ̈t,
ęlvušínne lá-zꜱúrę, mịdde lá-saife urāḥívi ꜱālá-sistǫ́ṭǫ dạn-abnǫ́ṭǫ
5 dụ̆-šụltǫ̆nǫ. kimꜱaišínue mu-qúṣrǫ án-abnǫ́ṭǫ. nāfíli ḥá-dévc baíni
-ꜱáskạr dụ̆-šéḥ udụ̆-mạ́lkǫ, qtǫ́llę i-ꜱáskạr da-ḥạ̌jūj umạ́jūj. šḍặlle
bǫ́tru-šéḥ, bǫtru-mạlko. dāꜱíri lụ-baítǫ á-zꜱúrę, mkāyạ̈ffe lịnne ulá
-kạcękạ̈t. maḥkạ(l)lạ̈nne ꜱālu-bạ́lạd dạ̈-nsānạ̈t. ómmi kitḥu bạ́bǫ?
ómmi é, pạ́šại-yo bābạíṇā. ómmi qúmu dǫzạ̈nǫ lụ̆-bạlạd-dạ́tḥu.
10 ómmi dúšu. ęlvíšše á-zạrḥạ́t la-kạcękạ̈t umalvạ́šše trē zạrḥạ́t lá
-zꜱúre, tlǫ́bbe ḥạ̈tạr mú-šụltǫ̆nǫ. ǒmęr lǫ-kǫ́vę dǫzǫ́ḥu. ómmi ge-
zạ̈nǫ. hạ̌vin yaúne u-fāꜱíri án-árbꜱǫ. azzén li-ġaúmǫ du-qáḥwaci,
nāfíqi bi-ġaúmǫ. kít qaḥwáci ḥrę̆nǫ bu-bistǫ̆nǫ, ḥzę̆le ábne du
-pặšā, āḍặꜱc. maubę́lc i-bị̆šra lu-pặšā, ǒmęr i-bišraídi ꜱálǫḥ, ạ́tịn
15 ábnǫḥ. ǒmęr kǒnc? ǒmęr klen bi-qáḥwe. nạ̈ḥat u-pặšā udí-valaí
kúlle, kimfạ̈rji ꜱ̈ālạíye. ạ́tịn ặḥzặnne, kít tạ́rte ꜱāmạíye, hạiná
-nsānạ̈t lạit ḥvōtạíye, qumtạíye kritǫ-yǫ. ázzịn yātivi bu-baítǫ,
šlạ̈ḥḥe á-zạrḥạ́t, maḥtịnne bú-sạndúqǫ, māqlạ̈ḍḍe ú-sạndúqǫ, kle
u-qlịdǫ ꜱam ábne du-pặšā, ędlǫ́-zạrḥạ́t laíbin ędmáḥazmi, dǒvịn
20 á-zạrḥạ́t ꜱālạíye kíbin ędmáḥazmi. msāyéle lụ-pặšā man-ábne,
ǒmęr aíkǫ azzǒḥu? maḥkạ(l)lạ̈lle ḥid hạ̈vi, ómmi ḥạ̈ni abnǫ́ṭǫ dụ̆
-šụltǫ̆nǫ-ne. kmiꜱájębi dí-valaí męnạíye. mạrfạ̈lle u-qaḥwáci mụ̆
-ḥabís ufāꜱíši bí-valaí. hāvụ̆lle ęzꜱúre. fāꜱíši ạḥsár išne ęzbepặšā,
mā'íti ábne du-pặša u-mā'íṭǫ i-ḥḍǫ ḥạ̈júje. klē u-qlịdǫ ꜱámu
25 -šụltǫ̆nǫ dụ̆-sạndúqǫ, gnúla u-qlịdǫ lí-ḥạ̈júje, maufạ̈qęlā á-zạrḥạ́t,
ęlvišíla líya ulạ́n-abne ufāꜱí̇ri. azzịl-lụ̆-bặlạd-dạ̈tte.

---

30   # XLIV (163).

kítvō bázęrgān męmǫ́rde, azzę̆ ęlbúġdạd kšǒqęl mál. fạíš
yặrḥǫ ębbúġdạd, mlélc á-tạ̈ꜱne, húwe uꜱá-gréꜱe, ạ́ti lụ-baítǫ. kítvō
qrịtǫ ꜱ̈ęlmu-dạ̈rbǫ. u-bázęrgān ǒmęr, aklạ̈u á-bạ́ġle ędrǫ̆ꜱạn, kaz-
35 zinǫ lí-qrịtǫ, šǫqánnǫ mǫ́kęlǫ. ạ́tịn á-gréꜱe, mamtặlle á-bạ́ġle
mí-qrịtǫ ulạ̈f ḥạ̈rke, māklạ̈lle á-bạ́ġle, krǫ̆ꜱạn á-bạ́ġle. ḥzạ̈lle lá
-gréꜱe, mhāwạ̈rrę la-ṭụ̆rę, ęftíḥǫ iy-árꜱǫ, ꜱābiri á-bạ́ġle biy-árꜱǫ,

lātimǫ iy-ársǫ laḫdǫ́de, fáiš társǫ biy-ársǫ. mahzą́mme lá-gréṣe.
áṭi u-bázᵉrgān, ṓmᵉr kṓne a-báǵle? ṓmmi lǫ-kǫ́dṣat mí-jāribạn?
ṓmᵉr mí-jaríbḫu? ṓmmi marṣélạn á-báǵle hą́rke, mhāwą́rre la-túrᵉ,
ᵉftíḫǫ iy-ársǫ, ǵā·ʼiri á-báǵle biy-ársǫ, ᵉmzaíṣi milqulạina, fáiš
ú-tarṣắnǫ ᵉftíḫǫ biy-ársǫ. ṓmᵉr kít haúlǫ ṣāmạíḫu? ṓmmi é. 5
ṓmᵉr hę́tu u-haúlǫ ᵉlḫą́ṣi, gᵉnǫhą̇tnǫ ᵉlsá-báǵle. māṣǫ́rre u-haúlǫ
ᵉlḫą́ṣᵉ, mạuhą́tte u-bázᵉrgān. lǫ́-mą́ṭị u-haúlǫ. ṓmmi lǫ-kmǫ́tᵉ
u-haúlǫ. ṓmᵉr arfáṇle. mạrfą́lle u-haúlǫ, mᵉ̄āmą́ṣle ṣaíne unáfạl
liy-ársǫ dá-hąjúj umājúj. hǫ́rre la-gréṣe, ᵉshír u-társǫ ᵉdkítvǫ
ftíḫǫ biy-ársǫ. a-gréṣe mǫ́rre laḫdǫ́de, ṓmmi lazzä́nǫ ṣámu-bä́- 10
zᵉrgān, lādṣinā aík-azzᵉ, gᵉdǫzắnǫ, mǫ́-gᵉdǫmmíua ᵉbmǫ́rde?
ṓmmi ḫid hávi gᵉdǫmmína. ázzịn a-gréṣe ᵉlmǫ́rde, ḫid hávi
mahką́lle.

u-bázᵉrgān fáiš šátǫ ṣáliy-ársǫ qul dᵉmāhą̇sle. māhą̇sle lụ
-bázᵉrgān, hǫ́lle, ạhzéle, hą́ṭi brítǫ hrę́tǫ-yǫ, ṣámǫ ką́ryǫ, qumṭạiye 15
drǫ́ṣǫ ufą́lge dᵉdrǫ́ṣǫ uṣịtǫ. ᵉmᵉ̄ájib, ṓmᵉr yā rábbi, hą́nǫ mǫ́-ṣámǫ
-yǫ? khairíbe á-hąjúj umājúj, ᵉggǫ́ḫhi ṣále. hzélᵉ hą́ rábǫ ᵉb-
dáqnǫ, qúmtᵉ há-qáis. ṓmᵉr maíkǫ hą̇t? yā zlám. mǫ́lle lụ-bázᵉr-
gān. ṓmᵉr lǫ́-kǫdṣắnǫ. ṓmᵉr qai lǫ-kǫ́dṣat? ṓmᵉr hą̇l uhawál-dịdị
hą́nǫ-yǫ, ᵉmzaíṣi á-baǵlạídi. ṓmᵉr klén gä́bi, tǫ́ḫ ozą̇n, mahvḗ- 20
nǫḫne. ázzē ṣámᵉ ᵉlvaláye, ᵉkhǫ́yir u-bázᵉrgān bí-valaí, u-mä́l dá
-dukäne ǵér šíkᵉl yǫ, látyǫ lụ-šíkᵉl dụ-mál ᵉdgābạínā. ᵉmᵉ̄ájib
u-mérᵉkǫ mú-zuwǫ́nǫ umú-zᵉbōnä̇tte. ázzē ṣāmú-zlām dụ-dáqnǫ,
ạhzéle á-báǵle gä́bu-daqnǫ́nǫ. ṓmᵉr klén á-baǵlạídǫḫ. ṓmᵉr há-
line. ṓmᵉr lǫ-kǫ́dṣat ǫzǫ́ḫ lụ-bạlạd-dídǫḫ, fúš hą́rke hol cáṣ išne 25
gréṣǫ gābạínā. ṓmᵉr é. fáiš gābạíye. kle u-baítǫ mą́lyǫ níše
ugaúre uᵉ̄azṣúre uᵉ̄abnǫ́tǫ, kítte hą́ kíbe saúṣǫ, kítle švérib. khǫ́-
yą́rbe uᵉ̄aggǫ́hạḫ u-bázᵉrgān. kómmi ṣalmǫ́-gǫ́ḫhịt? kǫ́mᵉr ṣälắnǫ,
ṣal qúlin ạggǫ́hą́ḫnǫ, ǵálabe yāríhǫ-yǫ. ṓmmi é. kǫ́we mištawǫ́tǫ,
kmǫ́bli u-bázᵉrgān li-fą́rje, khǫ́zᵉ ṣújᵉbǫ mú-šuǵlą́tte, mǫǫ́íme 30
ksạími ṣam ạhdǫ́de, á-níše uᵉ̄á-gaúre. kimfárij ṣälạíye. kmǫ́sik
u-bázᵉrgān ᵉzṣuryǫ́tǫ uníše ᵉtsǫ́yim ṣámạiye, kimṣāṣạrile. lą́tte
mą́lkǫ ulą́tte ä́ǵa; dǫ́ve hą́ pís, júle qtíṣe, kómmi hą́nǫ-yǫ ú-mạl-
kạídạn. u-baítǫ ᵉdkǫ́ve u-bázᵉrgān hávǫ dụ-dáqnǫ kítle ą́rbⁱī
ábne uhávǫ qúlịn; ṣám qúlịn hąwárhṣi-ne. hávǫ lą́cyǫ gāwírǫ, 35
an-ą́rbⁱī gāwírᵉ-ne, kul ą́ttǫ kítlā dạrgúštǫ. hāvụ́lle lá-níše, a-nā-
ṣíme ba-dạrgušyǫ́tǫ-ne, ᵉkhōyą́zze u-sǫ́vǫ dụ-dáqnǫ. hą́vǫ-yǫ u-rábǫ

dṳ-baitọ. aina ẹdbóħẹ ẹblạ̈lyọ, kmáqạm iy-ẹ́mọ kómẹr qûm aunạ̈q
u-nā̟imạịḍẹħ. baitọ rắbọ-yọ.

ázzē u-sọ̇vọ lú-dvọ̇rọ maublẹ́le ẹlqûlin láħmọ lṳ-bábo. kim-
háḷaħ qûlin, lọ̇-kmibáyin; klaiy-ạ̈ṅgāríye bịḍe, iy-ạ̈ṅgāríye kmi-
5 baínọ, húwe lọ̇-kmībáyin. ómẹr bă̈. ómẹr hạ̈́. ómẹr šqûllọħ bi-
šọ̇lọ aħúl. yắtū u-bắbọ kóħẹl, qûlin dámaħ bu-ħtûtọ. āħíle lṳ
-bắbọ uqắyim ẹddọ̇wẹr, ómẹr ázzē qûlin lṳ-baítọ, láḍa̟. ẹdvûlle
lṳ-bábọ, ẹtmír qûlin baínu-̟áfẹrọ. kimháwẹr u-bábọ, nòšọ lọ̇-kmá-
d̟ar. ẹdvúlle hol ̟aṣríye, á̟i ̟aṣríye u-bábọ lṳ-baítọ. ómẹr bă̈,
10 qûlin. ómẹr hạ̈́. ómẹr g̟zzọħ útọrạtli? ómẹr aíkọ hát? ómẹr kli
táħtiy-ár̟ọ. ẹkọ̇raħ ulọ-kọ̇raħ, lọ̇-kóḍa̟.aíkọ-yọ. fă̈iš mħaírọ, á̟i
lṳ-baítọ, trẹ́le qûlin. ómmi kóyọ qûlin? du-baítọ. ómẹr lọ̇-ħzéli.
maħkẹlẹ́lin ħid hávi. ázzịn dẻri yaúmọ kúlle du-baítọ, kāríħi ̟álẹ.
kimháwẹr, lọ-kọ̇d̟i aíkọ-yọ. á̟ịn wutrạ̈lle. fă̈iš táħtiy-ár̟ọ. ẹf-
15 tạ̈ħle náqvọ lṳ-̟ọbúgrọ sẹqûlin. náfạ̈q qûlin bu-náqvọ dṳ-̟ọbúgrọ,
á̟i lṳ-baítọ, ómẹr qaúyọ lọ̇-maufạ̈qħulli mẹtáħt īy-ár̟ọ? ómmi kārẹ-
ħina ̟álọħ, lọ̇-ħzelạ̈llọħ. mqātéle ̟āmaíye, q̟íle kúlle du-baítọ,
ẹnħọ̇lle á-niše wá-z̟úre, trẹ́le u-bázẹrgān u̟u-bábọ. —.

ú·ħā yaúmọ qắyim qûlin, azzẻ laqrítọ, ħẹzéle šau̟ọ-ħmọ̇re
20 zaltọ̇ne, ẹgnūwile, króvaħ ̟álṳ-hạ̈́, ẹgbōnẹ́lin, kfaíši íštọ, knọ̇ħat
mṳ-ħmọ̇rọ ẹgbọnẹ́lin, kóvin šaú̟ọ. kómẹr ̟ai-dạ̈rbọ-yọ u-šuǵlánọ?
ẹgbōnẻnin knọ̇fqi šaú̟ọ, krọħaúnọ kóvin íštọ. ̟ájiz, lọ̇-fħạ̈mle.
á̟i lṳ-baítọ, ħzéle klen a-šaú̟ọ ħmọ̈re. ómẹr a-nòše gnúwe mẹ̈ni,
zā̟í̟i, mamtạ̈lle. á̟i maħkẹ́le lṳ-bázẹrgān. ómẹr haúħa-yọ, u
25 -bázẹrgān, rauħạ̈tvọ ̟al hạ̈́, faíšívọ íštọ qúmọħ, ẹttáħtọħ lọ̇-ħọšvat-
vóle. ómẹr álọ šrọ̇lọ; ómẹr dúš mākrạ̈ħnọħ bẹbrítọ, mọ̇lle lṳ-bázẹrgān. ómẹr dûš. ázze u-bázẹrgān uqûlin, kāríħi bẹbrítọ, kħọ̇ze
u-bázẹrgān ̟ûjẹbọ mu-bạ̈lad dṳ-hạ̈́jūj umájṳj. ħzạ̈lle ẹbvalái zlám,
ħdu-bázẹrgān. mšāyéle lṳ-bázẹrgān, ómẹr maíkọ hát? ómẹr mẹ̈
30 maú̟al-nọ. aik-á̟ịt ẹlạ̈rke? kọmálle u-bázẹrgān. ómẹr ọ̇nọ dāmíħọ ħzéli yaúnọ, mħāláqli rúħi ̟áli-yaúnọ bú-ħạ̈lmọ, ħọ̇lli klī
hạ̈rke, hạ̈ti-yọ. ómẹr ̟ai-dạ̈rbọ saimīnā? u-bázẹrgān. ómẹr lọ̇
-kọḍá̟nọ, ú-mṳslọ́yọ. ómẹr tóħ kọrħínā bú-baḷadánọ. ̄ázzịn ̟am
qûlin á-tre. mọblíle lịm̟ạ̈rtọ klā mẹlítọ dínọ̇re. ómẹr í-̟amlạ̈ti
35 kozzá gābaíħu? qûlin kómẹr. ómmi é. ómẹr táu aubélụnħu mẹnaíye. ómmi laít sẹfọ̇qọ ̟āmaínā. ómẹr bázẹrgān lọ̇-zé̟at, gẹmọ-
léno á-tạ̈ne da-báǵle mẹnaíye wumšāyá̟nọħ lṳ-baíto. ómẹr lọ

-ḳọḏꞏ́ánọ ọzínọ. ómẹr ọ́nọ gẹmaubą́nnọḫ hᴜd kómli á-caꞏ išne ẹd-
mọ́llēlọḫ ẹlbą́bi.   ázzịn lịmꞏ́ạrtọ ḫrḗtọ, aḫzą́lle átṭọ kā-ꞏlstọ, taú
mẹ́na laít, mu-šíkẹl dụ-bázẹrgán-yọ, lą́cyọ mụ-ḫájüj umą́jüj.   yātívi gába ẹšǵili híya u-ꞏu-bázẹrgān u-ú-muslọ́yọ. ómmi maíkọ hát?
ómmo bą́rṭẹ dú-báhlūl ẹdbúǵdạd-nọ.   ómmi ạlmịn-átịt ẹlą́rke?   5
ómmo hátu ẹlmịn-átítu? maḫkelą́lla mí-jāríbin.   ómmi aḫkaịlan
mí-jāríbẹḫ.   ómmo kítvō aḫḍọ́ bi-ꞏaínọ dá-mai, ályaq mẹ́na lą́tvọ,
mịdhīla, mịdla lẹdrọ́ꞏi, mamṭẹlą́li táḫt īy-árꞏọ, aṭyọ́nọ ẹlą́rke, mau-
taúlāli bí-mꞏạrṭą́ṭi.   ómmi kọ́yọ? ómmo azzą́, wáḫta kóṭyọ.   ázzē
qúlin, qrelẹ́la, áṭyọ, taú mẹ́na laít, qúmṭa kríṭọ-yọ, á-jūlaíḍa dáh- 10
vọ-ne.   ómẹr aíkọ-vẹḫ? qúlin.   ómmo azzínọ mamṭẹ́li bą́rṭọ du
-ḳạrrán dá-ꞏájam.   ómmi aíkọ maḫṭọ́lẹḫ? ómmo maḫṭọ́li bi-mꞏar-
ṭaıhọ bášqa.   ómmi dụ̌š aḥvaịlạnyọ.   ómmo dụ̌š. u-bázẹrgān má-
γiṭ ꞏāli-kácẹkẹ dụ-ḫájüj umą́jüj.   ázzịn li-mꞏ́ạrtọ, aḫzą́lle bą́rṭẹ dú
-ḳạrrán. ómmi aik-átịt ẹlą́rke? u-bázẹrgān u-ú-muslọ́yọ, kla bą́rṭẹ 15
du-báhlūl ꞏꞏ́āmaíye.   ómmo nāfẹqọ́nọ lī-bákca wumzaiꞏọ́nọ, mamṭẹ-
lą́li lą́ti lī-ḫājúje.   qúlin ómẹr bāzẹrgą́n. ómẹr há.   ómẹr bą́rṭẹt
dú-bahlûl traúwyọ lụ-muslọ́yọ, ubą́rṭẹ dú-ḳạrrán traúwyọ lọḫát,
u-ꞏí-ḫájúje traúyọ lọ́nọ.   ómẹr lọ́ qúlin, í-ḫájúje traúyọ lọ́nọ, bą́rṭẹ
dụ-ḳạrrán lọḫát.   ómẹr lọ́-qọ́driṭ ꞏála, bāzẹrgán.   ómẹr bẹ́le.   ómẹr 20
trọ́vin á-tą́rte lọḫát, ọ́nọ lọ-kọbꞏ́ẹnin.   ómẹr é.   qā-ꞏimi ātịn, kúlle
távda, ātịn lụ-baítọ ẹdbeqúlin.   mamṭẹ́le á-bágle dụ-bázẹrgān,
ẹmlą́lle dīnọ́re.   ómẹr qúm ẹdmaubą́nnọḫ lụ-baítọ, hát u-ꞏu-muslọ́yọ
u-á-nišą́ṭhu.   qáyim u-bázẹrgān, áti qúlin ꞏáme.   ómẹr ꞏámas ꞏaí-
nọḫ, hát u-ꞏú-muslọ́yọ.   mẹꞏāmą́ssẹ ꞏainaíye.   nāfíqị ẹlfótẹ dẹbríṭọ, 25
họ́nne u-ꞏá-níše; qúlin fáiš lą́ltah.   áṭi u-bázẹrgān, mamṭẹ́le á-ṭáꞏne
u-á-tą́rte níše.   u-muslọ́yọ maubéle bą́rṭẹ dú-ḫalífa. ázzē ẹlmaúsạl.

    áṭi u-bázẹrgān ẹlmọ́rde, ẹfsịḫi dí-valaí.   họrre ḥẹzą́lle kít ṭą́rte
níše ꞏáme, kimfą́rji ꞏāli-ḫājúje.   mọblọ́le lụ-baítọ, yátū.   mšāyáꞏle
lụ-páša dī-valáye bọ́ṭre.   ómẹr aíkōḫ háni cáꞏ išne?   ómẹr hā~l 30
uḥawál-dídi haúḥā jāríbi.   ómẹr mamṭẹ́lọḫ átṭọ mẹnaíye?   ómẹr
é.   ómẹr taíya lụ-divan dimfạrjína ꞏála.   ómẹr ꞏaíbọ-yọ, affạ́ndim.
ómẹr kọbꞏ́ẹnọ dẹmamṭátlā.   ázzē u-bázẹrgān, mọllẹ́lā, ómẹr qúm
dimfárij u-páša u-ꞏu-mą́jlis ꞏálẹḫ.   ómmo lọ́-kọṭyọ́nọ.   ómẹr bẹ́le.
ómmo gezi mịḍọḫ.   ómẹr qúm lọ́-mꞏántẹt, lọ-kmájrẹ šọqẹ́lẹḫ.   ómmo 35
ḥábrọ-yọ, mọllílọḫ, dụ̌š katyọ́nọ.   áṭyọ lụ-divan, ḥárrabbā, lọ-ksaúꞏi
aḥyọ́rọ mẹsúrta, gálabe kā-ꞏlstọ-yọ, qụ́mṭā kríṭọ-yọ.   ú-páša ómẹr

lóֱnọ-yọ, u-qóֱzẹ ómẹr lóֱnọ-yọ, u-múֱfti ómẹr lóֱnọ-yọ. ẹmhֱ́lle lụ
-bázẹrgān, maufáֱqqe. áֱti u-bázẹrgān lụ-baítọ. gániֱ u-yaúmọ, u
-páֱšā ómẹr taí dsáֱmnọ ֱ́ámẹhֱ, láֱlyọ hֱŕẹnọ trọ sóֱyim u-qóֱzẹ wahֱ-
rénọ u-múֱftī. ómmo é, háֱli í-mịsíne dimṣalyóֱnọ, ubọtráֱwọ. mịdlā
5 lí-mịsíne, nāfíqọ. áֱtyọ ẹlsú-bázẹrgān, maubéla báֱrtẹ du-qarráֱn
wụmzaíֱsọ. mŝāyáֱlle ֱ́ála, lóֱ-hֱazyóֱlle. azzén su-bázẹrgān a-gréֱše,
ómmi láֱtyọ í-hֱājúje ẹláֱrke? ómẹr ló. ómmi ŝaiyíl áֱttọhֱ. sáֱlaֱq
u-bázẹrgān lī-fráֱñga, lọ-hֱzéֱle iy-áֱttọ. óֱmẹr mahֱzáֱmme lá-táֱrte.
báֱhi u-bázẹrgān. ázzē u-bázẹrgān lī-dúktọ ẹdnáfaֱq mẹtahֱtiy-áֱrsọ,
10 báֱhi wạqréֱle ẹlqúlin. ẹftíhọ iy-áֱrsọ, náfaֱq qúlin, ómẹr mọ-kóֱbֱsaֱt,
bázẹrgáֱn? ómẹr mahֱzáֱmlā lí-hֱājúje wulbáֱrtẹ dú-qarráֱn. ómẹr klī
háֱrke, kazzínọ mamtֱ́ẹnin. azzé qúlin, káֱrahֱ ֱ́ālaíye, ahֱzáֱlle, mamtֱ́áֱllẹ,
masaֱlqíֱle ẹlsu-bázẹrgān. ẹfṣíhֱ u-bázẹrgān. óֱmẹr qaí mahzáֱmhu?
qúlin. ómmo hūléli lụ-páֱšā ẹtsóֱyim ֱ́ámi, mahzáֱmli. óֱmẹr izóhֱ,
15 lóֱbatֱlā lu-páֱšā, trọ gọráֱšlā bu-zóֱr, gẹmasaֱmyóֱle wụmdaiֱvọnóֱle.
mọblíle lụ-bázẹrgān, dáֱֱ᷄ar qúlin lụ-baítọ. ŝámaֱֱֱ᷄ u-páֱšā, ázzē dẹ-
gọráֱšla bu-zóֱr. masméֱla wụmdaiֱválle, nóֱšọ lóֱ-kmájre mqādáֱmlā
mu-bázẹrgān upéֱya. haúwyọ iy-áֱttọ, hāvila ábne hֱvóֱta, ẹmֱ᷄ájẹbi
dí-valái. máyiֱt u-bázẹrgān, mahzáֱmlā líya ulán-ábne, tréֱla báֱrtẹ
20 dú-qarráֱn. azzáֱ báֱrtẹ du-qarráֱn ẹlbaína-ֱ᷄ájam, mahֱkéֱla lụ-báֱbọ
hֱid ahֱzéֱla.

XLV (122).

kítvō páֱšā, kítvōle trē ábne, u-páֱšā dẹgzírọ, saֱlím páֱšā,
u(w)-ábro háֱ u-rábo bakáֱr páֱšā uֱ᷄ú-naֱֱ᷄imo slaimánbaֱk. kit
ֱ᷄amaֱíye máֱl ǵálabe, u-šúֱláֱttẹ u-saídọ-yọ. hֱáֱñge dẹkhֱóyir saֱlím
30 páֱšā bú-nīšán dẹtfáñge, náhֱat máye kóֱme ֱ᷄al ֱ᷄aíne, sámi. mŝā-
yáֱlle ֱ᷄al hֱakíme, nóֱšō lō-qádịr dmánahֱ ֱ᷄aíne. ómmi kít hֱakímo
baínụ-mọskóֱf. símme ulọ-símme mẹbakáֱr páֱšā u-ábro dọzzé, lázzē.
qáֱyim ú-slaimánbaֱk ú-naֱ᷄imo, ráhֱu uֱ᷄-ázze. ֱ᷄áֱmre kíbe tráhֱsar
áֱšne. māhֱátle hֱúrjikē ẹddinóֱre bóֱtre ֱ᷄al ụ-sisyo umŝāyéle uֱ᷄-azzéֱ.
35 ázzē ẹlbaínu-mọskóf uֱ᷄-áֱti mamtֱ́éֱle ú-hֱākimo. mzāyáֱֱ᷄le u-dáֱrbo,
áֱti ẹltúֱrọ háֱlyọ. hֱzéֱle qúֱsrọ, kít ahֱdóֱ ֱ᷄al u-qúֱsro. hֱóֱlla bislaֱi-
mánbaֱk, ómmo tóhֱ lu-qúֱsrọ, i-hֱzaítaֱídi bẹ᷄-álfọ-yo. māֱ᷄íֱtọ ֱ᷄áֱl islaֱi-

mȧnbạk, slạimȧnbạk jéḥẹl-yo. azzẻ dọzzẻ lụ-qúṣrọ, lo-trẻle lụ
-ḥȧkimo, ỏmẹr hȧṭi i-dóste du-ṣafrit-yo, ú-ḥȧkimo mỏlle lislạimȧnbạk, ỏmẹr i-ḥzaito dȧṭi bẹ'ȧlfọ-yo, aina dȧṭi ẹlgȧba lọ-dȧ:ạr, qọt-
lile. lọ-trẻle lụ-ḥȧkimọ, mamṭẹ̀le. mhȧvȧlla ṣȧlẹ mu-qúṣro. slạimȧnbạk ỏmẹr kazzíno maubạ́nno ú-ḥȧkimo rišẹ̀t-bȧbi udọ:ȧnnọ-lgȧ- 5
bẹḥ. ỏmmo haú ẹqrȧr. ỏmẹr qrȧr ṣȧmẹḥ gedọ:ȧnno. ȧṭi slạimȧnbạk u'ú-ḥȧkimo. bepȧša kbỏḥạn ṣȧl ẹslạimȧnbạk, kómmi
mzȧyạḥ. azzẻ lụ-baito, šȧmiṣi ȧṭi, ẹfsịḥi. nȧḥạt u-ḥȧkimo mu
-sísyo, mamṭẹlẻle dạrmọ̀ne, mȧḥȧtle ṣal ṣaine du-pȧša, lọ-nȧyạ̀ḥḥe.
u-ḥȧkimo ỏmẹr laíbi dmȧnạ̀ḥnịn. dȧ:ạr ú-ḥȧkimo, ȧṭi lụ-baito. 10
    qȧyim ẹslạimȧnbạk ú-ḥȧ yaúmo ạḥzéle i-dọstaíde. ỏmẹr dụš
-ọzzạn li-ḥạrbaiho, saimína ṣam ạḥḍóde; slạimȧnbạk mỏlle li-kạ-
ccẹke. azzẻn li-ḥạ́rbe húwe uhíya, símme ḥȧnak, tfúqqẹ ạḥḍóde,
dạryọ̀le, rȧḥu ṣȧla. húwe ksóyim ḥọ́llẹ, nȧfạq trē :ọbúgre, kīt
šọ̀qo dẹgẹ̀lo ẹffẻme dụ-ḥȧ :ọbúgro. ȧṭile ú-:ọbúgro ḥrẻno lụ-:ọ- 15
búgro du-gẻlo, mqȧtạ̀lle lȧ-:ọbúgre ṣȧlu-gẻlo. slạimȧnbạk kimfȧrij,
kle ksọ̀yim ṣȧmi-kạccẹke. qȧyim slạimȧnbạk šqịle u-gẻlo mẹfẻmet
dụ-:ọbúgro, mȧḥȧtle bẹkise. ú-:ọbúgro ỏmẹr slạimȧnbạk. ỏmẹr
hȧ. ỏmẹr dúq u-gẻlo u'artẹ̀ḥẹ-bmȧye ukfȧḥe bú-finjȧn uḥẹ̀te bẹ-
ṣaine dẹbȧbọḥ, gẹnaíḥi; ú-:ọbúgro kmȧḥke lislạimȧnbạk; ȧṭino 20
dmamṭẹ̀nọḥyó, qȧtélạn lọ́no ulaḥúni, ỏmẹr lọ́-mọblȧtle ọ̀ṣdo, slạimȧnbạk kle ksóyim ṣam i-kạccẹke, ṣaibọ-yọ; qȧ'imịt ẹšqịlọḥ. ȧṭi
slạimȧnbạk lụ-baito, mamṭẹ̀le u-gẻlo, dịqlẹ bi-hȧvun umartȧḥle
ẹbmȧi. mȧḥȧtle bú-finjȧn, mȧḥȧtle ba-ṣaine dụ-bȧbo. nȧ'iḥi ṣaine .
du-bȧbo. ỏmẹr ḥzẻlọḥ, bȧbo? mȧnȧḥli ṣainọḥ. ỏmẹr wạ̀ladi krȧḥ- 25
lọḥ ṣal ȧṭto, aina dmȧ:jibịt, haúwyo gȧwụrto, gišọqȧnnọḥyo. ỏmẹr
lỏ bȧ, lọ́-ksȧmno haúḥȧ, gezíno kīt ạḥḍỏ́, i-ḥzaitạída bẹ'ȧlfọ-yo,
i-dọ̀ste dụ-ṣafrit, gezí mamṭẹ̀niyọ̄. ỏmẹr wạ̀ladi gẹqọtlílọḥ. ỏmẹr
lọ-zẹ̀ṣat bȧ. rȧḥu slạimȧnbạk, azzē lu-qúṣro. i-dạ́rga klȧ-ḥṣíto,
klọ́-ṣafrit lȧlgul. sȧliqo i-ḥȧtúne lụ-qúṣro kịmṣaíšo u-dạ́rbo dẹslại- 30
mȧnbạk. ḥọ́lla ḥzẻla slạimȧnbạk qumú-qúṣro. ỏmẹr ftȧḥ u-tȧrṣo.
ỏmmo klọ́-ṣafrit dȧmíḥo. ỏmẹr baṣai-dạ́rbo? ỏmmo lọ́-kọdṣọ̀no.
uȧḥito ẹftạḥlȧle u-tȧrṣo du-qúṣro. ṣȧbạr lȧlgul,. ỏmẹr aíkọ-yo u
-ṣafrit? ỏmmo klẻ lȧlgul. ȧzze ẹlgȧbe húwe u'í-ḥȧtúne. ḥọ̀llẹbē
lislạimȧnbạk, zȧyạ: mẹ́ne. ẹglẻle ṣȧlẹ lislạimȧnbạk, mídle ẹlšaq- 35
vọ̀te, tqalíle bịḍe, ỏmẹr gẹqọtȧnne. ỏmmo lō bu-saifaiḍọḥ, lọ́-qọ̀-
tạ:. ỏmẹr kóyo saifaiḍe? ỏmmo klẻ taḥt ẹríše. gríšle lislạimȧn-

bạk u-saįfo, gríšle mú-kālắn umaᴕléle ᴕắlẹ. ẹmḫệllēle ḫắ ᴕal aq-
ḍṓle. qắyim u-ᴕafrít unáfịl. ẹmḫẹléle ḫrếno, ẹmḫẹléle íšto, bẹ-
šaúᵹo kāmẹ̄le. yātívi húwe udắn-álfo ᴕālụ-táḫt, mkāyắffe. qắyim ẹtsóyim ᴕắma, lọ-trẹ̄la. ómẹr qaí lọ-ktọ̈rịt? ómmo lọ̈-ktọryọ̈no
5 ḫód lō mámtịt ḫóti msú-tạrtẹmẹ̄ni dạ-šaúᵹo qárᵹe, lọ̈-ktọryọ̈no.
ómẹr aíkọ-yo? ómmo kle bí-mᵹárto du-haúbo. ómẹr dẹdụ̄š dọz-
zắno. qā᾽ími húwe udắn-ạlfo, azzén uláqạn ẹbḫắ. húwe udắn-alfo
ómmi laíko gezóḫ? ómẹr kazzíno kōráḫno ᴕal ẹslaimánbạk. ómmi
qaúwyo? ómẹr átte dụ-tạrtẹmẹ̄ni da-šaúᵹo qárᵹe mšāyáᴕläli, mọ́lla
10 zóḫ ẹlgábe, mar ġálabe kóbᵹọ dótịt ẹlgába, élo náfịl išmọḫ bẹbríto.
ómẹr ọ̈ᵹdo aíkọ-yo? ómẹr kla bí-mᵹárto du-haúbo. ómẹr zóḫ kráḫ
ᴕal islaimánbạk. ázze slaimánbạk u᾽í-ḫātúne, azzén ẹltáḫti-mᵹárto,
kla bẹdiyắr ᴕalọ̈yo, ló-qọ̈dẹr sísye sólạq ẹlgába. í-ḫātúne dạn-alfo
ómmo ḫáti-yo í-mᵹárto dʰóti. māsọ̈rre á-sisye ẹbkéfo usālíqi.
15 ksọlqi sắᵹa uyọ́tvi kbọ́tli. tlọ́to yaúme qụd sālíqi lí-mᵹárto. azzaí
-ḫātúne dạn-alfo lí-mᵹárto, ḫzéla klai-ḫóto ẹlḫúḍa. slaimánbạk
tléle rúḫe. ᴕabíro ẹlgába, klá gẹbọ̈ḫyo kla gẹzọ́mro ᴕal islaimánbạk. ušíqqe ạḫḍóde wạfsịḫi. ómmo kóyo u-tạrtẹmẹ̄ni da-šaúᵹo
qárᵹe? ómmo azzé lụ-saído, wáʰta kóte. ómmo lọ̈-saimịt ḫọ́f, kle
20 slaimánbạk ᴕámi. ómmo baᵹaí-dạrbo saimína, ḫóto, bú-tartẹmẹ̄ni?
ómmo aiko gẹdọ́maḫ? ómmo gẹdọ́maḫ hárẹke gắbi. ómmo i-ná-
qẹlā dóte, mar ḫáli u-saifaídọḫ dimᵹalqálle, élo bātịlịt. áti ᴕábạr,
ḫẹzélᵹ á-tạrte, afsị̣ḫ, ómẹr qai-yárke ḫắt? ómmo ġẹbīnọ̈no mụ̈-ᵹa-
frít, ómẹr gẹqọtánnẹḫ, atyọ̈n-ẹlgábọḫ. ómẹr lọ̈-zéᵹat, mọ̈-ḫad-dídẹ
25 -yo? kdōḫánne mọ̈kẹlo. dámạḫ, mᵹāláqle u-saífo. ázzā dạn-alfo
qréla lislaimánbạk. kitte ᴕnkábbe lálġul. áti slaimánbạk, mịdle
lụ-saįfo, ẹmḫẹ́le lụ-tạrtẹmẹ̄ni, qtắᵹle tlọ́to qárᵹe, fáiš árbᵹo. qắyim
u-tạrtẹmẹ̄ni, slaimánbạk cik taḫti-mkábbe; anᵹálla li-mᵹárto. ucáġ
-ẹdqáim ómẹr ẹlmán ẹmḫẹlélí? ómmi lụ̈-ᵹafrít. ómẹr aik-azzé?
30 ómmi mahẹzámle. ázze bọ́trẹ, nốšo lọ̈-ḫzẹ́le, dáᵹạr, dámạḫ. slaimánbạk náfạq mẹtáḫti-mkábbe, mịdle lụ-saįfo, ẹmḫẹléle saífo,
qtắᵹle tlọ́to ḫrẹ́ne. hávi šáš u-tạrtẹmẹ̄ni. ẹmḫẹléle saífo ḫrẹ́no,
mkāmẹ̄le. yātívi húwe uᵹá-tạrte wᵤmkāyắffe. qā᾽ími, nāḫíti ịlsá
-sísye, rāḫívi kul ạ̄ḫḍo ᴕal sísyo, fáiš slaimánbạk mhalḫọ̈no. átịn
35 lụ-qụ̈ṣro dạn-alfo, ḫẹzálle kle ḫắ yātívo, yātívi gábe. íšme ḫásan
ġẹnámi, hávọ-ste ḫórt kā᾽isọ-yọ, ábre dú-ắga dá-barāᵹiyẹ̣-yo. ómmi
ẹlmin-ắtịt? mọ́rre lú-ġẹnámi. ómẹr ātíno li-ḫātúne dạn-alfo. slai-

mănbạk ŏmẹr kla hĭya uʼi-ħŏ̤o ʂámi. ọ̇smar g̣ẹnámi ŏmẹr ḥdŏ
lọno uʼạḥdŏ lọ̆ḥát. slạimănbạk ŏmẹr lŏ. mqātặlle. lọsmar g̣ẹnámi
qṭ̆le slạimănbạk, mamṭẹle á-tạrte. ắṭi lụg̣ẹzírọ li-valắi dislạimắn-
bạk. yắtu ẹsbepăšā u-băbo dọslạimănbạk. m̆šāyắlle ómmi mạȋko
mamṭẹ̆lọḥ á-tạrtáni? ŏmẹr ḥắṭi dặn-ặlfọ-yo uḥắṭi i-ħŏ̤ọ-yo. ómmi 5
slạimánbạk lọ-ḥzẹ̆lọḥ uʼạbrạídặn? ŏmẹr lŏ. dặn-alfo ómmo ắlọ,
qṭ̆le, lúwe mamṭẹlẹ̆lạn ulắnọ qṭ̆le. qāʼimi bepăša, qṭọlle ọ̇smar
g̣ẹnámi wumhọrre á-tạrte ʂal bạkặr păšā.

10

XLVI (95).

    kítvo păšā, kitvóle bákca. ḥzẹ́le fặrdo ẹdbezárʂo, qrẹ́le lặ-ji-
nénji, ŏmẹr ḥúrū ʂắlu-bizarʂáno, ạḥzáu mọ̆-bezárʂō-yo hắno. hặrre 15
ʂále lāḍiʂi mínyo. ẹzrẹ̄ắllē bí-jẹnạíne. yắʂī, hắvi rịmmúno, náfạq
rimmúno búwe. mọllẹ́le lụ-jẹnénji ŏmẹr ʂạȋnọḥ ʂále. mắṭi u-rịmmúno, ắṭi u-ʂáft maubéle. m̆šāyéle ʂále, ŏmẹr kŏyo? madʂálle lụ
-jẹnénji, ŏmẹr álo lọ̆-kodaʒ ẹlmá-maubéle. u-păša qṭặʂle·qárʂe dụ̆
-jẹnénci. ắṭi šắto ḥréto, azzó(w)-ábro ẹlqúme, dằmạḥ beḷặlyo 20
qữ̆me hōl sáfẹro. ắṭụ-ʂáft maubéle. m̆šāyéle lu-păšā: kŏyo u-rịmmúno? ŏmẹr u-ábro: lọ̆-kodaʒ ẹlmá-maubéle. mʂíkle u(w)-ábro.
yắʂi náqẹla ḥréto. ắṭi u(w)-ábro naʂímo, ŏmẹr bằbo, óno g̣ẹno-
tánne. hắvi bḷặlyo, dằmạḥ qữ̆me hōl fŏ̤ẹt sáfro, slặḥle íde, mléle
íde málho uyátu, mịdle lị̆-tfắñge. āṭụ-ʂábd, mídlēlē lụ-rịmmứno. 25
māhátle i-tfắñge ʂále, mjāráḥlē ụ-ʂábd. qṭặʂle u-rịmmúno lu(w)
-ábro du-păša umaubélē lụ-băbo. tvọlle lụ-băbo, nāfạqbē tlŏ̤
afrẹ́de. āḥíle fặrdo, hắvi ḥŏ́rt. azzŏ-kúrẹko bọ̆tru(w)-ádmo. azzẽ
ẹlfẹ́mẹ-dgúbo, húwe uʼán-aħúnóne. manḥátte u-rábo u(w)-aħúno
rábo lu-gúbo, nắḥat ẹlfặlgē du-gúbo, ŏmẹr beʒ̣ȋjnō grăšulli. grišše. 30
manḥátte u-ḥréno, nắḥat ẹlfặlge du-gúbo, ŏmẹr beʒ̣ȋjno, grăšulli.
grišše. ŏmẹr asíru a-ḥaúle ẹlḥằsi wanḥẹ́tụlli lu-gúbo, ománno bẹ-
ʒ̣ȋjno ló-gorʂitụ́lli. nắḥat, ẹmtautáḥhe. nắḥat lárʂē du-gúbo, ḥzẹ́le
ụ-ʂábd kle mjárho, klē qárʂe ʂal bặrkẹt dạḥdŏ gúrj. mịdle lu-sạifo,
qṭặʂle qárʂe du-ʂáft umaslắqle i-gúrj ẹlfẹ́me du-gúbo ʂán-aħúnóne. 35
ŏmẹr ḥắṭi laħúni u-rábo. ʂábar li-mʂặrṭo, ḥzẹ́le ḥréto. ŏmẹr ḥắṭi
laħúni dináve. ázze ḥzẹ́le ḥréto, ŏmẹr grăšulla. grišọ́llē. ŏmẹr

hā́ṭi trańyo lǫ́nō. ugríšše hū́we. sāliqi ázzēn lṵ-baito. māhátte
í-mištūṭáṭṭe ugāvíri a-tlóṭo. ómer bắbo, ṵ-ṣáft soyắmmo haúha
umaubắlle á-rịmmúṇe waqṭịli umamṭẹ́li á-tlōṭ nišáni mẹgábe. u'á
-tlōṭ hávin yaúne ufa'íri. tā'ímo.

5

XLVII (117).

10 kítvo hā́ íšme hásan, lắtvōle lo ếmo lo bắbo, hū́we ẹlhúḍe-ve.
kul yaúmo ozávole lṵ-gnǫ́vo. āṭí karván, hā́ mdu-kurván nắfịl
ṵ-ṭaʿnaiḍe. maṭʿálle ṵ-ṭaʿnaiḍe, á-haurṓne ắṭịn utrắlle. maṭʿálle
ṵ-ṭaʿnaiḍe u'ắṭi boṭraiʿye. láqi-bgurtắlẹ, dúkte dṵ-bắrqo, hzẹ́le kīt
biya šāfúḍo. nálhaṭ li-gurtále, maufắqle u-šāfúḍo. ẹmhẹ́le ʿal hắṣe
15 di-baġálto, ẹtvír hắṣa. bắlhi. ắṭi hásan kle rālhivo ʿắlṵ-bắrgịl.
ómer qaí kẹbṓhaṭ? ómer ắlọ, ạhzẹ́li šāfúḍo bi-gṵrtālaiho, maufắqli,
ẹmhẹ́li ʿal hắṣe di-baġálto, ẹtvír hắṣa, azzín a-haurṓne utrallắlli.
hásan ómer šqúllọh u-bắrgịl-diḍi uháli u-šāfúḍo u'í-baġálto. ómer
trṓ. hūlẹ́le u-bắrgịl maʿʿánno-táʿno, u'ázze hắvo, fắiš hásan. qáim
20 hásan mamṭẹ́le i-baġálto u'ú-šāfúḍo, áḍạị u-šāfúḍo ẹdbắrqọ-yo.
ắṭi lṵ-baíto, maubéle ʿásro dinṓre wazzé lạṣʿắrt. ázze sá-šúrkắr,
mọllẹ́lin súmuli u-šāfūḍáno saifo. aina-thắll-ʿále ómer laíbi. maubéle sẹhắ hṓsta, mọllẹ́le lṵ-hṓsta, ómer kíbọh tṣaímịt hắno saifo?
ómer é. ómer mắr ẹṭláb haq-diḍe. ómer ʿásro dinṓre. ómer ʿắla
25 -ʿaíne. hásan ómer súmli mahtúwo mẹ́ne ubọ̣ṭrắo gozino. símlēle
mahtúwo mẹ́ne, mạmṭẹ́le u-mahtúwo wắṭi lṵ-baíto. fắiš ʿásro yaúme
bu-baíto hásan, ómer kazzíno lṵ-saifaiḍi. ắṭi su-hṓsta, ómer yä
hṓsta. ómer hắ. ómer símlọh u-saifaíḍi? ómer é. ómer aufẹ́qẹ.
maufắqlēle hā́ kā'íso. mhẹ́le-lhásan ú-mahtúwo búwe, ẹnqúlẹ.
30 ómer lắc-āno u-saifaíḍi, hṓsta. ómer béle. ómer haír, aufắq u
-saifaíḍi. maufắqle lṵ-hṓsta u-saifo, mhẹ́llēbe ẹlhásan u-mahtúwo.
lọ̣-nqiyu. ómer hắnọ-yo saifaíḍi. midle lṵ-saifo u(w)ắṭi, hūlẹ́le
haq-diḍẹ lṵ-hṓsta. ắṭi lṵ-baíto, maubelẹ́le arbáʿ-mo qúriš, ázzē li-
sʿắrt, ẹzvắllẹ mohắrto u'ắṭi mrabbiyọ́le, simọ́le bẹmọ́re hōl dắvi
35 cắġ dṵ-rẹvohaída. ẹzvắllela sắrgo, māhátle ʿála, rắhu ʿáli-mohắrto,
mʿaláqle u-saifaiḍe bkátfe wázze lá-dắrbe dá-nṓše lṵ-šṵlọ́ho. ắṭi
hā sǫ́vo mī-rálhyo. azzẹ́le hásan, šqíle ú-ṭaʿnaiḍe wu-lhmǫ́ro mẹ́ne.

u-sǫ́vo mǫllę́le ęlḥásan, ómęr yā ḥásan, fāqírǫ-nō, mǫ́rẹt dẹqíflē-no,
ušqílǫḥ u-taɐnaídi, hát áǵa hát, kīt ḥá kommílę — u-sǫ́vo kǫ́mẹr
— kommílę gǎnj ḥalíl áǵa, kle bạinú-drúz, ęšqílẹ tóran ɐaíšāne,
hảvo sáḥęm-yo, ǫ́no fāqírǫ-nǫ. qǎyim ḥásan hūlę́le u-tạ́ɐno uɐú
-ḥmǫ́ro lụ-fāqírọ. qǎyim ḥásan azzę́ mᵉšāyę́le aíko-yo u-drúz. 5
ómmi hǎma izóḥ, ḥạ́rke-yo gǎnj ḥalíl áǵa, gaúro kā́ɐiso-yǫ. —.
mǫllǎlẹ ẹttóran ɐaíšāne, ómmo yā gǎnj ḥalíl áǵa, ómẹr ḥá. ómmo
kít ḥá íšmẹ ḥásan ẹmbạinan-ālekíye, ásḥam mę́ne laít, ḥwạ́zzi
otę́vo lạ́rke dōvátvo hát uhúwe aḥunǒne, bríto kúla lǫ-qǫdrǫ́va ɐa-
laiḥu. ómẹr aíko-yo? ómmo kle bu-bạ́lạd-dídẹ. —. ḥásan kle kóṭẹ, 10
áṭi lǎqi-bkarvǎn, mǫrrạ́lle, ómmi wạ́rrōḥ farǫ́so, laíko gezóḥ haúḥā
ḥú-daivǫ́no, tḥọzę́lǫḥ gǎnj ḥalíl áǵa, gẹqǫṭę́lǫḥ, šǫ́qẹl i-sísto mę́nǫḥ.
ómẹr ǫ́nẹstē ɐáḷẹ kǫráḥno. ómmi é, mustạ́flit. ázze bu-ṭúro, ạḥ-
zę́le rụ́mḥo dạ́qto biy-árɐo, ukít sísto māsạ́rto bi-rụ́mḥo, wạkle
gǎnj ḥalíl áǵa dāmíḥo si-sísto. azzę́ ḥásan ẹlgǎbe, lǫ́-māḥásle mi 15
ɐṣ̌ánto. nǎḥạt ḥásan mi-sísto, mídle ráǵle. qǎyim gǎnj ḥalíl áǵa,
rạ́ḥu ɐali-sísto. ḥásan-ẹstę́ rạ́ḥu ɐali-sistaídẹ. mídde la-ṣạife. gǎnj
ḥalíl áǵa ómẹr: ganj ḥalíl áǵa-no. ḥásan ómẹr: ǫ́nẹste ḥásan-no.
ẹnšíqqe ạḥḍóde uɐáṭin sẹtóran ɐaíšāne. kla tóran ɐaíšāne bi-ma-
ḥáfa. tóran ɐaíšāue bú-zōr ẹšqẹlǫ́le mu-bábo, māḥátlẹ i-mẹḥāfaída 20
lárval mi-qríto. azzę́ gǎnj ḥalíl áǵa, maqláɐle i-sísto, mǫllę́la lẹ-
tǫ́ran ɐaíšāne, ómẹr šu̱m dúktọ uḥẹ́ṭṭ-i-qáhwe ɐāli-núro, kǎṭi ḥásan
ẹlgābạina. nāfíqo tǫ́ran ɐaíšāne lu-tárɐo, ḥạ́lla, ạḥzę́la kǎṭi ḥásan
rāḥívo, ẹmhalhę́la. áṭi ḥásan, nǎḥạt. yātivi štạ́lle qáḥwe uɐāḥǫ́lle
wumkāyạ́ffe bu-gáḥḥo ubú-ḥanák. mǫllǎlin ẹltǫ́ran ɐaíšāne: tre- 25
taíḥu mātíṭtu laḥḍóde, mę́de lǫ́-kọbɐǫ́no.

áṭi ḥáji badrǎn áǵa, bǎšbāzẹrgǎn-yo, mạmṭę́le mǎl mǫbụ́ǵdad
ẹdmanbę́le lẹstámbul. kīt ɐámẹ ɐásro ṭáɐne ḥābúše ḥálye. tǫ́ran
ɐaíšāne mǫllále ẹlḥásan wilgǎnj ḥalíl áǵa, ómmo hǫvę́tu ɐaíni ikǎn
ẹgnúḥu ḥābúše mọ-bázẹrgānǎno. māḥátlẹ qmụ-tárɐo di-valái, man- 30
hátte a-ṭáɐne udāmíḥi. áṭi fạlge dẹlạ́lyo, ḥásan ugǎnj ḥalíl áǵa
ẹgnúwe a-ṭáɐne dá-ḥābúše, mamṭánne li-mḥáfa. nǎḥạr, qǎyim
ḥáji badrǎn áǵa, mǫllę́lin lá-grēɐe, ómẹr qúmu aṭɐẹ́nu. qā́ɐimi dẹ-
maṭɐáni, lǫ-ḥzạ́lle a-ṭáɐne da-ḥābúše. mǫrrạ́lle ẹlḥáji badrǎn áǵa
la-grēɐe, ómmi áǵa. ómẹr ḥá. ómmi gnúwe a-ṭáɐne dá-ḥābúše. qǎyim 35
ẹlvíšle u-cạ́zma uɐázze su-pǎšā di-valai, mǫllę́le lụ-pǎšā di-valai,
ómẹr bi-valayaídǫḥ ẹgnúwe mę́ni ɐásro ṭáɐne ḥābúše ḥálye. qǎyim

u-páša, mạrfẹ́le á-dālọ́le bạịni-valaí. ꞌmšāyạ́lle mi-valái kúla, nóšo
lọ-gnúle. u-pấša ómẹr bấyo, nóšo mi-valaí lọ́-gnúle mẹ́de, bạ́lle
kít çtrẽ́ mi-valái ulárval, bắni gānọ́ve-ne, kimšạ́lḫi á-nóše, lọ́-kọ-
zận ꞌalạịye, lánẹk ẹgnúwe á-ḫābūšạịdọḫ. ómẹr aíko-ne? ómẹr
5 klín yātíve, u-baitạ́ṭṭẹ bí-biñgọ́le. ạ́zzịn sáfẹro gạ́nj ḫalíl ạ́ga uḫásan lụ-ṣaído. ạ́ti ḫáji bạdrán ạ́ga wi-ꞌáskạr dẹkít ꞌắmẹ, ạ́tịn ẹlsí
-maḫáfa ẹttọ́rạn ꞌaíšāne. mšāyạ́lle ꞌal ḫásan wꞌal gạ́nj ḫalíl ạ́ga.
ómmo ázzịn lụ-ṣaído. ḫáji bạdrán ạ́ga ómẹr ṭlắu híya uꞌí-maḫáfa,
ḫúṣụlla ꞌāla-bágle híya uꞌí-maḫáfa. ḫọ́ṣṣẹ i-maḫáfa ꞌal a-bágle,
10 kle tọ́rạn ꞌaíšāne ẹbgắva. mọblóle ẹlḫáji bạdrán ạ́ga ẹmdạ́rba
-ḫābúše. ḫzéla-ltọ́rạn ꞌaíšāne ḫá kạ́cạl, ómmo kạ́cạl. ómẹr ḫá.
ómmo izóḫ bu-ṭúro, kaḫzélọḫ gạ́nj ḫalíl ạ́ga uḫásan, mār álọ maḫ-
zạ́mle ẹlḫáji bạdrắn ạ́ga tọ́rạn ꞌaíšāne uꞌí-maḫáfa, alḫẹ́qunne.
ázze ú-kạ́cạl, kạ́rạḫ, ạḫzéle ḫásan ugạ́nj ḫalíl ạ́ga, ómẹr yā āga-
15 wíye. ómmi ḫá. ómẹr maḫzạ́mle ẹlḫáji bạdrán ạ́ga tọ́rạn ꞌaíšāne
uꞌí-maḫáfa mlafá-ḫābúše. ómmi aík-azzẽ́? ómẹr azzẽ́ ꞌal kóchasár.
ázzịn bọ́trē. bāṭị́lọ-sísto dgạ́nj ḫalíl ạ́ga, māṭị́lịn ḫásan, māḫátte
fạ́lge dẹyaúmo ꞌạ́lụ-mạ́rgo. qāꞌimi mqātạ́lle ḫọ́nne uḫásan, qṭị́le
ạ́rbꞌi mẹnạịye, mjāráḫḫe i-sísto dḫásan. mạ́ti gạ́nj ḫalíl ạ́ga,
20 mqūtéle ꞌamạịye. ạ́ti ḫásan ẹlsí-maḫáfa, maufạ́qle dạrmọ́no, mdar-
mạ́llẹ i-sísto. mjāráḫḫe gạnj ḫalíl ạ́ga, ráḫu ḫásan ꞌāli-sísto dgạ́nj
ḫalíl ạ́ga, tọ́rạn ꞌaíšāne mdarmálla i-sísto ẹdḫásan ugạ́nj ḫalíl ạ́ga.
nāyạ́ḫḫe. ráḫu gạ́nj ḫalíl ạ́ga uḫásan, ẹtvọ́rre i-ꞌáskạr dẹḫáji bạdrán ạ́ga umamtạ́lle tọ́rạn ꞌaíšāne uꞌá-bagle dí-maḫáfa. ạ́tịl-lụ
25 -baíto, yātívi. gạ́nj ḫalíl ạ́ga ómẹr: ḫẹzélọḫ mí-símli bi-ꞌáskạr,
ḫásan? ómẹr lọ́no sị̣uli, qṭị́li i-ꞌáskạr. mqātạ́lle lá-tre. ḫásan
mị́dle lụ-ṣạịfo, ạ́tyo i-ḫắva dụ-ṣạịfo ꞌal qárꞌet dẹgạ́nj ḫalíl ạ́ga,
mạ́yịṭ bẹdúkto. qạ́yim ḫásan marḫaúle tọ́rạn ꞌaíšāne ꞌal i-sísto
dgạ́nj ḫalíl ạ́ga uꞌạ́ti lụ-baíto. maꞌmạ́llele qụ́ṣre umḫọ́lle tọ́rạn
30 ꞌaíšāne ꞌạ́lẹ. nắfịl íšmẹ bẹbríṭo. hāvíle ábro daivọ́nọ. —.

XLVIII (118).

35

kítvo bāzẹrgán. kítvōle mấl ġálabe, bạịná-ꞌakaríye. ómmi gẹ-
saimīnále ꞌẹmíro. kítvōl-ạ́ḫḏo ạ́tto, lávīla naꞌíme, mạmtẹlẹ́le ꞌẹ́sri

niše, hāvíla lí-ḫḍo ábro, hávi ꞩemíro dá-ꞩakaríye. nắfịl íšme bẹbríṭo
ụ-ꞩemíro dá-ꞩakaríye. kmaúkịl láḥmo, u-mál-díḍẹ hávi gálabe,
kmáḥkịm ꞩālá-ꞩakaríye. mọllélẹ lu-ábro lụ-ꞩemíro, ómẹr wắlạḍi
gẹṭọlbīnắlọḥ. ómẹr ló-kšōqánno níšẹ psín, iḫḍo dẹmaꞩjábno gẹšō-
qánno. kắrạḥ bạinu-bắlạḍ dá-ꞩakaríye, lọ-rázị binọ̆šọ. látịm u 5
-mắjlis su-bábo, mọ́rre ómmi kítle bắrṭo lụ-šêḥ dá-ꞩajám kā-ꞩ̣sto.
ómmi gezắn ṭọlbīnắla. mšāyáꞩle lụ-ꞩemíro árbꞩo zlāmắt ẹlsụ-šêḥ
dá-ꞩajám. ázzịn an-árbꞩo ẹlsụ-šêḥ dá-ꞩajám, ázzin li-yandạíḍe, yātívi gắbe, maḥšắmme uyātívi hol dắtụ-šêḥ msá-ḥaram. ắti li
-yaúda dụ-mắjlis, ómmi yā šêḥ. ómẹr hắ. ómmi āṭína ẹlgắbọḥ 10
bšúglo. ómẹr mí-šúglo? ómmi āṭína ẹlgắbọḥ ẹṭṭọlbína bắrṭọḥ lắbre
dụ-ꞩemíro. ómẹr é gimšāvánno biy-émo. ázze u-lạlyávo ẹlsiy-émo,
mọlléla liy-émo, ómẹr ắṭịn bẹꞩemíro ẹlbắrṭẹḥ. ómmo gẹḍọbīnắla.
qắyim āṭụ-šêḥ li-yaúda, mọllélịu ómẹr gẹḍọbīnắla. ómmi ṭláb. ómẹr
ꞩẹ́sri bágle mātáꞩne kạllắt. ómmi ꞩála-ꞩaíne. qā-ꞩími ắṭịn lụ-baíto á-zlā- 15
māt, mọrrắlle lụ-ꞩemíro, ómmi ẹṭlọ́blạn. ómẹr kā-ꞩiso, ómẹr mọ-qáis ẹṭ-
lọ́ble kạllắt? ómmi ꞩẹ́sri ṭáꞩne kạllắt, họ́nne wá-bágle. ómẹr qúmu
aubélu ꞩẹ́sri bágle u-aṭꞩẹ́nụne kạllắt wizọ̆ḥu. qā-ꞩími ázzịn, azzắ
i-ꞩáskar ꞩāmáïye. ázzịn ắlbẹšêḥ, māqlábbe a-táꞩne usímme mọ́kẹlo.
maufắqqe i-maḥáfa uꞩá-bágle, hūwạ́une i-kắcẹke ắlbẹšêḥ. maḥ- 20
ṭọlle bu-tắñtirawắn, mamṭiyọ́lle bụ-dắrbo. họ́nne āṭọ́ye bu-dắrbo,
kāyúla li-kắcẹke, lọ-mắtyo ẹlbạína-ꞩakaríye, mā-ꞩíṭo. mamṭiyọ́lle
lụ-mắjlis dụ-ꞩemíro. họrr-ꞩála, ábre dụ-ꞩemíro ómẹr alọ́họ símle
ẹḍmā-ꞩíṭo, lọ-krōzắnno-vóla. ómmi áḍꞩẹ́rula ẹlsu-bábo, híya míṭto.
madꞩarọ́lle, maublụ́lle ắlsụ-šêḥ. ómẹr qai madꞩarọ́lḥu? ómmi 25
mā-ꞩíṭo. ómẹr é, mā-ꞩíṭo, mā-ꞩíṭo. qwọrọ́lle bu-qaúro. ómmi hắlạn
á-kạllắt uꞩá-bágle. ómẹr lọ́-kobéno. ắṭịn, mọrrắlle lụ-ꞩemíro: lọ́
-kóbe á-kạllắt uꞩá-bágle. rắḥu ụ-ꞩemíro hûwe ụ-ábro uꞩi(y)-ꞩáskạr,
mālímme ꞩáskạr rábṭo, ázzịn ẹlbạína-ꞩájạm. mšāyáꞩle lụ-ꞩemíro
zlám, ómẹr zóḥ mắlle lụ-šêḥ, mār hắlạn á-kạllắt uꞩa-báglẹ; lọ̣ 30
-kóbẹt gịmqatlína. ázze mọllélẹ lụ-šêḥ lụ-zlám. mālímle ꞩáskạr
lụ-šêḥ ma-ꞩájam, ómẹr lọ-kōbénin. nāfíqị li-qále, qāṭắlle bạ-tfanak.
qāṭắlle yắrḥo, ắti pắšā ẹlbúgḍad, mọrrắlle lu-pắšā, ómmi kimqátli
baíná-ꞩakaríye ubạiná-ꞩajám. símle ꞩáskạr lu-pắša ẹṭnazắm udrịꞩ-
mọ́yẹ. íšme ásꞩad pắšā. maubéḷẹ ꞩẹ́sri ṭọ̆pắt uꞩázze, ázze ẹlbạína 35
-ꞩájam, ẹmsíkle u-šêḥ dá-ꞩajám. ázze ẹlbạiná-ꞩakaríye, ꞩắsịn á-ꞩá-
karíye qmi-daúlẹ, mqāṭắlle lụ́nne uli-daúlẹ. azzó-ꞩemíro, cík bu

-qúṣro dẹḥắn-dimdím, húwe uᴗi-ṣáskar. šqílе a-ɜákariye lu-páša,
fáiš u-qúṣro dḥắn-dimdím, klại-ṣáskar búwe. ẹmqātắlle, māḥátle
láslad páša á-ṭọpát ṣālu-qúṣrọ, ẹmḥálle bu-qúṣrọ, lọ́-símme mẹ́dе
bu-qúṣro. fāᴗíši trē yắrḥe kimqắtli. u-páša húle páḥdẹ lụ-ɜẹmíro.
5 náḥat ụ-ɜẹmíro ulḥắn-dimdím mụ-qúṣro, nāḥíti çlsu-páša lá-kōnắt.
ázzịn lụ-kón daslád páša. u-páša mọ́lle li-ṣáskar, ómẹr msākúnne.
ugríšle çlḥắn-dimdím u-sạífo, náfịl bu-dívan, qtíle mōḥắ. qắim
ụ-ɜẹmíro, qtíle u-páša unáfạq ḥắn-dimdím uᴗụ̆-ɜẹníro, šdắlle bọ́tri
-ṣáskar dắ-rimọ́ye udú-nazám, šqọ́lle á-ṭọpát, maḥtinne bu-qúṣro
10 dḥắn-dimdím. maḥzắmme lá-rimọ́ye, lọ́-kmajrịn á-rimọ́ye ozén çl-
gābạíye.

　　qắyim ábre dụ̆-ɜẹmíro, kítvōle ḥaúro ḥwọ́ti. mọllẹ́le lắbre dụ̆
-ɜẹmíro, ómẹr kít aḥḍọ́ bainá-kọ́çar i-bắrtọ dfắrịs áǧa, ályaq mẹ́na
lạít, hūwọ́lle ọ̆ᵹdo çlgaúro, išma bẹnáfše; ómẹr ǧálabe kā-ᴗístọ-yọ.
15 išme dắbre dụ-ɜẹmíro jambāliyo. qắyim jambālíyo, azzẹ́ māḥátle
ṣále ṣabáye píse. kítle ṣakfíye dsémo udáhvo, cikọ́le táḥti-ṣabáye
bọ́tẹr ḥáṣe, uᴗázze çlbaína-kọ́çar gābá-bebábe di-kắçẹke çdbenáfše.
yắtu gūbạíye árbᵹo yaúme, kọ́ḥẹl ušọ́te ấzbifắrịs áǧa. aḥzéle
kátyo benáfše, ḥắlla bú-kúreko, náfịl léba bú-kúreko. húwẹstē
20 ḥollẹ́ba, kā-ᴗístọ-yo, maṣjibọ́le. mọllále lụ-bábo: autú ḥáno ǧáboḥ
rọ́ᵹyo. ómẹr trọ́ve; ómẹr kidyọ́tvit rọ́ᵹyo? ómẹr é. ázzẹ qmá-ṣẹ̄ze,
kọ́tẹ ṣaṣríye lụ-baíto. ómmi íšmọḥ mínyo? ómẹr íšmi mustắfā.
lọ́-mọllẹ́lịn íšmẹ; mọllẹ́la çlbenáfše, ómẹr íšmi jambālíyo-yo ábre
dụ-ɜẹmíro dá-ɜakaríye, āᴗíno lajánẹḥ, bắlle kōmánnọ íšmi mustắ-
25 fa-yo idlọdaᶾíli. ómmo kā-ᴗíso. maḥvulẹ́la i-ṣakfíye, mịtyāqắlla.
kla gāwịrto, kítla gaúro. ắti ṣaṣríye mọqmá-ṣẹ̄ze lụ-baíto. kọ́wịụ
īnán ṣálẹ, fáiš arbáᶾ-išne rọ́ᵹyo gābạíye. mọllẹ́la-lbenáfše, ómẹr
qúm gẹmaḥzắmnẹḥ, qā-ᴗímo benáfše ujambāliyo, maḥzắmme bẹlắlyo, hōl sáfẹro ḥọ́nne kmáḥzẹmi, náḥar ṣalạíye, ắtịn çltúro, ciki
30 bịnᵹắrto. qā-ᴗími befắris áǧa, kāríḥi, ómmi maḥzắmla çlbenáfše
ulú-rọ́ᵹyo aḥḍóde. kāríḥi, lọ́-ḥzắnne. ǧáni u-yaúmo, qắyim jambāliyo ubenáfše maḥzắmme. ắtịn blắlyo lụ-baíto, mắtịn çlbaína
-ɜakaríye. ómmo hárke aíkọ-yo? dlọ́-mzaiyᵹátlạn. ómẹr lọ́ᵹō, lọ
-zẹ̄ṣat. ắtịl-lụ-baíto. ázzịn mbāšárre ụ̆-ɜẹmíro dá-ɜakaríye, ómmi
35 kắti jambālíyo mamtẹlẹ́le aḥḍọ́. húle ṣẹ́sri kíse baḥbíš uᴗẹmḥọ́lle
bináfše ṣal jambālíyo.

XLIX (120).

kítvo baíto beḥásan áǧa buǧúrs. kítvōle-lḥásan áǧa tráḥsar
ꭓbnóṭo. ī-rabṭáṭṭe išma nûrę-va, ályaq męna ᴊátvo. kitvólle áḥmᵫd 5
ᴅǧrē꭛áṭṭe. nûrę mǫlla-lᴵáḥmᵫd: hówe qrár ꭛áli lǫ̇-kšǫqęlóno nóšo
ǧēr hät. náfᴊl lēbaíyeʿ baḥdóde, ręḥámme aḥdóde. mǫllále lᴜ-bábo,
ómmo yā bábo, kšǫqęlóno áḥmᵫd. ómęr lóo, kótᴊn án-aǧawíye,
lǫ̇-kǫbēnęḥ? gidǫbēnęḥ láḥmᵫd? maufᵫ́qle męgábaíye ęlḥásan.
ázze-lbainá-šēḥa áḥmᵫd, yátu grέ꭛o sišáhīn áǧa. ibrāhím áǧa 10
ušáhin áǧa aꭐunóne-ne. qā꭛ími flᵫ́ǧǧe u-baíto. kitvólle jēríye
kómto. brāhím áǧa: lǫ̇no-yo i-kómto. šahín áǧa ómęr lǫno-yo.
maublǫ́le librahím áǧa, kle áḥmᵫd sęšáhin áǧa grέ꭛o. ázze dim-
ꭎábᵫ́lla bidiyárbakęr brāhím áǧa. šabín áǧa mǫllḗle ęlᴵáḥmᵫd,
ómęr qᴜ́m izóḥ šqᴜ́la męne, kān lawóle qatḗlu. ázze áḥmᵫd ṭlǫ- 15
bóle, lawóle qātᵫ́lle. láḥmᵫd qṭíle ibrahím áǧa, mamṭḗle i-jēríye
ᴜᴵáti sišáhīn áǧa. ómęr mᴊ-símlǫḥ? ómęr qṭíli brāhím áǧa ušqę-
lóli. ómęr qaúwyo qṭílǫḥ? ómęr lóḥ mǫ́llǫḥ. ómęr ǫno qḥᵫ́nno,
qaí gęqǫṭlátvo aꭐúni? ómęr qṭíli. ómęr kázzi maškéno ꭛álǫḥ ęb-
mᵫ́rde sǫ꭛ǫsmán pášā. ázze maškéle šáhin áǧa. mᵫmṭálle áḥmᵫd, 20
cikke bú-ḥabis, māḥátte u-zínjęr baqdóle uᴵí-fęrᵫ́ŋka bráǧle.

qā꭛ími bišēḥ-mús áǧa, kítte ábro. ómęr ᴊllah kǫb꭛éno núre.
qáyim šēḥ-mús áǧa, áṭi loǧúrs ęlbegáro. yátū húwe uᴵán-aǧa-
wíyaᴊde. símme mókęlo uqáhwe. šēḥ-mús áǧa mǫllḗle lḥásan, bábe
dęnúre, ómęr āṭinā ęlgábǫḥ. ómęr ęlmúne? ḥásan. ómęr āṭína 25
ṭǫlbína núre. ómęr ꭛ála-꭛aíne, ḥásan. núre báḥyo, ómmo lǫ̇-kšǫ-
qęlǫ́no nóšǫ. ꭎmḥęlḗla lᴜ-bábo, ómęr lo-msantᴊtu ꭛ála. ṭlǫbǫ́lle
wazzín. áḥmᵫd kle-msiko, kṭúle káǧad, mšāyá꭛le ᵫlsęnúre. núre
ḥᵫ́lla bu·káǧad, qāraᴊto-va; ḥǫ́llā bu-káǧad ubáḥyo. qā꭛ímo ęm-
ḥęla ꭛álu-dᵫ́rbo ędmᵫ́rde, mamṭęla grέ꭛o ꭛áma. átyo ęlsu-pášā, 30
azzä líde du-pášā uqá꭛imo. ómęr mǫ-kób꭛ᵫt? ómmo kǫb꭛ǫ́no męnǫḥ
ędmᵫ́rfᴊt áḥmᵫd. ómęr lǫ̇-kmᵫrfḗne. ómmo moǧúrs atyǫ́no, bᵫ́r-
ṭęt ḥásan ǧáro-no, arfaíye. ómęr bᵫ́rṭęt ḥásan-āt? ómmo é. ómęr
arfáule lašána. mᵫrfᵫ́lle áḥmᵫd, bûle ꭛ésri dīnǫ́re baḥbíš la-grέ꭛e
uqá꭛imi ęzvᵫ́nne kúlḥā sísyo, rāḥívi ꭛alaíye, áṭᴊl-lᴜ-baíto ęlbegáro. 35
yátᴊvi šábṭo, ómmo yā bábo. ómęr há. ómmo nóšo lǫ̇-kšǫqęlǫ́no
ǧēr ęrúḥo dáḥmᵫd. ómęr lǫ-kówe, ꭐúlilęḥ ęlbcšēḥ-mús áǧa. qáyim

áḥmaḍ šámạ; deṭlọbọ́lle. qắyim mọllḗla lẹnûre, ómẹr téḥ dẹmahzámnẹḥ. ómmo dúš. rāḥivi ꞏāla-sisye bẹlắlyo umahzámme bu-ṭúro. aḥzálle klē ábrẹt šéḥ-mūs ắga kle bú-márgo qmá-sisye, húwe uḥámšo. qā ꞏimi ázzịn ẹlgābaịye, lāḍꞏánne. ómmi laíko gezóḥu? ómmi gezán
5 bẹbríṭo. qắyim ḥá má-ḥaurọ́ne, mọ́lle lẹmírz ẹmḥámmā, ómẹr mírz ẹmḥámmā. ómẹr ḥá. ómẹr ḥáṭi nûrẹ-yo, naḥraíṭọḥ-yo, mahạzmọ̃e lắnọ. qắyim mírz ẹmḥámmā, mídle lụ-saífo ušḍéle bọṭraịye. ẹmqātálle. qṭịle tré láḥmaḍ, šqọ́lle nûre mẹ́ne, ẹmḥállallḗ rúmbo mjāráḥḥe. šḍálle bọ́ṭre, mahzámle. mamṭéle nûre ẹlmírz ẹmḥámmā.
10 áṭi lụ-baíto, azzé su-bábo li-yaúda. u-bábo ómẹr qai áṭịt mọqmásisye? ómẹr yā bábo, yātíve-vạina, ọ́no uḥaurọ́ni, áṭi tré ẹlgābaina, áṭṭo ugaúro, rāḥíve, ónо lắḍạꞏnịn, ọmmína laíko gezóḥu? ómmi gezán bẹbríṭo, hónnẹste lāḍạꞏílạn; haúri mọllẹ́li ómẹr yā mírz ẹmḥámma; ōmánno ḥá; ómẹr ḥáṭi nûrẹ-yo, mahạzmọ́le ẹl ꞏáḥmaḍ;
15 mídli lụ-saífo u'ázzī bọṭraịye, ọ́no uḥaurọ́ni; qṭíle tré mẹhaurọ́ni, mjāráḥli bi-rúmbo ušqị́li nûre mẹ́ne umamṭiyọ́li. ómẹr kọ́yo? ómẹr kla ḥárke sá-ḥaram. ómẹr hóvịt ꞏaíni, u-bábo. kṭûle kắgaḍ ẹlšéḥ -mús ắga, mšāyáꞏle ẹlḥásan gáro, ómẹr kāṭína mhaulína nûre, ẹmbilqáṣt. ázze u-kắgaḍ, maubéle lụ-gréꞏo, azzé-lbeḥásan u-gréꞏo
20 ẹlsẹbábẹt nûre. ḥálle bú-kắgaḍ, qrệle, mídle lụ-kắgaḍ, cíkle bẹꞏébe ẹlḥásan. ráḥū áṭi ꞏámu-gréꞏo ẹlbišéḥ-mús ắga. náḥat mu-sisyo, sálạq li-yaúda, ázze sú-āga, sẹšéḥ-mús ắga. yātívi, ómẹr ḥálạn nûre doṭénā mhaulinála. ómẹr nûre mzaíꞏo, mahạzmọ́le láḥmaḍ, kārẹḥína ꞏála, lọ-ḥạzyọ́lạn, gẹqọṭlinávọla. šéḥ-mús ắga ómẹr ẹm-
25 sikọ́le lábri, híya u ꞏáḥmaḍ, mjāráḥle áḥmaḍ umamṭiyọ́le, wạqṭịle láḥmaḍ tre ḥaurọ́ne mẹdábri. ómẹr kọ́yo nûre? ómẹr klā ḥárke. ómẹr qráula, u-bábo. qrállạlla, áṭyo lụ-májlis. ómẹr qai haúḥa simlçḥ? ómmo haúḥā, arḥámli umahzámli. ómẹr mḥáwula. mḥālálla tlọ́to yaúmc tlọ́to lálye. ẹmdaiválla ẹlnûre, mdaívono.
30 ázze áḥmaḍ ạlsẹqaratáždīn, ázze ẹlgábe li-yaúda. ómẹr qai -aúḥā ḥát? áḥmaḍ ómẹr yā qaratáždīn, mọ́-gẹḍọmánnọḥ? ómẹr már lọ-zéꞏạt. ómẹr arḥamláli ẹlnûre, bártẹt ḥásän begáro, laúléliyo lu-bábo, ṭlọbọ́lle ẹlbišéḥ-mús ắga ẹlmírz ẹmḥámma, mahạzmọ́li doṭéno ẹlgábọḥ, ḥẹzállạlli bu-dárbo ẹlmírz ẹmḥámmā ulá-ḥaurọ́ne,
35 šḍálle bọ́tri, qṭíli tré umjāráḥḥalli, šqọ́lle nûre mẹ́ni wumḥállẹ-lnûre tlọ́to yaúme tlọ́to lálye, ukāṭíno ẹlgábọḥ, mọ́-kommịt? ómẹr haúḥā, ómẹr é, lọ-zéꞏạt. qắyim qaratáždīn ucáko ú-aḥúno u ꞏárfo ú-aḥúno

uʾáḥmạd, rāḫivi án-árbꞌo, áṭin ꞓblạ́lyo li-qriṭo dbešéḫ-mūs ága.
kítte baíto koḍꞌꞓle. ꞌābíri lụ-baitáo. mšāyáꞌꞌe áṭto ꞓlgába sꞓ-
núre, ázza moḷḷála ꞓlnúre, ómmo núre. ómmo ḫắ. ómmo kle
áḥmạd uqaratážd īn ucắko uꞌꞓárfo, klen án-árbꞌo gābaína, kómmi
tró̜tyo núre lạ́rkc. ómmo zéḥ katyó̜no. qaratážd īn ázze ꞓlbešéḥ 5
-mūs ága, ꞓgnúle sísyo kā ꞌíso, mamṭéle. átyo núre, marḥꞓvúlle
ꞌálụ-sísyo, urāḥivi án-árbꞌo umídde la-saife umahzạ́mme. nūfíqi
mi-qriṭo, ꞓmhāvárre, ómmi mahzạ́mlạn núre, aína-tkó̜ṭe tró̜ṭe mqạ́til.
šámíꞓi bišéḥ-mūs ága, nāhíti bišéḥ-mus ága uꞌí-qriṭo, mqātạ́llc.
qtó̜lle ꞌéꞓsri mi-qriṭo umírz ꞓmhámmā., ꞓlbišéḥ-mus ága qtó̜lle 10
aḥúnet qaratážd īn cắko. qaratážd īn mamṭéle núre uꞌáti. qắyim
ómꞓr bó̜ṭꞓr daqtó̜lle aḥúni, gꞓqo̜tánno áḥmạd. qtị́lc áḥmạd umaubéle núre ꞓlqaratážd īn, ꞓmharó̜le ꞌꞓále. hāvíle ábro, qrélc íšmc du
-ábro cắko bíšme dú-aḥúno, ómꞓr dáꞓạr cắko.

15

L (170).

kítvō ḫá íšme mírzo, húwe uꞌiy-ạ́tto̜-ve. hāvụ́lle ábro̜. ómꞓr 20
mó̜-gꞓqo̜rꞓno̜ íšme? ómmo gꞓqo̜rꞓnále kándạr. qrạ́lle kándạr. azzé
u-bábo lú-saído̜, aqtó̜lle aldꞓqríṭo̜ ḫréṭo̜. áti u-ḫábro̜ liy-ạ́tto̜, ómmi
qtó̜lle mírzo. báḥyo̜, azzá maubéla tré zlāmát mꞓdi-qríṭo̜, mamṭéla
i-lašaíde ꞌálụ-báglo̜. mamṭạ́lle lụ-baíto̜, lạ́dísi ꞓlmá-qtíle. bó̜tr
biyárho̜ šámíꞓo̜ iy-ạ́tto̜ ꞓlmá-qtíle, ómmi qtị́le ꞓlꞓátmān. ló̜-mtānéla 25
liy-ạ́tto̜. hávi kándạr rábo̜. ómꞓr yáde gozíno̜ li-ráḥyo̜, mau-
bạ́nno̜ u-taꞓnaídạn, to̜hánne. ómmo laíbo̜ḥ ábri. ómꞓr kíbi. matꞓrálle
u-táꞓno̜ ꞌálụ-ḥmó̜ro̜, lúwe uliy-émo̜. azzé li-ráḥyo̜. máti ꞓlfạ́lge
du-dạ̣rbo̜, ꞓmtárpạl ụ̣-ḥmó̜ro̜ táḫtu-táꞓno̜, nạ́fạl ụ-ḥmó̜ro̜. šréle u
-táꞓno̜ mụ-ḥmó̜ro̜, māqạ́mle ụ-ḥmó̜ro̜, húwe ꞓlḥúdꞓ-yo̜, lo̜-qó̜dꞓr mátꞓan 30
u-táꞓno̜. āṭíle tlóto̜ harāmíye; húwe lạ́dạꞓ harāmíyꞓ-ne. ómmi
laíko̜ gezóḥ? ómꞓr gezzíno̜ li-ráḥyo̜. ómmi qai u-taꞓnaído̜ḥ nạ́fạl?
ómꞓr ꞓmtárpạl ụ-ḥmó̜ro̜. ómmi matꞓanína ꞌámo̜ḥ. ómꞓr é. mị́dle
lu-táꞓno̜ lúwe wulḥá má-harāmíye. qible mị́dạ́lle lá-trꞓ harāmíye.
kit hánjar qúmꞓ. mị́dle li-hánjar, ꞓmhé̜le bú-harámī, qtị́le u-harāmī. 35
ꞓmqātéle lúwe ulá-trꞓ harāmíye, qtíle á-tlóto̜. matꞓrálle. u-taꞓnaíde,
azzé li-ráḥyo̜, ꞓthó̜lle u-táꞓno̜, áṭi lu-baíto̜, mahkéle liy-émo̜, ómꞓr

qṭïli tlóṭọ ḥarāmíye. ómmo ḥwazí họvẹ́vọ ú-qāṭọ́lọ ẹdbáboḥ dạqtí-
lọḥ. ómẹr ẹlmá-qṭïle bäbi? ómmo ẹlꞏáṭmān. ómẹr aíkọ-yọ ꞏáṭmān?
ómmo kle bï-qrïṭaíhọ. ómẹr kazíle. ómmo laíboḥ, dlọ́-qọṭẹ́lọḥ.
ẹtꞏálle í-tfánge, i-ḥáṇjạr kla qúmẹ. azzẹ́ mšäyéle ꞏäl ꞏáṭmān.
5 ómmi hánọ-yọ ꞏáṭmān, maḥvịlạ́lleyọ. azzẹ́ ẹlgäbạíye, hávi zạífọ.
ómẹr maíkọ hät? ómẹr nuḥrọ́yọ-nọ. lādạ́ꞏle ꞏáṭmān. ómẹr ạ́lmin-
átịt? ómẹr kọráḥnọ ꞏal taúrọ dšọqánnọ-liyo dọvánnọ ꞏále. ómẹr
kïṭ há gábi, sáfẹrọ gẹmaḥvẹ́nọḥyọ. ómẹr ẹ́. maḥꞏámme udāmíḥi.
kándạr ádạꞏ aíkọ dámạḥ ꞏáṭmān. qäyim fạ́lge dẹlạ́lyọ, azzẹ́-rríšẹ
10 dẹꞏáṭmān. ꞏáṭmān kle dāmíḥọ. ẹmlẹ́le ḥnéjir, qṭïle ꞏáṭmān. maḥ-
zạ́mle ạblạ́lyọ, ạ́ti lu-baíṭọ. qäꞏími sáfẹrọ beꞏáṭmān, ḥezạ́lle klẹ
qṭïlọ. ómmi ẹlmá-qṭïle ꞏáṭmān? mọ́rrẹ lạḥdọ́de. ómmi lọ́-kọḍꞏína,
ómmi u-zạífọ kọ́yọ? ómmi lọ́-kmibáin. ómmi lụ-zạífọ qṭïle. ẹm-
šäyálle ꞏálu-zạífọ. ómmi maḥzạ́mle. azzẹ́ yárḥọ bi-ḥọ́lọ. aḍïꞏi
15 ẹlmá-qṭïle. ómmi ẹlkándạr qṭïle. ómmi qaúyọ qṭïlẹ? ómmi qṭïle
ẹlꞏáṭmān u-bábọ, tlẹ́le ḥaíf du-bábọ. lọ́-mtānạ́lle. kitvǒle tre ábne
ẹlꞏáṭmān, nāꞏíme. qäyim kándạr ạblạ́lyọ, hávi ḥarámi, ạ́ti ẹftạ́ḥle
u-baíṭọ ạdbeꞏáṭmān, ẹnḥọ́lle á-trạ́bne umanḥẹbíle. ạ́ti lụ-baíṭọ.
maškạ́lle ꞏálẹ ẹbmaúꞏạl ẹldi-qríṭọ ạdbeꞏáṭmān. tlọ́blẹ lu-pášā,
20 mšäyáꞏle ḥámšọ grẹ́ꞏe bọ́ṭrẹ. azzịn bọ́ṭrẹ á-grẹ́ꞏe, ómmi kándạr.
ómẹr há. ómmi kṭọlábloḥ u-páꞏšā. ómẹr ẹlmúꞏne? ómmi maškạ́lle
ꞏálọḥ. ómẹr ẹlmäne? ómmi ẹldi-qríṭọ ạdbeꞏáṭmān. ómẹr zọ́ḥu
máru lu-pášā, mar kómẹr lọ́-kọṭénọ. azzịn, mọ́rre lú-pášā á-grẹ́ꞏe,
ómmi lọ́-kóṭe. mšäyáꞏle lụ-pášā ꞏásrọ grẹ́ꞏe, ómẹr asírule utáwụlle.
25 azzịn á-grẹ́ꞏe, mọrálle. láti. mịdạ́lle lá-grẹ́ꞏe ẹdmasríle. näfịl baín
á-grẹ́ꞏe, qṭïle ḥámšọ, azzịn mọ́rre lụ-pášā, ómmi qṭïle ḥámšọ ulạ́ti.
símle lụ-pášā ꞏáskar, azzẹ́-rríšẹ. di-qríṭọ lọ́-maqbálle ꞏäl kándạr
ạdmọskíle. mqätạ́lle lịnne ulụ-pášā. šḍéle ẹlkándạr bọ́ṭru-pášā
lu-tárꞏọ ẹdmaúꞏạl. ú-pášā ómẹr gẹkọṭaúnọ mšäyáꞏnọ lụ-šụltọ́nọ,
30 träwule ọꞏḍọ; mọ́lle lụ-májlis. näfạq íšme dẹkándạr.

ómẹr kọbꞏéni sisṭọ kā-ꞏísṭọ ạdzọvánnọ. ómmi kïṭ sisṭọ ạbdúkṭọ
gálabe kā-ꞏịsṭọ-yọ, laít taú mẹ́nä. ómẹr aíkọ-yọ? ómmi kla sụ-šéḥ
dá-ꞏániz táḥt búgdad. ómẹr gezínọ zọvánnä. ómmi lọ́-kọbẹ́la,
ọbáṭlẹ tré mịlyūnát, lọ́-kọbẹ́la. ómẹr họ́ve ḥarám ꞏáli ẹdlọ́-mam-
35 tẹ́nä. māṣọ́lle í-tfánge uꞏu-saífọ uꞏazzẹ́. náḥạt baịna-ꞏárab, mšä-
yẹ́le aíkọ kọ́vin á-ꞏániz. ómmi ẹnḥát lạ́ltaḥ. kommíle á-ꞏárab.
azzẹ́ mátị ẹlbaína-ꞏániz. mšäyéle ꞏálụ-kōn dụ-šéḥ. ómmi hánọ-yọ

u-kón dṇ-šéḥ. azzé lṳ-kón, yátū bu-kón. ómmi maíkọ hắt? ómẹr
zaífọ-nọ, ẹbꞓálle ẹdmọskili lú-nazắm, ắṭịnọ ẹlắrke. ómmi laịt za-
rár. fáiš tắmọ ú-lạlyăo. maḥꞓámle, họlle baína-sísye, ắḏạꞓ aínaḥḏọ́
-yọ, ḥạzyọ́le. ú-lạlyăvọ lävíle dạ̊rbọ ẹdgọnaúla. fáiš ẹldḗri lạ̊lyọ.
maḥꞓámme, qạ̊yim mālhátle u-sạ̊rgọ ꞓáli-sistọ, šạryọ́le urávạḥ ꞓála. 5
kit rṳmḥọ dọ́qtọ su-tárꞓọ du-kón; mamṭḗle i-rṳmḥọ u꞉i-sístọ. ắṭị
mắṭị ẹlbaịná-ꞓárab blạ̊lyọ. ómmi maíkọ hắt? ómẹr má-ꞓaníz-nọ.
ómmi laíkọ gẹzóḥ? ómẹr mahzạ̊mla lạ́ṭṭi, kọráḥnọ ꞓála; lọ-ḥạzyọ́lḥu?
ómmi ló. qlọ́ꞓle. náḥạr ꞓále baịn ẹlbṳ́ġdạd ẹlmaúsạl. hắvin á-ꞓániz
bọ́trẹ ḥá-ṭaíre. họ́llẹ bọ́trọ, ḥẹzéle kắṭịn bọ́trẹ á-ꞓárab u꞉á-ꞓạ̊niz. 10
dắꞓạr ꞓālaíyc, ẹmqātéle lúwe ulinne. qṭíle ištọ́ utlḗṭi. qāyạ̊dle
rṳmḥọ bịdrọ́ꞓe, mjārạ̊hhe. mālifle ẹdrọ́ꞓe, mqātéle ꞓāmạ̊iye, qṭíle
tmọ́nyọ ḥrḗne. dāꞓíri á-ꞓárab, mahzạ̊mme. ắṭị, āṭạ̊lle á-ꞓárab náqẹlā ḥrḗtọ. ómmi qṭíle á-gaúre umahzạ̊mle i-sístọ, dúšu bọ́trẹ.
māṭạ̊lle. madꞓálle i-sístọ, dáꞓạr ꞓālaíyẹ, ómẹr ọ́nọ kándạr-nọ, kán- 15
dạr-nọ. mạ̊rfḗle bọ́traíye. i-sistaídẹ ḥā꞉íftọ-yọ. mahzạ̊mme; mắṭị
ẹlḥặ ẹmḥçléle rṳmḥọ ẹbhặ̣ṣọ, mọ́fqọ́le ẹblébe maꞓléle mu-sísyọ,
trꞓle ẹbqárꞓe di-rṳmḥọ, mamṭḗle. ắṭị lẹqríṭọ, ḥẹzạ̊lle kít ẹzlắm
qṭílọ ꞓáli-rṳmḥọ. ómmi ālọ́ḥ-ọbḗlọḥ haílọ, kít ẹzlắm ꞓáli-rṳmhaídẹ.
ẹmꞓájẹbi. ắṭị lṳ-baítọ. ómmi mamṭḗlọḥ í-sístọ? ómẹr é. ómmi 20
gnọ́vọ ẹgnuwọ́lọḥ? ẹzvọ́nọ ẹzvụnọ́lọḥ? mahkẹlélin ḥid hávi. ómẹr
lọ́-kmityaqnítu? kle u-zlắm ꞓáli-rṳmḥọ qṭílọ. ómmi kọ́yọ? ómẹr
klé. ómmi álọ šrọ́lọ. símme u-ắga di-qríṭọ, gálabe krọhmíle,
kyómin ẹbríše. ómmi i-sistaídọḥ kā꞉ístọ-yọ.

ómmi kọbꞓẹ́lọḥ saífọ kā꞉ísọ. ómẹr aíkọ kít saífọ kā꞉ísọ? ómmi 25
kit saífọ kā꞉isọ sẹqaratăždīn, taú mẹ́ne laịt, lọ́-kmájrịt ọzóḥle.
ómẹr qaúyọ? ómmi ꞏqaratăždīn sáḥm-yọ, qṭíle gálabe nọ́še. ómẹr
gẹzíle, yā gẹqọṭḗli, yā gẹmamṭḗnọ u-saífọ. ómmi yamắn daḥíl lọ́z-
zọḥ, gẹqọṭḗlọḥ. ómẹr azzínọ baịná-ꞓárab, ụ-ꞓáfẹrọ mụbnévọ, u꞉á
-ꞓárab lọ́-mụbnặnvọ, lọ-zāyặꞓnọ mẹnạíye, mẹqaratăždīn gẹzắꞓnọ? 30
biy-árꞓọ ubi-šmắyọ gẹzíle. rắḥū kándạr ꞓáli-sistọ, maꞓaláqlẹ u-saífọ
bạqdọ́le, u꞉i-rṳmḥọ ꞓāl kátfẹ, azzé mšāyéle aíkọ kọ́ve qaratăždīn.
mắṭị lẹqríṭọ, ḥẹzéle ạḥdọ̆ ꞓálu-bírọ gẹgọ́ršọ mắye, gálabe šắfạrtọ
-yọ. náfạl lḗbẹt kándạr biya; híyçste ḥạiírọ bẹkándạr gálabe.
ómẹr hắtla daúlẹt mắye li-sístọ ẹtšọ́tyọ bu-gṳ́rnọ. ómmo má-ꞓaine. 35
kfọ́ḥla u-daúlọ bu-gṳ́rnọ qumi-sístọ, ómmo maíkọ hắt? ómẹr nuḥ-
rọ́yọ-nọ. ómmo aíkọ hóvẹt kándạr? ómẹr aína kándạr? mꞓāšạ̊mle

ębrúḥę. ómmo kándạr dạqtíle ꜟátmān uꜟán-ábne. ómẹr dḥǫ́zịt
kándạr, kǫ́dꜟátle? ómmo lálǫ, lǫ́-kǫdꜟálle, bạ́lle ḥzéli kmáḥkịn ꜟálẹ
bi-yaúda dẹbábi. ómẹr bábęḥ mạ́nyǫ? ómmo mẹtrúsbạk. ómẹr
lạ́tnǫ-nǫ. ómmo gẹdǫꜟyǫ́nǫ lālǫ́ḥǫ dšǫqéli kándạr, kắn hắtạt ukāl-
5 lạ́tạt hắt. ómẹr ál-ǫ́nǫ-nǫ kándạr. mídla ẹrrág̣le, ómmo nḥát mi
-sístǫ. ómẹr qaúyǫ? ómmo dụ́š ẹlgābạ́inā, gẹdǫmálle ẹlbábi hánǫ
-yǫ kándạr lǫ-kšǫqẹlǫ́nǫ nóšǫ g̣ēr húwe. ómẹr íšmęḥ mínyǫ? ómmo
fạrjá-ḥātún. ómẹr ḥúr dǫmánnęḥ ḥábrǫ, qráꜟ ꜟām ālǫ́ḥǫ uꜟámęḥ
gẹšǫqánnęḥ, ǫ́ꜟdǫ trại mę́ni, kazzínǫ ẹlqaratáždīn, mamtę́nǫ u-sại-
10 fạịde uꜟǫtę́nǫ, bǫ́tr gẹšǫqánnęḥ, ukắn ạqtẹléli, mụstạ́flit mắ-dạkšǫ́q-
lit. ómmo ǫ́ꜟdǫ náfạq qaratáždīn mẹgābạina, azzé lụ-baitǫ, símle
ulǫ́-símle, lǫ́-šqíli. ómẹr ạik-azzé? ómmo msaúwyǫ. azzé láf
gnạịtẹd yaúmǫ, mḥāláqlẹ bǫ́trẹ, azzé. ksǫ́lqǫ fạrjá-ḥātún lu-qụ́srǫ
wạkbǫ́ḥyǫ. kǫmállā u-bábǫ qai gẹbǫ́ḥẹt? hḗš lǫ́-ḥzéli ạdbáḥịt íllā
15 ǫ́ꜟdǫ. ómmo yắqạd lébi, bábǫ. ómẹr qaúyǫ? ómmo haúḥā. lǫ́
-mǫllále. ómẹr kǫ́bꜟạt gaúrǫ, gẹdǫbénęḥ ẹlgaúrǫ. ómmo lǫ́-kǫ-
bꜟǫ́nǫ gaúre g̣ēr kándạr. ómẹr kándạr ạịkǫ gẹmamtẹnále ẹlạ́rke?
ómmo kimšāyáꜟle ālǫ́ḥǫ. —. azzé kándạr, mắtị lu-qụ́srǫ dqaratáždīn.
kít mạ́rgǫ qmu-qụ́srǫ, mạrféle i-sístǫ bu-mạ́rgǫ krǫ́ꜟyǫ, masrǫ́le bu
20 -sạ́kkā, uḍáqle i-rụ́mḥǫ gābā. ázzē lu-qụ́srǫ, ꜟábạr lu-qụ́srǫ. qaratáždīn ómẹr mạịkǫ hắt? ómẹr nuḥrǫ́yǫ-nǫ. ḥǫ́llēbẹ ẹlqaratáždīn
uzáyạꜟ. ómẹr tóḥ itaú. ómẹr lǫ́-kyǫtaúnǫ. ómẹr qaúyǫ? ómẹr
ạ́tịnǫ lụ-sạifạịdǫḥ, kǫbạ́tliyǫ háliyǫ, lǫ́-kǫbạ́tliyǫ gẹmạịdínā ǫ́nǫ
uhắt laḥdǫ́de. ómẹr ꜟại-dạ́rbǫ gẹdǫbénǫ ú-sạịfạịdi, gemišṭạꜟéna
25 ǫ́nǫ uhắt bú-dẹbǫ́lǫ ḥán-aḥụnǫ́ne, kān ẹdríllǫḥli gẹdǫbénǫḥ u-sạịfǫ,
kāl-lǫ́-dríllǫḥli lǫ́-kǫbénǫḥyǫ. ạ́ttẹt qaratáždīn náfạl léba ẹbkándạr.
ómẹr mạ́nāt? qaratáždīn. ómẹr kándạr-nǫ. ómmo qúmle, húwe
gaúrǫ uhắt gaúrǫ, ạịna dạqtíle ụ-ḥrę́nǫ. ẹmṭáꜟạn, qáyim, mịdle
lúwe wạlkándạr laḥdǫ́de. ḥǫ́slẹ ẹlkándạr qum ꜟádrẹ; tā-ꜟiri ꜟạịnẹ
30 dẹqaratáždīn. ómẹr ạrfạịli, kā-ꜟivi ꜟạịui. záyạꜟ. ómẹr lǫ-kmạrfę́-
nǫḥ. ẹmḥéle biy-árꜟǫ, ráḥụ ꜟálẹ. ómẹr háli ụ-sạịfạịdi, qaratáždīn,
mǫ́lle liy-ạ́ttǫ. šlạ́ḥlā u-sạịfǫ mu-kálān, húla ẹlkándạr. ómẹr háliyǫ lǫ́nǫ, u-gaúrǫ. ómmo hat lạịbǫḥ, taḥtǫ́yǫ hắt. ẹnḥǫ́lle qaratáždīn, mꜟāláqle u-sạịfǫ dẹqaratáždīn bạqḍǫ́le, ạ́tị ẹlsi-sístǫ. ạ́ttẹt
35 qaratáždīn ómmo aubéli lǫḥ́ắt. ómẹr mǫ́-gẹsamnǫ́bęḥ? ómmo sụ́mli
ạ́ttǫḥ. ómẹr ạ́ḥáꜟ. ómmo qaúyo? ómẹr hol ǫ́ꜟdǫ knáklęḥ qaratáždīn lạ́tạt lázim. ómmo wai sạmyǫ́nǫ, ḥūlílǫḥ u-sạịfǫ, lǫ-kǫbálle

ǫlqaratážðīn. ómẹr obátvōle mǫ́-gẹsoyámvǫ? ráḫū ꞏáli-sistǫ uꞏáṭi
uṭaryǫ́le. azzẹ̈ lụ-baítǫ. ómmi ḥá mamṭẹ́lǫḥ u-saífǫ? ómẹr ẹ́.
ómmi qṭílǫḥ qaratážðīn? ómẹr qṭíli wǫtrẹ́li iy-áṭṭǫ támǫ. ómmi
qai lǫ́-mamṭiyǫ́lǫḥ? ómẹr mǫ́-gẹsámnōba? ómmi kǫbꞏẹ́lǫḥ áṭṭǫ kā-
ịstǫ. ómẹr ḥzẹ̆li ḥẹḍǒ́ gálabe kāꞏịstǫ. ómmi aíkǫ? ómẹr bárṭẹd 5
mẹtrúsbạk u-ága dạ̈-jawālíye. ómmi rāḫúqǫ-yǫ? ómẹr kle mẹqara-
tážðīn ulafḥạ́rke u-bạ́lạd-dáṭṭe.—. ksǫ́lqǫ farjạ́-ḥātún lu-qúṣrǫ, kómmo
blẹ̈́ba lắṭi kándạr, qṭǫ́lǫ qṭílẹ ǫlqaratážðīn, ẹgbǫ́ḥyǫ. qáyim kándạr, ráḫū, āṭi lụ-bạ́lạd ẹdmẹtrúsbạk, kla farjạ́-ḥātún ꞏálu-qúṣrǫ.
maufạ́qlā u-dúrubēn, ḥạ́llā, āḍíꞏǫ kándạr-yǫ, ẹfṣíḥǫ. kómmo azzẹ̈, 10
ẹblẹ̈́ba, ẹlqaratážðīn uꞏǫ́ꞏdǫ kóte mláfu-ṣạrq. áṭi li-dǫ́rtǫ du-qúṣrǫ.
nāḥíṭǫ ẹlqúmẹ, maslạ́qla li-yaúdā, kle mẹtrúsbạk yātívǫ. drẹ́le
šlǫ́mǫ ꞏālạíye, qāꞏími mẹqúmẹ dụ-mạ́jlis. mẹtrúsbạk lǫ-qáim.
qḥir kándạr. lắḍạꞏ mạ́nyǫ, mẹtrúsbạk. ómmo tóḥ itaú ḥạ́rke
kándạr. mẹḍẹmǫ́llā kándạr, qáyim mẹtrúsbạk mẹqúmẹ. yātū ꞏẹ́l- 15
mǫmǫtrúsbạk. ẹšǵíli, mamṭạ́llǫ qáhwe, šṭạ́lle. ómmi maíkǫ kǫ́ṭịt?
ómẹr mu-baítǫ. ómmi ꞏai-dạ́rbǫ qṭílǫḥ ꞏáṭmān? maḥkẹlẹ́lin ꞏálu
-qáṭlǫ dẹꞏáṭmān, ꞏal daqṭíle bẹdạ́rbẹ di-ráḫyǫ, uꞏál dẹmamṭẹ́le i-sistǫ,
uꞏál dẹqṭíle qaratážðīn. fáiꞏš khairíbe. ómmi ạlmịn-áṭịt ǫ́ꞏdǫ? ómẹr
trǫ máḥkiyǫ farjạ́-ḥātún. áṭyǫ maḥkẹ́la ḥid ẹžǵíli á-tre, ómmo 20
nǫ́šǫ lǫ́-kšǫqẹlǫ́nǫ ǵér ḫúwe. ómẹr.ẹ́ kāꞏísǫ, mẹtrúsbạk, gẹḍǫbē-
nǫ́lẹḥ ẹlkándạr. símle ẹlmẹtrúsbạk í-mištúṭǫ ẹdkándạr gábẹ, ẹn-
ḥǫ́lle mó barānát, símle mǫ́kẹlǫ, uꞏamḥǫ́lle farjạ́-ḥātún ꞏálẹ. gáwạr
gābạíye. lǫ-trẹ́le dḥǫ́sẹr ḥḍǒ́ ẹdḥámšǫ kándạr. marḥuwǫ́le ꞏal
sísyǫ ẹlmẹtrúsbạk wumšạíyꞏǫ́le ꞏam kándạr. mǫllẹ́le ẹlkándạr, 25
ómẹr mị-náqẹla dẹmqáṭịl nǫ́šǫ ꞏámǫḥ, šạiyạꞏ bǫ́tri ulǫ-ḥārúlǫḥ. áṭi
kándạr lụ-baítǫ, símle mịštúṭǫ bu-baítǫ. kómmi taú mạ́ṭṭǫḥ laít.
simlẹ́le qúṣrǫ ẹlkándạr, qúṣrǫ kāꞏísǫ. náfịl íšme bẹbríṭǫ, ẹqǫ́ṭẹl
á-gaúre kāꞏíse, kmáḥat qarꞏaíye ꞏálu-ṣúr du-qúṣrǫ.

kítlẹ̄ zaífǫ mbaín á-bǫlịtā ẹlkándạr. kle kándạr uꞏí-ḥātúne yātívi 30
ṣaḥḍóde, ksaími ḥának. ómẹr yá bǫ́lịti. ómẹr ḥá. ómẹr ḥzẹ̆́lǫḥ taú
mạ́ṭṭi? ómẹr dẹmánnǫ lǫ́-qǫṭlạ́tli? ómẹr ló lǫ-zạꞏạt, mắr. ómẹr ḥzẹ̆li
aḥḍǒ́ taú mạ́ṭṭǫḥ. ómẹr aíkǫ? ómẹr bárṭẹd mír zaidín, u-āgaíḍạn dá
-bǫlịtán, íšma gúlẹ-yǫ, ḥáyǫ taú mạ́ṭṭǫḥ-yǫ. ómẹr šrǫ́lǫ? ómẹr ẹ́.
ómẹr dlaúwyǫ taú mạ́ṭṭi gẹqǫṭánnǫḥ. ómẹr trǫ́ve gẹfạ̈́šnǫ ḥạ́rke 35
hol dǫzóḥ ḥǫzáṭla, kắn taú mạ́ṭṭǫḥ-yǫ ḥábri yǫ, kắn áṭṭǫḥ taú-yǫ,
ạqṭáli. ómẹr kāꞏísǫ. ạqliírǫ farjạ́-ḥātún mu-bǫ́lịti, ómmo qúm mi

-yaúda. ómẹr ˌtrại mẹ̄ne, kándạr. lọ́-mtānéla. qắyim kándạr
rắḥū, maubḗle u-sậifọ dqaratáʒdīn ˢámẹ. mšāyéle ˢálu-ṭúrọ dá
-bọ́lita, mắṭị lụ-bạ́lạd-dắtte. ómẹr ậíkọ kọ́ve mír zạidín? ómmi
bi-dẹ́rgule. azzḗ li-dẹ́rgule, mắṭị lụ-qúsrọ. kla gúle uˀiy-ẹ́mọ bu
5 -šíbbak yātíve. ómmo mạ̊ny-ánọ dắṭi, gúle, ẹlgābạina? ómmo lọ́
-kọdˢọ́nọ, iy-ẹ́mọ, lázim āṭí ẹṭṭọlábnẹ̄ḥ. ómmo lọ́-kšọqẹlọ́nọ nóšọ
ʒg̣ẹ́r kándạr. ómmo ậíkọ ạḥzẹ́lẹ̄ḥ kándạr? ómmo ạḥzẹ̈́li ẹbḥạ́lmi.
yátū biy-aúdā, kít šíbbak bạín á-tạ̊rte audát ẹftíḥọ, bạil-liy-aúda
dẹmír zạidín udá-ḥātūnắt, kimfạ́rji ˢắlẹ mú-šíbbak, húwe lọ́-kḥọzẹ́lin,
10 uḥọ́nne kḥọzálle, kmiʒg̣il bu-méjlis. ómmi mậíkọ hát? ómẹr kándạr-nọ. mẹdẹmọ́lle kándạr-nọ, yāqị́dọ gúle ˢắlẹ. khạírĩbe dụ-méjlis,
ómmi kándạr qṭíle g̣álabe nọ́še. lọ-kmịtyáqni dẹkítyọ kándạr.
maḥkẹlḗlin ḥịd hávi. ómmi ạ̊lmịn-ätịt? ómẹr āṭínọ ẹlgúle ạdḥọ-
zẹ́nā. ómmi lọ́-kọbīnála. ómẹr lọbitụ́lla, ạdḥọzéna wạzzínọ. ómmi
15 qrắu ẹlgúle trọ́tyọ ẹdḥọzéla. áṭyọ liy-aúda, ḥạ́llẹ̄bā, kạ́yū lẹ́be,
náfạl. qā´ími ạdqọṭlíle. ẹlgúle lọ-trẹ́la, ómmo klắu ẹdqọ́yim ubọ́tr
ẹqṭálụle ẹdḥọzéna šrọ́lọ gẹqọṭlitụ́lle. frị́ḥla lẹ̄́bẹ bu-méjlis. ẹftạ̊́ḥle
ˢaíne, ḥẹzéle kla gúle yātúṭọ gắbẹ. ẹfṣị̊́ḥ. ómmọ́ qúm, ẹbˢállẹ
dqọṭlílọ̄ḥ, lọ́nọ lo-trẹ́li. ómẹr gẹšọqlátli? ló? ómmo qrắr ˢámọ̄ḥ
20 gẹšọqlắllọ̄ḥ. ómẹr kắl-lọ máqbil bábẹ̄ḥ dšọqlátli? ómmo klḗ bắbi
kšómạ˥, kmáqbil trọ máqbil, lọ́-kmáqbil qṭắlẹ qāmọ́yọ. mị́dle lụ
-sậifọ, ómẹr gẹdọbátlā? ló? ómẹr lọ́-kọbẹ̄́nā. ẹsḥọ́lle u-tárˢọ diy
-aúda, nóšọ dlọ-máhzim, fálạṭ bạinōṭạiye bu-sậifọ, ẹnḥọ́llẹ kúllẹ,
ạqṭẹlíle; mā́qạ̊mle u-ádmọ ẹdrọ́ˢọ bụ-méjlis. maḥzạ̊mme ẹldi-qrị́ṭọ
25 mi-zọ́ḥṭọ. manḥátlẹ gúle mu-qụ́srọ, rắḥū ˢáli-sístọ, mạrḥuwọ́lẹ
bọ́trẹ. áṭi lụ-baítọ ẹmḥạrọ́lẹ ˢắlẹ. hūléle ˢệṣri kíse kallát lu-bọ́liti,
maḥlắˢle. ómẹr ḥábrọ̄ḥ-yọ bọ́liti, taú mẹfạ́rjạ-ḥātún. náfạl išme
dkándạr bẹbrị́ṭọ uˀišme dá-ḥātūnắt. simme ˢáskạr lá-bọlita, uˀạ́ṭịn
ẹlkándạr. māḥátlẹ á-tre sậife ẹbqárˢọ ḥá-qárne, ẹmqātéle bi-rụ́mḥọ
30 ˢāmá-bọ́litā, qṭíle g̣álabe mẹnạiye; umahzạ̊mme mẹqúme, ómmi
kándạr kítle tré qárne. šāmị̂ši brịṭọ kúla, ẹdkítle tré qárne, kommíle kándạr ábu qarnạin.

_____

35

LI (177).

kítvō ḥásan áḡa, bḁ̱kfa̱r-jaúz ḥǫvę́vǫ, u꞉áli ḡámmǫ ḥǫvę́vǫ
bu-cę́lị̱q, naiyár va̱íye. azzén á-nőše ꞉dḥásan lḁ̱-cę́lị̱q ꞉dzaúni 5
kitőno, mša̱lḥíle ꞉l꞉álī. áṯịn sǫḥásan, ómmi mšáláḥḥa̱llạn. ómꞋr
ꞌlmáne? ómmi ꞌlbe꞉áli. ómꞋr kā꞊ísǫ. a̱hzạ̱lle nőše ꞌmdḁ̱-cę́lị̱q,
kit ꞉āma̱íye ṭá꞉ne dapšőṭǫ, kǫ̱b꞉a̱n ꞌdmǫblínne lidiyárba̱kꞋr, ꞌmzab-
nínne. qą̱́yim ḥásan u꞊á-nōša̱íde mšáláḥḥe ú-ka̱rván ꞌdbe꞉álī.
azzén dú-ka̱rván, mǫ̱́rre ꞌl꞉álī, ómmi mšáláḥlẹ̱la̱n ꞌlḥásan. qā꞊ími 10
bꞋ꞉áli, símme ꞉áska̱r, ubeḥásan símme ꞉áska̱r. mqāṭạ̱́lle ꞌbzaz.
kit ꞉asę́kir ꞉āma̱íye ḡálabe, qṭǫ̱́lle ma̱hdǫ́de ḡálabe. ꞉áli gríšle
u-sa̱ifǫ unáfị̱l baini-꞉áska̱r ꞌdḥása̱n. ḥásan mị̱dle lḁ̱-sa̱ifǫ u꞊áṯịle, á
-trꞋ rāḥívꞋ-ne. nḁ̱́bạt ḥásān mi-sístǫ, cík táḥṭḁ̱-sísyǫ ꞌd꞉álī, ꞌm-
ḥẹ̱lę́be ꞌl꞉álī sa̱ifǫ, qą̱́ịt u-sa̱ifǫ ꞉arráglꞋt ꞉álī. ḥásān mị̱dle li-ḥánjar, 15
ꞌmḥę́le ꞉Ꞌgáve dḁ̱-sísyǫ, cǫ̱́lle gáve dḁ̱-sísyǫ, náfị̱l u-sísyǫ u꞉áli
liy-ạ̱́rꞋǫ. qā꞊ími la̱hdǫ̱́de bą̱́-sa̱ifꞋ, māṭạ̱́nne á-꞉asę́kir, ma̱ha̱lsǫ̱́nne
ma̱hdǫ́de bą̱́-ṭfanaq. mahzạ̱mlā li-sístǫ ꞌdḥásan, azzą̱́ baini-꞉áska̱r
ꞌd꞉álī, ꞌemsikǫ̱́lle; ráḥǫ̱ ꞉áli ꞉ála. ꞌmqāṭạ̱́lle. azzélin ꞉áli, náfị̱l
bainōṭa̱íye bu-sa̱ifǫ, twírǫ i-꞉áska̱r ꞌd꞉álī. li-꞉áska̱r ꞌdḥásan msikke 20
꞉áli ꞉áli-sístǫ, qṭǫ̱́llꞋ, šqǫ̱́lle i-sístǫ, šdạ̱́lle bǫtri-꞉áska̱r ꞌdbe꞉áli. aína
qrị̱́ṭǫ dꞋkmǫṭállā, kmanhꞋbíla umǫqḍílā. manhábbe ḡálabe qarya-
wőṭǫ. áṯịn lḁ̱-baítǫ, bízi á-꞉asę́kir. áṯị ꞉ǫzmą̱́n pą̱́šā, ꞌmsíkle
ḥásan wán-agawíye, mša̱iyę꞉íle lidiyárba̱kꞋr. áṯịn á-nőše ꞌdbe꞉áli,
mašká̱lle ḡábe sꞋǫzmą̱́n pą̱́ša. aína dꞋmǫ̱́lle azzéli flán méde, 25
šqíle ꞌmbeḥásan uḥúlę̄lin. msáfę́le u-bą̱́la̱d lꞋǫzmą̱́n pą̱́šā.

LII (121).

kítvō ḥā ḥꞋdőyo, kitvőle áṭṭo, rǫḥmívo a̱hdǫ́de húwe u꞊iy-ạ̱́ṭṭo.
kitvőle mál ḡálabe. mǫllále liy-ạ̱́ṭṭo, ómmo yā ḥꞋdőyo. ómꞋr ḥá.
ómmo a̱hṭíṭi baqdǫ́lǫḥ ucáḡ ꞌdmaiṭőno lǫ̱-šǫqlị̱t nőšō bą̱́lc ú-sꞋ꞊ū-
na̱íḍi ꞉arráglꞋt ma-dőṭe šqúla udlőṭe lǫ̱-šoqlátlā. ómꞋr kā꞊íso. 35
mā꞊íṭo iy-ạ̱́ṭṭo, fáiš tlőṯ íšne. kítle bą̱́rto. bą̱-tlǫṯ-íšne mākráḥle
u-sꞋ꞊úno ꞉arráglꞋt níše, lávi. ázza i-bą̱́rto lá-mai, ꞌlvíšla u-sǫ꞉úno,

hǎvi mẹˢádlo bráġla. ḥọ́lle-bā lụ-bábo, ómẹr yā zẹ̣ụ́rto kšọqán-
nẹḥ. ómmo qaúwyo? ómẹr hǎvi ụ-ṣẹˈúno bráġlẹḥ. qǎyim, mídlē
li-kạ́cẹke tsŏyim ˢáma. i-kạ́cẹke báḥyo, ómmo izóḫ ṭạíli bạ̣dle
mẹ́-mẹdíne uwitọ́ḥ. azzạí-kạ́cẹke qréla ẹlḥạ̌ sayọ́mo da-qlídẹ dá
5 -sạndúqe. ạ́ṭi, ṃọllále, ómmo mẹ̌reko. ómẹr hạ̌. ómmo kíboḥ dsai-
mạ́tli qlídọ lụ-sạndūqạ́no mlaflálġul? ómẹr ẹ̌. ómmo gedọbọ́no
ḥạq-díḍọḥ. símlēla qlídọ mẹlaflálġul, hūlále ḥạq-dídẹ. cíko bú
-sạndúqo umāḥátlāla mọ́klō umāḥátlāla kạllǎt. ạ́ṭi u-bábo u-ḥẹdọ́yo
mí-mẹdíne, ṃamtẹlẹ́la bạ̣dle. kárạḥ bu-baíto, lọ-ḥzẹ́le i-kạ́cẹke.
10 kárạḥ lárval lọ́-ḥạzyóle. árbˢo yaúme mšäyẹ́le lọ́-ḥạzyóle. qǎyim
aqḥír, maubẹ́le u-sạndúqo lụ-šúqo, māḥátle bi-dlẹ́la. kítvō pǎšā,
šqĩ́le lu-pǎšā. mšāyáˢle ˢāmá-grẹ́ˢe. azzọ́-pǎšā lụ-baíto, māḥátlō
-sạndúqo bi-yaúdā. hǎvi ˢaṣríye, nǎfạq u-pǎšā, māqláḍle u-tárˢo
wạ̣zze li-mẹdíne. hạ́ṭi i-kạ́cẹke iftạ́ḥlạ̌ ú-sạndúqo unāfíqo. mau-
15 fạ̣qla rẹ́zo, mbāšẹ́la uknìšla lálġul ufrísla · á-gāle umlẹ́la u-qályūn
umāḥátla ˢal i-mẹḥádde uˢābíro lụ-sạndúqo. ạ́ṭi ábre dụ-pǎšā, pǎša
-yo, ẹftạ́ḥlˢe u-tárˢo, ḥọ́lle, ḥzẹ́le kle lálġul ẹknìšo, klại-nạyíne
ẹfrísto, klo-qályūn ˢạl i-mẹḥádde, klō-bišọ́lo bāšílọ. māḥátle núro
ˢạlu-qályūn, ẹštẹ́le. ṃfäkárle bfikạ̣r-dídẹ, ẹlmáne, kómẹr, siml-auḥa?
20 maḥšạ́mle udǎmạḥ. qāˢímo sáfẹro mẹ́qạm mẹ́ne, símla krọ́tạn
umāḥátla i-jạ́zwe bi-núrọ, símla qáhwẹ psạ́kar ucíko bú-sạndúqo.
qǎyim ábre du-pǎša mī-šạ́nto, ḥọ́lle ḥẹzẹ́le klại-krọ́tạn ḥāzạ̣́rto
uklại-qáhwe símto. štẹ́le i-qáhwe, ạ̄ḥíle, ómẹr ẹblẹ̣́be, ālọ̌ kīˈnọ̌šo
lálġul. yǎtū lálġul, māqláḍle u-tárˢo, ẹgnúle rúḥẹ. hǎvi ˢaṣríye,
25 nāfíqo i-kạ́cẹke, ẹknìšla lálġul, frísla a-gāle, símla ạ̣ḥšạ́mto, mlẹ́la
ú-qalyún, māḥátla ˢạ́li-mḥádde, azzạ́ ẹdˢọ́bro lụ-sạndúqo. mbāválle
ˢála, ómẹr klạí ẹbdúkṭẹḥ. kạ́lyo, ázze yǎtū, ómẹr tẹ́ḥ itaú. yātívo, ẹšġíli. ómẹr mạ̣-ḥawál-dídẹḥ-yo, ẹṭkitat bú-sạndúqo? ómmo
ẹlbábi simlẹ́bi. maḥkelále ˢālú-sẹˈúno, ómmo dọ́te bábi sŏyim ˢǎmọḥ
30 šaríˢa gdómẹr ọ́no hūlílọḥ sạndúqo, ọ́no laúlilọḥ bạ̣rtọ, qraíli lụ
-mạ́jlis, i-kạ́cẹke kómmo, ọ́no gdọbọ́no ú-juwáb-dídẹ. ómẹr ẹ̌.
ẹmḥạrọ́le ˢále lụ-pǎšā. ályaq mẹ́na laít baína-ḥẹdọ́ye, íšma ṣábḥa.
šámạˢ ú-ḥẹdọ́yo u-bábo: nāfạ̣qle áṭto lú·pǎsā bú-sạndúqo, ályaq
mẹ́na laít, íšma ṣábḥa. qǎyim ú-ḥẹdọ́yo šámạˢ. ázze su-pǎšā.
35 símme mạ́jlis, ómmi mọ-kọ́bˢat, ḥẹdọ́yo? ómẹr kọbˢẹ́no bạ̣rti.
ómmi maíko-lọḥ bạ̣rtọ? ómẹr bạ̣rti ạġbíno, cíko bú-sạndúqo. mzā-
bạ́lli ú-sạndúqo, nāfíqo bạ̣rti bú-sạndúqo, kṃáḥke lụ-mạ́jlis, kọbˢẹ́no

bárti. ómẹr u-páŝā: ǫ́no ucáġ dẹŝqị́li lọ-ḥzéli nǫ́ŝo búwẹ, qráu
látti trọ́tyo lụ-májlis. átyo lụ-májlis. ómẹr u-páŝā: ḥáti-yo bár-
tọ̣ḥ? ómẹr é, ḥáti-yo. ómmo látno bártọḥ, dauwyánvo bártọḥ lǫ́
-ksaimátvo haúḥā. ómmo, mọllā́ lụ-májlis: dōvévo bábi, ksōyámvo
ʾámi? klē ʾalbáḥte lácy-aúḥā? ómẹr bḗle. ·maḥkélẹ lụ-májlis, ómẹr 5
iy-ẹ́mo māḥátla ạ̄ṭị́ta baqdóli, ómmo nǫ́ŝo medmāyiṭǫ́no lǫ́-ŝoqlịt,
aína dáṭi u-sẹʾūnaịdli ʾarrágla ẹ́ŝqúla, ulǫ́, lọ-ŝóqlịt nóŝo; mākráḥli,
lávi beʾóglẹt nóŝo, hávi beʾógla, ōmánno bárṭo lọmmátli bábo gi-
ŝōqánnẹḥ, lácy-aúḥā? ómmo bḗle. cikịt bú-sạndúqo umzābálli
ú-sạndúqo lụ-páŝā, kọbsẹ́no bárti. ómmi jẹládụlle, bábo kŝóqẹl 10
bárṭo, jẹládụlle. ejlídde.

ázze arbáʾ-ạ̄sne bi-ḥǫ́lọ, hāvíle ábro ubárṭo, á-gẹḏālāt-dáṭṭe
sémo udáhvo. ázzẹ u-páŝā lu-ṣaido. kítle gréʾo mqáddẹmo lụ-páŝā,
fáiŝ bu-baíto, u-páŝā ázze lu-ṣaido. azzḗ u-gréʾo sẹṣábḥa, ómẹr háli
sạmno u-ŝuġlávo ʾámẹḥ. ṣábḥa mdaívọno. ẹnḥálle u-ábro lu-gréʾo. 15
áṭi u-páŝā mu-ṣaido, mịdle lu-gréʾo lu-zẹʾúro, masláqle ẹlqúm u-páŝā,
ómẹr húr ẹlṣábḥa me-símla, ómẹr ẹnḥálla ú-zẹʾúro, ómẹr mọllā́li sūm
ʾámi; lọ-sị̣mli, ẹnḥálla ·ú-zẹʾúro, ómmo ksaimállọḥ qabáḥa; haúḥā
sị̣mla ẹlṣábḥa. u-páŝā mọllḗle-tre gréʾe, ómẹr alífu híya uʾán-abne
blíbbat uʾaubélụla ẹltúrọ dlọ́-ḥozḗna wunḥárula utáwuli ádmo mẹ- 20
·dịda dŝọṭéne. mọblọ́lle lá-gréʾe mālẹfọ́lle blíbbat, maublọ́lle ẹltúrọ,
u-ḥá ma-gréʾe ómẹr taị ẹdnọḥrīnála. u-ḥá ómẹr wárrọḥ lọ́-knọḥrīnála,
āḥílan láḥmo mọqmída, gẹnọḥrína ṭaíro, mọblīnále ádmo lu-páŝā, trọ
ŝóte, maíkọ kǫ́daḥ? u-ḥréno ómẹr trọ́ve. msíkke ṭaíro wanḥárre,
ẹmlálle cítẹke áḏʾádmo umaubálle lụ-páŝā wazzị̣n hūwálle. ŝtḗle 25
u-áḍmọ, ómẹr ẹnḥarólḥu? ómmi é. ómẹr kāʾíso. yáqạd lébe, man-
dámle. qāʾímo i-żḉnẹke ṣábḥa, fṭáḥla ú-libbat, māʾíto i-bárṭo, uʾu
-ábro kle qárẹ̣e qṭị́rọ. ṭaʾẹníla wazzā́ ạḥzéla ṭárte ʾainọ́tọ, í-ḥdọ
ʾainọ á-māyaịda kmíŝtạn, uʾí-ḥdọ mcáplẹ-ne. ómmo álọ lọ́-kmāŝẹ-
gánne bá-mai dẹkmíŝtạn, gẹmāŝgánne bá-mcaple. maŝgíla dqau- 30
wrọ́lle. nāyṭ̣ḥḥe lá-tre bu-ŝúbḥo dālǫ́ho. ẹfṣị́ḥo, ṭlọblā mālǫ́ho ómmo
dōvḗlan ṭlǫ́lō hárke ʾála-maiyáni bu-ŝúbḥo dālǫ́ho. hávi qúsro rábọ,
taú mḗne laít, ʾālá-mai. yātívi bu-qúsro, qrḗla íŝmẹ du-ábro cạlā́ǧ
ʾafdál, íŝme di-bárṭo ḥázno. ḥẹzéle húsa cạlā́ǧ ʾafdál bi-ʾaíno dá
-mai dá-psīn, mọfqǫ́le, fṛạḥǫ́le, ómẹr yā ráb, haúli gálabe dīnǫ́re. 35
hāvíle gálabe dīnǫ́re. ómẹr yā ráb haúli sísye. húlḗle gálabe sísye.
áṭi lụ-baíto. iy-ẹ́mo ómmo wạ́lạd, maíko-ne á-kallātáni? ómẹr

yắde lọ̆-mšaílịt, ẹ̆ttọ́lbịt ṭlặb mẹ̆ni. ómmo kā·ı́so. ṭlọ́ble mắl, frı́ĥle
i-ḥúṣa, ālọ́ho húlẹ̄lẹ. ạ́ti ḥā dặrviš ẹlgáḃẹ ẓaífo. ẹẓmọllẹ́le lụ
-dặrviš·bu-dáfo. ẹmlẹ́le i-mzīdạ́ịḍe dīnọ́re. ómẹr yắ cạlặng ·afdál
kóĥlo ·álọĥ bạ́rtẹt dụ-šẹ́ĥ dá-·arab. ómẹr yā dặrviš, kā·ı́stọ-yo?
5 ómẹr yắ cạlặng ·afdál,·izớĥ aḥẓaíya witớĥ, ớno heš-ạ́rke, kān lặc-
yo kā·ı́sto, aqtá· qárɛi, ukắn kā·ı́sto-yo ẹ̆kĥúlọĥlị u-báĥbiš-dı́ḍi.
ómẹr íšma mịnyo? dặrviš. ómẹr íšma fräija. frı́ĥle i-ḥúṣa, ómẹr
yā ráb ĥáli bạ́rtẹt dụ-šẹ́ĥ dá-·arab fräija. húwe yātívo átyọ ẹl-
gáḃe. ĥặllē bắ, lọ-sáwạ· mọ́-ḥiyorạ́ịḍa. ẹmĥạróle ·álẹ lụ-dặrviš
10 ·al cạlặng ·afdál. —. kle ·al qárɛe du-qúṣro yātívo ·al ụ̆-taȟt húwe
u·iy-ẹ́mo u·i-ȟóṭo u·iy-ạ́tto. sáfrọ-yo, lọ́-náfạq u-yaúmo. ĥặlle bu
-dúrubēn, ómẹr kắṭi pắšā húwe u·i-·áskạr-dịḍe lu-ṣaído. mọllále
liy-ẹ́miọ, ómmo wặlặdi ·azćme ẹlgáḃọĥ. āḍı·o u-gaúrọ-yo iy-ẹ́mo.
ómẹr trọ́ve yắde. mẹnaqẹ́le sísto kā·ı́sto ẹmḃainá-sisye wạlvı̆šle
15 i-badlạ́ịḍe umauḃẹ́le u-dặrviš ·ámẹ u·ázze lụ-ṣaído. māqặmme li-·ás-
kạr ġazále, fāliti á-farọ̆̀še di-·áskạr bọ̣tri-ġazále. maqlá·le lụ-kúreko
bọ̣tri-ġazále, msíkle í-ġazále. ạ́ti u-pắšā, maḥtóle qmụ-pắšā í-ga-
zále. mọllẹ́le lụ-pắšā, ómẹr maíko ĥát? ómẹr mu-quṣránọ-no.
ómẹr íšmọĥ mínyo? ómẹr íšmi cạlặng ·afdál. ómẹr kítlọĥ nọ́šo?
20 ómẹr kítli ẹ́mo uȟóṭo u·átto udặrviš u-grē·áịḍi-yo. ómẹr báḃo
lạ́tlọĥ? ómẹr lớ. yắqạḍ lẹ́ḃẹ du-pắšā, báĥi u-pắšā. ómẹr qai kḃớ-
hịt? cạlặng ·afdál mọ́lle lụ-pắšā. ómẹr haúĥā. ómẹr dụ̆š-oẓặn ẹl-
gāḃaínā. u-grē·o du-pắšā ómẹr kĥọ́yim u-ḥẹ́mo. ázze u-pắšā ·am
cạlặng ·afdál, náĥạt bu-qúṣro. iy-ẹ́mo ṭlẹ́la rúĥa. yắtū u-pắšā u·i
25 -·áskạr-dịḍe, símme mọ́klo ġálabe, a-mẹnẹ́ṣif u·á-tarvọ́ḍe kúlle dšẹ̆́-
mọ-ne. grı̆šše i-súfẹro, āĥíle lu-pắšā. u-pắšā mọ́llẹ̄le ẹlcạlặng ·afdál,
ómẹr ainạ-yo ȟóṭọĥ u·ainạ-yo ạ́ttọĥ? ómẹr ĥáṭi áṭṭi-yo uĥáṭi ȟóṭi
-yo. ómẹr kā·ı́so, ómẹr ẹ́mọĥ kớyo? ómẹr ẹ́mi kla bi-yaúda. ómẹr
qraíla. ómẹr lọ́-kọtyo. ómẹr qraíla gẹdọḃéna u-báĥbiš-dı́ḍa. ázze,
30 mọllẹ́la ẹlcạlặng ·afdál. ómmo zóĥ mặlle mar kómmo kā-kít šạ-
rí·a gáḃọĥ gẹdọtyóno ukā-laịt lọ́-kotyọ̆no. ạ́ti cạlặng ·afdál, mọllẹ́le
lụ-pắšā. ómẹr trọ́tyo. átyo lụ-dívan, ĥọllẹ̄-ḃā lu-pắšā. mkāsẹ́la
fớta ẹdlọḍá·la ú-pắšā. ómẹr mišġẹ́l. ómmo kítvo pắšā, kitvớle
áṭto, bạ́rtẹt ḥeḍọ́yo. a(n)náqẹlā u-pắšā báĥi. ómmo šqẹlóle lụ
35 -pắšā ugáwạr, ȟāvíle tráḃne, ábro uḃạ́rto, u·á-gẹḍālāt-dạ́tte sćmo
udáhvo; azzớ-pắšā lu-ṣaído, kitvóle grē·o mqáddẹmo, náĥạt sẹṣábĥạ,
ómẹr ĥáli tsặmno ú-šuġláo, ẹmdaívọno sábĥa, ẹnĥặlle u-ábro; ạ́ti

u-pắšā mu-ṣaído, masláqle u-zęꞧúro ęlqúmę, ómęr ḥúr ęlṣábḥa
me-símla, ómmo yā gęṣaímịt ꞌắmi yā gęnọḥánno ábri; ómęr
u-pắšā la-tré grếꞧe alífullā blíbbat híya uꞌán-abne waubélụla ꞌal
ṭúrọ wanḥắrụla utắwuli ádmo mędída dšọténọ; áṭịn á-tre grếꞧe
mamṭiyọ́lle, u-ḥắ mọ́lle gęnọḥrīnála, u-ḥắ mọ́lle lọ́-gnọḥrīnála, āḥí-5
laṇ láḥmo mtaḥt-ída, gęnọḥrína ṭaíro umaublína ádmo lu-pắša
dšọ́te, maꞁko kóḍạꞧ? áṭịn utạryọ́lle; qāꞌímo i-žęneke, aḥzéla ꞌaíno
ędmáye qāꞌíre waḥḍọ́ ędmaí cáple, māš{ǵla án-ábne tqauwęrọ́lle,
nāyịḥḥe lá-tre ubu-šụ́bḥo dālọ́ho hāvílle qúṣro bắrke. gléla í-man-
délo mẹfóṭa, ómmo ắṭṭọḥ-no uhắno ábrọḥ-yo uhắṭi bắrṭọḥ-yo, ulú 10
-grếꞧaídọḥ klé símle haúḥā. qtắꞧle qárꞧe du-grếꞧo uyắtu bu-qúṣro
ꞩiy-ắṭṭo, mamṭéle u-baitạíḍe ęltámo.

LIII (149).

kítvō mắlkọ bęmắṣr, kítvōle bắrṭo lụ-mắlkọ, ęmdaívọnọ i-bắrṭọ,
ękcaírọ júlā, kómmo málke. ḥākímọ lọ́-fáíš ędlọ́-mamṭálle, lọ́
-qādíri á-ḥākíme. ęmšāyắlle lụ-mắlkọ wuldí-valaí, ómmi má-kīt 20
málke? ómmi kít ḥắ bu-ṭúrọ dá-ꞧābọ́dę íšmę málke, qādíšọ-yọ.
mšāyáꞧle lụ-mắlkọ dęmắṣr ęgrếꞧe, ómęr zóꞁu qrắwụlle, mắru
kṭọláblọḥ u-mắlkọ dęmắṣr, gędọbélọḥ gálabe dīnọ́re. áṭịn á-grếꞧe
momắṣr lụ-ṭúrọ dá-ꞧābọ́dę, aḥzắlle málke kle gębóne u-qādíšọ. nšꞁqqe
íḍe lá-grếꞧe. ómęr álọ mbắraḥ ꞧālaíḥu; ómęr ạlmịn-āṭítu? ómmi 25
āṭína ęlgắbọḥ. ómęr maꞁk-ắtu? ómmi: a-grếꞧe du-mắlkọ dęmắṣr
-nā. ómęr ạlmịn-āṭítu? ómmi ęmdaívọnọ bắrṭę dụ-mắlkọ, mšāyáꞧ-
lēlan ęlgắbọḥ, ómęr trọ́ṭe mắnaḥ bắrṭi, gędọbếne gálabe dīnọ́re.
ómęr zóꞁu, gędọṭénọ. ómmi dụ̄š táꞩda. ómęr lọ́, izóꞁu, gędọṭénọ,
gęzóꞁu elmắṣr gęḥọzétụlli támo. azzén a-grếꞧe, kmáꞧmęr málke 30
bú-qādíšọ. ázzē málke, mắṭi ęlmắṣr bắhḍọ sáꞧa, mắṭi mếqam ma
-grếꞧe. ázzē mọ̄r málke ęlbemắlkọ. auwúl-dęmắṭi nāyạ́ḥlā li-kácęke,
ęlvíšla júla. maufắqle u-šíḍọ męgắva, ęmsíkle. maꞁlaúle ꞧarríša,
nāyạ́ḥla. mọlléle lụ-mắlkọ, ómęr ęṭláb dīnọ́re mếni, qáís ęṭṭọ́lbịt.
ómęr lắtnọ ꞧóyụz dīnọ́re. kítle gúbọ lụ-mắlkọ qmu-tárꞧọ, kítle 35
ḥáraze lu-gúbọ ukítle gúrnọ ędmármar. mọlléle ęlmọ̄r málke, ómęr
báli i-ḥarazáṭi uꞌu-gurnắnọ. ómęr laíbọḥ ęttọꞧnátte háni. ómęr lọ́

-ḫārúlọḫ. ŏmẹr aubḗlin. māḫátle i-ḫáraze baqḍọ́le dụ-šíḍọ umā-
ḫátle u-gúrnọ ẹbqárṣẹ. ŏmẹr dụ́š šíḍọ. ŏmẹr u-šíḍọ: lạíbi. ŏmẹr
kíbọḫ, manṣálọ. áṭi u-šíḍọ, mọr málke kle bọ́tre, kịmṣále mọr
málke. kŏ́mẹr u-šíḍọ: lọ-básli i-ḫáraze daqḍọ́li uʼu-gúrnọ ẹtqárṣi
5 uʼu-ḍụmḍụm ẹdbọ́tri. ŏmẹr dụ́š šíḍọ. áṭịn ẹlsẹkọnát dẹṣárab. ŏmẹr
u-šíḍọ: bātánnọ. mọllẹ́le ẹlmọ́r málke, ŏmẹr ḫẹ́t i-ḫáraze maqḍọ́lọḫ
uʼu-gúrnọ umạḍnáḫ. māḫátle lụ́-šíḍọ. dámạḫ mọ́r málke. kítvō
arvọ́nọ másrọ, átyọ i-tụ́rtọ mī-márṣa, i-žẹ́nẹke mọ́rtọ di-tụ́rtọ azzá
la-maí. qạ́yim u-šíḍọ, mạrfẹ́le ú-arvọ́nọ qmi-tụ́rtọ, īnạ́qẹle i-tụ́rtọ
10 lú-arvọ́nọ. āṭi mọ́rẹ dú-arvọ́nọ lụ-baítọ, ḫẹzẹ́le kiyọ́nạq ú-arvọ́nọ.
māṣọ́lle ú-arvọ́nọ lụ-mẹ́rẹkọ, átyọ i-žẹ́nẹke má-maí. ŏmẹr qaí īnạ́qle
lú-arvọ́nọ, mọllẹ́la lu-gaúrọ. ómmo azzínọ lá-mai, lọ́-ḫẹzẹ́li. qạ́yim
qṭíle i-zẹ́nẹke lụ-mẹ́rẹkọ. áṭịn a-nọ́še di-žẹ́nẹke, qṭọ́lle u-mẹ́rẹkọ.
áṭịn a-nọ́še dụ-mẹ́rẹkọ, mqāṭạ́lle lá-mọre dụ-mẹ́rẹkọ ulá-mọre di
15 -žẹ́nẹke, qṭọ́lle aḫḍọ́de. mọ́r málke kle dāmíḫọ, lọ́-māḫạ́sle. ŏmẹr
mi-símlọḫ, šíḍọ? ŏmẹr mẹ́de lọ-símli. ŏmẹr mi-símlọḫ? mạ́r. ŏmẹr
kítvo arvọ́nọ másrọ, átyọ i-tụ́rtọ mi-márṣā, mạrfẹ́li qmiy-ẹ́mọ, īnaqọ́lē.
ŏmẹr álọ dẹmanṣẹ́lọḫ. azzẹ́ mọr málke bạiná-ṣárab, lọ-trẹ́le dịmqátli, maṣlaúle ṣálá-qṭíle, nāyáḫḫe ẹlkúlle, qāʼími. áṭi mọr málke,
20 māḫátle ī-ḫáraze bạqḍọ́le dụ-šíḍọ uʼu-gúrnọ ẹbqárṣẹ. áṭi bu-dạ́rbọ,
kít šíḍọ kle bi-šẹ́nọ bqárṣẹ dụ́-diyár, mọ́lle lụ-šíḍọ dẹkícyọ u-gúrnọ
ẹbqạ́rṣẹ, ŏmẹr ẹbríḫọ ī-šaškaíḍọḫ. ŏmẹr ḫúr, mọr málke, mọ́-kọ-
málli. ŏmẹr dúš, fọ́yiš támọ hol-ábạd ẹlʼābạdin. mamtẹ́le lụ-baítọ,
ŏmẹr ḫẹ́te ḫēdía u-gúrnọ liy-ạ́rṣọ. māḫátle u-gúrnọ liy-ạ́rṣọ. ŏmẹr
25 ḫẹ́t i-ḫáraze ṣal fẹ́me du-gúbọ. maḫṭọ́le ṣal fẹ́me du-gúbọ, dẹfạ́qle
u-šíḍọ bu-gúbọ. nǎfịl ú-šíḍọ bu-gúbọ. ŏmẹr lọ́-nọ́fqịt ẹlfọ́tẹ dẹbrítọ. ufáiš bu-gúbọ. kul- ẹdmánḫẹti u-daúlọ ẹdgọ́rši máye, kmō-
sákle u-šíḍọ; kómmi ạrfaí, kắti mọr málke. kmạrfẹ́le.

30 ——————————

LIV (99. a).

kítvo áttọ ugaúro, mặt u-gaúro, kitvọ́le bạ́rtọ. azzọ́-baitaíde
35 lụ́-mīrặt. iy-áttọ qaʼimo, ẹlqọ́tlai-bạ́rtọ wặzza. ómmo kázzi hauw-
yọ̀no dairaítọ, ázzạ-lmọr gaɣríye. ázza yātívo bụ́-qadišo. báḫyo.
i-bạ́rtọ ṣáma. madmáḫla i-bạ́rtọ. dāmíḫi hol sáfro, sáfro qāʼimo,

māqą̊mla i-bą̊rto. haúwyo ábro. qréla lú-dairŏyo. ómmo abúna tŏh̨ lą̊rke. ómęr mínyo? ómmo i-zęꝫ̨ṛtą̊idan haúwyo zęꝫ̨úro. ómęr lǫ̊-mtáuit, ómęr guná-yo. háni tą̊rt-ı̌ṣne kámil bu-ą̊ṛą̊idan ędmídyat.

5

LV (111. a. 113. a. 124 a.).

1. ębríto kúla báhar-va, mı̌šího hu-taíro-ve ꝫ̨al fŏto dą̊-(m)mái. ęnfı̨h̨le bą̊-bah̨áre, ꝫ̨ályo í-šmáyo mą̊-bah̨áre, uꝫ̨áli núne ꝫ̨áma. bú 10 -šíbho dimšího hávi̦n kúkve. zaꝫ̨íꝫ̨i á-(n)núne bīmŏmo midimhaúdı̧l ú-bahęr, lo-knŏfqı̄ bīmŏmo, knŏfqı̄ blą̊lyo, khaíri lą̊ltah̨. kimı̌šáyą̊ꝫ̨ alŏho ú-sáhro mlą̊šan á-kúkve qą̊ṣet.

2. kítvo ālŏho umāláh̨o bi-šmáyo. ómęr yá māláh̨o. ómęr há. ómęr zŏh̨ taı̧li ꝫ̨áfro, mą̊n(n)-árbah̨ qarnavŏto dębríto dh̨ol- 15 qı̧na ŏdęm. ázzo-māláh̨o. męšího, u-šubh̨aı̧de, mamtę̊le ꝫ̨áfro wuh̨- lŏqle ŏdęm, hávi h̨vŏte. ą̊tī u-māláh̨o, h̨ŏnne yātíve, lą̊dąꝫ̨ męšího aína háyo. ómęr bárıh̨ mŏr. ŏdęm ómęr álo mbárıh̨ ꝫ̨álǫh̨. ázze lídę dimšího-māláh̨o. ómęr lą̊cyo lázim u-ꝫ̨áfro. manh̨átle ŏdęm ·bú-bą̊lad dú-qúds. 20

3. ŏdęm ꝫ̨ali-ádrō-ve, mauṣéle a-h̨í·ēvin, ómęr loh̨lítu mu-zád, ꝫ̨ainaı̧h̨u ꝫ̨ále dimꝫ̨adą̊nno u-ꝫ̨ámbar. ą̊tī. mŏrralle lá-h̨ī·évin, ómmi āh̨íle lu-qáǧo šváꝫ̨ afrę́de, hiš klin ęffę́me. ómęr ŏdęm minqŏvo i-kirrękaı̧de, nŏfli líy-árꝫ̨o. í-h̨do blǫꝫ̨óle mę̊qąm, wá-šę̊ṭ nāfíli liy -árꝫ̨o. mú-yaúmo ędmǫ̊lle lęꝫ̨·ŏdęm nęqı̧vo i-kírrękę du-qáǧo, uꝫ̨ǫ̊do 25 mā16ho nęqúto-yo, kŏh̨ı̧l šauwꝫ̨ǫ́ fáqe, knŏfil ı̌što, kfŏiš há, knŏh̨at ęlgáve. dōvéle tré fą̊ŕh̨e, qdŏle dú-zęꝫ̨úro nqı̧vo-yo udí-bą̊rto dlǫ̊ -nqŏvo-yo.

30

LVI (141).

kítvo kahfę́ jimjím u-yǫrh̨aı̧de arbꝫ̨í drŏꝫ̨ē-ve. u-fǫ̊tvo dęsádre ꝫ̨asrŏ šı̧te-ve ugvíne ı̌štŏ šı̧te-ve. uꝫ̨ú-ruh̨aı̧de gą̊rre dn̊amšŏ zlāmát-ve 35 uraǧlŏte kul-ah̨dŏ drŏꝫ̨o-va. ęmhaimą̊nvo bú-arvŏno balą̊qo, lǫdáꝫ̨o kit maúto, lǫdáꝫ̨o kit ālŏho, lŏ-sámvo ulŏ-mṣālévo, ꝫ̨ǫbą̊dvo lu-ar-

vŏno. ālŏho ŏmẹr băs-yo, ẹnḥátle mālāḥo dṵ-ṡaíno. nāḥátle u
-mālāḥo dṵ-ṡaíno, ló-qǎdịr ṣále. dáṡạr u-mālāḥo. ŏmẹr ẹnḥátle
mālāḥo rábo. nāḥátle u-mālāḥo rábo. ŏmẹr káhfe᾽i jímjim. ŏmẹr
ḫá. ŏmẹr dẹmáḥ. ŏmẹr lọ-gdọmáḥno. mídle lúwe ulú-mālāḥo
5 lạḥḍóde. ŏmẹr bu-ḥaílo dālŏho, ú-mālāḥo. dréle káhfe᾽i jímjim,
gríṡle rúḥe, mās̱ạlqóle lṵ-mālāḥo, mọblóle simṡíḥo. ŏmẹr yā káhfe᾽i
jímjim. ŏmẹr ḫá. ŏmẹr lọmá-gṡúgḍạt? ŏmẹr lū-arvŏno. ŏmẹr
qaúwyo? ŏmẹr ló-koḍáṡ. ŏmẹr ló-kómmit kīt ālŏho, mạrkaúle iy
-árṣo u᾽á-ṭúre u᾽i-ṡmáyo, māḥátle ṣidóṭo umadrạsát ukṵmṣálịn
10 uṣaími. hat ạzóḥ bọṭrú-arvŏno. ŏmẹr mŏr ḫāṭŏyo-no. ŏmẹr ló
-kmạnfạḫ. ŏmẹr mŏr ḫāṭŏyo-no. ŏmer aubélṵlle ldúkṭo bāsimto,
mólle lắ-(m)mālāḥe, lo li-gihắno ulọ li-mạlkúṭo. ugẹzómri ṣále
bẹṭāyạit kómmi

yā kahfé jimjim, yā nạbí ṡimṣúna

15   lẹbạr davĕ baḥré dẹcúna.

laqăye ṣisa-innuhráni dọbúna.

gō yắ kahfé jimjím ya nạbí ṡimṣúna

cima ṡắr bẹmạlᵉek ozrā᾽il dọbúna?

gō yā ṣisā-innuhráni ᾽am gunáhkār búna.

20

LVII (155).

kítvō valăye, í-valáye dú-wắn, kítvō bíya tré qāṭúne, á-tre
25 qāṭúne mūḍí᾽ẹ-vạiye, ọḥlivọ á-kẹṭóṭō, ọḥlívọ á-bẹ̆ṣe, māḥạsse ṣalạiye
ẹldí-valắi, ẹmsikínne ẹldí-valắi, umaubắlle á-ṭạwḕẑi. nǎḥat u-pắẑā
u᾽i-valắi kúla kimfạ̈rji, mọblínne li-dạ̈ṣṭọ dú-wắn á-trẹ qāṭúne,
mạrfạ́nne; mạrfạ́lle a-ṭạwḕẑi bọṭrạiye, kṡọ́dịn á-ṭạwḕẑi bọṭrạiye,
lọ-kṭọ́rịn dẹṣọ́bri lí-valắi á-qāṭúne. tā᾽íhi bu-ṭúrọ. azz[ịn ẹldéra
30 jạ̈ṅgali, kīt ẹqríṭọ kla dĕra jạ̈ṅgạli bíya. azz[ịn a-qāṭúne li-qríṭọ,
ẹmsikínne lǎ-(n)naṣíme di-qríṭọ. símme spindārắt lǎ-(n)naṣíme,
dṵqónne biy-árṣọ umāḥátte ṡọríṭọ ṣālạiye, masláqqe a-qāṭúne lṵ-sọ-
ríṭọ, kmiṡtáṣạn á-qāṭúne ṣālṵ-ṡọríṭọ, ḥávịn pahlaván. miṡtạṣálle
yaúmọ, nāḥíti, ṣábiri li-dairọ, azz[ịn sú-dairọ̆yọ, ạnṡ[qqe íḍẹ du
35 -dairọ̆yọ. ómmi dairọ̆yọ. ŏmẹr ḫá. ómmi gẹdọvéna pahlaván
umiṡtaṣéna ṣālá-ṡọríṭe, mālịmína kạllát li-dairọ. ŏmẹr kā᾽isọ.
ómmi haúlan u-kạ̈lbọ u᾽u-ḥmọ̆rọ ṣamạina. ḥūlélin u-kạ̈lbọ u᾽ṵ

-ḥmǫrǫ. u-ḫá qāṭúnǫ kẹmištáꞏe kā'isǫ, íšme tạ́rsci. mamṭạ́lle
ụ-ḥmǫrǫ u'u-kạ̊lbǫ. ạ́tịn, ḥẹzạ̊lle tụ́rṭǫ, ẹnḥọrǫ́lle, ẹjlǫ́tte u-gạ̊ldǫ,
ꞏimme naqắra. ómmi kǫbꞏélạn zạrnắi. mšāyắꞏe u-kạ̊lbǫ lú-wắn,
mamṭẹ́lēlin zạrnắi, ạzmǫ́lle lụ-kạ̊lbǫ mú-wān ḥól dẹmāṭịlin bí-zạrnắi,
yạ̊lịf. ụ́-ḥmǫrǫ kmǫ́ḥe ꞏālí-naqắra, u-kạ̊lbǫ kǫ́mẹr bi-zạrnắi, ú-qā- 5
ṭúnǫ u-tạ́rsci krǫ́qẹd ꞏalụ́-šǫrịṭǫ, ú-bụ̊lbụl kimꞏárịt tạ́ḥt išꞏǫ́te. kā-
rị̊ḥi bá-walāyắt dụ́-zǒzān. azzịn lẹꞏárzerúm ẹlsú-pạ̊šā. ómmi mín
-ătū mẹmẹ́de? ómmi pahlavắn-nā. ómmi ꞏajáib, ú-pạ̊šā udí-valái.
ómẹr ú pahlavắn mínyǫ? ómmi gẹꞏaimína, ugụmfạ̊rjit. dạ̊qqe á.
-qaíꞏe, gríšše u-šǫrịṭǫ ꞏalá-qaíꞏe, ẹmꞏālẹ́lẹ lụ-tạ́rscī, maḥvẹ́le fǒte 10
lạ̊n(n)-arbáꞏ qạrnāvǫ́tǫ dẹbrịṭǫ. ómẹr yallá, yā dẹ́ra jạ̊ñgạlī. sạ̊lạq
lụ-šǫrịṭǫ, kẹmǫ́ḥe ụ-ḥmǫrǫ bi-naqắra, gẹzǒmẹr u-kạ̊lbǫ bí-zạrnắi,
kimꞏárịt u-qāṭúnǫ taḥt išꞏǫ́te, krǫ́qẹd u-tạ́rsci ꞏalụ́-šǫrịṭǫ, gǒḥḥi
dí-valaí kḫǫ́zịn ꞏújẹbǫ. kómmi lǫ́-knǫ́fịl ú-qāṭúnǫ mu-šǫrịṭǫ. kǫ́bꞏe
u-pạ̊šā ẹdnǫ́fịl. ómẹr yā tạ́rscī, u-pạ̊šā. ómẹr ḥá. ómẹr haúḥā 15
lạ́cyǫ ẹlḥalél. ómẹr ꞏaí-dạ̊rbō? ómẹr asír ạrraglǫ́tǫḥ saífe uḥnẹ́jịr
umištaꞏaí ꞏalụ́-šǫrịṭǫ. māꞏǫ́lle saífe uḥẹnẹ́jịr ạ́rraglǫ́te, usạ̊lạq u
-tạ́rsci lụ-šǫrịṭǫ. ómẹr yā dẹ́ra jạ̊ñgẹli. mištaꞏẹ́le, ẹmꞏájẹbī dí
-valái. ómẹr yắ tạ́rscī. ómẹr mínyǫ? kǫmálle u-pạ̊šā. ómẹr
haúḥā lạ́cyǫ ẹlḥalál. ómẹr ꞏaí-dạ̊rbō? ómẹr šlắḥ á-saífe u'á-ḥẹ- 20
nẹ́jịr mẹraglǫ́tǫḥ, ḥǫt tạ́rte mábbaḥīyắt ẹbraglǫ́tǫḥ u'isáq lú-šǫrịṭǫ.
ạlvíšle tạ́rte mábbaḥīyắt ẹbraglǫ́te, usạ̊lạq lụ́-šǫrịṭǫ, mištaꞏẹ́le ꞏalụ
-šǫrịṭǫ, á-mābaḥiyắt ẹbraglǫ́te. ómẹr yā tạ́rscī. ómẹr ḥá. ómẹr
lạ́cy-aúḥā ẹlḥalál. ómẹr ꞏaí-dạ̊rbō? ómẹr ẹmlaí tạ́ssẹt mắi, ḥẹ́te
ꞏal qárꞏǫḥ umištaꞏaí ꞏalụ-šǫrịṭǫ, kān dẹryǫ́lǫḥ qǫtꞏánǫ qárꞏǫḥ ukán 25
lǫ́-dẹryǫ́lǫḥ, ạ̊dobꞏạt gẹdǫbẹ́nǫḥ. nä́ḥat mu-šǒrịṭǫ, mǫ́lle lụ-tạ́rscī
lụ́-ḥmǫrǫ ulú-kạ̊lbǫ ulú-qāṭúnǫ, ómẹr súmu ḫánaq ꞏáliy-ạ̊rꞏǫ dẹḥaíri
á-(n)nǫ́še buḥātū, ǫ́nǫ gẹꞏǫláqnǫ lụ-šǫrịṭǫ, mištaꞏẹ́nǫ, i-tássẹ dạ́
-(m)mắi ꞏal qárꞏi, dló dǫrạ̊bbi nạ̊fạs ugụ(m)mištaꞏẹ́nǫ. sạ̊lạq lụ
-šǫrịṭǫ, i-tássẹ dạ́-mắi ꞏal qárꞏe. krǫ́qẹd umištáꞏe ꞏalụ-šǫrịṭǫ. 30
kmīcǫ́ki ạ-(n)níše aína dlǫ́-kmạṭꞏǫ́nǫ tạ́ḥtu-šǫrịṭǫ, kómmi u-tạ́rscī
qādíšǫ-yǫ. nä́ḥat mú-šǫrịṭǫ, ẹmbāṭálle. ꞏimle tạmbíḥ lu-pạ̊šā ꞏal
dí-valái, mạrfẹ́le á-grẹ́ꞏe bainí-valai, ómẹr kúl baíṭǫ kǫbꞏẹ́nǫ mǫ́
qúrš. mālímle lú-pạ̊šā kạllắt mí-valái, mālímlēle ꞏasrálfǫ, howíle lụ
-tạ́rscī, ạnšịqle íde dụ-pạ̊šā uqáyim. šẹt íšne kárạḥ bá-walāyắt dụ 35
-zǒzān, kmālim kạllắt. mamṭẹ́le á-kạllắt ẹldẹ́ra jạ̊ñgạli, huwíle lú
-dairǫ́yǫ. ómẹr dairǫ́yō. ómẹr ḥá. ómẹr gi(m)mālẹmína á-(n)náqẹlā
ẹlkīꞏaína. ómẹr alímu ẹlkīꞏaíḥū.

ómẹr dúšū ǫzzắnǫ lá-walāyát du-tų́rk udu-ꞩárab. ắtịn lidiyắr-
bắkẹr, bīmǫ́mǫ kẹmištáꞩe ꞩālų̄-ꞩǫrítǫ, wụbẹlắlyǫ kówe qaragöz.
mištaꞩálle bidiyárbắkẹr. mólle lų-tắrsci lų́-kắlbǫ ulų́-qātų́nǫ, ómẹr
zőhū hắtu lạf maúsạl ulạf búģdạd uꞩắhna, ǫ́nǫ uꞩú-hmǫ́rǫ, gẹzắl
5 -lạf-ẹstámbul ẹlsú-šųltǫ́nǫ. ẹmqāhárre lắ-tre qātų́nc. ómẹr lǫ́-kǫ-
zắnǫ, lǫ́-kmạrféna ahdóde, gẹzắn táꞩda. aqhír u-tắrsci, mǫ́lle lụ
-qātų́nǫ, ómẹr qúmu izóhū hǫd-kǫmánnǫlhū. ómẹr lǫ́-kǫzạ̀n, u-qā-
tų́nǫ. aqhír u-tắrsci. ómẹr níkli ́ émǫh lǫ́-ksạímịt ẹbhắbri, mǫ́lle
lų̀-qātų́nǫ. ómẹr u-qātų́nǫ: níkli hótǫh. ẹmqātắlle. fāꞩíši tlǫ́tǫ
10 yaúme mạhẹdóde ạǵbīnǫ̀ye. simle šaúrā lų-hmǫ́rǫ ulų́-kắlbǫ. mạn-
šáqqe u-tắrsci uꞩú-qātų́nǫ bạhdóde. azzó-qātų́nǫ uꞩu-kắlbǫ lạf búģdạd, ksạími qaragöz bá-qahwắt, kmālími kạllắt. qắyim u-tắrsci uꞩú
-hmǫ́rǫ, azzịn bá-walāyát ẹdlạf-ẹstámbul, kmištáꞩe bīmǫ́mǫ ꞩālų̄-šǫ-
rítǫ ́ wụbẹlắlyǫ kówe qaragöz bá-qahwắt. ạmhắlle lá-pāšāwíye
15 bú-tél lạhẹdóde, hắni dšāmíꞩi ūdạhẹzắlle kimšạíꞩi lịdlǫ́-hẹzắlle,
kómmi nắfạq bá-walāyát fų̀rje uꞩājǫ̀bǫ. ạdlǫ́-hẹzắlle kómmi mǫ́-
fų̀rje? kómmi kīt qáragöz wạhmǫ́rǫ, kmištáꞩe bīmǫ́mǫ ꞩālų̄-šǫrítǫ,
wụbẹlắlyǫ ksǫ̀yim qaragöz bá-qahẹwắt. kimšạíꞩi á-pāšāwíye bǫ́-
trẹ, lǫ́-kǫ̀bi dắrbǫ á-pāšāwíye mạhdóde, hắṅgī dẹkimšạiꞩi bǫ́trẹ.
20 azzé u-qắsẹd dú-pášā-dsēwás bǫtru-tắrsci. ắti u-qắsẹd du-pắša dú
-qars bǫ́trẹ. u-qắsẹd du-pắšā-dséwas ómẹr ǫ́nǫ gẹmaubắnne. u
-qắsẹd du-pắšā dú-qárs ómẹr ǫ́nǫ gẹmaubắnne. á-quwéꞩsạd bīmbā-
šíye-ne. ẹmqātắlle lá-quwéꞩsạd bi-valáye dẹbūjáh. qắyim u-pắšā
ẹdbūjáh, qréle lắ-bīmbāšiye. ắtịn á-bīmbāšíye su-pắša dẹbūjáh.
25 ómẹr qaí kimqatlítu? ómmi kimqatlína ꞩālu-qáragöz, háv-ómẹr ǫ́nǫ
gi(m)maubắnne. ómẹr gẹsạimína ẹhrétǫ dlǫ́-mqatlítū. ómmi ạí
-dắrbō? á-bīmbāšíye. ómẹr gimhạlqína píšk ꞩắlẹ; ạina menạíhū
ẹdnắfịl u-píšk-dịde ꞩālú-qaragöz, trǫ ́ maubẹ́le. ómmi trǫ́ve. ẹm-
hāláqqe píšk. nắfịl u-píšk du-bímbāš ẹdsēwás ꞩắlẹ. maubẹ́le lụ
30 -bímbāš ẹdsēwás u-qáragöz. dắꞩạr u-bímbāš du-qárs hắlyǫ. azzé
su-pắšā du-qárs. ómẹr kǫ̀yǫ u-qáragöz? ómẹr maubắlle ẹlsu-pắša
dsēwás. u-pắšā du-qárs aqhír, ómẹr ráb mẹ̀ni-yǫ u-pắša-dsēwás?
gị(m)mạrféṅǫ u-qárs, qǫyắmnǫ mẹ́ne.

azzé u-qaragöz su-pắšā-dsēwás, simle tạmbíh ꞩālí-valái, ómẹr
35 nǫ̀šo lǫ́-sǫ̀yim bāzắr, lǫ-fótạh dukkắne hōl ẹtré yaúme, ắti u-qáragöz ạlgắbi, ksǫ̀yim fų̀rje, tóhū fạréju. simle bīmǫ́mǫ bú-šǫrítǫ,
bẹlắlyǫ kówe qaragöz. hắlạs ạhmórtǫ zaltǫnítǫ, afsíh u-hmǫ́rǫ

uráqiḍ, kimfạrji ạ-(n)nóše, gāḥiḥi miḍráqiḍ ú-ḥmọ́rọ. moḷḷẹ́le lụ
-qaragóz lụ-ḥmọ́rọ, ómẹr hāt ạfṣiḥạt uráqiḍạt lášạu iḥmọ́rtọ, ṭlí
mọqúmi. ṭlẹ́le lụ-ḥmọ́rọ muqúmẹ. cík u-qáragóz ẹbṭịz di-ḥmọ́rtọ,
fáiš sá꞉a bẹgáva. dí-valái kimfạrji. nọ́š-ómmi gẹnọ́fạq, nọ́š-ómmi
lọ́-knófạq. náfạq ạffẹ́ma, kḥọ́zịn ạḷ꞉ụ́jẹbọ. cík bạnḥírā, náfạq 5
ạbmáḥrạj-diḍa, dī-valáye kimfạrji. tré yaúme símle tụ̌stọ꞉níyọ.
ú-pášā-dsēwás ẹmḥẹ́le bú-tél lú-šụltọ̣́nọ. ꞉ómẹr ạhzẹ́lọḥ i꞉fụ́rje
ẹdnáfạq? ómẹr ḥaír. ómẹr klạ gábi. ómẹr ú-šụltọ̣́nọ: šaiyáꞏli-yọ.
mšāyáꞏlēle-yọ ú-qaragóz. ḥávi báḥẹs bí-valáye dẹstámbul gẹdótẹ
á-trē yaumáni u-qáragóz. áṭi ꞉ámẹ nazám. kle u-qáragóz꞉ rāḥívọ 10
꞉al sísyọ u꞉ú-ḥmọ́rọ rāḥívọ ꞉al gámlọ, áṭịn lẹstámbul, mfārạ́jje
꞉ạlạ́iye lẹdí-valái. ázzịn su-šụltọ̣́nọ, símle tạmbíḥ lụ-šụltọ̣́nọ ꞉al
dí-valái, ómẹr ꞉asró yaúme ámrọ-yọ ꞉ālí-valái, lọ́-saimítū šúġlọ,
fạréju á-(n)níše u꞉á-gaúre ꞉álụ-qáragóz. nāfíqi mi-valáye ulárval.
nāfíqi dí-valái kúlle u꞉ú-šụltọ̣́nọ. mištaꞏẹ́le lú-qaragóz ꞉álụ-šọríṭọ, 15
kimfạrji uḥọ́zịn ꞉ụ́jẹbọ. ómẹr ú-šụltọ̣́nọ: qáragóz, itóḥ ĩtaú gábi,
trọ sọ́lạq u-ḥmọ́rọ lụ-šọríṭọ. wụ-ḥmọ́rọ ómẹr yā šụltọ̣́nọ, lạ́cyọ
šúġli, ọ́nọ šúġlī ꞉āliy-ạ́rꞏọ-yọ, laíbi dsọláqnọ ꞉álụ-šọríṭọ. ómẹr ịllah
gẹsọ́lqạt. sálạq u-ḥmọ́rọ bú-zọ́r lụ-šọríṭọ, náfạl u-ḥmọ́rọ, twírọ
rágḷẹ. sāliqi ḥọ́rtín ẹmdí-valái lụ-šọríṭọ, lọ́-qādíri dẹmištáꞏạn, 20
nāfíli. sálạq u-qátúnọ, mištaꞏẹ́le. kótẹ bẹlạ́lyọ, ksọ́yim qáragóz,
kmītālími ꞉álẹ bi-fụ́rje. moḷḷẹ́le lụ-šụltọ̣́nọ, u-qáragóz kọ́mẹr, ómẹr
ḥáli zlám ạdnọḥánne. ómẹr lọ́-kọ́ve, ọ́nọ šụltọ̣́nọ unọ́ḥrạt ạzlám
gábi? ómẹr gi(n)nọḥánne umāqạ́mne ṣáḥ. ómmi lọ́-qódrẹt māqẹ-
mátle. ómẹr dlọ́-māqạ́mne qtạ́꞉u qárꞏi. húlẹle zlám. ạnḥọ́lle lú 25
-qaragóz qmú-šụltọ̣́nọ. ómẹr lọ́-nḥọ́lli ú-zlám? ómmi béle. ómẹr
꞉amẹ́sū ꞉ainạíḥū. mẹꞏāmạ́ṣṣe ꞉ainạíye lá-(n)nọ́še. kítvō ḥá, lọ́
-mẹꞏāmạ́ṣle ꞉aíne. lọ́-qádịr u-qáragóz ạdẹmáqạm ú-nẹḥírọ. ómmi
qai lō māqạ́mlọḥ? ómẹr fíšle ꞉aínc dẹnọ́še ạftíḥe. ómẹr súm
ámrọ ꞉al kúlle, dẹmꞏámṣẹ ꞉ainạíye uḥat ꞉ámọṣ ꞉aínọḥ. maꞏāmạ́ṣṣe 30
꞉ainạíye ẹlkúlle. māqạ́mle u-zẹlám ṣáḥ, ḥẹzáḷle ẹl꞉ụ́jẹbọ. ómẹr
taíli sístọ, šụltọ̣́nọ. hūlẹ́le sístọ, kimfạrji dí-valái, simọ́le ꞉ẹ́zọ i-sístọ. húlẹ ꞉ẹ́zọ lụ-mọ́rọ di-sístọ lášạn u-gáḥḥọ. mọ́re di-sístọ lọ́-šqílẹ
i꞉ẹ́zọ, ómẹr mụ-gẹsạ́mnọ bi-꞉ẹ́zọ, ḥáli-sistaíḍi. gāḥíḥi. simọ́le sístọ,
huwọ́le lụ-mọ́rọ. símle á-maṣlaḥát kúllẹ bẹstámbul. náfạl íšme 35
du-qáragóz bẹbríṭọ. matꞏáḷḷẹle lụ-šụltọ̣́nọ ꞉asró bágle kạllát. áṭi
u-qáragóz u꞉u-ḥmọ́rọ dóṭịn lụ-bạ́lạd. áṭịn lẹqríṭọ, māḥátte bu-ḥán

aḅẹlạ́lyọ. mọ́lle lụ-ḥmọ̈́rọ: zóḥ payạ́ḍlạn šámẹọ dẹmāqaḍína báḥẹrọ. azzé ụ-ḥmọ̈́rọ, lọ́-qạ́tle šámẹọ. ḥẹzẹ́le ḥḍō áttọ, kẹmọ́fqọ
dọḥẹnítọ ạdẹgánna. tlọblẹ́la lụ-ḥmọ̈́rọ dọhnítọ ẹdgánna, laúlāle.
klạ yātûtọ qmí-núrọ. bízle u-dạ́stọ di-dọhnítọ ẹ̌áli-žạ́nẹke. yāqíḍo
5 i-žạ́nẹke. ạmsikke u-ḥmọ̈́rọ ẹldí-qrítọ. šqọ́ll-á-tạ́ẹne uẹá-bágle.
simle ulọ-simle lụ́-qaragóz ạdmạ́rfîn u-ḥmọ̈́rọ, dọbile á-bágle, laú-
walle(n)ne. dạ̈ạr u-qáragóz ẹlsú-šụltọ̈́nọ, mạḥkẹ̈́le lụ-šụltọ̈́nọ u
-šúg̓l-ẹtsimlẹ lụ-ḥmọ̈́rọ wuldí-qrítọ. mšāyạ́ẹle áมrọ lụ-šụltọ̈́nọ,
ómẹr auqẹ̈́ḍū i-qrítọ ušqúlu á-bágle du-qáragóz wạrfáu ụ-ḥmọ̈́rọ.
10 azzạ̀ i-ẹáskạr, mauqạ́ḍḍe i-qrítọ ušqọ́lle á-bágle umạrfạ́lle ú-ḥmọ̈́rọ.

átі u-qáragóz li-daírọ du-jạ́ñgẹli lẹsú-dạirọ̈́yọ. ú-kạ́lbọ uẹú
-qāṭúnọ hẹ̌š lạ́tịn mlạ́f búg̓dạd. trẹ́le lu-qáragóz á-kạllát uẹá-bágle
bi-daírọ du-jạ́ñgali. náḥạt lá-walāyát dẹlạ́f búg̓dạd, ksọ́yim lạ̈ẹ-
bọ̈yát tạú mẹdú-qāṭúnọ. nāḥíti ẹlbúg̓dạd, símme sú-ḥalifa lạ̈ẹbọ̈yát,
15 kḥózịn ạlẹújẹḅọ. ẹmšāyẹ́le ẹbbúg̓dạd, ẹ̈álú-qāṭúnọ uẹálu-kạ́lbọ.
ómmi náḥạt ẹlbáṣra. āṭín bọṭraíye ẹlbáṣra húwe uẹụ-ḥmọ̈́rọ; simle
lạ̈ẹbọ̈yát tạú mẹdú-qāṭúnọ. ómmi di-valái: ú-qāṭúnọ simle lạ̈ẹbọ̈yát,
u-qáragóz tạú ksọ́yim. ómẹr ạíkọ-yọ ú-qāṭúnọ? ẹmšāyẹ́le ẹmdí
-valái. ómmi maubẹ̈́le lu-qọrrạ́n du-mụ́skọẹ. azzẹ̈́n ẹlbạinu-mụ́skọẹ
20 sú-qọrrạ́n. simme lạ̈ẹbọ̈yát sú-qọrrạ́n ulaúlẹ̈lịn dạstûr dótịn lụ-bạ-
lạḍ. fāẹíši sú-qọrrạ́n unạ́fạl išmạíye bẹbrítọ, ksạími bá-walāyát
bu-faṣál-dạ́tte. tụ šmẹ́(r)rạ záñ.

25

LVIII (146).

30 kítvō ḥạ́, íšme mír kānún, u-ág̓a dá-qātúne. kítvōle áttọ,
lạ́tvōle ábne. kítvōle tạ́rte ráḥye ubákca, sámvọ ulọ́-sámvọ, lọ́
-kọrḥívọ á-ráḥye ulọ-mọsákvọ ú-bustōnạiḍe fēkíye. klau-quṣraiḍe
mi-valạ́ye ulárval uẹú-bistónọ uẹá-ráḥye. ómẹr lọ́-kọ́rḥi á-raḥyạiḍi
ulọ́-kmọ̈́šịk u-bistōnạiḍi, gezínọ li-valái, yōtaúnọ bí-valaí, mạrfẹ̈́nọ
35 á-ráḥye uẹú-bistónọ. qáyim azzẹ̈́ li-valái, yátu bí-valái bạiná-qā-
túne. áṭі ḥạ́ mạ́ṣri lu-qúṣrọ dẹmír kānún ẹlbạinu-bistónọ. ḥẹzẹ́le
áttọ saútọ lu-mạ́ṣri, ómẹr dẹmạ́nyọ u-bistōnạ́nọ uẹá-ráḥye? ómmo

dẹmír kānún. ŏmẹr qai lọ-kŏwe mŏrọ lá-ráḥye ulụ-bistŏnọ? ŏmmo
ʾájiz, lọ-kọ́rḥi á-ráḥye ulọ́-kmŏṣik ú-bistŏnọ. yátu u-mạ́ṣri ʾál a
-ráḥye, maʾadlile. qārŏyọ-ve u-mạ́ṣrī, kítvō rạ́ṣm ʾālaíye, ẹtléle,
kāríḥi á-ráḥye, kul yaúmọ kţŏ́ḥan mọ́ ţáʾne bá-ţạ́rte, ẹmsikle lụ
-bistŏ́nọ fēkíye. šámạʾ mír kānún, ạ́ti ạ̊lsu-mạ̊ṣri, ŏmẹr aí-dạ́rbọ 5
símlọḥ dẹmakráḥlọḥ á-ráḥye? mọ́llẹ lụ-mạ́ṣrī. ŏmẹr mālŏ́ḥọ. ŏmẹr
trŏ́vin lọḥát, mạ́ṣri; ŏmẹr yā mạ́ṣrī. ŏmẹr ḥá. ŏmẹr kítlí ạ́tţọ,
lọ́-kọvẹ́la ábne, lait dạrmŏ́nọ gáḅọḥ? kọmállẹ mír kāñún. ŏmẹr
bẹ́le; ŏmẹr qaúlịt ʾámi doḅạ́ţli u-ábrọ qāmŏ́yọ ạdgẹdŏ́ve? ŏmẹr qrǎr
ʾam ālŏ́ḥọ uʾámọḥ, trŏ́ve lọḥát. maubẹ́le u-mạ́ṣri ẹlgáḅẹ lí-valái. 10
símle dạrmŏ́nọ lụ-mạ́ṣri, maštẹ́le ẹlmír kānún uliy-ạ́tţọ, udáʾạr u
-mạ́ṣri lá-ráḥye. kámịl šátọ, hāvíle ábrọ ẹlmír kānún. ạ́ti šátọ
ḥrẹ́tọ, hāvíle ḥrẹ́nọ, lá-tlọt íšne hāvíle tlọt-ábne. ázze u-mạ́ṣri
ẹlgáḅe, ŏmẹr mír kānún. ŏmẹr ḥá. ŏmẹr ḥáli u-ábrọ daqwílọḥ
ʾámi. ŏmẹr lọ́-kọbẹ́nọḥ ábri. ŏmẹr lọ́-kŏ́we. šqíle u-ábrọ lụ 15
-mạ́ṣri, ŏmẹr trŏ́vin á-ráḥye uʾú-bistŏ́nọ lọḥát. šqíle rạ́ţlọ dḅạ́smọ
lụ-mạ́ṣrī, jín-yọ, símle íšne mạ́ṣri, maubẹ́le u-zʾúrọ uʾu-bạ́smọ.
ázzịn, yātivi ẹbţụ́rọ ʾáli-šẹ́nọ, qdạ́ḥle lu-mạ́ṣri, lụ-jinnǎvi, símle
núrọ, māḥátle u-bạ́smọ ʾáli-núrọ, ẹftíḥ gúbọ bi-šẹ́nọ ʾāmúqọ. náḥat
ḥúwe uʾu-kúrẹkọ bu-gúbọ, tlọ́tọ yaúme utlọ́tọ lạ́lye ḥọ́nne knọ́ḥti 20
bu-gúbọ, nāḥíti lẹbrịtọ ḥrẹ́tọ, bistŏ́ne ubakcát uḥēra-ḥwáde. mautaúle u-kúrẹkọ biyaudáe ạḥạ́ţi, klại-yaudáe bu-qụ́ṣrọ. ḥūlẹ́le kţŏ́vọ,
ŏmẹr īlạ̊f ạqrŏ́yọ, mọ́ʾdọ ẹlʾẹ́ṣri yaúme kọbʾẹ́nọ ẹdyọ́lfịt u-qrŏ́yọ
kúlẹ, kọmállẹ u-mạ́ṣri. ázze u-mạ́ṣri nạ́fạq, māqlạ́dle u-tárʾọ ẹbfŏ́te
du-kúrẹkọ. yạ̊lif u-kúrẹkọ ạqrŏ́yọ, ẹmsíkle á-saḥrǎt bi-qraíto. 25
kíbẹ ẹtsŏ́yim rúḥẹ ạḥmŏ́rọ, bágḷọ, ịnsán, mą́-mẹdŏ́ne kúlle. lạ́ti
u-mạ́ṣri bá-ʾẹ́ṣri yaúme.

kítvō šíbbak bi-yaúda, ẹftạ́ḥle u-šíbbak lụ-kúrẹkọ, nạ́fạq li
-dŏ́rţọ du-qụ́ṣrọ. ázzē liyaudáe, ḥẹzẹ́le kīt ẹzʾúrọ msíkọ, kle u-zínjạr baqdŏ́le. ŏmẹr qai-y-ạ́rke ḥát, azʾúrọ? ŏmẹr ẹmsiklẹ́li lụ-jin- 30
nǎvi, maulạ́flẹ̄li ạqrŏ́yọ, kŏmẹr lạ́bre dẹmír kānún, kmáḥke, ŏmẹr
ẹmsiklẹ́li bu-zínjạr, ḥáni šeţ íšne ọ̆nọ msíkọ. ŏmẹr maíkọ ḥát?
ŏmẹr ábre dụ-mạ́lkọ da-ḥụ́ldẹ̄-nọ. mạrfẹ́le lábre dẹmír kānún.
ŏmẹr haúḥā gẹsạ̊mḅọḥ u-jịnnǎvi ḥíd simlẹ́bi, kọmállẹ ábre dụ-mạ́lkọ
da-ḥụ́lde. ŏmẹr baʾai-dạ́rbọ ṣaimína? ŏmẹr tŏ́ḥ ʾámi lí-yaudāyạ́ţi. 35
azzẹ́n, aḥzạ́lle sísyọ usạ́bʾọ, kit básrọ qmu-sísyọ kŏḥẹl ukít gẹ́lọ
qmu-sạ́bʾọ kŏḥẹl. ŏmẹr múd lu-básrọ ḥẹ́te qmu-sạ́bʾọ, ạ̊mtai u-gẹ́lọ

ḥẹ́te qmu-sisyọ; kọmálle ábrẹ du-málkọ da-ḥúlde. māḥátle u-básrọ
qmu-sáb:ọ umāḥátle u-gẹ́lọ qmu-sísyọ. ómẹr mọ́-kọb:ẹ́tu? u-sísyọ.
ómẹr asléqu(l)lạn ẹlfṓtẹ dẹbritọ. ráḥu ḥǎ ꞏ̓ālu-sáb:ọ uráḥu ḥǎ
ꞏ̓ālu-sisyọ. mọfqánne ẹlfẹ́me du-gúbọ. dá:ạr u-sísyọ u꞉u-sáb:ọ
5 ẹlduktaíye. fā꞉íši á-tre zẹ:úre, ẹnšíqqe aḥdóde wạtlọ́bbe ḥátạr
maḥdóde, kulḥ-ázze lu-bálạd-dídẹ. —. ázze ábre dẹmír kānún
laqritọ, aḥzéle aḥdṓ píre, kla bu-baítọ yatútọ. ómẹr lọ-kḥōvátli
ad-lályọ? ómmo laít dúktọ, qúrban. ómẹr šqúlleḥ ꞏ̓ásrọ qúrš u꞉aḥ-
vạili ád-lályọ. ómmo trọ́ve. ḥúlēla ꞏ̓ásrọ qúrš li-píre. yātívi,
10 ómẹr šqúlleḥ cárḥi ḥrẹ́nọ, zéḥ taílạn mọ́kẹlọ dōḥẹlína. ázza šqíla
mọ́kẹlo bu-cárḥi, mamtẹ́la āḥálle. išgíli, ómẹr látleḥ ábnẹ, píre?
ómmo bẹ́le, qúrban, kitvóli árb:ọ ábne, símle ꞏ̓áskạr ẹlmír kānún,
ẹmqātéle ꞏ̓ámaina, qtíle án-árb:ọ abnaídi. ómẹr laít gámọ; ómẹr
píre.⁻ ómmo ḥá. ómẹr gẹdọvẹ́nọ bagáltọ, zéḥ lu-šúqọ zabálli,
15 bálle lọ́-mzábnịt i-rášmẹ. ómmo lóo. ḥávi bagáltọ sáfẹrọ; mau-
bẹ́la li-píre lu-šúqọ, mzabnọ́la bálfọ. ómmi ḥálạn i-rášmẹ. ómmo
lóo, lọ́-kọbálla. mamtẹ́la an-álfọ u꞉i-rášmẹ u꞉átyọ lu-baítọ, ḥẹzéla
u-kúrẹkọ yātívọ. ómẹr ẹmzabnóleḥ? ómmo ẹ́. ómẹr tlíleḥ á-kạllát, bẹ́mijále ḥát. maḥšámme ẹblályọ. ómẹr píre. ómmo ḥá.
20 ómẹr gẹdọvẹ́nọ gámlọ, aubẹ́li lu-šúqọ, zābálli, í-rášmẹ lọbátlạ, hā~.
ómmo kā꞉ísọ. ḥávi gámlọ sáfẹrọ. maubẹ́la lu-šúqọ, ẹmzābálla
i-gámlọ bitlọ́t-álfọ, i-rášmẹ laúwōla. átyọ lu-baítọ, ḥẹzéla u-kúrẹkọ
yātívọ. ómẹr píre. ómmo ḥá. ómẹr ẹmzabnóleḥ? ómmo ẹ́. ómẹr
kā꞉ísọ, tlíleḥ á-kạllát, bẹ́mijále ḥát. —. ómẹr gẹdọvẹ́nọ ḥammám,
25 ḥát itaú bú-ḥammám, gẹdótịn a-nọ́še sọ́ḥạn, šqúl kạllát mẹnaíye;
gẹdótẹ ú-jịnnávi ẹd:ọ́bẹr lu-ḥammám, lọ́-tọ́rịt họl dọvẹ́nọ báz, qọ-
šá:nọ ꞏ̓aínẹ. ómmo trọ́ve. ḥávi ḥammám, yātívọ i-píre bú-ḥammám, k:ọ́bri a-nọ́še lu-ḥammám sọ́ḥạn, kšọ́qlọ á-kạllát. áṭi u-jịnnávi ḥú·daivọ́nọ ạkọ́raḥ ꞏ̓ala-zẹ:úre ẹdmaḥzámme. lọ́-trẹ́la li-píre
30 ẹd:ọ́bẹr họl dávī u-kúrẹkọ báz. ꞏ̓ábạr u-jịnnávi bu-zọ́r. ẹmḥẹlēle
māqúzọ, qšá:le ꞏ̓aínẹ í-ḥdọ. kimkāfállā ú-jịnnávi mu(w)-ádmọ.
ẹmḥẹlēle ḥrẹ́nọ bi-ꞏ̓aínọ ḥrẹ́tọ, qšá:le a-tárte. sámi u-jịnnávi. ẹmsíkle bẹdrọ́:ẹ lu-kúrẹkọ, ómẹr tóḥ ẹdmaḥvẹ́nọḥ dạqšá:le ꞏ̓aínọḥ.
maubẹ́le ẹlfẹ́me du-gúbọ, ẹmḥẹlēle táfqe, ẹtfúqle bu-gúbọ ú-jịnnávi.
35 náḥạt ẹldúktẹ, áṭi ẹlsi-píre, tlọ́ble ḥátạr lu-kúrẹkọ, ḥávi yaúnọ
ufáir. báḥyọ i-píre ꞏ̓álẹ.

ázze ẹlsu-bábọ, ạlsẹmír kānún. māsúle ẹlmír kānún umáyịt

ḥávi u-ábrọ ẹbdúkt̤ẹ áġa, ḥávi mír kānún ⁚ālá-qātúne. ksọ́yim
⁚áskạr má-qātúne, kimqátil ⁚āmá-ₗọbúgre. ẹmšāyá⁚le gré⁚ọ mẹdid̤ẹ·
su-mạ́lkọ da-ḥ̤úlde, mọllẹ́le lu-gré⁚ọ bu-káġạd: mạ́lle lṳ-mạ́lkọ da
-ḥ̤úlde, mar mír kānún u⁚ábrọḥ bu-gúbọ-vạíye sṳ-ji̯nnávi, mahẹ-
zámme távda, mar ẹksọ́yim ḥáz mẹ́nọḥ, kítlọḥ bạ́rt̤ọ, ḥálīyọ ạtt̤ọ- 5
lábna lọ́nọ. maubẹ́le lu-gré⁚ọ u-káġạd. azzẹ́ sṳ-mạ́lkọ dá-ḥ̤úlde,
ḥūlẹ́le u-káġạd. mạ́yit̤ u-mạ́lkọ dá-ḥ̤úlde, qáyim u⁚ábrọ ẹbdúkt̤ẹ
ẹtkítvọ bu-gúbọ. qréle u-káġạd lṳ-mạ́lkọ dá-ḥ̤úlde, ốmẹr lọ́-kọ-
bẹ́nọ ḥ̤ốt̤i lá-qātúne, báḥtọ lạ́tte, gẹqọ́t̤ẹl ḥ̤ốt̤i, zóḥ már lọ́-kọbẹ́la. ·
ạ́t̤i u-gré⁚ọ maḥkelẹ́le ẹlmír kānún ḥid-mọ́llẹ̄le lṳ-mạ́lkọ. símle 10
⁚áskạr mu-bạ́lạd dá-qātúne, ˆazzẹ́ gṳmqátil ⁚āma-ḥ̤úlde. u-bạ́lạd
dá-ḥ̤úlde táḥtiy-ạ́r⁚ọ-yọ. aína ḥ̤úldọ ẹdnọ́ɣạq ẹlfọ́t̤ọ diy-ạ́r⁚ọ, ạqọtlíle á-qātúne. uḥ̤ọnne aí-dạ́rbọ qọ́t̤li á-qātúne? ksạími láġam táḥt
iy-ạ́r⁚ọ, kmốliṇ á-laġamát bārúd, kmạrfíṇ i-núrọ bú-bārúd, kyọ́qd̤i
á-qātúne, knọ́fli baínu-bārúd. haúḥā qọ́t̤li á-qātúne. i-kālạ́tt̤e 15
bạ́t̤i-yọ da-ḥ̤úlde udá-qātúne. qt̤ọ́lle ġálabe má-qātúne. dá⁚ạr mír
kānún lṳ-bạ́lạd.

   kítvo aḥd̤ọ́ píre bainá-qātúne qáṭun. kítvōla ḥ̤á ábrọ. qt̤ọ́lle
la-ḥ̤úlde bi-kále̤, ẹd⁚ẹ́la li-píre li-qáṭun, ómmo lọ́-fọ́iš qātúnọ bu-
bạ́lạd, — t̤lọblā mạ́lọḥ — bọ́tr dạqt̤íl ábri mībọ́zi, kúlḥā fọ́iš ẹb- 20
baítọ ẹmdá-nsanáṯ. bízi, kúl qātúnọ azzẹ́ ẹlbaítọ, ḥávi ḥọdúmo,
q⁚í⁚ u-bạ́lạd dá-qātúne. fáiš mír kānún ẹlḥúd̤ẹ, māsúlọ, ẹkọ́raḥ
bẹbríṭọ. mạ́yit̤ u-mạ́lkọ dá-ọbúgre, ómmi lọ́-ksaimīnálạn mạ́lkọ
má-ₗọbúgre, gẹsaimīnálạn mạ́lkọ má-qātúne, ẹ́lọ ḥáru u-bạ́lạd-did̤ạn,
ẹġónvi wạqọ́t̤li uzọ́niṇ ⁚am aḥd̤ọ́de, trọ́t̤ẹ ḥā zọ́r ẹlbainōtạina 25
ẹdzaí⁚i &⁚ọbúgre. ḥẹzạ́lle mír kānúṇ, ómmi tóḥ aḥvaílạn mạ́lkọ.
ốmẹr kā⁚ísọ. mautaúwe bẹdúkt̤ẹt du-mạ́lkọ, kmólạḥ ⁚ālaíye. mạr-
fẹ́le á-dallọ́le bainu-bạ́lạd, ốmẹr lọ́-qọt̤litu aḥd̤ọ́de ulọ́-gọnvitu maḥ-
d̤ọ́de ulọ́-zọnētu ⁚am aḥd̤ọ́de, — símle tạmbíḥ — mịn-ḥā tsọ́yim
haúḥā, gẹqọtánnẹ. zā⁚í⁚i á-ₗọbúgre. ẹkọ́raḥ u-májlis dmír kānúṇ 30
má-ₗọbúgre; tfọ́yiš ḥ̤á ẹlḥúd̤ẹ gábe, ẹqọtẹ́le ōḥẹ́le. ẹkzaí⁚i mẹ́ṇue,
lọ́-kimšạíli ⁚ala-qt̤íle. ú-ḥā yaúmọ ốmẹr qráu lá-ₗọbúgre kúlle
dḥọzẹ́na kmaqẹblíli? lọ́-kmaqẹblíli? qrạ́lle lá-ₗọbúgre kúlle lṳ-mạ́jlis.
sḥálle u-tár⁚ọ qūmạíye. ómmi qaí gẹsọ́ḥrịt u-tár⁚ọ? zā⁚í⁚i. ốmẹr
⁚ádẹ-yọ gābaína, kul ẹdkọ́raḥ u-májlis kmaḥdína u-tár⁚ọ; ốmẹr 35
mišġélu. ómmi mí-mišġelína? ốmẹr kmaqẹblítụlli? lō? nốše ómmi
é, unốše mẹnaíye ómmi lố. ốmẹr qaíyọ? ómmi qọ́t̤lịt mẹnaínā.

nắfịl baịnōtaịye qtịle kúlle; dāḥíle aḥíle, dạqtịle qtịle. maḥẹzạmme
lặrbẹ táḥtu-tárẹ, ẹmsíkle ẹ̄ldạnve dụ-ḥắ ẹ̄ffẹ́me, ạqtị̃ dạnve, mah-
zạmle, fắiš dạnve ʼam mír kānún. azzẹ́ maškẹ̄le lụ-ʒọbúgrọ qtắʒ
dạnvọ su-ắġa dá-fạrtáʼne. kle u-ắġa dá-fạrtáʼne yātívọ, ukit qā-
5 túnọ qọ́zẹ, kīt šišvọ́nọ mụ́fti. ómmi mọ-kọ́bʼạt? mọ(r)rặlle lụ́
-ʒọbúgrọ. maḥkẹlẹ́lin ḥid jāribin. mšāyáʒẹ grẹ́ʼọ bọ́tr mír kānún.
azzẹ́ mír kānún ẹlgābạịye. yắtu bú-mặjlis, ómmi hắnọ ksọ́yim
dáʼwa ʼălọ̆ḥ. ómẹr ẹ́. ómẹr u-qọ́zẹ: qādím li-ḥọ́lọ, mọ́lle lụ-ʒọbúgrọ.
ʻ mqādặmle sú-qọ́ze sú-qātúnọ. ómẹr aḥkạị́. ómẹr hāvilạn mír
10 kānún mạlkọ, mālímle u-mặjlis, sḥặlle u-tárẹ, qtịle kúllẹ, ặḥna
árbẹ maḥẹzạmlan, mídlēli msikle dặnvi, gríšli rúḥi, qtị̃ dạnvi,
kli kmaškẹ́nọ gābạịḥu, mọ́-kọmmítu? mịdlẹ̄le lụ-qọ́zẹ, ómẹr hát
fāʼíšịt lọnọ. āḥile. u-ắġa dá-fạrtáʼne símle mír kānún qọ́zọ lúwe.
hávịn trẹ́ qọzawíye. mọ́rre laḥḍóde lá-qọzawíye, ómmi gẹmọqḍína
15 á-fạrtáʼne. ẹdlọ́-mu-ắġa išġíli. mọllẹ̄le ẹlmír kānún lu-ắġa dá-fạrtáʼne, ómẹr ẹmlạị i-yaudāyaịdọ̆ḥ, mlaịyā qáršọ waqraị lá-fạrtáʼne
kúllẹ wạʼbár ẹlbaịnōtaịye, trọ ʼọ́bri á-fạrtáʼne kúlle, ẹmkaịyẹ́fu,
uʼú-šišvọ́nọ ʼāmaịḥu, uʼặḥnā gẹnọfqịna. qrẹ́le lu-ắġa lá-fạrtáʼne
kúllẹ, ẹmlẹ́le lu-ắġa i-yaudáe qáršọ uciki á-fạrtáʼne kúlle bí-yaudáe.
20 ú-šišvọ́nọ kle baịnōtaịye, uʼu-ắġa kle baịnōtaịye, kimkaịfi baịnu
-qáršọ. ặti u-qātúnọ, mamtẹ̄le qaịsúsọ ẹtkabríte, maʼqádle ẹlmír
kānún ucíkle bi-yaudáe baịnu-qáršọ. yáqịd u-qáršọ uʼá-fạrtáʼne,
uyáqịd u-baítọ, uʼặtịn á-trẹ qātúne lụ-bặlạd, mír kānún uʼu-qọ́ze.
láqạn bitrẹ̆ msaịdọ́ne, kīt ʼāmaịye trẹ̆ tạwẹ̆ži utọ́ʒla. šdặlle bọ́tr
25 á-qātúne, ʼābíri bẹnáqvọ. á-tạwẹ̆ži lọ́-qādíri dẹʒọ́bri bọtraịye.
nāḥạtte u-tọ́ʒlā, qtịle ḥắ, maufặqle, húle lá-msaịdọ́ne. nắḥạt ẹmsíkle u-ḥrẹ́nọ, maufặqle. jlặtte á-gạldặtte umọblụ̆nne.

30

LIX (148).

kítvō mír kānún u-ắġa dá-qātúne-vē, mắyịt, fāʼíši dlọ́ ắga.
hávi ʼālaịye tlọt íšne ġálā, lọ́-fắiš mẹ̆de dóḥli. maịtívọ á-gặmle, ọ̆ḥ-
35 lívọ u-basrặtte, mẹnặšfívọ á-gặrme utọḥnivọ̆nne usạimívọ-ne láḥmọ.
qrặlle la-rábe laḥḍóde, mālímme mặjlis, ómmi saịmína tagbír ʼāli
-valáɪ. ómmi kít ḥắ kácạl, aqráwụlle dḥọzẹ́na mọ́-kọ̆mẹr, ú-kacặl

beꞩáqel-yọ. azzịn boṭrú-kacạ̈l ẹdqọrạ̈lle. kle kh̄ọ̈re ú-kacạ̈l, kítle
qásyọ ẹdláhmọ ẹdhẹ̈ṭc, kle kọ̈hẹl, kle bí-hḍọ íḍọ khọ́yik qárṣẹ.
ómmi qúm, kácạl. ọ̈mẹr lạıkọ? ómmi lụ-mạ̈jlis. ọ̈mẹr ẹlmọ́-gẹdō-
ṭẹnọ? maubạ̈lle. ázzē lụ-mạ̈jlis ú-kacạ̈l. ómmi kácạ̈l. ọ̈mẹr há.
ómmi sụ̈mlạn tagbír, mā'iṭọ í-valaí mu-káfnọ. ọ̈mẹr u-ága mạ̈nyọ? 5
ómmi laít ága. ọ̈mẹr súmu zạidin ága, gẹkọ́rạh ꞩal dúkṭọ drạh-
ṣiye. símme zạidin ága, ábrc dẹmír kānún. qạ̈yim zạidin wutré
hrẹne, azzịn kāríhi bẹbríṭọ dhọ̈zịn aíkọ kīt rahṣiye. azzịn qūnáh
d꞉ásrọ yaúme, hẹzạ̈lle náhrọ dẹmaí rábọ, lọ̈-mạjrạ̈lle ẹtqọ́ṭꞩ bu
-nábrọ, dāmíhi qmu-nábrọ. họ̈nne dāmíhi ẹblạ̈lyọ, áṭi dévọ ẹlfẹme 10
dá-maí, qréle lá-déve. ómmi mọ̈-kọ̈bꞩaṭ? á-déve. ọ̈mẹr māyịṭnọ
mu-káfnọ bi-hasráṭi. qrẹléle lạhrẹnọ mi-hásra hrẹṭọ, kle zạidin
kimsänạṭ. u-dévọ mọ̈lle lụ-dévọ kāfinọ, ọ̈mẹr qṭáꞩ bạ-mai, tóh
ẹlgābạina, ạ̈hnā gā̈rẹqína. qạ̈ṭạꞩ u-dévọ bá-mai bi-dúkṭọ ẹtlạ̈tne
ꞩāmúqẹ. ázzē zạidin ẹmnạiŝálle i-dúkṭọ dẹqạ̈ṭạꞩ u-dévọ. qạ̈'imi 15
sáfrọ á-qātúne uzạidin, qạ̈ṭịꞩi bá-mai urāhívi ꞩāla-gạmle. azzín
ẹlqúm valaí, í-valáye dá-ꞩọbúgre. ú-zịnáti u-ága dá-ꞩọbúgrẹ-yọ.
kítle bạ̈rṭọ lụ-zẹnáti, klại yātúṭọ ạrrúha, kítlā trō gréꞩe ꞩọbúgre
ukítla bistọ̈nọ, klen á-ŝịbẹ̈bịk-diḍa mọqábil dụ̈-bistọ̈nọ. māhátle
ẹlzạidin ulá-qātúne qmú-bistọ̈nọ yātívi. dāmíhi wụtrạ̈lle a-gạ̈mle; 20
fäliti a-gạmle bú-bistọ̈nọ. hạ̈lla ẹlbạ̈rṭẹ dụ̈-zịnáti, ạhzéla kfäliti
á-gạ̈mle baịnú-bistọ̈nọ, krọ̈ꞩạn ú-bistọ̈nọ. ẹmŝāyáꞩle ẹlzạidin á-trē
qātúne, ẹkọ́rhi ꞩāla-gạmle. ómmi mọblíla ẹlbạ̈rṭẹ dụ̈-zịnáti ꞩa-gạmle.
mọrrạnne. azzín sẹbạ̈rṭet dụ̈-zịnáti, ómmi kọ̈ne á-gạmlạíḍan?
ómmo klen gắbi. ómmi hálạnne. ómmo qai mạrfạ̈nhu bú-bistọ̈- 25
nọ? ómmi damíhe-vạina. ómmo mahraúwe ú-bistọ̈nọ; ómmo hẹ̈-
tụnne bú-habís. mahṭínne bú-habís. ómmi ạrfailạn dọzạ̈nọ ẹlsú
-ā̈gaíḍan ẹlsú-zạidin. ómmo aíkọ-yọ zạidin? ómmi kle yātívọ sú
-bistọ̈nọ. ómmo qráwulle. qrạllạ̈lle lá-ꞩọbúgre. áṭi zạidin ẹlsi-
kạ̈cẹke. ómmo qaúwyọ mạrfẹ̈lọh a-gạmle bú-bistọ̈nọ? ọ̈mẹr dāmí- 30
he-vạina. ómmo hät fuŝ gắbi grāu dú-bistọ̈nọ, uhạ̈ni gẹmạrfiyạ̈nne
mụ̈-habís u꞉obạ̈nne á-gạ̈mle. marfạ̈lla uhụ̈lálịn a-gạmle, fáiŝ zạidín ẹmsíkọ ẹgráu. mọ̈llẹ̈lin ẹlzạidín lá-qātúne bg̣ẹr lišọ̈nọ, ọ̈mẹr
zọ̈hu, aqímu í-valái dá-qātúne họ̈nne u꞉á-bōṭạ̈tte trọ̈ṭịn lụ̈-bạlạdá-
nọ, hạ̈rke rahṣiye-yọ. azzịn á-tre qātúne, maubạ̈lle a-gạ̈mle, rā- 35
hívi kúlhā ꞩal gạ̈mlọ. fū'iŝọ i-gạ̈mlọ ẹdzạidín ạhlíṭọ, gọrŝila bọṭraíye. ázzịn lụ-bạ̈lạd dá-qātúnẹ. ómmi kọ́yọ zạidin? ómmi fáiŝ

14

támọ. lọ́-mi̯tyāqánnẹ ẹldí-valaí, ómmi qtọ́lọ qtọ́lle. îmạ́lle lá-tre
qātúnẹ, ómmi lọ-qtọ́lle. maqạ́mme á-qātúne mí-valayáyọ họ́nne
wá-bọ̣tạ̣tte. ạ̈tị̈n bu-dạ́rbọ, lạ́qạ̈n bi-ʼáskar da-ḫúlde, mqātạ̈lle lị̈nne
ula-ḫúlde. qtọ́lle ġálabe má-qātúne wumsíkkẹ māṭẹ́ qātúne ʼuʼá-bō-
5 ṭạtte yāsíre, maublínne ẹlsu-mạ́lkọ lá-ḫúlde. maḥçạ́mme lá-qātúne ẹdfáiš, ạ̈tị̈n lu̯-bạ̣lạ̈d dẹkícyọ zaidín ẹmsíkọ. māḥátte á-kōnạ̈t
-dạ́tte bú-bạlạ̈dåo dá-ʒọbúgre. —. šqíla ẹlbạ́rtẹ dụ̈-zịnáti, šqíla
zaidín, hạ̈vi u-gaúrọ. u-bábọ di-kạ̈cçke ú-zẹnáti ómẹr lạ̈cyọ blẹ̈bi
dšọ́qlịt zaidín, mọ́lle li-bạ́rtọ. ómmo gẹšọqlạ́lle. šqíla lo-msā-
10 nátla ʼälu̯-bábọ. mọlléla ẹlzaidín, ómẹr gẹqọtánnọ bábçḥ u̯ʼá-ʒọ-
búgre, ẹblẹ̈bẹ̈ḥ-yọ? lọ́? ómmo qtál, dạstúr-dídọḥ-yọ. trẹlála ḥạ̈
ʒọbúgrọ grẹ̈ʼọ, ómmo hánọ lọ́-qọtlạ̈tle uḥáni kúlle qtạ̈lị̈n, họ́nne
ubábi. ẹmšāyáʼle u-ʒọbúgrọ u-grẹ̈ʼáidẹ udiy-ạ̈ttọ bọtrá-qātúne,
ómẹr klin bạ̈-kọ̈nät, mar tọ́ḥu ẹlsízaidín kúlḥu çdlọ́-ma-bọ́tẹ, tráu
15 á-bọ́ṭẹ támọ. ázzẹ u-grẹ̈ʼọ u̯-ʒọbúgrọ bọtraíyẹ. ạḥzạ̈lle lá-qātúne
u̯-ʒọbúgrọ, ómmi gẹqọtlináḻẹ. ómẹr u-grẹ̈ʼọ dzaidín-nọ. lọ-qtọ́llẹ.
ómmi lmín átị̈t? ómẹr ẹmšāyáʼlẹli ẹlzaidín bọtraíḥu, ómẹr trọ́tị̈n
utọ́rị̈n á-bọ́ṭẹ u̯ʼá-nĩšẹ. azzị̈n á-qātúnẹ ʼämụ̈-ʒọbúgrọ. azzẹ̈n ẹblạ̈l-
yọ ẹlsízaidín, ẹmlẹ́ u-qúsrọ dzaidín qātúnẹ. ómmo i-kạ̈cçke ạ́ttẹt
20 dẹzaidín, i-ʼáskar-dídọḥ ġálabe-yọ? ómẹr ġálabẹ-yọ. ómmo i-valaí
ẹdbábi ġálabẹ-yọ. ómẹr trọ́vẹ. dāmíḥi hol sáfẹrọ. sáfẹrọ qạ̈yim
zaidín u̯ʼá-qātúne, nāfíli bí-valaí dá-ʒọbúgre, qtọ́lle ú-zịnáti udí-valaí
kúlle, lọ-fáiš nọ̈šọ mí-valaí ġẹ̈r i-kạ̈cçke u̯ʼú-ʒọbúgrọ u-grẹ̈ʼọ. mšā-
yáʼle ẹlzaidín, ómẹr táu á-bōṭạ̈tḥu lí-valaí dyọtvína bí-valaí. mam-
25 tạ̈lle á-bōṭạ̈tte lí-valaí, húlẹlin kúlḥā baítọ umaʒamárre í-valaí ḥid
mẹ́qạm. ómẹr kọ́ne á-qātúne ḫrẹ́ne? ómmi ẹmqātélạ̈n lạ́ḥna ula
-ḫúldẹ, qtọ́lle mẹnaíyẹ ʼumẹnaíyẹ ẹmsikị̈nne, klẹ̈n gạ̈bẹ yāsíre.
qạ́yim símlẹ ʼáskar má-qātúne u̯ʼázzẹ̈ lu̯-bạ̣lạ̈d da-ḫúlde. maubẹ́le
ú̯-ʒọbúgrọ ʼämẹ u-grẹ̈ʼọ ʼämi-ʼáskar. mọlléle lú̯-ʒọbúgrọ ẹlzaidín,
30 ómẹr zọ̈ḥ ẹlbemạ́lkọ dá-ḫúlʒe, ạḥzaí qtílẹ á-yāsíraiḏạ̈n? lọ̈? ómẹr
kazínọ. lọ́-kụmtánị̈n á-ḫúlde ʼämá-ʒọbúgrẹ. ázzẹ ú-ʒọbúgrọ ẹlbe-
mạ́lkọ, ạḥzẹ́lẹ á-qātúne msíkẹ. dáʒạ̈r u-ʒọbúgrọ, mọlléle ẹlzaidín,
ómẹr klẹ̈n ẹmsíkẹ, hẹ̈š lọ́-qtạlạ́nnẹ. maubẹ́le ẹlzaidín á-qātúne,
ẹmqātạ́lle lị̈nne ulá-ḫúlde. klẹ u-baítọ du-mạ́lkọ bārọ̈̀yọ. çíki á
35 -qātúne bu-baítọ dụ-mạ́lkọ, šqọ́lle u-baítọ, qtọ́lle u-mạ́lkọ dá-ḫúlde,
umạrfẹ́le ẹlzaidín á-qātúne yāsíre, họ́nne u̯ʼá-bōṭạ̈tte, ẹnḫọ́lle ábne
du-mạ́lkọ u̯ʼá-nĩšaide ẹlzaidín. kitvọ́le bạ́rtọ kāʼístọ lụ-mạ́lkọ,

lọ-qtẹlọ́le ẹlzạidín, trẹlẹ́layọ. ắṭi zạidín bạini-valaí da-ḫū̌lde, qtọ́lle
g̊ắlabe má-ḫū̌lde, umẹnạiye mahzạ́mme ẹltáḫtiy-ársọ, lọ-qādíri ẹd-
mọfqạ́nne. ắṭi zạidin wá-qātúne lụ-bạ́lạd dá-ɔọbúgre lí-valaí. nọ́šọ
lạ̊tvọ bí-valaí. ắṭin á-ɔọbúgrẹ dẹlárval mí-valaí dá-qạryavọ́ṭọ,
manbắbbe í-valaí, umaubạ́lle bạ̊rtẹ dụ-zịnáti lá-ɔọbúgro. ắṭi zạidin 5
lí-valaí, ómẹr ẹlmáne manhábtẹlạn umaubẹ́le ắṭṭi? ómmi lá-ɔọbúgre.
ázzē húwe uˀá-qātúne mí-valaí ulárval. aína qrítọ dẹkmọ́ṭe, gẹ-
mauqádlā. mauqádle á-qạryavọ́ṭọ dá-ɔọbúgrẹ umamtẹ́le iy-ắṭṭọ.
ắṭi lụ-baítọ lí-valaí, hāvíle tạ́rte niše, bạ̊rtẹ dụ-mạ́lkọ dá-ḫū̌lde
ubạ̊rtẹ dụ-zịnáti. ómmi qtíle bābạina. kmáḫkịn lạhḍọ́de ẹdlọ́ 10
-mẹzạidín. ómmi baɔaí-dạ́rbọ sạimīnábe? ómmo bạ̊rtẹ dụ-mạ́lkọ
da-ḫū̌lde: maḫtīnále sắmọ bu-mọ́kẹlọ. māḫáttāle sắmọ bu-mọ́kẹlọ.
aḫíle ẹlzạidín umáyiṭ. nọ́šọ má-qātúne lọ́-kmájre šọ́qẹl á-nišạíde.
faˀíši bu-qúṣrọ á-tạ́rte niše, wá-qātúne klen bí-valaí. ẹkṭúwe
kắg̊ad lá-tạrte uhúwe lụ-ɔọbúgrọ lụ-grésọ. ómmi aubẹ́le lụ-ábu 15
-dạ́rviš u-ág̊a dạ̊-siḫór, mar kómmi bạ̊rtẹ dụ-mạ́lkọ dá-ḫū̌lde u-
bạ̊rtẹ dụ-zịnáti, itóḫ hát wá-sīḫór li-valaí dụ̄-zẹnáti, qātél ˀạmá-qā-
túne, ẹ́lọ qtọ́lle bābạina; dọ̄ṭiṭ gẹšọ́qlīnálọḫ. ázze u-ɔọbúgrọ, mau-
bẹ́le u-kắg̊ad, ázzē sú-àbu-dạrviš. qrẹ́le u-kắg̊ad, ẹnšṭqle u-kắg̊ad.
qạ́yim ú-abu-dạ́rviš, mālímle á-sīḫór kúlle uˀắṭi lí-valaí dụ́-zẹnáti. 20
ẹmqāṭạ́lle lúwe ulá-qātúne, qtọ́lle á-qātúne lá-sīḫór ušqíle í-valaí
lụ-abu-dạ̊rviš, ẹmhọ́lle á-tạ́rte ˀạ́lẹ.

---

kítvō ḫā zlám, kítvōle ráḫyọ. máyiṭ ú-qārọ̌šọ, lọ-qádle ẹlmọ́re
di-ráḫyọ qārọ̌šọ, ẹmbāṭẹ́lẹ ī-ráḫyọ. āṭi qātúno, mọllẹ́le ẹlmọ́rẹ di-
-ráḫyọ, ómẹr lọ-kódɔạt hóvịṭ qarọ̌šọ? ómẹr bẹ́le; ómẹr mọ-gẹdobạ́-
tli kul šátọ? kómẹr u-qātúnọ. ómẹr gẹdọbẹ́nọḫ mó-qúrš uˀú-mọ- 30
klaí dọḫ. ómẹr trọ́ve. hávi u-qātúnọ qārọ̌šọ, kṭọ́ḫạn a-ṭáˀne dạ̊-
nọ̌še. —. hávi šátọ g̊ālā. kit taɔáltọ, kítla bạ̊rtọ uˀábrọ. kāfíne-ne
án-ábne di-taɔáltọ. ómmo kazínọ lạ-ráḫye tọlbónọ zád. ắṭyọ sú
-qātúnọ, ómmo qātúnọ. ómẹr ḫá. ómmo ḫáli íšmo ẹdzád. ómẹr
ḫáli tsạ́mnọ ˀắmẹḫ, gẹdọbẹ́nẹḫ zád. ksọ́yim ˀáma ú-qātúnọ, kọ- 35
bẹ́la zád. kul-yaúmọ kótyọ, ksọ́yim ˀáma ukọbẹ́lā. ạ̊ṭẹ́ịnọ í-taɔáltọ.
mọblụ́lle la-táˀle su-ág̊a da-táˀle, ómmi lạ̊tlā gaúrọ, armạ́ltọ-yọ

waṭᵊịnọ. ázzā su-áḡa, ŏ́mẹr qai ṭᵊịnịt? ómmo lậtnọ ṭᵊ̣ántọ. ómmi
béle, mậr didûḡriye, ẹlmá-simle ᵊấmẹḥ? ómmo lụ̂-qātúnọ. ŏ́mẹr
zóḥ grế⁀ọ bǫ́ṭrẹ, qrắu lụ̂-qātúnọ. azzḗ grế⁀ọ bǫ́ṭrẹ li-ráḥyọ, ŏ́mẹr
qātúnọ. ŏ́mẹr ḥắ. ŏ́mẹr qúm qọrẹ̄́ḷọḥ u-áḡa da-tá⁀le. ŏ́mẹr lọ́
5 -koṭḗnọ. ậḍạ⁀ u-qātúnọ. símle lọ-símle lu-grế⁀ọ, lázzḗ. u-grế⁀ọ
dáᴣạr, mộ̣llẹ lu̧-áḡa, ŏ́mẹr lọ́-kọ́ṭẹ. qáyim u-áḡa dá-tá⁀lẹ, húwe
u⁀árbᵊọ, ậṭịn ẹlsú-qātúnọ, mọrrạ́lle lụ̂-qātúnọ, ómmi qaúwyọ símlọḥ
ᵊấm ī-taᴣáḷṭọ? ŏ́mẹr ḥaír, dúgle, lậtli ḥǎž mẹ̄́na. ómmi qọréna li
-taᴣáḷṭọ. ŏ́mẹr qráwu̧(l)lā. qrelậlla li-taᴣáḷṭọ, ómmi mọmáne ặtᶜị-
10 nịt? ómmo mú-qātúnọ. ŏ́mẹr dúgle. ómmo bél-álọ, mẹ̄́nọḥ ặtᶜa-
nọ́nọ. ázzịn maškậlle ᵊal ặḥḍọ́de sẹmọ́re di-ráḥyọ. ŏ́mẹr mọ́rẹ
di-ráḥyọ: kŏ́mẹr u-qātúnọ lŏ lọ́nọ, ukómmo í-taᴣáḷṭọ lụ̂-qātúnọ; kắn
hāvílā qātúnọ, ậ̌ṅva lụ̂-qātúnọ; ukắn lāvílā qātúnọ, lá-tá⁀le simme
ᵊấma. ómmi trọ́ve. ázzịn lu̧-baitọ á-tá⁀le. —. ázze árbᵊọ yậrḥe,
15 hāvílā li-taᴣáḷṭọ qātúnọ. mamṭậlle i-taᴣáḷṭọ u⁀ú-fậrḥọ. ómmi kle
u-fậrḥọ dụ̂-qātúnọ, hāvíla lí-taᴣáḷṭọ. ŏ́mẹr ḥávu̧(l)le lu̧-qātúnọ, trọ
sậmle ᶜbmọ́rẹ. ómmi qaúwyọ símlọḥ ᵊáma, qātúnọ? mậr didụ̂ḡriye.
ŏ́mẹr ậṭyọ ṭlọ́blā zắd, ománnọ ṭại dsậmnọ ᵊấmẹḥ gẹḍọbéṅẹḥ zắd;
símli ᵊáma, hūlíla zắd, ᶜbḥaq-díḍi-yọ, lạịba mịnne. ómmi haúḥa
20 -yọ. hūwậlle u-fậrḥọ, ómmi súmẹ ᶜbmọ́rẹ, ábrọḥ-yọ. ŏ́mẹr trọ́ve.
māḥátte gábe bī-ráḥyọ. mịdle lu̧-fậrḥọ, ẹmḥālậqle bá-mại, ặḥnậqle.
ázze sẹmọ́re di-ráḥyọ, ŏ́mẹr máyịt ábri. ŏ́mẹr trọ́vẹ, ẹtníḥat. —.
yátu u-qātúnọ qᴍị-ráḥyọ, ậṭyọ bậrṭẹ di-taᴣáḷṭọ ẹlsú-qātúnọ, ómmo
gẹ⁀ọqlậḷḷọḥ. ŏ́mẹr trọ́ve. ⁀qelọ́lẹ. qrélẹ lu̧-ḥmọ́rọ, ŏ́mẹr tóḥ ẹm-
25 hára. ẹmḥarọ́lẹ lu̧-ḥmọ́rọ. ⁀ámiᵊọ í-taᴣáḷṭọ, ẹ̄́me di-kặcẹke, ậṭyọ
ẹlsu-tá⁀lọ, u-áḡa dá-tá⁀le, ómmo ⁀qịle bậrṭi lu̧-qātúnọ. mⁱ⁀āyá⁀le
bọ́ṭre lu-áḡa da-tá⁀le, ŏ́mẹr tắu húwe u⁀i-kặcẹke. azzén mamṭậlle
húwe u⁀i-kặcẹke. ŏ́mẹr qai ⁀qị́lọḥ ī-kặcẹkáṭi? ŏ́mẹr ậṭyọ, ọ́nọ
bi-ráḥyọ, ómmo qātúnọ gẹ⁀ọqẹlậḷḷọḥ, ománnọ trọ́ve, ⁀qẹlọ́li, ẹmḥọ-
30 róle lụ̂-ḥmọ́rọ. ŏ́mẹr u-áḡa da-tá⁀le: bậrṭẹ di-taᴣáḷṭọ-yọ ẹtsímlọḥ
ᵊáma. ŏ́mẹr lāḍậᴣnọ ī-bậrṭọ-yọ. ómmi ặ̌ṅṭịṭọ-yọ, ặrfaíya. ómmo
ī-kặcẹke: lọ́-kmạrfiyậlle. ómmo ī-taᴣáḷṭọ: mẹ̄́qam ᵊấmi símle, gaúri
-yọ. ómmo hát símle ᵊấmẹḥ bᶜgnọ́vọ, ọ́nọ pḥalál, ẹmḥọ́llẹlạn lu̧
-ḥmọ́rọ. ẹᴍqātậlle lá-tậrte, liy-ẹ̄́mọ uli-bậrṭọ. ŏ́mẹr lọ-k⁀ọqánnọ
35 tậrtetaíḥu; ŏ́mẹr qọrénọ lu̧-ḥmọ́rọ, ặdmarfélạn. ázze su-ḥmọ́rọ. ŏ́mẹr
lọ-koṭénọ, u-ḥmọ́rọ. yátu u-ḥmọ́rọ bẹdúkṭẹt dú-qātúnọ qärọ́⁀ọ ᵊālī
-ráḥyọ. ŏ́mẹr u-qātúnọ: mạrfẹlílẹḥ, lọ-k⁀ọqánnẹḥ. ậṭi ú-qātúnọ sẹ-

mǫ́re di-ráḥyǫ, ǫ́mǫr yấtu ṳ-ḥmǫ́rǫ bǫdúkṭi. ǫ́mǫr mǫ́re di-ráḥyǫ:
lǫ́nǫ mautaúli, hất kǫnaíkịt á-nǫ́še, lǫ́-ktǫrǫ́nǫ ǫdyǫ́dvit gábi, ṳ
-ḥmǫ́rǫ kā⸱isǫ-yǫ. kǫ́mǫr mǫ́re di-ráḥyǫ. ázze u-qātúnǫ bǫgnǫ́vǫ
li-ráḥyǫ, maḥraúle ī-ráḥyǫ. kle ṳ-ḥmǫ́rǫ kim⸱ádil bi-ráḥyǫ, ḥǫzǫ́le
lṳ-qātúnǫ aḥmǫ́rtǫ, ǫ́mǫr aḥmǫ́rtǫ. ómmo há. ǫ́mǫr zéḥ sṳ́-ḥmǫ́rǫ, 5
kle qmi-ráḥyǫ, ǫmkāyǫ́fle bú-mǫ́kǫlǫ, izéḥ aḥúl gábe utrǫ sǫ́yim
⸱ámeḥ. ázza i-ḥmǫ́rtǫ li-ráḥyǫ, ḥazyǫ́lc lṳ-ḥmǫ́rǫ, ǫfsịḥ. trǫ́le i-ráḥ-
yǫ ḫārútǫ wulbik ⸱ámi-ḥmǫ́rtǫ. ázze u-qātúnǫ, mǫ́llc ǫlmǫ́re di
-ráḥyǫ, ǫ́mǫr ḫarívǫ ī-ráḥyǫ, lǫ-kǫ́da⸱ ṳ-ḥmǫ́rǫ ǫm⸱ädǫ́la. áṭi mǫ́rǫ
di-ráḥyǫ u⸱ú-qātúnǫ, ḥǫzǫ́lle ṳ-ḥmǫ́rǫ ksǫ́yim ⸱ámi-ḥmǫ́rtǫ. ǫ́mǫr 10
ommǫ́tvǫ ṳ-ḥmǫ́rǫ kā⸱isǫ-yǫ, maḥraúle ī-ráḥyǫ uksǫ́yim ⸱ámi-ḥmǫ́r-
tǫ. ǫ́mǫr ǫnfáqu tretaíḥu, lǫ́tātu lázim. maufǫ́qle á-trc wumḥálle
li-ḥmǫ́rtǫ. áṭi ú-qātúnǫ u⸱ṳ́-ḥmǫ́rǫ mqātǫ́lle. azzén maškǫ́lle ⸱ál
aḥdǫ́de su-dǫ́vǫ. maḥkǫ́lle i-ḥkēyǫ́ṭṭe lṳ-dévǫ. ǫ́mǫr ú-ḥmǫ́rǫ nǫ-
ḥáq-yǫ. äḥile lṳ-dévǫ ṳ-ḥmǫ́rǫ. ázze ú-qātúnǫ. 15

azzǫ́ aḥzǫ́le ḫā zlám, kítle bistǫ́nǫ. ǫ́mǫr lǫ-kyǫ́dvit qmú
-bistǫnánǫ? ǫ́mǫr bǫ́le. ǫ́mǫr kǫ́d⸱at saimịt ú-bistǫ́nǫ? ǫ́mǫr é,
⸱ámri azzǫ́ bu-siyǫ́mǫ dá-bistóne. yấtu u-qātúnǫ qmú-bistónǫ. kǫ́-
ṭṳ án-arnúwc ǫlsú-qātúnǫ, kómmi traí doḥlína ḥiyǫ́re. kǫ́mǫr
táu tsámnǫ ⸱āmaíḥu ktǫrénǫ doḥlítu. ksǫ́yim ⸱amaíye, kóḥli á 20
-ḥiyǫ́re umaḥárvi u-fúl. áṭi mǫ́re dá-ḥiyǫ́re, ǫ́mǫr kǫ́ne á-ḥiyǫ́re?
ǫ́mǫr aḥǫlila li-gǫ́mlǫ. ǫ́mǫr ǫlmá-maḥraúle ú-fūl? ǫ́mǫr li-gǫ́mlǫ,
áṭyǫ bú-zǭr, rábtǫ⸱va, lǫ́-qādǫ́nnǫ ⸱ála. ǫ́mǫr laít gǫ́mǫ dḥǫzénǫ
i-gǫ́mlǫ. kle u-qātúnǫ qmá-bādinján. äṭịn árb⸱ǫ lṳ-gnǫ́vǫ dá-bā-
dinján. āṭí ḥā mǫnaíye, mamṭǫ́le ⸱ǫráq. qrǫ́lc lṳ-qātúnǫ, ǫ́mǫr 25
tóḥ šǫténa ⸱ǫráq ǫmkaifína. mašǫ́ele ú-qātúnǫ, a-tlǫ́tǫ ḥrǫ́ne nāfíli bainá-bādinján dlǫ́-mṳ-qātúnǫ, mǫnāqǫ́lle á-bādinján. šṭǫ́le
lṳ-qātúnǫ ⸱ǫráq, ḫáru. azzín a-mnaqyǫ́ne dá-bādínján uḥávǫ dǫ-
maštǫ́vǫ lṳ́-qātúnǫ ⸱ǫráq. ⸱ azzín, áṭi mǫ́rǫ dṳ-bistǫ́nǫ, mamṭǫ́le á
-qanyǫ́ne dǫmnáqe á-bādínján, dǫmat⸱ánnǫ ǫdmaubǫ́lin lí-valaí. lǫ́ 30
-ḥzǫ́le bādinján ulǫ́-kṳibáin ú-qātúnǫ, kle dāmíḥǫ ḫārívǫ. qrǫ́le lṳ
-qātúnǫ, lǫ́-māḥạsle lṳ-qātúnǫ. kárạḥ ⸱alú-qātúnǫ, ḥǫzǫ́le dāmíḥǫ.
māqǫ́mle, ǫ́mǫr kǫ́nc á-bādínjān? ǫ́mǫr qṭǫláli li-gǫ́mlǫ umaubǫ́la
á-bādínjān. ázze u-mǫ́rǫkǫ ǫlsi-gǫ́mlǫ, ǫ́mǫr gǫ́mlǫ. ómmo há.
ǫ́mǫr qai āḥilǫ́ḥ á-bādínjān u⸱á-ḥiyǫ́re umaḥraúlǫḥ ú-bistǫ́nǫ? ómmo 35
ǫlmá-mǫ́llē? ǫ́mǫr lṳ-jǫnénci. ómmo mǫ́nyǫ ú-jǫnénci? ǫ́mǫr u-qātúnǫ. ómmo dṳ̆š ǫlgábe. ǫ́mǫr dṳ̆š. áṭịn sú-qātúnǫ. ómmo qā-

túnọ. ŏmẹr hă. ómmo ọ̆nọ maḥraúli ú-bistŏ́nọ? ŏmẹr é. ómmo
imí. ŏmẹr ẹbm[n yọmẹ́nọ? ómmo ẹrḫaú ₃al ḫạṣi, gẹmaqẹlᵌọ̆nọ,
kăn nafíl[t, lŏ́ lọ́nọ āḥẹlíli, ukăn lọ̆-nāfíl[t, lọ́nọ āḥẹlíli. kle u-qātúnọ ḫārívọ bú-ṣạráq. ráḫu ₃āli-gạ́mlọ, māqlá₃lā, năfịl ú-qātúnọ.
5 ómmo lŏ́ lọ́nọ āḥẹlíli. ŏmẹr léḥ āḥẹlilẹḥ. ómmo baḥ-qaí nāfil[t?
ŏmẹr mu-yaúmọ dāvínọ heₔ-lọ̆-rāḥúnọ ₃al gạ́mlọ, lạ́tnọ yālífọ.
ómmo ọ̆nọ mạ́lli ẹbmẹ̆de gidyọmyọ́nọ. ŏmẹr kăn qābíz[t ₃ālá-mai,
māḥláslẹḥ á-mai, lŏ́ lọḥát āḥẹlilẹḥ, ukăn nāfil[t bạiná-mai, léḥ
āḥẹlilẹḥ. kīt măye bú-bistŏ́nọ, náhrọ. ómmo qbáz hát bí-qāmạitọ.
10 qābíz ú-qātúnọ, qáṭạᵌ á-mai. i-gạ́mlọ lọ̆-qọ́drọ qọ́bzọ. qābízọ, nāfílọ bá-mai. ŏmẹr líya āḥẹlíla. fā₃íšọ i-gạ́mlọ bạina-maí. lo qọ́-
drọ nọ́fqọ. ómmo tóḥ aufạ́qli, lọ́no āḥẹlíli. ŏmẹr hát lạibẹḥ ẹtnọ́f-
qẹt? ọ̆nọ qātúnọ gẹmaufạ́qnẹḥ? fā₃íšọ i-gạ́mlọ bá-mai. ŏmẹr lạ́ṭạt
lázim, mọ̆re dú-bistọ́nọ. ázze ú-qātúnọ. —.
15 ázzē laqrítọ, ḥẹzẽ́le ḥḍọ̆́ áṭṭọ, kítlā mắte ketọ́tọ uḥá zọ̆́ġọ.
u-ₔúġlọ di-ₔ[nẹke m[nyọ? lọ-ksạímọ šúġlọ, klạídi á-ketọ́tọ, kim-
zábnọ á-bé₃e. ḥẹzẹ́la ú-qātúnọ. ómmo qātúnọ. ŏmẹr hă. ómmo
lọ̆-kyọ́dvit bákci? ŏmẹr bẽ́le. ómmo dẹlạídi á-ketọ́tọ, alim á-bé₃e.
ŏmẹr trọ̆́ve. yắtu ú-qātúnọ bákci qmá-ketọ́tọ, klạídi á-ketọ́tọ,
20 kmālímme, oḥẹ́lin. kọ́tyọ i-z[nẹke, mọ́rte dá-ketọ́tọ, kómmo kọ́ne
á-bé₃e. qātúnọ? kŏmẹr lọ̆-klạídi. kul lályọ knọ̆hrọ tạ́rte ketọ́tọ
ōḥẹlọ́lle i-ₔ[nẹke, ọ́mmo haí, lọ̆-klạídi. kul lályọ kóḥlọ tạ́rte. á
-ketọ́tọ mọ́rre lu-zọ̆́ġọ, ómmi zóḥ mállā li-ₔ[nẹke, qaí knọhrọ́lan,
klạiḍínā, kọḥẹ́lin ú-qātúnọ wuknọhrọ́lan. kmáḥkịn lụ-zọ̆́ġọ. ázze
25 u-zọ̆́ġọ, mọ́lle li-ₔ[nẹke ŏmẹr kóḥẹl ú-qātúnọ á-bé₃e, klạídi á-ke-
tọ́tọ, kọḥẹ́lin uhát knọhrạ́tte. ómmo ₔġọ̆́lọ? ŏmẹr é. átyọ i-ₔ[-
nẹke ẹlsú-qātúnọ, ómmo qaúwyọ kóḥl[t a-bé₃e? ŏmẹr lálọ, ŏmẹr
ẹlmá-mọ̆́lle? ómmo lụ-zọ̆́ġọ. ŏmẹr ₔġọ̆́lọ? zọ̆́go. ŏmẹr é, ḥlọ-dúgle?
ŏmẹr tóḥ īmại. ŏmẹr bẹmín yọ̆mẹ́nọ? ŏmẹr bi-gạ́mlọ dẹkícyọ
30 bạina-maí. ŏmẹr aíkọ-yọ? gidyọmẹ́nọ. ŏmẹr tóḥ gẹmaḥvẽ́nọḥyọ.
ázze húwe uᵌu-zọ̆́ġọ ẹlsi-gạ́mlọ. mā₃ítọ i-gạ́mlọ bạina-maí, ẹmbạ́lqi
₃aína. ŏmẹr klá, īmại-bā. ḥọ́lle lụ-zọ̆́ġọ uzáyaḥ, ŏmẹr lọ̆-kyọ̆mẹ́nọ.
ŏmẹr gidyọ̆mịt. ẹtfụ́qle lú-qātúnọ bạiná-mai, ḥẹníq u-zọ̆́ġọ. dá₃ar
ú-qātúnọ ẹlsi-ₔ[nẹke. ómmo kọ̆́yọ u-zọ̆́ġọ? ᵌŏmẹr īmẹ́le umáyịt.
35 ómmo itaú qmá-ketọ́to, kimdãgil ₃ạ́lọḥ. mọrrạ́lle lá-ketọ́tọ, ómmi
qātúnọ. ŏmẹr hă. ómmi aḥlás[an míḍẹ di-ₔ[nẹke. ŏmẹr gẹdọ-
tétu ₃ạ́mi? ómmi é. ŏmẹr dúšu gẹmaḥzạ́mnọlḥu lu-tụ́rọ, r₃áwu

ulúḍu, ọ́nọ gẹdọḥánnọ á-bẹ́ᵃe. ómmi trọ́ve. maubẹ́le á-ketọ́tọ,
azzẹ́ lu-ṭúrọ. yátu bịmᵃárṭọ naᵃámtọ húwe uᵃá-ketọ́tọ, klaíḍi uko-
ḥẹ́lin. áti u-qúzọ lí-mᵃárṭọ, ḥezẹ́le á-ketọ́tō. náᶴịl bainōtaíyc,
āḥẹlíle, lọ́-qáḍạr ú-qātúnọ ᵃálẹ. gbọ́ḥẹ ú-qātúnọ, kọ́mẹr waíli lọ́nō
ulạ-ḥṭịtaíḍi, símli ạ̄ṭịtọ gálabe, kazínọ họvẹ́nọ qáᶳọ. azzẹ́ ḥẹzẹ́le 5
ᶳābọ́gọ. ómẹr ᶳābọ́gọ. ómẹr ḥá. ómẹr ᶳváᵃli blẹ̣́ᶴ-díḍọḥ, máyiṯ
bábi. ẹᶳváᵃle lụ̄-ᶳābọ́gọ bḥẹ̣́r-díḍẹ, húlēle dísmal kọ̣́mọ. 'ázze u
-qātúnọ lu-átrọ dá-ᶾọbúgre. ómmi mịṇat mẹmẹ́de? ómẹr qáᶳọ-nọ.
ómmi maíkọ kọ́tịt? ómẹr mú-qudẹs. ómmi hvaílạn qáᶳọ. ómẹr
kithụ ᵃịtọ? ómmi é. maubắlle li-ᵃịtọ, yátu bi-ᵃịtọ. ómẹr ᶴạiyéᵃu 10
á-kacẹkát-dắthu uᵃán-abnắthu ẹdmaqrẹ́nin. símle tắrte madrạsát,
ạḥḍọ́ lá-zᵃúre wạḥḍọ́ lá-kacẹkát. kmáqre á-zᵃúre qāmạ́iṭọ, kozẹ́
ẹlbaína-kacẹkát, ksọ́yim ᵃāmạ́iye, kọ́mẹr lọ́-māqaritu lēmạiḥu wul-
bābaiḥu. ómmi trọ́ve. kọ́tịn á-níᶴe, kómmi ᶳállại ᵃál qarᵃaína.
i-ḥḍọ́ dẹkícyọ kā'ịstọ, kọ́mẹr ti-dsạ́mnọ ᵃámẹḥ, gezá ạ-ḥṭịtaiḍẹḥ. 15
ksọ́yim ᵃāmạ́iye. qrẹ́le lá-ᶾọbúgre, ómẹr rámḥụl ḥụᶴábọ-yọ, itọ́ḥu
li-ᵃịtọ ᶳaláu, ọdlọ́-ma-níᶴe, trọ faíᶳi á-níᶴe. áṭịn kúllẹ li-ᵃịtọ, mā-
ḥáḍle u-tárᵃọ, āḥẹlíle. maḥezạ́mme ẹlᵃásro, lọ́-ḥezẹ́le ẹdmaḥzạ́mme.
ázzịn maᶴkắlle su-mạ́lkọ dá-ᶾọbúgre. kítle lụ-mạ́lkọ dá-ᶾọbúgre
tre kắlbe grẹ́ᵃe. mᶴāyáᵃle á-kạlbe bọ́tru-qātúnọ. maubắlle ú-qā- 20
túnọ. ómẹr qaí ẹqṭịlọḥ á-ᶾọbúgre usímlọḥ ᵃāmá-níᶴắtte uᵃam án
-abnọ́tọ? ómẹr ọ́nọ qáᶳọ-nọ, dúgle kimdágli. māḥátte ḥaúlọ baq-
ḍọ́lẹ, ẹᶳnạ́qqe. ómẹr mọ́-gẹṣaimítu? ómmi saimīnálọḥ daírọ́yọ.
aḥnạ́qqe.

LXI (152).

kítvō mạ́lkọ dá-didvọ́ne, maḥkạ́mvọ ᵃālụ̄-bạ́lạd dá-didvọ́ne, 30
lo-qọdárvọ ᵃalạíye. kitvóle qaraqól ẹblạ́lyọ. ẹmqātắlle lẹtrẹ́ ẹblạ́l-
yọ dịdvọ́ne, qṭọ́lle la-trẹ́ ạḥdóde. āṭi ḥá, ḥezẹ́le klen á-tre qṭíle,
kimfárij ᵃalạíye, lạ́tle ḥắᶴ mẹ̣naíye, ẹmsíkke lá-qōl. mamṭạ́lle ạ́l-
su-mạ́lkọ, ómmi lánọ qṭíle trẹ́. ómẹr u-mạ́lkọ: qaí qṭẹlílọḥ? ómẹr
ḥaír, lạ́tli ḥắᶴ, yā mạ́lkọ. ómẹr ḥezạ(l)lạ́llọḥ lá-qaraqól. ómẹr az- 35
zínọ ẹlbaítọ li-ẑgālíye, āṭínọ lụ-baítọ, ḥẑạ́lli qṭíle, ẹmfārájli ᵃālạíye,
mᵃikkạ́lli lá-qaraqól. ómẹr kiyọ́min du-baítọ dẹkítvọ̣ḥ gābạíye.

őmẹr é. őmẹr zőḫu ẹqráwụ(n)ne. ázzịn qrắlle ẹldu-baiṭọ. ómmi
u-dịdvōnắnọ bẹlắlyọ ḫrẹ̆nọ gābaíḫu-ve? ómmi é. mạrfẹ́le lụ-mắlkọ,
lọ́-msikle. —. kọ́rḫi á-qaraqǫ́l ẹblắlyọ. kāríḫi á-qaraqǫ́l u-ḫá
lắlyọ, ạḫzắlle šišvǫ́nọ, šdắlle bọ́tru-šišvǫ́nọ, maḫẹzämle lụ̈-šišvǫ́nọ.
5 ázzịn á-qaraqǫ́l bǫ́trẹ. kit ḫālǫ́qọ biy-ạ́rẹọ, grišǫ́le lụ́-šišvǫ́nọ,
ẹftíḫ tárẹọ biy-ạ́rẹọ. kítle lú-tárẹọ dắrġe. ázzịn á-qaraqǫ́l bǫ́trẹ,
nāḫíti bǫtrú-šišvǫ́nọ, ḫẹzắlle kīt bríṭọ ḫréto táḫtiy-ạ́rẹọ. átịn á
-qaraqǫ́l dá-šišvǫ́ne, ẹmsíkke á-qaraqǫ́l dá-didvǫ́ne, maublínne ẹlsú
-ʒẹmírọ dá-šišvǫ́ne. őmẹr maík-átu? ómmi á-qaraqǫ́l du-mắlkọ
10 dạ-didvǫ́ne-nā. őmẹr ạlmịn-ātịtu ẹlắrke? ómmi ḫzélạn šišvǫ́nọ
bu-bắlạd-dídạn ẹblắlyọ, šdélạn bǫ́trẹ, kítvō ḫālǫ́qọ biy-ạ́rẹọ, grišle
ī-ḫālǫ́qọ, ẹftíḫ tárẹọ bẹdắrġe, ātịnä bǫ́trē, nāḫẹtína lu-bạlạdánọ,
msíkkạllạn lá-qaraqǫ́l-dídọḫ. ṣọdlẹ́lin ʒẹ́zze uʼẹ̆krám. őmẹr dmắḫu
ẹlsáfrọ hắrke, fạrẹ̆ju ʒälụ-bắlạd-dídạn. dämíḫi ẹlsáfrọ, ẹmfārájje
15 u-yaumäo ʒälụ-bắlạd dá-šišvǫ́ne. kítlē bắrtọ lụ-ʒẹmírọ kāʼistọ.
gắni u-yaúmọ, ṭlọ́bbe hắtạr, ómmi gezánọ. őmẹr zőḫ. átịn, ftáḫḫe
u-tárẹọ, nāfíqị ẹlfǫ́tọ diy-ạ́rẹọ. ázzịn ẹlsu-mắlkọ dạ-didvǫ́ne á-qa-
raqǫ́l. őmẹr aikọ-vaíḫu bẹrámšụl uʼátmụl? maḫkạ(l)lắlle lụ-mắlkọ.
őmẹr dúšu, ạḫväwụlinẹ̆. ómmi dúš. azzé u-mắlkọ utlǫ́tọ qáraqōl,
20 ḫẹzắlle í-ḫālǫ́qọ biy-ạ́rẹọ. grišše í-ḫālǫ́qọ, ẹftíḫ tárẹọ, nāḫíti bu
-tárẹọ. kítle lu-tárẹọ dắrġe, nāḫíti lụ-bắlạd dá-šišvǫ́ne. azzén sú
-ʒẹmírọ. őmẹr mạny-ánọ? ómmi u-mắlkọ dá-didvǫ́nẹ-yọ. ṣọdlẹ́le
ʒẹ́zze uʼikrám. āḫọ́lle, mkäyắffe. őmẹr ạlmịn-ātịt, mắlkọ, lụ-bắ-
lạd-dídạn? őmẹr ātịnọ dimfārájnọ ʒắlẹ. őmẹr fạrij. ḫẹzéle ʒụ̈jẹbō
25 mū-bắlạd dá-šišvǫ́ne. ạḫzéle bắrtọ dụ́-ʒẹmírọ lụ-mắlkọ. őmẹr
ʒẹmírọ. őmẹr hắ. őmẹr hắli bắrtọḫ lắbri. őmẹr gẹdọbẹ́na. ẹt-
lọ́bbe bắrtẹt dụ́-ʒẹmírọ. őmẹr ụ̈-ʒẹmírọ: ī-náqẹlā dọṭétu maublī-
tụ́lla täwu(l)li mọ táʒne daúšọ. őmẹr ʒála-ʒaine.ʼ tlọbǫ́lle uʼátịn
lụ-bắlạd dá-didvǫ́ne. átị u-mắlkọ, maḫkẹ́le lu-ábrọ, őmẹr tlọbliloḫ
30 ạḫdǫ́ tau mẹ́na laít. őmẹr mạnyọ? őmẹr bắrtẹ dụ́-ʒẹmírọ dá-šiš-
vǫ́ne. őmẹr täwu(l)la dhọzẹ́na. őmẹr kọbẹ̆ẹ́lạn mọ táʒne daúšọ.
őmẹr gezínọ ʼmamtẹ̆nọ mọ táʒne daúšọ ẹmsu-ắġa dá-dābǫ́šẹ. azzé
ẹlsu-ắġa dá-dābǫ́šẹ. őmẹr ạlmịn-ātịt? mǫ́lle lắbre du-mắlkọ. őmẹr
ātịnọ ẹldaúšọ, mšäyáʒlēli ẹlbắbi, kọbẹ̆ẹ́nọ mọ táʒne daúšọ. őmẹr
35 zoḫ ṭaílạn ġẹ́lọ dóḫli á-dābǫ́šẹ dsaimílọḫ daúšọ. qréle lá-didvǫ́ne
kúlle, mālímme ġẹ́lọ, hńle lá-dābǫ́šẹ, hūwắlle mọ táʒne daúšọ,
matẹ̆ánne u-daúšọ, mamṭéle lụ-baíṭọ. qắyim n-mắlkọ dá-didvǫ́ne,

maubḗle u-daúšǫ u'azzé sú-ȝęmírǫ dą̇-šišvǫ́ne. ázzē sú-ȝęmírǫ,
ǒmęr kle u-daúšǫ. ǒmęr lǫ-kǫbḗnǫ bą̇rti lu-bąlad dą̇-didvǫ́ne.
ǒmęr baȝai-dą́rbǫ? ǒmęr hắli ábrǫḣ trǫ́te ęlgábi, gędǫbḗne bą̇rti,
trǫ fǫ́iš gábi. aḡbín u-mą́lkǫ dá-didvǫ́ne, mqāhárre lu-mą́lkǫ u-
lą̇-ȝęmírǫ. áti u-mą́lkǫ dá-didvǫ́ne aḡbín, áti lu-baítǫ. ǒmęr u 5
-ábrǫ: kǫ́yǫ i-kálǫ? ǒmęr mdāgéle, lǫ-huwǫ́le; ǒmęr kǒmęr hắli
ábrǫḣ trǫ́te ęlgábi, ománnǫ lǫ́-kǫbḗnǫ ábri, hắt lǫ́-kǫbą́tli bą̇rtǫḣ,
ǫ́nǫ ȝai-dą́rbǫ gędǫbḗnǫḣ ábri? ęmqātállan u'ątínǫ. —. mālímle
lu-mą́lkǫ ȝáskar má-didvǫ́nę wázzē ąrríše dá-šišvǫ́ne ędgǫ́riš bą́rte
dą̇-ȝęmírǫ bu-zǫ́r. šámaḣ u-ȝęmírǫ dá-šišvǫ́ne simle lu-mą́lkǫ ȝás- 10
kar u'ąti dęgǫ́riš ī-kálǫ bu-zǫ́r. qắyim u-ȝęmírǫ dá-šišvǫ́ne, mau-
fą́qle ī-ȝáskar dá-šišvǫ́ne ęlfǫ́tǫ diy-ą̇rȝǫ. mqātą́lle línne ulą̇-did-
vǫ́ne. á-šišvǫ́ne gędaúsi á-didvǫ́ne, ąqǫtlínne. á-didvǫ́ne kmáḣti
ȝal hą́sę dá-šišvǫ́nę, mú-qahár kmǫbȝǫ́ji á-šišvǫ́ne, bu-faṣalánǫ
ędqǫ́tli á-šišvǫ́ne. mqātą́lle yą́rḣǫ, qtǫ́lle maḣdǫ́de gálabe umjā- 15
ráḣḣe maḣdǫ́de gálabe. dāȝirǫ i-ȝáskar dá-didvǫ́ne lu-bąlad, dāȝirǫ i-ȝáskar dá-šišvǫ́nę ęlduktąíye. á-didvǫ́ne kmámtąn á-mją́rḣe
lá-bǫ́te, á-šišvǫ́ne kmámtąn a-mją́rḣe lá-bǫ́te. mšāyéle lą̇-ȝęmírǫ
da-šišvǫ́ne ȝal hākimǫ ędmą́naḣ a-mją́rḣe. ómmi kít i-tlaúȝǫ hā-
kímtǫ-yǫ kā'ístǫ-yǫ. ázzē u-ȝęmírǫ dą̇-šišvǫ́ne bǫtrā. qắyim u 20
-mą́lkǫ dá-didvǫ́ne, mšāyéle ȝal hākimǫ. ómmi kít i-tlaúȝǫ hā-
kímtǫ kmāníḣǫ a-mją́rḣe. azzé u-mą́lkǫ bǫ́trā, hęzéle kle u-ȝęmírǫ
si-tlaúȝǫ. mamṭiyǫ́le lą̇-ȝęmírǫ. u-mą́lkǫ ómęr ȝámi gędǫ́tyǫ, ú
-ȝęmírǫ ómęr ȝámi gędǫ́tyǫ. ęmqātą́lle lá-trē, qtíle lu-ȝęmírǫ u-mą́l-
kǫ, mamṭéle i-tlaúȝǫ. manąḣla á-mją́rḣe kúlle dą̇-šišvǫ́ne. ómmo 25
i-tlaúȝǫ: kazzínǫ lu-baítǫ. ómmi zéḣ. átyǫ lu-bąlad dá-didvǫ́ne,
ómmi lǫ-ḣzęlélęḣ lu-mą́lkǫ? ómmo bḗle. ómmi kǫ́yǫ? ómmo qtíle
lu-ȝęmírǫ. ęmdąívęni á-didvǫ́ne wąqḣíri. mānąḣlā á-mją́rḣe dá
-didvǫ́ne. kǒtin á-šišvǫ́ne ęblą́lyǫ lu-bąlad dá-didvǫ́ne lú-gnǫ́vǫ, ą̇-
qaíti bu-saqmǫ́nǫ, lǫ-qǫ́dri maḣązmi, ąqǫtlínne á-didvǫ́ne. —. simle 30
ȝáskar lą́bre du-mą́lkǫ má-didvǫ́ne umšāyáȝle bǫtru-ą́ga dá-dābǫ́še,
ómęr súm ȝáskar má-dābǫ́še u'itǫ́ḣ ęlgábi. simle ȝáskar lu-ą́ga dá
-dābǫ́še, áti ęlsu-mą́lkǫ dá-didvǫ́ne. qā'ími a-tą́rte ȝasékir, azzén
ąrríšet dá-šišvǫ́nę. nāfíqǫ i-ȝáskar dá-šišvǫ́ne, mqātą́lle lá-šišvǫ́ne
ulá-didvǫ́ne, atyǫ́lle i-ȝáskar dá-dābǫ́še, qtǫ́lle á-šišvǫ́ue, nāḣíti 35
ȝqǫ́lle u-bąlad dą̇-šišvǫ́ne, qtǫ́lle ú-ȝęmírǫ, mamṭą́lle bą́rtǫ dų̇-ȝę-
mírǫ. ksąími á-dābǫ́še ȝáma-níše dá-šišvǫ́ne bu-zǫ́r ukmáḣarvi án

15

-abnǫ́ṭǫ, kúlḫā mahzạ̇mlēle bạ̇rṭǫ mdá-šišvǫ́ne lá-dābǫ́še.   símle
ṭạmbíh lụ-málkǫ ꞌālá-didvǫ́ne, ǫ́mẹr nǫ́šǫ didvǫ́nǫ ẹdmámṭe bạ̇rṭǫ
mdá-šišvǫ́nẹ gẹqǫṭáꞌnǫ qárꞌẹ.   ómmi qaí?   á-dābǫ́še kmahạ́zmi án
-abnǫ́ṭǫ?   ǫ́mẹr lǫ qǫdánnǫ ꞌālá-dābǫ́še.   mamṭẹ́le bạ̇rṭẹ dụ́-ꞌẹmírǫ
5 uꞌáṭi, ẹmhạrǫ́le ꞌálẹ.   á-dābǫ́še áṭịn lụ-bạ̇lạd-dạ́tte, maubạ̇lle á-kạ-
cekát dá-šišvǫ́ne.   ázzē u-ḫábrǫ lụ-qạrrán dá-šišvǫ́ne, ómmi qṭǫ́lle
ú-ꞌẹmírǫ uꞌá-šišvǫ́ne du-bạ̇lạd-díḑẹ umanhábbe u-bạ̇lạd-díḑẹ, símme
ꞌāma-níše umahẹzạ̇mme án-abnǫ́ṭǫ.   ǫ́mẹr ẹlmáne?   ómmi lá-did-
vǫ́ne ulá-dābǫ́še. ꞌ qạ́yim ú-qạrrán u-rábǫ dá-šišvǫ́ne, mālímle ꞌás-
10 kạr, lạit ḫǫsbe ꞌála, uqạ́yim ú-qạrrán, ạ́ti ạrríše dá-dābǫ́še.   kít
náhẹrǫ ẹdmái lạ́lꞌịl mu-bạ̇lạd dá-dābǫ́še, ẹmꞌadéle u-náhẹrǫ, á-mai,
ẹblạ́lyǫ ꞌálu-bạ̇lạd dá-dābǫ́še.   ạhníqị á-dābǫ́še kúllẹ.   á-kạcẹkát
dá-šišvǫ́ne nāfíqi ẹlfǫ́ṭẹ dá-mai, mǫfqǫ́nne lá-šišvǫ́ne ulá-zāqǫ́rẹ
dẹgẹzǫ́qri ꞌal fǫ́ṭẹ da-mai.   ạ́ti ú-qạrrạ̄n ạrríšẹ dá-didvǫ́ne, ẹmqā-
15 tạ̇lle lǫ́nue ulá-didvǫ́ne.   ḫǫ́lle lụ́-málkǫ dá-didvǫ́ne i-ꞌáskạr du-qạr-
rạ́n gálabẹ-yǫ, lǫ-qǫ́dri ꞌála.   mǫ́lle lá-didvǫ́ne lụ-málkǫ, ǫ́mẹr fú-
ru, lǫ́-qǫdrítu ꞌālá-šišvǫ́ne.   fāꞌíri á-didvǫ́ne, māfạ̇rre bạ̇rṭẹ dụ́-ꞌẹ-
mírǫ ꞌāmạíye.   ḫǫ́rre lá-šišvǫ́ne, lǫ́-ḫzạ́lle i-ꞌáskạr dá-didvǫ́ne ꞌāliy
-ạ̇rꞌǫ.   qāꞌími, dāꞌíri á-šišvǫ́ne lụ-bạ̇lạd.
20   kāyúla ẹlbạ̇rṭẹ dụ́-ꞌẹmírǫ, áṭṭe du-málkǫ dá-didvǫ́ne, kāyúla
kévǫ pís.   kárạḫ ꞌal ḫākímǫ, lǫ-qāyạ́dle.   ạhzéle ḫạršụ́ftǫ lụ-málkǫ.
ómmo laíkǫ?   málkǫ.   ǫ́mẹr kāyúla lạ́tti kévǫ pís, kǫráḫnǫ ꞌal
ḫākímǫ.   ómmo bạ̇rṭẹ du-málkǫ dá-ḥaiyát kāyúla kévǫ pís, mam-
ṭạ̇lle ḫākímǫ ạrríša mānẹḫǫ́lle, izóḫ ꞌạiyil mẹnạíye ꞌālụ́-ḫākímǫ.
25 ázzē u-málkǫ dá-didvǫ́ne mšāyéle ꞌālụ-málkǫ dá-ḥaiyát, ḫẹzéle
ḥạíye, ómmo laíkǫ?   málkǫ dá-didvǫ́ne.   ǫ́mẹr mạíkǫ kǫ́dꞌạt málkǫ
-nǫ?   lạ́tnǫ málkǫ?   ómmo kǫdꞌǫ́nǫ.   ǫ́mẹr aíkǫ-yǫ u-málkǫ dá-ḥaiyát?   ómmo sụm ꞌámi, gẹdǫmạ́llǫḫ aíkǫ-yǫ.   ǫ́mẹr lǫ-kǫ́ve.   ómmo
bẹ́le, sụm ꞌámi, ẹ́lǫ gẹdaušạ́llǫḫ.   māzạ́ꞌla u-málkǫ.   ǫ́mẹr taí gẹ-
30 sạ̇mno ꞌámẹḫ.   ómmo tóḫ ꞌǫbrína lálgul.   ǫ́mẹr ló, ḫạrke.   ómmo
ḫạrke taḫtí-šmáyǫ gunáh-yǫ.   ꞌábạr lálgul, šlạ́ḥla i-bạ̇dẹle dá-ḥaiyát ẹlvíšla bạ̇dẹle dá-nsānát, haúwyǫ áṭṭǫ taú mẹ́na lạit.   ṭạ̇ꞌi
bạ̇rṭǫ dụ-ẹmírǫ dá-šišvǫ́ne.   ómmo gẹšǫqlátli?   ǫ́mẹr é.   qrạ́lle lụ
-sāfrúnǫ, ẹmhạríle.   ẹlvíšla ī-bạ̇dẹle dá-ḥaiyát, ómmo dụ́š mahvi-
35 yạ́llǫḫ u-baítǫ dụ-málkǫ dá-ḥaiyát.   azzḗn mahvụlạ́le u-baítǫ du
-málkǫ.   ꞌábạr su-málkǫ dá-ḥaiyát, ázzē líḑe du-málkǫ, ẹnšiqǫ́le.
ǫ́mẹr mịnat mẹmẹ́de?   ǫ́mẹr u-málkǫ dá-didvǫ́nẹnǫ.   qrẹ́le lụ-málkǫ

dá-ḥaiyắt lá-ḥaiyắt kúlle. lātimi, ómmi mọ̆-kọ̆bṣat, mạlkọ? ómẹr
sǔmu zíne, zíne rábtọ hol ẹ̆ásrọ yaúme, ắti u-mảlkọ dá-didvọ̆ne
ẹlgǎbi, gẹsö̈yim ẓ̆ámrọ ẹ̆ālá-didvọ̆ne, ī-náqẹlā dqọtlọ̆nḥu ặ-nsānǎt
ẹdlọ̆-mǎḥti ẹ̆ālạḥu á-didvọ̆ne. símme zíne lá-ḥaiyắt. kimšạili á
-ḥiyévin má-ḥaiyắt, kómmi ḥắti me-zíne-yọ dsímle lụ-mạlkọ? kóm- 5
mi ắti u-mạlkọ dá-didvọ̆ne ẹlgǎbẹ, símle zine. bātịlọ ī-zíne ẹ̆ásrọ
yaúme. ómẹr u-mạlkọ dá-dịdvọ̆ne: kāyúla ẹlbặrtọḥ, mạnyọ u-ḥā-
kimọ dẹmānẹḥọ̆le? ómẹr mạnyọ ắttọḥ? ómẹr bặrtẹ dú-ẓẹmírọ dá
-šišvọ̆ne. ómẹr mānẹḥọ̆la li-zặlḥafe uli-tlaúẹ̆ọ. qặyim ázze ẹlsi-zặl-
ḥafe, ómẹr ắtti ẹkọyaúla itéḥ aníḥā, ẹdọ̆bṣat gẹdọbẹ̆nẹḥ. ắtyọ 10
i-zặlḥafe ẹ̆áme, uẹ̆i-ḥaíye dsímle ẹ̆áma átyọ, i-ḥaíye iy-ắttọ-yọ. ặ-
ṭịn si-tlaúẹ̆ọ. ómẹr tlaúẹ̆ọ. ómmo ḥá. ómẹr ắtti ẹkọyaúlā, aní-
ḥụ(l)la ḥắt uẹ̆i-zặlḥafe, ẹdọ̆bṣat gẹdọbenọ̆lḥu. mamtẹ̆le i-tlaúẹ̆ọ uẹ̆i
-zặlḥafe uẹ̆átyọ i-ḥaíye ẹ̆áme. ắti lụ-baítọ, haúwyọ i-ḥaíye u-mā-
lǎḥọ ḏiy-ặttọ, mā̆ẹ̆ítọ īy-ặttọ. ómmi ḥálan ḥáq ẹddạrbaina. mọ̆rre 15
lụ-mạlkọ i-zặlḥafe uẹ̆i-tlaúẹ̆ọ. ómẹr mẹ̆de lọ kọbẹnọ̆lḥu, mā̆ẹ̆ítọ
ắtti. dāẓ̆íri i-tlaúẹ̆ọ uẹ̆i-zặlḥafe lụ-baítọ. maḥkẹlẹ̆la li-ḥaíye i-ḥkẹ̆-
ye di-kắle dặtte udú-qạrrǎn. ómmo kítlẹ̄ bặrtọ lụ-qạrrǎn, taú
mẹ̆na laít. ómẹr lọ-kmajrẹ̆na ọzǎnọ. ómmo gẹmalvišặllọḥ bặdle
dḥaiyắt, ọzǎnọ ẹlbaqạrrǎn dauṣặllẹ umáḥạzmínǎla. ómẹr trọ̆ve. 20
mạlvạšlále bặdle ẹdḥaiyắt, uẹ̆azzịn híya uẹ̆u-mạlkọ dá-didvọ̆ne,
mšayặlle ẹ̆āli-dúktọ dú-qạrrǎn dá-šišvọ̆ne. ḥẹzặlle dúktẹ dú-qạrrǎn. azzén ẹ̆ābíri ẹlsú-qạrrǎn dá-šišvọ̆ne. lọ-kọ̆dạẓ ú-qạrrǎn u
-mạlkọ dá-didvọ̆ne-yọ, ọ̆ẹ̆dọ-tkọ̆mẹr ḥaiyắt-ne. išgílọ i-ḥaíye ẹ̆ámu
-mạlkọ dá-didvọ̆ne bú-lišọ̆nọ dá-ḥaiyắt. ómmo ḥắnọ·yọ ú-qạrrǎn 25
dá-šišvọ̆ne uḥắti-yọ ī-bặrtọ uḥắti-yọ īy-ặttọ, ábne lắtle. ómẹr ba-
ẓ̆ai-dặrbọ ṣaimína? bu-lišọ̆nọ dá-ḥaiyắt kómẹr li-ḥaíye. ómmo gọ-
zǎn kọ̆rẹḥína ẹ̆al mặllā ẹdkōtaúlan ẹktaútọ ẹdḥáršẹ, mọblína ẹ̆ā-
qẹl dī-kặcẹke ẹdmáḥạzmọ ẹ̆āmaínā, ugẹdauṣọ̆nọ u-qạrrǎn ẹdmọ̆yiṭ.
ázzịn sụ̆-šēḥ da-tắẹ̆le íšme šēḥ nǎ(y)ib. ázzịn ẹlgǎbe, kítle šǎdǒň 30
ẹlqárẹ̆e. yātívi gǎbe, ómẹr ạlmịn-ātịtu? ómmo ktaúlan ẹktaútọ
ẹdḥáršẹ, aḥrú ẹ̆áqẹl dẹbặrtọ dú-qạrrǎn dá-šišvọ̆ne lụ-mạlkọ dá-did-
vọ̆ne. ómẹr é, mọ̆-gẹdọbītụ̆lli? ómmi dọzặn lụ-baítọ, itóḥ lụ-bặ-
laḏ dá-didvọ̆ne, gẹdọbīnǎlọḥ ẹ̆ẹ̄zọ. ómẹr trọ̆ve. símle ẹktaútọ ẹdḥáršẹ, ómẹr ḥẹ̆tụ(l)la bainá-mai, uẹ̆ặštáwụ(l)la-nẹ̆, aíkọ dọzọ̆ḥu gẹ- 35
dọ̆tyọ ẹ̆āmaíḥu. azzẹ̆n maubặlle ī-ktaútọ, azzén sú-qạrrǎn dá-šiš-
vọ̆ne. yātívi ẹzbeqạrrǎn. ṭlọ̆blā li-ḥaíye mǎye mẹbặrtẹ dú-qạr-

răn dá-šišvǫ́ne. māḥátla lī-ḥaíye ī-kṭaúṭǫ bainōṭaíye. štḗla li-ḥaíye mḗqam, maštḗla a-ḥrḗne li-kácęke. aíkǫ dękyǫ́tvi kyǫ́dvǫ gābaíye. mǫrrálla, ómmi gędǫ́ṯịt ˀāmaina? ómmo é. malvášša(l)lā
bádle ędhaiyát. ędvúṣla li-ḥaíye ú-qạrrán umahęzámme la-tlǫ́ṭǫ,
5 átịn lụ-bálad dá-didvǫ́ne. ęmhǫ́lle bárṭǫ dú-qạrrán ˀálę, uˀi-ḥaíye
iy-áttǫ-yǫ. nāfíqǫ ī-ḥaíye bárṭǫ du-málkǫ dá-ḥaiyát. šāmíˀi á
-šišvǫ́ne mahęzámla ęlbárṭę dú-qạrrán ˀāmá-ḥaiyát, látte háš mu
-málkǫ dá-didvǫ́ne udvúṣla lī-ḥaíye ú-qạrrán. māqạmánne qạrrán
aḥrḗnǫ, símme ˀáskạr uˀazzén ạrríšǫ dụ-málkǫ dá-ḥaiyát. ómmi
10 lá-ḥaiyát mahęzámme bárṭǫ dú-qạrrán wudvúṣṣę ú-qạrrán. qrḗle
lụ-málkǫ dá-ḥaiyát lá-ḥaiyát kúllę. ómęr kǫdˀítu dędvúṣla u-qạrrán? ómmi é. átịn á-ḥaiyát kúllę, lǫ́-ḥazyǫ́lle dędvúṣla u-qạrrán.
ómmi lácyǫ baináni. ómęr lǫ́-fáiš ḥaiyát ḡēr bárṭi. ómmi bárṭǫh
- kǫ́yǫ? ómęr šqíla u-málkǫ dá-dịdvǫ́ne. ómmi háyǫ-yǫ, šúgle du
15 -málkǫ-yǫ dá-dịdvǫ́ne. ómmi dúšu(l)le. ómęr tǫ́ḥu lǫ́nǫ, lǫ-zǫ́ḥu lụ
-málkǫ dá-dịdvǫ́nę, u-ḥatnaídi-yǫ. mqātálle lá-ḥaiyát ulá-šišvǫ́ne.
mamtḗle lụ-málkǫ dá-ḥaiyát álfǫ tánę míšḥǫ ubízle bī-barríye.
gęzǫ́lti a-šišvǫ́ne ˀálu-míšḥǫ uklǫ́tmi, ạqǫtlínne á-ḥaiyát. qtǫ́lle á
-šišvǫ́ne bu-karánǫ. sámaˀ u-málkǫ dá-dịdvǫ́ne dimqātálle lá-ḥai-
20 yát ulá-šišvǫ́ne. qáyim símle ˀáskạr dǫzě. mšāyáˀlēle lụ-málkǫ
dá-ḥaiyát, ómęr lǫ́tịt, qṭíli á-šišvǫ́ne. ázzē šátǫ bi-ḥǫ́lǫ bǫ́tru-qátlǫ
dá-šišvǫ́ne, máyiṭ u-málkǫ dá-dịdvǫ́ne.

25

LXII (153).

kítvō mír zōzán, u-áḡa dá-fạrtánę. kitvóle ábre deˀámmǫ,
daivǫ́nǫ-ve, ˀaqęl-dídę ḥāˀífǫ-ve. azzé su-málla dá-fạrtánę, ómęr
30 málla. ómęr há. ómęr ḥúlli bú-kṭǫ́vǫ. kítlē aḥmǫ́rṭǫ lụ-daivǫ́nǫ.
ḥǫ́llǫ lụ-málla bú-kṭǫ́vǫ, ómęr fạrtánǫ. ómęr há. ómęr gędǫ-
mánnǫh éma gęmaíṭịt. ómęr éma? ómęr dęmaṭˀánịt i-ḥmǫrṭaídǫh
dsǫ́lqǫ bkáše, gimˀárṭǫ i-ḥmǫ́rṭǫ, hat gęmaíṭịt. ázzē u-fạrtánǫ
lụ-baítǫ, kitvóle áttǫ lú-fạrtánǫ. áti lụ-baítǫ, lǫ-ksǫ́yim šúglǫ.
35 kǫmmǫ́le iy-áttǫ: sụ̈m šúglǫ. kǫ́męr ḥǫllíli zu-málla, ómęr gęmaíṭịt demˀárṭǫ i-ḥmǫrṭaídǫh, lǫ-ksámnǫ šúglǫ. ázzē lá-qaíṣe u
-fạrtánǫ, mḥḗle u-nárgǫ ˀáli-súqtǫ, qáid u-qaiṣúṣǫ bęzíbbe dú-fạr-

táꜗnǫ, jríḫ. ráḫu ꜗálu-ḥmórǫ, áṭi lu-baíṭǫ, lǫ́-mamṭéle qaíṣe. ómmo
qaí lǫ-mamṭélǫḫ qaíṣe, iy-áṭṭǫ, ẹdmǫqḍína? ómẹr mḥéli u-nárgǫ·
ꜗal zíbbi, qṭǫ́ꜗli zíbbi. ómmo lǫ-fáíš kšoqẹlállǫḫ. ómẹr mǫṣṭáflit.
fáíš trē yárḥe dẹlǫ́ áṭṭǫ, maškéle ꜗála sẹmír zōzắn. qréle ẹlmír
zōzắn láṭṭẹd dú-fartáꜗnǫ, áṭyǫ lu-májlis. ómẹr qaí lǫ-kǫ́ṭịt ẹlsú 5
-fartáꜗnǫ? ómmo qṭǫ́ꜗle zíbbe, ušúǵlǫ lǫ-ksǫ́yim. ómẹr šǵǫ́lǫ? far-
táꜗnǫ. ómẹr ḫaír, kimdáglǫ, lǫ-ktǫ́ryǫ dsạmn-ꜗáma, qṭǫ́ꜗli zíbbi,
báꜗ ẹlmínyǫ? ulǫ́-ksạmnǫ šúǵlǫ. ómẹr mạrfēnǫ́lḫu mạḫḍóde. ómẹr
ạrfílạn. mạrfálle ẹlmír zōzắn. azzé u-fartáꜗnǫ lu-baíṭǫ, uꜗazzá
iy-áṭṭǫ ẹlsu-bábǫ. 10

áṭi u-fartáꜗnǫ, kítvōle ṭáꜗnǫ dẹḫéṭe. máyịṭ mu-káfnǫ, nǫ́šo
laít ạṭṭǫḫálle ḥéṭe. maṭꜗálle u-ṭáꜗnǫ ꜗáli-ḥmǫ́rṭǫ, ázzē dǫzzē li-ráḥyǫ. sālíqǫ i-ḥmǫ́rṭǫ bi-kắše, maꜗaráṭla. náfịl u-fartáꜗnǫ liy-ạrꜗǫ,
húwe ṣáḫ, ómẹr máyịṭnǫ. klen ꜗaíne ftíḥe, kḫǫ́yir bí-ḥmǫ́rṭǫ, áṭi
u-dévǫ, āḥíle i-ḥmǫ́rṭǫ. ómẹr mirāt kǫ́dꜗạt míṭǫ-nǫ, āḥílǫḫ i-ḥmǫ́r- 15
ṭǫ, dlǫ hǫvénǫvō míṭǫ, lǫ́-qǫdrạ́tvō ǫḥlátvǫ i-ḥmǫ́rṭǫ, élǫ mí-sạ̈mnǫ?
míṭǫ-nǫ. áṭi ḥā zlám, ḥálạs ꜗálú-fartáꜗnǫ, ómẹr qaí hárke hát?
ómẹr míṭǫ-nǫ. ómẹr ḥǫ́ru baíṭǫḫ, u-míṭǫ kimtáne? ómẹr é. ómẹr
qûm lǫ-mdáglit, u-míṭǫ lǫ́-kụmtáne. qắyim u-fartáꜗnǫ, ómẹr wā⌢
waíle, ǫ́no ṣáḫ, āḥíle lu-dévǫ i-ḥmǫ́rṭǫ. áṭi u-táꜗlǫ mahzámle u 20
-táꜗnǫ dá-ḥéṭe, u-mérẹkǫ mahzámle u-ḥaúlǫ. dáꜗạr u-fartáꜗnǫ lu
-baíṭǫ. ázzē maškéle zẹmír zōzắn. ómẹr mǫ-kǫ́bꜗạt? mír zōzắn.
ómẹr gẹsaímịt šạríꜗa? ómẹr é. ómẹr azzínǫ ẹlsu-mắlla, ǫmánnǫ
ḥụ́lli ḫzại éma gẹmáṭnǫ, ḥǫ́llēli, ómẹr kítlǫḫ ạḥmǫ́rṭǫ, ī-náqẹlā
dẹmạṭꜗanáṭlā, — qrálle lu-mắlla, — ómẹr ī-náqẹlā dẹmạṭꜗanátla, 25
gimꜗárṭǫ, gẹmaíṭịt; maṭꜗạnǫ́li u-azzínǫ li-ráḥyǫ, maꜗaráṭlā li-ḥmǫ́r-
ṭǫ, nāfạ́nnǫ ꜗál iy-ạ́rꜗǫ, klen ꜗaíni ftíḥe, áṭi u-dévǫ, āḥíle i-ḥmǫ́rṭǫ,
áṭi u-táꜗlǫ, mahzámle u-ṭáꜗnǫ, áṭi ḥā mérẹkǫ, mahzámle u-ḥaúlǫ,
mǫ-kómmịt? ómẹr šǵǫ́lǫ? mắllā. ómẹr é, gāḥáḥnǫ ꜗálẹ, mǫlléli
ómẹr ḥụ́lli, ḥẹzí éma gẹmáṭnǫ, ḥlō maútǫ bíḍi-yǫ? bịḍẹ dálǫ-yǫ. 30
ómẹr lǫ́ḫ símlǫḫ haúḥā. ómẹr laít ǵámǫ, mír zōzắn, u-mắlla mí
-sǫ́yim. áṭi u-fartáꜗnǫ lu-baíṭǫ, ómẹr kazínǫ ǫ́nẹste sōyámnǫ ḥiḍụ
-mắllā dúgle. qắyim u-fartáꜗnǫ, azzé lu-bálạd dá-qálme, ḥẹzéle qálme,
mǫ, ómẹr qálmǫ. ómmo ḥá. ómẹr kāfínǫ-nō. ómmo látlạn láḥmǫ,
mǫ. ómẹr kíthu mắllā? ómmo kítlạn ḥắ, lǫ-krǫzálle. ómẹr zéḥ 35
málle lu-áǵa dá-qálme, mar káṭi mắlla kāꜗisǫ ẹlgābaínā. ázzā
i-qálmǫ mǫ́lla lu-áǵa dá-qálme, ómmo áǵa. ómẹr ḥá. ómmo kit

mą́lla kā·ísǫ gābaina. ǒmẹr ạíkǫ-yo? ómmo tóḥ dmaḥviyą́llǫḥyǫ.
ą́ti u-ą́ġa dá-qálme, ạḥzéle ú-fạrtá·nǫ, ǒmẹr šġǫ́lǫ? mą́llā ḥát?
ǒmẹr é. ǒmẹr tóḥ ạhvạílạn mą́lla. ǒmẹr gẹdǫtḗnǫ. maubạ́lle lụ
-jḗmạḥ, mautaúwwe tą́mǫ. maufą́qqe u-mą́lla ḥrḗnǫ, ạqḥír u-mą́lla
5 qāmǫ́yǫ. fą́iš ḥámšǫ yaúme u-fạrtá·nǫ mą́llā, ǒmẹr lạíbi dsōyą́m-
nǫ ·āma-qálme, ẹdlǫ́-maqtánnǫ u-mą́lla, ẹdmaqtánne gemiṭnáḥnǫ,
ai-dą́rbǫ dǫbꞋḗnǫ, gẹsą́mụǫ. kítlē zǎd lu-ą́ġa dá-qálme, qą́yim ú
-fạrtá·nǫ, ázzē mauqą́dle bẹlą́lyǫ. qą́yim u-ą́ġa dá-qálme, ḥẹzéle
mauqą́dde u-zǎd-diḍe. ǒmẹr ẹlmą́ne mauqą́dle u-zād-díḍi? ǒmẹr ú
10 -fạrtá·nǫ: ḥẹzéli núrǫ biḍe du-mạllátḥu. qrą́lle lụ-mą́lla qāmǫ́yǫ,
ómmi šġǫ́lǫ? kítvō núrǫ bíḍǫḥ? ǒmẹr ḥaír, ẹlmá-mǫ́lle? ómmi lụ
-mą́lla ḥátǫ. ǒmẹr šġǫ́lǫ? ǒmẹr é ḥlō ǫ́nǫ mą́lla kimdāgą́nnǫ? qtá·ẹ
qár·ẹ dụ-mą́lla qāmǫ́yǫ. Ꞌtnïḥ ú-fạrtá·nǫ, ḥávi u-mạllą́tte bu-šġǫ́lǫ,
lǫ-fā·íšše żġēr mẹ́ne mą́lla, ẹdǫ́b·ẹ ksǫ́yim. kmáqre á-zꞋụryǫ́tǫ dá
15 -qálme, ksǫ́yim ·āmạiye, kmíšġil ·āmá-níše, ·áma-qálme, ksǫ́yim
·āmạiye. kítvō qálmǫ kā·ístǫ, ozávōle ẹlgába. kítvōla gaúrǫ, azzé
u-gaúrǫ lú-dvǫ́rǫ, azzé u-mą́lla ẹlgábi-żꞋnẹke. ą́ti u-gaúrǫ mu
-dvǫ́rǫ, ḥẹzéle u-mą́lla ksǫ́yim ·ámiy-ą́ttǫ. ą́ti u-mẹ́rẹqǫ gaúre
di-qálmǫ, maškéle su-ą́ġa da-qálme, ǒmẹr ḥẹzéli u-mą́lla ksǫ́yim
20 ·ām ą́tti. qrą́lle lụ-mą́llā ulą́tte du-mẹ́rẹqǫ. ómmi šġǫ́lǫ? mą́llā.
ǒmẹr mínyǫ? ómmi símlǫḥ ·ām ą́tte dánǫ? ǒmẹr ḥaír klā i-żꞋnẹke,
ǫ́nǫ símli ·ámẹḥ? ómmo ló. ómmi kimdágil gaúrẹḥ, ómmi ḥḗtụlē
bú-ḥabís, kimdágil ·ālu-mą́llā. māḥátte bú-ḥabís. fą́iš šátǫ mạikǫ,
ksǫ́yim u-mą́llā ·ámi-żꞋnẹke, ạtꞋínǫ, hāvílā ábrǫ. šámạꞋ u-ą́ġa,
25 qréle li-żꞋnẹke, ǒmẹr mǫmą́ne ạtꞋínịt uhāvílẹḥ? ómmo mẹgaúri.
lǫ́-mtāną́lle ẹldu-májlis. kítlē ą́ttǫ lu-ą́ġa da-qálmẹ kā·ístǫ. ázzā
zu-mą́lla ómmo ẹkǫ́yu lébi, mǫ-dạrmǫ́nǫ ǫḥlǫ́nǫ ẹdnǫyą́ḥli? ǒmẹr
gẹdǫmą́nnẹḥ, gẹsạimịt bẹdíḍi? ómmo é. ǒmẹr tại dsạ́mn-·ámẹḥ,
gẹnáḥlẹḥ. ómmo itóḥ. símle ·ámā. átǫ i-qálmǫ lụ-baítǫ, fā·íšǫ
30 árbǫ yaúme, ómmo náyạḥ lébi. kótẹ u-mą́lla ẹlgáb-be·ą́ga ẹlbǫ́i
diy-ą́ttǫ. wú-ḥā yaúmǫ gáb-be·ą́ga símle ·ām ą́tte du-ą́ga. nā-
ḥitǫ bą́rtẹ du-ą́ga lụ-mrábba· diy-ḗmǫ, ḥẹzéla u-mą́lla ksǫ́yim ·ā-
miy-ḗmǫ, híya ạḥzą́lla li-ką́cẹke, uḥǫ́nne lǫ-ḥziyǫ́lle. átǫ mǫ́lla
lụ-bábǫ, ómmo bábǫ. ǒmẹr ḥá. ómmo itóḥ. ǒmẹr ẹlmúne? ónmo
35 tóḥ ḥúr. ázzē ·ámā u-bábǫ, maḥvụlále iy-ḗmǫ uꞋu-mą́lla. ·ábạr
·ạrrišạíyẹ, ǒmẹr mǫ́-ksạimítu? lǫ́-mtāną́lle. ẹmsíkle u-fạrtá·nǫ,
māḥátle bú-ḥabís umāḥátle iy-ą́ttǫ ·ālu-ḥázǫq, mḥạzqǫ́lẹ. kle

u-farṭáꜟnọ msíkọ, fáiš šátọ msíkọ, lọ́-marfệle lu-áġa. mọllẹ́le lú-
farṭáꜟnọ, ómẹr mạ́-ḥaq kítlọḥ ꜟáli dẹkítno msíkọ? ómẹr símlọḥ
ꜟām áṯṯi. ōmẹr làṯṯọḥ qrẹláli, ómmo ksạímịt ꜟámi bu-zọ́r, mí-sámn-
nọ, ḥāṯịnọ. ómmi ḥábrại-yọ, dụ-mą́jlis. ómmi nọ̌šọ kíbẹ ẹtsọ́yim
ꜟām áṯṯọ ẹdlọ́-mlišọ̌nā? ómmi ḥaír. ómmi làtlọḥ ḥáq ꜟálu-farṭáꜟ- 5
nọ. marfạ́lle, ómmi lọ́-fáiš sạ̇ímịt haúḥā. ómẹr ṭaúbe. símme ạrj-
jaꜟ mạ́llā. —. ⁕kítvō kạ́cẹke ẹmdá-qálme, šáfạ́rṭọ-vā, ẹmsikọ́le
ksọ́yim ꜟáma míllaḥálf. gẹbọ́ḥyọ i-kạ́cẹke, ạḥzạ́lle lẹtlọ́tọ, šḍạlle
bọ́ṭrẹ, mahzạ́mle. azzẹ̆ náfạq ẹmbạịná-qálme. azzẹ̆ ẹlbạín i-bọ́qọ,
ómẹr surọ́ye hátu? ṭáye hátu? ómmi fạlgạịnā surọ́yẹ-nā ufạlgạịnā 10
ṭáyẹ-nā. ómẹr ónọ qạ́šọ-nọ ẹmbạịna-ḥábaš. ómmi lọ́-kọvátlạn qạ́-
šọ? ómẹr bẹ́le, gẹ̣dọvẹ́nọ. símme qạ́šọ. ómẹr šạiyẹ́ꜟu á-kạcẹkát
-dạ́ṯḥu dẹmaqrẹ́nin. mšāyáꜟe a-kạ́cẹkát-dạ́ṯṯe, kẹmaqrẹ́lin ksọ́yim
ꜟámạịye, kómẹr i-qrạịṭọ háṯi-yọ, dọmmạ̣́nḥu ēmạịḥu ubābạịḥu
kmāqrạ́lḥu u-qạ́šọ? mắru é. ómmi trọ́ve. kul yaúmọ bu-karánọ. 15
kọ́ṯịn á-níše ẹlgắbẹ kmáṣalvi, gẹnọšáqqe. kómmi lạḥḍọ́de á-níše,
kómmi knọšáqlạn, mọ́rre lá-gaurạ́ṯṯe, ómmi kmạṣalvína knọšáqlạn.
qrạ́lle lu-qạ́šọ, ómmi qai knọ́šqịt á-níše? ómẹr ꜟádẹ-yọ gābạịna.
lọ́-mtānálle. kózzịn mạ́ṣalvi á-níše, ạqọrạ́ssẹ, kómmi lạḥḍọ́de á
-níše: ạqọrạ́slạn. mọ́rre lá-gaurạ́ṯṯe, ómmi kmạṣalvína qọrạ́slạn 20
u-qạ́šọ. qrạ́lle lụ-qạ́šọ, ómmi qai qọ́rṣịt á-níše? ómẹr gābạịnā
haúḥa-yọ, lášān aṯṯaíbi ẹdmīyáddẹbi. lọ́-mtānálle. azz-ạ̇ḥḍọ maṣ-
laúlā, dạryọ́le, símle ꜟáma. azzẹ̆ ḥámiš, símle ꜟámạịye. mọ́rre
lá-gaurạ́ṯṯe, qrạllạ́lle, ómmi qai símlọḥ ꜟāmá-níše? ómẹr ꜟádẹ-yọ
gābạịna, kul šátọ gẹsámnọ ꜟam ḥámiš. ómmi msákūle. mahẹ- 25
zạ́mle, šḍạlle bọ́ṭrẹ. azzẹ̆ ẹlbạịná-ṭai. ómmi qaúwyọ kšọ́dịn bọ́ṭ-
rọḥ, ẹlmúnẹ? ómẹr ṭáyọ-nọ, dạrvíš-nọ, āṯịnọ mụ́-ḥọj, nuḥrọ́yọ-nọ,
lādáꜟnọ ạík-ozzí, ḥẓạllạ́lli, kómmi itọ́ḥ ạḥvạị surọ́yọ. ómmi ai
-dạ́rbọ gẹḍọ́vit surọ́yọ? ómmi gẹsạimīnálọḥ mạ́lla. símme mạ́lla,
mautaúwwe bu-jẹ́mạḥ, lọ-qọ́dẹr mọ́sịk rúḥẹ, ksọ́yim ꜟāmá-níše dắ 30
-ṭáye. mídle lạḥḍọ́ bú-zọ́r. šāmíꜟi á-ṭáye, qrạ́lle ẹdmọḥálle. mah-
zạ́mle ẹlsa-sūrọ́ye. ómmi qaúwyọ kmáḥazmịt? á-surọ́ye. ómẹr
kómmi tọ́ḥ ạḥvạị ṭáyọ, u-ọ́nọ qạ́šọ-nọ. ómmi fúš gābạịnā, mi
-dsímlọḥ fîdat ꜟainọḥ. áṯịn á-ṭáye, tlọ́bbe má-surọ́ye. á-surọ́ye
kómmi qạ́šọ-yọ, á-ṭại ómmi dạrvíš-yọ, mụ́-ḥọj áti. ẹmqāṯạ́lle lá 35
-ṭại ulá-sūrọ́ye ꜟálú-farṭáꜟnọ, ạqṭọ́lle ạḥḍọ́de. ázzịn maškạ́lle ꜟál
ạḥḍọ́de lá-ṭại ulá-sūrọ́ye ꜟálú-farṭáꜟnọ. ázzịn su-šụlṭọ́nọ di-bọ́qọ,

maškalle ꞏāl aḥḏóde, maḥkalle i-ḥkēyatte lu̱-šultóno lá-tāi, ómmi
ḥáno áti mú-hoj, darviš-yo, kómmi á-sūróye qášo-yo, emqatélan
ꞏále. ómmi á-sūróye ḥair lácyo darviš, qášo-yo, embaínu-ḥábaš
áti. ómer mín-at meméde? u-šultóno. ómer mallā-no uqášo-no.
5 ómer ló, mar. ómer mallā-no. ló-majréle mú-šultóno dómer qášo
-no. maubálle lá-tāye, símme mallā. mídle láyo edló-tréla, símle
ꞏáma bu-zór. ḥávin ḥúwe uhíya dostín. aḥzálle ꞏála, emḥalálle
demoḥálle. maḥzámle elsá-sūróye, emḥalálle lá-sūróye, maḥzámle.
náfaq embaíni-bóqo, azzé lu̱-bálad-diḍe. azzé elzemír zōzán, ómer
10 koḇꞏéno átti. qréle liy-átto, átyo lu̱-májlis, ómer zéḥ zegaúreḥ.
ómmo látle zíbbo. maꞏaléle ꞏal zíbbe bú-májlis, ómer šqollíli ḥā
ḥáto. ḥūwálle iy-átto. ázzē lu̱-baíto, símle ꞏámiy-átto. ómmo
maíko šqíloḥ ú-zibbáno? ómer embaíná-qálme. ómmo šoqlátvo ḥā
ráb. ómer maítit, ómer álo zíbbi ú-qāmóyo-yo. ómmo lo-fáiš ge-
15 šoqelálloḥ. ómer dús maškéna ꞏāl aḥḏóde. azzín zemír zōzán,
ómmo ló-kšoqelálle. ómer qaíyo? ómmo zíbbe nāꞏímo-yo. ómer
aubéla bu-zór, maíko gešóqel zíbbo ráb máno. maublóle lú-far-
táꞏno, ḥávin gaúro u-ꞏátto.

20

LXIII (159).

kítvō wazíro, kitvóle tlót níše, kitvóle gréꞏo kómo. lōvēvóle
25 ábne lú-wāzíro. ḥávíle ábro miy-átto naꞏámto kómo. sōyamvo
u-gréꞏo áꞏma, ḥávíla ábro ḥu̱-gréꞏo kómo. ómmi ḥávíle lú-wāzíro
ábro. áti, ḥólle ꞏále, ḥezéle ábro kómo. mólle liy-átto, ómer
mar dīdúgriye memán-yo? ómmo ménoḥ-yo. ómer ḥair kimdáglit,
geqotánneḥ, mar. ómmo dīdúgriye? ómer é. ómmo lo-kmoḥátli?
30 ómer ló. ómmo mu-gréꞏo-yo. qréle lu-gréꞏo, ómer qai-aúḥā sím-
loḥ, gréꞏo? ómer liya ómmo sum ꞏámi. jlátle u-gáldo daqdóle,
maꞏaléle ꞏál-meqárꞏe, símle sáqujarm, umarféle ekóraḥ edló-qárꞏo,
mḥāláqle baíná-kúbe zaltóno watréle. ḥávi u-ábro dú-wāzíro rábo,
nóšo lo-qóder ꞏále. ómer ú-wāzíro, getolábnoḥ. ómer lo-krozéno
35 níše dlō óno maꞏajábno ušoqánno. ómer mustáflit. ráḥu ábre dú
-wāzíro, káraḥ beḇríto ꞏāl átto arbáꞏ-išne, lo-qāyídle átto ḥid ko-
ḇꞏe. dáꞏar lu̱-baíto, molléle lu̱-bábo, ómer lo-qāyáḍli átto. ómer

kráḥ, aíkọ ẹthọ́zịt umaˑ̇ájọbit gẹšọqánnọhyọ, haúwyọ gāwịrtọ
uhaúwyọ ẹdlọ́-gwọ́rọ. ómẹr kā ̍ísọ. kárạḥ bainá-ṭaíre, lọ-ḥzẹ́le.
ómmi kítlē bạ́rṭọ lụ-bá8íq, kommíle á-ṭaíre. ázzē su-bášíq, yátu
ẹzbebášiq. ómẹr ạlmịn-áṭịt, ábre du-wāzírọ? ómẹr āṭínọ ẹlbạ́rṭọḥ
ạṭṭọlạ́bniyọ. ómẹr klā bạ́rṭi. họ́lle ˑ̇ála, kā ̍ístọ-yọ, ráġlā ̍ˑ̇āwụ̈́sṭọ 5
-yọ. ómẹr bạ́rṭọḥ kā ̍ístọ-yọ, ẹ́lọ sáqaṭ-yọ. ómẹr hạ́ṭi-yọ, krọzátlā
aubẹ̈́la, lọ-krọzátla tríya. ómẹr gezínọ kọrạ́ḥnọ, ẹdlọ́-qáḏli tau
mẹ̈́na, gẹdọṭẹ̈́nọ maubạ́nnā, wụtqáḏli gẹṭọrẹ̈́na. ómẹr zóḥ lọ-kọ-
bẹ̈́na. kárạḥ lọ-qāyạ́ḏle. ạhzẹ́le ṭaírọ, ómẹr lọ-kmọtvạ́tli grẹ̈ˑ̇ọ
gáboḥ? kọmálle u-ṭaírọ. ómẹr bẹ́le. maubẹ̈́le u-ṭaírọ ̍ˑ̇ámẹ lụ 10
-baíṭọ. mọ́lle lụ-bábọ, ómẹr lọ́-qāyạ́ḏli, ómẹr ạhzẹ́li ạhdọ́ su-báší q,
kā ̍ístọ-yọ, ráġla ̍ˑ̇āwụ̈́sṭọ-yọ. ómẹr u-ṭaírọ: ̍ˑ̇almọ́-kimšaílịt? ómẹr
̍ˑ̇al áṭṭọ kā ̍ístọ.ˑ̇ ómẹr gẹdọmánnọḥ, u-ṭaírọ. ómẹr már. ómẹr
kārạ́ḥnọ ẹbbríṭọ kúla, lọ-ḥzẹ̈́li níše taú mẹbạ́rṭẹd dọ̣smār ú-ṣābọ́gọ,
u-ẹ́ga dá-kulạ́ñg. ómẹr kā ̍ístọ-yọ? ómẹr dhọ́zịt taú mẹ̈́na, qṭä̇ˑ̇ 15
qárˑ̇i. ómẹr é, ómẹr kọ́dˑ̇aṭ aíkọ-ne? ómẹr gẹmahvẹ̈́nọḥne, ọṭẹ̈́nọˑ̇
̍ˑ̇ámọḥ. qáyim húwe uˑ̇u-ṭaírọ, azzén lī-dúkṭọ ẹdkitvaíye á-kulạñg.
qā ̍ími mẹṭámọ, azzén ẹlgẹ́r dúkṭọ á-kulạ́ñg. ómẹr hạ́ṭi-vā duk-
ṭaíye, lọ-kọdˑ̇ánọ aík-azzịn. ạhzálle arnúwọ. ómmo ˑ̇almúne kim-
šaílitu? ómmi ̍ˑ̇al ọ̣smar u-ṣābọ́gọ kimšaílína. ómmo azzén lī-ba- 20
gláe krọ́ˑ̇an. azzén bọṭraíye, ḥzálle á-kulạ́ñg, mạ́lyọ ī-dạštáyọ di
-bagláye kulạ́ñg. mšāyạ́lle ̍ˑ̇al ọ̣smar u-ṣābọ́gọ. kítle cádạr. ómmi kle bu-cádạr. hā cádạr ẹlḥúdẹ-yọ, ázzịn ẹlgábe, drálle 8lọ́mọ
ˑ̇álẹ. ómẹr ̍ˑ̇ála-ˑ̇aine, itọ́ḥu itáu. yátivi. ómẹr ạlmịn-áṭítu? ómẹr
āṭínọ ẹlbạ́rṭọḥ. ómẹr ẹlmạ́nyọ bạ́rṭi? ómẹr lọ́nọ-yọ. ómẹr lọ-krọz- 25
yọ́lọḥ. ómẹr ábre dú-wāzirọ-nọ, kómmịt lọ́-krọzyọ́lọḥ? ómẹr ábre
dú-wāzírọ bạ́t, uhiya bạ́rṭẹd dụ̈-8ụlṭọ̈́nọ-yọ, ú-sụlṭọ̈́nọ dá-kulạ́ñg.
ómẹr qraíla dhọzéna, gẹšọqlóli? lọ́? qrạllạ́llā, látyọ, mšāyáˑ̇lā ạh-
dọ́ ẹbdúkṭā, mamṭiyọ́lle lụ-dívan, lạ́cyọ bạ́rṭẹ dọ̣smar, gẹ́r mẹ̈́na
-yọ. ómmi hạ́ṭi-yọ. ómẹr hạ́ṭi-yọ? ómmi é. ómẹr 8rọ́lọ, ṭaírọ? 30
ómẹr hair, lạ́cyọ hạ́ṭi, u-ṭaírọ. ómẹr tá(w)ṇlā. ázzịn mamṭiyọ́lle
bạ́rṭẹd ọ̣smar, mạlvạ́ššalla júle pẹsín, mamṭiyọ́lle lụ-dívan, dlọ́-
dáˑ̇lā u-ṭaírọ. ómmi klā. họ́llebā lu-ṭaírọ, ómẹr hạ́ṭi-yọ. ómmi lạ́c-
yọ hạ́ṭi, á-kulạ́ñg. ómẹr bẹ́le. ómẹr krọzéna, ábre dú-wāzírọ,
haúwyọ híya ulaúwyọ híya krọzéna. ómẹr gẹdọbẹ̈́nọḥyọ, ọ̣smar; 35
ómẹr ṭaíli ˑ̇ásrọ tạ́ˑ̇ne dínọ̈́re, họ́nne uˑ̇á-bágle. ómẹr kā ̍ísọ. mšā-
yạ́ˑ̇le u-ṭaírọ ẹ̣lsu-bábọ, ómẹr mạ́lle ẹlbábi, mar aṭˑ̇án ˑ̇ásrọ tạ́ˑ̇nẹ

ạddināre, hānne uʾá-bágle, utaíyin uʾitáḥ, ănă klī hárke. ómmi
záḥ hát taíyin, á-kúlạñg. ámẹr gẹmamtánnẹ, hátu mằlḥu méni?
ómmi mụstáflit. ázzē u-ṭaírọ ẹlsú-wāzírọ, mắlle lú-wāzírọ ḥíd mọl-
léḷẹ lu-ábrọ. maṭ:álle á-ṭáʾne lú-wāzírọ, mšāyáʾle ʾámu-ṭaírọ. áṭi
5 u-ṭaírọ mamṭắlle ẹlsábrẹ dú-wāzírọ. hūléḷin lábre dú-wāzírọ a-ṭáʾne
uʾá-bágle. ómmi u-ḥá ṭáʾnọ núqus lira-yọ. ámẹr gẹdọbénọlḥu ī-líra.
ómmi lọ-kmaqablína. ámẹr gẹṭọrénọ u-ṭaírọ gráu gābaiḥu dí-līrā.
ómmi tráve. tréle u-ṭaírọ uʾáṭi mamṭéḷe i-kắcẹke. áṭi lụ-baíṭọ,
mšāyáʾle i-líra ʾámụ-ḥmáṛọ. áṭi ụ-ḥmáṛọ, mamṭéḷẹ i-líra. dạryáḷe,
10 mzaiyʿáḷe; ụ-ḥmáṛọ káṛạḥ ʾálā, áṭi u-táʾlọ. ámẹr mắ-ksạímịt, ạḥ-
máṛọ? ámẹr dréli i-líra, mzaiyʿáḷi. káraḥ u-táʾlọ ʾámẹ, ḥazyáḷe.
ámẹr ḥáliyọ, táʾlọ. ómẹr lọ-kọbéna dlắ-mạrḥuwáṭli ʾáḷọḥ. šqẹláḷe
mu-táʾlọ, uráḥu u-táʾlọ ʾále. āṭile dịdváṇtọ lụ-ḥmáṛọ, mahzámle lụ
-ḥmáṛọ, dréle u-táʾlọ. ázzē ẹlsá-kulạñg, húle i-líra lắṣmar, mamṭéḷe
15 u-ṭaírọ; dáʾaṛ húwe uʾu-ṭaírọ lụ-baíṭọ, ḥzắḷle u-táʾlọ. ómẹr hēš hárke hát? ómẹr é, dreláḥli, twắḷḷọḥ rágli, ẹṭʾálli, lọ-qọdánnọ mhāláḥ-
nọ. áṭịn ạlbú-wāzírọ, maškắḷle sú-wāzírọ ʾál aḥḍóde. ómmi laịt gámọ, ạhváwụlan gréʾẹ, aḥúlu uštáu. ómmi tráve. hávịn gréʾẹ u-táʾ-
lọ uʾụ-ḥmáṛọ uʾu-ṭaírọ. ẹmḥạ́ḷle lábre dú-wāzírọ bắrṭẹ dáṣmar ʾáḷẹ.
20   kítle gréʾọ lú-wāzírọ u-dạrviš, ásḥam ménẹ laịt, bú-dịbáḷọ
náṣọ lọ-gẹdọréle. kít bi-qríṭọ šúqẹ udukánẹ. ẹmzáyặḥ taúrọ ẹd-
baíṭọ. ẹkáṛḥị ʾálu-taúrọ, nāfíqọ i-žịnẹke mắrṭẹ du-baíṭọ, ẹkáṛḥọ
ʾálu-taúrọ bú-ṭúrọ. ḥạzyáḷe lú-ḥáṛj, ẹmsikáḷe, mọbláḷe, káḍaʾ áṭṭọ
-yọ, mọbláḷe lụ-naqvaíḍẹ, maʾabráḷe lálgul, ksáyim ʾáma ḥíd-a
25 -gaúre. lọ-kụmtányọ. knáfạq, kmắḥạt kéfọ rábṭọ bu-tárʾọ dlọ-qá-
dṛọ mahạ́zmọ. hāvíla táṛt-abnáṭọ mu-ḥáṛj; aṭʾịnọ náqẹla ḥréṭọ,
hávi u-ḥáṛj ināñ ʾáli-žịnẹke, ómẹr lọ-fắiš kmāhạ́zmọ, hāvíla ab-
náṭọ méni. náfạq, ázzē lu-ṣaíḍọ. i-žịnẹke simlā ulọ-simlā mán
-abnáṭọ, lázzịn ʾámā. qāʾímọ mahzámla, áṭyọ li-qríṭọ du-gaúrọ.
30 ḥạzyáḷle lá-zʾúre di-qríṭọ zalṭọníṭọ, zāʾíyʾi ménạ, mḥạllábbā kéfẹ.
ómmo aṭṭắt dẹflán kặs-nọ, lọ-mọḥẹtúlli. azzén márre lu-gaúrọ,
mamṭéḷe júle, mạlvặšléla, mọbláḷe lụ-baíṭọ. mahkẹláḷịn ḥid-ávi.
kóte u-ḥáṛj li-qríṭọ ḥdú-naiyár, ạqáṭẹl á-qanyáne di-qríṭọ, ksáyim
ʾámi-bắrṭọ mdắrb iy-émọ. qṭíle zlám mẹdi-qríṭọ, mịdde lá-tfanáq
35 ẹldi-qríṭọ uʾázzịn lụ-naqvaíḍẹ. náfạq, qṭáḷle bá-tfanaq, maḥraúwe
u-náqvọ, mamṭálle á-kạcẹkät, áṭịn lụ-baíṭọ. hāvíla li-žịnẹke ábrọ
ḥá-náše uḥú-ḥáṛj. yắrū, nášọ lọ-qáḍer ʾáḷẹ. u-gréʾọ dú-wāzírọ

sáḥẹm-yọ, nóšọ lọ́-gdọrẹ́le bú-djbọ́lọ. ómmi izóḥu, tắu ábre du
-ḥắrj. mamṭálle ábre du-ḥắrj ẹlsú-wāzirọ. ómẹr mištaꞏáu bú-dj-
bọ́lọ. mištaꞏálle. drẹ́le lắbre du-ḥắrj. ' ómẹr u-wāzirọ: gẹqọṭáꞏnọ
qárꞏẹ du-grẹ̈ꞏọ, qai drẹ́le lắbre du-ḥắrj? mẹrājẹ́le lắbre du-ḥắrj,
lọ-trẹ́le dẹqọ́ṭaḥ qárꞏẹ. ómẹr qai drẹ́lọḥ u-grẹ̈ꞏaídi? ómẹr i-qūwai¯ 5
ḍi mụ-ḥắrj-yọ. ómẹr šrọ́lọ; ómẹr itaú gắbi grẹ̈ꞏọ. ómẹr é.

LXIV (172)   10

   kị́tvō yātúmo kácạl, lắtvōle émọ ubábọ. ꞏọbárvọ lá-bọ́te gō-
naúvọ láḥmọ, mọḥánvōle. kítvō mặllā bí-qrị́tọ, mọ́llẹle lụ-mặlla,
ómẹr bạs gónvit láḥmọ, ẹṭláb, gẹdọbílọḥ. ómẹr mặlla. ómẹr hắ.
ómẹr kọbꞏẹ́nọ dḥairắtli bu-kṭọ́vọ, aḥzaí, gẹdọvẹ́nọ bémijāl? gẹdọ- 15
rḗnọ daulắtli? ómẹr trọ́ve. họ́lle bú-kṭóvọ lụ-mặlla. ómẹr kácạl.
ómẹr hắ. ómẹr dlọ́-gónvit, gẹdọ́vit qọ́ze. ẹfsị́ḥ u-kácạl, yắtū
ẹgrẹ́ꞏọ sặ-(r)rimọ́ye, kšóqẹl a-yạrḥaíde mī-daúle wụklọ́viš. hávi
ắga, qrẹ́le lu-pášā, ómẹr kácạl. ómẹr hắ. ómẹr hvaí qọ́ze bẹflán
valáye. ómẹr bọ́tr dẹmọ́llọḥ gẹdovẹ́nọ. mälíflẹle šắš ḥẹvọ́rọ lụ- 20
kacặl, šqọllẹ́lẹ ámrọ mu-pášā, wumsíklēle trē grẹ́ꞏẹ. rắḥū húwe
wá-grẹ́ꞏe, azzé li-valái ẹdmọ́llẹ lụ-pášā, ázzē li-sạráí. kít qọ́ze támọ. yắtū bú-méjlis. ómmi mịnāt mẹmẹ́de? dụ́-mẹ́jlis. ómẹr ắṭi-
nọ qọ́ze ẹlắrke. ómmi ẹlmá-mšāyáꞏlēlọḥ? ómẹr lụ́-pášā. ómmi
kọ́yọ u-ámrọ ạdmamṭẹ́lọḥ? ómẹr lọ́-mamṭẹ́li ámrọ, ẹmbedúgle. óm- 25
mi qúm. ómẹr lọ́-qámnọ. maufắqle u-ámrọ. qrẹ́lle, ómmi šrọ́lọ.
yắtū qọ́ze. qắyim ú-qọ́ze qāmọ́yọ máꞏzil. hávi qọ́ze bí-valái,
ẹqọ́ṭaḥ šạríꞏa. krọḥmíle dụ̆-méjlis. ómẹr súmuli máḥkama bắšqā
mí-sạráí. simắlle máḥkama bắšqā. kyọ́tū bī-máḥkama máḥkịm.
fắiš šắṭọ. kla í-valái táḥtu-diyár. ẹkḥólsi á-zꞏụryọ́ṭọ qmu-tárꞏọ 30
di-máḥkama. kul yaúmọ kmósik aḥḍọ́, sóyim ꞏāmaíye bu-zọ́r.
simle ꞏam.ꞏẹ́sri. šāmíꞏi dí-valắí, ómmi qọ́ze lọ-sạimịt haúḥā. ó-
mẹr ạí-dắrbọ? ómmi ksạimịt ꞏam án-abnóṭọ. ómẹr ḥair lắtli hắš.
ómmi īmạílan bú-mishắf ánni lắṭlọḥ hắš. ómẹr yaúma sạrútọ-yọ
lọ́-kyọmẹ́nọ gunáḥ-yọ, rámḥul gịdyọmẹ́nọ. ómmi trọ́ve. náḥar 35
dẹ́ri yaúmọ, ẹṭlẹ́le u-mịshaf, māḥátle ẹkṭọ́vọ ẹdlọ́-kṭọ́vọ, māḥátle
ꞏālụ́-sạndúqọ. ắṭi u-májlis, ómmi imaí. ómẹr yọmẹ́nọ. ómmi é,

ómẹr bú-misħafắnọ lắtli hắš mán-abnọ́tọ. ómmi šrọ́lọ. mịtyāqán-
ne. họ́nne ọ̣d-ẹtkómmi ú-misħáf-yọ dekyọmẹ̄be, lāḍi̇i, mịtyāqán-
ne. ómẹr fāˀíšħu mẹ́de? ómmi lọ́. bótr bẹˀárbˀọ yaúme ẹmsiklc
zẹ̣úrtọ kắmil, simle ˀắmā, lọ́-māqắllā liy-ẹ̄mọ úlu̯-bắbọ, ạtˀịnọ.
5 hạzyọ́lle liy-ẹ̄mọ úlu̯-bắbọ, ómmi qaí haúħā simlẹ̄ħ? ómmo aí-dắr-
bọ? ómmi ạtˀịnạt. ómmo mị̇-ṣaimọ́nọ? ómmi mẹmắn-yọ? ómmo
mu̯-qọ́zẹ-yọ. ómmi dọ́ve, zéħ ħalẹ́qe ˀắlu-qọ́zẹ, bắlle lọ́-tọ́rị̇t ẹd-
šọ́mˀi á-nóše, élọ gẹmaħẹtkắtlạn dšọ́mˀī á-nóše. ómmo trọ́ve. hāvíla li-kắcẹke ẹzˀúrọ. mālíflā bạiná-fắṣe, maubéla ẹdlọ́-ħạs ẹblắl-
10 yọ, mħāláqla bséfe du-qọ́zẹ. ómẹr mịny-ắnọ? ómmo simlọ̄ħ ˀắmi,
ạtˀẹnọ́nọ, hávi ẹ́mi ubắbi ómmi zéħ ħāláqlẹyọ, mamtẹ̄li ẹlgắbọħ,
súmẹ ẹbmọ́re. nāfíqọ ī-kắcẹke wu̯trẹ́la su-qọ́zẹ. qắyim sắfẹrọ u
-qọ́zẹ, ómẹr hāvíla lắtti bu-bắlạd ábrọ umāˀị́tọ, mšāyạˀálliyọ, ómmi trọ sắmle ẹbmọ́re. ómmi šrọ́lọ? ómẹr é, klé. ómmi baˀ aí
15 -dắrbọ gẹṣaimắtbe? ómẹr ạħzáwu̯li ạħdọ́ ạdmọnqọ́le, gẹdọbénọ á
-yạrħaíḍā. ẹmšāyắllạlle ˀāl ạħdọ́. ħḍọ́ ómmo ọ̣nọ gẹmạnqắlle.
maubắlle ẹlgắba, kmaúkạl u-qọ́zẹ li-ẑị̇nẹke umạlvắšla ukọ́be á-yạr-
ħaíḍā, u-yạ́rħọ mọ́ qúrš. yắrū ú-zˀúrọ, mamtẹ̄le ẹlgắbe, fáiš su
-qọ́zẹ. á-mọ́re di-kắcẹke húwwe i-kắcẹke ẹlħắ. dámạħ gắba,
20 simle ˀắmā, lọ́-nāfíqọ bắrtọ. ómẹr dˀár ẹlbebắbẹħ, látạt lázim.
ómmo qaúyo? ómẹr lọ́-nāfíqẹt bắrtọ. ómmo ħáli ħáq dí-qabāħaídi.
ómẹr zéħ ẹšqúl ħáq di-qabāħaidẹħ mắvọ dmaħraúlēlẹħ. átyọ mọ́l-
lā lu̯-bắbọ uliy-ẹ̄mọ. maškắlle ˀál ạħdóde. u-pắšā ómẹr bí-šạríˀa:
knọ́flọ i-kắcẹke lắvọ ẹdmaħrẹvọ́le, lọ́-knọ́flọ lu̯-gaúrọ. u-qọ́zẹ ómẹr
25 knọ́flọ lu-gaúrọ. ómmi kimdắglị̇t qọ́zẹ, du̯-mắjlis, ómmi qrắu lī
-kắcẹke dħozéna ẹlmá-maħrẹvọ́le. mắyị̇t u-qọ́zẹ mi-zọ́ħtọ. ázzị̇n
qrạllắlla. átyọ lu̯-méjlis. ómmi ẹlmắne maħraúlēlẹħ, ẹdlọ́mmị̇t
didú̜griye, gẹṣaimína núrọ umọqḍinắlẹħ. u-qọ́zẹ kọ́mẹr lọ́mmị̇t,
mắr ˀal ħrẹ́nọ. ómmi mắr. ómmo didú̜griye, lu̯-qọ́zẹ. ómẹr ħaír,
30 dúgle. ómmo béle, ú-zˀúrọ maíkọ-yọ? mẹ́ni-yọ. ómmi šrọ́lọ? ómmo é. u-gaúrọ ómẹr māqắllā didú̜griye, án-náqẹlā gẹšọqánnọ ạ̄tti,
kmaqbắnnā. hūwắlle iy-ạ̄ttọ lu̯-mẹ́rẹkọ uˀu-ábrọ, waqtọ́ˀue lišón̮e
du̯-qọ́zẹ. šḍắlle bọ́trẹ ẹdqọtlílẹ. maħzắmle lắḍạˀ ạík-azzē. ẹm-
zắyạˀ bu-tú̜rọ. —.

35   ạħzéla ẹldíbbe, ómmo ˀalmọ́-kọ́rħạt? lọ́-mtānẹ́le, lắlọ-yọ. mị̇d-
lá lẹdrọ́ˀe, maubéla lī-dúktọ ẹdkaúwyọ bạiná-djbáb. ómmi mại-
kōlẹ̄ħ hánọ? ómmo qāyắdliyọ. ómmi gẹdọħlắtle? ómmo lọ́, gẹ-

saimǎlliyọ gaúrọ. maꞩabállā lálg̣ụl ẹlgábā, ómmo qai lọ-kmišg̣ọ́lịt?
maḥvẹ́le iḍẹ ꞩál lišọ́nẹ, aḍiꞩọ i-díbbe lálọ-yọ. māḥátlā zínjạr bạq-
ḍọ́le, uksọ́yim ꞩáma. i-náqẹla dẹknọ́fqọ, kmáḥtọ u-zínjạr baqḍọ́le,
lọ-qọ́dẹr šọrẹ́le. hāvíle trē ábne ubạ́rtọ lụ-qọ́zẹ mi-díbbe. fáiš
tmọ́ne íšne si-díbbe. azzá i-díbbe ú-ḥā yaúmọ lu-ṣaídọ. u-qọ́zẹ 5
mādíle lu-ábrọ, ọ́mẹr tóḥ šrai u-zínjạr maqḍọ́li. šrẹ́le u-zínjạr
maqḍọ́lẹ dụ-bábọ. ọ́mẹr gẹdọtẹ́tu ꞩámi? ómmi laíkọ? ọ́mẹr mau-
bạ́nnọlḥu lu-bạ́lạd-diḍi. ómmi é. i-kácẹke ómmo ọnọ lọ́-kọtyọ́nọ,
gẹfaišọ́nọ sémi. qǎyim u-qọ́zẹ, mahzámle án-ábne, ạ́ṭi lí-valái dẹ-
kítvẹ- qọ́zẹ. ómmi lọ́-fáiš ạqọtlīnále, ẹqtọꞩlạn lišọ́nẹ, bạ́s-yọ, an- 10
náqẹlā tǎib. ómmi ītaú bí-valái. ọ́mẹr é. ómmi án-abnǎni maíkọ
-ne? mọllẹ́lin ḥid jǎri. ómmi laít g̣ámọ. átyọ i-díbbe lụ-baítọ,
lọ-ḥzẹ́lā u-gaúrọ uꞩán-ábne, ẹmdaívọnọ. ómmo kọ́yọ bábẹḥ uꞩaḥu-
nóneḥ? ómmo mọblíle ẹlbábi, mahẹzmíle. ómmo ạik-azze? ómmo
lọ́-kọdꞩọ́nọ. ꞩāfíqọ i-díbbe ẹmdaívọnọ, azzá i-bạ́rtọ bọtrā. lāḍiꞩọ 15
datyọ́ i-bạ́rtọ bọtrā. bāṭílọ i-bạ́rtọ, yātívọ. i-díbbe azzá ẹkọ́rḥọ
ꞩálu-gaúrọ. —. kítvō pášā, ꞩāfạq lu-ṣaídọ. ꞩbạ́rtẹ di-díbbe šáfạ́r-
tọ-yọ, má-nsānát-yọ. ú-pášā ẹkọ́rạḥ ꞩālá-g̣azālát bú-ṣaídọ. ḥzạ́lle
bạ́rtẹ di-díbbe, ómmi qai ḥạ́rke hát? maḥkẹ́la ḥid hávi. u-pášā
ọ́mẹr arḥẹ́vụlla ꞩálụ-sísyọ. marḥẹvọ́lle ꞩálụ-sísyọ. mọblóle lụ-pášā, 20
ẹmbạrọ́le ꞩálu-ábrọ. ꞩáfịl íšmā bẹbríṭọ, g̣álabe kāꞩiꞩtọ-yọ. ómmi ạ́
-nóše: mamṭẹlẹ́le lu-pášā kálọ lu-ábrọ ẹmbạín á-dibáb, taú mẹ́na laít.

   ī-díbbe āḍiꞩọ u-qọ́zẹ baíni-valáyẹ-yọ. azzá ẹlbaíni-valái, kim-
šaílọ ꞩálu-gaúrọ uꞩálan-ábne. kmọḥábba ạ-tfanáq. āḥíla g̣álabe
mí-valaí. mọfqọ́lle mí-valaí. ḥẹzẹ́la táꞩlọ, ọ́mẹr qai haúḥa ksại- 25
míbẹḥ? ómmo kle gaúri uꞩábni ḥạ́rke, mahzámle, ẹkọrḥọ́nọ ꞩálẹ,
lọ-ktọ́rạn ạdḥọzyálle, kmọḥábbi ạ-tfanáq, āḥíli g̣álabe mẹnaíye
wạqtẹlíli. ọ́mẹr ọnọ gẹdọmánnẹḥ ḥábrọ. ómmo mǎr. ọ́mẹr lọ́-qọd-
rịt ꞩáli-valaí, kít bú-diyǎr šáṭṭ-ẹdmáye rábo, kle qmú-šaṭ ẹsḥírọ
bạṭrọ uzáftọ, ẹftáḥẹ, ạrfaíye ꞩáli-valaí, gẹmáḥạzmi, gẹḥọ́zịt gaúrẹḥ 30
uꞩábnẹḥ. ómmo lọ́-kọdꞩọ́nọ ạiko-yọ u-šáṭ. ọ́mẹr mọ́-gẹdọbátli ẹd-
mahvénẹḥyọ? ómmo kítlī bạ́rtọ kāꞩiꞩtọ, taú mẹ́na laít, má-nsānát
-yọ, gẹdọbạ́llọḥyọ. ọ́mẹr kāꞩiꞩọ, ọ́mẹr īmại ẹdlọ́-mdáglit. imẹ́la.
ọ́mẹr téḥ ꞩámi. azzá ꞩámẹ, maḥvụlẹ́la u-šáṭ. ẹftáḥla, ꞩāfạq u-šáṭ
ḥú-baḥár, nǎfịl ꞩáli-valaí. hávi g̣ọ́lb g̣ọ́lb bí-valaí. mạ́lyọ ī-valái 35
mǎye. ómmi ạḥnẹqína, aꞩizému. mahzámme. ạḥníq g̣álabe nāꞩi-
me. ḥẹzẹ́la u-ábrọ uꞩu-gaúrọ, uꞩú-ḥā ạḥníq. azzálịn ẹldí-valái.

ómmi báyọ lọ̣-kimqatlína ꞏꞏámẹ̈ḥ, klē gaúrẹ̈ḥ uꞏꞏábrẹ̈ḥ. ómmo lọ̣
-mtānẽtu ꞏꞏámi, lọ̣-qọtlánḫu, gẹdauwyọ́nọ u-áǧa dí-valaí. ómmi
trọ́ve. kle u-táꞏꞏlọ ꞏꞏámā. ómmi sḥár u-šáṭ. sḥọ́llā u-šáṭ, kmáḥkẹmọ ꞏꞏáli-valaí; lọ̣-kmájrin gónvi mẹ̈de maḥḍọ́de dí-valaí mi-zọ́ḥtọ
5 dí-díbbe. mọ́llā lu-gaúrọ, ómmo kọ́yọ ábri? ómẹr aḥnáqlẹ̈ḥ. ómmo lu-táꞏꞏlọ símle haúḥā. kāríḥi dí-valáye ꞏꞏal aḥḍọ́de, ómmi ī-díbbe kmáḥkẹmọ ꞏꞏālaínā, tọ́ḥu dẹqọtlīnắla. dāmíḥọ, maḥátte trẹ tọ-
pắt ꞏꞏálā umarfắlle ī-núrọ bá-tọpắt, qtọllọ́lle, mọqḍọ́lle. fáiš u-qọ́zẹ
uꞏꞏu-ábrọ. áṭi uꞏꞏábrọ di-kácẹke ẹlgábe, ómẹr hánọ-yọ bábi. ómmi
10 šrọ́lọ, bábọḥ-yọ́. hávin á-trábne du-qọ́zẹ rắbe, kmáḥkẹmi ꞏꞏáli-valaí. kle u-táꞏꞏlọ azbẹqọ́zẹ. ómẹr qaí hárke hắt, táꞏꞏlọ? ómẹr mọl-
lắli lī-díbbe gẹdọbắllọḥ bárti. ómẹr dụ́š ḥọzẽna bu-baítọ-yọ, mam-
tẹnắla ẹlárke. ómẹr dụ́š, u-táꞏꞏlọ. azzẽ húwe uꞏꞏú-qọ́zẹ, azzị̈l-lụ
-baítọ di-díbbe. lọ̣-ḥzắlle i-kácẹke. ómmi ẹlnọ́šọ mọblọ́le. dāꞏꞏíri.
15 azzẽ u-qọ́zẹ lụ-baítọ, uꞏꞏáṭi u-táꞏꞏlọ lu-ṭúrọ. áṭi dẽvọ kāfínọ, ḥẹzẽle
u-táꞏꞏlọ, ẹbꞏꞏẹ́le dọḥẹ̈́le. ómẹr mọ-kóbꞏꞏat, dẽvọ? ómẹr kọbꞏꞏẹ́nọ dọ-
ḥánnọḥ. ómẹr qaúyọ gẹdọḥlắtli? ọ́nọ šụltọ́nọ-nọ. ómẹr báḥ kāfínọ-nọ. ómẹr gẹdọbẽnọḥ dázkara, izọ́ḥ lī-qrīṭaíḥọ, gẹdọbílọḥ tlọ́t
ꞏꞏẹ́ze, aḥúlin. ómẹr kān lauwálli? ómẹr aḥvaí ī-dázkara, gẹdọbílọḥ.
20 mídle lụ-dẽvọ lí-dázkara, azzẽ lí-qríṭọ, ẹnvọ́ḥḥe ꞏꞏále lá-kálbe, maḥ-
vẽle i-dázkara lá-kálbe. áṭịlle á-kálbe, maḥvilẹ̈́lin i-dázkara. á
-kálbe lọ̣-kọ́dꞏꞏi i-dázkara mínyọ, mịdắlle; mæḥzámle. šdắlle bọ́trẹ
lá-kálbe. maḥẹzámle, áṭi, mắṭi lụ-táꞏꞏlọ. ómẹr họ́ huwắllọḥ? ó-
mẹr lọ́. ómẹr qaúyọ? ómẹr azzínọ lí-qríṭọ, áṭạlli á-kálbe, maḥ-
25 vịlílịn i-dázkara, lāḍịꞏꞏī i-dázkara mínyọ, mạnyọ degẹšọ́qẹl i-dázkara, umạnyọ aḍgẹqọrẽla; ẹbꞏꞏálle dóḥlíli. ómẹr zóḥ lí-qrīṭaíḥọ,
aubẽla. ómẹr gẹdọtắlli á-kálbe. ómẹr laíbā kálbe. azzẽ u-dẽvọ.
nāḥẹtíle dí-qríṭọ bá-ṭfanáq, ómmi kle u-dẽvọ dẹꞏꞏáḥíle ụ̈-ḥmọraídan.
ẹmḥālắlle aṭfáñge. áṭi u-dẽvọ ẹmjárḥọ ạ̈lsụ-táꞏꞏlọ. ómẹr táꞏꞏlọ. ó-
30 mẹr há. ómẹr ẹqṭallắlli. ómẹr gámọ laít, gẹnọyáḥlọḥ, ómẹr kazínọ mọsáknọ dí-qríṭọ kúlle, qaúwyọ ẹmjāráḥḥe lọḥ? u-dẽvọ mắyiṭ.
dāꞏꞏar u-táꞏꞏlọ ẹlbeqọ́zẹ, ómẹr qọ́zẹ. ómẹr há. ómẹr lọ̣-ḥzẽlọḥ bártọḥ? ómẹr lọ́. ómẹr ẹdkọráḥnọ ꞏꞏálā úḥọzẽna, mọ̣-gẹdọbáṭli? ómẹr
mé-dọ́bꞏꞏat, gẹdọbẽnọḥ. káraḥ u-táꞏꞏlọ, azzẽ lí-valaí ẹdkítyọ i-ká-
35 cẹke. ẹmšāyẽle ꞏꞏál bepắšā. azzẽ ẹlbepắšā, ḥẹzẽle bártẹ di-díbbe.
ómẹr kit ulaít, háṭi-yọ bártẹ di-díbbe. ómẹr lắtat bártẹ di-díbbe?
ómmo bẽle, maíkọ kọ́dꞏꞏat bártẹ di-díbbe-nọ? maḥkẹlẹ̈́la ḥịd hávi,

ṓmẹr fáiš bábẹḥ u᾽aħúnẹḥ. ómmo aħúni sẹbábi-yọ? ṓmẹr é. ómmo zóḥ málle ẹlbábi ulaḥúni, már kómmo itṓḥu aubẹ̄lụli ạlgābạiḥu. ṓmẹr é gọzínọ, ẹlbábẹḥ mšāyáˁlēli, ṓmẹr zóḥ kráḥ ˁála. áṯi u-táˁlọ, mọ̈llẹ lụ-qọ̈́zẹ ulán-ábne. māṣọ̈rre á-sạife urāḥívi ˁála-sísye, ómmi tóḥ aḥvạilạnyọ dḥọzéna ạikọ-yọ. áṯi u-táˁlọ ˁāmạíye, ṓmẹr klā bi-valāyáṭi. azzịn á-tlōṯọ ạlbẹpášā, yātívi. ạḥzạllā likạçẹke. ẹnšịqlā ú-aħúnọ, ẹfṣịḥọ. ómmi mọ́-kọvállẹḥ-ne? ómmo ụ̈-ḥā bábi-yọ, á-ḥrẹ́ne aħunọ̈ni-nẹ, u-ḥá lạcyọ mẹ́mi. maḥkẹ́vọ-lẹ́la lụ-táˁlọ. ṓmẹr u-qọ̈́zẹ: bạrṭi-yọ. ómmi ạ́ḥnā ạḥzọ̈́yọ ḥạzyọ̈lạn. ṓmẹr ħāvụlạ́nyọ, u-qọ̈́zẹ. ómmi lọ́-kọbīnála, bẹpášā. qáyim ú-aħúnọ, mídle lụ-sạifọ, qṭịle u-pášā u᾽u-ábrọ. nāfíqị umamṭálle i-kạ́çẹke. lọ́-majrạlle ẹldí-valaí dịmqátli ˁāmạíye. mamṭálle i-kạ́çẹke, áṯịn lụ-baitọ. fā᾽íšọ šátọ bu-baitọ, kọṯạ́lla á-nṓše ạṭṭọlbíla. lọ́-kọbẹ̄la ú-aħúnọ. ómmi kítlē bạrṭọ lụ́-bani-sạ́bˁa kā᾽ístọ. qáyim ú-aħúnọ di-kạçẹke, azzé sú-bani-sạbˁa. ṓmẹr ạlmịn áṯịt? ṓmẹr āṯínọ ẹlgábọḥ, kọbˁẹ̄́nọ bạrṭọḥ. ṓmẹr ẹlmạ́nyọ? ṓmẹr lọ̈nọ-yọ. ṓmẹr tạíle ạḥḏṓ lábri, gẹdọbẹ̄́nọḥ bạrṭi. ṓmẹr kítli ħōṯọ, gāvụ̈rtọ-va, máiṯ u-gaúrọ, gẹdọbéna lábrọḥ, uháli bạrṭọḥ. ṓmẹr zóḥ tạíya dḥọzẹ́na šāfạ́rtọ-yọ. ṓmẹr kazzí. áṯi, maubẹ̄le i-ħōṭọ. ḥọ̈rre ˁála, ómmi trọ̈́ve. ẹmhọ̈rọ̈lle ˁal ábrẹt dụ́-bani-sạbˁa, u᾽ẹmhọ̈rre bạrṭẹt dụ̈-bani-sạbˁa ˁálẹ. ṓmẹr gẹzínọ lụ-baitọ. í-ħōṯọ ómmo fuš hạrke, ħúne, gābạína. ṓmẹr kazínọ, mamṭẹ́nọ bábi. ázzē lívalái. trạlle u-ábrọ dánẹk, u᾽áṯi húwe u᾽u-bābọ, ufáiš u-kạ́çạl u᾽u-ábrọ bạín a-báni-sạbˁa.

LXV (109).

yịḥkéye dụ-dạrvīš maḥkéle i-ḥkéye dụ-táˁlo su-pášad búġdạd.

kítvō táˁlọ, ḥẹzéle arnúwo, ṓmẹr tēḥ dōvéna aħọnọ̇ne. ómmo tróve. ázzịn ḥẹzạlle dévo, ómmi dévo. ṓmẹr há. ómmi tóḥ dōvéna aħọnóne. ṓmẹr tróve. ázzịn a-tlóṯo, ạḥzạlle sịsyọ. ómmi sísyo. ṓmẹr há. ómmi tóḥ dōvéna aħọnóne. ṓmẹr tróvē. ázzịn án-árbˁọ. ṣáḥạn, máye lọ́-ḥzạlle. nāḥíti lu-gúbo, štạlle mái, lọ́-qādíri dsọ̈lqị. mā᾽íṭi mú-káfno. ómmi ại-dạrbō sạimína, kāfíne-na. ómmi gị(n)nọḥrína íy-ạrnúwo, oḥlīnála. ạnḥọrọ̈lle, āḥẹlụ̈lle. u-táˁlo mọ̈lle lụ́-sísyo, ṓmẹr nọḥrína ú-dévo. ẹnhạ́rre u-dévo, āḥọ́lle. fáiš

u-táᵹlo u'ú-sísyo.   dámąḥ ú-sísyo, ąḥnáqle lụ-táᵹlo.   fáiš u-táᵹlo
lḥúḍe.   áṭi róᵹyo, gríšle máye lá-ᵹẹze, sáląq bụ-ḥaúlo, gríšle lu
-róᵹyo, maufáqle, maḥezámle lu-táᵹlo.   ómẹr kazzíno, kōráḥno
bẹbríṭo.

5   ázze ąlnáqvo, dámąḥ fémẹt dụ-náqvo. náfąq díbbe šẹḍéla bọt-
rụ-táᵹlọ, maḥzámle, láqyo bẹróᵹyo, ẹmsíkla u-róᵹyo, maubéla u-róᵹyo, cíkla bú-náqvo, maᵹbálla liy-aúda.   ú-róᵹyo ómẹr yá́ rábbi,
mọ́-gẹsąimọ́bi?   gị(m)mọḥróli, gẹtọryóli?   hávī lályo, māḥátla mókẹlo qúmụ-zlám, āḥíle.   hávī cáġ dụ-dmọ́ḥo, mídla lụ-mérẹko, gríš-
10 la ᵹála, dāmíḥo ḥị-ᵹáde dá-(n)níše, mịdla-lzíbbẹ du-mérẹko, símlē
ᵹáma.   kul yaúmo kyọ́tvi hōl ᵹaṣríye, ukul lályo ksóyim ᵹáma.
fáiš šáto u-róᵹyo sí-pīrᵹabọ́ke.   hāvíla bárto mọ-róᵹyo, ġálabe šá-
fịrto.   fáiš išvá́ᵹ áṣne u-róᵹyo gabí-pīrᵹabọ́ke, lọ-náfąq lárval.   ú
-ḥā yaúmo náfąq, híy-azá́ lu-ṣaído, húwe náfąq u-róᵹyo, maḥezámle,
15 áṭī lụ-bálad-díḍe.   mọ́rralle lá-(n)nóše, ómmi róᵹyo.   ómẹr há.   ómmi aịkō-vọ́ḥ?   ómẹr lọ-kọdᵹítu, dáṭi bqárᵹi pqárᵹat nóšo láṭī.   ómmi aị-dárbō?ᴶ   ómẹr maubẹláli ąlpīrᵹabọ́ke, maᵹbálláli bu-náqvo,
maubẹláli ąlyaúda usịmláli u-gaúro, uhāvíli bárto mẹ́na; švá́ᵹ áṣne
ọ́no gába, ázza lụ-ṣaído u'óno maḥzámli; haúḥā áṭī bríši.   ómmi
20 ālọ́ḥọ mastálle ᵹálọḥ.

áṭyo i-pīrᵹabọ́ke lụ-baíto, ḥẹzéla i-bárto gẹbọ́ḥyo.   ómmo qaí
kẹbọ́ḥịt?   ómmo bábi mzáyaḥ, háni ᵹásro yaúme láṭī lụ-baíto.   mịdla líḍe di-bárto unāfíqị, kórḥī ᵹálu-róᵹyo.   ī-bárto ómmo yá́, bātẹ-
lọ́nọ.   í-pīrᵹabọ́ke ómmo bárti fuš-árke, kazzí ọ́no kọrḥọ́no ᵹal bá-
25 bẹḥ.   ī-kácẹke dāmíḥo.   áṭi páša lu-ṣaído, ḥẹzéle i-kácẹke.   ómẹr
kácẹkē, maíko hát?   lọ-mtānéla, lọ́-kóḍᵹo bú-lišóno.   ómẹr qaíy
-árke hát?   lọ́-mtānéla.   mamṭiyóle lụ-baíto, ẹmḥaróle ᵹálú-ábro,
kómmạt gúrj-yo.   gávạr ú-ábro.   hávi šáto, i-kácẹke gāb-ábre du
-páša ulọ́-kóḍᵹo bū-lišōnátte.   ú-ḥā yaúmo mịdla lẹdrọ́ᵹe dú-kúrẹ-
30 ko ugríšla ᵹáma.   ú-páša ómẹr zóḥ ᵹáma, thọzéna laíko gịzzá́.
ázze ᵹámi-kácẹke ábre du-páša, maubéla lụ-náqvo.   i-pīrᵹabọ́ke kla
gẹbọ́ḥyo.   ómmo yá́, lọ-bọ́ḥịt.   afṣịho íy-émo.   ᵹábirē-kácẹke hiyạ
u'ú-kúrẹko, họ́llē, háru ḥọ́-ᵹaráq.   qá́'imo i-pīrᵹabọ́ke dóḥlo u-kúrẹko.   i-kácẹke ómmo yá́, gaúri-yo.   ómmo é, tróve wạlád.   mọb-
35 líla li-pīrᵹabọ́ke, ftịḥla yaúda taḥtíy-árᵹo.   ᵹábiri unāfíqị lẹbríto
ḥréto, bríto bāsimto, kúla bakᵹát ubụstóne bú(w)-átro dá-šādíye.
kit ᵹáde baịnotạíye, án(n)-abnóto kẹmọ́bli á-gaurátte wọ́zzịn ẹl-

bákca lṇ-kēf kúlle. ázzai-kácẹke, maubéla ábre du-páša ẹlbai-
nōṭaíye. hä́lla ẹlbä́rṭẹ dṇ-mä́lko dạ̈-šādíye, hẹzéla ábro du-páša,
ómmo ịlla kobṣä́lle. ómmi kítlẹh gaúro. ómmo haír, kobṣä́lle, ịlla
kobṣä́lle. maubä́lle ạlbẹmä́lko dạ̈-šādíye, họllẹ́bē lṇ-mä́lko dạ̈-šā-
díye. ómẹr zẹṣúro. ómẹr hä́. ómẹr maíko hä́t? ómẹr yä́ mä́lko, 5
mzaiṣộno. ómẹr mä́r, rẹhọmlālọh ạlbä́rti, dló-rọhmōvä́lọh bä́rti
qōṭä́ṣno-vọ qärṣọh. ómẹr yä́ mä́lko klī qmu-saifaịdọh. áṭyo bä́rṭẹ
dú-mä́lko lṇ-dívān, mịdla lẹdrọ́ṣat du-kúrẹko, ómmo tọ́h mị-gi(s)-
sộyïm bä́bi? maubéla li(y)-audaíḍa, māqlä́dḍe u-tärṣo uyātívi mkä-
yä́ffe. gāvíre, šqịla. fä́iš ạhsár ạ̈šne gä́ba. hāvíle ábro lạ̈bre du-páša. 10
   ú-ha yaúmo bä́hi ábre dṇ-páša ú-gaúro. ómmo qaí gẹbọ́hịt?
ómẹr ä́ṭī ú(w)-aṭraịdi · ạlbóli. ómmo kítlọh ä́ṭro? ómẹr é; ómẹr
bä́bi mä́lko-yo, lọ-mọ́lle pä́ša-yo, lọ-kódṣi pä́ša. ómmo bāh ai-dạ̈r-
bo? ómẹr hä́t kódṣaṭ. ómmo ẹklí. ú-hä yaúmo hẹzéla ṭair saṣíd
u-qä́ṣaṭ dṇ-bä́bo di-kácẹke. ómmo yä́ ṭẹ́r saṣíd. ómẹr mịnyo? 15
ómmo kobṣộno mẹ́nọh dẹmọfqä́tlạn óno ugaúrī uṣábrī ạlfóṭẹ dẹbríṭo dạ̈-nsānä́t. ómẹr ma-ṣaíne. rāhívī ṣä́lẹ ufä́yạr uṣáli. nāfíqị
ẹlä́ṭro dạ̈-(m)maimún, māhä́tte, ạtníhī, ẹmhāvárre lạ̈-(m)maimún
níše ugaúre, ạmsikịnne, mobḷịnne su-šuḷṭộno dạ̈-(m)maimún. ázza i-kácẹke lsú-šulṭộno dạ̈-(m)maimún. ómẹr maík-ä́tū? ómmo 20
bä́rṭẹ dṇ-mä́lko dạ̈-šādíyē-no. ómẹr hä́no mạnyo? ómmo gaúri
-yo. uhä́no mạnyo? ómmẖábri-yo. ómẹr klä́u hä́rẹke hōl dịm-
šäyä́ṣno hä́bro ạlbä́bẹh uṣạ̈rjaṣ izóhu. ómmo šaíyạṣ. ómẹr ṭẹ́r
saṣíd. ómẹr hä́. ómẹr zọ́h ṭaíli kä́gạd msú-mä́lko dạ̈-šādíye
witóh. ázze ṭair saṣíd. hä́ṭi kṭúla kä́gạd wọmhẹ́la ú-mehä́r du- 25
bä́bo, wukle ṣä́ma. húla lṭẹ́r saṣíd u-kä́gạd. ázze ṭẹ́r saṣíd.
nä́fạq udä́ṣạr, mamṭẹ́le u-kä́gạd, húlē lṇ-šuḷṭộno dạ̈-(m)maimún.
qrẹ́le hẹzẹ́le ú-mehä́r. ómẹr izọ́h, húle dạstúr-dä́ṭṭe. nafíqị lárval, rāhívi ṣal ṭair saṣíd. fä́yạr uṣáli. nä́fạq lú(w)-áṭro dá-zal-
ṭộne, dú-bạ̈lạd dä́-kä́lbe. bä́rṭẹ dṇ-mä́lko ómmo ṭair saṣíd. ómẹr 30
hä́. ómmo ạṣlaí, lọ-kmahtína hä́rke. họrre lá-zalṭộne, hẹzä́lle
kle ṭaíro kfóyạr, kịt nóšo ṣä́me. mhāvárre. qā́ṣimo iy-ạ̈rṣo uṣi
ṣmä́yo. hä́vi túz. ṣä́li u-ṭaíro, nä́fạq ạlfóṭẹ dẹbríṭo dạ̈-nsānä́t
ábre du-páša ómẹr yä́ räb šukúr mẹ́nọh. ómẹr ṭair saṣíd. ómẹr
hä́. ómẹr dṣä́r, bạ̈s-yo. dä́ṣạr ṇ-ṭaíro. áṭin ẹmhạlhọ́ne, läqạn 35
ẹbbä́zạrgä́n. ábre du-páša ómẹr yä́ bä́zạrgä́n. ómẹr hä́. ómẹr
ä́rhu ä́ṭṭi uṣábri gẹdọbénọh hä́q-diḍọh, lị-valäid básra. ómẹr é.

17

ázze, maubéle. māḥátle bu-ḥắn u-kúreko, ábre du-pắša. ṓmer
bắzargān. ṓmer ḥắ. ṓmer tóḥ ꞏắmi. ṓmer laíko? ṓmer li-saräi
alsebábi. ázze u-bắzargān, maubéle u-kúreko ꞏắme, wắzzin su-pắšā, yātivi. ḥắlle lu-pắša, ṓmer mán-átū? ṓmer ábroḥ-no. afsíḥi.
5 uhắno manyắno? ṓmer ḥắno bắzargắn-yo. uhắno manyắno? ṓ-
mer ḥắno ábri-yo. uhắṭi mảnyo? ṓmer áṭṭi-yo. ḥúle ḥáq-dīde lu
-bắzargắn. ázze. ṓmer yắ abrí, u-pắšā. ṓmer mínyo? ṓmer aḥ-
kaíli. ṓmer bắbo i-ḥkēyaídi rábto-yo, gi(m)maḥkếnoḥ be꞉árabī.

10

LXVI (129).

kítvō ḥā zlắm, kítvōle taúro, kítvōle ḥmọ́ro, kitvōle zṓgo.
15 agdówer ꞏắlú-taúro uknóqli qaíse ꞏắlu-ḥmọ́ro. ú-zógo mọllếle lú
-ḥmọ́ro, ṓmer ḥmọ́ro. ṓmer ḥắ. ṓmer gemaḥtíloḥ mọ́kelo lóḥlit.
ṓmer qaíyo? ṓmer ló-kmaṭ꞉abíloḥ, gi(m)mitnọ́ḥat. kim꞉álqi lú
-ḥmọ́ro taúno wọs꞉ọ́re, ló-kóḥil, fáiš arb꞉ó yaúme lắḥīle lu-ḥmọ́ro,
eṭníḥ. á-(m)mọ́re ómmi: koyaúle lu-ḥmọraídan. mọ́llēle lu-zọ́go,
20 ṓmer aḥúl gemaíṭat mu-káfno. aḥíle lu-ḥemọ́ro., u-taúro mọ́lle
lu-zógo, ṓmer zógo. ṓmer ḥắ. ṓmer ašír ꞏáli kmaṭ꞉abili. u-zógo
ṓmer demaḥtíloḥ mọ́kelo lóḥlit. ṓmer ló. kmáḥtī lu-taúro taúno
ukúšne ló-kóḥil. kómmi álō-tauraídan ekōyaúle. egdaúri ꞏắlu
-ḥmọ́ro. fáiš tlọ́to yaúme lắḥīle lú-taúro. ú-ḥmọ́ro komálle lú-taú-
25 ro, kṓmer aḥúl wắrruḥ. ú-taúro ṓmer ló-brìšọ́ḥ fáiš, mọ́lle lu
-ḥmọ́ro. á-(m)mọ́re du-taúro ómmi, álō rámḥul genọ́ḥrína u-taúro.
áṭī u-zógo, mọ́lle lu-taúro, ṓmer taúro. ṓmer ḥắ. ṓmer kómmi
gi(n)noḥrináloḥ rámḥul. ṓmer ḥló-ꞏgólo? ṓmer ē álo, haúḥā
mắrre. ṓmer ba꞉aí-dárbo? ṓmer ád-lắlyo gemaḥtíloḥ, aḥúl. mā-
30 ḥáttalle lu-taúro, āḥíle. maubắlle lu-dvọ́ro, ló-nḥắrre. marfắlle ú
-ḥmọ́ro li-már꞉a.

　　　ḥezéle tá꞉lo lu-ḥmọ́ro, ú-tá꞉lo mọllếle lu-ḥmọ́ro, ṓmer ṓ ḥmọ́-
ro. ṓmer ḥắ. ṓmer dúš-ozắn elgābaína, saimína mištúṭo, gi(m)-
mamtenắle áṭto elbắbi, mā꞉iṭo émi. azzín u-tá꞉lo u꞉ú-ḥmọ́ro elbe-
35 tá꞉lo. u-tá꞉lo ṓmer bāṭảnno. ú-ḥmọ́ro mọ́lle lu-tá꞉lo: itóḥ ảrḥav
-꞉áli. rảḥū ꞏắlu-ḥmọ́ro u꞉ú-ḥmọ́ro mọllếle lu-tá꞉lo, ṓmer kṓṭē ḥmor-
yọ́ṭo li-mištúṭo? ṓmer éh, gắlabe kóṭe, aḥúno. efsíḥ u-ḥmọ́ro,

aṇꞏắlle u-ḥmǫ́rǫ umꞏartázle uráhat. náfạl ú-táꞏlǫ meḥáṣe. ẹtwírǫ
rágle dụ-táꞏlo. · ạ́ṭī u-ḥmǫ́rǫ ǒmẹr wắ~waile, náfạl aḥúni meḥáṣi.
gẹbóḥe u-táꞏlǫ, ú-ḥmǫ́rǫ ǒmẹr qúm lǫ́-bǒḥịt, gẹmaubáṇnǫ-lǫḥ sí
-ḥākịmtǫ. ázze maubḗle u-táꞏlǫ; azzín sí-ḥākịmtǫ. azzịl-lụ-náqvǫ
dí(y)-arnúwǫ. qrḗle lụ-ḥmǫ́rǫ lí(y)-ạrnúwǫ. nāfíqǫ, ǒmẹr arnúwō. 5
ómmo ḥắ. ǒmẹr kíbẹḥ dẹmāníḥat rágle du-táꞏlǫ? ómmo é. ǒmẹr
gẹdọbḗnẹḥ álfǫ qúrš. klai-kaftắre sí(y)-arnúwǫ, kommóla lí(y)-ạr-
núwǫ: ꞏạíni kạívī mdarmḗnin. ómmo i(y)-arnúwǫ: gẹmānịḥánne;
ómmo ḥmǫ́rǫ. ǒmẹr ḥắ. ómmo izóḥ taịlan mízin. azzḗ u-ḥmǫ́rǫ
mǫ́lle ẹlḥắ, ǒmẹr ḥáli mízin dạ́ṭḥū. mamṭḗle lụ-ḥẹmǫ́rǫ i-mízin. 10
i(y)-ạrnúwǫ ómmo ḥmǫ́rǫ msák ī-mízin. ẹmsíkle lụ-ḥmǫ́rǫ i-mízin.
māḥátla u-táꞏlo bu-fạ́rdǫ di-mízịn, umāḥátla í-kaftắre bu-fạ́rdǫ
ḥrḗnǫ. ómmo ḥmǫ́rǫ tqál. ạtqíle lu-ḥmǫ́rǫ. náfạq u-táꞏlǫ yáqur
mi-kaftắre. ạqtǫ́ꞏla li(y)-ạrnúwǫ zíbbe dụ-táꞏlǫ, māḥátla bṭíze dí-
kaftắre. haúwyo í-kaftắre yáqur mu-táꞏlǫ. qtǫ́ꞏla lišǫ́nẹ dí-kaf- 15
tắre, māḥátla bṭízẹ dụ-táꞏlǫ, ómmo tqál ẹḥmǫ́rǫ. tqíle lụ-ḥmǫ́rǫ.
háv̇ịn ḥạḥḍóde. ómmo á(n)náqẹlā nāyṭḥḥe, ómmo ḥáli án(n)-ạlfǫ
qúrš ạḥmǫ́rǫ. maꝫạrtạ́zle lụ́-ḥmǫ́rǫ umaḥẹzámle. ẹtlǫ́bla lí-kaftắre lišǒnā mu-táꞏlo, ómmo laịbi dẹmišǵilǫ́nǫ. ǒmẹr ḥáli zíbbi.
ómmo lǫ́-kǫdꞏǫ́nǫ aíkǫ-yǫ zíbbǫḥ. ómẹr ǒnẹste lǫ́-kǫdꞏánǫ aíkǫ 20
-yǫ lišǒnẹḥ. ẹmqātálle lí-kaftắre ulụ́-taꞏlǫ, ẹmḥẹ́llēla ḥánjar lí
-kaftắre lụ-táꞏlǫ. azzaị-kaftắre mạškéla sụ-dáḥẹba. ómmo ạmḥẹ-
léli lụ-táꞏlǫ ḥánjar ušqíle lišǒni. ú-dáḥẹbā ága-yǫ, uꞏú-sísyǫ qǫ́zē
-yǫ, uꞏú-báglǫ múfti-yǫ uꞏu-kạ́lbǫ grẹ̄ꞏǫ-yǫ. qrḗle lụ-dáḥẹbā lụ́
-kạ́lbǫ. ú-kạ́lbǫ ǒmẹr mịnyǫ? ága. ǒmẹr zóḥ qraịle lu-táꞏlǫ, šǫq- 25
lịna í-ḥịzmaịdǫḥ mí-kaftắre. ázze u-kạ́lbǫ, qrḗle lụ-táꞏlǫ, ǒmẹr
ktǫlạ́blǫḥ u-dáḥẹbā uꞏú-sísyǫ uꞏú-báglǫ. kárịḥ u-méjlis, maubḗle
u-táꞏlǫ, azzḗ u-táꞏlǫ lụ́-majlis dụ-dáḥẹbā. ǒmẹr u-dáḥẹbā: táꞏlǫ.
ǒmẹr ḥắ. ǒmẹr qaị mḥēlóḥlā lí-kaftắrẹ ušqílǫḥ lišǒna? ǒmẹr ága
sụm sụ(w)ál mụ-ḥmǫ́rǫ. mšāyáꞏe u-kạ́lbǫ bǫtrú-ḥmǫ́rǫ. ạ́ṭī u 30
-ḥmǫ́rǫ, mamṭḗle lu-kạ́lbǫ. ạ́ṭī ụ-ḥmǫ́rǫ ẹlsu-dáḥẹbā. ǒmẹr ẹḥm-
ǫ́rǫ. ǒmẹr ḥắ. ǒmẹr aị-dạ́rbǫ-yǫ ú-ꞏúglǫ du-táꞏlǫ udí-kaftắrẹ?
ǒmẹr affạ́ndịm, ạḥzélī u-táꞏlǫ. ǒmẹr dí-ḥaqiye mišǵíl. ǒmẹr mǫ́lle
dụ́š-ọzán ẹlgābaína, gimḥaulína-lbábi; mǫ́llile lụ-táꞏlǫ: kótē ḥmọr-
yǫ́tǫ lí-mištútǫ? ǒmẹr é. húwe ꞏal ḥáṣị, ạ́ṭī kéf-dídi, aṇꞏǫ́lli urā- 35
hátnǫ, náfạl u-táꞏlǫ meḥáṣi, ẹtwírǫ rágle, maubéli lsí-ḥākímto ẹl-
sí(y)-arnúwǫ, édi í(y)-arnúwǫ kǫ́dꞏǫ, šaíyil ména. ú-dáḥẹbā ǒmẹr

ḳ$ạ̇$lbọ. ŏmẹr hẚ. ŏmẹr qraila lí(y)-arnúwọ. ázzē u-ḳ$ạ̇$lbọ bọtrí(y)
-arnúwọ, mamṭẹ̈le ī(y)-ạrnúwọ. átyo í(y)-arnúwọ lu-m$ạ̇$jlis. ŏmẹr
arnúwọ u-dẚhẹba. ŏmmo ạffẹndim. ŏmẹr mi-simlẹ̈ḥ bu-táꞏlọ ubí
-kaftẚre? ŏmmo mí-símli? atyŏ i-kaftẚre lgẚbi, ŏmm-ạníḥ ꞏaini;
5 ommọ̈no é; ẚṭī u-ḥmọ̈rọ, mamṭẹ̈le u-táꞏlọ klẹ rẚg̈le ṭwọ̈rtọ; ḥọ̈lli
ꞏarrẚg̈le, mẽde lạit bíya, ijríḥ zíbbe; ḥọ̈lli ꞏal ꞏaíne dí-kaftẚre, mẽde
lạit ẹbꞏainā, lišọ̈nā ẹkọ̈yū; mọllile lu-ḥmọ̈rọ, ọmmọ̈nọ ṭại mízịn;
ŏmẹr gẹdọbẹ́nẹ̈ḥ alfọ̈-qruš ẹdmāníḥat ú-táꞏlọ; ázzē mamṭẹ̈le mízin;
māḥátli u-táꞏlọ bu-fẚrdọ dí-mízịn, umāḥátli í-kaftẚre bfẚrdọ ḥrẹ̈nọ;
10 ẹtqị́le lu-ḥmọ̈rọ, náfạq u-táꞏlo yẚqur mí-kaftẚre; qtọ̈ꞏli zíbbe du
-táꞏlọ, māḥátli bṭịzẹ dí-kaftẚre; nāfíqọ í-kaftẚre yẚqur, qtọ̈ꞏli lišóna,
māḥátli bṭịzẹ du-táꞏlọ, nāfíqị ḥaḥḍóde; ọmmọ̈nọ nāyịḥḥe, ẹṭlọ̈bli ẚ
-ḳallẚt mu-ḥmọ̈rọ, laúlēli, mahzẚmle mꞏarṭạzle; ẹṭlọ̈bla lišóna lí-kaf-
tẚrẹ mu-táꞏlọ, uḥúwe ẹṭlọ̈ble zíbbe, wumqātẚlle; ẹmḥẹ̈llēla ḥánjar
15 lí-kaftẚre, hẚṭi kọdꞏọ̈nọ, kít mẽde ꞏáli? ŏmmi lŏ, hẚt ḥākịmto hẚt,
izéḥ hẚt lu-baịtọ. azzại-arnúwọ lu-baịtọ. mšāvẚrre bịḥḍóde lú-dẚ-
ḥẹbā ulú-sisyo ulú-bág̈lọ. ŏmmi ḥẹ̈tunne bú-ḥabis. māḥátte ẚ-tlŏtọ
bú-ḥabís. fāꞏiši tre yaúme msikē. mọfqọ̈nne mụ-ḥabis. ŏmmi ḥmọ̈-
rọ zóḥāt lu-baítọ. ázze u-ḥmọ̈rọ. ŏmmi kaftẚre aufẚq zíbbe du
20 -táꞏlọ. maufẚqẹlā zíbbe dụ-táꞏlọ. ŏmmi táꞏlọ aufẚq lišọ̈nẹ dí-kaftẚre. ŏmẹr ꞏábạr ẹlgẚvi. ŏmmi auféqe. ŏmẹr lạíbi. ŏmmi drẚ(w)u
u-táꞏlọ. drẚlle u-táꞏlọ. ŏmmi ḳ$ạ̇$lbọ cuk iḍọḥ bṭịzẹ dụ-táꞏlọ, aufẚq
lišọ̈nẹ di-kaftẚre. ciklạiḍe lu-ḳ$ạ̇$lbọ bṭịze dụ-táꞏlọ, maufẚqẹle. ḳẚ-
yu ṭịze dụ-táꞏlọ. ŏmmi dizŏḥu. u-ḳ$ạ̇$lbọ ŏmẹr i-ḥizmạiḍi kŏyọ? ŏmẹr
25 u-sisyọ: i-ḥizmạiḍọḥ kẹcíklọḥ íḍọḥ bṭịze dụ-táꞏlọ. u-táꞏlọ ŏmẹr mại-
ṭitū, hẚtū uꞏí-šạriꞏẚṭhu. mahzẚmle lu-táꞏlọ, šḍ$ạ̇$lle bọ̈tre, lọ̈-msikke.
ázzē ḥẹzéle aḥḍŏ pire lụ-táꞏlọ, lẚcyọ i-pire ẹbbaíto, kítla am-
kẚbbe li-pire. mọ̈llāle li(y)-arnúwọ, ŏmmo dšŏtạt ḥálvọ gẹnŏyịḥ
tịzọḥ. maꞏlẽle í-mkẚbbe lụ-táꞏlọ. kít ḥálvọ taḥti-mkẚbbe, ịštẽle
30 u-ḥálvo. átyọ i-pire, ẹmḥạllále qaịṣọ ꞏal dạnve. qṭịꞏ dạnve, ma-
ḥẹzẚmle lụ-táꞏlọ. azzẽ lbaina-táꞏle ẹdlọ̈-dạnvọ. ŏmmi ọ̈li maịtạt
qụ́ttọ. áṭi u-táꞏlọ, bẚḥị si-pire, ŏmẹr hẚli dạnvi. ŏmmo zóḥ tạịlī
ḥálvọ. ázzē bẚḥī qmi-ꞏézọ u-táꞏlọ. ŏmẹr ꞏézọ hẚli ḥálvọ dọbẹ́nẹ
li-pire, dọbóli dạnvi. ŏmmo zóḥ, tạịlī nẚrgọ dẹqọṭꞏọ̈nọ ṭárfẹ, doḥ-
35 lŏno dọbẚllọḥ ḥálvọ. ázzē su-ḥāḍóḍo. ŏmẹr ḥāḍóḍo. ŏmẹr hẚ.
ŏmẹr hẚli nẚrgọ. ŏmẹr ẹlmịnyọ? ŏmẹr dẹqọṭꞏáno ṭárfẹ li-ꞏézọ dóḥlo dọbóli ḥálvo, u-ḥálvo dọbẹ́ne li-pire, i-pire dọbóli dạnvi. ŏmẹr

tạïli bé⸱e. ázzē sï-gḍạïto. ómẹr gẹḍạïto. ómmo hå. ⸓ómẹr-áli
bé⸱ẹ. ómmo ẹlmínne? ómẹr dọbénin lụ-ḥādọ́dọ, dọbéli nạ́rgọ dạọt-
⸱ǟnọ-bẹ ṭárfẹ, dóhẹlo ï-⸱ẹ́zọ, dọbóli ḥálvọ, dọbéne li-píre, dọbóli
dạ́nvi. ⸱ómmo tạïli sẹ⸱ọ́re dohḷóno ẹdḷạidóno. ázzē sú-hāṣọ́dọ, ó-
mẹr hāṣọ́dọ. ómẹr hå. ómẹr háli sẹ⸱ọ́re. ómẹr lẹmínne? ómẹr 5
kitlilịn šúġlọ. ómẹr zóh̤ tạïli ạ́rbọ dẹmạï. ázzē mamṭẹ̣le ạ́rbọ
dmạï mu-gúbọ. húlẹ lụ-hāṣọ́dọ. húlēlẹ sẹ⸱ọ́re. mamṭẹ̣le a-sẹ⸱ọ́re,
hūwïle li-gḍạïtọ, hūlále bé⸱e. húle á-bé⸱e lụ-ḥādọ́do, húlēle
nạ́rgọ. mamṭẹ̣le u-nạ́rgọ, ạṭạ́⸱le ṭárfẹ, āh̤ila li-⸱ẹ́zọ, hūlále ḥálvọ.
húlō-ḥálvọ lï-píre, húlále dạ́nve. ázzē sụ-sāyọ́mọ dạ̣-dạ́nve, ómẹr 10
súm dạ̣nvi. ómẹr zóh̤ tạïli ṭlámṭọ dẹláh̤mọ. ázzē sú-farmáci, ẹgnúle ṭlámṭẹ dẹláh̤mọ. ẹmh̤ẹ́llēle ẹskínọ ⸱al íḍẹ, ạṭị̣⸱ọ íḍẹ dụ-tá⸱lọ.
mah̤ẹzạ́mle ubáh̤ị. azzé li-diyár ẹlbạinạ̣-tá⸱le. ómẹr ạṭọ́⸱la zíbbi
lï-kaftáre, wụạṭọ́⸱la dạ́nvi lï-píre, wọạṭọ́⸱le ṣạúw⸱i lụ-farmáci. ó-
mẹr ú-dạ̣h̤ẹbā: hạ́q jạzạïḍọh̤-yo.⸱ umáyiṭ u-tá⸱lọ. 15

LXVII (131.)

20
ómmi kítvọ ulạ́tvọ ṭaú mālọ́họ dbi-šmáyọ mẹ́de lạ́tvọ, kítvọ
ú-họrc, kítvōle ábrọ, mhạ́vi(l)lẹ́le lú-ábrọ. ạrẹ́le lụ-dẹ́vọ, ạrẹ́le lụ
-tá⸱lọ uạrẹ́le lụ-kạ́lbọ. mạ⸱ạzmïle lgábẹ bï-mištúṭọ dú-ábrọ. kitvōle fáṣṣọ ẹthụ́ṣa lu-họ́rc. u-fáṣṣọ di-daúlẹ-vẹ udú-mál-ve. kitvōle jēríye lu-họ́rc. mọllẹ́la lụ-dẹ́vọ, ómẹr lạïbẹh̤ ạdẹgonvạ́tli u 25
-fáṣṣọ? ómmo bẹ̣́le. ómẹr aïkọ-yo? ómmo kle bạnh̤ire dï-họ́rje.
ï-họ́rje dāmạ́h̤to, azzá ï-jēríye, grïšla mạnh̤írā u-fáṣṣọ. áṭyọ ómmo dẹ́vọ. ómẹr hå. ómmo šquĺḷọh̤yo. maubẹ́le lụ-dẹ́vọ u⸱azzē
lụ-bạïtọ. frạ̣́h̤le u-fáṣṣọ, ómẹr yå ráb haúli dinọ́re. húlēle di-
nọ́re. frạ̣́h̤le u-fáṣṣọ, ómẹr yå ráb haúli ú-mál dụ-họ́rc kúle, u⸱áṭṭe 30
dụ-họ́rj u⸱ï-kálo dụ-họ́rj ọ́ṭịn ạlgábi, unọ́fịl ú-họrj bu-gúbọ, húwe
u⸱ú-ábrọ, ulọ̣-nọ́fạị̈ hód lo óno maufạ̣́qnin. hávi h̤id-mọ́lle. hávi
u-dẹ́vọ daulạ́tli.

azzē u-tá⸱lọ lgábu-dẹ́vọ, ómẹr ah̤únọ. ómẹr hå. ómẹr ah̤ú-
nọ māiṭịna mu-káfnọ, ọ̣no u⸱á-(n)nạ⸱imạịdi. ómẹr mụ́-kọ̣bẹ⸱ạt? ó- 35
mẹr hálan kmo kạĺḷát. ạ́yim ẹmhẹ̣́le šáạmọ lụ-tá⸱lọ, ušẹ̣ḍẹ́le bọṭ-
rú-tá⸱lọ, u⸱u-tá⸱lo ómẹr āḷọ́họ mọhẹ̣́lọh̤, ạaï kẹmọh̤ạ́tli? ạ́ṭị u-tá⸱lọ

ląbaítǫ. áŧī lbehǫrc, ḥezéle klǫ-u-hǫ́rj bu-gúbǫ. ómęr tá∍lṓ,
qréle mu-gúbǫ. ómęr hắ. ómęr tá∍lǫ, aufą́qli mu-gúbǫ. ómęr
lą́ibi aḥúnǫ dmaufąqnólǫḥ; ómęr gi(m)māḥátnǫ méjlis, ǫno u∍ú-ką́l-
bǫ u∍i-qáŧūn u∍i(y)-arnúwǫ, kǫrḥina ∍álu-fą́ṣṣǫ. qréle lu-tá∍lǫ lu
5 -ką́lbǫ uli(y)-arnúwǫ uli-qáŧun. u-tá∍lǫ rí∫ę dú-mą́jlis-yǫ. ómęr
ką́lbǫ, izóḥ hắt u∍i(y)-arnúwǫ yąí-qáŧūn kráḥu ∍álu-fą́ṣṣǫ; kā mam-
ŧą́lḥu gęmǫfqį́na ú-hǫ́rj mu-gúbǫ, gędǫbéląn mǫ́kelǫ ġálabe. ú
-ką́lb-ómęr gęzínǫ ǫ́no u∍i-qą́ŧūn ą̇dmǫŧę́na lą̇-(m)mái, trǫ raúḥǫ i
-qáŧun ∍áli gemaqtá∍na, bą̇(l)lę trózzā mīcǫ́kǫ taḥtu-tár∍ǫ, kǫ́rḥǫ
10 ∍álu-fą́ṣṣǫ, ǫ́no gęnǫŧánna hǫ́l dęmǫfqǫ́le, arją́∍nī raúḥǫ ∍áli maq-
tá∍nǫ-la bą̇-(m)mai. i-qą́ŧūn ómmo trǫ́ve. azzǭ̆ u-ką́lbǫ u∍i-qáŧún
ą̇lbędévǫ. azzá i-qą́ŧūn, khairíba będévo. kommi-qāŧūnáŧi nuḥ-
rąitǫ-yǫ. ġáni u-yaúmǫ, dāmíḥī będévǫ. u-dévǫ mǫ́llęla líy-ą̇ttǫ
ómęr ∫qúllęḥ ú-fą́ṣṣǫ ∍ámęḥ. áttę du-dévǫ ómmo trąíye ∍ámǫḥ.
15 māḥátle lu-dévǫ ą̇fféme udámąḥ. kāríḥǫ i-qą́ŧūn ∍al ŧiŧún. ḥezéla
u-ŧiŧún, simla u-tų́ŧūn barníŧi. māḥátla u-barníŧi bįnḥíre dų-dévǫ.
çm∍aŧá∫le lu-dévǫ. ŧą́yir ú-fą́ṣṣǫ męféme. ęlqǫ́ŧla lí-qáŧūn u-fą́ṣṣǫ.
∫déle lu-dévǫ bǫ́ŧrā, cíkǫ taḥtu-tár∍ǫ. mídle lu-dévǫ ęldą́nvā, ą́ŧi
u-ką́lbǫ grí∫le i-qáŧūn. u-dévǫ grí∫le dą́nva, u∍ú-ką́lbǫ grí∫le i-qǭ̆-
20 tun, qŧį∍ dą́nva. maḥęzą́mme líyaulu-ką́lbǫ. mą́ŧąl-lą̇-(m)mái, rā-
ḥivǫ ∍al ḥą́ṣę du-ką́lbǫ. ú-ką́lbǫ ómęr aḥvąíli u-fą́ṣṣǫ qáŧūn. ómmo kl-∍ámi, dú∫, gędǫrą́tle. qāŧį́∍i lí-ḥaṣrą́yǫ. u-ką́lbǫ ómęr qą̄-
tūn. ómmo hắ. ómęr gędǫmḥína í∫mǫ ḥą́rke miŧnęḥína. ómmo
lṓ, tǫ́ḥ ozą́n. ómęr lṓ, gędǫmḥína bāŧęlína. dámąḥ u-ką́lbǫ u∍í-qǭ̆-
25 tun. ą́ŧi u-tá∍lo, qréle li-qáŧun dlǫ́-ḥįs. azząí-qáŧun su-tá∍lǫ. ómęr
mamŧą́lḥū u-fą́ṣṣǫ? mǫ́llę li-qáŧūn. ómmo é. ómęr háliyǫ. ómmo
lǫ́-kobą́lle. dą́ryǫ́le lu-tá∍lǫ, ∫qį́le u-fą́ṣṣǫ. ómmo i(y)-arnúwǫ: hắli
u-fą́ṣṣǫ. ómęr lǫ́-ḥzili. aṫyǫ́ mǫ́lla lu-ką́lbǫ, ómmo ką́lbǫ. ómęr hắ.
ómmo mqāŧéląn lǫ́nǫ ulú-tá∍lǫ, náfąl u-fą́ṣṣǫ męfémi, lǫ́-kǫd∍ǫ́n
30 -ąíkǫ náfąl; kŧǫlbą́lle lu-tá∍lo, kómęr lǫ́-ḥezéli. ómęr gęsą́mnǫ
núqrǫ, u-ką́lbǫ, gęmicą́knǫ bi-núqrǫ, kassąíli bqár∫ǫ, trąí ∍aíni lárval, komą́lla li-qą́ŧūn, waqrąíle lu-tá∍lo, már toḥ-imí bi-ziyára zā-
hur ∍aíne. simme núqrǫ, mkāséla u-ką́lbǫ bú-qą́r∫ǫ, tréla ∍aíne
du-ką́lbǫ lárval. kmą́ŧąlsi ∍aíne bąinu-qą́r∫ǫ. azzá i-qáŧūn bǫ́ŧru-
35 tá∍lǫ, kle u-tá∍lǫ u∍i(y)-arnúwǫ, qrēlálįn li-qáŧun. ómmo tá∍lǫ. ó-
męr hắ. ómmo hắli u-fą́ṣṣǫ. ómęr lo-ḥezéli. ómmo itóḥ imąí bí
-ziyára. ómęr dú∫. áṫyǫ i(y)-arnúwǫ u∍ú-tá∍lǫ u∍i-qáŧun li-zi-

yắra. ḥắlla lĭ(y)-arnûwọ uza·ìṣọ, ómmo lọ̆ ·al bắḥti, mọ̆rṭẹt dáb-
nē̆-nọ. maḥẓụ́mla. ắṭi u-tắ·lọ, mqādáḿle li-ziyắra, ómẹr bi-zi-
yārắṭi lọ̆-ḥẹzẹ́li u-fắṣṣọ. hēš ú-ḥábrọ affémẹ dú-tắ·lọ, ẹdrẹ́le lu
-kắlbọ. ómẹr klé̆ klé̆. šqĭle u-fắṣṣọ, maubé̆le lụ-kắlbọ u-fắṣṣọ
u·azzé̆ lbẹḥọ́rc. azzĭn ẹlfẹ́me du-gúbọ kle u-ḥọ̆rj bu-gúbọ. ómẹr 5
ḥọ́rc. ómẹr ḥắ. ómẹr mamṭẹ́li u-fắṣṣọ. ómẹr haúlạyọ lĭ-qắtūn dẹ-
manḥạtóliyō lu-gúbọ. manḥátlā lĭ-qắtūn u-fắṣṣọ lu-gúbọ. ẹfrĭḥle
lu-ḥọ́rj ú-fắṣṣọ. ómẹr yắllā dẹnọfqĭna mu-gúbọ. nāfĭqĭ yātívi
bi(y)-aúda ú-ḥọ̆rj u·ú-ábrọ u·ú-kắlbọ u·ĭ-qắtūn. ómẹr qắtun. ómmo
ḥắ. ómẹr á-(n)nĭšạídạn ẹsbedévō-ne? ómmo é̆. frĭḥle lụ-ḥọ̆rj u 10
-fắṣṣọ, ómẹr ọ́tyọ i-daulaĭdi u·a-(n)nĭšạídi u·ắṭṭe du-dévọ kúlle
lặrke. āṭĭn kúlle. ómẹr kắlbọ. ómẹr ḥắ. ómẹr gẹmọḥánnọ ĭ-kaf-
tắre ắṭṭe du-dévọ ·ắlọḥ. ómẹr trọ́ve. ẹmhọrọ́le ·ắlẹ. ḥắvi ú-kắl-
bọ grḗ·ọ ạlbẹḥọ́rc.

qắyim u-dévọ, mĭdle li-tfañgạĭde u·ắtī bẹgnọ́vọ. ạhzé̆le u-kắlbọ, 15
māḥátle ẹtfắ̃ñge ·ắlu-kắlbọ, ạqtĭle u-kắlbọ lụ-dévọ umahzắmle lu
dévọ. mšāyắ·le lụ-ḥọ̆rj u-tắ·lọ, ómẹr izóḥ kráḥ ·ắlu-dévọ, ḥẹzai
ạĭkọ-yọ, kaḥzẹ́lọḥ tóḥ mắllī. azzé̆ u-tắ·lọ, kắriḥ ·ắlu-dévọ. ạhzé̆le
tạĭrọ, ómẹr ó̆ tạĭrō. ómẹr ḥắ. ómẹr lọ́-ḥẹzẹ́lọḥ ú-dévọ ḥắlạs hắrke? ómẹr bé̆le ḥzé̆li. ómẹr ạĭk-azzé̆? ómẹr azzé̆ mahạzmọ̆nọ. 20
azzé̆ ldắṣtọ ḥẹd-ḥaurắn, ạhzé̆le kúlle klĭn ạgẹdaúri. dắmạḥ bú-ṭúrọ. ktọ̆rĭn ạn(n)-abzọ̆rc bán(n)-arṣọ̆tọ. azzé̆ āḥĭlc á-qadắt dặn(n)
-abzọ̆re lụ-tắ·lọ. ắṭĭn á-dāvọ̆re ẹddaúri, ạhzắlle án(n)-abzọ̆re šắr-
ye. ómmi lmá-sĭmle haúḥā bán(n)-abzọ̆re? ómmi lụ-tắ·lọ. ắṭī
mắṭrọ, mālĭmme qắtmọ urọ́sse ·ắliy-ắrṣọ. náfạq u-tắ·lọ, kmibạĭni 25
dùkṭe dẹrạġlọ́ṭe, āḍĭ·i lụ-tắ·lọ āḥẹlĭle á-qadắt. cĭk bu-náqvọ. ắṭĭl
-lụ-náqvọ, lọ̆-qādíri dẹmọfqĭle. qắyim u-ḥmọ̆rọ, ómẹr mụ̆-kọbĭtụlli
dmọsặkno u-tắ·lọ? ómmi gẹdọbīnắlọḥ qúr·ọ dọṣọ̆re. dắmạḥ u-ḥmọ̆-
ro qmu-náqvọ. ma·lé̆le rágle, mạrfé̆le šaqvọ́ṭe. ắṭī u-tắ·lọ, náfạq
mu·náqvọ ạggọ̆ĭš ·al qár·ạ dụ-ḥmọro. māmĭṭle bẹrûḥẹ lụ-ḥmọ̆ro. 30
kcóyik ĭḍẹ bắḍne dụ́-ḥmọ̆rọ. kĭmsắvạḥ ú-ḥmọ̆rọ. kcóyik ĭḍẹ ban-
ḥĭre dụ́-ḥmọ̆rọ. lọ̆-kọmtáno ú-ḥmọ̆rọ. mĭdle ẹlšaqvọ́ṭe dụ́-ḥmọ̆rọ.
ạhṣọ́lle bạrkọ̆ṭe ·al qár·ạ dụ-tắ·lọ. u-tắ·lọ ómẹr yamán, ạhmọ̆rọ,
simli mĭštṹtọ, āṭĭnọ dẹqọrẹ̆nọḥ, lọ̆-māḥáslọḥ, mĭdli lšaqvọ́to ạdmā-
ḥĭsaṭ. ómẹr ḥáyo lạĭt, u-ḥmọ̆rọ. qrẹ́le lặ-dāvọ̆re, ắṭĭn ặ-dāvọ̆re, 35
msĭkke u-tắ·lọ, jẹlọ́ṭṭau-galdạĭde, mālĭffe ·ặl án(n)-abzọ̆re, umạr-
fắlle u-tắ·lọ.

áṭi u-tá‹lo kmoḥyóle í-háwā kịmnáẹnạṣ, áṭi lsú-ḥǫ́rc. ómẹr
qaiyauḥā tá‹lǫ? ómẹr šmǫ́ṭṭe u-galdạídi. ómẹr ẹlmáne? ómẹr
lạ-dāvǫ́re. ómẹr lázim simlǫ̣ḥ mạfsūríye. ómẹr kfụ́lli, ạ̄ḥẹ̣líli
íšmọt qǫ́ddạt. ómẹr qai gẹdǫḥḷạ́tvǫ? ómẹr azzá, ǵālạ́ṭnǫ. u-ɟǫ-
5 búgro mǫ́llẹ lụ-ḥǫ̀rc, ómẹr ‹al báḥtī lụ́-qāṭúnǫ mǫ́lle lụ-dévo, ó-
mẹr kle u-kạ́lbǫ ḥạ́rke dāmíḥo; áṭi u-dévǫ qṭịle.   qáyim u-ḥǫ́rc,
ẹšmǫ́ṭle u-gạ̣̀ldǫ dú-qāṭúnǫ.   ómẹr lọḥát maqṭẹ̣̀lǫ̣ḥ u-kạ́lbǫ blišónǫ̣ḥ.
ázzē u-qāṭúnǫ dlǫ́-gạ́ldǫ, qréle la-ɟọbúgre, ómẹr tǫ́ḥu fāḥẹ̣́lụlī, gẹzínǫ lụ-ḥǫ́j.   māḷịfléle ṣạddóḥ ḥẹvǫ́rǫ ẹlqárɟe.   ómmi-y-á-ɟọbúgre:
10 aíkǫ gimfaḥlína ḥḍóde? ómẹr bú-tānúrǫ.   cíko-qātúnǫ bú-tānúrǫ.
lātimi á-ɟọbúgrẹ kúllẹ bụ-tānúrǫ sú-qātúnǫ.   ómẹr fāḥẹ̣́lụlli.   ómmi
hát ịnfíḥẹl, qṭịḷọḥ á-bābạídan.   šmǫ́ṭle u-ṣạddóḥ-díḍe, māḥátle bi
ɟaínǫ dú-tānúrǫ, ufáḷịt ‹ála-ɟọbúgre, lō qǫ́drī māḥạzmī.   āḥíle
kúllẹ, ómẹr ḥánǫ ḥạif-diḍi dẹshịdle ‹áli lụ́-ɟọbúgrǫ su-ḥǫ̀rc, hāvíle
15 gạ́ldǫ ḥạ́ṭǫ lụ́-qāṭúnǫ.

    azzó-qāṭúnǫ, ḥẹzéle u-tá‹lǫ, ómẹr aḅúnǫ, u-tá‹lǫ.   ómẹr ḥá,
ú-qāṭúnǫ.   ómẹr maíko lǫ̣ḥ ú-galdánǫ? ómẹr ó maíṭạt, azíno āḥíli
á-ɟọbúgre, hāvíli gạ́ldǫ ḥạ́ṭǫ.   ómẹr ḥẹdi ónẹste kazínǫ ḥǫvẹ́nǫ
ḥaúre dụ-dévǫ, qọṭlína ú-ḥmǫ́rǫ dǫvéli gạ́ldǫ ḥạ́ṭǫ.   ‹azzē u-tá‹lǫ,
20 ḥẹzélc u-dévǫ, ómẹr dévō.   ómẹr ḥá.   ómẹr kāfínǫ hāt? savíɟǫ
hāt? ómẹr álǫ māyịṭnǫ mu-kạ́fnǫ.   ómẹr kazínǫ mamṭẹ̣̀nǫ ú-ḥmǫ́rǫ
qọṭlínāle, gẹṭǫ́rạt dúḥann-ɟámǫ̣ḥ? ómẹr é.   ázzē u-tá‹lǫ, aḥzéle u
-ḥmǫ́rǫ, ómẹr ó ḥmǫ́rō.   ómẹr ḥá.   ómẹr mhāváḷlē lạ́bre dẹ‹ámmi,
ú-móklǫ nóšǫ lǫ́-kǫ̣ḥẹ́le.   ómẹr kóṭe ḥmọryóṭǫ lí-mištúṭǫ? ómẹr é.
25 ómẹr dụ̣š dọzàn.   azzé u-ḥmǫ́rǫ u‹u-tá‹lǫ.   azzén, mǫ́llẹle lụ-tá‹lǫ
lụ-ḥmǫ́rǫ, ómẹr dmáḥ ḥạ́rke, kazínǫ mšāyáɟnǫ aḥmǫ́rṭǫ dǫ́ṭyǫ bǫ́ṭ-
rǫḥ.   ómẹr zóḥ lǫ́-kólịt.   ómẹr lǫ́ lǫ́.   ómẹr šaíyịɟ ịḥḍó juwán
ẹdlaúwyǫ saútǫ.   ómẹr lǫ́-zaiɟạt.   ázze u-tá‹lǫ, qréle lụ-dévǫ.   áṭi u
-dévǫ, ḥẹzạ̀ll-u-ḥmǫ́rǫ dāmíḥǫ.   bǫ́ṭle gáve lụ-dévǫ, qṭǫ́lle u-ḥmǫ́rǫ,
30 āḥíle lụ-dévǫ, áṭi u-tá‹lǫ dóḥịl.   ló-trẹ́le dóḥịl lụ-dévǫ.   u-tá‹lǫ qḥír.

    ḥẹzéle lṭaírǫ u-tá‹lǫ.   ómẹr qai haúḥā hát, tá‹lǫ? ómẹr wạ́r-
rǫḥ, qréli lụ-ḥmǫ́rǫ, qṭịle lụ-dévǫ, ulǫ́-kṭǫ́re duḥann-ɟámẹ.   ómẹr
gẹbosạ́mlọḥ ú-básrǫ dá-ḥmǫ́re? ómẹr é é ǵálabe.   ómẹr ditóḥ aḥi-
vại u-mạllạídan dá-ṭaire, kúl yaum-aḥúl básrǫ daḥmǫ́re.   ómẹr
35 šǵólō? ómẹr álǫ.   ạṭ‹ạ́lle lu-ṭaírǫ ú-tá‹lo ufáyir.   kómẹr ‹al ḥạ́sǫ
dú-ṭaírǫ u-tá‹lǫ: ilạ̄ḥé lalláh umuḥámmạd rasúl ǫllá.   ma‹léle lụ
-ṭaírǫ.   ómẹr i-ṣḷụ̄ṭạídi ṣḷúṭǫ tamám-yǫ, maqbúl-nǫ sālǫ̣́ḥǫ.   ma‹ḷẹ́le

lu-ṭaírọ wudrḗle. nắfịl liy-ár꞉ọ. grif hắṣọ dụ-tá꞉lọ. ómẹr mḗni
fắiš dọvḗnọ mắlla la-ṭaíre. umắyị̄ṭ u-tá꞉lọ. tụ́šmẹrạzáḥ.

5

<h1 style="text-align:center">LXVIII (132).</h1>

kítvō palắñk, qṭọ́lle īy-émọ u꞉ú-bắbọ. fíšle fặrḫọ na꞉ímọ, lā-
lọ́họ mẹrābḗle. qắyim hắvi rắbọ. hắvi záhẹm, mḥāvịllēle bặrṭọ
du-ṭaírọ, lắvīle ábrọ. mḥāvịlléle bặrṭọ dụ-dévọ umḥāvịlléle bặr- 10
ṭọ dụ-sắb꞉ọ. hāvíle tlóṭ níše. má-tlọ̄ṭ níšē ālọ́họ húlẹ̄le ábrọ.
hắvi u-ábro rắbọ, mắyị̄ udắ꞉ặr, nāyị̄ḥle. ómẹr bọṭr dẹnāyị̄ḥle gẹ-
ṭọlábne lábri, gẹṭọlábnọle bặrṭọ du-mắlkọ dặ-jín. ẹṭlọ́blēle bặrṭọ
du-mắlkọ dặ-jín. ómẹr trózze u-dévọ u꞉ú-ṭaírọ u꞉ú-tá꞉lọ u꞉ú-kặlbọ,
trozzén mḥaulíla. u-tá꞉lọ ómẹr laíbi dịmhāláhnọ. ómẹr ba꞉ aí-dặr- 15
bọ? ómẹr hắli ụ-ḫmọ́rọ drohaún-꞉ắle. rắḫū u-tá꞉lọ ꞉ắlu-ḫmọ́rọ
wazzị̄n. azzị̄n ẹlbaịnắ-jín dịmhaúli lábre dú-palắñk. azzị̄n mắṭạn
ạlsú-mắlkọ dặ-jin. mọllḗle lụ-tá꞉lọ lụ-mắlkọ dặ-jin, ómẹr hā꞉ífọ
hắlạn bặrṭọḥ dạmḥaúlīnála. ặġbín u-mắlkọ mu-tá꞉lọ. u-ṭaírọ ū-dé-
vọ ómmi qaúwyo lọ kọ́lịṭ? mọ́rre lụ-tá꞉lọ, lāzím kit nọ́šo ráb mḗ- 20
nọḥ. u-tá꞉lọ ómẹr má-kīt ráb mḗni? māhátte u-tá꞉lọ bụ̄-ḥabís lắ
-jín, uhúwwe i-kắlọ lụ-ṭaírọ ulụ-dévọ ulụ-kặlbọ, umọblọ́lle. fắš u
-tá꞉lọ msíkọ su-mắlkọ dặ-jín. u-kặlbọ gọ́riš u-sísyọ taḥt-ẹḃặrṭọ dú
-mắlkọ dặ-jín. ómmo kặlbọ. ómẹr hắ. ómmo qrắr họ́vẹ ꞉al ján
-dídi, ta꞉íbaṭ ꞉ắmi, ki(t)ṭọryọ́nọ dẹnọšqátli. ómẹr kā꞉ísọ. azzén mau- 25
bắlle i-kắlọ lịsbẹpalắñk. manhátte i-kắlọ mu-sísyọ, ẹmhọrọ́lle ꞉al
ábre dú-palắñk. símle mọ́kẹlọ lú-palắñg ġálabe, qrḗle lá-ḥiyévin
kúlle lụ-mọ́klọ. ặġbín u-mắlkọ dắ-꞉ọbúgre u꞉ú-mắlkọ dắ-fặrtá꞉ṇe,
ómmi lọ́-kōṭéna lu-mọ́kẹlọ. ómmi qaúwyọ? •ómmi qaí i-nắqẹlā dú
-ṭlọ́bọ lọ́-mšāválle bạṇ, ọ꞉dọ qōrḗlạl-lụ-mọ́kẹlọ; lắtna ꞉áwịz ú-mọ- 30
klaíde. lázzị̄n. símle mọ́kẹlọ. dazzín āhịlle. mšāyéle ꞉ắlu-tá꞉lọ,
ómẹr kọ́yọ u-tá꞉lọ? ómmi kle-msíko. ómẹr aíkọ? ómmi su-mắlkọ dắ
-jín. qắyim azzọ́-palắñg dẹmạrfḗle. azzé u-palắñg ạlbẹmắlkọ dắ-jín,
yắtū gābạíye. símmạlle ꞉ézze ukrắm. ẹmrājéle u-tá꞉lọ, mạrfắlle.
qắyim u-tá꞉lọ u꞉ú-palắñg dọ́ṭịn. āṭịn yaúmọ, gắni u-yaúmọ 35
꞉alạíye. ḥẹzắlle ḥaíye saútọ. u-tá꞉lọ mọ́lle lí-ḥaíye, ómẹr ḥaíye.
ómmo hắ. ómẹr dúktọ laíṭ gábẹḥ ẹddọmáḥnọ ád-lắlyọ? ḗlọ bā-

tá̤nnǫ.　ómmo béle, kit dúktǫ gábi wá̤la̤d.　ú-pa̤la̤ĝg óme̤r tá·lǫ
dṳ̌š dǫzá̤n.　óme̤r lǫ́-qōdánnǫ ǫté̤nǫ, bātá̤nnǫ, ka·ivi ragḷǫ́ṭī mi-fa-
rá̤nqa.　óme̤r mṳstáflit.　dáma̤ḫ si-ḥaiye, dāmiḥǫ i-ḥaiye.　e̤mfātă̤̆sle
bu-baitǫ di-ḥaiye.　kítla ·é̤sri qúrš li-ḥaiye klịn bi-kístǫ.　qta̤rile
5 be̤dá̤nve unáfa̤q e̤blá̤lyǫ, māhe̤zá̤mle, ázzē.　azzé si-ta·áltǫ, kítlā
bá̤rtǫ li-ta·áltǫ.　mǫ́lle̤la li-ta·áltǫ óme̤r lǫ́-kobá̤tli bá̤rte̤ḫ?　ómmo
béle.　óme̤r mǫ́-qáis kṭǫ́lba̤t mé̤ni náqe̤dǫ?　ómmo a̤rbé̤i qúrš.
óme̤r kā·isǫ ·ála-·aine.　húlēla á-·ásri qúrš dkítv-·ă̤me̤.　óme̤r fā·iš-
le̤ḫ ·é̤sri qúrš, háli bá̤rte̤ḫ dimḥāvá̤nna, tro faiši á-ḫré̤ne daínǫ
10 ·áli.　ómmo lǫ́-ksaimǫ́nǫ.　ázze u-tá·lǫ e̤lsú-pală̤ŋk.　óme̤r háli ·é̤sri
qúrš e̤be̤daínǫ.　óme̤r laít ·ă̤mi.　á̤ṭī lsí-ta·áltǫ, maḫrájla li-ta·áltǫ
á-·ásri qúrš.　óme̤r ta·áltǫ.　ómmo há.　óme̤r ya háli bá̤rte̤ḫ, yā
háli a-·ásri qúrš.　ómmo bá̤rti lō-kobá̤lla, wa-·ásrị qúrš maḫrejíli.
azzé su-rábǫ da-tá·le ma̤škéle.　mšāyá·le lu-rábǫ dá-tá·le grḕǫ
15 bǫ́tri-ta·áltǫ.　maubéle i-ta·áltǫ e̤lsu-rábǫ dá-tá·le.　ú-rábǫ dá-tá·le
kítle záge be̤dá̤nve.　ázzai-ta·áltǫ líde wumtāḫálla.　óme̤r ta·áltǫ.
ómmo há.　óme̤r a̤i-dá̤rbǫ-yǫ i-da·va̤íde̤ḫ udu-tá·lǫ?　ómmo yā
á̤ga ge̤dǫmá̤llǫḫ.　óme̤r már.　ómm-á̤ṭī u-tá·lǫ lgábi ú-ḫā yaúmǫ,
óme̤r ta·áltǫ; ommǫ́nǫ há; óme̤r háli bá̤rte̤ḫ; e̤mmǫ́nǫ qaí lo ko-
20 bá̤lla?　ge̤dǫbá̤llǫḫyǫ; óme̤r ṭlá̤b náqdǫ; e̤mmǫ́no árb·i qúrš; kítvō
·ă̤me ·é̤sri, húlēli-né, óme̤r tro faiši a-ḫré̤ne daínǫ; lǫ́-maqbéli; ó-
me̤r kazínǫ mamṭé̤nǫ á-·ásrị ḫré̤ne; azzé u-tá·lǫ, maḫrájli á-·ásri
dúlēli; ázze lǫ́-qā·iḍlō ka̤llát, dá̤·a̤r, óme̤r ta·áltǫ; e̤mmǫ́nǫ há.
óme̤r yā háli bá̤rte̤ḫ, yā háli á-·ásrị qúrš.　e̤mmǫ́no lǫ́-kobá̤llǫḫ
25 bá̤rti umaḫrájli á-·ásrị qúrš; á̤ṭī e̤lgá̤bǫḫ ma̤škéle, a̤ḫzai mṳ-kóm-
mịt, klé qár·i uklé u-saifa̤ídǫḫ.　óme̤r šǵólo tá·lǫ, haúḥa-yǫ?　óme̤r
é baúḥa-yǫ.　óme̤r ne̤ḥákat ·ála, qṳ́m pāyá̤dla á-·ásri ḫré̤ne uḥaú-
wil i-kāla̤ídǫḫ.　azza̤i-ta·áltǫ lṳ-baitǫ.　qá̤yim u-tá·lǫ, óme̤r kazínǫ
mpāyá̤dna á-ḫré̤ne.　azzé u-tá·lǫ, e̤mgaumá̤lle be̤·á̤qe̤l-díde̤.　ázze
30 e̤lsi(y)-arnúwǫ, óme̤r arnúwǫ.　ómmo há.　óme̤r lǫ́-khōvá̤tli ad-lá̤l-
yǫ?　ómmo béle, ·ála-·aine.　dáma̤ḫ si(y)-arnúwǫ.　qá̤yim e̤blá̤lyǫ.
kitvóla ·asrǫ́ qúrš li(y)-arnúwǫ umabbaḥíye.　qtǫ́lle á-·ásrǫ qúrš
e̤be̤dá̤nve, u·í-mabbaḥíye e̤bqár·e.　há̤la̤s ·á̤lṳ-ká̤lbǫ.　óme̤r tá·lǫ.
óme̤r há.　óme̤r maíkǫ kóṭịt?　óme̤r mṳ-ḫǫj.　óme̤r hóve ḫǫj-dídǫḫ
35 e̤bríḫǫ.　óme̤r dóvịt bāsimǫ.　á̤ṭī húle á-·ásrǫ qúrš u·í-mabbaḥíye
li-ta·áltǫ wumḫāvéle bá̤rte̤ di-ta·áltǫ.　qréle lu-zǫ́ǵǫ, símle má̤lla.
qtá̤·le̤ u-nakáḫ, hávi u-zǫ́ǵǫ ú-ma̤llá̤tte.

qa·ímǫ i-ḥaíye mfātášla ·ālá-kạllát-dída.   lǫ-ḥzéla á-kạllát
-dída.   báḥyǫ i-ḥaíye.   azzá sụ-mạ́lkǫ dá-ḥaiyát, ómmo mzaíɾi á
-kạllát-dídi.   ómęr aíkǫ mzaíɾi?   ómmo bu-baítǫ.   ómęr mán-áṭi
lgảbęḥ?   ómmo u-tá·lǫ dámặḥ gábi bęlặlyǫ.   ómęr šúgle dụ-tá·lǫ
mínve gábęḥ?   ómmo mlā·ę́le, ómęr bātạ́nnǫ; dámặḥ gábi.   ómęr 5
lúwe gnuwíle, zị̆ḥ ặškaí sụ-rábǫ dá-tá·lǫ.   átyo i-ḥaíye ęlsụ-tá·lǫ. .
ḥęzéla i(y)-arnúwǫ.   ómmo laík-arnúwǫ?   ómmo sụ-tá·lǫ.   ómmo ęlmúne?   i-ḥaíye.   ómmo wí∼ ħóṭī, áṭī ạlgábi dámặḥ lặlyǫ; kítvōli
·asró qúrš, ạgnuwíle umabbaħiye.   átịn ḥęzặllō-kạlbǫ.   u-kạlbǫ
ómęr álǫ ḥęzéli u-tá·lǫ, kítvōle mabbaħíye ębqárɾę; ománnǫ maí- 10
kǫ kóṭịt?   ómęr mụ-ḥój; ǫ̆n-ománnǫ šáš kŏmo kítlę bqárɾe, hát
mị̆n-azzélęḥ, ḥaíye?   omm-ónęste gnúlēli ·ęsrị qúrš.   ómęr é, zóḥū
aškáwu ·ále, ǫ̆nǫ gędǫvę̆nǫ sóḥędǫ.   azzaí-ḥaíye u·i(y)-árnúwǫ
ęlsụ-tá·lǫ, ạtlǫ̆bbe á-kạllát-dặtte.   ómęr lǫ-ḥęzéli kạllát.   símme
lǫ-símme, láṭi qum mę̆de, mankạ́rlę.   azzén si-taɾáltǫ, ómmi min-ū- 15
lélęḥ lụ-tá·lǫ bu-náqędǫ?   ómmo húlēli ·ęsri qúrš, uhúlēli ·ásrǫ
qúrš umabbaħíye.   ómmi dídạn-ne; ómmi hálanne.   ónmo lǫ́-kǫ-
bạ́nne.   ómmi qaúwyǫ?   ómmo mⁱⱪáħáble i-bạrtaídi.   azzị̆n sụ-rábǫ
dạ́-tá·le, mạškạ́lle.   mšāyá·le gré·ǫ bǫ́ṭrę.   ęqrę́le.   ómęr tá·lǫ.   ómęr
ħá.   ómęr gnúlǫḥ ú-māl-dáni?   ómęr ḥair ạffạndim, tro mamtạ́nne 20
súḥędō.   ómmo i-ḥaíye u·i(y)-arnúwǫ, ómmi ḥęzặllan ęb·ainaína
si-taɾáltǫ uklại-mabbaħíye si-taɾáltǫ; i-mabbaħíye súḥędǫ.   ómęr
zvǫ́nǫ zvinǫ́li.   ómmi· memáne?   ómęr mu·kạlbǫ.   qrạ́lle u-kạlbǫ.
ómmi šgǫ́lō?   kạlbō.   ómęr mị̆nyǫ?   ómmi zvílle lụ-tá·lǫ mabbaħíye mę̆nǫḥ?   ómęr ǫnǫ̆?   ómmi é klǫu-tá·lǫ.   ómęr šgǫ́lǫ tá·lǫ? 25
u-kạlbǫ.   ómęr ę̆.   ómęr lǒ lǫnǫ ạḥzillílǫḥ, kítlǫḥ mabbaħíye
bqárɾǫḥ, ománnǫ maíkǫ kóṭịt?   ómmịt mụ-ḥój; ománno hǒve ḥoj
-dídǫḥ ębriħǫ; ómmịt dóvịt bāsimǫ.   i-snauníye bu-baítǫ dụ-tá·lǫ
-va ú-qēnaída.   ómmo ·al báḥti haúḥa-yǫ, u-tá·lǫ kụmdágil.   mšā-
yá·le lú-ặga dặ-tá·le ęgrę́·ǫ.   ómęr zóḥ ęqraíla lí-taɾáltǫ, trǫ́tyǫ 30
ę(l)lặrke.   ázze u-grę́·ǫ mamtiyǫ́le.   átyǫ lụ-dívān.   ú-ặgā dặ-tá·le
ómęr taɾáltǫ.   ómmo ħá.   ómęr haúla á-·ásrị qúrš-dída li-ḥaíye,
uhaúla á-ɾasrǫ qúrš u·i-mabbaħíye ħ(y)-arnúwǫ.   húlālịn.   ómęr
gęmạrfę́na bặrtęḥ; ómęr tá·lǫ.   ómęr ħá.   ómęr haúla i-bặrtǫ.   ó-
męr qraíle lụ-zǫ́gǫ dęmạrfélan.   qrạ́lle lụ-zógo, ómmi lóḥ ęmbǫri- 35
lǫḥ, arfaíyin.   u-zǫ́gǫ ómęr lǫ́-kǫ́we, aína dmoḥánnǫ lǫ́-kmạrfę́nin.
ómmi ḥę̆ṭú-tá·lo bụ́-ḥabis.   māḥátte u-tá·lǫ bú-ḥabis.   azzaí-taɾáltǫ,

mamtḗlai-bártọ. azzé u-kálbọ tlọbléleyọ ꜥálu-qáḥer dụ-táꜥlọ. hā-
vîle ábrọ ubártọ lụ-kálbọ. fáiš u-táꜥlọ šátọ ẹmsíkọ. átī mọ́llẹ̄le
lụ-kálbọ, mạrfálle, ṓmẹr qai šqílọḥ áttī? ṓmẹr haúḥā. mạškálle
sú-paláñk ꜥal ḥẹdọ́de. lọ-qádạr dạmsáfẹ mḗde ú-paláñk. mạškálle
5 sụ-dáḥẹbā. u-sísyọ qọ́zẹ-yọ uꜥú-báglọ mụ́fti-yọ. ú-dáḥẹbā ṓmẹr
.kálbọ haúle iy-áttọ lụ-táꜥlọ, uꜥábnọḥ trᴐ́viḷ-lọḥát. maubḗle lụ-táꜥlọ
iy-áttọ, umamtḗle lú-kálbọ án(n)-ábne. ázze u-kálbọ ạrríšẹ di
-ḥmọ́tọ, ṓmẹr yá klēn ábnẹḥ yā šqúli. ṓmmo gẹšoqlálḷọḥ. šqíla
u-kálbọ. azzé u-táꜥlọ mạškḗle lú-paláñk, ṓmẹr í-náqẹlā dimḥávạ̄lle
10 í-kālạị́dọḥ, ạnšị́qle lụ-kálbọ í-kālạị́dọḥ. símle ꜥáskạr lụ́-palẽ́g
ma-ḥiyévin, wazzé-rríšẹ dụ-kálbọ. ạmsíkke lálgul, ạqtólle hū́we
uꜥán(n)-abne uꜥí-tạẓáltọ umọqẹdánne. átī ú-paláñg lụ-baítọ, maufáqle i-kālạị́de wumḥẹlḗla. ạ̄gbínọ, ázzā lsạ̣-bẹbábe.

15
<hr>

LXIX (134.)

kítvo táꜥlọ udḗvọ uqúzọ, ḥaurọ́ne-vaị́ye. ṓmmi dū́šu dọzắnọ
20 lụ-kármọ, ọḥlína ꜥánve. kīt nọtúrọ bu-kármọ, kítle zọ́gọ gắbẹ,
ukítlẹ ḥmọ́rọ su-qumíshọ, ukítle fáñọ málsiyọ lọ́-nọtúrọ. átī u-dḗvọ uꜥú-táꜥlọ uꜥu-qúzọ lụ-syọ́gọ du-kármọ. hálḷẹ lu-qúzo. ṓmẹr kle
hᴐ́ zọ́gọ, ugăhạḥ u-qúzọ. hálḷẹ lụ-dḗvọ, ḥẹzḗle u-ḥmọ́rọ. hálḷẹ lụ
-táꜥlọ, ḥẹzḗle á-ẓánve klọu-nọtúrọ dāmíḥọ. azzṓ-qúzọ, ā̆ḥíle u-zọ́gọ,
25 azzé u-dḗvọ bọtlọ́-ḥmọ́rọ. azzé u-táꜥlọ dᴐ́ḥịl ꜥánve, ẹmsík bu-fáñọ.
báḥī u-táꜥlọ, símle hállahálla. kᴐ́mẹr dḗvọ qúzo, tᴐ́ḥu ạrfáwulli.
māhạsle lụ́-nọtúrọ, ḥẹzḗle á-pạrrát dụ-zọ́gọ, ḥẹzḗle u-gáldọ dụ
-ḥmọ́rọ. midle li-tfáñge, ẹmḥẹlẹ́bin ạtfáñge. maḥẹzámle lụ-dḗvọ ulụ
-qúzọ. átī u-nọtúrọ lụ-táꜥlọ, ṓmẹr qai-yaúḥa símlọḥ táꜥlọ? ṓmẹr
30 mí-símlī? ṓmẹr ẹlmán āḥíle u-zọ́go? ṓmẹr lu-qúzọ. ṓmẹr ẹlmán
aḥíle u-ḥmọ́rọ? ṓmẹr lụ-dḗvọ. ṓmẹr hắt qai msíkịt? ṓmẹr ẹ́mi
kāyúla, tlọbla ꜥánve, ománnọ ḥtíttọ-yọ, áttọ saútọ-yọ, kazzí mam-
tẹ́na išmọd-ꜥánve, ā́tịnọ dāmíḥọ-vọḥ, lọ-maútaulílọḥ, azzí li-sátọ,
ẹtqọtáꜥnọ išmọd-ꜥánve, ẹmsíknọ bu-fáñọ. ṓmẹr látlọḥ hắš mụ
35 -ḥmọ́rọ umu-zọ́go? ṓmẹr lálọ, bắbi qáẹ̄ọ-yọ, bẹẹlútẹd bắbi látli hắš.
ẹmḥẹ́llēle lụ-táꜥlọ bá-ḥatrọ́tọ. māmítle lụ-táꜥlọ ẹbrúḥẹ. ꜥmaslá̊qle
lụ-qụmíshọ, māẹọ́lle u-táꜥlọ bu-dísmạl-dídẹ lụ-nọtúrọ. dắmạḥ ú-nọ-

ṭúrọ. qáyim u-táꜟlọ, išréle ú-dísmạl ẹbꜟaršóne. náḥat u-táꜟlọ lbại̭-
nu-kármọ, āḥíle sávạḥ, mléle ú-dísmạl ꜟánve. áti̭ lụ-baítọ u-táꜟlọ.
ạḥzéle u-qúzọ uꜟu-dévọ. ómmi káti̭ u-táꜟlọ. ómẹr ḥátū maḥẹzámḥū, ọ̆nọ mkāyáfli bá-ꜟánvē. ómmi lọ̆-mḥẹlélọḥ lú-nọṭúrọ? ómẹr
lóꜟo, qai̭ gẹmọḥḗli, ómẹr aḥúl hod saúwꜟi̭t ̇wumlạilọḥ u-dísmạlánọ. 5
ómmi azzá, ặḥna maḥẹzámlạn. u-táꜟlọ ómẹr dẹdúšū dọzánọ li-qrī-
ṭạihō, kīt kúñọ dẹkẹṭóṭọ. azzị̆n ḥẹzálle u-kúñọ. kīt ḥá dāmíḥọ
bu-kúñọ knóṭạr á-kẹṭóṭọ. ꜟábạr u-qúzọ. klọu-táꜟlọ bọ̆ṭrẹ. azzé
u-qúzọ ꜟálǵul. u-táꜟlọ ẹnqídle u-mḗrẹkọ. māḥásle lụ-mḗrẹkọ. maḥzámle lụ-táꜟlọ kle u-qúzọ lálǵul. ẹšḥọ́lle u-tárꜟọ lụ-mḗrẹkọ, msikle 10
u-qúzọ. qṭị̆le u-qúzọ. maḥzámle lụ-táꜟlọ ulụ-dévọ. azzín, ómmi
álọ qṭọ́lle u-qúzọ.

azzị̆l-lẹqríṭọ, ḥẹzálle kīt ạḥmọ́rọ ꜟálí(y)-adró kímbạrák. ómẹr
u-táꜟlọ mọ́lle lụ-dévọ: kazzínọ ẹlbạini-qríṭọ mgādínnōlạl-láḥmọ.
u-dévọ bárịm ꜟálụ-ḥmọ́rọ. u-táꜟlọ azzé lbạini-qríṭọ, ómẹr u-dévọ 15
gẹbọ́yịt ú-ḥmọraúḥọ, mọ́lle ẹldi-qríṭọ. azzị̆n di-qríṭọ ẹdlọ́-ḥịs, ẹmsíkke u-dévọ, aqṭálle u-dévọ. ẹmsíkke u-táꜟlọ ómmi hátẹste u-ḥaú-
rọ hát. ómẹr lálọ lạ́ṭli ꜟháš. mạrfálle maḥẹzámle.

azzé, ạḥzéle wạ́rzọ. mālífle u-dísmạl ẹlqárꜟẹ. ómẹr krọḥmítū
ālọ́ḥọ, āṭínọ mu-qúdẹs kāfínọ-no, ḥáwụlli zạ́bạše. ómmi mú-qu-20
dẹs kóṭạt? ómẹr é. ómmi ṭli̭ lẹdrọ́ꜟọḥ dḥọzẹ́na díqọ-yọ. ómẹr ḥá
lọ̆nọ lọ̆-dạ́qli. msikke u-táꜟlọ, ómmi ḥánọ ụ-dísmạl daḥūnạínạ-yọ,
bu-kármọ-ve, ẹgnúle. ómẹr lálọ, ọ̆nọ zvónọ zvị̆lli mu-dévọ. ómmi
lụ-dévọ āḥíle u-ḥmọráidạn. ómẹr mụ-qúzo zvị̆lli. ómmi lu-qúzọ
āḥíle u-zōǵaídạn, waqṭọ́lle u-táꜟlọ wašqọ́lle u-dísmạl ušmọ́ṭṭe u-gạl-25
daídẹ. tụ̆šmerazáḥ.

<hr>

LXX (135).

kítvō ạḥmọ́rọ sēfíl, qáyim ómẹr māyḭ̆tnọ mu-káfnọ, kazzí lu
-ṭúrọ. ẹkrọ́ꜟẹ, ẹmꜟádịl ụ-ḥmọ́rọ. áti̭ u-dévọ doḥḗle. mọ́llẹle lu
-ḥmọ́rọ ómẹr qai̭ gẹdoḥlátli? u-mḥásyọ dẹbábi ubábọḥ aḥunóne-vai̭ye.
ómẹr šǵọ́lọ? u-dévọ. ómẹr qai̭ lo kódꜟạt? u-ḥemọ́rọ. ómẹr dụ-
dụ́š kọ̆rẹḥina bẹbríṭọ. azzín táyda. simléle lụ-ḥmọ́rọ dáfọ, kmọ̆-35
ḥe bu-dáfọ u-ḥmọ́rọ. ómẹr u-ḥmọ́rọ: dévọ sụ̆mlọḥ ṭámbụr, mḥai̭ ꜟá-
lu-ṭámbụr, gẹmālịmína kạllát. u-dévọ ómẹr kọbꜟélạn mẹ́ne ẹd-

dą́nvę-dsísyǫ. ómęr dų́š kǫrḥína ꞏal sísyǫ, u-ḥmǫ́rǫ. azzịn kāríḥị
ꞏal sísyǫ. ąḥzą́lle sísyǫ. u-ḥmǫ́rǫ ómęr kle ḥó sisyó, izóḥ, grą́š
mę́ne. ómęr īd̲ó̲ṭi kạívī, lạíbi dęgōrą́šnǫ. ázze u-ḥęmǫ́rǫ dęgóriš,
mị́dle lędą́nve du̲-sísyǫ. ęmḥę́(l)lēle rą́fsǫ lu̲-sísyǫ, dréle u-ḥmǫ́rǫ.
5 azzé u-dévǫ lu̲-ḥmǫ́rǫ doḥę́le. ómęr są́tna ábnęd-ꞏammǫ́ne? ómęr
ḥōl ǫ́ꞏdǫ ábnęt ꞏammǫ́ne vạina, ǫ́ꞏdǫ mę́de ló-kǫvę́na lạḥd̲óde. ā-
ḥíle u-ḥmǫ́rǫ.

    u-sísyǫ ómęr qai āḥíloḥ u-ḥmǫ́rǫ? ómęr gríšle mę́ne mędą́n-
vǫḥ, ló-maqbę́li. ómęr ǫ́nǫ uḥát aḥunǫ́nę-na, u-sísyǫ mǫ́lle lu̲-dévǫ.
10 ómęr dų́š dozánǫ, u-dévǫ, kǫrḥína ꞏarrizị́q-did̲a̲n. azzé u-sísyǫ
uꞏu-dévǫ kāríḥī bębrịṭǫ. u-dévǫ ómęr są́liyǫ-nǫ. ómęr dų́š kǫrę-
ḥína ꞏal mái. ázzịn ąḥzą́lle gúbǫ naꞏímǫ, kíbe mái, kíble lu̲-dévǫ,
ló-mátị ą̲dmaúfą̲q mái bi-kímmạid̲e. ómęr ló-kmǫṭę́nǫ, mǫ́lle lu
-sísyǫ. kíble lu̲-sísyǫ lą́-(m)māi. mị́dle lu̲-dévǫ ęlšaqvǫ́ṭę. qą́yim
15 u-sísyǫ dęmǫ́ḥę lu̲-dévǫ, ómęr qai haúḥā símlǫḥ? dévǫ. ómęr ạ̲i
dą́rbǫ? ómęr ǫ́nǫ kmaufą́qnǫ mái, hát mị́dlǫḥ ęlšaqvǫ́ṭi. ómęr
u-dévǫ: ománnǫ qai nāfílịt, ęgríšlílǫḥ. maḥtóle bęlę́be lu̲-sísyǫ.
ázzịn ędló-māi. ąḥzą́lle rǫ́ꞏyǫ. ómęr u-sísyǫ: zóḥ gnaúlạn ꞏę́zǫ.
ómęr ló-qǫdánnǫ maḥzą́mnǫ, u-dévǫ, ękạívǫ i-lāšạíd̲i. ómęr baꞏ ại
20 dą́rbǫ? u-sísyǫ, itóḥ ęrḥaú ꞏáli, múd ęlꞏę́zǫ uḥę́ṭa ꞏal ḥási, hāt rāḥívǫ ugęmaḥzą́mnǫ. ómęr trǫ́ve, u-dévǫ. rą́ḥū u-dévǫ ꞏālu̲-sísyǫ.
azzé-lsu-rǫ́ꞏyǫ. kíble lu̲-dévǫ ęmsíkle ꞏę́zǫ, maḥtóle qúmę ꞏālu̲
-sísyǫ. maḥęzą́mle lu̲-sísyǫ. kimbáꞏyǫ i-ꞏę́zǫ. ęmḥę́lle-bin ętfą́ñ-
gē lu̲-rǫ́ꞏyǫ, mę́de ló-simlę́bin. ú-sísyǫ kmáḥzịm, ą̄ḥíle lu̲-dévǫ ì
25 -ꞏę́zǫ ꞏal ḥásę du̲-sísyǫ. ló-maḥásle lu̲-sísyǫ. ómęr bą̄s kęmaḥąz-
mína ló-kḥozę́lạn ú-rǫ́ꞏyǫ, mǫ́llę lu̲-dévǫ. ną́ḥạt u-dévǫ męḥą́sę
du̲-sísyǫ, ómęr kǫ́yǫ i-ꞏę́zǫ? dévǫ. ómęr mḥalqǫ́li lu-rǫ́ꞏyǫ, mą́ṭị-
lạn bi-tfą́ñgę, ędmoḥę́bạn i-tfą́ñge, mḥālaqlíle i-ꞏę́zǫ, dą́ꞏạr u-rǫ́ꞏyǫ
wụ̲trelę́lạn. ómęr dúgle kimdáglịt. ómęr bí-ziyára ló-kụmdāgą́n-
30 nǫ. ómęr baína ziyára? ómęr dí-ḥalbúbe. ómęr ló-kmityāqą́nnǫ
dlǫ maḥvą́tli í-ziyára, ómęr dų́š aḥvạíli i-ziyára gi(m)mityaqą́nnǫ.
ómęr fuš-ą́rke, kazzí mšāyą́nnǫ ꞏála, dḥozę́na ạíkǫ-yǫ, mǫ́llęle lu
-dévǫ. fą́iš u-sísyǫ, azzé u-dévǫ. ḥęzę́le brǫ́zǫ. ómęr brǫ́zǫ. ó-
męr ḥá. ómęr kāfínǫ hát? ómęr é, ómęr min-ąḥzę́lǫḥ, dévǫ, doḥ-
35 lína? ómęr gi(m)mǫklą́ṭli mę́nę? mǫ́lle lu-brǫ́zǫ. ómęr ę́. ómęr
súm núqrǫ, kasai rúḥǫḥ ębqą́ršǫ, kazzí mamṭę́nǫ ú-sísyǫ, kítle i-
mán ꞏáli, gędǫṭę́nǫ yomę́nǫ, gęḥóyịr ꞏálǫḥ u-sísyǫ gęqǫṭlịná̲le.

ómer é tróve. simle núqrọ lu-brózọ, ẹmkāséle lu-dévọ, trẹle •aínẹ
du-brózọ lárval. ázze qrẹle lu-sísyọ, ómer tóḥ sísyọ, aḥzéli í-ziyára. áṭi u-sísyọ, mqādámle lu-sísyọ, kẹṭe šụ̄ḥšụ̄ḥ daḥḥíre du-brózọ.
ómer mị-šụḥšụ̄ḥ-yọ? dévọ. ómer í-ziyára di-ḥálbūbẹ-yọ, gálabe
fáḍil-yọ, nóšọ ló-kyōmẹ́ba ẹmbedúgle. mqādámle lu-sísyọ. bárịm 5
u-dévọ ẹlbọtrú-sísyọ. ómer ḥụ̄r •ála kā•ísọ. ḥọ̄lle •ála lu-sísyọ,
mídlēlẹ lu-brózọ. mtāḥálle dẹmáhzim, mídlẹ́lẹ lu-dévọ mịllaḥálf.
ẹdrẹ́le lu-brózọ u-sísyọ. ómer dévọ ló-saímịt haúḥā, u-sísyọ. ómer
kiyōmẹ́nọḥ ló-kmityáqnịt? qtólle u-sísyọ, kóḥil u-brózọ bu-sísyọ,
ló-trẹle dóḥil u-dévọ. ẹblẹ́be u-dévọ ómer kā•ísọ ksaimạ́tbī.   10

   āḥile lu-brózọ u-sísyọ, ló-sáva.ọ. ómer sāví•at aḥúnọ? ómer
lálọ. ómer duš-ọzán kọrḥína, mọllẹ́le lu-dévọ. azzín kāríḥi bu
-ṭúrọ. gáni u-yaúmọ. mọllẹ́le lu-brózọ ómer aíko dọmḥína? ómer
gẹdọmḥína ḥárke, ḥát ẹdmáḥ bi-nuqráṭi dló-qọrạšlọḥ, u•ọ́nọ gẹdọmáḥnọ ḥárke dẹnōtánnọḥ. ómer kā•ísọ. dámạḥ u-brózọ u•ú 15
-dévọ hōl sáfẹrọ. qáyim sáfẹrọ u-dévọ, ḥẹzéle tré msaidọ́nẹ, kít
•āmaíye tfának. mọllẹ́lin lu-dévọ ómer •al mín-ẹkọrḥítu? ómmi
•āl ẹbrózọ ẹldarmọ́nọ lájan i-rúḥọ. ómer gẹmaḥvẹ́nọlḥū ẹbrózọ,
gẹdọbítulli gáskō? ómmi é. áṭi u-dévọ qūmaíye kle u-brózọ dāmíḥọ, ómer klé, qṭálulle. māḥátte á-ṭạrte ẹtfának •ále. ẹqtólle u 20
-brózọ. ómer dévọ ló-mọllọ́ḥli. ómer brózọ ló-maukẹlọ́ḥli mu-sísyọ.
qtólle u-brózọ umaubạ́lle. u-dévọ mọ́lle la-zlāmát ómer háwulli
u-gáskọ. ómmi tóḥ •āmaína. ázze •amaíye, húwạlle gáskọ, āḥile.

   áṭi u-tá•lọ kle gzọ́mer, ḥẹzéle kle kóḥil u-dévọ. ómer dévọ.
ómer ḥá. ómer mụ̄-kóḥlịt? ómer kọḥánnọ gáskọ. ómer traíli par- 25
cáe. tríllēle pạrcáye, āḥile lu-tá•lọ, ómer yá•ai mụ̄-bāsímọ-yọ,
mạ̄kọlọḥ-ánọ? mọ́lle lu-dévọ. ómer qā•áṭli-yọ, mọllẹ́le lu-tá•lọ.
ómer duš-ọzánọ lí-mištúṭọ du-bílbil, sim•e mọ́klọ gálabe, gẹzán ọḥlína, sauw•ína. azzẹ́n sạ̄ḥdọ pírẹ mdá-ḥaiyát. u-tá•lọ ómer pírẹ.
ómmo ḥá. ómer aíkọ-yọ u-baítọ dụ̄-bílbil? ómmo lạfaúḥa-yọ. 30
ázze u-dévọ u•u-tá•lọ lu-baítọ dụ̄-bílbil, ómmi simlọḥ mịštúṭọ? ó-
mer lálọ hịš-ló-simli. dāmíḥi-zbẹbílbil. u-bílbil sówọ-yọ. māyíṭọ
iy-ạ́ṭṭọ, kọ̄b•ẹ dmamṭẹ́lẹ aṭtó ḥrẹ́tọ. kítle bạrán bi-dọ́rtọ másrọ
lú-bílbil. qā•ími blạ́lyọ, šrạ́lle ú-bạrán, umaḥẹzámme ú-bạrán
-dévọ ulụ-tá•lọ. qáyim u-bílbil lọ-ḥzéle u-bạrán, dréle hawár lụ 35
-bílbil, nóšọ láṭị. ázze u-dévọ u•u-tá•lọ, āḥile lụ-dévọ ú-bạrán, lọ
-trẹle dóḥil u-tá•lọ, mkāmẹ́le ú-bạrán mọ́kẹlọ.

ómẹr mākráblẹ ạllẹ́bi, u-dévọ, ꞋaI Ꞌánvẹ, dụ̄š ọzạ́l-la-ꞌánvẹ.
ázze u-táꞋlọ uꞋu-dévọ lạqmú-kármọ, kle u-táꞋlọ qāmạitọ, uꞋu-dévọ
ħāraitọ. ħẹzẽle lụ-táꞋlọ fāħọ málsiyọ. kit fạlqọ di-gwẽtọ ꞋáIụ-fá-
ħọ. ádạꞋ u-táꞋlọ fáħọ-yọ. ómẹr dévọ. ómẹr ħá. ómẹr mụ́dle lụ
5 -fạlqọ di-gwẽtọ. ómẹr qai ħát Iọ-kmaidạ́tle? ómẹr ọnọ ꞅāyọ́mọ-nọ.
midléle lụ-dévọ lụ-fạlqọ di-gwẽtọ, cik bu-fẩħọ. tạir' u-fạlqọ di-
gwẽtọ mu-fáħọ, midléle lụ-táꞋlọ, āħ́ile u-fạlqọ di-gwẽtọ. ómẹr qai
āħílọħ? táꞋlọ? azlạ́tạt ꞅāyọ́mọ? ómẹr ꞅāyọ́mọ hol cíkịt bu-fáħọ,
ħávi Ꞌẹ́dọ. ómẹr trọ́ve, tóħ aufạ́qli mu-fáħọ. maufạ́qle lụ-táꞋlọ
10 mu-fáħọ, šmọ́tle u-fáħọ mẹrág̣lẹ. ómẹr qai āħílọħ i-gwẽtọ? ómẹr
ħáma kọ́bꞋịt loħát, āħílọħ ú-barán, ọnọ āħíli i-gwẽtọ, hāvína
ħạħdọ́de.

  azzịn ạhzạ́lle šẽr. ómẹr u-šẽr: tóħū dọvéna aħunọ́ne. ómmi
Ꞌtrọ́ve. ħávin aħunọ́ne. ómẹr u-dévọ: dụ̄šū dọzạ́n lụ-gnọ́vọ dá-Ꞌẽze.
15 azzịn ạhzạ́lle gọ́ve dẹꞋẽze. ómmi má-gẹnọ́ħịt li-gọ́ve? ómmi u-dévọ. náħạt u-dévọ. ẹgnúwwe barán utạịsọ ugạ́skọ, mahạzmínne.
átịn ạltúrọ ħályọ, nọ́šo lạibe. ómẹr u-šẽr: dévọ flág̣ịn. ómẹr é.
flọg̣íle lụ-dévọ, ómẹr ú-barán lóħ, mọ́lle lụ-šẽr, uꞋú-taisọ lọnọ uꞋú
-g̣áskọ lụ-táꞋlọ. ẹmħẹ́lẽle šáqmọ lụ-šẽr, ẹmħẹ́le lụ-dévọ ꞋaI qárꞋẹ,
20 nā-Ꞌịti Ꞌaịnẹ du-dévọ. ómẹr tóħ táꞋlọ flág̣ịn. ómẹr ú-barán loħát
ẹIꞋaꞅriye, uꞋú-taisọ loħát ẹlsáfrọ, uꞋú-g̣áskọ loħát ẹIfạ́lge-dyaúmọ.
ómẹr Ꞌáfạrịm táꞋlọ, mạikọ yālifạt i-šạriꞋátị? ómẹr ma-Ꞌaịnẹ du
-dévọ ạttāꞋíri yālífnọ. .ómẹr daħúl gẹdọħlinạ́lle távda. āħịllínne
uqāꞋimi. ómẹr dụ̄š dọzạ́n lụ-gnọ́vọ, mọ́lle lụ-táꞋlọ. u-táꞋlọ ádạꞋ
25 gẹqọtẹ́lẹ u-šẽr. ómẹr kazzínọ lụ-baịtọ, kítli naꞋíme, ħánnọ Ꞌalaíye
udọꞋánnọ. azzé u-táꞋlọ, ẹmzạ́yạ̣Ꞌ. u-šẽr knōtạ́lle, lọ-dáꞋạr u-táꞋlọ.
lọ-ħẹzạ́lle ħḍọ́de.

30

LXXI (136).

kítvō šultọ́nọ, ómẹr má-kóte máqre i-g̣ámlọ? ātị ħạ́, ómẹr ọ́-
ꞋꞋọ, ómẹr ħáli u-yạ́rħọ alfó qúrš uꞋú-mọklaịdị uꞋú-štọyaịdị, i-g̣ámlọ
35 gẹqọ́ryọ, lọ́-kóħlo taúnọ, kọbꞋẹ́la síkkạr, ukọbꞋẹ́la lúzẹ. ómẹr trọ́-
ve. mamtẹ́le i-g̣ámlọ lụ-mẹ́rẹkọ, gẹšóqẹl u-mọklaịḍa uꞋú-mọklaịḍe
mú-šultọ́nọ. kmāħátla taúnọ li-g̣ámlọ, kóħlo. átị ħá mọ́llẽle lụ̣́

-maqẹryǫ́nǫ, ómẹr mǫ́-ksaímịt? ómẹr gẹmaqrḗnǫ i-gámlǫ, gẹšōqán-
nǫ aí-yạrḥaídi. u-ḥrḗnǫ ómẹr i-gámlǫ lǫ́-kyúlfǫ qrǫ́yǫ. ómẹr gẹ-
maqẹzḗna, u-maqriyǫ́nǫ, u-qaúl ltlót̲ išnē-yǫ, yā gẹmóyịt ú-šụltǫ́-
nǫ, yā gẹmaítǫ i-gámlǫ, yā̀ gẹmóit u-maqẹryǫ́nǫ. ·mā̀·ítǫ i-gámlǫ.
sámạ; ú-šụltǫ́nǫ, qrḗle lụ́-maqriyǫ́nǫ, ómẹr mā·ítǫ i-gámlǫ? ómẹr é. 5
ómẹr īlífla ẹqrǫ́yǫ? ómẹr īlífla, mā·ítǫ. mạlvišóle dáhvǫ i-gámlǫ
lụ́-šụltǫ́nǫ, maḥtǫ́le bu-qaúrǫ.

u-táˀlǫ ḥẹzḗle u-dḗvǫ. ómẹr dḗvǫ. ómẹr ḥá. ómẹr ma·ítǫ i
-gámlǫ dụ-šụltǫ́nǫ, mạlvišóle sémǫ udáhvǫ, maḥtóle bu-qaúrǫ, dụ́š
-ǫzạ́n gonvīnále. azzín u-táˀlǫ u·u-dḗvǫ ẹlfḗme dụ-qaúrǫ, ẹftáḥḥe 10
u-qaúrǫ. ómẹr u-táˀlǫ: dḗvo ẹnḥạ̄t lụ-qaúrǫ. ómẹr ló, nḥạ̄t-ạt,
mǫ́lle lụ-táˀlǫ. nạ́ḥạt u-táˀlǫ, ạḥzḗle ˀaršǫ́ne di-gámlǫ, zậyạ;, nạ́-
fạq māḥạzmǫ́nǫ. ómẹr dḗvǫ. ómẹr ḥá. ómẹr ẹnḥạ̄t-ạt. ómẹr
qaúwyǫ? ómẹr ḥẹzḗli ˀaršǫ́ne di-gámlǫ, zāyậˀnǫ. nạ́ḥạt u-dḗvǫ,
maufạ́qqe u-sḗmǫ ū-dáhvǫ. ạ́tịn. ómẹr u-táˀlǫ: flậgẹ. u-dḗvǫ ómẹr 15
lǫ́-kfạlágne. ómẹr qaúwyǫ lǫ́-kfạlgátle? ómẹr hát nāḥítịt umaḥẹ-
zámlǫḥ, ǫ́nǫ nāḥạ́tnǫ umaufạ́qlī. laúlẹ̄le mḗde lụ-dḗvǫ. mālíflēle
šašíkke lụ-táˀlǫ, símle rúḥẹ ḥǫ́ja. ázze sụ́-šụltǫ́nǫ, ómẹr yā šụl-
ṭǫ́nǫ. ómẹr ḥá. ómẹr qwǫ́llǫḥ i-gámlǫ umạlvišólǫḥ, azzḗ u-dḗvǫ,
maufạ́qle u-sḗmǫ u·u-dáhvǫ. ómẹr ˀšǫ́olo? ómẹr é. ómẹr aíkǫ-yǫ 20
u-dḗvǫ? ómẹr kle bu-baítǫ. ómẹr laíbǫḥ dozóḥ qorạ́tle? u-šụltǫ́nǫ.
ómẹr ǫ́nǫ uhúwe látnā bāsímẹ ˀam ẹḥdǫ́de, u-táˀlǫ mǫ́llẹ; ómẹr
yā šụltǫ́nǫ alṣaí fáñǫ qmụ-tárˀǫ, gẹmụ́msik u-dḗvǫ. māḥátle lụ
-šụltǫ́nǫ fáñǫ qmu-tárˀǫ dụ-dḗvǫ. nạ́fạq· u-dḗvǫ, ẹmsík bu-fáñǫ.
ạ́ti u-táˀlǫ, ˀábạr lálgul ẹlbedḗvǫ. maufạ́qle u-sḗmǫ u·u-dáhvǫ, u 25
-dḗvǫ lǫ́-māḥạsle. ạ́tī u-šụltǫ́nǫ, ḥẹzḗle u-dḗvǫ ẹmsíkǫ. ómẹr dḗvǫ. ómẹr ḥá. ómẹr kǫ́yǫ u-sḗmǫ u·ú-dáhvǫ dẹmaufạ́qlǫḥ msi-gám-
lǫ? ómẹr ẹlmá-mǫllẹ́lǫḥ? ómẹr lụ-táˀlǫ. ómẹr kle lálgul. ˀábạr
u-šụltǫ́nǫ lụ-baítǫ dụ-dḗvǫ, mḗde lǫ́-ḥzḗle. ómẹr mḗde laít, dḗvǫ.
ómẹr lụ-táˀlǫ maubḗle, ómẹr arfaílī dǫzzí bǫtru-táˀlǫ. ómẹr ḥaír 30
lǫ́-kmạrfḗnǫḥ. māḥátle u-dḗvǫ bụ́-ḥabís, fáiš u-dḗvǫ msíkǫ. maubḗle lụ-táˀlǫ u-sḗmǫ u·u-dáhvǫ, azzḗ su-ậga dạ́-táˀle. ómẹr ḥáli
bạ́rtǫḥ. ómẹr mút mụ́flis-ạt. maḥvíllēle u-sḗmǫ u·u-dáhvǫ. hū-
lḗle i-bạ́rtǫ, šqíle u-sḗmǫ u·u-dáhvǫ mu-táˀlǫ. mamtḗle bạ́rtẹ dú
-ậga lụ-táˀlǫ, mḥaulǫ́le. qrḗle lụ-ḥmǫ́rǫ, ómẹr tóḥ qtáˀ u-nạkáḥ 35
-dídan. ómẹr taílī qụ́rˀǫ dạsˀǫ́rẹ, qǫtáˀnǫ u-nạkaḥ-dídǫḥ.

ázze u-táˀlǫ, ạḥzḗle ẹzlậm, kítle lụ-zlậm ẹmzídǫ bkátfẹ. ómẹr

19

ʾwắ zlắm. ómẹr hắ. ómẹr ló-kóṭaṭ dọvéna aḫunọ́ne? ómẹr béle.
hắvịn aḫunọ́ne, āṭịl-laqrịṭọ tắvda. ꞏābịri lbaitọ. ómmi ṣắḫyē-na,
u-tắꞏlọ uʾu-mḗrẹkọ. kịt żẹ́nẹke bu-baiṭọ ꞏaína khịle, mamṭéla u
-lắḥmọ šāḫịnọ mu-fắrmọ. u-tắꞏlọ mọ́llẹla li-żẹ́nẹke, ómẹr ḫụrmḗ.
5 ómmo hắ. ómẹr kāfịnẹ-na, hắlan ṭlắmṭe dẹlắḥmọ. ómmo mạqṣḗṭ,
mọ́lla lu-tắꞏlọ. qāʾịmọ i-żẹ́nẹke, ẹfríḫla ḥsár ṭálme dẹlắḥmọ, mamṭéla tré qiyọ́se mịšḫọ, māḥáṭla ꞏắlu-lắḥmọ ẹfríḫọ. nāfịqọ i-żẹ́nẹke,
ázzā ẹkórḫọ ꞏālu-dọ́st-dída. ꞏábạr u-tắꞏlọ uʾu-mḗrẹkọ lálgul, ma-
ꞏaláqqe i-mzídọ bi-sạ́kṭọ. u-tắꞏlọ ómẹr aḫúnọ. ómẹr hắ. ómẹr
10 micík bī-kọ́rọ, ọ́nọ geꞏọbánnọ li-mꞏạrtọ. cik u-mḗrẹkọ bi-kọ́rọ, u
-tắꞏlọ ꞏábạr li-mꞏạrtọ. atyọ́ i-żẹ́nẹke, mamṭéla u-dọ́st-dída, āḫịlle
lắḥmọ umíšḫọ wumkāyáffe. ạ́ṭị ḫọ́s du-gaúrọ di-żẹ́nẹke bi-dọ́rtọ.
mọ́lla li-żẹ́nẹke lu-dọ́st-dída, ómmo micík bi-kọ́rọ, ẹṭlaí rúḫọḫ. cik
bi-kọ́rọ ú-dọ́st. ḥẹzéle zlắm bī-kọ́rọ, ómẹr mạn-āt? u-dọ́st. ómẹr
15 hắt mạn-ạt? ómẹr hụ̀šš, u-dọ́st. fāꞏíši bi-kọ́rọ á-tre, kle u-tắꞏlọ
bi-mꞏạ̀rtọ. āṭị gaúrọ di-żẹ́nẹke, ꞏábạr lálgul mu-dvọ́rọ. ómẹr żẹ́-
nẹkē. ómmo hắ. ómẹr kāfínọ-nọ. ómmo kle họ́ lắḥmọ aḫúl. āḫịle
lắḥmọ nāšífọ. nắfạq u-tắꞏlọ mi-mꞏạrtọ, ómẹr kāfínọ-nọ hắwụlli
lắḥmọ. ómmo mạqṣọ́ṭ, i-żẹ́nẹke. ómẹr gẹmāqạ́nnọ, u-tắꞏlọ. ómmo
20 hắma aqịr. ómẹr mḗrẹkọ. ómẹr hắ. ómẹr kle u-lắḥmọ fríḫọ bu
-míšḫọ. maufạ́qle lu-mḗrẹkọ, gaúrẹ di-żẹ́nẹke. ómẹr hắnọ ẹlmạn
-yọ? ómmo lohắt-yọ. ómẹr baŀi qaí laúlẹḫlíyọ? ómmo taꞏyọ́nọ.
u-tắꞏlọ ómẹr dúgle lá-dọstín-dída-yọ, klịn á-dọstín-dída bi-kọ́rọ.
qáyim u-mḗrẹkọ, mídle lụ-saífọ, ẹṭvụ́lle í-kọ́rọ. nắfạq ẹtré zlāmắt
25 bi-kọ́rọ, aqṭẹlíle lu-mḗrẹkọ wạqṭịle iy-ạ́ṭṭọ. fáiš húwe uʾu-tắꞏlọ.
āḫịlle u-lắḥmọ dụ́-míšḫọ. ómẹr kazínọ bẹḫấṭạr-dídọḫ, u-tắꞏlọ.
ómẹr zóḫ. ómẹr hắli i-mzídaiho dídi. húlēle i-mzídọ lu-mḗrẹkọ.
mídle lu-tắꞏlọ i-mzídọ, maḥtóle bẹkắtfe.

　　　ḫlịṭọ-yọ i-mzídọ, ẹnfáḫle lụ-tắꞏlọ i-mzídọ. mắṭị rráḫyọ. kịt
30 bi-ráḫyọ qāṛọ́šọ sắmyọ. azzé u-tắꞏlọ sụ́-qāṛọ́šọ, ómẹr qāṛọ́šọ. ó-
mẹr hắ. ómẹr ló-kṭọ́ḫnịṭ á-ḥẹṭắni dídi? ómẹr ẹbmịnne? ómẹr bi
-mzídọ. ómẹr ḫẹ́ta hắṛẹke wọṭriya, rámḫul tóḫ aubḗla. ómẹr kā-
ꞏísọ, u-tắꞏlọ. ḥẹzéle túṛe dạsꞏọ́re ḫáṭṭọ, aṭꞏanọ́le lụ-tắꞏlọ. ú-qāṛọ́šọ
sắmyọ-yọ. kíṭle arbáḥ kẹṭọ́ṭọ lú-qāṛọ́šọ. msíkle án(n)-arbaḥ kẹ-
35 ṭọ́ṭọ lụ-tắꞏlọ, umamṭéle a-sẹꞏọ́re uʾá-kẹṭọ́ṭọ utréle i-mzídọ sụ́-qāṛọ́šọ,
uʾáṭị lu-baiṭọ. qṛéle lụ-ḥẹmọ́rọ tóḫ ẹqṭáꞏ ú-nạ̀kaḥ-dídạn. ạ́ṭị u
-ḥmọ́rọ ómẹr mamṭélụḫ ạsꞏọ́re? ómẹr é. āḫịle lu-ḥmọ́rọ a-sẹꞏọ́re,

uʾāḥíle lu-táꜗlọ wulbárte dú-áġa á-keṭọ́ṭọ. qáyim u-ḥmọ́rọ, qtáꜗle
u-naḳáḥ-dáṭṭe. gáwạr u-táꜗlọ.

faꜗꞮši yárḥọ, qáyim ú-šụltọ́nọ, mamṭẹ́le u-dévọ, ómẹr dụ́š aḥvíli u-táꜗlọ dẹšọqánnọ u-sémọ uʾu-dáhvọ. áṭịn sụ-táꜗlọ, ómmi kọ́yọ
u-sémọ ū-dáhvọ? ómẹr ḥúli báṭṭọ. ómmi ẹlmắne? ómẹr lụ́-áġa 5
dá-táꜗle. azzịn sú-áġa dá-táꜗle. mọrrálle lu-áġa dá-táꜗle lu-šụltọ́-
nọ ulụ-dévọ, ómmi kọ́yọ u-sémạịdan uʾu-dáhvọ? ómẹr mí-sémọ?
ómmi dạšqílẹḥ mu-táꜗlọ. ómẹr šqíli bu-náqẹdọ dẹbárṭi. ómmi dí-
dạu-yọ. ómmi qrắu lụ-táꜗlọ lụ-májlis. ómmi táꜗlō. ómẹr ḥá. u
-áġa dá-táꜗle ómẹr ú-sémọ uʾu-dáhvọ ẹdmán-yọ? ómẹr dụ́-šụltọ́nọ 10
-yọ. ẹlmá-gnúlē? ómmi. ómẹr lụ́-dévọ. ómmi maíkọ mamṭẹ́lọḥ
hát? ómẹr msú-dévọ. ḥúlẹle lu-áġa dá-táꜗle ú-sémọ uʾú-dáhvọ lụ
-šụltọ́nọ. ómmi qrắwu láṭṭe dụ-táꜗlọ dẹmarfēnála. qrēláḷḷā. ómmi ẹlmá-mhọrọ́le? ómẹr lụ-ḥmọ́rọ. qrálle lụ-ḥmọ́rọ. ómmi ḥẹmọ́rọ.
ómẹr ḥá. ómmi lóḥ ẹmḥáḷḷọḥ áṭṭe dụ-táꜗlọ, ạrfaíya. ómẹr lọ́ kọ- 15
mánnọ-ffẹ́mi gẹmarfẹ́na, ẹgdọmánnọ pṭịzi. ómmi már ẹbtịzọḥ. ó-
mẹr sọ́rrt, maꜗarṭázle lụ-ḥmọ́rọ. ómmi marfiyọ́le. ómmi msákū
-táꜗlọ dẹmaḥtinắle bú-ḥabis. mahzáṃle lụ-táꜗlọ ulụ-ḥmọ́rọ. ómmi
lọ́-tọrẹ́tu dẹꜗóber u-táꜗlọ lú-aṭránọ. ázzē u-šụltọ́nọ uʾu-dévọ lụ-baítọ. šqíle lú-áġa dá-táꜗle i-bárṭọ mu-táꜗlọ. 20

u-táꜗlọ ómẹr ḥmọ́rọ. ómẹr ḥá. ómẹr dụ́š ozán sú-qārọ́šọ, kítli
mzídọ gábẹ. azzịn sú-qārọ́šọ. ómẹr qārọ́šọ. ómẹr ḥá. u-táꜗlọ
ómẹr ṭḥáḷḷọḥ i-mzídọ? ómẹr ó~ maíṭạt. ómẹr qaúwyọ? qārọ́šọ.
ómẹr āḥílọḥ án(n)-arbaḥ ḳẹṭọ́ṭọ umaubẹ́lọḥ i-túre dá-sẹꜗọ́re. ómẹr
dọmánnọḥ dīdọġríye? ómẹr már. ómẹr āḥíle lụ-ḥmọ́rọ á-sẹꜗọ́re 25
uʾāḥíli lọ́nọ á-ḳẹṭọ́ṭọ, ómẹr fáḥẹli. ómẹr lọ́vẹt-ạnfẹ́hịl. kítvọle zọ́-
ġọ lụ-qārọ́šọ. mahzáṃle u-zọ́ġọ lúwe ulụ-ḥmọ́rọ. azzịn ẹlṭúrọ, ā-
ḥílle u-zọ́ġọ. uʾu-ḥmọ́rọ ómẹr gẹdọꜗánnọ lụ-baíṭọ. ómẹr mụstáfịṭ,
ọ́nọ lọ́-ktọ́rịn dẹꜗọbánnọ lú-áṭrō, kazzínọ kọráḥnọ bẹbríṭọ.

azzẽ sạḥdọ́ pire mdá-jín saúṭọ, ómẹr lọ́-kḥọvạ́tli gábẹḥ ád-lạ́l- 30
yọ? ómmọ bẹ́le, má-ꜗaíne. simla ḥšọ́mṭọ li-píre, mahšáṃla líya u-
lụ-táꜗlọ. kítla li-píre tlọ́ṭ abnóṭọ gāwíre-ne. ómmọ i-píre yā táꜗ-
lọ, kítlạn ꜗázlọ lọ́nọ ulạbnóṭī, kibẹ arbáꜗ ráṭlẹ, nọ́šọ laíṭ ẹdzọ́-
qáḷḷe, dsạ́mlạnyō šúqọ, dsaịminálạnyọ júlẹ udẹmaksẹ́na a-gālaí-
dan. ómẹr ọ́nọ gẹzọqánne. ómmọ hāt kọ́dꜗạṭ? ómẹr zāqọ́rọ taú 35
mẹ́ni laịṭ, gẹzọqánnọ ḥarír, u-šụġlaídi-yọ hánọ. ómmọ daubẹ́le
zqáḷḷạnyọ. ómẹr má-ꜗaíne, ázzaị-píre, mamṭẹ́la u-ꜗázlọ dạ́n(n)-ab-

nǫ́tǫ udída, ómmo dkúl nǫ́šǫ súmę bä́šqā. ǒmẹr kä꞉ísǫ. húlạ lụ
-tá꞉lǫ, ẹtꞏálle lụ-tá꞉lǫ umamtę́le. á̤tī ẹlvalái, šqǫ́lle mę́ne pꞏāfǫ́nǫ
lạ̈-bāqǫ́le. hä́vi tejár bí-valái u-tá꞉lǫ. mẹlę́le u-ꞏāfǫ́nǫ bạ̈-kíse,
matẹ́ạlle lá-matꞏanǫ́ne. á̤tįn bu-dạ̈rbǫ, á̤ti lụ-bạlạ̈d-dídẹ. man-
5 hátte á-tá꞉ne lá-matꞏanǫ́ne, ẹtlǫ́bbe i-keré. ǒmẹr laịt kạllát, šqú-
lụnhṳ ꞏāfǫ́nǫ hạ́q dí-keré. ómmi trǫ́ve. šqǫ́lle ꞏāfǫ́nǫ lá-(m)matꞏā-
nǫ́ne uꞏá̤tịl-lu-baítǫ. ftịhlēle dukkä́nǫ lụ-tá꞉lǫ, kimzä́bịn ꞏāfǫ́nǫ.
dä́mạh u-tá꞉lǫ bi-dukä́nǫ, á̤ti u-kạ́lbǫ ẹftịhle u-tárꞏǫ, ā̤ḥile u-ꞏāfǫ́nǫ.
qá̤yim u-tá꞉lǫ sáfẹrǫ dimzä́bịn ꞏāfǫ́nǫ, laịt ꞏāfǫ́nǫ. ẹlmạ̈m-maubę́le
10 u-ꞏāfǫ́nạídi? í-qá̤tūn ómmo: lụ-kạ́lbǫ. azzē sú-á̤ǵa dạ̈-kạ́lbe, maš-
kę́le ꞏālụ-kạ́lbǫ. húwe kẹmá̤ške u-tá꞉lǫ, atyó i-píre dạ̈-jín bǫtrụ
-tá꞉lǫ. mạškę́le lụ-tá꞉lǫ ꞏālụ-kạ́lbǫ, klaị-píre tä́mǫ, lǫ́-kụmtạ̈nyǫ
·hol dimꞏáfin i-daꞏvá̤tte u-kạ́lbǫ uꞏu-tá꞉lǫ. qrạ́lle lu-kạ́lbǫ, á̤tī lụ
-méjlis. ómmi qaí ā̤ḥilǫ̆ u-ꞏāfǫ́nǫ dụ-tá꞉lǫ? ǒmẹr trǫ mamtę́le sú-
15 hẹdẹ. qrę́le lụ-tá꞉lǫ lí-qā̤tún súhẹdo. atyǒ i-qā̤tún lụ̈-mejlís. ǒ-
mẹr u-á̤ǵa da-kạ́lbe: qā̤tún. ómmo hä́. ǒmẹr aị-dạ̈rbǫ-yǫ u-šuǵlä́-
nǫ? ómmo dǫmạ́llǫh didǫ́ǵrīye. ǒmẹr mä́r. ómmo ázzē u-tá꞉lǫ ẹl-
sí-pire dạ̈-jín, klaị-píre hạ́rẹke, mamtę́le u-ꞏazlaída arbáꞏ rá̤tle.
mä́yit u-tá꞉lǫ mi-zǫ́htǫ, ǒmẹr lǫ́-sụbẹdạt qā̤tún. ómmi bę́le gẹsóhẹ-
20 dǫ, ómmi ạhkaí. ómmo mǫllę́la li-pirẹ, gẹzǫqánnǫ u-ꞏazlaídẹh, hū-
lä́lẹ arbáꞏ rá̤tlẹ dídạ udán(n)-abnǫ́tǫ, mamtę́le lụ-tá꞉lǫ, azzē lvalaí,
húlẹ pꞏāfǫ́nǫ, — kmáqlaq u-tá꞉lǫ —, húlẹ ẹbꞏāfǫ́nǫ lạ̈-bāqǫ́le, mat-
ꞏálle lá-(m)makẹryǫ́ne, mamtạ́lle lụ-baítǫ; lä́tvǫ kạllát ꞏä́mẹ, húlẹ
ꞏāfǫ́nǫ hạ́q dạ̈-(m)makriyǫ́ne, ẹftịhlēle dukkä́nǫ; á̤ti u-kạ́lbǫ, ẹf-
25 tịhle u-tárꞏǫ, ā̤ḥile u-ꞏāfǫ́nǫ. ómmo klaị-píre uklē u-tá꞉lǫ wụklē
u-kạ́lbǫ, bu-méjlis-dídǫh, ꞏālú-názar-dạ̈thū lạ̈c-aụhā hid-kǫmmǫ́no?
ómmi bę́le. ómmi píre, zéh lụ-baítǫ, azzē u-ꞏazlaídẹh. ómmi hę́-
tū u-tá꞉lǫ uꞏu-kạ́lbǫ bú-hạbís. u-tá꞉lǫ ǒmẹr gẹdǫbę́nǫ kofílǫ, lǫ́
-mạhtítụlli bú-hạbís, ạdmamtę́nǫ u-ꞏázlǫ. ạkfíle lu-hmǫ́rǫ.
30 ázze u-tá꞉lǫ, mālímlēle kuwę́ǵad, mā̤hátle bá-kuwę́ǵad kạ́lšǫ
uhǫchárra ubārúd urámẹl wạ́zze, azzē lú-atrǫ dạ̈-fǫrtá꞉nẹ. mālíflēle šādóh ạlqárꞏẹ. ómmi mín-at mẹmę́de? ǒmẹr hākimǫ-nǫ. ómmi maíkǫ-yǫ u-bạlạ̈d-dídǫh? ǒmẹr ẹmbaịnú-ꞏájam. ómmi kǫ́dꞏạt
māníhat a-ꞏaínẹ? ǒmẹr é. ómmi aníh ꞏaínẹ-dhä́ dẹhǫzéna. hǫ́lle
35 ꞏal ꞏaínẹ dú-fǫrtá꞉nǫ. ǒmẹr dmä́h. dä́mạh u-fǫrtá꞉nǫ. mā̤hátlēle
tárha dẹkạ́lšǫ lẹꞏaíne. nä́꞉ịhi ꞏaínẹ dú-fǫrtá꞉nǫ. ǒmẹr qǔm tạllī
tạ̈rte rǫ́tle ꞏázlǫ hạ́qq-ẹdꞏaínǫh. húwạlle tá̤rte rǫ́tle. kimdármịn

ǫbꞏainạíye, kmáli̯m ꞏáẓlǫ.　sắmi u-fǫrtáꞏnǫ dimdạrmálle.　ḫāvíri
ꞏaíne mu-kạ̊lšǫ, mǫqẹḍíle lu-kạ̊lšǫ.　ómmi kráḫu ꞏālu-ḫākímǫ. kāríḫi ꞏālu-ḫākímǫ, ạḫzạ́lle, ẹmḫālạ́lle, ušqǫ́lle u-ꞏáẓlǫ.　maḥẹzámle
lu-táꞏlǫ, šqǫ́lle a-darmǫ́ne mẹ́ne.　lāqạ̊bbe á-jín.　ómmi kǫ́yǫ u-ꞏázlǫ di-pírẹ?　ómẹr ázze.　ẹqtǫ́lle u-táꞏlǫ, uꞏú-ḥmǫ́rǫ kofílǫ-yǫ.　mā-　5
ḫátte u-ḥmǫ́rǫ bú-ḫabís, fáiš u-ḥmǫ́rǫ uꞏú-kạ̊lbǫ bú-ḫabís.　túšme-
rạzáñ.

10

LXXII (137).

kítvō ḫạ́ zlám, kítvōle ábrǫ, kítvōle mál ġálabe.　ạ́ti ḫạ́ mẹ-
qrítǫ ḫrẹ́tǫ, ómẹr ḫáli kạllát ǫbdaínǫ.　hūléle i̯štạ̊lfǫ.　mǫ́re dá
-kạllát mǫ́lle lu-ábrǫ, ómẹr í-naqẹlā dẹmǫyạ́tnǫ kitlạn kạllát ꞏal 15
ḫạ́, klēn á-sạnạdát gábi, aubélinꞏuꞏizóḫ, šqúl á-kạllát, bạ̊(l)lẹ dǫzóḫ
bu-dạ̊rbǫ dǫvélǫḫ ḫaúrǫ ꞏámǫḫ, dǫ́ve láḫmǫ ꞏámǫḫ, tvár, u-qáṣyǫ
rábǫ háve ẹlḫaúrǫḫ.　ómẹr kāꞏísǫ.　mắit u-bábǫ.　qáyim mídle lá
-sạnạdát, maḥtíle bẹꞏẹ́be, ázze bu-dạ̊rbǫ.　ḥezéle ḫǫ́rt kāꞏísǫ bu
-dạ̊rbǫ.　mǫ́lle lu-ḫǫ́rt, ómẹr laíkǫ gẹzóḫ?　mǫ́lle ẹlmǫ́rẹ dá-kạllát. 20
ómẹr kazínǫ, kítli kạllát ꞏal ḫạ́, gẹzí šǫqánnin.　ḥezạ́lle ꞏaíne dẹ-
mái, štạ̊́lle, kítvō láḫmǫ ꞏám-mǫr dá-kạllát, t̯lámtǫ.　húle u-ġálabe
lu-ḫǫ́rt.　āḫạ́lle uꞏazzín.　mǫ́re dá-kạllát mǫ́llẹle lu-ḫǫ́rt: mín-ạt mẹ-
mẹ́de?　ómẹr ú-māláḫǫ-nǫ.　ómẹr laíkǫ gẹzóḫ?　ómẹr gẹzínǫ šǫqánnǫ rúḫẹt dávǫ dẹkítna-kạllát-díḍǫḫ ꞏále.　ómẹr ló, nāfìnnǫ-bbáḫ- 25
tǫḫ, ẹtrạ꜄ dšǫqánnǫ á-kạllát-díḍi ubǫtrávǫ šqur-rúḫẹ.　ú-māláḫǫ
mǫ́lle lẹmǫ́r dá-kạllát, ómẹr zóḫ ẹmmạ́rke, haúl-ạ̊-sạnạdát, klin á
-kạllát bī-qǫ́vǫ; auwíl dǫzóḫ, haúl-á-sạnạdát umúd lá-kạllát mī-qǫ́-
vǫ, gẹdómẹr itóḫ itaú, mār lóꞏo, azzìn ḫaurǫ́ni, winfáq lí-dǫ́rtǫ wu-
trạíye, gẹꞏǫbánnǫ-rríšẹ.　azzín táyda.　mátạn.　azzé mǫ́re dá-kạllát 30
ẹlsú-mẹ́rekǫ, ẹkoyaúle.　hūléle á-sạnạdát, ómẹr ḫáli á-kạllát.　ómẹr
ítau.　ómẹr ló-kyǫtaúnǫ, ázzìn ḫaurǫ́ni.　mídle lá-kạllát mī-qǫ́vǫ,
maḥtíle bẹꞏẹ́be, nắfạq lí-dǫ́rtǫ.　ꞏábạr u-māláḫǫ-rríšẹ, kḫǫzéle ẹl-
mǫ́re dá-kạllát, šqíle rúḫẹ dávǫ dẹkítna-kạllát ꞏálẹ udāꞏíri táyda
mǫ́re dá-kạllát ū-māláḫǫ.　ạ́til-li-ꞏaínǫ dāḫílle u-láḫmǫ.　hávi̯n a- 35
ḫunǫ́ne.　mǫ́re dá-kạllát mǫ́llẹle ómẹr māláḫǫ.　ómẹr ḫạ́.　ómẹr
ẹ́mā gẹšóqli̯t rúḫi?　málli.　ómẹr ñod mamtátlǫḫ ạ́ttǫ, u-lạ̊́lyǫ ẹdẹ-

gaúrịt gẹšọqánnọ rúḥọḥ. ómẹr é. ázze u-māláḥọ bu-dạrbaịde,
uʾáṭī u-mẹ́rekọ bu-dạrbaịde, kúl ḥā bẹdạ́rbọ.

    áṭī mọ́re dá-kạllát, klen á-kạllát ꜱámẹ. āṭile šą́nṭọ. māḥátl-a
-kạllát bī-mzídọ, māḥátle i-mzídọ taḥt ẹríše. áṭi u-táꜱlọ, ḥẹzéle
5 ḥā dāmíḥọ, kít ẹmzídọ taḥt ẹríše. griꜱle lu-táꜱlọ i-mzídọ, māḥátle
kéfọ taḥt ẹríše mẹdạ́rb i-mzídọ. azzé u-táꜱlọ lụ-baịtọ. qą́yim u
-mẹ́rekọ mi-šą́nṭọ, lọ́-ḥẹzéle á-kạllát. kárạḥ ládạꜱ ẹlmá-mọblíle.
áṭī lụ-baịtọ u-mẹ́rekọ, kít ꜱámẹ mál ġálabe. kommíle á-(n)nọ́še
ẹgwár. kómẹr lọ́-gowánnọ. kódạꜱ mọlléle lụ-māláḥọ ómẹr dẹgaú-
10 rịt gẹšọqą́nnọ rúḥọḥ. fáiš arbáꜱmọ́-šne dẹlọ́-gvọ́rọ. māsúle. tḷọ́b-
lēle áṭṭọ, ẹmḥaulóle. náḥạt u-māláḥọ dšóqẹr-rúḥe. ómẹr haị(y)a-
mán, haị daḥíꜱ, lọ́-kóve. ómẹr lọ́-mọllílọḥ aúwil dẹgaú(w)rịt gẹšọqánnọ rúḥọḥ? ómẹr ẹtraꜱli ḥamšó yaúme ḥrẹ́ne. ómẹr ḥaịr, lā-
lọ́ḥọ mšāyáꜱlēli. ómẹr traị dọmánnọ ábẹn baꜱmáyọ. azzé u-mā-
15 láḥọ, mọ́lle lālọ́ḥọ: ómẹr ālọ́ḥọ: lọ́-šọ́qlịt rúḥe, hol dómẹr ábẹn
baꜱmáyọ. náḥạt u-māláḥọ ómẹr ịnár ábẹn baꜱmáyọ ḥaꜱífọ. ómẹr
lọ́-kọmánnọ. mọlléle lālọ́ḥọ lụ-māláḥọ, ómẹr lọ́-šọ́qlịt rúḥe hod lọ́-
mẹr ābún baꜱmáyọ. lọ́-mọ́lle lẹꜱạsrí-šne ābún baꜱmáyọ. ṭáꜱi u
-maútọ. māḥátte mọ́kẹlọ qúmẹ, ómẹr ābún baꜱmáyọ, nịzqādáš
20 ma-ḥṭịṭe. náḥạt u-māláḥọ ẹrríše, mídle lạqẹdóle. ómẹr yāmán,
dāḥíl. ómẹr azzá, u-māláḥọ, mọ́llọḥ iy-ábún baꜱmáyọ.

    kítvōle áṭṭọ lẹmọ́re dá-kạllát. azzá laqmá-qạnyọ́ne. kítla láḥ-
mọ ugvẹ́tọ. áṭī u-táꜱlọ dẹgnúle á-kạllát, ẹgnúle u-láḥmọ uʾi-gvétọ,
maubéle lụ-baịtọ. hịš lọ́-ꜱréle féme di-mzídọ dá-kạllát. āḥíle u
25 -láḥmọ uʾi-gvétọ, ušréle féme di-mzídọ, maḥléle á-kạllát, ạgẹbọnẹ́-
lin. lọ́-kódạꜱ mẹqā-ạs-ne. ázze qréle lụ-qúzọ, ómẹr aḥúnọ. ómẹr ḥá.
ómẹr kọ́dꜱạt bónịt kạllát? ómẹr é kọdꜱánọ bōnẹ́nọ kạllát, fāꜱíšnọ
árbạꜱ íšne ṣarráf. maubéle u-qúzọ. azzé u-qúzọ ẹbnéle á-kạllát.
ómẹr ḥálī ḥáqq-ẹdạbnéli. ómẹr trọ́vin lọ́nọ ulọḥát. ómẹr é. ázzin
30 maublínne á-kạllát. láqạn bu-dévọ. ómẹr laịkọ gẹzọ́ḥu? u-dévọ.
ómẹr gẹzạ́n lí-tejāríye, u-táꜱlọ. ómẹr kīt kạllát ꜱámaịḥu? u-dévọ.
ómmi é. ómẹr šạrékulli. ómẹr trọ́ve, u-táꜱlọ. azzịn dọzzịn ẹlvaláï.
gáni u-yaúmọ, dāmíḥī bu-ṭúrọ. u-táꜱlọ mọ́lle lụ-dévọ, ómẹr aị
dạ́rbọ saịmína, mi-šọqlína bá-kạllát? ómẹr u-dévọ: gẹšọqlína ꜱéze
35 bínne. azzịn ạlvalaí, šọqólle ꜱéze bá-kạllát, mamtálle á-ꜱéze uʾạ́ṭịn,
ẹgẹdọ́mḥi bạ́-(n)naubát ẹbẹlạ́lyọ. gẹdọ́maḥ u-qúzọ uʾu-táꜱlọ, kfóiš
u-dévọ yātívọ, kóḥịl ꜱézọ. qóyim u-táꜱlọ, gẹdọ́maḥ u-dévọ, kóḥịl

u-tá•lọ •ézọ. gẹdŏmáḥ u-tá•lọ u•ú-dévo, kŏ̤ṭe daúrẹ du-qúzọ, ú
-qúzọ kŏ̤ḥịl •ézọ. ẹdlŏ-maḥḏŏde ksạ́mi í-fnãsáṭi, kúl láḷyọ haúḥā,
tā•ími á-ȝ́éze. ŏmẹr u-tá•lọ: ẹlmá-gnúle á-•ẽzạiḏạn? u-dévọ ŏmẹr
lọ́-kọḏ•ánọ. mọ́rre lu-qúzọ. ŏmẹr láṭli háš. u-qúzọ mọ́lle lu-tá•lọ,
ŏmẹr mãḥás̱li •álu-dévọ ú-ḥā láḷyọ, kle kŏ̤ḥịl •ézọ. ŏmmi dẹdúšū 5
dọzánọ. símme dáṭṭe 'aḥḏŏ́ lu-tá•lọ ulu-qúzọ.

    azzịn ẹlkármọ, ẹḥzáḷle ḥmọ́rọ krọ́ȝẹ bu-kármọ. u-dévọ ŏmẹr
gẹḏọzínọ ōḥánnọ ḥmọ̄ránọ. qāḷibi lbaínu-kármọ á-tlŏ́ṭọ. kít ẹlḥẹ-
ḏọ̄r u-ḥmọ́rọ ḫ̌amȝó fáñe. mqāḏámle lu-tá•lọ lu-ḥmọ́rọ. aḥzéle á
-(f)fáñe máls̱iye, ŏmẹr lọ́-gbōsámli u-mọ́kẹlọ du-ḥmọ́rọ. ẹmtāḥáḷle 10
lu-tá•lọ. azzé u-qúzọ, mqāḏámle lu-ḥmọ́rọ, díšl-•álu-fáñọ, ŏmẹr cáḷ,
u-fáñọ. lọ́-mḥ̣aiṣéle rágḷẹ du-qúzọ. náyạt u-qúzọ dáȝạr, lọ́-mọ́lle
kít fáñe, ŏmẹr á-•ánvẹ básịm mu-ḥmọ́rọ-ne. ázzē u-dévọ, mídle
lu-ḥmọ́rọ, an•áḷle lu-ḥmọ́rọ, kle másrọ u-ḥmọ́rọ. kozzé haúḥā u
-ḥmọ́rọ, kozzéle u-dévọ, gẹḏŏ́ȝạr haúḥā, kọzzéle u-dévọ. ḥriz u-dé- 15
vọ bá-tre fáñe, i-rágḷọ qāmạitọ u•í-ḫāraịtọ, kle u-qúzọ u•u-tá•lọ
kimfạ́rji •álu-dévọ. kŏmẹr u-dévọ: tŏ̤ḥū ạrfáwulli. kŏmẹr u-tá•lọ:
áḥ̣ilọḥ á-ȝ́éze kúlle, hẽš marfénọḥ? māḥás̱le lú-nọṭúrọ. qṭịle u
-dévọ.

    azzé u-tá•lọ u•ú-qúzọ. azzịn aḥzáḷle taịsọ ubarán. ŏmmi laị- 20
kọ gẹzŏ́ḥu? mọ́rre lụ-qúzọ ulụ-tá•lọ. ŏmmi gẹzáḷ-lụ-ḥọj. ŏmẹr
gẹḏọṭéna •āmạíḥū, u-barán u•u-taịsọ. ŏmmi é. ŏmmi ẹlmá-ḥẹzéle u
-ḥọj? u-tá•lọ ŏmẹr lọ́nọ, lọ́nọ ḥẹzéli, azzíle arbáḥ kŏre. ŏmmi dúšu.
aḥzáḷle arnúwọ uzŏ́gọ, ŏmmi laíkọ gẹzŏ́ḥu? ŏmmi gẹzáḷ-lụ-ḥíj. ŏmmi áḥnạstē gẹḏọṭéna. ŏmmi tŏ̤ḥu. u-tá•lọ ŏmẹr trọ́ve u-barán ū 25
-āgạíḏạn, trọ́ve u-taịsọ u-qọzaiḏạn u•íy-arnúwọ trọ laišŏ́lan usaimọ́-
lạn bišŏ́lọ, trọ́ve u-zŏ́gọ u-mạllaiḏạn, utrọ́ve u-qúzọ u-ḥāḏōmaiḏạn.
ŏmmi trọ́ve. azzén, mátạn ẹlbạrriye ẹḥḷítọ. dāmíḥị. azzé símle
baítọ-dkéfe lu-tá•lọ. qā•ími mẹsáfrọ. mọblíle lu-baítọ dá-kéfe. ŏ-
mẹr hánọ-yọ u-ḥọj. ŏmmi hánọ-yọ? ŏmẹr é. ŏmẹr dmáḥu bẹgá- 30
we. dāmíḥị. ázze u-tá•lọ kárạḥ. ḥẹzéle arbȝó déve. ŏmmi tá•-
lọ. ŏmẹr há. ŏmmi māiṯina mu-káfnọ. ŏmẹr álọ ḥẹzéli tlŏ̤t ár-
bȝọ, dụ-mọ́klo-nē, élo áṭịl-lụ-ḥọj, gūnáḥ-yọ. ŏmmi mánne umanné?
ŏmẹr u-barán ū-āgạiḏạn-yọ, u-taịsọ u-qọzaiḏạn-yọ, u•í(y)-arnúwọ
i-tābọḥtaiḏạn-yọ, u•ú-zŏ́gọ u-mạllaiḏạn-yọ, u•ú-qúzọ u-grē•aiḏạn 35
-yọ. ŏmmi dụ̄š aḥvaịlạnne dẹḥọzénạlle. ŏmẹr lọ́•o, kắn ẹkyọmé-
tu dọbítulli u-taịsọ gẹmaḥvēnọḷhune, úlọ́ lọ́-kmaḥvēnọ́lle. ŏmmi

qrár ꞩam ālǫ́hǫ, u-taísǫ lǫhắt.   azzé u-tá꞉lǫ, hẹzéle klịn dāmíhe
uyātíve bu-hǫ́j.   ꞩábạr u-tá꞉lǫ, ómẹr súmu dúktǫ kắṭi hajjíye hếš.
ómmi maíkǫ-ne?   ómẹr dévẹ-ne.   záyạꞩ u-barán uꞋu-taísǫ, ū-zǫ́gǫ
ómẹr tá꞉lǫ.   ómẹr hắ.   ómẹr ǫ́nǫ mắllạ-nǫ ló-tǫ́rịt dǫhlíli.   ómẹr
5 lǫ́Ꞌo.   āṭịn á-tlóṭo déve.   hắ dévǫ lắṭī, ómẹr dúglẹ kimdắgil u-tá꞉-
lǫ.   ló-mityāqắlle lu-dévǫ.   āṭi tlóṭǫ, ómmi hóve u-hǫ́j-dắṭhū ẹbrí-
hǫ, mǫ́rre lu-taísǫ ulu-barán.   ú-ha dévǫ mídle lu-barán, wu-hrẹ́nǫ
mídle lu-taísǫ wu-hrẹ́nǫ mídle líy-arnúwǫ.   u-qúzǫ mídle lu-zǫ́gǫ.
ómẹr haí(y)amán, haí dahíl mắllạ-nǫ.   ómẹr gẹdǫhánnǫh, u-qúzǫ.
10 āhịlle lạ́-déve.   ló-trắlle dóhịl u-tá꞉lǫ.   ómẹr qúzǫ hắl-íšmǫ mu-zǫ́-
gǫ.   ómẹr kāfínǫ-vi, u-qúzǫ, ẹblạ́꞉li bhá fắqǫ.   ómẹr trắulli íšmǫ
mu-taísǫ umú-barán.   ómmi mút.   ómẹr é.

    qāꞋimi nāfíqi á-tlóṭo dévẹ uꞋu-qúzǫ uꞋu-tá꞉lǫ.   ómẹr ắlǫ hẹzéli
  bẹdúktǫ gǫ́ve dẹꞩéze.   ómmi aíkǫ, tá꞉lǫ, ahvaílanne.   ómẹr ế,
15 maukắlhullī mú-barán umú-taísǫ dẹmahvénǫlhune?   īmạlắlle lạ́-dé-
ve.   ómmi á(n)náqẹlā u-mẹ́de dẹmamtẹ́na gẹdǫhlinále hán(n)-ahu-
nǫ́ne.   azzén, hẹzắlle sábꞩǫ.   ómẹr laíkǫ?   ómmi kǫrhína ꞩal ꞩéze.
ómẹr u-sábꞩǫ: kítvōlạn tắrte kẹṭǫ́tǫ, āhẹlíle lu-qúzǫ.   ẹmhẹ́le i-hạ-
braídẹ bu-qúzǫ, āhíle u-qúzǫ.   ómẹr gẹdǫtẹ́nǫ ꞩāmaíhu, u-sábꞩǫ.
20 ómmi tóh.   azzịn li-gǫ́ve dá-ꞩéze.   kít tlǫ́ṭǫ́ rǫ́ꞩye dāmíhe qmá-ꞩéze,
knǫtrịnne.   u-tá꞉lǫ mǫ́llẹ lu-sábꞩǫ ómẹr hạt lǫ-ꞩǫ́brịt, gẹꞩǫ́bri á
-déve, ki(m)maqtắnnǫ á-tlóṭo.   azzịl-lu-tárꞩǫ di-gǫ́ve, ómẹr ꞩẹbārū
tlǫtotaíhu, trǫ fóíš u-tá꞉lǫ sá-rǫꞩye, hóve ꞩālaíye jāsús, dẹmāhísi
á-(r)rǫ́ꞩye trǫ māꞩalámhū u-tá꞉lǫ.   ómmi trǫ́ve.   ꞩābíri á-déve ẹlbai-
25 ná-ꞩéze, ẹltạ́꞉le lu-tá꞉lǫ fóṭǫ du-rǫꞩyǫ.   máufạqle hu-hā dévǫ tắrte
ꞩẹ́ze.   māhắsse lá-(r)rǫ́ꞩye.   maufạqle lu-tá꞉lǫ barán umahẹzắmle.
msíkke la-(r)rǫ́ꞩye u-tárꞩǫ, fáíš tré dévẹ lálgul.   msikínne lá-(r)rǫ́ꞩ-
ye aqtǫlịnne.

    fáíš hắ dévǫ uꞋú-sábꞩǫ uꞋu-tá꞉lǫ.   maubắlle á-tắrte ꞩéze uꞋú
30 -barán.   azzịn ẹlbạrríye hlíṭǫ.   ómẹr u-sábꞩǫ: dévǫ.   ómẹr hắ.   ó-
mẹr ẹflágịn.   ómẹr á-tắrte ꞩéze dídi-ne uꞋú-barán du-tá꞉lǫ-yǫ uhát
lắtlǫh mẹ́de, mǫ́lle lu-sábꞩǫ.   māsǫ́lle u-dévǫ lu-sábꞩǫ waqšǫ́꞉le ꞩai-
ne.   ómẹr flágịn tá꞉lǫ.   ómẹr trǫ́vin á-tlóṭo lǫhắt.   ómẹr maíkǫ
yālífat u-flǫgánǫ?   ómẹr mu-tusírǫ du-dévǫ.   ómẹr šqúllǫh ꞩézǫ lǫh
35 uꞋi-ꞩézǫ uꞋú-barán lǫ́nǫ.   ómẹr trǫ́ve.

    kāyúle lu-sábꞩǫ ló-qádạr dǫ́hịl.   qrẹ́le li-haíye lu-tá꞉lǫ.   ómẹr
téh, kle u-sábꞩǫ ẹkoyaúle, ẹdvắsẹ, mị-dóbꞩạt gẹdǫbénẹh.   ómmo

çtrǫ́ve, ómmo maubą́lle lạ́-jín ạ́-(f)fặrhạídi, kắn gęšǫqlắtte gędau-
sạ́llē. ómer gęšǫqánnịn, lǫ́-zaíꜱąt. atyǫ́ i-hạiye, dvúṣla u-sáb꞉ǫ.
mālifǫ ꜱal fę́me dụ-sáb꞉ǫ, ạdvúṣla, ęftą́hle fę́me lụ-sáb꞉ǫ, ạqt꞉ǫ
i-hạíye, hạúwyǫ arb꞉ǫ́ fą́lqe. ą́ti u-tá꞉lǫ, mā꞉ítǫ i-hạiye umą́it u
-sáb꞉ǫ, mamtę́l-a-꞉ę́ze u꞉ú-bạrán, ą́ti lǫ́-bą́lad lụ-baítǫ. ómmi maị- 5
kǫ-ne á-꞉ę̄zắni? tá꞉lǫ. ómer mú-kócạr. ómmi kít gálabe? ómer
ġalabḗ ġalabḗ. ómmi dǫzą́n gęmamtę́na. ómer é. mālímme lá
-tá꞉lę hędǫ́de, azzín kíbin ꜱ꞉ę́sri. hęzą́lle u-sáb꞉ǫ mítǫ, hęzą́lle i
-hạíye míttǫ. ātịl-li-gǫ́ve dá-꞉ę̄́ze. ómmi klǫu-kócạr. ꜱābíri á-tá꞉le
kúlle. fáiš hą́. ạmsikínne lá-(r)rǫ́꞉ye, ạqtęlịnne, šędą́lle bǫtrávǫ ꞉ęt- 10
fáiš lárval, mahęzą́mle. šmǫ́tte lá-rǫ́꞉ye a-gą́lde dá-tá꞉le, azzín dim-
zābnínne ębvalą́i á-gą́lde. ą́hile lụ-tá꞉lǫ ú-bạrán wá-꞉ę̄́ze. azzḗ li
-valaí, dazzịn a-rǫ́꞉ye dęgimzą́bni á-gą́lde. yátū sęhą́ qahwą́ci, hávi
qahwą́ci. hālíṣi á-(r)rǫ́꞉ye ǫmi-dukką́nǫ dụ-tá꞉lǫ. mídle lędrǫꜱaíye
lụ-tá꞉lǫ, ómer hä́ni a-gą́lde dahụnǫ́ni-ne. maškéle ꜱālaíye. azzḗ 15
u-hā rǫ́꞉yǫ lụ-mą́jlis. ómer km-áhụnǫ́ne kitvǫ́lǫh? ómer kítli cáhsar. kǫ́dạꜱ u-tá꞉lǫ, azzḗ ꜱ꞉ę́sri, msíkke cáhsar, u-hą́ mahęzą́mle.
ómer u-pą́ša: tą́u á-gą́lde, kắn cáhsar-ne šġǫ́lǫ-yǫ, ukắn zíd-ne,
dúglę-yǫ, ukắn ną́qǫꜱ-ne, dúglę-yǫ. maubą́lle a-gą́lde ębęnánne.
nāfiqi cáhsar hịd-mǫ́lle lụ-tá꞉lǫ. ómmi šġǫ́lǫ-yǫ, hę́tū a-(r)rǫ́꞉ye 20
bú-hạbís. mā́hạtte a-(r)rǫ́꞉ye bú-hạbís. mzābą́lle lụ-tá꞉lǫ á-gą́lde,
húle á-kạllą́t lū-āġạídę lu-qáhwạci, ómer kazzínǫ ę(l)lą́rke, trǫ
faíši á-kạllą́t gą́bǫh, hōl ęddǫꜱánnǫ. ómer trǫ́ve. ázze u-tá꞉lǫ li
-gǫ́ve, maufą́qle á-꞉ę́ze kúlle, qlę꞉íle lụ-tá꞉lǫ. lāqíbe sáb꞉ǫ bu-tá꞉-
lǫ, ómer mǫ́llǫh li-hạiye ędvúṣla ahúni. qt꞉íle u-tá꞉lǫ, maubéle lụ 25
-sáb꞉ǫ á-꞉ę́ze. tụ-šmera-hvä́š.

ómmi kítvō tá꞉lǫ, kítvǫ́lę ą́ttǫ ukitvǫ́le ábnę. kāyúle lụ-tá꞉lǫ,
lǫ́-fáiš mę́de ꜱą́mǫ hạrjíye. kitvǫ́le sístǫ, mzạbnǫ́lę, ą́hile á-kạllą́t
di-sístǫ. lǫ́-fáiš mę́de gą́bu-tá꞉lǫ. mǫllále li-tạ꞉áltǫ, ómmo nāyịh-
lǫh, zǫ́h taịlan mę́de dǫhlína. qą́yim u-tá꞉lǫ, azzḗ laqrítǫ. hęzéle 35
hą́ zlám, mǫllę́le lụ-zlám, ómer tá꞉lǫ. ómer hą́. ómer lǫ́-kyǫ́tvit
rǫ́꞉yǫ ǫmá-ṣafúrę? ómer béle, ómer ú-yặrhǫ bmǫ́-qáis? u-tá꞉lǫ kǫ́-

                    19

meṛ lu̲-mḗrekọ. ómeṛ u̲-yȧ̲ṛhọ btlọtí qúrš, u̲-yaúmọ beqúṛš. ómeṛ
trọ́ve u-táᵊlọ. yátu̲ qumá-ṣāfúre. ázze qumaịye, āḥíle u-yaumáo
ṣāfúrọ. āt̲í ᵊaṣríye lu̲-baịtọ, lọ́-mtānȧ̲lle. fáiš yȧ̲ṛhọ qemá-ṣāfúṛe,
āḥíle ᵊẹ́sri ṣāfúṛe lu̲-táᵊlọ. ómeṛ gẹnọfȧ̲qnọ. ómmi mu̲stȧ̲flit̲.
5 ómeṛ hȧ́(w)ulli á-kạllát-diḍi. ómmi gẹbọnȧ́na á-ṣāfúṛe. ómeṛ
bẹnȧ́(w)unne. ẹbnȧ̲nne, nāqị́ṣi ᵊẹ́sri. ómmi kọ́n-á-ṣāfúṛe, táᵊlọ?
ómeṛ maịkọ kọd̲ᵊȧ́nọ? mzaịᵊi, azzị̲n ᵊȧ́ma-qátᵊẹ di-qrítọ. kāríḥi
lọ́-ḥzȧ̲nne. ómmi lọ́-kọbinȧ́lọ̲ḥ kạllát. bȧ́ḥī, ómeṛ bĕmijȧ́l-nọ, u̲-
kítlī naᵊíme ulȧ̲tli hȧ́š má-ṣāfúre. húwạlle ḥȧq-diḍe. ᴍọllẹ́le lú
10 -ȧ́ga di-qrítọ ómeṛ itaú bāqọ́rọ. ómeṛ gịdyọtaúnọ. ómeṛ á-qan-
yọ́ne lọ́-kmizaịᵊi, mọ̲llẹ́le lú-ȧ́ga dí-qrítọ. yátu̲ qumá-qạnyọ́ne dí
-qrítọ, ẹkmȧ̲lị̲m kúl lȧ̲lyọ láḥmọ mẹmọ́re dá-qạnyọ́nẹ, kọbẹ́le lȧ̲ḥd̲ọ́
pírẹ u-láḥmọ. kúl lȧ̲lyọ kọbẹ́le li-pírẹ, hȧ́vi u-táᵊlọ ábre di-pírẹ.
kọzzĕ qemá-qạnyọ́ne, ḥẹzẹ́le dḗvọ. mọllẹ́le lu̲-dḗvọ ómeṛ kúl
15 yaúmọ hȧ́li qạnyọ́nọ. ómeṛ ẹ́. ómeṛ zabḗnin ẹbkạllát, gi(f)fọl-
gína á-kạllát ọ́no u̲hȧ́t. ómeṛ trọ́ve. kúl yaúmọ kọbẹ́le qạnyọ́nọ
lu̲-dḗvọ. mọ́re dá-qạnyọ́ne kómmi kọ́ne á-qạnyōnaịd̲an? ómeṛ qọ-
tẹ́lin u-dḗvọ u̲ᵊẹgonvị́nne á-ḥarāmíye. ẹmᵊikke u-táᵊlọ, mȧ̲hátte
ᵊȧ́ṣrọ yaúmẹ bú-ḥabís. ẹkfíla̲ li-pírẹ, ómmo trọ́ fọ́iš gȧ́bi hol dim-
20 šailítū ᵊalá-qạnyọ́ne. a̲hzẹ́le u-dḗvọ lu̲-táᵊlọ, ómeṛ kọ́ne á-kạllát
dá-qạnyọ́ne? ómeṛ mu̲-kạllát? ómeṛ dá-qạnyọ́ne dúlílọ̲ḥ. ómeṛ
āḥẹlíli á-qạnyọ́ne, lọ́-mzạbnili. ómeṛ du̲š ȧd-lȧ̲lyọ ẹlgābaịna gima-
ᵊȧ̲znọ̲ḥ, mọ̲lle lu̲-dḗvọ. maubẹ́le u-dḗvọ a̲lbẹpírẹ. yátivi zbẹpírẹ.
u-táᵊlọ mọ̲lle li-pírẹ, ómeṛ zéḥ mȧ̲lle lú-ȧ́ga di-qrítọ mar kȧ́t̲i u
25 -dḗvọ daqtị́le á-qạnyọ́ne lgābaịna, mamtẹ́le lu̲-táᵊlọ. ázzaị-pírẹ,
mọ̲lla lú-ȧ́ga dí-qrítọ. qȧ́yim ú-ȧ́ga, maᵊlȧ̲mle di-qrítọ, u̲ᵊȧ́tị̲n a̲lbẹ-
pírẹ. ḥẹzȧ̲lle u-dḗvọ, mᵊikke, ómmi kọ́ne á-qạnyọ́ne? ómeṛ āḥẹlíli. ómmi qai gẹdọ̲ḥlȧ̲tvulle? ómeṛ lu̲-táᵊlọ húlēline. ómmi šgọ́-
lọ? táᵊlọ. ómeṛ ḥaír kimdȧ́gil, mọḥẹ́vōli u̲šọ̲qẹ́vōlin. mᵊikke u
30 -dḗvọ, a̲nhọ́rre.

    qȧ́yim u-táᵊlọ ẹblȧ̲lyọ. kítvōla kạllát li-pírẹ, a̲gnūvíle u̲qȧ́yim
mahẹzȧ́mle lu̲-táᵊlọ. kítvō mȧ́i qṃi-qrítọ. ẹmḥẹ́le lu̲-táᵊlọ bínnẹ.
ᵊamú̲qẹ-vaịye. ȧ́da̲ᵊ lọ́-qót̲a̲ᵊ, gẹmọblíle á-(m)maí, họnqịle. dȧ́ᵊaṛ
u-táᵊlọ, ḥẹzẹ́le ḥmọ́rọ sēfil. ómeṛ ḥmọ́rọ. ómeṛ hȧ́. ómeṛ mọ́
35 -ksaịmit̲ hȧ́rkē? ómeṛ krọᵊẹ́nọ. ómeṛ ọh maịtẹ́t̲, mọ́-(m)mȧ́rᵊa kit
hȧ́rke. ómeṛ baᵊ aịkọ? ómeṛ kít mȧ̲rgọ dẹqọ́tᵊat̲ á-(m)mȧ́i. ómeṛ
lọ́-kọ́da̲ᵊ aịkọ-yọ, u̲-ḥmọ́rọ. ómeṛ gẹmaḥvḗnọ̲ḥ-yọ́, u-táᵊlọ. ómeṛ

dų̃š. ómẹr gẹdọvéna añunóne aḥmǫ́rọ. ómẹr trǫ́ve u-ḥmǫ́rọ. çm-
ḥẹ́le lu̯-ḥmǫ́rọ bá-(m)maí. u-táˑlọ ómẹr hédi añúnọ, dẹrọḥaún-ˑẑá-
lọ̣ḥ. ráḥu ˑālu̯-ḥmǫ́rọ. qāt̯ẹ̣i lí-ḥasráyọ. azzén aḥzẹ́lle barán,
ómẹr laíkọ gẹžóḥu? ómmi gẹzál-lu̯-mắrgọ. ómẹr gẹdọténọ ˑāmai̯-
ḥu. ómmi tóḥ. aḥzẹ́lle arnúwọ uzǫ́ǵọ, ómmi laíkọ? ómmi gẹzạ́l 5
-lu̯-mắrgọ. ómmi gẹdọténa ˑāmai̯ḥu. ómmi tóḥu. azzén ˑāmai̯ye.
azzị̣l-lu̯-mắrgọ, arˑálle bu-mắrgọ. kāyúle lu̯-ḥmǫ́rọ, mắi̯t u-ḥmǫ́rọ.
u-táˑlọ ómẹr tóḥu dqaurína u̯-ḥmǫ́rọ, trọ u-barán ḱóyẹt ú-kafàn,
utrọ-y-arnúwọ fǫ́tḥọ u-qaúrọ, utrọ u-zǫ́ǵọ hǫ́ve mạ́llā mlāvéle.
ómmi trǫ́ve. ú-barán yátū ẹkšǫ́t̯ar uˑí(y)-arnúwọ kḥǫ́bšọ iy-árˑọ 10
uˑú-zǫ́ǵọ ẹqǫ́rẹ uˑu-táˑlọ gẹbóḥi. gẹbóḥiˑu-táˑlọ, ukmóyi̯ḍ lẹ́rẹt
du̯-ḥmǫ́rọ. kómẹr añúnó~, u-ēránō cík bẹkmó ḥmọryótọ. ugẹ-
bóḥi u-táˑlọ. ḥfárre u-qaúrọ, at̯mórre u-ḥmǫ́rọ.

ắt̯i dévọ, ḥẹzéle u-táˑlọ uˑú-barán uˑú-zǫ́ǵọ uˑí(y)-árnūwọ.
ómẹr ksạ́mnọ dáˑva ˑālú-barán, u-dévọ. u-táˑlọ ómẹr sẹmáne? ó- 15
mẹr sū-áǵa dạ́-déve. ómẹr lǫ́-kọbinále. mqātạ́lle línne ulu̯-dévọ,
ẹnqídle lu̯-dévọ u-táˑlọ, ẹjríḥ. hắvi ú-barán ḥi̯d-ẹsyǫ́ǵọ bī-qala-
wíye. lǫ́-qǫ́dar nóšo ˑalú-barán. ẹgẹbǫ́rẹm u-táˑlọ ẹlḥẹdóre biḥíle,
lǫ́-qǫ́dar ˑālú-barán. u-táˑlọ ómẹr zǫ́ǵọ. ómẹr há. ómẹr í-náqẹlā ẹdrǫ́vạḥ ú-barán qšáˑ ˑaíne bú-māqúzọ. ómẹr é. rávạˑ ú-ba- 20
rán, azzé u-zǫ́ǵọ ẹlgábẹ, ẹmḥẹ́(l)lēle māqúzọ, qšǫ́ˑle ˑaíne. qāyímle ú-barán, ómẹr qai qšǫ́ˑlọḥ ˑaíni? ómẹr māḥátle ẹldidvǫ́nọ
ˑāli-qị̣štọ dẹˑaínọḥ, mídli lu̯-didvǫ́nọ ẹbmāqúzi, qắyi̯t ẹbˑainọḥ.
u-táˑlọ ómẹr laid-ǵámọ, trǫ́vi̯t bậḥdọ ˑaínọ. i(y)-arnúwọ ómmo
dmáḥ gimdarmẹnạ́lla. dámaḥ ú-barán. ắt̯i u-zǫ́ǵọ, ẹnqǫ́zle i-ˑaínọ 25
ḥrẹ́tọ. qẹḥír ú-barán, sámī, lǫ́-kḥǫ́zẹ. bárịm u-táˑlọ ẹlḥẹdóre,
ẹmsíkle ẹldúy̯ dú-barán, āḥíle, dréle ú-barận. qắyim ú-barán,
ẹmsíkle u-táˑlọ, dréle u-táˑlọ táḥtē, kmọḥẹ́le bạ́-dafrāt. ómẹr ónọ
-nọ, barán. ómẹr hát mận-at? ómẹr u-táˑlọ-nọ. ómẹr lẹmán āḥíle
duy̯-dídi? ómẹr lu̯-dévọ. marféle lú-barán. rávạˑ ú-barán, mídle 30
lgáve lu̯-táˑlọ, bǫ́t̯lẹ ǵáve dú-barán. āḥíle ˑasró yaúme bú-barán,
maḥlás̯le.

fāˑíšọ í(y)-arnúwọ uˑú-zǫ́ǵọ. ómẹr zǫ́ǵọ. ómẹr há. ómẹr
mắlla li(y)-arnúwọ, mar tí dimfālénẹḥ, gẹḥọ̃qínāla. ómẹr é. u
-zǫ́ǵọ ómẹr arnúwọ. ómmo há. ómẹr tí dimfālénẹḥ. ómmo tóḥ. 35
kimfālẹ́la u-zǫ́ǵọ. mídle lu̯-táˑlọ laqẹdǫ́la, aḥnẹqǫ́le, āḥịlǫ́le.

fắiš u-zǫ́ǵọ. ómẹr zǫ́ǵọ. ómẹr há. ómẹr tóḥ dọmḥína. ómẹr

ló-gẹdōmáḥnọ, u-zóģọ. ómẹr qaí? ómẹr gẹqọtláṭli. ómẹr ló-zaí-
ṣạt, aḫunǫ́nẹ-na. ómẹr dǔš dọzạ̈n, u-tá꜀lọ. azzẽn laqríṭọ. kít ẹm-
꜏ạ́rtọ qmi-qríṭọ. ómẹr zóģọ. ómẹr há. ómẹr tóḥ yọmḝna lạḥdóde
dōvéna aḫunóne. īmạ̈lle lạḥdóde. ẹmyá꜏ạn u-zóģọ. ómẹr zóḥ
5 maíṭạt, ṭạilạn ꜏ẹsrí kẹṭóto mi-qriṭáṭi, ẹqrạilin gẹdóṭịn ꜏ámọḥ, hat
zóģọ hát. ómẹr é, aḫúnọ, ló-zé꜏ạt, gẹmamṭḝnọḥ. azzḝ u-zóģọ,
mamṭḝle ꜏ẹsri kẹṭóṭọ, qrēlḝlin. tléle lu-tá꜀lọ rúḥẹ bi-m꜏ạ́rtọ. ꜏ābíri
li-m꜏ạ́rtọ, kimfášẹ u-zóģọ ẹpṭịzaíye, ạggóḥạḥ u-tá꜀lọ. áṭi u-tá꜀lọ
lu-tár꜏ọ di-m꜏ạ́rtọ, ómẹr zóģọ. ómẹr há. ómẹr isáq ẹlḥāṣaíye fā-
10 šaí bẹṭịzaíye lášān dẹlaídi. sálạq u-zóģọ ẹlḥáṣet kúlle. ómẹr
tlaí aḫúnọ, mǫ́lle lụ-zóģọ, á(n)naqẹlá daúri-yọ, gẹṭọrḝnọ dẹlaídi.
náfạl u-tá꜀lọ baínōṭaíye, aqṭịle kúlle. āḥẹlíle. lášạn di-qríṭọ qmu
-zóģọ, ómmi á-kẹṭōṭaídạn ló-kmibaíni, ómmi álọ lụ-zóģọ bạ́rrī mọblíle. lásạn ꜏álẹ bá-tfanáq. mšāyá꜀le lụ-tá꜀lọ u-zóģo naqlá-ḥrētọ,
15 ómẹr zóḥ ṭạilạn kẹṭóṭọ. áṭi u-zóģọ, qréle lá-kẹṭóto. ẹmḥáḷḷa(b)-
be ḥsár tfanáq. qáiṭ áḥdọ búwe, qṭǫ́lle. šámạ꜏ u-tá꜀lọ ḥǫ́s dá-tfa-
náq, náfạq mí-m꜏ạ́rtọ. ḥẹzéle kẹnǫ́ḥri u-zóģọ, maḥẹzámle lụ-tá꜀lọ.
   áṭi ẹlvaläi lọqmụ́-tár꜏ọ. ḥẹzéle bázịrgắn, hávi ẹblạ́lyọ, azzḝ
u-tá꜀lọ lbainá-tá꜀ne dụ-bäzịrgán. ḥẹzéle kít dánẹ dẹgvétọ. ẹf-
20 táḥle i-dánọ lụ-tá꜀lọ, kóḥịl bi-gvétọ. ḥẹzạ́lle kle féme di-dánọ
ẹftíḥọ, ẹshǫ́rre lá-gré꜏ẹ, fáiš u-tá꜀lọ bẹgáve di-dánọ. mäḥátte á
-dáne bá-ḥrärát umaṭ꜏ánne, kle u-tá꜀lọ bẹgáve di-dánọ. ómẹr azzínọ, u-tá꜀lọ, gẹqọṭlíli, haí gẹqọṭlíli, gẹdọḥánnọ i-gvétọ kúla. ázze
u-bázịrgắn ẹlgér valaí. mzäbạ́lle á-dáne di-gvétọ. ḥǫ́lle lụ-šāqǫ́lọ
25 di-gvétọ ꜏al tárte dánẹ, ḥẹzéle gvétọ kā꜍ístọ-yọ. ló-ftáḥle i-dánọ
dụ-tá꜀lọ. kul dánọ šqẹlóle bạlfọ uḫa(m)míšmọ. mäḥátle a-dáne
bu-ḥán, qréle lá-ḥām̃ọ́le, mọblínne lụ-baítọ dụ-šāqǫ́lọ.꜑ ẹmkạmlínne
ẹnqǫ́lọ lá-ḥamǫ́le, fá꜏išọ i-dánọ dụ-tá꜀lọ ẹlḥārạíto, ómmi á-ḥāmǫ́le
ī-dānáṭi ḥā꜍íftọ-yọ. mạ́ṭạl-lụ-baítọ dụ-šāqǫ́lọ. ạftiḥǫ́le, náfạq tá꜀lọ.
30 ẹmsíkke, mäḥátte u-zínjir bạqẹḍǫ́le umāsǫ́rre. käríḥị ꜏álu-bázạr-
gắn, qrạ́lle lụ-bázạrgắn, ómmi ḥúlọḥlan dánọ ẹḥlíṭọ kíba tá꜀lọ.
áṭi u-bázạrgắn, ḥǫ́lle ꜏áli-dánọ, ḥẹzéle u-tá꜀lọ kle msíkọ. ómẹr
dúgle kimdaglítū u-bázạrgắn, i-dānaídi ẹmlíṭọ gvétọ-va. mạškạ́lle
꜏al ẹḥdóde lụ-bāzạrgắn ulụ-šāqǫ́lọ. ómmi šqịlólọḥ wazzḝ, haúḥa
35 kómmo i-šạri꜏a, fotḥátvọ ꜏aínọḥ uḥairátvọ. dä꜏ạr u-šāqǫ́lọ, ázze
u-bázạrgắn. fáiš u-tá꜀lọ šátọ msíkọ. — kítle bạ́rtọ lụ-šāqǫ́lọ di-gvétọ, na꜏ámtọ, ẹkón꜏ọ i-dǫ́rtọ. ómmo tá꜀lọ. ómẹr há. ómmo laíbi

dękǫnšǫ́nǫ, tóḫ ęknáš. ómęr téḫ ęšríli, gękǫnášnǫ. átyǫ išréla.
ómęr zíḫ kráḫ ꞏálu-qlídǫ du-qaídǫ, ęftáḫ u-qaídǫ maqędǫ́lī, gękǫnášnǫ. ómmo é. ázzā kāríḫǫ, naꞏámtǫ-yǫ, aḫzéla taḫti-mḫádde
du-bábǫ, mamt̮ę́la u-qlídǫ. ómęr cúke háṛke bu-qaídǫ. cíklä, mābrámle lu-táꞏlǫ, ęftáḫle u-qaídǫ maqḍǫ́le. ómęr kazzí mazráqnǫ 5
nꞏōt̮énǫ kǫnáŝnǫ. ómmo zóḫ lǫ́-kǫ́lit, itóḫ. ómęr é. náfaq u-táꞏlǫ
umahęzámle. nǫ́šo lǫ́-kǫ́daꞏ aík-azzé. át̮ī u-šāqǫ́lǫ di-gvétǫ. lǫ́-
ḫzéle u-táꞏlǫ. ómęr ęlmá-šréle u-táꞏlǫ? ómmi lǫ́-kǫdꞏína. i̯-báṛtǫ
ómmo lǫ́nǫ, ómmo mǫ́lli tóḫ ęknáš, mǫ́lle taí u-qlídǫ, mamt̮ę́li ú
-qlídǫ, ęftáḫle u-qaídǫ, ómęr kazzí mazráqnǫ umahęzámle. qt̮íle 10
i-báṛtǫ, ómęr ḫāsǫ́nnǫ álfǫ uꞏa(m)míšmǫ bi-síbbe du-táꞏlǫ, umaṛ-
fálḫu. msāꞏállāle liy-át̮tǫ, ómmo qai qt̮ílǫḫ báṛtǫḫ? qt̮íle iy-át̮tǫ.
msāꞏállēle lú-ábrǫ, ómęr qai qt̮ílǫḫ ęmi? qt̮íle u-ábrǫ. át̮ịn á-beꞏ
ꞏámme du-šāqǫ́lǫ, ómmi qai qt̮ílǫḫ ábrǫḫ? ómęr haúḫā. qt̮ǫ́lle u
-m̥ę́rekǫ. fáiš u-baitaíde bú-mirát. u-táꞏlǫ át̮i lu-baítǫ, ḫęzéle 15
maꞏítǫ íy-át̮tǫ uꞏán(n)-abne. ębꞏij u-táꞏlǫ ꞏālán(n)-ábne.

20

kítvō ḫá, kítvōle át̮tǫ uꞏábrǫ. kítvōle sístǫ, maufáqle i-sistǫ,
ómęr kazzínǫ maubánnǫla lu-máṛgǫ. mǫblóle lu-máṛgǫ, kmarꞏéla,
dámaḫ. át̮i haíye, mālífǫ ꞏal ęqḍóle, māḫátla qárꞏa baina-ꞏaíne;
mǫ́yi̯d ęlqárꞏā, bedánva gęhaísǫ rúḫā, gęqǫ́tꞏǫ ǫędóle; mǫ́yi̯d ęl-
dánva, gędaúsǫ bęqárꞏa baina-ꞏaíne. fáiš ęmhaírǫ. ómmo m̥ęre- 25
kō, súmlǫḫ ḫál, gędausállǫḫ. ómęr ḫát̮i laꞏy-aúḫā, anḫát maqę-
ḍǫ́li liy-árꞏǫ, hod qōyámnǫ udváꞏsli. ómmo lǫ́-kǫ́dꞏat áḫnā uḫátū
má-bābaídan umá-jiddaídan nayár-nā? ḫátū dęhǫzétullan qǫtlí-
tullan wáḫna dhǫzénalḫū gędauꞏínalḫū. ómęr dúš ozán li-šaríꞏa.
ómmo dúš. hiya klá ꞏal ęqḍóle, azzín sęgámlǫ saútǫ kla mar- 30
faítǫ bú-t̮úrǫ, mǫ́rralla li-gámlǫ: qǫtꞏína i-šaríꞏaídan gábęḫ. ómmo
mišg̥élu, i-gámlǫ. ómęr ǫnǫ dāmíḫǫ ꞏálu-máṛgǫ, átyǫ i-haíye, mālífǫ ꞏal ęqḍóli, ómmo gędausállǫḫ, ománnǫ anḫát liy-árꞏǫ hód qo-
yámnǫ, adváꞏsli; ómmo i-haíye lǫ́-kǫdꞏét áḫnā uḫátu má-bābaídan
nayár-na? ómmo i-gámlǫ: ǫnǫ hod kítvi juán maukálvǫli mǫ́ri 35
umaštévǫli, ǫ́ꞏdǫ māsúli, maufáqleli lárval, lǫ́-kmaukéli ulǫ́-kma-
štéli, ú-nꞏan báḫtō látle, adváꞏe, mǫ́lla li-haíye. ómęr lǫ́-kmaqbánnǫ

i-šaríꞏa di-gáꭕmlꭔ; ómꭕr dꭔ̌š ꭔzáꭔn su-taúrꭔ, saimína šariꞏaídaꭔn. azzꭔin sú-taúrꭔ, ksólꭕꭕ u-taúrꭔ ꭕbtílle kimꞏárꭕꭔt, lꭔ́-fáiš bē qúwe. ómmi taúrō. ómꭕr há. ómmi āꭔtína ꭕlgáboꭕ̱ li-šaríꞏa. ómꭕr tóꭕꭔ̱u. ómmi gꭕsaimꭔit í-šariꞏaídaꭔn? ómꭕr é, mꭕbábī umꭕjéddī ksaimína šaríꞏa.

5 ómꭕr dāmíꭕ̱ꭔ-vi ꞏálu-máꭕrgꭔ, áꭔtyꭔ i-ꭕ̱aíye, mālífꭔ ꞏal qꭕdꭔ́li aꭕ̱ddausꭔ́li, ománnꭔ nꭕ̱át liy-árꞏꭔ, hōd qoyáꭕmnꭔ, aꭕ̱dváꭕ̱sli; ómmo lꭔ́, gꭕdausꭕ́llꭔꭕ̱; āꭔtína li-šaríꞏa, mꭔ́-kómmo i-šariꞏaídꭔꭕ̱? ómꭕr ꭔnꭔ hod kítvī juán dōvánnꭔ-vꭔ, maukꭕ́lvꭔli mꭔ́ri taúnꭔ ukꭔ̌šne, māsúli, maufꭕ́qlēli, ú-nsán báꭕ̱to láꭔtle, aꭕ̱dváꭕ̱sē, mꭔ́lle li-ꭕ̱aíye. ómꭕr lꭔ́

10 -ksáꭕmnꭔ bi-šaríꞏa dánꭔ, kítle bꭕgáve ꞏalú-nsán; ómꭕr dꭔ̌š ꭔzáꭔn su-táꞏlꭔ. azzꭔin su-táꞏlꭔ. ꭕ̱ezáꭕ̱lle u-táꞏlꭔ yātívꭔ, kꭕ̌ó́te u-qályūn ꞏálu-daúšak. ómmi qꭔ́ꭔ̣ꭕꭔ̣at šaríꞏa? ómꭕr klī yātívꭔ ꞏalu-daúšak qꭔtáꞏnꭔ i-šaríꞏa dꭕ̱-ꭕ̱iyévin kúlle, aꭕ̱kꭕ́u u-ꭕ̱abráꭔ̱ꭕ̱ū. símlēle baúꭕ̱ā lu-táꞏlꭔ, gꭕdobꭕ́nōlꭔꭕ̱ taꭔrté kꭕꭔ̱ꭔ́ꭔ̱ō barꭔ̱íl. fríqle lu-táꞏlꭔ. ómꭕr

15 dāmíꭕ̱ꭔ-vi ꞏālu-máꭕrgꭔ, áꭔtyꭔ i-ꭕ̱aíye, mālífꭔ ꞏal ꭕqdꭔ́li, ómmo gꭕdausꭕ́llꭔꭕ̱, ománnꭔ lꭔ́-kōve, aꭕ̱nꭕ̱át liy-árꞏꭔ hód qōyáꭕmnꭔ aꭕ̱dváꭕ̱sli; ómmo qai lꭔ́-kꭔ́ꭔ̣ꭕꭔ̣at má-bábaidaꭔn umá-jíddaidaꭔn nayár-na? ómꭕr lꭔ́, u-táꞏlꭔ, lácy·auꭕ̱ā ꭕlꭕ̱alál, aꭕ̱nꭕ̱át maqdꭔ́le liy-árꞏꭔ, uqúmū qātélu, aina daqtꭔile u-ꭕ̱rénꭔ, haúꭕ̱ā kómmꞏo í-šaríꞏa. nāꭕ̱ítꭔ i-ꭕ̱aíye

20 liy-árꞏꭔ, mqātéꭕ̱la líya ulu-mꭕ́rekꭔ. ꭕmꭕ̱ꭕ(l)lēla kéfꭔ aqtꭕ́lꭔ́le. ómꭕr dizóꭕ̱, taꭔi taꭔrté kꭕꭔ̱ꭔ́tꭔ, mꭔ́lle lu-mꭕ́rekꭔ; ómꭕr maꭕ̱lasꭔ̱lílꭔꭕ̱ mi-ꭕ̱aíye. ómꭕr kazzínꭔ. áꭔtī u-mꭕ́rekꭔ lu-baíꭔ̣tꭔ, ꞏábaꭔr lu-kúꭕ̱ꭔ dꭕ́-kꭕꭔ̱ꭔ́tꭔ ꭕdmósꭔik taꭔrté kꭕꭔ̱ꭔ́tꭔ. símme qꭕ̌šqꭕ̌š. atyꭔ́ áꭔtꭔ̣ꭕ du-mꭕ́rekꭔ, ómmo mꭔ́-ksaimꭔit? maꭕ̱kꭕlꭕ́la ꭕ̱id-jāríbe. ómmo ꭕ̌óru baí

25 tꭔꭕ̱, mꭔklꭕ́ꭔ̣tle taꭔrté kꭕꭔ̱ꭔ́tꭔ lu-táꞏlō, gꭕzín bꭕ́-(m)mái, aubꭕ́le tré kꭕ́lbe ꭕdmꭔskíle, ꭕdnꭔꭕ̱rínāle ꭕjꭔlꭔ̣tína u-galdaíde, mzaꭕbnínālan-yꭔ bꭕꞏꭕsri qúrš, maꭕ̱rijínalle ꞏálaina. ómꭕr ꭕ̌gꭔ́lꭔ. maubꭕ́le tre kꭕ́lbe, maꭕ̱tíle kúlꭕ̱ā bꭕꭔ̣túrꭕ, ꭕmꞏalqꭔ̣ile bꭕkaꭔtfóꭔ̣te, trꭕ́le qárꞏꭕ da-kꭕ́lbe lárval, azzꭕ́ lsu-táꞏlꭔ. ómꭕr táꞏlō. maꭕ̱ꭕzáꭕmle lu-táꞏlꭔ. ꭕ̱ezꭕ́le

30 adnꭔ́ꭔ̣te dá-kꭕ́lbe lu-táꞏlꭔ. ómꭕr ꭕ̌qúllꭔꭕ̱ á-kꭕꭔ̱ꭔtáni, u-mꭕ́rekꭔ. u -táꞏlꭔ ómꭕr ꭕ̱ꭕ́ꭔ̣tꭔin tꭕ́mꭔ, ukꭕmáꭕzꭔim, áꭔdaꭕ̱ kꭕ́lbe-ne. maꭕrfꭕ́l-a-kꭕ́lbe lu-mꭕ́rekꭔ bꭔ́ꭔ̣tru-táꞏlꭔ, maꭕ̱ꭕzáꭕmle lu-táꞏlꭔ, ejríꭕ̱ má-kúbe ꭕ̱ꭔ́ꭕ̱gi dꭕmaꭕ̱ꭕzáꭕꭔ̣fe. cík ꭕbnáqvꭔ u-táꞏlꭔ. dꭕ́ꞏaꭔr u-mꭕ́rekꭔ wá-kꭕ́lbe lu -máꭕrgꭔ, mzaꭕꞏꞏꭔi-sístꭔ.

35   náfꭕꭕ u-táꞏlꭔ mu-náqvꭔ, kle jríꭕ̱ꭔ. ómꭕr kꭕ́lbꭔ ábre du-kꭕ́lbꭔ, mꭔ́lle ꭕrrúꭕ̱ꭕ, mꭕ́nꭔꭕ̱ fáiš u-qꭔ́ꭔ̣ꞏꭔ di-šaríꞏa, lꭔ́-trꭕ́lꭔꭕ̱ i-ꭕ̱aíye aꭕ̱ddausꭔ́le, kmáꭕ̱ke ꭕrrúꭕ̱ꭕ, ꭕmbarꭔ̣ꭔ̣lēlꭔꭕ̱ bá-kꭕꭔ̱ꭔ́tꭔ hod ꭕ̱ꭕ́lꭕꭕ̱, mam

ṭéle kálbe, maṛféle bóṭroḥ, daḥzaí ḥál-dídoḥ; ómer óno uǯaríꜱa.
azzé u-táꜱlo, húwe jríḥo, máyiṯ mu-káfno. ḥezéle gámlo saúto
kla dāmáḥto, yátū seqárꜱa. ómmo mú-ksaímiṯ, táꜱlo? ómer knó-
ṭánneḥ hod maiṯiṯ doḥánneḥ. ómmo maḥrábō, qedóli yāríḥo-yo
uꜱaríjo-yo, hol šáto qod nófqē-rúḥo maqedóli. ómer hĕdi hĕdi, ꜱal 5
máḥelo, mín-ávi, éma dmaíṯaṯ gedōḥánneḥ. eftáḥla féma li-gámlo
wumbāláqla ꜱaina ambedúgle. u-táꜱlo efṣíḥ. bárim alḥedóra u
-táꜱlo, yátū u-táꜱlo ꜱal ḥáṣa, māqámla qárꜱa li-gámlo, ómer qmí-rú-
ḥo kemáqalqo. qāꜱímo i-gámlo taḥtu-táꜱlo. máyiṯ u-táꜱlo mi-zóḥ-
to, ómer dlozzá doryóli, qórfo raǵlóṯi. ómer gámlo, áṯi u-māláḥo. 10
miṯyāqálla li-gámlo, rāvíꜱo i-gámlo, dāmíḥo. náḥaṯ u-táꜱlo mếna,
i-gámlo fāꜱíšo dāmáḥto. ómer gámlo. ómmo há. ómer maklélī
u-māláḥo, ōmánno ló-šóqliṯ rúḥā hol dozíno mamṭenóla káfan,
kmáḥke li-gámlo, ómer ló lō, lajánoḥ ló-kšōqánno rúḥa hod-emam-
ṭátla káfan. ómmo izóḥ táꜱlo ló-ṭorátli dló káfan, usúmlī qaúro, 15
edlóḥlíli á-dābíbe. azzé u-táꜱlo, ḥezéle dévo. molléle lu-dévo, ó-
mer táꜱlo. ómer há. ómer háni šáto hĕš láḥili mếde. ómer álo,
ḥezéli qút dišáto doḥlína búwe, élo báḥto láṭloḥ, záꜱno maḥvénoḥ-
yo uló-moklátli mếne. ómer kítli árbꜱ-ábne, qōvánno án(u)-árbꜱo,
ikál-ló-kmaukánnoḥ mếna, māšóḷloḥ? ómer é. azzé u-táꜱlo uꜱu 20
-dévo, máṭal-li-gámlo. u-táꜱlo ómer gámlo. ómmo há. ómer ꜱa-
díl rúḥaḥ ademáḥ, káṯi ú-māláḥo dšóqor-rúḥaḥ. mazráqle lu-táꜱlo
ulú-dévo ꜱal ꜱáfro, simme ṭíno, melābáḥle lu-táꜱlo fóṭe du-dévo
uqárꜱe bu-ṭíno; ꜱaine du-dévo kmabáḷqi. áṯi meqábil deꜱaine di
-gámlo u-dévo. ómer gámlō klē u-māláḥo, edraí slíbo elfóṭeḥ uꜱá- 25
moꜱ ꜱaineḥ, ḥāꜱífo dšóqor-rúḥeḥ, élo mꜱāváqlan ú-māláḥo, gimqá-
til emšíḥo ꜱáme. hózla rágla li-gámlo laf qárꜱa, aršímla slíbo le-
fóṭa umꜱamáṣla ꜱaina. mídle lu-dévo laqdóla, aḥneqóle. kóḥil u
-dévo bíya, áḥile lu-táꜱlo, emḥélēle, ló-ṭréle dóḥil. aġbin u-táꜱlo
mu-dévo.
                                                                              30
azzé u-táꜱlo, ḥezéle safrúno ꜱáli-kéfo, kle dāmíḥo u-safrúno.
emsíkle lu-táꜱlo, afṣíḥ u-táꜱlo. ómer qai kmifṣóḥaṯ? ómer afṣáḥno
dimsiklílọḥ. ómer aškúr u-mọraídoḥ dimsíklọḥlī. kle u-safrúno
affémẹ du-táꜱlo. ómer yá ráb šúkur mếnọḥ. ómer u-safrúno pórr.
fáir mẹfémẹ du-táꜱlo, māḥátle ꜱal isyóġo lu-safrúno, ómer ḥezélọḥ, 35
táꜱlo? ómer u-táꜱlo: madláqno bábet dú-nōšávo, adlo-sóvaꜱ dómer
yá mọr šukúr mếnọḥ, dōḥánno-vo ú-safrúno, bóṭer gedománno-vo

yắ mǫ̆r šúkur mḝnǫ̆ḥ, ǫ̆nǫ dlǫ́-mǫ̆ḳęlǫ ōḿánnǫ yắ ráb šukúr mḗ-nǫ̆ḥ, fắyạr, lǻḥili.

azzḗ ḥęzéle ḥmǫ̆rǫ krǫ̆șę, bárịm u-tášlǫ ạlḥęḍǫ̆rę. ómęr mǫ́-ksạímịt, tášlǫ? ú-ḥmǫ̆rǫ. ómęr gęḍǫ̆ḥánnǫ̆ḥ, māyị́tnǫ mu-káfnǫ.

5 ómęr gęḍoḥlắtli? ómęr é. ómęr ditóḥ nạ̃șļl á-tặrte raġlǫ̃țạịdi á-ḥārǫ́ye u'aḥúli. ắți u-tášlǫ, mídle rráġle dǔ-ḥmǫ̆rǫ í-ḥārạịtǫ dim-nā̃ḭéla, ạrfíșle lu-ḥmǫ̆rǫ, qắịt u-rặfșǫ dǔ-ḥmǫ̆rǫ ạffḗme dụ-tášlǫ, twúlle tré šárše ęmdụ-tášlǫ ębráġle, umaḥęzắmle lụ-ḥmǫ̆rǫ, męșar-țázle, wunșạ́lle. ḥǫ́llę lụ-tášlǫ, țwíri šaršǫ̆nę, nắfạq ặdmǫ, mǫ́lle 10 ạrrúḥę lụ-tášlǫ, ómęr tặrặs bắv, bắbǫ̆ḥ lǫ́-símle nạ̃șạlbạndiye, hắt kǫ́wịt nā̃șạlbạnd hol dętwúlle lu-ḥmǫ̆rǫ šaršǫ̆ni, ębmú-gęḍōḥánnǫ á(n)náqęlā? ắți u-tášlǫ ękǫ̆rạḥ šal ḥākímǫ ędmánaḥ šaršǫ̆nę.

ạḥzéle šḗzǫ marfạítǫ bu-țúrǫ, ắțila li-šḗzǫ, gęḍǫ̆rę i-šḗzǫ lǫ́-qǫ̆der dǫḥéla má-šaršǫ̆nę, lắtle šaršǫ̆nę. kfólịt șarrúḥę bá-kéfe mu 15 qáḥạr dęrúḥę, kǫ́męr qắțli šḗzǫ ulǫ́-qǫdánnǫ ōḥánnā. ómmo tášlǫ, qaịy-auḥā hắt? mǫ́llāle li-šḗzǫ. maḥkęļéla mí-jāríbe, ómęr azzínǫ dǫḥánnǫ u-ḥmǫ̆rǫ ętwúlle šaršǫ̆ni, ạḥzelílęḥ, lạibi dǫḥánnęḥ mǫqúm šaršǫ̆ni. ómmo ǫ̆nǫ hākímtǫ-nǫ, qțíle lụ-dévǫ á-tre șāfūrạịdi, zóḥ tạịli árbșǫ šárše ạddévǫ, maḥtắllǫ̆ḥ ętrế bęḍúkțe dęḍiḍǫ̆ḥ, utrế trǫ̆-20 ve lǫ́nǫ, gị(m)mǫqęḍắnne mlạfá-tre șāfūrạịdi. ómęr trǫ̆ve fuš-ặrke.

azzḗ u-tášlǫ, ḥęzéle tré rǫ́șye, klịn á-tfanāq. bịḍạíye. ómęr șalmú-kǫrḥítū, rǫ́șye? ómmi kǫrḥína šalu-dévǫ dęqǫțlīnále, āḥile a-șḗzạí-dan u'i-gamlạịdan. ómęr gęzínǫ mamțḗnǫ u-dévǫ ạtqǫțlítulle, bạ(l)le šmáțulli tré šárše mị(d)díde. ómmi kā'ísǫ. azzḗ ḥęzéle u-dévǫ dā-25 ḥile i-gámlǫ ī-naqlắyǫ. ómęr tášlō. ómęr hắ. ómęr māyị́tnǫ mu-káfnǫ. ómęr qaí? lāḥílǫ̆ḥ i-gámlǫ? ómęr béle, u-dévǫ, bḗš lāḥili mḗde źǵếr mi-gámlǫ ạdmaḥví(l)lǫ̆ḥlī. ómęr lāḥílǫ̆ḥ šḗze? mǫ̆lļélc lu-tášlǫ. ómęr gnúli tặrte šḗze ubặs. ómęr lắtlǫ̆ḥ báḥtǫ, lǫ́-kmō-klắțli, kmaḥvénǫ̆ḥ ulǫ́-ktǫ̆rịt dōḥánnǫ. ómęr á(n)náqęlā aḥvíli, ālǫ́-30 ḥǫ wākílǫ bạil-lǫ́nǫ ulǫḥát, mị̆-dḥǫzéna gęḍoḥlina tắyda. ómęr dmáḥ hặrke, kasạí qárșǫ̆ḥ ębqárșǫ, kazzí mamțḗnǫ̆ḥ u-bặrgil doḥ-linālę. ómęr zóḥ. azzḗ, ḥęzéle a-rǫ́șye, ómęr tǫ́ḥū kle u-dévǫ. ắțịn a-rǫ́șye šāmu-tášlǫ. kle qárșę dụ-dévǫ ęmkạsyǫ bu-qárșǫ. ó-męr dévǫ šámǫș šaínǫ̆ḥ, kắți u-bặrgil. mașamạ́sle șaíne lụ-dévǫ. 35 māḥátte á-tfanaq šálę lá-rǫ́șye, ạqțǫ́lle. ómęr šmáțulli șaršǫ̆nę. šmǫțálle tré šárše, mamțḗle á-șặrše lụ-tášlǫ, u'ắți lsí-šḗzǫ. ómmo mamțḗlǫ̆ḥ šárše? ómęr é, ḥátli á-trāni, klịn á-tre ḥrḗne bęșébī,

gẹdọbḗnẹhnē. ómmo dmáḥ. dắmạḥ u-tá‹lọ, māhátla li-‹ḗzọ á-‹ar‹ṣ́ne dṇ-dḗvọ bẹdúkte dá-‹arš́ne dṇ-tá‹lọ. aqtịla zạ́lḥafe, umaš‹-
tẹlále u-ádmọ di-zạ́lḥafe lí-‹ḗzọ. hávịn ‹ạ́ršẹ dṇ-tá‹lọ ṭaú mẹmḗ-
qạm. ómmo dẹháli á-tre ‹aršánẹk á-ḥrẹne. ómẹr dúgle mdā-
gḗli, á-trắni mamtẹ́li. āḥile í-‹ḗzọ lṇ-qwírọ. 5

qắyim u-tá‹lọ, ómẹr kazzínọ kōrạ́hnọ bẹbrítọ. azzḗ lạqrítọ.
ómmi mọ́-sán‹a kít bịḍọḥ? ómẹr ksoyámnọ ẹšqḗ‹a dá-sẹ‹úne. ḥá
zlám ómẹr kít baịtọ hạ́lyọ gábi, itóḥ itaú búwe ušaqạ́‹ á-sẹ‹úne
dạ́-(n)nṓše. ómẹr é. yátū bu-baịtọ du-mḗrekọ. ómẹr kóyọ i-‹ạ́d-
daịḍọḥ, tá‹lọ? ómẹr i-‹ạ́ddaịdi fḗmi-yọ u‹arš́ni-ne. ómẹr kā‹ísọ. 10
kít kúhọ dẹkẹtótọ su-baịtọ dẹkíce u-tá‹lọ búwe yātívọ. gáni u
‹yaúmọ, dāmíḥi ạ́-(n)nṓše. nấfạq u-tá‹lọ mu-baịtọ, cík bu-kúḥọ,
āḥile ạ́-kẹtótọ unấfạq u-tá‹lọ mi-qrítọ. kít fáhọ mi-qrítọ ulárval
mál‹iyọ. cík u-tá‹lọ bu-fáhọ ẹblạ́lyọ, ẹmsík. qắyim u-mḗrekọ,
mọ́re du-baịtọ, ḥezéle u-tá‹lọ lọ́-kmibán u‹á-kẹtótọ lọ́-kmibaịni. 15
nấfạq lárval mi-qrítọ, ḥezéle u-tá‹lọ ẹmsíkọ bu-fáhọ. ómẹr tá‹lō.
ómẹr ḥá. ómẹr qaị haúḥa símlọḥ? ómẹr mí-símli? ómẹr āḥílọḥ
á-kẹtótọ. ómẹr lāḥẹlíli, aḥúnō, mọblíli ạnhẹríli, ẹjlạ́dli u-gạldạ́tte,
ạmḥāláqli bá-(m)maị, ōmánnọ ẹdtŏrē ẹlsáfẹrọ dimšāqá‹nọ á-s‹ú-
ne dạ́-(n)nṓše, á-kạllát lọ́nọ ulọḥát mẹfạ́lgọ. ómẹr dẹmarfḗnọḥ 20
gi(m)maḥvạ́tli á-kẹtótọ? ómẹr é. marfẹ́le u-tá‹lọ, ómẹr dụ́š aḥ-
vílī á-kẹtótọ. ázze u-tá‹lọ dẹmaḥvélẹne, mahẹzámle lṇ-tá‹lọ. ómẹr
tóḥ aḥvílinē, lọ-máhạzmịt. ómẹr āḥẹlíli wṇḥrạ́lli qmu-tar‹áthu,
izóḥ ḥṇ́r ‹alán(n)-ạḥraịdi. tṇ-‹mẹra-ḥváš. 25

LXXV (157).

kítvō hā daulạ́tlī, š‹ọtḗvō ‹aráq udọyáqvọ bú-qumár, matlạ́fle 30
u-mál-díḍe bú-qumár ubú-‹ọráq, lọ́-fáiš mẹde gábe. kítvōle ạ́ttọ,
ạgbínọ iy-ạ́ttọ, azzá lsu-bábọ, fáiš húwe ẹlhúḍe. mạ́iṭ mu-kạ́fnọ,
nṓšo lọ́-kọbẹ́le láḥmọ. yátū grḗ‹ọ, lọ́-qádịr ẹtsọ́yim šúглọ. nấfạq
mi-grē‹útọ, āṭi lu-ṭúrọ, dắmạḥ qúm ẹsyọ́ğọ. kítvō tá‹lọ, ạ́ṭi u-tá‹lọ,
mqādámle lṇ-mḗrekọ, kle u-mḗrekọ māḥísọ, ‹aíne mẹ‹ámsẹ-ne, ẹl- 35
tọ́‹le lṇ-tá‹lọ fŏte du-mḗrekọ, mídle rágle lṇ-mḗrekọ, ẹmsíkle. ómẹr
‹rfaịli bu-baḥtaịḍọḥ. ómẹr álō lọ́-kmarfḗnọḥ, ạ́ṭit ẹltọ́‹lọḥ fóṭi.

21

símle ulọ́-símle lọ́-mạrféle, mạnḥátle lọnsívin dimzābặlle. ḥálạṣ qmú
-fármọ, kimbaizálle ꞏ̣ámu-fạrmaci bẹláḥmọ. kítvo ḫā bázịrgān, hẹzéle kimbaizálle ꞏ̣ámu-farmáci ẹbláḥmọ, húléle rọ́tlọ búwe. sịmle
dọbéle, ạnḥís̆le lú-tíjár, ómẹr ọ́no gẹdọbénọ̆ḥ rọtlọ́ ufạ́lge. azz-ꞏ̣ámu
5 -tịjár u-mẹ́rẹkọ, mátạl-lu-š̆úqọ di-dléla, š̆qọ́lle lá-dālọ́le mídẹ, māzịd-
dẹ ẹldạ̄-dukkáne, sálạq leꞏ̣ẹ́sri qurš̆, húlébẹ lụ́-tíjáꞏ tlẹ́tị qurš̆, ómẹr
gị(m)maubạ́nne dịmfạ́rji á-(n)naꞏ̣ímaịdi ꞏ̣ále. š̆qị́le, māsọ́lle bú-ḫán
sá-tạꞏne. ḥávi u-bázịrgān kặr dọ́te lụ-baịtọ. māḥátle u-táꞏlọ ꞏ̣álụ
-báglọ. ómẹr bázịrgán, u-táꞏlọ. ómẹr ḥặ́. ómẹr bú-baḥtaịdọ̆ḥ
10 anḥátli dḫọrẹ̆nọ. ómẹr ukặn māḥázẹmịt? ómẹr aị-dặrbọ gẹmah-
zặmnọ? īmẹ̆́le lụ-táꞏlọ. manḥátte ẹdḫọ́re, klé msịkọ bídẹ du-grẹ́ꞏọ.
mqātạ́lle lá-sísye, u-grẹ́ꞏọ ḥọ́lle bặ-sísye. ẹš̆víš̆ u-grẹ́ꞏọ, mạrféle
u-táꞏlọ. maḥẹzạ́mle lụ-táꞏlọ. ómẹr gị́dī, maḥẹzạ́mle lụ-táꞏlọ, ú-tị-
jár. rāḥịvi á-grẹ́ꞏe uꞏ̣ú-tịjár, š̆ẹdặ́lle bọ́tru-táꞏlọ, trặlle á-bágle. átịn
15 bịrre dẹꞏ̣árab, maubặ́lle á-bágle uꞏ̣á-tạꞏne, azzọ́-tịjár uꞏ̣á-grẹ́ꞏe kọ́r-
ḥị ꞏ̣álụ-táꞏlọ. cík bọqrịtọ u-táꞏlọ, azzẹ́ u-bázạrgān uꞏ̣á-grẹ́ꞏe ẹl-
baịni-qrị́tọ. nặfịl haidặn ꞏ̣ál di-qrịtọ, kāríḥị ꞏ̣álụ-táꞏlọ, ẹmsíkke.
átịn ꞏ̣ꞏ̣a-bágle, lọ́-ḥzạ́lle á-bágle. ómmi ẹlmá-maubéle á-bágle?
kómmi laḥdọ́de. ómmi lọ́-kọdꞏ̣ína. ẹmḥẹ́le lú-tịjár lụ-táꞏlọ. ómẹr
20 bị-ḥịjaịdọ̆ḥ maubặ́lle á-bágle uꞏ̣a-tạꞏne. ātị díbbe, ẹtfíqọ ꞏ̣álaịye,
ómmo qaị haúḥā ksaịmítū? ómmi maḥẹzạ́mle lụ-táꞏlọ, azzặn bọ́tre
wọtrẹ́lạn á-bágle, lọ́-kọdꞏ̣ína lẹmạ́-mọblíle. ómmo gẹdọbạ́tli u-táꞏ-
lọ, gẹdọmạ́llọḥ ẹlmặ-mọblíle. ómẹr gẹdọbénẹḥyọ. ómmo mọblínne lá-ꞏ̣árab dá-taiya, izọ́ḥ klịn gābaíye; ómmo dẹḥáli u-táꞏlọ. hú-
25 lélā u-táꞏlọ. azzọ́-bázạrgān lẹbainá-ꞏ̣árab, tlọ́ble á-bágle, aqtọ́lle
húwe uꞏ̣á-grẹ́ꞏe.

    maubéla lí-díbbe u-táꞏlọ, azzặ lụ-baịtọ. kítlā ḫọ́tọ ẹsmịtọ usáꞏ-
qat. ómmo i-díbbe: táꞏlọ itọ́ḥ, yā imaịli ẹdlọ́-maḥázmịt, yā gẹ-
qọtlállọḥ. ómẹr gịdyọmẹ́nọ. īmẹ̆́le lụ-táꞏlọ, ómẹr lọ́-kmaḥẹzạ́mnọ.
30 kmadimḥọ́le gába, ksọ́yim ꞏ̣áma. kozzặ lú-ꞏ̣aịdọ, kfạịš̆ọ i-smịtọ
bu-baịtọ, kmạ́srọ ī-smịtọ u-táꞏlọ uyọ́tvọ gábẹ. lọ́-kụmtáne u-táꞏlọ.
í-smịtọ mọ́lla lụ-táꞏlọ, ómmo sụ̆m ꞏ̣ámi gẹmạrfiyạ́llọḥ. ómẹr lọ́
-ksạ́mn-ꞏ̣ámẹḥ ulọ́-kmaḥẹzạ́mno. símlā ulọ́-símlā, lọ́-símlẹ̄ ꞏ̣áma,
ẹmḥẹ́lāle. kfọ́tḥọ fẹ́ma dọḥẹlọ́le, kómẹr traị mẹ́ni yaúma, imẹ́li lọ́
35 -ksạ́mnọ, rámḥul gẹsạ́mnọ ꞏ̣ámẹḥ. trẹ́la mẹ́ne. átyọ bẹlạ́lyọ í-díbbe, mamtẹ́la ꞏ̣ẹ́zọ tụ́rọ mú-ꞏ̣aịdọ, ẹmbặš̆lụ́lle dọḥlíla, āḥọ́lle udāmíḥi. ómmo qum táꞏlọ, sụ̆m ꞏ̣ámi. ómẹr lọ́-qọ́yim zíbbī. ómmo

qaúwyǫ? ómęr ló-któryǫ ḥóṭęḥ. ómmo ḥóṭī mí-símlā? ómęr ęm-
ḥęlālī mu-ṣáfęrǫ dazéḥ uhol ǫ̇ꞏdǫ ksámn-ꞏáma. ómmo šrǫ́lǫ, smíṭō?
ómmo é. ómmo qaí? lęḥát mamṭęli u-táꞏlǫ? mqáṭálle lá-tárte,
u-táꞏlǫ kimfárij. hol ꞏaṣríye ḥǫ́nne kimqátli, ęꞏváꞏe aḥḍǫ́de bú
-admǫ. nāfíqǫ i-díbbe, ómmo kazínǫ qǫryǫ́nǫ ęlḥóṭi ḥréṭǫ dhǫn- 5
qína i-smíṭǫ. ómmo táꞏlǫ fuš-árke. ómęr kli ḥárke, laíkǫ gǫ́zzī?
azzá i-díbbe, qréla li-ḥóṭǫ. tlǫ́t aḥvóṭǫ-ne. azzá mamṭiyǫ́la. āṭịn
mqāhárre, lǫ́-tréla dimqátli láyǫ dáṭyǫ. ómmo qaí kimqatlítū?
ómmo ḥóṭǫ, ǫ́no smíṭǫ-nǫ usáqat-nǫ lǫ-qǫdrǫ́nǫ nǫfqǫ́nǫ, azzá mamṭęla u-táꞏlǫ, ksǫ́yim ꞏáma u·ǫ́no kmaqhąrǫ́nǫ. ḥáyǫ dáṭyǫ ī-ḥóṭǫ 10
rábtǫ-yǫ. šqíla u-táꞏlǫ má-tárte, gęḍǫ́mḥǫ hiya u·u-táꞏlǫ. ómmi
táꞏlō. ómęr ḥá. ómmi laịt táꞏlę ḥręne ędmamṭátlanne, kul-aḥḍǫ́
ḥā? ómęr táꞏle laịt; ómęr kít qāṭúnǫ uqúzǫ. ómmi zóḥ taíyin,
uhvaị hát u-rábǫ dụ-baịṭǫ. ómęr gị(z)zínǫ. í-smíṭǫ ómmo táꞏlǫ.
ómęr ḥá. ómmo ḥụr, ạm(m)árke gęmauṣiyállǫ̣ḥ, u-qúzǫ lǫ́nǫ-yǫ 15
u·ú-qāṭúnǫ trǫ́ve lęḥóṭị. ómęr trǫ́ve.

    azzá u-táꞏlǫ, ḥęzéle qāṭun. ómęr qáṭun. ómmo ḥá. ómęr lǫ́
-ḥęzélęḥ qāṭúnǫ? ómmo béle. ómęr aíkǫ-yǫ? ómmo klꞋ⸱ ᵤóne,
tamhóne. ómęr mǫ́-ksǫ́yim? ómmo mídlēli, bú-zór qód-ęmaḥlášli
míḍe, ǫ́nǫ áṭṭǫ armáltǫ, ómęr gęsámn-ꞏámęḥ, maḥtáklan aḥḍóde. 20
u-táꞏlǫ ómęr laúlęḥle, ḥáli lǫ́nǫ dęsámn-ꞏámęḥ. ómmo ḥát ęṭrǫ́ve,
tóḥ sụm ꞏámi. símle ꞏáma lụ-táꞏlǫ. ómęr maịṭịt qāṭun, kómmịt
armáltǫ-nǫ; ómęr álō símle ꞏámęḥ lu-qāṭúnǫ, ǫ̇ꞏdǫ mụbꞏǫ́jịt. ómmo álō lǫ-tréli, bu-zǫ́r cíkle. ómęr dīzéḥ ma·íṭạt šạ̈́ḍtǫ, komm-ar-
máltǫ-nǫ, ksạfmǫ rúḥā ṣǫfíye. azzá ḥęzéle ú-qāṭúnǫ, ómęr aḥúnō. 25
ómęr ḥá. ómęr mǫ́-ksaimịt-árke? ómęr aḥúnǫ i-ḥkēyaịḍi rábtǫ-yǫ.
ómęr aí-dárbǫ? u-táꞏlǫ. ómęr wárrǫḥ daịrǫ́yǫ-vī; ꞏǫbáḍnǫ-vǫ bī
-daírǫ, átyoi-qāṭun, maubęla ꞏáqęl-díḍi, ómmo tóḥ sụm ꞏámi, símli
ꞏáma, ḥāṭịnǫ. ómęr maịtēt, kómęr ḥāṭịnǫ, āṭí ḥábrǫ mí-šmáyǫ lụ
-baḷạd-díḍan, kómmi aína dęnǫ́yik kozzé li-málkúṭǫ. ómęr šrǫ́lǫ? 30
ómęr é. ómęr waịye áꞏma, maḥlášla li-qātun. ómęr dúš aḥzelí-
lǫḥ aḥḍó taú mi-qáṭun. ómęr aíkǫ? ómęr tóḥ ꞏámi. azzé ꞏámu
-táꞏlǫ. azzịn aḥzálle qúzǫ. ómęr mǫ́-ksaímịt, qúzō? u-táꞏlǫ. ó-
męr ǫ̇ꞏdǫ āṭínǫ mụ-ḥój, kǫbꞏęnǫ dęmaꞏamánnǫ jémạh. ómęr maịt-
ṭịt, āṭí ḥábrǫ ęmsú-šụlṭǫ́nǫ, kómęr aíkǫ dękít jémạꞏ ahręvulle 35
waqtálu dękóvin bạ̈-jēmạꞏịn. ómęr šrǫ́lǫ? ómęr ḥló kimdāgánnǫ?
ómęr waịye áꞏma, atyó i-qāṭun ęlgábi, ómmo sụm ꞏámi, ulǫ́-símli

ꞌåma, náqẹlā lẹḫúḏẹ simli ꞌåma.   ú-qāṭúnọ ómẹr ónẹstē simli ꞌåma.   u-táꞌlọ ómẹr ónẹste.   ómmi tlọtotaina símlan, lọ́-kmāqẹrína
ꞌal ḥẹḏóde.   ómẹr u-táꞌlọ: itóḥ aḥzí(l)lílọḥ aḥẹḏọ.   ómẹr dúꞌš, ẹd-
laúwyọ kā-ꞌístọ lọ́-kšọqánnā.   ómẹr ṭaú mẹ́na laít.   ázze u-táꞌlọ,
5 húwe uꞌú-qúzọ uꞌú-qāṭúnọ.   azzín ḥẹzálle á-tlọṭ díbáb, klín ẹknọ́tri
u-táꞌlọ dóṭe.   ꞌábar ū-qāṭúnọ, záyaḥ, lọ́-majrẹ́le addóꞌar.   ómmo
i-smíṭọ: táꞌlō.   ómẹr há.   ómmo koyó u-qúzọ?   ómẹr klé.   ómmo
háliyọ, ṣalámliyọ;   ómmo itaú gábi.   yátū gába, khọyárbā u-qúzọ,
ẹsmíṭọ-yọ usáqaṭ-yọ.   lọ́-kmájrē dimtắne.   í-ḥrétọ ómmo lọ́-krọz-
10 yọ́nọ ú-qāṭúnọ.   mqāhárre lá-tlōṭ, fáliti ꞌal aḥḏóde.   ómẹr u-qúzọ:
gẹdọmánnọlḥū aḥẹḏọ́.   ómmi már.   ómẹr bú-rāzáṭḥū-yọ?   ómmi é.
ómẹr gimḥalqína píšk.   ómmi trọ́ve.   í-smíṭọ ómmo lọ́-kṣaimọ́nọ.
ómmi gẹṣaímiṭ.   ómmo gẹqáṭli ú-qāṭúnọ lọ́-kọbꞌálle.   ómẹr má-kó-
daꞌ, u-qúzọ, laína qóyiṭ ú-qāṭúnọ?   ómmi halẹ́qu.   mamṭálle píšk,
15 ẹmḥaláqqe.   qáiṭ ú-qāṭúnọ li-smíṭọ, qáiṭ u-táꞌlọ li-qāmaíṭọ ẹdmam-
ṭẹ́la u-táꞌlọ, qáyiṭ u-qúzọ li-rábtọ.   ómmo lọ́-kọbꞌọ́nọ ú-qāṭúnọ, i
-smíṭọ.   ómmi qaúwyo?   ómmo zíbbe naꞌimọ-yọ.   ómẹr u-táꞌlọ: ráb
medẹtrētaina-yọ;   ómẹr ád-lályọ trọ́-mjārábleḥ.   ómmo trọ́ve.   ómẹr
qāṭúnọ.   ómẹr há.   ómẹr ṭaílọḥ qaíṣọ, ẹmláṣẹ bí-skínọ, uḥẹ́ṭe
20 baín-arragҳ́lọ́ṭọḥ, í-náqẹla dṣaímiṭ cúk bayó.   ómẹr é.   símle qaíṣọ
lú-qāṭúnọ, ẹmlíṣle bi-skínọ, kíbẹ ḥẹ́re daḥmọ́rọ.   dāmíḥi kúl-ḥā si-
y-áṭṭọ.   māḥátle lú-qāṭúnọ u-qaíṣọ baín-aragҳlóṭe, cíkle bī-díbbe smíṭọ.   ómmo traíye hol sáfẹrọ.   ómẹr é.   sáfrọ qā-ꞌimi, gríšle.   óm⁻
mo lọ́-náḥar, lọ́-gorṣáṭle.   ómẹr náḥar.   bú-kārắnọ yárḥọ.   ómmi
25 zọ́ḥu lú-ṣaídọ, á-dibáb mọ́rre lá-gaúre.

     azzén u-táꞌlọ uꞌú-qāṭúnọ uꞌú-qúzọ lu-ṣaídọ.   azzín ẹlṭúrọ ꞌẹlọ́-
yọ, kít qálꞌọ ꞌal qárꞌẹ du-ṭúrọ ꞌẹlọ́yọ.   azzíl-li-qálꞌọ, ḥẹzálle saꞌid
-baḳ ū-ága dá-qúbdẹ, kle yáṭivọ bi-qálꞌọ.   yátívī gábẹ.   ómẹr
maíḳ-átū?   ómmi kọṭéna mú-ḥọj.   ómẹr ālọ́ḥọ máqbil u-ḥọj-dáṭḥu.
30 họ́nne yáṭive, áṭi qúbẹdọ, maškẹ́le ꞌal qúbẹdọ, ómẹr gnúle í-tās-
ṣaídan.   ómẹr zọ́ḥū táwu(l)le dhọzéna qaúwyọ gnúvọ́le.   azzín
mamṭálle.   ómẹr qai gnúlọḥ í-tásse dánọ?   ómẹr štéli bíya, láḏáꞌ-
nọ, maḥṭọ́li bꞌébi.   ómẹr qráu lá-jālóde.   qrálle lá-jālóde.   u-táꞌlọ
ómẹr lọ́-jọldáṭle, saꞌid-baḳ.   ómẹr baꞌaí dárbó?   ómẹr isáq ẹlqárꞌẹ
35 di-qálꞌọ, tfáqe mi-qálꞌọ ẹdnọ́fil dimfạrjin-ꞌálẹ.   ómẹr trọ́ve.   sálạq
saꞌid-baḳ lí-qálꞌọ, masláqqe u-gánọvọ.   sálạq u-táꞌlọ uꞌú-qāṭúnọ
uꞌú-qúzọ uꞌú-málla dá-qúbdẹ.   kíṭle qmístọ ꞌálẹ lú-gánọ́vọ.   ḥálle

lu-táʻlọ mẹqárʻẹ di-qálʻọ. hấllẹ bí-naválẹ, ʻamúqtọ-yọ. kít gámlọ
bī-naválẹ tahtī-qálʻọ, kmībáinọ hid kấlla, họ́lle lu-táʻlọ uzáyạh. ó-
mẹr tfấqe saʻid-bạk. ẹtfúqle ẹlsaʻíd-bạg u-gánọvọ, círọ qamístọ
du-gánọvọ, haúwyọ hấ-jẹnāhất ī-qẹmístọ. kóte háva, hávi u-qú-
bẹdọ hú-taírọ. nấhạt ẹlsí-gámlọ, lọ́-jāríle mẹ́de. ómẹr saʻid-bạk: 5
ẹtfúqlan dọ́ve álfọ parcāyất, lọ́-jāríle mẹ́de, lālọ́họ mahlásle. ómẹr
u-mấlla: lí-qmístọ mahláslā, haúwyọ hấ-jẹnāhất. ómẹr saʻid-bạk,
mọ́lle lu-mấllā, ómẹr álō gẹtọfqīnắlọh, trọ mahlẹsọ́lọh hátẹste í
-qẹmístọ. ómẹr yāmắn, dahíl, saʻid-bạk. ómẹr lọ́-kọ́ve; kọmánnọ
lālọ́họ mahlásle, kómmịt lọ́, lí-qmístọ. tfúqqe u-mấlla, hávi ạ̄lfọ 10
parcāyất u-mấlla. ómmi fāišína dlọ́-mấllā. ómẹr u-táʻlọ: ọ̀nọ-nọ
mấlla, uʼú-qúzọ šéh-yọ uʼú-qātúnọ sọ́fi-yọ. ómẹr saʻid-bạk: fúšu
gābaína. ómmi é. fāʼíši gābaíye. yātívi bu-jẹ́mạʻ kịmsạ̄lin. —
kítle ạ̄ttọ ẹlsaʻíd-bạg ubấrtọ uhótọ, á-tlot šāfíre-ne. u-táʻlọ ómẹr
í-bấrtọ lonọ́yọ, uʼí-hótọ lu-qúzọ-yọ, uʼiy-ạ̄ttọ lú-qātúnọ-yọ. ómmi 15
trọ́ve. símme í-šaurắ͡ti. kít ạ̄ttọ saútọ má-qúbdẹ, dáyim bú-tárʻọ
du-jẹ́mạʻ-yọ. kítla ákāsất, ktọ́lbọ kạllất má-qúbdẹ. qaryọ́le lu
-táʻlọ, ómẹr píre. ómmo hấ. ómẹr laíbẹh ẹdqọ́rịt lấ-(n)níše bẹ-
saʻid-bạk? ómmo bếle. ómẹr márrẹ mar qọrấlhū u-mấlla uʼú-šéh.
ómmo é. azzấ qri(l)lālịn. ātịn. ómmi mọ́-kọ́bʻạt, mấllā? ómẹr 20
gị(m)máhạzmīnấlhu, gẹdọtẹ́tū ʻāmaínā? ómmi é; ómmi bá mí-saị-
mína bú-qúbẹdọ bẹsaʻíd-bạk? ómmi gẹmahạzmínạlhu dlọ́-māhạ̄s.
ómmi é.ʻ símme kấr-dạ́tte ẹdmáhạzmi. fāʼíši li bẹlạ̄lyọ. hávi bẹ-
lạ̄lyọ, mahẹzấmme. saʻid-bạg ómẹr kọ́ne á-(n)níše? lọ́-hẹzạ́nne.
maʻalámle á-qúbdẹ, ómẹr lọ-hzạ́nhū á-(n)nišaídạn? ómmi lọ́. ī 25
-saútọ du-jẹ́mạʻ ómm-álō, mahạzmíle lú-mấllā ulú-šéh ulú-sọ́fi.
ázzịn bọ́traíye. ʻábạr u-táʻlọ uʼú-qúzọ uʼú-qātúnọ sấ-djbáb. ómmi
hấ, hāni mị-(n)níšẹ-ne? u-táʻlọ ómẹr jẹrīyất-ne, kúlhā mamtẹ́lan
jẹ́rīye. ómmi é, kāʼísọ. họ́nne yātíve, ʻábạr saʻid-bạg uʼi-ʻáskạr
lu-baítọ dạ̄-djbáb, ómẹr mamtấlle lu-táʻlọ ulu-qúzọ á-(n)nišaídạn. 30
ómmi é. ómẹr kọ́ne? ómmi klén. ómẹr háwu(l)lấnne. qāyimịn-
ne á-djbáb, mqātấlle lị́nne wulsaʻid-bạk, qtọ́lle saʻid-bạk ugắ-
labe mī-ʻáskạr. í-smítọ kítla áñgus ẹdfárzịlọ, qāʼítọ i-díbbe bíya, ọ́ʻdọ ẹtkómmo hấ mdi-ʻáskạr-yọ. ẹmhẹ́lāla áñgus, qtíla i
-hótọ. dāʼíri mi-qāle. ī-hótọ hrétọ ómmo qai qtílẹh hóti? ómmo 35
lādạʻọ́nọ. u-táʻlọ ómẹr ẹmbilqạ́st ẹqtọlọ́la, adíʻọ átti-yọ. ẹmqā-
tấlle lá-tấrte. ẹmhẹ́lāla áñgus, qtíla i-hrétọ li-smítọ. fāʼíšọ í

-smíṭọ ẹlḥúdẹ̣. ȯ́mẹr aí-dạ́rbọ saimína? u-tá•lọ, qọṭlịnā ḥáṭịste u-
mahạzmína. ómmo qāṭúnọ. ȯ́mẹr ḥá. ómmo hat gaúri hat. ȯ́mẹr
ẹ́. ómmo šqúllọḥ u-áñgus lọbáṭlẹ-nnọ̈́šọ. ȯ́mẹr trọ̈́ve. mịdle lụ̇-qā-
ṭúnọ lụ-áñgus. šqịle lụ-tá•lọ bí-ḥile mú-qāṭúnọ, klā i-díbbe dāmạ̣́ḥ-
5 tọ í-smíṭọ, ẹmḥẹ́lẹ̄la-yọ •al qárɂā, jẹrịḥọ̈́le ló-qṭọlọ̈́le. hûle u-áñgus
lụ̇-qāṭúnọ. ómmo ā~aí, mazɂáqla, rá•al ụ-baíṭọ mi-záḥqa. mịdla lụ̇
-qāṭúnọ, apcạ̣́qla ḥī-bạ̣́ḥtọ. ȯ́mẹr ḥẹzẹ́lẹ̣ḥ lụ-qāṭúnọ mí-simlẹ̣́bẹ̣ḥ?
ómmo gẹ̈čọ̣qlọ̈́nọ u-qúzọ. māḥátla u-áñgus táḥt ẹríša udāmíḥọ.
mamtẹ̣́le kẹ́fọ, marfẹ̣́le •al qárɂa udámạḥ. qā•ímọ, mhāvạ̣́llā, mịdla
10 lu-qúzọ, ẹblọ̈́•la bḥá fáqọ. náḥat u-qúzọ ẹlgáva sạ̣́ḥ. ómmo kọ̈́yọ
u-tá•lọ. ómmï ạ̣-(n)niše: kle dāmíḥọ. ómmo tá•lọ. ȯ́mẹr ḥá. ómmo qúm, īmaị ạddọmḥọ̈́nọ ẹdlọ daịqátli, ló-gẹdọḥlạ̣́llọḥ. īmẹ́le lụ
-tá•lọ. dāmíḥọ, ómmo bọṭr dīmẹ̣́lọḥ kauwyọ̈́nọ īnắn •álọḥ, šqúllọḥ
u-áñgus. šqịle, dāmíḥọ. ẹmḥẹ́lẹ̄la ḥá •al •aršọ̈́na, ȯ́mẹr dló-qọ-
15 tánna lọ̈́-qọ̈́drọ ọḥlọ̈́li, gẹkọ̈́yü fẹ̈́ma, trọ̈ mọḥyọ̈́li bạ̣̈-(l)láqmắt.
ẹmḥẹ́lẹ̄la ḥā •al fẹ̈́ma, plạ̣̈́ḥle •aršọ̈́na. qā•ímọ, mịdla lụ-tá•lọ, bárịm ẹlbọ́tra, lọ̈́-kḥọzyọ̈́le. ẹmḥẹlẹ́la áñgus, daryọ̈́le. fálit •ála qtọ-
lọ̈́le. ȯ́mẹr qúmu niše dọzänọ. u-qúz-ȯ́mẹr laíkọ, aḥúno? ẹmhā-
vạ̣́lle mẹgáva. dáɂạr u-tá•lọ, nọ̈́šọ lọ̈́-ḥẹzẹ́le. ȯ́mẹr aíkọ ḥát, qú-
20 zọ? ȯ́mẹr klī bẹgáva, aufáqli. mamtẹ̣́le í-skínọ, cikọ̈́le bẹgáve di
-díbbe, srọ́tle gávẹ di-díbbe, qạ̣́yịt ríše dí-skínọ bẹɂaíne du-qúzọ,
maufáqle •aíne du-qúzọ. náfạq u-qúzọ. áṭịn bu-dạ́rbọ, ȯ́mẹr áṭṭi
lọ́nọ-yọ. ómmo lọ̈́-krọziyạ́llọḥ, sạ̣́myọ ḥát. ẹmqāṭạ́lle lúwe ulụ
-tá•lọ. tfíq u-qụ́rd •ālaíye, ȯ́mẹr qai kọ̈́ṭe ḥọ̣s-dạ́ṭhū? ómmï •āl-aú-
25 ḥā. aqṭọlíle lú-qụ̇rd, umaubẹ́le ạ̣-(n)niše, ẹmhọríle •álẹ.

LXXVI (160.)

30 kítvō ẹzlám tịjár, kítvōle mạ̇l g̣álabe, náfịl mí-gọ̈́rọ, twír ẹ-
drọ̈́ɂe, qrạ̣́lle lá-ḥākime. ómmi táu gạ́ldọ attá•lọ, dẹgọršinále •āl
ẹdrọ̈́ɂe. ázzịn kāríḥị •al tá•lọ bú-ṭúrọ, ạḥzạ̣́lle tá•lọ, ȯ́mẹr •al mụ̣
-kọrḥítū? ómmi kọrḥína •álọḥ. ȯ́mẹr ẹlmúne? ómmi símlạn mịštútọ, qrẹ́lạn lá-(n)nọ̈́se dóṭịn ọ̈́ḥli, laít nọ̈́šo dimfárịq u-básrọ. ȯ́mẹr
35 ọ̈́nọ gẹdọtẹ́nọ mfāráquọ u-básrọ. ómmi tóḥ. ázzē •āmaíye, ẹm-
sikke. ȯ́mẹr qai kmọskítulli? ómmi gẹnọḥríuālọḥ. ȯ́mẹr lọ̈́-nọḥ-
rịtụ̇lli, kítlī aḥúnọ sạ̣́myọ gẹqọréne, ạnḥárullē. ómmi trọ̈́ve, dụ̣̈š

ạhvaịlạn ạñúnọḥ. ŏmẹr kā‹ísọ. azzé lụ̣-náqvọ, qrẹ́le bú-náqvọ,
nŏšọ laịt bú-náqvō, ạmbẹdúgle kŏmẹr. ŏmẹr ạrtá(w)ụlli dẹ‹ọbán-
nọ maufáqne, élo dāmíhọ-yọ. mạrfạ́lle, mahẹzạ́mle, šẹdạ́lle bọ́trẹ,
lọ́-msíkke.

ázzē ẹlbạịnạ́-dịbáb, ẹmsíklā lạhḍó, ómmo áhẹlā bu-tá‹lọ, tóḥ 5
ạhvạịlī gaúrọ. ŏmẹr qášọ-nọ. ómmo lọ́-kọ́we gẹsạịmịt ‹ámi? ŏ-
mẹr dụ̣š sí-díbbe rábtọ, kā maqbéla gẹdọvénọ gaúrẹḥ. ázzịn sí
-díbbe rábtọ, mọrrạ́llā. ómmo šrọ́lọ, ‹qášọ hát? ŏmẹr é. ómmo
hvaịlạn qášọ. ŏmẹr trọ́ve. hávī qášọ, yátu bi-sị́tọ, kmāsạ́lvi gā-
be á-dịbáb. i-hḍō dẹkícyọ kā‹ístọ kŏmẹr taị dsạ́mnọ ‹ámẹḥ, kóm- 10
mo ạñtị́tọ-yọ, ī-díbbe, kŏmẹr lá-qáše laịt ạñtị́tọ, kọbílẹ ksọ́yim.
kmáqre án-abnōtạ́tte. kítvō zẹ‹ụ́rtọ ẹmdạ́-dịbáb, simle ‹áma mẹ-
tị̣za, báḥyọ, áṯyọ mọ́lla líy-ẹ́mọ. áṯyọ iy-ẹ́mọ-rríšẹ du-tá‹lọ, ómmo
qaịy-auḥā símlọḥ ẹbbạ́rtị, qášō? ŏmẹr šídtọ lọ́-kyọ́lfọ aqrọ́yọ kmọ-
hẹ́na kmọgbọ́nọ. lọ́-mtānẹ́la. kítvō ạhḍó kā‹ístọ kọyaúwọla. 15
ázzē, síml-‹áma bu-zŏr, ẹmhāvạ́lla ubáḥyọ, āṯị́lle á-dịbáb, ómmi
qaúwyọ haúḥā ksạịmịt, qášō? ŏmẹr koyaúlā, āṯịnọ dụmṣālẹ́nọ ‹al
qárːā ẹdnōyạ́ḥla, ạgbóḥyọ. lọ́-mtānạ́lle. áṯyọ i-díbbe rábtọ ẹlgábe, ómmo tá‹lọ ẹkọyaúli. ŏmẹr taị dẹsạ́mnọ ‹ámẹḥ gị̣(n)nọyáḥlẹḥ.
qrẹ́la lá-dịbáb, ómmo tóḥu dẹqọtlínále, u-qāšaịdan aqrúḍ-yọ. āṯị̣lle, 20
mahẹzạ́mle, šẹdạ́lle bọ́trẹ, lọ́-msikke.

áṯī ẹlbạịnạ́-qāṯúne, ómmi qai gẹmáhạzmịt? ŏmẹr šámọ́šọ-nọ,
kommíli á-hásye, hvaị daịrọ́yọ; komạ́nnọ lọ́-kọvẹ́nọ. ómmi fúš
gābaịna, aqraị á-(n)na‹íme. ŏmẹr trọ́ve. kítvụllē qášọ qāṯúnọ.
qạ́yim u-tá‹lọ, ŏmẹr bẹlạ́lyọ u-qášọ lọ́-gẹdọ́maḥ, kimsạ́lẹ. msíkle 25
haršụ́ftọ ẹblạ́lyọ umamtẹ́le šámːọ, māhátle bhạ́sẹ dí-haršụ́ftọ umā-
qáḍle. cíkle í-haršụ́ftọ tahtu-tárːọ dbẹqášọ. ‹ábírọ i-haršụ́ftọ
lálgul, u-šạ́mːọ bhạ́sa qā‹ítọ. họ́lle lú-qášọ uzáyạḥ. mọ́llẹ li-
y-áṯtọ, ŏmẹr qúm, káṯi u-māláḥọ. óm▪o kọ́yọ? ŏmẹr kle u-šạ́m-
ːọ bídẹ. ạ̓hbít u-qášọ, máyịt.. mídlā li-qáṯun lụ-šámːọ, kle qā‹ítọ 30
bhạ́sẹ dí-haršụ́ftọ, qṭíla í-haršụ́ftọ, ómmo háṯi ú-māláḥọ du-qášọ
-yọ, qṭíla u-qášọ lí-haršụ́ftọ u‹ọ́nọ gẹqọtlạ́llā. qtọlóla. náhạr,
ómmi máịṯ u-qášọ. ómmi má-gẹsaịmína qášọ? ómmi klē u-šámọ́-
šọ, u-tá‹lọ, gẹsaịmínále qášọ. símmē qášọ, kẹmáqre á-(n)na‹íme,
khọ́dim í-sị́tọ. kómmi ú-qāšaịdan kā‹ísọ-yọ. ẹšqị́le i-qáṯun, áṯte 35
du-qášọ dẹmáyịṯ. hẹzẹ́lō qáṯun kā‹ístọ, ŏmẹr téḥ ẹlgābaịna, kitlí-
lẹḥ ‹úglọ. áṯyọ ẹlgābaịye, midlẹ́la, siml-‹áma. áṯyọ iy-áṯtọ, hẹ-

zḗla ksṓyim ꞌāmí-qáṭūn. qrḗla lá-qáṭúne, ómmo kle u-qášọ ksṓyim
ꞌam qáṭūn. ẹmsíkkē, símme núrọ, mḫāláqqẹ bi-núrọ ṣáꞈ. ómẹr
bi-núrọ dṳ-jẹḫánnam ulṓ bi-nūráṭī. húwe baꞽni-núrọ kṓmẹr haúḫā, mauqáḏḏe.

5

LXXVII (139).

kítvo wāzíro, kitvṓle mä́l ǵálabe.   kítvōle áṭṭo šáfárto.   kā-
10 yúle lú-wāzírọ, qrḗle lá-ḥakíme, họ́rralle.   ómmi dsạímit ꞌam táꞈlo
gẹnōyáḫlọḫ.   räḫū ꞌālu-sísyo, azzḗ lu-ṭúro, ḥzḗle táꞈlo.   qrḗle lụ
-táꞈlo, ómẹr táꞈlō.   ómẹr ḥá.   ómẹr tóḫ lárke.   azzḗ u-táꞈlo lgä́be,
ómẹr mínyo, wāzírō?   ómẹr kyọ́tvit ẹgréꞈō?   ómẹr bä́le, u-táꞈlo.   ó-
mẹr· kul lạ́lyo gẹdọbḗnọḫ líra.   ómẹr gẹdọ́téno.   ló mọ́llēle lụ-táꞈ-
15 lo di-duǵríye.   ázze u-táꞈlo ẹlgä́be, dämạḫ húwe uꞌú-(w)āzíro biy-aúda.   lạ́zzo-wāzíro siy-áṭṭo, dämạḫ.   ómẹr táꞈlo.   ómẹr ḥá.   ómẹr
dmáḫ gä́bi.   dämạḫ u-táꞈlo gä́be.   ksṓyim ꞌāmu-táꞈlo, kúl lạ́lyo
kobḗle líra.   ḥọ́lla lä́tte dú-(w)āzíro, ḥẹzḗla lό-gẹdṓmạḫ ú-(w)āzíro
gä́ba.   mọ́llāle lụ-táꞈlo, ómmo táꞈlō.   ómẹr ḥá.   ómmo sum ꞈä́mi,
20 kún-naqlā gẹdọbạ́llọḫ líra.   ómẹr trọ́ve.   ksṓyim u-(w)āzíro ꞈāmu
-táꞈlo, kobḗle líra, ksṓyim u-táꞈlo ꞈām áṭṭet dú-(w)āzíro, gšṓqạl
líra.   näyṭḫle lú-āzíro, ómẹr táꞈlō.   ómẹr ḥá.   ómẹr lạ́ṭạt lázim.
ómẹr kā·ꞽso.   mālímle trạ́lfo līrát lụ-táꞈlo.   áṭṭo dú-āzíro mọ́lla lú
-āzíro, ómmo mṳ-qáis húlọḫ lụ-táꞈlo?   ómẹr húlile alfó līrát.   ómmo
25 ónẹste húlile ạ́lfo.   ómẹr qaúwyo?   ú-(w)āzíro.   ómmo ḥä́t sạimạ́tvo
ꞈä́me uhúwe sạ́mvo ꞈä́mi.   ómẹr hāvína ḥaḥẹḏóde.

áṭi u-táꞈlo lụ-baíto, kítle trạḫunṓne uꞈémo.   mọ́rralle lạ́n(n)
-aꞃunṓne, ómmi aꞽko-vọ́ḫ?   ómẹr korạ́ḫno-vo.   ómmi ꞈal mṳ-kórḫịt?
ómẹr óno ukéf-diḏi.   ómmi ꞈό-kóṭe qīm-díḏạn, ạ́ḥna ꞈauwẹḏína u-
30 ḥä́t óḫlit.   ómẹr mụstaflítū.   ómmi nꞃáq mẹrišạína.   nä́ꞃạq u-táꞈlo
mrišạíye.   azzạ́ꞽ-émō ꞈä́me.   lό-mọ́lle mamṭḗli kạllä́t.   kítvōle kä́-
riš.   maḥraúle lụ-táꞈlo, maꞈamä́lle saräí.   íy-émo ómmo gvạ́r yä́bō.
ómẹr lόꞌo, yä́de.   hávile mä́l lụ-táꞈlo ǵálabe, hávịn án(n)-aꞃunṓne
bémijä́l.   kṓṭịn kṭọ́lbi kạllä́t mu-táꞈlọ, kmọḫä́lịn.   íy-émo ómmo
35 táꞈlō.   ómẹr ḥá.   ómmo haúwe laꞃunṓnọḫ kạllä́t, bémijä́l-ne.   lọ́
-mtänéle lụ-táꞈlo.

aḥzéle u-kạ́lbo.   ómẹr kạ́lbō.   ómẹr ḥá.   ómẹr lό-kόṭịt ozä́no

bainá-ᴣọbúgre? ómẹr béle. ómẹr kód:ịt zóqrạt? ómẹr é, u-kạ̊lbo.
qáyim ú-tá:lo u·ú-kạ̊lbo azzịn. azzịn án(n)-aᴴunóne dụ-tá:lo, átịn
síy-ẽmo lu-qúṣro, kóᴴli ušótịn mú-mål du-tá:lo. måtị u-tá:lo u·ú
-kạ̊lbo lụ-balạ̊d dá-ᴣọbúgre. ómmi mų̊-ṣán:ã kīt bīḏaᴴū? ómmi
zāqóre-na. ẹftạ̊ᴴᴴe gímtō, gẹzóqạr u-kạ̊lbo, u-tá:lo kimnábẹb. 5
kúll-ẹqyóᴙo mdų̊-:ázlo któle gíglo ẹdló mu-kạ̊lbo. kítlē baíto, kóve īnån :åle u-tá:lo, kmáᴴạt u-:ázlo gābaíye. zqọrre šáto, hắvi
:āmaíye kạllát mó lirắt. aflạ̊ġġe á-kạllát lụ-tá:lo ulu-kạ̊lbo, kúlᴴū
qáitle ᴴamší lïrắt. ú-kạlb-ómẹr dụ̊š ozán lụ-balạ̊d. u-tá:l-ómẹr
lọ̊-kotẽno. aᴣᴣé u-kạ̊lbo lụ-balạ̊d, yátū bu-dạrbo, knótạr u-tá:lo. 10
u-tá:lo qáyim, šqịle u-:azlaíde mu-baitávo dkitvo-:ázlō gábe. mzā-
bạ̊lle u-:ázlo balfó qúrš. māᴴátle á-kạllát :áme u·átị lụ-baíto.
átị ᴴẹzẽle u-kạ̊lbo bu-dạrbo kle yātívo. ómẹr mí-(s)saimạtvō, tá:-
lō? ómẹr kítvōlī šúġlo. ómẹr taí dẹbonéno á-kạllát-díḏọᴴ. u-tá:lo
ómẹr lór̊o. mqātạ̊lle bú-dạrbo. ẹbnél-a-kạllát du-tá:lo, za·ídi zíd 15
mẹdu-kạ̊lbo. ómẹr maíko-ne? ómẹr dídi-ne. ómẹr dụ̊š mạškéna
:al ᴴẹdóde. ómẹr dụ̊š. azzịn ᴴẹzálle sáb:o udévo uᴴmóro. ómẹr
u-kạ̊lbo: mín(n)-átū mẹmẽde? ómẹr u-ᴴmóro: u-sáb:o áġa-yo, u·ú
-dévo qóᴣe-yo u·óno mų̊fti-no. ómẹr u-kạ̊lbo: gi(m)mạškéna gā-
baíᴴū óno u·u-tá:lo. ómmi tróve. qréle lụ-tá:lo lụ-sáb:o, ómẹr 20
gẹdọbénọᴴ mó qúrš wamsík u-kạ̊lbo. u-kạ̊lbo mọ̊lle lu-dévo dló
-ᴴós, ómẹr amsík u-tá:lo, gẹdọbénọᴴ mắte qúrš. yátū u-sáb:o u·ú
-dévo u·ú-ᴴmóro. ómmi tóᴴū tá:lō ukạ̊lbō, måru i-da:vátᴴu. u
-kạ̊lbo ómẹr óno gi(m)maᴴkéno qāmaíto. u-tá:lo ómẹr óno gi(m)-
maᴴkéno qāmaíto. ómmi tro máᴴke u-kạ̊lbo. ómẹr u-kạ̊lbo: qā- 25
yimína óno u·u-tá:lo, átịna lu-átro dá-ᴣọbúgre, ẹftạ̊ᴴlan gímtō, óno
zqọ̊lli u·u-tá:lo kimnábẹb; zqọ̊llan šáto, hāvílan kúlᴴā ᴴamší lirắt;
ománno dụ̊š tá:lo lụ-baíto; ómẹr lọ̊-kotẽno; átịno wụtréli, yātúno
bu-dạrbo li-hēviyaíde; átị u-tá:lo, ománno mí-(s)saimạtvō? ómẹr
kítvōli šúġlo; ománno taí dẹbonéno á-kạllát-díḏọᴴ; ẹbnéli á-kạllát 30
-díḏe, nāfạ̊qle alfó qúrš zíd mẹdídi, ạgnóvo gnụvíle. ómmi šġólō
tá:lō, ạgnóvo gnụvílọᴴ? ómẹr ló ᴴair, gẹdọmạnnolᴴū dí-dụġríye.
ómmi mår. ómẹr búwe zoqárvo, óno mẹnābạ̊bno-vo, tlélī kúl aq-
yóᴙo gíglo, māᴴátli ᴴtị̊to dá-ᴣọbúgre baqẹdóli, wumzābạ̊lli u-:ázlo,
hāvíli alfó qúrš zíd mẹdu-kạ̊lbo, kómẹr qaíyo. u-sáb:o ómẹr mẹde 35
lạ̊tlọᴴ :åle, lạ̊tne má-kạllát-díḏọᴴ, mọ̊lle lụ-kạ̊lbo. ú-dévo ómẹr
traᴴunóne-ne, u-kạ̊lla ẹdkít ikáᴴ ᴴalál ukáᴴ ᴴarắm kmụ̊fliᴴ mẹ-

fa̱lgo. qa̤yim u-ḥmóro me̱ᶾārá̱tle bu-má̱jlis. óme̱r la̱cyo i-ša̤riᵴá̱t-
ḥū šąrḭa, mǫlle lu̱-dévo ulu̱-sá̱bᵴo. óme̱r āḥílḥu barṭíl. há̤vi u-
sá̱bᵴo íde du-tá̤lo, uhá̤vi u-dévo íde du-ká̱lbo, e̱mqātá̱lle. qṭíle
lu̱-sá̱bᵴo u-ká̱lbo u̱ᵴu-dévo u̱ᵓāḥíle u-ḥmóro. óme̱r qaí mǫllǫ̱ḥ i-šą-
5 riᵴá̱tḥū la̱cyo šąrḭa? šqḭl-á-ka̱llá̤t lu̱-sá̱bᵴo mu-ká̱lbo umū-tá̤lo, ó-
me̱r tá̤lō. óme̱r há̤. óme̱r ló-qotánnǫ̱ḥ, há̤li á-ka̱llá̤t. šqíle á-ka̱l-
lá̤t mu-tá̤lo, wazzé u-sá̱bᵴo lu̱-baíto.

fa̤iš u-tá̤lo ge̱bóḥe, óme̱r lǫno ulú-gunáḥ e̱dsímli, kazzíno ho-
vé̱no da̱iróyo, kīt a̱ḥṭíṭo ga̱labe baqdǫ̱́li, siml-ᵴámi lu̱-(w)āziro
10 wagnúli ᵴázlo, kazzíno hové̱no da̱iróyo. māliflé̱le dismą̱l kómo e̱l-
qárᵴe, azzé lvalái. kítvō sābógo, azzé u-tá̤lo lgáb u-sābógo, cík
bi-dá̱no du-nílo, e̱svá̱ᶜle rúḥe lu̱-tá̤lo. óme̱r qaíy-auḥ̱ā símlǫ̱ḥ?
mǫllēle lu̱-sābógo. óme̱r traí mé̱ni, māyíṭli ᵴasr-á̱ḥunóne, ᵴvą̱́li
rúḥi. óme̱r laid-e̱gámo, tróve bu-ḥér dá̱lo, trozzéli rą̱́ṭlo dnílo bi
15 -ᵴvaḥtaídǫ̱ḥ lá̱šan á̱lo. kítvōle qá̱šo e̱ldi-valái, má̤iṭ lǫ-fā̤ᵓíšše qá̤šo.
azzo-tá̤lo li-ᶾíto. ómmi mín(n)-at me̱mé̱de? óme̱r da̱iróyo-ŋo. ómmi kódᶜat qǫ́riṭ? óme̱r é. ómmi mí(l)-lišóno e̱qǫ́riṭ? óme̱r ḥábaᶾi.
ómmi kaᵓíso, fúš bi-ᶾíto, aḥvaḭlan da̱iróyo. kḭmᶴālē bi-ᶾíto, lo kód-
ᶜi mo̱ kóme̱r, kómmi u-da̱iroyaídan kaᵓíso-yo. mǫllēlin e̱ldí-va-
20 lái, óme̱r šaiyéᶾu á-(n)naᶴīmá̱ṭḥū e̱dmāqrínǫlle. kóriz ᵴālaíye u
-tá̤lo kúl yaum-e̱ṭḥusá̱bo, kóme̱r ló-qotlíṭu ulǫ̱-zo̱nétu ulǫ̱-mdaglí-
tū, lǫ̱-saimíṭū fītne ulǫ́-mitaḥe̱zdíṭu ulǫ́-go̱nvíṭū uᶴāláu a̱dᶴáwu lālóho, ālóhō dobą̱́lḥū. kómmi mą̱la du-da̱iroyaídan. kozzín á-(n)-
níše kmáᶴloví gá̱be, yí-ḥde daúwyo kaᵓísto má-(n)níše komálla u
25 -tá̤lo: haúli ló-gfą̱́šle̱ḥ a̱ḥṭḭṭaíde̱ḥ, e̱kofánno i-ḥṭḭṭaíde̱ḥ; ke̱mītáqnᶜi bú
-ḥábro du-da̱iróyo. símlēle yaudái lkíse. ómmi há̤ṭi e̱lmínyo i
-yaudai-á̤ṭi? óme̱r de̱ᶾo̱bá̱dno bíya. a̱ina á̤ṭo̱ kaᵓísto dǫ́tyo ke̱-
maubéla̱ lī-yaudāyá̱yo, ksóyim ᵴáma. kítvōla zá̤ᶜōr lĭ-ᶾíto. azzé u
-tá̤lo li-yaudái, óme̱r kazzíno ᵴo̱bá̱dno. á̤ṭi ḥe̱do kā̤ᵓísto a̱lgá̱be;
30 kle ksóyim ᵴáma u-da̱iroyo, á̤ṭi u-mą̱lko dí-valái li-ᶾíto, óme̱r kóyo u-da̱iróyo? ómmi klé kᵴóbid bi-má̤ᶴbade. óme̱r kazzíno ḥo̱zé̱no
ai-dą̱rbo kᶜóbid. azzó-mą̱lko, ḥe̱zéle klou-da̱iróyo rāḥívo ᵴal ḥe̱dǫ́.
á̱daᶾ u-rmą̱lko kle ksóyim ú-dairóyo ᵴámi-žĭ̱ne̱ke. óme̱r mu̱-ksaí-
mit, dairóyō? óme̱r kmistᵴárfo iy-a̱ṭṭ-á̤ṭi taḥt ídi. ázze u-mą̱lko li
35 -ᶾíto, yá̱tū hol dazzó-dairóyo a̱lgá̱be. qréle lu̱-mą̱lko lu̱-majlis bi-ᶾíto.
óme̱r táwu qaíᶴe unúro. mamᶴá̱lle qaíᶴe unúro, mauqá̱dde u-dairóyo.
i-núro kómmo ló-kyōqe̱dóno, kítle ḥṭḭṭo ga̱labe.

LXXVIII (140).

kítvō qǫ́zē, kítvōle átto ka·ísto. kítvo tá·lo, kítvōle émo bi
-qríto du-qǫ́zē, saúto-va iy-émo du-tá·lo. šúglo lǫ́-ksóyim u-tá·lo. 5
ómer yáde. ómmo há. ómer zéḫ tlábli átte du-qǫ́ze. ómmo yábō, ló-którin, gi(m)moḫállan. ómer íllah gízzeḫ. mšáy·óle bu-zór.
ázzai-píre lu-tár·o dbeqǫ́ze, mtaqtáqla ·álu-tár·o, eftiḫálla u-tár·o,
ómmi laiko? ómmo Isí-ḫátúne. azzá Isí-ḫátúne, lǫ́-mtānéla i-píre,
ló-mǫ́lla qob·éleḫ u-tá·lo. yātívo l·aṣríye. átte du-qǫ́ze ómmo 10
miskéto-yo, saúto-yo, hávullǫ láḫmo. átyo lu-baíto i-píre, ómer
u-tá·lo: mǫ-mǫ́llā, yáde? ómmo lǫ́-mtanéla ·ámi. ómer zéḫ málla
mar qob·éleḫ u-tá·lo. ómmo ló-kozzí, i-píre. emḫéllēla lu-tá·lo,
ómer íllah gizéḫ. mšáy·óle bū-zór, ómer zéḫ málla mar qob·éleḫ
u-tá·lo. azzá. mǫllála li-píre, ómmo Imín átat, píre? ómmo at-15
yóno elgábeḫ. ómmo Imúne? ómmo qob·éleḫ u-tá·lo. ómmo zéḫ,
málle lu-tá·lo, már eblályo itóḫ mícík bi-kahedíne debeqǫ́ze. azzá mǫllāle li-píre. ómer mǫ-mǫ́llā? ómmo tóḫ mícík bi-kahdīnai-
dan. ázze u-tá·lo, cík bi-káhedīne edbeqǫ́ze. áti u-qǫ́ze ·aṣríye,
mǫllāle liy-átto, ómmo kóte ḫǫ́s bí-kahdíne, ḫezaí mínyo. ázze u 20
-qǫ́zē, ḫezéle u-tá·lo, ómer qaiy-árke hát, tá·lo? ómer qǫ́zē, kítli
zaífē, táim u-taunaídan, átino demaubánni ísmod taúno. ómer au-
bíl, gámo laít. azzé u-tá·lo lu-baíto. mšáyá·lāle látte du-qǫ́zē lu
-tá·lo, ómmo tróte mícik bú-fármo hol dǫzzé u-qǫ́ze lǫ-mejlís, tro
·óber u-tá·lo elgábi. ázzin mǫ́rre lu-tá·lō. áti u-tá·lo, cik bu-fár-25
mo. átte du-qǫ́ze mǫ́lla lu-qǫ́ze, ómmo kóte ḫǫ́s bu-fármo, dlo
kálbe ·óber lu-fármo, amḫaílin, aḫtíto-yo. ázzo-qǫ́zē, ḫǫ́lle bu-fármo kle kmákil u-tá·lo gáve dǫ-fármo bá-síte. ómer mǫ-gsaímit,
tá·lō? ómer émi mǫ́llāli súmlan fármo hid beqǫ́ze, kęmākínno gáve bá-síte, deṣámno há lǫ-qāis-díde. ómer akíl. ázze u-tá·lo lu 30
-baíto. mšáyá·lāle látte du-qǫ́zē, ómmo trótē eblályo, gi(m)mah-
tǫ́no ḫúto ebṣaúw·i, māqędálle bu-tár·o, tróte u-tá·lo gorá·sle gi(m)-
māḫasóno, sóyim ·ámi. māsǫ́lla ḫúto bu-tár·o, dāmíḫo híyau-qǫ́zē.
māsǫ́lla u-ḫúto bšaqvóte du-qǫ́zē, u-qǫ́zē dāmíḫo lǫ́-māḫasle. ázze
u-tá·lo, mídle lu-ḫúto, ázze ·āmu-ḫúto, mídle rágle du-qǫ́ze. ómer 35
mány-āno? mḫāláqle íde lešaqvóte du-qǫ́ze. ómer mǫ́-gsaímit,
tá·lo? ómer ātílī zaífē, hǫ́nne mǫ́rre ḫedó šáqto kítle lu-qǫ́ze, óu

-ománno tá̱rte-ne; mšārátḷan. ómęr ḥaiqéliṇ, aḥęzí tá̱rte-ne? aḥę-
dó̤-yo? ómęr tá̱rte-ne, u-tá·lo. ómęr náfị̣l u-šárṭ-dídọ̣ḥ ·ālaiye.
ázze u-tá·lo lụ-baíto. mšāyá·lāle lá̱tte du-qó̤że, ómmo tró̤tē̱ ád-lá̱l-
yo u-tá·lo, ómmo mícik bú-matbaḥ.   ázze u-tá·lo, cík bú-matbaḥ.
5 hǎvi lá̱lyo', kle u-qó̤ze bu-baíto. mó̤llāle liy-á̱tto ambędúgle, ómmo qúm, kó̤tē̱ ḥó̤s ędzáge bi-bákca.   ázzo-qó̤że li-bákca, dęḥóze
ḥayévin náfị̣l bi-bákca. azzě̱ li-bákca, qréla lụ-tá·lo, ·ábạr a̱lgǎba.
dāmíḥi híya u-tá·lo mkāyá̱ffe. māqlá̱dlā u-tárṣo, á̱ti u-qó̤że, dọ̣q-
l-·á̱lu-tárṣo. ómmi má̱ny-ǎvo? ómęr onóno, ftáḥullī u-tá̱rṣo. ómmi
10 lá̱cyo u-tarṣáno dá̱ṭḥū, šá̱š hǎvịt, mó̤rralle lu-qó̤że. dá̤ạr u-qó̤żē̱,
ká̱riḥ lá̱dạ· ụ-tárṣo. ā̱tí á̱rjaṣ lụ-tárṣo, dó̤qle u-tárṣo. ómmi lá̱cyo
u-tarṣá̱ṭḥu, šá̱š hǎt. ómęr kazzíno dọmáḥno bú-bistóno hol sáfro.
hǎvi sáfro, qǎyim u-tá·lo, á̱ti u-qó̤że lụ-baíto, mqātéla liy-á̱ttọ ·á̱-
me, ómmo aíko-vọ̣ḥ? ómęr bú-bistóno-vi. ómmo azzó̤ḥ sa-qá̱ḥbe-
15 ḥānát. ma̱rfélā u-qó̤żē̱, šqị̣la u-tá·lo, mǎiṭ u-qó̤żē̱ ębṩị̇j.

qǎyim u-tá·lo, ḥęzéle u-ká̱lbo, ómęr ló-kó̤tịt dọzzáno lu-ṣaído
dá-gazālát? ómęr béle. azzị̣n, ḥęzá̱lle ḥmó̤ro, mšāyá̱lle bkéf da̱ḥ-
dó̤de lị̣nne ulụ̱-ḥmó̤ro. ómęr laíko gęzó̤ḥū? ómmi lụ-ṣaído dá-ġazālát. ómęr gędọténo ·āmaíḥu. ómmi tóḥ. ázzị̣n á-tló̤tō̱ bu-dá̱r-
20 bo, kle u-tá·lo qāmó̤yo, u·ú-ká̱lbo bī-ná̤ye u·ú-ḥmó̤ro ħāró̤yo. qǎyim ḥaiye má-(f)fāyóre, ędréla u-ḥmó̤ro ędvúṣla. lá̱dạ· u-tá·lo u·u
-ká̱lbo dędvíṣ u-ḥmó̤ro. ęmḥéla rúḥa bu-ká̱lbo, ędréla u-ká̱lbo,
ędvúṣla. ḥó̤lle lụ-tá·lo bó̤tre, ḥęzéle kóḥlo i-ḥaíye u-ká̱lbo. kị̄t
daúmo dęgaúzo támo; mḥę̱llēla kéfo lụ-tá·lo, ęmḥéla rúḥa bu-tá·-
25 lo, bá̱rị̣m lọqmú-gaúzo. ·ābiro bu-gaúzụ ṣịto, ęmḥę̱llēlā ṣaífo lụ
-tá·lo, qtó̤ṣle qárṣa, mālífle affá̱sto u-qárṣo, māḥátle·bṩębe. azzě̱ u
-tá·lo ękó̤raḥ ·ālá-ḥaiyát ędqọtéliṇ. kị̄t dévo ú-šēḥ dá-ḥaiyát, kó̤
dạ· bilišóno dá-ḥaiyát. ómęr ·al mṳ́-kórḥịt, tá·lo? ómęr korá̱ḥno
·ālá-ḥaiyát dęqọtánnịṇ. ómęr šá̱š-at, tá·lo, ló-qó̤drịt ·ālá-ḥaiyát.
30 ómęr klá qṭị̣li ḥdó̤. ómęr é, toḥ ·ámi, maḥvénọḥ ḥaiyát. ázze u
-tá·lo ·āmu-dévo. azzị̣n a̱lṭúro ·ęló̤yo ·áṣyo, kíbe daúme ukě̱fe.
qréle lu-dévo ęlḥaíye, a̱ṣfó̤llēla. náfạq ḥaiye smiṭo, mọllélā lụ
-dévo, ómęr hǎui kęmó yaúme ló̤-štéḷęḥ mǎye? ómmo tlotó̤ yaúme.
ómęr dṩár ęldúkṭęḥ, bó̤š-yo. a̱ṣfó̤lle lęḥréto, náfạq a̱ḥędó̤ ḥá̱sā
35 ṣliho. ómęr kęmó yaúme hǎnī ló̤-štéḷęḥ mǎye? ómmo šáto. ómęr
bó̤š-yo, dṩár ęldúkṭęḥ. a̱ṣfó̤lle lęḥréto, náfạq a̱ḥędó̤ qárṣa kíbe ḥid
qāṭúno, pị̣rc ębqárṣa hǎvi ṣịto. ómmo mṳ́-kọbṣịt, dévo? ómęr mę·é-

ma ló-štélęḥ máye? ómmo ló-kǫdꞏóno á-(m)mái minne. u-táꞏlo
kimfárij. ómęr dváꞏ i-kēfáṭī, súmā ꞏáfro. ędvúṣla i-kéfo, haúwyǫ ꞏáfro i-kéfo. ómęr qatíl hat uꞏu-táꞏlo. mqātéla hiya uꞏu-táꞏlo,
ędvúṣla rágle du-táꞏlo, yárịm u-táꞏlo, máṭī lmaúto. ómęr yāmán
dévo, anṭḥli. ómęr móllilǫḥ laíbǫḥ dimqátlit ꞏam ḥaiyát. ómęr 5
ḥáṭịno. qréle lá-ḥaiyát kúlle lu-dévo, mālími ꞏálu-táꞏlo. ómęr má
-kíbē ądęmánaḥ u-táꞏlo? ómmi mí-kíbe? ómęr dvíṣo-yo di-flán ḥaíye. áṭī ḥā sóvo ḥaívo, ómęr óno gi(m)mānịḥne. cíkle féme bąn-
ḥíre du-táꞏlo, ínóṣle i-sámo di-ḥaíye lu-ḥaívo, nāyịḥle lu-táꞏlo, bíṭ
u-ḥaívo mu-sámo di-ḥaíye. ómęr ḥęzélǫḥ táꞏlo, ú-ḥaívo ló-qádịr ęd-10
ṭǫꞏịn u-sámo di-ḥaíye. ómęr ḥáṭịno. áṭi u-táꞏlo uꞏu-dévo lu-baíto.
ómęr mibézu kul-aḥḍǒ ęldúkṭa, móllēlil-lu-dévo. áṭịl-lu-baíto. ázze
u-táꞏlo, maḥkéle liy-áṭṭo, áṭṭe du-qǫ́zē.

    dāvŏro-ve u-táꞏlo. kítvŏle zád zriꞏo, azzé lu-ḥṣǫ́do, mkáváṃle
á-ḥéṭe ąḥsịde biy-ąrꞏo. áṭyọi-dęḥọqlálo, íy-émo dá-jin, mfārą̄ḥla 15
bainá-ḥéṭe ęmkaúme biy-ąrꞏō tloṭó fąrḥe. kęnǒqąl u-táꞏlo bá-ḥéṭe
liy-ádro, ló-ktąími. móllēla liy-áṭṭo lu-táꞏlo, ómęr ló-ktąími á-ḥę-
ṭaídąn ęnqǫ́lo. ázze u-táꞏlo líy-árꞏo ríše dá-ḥéṭe, bịzíle bá-qúfle.
náfąq tlóṭo fąrḥe ędjín naꞏíme. maḥtíle bi-túrc, áṭī lu-baíto, mꞏal-
qíle sí-gimṭo gábe. trél-a-ḥéṭe biy-ąrꞏo, kle gęzǒqąr u-táꞏlo. áṭyo 20
i-dęḥọqlálo iy-ēmáṭṭe, ómmo táꞏlō. ómęr ḥá. ómmo ḥáli á-(f)fąr-
ḥaídi. ómęr ló-kobénin. ómmo mu-dǫ́bꞏąt gędọbállǫḥ, uḥáli á
-(f)fąrḥaídi yāmán. ómęr ḥáli ú-máṭlaq dlišóṇęḥ. ómmo šqúllǫḥ
ú-máṭlaq dęlišóni. ómęr ló-gsąmno. ómmo baꞏaí-dárbo? ómęr ruq
ąffémi, már ú-máṭlaq ędlišóni loḥát, gdọbénęḥne. rǫ́qla ąfféme, 25
ómmo ú-máṭlaq dęlišóni lu-táꞏlo ulǒ lnóšo ḥréno. ómęr ló ulá́ṭṭī
-ste. ómmo láṭṭǫḥ-ęste. ló-rǫ́qla-fféme diy-áṭṭo. ḥúlēla á-(f)fąrḥe,
maubéla á-(f)fąrḥaída. ęmdaívino áṭṭe du-táꞏlo, ló-rąqla-fféma.
ázze u-táꞏlo, kárịḥ ꞏáli-dúḥọqlálo. ḥązyóle bainą-jín, ázze ąlgába.
ómmo mu-kǫ́bꞏąt, táꞏlō? ómęr mędaiválla láṭṭī, ḥúlęḥlā ú-máṭlaq 30
ędlišóṇęḥ ulǒ-raqlęḥ ąffémā. ómmo baꞏaí-dárbo? ómęr ḥát kódꞏ
ꞏąt. ómmo gdọmállǫḥ ḥábro ąmbišǵólo, ęlmịr-raqlí ąffémǫḥ, aína dkoyaúle haúḥā ruq ąffémaíye, gi(n)noyą̄ḥḥe, ąlmín ḥūlílǫḥ u
-máṭlaq ędlišóni? lášąn-aúḥā-yo. áṭi u-táꞏlo lu-baíto, rǫ́qle-fféme
diy-áṭṭo, nāyịḥla. kúllē ómmi u-táꞏlo ḥākímo-yo, aína dęmidaívin 35
krǒyąq ąfféme kęnǒyą̄ḥle. kāyúla lbárte dú-málko dá-sąbꞏe mę-
daívono, ąkcąíro júla. sāmíqị ꞏaina, ló-któryo nóšo ądꞏóbęr ąlgä-

ba; kla zaltoníto, aína dꞏóbẹr knoktôle wukhọnqóle. ló-trạ̈lle ḥākíme ạbẹdúkto ạ̈dlo mamtạ̈lle ạrríša, uló-mānihọ́lle. azzĕ táꞏlo
zaífo ạlbẹsábꞏo, mọ́lle lụ-sábꞏo, ómẹr kīt táꞏlo bú-bạlạd-dídạn,
kommíle u-táꞏlo dišqíle átte du-qọ́ze, hăvo ḥākímo záḥẹm-yo. mšā-
5 yáꞏle lụ-mạ̈lko dạ̈-sabꞏe ḥamšó sábꞏe bọ́tre. ázzịn lú-ạ́tro dạ̈-táꞏle,
mšāyạ̈lle ꞏālu-táꞏlo. ázzịn ạlgábe, ómẹr gẹtọlábloḥ u-mạ̈lko dạ
-sábꞏe, ẹkōyaúla lī-bạ́rto. ómẹr laíbi dimhāláḥno dló-sísyo. dáꞏạr
u-ḥa sábꞏo su-mạ́lko dạ̈-sábꞏe. ómẹr kóyo u-táꞏlo? ómẹr kómẹr
ẹdló sísyo laíbi dimhāláḥno, bạ̈lạd rāḥúqo-yo. ómẹr aubéle u-sis-
10 yaídi u-kaꞏíso, trọ́ve lúwe kăn mānihóle, ižgĕr mụ-ḥáq ạdgẹdọbé-
ne. mamtẹ̈le lụ-sábꞏo ú-sísyo, ạ́ti lbẹtáꞏlo, ómẹr qum ạrváḥ. rá-
vạ̈ḥ u-táꞏlo uꞏázze, hŭwe uꞏá-sábꞏe. azzĕ lbẹmạ̈lko dạ̈-sabꞏe, sọ̈d-
dạlle ꞏẹ́zze uꞏẹkrám gálabe. ómẹr aḥvảwulli i-kạ́cẹke. maḥvạ̈l-
lalle i-kạ́cẹke. ẹftạ̈hle u-tárꞏo, azzĕ u-táꞏlo, mahẹzạ́mme lạ̈-jín mi
15 -kạ́cẹke. ómmo ló-fotḥạt u-tárꞏo, tro mámtạn júli ạdlaušạ̈nne, élo
ꞏaíbo-yo. ạfsịḥi bẹsábꞏo, ómmi nāyị̈hla. mamtạ̈llalla júle dabrísạm,
ẹnqịše bạ̈-(m)mái du-dáhvo. húlēlạ-nē lụ-táꞏlo, ạlvišíla. yātívo
híya uꞏu-táꞏlo, rọ̈qlē ạfféma, ꞏnāyị̈hla. ómmo súmụlle qáhwe lụ
-táꞏlo. símmạlle qáhwe uyātívi á-tre, kómmịt lạ̈tvā daimoníto.
20 ạ́ti u-mạ̈lko dạ̈-sabꞏe ạlgäbaíye, kắrị̈ḥ u-mạ́jlis sī-bạ́rto, ómẹr u
-mạ̈lko: laít mẹ́de wájib dọbéno lụ-táꞏlo, mānihle bạ́rti, gẹdọbéne
u-tạ́j-dídi, trọ́ve mạ̈lko ꞏalá-táꞏle. húlēle u-tạ́j lụ-táꞏlo, urạ́ḥū ꞏā-
lu-sísyo, ạ́tī lụ-baíto, hávi u-mạ̈lko dạ̈-táꞏle.
    ẹmdaívino bạ́rte dú-mạ̈lko dá-ḥaiyát. mšāyáꞏe bọtru-táꞏlo. az-
25 zĕ u-táꞏlo lsu-mạ̈lko dá-ḥaiyát, klại-bạ́rto du-mạ̈lko dá-ḥaiyát māsạ́r
to bá-zinéjir. ázze u-táꞏlo ạlbẹmạ̈lko dá-ḥaiyát, māníḥle bạ́rte dụ
-mạ̈lko. ómmi tläb dīnóre, qáis ạttọ́lbit gẹdọbināloḥ. ómẹr ló-kọb-
ꞏéno dīnóre, kọbꞏéno i-ḥaíye dẹdvúslāli dḥụdmóli, dfạíšo gäbī
holu-maúto. ómẹr ló-kodꞏáno aína ḥaíye-yo, u-mạ̈lko. ómẹr qraílịn
30 gẹdọdꞏána. aqríllēlịn lụ-mạ̈lko dá-ḥaiyát, qréle lkúlle lá-ḥaiyát
ula-ḥaíve, ló-fáiš ạbẹdúkto, kull-ạ́tịn. kắrị̈ḥ u-táꞏlo baina-kúlle,
ló-ḥazyóle. ẹlvíšle lụ-mạ̈lko dá-ḥaiyát lúwe uldu-baitaíde á-bạd-
lát dá-ḥaiyát. ómẹr hạ́ti-yo. nāfíqo bạ́rte dụ-mạ̈lko. ómẹr ló-tọl-
bạ́tvo bạ́rtī, u-mạ̈lko. ómẹr as adáꞏno bạ́rtọḥ-yo? ómẹr traúwyo
35 loḥăt, aubéla. mọblóle. klaúšo i-bạ̈dle dạ̈-(n)níše, kaúwyo átto.
ạ́ti lụ-baíto. símle lu-qọ̈zē dáꞏve ꞏālu-táꞏlo lašạ̈n iy-átto. dámạ̈ḥ
u-qọ̈zē ẹblạ̈lyo bụ-baíto. ómẹr ḥaíye. ómmo hắ. ómẹr zéḥ ạdvás

u-qǫ́zē. ęlvíšlai-bǻdle dá-ḫaiyắt, azzắ dvų̄sla u-qǫ́zē u·ắtyo. qa·í-mi sáfro, ḫezǻlle u-qǫ́zē ḫắvi kǻllak ęnfíḫ. maubǻlle qwǫ́rre.

LXXIX (119).

kítvo qǻšo, ázze lų-dvǫ́ro, ędvúlle ęlfǻlge diyaúmo, dámąḫ u -qǻšo, ắti u-tá·lo, āḫíle u-láḫmo du-qǻšo uštéle á-mai. qắyim u -qǻšo mī-šǻnto, lǫ-ḫzéle u-láḫmo wá-mai.‾ mǫllḗlįl-lá-taúre, ǒ́mer 10 kǫ́yo u-láḫmo u·á-mai? ómmi ắlǭ aḫíle lų-tá·lo uštǻlle á-mai. ǒ́-mer aík-azze? á-qanyóne ómmi: azzḗ, cík bu-náqvo: ázzō-qǻšo, mšāmǻlle a-júle ucík bu-náqvo. mídle lų-tá·lo ęlzíbbe du-qǻšo. ǒ́mer aí. ǒ́mer quzúlqǫd. ǒ́mer tá·lo ḫắli zíbbi. ǒ́mer ắlǭ lǫ -kǫbéne. ắty-u-q●●●ų-baíto, mǫlléla liy-ắtto, ǒ́mer žínęke. óm-15 mo ḫá. ǒ́mer qtá·le lų-tá·lo zíbbi. ómmo aíko? ǒ́mer bu-náqvo. ómmo qaí lǫ-qtį́lǫḫ? ǒ́mer lo-knǒ́fąq. ómmo lǫ́-krǫzyǻllǫḫ. ǒ́mer ba·aí-dǻrbo? ubǻḫi. ómmo tại zíbbǫḫ. ǒ́mer dędúš, mamtḗnále ǫ́no uḫắt. ázzai-žínęke ·ắmu-qǻšo. u-qǻšo ǒ́mer tá·lo. ǒ́mer ḫá. ǒ́mer ḫau díḍi ušqúl díḍa. u-tá·lo ǒ́mer trǫ́ve. hūléle zíbbe lų 20 -qǻšǫ. i-žínęke ḫǫll-·ále, ómmo lǻc-āno, qāyázle lų-tá·lo. ęmḫḗllē-la lu-qǻšo u·ắtįn lų-baíto. ắttęd du-qǻšo msiklála dǫ́st tắyo. —

LXXX (143).

kítvō zlắm, ásḫam mḗne lắtvǫ, tǫlábbǫ u-bǻla ębkǻllā má-nō-še. kítvōle saįfǫ wątfáñge. azzḗ bu-dǻrbǫ, matyǫ́le ǻḫdǫ ắttǫ, ómmo laíkǫ gęzóḫ? ǒ́mer kazínǫ li-qrįtắti. ómmo gędǫtyǫ́nǫ ·á- 30 mǫḫ, ḗlǫ gzai·ǫ́nǫ. ǒ́mer téḫ, lǫ-zḗ·at. ázza ·ắme, mǻtal-li-qrítǫ. ómmo wǻlad, ālǫ́ḫǫ māḫlásįlǫḫ mu-bǻlā diy-ắttǫ. ǒ́mer mút, ǫ́no kománnǫ mo-gaúre lǫ́-qóder ·áli. ómmo lǫ́mmit baúḫā. ǒ́mer bếle. ómmo u-bǻlā diy-ắttǫ pís-yǫ. ǒ́mer trǫ́ve pís. ómmo ha-wár-yǫ. drḗla hawár ·ál di-qrítǫ. ómmi mǫ-kómmit, žínękē? 35 ómmo mįdléli lắnǫ. ắtįn ęmḫālálle ušqǫ́lle u-saịfǫ u·i-tfáñge mḗ-ne, ąb·álle dęqǫtlíle, lo-trḗla li-žínęke. šqį́la u-saịfǫ u·i-tfañgaíde

mẹnạiye, hūlắlẹne, ómmo dizóḥ lụ-baítọ; ómmo mọllílọḥ u-bạ̄lā
diy-ặṭṭọ pís-yọ, ómmịt lóo. ŏ́mẹr ẹmdāgéli, ālọ́họ māḥlạ́sli mu
-bạ̄lā diy-ặṭṭọ. —. ặṭi lụ-baítọ, kítlẹ kármọ, ázzē dámạḥ qmu
-kármọ u-mẹ́rekọ, malsẹ́le fáḥọ. kítvo tlótọ tá·le, aḥunọ́ne vaịye.
5 ómmi dúšu la-·ạ̣nve. ázzịn la-·ạ̣nve dóḥli, mšāyá·e u-ḥạ́ tá·lọ, ómmi zóḥ gẹnaú ·ạ̣nve. azzé dẹgónu ·ạ̣nve, cík bu-fáḥọ, ẹmsík.
azzĕ́ u-aḥúnọ ḥrẹ́nọ, ŏ́mẹr lắti aḥúni. azzĕ́ ạ̣hzẹ́le, kle u-aḥúnọ
ẹmsíkọ. ŏ́mẹr qaí haúḥā ḥắt, aḥúnọ? ŏ́mẹr ẹmsíknọ bu-fáḥọ. ó-
mẹr gẹdọmáḥnọ gắbọḥ, dóṭe mọ́re du-fáḥọ, gẹḥọ́ze bāt ẹmsíkọ
10 u·ọ́nọ lạtnọ msíkọ, gẹšọ́mịt ráglọḥ mu-fáḥọ, gẹmọḥélạn bi-sạ̀ktọ
du-fáḥọ, gẹmaḥazmína, élọ gẹzá·nọ lọ-kmajrẹ́nọ mạrfẹ́nọḥ. ŏ́mẹr
tróve. dámạḥ gắbe, ặṭi u-tá·lọ ḥrẹ́nọ u-aḥūnặṭṭe, ŏ́mẹr qaí ẹmsí-
ke ḥắtu? maḥkçlắlle, ómmi haúḥā jāríbạn. dámạḥ ḥúwẹste gā-
bạiye. kle ḥắ tá·lọ ẹmsíkọ wá-trē ḥrẹ́ne lạtn-ẹmsíke. ặṭi mọ́re
15 du-kármọ ẹlsu-fáḥọ, ḥẹzéle ḥắ tá·lọ ẹmsíkọ ●●tre ḥrẹ́ne māfạ́lte,
šmọ́ṭle rágle dụ-tá·lọ mu-fáḥọ wumḥẹlélin bi-sạ̀ktọ, maḥẹzạ́mme.
ŏ́mẹr á·ma, mọ-símli? mạrféli u-ḥạ́ mu-fáḥọ, mahzạ́mme la-tlótọ.
u-ḥạ́ tá·lọ ŏ́mẹr ḥẹzélọḥ, aḥúnọ? mạrfẹlílọḥ. ómmi dedúšu dọzánọ lụ-baítọ. u-tá·lọ dẹkítve ẹmsíkọ ŏ́mẹr zóḥu, lọ́-kọṭẹ́nọ, gẹzí
20 kọráḥnọ bẹbrítọ.

     azzĕ́ ạ̣hzẹ́le mạ́rgọ, kít sísyọ bu-mạ́rgọ, yắtu u-tá·lọ gắbe.
ŏ́mẹr qaí yatívọ hat hạ́rke, tá·lọ? ŏ́mẹr kimfārạ́jnọ ·ạ́lọḥ. ŏ́mẹr
qaí? lọ́-ḥzélọḥ bēš sísye? ŏ́mẹr ló; ŏ́mẹr á-sísye, ú-tá·lọ, mi-šúglọ
ksaími? ŏ́mẹr u-sísyọ: kraúḥi a-nọ́še ·alaíye, kmaqạl·ạ̣nne. ŏ́mẹr
25 de taị dẹrọḥaún-·ạ́lọḥ. ŏ́mẹr tóḥ. lọ-qóder rŏ́wạḥ u-tá·lọ, ŏ́mẹr
sísyọ. ŏ́mẹr ḥắ. ŏ́mẹr lạíbi drohaúnọ. ŏ́mẹr ba·mí-sạ̣mnọ? ŏ́mẹr
ạrvá· dẹrọhaúnọ uqụ́m tắḥti ḥi-gạ̀mlọ. ráwạ· u-sísyọ, ráḥu u-tá·lọ,
ŏ́mẹr haúḥā kraúḥi a-nọ́še? mọ́lle lụ-sísyọ. ŏ́mẹr é. ŏ́mẹr daqlạ́·
dẹḥọzénọ u-tuqlí·ọ aí-dạ́rbọ-yọ. ŏ́mẹr msák rúḥọḥ ·al ḥạ́si, tá·lọ,
30 gẹmaqlá·nọ. ŏ́mẹr kli-msíkọ. maqlá·le lụ-sísyọ, náfịl ú-tá·lọ, kắyu ḥạ́sọ du-tá·lọ, bắḥi u-tá·lọ. ŏ́mẹr qaí gẹbọ́ḥịt, tá·lọ? mọllẹ́le
lụ-sísyọ. ŏ́mẹr dréllọḥli, mākúlọḥ ḥạ́si. ŏ́mẹr lọ́-mọllílọḥ gẹnọ́flit?
ŏ́mẹr u-cáḥ ẹdnāfạ́nnọ mọskátvōli. ŏ́mẹr ọ́nọ ạ̣ikọ mọsáknọ-vọ́lọḥ,
nāfịlịt mẹḥạ́si. ázzē u-sísyọ lụ-mạ́rgọ, qạ́yim u-tá·lọ, ŏ́mẹr kazí-
35 nọ kọráḥnọ ·al ḥākímọ, fuš-ạ́rke sísyọ. ŏ́mẹr é izóḥ. ázze u-tá·-
lọ ḥẹzéle dévọ, ŏ́mẹr dévọ. ŏ́mẹr ḥắ. ŏ́mẹr ạ̣hzéli sísyọ kắlau,
ẹdmahvénọḥyọ gẹmoklạ́ṭli mẹ́ne? ŏ́mẹr é gẹmaukạ́nnọḥ mẹ́ne.

ómẹr imí. ómẹr ālǫ́hǫ wākílǫ gẹmaukа́nnǫ̀ḷ mẹ́ne. ómẹr fuš-а́r-
ke. ómẹr é, laíkǫ gezóḥ? ómẹr kazínǫ, kitvóli ábre dẹꞌа́mmǫ hа́r-
ke, dhǫzénǫ kfóyiš? ló? ómẹr lǫ́-kólịt. ázze u-tа́ꞏlǫ, ḥezẹ́le brǫ́zǫ.
ómẹr brǫ́zǫ. ómẹr ḥá. ómẹr kа́línǫ ḥа́t? sāwíꞏǫ ḥа́t? ómẹr ḥа́ni
tlǫ́tǫ yaúme lāḥíli mẹ́de, u-brǫ́zǫ. ómẹr dẹmaḥvénǫ̀ḷ sísyǫ gẹmo- 5
klа́ṭli mẹ́ne? ómẹr gẹmaukа́nnǫ̀ḷ mẹ́ne uꞏobenǫ́lǫ̀ḷ u-šḗqǫ yꞏu-zíb-
bǫ ziyúdǫ. ómẹr imаí. ómẹr kǫ́dẹꞏat а́ḥnā а́-brǫ́ze lǫ-kųmdaglínā,
u-ḥabraídạn uꞏi-lāšaídạn ẹmsaúwyẹ-ne. ómẹr trǫ́ve. ázze u-tа́ꞏlǫ
uꞏú-brǫ́zǫ, ḥezа́lle u-dévǫ kle kа́lyǫ lí-hēvíye dų-tа́ꞏlǫ. ómẹr а̄tít,
tа́ꞏlǫ? u-dévǫ. lǫ rа́zi dẹmíšġil ꞏāmu-dévǫ. а́ṭi u-tа́ꞏlǫ uꞏú-brǫ́zǫ, 10
а́ṭi u-dévǫ ꞏamаíye. ómẹr laíkǫ, dévǫ? mǫllẹ́le lu-brǫ́zǫ. ómẹr
kīt sísyǫ. ómẹr gezа̄nǫ-le ǫ́nǫ uꞏu-tа́ꞏlǫ, dꞏа́r. ómẹr ǫ́nǫ lų-tа́ꞏlǫ
mǫllẹ́li, u-dévǫ. ómẹr dúgle kimdа́ġil u-tа́ꞏlǫ. ómẹr lǫ́-kimdа́ġil.
ẹmqātа́lle lu-brǫ́zǫ ulų-dévǫ. ómẹr tа́ꞏlǫ ꞏāvа́lli, u-dévǫ. ómẹr de
mū~t, а́ḥnā uḥа́tu naiyа́r-nā. qṭíle lų-brǫ́zǫ u-dévǫ. ázze u-brǫ́- 15
zǫ uꞏu-tа́ꞏlǫ, ómẹr kazínǫ ǫ́nǫ qа̄maíto dǫmа́nne lų-sísyǫ dǫmа́nnǫ
ẹdmа́ḥ amít ẹbrúḥǫ̀ḷ, gẹdǫmа́nnǫ: mǫllíle lų-ḥа̄kímǫ, nāfịlína ǫ́uǫ
uꞏu-sísyǫ, lа́šan dlǫ́-mа́škạn ꞏа́lǫ̀ḷ aḣunǫ́ni. kle kmа́ḥke lų-brǫ́zǫ.
ómẹr zóḥ. ázze u-tа́ꞏlǫ, ḥezẹ́le u-sísyǫ, ómẹr sísyǫ. ómẹr ḥá. ómẹr
mamṭẹ́li ú-ḥа̄kímǫ, omа́nnǫ nāfịlína ǫ́nǫ uꞏu-sísyǫ, ẹdmа́ḥ lа́šan 20
dlǫ-mа́škạn aḣunǫ́ni ꞏа́lǫ̀ḷ, gẹdóve ú-ḥа̄kímǫ súḥẹdǫ. ómẹr trǫ́ve.
dа́mạḥ u-sísyǫ, а́ṭi u-brǫ́zǫ. ómẹr amít ẹbrúḥǫ̀ḷ. mа̄mịtle rúḥẹ
lų-sísyǫ ạmbẹdúgle, mídle lu-brǫ́zǫ ẹlgа́ve а̀ffẹ́me, bа́ḥdǫ nа́qẹlā
maufа́qle midkítvǫ lu-brǫ́zǫ mẹgа́vit dų-sísyǫ. ómẹr brǫ́zǫ, u-tа́ꞏlǫ,
ḥа́li u-šḗqǫ uꞏu-zíbbǫ ziyúdǫ. húlẹle u-šḗqǫ uꞏu-zíbbǫ, uꞏа́ḥile lų 25
-tа́ꞏlǫ ulų-brǫ́zǫ u-sísyǫ tа́ɣda. ómẹr kа̄zínǫ, brǫ́zǫ, kōrа́ḥnǫ ꞏal
ḥéš. ómẹr zóḥ.

   ázze u-tа́ꞏlǫ maubẹ́le u-šḗqǫ uꞏu-zíbbǫ, а̄ḥile u-šḗqǫ, trẹ́le u
-zíbbǫ, mālífle а̀ffа́stǫ u-zíbbǫ, cíkle qum ḥа́sẹ. kómmi ḥа́nǫ mínyǫ, tа́ꞏlǫ, qum ḥа́sǫ̀ḷ? kómẹr u-qа́lyūn-dídi-yǫ. ázze ẹlbaítǫ а́ṭṭǫ- 30
lịb lа́ḥmǫ, ḥezẹ́le gaúrǫ uꞏа́ttǫ, kla iy-а́ttǫ rа̄ḥútǫ ꞏālu-gaúrǫ,
ksaími ꞏam aḣdóde. ómẹr ḥа́li lа́ḥmǫ, žínẹke. ómmo tа́ꞏlǫ. ómẹr
ḥá. ómmo dauwyа́nnǫ lа́ltaḥ gẹdǫbа́nvǫlǫ̀ḷ lа́ḥmǫ, lа́lꞏal-nǫ, laíbi.
dа́ꞏạr u-tа́ꞏlǫ, fа́iš šaútǫ, dа́ꞏạr ẹlgа́bi-žínẹke, ḥezẹ́le u-mẹ́rekǫ kle
rа̄ḥívǫ ꞏali-žínẹke, kítle kístǫ ẹdqа́lyūn lų-mẹ́rekǫ, ksóyim u-mẹ́re- 35
kǫ ꞏа̄mi-žínẹke, klаi-kístǫ nāfílǫ baín-ạrraġlótẹ udi-žínẹke. kḥǫ-
zẹ́la u-tа́ꞏlǫ i-kístǫ. ómẹr žínẹke ḥа́li lа́ḥmǫ. ómmo tа́ꞏlǫ, dauw-

yᶐnnǫ lálᵊạl gẹdǫbᶏnvǫlǫ̧ḥ láḥmǫ, élǫ lᶏ̣ltaḥ-nǫ, kle u·mḗrẹkǫ rāḥívǫ ᵊáli. ómẹr ǫ~ḥ maịṭịt, ḥẹzẹlílȩ̣ḥ lᶏ̣ltaḥ wᶏḥzelílȩ̣ḥ lᶏ̣lᵊạl u-
laúlȩ̣ḥli láḥmǫ. šrḗle u-qályūn-díḍe ẹmbạini-fástǫ, mídle li-kístǫ
ẹmbạín-ạrraġlóṭe dụ-mḗrẹkǫ, cíkle ḗre dụ-sísyǫ, cík bi-žṭnẹke, óm-
5 mo aí. mqātéla ᵊāmu-mḗrẹkǫ. u-mḗrẹkǫ qᶏ̇yim, ómẹr táᵊlǫ, mí
-símlǫ̧ḥ? ómẹr mí-símli, ḥẹzéli kistaíḍǫ̧ḥ bạin-ạrraġlóṭǫ̧ḥ, maufᶏ̣qli
u-qályūn-díḍi ẹdmǫlḗne mi-kístǫ, qᶏ̇iḍ bi-žṭnẹke, mǫ-ᶊúj kítli? ó-
mẹr tlī-tḥánnǫ ᵊālu-qályūn-díḍǫ̧ḥ. ómẹr ló-trḗlǫ̧ḥ ẹdmǫlḗne, lǫ̇-
kmaḥvḗnǫḥyǫ. šḍálle bǫ̇tru-táᵊlǫ, maḥẹzámle.
10 ázze ᶏḥzéle qāṭúnǫ bᶏ̣rri. ómẹr lạikǫ gezóḥ, táᵊlǫ? ú-qaṭúnǫ.
ómẹr kāzínǫ mbāyáznǫ á-sefǫ̇qe di-qriṭáṭi. ómẹr kǫ̇dᵊạt ẹmbạízịt,
táᵊlǫ? ómẹr é. ómẹr kazínǫ ᵊámǫ̧ḥ šuríkǫ. ómẹr tóḥ. ázzịn ᶏḥ-
zᶏ̣lle šiḍǫ, ómẹr lạikǫ gezóḥu? u-šíḍǫ. ómmi gezánǫ ẹmbạizína.
ómẹr kǫ̇dᵊítu ẹmbạizítu? ómẹr é, u-táᵊlǫ. ómẹr kazínǫ ᵊamạíḥu.
15 ómẹr tóḥ. maufᶏ̣qle ḗre dụ-sísyǫ, ómẹr tᵊáne, šíḍǫ. ómẹr hᶏ̇nǫ
mínyǫ? ómẹr u-sụndán-yǫ. ạtᵊálle lụ-šíḍǫ. ázzịn ᶏḥzᶏ̣lle ḥādǫ̇dǫ.
ómẹr ḥādǫ̇do. ómẹr hᶏ̇. ómẹr súmlạn ᵊụ̇dde dí-biyáza, gẹdǫbína
ḥᶏ̣q-díḍǫ̧ḥ, kítlạn sindán, lǫ̇-sạímịt sindán. ómẹr trǫ̇ve. símle
ᵊụ̇dde lụ-ḥādǫ̇dǫ, maḥtínne bi-túre á-sefǫ̇qe di-ᵊụ̇dde. ómẹr hᶏ̇li
20 á-kạllát, u-ḥādǫ̇dǫ. ómẹr trǫ fǫ̇iš aḥúni gáboḥ, maubᶏ̣nnǫ i-ᵊụ̇dde
umamtḗn-á-kạllát. trḗle u-šíḍǫ sú-ḥādǫ̇dǫ gráu di-ᵊụ̇dde, ᶏ̇ti u-táᵊlǫ u·ú-qāṭúnǫ, kle u-šíḍǫ sú-ḥādǫ̇dǫ. ẹmzáyaꞌ u-šíḍǫ ẹmsú-ḥādǫ̇-
dǫ, kᶏ̇rᶏ̣ḥ u-ḥādǫ̇dǫ ᵊále, lǫ-ḥzḗlǫ u-šíḍǫ. mᶏ̇ṭṭ lụ-qāṭúnǫ ulụ-táᵊlǫ, azzél-laqríṭǫ. ómmi mǫ-sᶏ̇nꞌa kít bīḍạíḥu? ómmi kimbạizína.
25 māḥátte i-ᵊụddáṭte dimbạízi, díqle ḗre du-sísyǫ biy-ᶏ̣rꞌǫ, símle sindán, u-táᵊlǫ kimbáyiꞌz u·u-šíḍǫ knófạḥ u·ú-qāṭúnǫ ạgẹjóle, á-kạllát
ẹdkóṭe ḥᶏ̣q di-biyḗza kimsalmínne lụ-táᵊlǫ. ómẹr u-šíḍǫ: táᵊlǫ.
ómẹr hᶏ̇. ómẹr hᶏt kimbạízịt, gẹdǫ̇rịt á-kạllát bi-núrǫ, hᶏ̇line ᵊá-
mi. maqnáᵊle u-táᵊlǫ, šqẹlíle lụ-šíḍǫ. ẹmkāmálle ẹbiyḗza, klen
30 á-kạllát ᵊāmu-šíḍǫ, ẹmzáyaꞌ u-šíḍǫ. mqātéle lụ-qāṭúnǫ ulụ-táᵊlǫ,
mjāráḥḥe ᶏḥḍ́de. ᶏ̇tịn bu-dᶏ̣rbǫ, hᶏ̇vi u-šíḍǫ ᶏḥmǫ́rǫ, ᶏ̇ti ẹlqū-
maíye lụ-dᶏ̣rbǫ. ómmi gẹqǫṭᵊína i-ᶊạrᵊạiḍạn sú-ḥmǫ́rǫ. ómẹr mišġélu. maḥkalᶏ́lle ḥịd hᶏ̇vi. ómẹr u-ḥmǫ́rǫ: ḥᶏ̣q di-ᵊụ̇dde ᵊalạiḥu
-ve? ómmi é. ómẹr ẹmsíklēle lụ-ḥādǫ̇dǫ u-šíḍǫ, šqịl-á-kạllát mḗ-
35 ne umamᵊákle u-šíḍǫ. ómẹr u-táᵊlǫ: dụ̇š ǫzánǫ sú-ḥādǫ̇dǫ, mǫ́lle
lụ-qāṭúnǫ, obináΊe ḥᶏ̣q di-ᵊụ̇dde má-kạllát ušǫqlína á-ḥrḗne. ómẹr
dụ̇š. ázzịn sú-ḥādǫ̇dǫ, ḥzéle lụ-ḥādǫ̇dǫ u-táᵊlǫ, msíkle u-táᵊlǫ. ó-

mẹr qai ẹmsíklọ̀ aﬁunaína? mọllẹ́le lụ-tá‹lọ. ómẹr lọ-ḥzéli aﬁu-
naíﬁu. ómmi ạrfílạn. ómẹr tắu ḥáq di-ạ̇ụ̇dde, gẹmạrfenọ́lﬁu. ó-
mi gédi, mi-símlēbạn lụ-ḥmọ́rọ. u-fā‹íﬃi msíki, u‹u-ﬃídọ maubẹ́le
á-kạllắt.

5

LXXXI (144).

kítvō tá‹lọ, kítvōle áṭṭọ. ómẹr kazí lú-gnọ́vọ dặ-rimmúne. 10
azzẽ́ lụ-gnọ́vọ, qáịd̲ dặnve bi-ﬃāqúla, qṭị̇ dặnvc dụ-tá‹lọ. maﬣẹzặmle, ắṭi lụ-baítọ, gāﬢíﬢi ‹ál-a-tá‹le, ómmi qṭị̇ dặnve dụ-tá‹lọ. i-
y-ặṭṭọ lọ-fáiﬃ krọziyọ́le. ómẹr gẹqọ̇yặmnọ, blẹ́be, maubặnn-a-tá‹le,
sặmnọ ﬢíle ‹alaíye. ómẹr kít kármọ tamﬤ̇óne, kle mặlyọ ‹ặnve.
ómmi dúﬃu dozắnọ-le lụ-kármọ. azzén. kítvō túṭọ briﬃe du-kármọ. 15
ómmi tá‹lọ, zmặllạn drọqd̲ina bú-ṭlọlắnọ dī-túṭọ bí-ballúre. ómẹr é;
ómẹr tắu dﬤ̇ặsnọ dạnvaíﬣu bí-túṭọ wạrqắd̲u. ómmi ﬢụ̇ﬃ. ﬤ̇ọ́sle
dạnvaíye bí-túṭọ, masríle ba-ﬣaúle wạzmọ́llẹlin. ắṭi u-nọṭúrọ du
-kármọ, maﬣẹzặmle lụ-tá‹lọ qṭị̇ dặnvọ, fā‹íﬃi a-ﬣrẹ́ne másrẹ, maﬣẹ-
zặmme, qṭị̇į dạnvaíye dkúllẹ. ắṭịn lụ-baítọ, ómmi tá‹lọ, mí-sím- 20
lọ̀-bạn? ómẹr mí-símli-bﬢ̇u? u‹ọ̇nọ ẹlmá-simlẹ́bi? lọ́-mtānặlle.

u-tá‹lọ koyaúle du-dặnvọ qṭị̇ọ, iy-ặṭṭọ lọ́-fáiﬃ krọziyọ́le. ạqọ́-
yim kmázrạq qmụ-tárﬄọ dẹlálgul, kommólc iy-ặṭṭọ: lọ́-mazặrqit
bặrke. mazráqle ú-ﬤā lặlyọ, maufặqẹlā liy-ặṭṭọ lárval, trẹ́la lárval. ómẹr ẹftáﬢli u-tárﬄọ. ómmo lọ-kfotﬤ̇álle. qắyim azzẽ́, náfạq 25
mi-qrítọ ulárval. kīt ‹aínọ qmi-qrítọ, yátu ‹ali-‹aínọ,náfạq ﬤá zlám
baína-maí, ómẹr qai bặrke bāt, tá‹lọ? ómẹr mayịtnọ mu-káfnọ
umaufaqlắli áṭṭi. ómẹr gẹdọbẹ́nọﬢ mẹ́de, lọ-maﬣvặṭle lắṭṭọﬢ. ó-
mẹr lóo. ómẹr ﬃqúllọﬢ iy-ặṅgạrīyáṭi; ómẹr dmọ́ﬤạt saúﬄọﬢ ‹ála,
qắiﬃ aṭṭọ́lbịt mọ́kẹlo gẹdọtẹ́lọﬢ mālọ́ﬢọ. ómẹr kā‹ísọ. mﬢ̇ẹ́le saúﬄẹ 30
‹aliy-ạṅgaríye, ómẹr mịmlạí biﬃọ́lọ. mặlyọ biﬃọ́lọ, āﬢíle lụ-tá‹lọ,
maubẹ́le iy-ặṅgaríye u‹ázze lụ-baítọ. ómmo iy-ặṭṭọ: lọ-kﬣauyặllọﬢ
bu-baítọ. ómẹr lọ-kōﬤ̇ánnọ mẹ́de mẹkísẹﬢ. ẹftáﬢla u-tárﬄọ, ómmo
lóﬢlịt. kmọ́ﬢẹ ‹aliy-ạṅgaríye, kọ́ṭe má-ta‹mọ́ne kúlle mọ́kẹlo. áṭṭe
dụ-tá‹lọ ẹfﬄíﬢọ bu-tá‹lọ, ómmo gẹma‹azína u-ága da-tá‹le ẹlgābại- 35
na. ómẹr lóo. ómmo bẹ́le. azzắ qrẹ́la lụ-ága da-tá‹le, ắṭi ẹlgā-
bạiye. mﬢ̇ẹ́la ‹aliy-ặṅgāríye, ṭlọ́bla mọ́klo miy-ặṅgāríye, mặlyọ

i-súfᶒrǫ mǫklóne. ḥǫ́lle lu-áġa da-táꞏle umꞏᶏjáble, āḥíle wazzé lṳ
-baítǫ. mšāyáꞏle tre gréꞏe, ómᶒr zóḥu táu iy-ᶏ̃gāríye, kāl-lawǫ́l-
le táula bu-zǫ́r. azzén ṭlabǫ́lle iy-ᶏ̃gāríye. ómmi lǫ́-kǫbinále.
šqǫlǫ́lle bu-zǫ́r. —. fᶏ́iš u-táꞏlǫ kāfínǫ, azzé li-ꞏaínǫ ᶒblᶏ́lyǫ, yᶏ́tu
5 ꞏāli-ꞏaínǫ, nᶏ́fᶏq u-mᶒ́rekǫ ᶒmbainá-mai. ómᶒr táꞏlǫ. ómᶒr ḥᶏ́.
ómᶒr ló-mǫllílǫḥ lǫ́-maḥvᶏtla lᶏ́ttǫḥ? ómᶒr ḥātínǫ. ómᶒr gᶒdǫbé-
nǫḥ aḥmǫ́rǫ, lǫ́-maḥvᶏtle lᶏ́ttǫḥ. ómᶒr ló. ómᶒr kul dᶒmóḥaṭ í-
ḍǫḥ ꞏal ḥᶏ́sᶒ, gᶒḥǫ́re dinǫ́re. mamṭᶒ́lc u-ḥmǫ́rǫ, ᶏ́ti lṳ-baítǫ. ómmo mǫ́-mamṭᶒ́lǫḥ? ómmo iy-ᶏ́ttǫ. ómᶒr aḥmǫ́rǫ. ómmo mǫ́-gᶒ-
10 saimína bú-ḥmǫ́rǫ? kǫbꞏᶒ́le taúnǫ wusꞏǫ́rᶒ. ómᶒr lǫ́-ḥārúlᶒḥ. ᶒm-
ḥᶒ́le ꞏal ḥᶏ́sᶒ dṳ-ḥmǫ́rǫ, ḥrᶒ́le ꞏṳlbǫ ᶒddinǫ́re. ᶒfṣíḥǫ ᶏ́tte dṳ-táꞏ-
lǫ. maḥraúle u-baitaiḍe lṳ-táꞏlǫ, qrᶒ́le lá-mꞏallᶒmín wumsikle fǫ́ꞏ-
le, maꞏmᶏ́lle u-baitaiḍe, símle sarᶏ́i, hāvíle dīnǫ́re ġálabe. iy-ᶏ́ttǫ
ómmo gᶒrauḥǫ́nǫ ꞏᶏlṳ-ḥmǫ́rǫ, ᶏzínǫ lṳ́-ḥammᶏ́m. símle lǫ-símle,
15 lǫ-qᶏ́dir ꞏaliy-ᶏ́ttǫ, maubᶒ́la lṳ́-ḥammᶏ́m. kitlā li-ḥammᶏ́mcíye
ḥmǫ́rǫ lṳ-šíkᶒl du-ḥmǫ́rǫ dṳ-táꞏlǫ, kmiġᶏ́lti baḥdóde. mᶏ́tyǫ lṳ́
-ḥammᶏ́m, ᶒmḥᶒ́la ꞏal ḥᶏ́sᶒ, nᶏ́fᶏq árbꞏǫ dīnǫ́re, kimfᶏ́rjǫ í-ḥam-
mᶏ́mcíye. azzᶏ́ i-ḥammᶏ́mcíye, mamṭᶒ́la u-ḥmǫ́raída, mqāyᶏ́zla bṳ
-ḥmǫ́rǫ dᶏ́-dīnǫ́re. nāfíqǫ ᶏ́tte dṳ-táꞏlǫ mṳ́-ḥammᶏ́m, rᶏ̄ḥívǫ ꞏᶏlṳ
20 -ḥmǫ́rǫ uꞏᶏ́tyǫ lṳ-baítǫ, mamṭᶒ́la u-ḥmǫ́rǫ dí-ḥammᶏ́mcíye, lǫ́-kmi-
dǫ́ꞏi maḥdóde. mḥᶏ́lle ꞏal ḥᶏ́sᶒ dṳ-ḥmǫ́rǫ ᶏlbᶒtᶏ́ꞏlǫ dᶒnófᶏq dinǫ́re,
kmóḥan ulǫ́-móḥan, lǫ-knófᶏq mᶒ́de. ḥᶏ́vi u-táꞏlǫ bēmijᶏ́l. —.
azzé li-ꞏaínǫ, nᶏ́fᶏq u-zlᶏ́m mi-ꞏaínǫ, ómᶒr táꞏlǫ. ómᶒr ḥᶏ́. ómᶒr
ló-mǫllílǫḥ lǫ-maḥvᶏtle lᶏ́ttǫḥ? ómᶒr sāmínǫ. ómᶒr šqúllǫḥ i-mzī-
25 dᶏ́ti, aubᶒ́la, kit ᶒtrᶒ́ ꞏaft bíya, ṭlᶏ́b iy-ᶏ̃gārīyaíḍǫḥ mu-áġa da
-táꞏle, kāl-lawǫ́le ᶒftᶏ́ḥ fᶒ́me dí-mzídǫ, gᶒnǫ́fqi á-tre ꞏᶏ́ft, gᶒqǫ́ṭli u
-áġa da-táꞏle ugᶒšǫ́ǫqli iy-ᶏ̃gāríye. maubᶒ́le i-mzídǫ uꞏázze lṳ-baítǫ.
azzé lṳ-baítǫ, iy-ᶏ́ttǫ ómmo lǫ-ktǫryǫ́nǫ ᶏdꞏǫ́briṭ lálgul. ᶒftᶏ́ḥle i
-mzídǫ, nᶏ́fᶏq tre ꞏᶏbd mí-mzídǫ, ómmi mǫ́-kǫbꞏaṭ? ómᶒr qṭᶏ́lu i-žᶏ̀-
30 nᶒke ᶏ́tti. qṭǫlǫ́lle uꞏᶏḥᶒlǫ́lle. ómᶒr tóḥu, ꞏabᶏ́ru li-mzídǫ. ꞏabíri
li-mzídǫ, maṣǫ́lle fᶒ́ma, ázzē su-áġa da-táꞏle, ómᶒr ḥáli iy-ᶏ̃gāri-
yaíḍi. ómᶒr lǫ́-kǫbéna. ómᶒr gᶒšǫǫqánna. ómᶒr ḥᶒ́ṭṳlle bṳ́-ḥabís.
ᶒftᶏ́ḥle i-mzídǫ, nāfíqi á-ꞏabd, ómmi mǫ́-kǫbꞏaṭ? ómᶒr qṭᶏ́lu u-áġa
da-táꞏle. qṭǫ́lle uꞏᶏḥǫ́lle. šqíle iy-ᶏ̃gāríye, ómᶒr tóḥu ꞏabᶏ́ru li-
35 mzídǫ. ꞏabíri li-mzídǫ, maṣǫ́lle fᶒ́ma. —. azzé ᶒlsi-ḥammᶏ́mcíye,
ómᶒr ḥáli u-ḥmǫraíḍi. ómmo mῐn-aḥmǫ́rǫ? ómᶒr dimqāyᶏ́zlᶒḥ
mᶏ́tti bṳ́-ḥammᶏ́m. ómmo lǫ-ḥzéli aḥmǫ́rǫ. ᶒftᶏ́ḥle i-mzídǫ, nafí-

qi á-tre ꭗáft mi-mzído, ómmi mọ-kọ́bꭗạt? ómẹr qtálu i-ḥammāmcí-
ye. qtọlọ́lle u’áḥẹlúlle. . mamtẹ́le ụ-ḥmọ́rọ, áṭi li-ꭗaínọ. ómẹr mí
-símlọḥ, táꭗlọ? u-mẹ́rekọ. ómẹr ḥid-ẹmọ́llọḥli símli. ómẹr háli i-
y-añgāríye u’ụ-ḥmọ́rọ ạttọlénọḥne, u’á-ꭗáft, mí-náqẹlā dẹmisnọ́qit
gẹdọbénọḥne. ómẹr lóo, á-ꭗáft trọ faíꭗi ꭗámi. ꭗqíle u-ḥmọ́rọ u- 5
iy-añgāríye, klen á-ꭗaft bí-mzídọ, ẹmꭗálqe bẹkátfẹ, wázzē u-táꭗlọ
bẹbríṭọ.

azzć́ ẹlvalaí, ḥẹzẹ́le ḥā farmáci, ómẹr lọ-kyọ́dvit bu-fármọ? ó-
mẹr bẹ́le. ómẹr gẹdọbénọḥ u-yárhọ ꭗẹ́sri qúrꭗ, u’aḥúl uꭗtí. ómẹr
trọ́ve. yắtu bu-fármọ, ksóyim láḥmọ wumzábin u-táꭗlọ, kóḥịl húwe 10
u’á-ꭗaft: fáiꭗ ꭗátọ bu-fármọ, maufạ́qle ẹlmọ́re du-fármọ, ómẹr ḥā-
ꭗạ́nnọ át-ꭗátọ. maufạ́qle u-táꭗlọ ulaúlẹ̄le ḥáq. ómẹr mẹ́rekọ ḥā-
bŏ̌zọ, haúli ḥáq-dídi. ómẹr lọ́-kọbẹ́nọ. ꭗrẹ́le fẹ́me di-mzídọ, nāfíqi á-ꭗáft, ómmi mọ́-kọ́bꭗạt? ómẹr qtálu u-farmáci. qtọ́lle u-farmáci u’áḥọ́lle. ꭗqíle ḥaq-dídẹ lụ-táꭗlọ, uꭗābiri á-ꭗaft li-mzídọ. 15

náfạq mi-valaí, azzẹ́ ẹlṭúrọ u-táꭗlọ, ạḥzẹ́le ḥḍọ́ áttọ bu-ṭúrọ,
taú mẹ́na laịt, bạ́rtẹ dụ-málkọ dá-ḥaiyát-yọ, ạgbínọ mu-bábọ u-
maḥẹzạ́mla wuzaiꭗọ. iꭗǵíl u-táꭗlọ ꭗáma, ómẹr tại tsạ́mn-ꭗámẹḥ.
lọ-trẹ́la. ómẹr gẹqọtánnẹḥ. ómmo laịbọḥ. ẹftạ̊ḥle i-mzídọ, nāfiqi á-ꭗáft, ḥazyọ́lle wạfṣịḥi, mọblụ́lle maḥazmọ́lle lá-ꭗáft. báḥi u 20
-táꭗlọ waqrẹ́le la-ꭗáft. azzén, lọ-ḥzạ́lle, maḥẹzạ́mme bạ́rtẹ dụ-mạ́l-
kọ dá-ḥaiyát. fáiꭗ u-táꭗlọ ẹlḥúḍẹ bu-ṭúrọ, húwe n’i-mzídọ ḥlíṭọ.
áṭi bu-dạ́rbọ u-táꭗlọ dótẹ lụ-baítọꭗ ḥẹzẹ́le u-mạ́lkọ dá-ḥaiyát, ukít
ꭗámẹ mọ́-ḥaiyát. ómẹr táꭗlọ, u-mạ́lkọ. ómẹr ḥá. ómẹr lọ́-ḥzẹ́lọḥ
áttọ ḥạ́rke bu-ṭúrọ? ómẹr bẹ́l-álọ, ạḥzẹ́li. ómẹr kóyọ? ómẹr ma- 25
ḥazmọ́lle la-trẹ̌ ꭗáft. ómmi aịk-azzén? ómẹr haúḥ-āzén. ómmi
tóḥ aḥvaílan. ómẹr laíbi. ómmi ịllaḥ gẹdótịt. maubạ́lle u-táꭗlọ
bu-zọ́r, azzén kāríḥi yárḥọ, lọ-ḥzạ́lle mẹ́de. ạḥzạ́lle snauníye, ómmo ꭗalmọ́-kọrḥítu? ómmi kọrḥína ꭗal ꭗáft, maḥẹzạ́mme áttọ. ómmo zóḥu láfi-qụ̄blọ dá-tắe, kīt dạ̌́tọ, kīt qúꭗrọ kle bainá-tre ba- 30
ḥáre, kla tằmọ, ọ́ꭗdọ atyọ́nọ mẹtámọ. ómmi téḥ aḥvaílanyọ. ómmo laịbi. ómẹr u-mạ́lkọ: ạdlọ́ṭịt gẹtọrẹ́nọ á-ḥaiyát dóḥli á-far-
ḥaídẹḥ. zᾰ́yꭗọ i-snauníye, ázzā ꭗamaíye, maḥvụlálịn u-qúꭗrọ, ómmo klé u-qúꭗrọ. dāꭗírọ i-snauníye. u-táꭗlọ fáiꭗ ꭗal sáptẹ dá-mai,
lọ-qádịr ẹtqọ́ṭạḥ bá-mai, á-ḥaiyát azzén ꭗal fóṭẹ dá-mai u’u-mạ́lkọ, 35
fáiꭗ u-táꭗlọ u’ázzịn á-ḥaiyát lu-qúꭗrọ. ꭗābiri á-ḥaiyát lu-qúꭗrọ,
ạḥzạ́lle ksạími a-ꭗáft ꭗami-kắcẹke, ạdvọꭗạ́nne, mā’íṭi á-ꭗáft. mam-

tálle i-kácȩke lụ-málkọ ulá-ḫaiyắt, áṭịn ạlsụ-táꞏlọ. ómȩr kőne á
-ꞏáft? ómmi dvụṣilạn, mā·íṭi. ómmo ḅ̣ắrṭȩ dụ-málkọ: lánọ mau-
fậqle á-ꞏáft mí-mzídọ. ómmi šg̣őlọ? maḫȩzámle lụ-táꞏlọ, ḅḍắlle
bǫ́ṭre, ómmi dváṣụlle. lọ-mắṭạl-lụ-táꞏlọ, maḫȩzámle. —. áṭi láqị
5 bḥā zȩlắm u-táꞏlọ, ómȩr mị-kít ꞏámọḥ, ȩzlắm? ómȩr kīt ꞏámi šúqọ
ạlzȩḅǫ́nọ. ómȩr ǫ́nȩste kọrậḫnọ ꞏal šúqọ, u-táꞏlọ, mắyiṭ aḫúni ubábi kọbꞏẹ́lin kafanắt, ākíli ꞏẹ́sri drǫ́ꞏe ušqúl ḥaq-dídọḥ. ómȩr trǫ́-
ve. mākȩléle lụ-mȩ́rekọ ꞏẹ́sri drǫ́ꞏe, šqíle á-ꞏẹ́sri drǫ́ꞏe lụ-táꞏlọ,
mālȩfíle ꞏal qárꞏe, sȩmíle šadóḥ á-ꞏẹ́sri drǫ́ꞏe. ómȩr ḅ̌áli ḥaq-diḍi.
10 ómȩr é; ómȩr klen á-kạllắt-diḍi ḥ̣árke ṭạmírȩ, manfậqnin u·ọbé-
nọḥ ḥaq-díḍọḥ. azzé u-táꞏlọ umaḫȩzámle, qọrẹ́le u-mȩ́rekọ, kmáḫ-
zim u-táꞏlọ. ḅáḥi u-mȩ́rekọ, ázze u-táꞏlọ. ázzē láqị bḥ̣á kít ꞏámȩ
ṭụ́rtọ. ómȩr laikọ gezǫ́ḥ, ȩzlắm? ómȩr á-zꞏūrạ́iḍi zalṭǫ́ne-ne, gȩ-
dọbénọ i-ṭụ́rtọ bšúqọ. ómȩr tóḥ dọbénọḥ šúqọ bi-ṭụ́rtọ. ḅúlẹ̄le
15 i-šúqọ bi-ṭụ́rtọ. mamṭẹ́le i-ṭụ́rtọ lụ-táꞏlọ lụ-baitọ. láqị u-dévọ bu
-táꞏlọ, ómȩr táꞏlọ. ómȩr ḥ̣á. ómȩr maikọ mamṭẹ́lọḥ i-ṭụrtắṭi? ó-
mȩr ȩzvīnǫ́li. ómȩr gȩdọḥlīnála ǫ́no uhắt. u-táꞏlọ ómȩr lố. mā-
ṭịla u-dévọ, ạạṭạlǫ́le, āḥȩlǫ́le lụ-dévọ, lọ-trẹ́le dóḥịl u-táꞏlọ, aqḥ̣ir
u-táꞏlọ. áṭi u-táꞏlọ aḥzéle kít míšḥọ ꞏal láḥmọ, klē ꞏālu-fáꞏọ u
20 -láḥmọ. ómȩr dévọ. ómȩr ḥ̣á. ómȩr tóḥ aḥúl u-laḥmánọ. ómȩr
qai hāt lọ́-kọḥlắtle? ómȩr ǫ́nọ īmẹ́li lọ-koḥánnọ míšḥọ mī-ná-
qȩla dạqṭịꞏ dạ́nvi. áṭi u-dévọ midle lụ-láḥmọ, ḥriz bu-fáꞏọ, ṭ̣áir
u-láḥmọ, āḥile lụ-táꞏlọ. ómȩr táꞏlọ, tóḥ arfạili. ómȩr trǫ́ve mlá-
fi-ṭụ́rtọ dāḥȩlólọḥ, fuš imsikọ. fáiš u-dévọ ȩmsíkọ u·áṭi u-táꞏlọ
25 lụ-baitọ.

30 kítvō táꞏlọ, azzē ḥzéle búmọ. ómmo táꞏlọ. ómȩr ḥ̣á. ómmo
tóḥ dọvéna aḫunǫ́ne. ómȩr trǫ́ve. īmắlle lạḥḍóde̊. ómȩr dụš dọ-
zận ȩlgābạína dȩmaꞏáznȩḥ. ómmo trǫ́ve. ázzậ ꞏám u-táꞏlọ. simle
ḥaúdạl, māḥátle ꞏal ḥáse diy-ạñgāriye, māḥátle qúmȩ uqmi-bú-
35 mọ. húwe klǫ́ṭạꞏ u·i-búmọ knǫ́qzọ. āḥile lụ-táꞏlọ u-ḥaúdạl. í
-búmọ lō-kǫ́ṭȩ mẹ́de bú-māqúzọ. ómmo simlọḥ ꞏáli ḥile. ómȩr
qaúwyọ? ómmo hắt ȩklǫ́ṭꞏạt wǫ́nọ knọqzǫ́nọ, ḥaudạl-yọ, lọ-kǫ́ṭȩ

mḗde ạffẹ̈mi. ómẹr lāḍáꜗnọ ẖóṭọ, gẹsámnọ-vọ mḗde ẖrḗnọ. ómmo dụš ẹlgābạína, ọ́nọ gẹmaꜗazạ́llọẖ. ẹmqāléla ẖ̣ámꜱe, maẖṭíla
ꜗaliy-ậrꜗọ. u-táꜗlọ klọ́ṭạꜗ, lọ-kọ́ṭẹ mḗde blišọ́nẹ. i-búmọ ꜗlqọ́ṭla
á·ẖámꜱe kúllẹ. ómẹr ẖóṭọ, símlẹẖ ẖ̣íle ꜗáli. ómmo aí-dậrbọ? ố-
mẹr šlọ́qlẹẖ ẖ̣ámꜱe, klọṭáꜗnọ, lọ-kọ́ṭẹ mḗde blišọ́ni, uẖát ẹklọqtậtte 5·
bmāqúzẹẖ. ómmo dụš ọzánọ lụ-ꜱaídọ. azzín hiya uꜗu-táꜗlọ lụ
-ꜱaídọ. azzín ẹlgúbọ, ẖẹzậlle zọ́ġo uẖ̣á dạivọ́nọ, kle u-dạivọ́nọ
bu-gúbọ ukle u-zọ́ġo ꜗal fḗme du-gúbọ. u-zọ́ġo qọ́re uꜗu-dạivọ́nọ
kịmꜱậlẹ. ómmi mọ́-kꜱaimítu, zọ́ġọ? ómẹr kit ẖ̣ázne bu-gúbọ, mọf-
qịnála ọ́nọ ú-dạivọ́nọ. ómmi gẹdọvéna šụ̈ríke ꜗamạíẖu. u-zọ́ġọ 10
lọ́-maqbḗle uꜗu-dạivọ́nọ maqbḗle. ómẹr u-táꜗlọ: dạivọ́nọ, trọ nọ́ẖ-
tọ i-búmọ ẹlgậbọẖ, ẹmꜗaunọ́lọẖ, uꜗọ́nọ wu-zọ́ġọ fāišin-ậrke, gōr-
šína u-mḗde dịmꜗalqítu. ómẹr trọ́ve. nāẖ̣ítọ i-búmọ ẹlsú-dạivọ́nọ.
ẖ̣áru u-dạivọ́nọ, āṭ̣lle a-ꜱíde, qṭọlọ́le. ómẹr qaí qṭílọẖ ẖóṭi? ómẹr
ạqṭẹlọ́li. āẖ̣íle lụ-táꜗlọ u-zọ́ġọ, ómẹr ẖ̣ánọ ẖ̣aíf ẹtẖóṭi. ómẹr u 15
-dạivọ́nọ: bāvína ẖid-ạẖḍóde, ọ́nọ qṭíli ẖóṭọẖ uẖát āẖ̣ílọẖ aẖúni.
ómẹr trọ́ve, u-táꜗlọ. maufậqqe i-ẖ̣ázne unáfậq u-dạivọ́nọ. ómẹr
táꜗlọ, flậgịn. kfōlágġe u-táꜗlọ, kmáẖ̣ạt trē dīnọ́re lúwe uẖ̣á lụ
-dạivọ́nọ. ómẹr laúẖ̣ā fậlgịt, u-dạivọ́nọ. ómẹr baꜗaí-dậrbọ? ómẹr
ẖ̣á lọ́nọ uẖ̣á lọẖát. mqāṭ̣lle. ómẹr dụš dọzán ꜱẹẖ̣á ẹtfōlágġe. 20
ázzịn ạẖzậlle šišvọ́nọ má-rāẖóṭe. ómmi šišvọ́nọ. ómẹr ẖ̣á. ómmi flág á-kạllātáni. ómẹr trọ́ve. ẹmqāwámme á-kạllát ꜗālu-náqꞏ
vọ dậ-šišvọ́ne. mọ́llẹ lụ-šišvọ́nọ blišọ́nẹ lá-šišvọ́ne, ómẹr ẹmqāwám-
lạn á-kạllát ꜗālụ-náqvọ, ạgnáwunne mẹlálgul. ạgnúwe lá-šišvọ́ne
ġálabe. ẹflịġle ẹtfậiš. ẖọ́lle lụ-dạivọ́nọ, ómẹr nāqịsi á-kạllāt-dí- 25
dạn. ómẹr u-šišvọ́nọ: yábo ẖlāẖ̣íli mḗde, kli ẖ̣ályọ. azzḗ u-dại-
vọ́nọ uꜗu-táꜗlọ lụ-baítọ. qṭíle u-táꜗlọ ušqíle á-kạllát lụ-dạivọ́nọ.
dáꜗar ꜱụ́-šišvọ́nọ. ómẹr kọ́n-á-kạllát? ómẹr lọ́-ẖzẹ̈li kạllát. ómẹr
gẹqọtánnọẖ, aꜶfậq á-kạllát. ómẹr kazínọ ꜱậmnọẖ qáhwe, iští u-
bọ́tr gẹmišġálina. simléle qáhwe, māẖ̣átle bíya ꜱámọ, maštéle lụ 30
-dạivọ́nọ. máyiṭ u-dạivọ́nọ, fā'iši á-kạllát lụ-šišvọ́nọ.

LXXXIII (147). 35

kítvō u-ꜱaꜗíd, u-mậlkọ da-qámꜱe, ꜱaꜗíd ommivọ́le. kítvōle tlọ̱t

niše, lóve-vóle ábne menaíye. hāvíle ábrọ ubártọ mí-naːámtọ,
klen á-tárte niše hréne gába, ucáḥ dāvíla qrálle lu-gréˀọ, ómmi
taílan tre fárḥe ẹdqātúne. mamtẹlélin tre fárḥe ẹtqātúne. māḥátte ẹbduktaíye. māḥátte u-ábrọ uˀi-bártọ ẹbːúlbẹke uhūwúnne
5 lụ·gréˀọ, ómmi zóḥ haléqịn bú-baḥár. azzé mḥalqíle bú-baḥár.
maubálle u-ḥábrọ lụ-saːíd, ómmi hāvílọḥ tré qātúne. ómẹr halē-
qúnne, hēš nóšọ dlọ́-šámạː. ẹmḥalqọ́nne. ómẹr ḥétu i-žtụẹke
baın gáldọ ẹdgomúšọ uṣafétụlle bqírọ uṣáftọ uḥétụlla bu-tárːọ dí
-valaí, aína-dḥólạṣ trọ móḥe ḥátrọ ːálu-gáldọ. maḥtólle bẹgáldọ
10 ẹdgọmúšọ, ẹmṣaftólle bẹqírọ uṣáftọ, aína dẹḥólạṣ kmoḥéla. tam-
bíh-yọ mú-saːíd.

kítvō ḥá ẹmṣaidónọ dẹnúnẹ, kítvōle tór. ázzē lu-ṣaídọ dá
-núne, mḥāláqle u-tór bu-báḥar. qád bú-ṣandúqọ, grišle ú-ṣandúqọ, ẹftáḥle ú-ṣandúqọ, ḥẹzéle kít búwe ábrọ ubártọ. ómẹr u-ṣaı-
15 daídı yaúma ḥáni-yọ. kítvōle áttọ lụ-tórci. mamtéle u-ṣandúqọ
lụ-baítọ. ómmo iy-áttọ: kóne á-núne ẹdmamtélọḥ? ómẹr lọ́-mam-
téli núne, aḥzéli ú-ṣandūqánọ. ómmo ftáḥe. ẹftáḥle. ẹfṣíḥọ i-žt-
nẹke. kmasḥánne kul šábtọ, akaíši mẹfọ́te dá-mai sémọ udáhvọ.
ḥávi u-tórci bāzạrgán mịdkọvéle sémọ udáhvọ. maːamállēle sarā-
20 yát uqúṣre, lọ́-fáiš kozé lu-ṣaídọ dá-núne. ḥávi u-ábrọ uˀi-bártọ
rábe, taú mi-bártọ laít, kōtálla má-walāyát attọlbíla, lọ́-kọbéla ú
-aḥúnọ. kítle márqaː lú-aḥúnọ, kozé ẹlfémẹ du-báḥar, móḥẹ kéfe
bá-taíre. kítvō niše māšẹǵívọ ːal fémẹ du-báḥar. ẹmḥéle kéfọ bu
-taírọ, qāˀídọ i-kéfọ ẹbqárːat dáḥdọ áttọ, aṣlọfóle. báḥyọ wumṣā-
25 ːálla. ómẹr lọ́ baḥát maḥyóli. ómmo nóšọ lọ-kóda ː bábọḥ maı-
kọ-yọ, ḥávịt ẹmṣaidónọ dá-taíre. mọllále haúḥā. mamtéle i-mar
qaː-díde uˀátı lụ-baítọ, mólle lụ-tórci, ómẹr bábi mányọ uˀémi?
ómẹr ónọ-nọ bábọḥ uḥátı émọḥ-yọ, ːal iy-áttọ mọlléle. ómẹr ḥair,
málli didúǵriye. ómẹr lọ́-kọdːánọ émọḥ ubábọḥ mányọ, bú-baḥár
30 aḥzẹlílọḥ, ḥát uḥótọḥ. mólle li-ḥótọ, ómẹr qúm dọzánọ, kọrḥína
ːal ēmaína ubābaína. ázzịn ːam sáptọ du-báḥar, mátạn ẹlbálad
dá-táːle. ázzē saḥdọ́ píre, taːáltọ. ómẹr taːáltọ. ómmo ḥá. ómẹr
lọ́-kḥóvịt ọno uḥọ́tı ád-lályọ? ómmo ːalá-ːaínẹ. yátu sí-taːáltọ,
maḥšámme ušǵíli, búwe uˀi-ḥótọ uˀi-taːáltọ. mọllále lı-taːáltọ,
35 ómmo maíkọ ḥát? ómẹr lọ́-kọdːánọ. ómmo ḥálbat aḥzélọḥ émọḥ
bábọḥ. ómẹr lọ́-ḥzéli lō émi ulō bábi, aḥzẹlélan lu-tórci ẹbːúlbẹke bu-báḥar. ómmo émā? aína šátọ aḥzẹlálḥu? ómẹr ẹflán šátọ.

ómmo ā́da;ǫ́nǫ bābaíḫu mą̊n-yǫ u·ēmąíḫu. ómer mą̊nyǫ? ómmo
ú-sa;íd u-mą̊lkǫ dá-qámṣe, mu-yaúmǫ dāvítu kla ēmąíḫu mālíftǫ
bu-gą̊ldǫ dú-gǫmúšǫ, ęmṣaftǫ́lle ębqį́rǫ uṣáftǫ; hāvítu, māḫáttanḫu
ęb;ú̆lbçke wumḫāláqlēlḫu lu-grē;ǫ ḫu-báḫar, māḫátte trē fą̊ŕḫe dqā-
tǫ́ne będuktąíḫu, lá-níšę dębáboḫ simm-aúḫā, ędlǫ́-mębáboḫ, mau- 5
ḫā́ mahtǫ́le bu-záftǫ ubi-dą̊rga. ómer kā·íṣǫ. ázze u-kúrękǫ u·i
-ká́cçke lu̯-bą̊lą̊d dá-qámṣç.

  kítvō qą̊́riš mǫqą̊́bil dú-qúṣrǫ du-bábǫ. mǫ́re du-qą̊́riš bēmi-
ją̊́l-ve, ęzvílle mę́nę. yātívi húwe u·i-ḫǫ́tǫ, kmásaḫyǫ̈le i-ḫǫ́tǫ,
ą̊kaíšǫ męfǫ́tę dá-mai sḗmǫ udáhvǫ. húwe kmáshe i-ḫǫ́tǫ, ą̊kǫ̈íš 10
ą̊ḥvǫ́ta męfǫ́tę da-mą̊i. kul šą̊btǫ ksóḫan náqçlā. hávi ;ámąíye
kallát gą̊labe, kimzábni u-sḗmǫ u·u-dáhvǫ. maḫraúle u-qą̊́riš, qrę́le
lá-m;allęmín wumsíkle fǫ́;lę, símle qúṣrǫ ą̊;lḗ médu-bábǫ. ksǫ́lą̊q
u-bábǫ lu-quṣrąídę, kimšą̊́yil má-grē;e, kǫ́mer u-quṣrą́nǫ ędmán
-yǫ? kómmi dḫą̊́ nuḫrǫ́yǫ ǫ;ed-ą́ti. kítle tą̊ŕ't lu̯-bábǫ ;āli-gǫ́rǫ 15
du-qúṣrǫ. simlélę lu̯-kúrękǫ tą̊ŕ't hędu̯-bábǫ ;āli-gǫ́rǫ du-qúṣrǫ.
ksǫ́lą̊q u-sa;íd lu̯-tą̊ŕ't, yǫ́tu ;aṣríye; ksǫ́lą̊q u-kúrękǫ u·i-ḫǫ́tǫ
lu̯-tą̊ŕt-dą̊ttę. khǫ́yir u-sa;íd bu-dúrubēn bínne, ályaq męnąíye
ląít. kítte dūrubḗn lu-kúrękǫ uli-ḫǫ́tǫ, ękhaíri bú-sa;íd bu-dúrubēn. khaírǫ i-ḫǫ́tǫ, kómmo ḫúne, lu-aḫúnǫ, ṣurtę-dą́nǫ ḫid-ṣú̆r- 20
tǫh-yǫ. mą̊́yit u-sa;íd ;al ą̊-z;ūráni. —. ú-ḫā yaúmǫ ḫzéle lu̯
-sa;íd u-kúrękǫ bí-mędíne. ómer mąíkǫ hą̊́t? ómer nuḫrǫ́yǫ-nǫ.
kǫ́da; u-kúrękǫ, u-sa;íd u-bábǫ-yǫ, mǫllą̊́lc li-ta;áltǫ. ómer mąíkǫ
hą̊́t? ɪṅgą̊́šámle ębrúḫę lu-kúrękǫ, ómer ábrę du-mą̊́lkǫ dá-tąírę-nǫ.
mityāqą̊́lle lu̯-sa;íd, ómer dụš ǫzą́n ęlgą̊baína, gęma;áznǫḫ. kǫ- 25
mą̊́lle u-sa;íd. maubḗlę lu̯-sa;íd lu̯-bábǫ. ómer lǫ́-kǫtę́nǫ ęlgą̊boḫ,
u-kúrękǫ. ómer qaúwyǫ? ómer dlǫ́-mą̊rfįt í-ḫarmą̊́yǫ dkícyǫ bu
-tár;ǫ di-dą̊rga. ómer múlǫḫ mę́na? ómer ḫaír, ą̊rfąíya, gędǫtę́nǫ.
ázze ú-sa;íd wu-kúrękǫ li-dą̊rga, marfą̊́lle i-žįnęke, wą̊́ḫta di-
kmąítǫ. yą̊́qą̊d lę́bę du-kúrękǫ, iy-ḗmǫ-yǫ, kǫ́da;. qrę́le lętrḗ lu 30
-kúrękǫ, ómer aubḗlulla ą̊lsęḫóti, šǫ́ulḫu ḫáq-dą́tḫu. mǫblụ́lle ą̊lsi
-ḫǫ́tǫ. mǫblǫ́la lú̆-ḫammą̊́m umaukęlą́la mǫ́klǫ bāsímǫ. dą̊́;ą̊r-bā
qúwe. ázze u-kúrękǫ sụ́-sa;íd, ma;ą́zle lu̯-sa;íd hōl ;aṣríye. dę́ri
yaúmǫ ma;ą́zle lu̯-kúrękǫ ú-sa;íd. ękhǫ́yir u-sa;íd bī-ká́cçke bi
-bą̊́rtǫ. mą̊́yit ;ála, lǫ-kǫ́da; í-bą̊́rtǫ-yǫ. āḫą̊́lle wumkąyą̊́ffe. ó- 35
mer íšmǫḫ mínyǫ? ómer íšmi sá;d-yǫ. ómer yā sá;d. ómer ḫą̊́.
ómer ḫą̊lí ḫǫ́tǫḫ lǫ́nǫ. lǫ́-kǫ́d;ǫ iy-ḗmǫ ḫáni an-ábnē-ne, u·ú-sa;íd

ló-kóḍ*ɜ*, u*ɔ*u-sá*ɹ*d u*ɔ*i-ḥǫ́tǫ kǫ́ḍ*ɹ*i u-bābá*tt*ẹ-yǫ u-sa*ɹ*id u*ɔ*iy-ēmá*tt*ẹ
-yǫ. ómẹr mǫ́-kómmị̆t, sá*ɹ*d? ómẹr ló-kǫ́vẹ, sa*ɹ*id. ómẹr qaúwyǫ
ló-kǫ́ve? ómẹr gẹmaḥkę́nǫ̆ iḥkę́ye. ómẹr aḥki. ómẹr qaúwyǫ
ẹmsíklǫ̆ i-ḥarmá*t*i — *ɹ*āliy-ę́mǫ — maḥtǫ̆lǫ̆ bu-gá̤ldǫ wumṣaf-
5 tǫ̆lǫ̆? ómẹr í-ḥarma*ɹ*idi-vā, lá̤tvōli ábne, hāvíla trē fá̤rŇe ẹdqātúne, ẹmbāṣará̤lli, ǫmánnǫ ḥalę́qu á-qātúne, ẹdló- š̆ǫ́mạ*ɹ* nóš̆ǫ, uḥ̆́-
tu i-ż̆*ɪ*nẹke bu-ṣá̤ftǫ, ḫá̤ti-yǫ i-ḥkēyaḭdi udi-ż̆*ɪ*nẹke. ómẹr u-sá*ɹ*d:
qai gẹmǫskatvóla? iy-a*ɹ*tiye dă̆lǫ-yǫ. ómẹr ma*ɹ*lúm, ǫ́nǫ mnākáf-
nǫ. ómẹr ukā-nǫ́faq u-ḥabránǫ dúgle, ẹlmán aḥzéle ẹdhāvíla qā-
10 túne? ómẹr la-tá̤rte nīṣaḭdi ulu-grḗ*ɹ*ǫ. ómẹr qrílan ẹlá̤rke. ẹfṣị̆ḥ
u-sa*ɹ*id, ómẹr aqráwụnne lá̤rke. azzḗ grḗ*ɹ*ǫ bǫ*ɹ*trạiye, qrḗle lá-ḥātūnát ulụ-grḗ*ɹ*ǫ ḍạmḥalqị̆le bu-báḥar. ómẹr maḥkáu *ɹ*āli-z*ɪ*nẹke
ẹmsíktǫ, qai ẹmsikǫ́le lụ́-sa*ɹ*id? kómẹr lá-níš̆e ulụ-grḗ*ɹ*ǫ. maḥká̤lle
ḥid-maḥkę́le lụ́-sa*ɹ*id. ómẹr dúgle, ǫ́nǫ u-ábrǫ-nǫ — ẹfṣị̆ḥ u-sa-
15 *ɹ*id — uḥá̤ti i-bá̤rtǫ-yǫ, hāvína, māḥáthullan bi-*ɹ*ụ́lbẹke, qrá̤lḥu lu
-grḗ*ɹ*ǫ, mḥālá̤qlēlan bú-baḥár, māḥáthu trē fá̤rŇe ẹdqātúne bẹduk-
ta*ɹ*inā uma*ɹ*alá̤mḥu ú-sa*ɹ*id, ómẹr ḥalę́qụnne á-qātúne wumṣáku i-ż̆*ɪ*-
nẹke; grḗ*ɹ*ǫ, lá̤ci haúḥā? mār didǫ̆griye, ḗlǫ gẹqǫtá̤nnǫ̆. ómẹr
á̤l-aúḥạ-yǫ. wumsíklēla lu-tǫ́rci, ómẹr u-sá*ɹ*d, lālǫ̆ḥǫ lǫ-māmitlḗlan,
20 uḥá̤ti ēma*ɪ*nạ-yǫ. qáyim ú-sa*ɹ*id, qtá̤*ɹ*le qár*ɹ*e dá̤-tá̤rte níš̆e, ḥal-
qị̆le bu-báḥar; qáyim ẹdqǫ́tẹl u-grḗ*ɹ*ǫ, lǫ-trḗle lụ-sá*ɹ*d, ómẹr mā-
qá̤lle didǫ̆griye, ló-qǫ́tɹat qár*ɹ*e. yá̤tu ú-sa*ɹ*id su-ábrǫ, uḥávin á̤brǫ
ubábǫ, wiy-ēmá̤tte á̤tte dú-sa*ɹ*id-yǫ ḥid-mḗqam.

kāyúla ẹlbá̤rte dụ̆-sa*ɹ*id, ẹmdaḭvǫnǫ. mš̆āyá̤lle *ɹ*al ḥākíme.
25 bízi a-grḗ*ɹ*e bá-balạḍát, kimṣặili *ɹ*al ḥākíme. ḥẹzá̤lle tá*ɹ*lǫ, kịt
*ɹ*á̤mẹ ktǫ̆vǫ, kítle š̆ạrvǫ́lǫ ẹdló-qmistǫ. ómẹr *ɹ*almǫ́-kǫrḥítu? ómmi
mi *ɹ*al ḥākímǫ, ẹmdaḭvǫnǫ bá̤rtẹ dú-sa*ɹ*id. ómẹr ǫ́nǫ ḥākímǫ-nǫ.
maubá̤lle. á̤zzē lụ-bá̤lad da-qámṣe u-tá*ɹ*lǫ, á̤zze á̤lbẹsa*ɹ*id, ṣǫdá̤lle
*ɹ*ézze u*ɔ*ikrám. ómẹr aḥvá̤wụlli i-ká̤cẹke. maḥvālá̤lle i-ká̤cẹke.
30 *ɹ*á̤bạr ẹlgá̤ba. lá-š̆íḍẹ drá̤lle i-ká̤cẹke, ḥārútǫ-yǫ. *ɹ*á̤bạr u-tá*ɹ*lǫ,
simle *ɹ*á̤ma. nä̆faq u-tá*ɹ*lǫ. ómmi trḗla d*ɹ*ǫ̆ber u-tá*ɹ*lǫ, ló-mtānḗla.
ómmi ḥá, tá*ɹ*lǫ, mǫ̆-kómmị̆t? ai-dá̤rbǫ? ómẹr kómẹr ú-ktǫva*ɹ*idi
trǫ qǫ́rẹ ú-sa*ɹ*id la-qámṣe kúlle, unǫ̆ḥti ẹlgúbǫ rẹwíḥǫ, u*ɔ*u-sá*ɹ*d
u*ɔ*ú-sa*ɹ*id *ɹ*āmặíyc, nǫ̆ḥti lu-gúbǫ, gẹmǫsáknǫ u-š̆íḍǫ mi-ká̤cẹke,
35 gimḥāláqnẹ bu-gúbǫ baḭná-qámṣe, trǫ qǫtlíle, bu-gúbǫ gẹḥǫzá̤lle,
trǫ qǫtlíle, lárval ló-kḫǫzá̤lle; haúḥā kómẹr u-ktǫ̆vǫ. qrḗle lụ́-sa-
*ɹ*id lá-qámṣe kúlle unāḥíti lụ-gúbǫ. ná̤ḥat ú-sa*ɹ*id u*ɔ*u-sá*ɹ*d ẹlbaḭ-

nǫṭaiye. kit kéfe su-gúbǫ ġálabe. ęmlę́le u-gúbǫ kę́fe, qṭíle a
-qámṣe kúllę, maubę́le i-kącęke, híya daivǫníṭǫ. mǫblǫ́le lu̱-tá˖lǫ,
láqa̱n ębdíbbe. ómmo laíkǫ? tá˖lǫ. ómęr átti mdaiválla, kǫráḥnǫ ˖al ḥākímǫ. ómmo ǫ́nǫ ḥakimtǫ-nǫ. ómęr é. azzén si-díbbe,
˖ābíri lu̱-baítǫ di-díbbe. kítla bą̱rtǫ li-díbbe. ómmo fuš-ą̱rke, tá˖- 5
lǫ, hát u˖áttǫ̱ḥ sębą̱rti, kazí mamṭiyǫ́nǫ dą̱rmǫ́ne. ázzā, qrę́la lu̱
-qų́dke-qǫráš. ómmo qų́dkǫ. ómęr há. ómmo a̱ḥzelílǫ̱ḥ áttǫ, ġálabe kā˖ístǫ-yǫ. u-qų́dkǫ ḥākímǫ-yǫ. ómęr aíkǫ? ómmo gābaína-
maubę́la, ˖ábą̱r, ḥa̱zyǫ́le, mǫblǫ́le lu̱-qų́dke-qǫráš, māna̱ḥǫ́le, simǫ́le
iy-áttǫ. nāy[ḥla, ḥǫ́lla, ómmo ǫ́nǫ aíkǫ? uhą̱rke aíkǫ? gębǫ́ḥyǫ. 10
ī-díbbe mǫllále lu̱-tá˖lǫ: gędǫbą̱llǫ̱ḥ bą̱rti. ómęr trǫ́ve. lǫ-krǫzę́la
u-tá˖lǫ, lǫ-kmájre mi-díbbe. ómmo kazínǫ lu̱-ṣaídǫ, ī-díbbe. ázza
i-díbbe lu̱-ṣaídǫ. kḻaíšǫ áttę du̱-tá˖lǫ, bą̱rtę di-díbbe, símla núrǫ
bú-tānúrǫ. mi̱dǫ́lę lu̱-tá˖lǫ, cikǫ́le bú-tānúrǫ, yāqídǫ. kle gębǫ́ḥę
u-tá˖lǫ, átyo i-díbbe, ómmo qai gębóḥą̱t? ómęr cíkǫ átti bú-tānú- 15
rǫ, yāqídǫ. gębǫ́ḥę. ómmo lǫ-bǫ́ḥą̱t, ġámǫ laít. mi̱tyāqálla. ómmo zóḥ, ędmáḥ qum iy-ádrǫ, klen á-ḥę́ṭe ˖áliy-ádrǫ. kšǫ́tę u-tá˖lǫ
qályūn, mauqádle á-ḥę́ṭe u˖iy-ádrǫ. áti mǫ́lle li-díbbe, ómęr mauqádle lu̱-qų́dke-qǫráš iy-ádrǫ. ómmo šġǫ́lǫ? ómęr ḥlǫ dúgle kimdāgánnǫ. ázza i-díbbe lu̱-qų́dke, ómmo mauqádḻǫ̱ḥ iy-adraídi. ęm- 20
qāṭą́lle líya ulu-qų́dke. qṭíla u-qų́dke, mamṭę́la i-kącęke, átyǫ lu̱
-baítǫ. ḥęzéla li-kącęke u-tá˖lǫ, ęfṣíḥǫ. ómmo bāṭęlǫ́nǫ, ḥą̱ñgi
dimqātéli lǫ́nǫ ulu̱-qų́dke, gędǫmḥǫ́nǫ, lǫ-mǫtvītų̱lli hōl ęṭlǫ́tǫ yaúme, ędsauwˆǫ́nǫ šą́ntǫ. dāmíḥǫ, qą́yim u-tá˖lǫ, ęṭˆálle kéfǫ rábṭǫ,
mą̱rfiyǫ́le ˖al qárṣę di-díbbe, ępcíqle qárˢa, mā˖íṭǫ. qą́yim u-tá˖lǫ, 25
mamṭę́le i-kącęke u˖áti. malqę́le u-˖ęmírǫ dá-ṭairę, áṭi lu̱-ṣaídǫ
dą̱n-arnúwe, íšme u-simą̱r-yǫ, u-áġa dá-ṭairę. ómęr maíkǫ kǫ́ṭi̱t,
tá˖lǫ? ómęr kāyúla látti, ęmdaiválla, azzí māna̱ḥǫ́li. kítvō ṭaírǫ,
grĕˢǫ-ve sų̱-saˢíd, u˖ǫ́ˢędǫ kle su-símą̱r u-áġa da-ṭaírę. ómęr ḥáti
bą̱rṭę dų̱-saˢíd-yǫ. qṭǫ́lle u-tá˖lǫ ušqǫ́lleˢ i-kącęke, maublǫ́le lu̱-si- 30
mą̱r, ęmhą̱rǫ́le ˖arrúḥę.

LXXXIV (150).

kítvo ulą́tvǫ, taú mālǫ́ḥǫ lą́tvǫ, kítvō qātúnǫ, íšmę qātúnǫ
mú̱di. ḥęzéle tá˖lǫ, ómęr tá˖lǫ. ómęr há. ómęr lǫ-kǫ́ṭi̱t dǫvę́na

aḧunǫ́ne? ómẹr béle.   háʻvin aḧunǫ́ne, azzén, ạḥzạ́lle ḥmǫ́rǫ. ómmi ḥmǫ́rǫ.   ómẹr hǎ́.   ómmi lọ-kǒ́ṭịt dọvéna aḧunǫ́ne? ómẹr bẹ́le. háʻvin aḧunǫ́ne á-tlǫ́ṭǫ.   ómẹr u-tá·lǫ: dúšu ọzǎ́nǫ lá-kárme.   ómmi lǒ́o.   ómẹr u-qātúnǫ: dúšu, ẹmgādẹ́na.   ómmi lǒ́o.   ómẹr u̯-ḥmǫ́-
5 rǫ: dúšu ṣaimína bāzắr.   ómmi trǫ́ve.   ómẹr alǫ́ḥǫ mbǎ́raḥ bú-bā-
zǎr.   ómmi dẹ́, mǫ̇-gẹ̌sǫqelína? ómẹr gẹšǫqelína ḧámrǫ, gẹšǫqelína gặlde dẹ·ẹ́ze, šǫqelína míšḥǫ, maublína lí-valaí, ẹmzabnínạ́lle.   óm-
mi kạllắt laít.   ómẹr u-tá·lǫ: kīt ạḅḍǫ́ pírẹ mdá-qātúne, kítlā kạl-
lắt, gezí gonaúnin.   ú-qātúnǫ ómẹr: kīt ḥǎ́ zẹlǎ́m, kítle kạllắt, gọzí
10 gonaúnin.   u̯-ḥmǫ́rǫ ómẹr: kítle ẹlḥǎ́ dắnǫ ẹdḧámrǫ, gọzí tọ·ắnna
umahzắmnǫ umaꭓartáznǫ.   ázze u-tá·lǫ ạlsi-pírẹ dá-qātúnẹ.   ómẹr
pírẹ.   ómmo hǎ́.   ómẹr lọ-khǫvạ́tli hạ́rke? ómmo má·ꭓaine.   yǎ́tu u
-tá·lǫ sí-qắtun.   dǎ́mạḥ hol sáfẹrǫ.   sáfẹrǫ qa·ímǫ í-qắtun, ómmo
tá·lǫ.   ómẹr hǎ́.   ómmo fuš hạ́rke, ꭓainǫḥ ·ạ́lu-baítǫ, kazí ṣaimǫ́nǫ
15 lǎ́ḥmǫ.   ómẹr zéḥ.   azzǎ́ i-qắtun ksaímǫ lǎ́ḥmǫ.   qǎ́yim u-tá·lǫ, kǎ́-
raḥ lálgu̯l, ḥẹzéle á-kạllắt bī-degǔštǫ, mọfqíle unǎ́fạq.   ǎ́ti ḥẹzẹ́le
u̯-ḥmǫ́rǫ u·ú-qātúnǫ.   ómmi mí-símlọḥ? ómẹr mamtẹ́li kạllắt.—.   az-
zẹ́ u-qātúnǫ, azzẹ́ su̯-zẹlǎ́m.   ẹfsị́ḥ u-zlǎ́m bú-qātúnǫ, mǫ́lle liy-ạ́ttǫ:
ḥǎ́tlẹ mǫ́kẹlǫ lu̯-qātúnǫ dfǒ́yiš gāḅaína, qǫ́tẹl á-ꭓǫbúgre.   ẹtmǫ́llẹ
20 lu̯-zlǎ́m á-kạllắt ẹlqúl u-qātúnǫ.   azzẹ́ u-qātúnǫ, ẹbꭓạ́tlẹ, maufạ́qẹle
á-kạllắt, ạḥrẹ́le bẹdúkṭẹ dá-kạllắt wạtmǫ́lle an-ạ́ḥrẹ mdạ́rb á-kạllắt.
ǎ́ti ḥẹzẹ́le u̯-ḥmǫ́rǫ u·u-tá·lǫ.   ómmi mí-símlọḥ? ómẹr mamtẹ́li á
-kạllắt.—.   azzẹ́ u̯-ḥmǫ́rǫ, azzẹ́ ẹlbaítǫ dẹksaími ḧámrǫ, ḥẹzẹ́le
dắnǫ bī-dǫ́rtǫ.   mǫ́lle ẹlmǫ́rẹ du-ḧámrǫ, ómẹr aṭ·ắlli ú-ḧámrǫ dǫzí
25 mzāḅạ́nnǫḥyo bī-valaí.   matꭓaṷǫ́le lu̯-ḥmǫ́rǫ uḥạṣǫ́le bu-ḥaúlǫ.   ma-
ꭓartázle lu̯-ḥmǫ́rǫ umahzắmle.   qrẹlẹ́le ẹlmǫ́rẹ du-ḧámrǫ.   ómẹr az-
zẹ́~, lǫ́-mšaílịt ·ặlẹ.   kọmállẹ u̯-ḥmǫ́rǫ.   mǎ́ti lu̯-tá·lǫ ulu̯-qātúnǫ.
azzén ḥẹzạ́lle rǫ́ꭓye, kmárꭓan a-rǫ́ꭓye á-ꭓẹ́ze qmá-mẹꭓáre.   ómmi rǫ́ꭓye.   ómmi hǎ́.   ómmi laít míšḥǫ gāḅaíḥu ạlzebǫ́nǫ ugặlde?
30 ómmi béle.   ómmi hăwu̯ꬸan míšḥǫ ugặlde.   ꞔzvínne míšḥǫ ugặlde, māḥátte u-míšḥǫ bẹgaúdẹ uḥǫ́ṣṣe fẹ́me da-gaúde ušqǫ́lle á-gặl-
de, matꭓanǔ́nne ·ạ́lu̯-ḥmǫ́rǫ lu̯-tá·lǫ ulu̯-qātúnǫ.   ǎ́tịn bu-dạ́rbǫ dǫ-
zín lí-valaí.   háʻvi bẹlạ́lyǫ ·alaíye bu-dạ́rbǫ.   dǎ́mạḥ u-tá·lǫ u·ú-qā-
túnǫ.   ómmi ḥmǫ́rǫ.   ómẹr hǎ́.   ómmi nṭár u-ṭá·nǫ.   ómẹr ẹ́.   dǎ́-
35 mạḥ u-tá·lǫ u·ú-qātúnǫ.   qǎ́yim u-ḥmǫ́rǫ, štẹ́le u-ḧámrǫ wụsḥạ́lle
fẹ́me di-dắnǫ ꞔdlǫ́ḏꞔī.—.   azzín dēri-yaúmǫ bu-dạ́rbǫ, háʻvi lạ́lyǫ,
dǎ́mạḥ u-ḥmǫ́rǫ u·u-tá·lǫ.   ómmi qātúnǫ nṭár u-ṭá·nǫ.   ómẹr trǫ́ve.

qáyim u-qātúnǫ, āḥile u-míšḥǫ wunfáḥle a-gaúde ḥálye. —. azzín
bu-dárbǫ, hávi lályǫ, ómmi táᵃlǫ. ómẹr há̇ ómmi nṭár u-ṭáᵃnǫ
gẹdǫmḥínā. ómẹr tróve. dāmíḥi, qáyim u-táᵃlǫ, āḥile á-gálde. qā-
ᵃími sáfẹrǫ, lǫ-ḥzálle a-gálde. ómmi kǫ́ne a-gálde? táᵃlǫ. ómẹr
lǫ́-kǫdᵃánǫ. ómmi āḥẹlílǫḥ. iméle lụ-táᵃlǫ, ómẹr lāḥẹlíli. ómmi 5
āḥẹlílǫḥ. ómẹr āḥẹlíli á-gálde, tróvin i-ḥǫṣaídi. ḥǫ́rre ᵃālu-ḥámrǫ.
ómmi kǫ́yǫ u-ḫámrǫ? ḥmǫ́rǫ. ómẹr lǫ́-ḥzéli. ómmi īmaí. ómẹr
lǫ́-kyǭmę́nǫ, sáḥyǫ-vi, štę́li u-ḫámrǫ. ḥǫ́rre ᵃāla-gaúdẹ. ómmi kǫ́-
yǫ u-míšḥǫ? qātúnǫ. ómẹr lǫ́-ḥzéli. ómmi īmaí. ómẹr gidyǫmę́-
nǫ. ómẹr tóḥ imaí bu-fáḥǫ. ómẹr kātịnǫ. azzén sẹḥá̇ zlám, óm-10
mi kítlǫḥ fáḥǫ? ómẹr é. ómmi gẹdǫ́te yómẹ ú-qātúnǫ bu-fáḥǫ.
māḥátle lụ-táᵃlǫ ú-fáḥǫ, ómẹr qātúnǫ ᵃabár lu-fáḥǫ, īmaí wunfáq.
ᵃábạr u-qātúnǫ lụ-fáḥǫ unáfạq ẹdnǫ́fạq, marféle lụ-táᵃlǫ u-fáḥǫ,
náfạq u-qātúnǫ, fáiš dánve, qtáᵃle lụ-fáḥǫ. ómẹr aḥzélǫḥ? imé-
lǫḥ, qṭíᵃ dánvǫḥ, lǫ́ḥ āḥílǫḥ u-míšḥǫ. ómẹr álǫ lǫn-āḥíli. —. ụ 15
-ḥmǫ́rǫ ḥáru mụ-ḥámrǫ, náfịl. ẹnḥǫ́rre lụ-táᵃlǫ ulụ-qātúnǫ, jẹlátte
u-gáldǫ, mamtálle u-gáldǫ li-valaí, ẹmzābánne lá-sāyǫ́mẹ dá-ṣᵃúnẹ,
ẹtlélc á-kallát lụ-qātúnǫ, klen á-kallát ᵃāmú-qātúnǫ. qáyim ụ
-ḥmǫ́rǫ, māḥásle, ḥǫ́lle ᵃālu-galdaídẹ, ẹjlátte. āṭí bǫṭru-táᵃlǫ ubǫ́-
ṭru-qātúnǫ li-valaí. aḥzálle bi-valaí u-qātúnǫ uᵃu-táᵃlǫ. kḫairi dá 20
-dukáne bụ-ḥmǫ́rǫ ugǫ́ḥḥi. ómẹr kǫ́yǫ u-galdaídi? ómmi lǫ́-ḥzé-
lan. agmízle ụ-ḥmǫ́rǫ ẹbᵃaíne ᵃālụ-táᵃlǫ lú-qātúnǫ. ómẹr kǫ́yǫ
u-galdaídi? ómmi húlan lá-sāyǫ́me dá-ṣᵃúnẹ. ázzịn sá-sāyǫ́me dá
-ṣᵃúnẹ, ṭlǫ́bbe u-gáldǫ. ómmi qtáᵃlan, símlan fálqe. ázze ụ-ḥmǫ́rǫ,
maškéle ᵃālụ-táᵃlǫ uᵃālú-qātúnǫ. u-qǫ́zẹ ómẹr bi-šaríᵃa: jlátu u 25
-táᵃlǫ uzabénu u-galdaídẹ, gẹdǫ́ve húwe uᵃụ-ḥmǫ́rǫ ḥaḥdǫ́de, wụm-
sáku ú-qātúnǫ, ḥétụlle bú-ḥabís. ẹjlátte u-táᵃlǫ, mzābánne u-galdaídẹ wumsikke ú-qātúnǫ. —. u-táᵃlǫ máyịt uᵃú-ḥmǫ́rǫ ázzē.
ázze u-ḥmǫ́rǫ, mǫ́lle lụ-dévǫ, ómẹr aḥzaíli gáldǫ, adǫ́bᵃạt gẹdǫbę́-
nǫḥ. ómẹr dmáḥ, gẹmamṭę́nǫḥ gáldǫ. dámạḥ u-ḥmǫ́rǫ, āḥile lụ 30
-dévǫ.

fáiš u-qātúnǫ ẹmsíkǫ, fáiš šátǫ, ẹnḥǫ́lle lụ-pášā á-qāṣǫ́bẹ
kúllẹ. ómẹr nǫqúṣǫ kimzábni u-básrǫ, gẹṣaimínā nuḥrǫ́yǫ qāṣǫ́bǫ.
kítvō nuḥrǫ́ye msíke bú-ḥabís. ómmi má-kódạḥ nǫ́ḥạr? ḥǫ́vẹ qā-
ṣǫ́bǫ. ú-qātúnǫ ómẹr ǫ́nǫ. ómmi kódᵃạt nǫ́ḥrịt? ómẹr é. mau-35
fáqqe ú-qātúnǫ, hávi qāṣǫ́bǫ. hávi sátvǫ utálgǫ, lǫ-kǫ́te ᵃéze li
-valaí. kǫ́rạḥ ú-qātúnǫ bainí-valaí, kǫ́bẹ bi-ᵃézǫ ᵃçsri dinǫ́re, lǫ

-kmipáyid ꞏẹ́zǫ bí-valaí. ṭlǫ́ble u-páša básrǫ mú-qatúnǫ. ómẹr
affạ́ndim, sạ́tvǫ-yǫ, lǫ́-kǫ́ṭẹ ꞏẹ́ze lí-valaí. ómẹr paíyid mitáḥt iy-ạ́r-
ꞏǫ. áṭi u-qatúnǫ, ḥẹzéle kạ́lbǫ kálau, qrẹ́le lụ-kạ́lbǫ, ómẹr kạ́lbǫ.
ómẹr há. ómẹr tí ẹdnoḥánnǫḥ, mzabnína u-basraídǫḥ lụ-páša, šǫq-
5 línálạn kạllát mú-páša, wạ́rjaꞏ gẹmaqạ́mnǫḥ, zovánnǫḥ láḥmǫ mu
-fármǫ, maukạ́nnǫlǫḥ. mityaqálle lụ-kạ́lbǫ. ẹnḥǫ́lle u-kạ́lbǫ wujlạ́t-
lẹ. maubẹ́le u-básrǫ lụ-páša ulụ-qǫ́zẹ. ómmi hánǫ mǫ́-básrǫ-yǫ?
ómẹr básrǫ ạttaísǫ-yǫ. ómmi mála du-básrǫ. ómẹr azzínǫ mamṭẹ́li
bꞏẹ́sri dīnǫ́re. hūwạ́lle ꞏẹ́sri dīnǫ́rẹ ḥaq-dídẹ. kul dẹkṭǫ́lbi básrǫ
10 u-qǫ́zẹ uꞏú-páša, knoḥárre kạ́lbǫ, kmaukẹ́lin básrǫ ẹtkạ́lbe, ḥǫ́nne
lǫ-kǫ́dꞏị. ú-ḥā yaúmǫ knǫ́ḥar u-kạ́lbǫ, mšāyáꞏle lụ-páša u-grḗꞏǫ,
ómẹr zóḥ taịlan básrǫ mgábu-qāṣǫ́bǫ. áṭi u-grḗꞏǫ ẹlgábu-qāṣǫ́bǫ,
ḥẹzéle knóḥar kạ́lbǫ, ómẹr mǫ́-ksaímịt? lǫ́-mtānẹ́le lụ́-qatúnǫ.
dáꞏar u-grḗꞏǫ ẹlsú-páša. ómẹr kǫ́yǫ u-básrǫ ẹdmamṭẹ́lǫḥ? mǫ́lle
15 lụ-grḗꞏǫ. ómẹr affạ́ndim, kle knóḥar kạ́lbǫ, básrǫ ẹdkạ́lbe kmau-
kạ́lḥu, ạqḥír u-páša, ómẹr zóḥu táu ú-qatúnǫ lạ́rke. ázzịn mam-
ṭạ́lle lụ-mạ́jlis. ómẹr šğǫ́lǫ? ómẹr mịnyǫ? ómẹr básrǫ dẹkạ́lbe
kmǫklátlạn? ómẹr ḥaír, dúgle kimdágil u-grḗꞏǫ, šạíyaꞏ há ꞏámi,
maḥvẹ́nǫḥ u-básrǫ uꞏa-gạ́ldǫ uꞏu-qárꞏǫ uꞏá-ragló̧ṭǫ, kān náfạq kạ́l-
20 bǫ, qṭáḥ qárꞏi, ukān náfạq taísǫ, kǫbꞏẹ́nǫ dẹqǫ́ṭlịt u-grḗꞏǫ. ómẹr
trǫ́ve. qrẹ́le lụ-qatúnǫ lụ-kạ́lbǫ, ómẹr kạ́lbǫ. ómẹr há. ómẹr kit
taísǫ bẹflán dúkṭǫ, zóḥ ẹnḥạ́re, hūlibe ꞏẹ́sri līrát, laúwe lá-mǫ́rẹ,
ẹṭlǫ́bbe ḥḍǫ́ uꞏẹ́sri, izóḥ ẹnḥạ́rẹ qul doṭẹ́nǫ, élǫ gẹqǫṭẹ́li u-páša.
dáꞏar u-qatúnǫ ạlsu-páša, ómẹr affạ́ndim u-qāṣǫbaídǫḥ-no, lǫ́-kmaš-
25 ṭạ́tli finján ẹdqáhwe? ómẹr táwụlle finján ẹdqáhwe lụ-qatúnǫ.
mašğẹ́le u-páša qǫd nǫ́ḥar u-kạ́lbǫ u-taísǫ. mamṭallạ́lle finján ẹt-
qáhwe lụ́-qatúnǫ. ẹštéle i-qáhwe uqáyim ú-qatúnǫ, ómẹr haúli
grḗꞏǫ ẹdḥǫ́yir ꞏálu-básrǫ. hūlẹ́le trẽ grḗꞏe, azzín ꞏámu-qatúnǫ.
ẹnḥǫ́lle lu-kạ́lbǫ u-taísǫ. maubẹ́le á-grḗꞏe, ḥǫ́rre ꞏálu-taísǫ, ómmi
30 básrǫ dẹꞏẹ́zẹ. ómẹr ṭꞏánụlle dmǫblināle ạlsu-páša. maubạ́lle u
-básrǫ uꞏu-gạ́ldǫ uꞏu-qárꞏǫ, ázzin ạlsu-páša. ómẹr affạ́ndim, qạ́m
ḥụ́r ꞏálu-básrǫ. ḥǫ́lle lu-qǫ́zẹ ulu-páša ꞏálu-básrǫ, ómmi básrǫ dẹ-
ꞏẹ́zẹ-yǫ. ḥẹzạ́lle u-qárꞏǫ uꞏu-gạ́ldǫ. ómẹr qṭál u-grḗꞏǫ affạ́ndim,
dúgle kimdágil ꞏáli lašán ẹtqǫṭlạ́tli. qṭịle lu-páša u-grḗꞏǫ. ázze
35 u-qatúnǫ lụ-baíṭǫ. dẹ́ri yaúmǫ áṭṭǫ du-qǫ́zẹ mauṣẹ́la u-qǫ́zẹ, ómmo zóḥ taịlan básrǫ kāꞏísǫ lụ́-ꞏẹ́daídạn. ómẹr šạíyaꞏ u-grḗꞏǫ. ómmo lǫ́, zóḥ hát, mạ́lle lụ-qāṣǫ́bǫ. ázze u-qǫ́zẹ ạlsu-qāṣǫ́bǫ, ḥẹzéle

knǫ́ḫar kạ́lbǫ ębꞏaínę lụ-qǫ́zę. ómęr mǫ́-ksaímịt, qātúnǫ? lǫ́-mtā-
nę́le lụ-qātúnǫ. ęmsíkle bídę lụ-qǫ́zę ạdmamtę́le ạlsu-pậšā. ạ́ṭi ęl-
bǫ́le du-qǫ́zę dęmaqtę́le u-gréꞏǫ, ęmsíkle. ạ́ṭịn dóṭịn ạlbępậšā.
ómęr ạrfaíli gędǫtę́nǫ. mạrfę́le lu-qǫ́zę. kle u-qǫ́zę bi-qāmaítǫ, kle
u-qātúnǫ bǫ́ṭrę. yátu u-qǫ́zę kmázraq, mahęzámle i-kímme du-qǫ́zę 5
lú-qātúnǫ umahęzámle. qrę́le lụ-qǫ́zę lạ́-rimǫ́ye ulá-zabtíye, maꞏ
ꞏalạ́mle u-pậšā. kāríḫi ꞏālu-qātúnǫ, ázze u-qātúnǫ. nāfíqǫ i-ꞏáskạr
lárval, ęmšāyạ́lle, lǫ́-ḫzạ́lle.

        ázze u-qātúnǫ bębríṭǫ, láqị ębbạ́lad dá-ꞏǫbúgre. māḫátlēle
ṭárfę bęꞏụ́lbęke ạttạnagáye umaꞏaláqle i-ꞏụ́lbǫ baqdǫ́lę, ạlvíšle i 10
-kímme du-qǫ́zę, azzé lụ-bạ́lad dá-ꞏǫbúgre. ómmi mínat męmę́de?
ómęr mạ́lla-nǫ. maíkǫ kǫ́ṭịt? ómmi. ómęr mụ-ḫoj. ómmi ạhvaí-
lạn mạ́lla. ómęr u-bạ́lad-dídi ędlǫ́-mạ́lla-yǫ, gezínǫ lụ-bạ́lad-dídi.
kāríḫi á-ꞏǫbúgre ꞏal ạḫdǫ́de, ómmi kle mạ́lla, ạ́ṭi mụ-ḫój, kommí-
na ạhvaílạn mạ́lla, kǫ́męr lóo, tóḫu dęmaqạnꞏꞏ|nálę. azzén á-ꞏǫbú- 15
gre kúlle ęlgábe, ómmi hǫ́ve u-ḫój-dídǫḫ ębríḫǫ. ómęr dǫvétu bā-
síme. ómmi hvaílạn mạ́lla. ómęr bǫ́ṭr ędkǫmmítu, gędǫvę́nǫ, ꞏā-
mę́rụlli ję́maḫ dlǫ́-šịbę́bịk ukạlę́šu gáve usúmụllę tárꞏǫ dlǫ́ ꞏǫ́-
bęr fạrtáꞏnǫ táḫtu-tárꞏǫ, élǫ ạ́ḫṭịtǫ-yǫ ędꞏǫ́bęr fạrtáꞏnǫ lụ-ję́maḫ.
símme ję́maḫ lá-ꞏǫbúgre, mkālạ́šše gáve ębkạ́lšǫ, lǫ́-simmạ̀bbe šị- 20
bę́bịk, simmạ́lle tárꞏǫ, lǫ́-kꞏǫ́bęr fạrtáꞏnǫ táḫtu-tárꞏǫ. hávi mạ́lla.
ómmi kǫ́nę á-kṭǫvaídǫḫ? ęftạ́ḫle i-ꞏụ́lbǫ, maufạ́qle a-tárfę, ómęr hạ́-
ni-ne á-kṭǫvaídi. ómmi háni lạ́tne kṭǫ́ve. ómęr símle ꞏámęr lụ
-šụltǫ́nǫ, ómęr trǫ á-baladát mǫ́qdi á-kṭǫ́vę ꞏātíqę ukṭạ́wu báni;
ạ́ṭi u-ḫábrǫ lụ-ḫój, mauqạ́dli á-kṭǫvaídi umamtę́li háni. ómmi šġǫ́- 25
lǫ? ómęr ḫlǫ dúgle kimdāgánnǫ? qaí? lǫ́ šámaꞏịtu? ómmi ló, heš
ǫ́ꞏędǫ kšǫmꞏína. mauqạ́dde lá-ꞏǫbúgre á-kṭǫvạ́tte. ómęr šaiyéꞏu
á-nāꞏīmạ́thụ dęmaqrę́nin. māḫátle mạ́drạse lụ-mạ́lla. mšāyáꞏle lá
-ꞏǫbúgre kúllę, ómęr tóḫu rámhụl li-ṣlútǫ, yaúmǫ dꞏạrútǫ-yǫ, nóšo
ędfǫ́iš, lǫ-kmaqbánnǫ. ạ́ṭịn kúllę lụ-ję́maḫ, māḫádle u-tárꞏǫ. óm- 30
mi qaí kęmaḫídịt u-tárꞏǫ? ómęr dlǫ-nǫ́fqǫ́ i-ṣlútǫ lárval, gūnáḫ-yǫ.
cíkle u-qlídǫ qum ḫásę. náfịl ú-qātúnǫ bainōtaíyę, šlạ́ḫle i-kímme
du-qǫ́zę, kmǫḫę́lin, qṭíle kúlle āḫęlíle. ęftạ́ḫle u-tárꞏǫ ꞏ ạhrę́le bu
-ję́maḫ, māḫátle i-kímme du-qǫ́zę ꞏālán-ạ̀hre. ómęr kímme, ạhvaí
qǫ́zę lán-ạ̀hre. náfạq u-qātúnǫ, ạ́ṭi laqríṭǫ, ómmi lǫ-kyǫ́dvit ęgrę́- 35
ꞏǫ? ómęr bę́le; ómęr mí-šụ́ġlǫ gęsámnǫ? ómmi izóḫ la-qaíṣe, ạr-
ḫaú ꞏálụ-ḫmǫ́rǫ uꞏizóḫ la-qaíṣe. u-baítǫ di-qríṭǫ ędyátu u-qātúnǫ

gré⸱ǫ gābaǐye ęzvinne ú-ḥmǫ́rǫ mí-valaí du-qǫ́zę. ráḥu u-qātúnǫ
⸱ālu-ḥmǫ́rǫ, mę⸱artázle lu-ḥmǫ́rǫ uráḥat. azzé li-valaí, kle u-qātúnǫ ⸱al ḥáșę rāḥívǫ. aḥzą́lle ęldí-valaí, āḍą⸱įle, ómmi klé u-qāșǫ́-
bǫ. ęmsíkke, ma⸱alą́mme u-qǫ́zę u⸱ú-pášа. ęuḥǫ́rre ú-qātúnǫ. á
5 -mǫ́rę du-ḥmǫ́rǫ ómmi mahęzą́mle lu-gré⸱ǫ u-ḥmǫ́rǫ. kǫ́rḥi ⸱álę,
ló-ḥzą́lle.

LXXXV (154).

10
    kítvō tá⸱lǫ, kítvōle bábǫ u⸱ę́mǫ. ozávōle lú-gnǫ́vǫ, ōmárvōle
u-bábǫ: lǫ-gónvit. lǫ-qǫdárvǫ ⸱álę. maubę́le lu-bábǫ, māḥátle su
-qášǫ li-qrę́ya. u-qášǫ mǫllę́le lu-bábǫ, ómęr aína dęmaqrę́nǫ kmǫ-
ḥę̄ne. ómęr ęmḥile, dąstúr-díḍǫḥ-yǫ. aǫ́re sú-qášǫ, mǫllę́le lu
15 -qášǫ, ómęr izǫ́ḥ tá⸱lǫ, ḥát u⸱ábri, qráu táyda. qrę́le lu-tá⸱lǫ, húwe u⸱u-ábrǫ. gnúle ī-dvaíye du-qášǫ, azzé mzabnǫ́le. ú-qášǫ ó-
męr tá⸱lǫ. ómęr ḥá. ómęr kǫ́yǫ í-dvaíyaíḍi? ómęr ló-ḥązyǫ́li.
ló-mtānę́le lu-qášǫ. azzé u-qášǫ lu-⸱úqǫ, ḥzéle í-dvaíye. ómęr
maíkǫ-yǫ í-dvaíyáṭi? mǫ́lle lu-dālǫ́lǫ. ómęr zvinǫ́li. ómęr męmá-
20 ne? ómęr mu-tá⸱lǫ. áṭi u-qášǫ lu-baítǫ, qrę́le lu-tá⸱lǫ, ómęr tá⸱lǫ.
ómęr ḥá. ómęr mzābállǫḥ í-dvaíye lú-dālǫ́lǫ. ómęr ḥaír, kazínǫ
mamtę́nǫ ú-dālǫ́lǫ. ómęr zǫ́ḥ. azzé u-tá⸱lǫ sú-dālǫ́lǫ, ómęr dālǫ́lǫ.
ómęr ḥá. ómęr kít medǫ́ne gníve gábi, gęḍǫbę́nǫḥne dimzabnàtte.
ómęr trǫ́ve. ómęr ba⸱ kmāqírat. ómęr ló ló, ló-kmāqánnǫ. ómęr
25 ḥúlilǫḥ ędvaíye, māqállǫḥ lu-qášǫ, itóḥ málle, mar ló mu-ta⸱lánǫ
šqelǫ́li. ómęr kāṭínǫ. áṭi u-dālǫ́lǫ alsu-qášǫ, ómęr lō lu-ta⸱lánǫ
húlēli í-dvaíye. ómęr ba⸱ laína? ómęr ęltá⸱lǫ ḥrę́nǫ. ló-mtānę́lę
lu-qášǫ.—. azzé u-tá⸱lǫ u⸱ábre du-qášǫ ęgórši máye mu-gúbǫ. u-tá⸱-
lǫ ómęr ǫnǫ gęgǫrą́šnǫ. ábre du-qášǫ ómęr ǫnǫ gęgǫrą́šnǫ. gríš-
30 le lábre du-qášǫ, tfǫ́qle lu-tá⸱lǫ bu-gúbǫ. azzé mǫ́lle lu-qášǫ, ó-
męr qášǫ. ómęr ḥá. ómęr náfįl ábrǫḥ bu-gúbǫ. ómęr šgǫ́lǫ? ó-
męr é. azzé u-qášǫ, náḥat lu-gúbǫ, aḥníq u-qášǫ. áṭịn du-baítǫ
ạdbeqášǫ, ⸱āḥíti lu-gúbǫ, maufą́qqe u-qášǫ u⸱u-ábrǫ aḥníqe, mamṭánne lu-baítǫ. ómmi ęlmá-drę́le ábre du-qášǫ bu-gúbǫ? ómmi
35 húwe náfįl. ómęr u-qātúnǫ: lǫ́nǫ aḥzę́li ęb⸱aíni dęḍrę́le lu-tá⸱lǫ.
ómmi lu-tá⸱lǫ drę́le? ómęr é. ómmi msákule. ęmsíkke u-tá⸱lǫ,
mamsákke bí-sęraí su-páša. māḥátte bú-ḥabís. kul yaúmǫ ḥá

ma-msike ękǫ́niš ú-ḥabís. ắṭi daúrǫ du̯-tá•lǫ ędkǫ́niš. ómmi qúm
tá•lǫ, knáš. ómęr ặrfáuli mu-zínjąr, gękǫnáèno. mặrfą́lle mu-zínjąr, m̟ı̣dle li-maknı̣̆štǫ, ómęr fālíti án-aḥraı̣di. ắzzē kḫǫ́re, mah-
zą́mle. u-dą́rgahvằn bu-társǫ-ve, ómęr laı̣kǫ tá•lǫ? ómęr mặrfęlĕ́li
lu̯-pą́šā. azzé u-dą́rgahvằn, mǫ́lle lu̯-pą́šā, ómęr mặrfę́lǫḫ u-tá•lǫ? 5
ómęr lǫ́ǫ. ómęr mahzą́mle. ómęr ặrḫắu fārǫ́šę bǫ́ṭrę, msằkule.
rāḥivi á-fārǫ́šę bǫ́ṭre. ắzzē su-dāvǫ́rǫ, ómęr dāvǫ́rǫ. ómęr ḫắ.
ómęr bú-baḥṭaı̣ı̣̆dǫḫ, ękǫ́rḫi á-fārǫ́šę •áli, ṭlili. ṭlĕ́le lu̯-dāvǫ́rǫ,
cíkle bu-ḫúrjǫ. ắṭın á-fārǫ́šę, ómmi dāvǫ́rǫ. ómęr ḫắ. ómmi lǫ
-ḥzę́lǫḫ tá•lǫ? ómęr lǫ́ǫ. kārı̣̆ḥi á-fārǫ́šę lǫ́-ḥzą̀lle, dāɹíri, mǫ́rre lu̯ 10
-pą́šā, ómmi lǫ-ḥzę́lan. —.

ắṭi u-dāvǫ́rǫ lu̯-baı̣̆tǫ, mamṭę́lę u-tá•lǫ •ámę. ómęr zóḫ tá•lǫ,
aı̣́kǫ dękózzǫḫ izóḫ, māḥlą́ṣlı̣̆lǫḫ má-fārǫ́šę. ómęr gędǫmáḥnǫ ád
-lą́lyǫ gābaı̣́ḫu. ómęr dmáḫ. kítvǫlle qęfáfe uzǫġúne ạlbedāvǫ́rǫ.
qắyim u-tá•lǫ ạblą́lyǫ, āḥı̣̆le á-zǫġúne. qā•imi sáfęrǫ bedāvǫ́rǫ, 15
ómmi kónę á-zǫġúne? ómęr u-tá•lǫ: ḥęzę́li āḥęlı̣̆le lu̯-qāṭúnǫ. qrặl-
le lu̯-qāṭúnǫ, ómmi qaı̣̆ āḥı̣́lǫḫ á-zǫġúne? ómęr lą́ḥęlı̣̆li, ęlmá
-mǫ́lle? ómmi lu̯-tá•lǫ mǫ́lle. ómęr šġǫ́lǫ? tá•lǫ. ómęr é. ómęr
ímı̆. ómęr gidyǫmę́nǫ; ómęr ębmín yǫmę́nǫ? ómęr ímaı̣̆ bi-ziyára
ędbāją́nne. ómęr gidyǫmę́nǫ. ắzzē u-qāṭúnǫ u•u-tá•lǫ li-ziyára, 20
lą́qạn ębdíbbe. ómmi laı̣́kǫ? díbbe. ómmo mḥą́lle ęṭfą̆́nge ęlbą́r-
ti, lǫ́-kǫdɹǫ́nǫ ęlmáne. ómęr lú-qāṭúnǫ ạmḥęlĕ́la, kimsíkli, mamṭę́li
ęlgábęḫ. ómmo šġǫ́lǫ? qāṭúnǫ. ómęr lǫ́ǫ. ómmo kle u-tá•lǫ kǫ́-
męr, ksóḥęd •álǫḫ. ạmḥęlále láqmǫ lu̯-qāṭúnǫ, ǫṭı̣́la ú-qāṭúnǫ.
ómmo laı̣́kǫ gezóḫ, tá•lǫ? ómęr kǫráḫnǫ bębríṭǫ. ómmo tóḫ ęl- 25
gábi. ómęr lǫ́, kítli nāɹíme. ęṭtą́ḥlā fĕ́ma dóḫlo u-tá•lǫ. ómęr lǫ́,
gędǫṭę́nǫ •ámęḫ. maubę́la lu̯-baı̣̆tǫ ęlgába, ómmo ạhvı̆ gaúri. ó-
męr trǫ́ve. ksǫ́yim u-tá•lǫ •áma. kı̣̆t dạrmǫ́nǫ, kómmo ǫ́nǫ kazínǫ lu-saı̣̆dǫ, ḥęṭ ı̣ɴu-dạrmǫ́nánǫ li-brı̣̆ne dębą́rṭi. ómęr trǫ́ve.
ắzzā í-díbbe lu-saı̣̆dǫ. kmáḥaṭ ú-dạrmǫ́nǫ bi-brı̣̆ne, nāyṭḥlā ęlbą́rṭę 30
di-díbbe. bīmǫ́mǫ ksǫ́yim •am bą́rṭę di-díbbe, ubęlą́lyǫ gędómaḥ
si-díbbe, iy-áṭṭǫ-yǫ i-díbbe. šáṭǫ bú-kārắnǫ, kāyúla li-díbbe, ómmo tá•lǫ. ómęr ḫắ. ómmo zóḫ ṭaı̣̆li ḥākimǫ. ómęr é, kā-lǫ́-ḥzéli
ḥākímǫ gędǫɹánnǫ. ómmo dǫ́ṭı̣ṭ ędlǫ́-ḥākimǫ, gęqǫṭɹǫ́nǫ qárɹǫḫ.
ómęr trǫ́ve. azzé ḥzéle qámsǫ, ómęr mǫ-ksaı̣̆mı̣ṭ bą́rke, qámsǫ? 35
ómęr ú-šĕ́ḫ dá-ḥaiyát-nǫ. ómęr ębmǫ́-fasál u-šĕ́ḫ dá-ḥaiyát hāt?
ómęr kítli í-kimmą́ṭi, klǫvą́šnǫla kǫ́ṭı̣n á-ḥaiyát kúllę ęlgábi, u

koḍꞏánọ bliš̥ọnạiye. ómẹr fuš hạrke, qámṣọ, kazí li-qrīṭaibo, kítli
šúģlọ, gẹdọꞏánnọ ọꞏẹdọ. ómẹr zóḥ. ázzē u-táꞏlọ, ḥzéle ṭairọ ẹd-
sẹmịrmịr, ómẹr ṭaírọ. ómẹr hạ̈. ómẹr ꞏalmọ́-kórḥịt? ómẹr kọráḥnọ ꞏal ḥáptọ dẹqámṣọ ẹldarmọ́nọ lú-āģaídạn. ómẹr tóḥ maḥvẹ́nọḥ
5 fạrdọ dẹqámṣọ. ómẹr dúš̥. ạṭi, maḥvụlẹ́le u-qámṣọ. mqātéle lu
-ṭaírọ ulú-qámṣọ. mídle lu-qámṣọ li-kímme ẹdlọvạ̈šla dóṭịn á-ḥai-
yạ̈t ẹddaúṣi u-ṭaírọ. ạntiš̥ọ́le lụ-táꞏlọ mídẹ dụ-qámṣọ. qṭịle lu
-ṭaírọ u-qámṣọ, maubẹ́le ạffẹ́mẹ. fạ̈iš̥ u-táꞏlọ ẹlvíšle i-kímme, áṭịn
á-ḥaiyạ̈t, hạ́rrẹ bu-táꞏlọ, ómmi mbạ́dịl u-š̥ẹ́ḥ-dídạn. ómẹr aḥ́únọ
10 du-qámṣọ-nọ, ḥụlẹ́li i-kímme umwākẹlẹ́li. ómmi trọ́ve. áṭịn á-ḥai-
yạ̈t kúllẹ ẹlgạ̈bẹ. ómẹr aḥ̣dọ́ dižvạ́re laít bainọ̣ṭaíḥu? ómmi bẹ́le.
qrạ́lle laḥdọ́ dižvạ́re. ómẹr teḥ ꞏámi. ómmo dúš̥. ómẹr dꞏáru á
-ḥrẹ́ne ẹlduktaíḥu. dāꞏiri ẹlduktaíye. mamṭẹ́le í-dižvạ́re, áṭi ạlsi
-díbbe, nāyḥlā li-díbbe. ómẹr ḥaíye. ómmo hạ̈. ómẹr mícík bu
15 -siyọ́ģọ hóli-náqẹla ạṭṭọlábnẹḥ. ómmo i-dibbe: aíko-vọḥ, táꞏlọ? ó-
mẹr kọráḥnọ-vọ ꞏál ḥākímọ. ómmo aíkọ kọrḥạtvō? ómẹr bá-bạ-
laḍạ̈t. ómmo kọ́yọ u-ḥākímọ? ómẹr lọ-ḥzéli. ómmo gẹdọḥlạ́llọḥ.
ómẹr lōḥẹlạ́tli ád-lạ̈lyọ, họr-rámḥụl, ẹdmiṭnáḥnọ. ómmo lóo. ó-
mo i-bạ́rṭọ: traíye hol sáfẹrọ. dāmíḥi, qrẹ́le li-ḥaíye. dvúṣlā bạ́r-
20 ṭe di-díbbe. ómmo dvuṣọ́li. ómẹr īzéḥ lụ-baítọ. dvúṣla bạ́rṭe di
-díbbe ẹbģáltọ; ọꞏdọ tkọ́mẹr, i-díbbe dvúṣlā. ómẹr zéḥ lụ-baítọ.
qáyim sáfẹrọ húwe uꞏi-díbbe, ḥzéle i-díbbe kla ṣáñ. blẹ́bẹ kọ́mẹr
ạdvuṣọ́la uklā ṣáñ. ómẹr aqím bạ́rṭẹḥ. māqạ́mla i-bạ́rṭọ lọ́-kụm-
tạnyọ, ḥzạ́lle ꞏmāꞏíṭọ. ómẹr ḥụ́r, maḥtịti māꞏíṭọ bạ́rṭẹḥ. ómmo ạ́lọ
25 š̥ọ́lọ, lọ́-kọḥlạ́llọḥ. bạ́ḥyọ i-díbbe ꞏáli-bạ́rṭọ yaúmọ. mọblọ́lle
qwọrọ́lle líya ulụ-táꞏlọ.
 áṭịn lụ-baítọ, gaúrọ uꞏáṭṭọ-ne. ómmo táꞏlọ. ómẹr hạ̈. ómmo
dụš̥-ọzạ̈n ạlsu-qúzọ dḥọzẹ́na hạ̈t u-qúzọ aína ṭaú. kọmmọ́lẹ bi-ḥí-
lẹ. ómẹr u-qúzọ taú mẹ́ni-yọ. ómmo lóo dúš̥. azzẹ́n ẹlṭúrọ ḥál-
30 yọ. ómmo táꞏlọ, dọmḥína hạrke. ómẹr dmạ́ḥ. dāmíḥī; qā꞉ímọ
i-díbbe dóḥlọ u-táꞏlọ. ómẹr mọ́-ksaímịt, dibbe? ómmo gẹdọḥlạ́llọḥ.
ómẹr klaí ẹdlọvạ̈šnọ i-kimmaídi. ẹlvíšle i-kimmaídẹ, áṭịn á-ḥaiyạ̈t
kúlle, ómmi mọ-kọ́bꞏạt? ómẹr dvạ́ṣu i-díbbe, ẹ́lọ kọ́bꞏọ dọḥlọ́li.
mídde li-díbbe, mālifi ꞏarraģlóta uꞏāl ạq̇dọ́la, ạdvuṣọ́lle. ómmo
35 táꞏlọ bú-baḥtaídọḥ. ómẹr ḥạ̈yọ laít, hạ̈t kọ́bꞏạt doḥlạ́tli. qṭọlọ́lle.
ómẹr dꞏáru ẹlduktaíḥu. ómmi tóḥ ꞏāmaína. ómẹr ẹlmúne? ómmi
mḥāvéle lụ-malkaídạn kạ́lọ lu-ábrọ, tóḥ ẹmhạ́ra. ómẹr kạ̈ṭinọ;

ómẹr mạ́íkọ-yọ i-kắlọ dimḫāvẹ́le lŭ-ábrọ? ómmi bạ́rtẹ du-ắga dắ
-ṭaíre. ázzē u-tắ·lọ ạlbemạ́lkọ dắ-ḫaiyắt. yắtū, ẹfṣíḫi bemạ́lkọ,
ómmi ạ́ṭi ú-šēḫ ẹlgābạina. yắtu bú-mạjlis dụ-mạ́lkọ dắ-ḫaiyắt, ó-
mẹr qrại lá-rắbe dắ-ḫaiyắt. qrẹ́le la-rắbe dắ-ḫaiyắt lụ-mạ́lkọ. mā-
kráḫḫe u-mạ́jlis. ómẹr mạ́nyọ dẹṭlóblọḫ lábrọḫ, mạ́lkọ? ómẹr 5
bạ́rtẹ du-ắga dắ-ṭaíre. ómẹr gẹmạrfẹ́na. ómẹr qaíyọ? ómẹr kắn
ọ̀nọ šḗḫ-nọ gẹmạrfẹ́nā, kắn lọ-kmaqablítụlli šḗḫ, mụṣṭaflítu. ómmi me-dọ́mmịt lọ-ktaurína u-ḫabraídọḫ. ómẹr lọ-ṭọlbītụ́lla. ómmi
qaúyọ? ómẹr lọ-kọ́we ắ-ḫaiyắt dẹšọ́qli ṭaírẹ, ulọ́-kọ́we ṭaíre dšọ́qli
ḫaiyắt, ṭlạ́ble lábrọḫ ḫaíye. ómẹr laít ḫaiyắt kā·íse lọ-fáiš. ó- 10
mẹr gọ́zzī kọráḫne ·al ắṭṭọ. ắṭi u-tắ·lọ, azzẹ́ ẹlsú-palạ́ñk, kítle
bạ́rṭọ kā·ístọ. ómẹr ẹlmịn ạ́ṭịt, tắ·lọ? ómẹr ạ́tịnọ ạṭṭọlábnọ bạ́r-
ṭọḫ lábre du-mạ́lkọ dắ-ḫaiyắt. ómẹr mút, ai-dạ́rbọ gẹdọbẹ́nọ bạ́r-
ṭi lá-ḫaiyắt, gẹdaušíla, lọ-kọbẹ́nā. ẹlvíšle i-kímme lụ-tắ·lọ, lātími
ắ-ḫaiyắt kúlle ẹlgábe. ómmi mọ́-kọ́b·ạt? ómẹr dvắṣu ú-palạ́ñk. 15
dvúṣṣe ú-palạ́ñk. mamṭẹ́le i-bạ́rṭọ lụ-tắ·lọ, ạmḫẹrọ́le ·al ábre dụ
-mạ́lkọ dắ-ḫaiyắt. ksọ́yim u-tắ·lọ ·áma bẹgnọ́vọ.

yắtū šắtọ bainá-ḫaiyắt, ksọ́yim ·am i-kắlọ dụ-mạ́lkọ. ḫzẹ́le
lụ-mạ́lkọ ksọ́yim u-šḗḫ ·ámi-kắlọ. ẹdvúṣle lụ-mạ́lkọ, ī-kímme ·á-
mu-tắ·lọ-yọ, lọ́-kmọ́dvạṣ. ẹmsíkke u-tắ·lọ, māḫátte bú-ḫabís dụ-mạ́l- 20
kọ. azzẹ́ u-mạ́lkọ su-ắga da-qámṣẹ, ómẹr kọ́yọ u-qámṣọ dẹḫúlọḫ-
lan šḗḫ? ómẹr klē gābaíḫu. ómmi ḫaír, laít qámṣọ gābạinā, kịt
tắ·lọ ẹbdúkṭẹ ẹmvákẹlọ, klại-kímme ·ámu-tắ·lọ. ómẹr ·ajáib. ráḫū u-ắga da-qámṣẹ, ạ́ṭi ạlbemạ́lkọ dắ-ḫaiyắt. ómẹr tắ·lọ. ómẹr
ḫá. ómẹr ẹlmán būlẹ́lọḫ i-kímme? ómẹr ḫazyọ́li mḫāláqṭọ. óm- 25
mi ḫaír, kimdáglịt, mắr dīdụ́griye, ẹ́lọ gẹšọnqịnálọḫ. ómẹr ạḫzéli
qámṣọ uṭaírọ kimqátli, qṭíle lu-ṭaírọ u-qámṣọ, būlẹ́li i-kímme lu
-qámṣọ, ómẹr ạhvại vākílọ ẹbdúkṭi, umaubẹ́le ʼlu-ṭaírọ u-qámṣọ
qṭílọ, ọmánnọ ẹlmínyọ? ómẹr lu-āgạidạn ẹldarmọ́nọ. ázzē u-mạ́l-
kọ dắ-ḫaiyắt uʼu-ắga dắ-qámṣe ạlsú-ắga da-ṭaíre, ázzịn ẹlgábe, 30
ómmi qaúyọ qṭíle lu-ṭaírọ u-qámṣọ? ómẹr lọ́-ḫzéli; ómẹr kọḏ·ítu
u-ṭaírọ dạqṭíle u-qámṣọ? ómmi ạ́ḫnā lọ́-kọḏ·ínále, kọḏáʼle u-tắ·lọ.
qrạ́lle lá-ṭaire kúlle. kắrạḫ bainọ̄ṭaiye u-tắ·lọ, lọ́-ḫzẹ́le. ómẹr u
-mạ́lkọ dắ-ḫaiyắt, mọ́lle lu-ắga da-ṭaíre, ómẹr ḫắt lọ-kāyúlọḫ? ó-
mẹr ḫaír, lọ-kāyúli, u-kẹ́vọ mínyọ? ómẹr lạ́cyọ ḫánọ, u-mạ́lkọ dắ 35
-ḫaiyắt, dúšu dọzánọ su-símẹr u-ắga da-ṭaíre. azzén su-símẹr u
-ắga dắ-ṭaíre, azzén ẹlgábe. ómẹr kọ́yọ u-ṭaírọ dạqṭíle u-qámṣọ?

u-áǵa dá-qámṣe naiyár-yọ húwe u'ú-símẹr; lọ́-kmáǰre mtáne, kmíš-
ǵil u-málkọ dá-ḥaiyát u'u-táꞽlọ ꞽámu-ṭairọ. ómẹr aína ṭairọ? ó-
mẹr dạqṭịle u-qámṣọ. ómẹr klē bainá-ṭaire; ómẹr qaíyọ? u-símẹr.
ómẹr n-qámṣọ u-šēḥ-dídạn-ve, qṭịle lu-ṭairọ. ómẹr lọ-kọ́dꞽạt áḥnā
5 u'á-qámṣe naiyár-nā? ómẹr trọvétu naiyár, háṇọ u-šēḥ-dídạn-ve.
ómẹr mauqádli, símli lābíḥọ ạrríši. ómmi táꞽlọ hálạn ī-kímme.
ómẹr lọ́-kọbẹ́na. qáyim u-qámṣọ, dáꞽạr sá-qámṣe, símle ꞽáskạr.
kle u-táꞽlọ u'u-málkọ ạzbu-ṭairọ, u'áǵa dá-ṭaire. mamṭẹ́le i-ꞽáskạr
dá-qámṣe lu-áǵa. mqātạ́lle línne ulu̇-simármạr. klại-kímme ꞽámu
10 -táꞽlọ, lọ-qọ́dri á-ḥaiyát daúṣi. ómẹr u-símẹr: táꞽlọ háli i-kímme,
ọ́nọ uḥát aḥunọ́nẹ-na, lọ-zéꞽạt dlọ-gọnaúla u-málkọ mẹ́nọḥ, élọ
dẹgọnaúlā gẹdauṣílạn á-ḥaiyát. mqātạ́lle lu̇-simármạr ulu̇-qámṣọ,
qādiri ꞽálú-qámṣọ u-simármạr. kȯmẹr u-qámṣọ lá-ḥaiyát: aꞽvénu̇-
lạn. kȯmmi á-ḥaiyát: ṭai i-kímme, gimꞽaunīnálọḥ, ẹdló-kímme lọ́
15 -qọdrínā dauṣínā. qṭịle lu̇-simármạr u-qámṣọ. ẹmsíkle lu̇-símẹr u
-málkọ dá-ḥaiyát. kṭọ́lẹb u-táꞽlọ i-kímme mu-ṭairọ, lọ́-kọbẹ́la. ómẹr
ṭairọ háli i-kimme. ómẹr mút. ꞽáṣi ꞽáli-kímme u-símẹr; ksọ́yim
u-táꞽlọ ulọ́-sọ́yim, lọ-kọbẹ́la u-símẹr. fáiš u-táꞽlọ ạzbisímẹr. ạḥ-
zẹ́le lu̇-táꞽlọ qáṭun. ómẹr qáṭun. ómmo ḥá. ómẹr téḥ dọvẹ́na
20 aḥunọ́nẹ. ómmo trọ́ve. ómẹr ạddọmánnẹḥ gẹṣaímịt? ómmo é;
ómmo ạddọmállọḥ gẹṣaímịt? ómẹr é; ómẹr zéḥ, kit kimme su-símẹr, kān gnuwọ́lẹḥ, ḥọ́ti hat. ómmo kazínọ. azzá i-qáṭun ạlbẹ-
símẹr, kla bi-yaúda du-símẹr. dámạḥ ạddọ́mạḥ u-símẹr, ẹftáḥle ú
-sandúqọ, māḥátle i-kímme bú-sandúqọ, klại-qáṭun kimfárjọ, mā-
25 qlạ́dle ú-sandúqọ, māḥátle u-qlídọ taḥtí-mḥádde. távaꞽ u-símẹr,
azzại-qáṭun, gnúla u-qlídọ, ẹftáḥlā ú-sandúqọ, maufạ́qlā i-kímme,
huwọ́la lu̇-táꞽlọ. ómẹr zéḥ á(n)náqẹlā, dmáḥ họl sáfẹrọ. áṭi u
-táꞽlọ ạlsu-málkọ dá-ḥaiyát lu̇-ḥabís. ómẹr málkọ, ẹblạ́lyọ. ómẹr
ḥá. ómẹr dọbẹ́nọḥ i-kímme, gẹdọ́bịt ẹqrár ꞽámi ẹdlọ́-dauṣili á-ḥai-
30 yát, u'ọbạ́ṭli i-kālaídọḥ? ómẹr qrár ꞽam ālọ́ḥọ uꞽámọḥ, lọ-ktọrẹ́nọ
ạddausílọḥ ugẹdọbẹ́nọḥ í-kālaídi. ómẹr rúq ạffẹ́mi dẹlọ-qọ́lbịt ꞽálu
-ḥabraídọḥ. rạ́qle ạffẹ́me lu̇-málkọ. hūlẹ́le i-kímme. qrẹ́le lá
-ḥaiyát kúlle, áṭịn á-ḥaiyát ḥá-daivọ́ne. ómẹr u-táꞽlọ ạdlọ-dauṣī-
ṭúlle, hā~. ómmi lọ́lọ. ómẹr múdu lu̇-símẹr ulá-ṭaire. dvúṣṣe
35 á-ṭaire u'u-símẹr. áṭịn lu̇-baitọ á-ḥaiyát, áṭi u-táꞽlọ ꞽámaíye. hū-
lẹ́le lu̇-málkọ i-kắlọ. mamṭiyọ́le lu̇-táꞽlọ, áṭi lu̇-bálạd. malqálle
lá-palạ̃k, qṭọ́lle u-táꞽlọ ušqọ́lle ī-kạ́cẹke.

LXXXVI (156).

ḥdairát

1. kítlī mẹ́de, kŏ́mọ lậcyọ taúrọ, kfọ́yịr lậcyọ ṭairọ, kimḥá- 5
laḫ lậcyọ dévọ.

(tĭštik mẹ haíya, rậšša na gắya, dífịrrĕ́ na ṭaira, dimậ(š)šē
ná gurá.)

daḫdár mínyọ. haúli n-šám, doḫánne ušọṭéne. —. šqúllọḫ
u-šám. —. yắ šám, oḫánnọḫ ušọténọḫ, rọḫaúnọ ꞏal sístọ bọ́ze, i 10
-fashaída lẹꞏilọ́zẹ̀, hāt faíšịt kāfínọ, qai lọ́-mọ́llọḫ i-ḥaršúftọ?

2. kítlī mẹ́de mẹdọ́nọ, qárꞏẹ zalṭọ́nọ, raġlọ́tē ḥẹdú-didvọ́nọ,
kmáḫlịf íštī, núquṣ ḫā. —. n-šišvọ́nọ.

3. kítlī mẹ́de ẹdlo-qậdle mọ́kẹlọ, fóiš ꞏẹsrí yaúme kāfínọ,
ẹṭqậdle mọ́kẹlọ lọ́-ksọ́wậꞏ. —. u-dévọ.   15

4. kítlī tloṭó déve, ḫắ krọ́wậꞏ ulọ́-qọ́yim, uḫắ kọ́ḥịl lọ́ḥịl
lọ́-ksọ́wậꞏ, uḫắ kmáhẹzim. —. ú-qậṭmọ uꞏi-núrọ uꞏú-duḫọ́nọ.

5. kít bákca kóḥlo ậ-daúme, mẓaiyꞏọ́lle, kọ́rḥi ꞏālaíye ló
-kḫọzậnne. —. iy-ậrꞏọ uꞏậ-(n)nóše.

6. kítlī mẹ́de dậptọ-yọ, lậcyọ mu-qaíṣọ, kŏ́ḥịl ṭárfe, lậcyọ 20
ṣāfúrọ.

(tĭštik mẹ haíya, dậppā nádára, cịlọ́ duḥvĕ́, nákára). —. i-zậlḥafe.

7. kítlī mẹ́de kŏ́ḥịl ulọ́-kḫọ́re abật. —. i-kọ́rọ.

8. ậgónvit láḥmọ mẹꞏẹ́mọḫ, kimqasqẹṣátle bá-gậrme, kọbậtle
lu-kụmṣọ́ḥẹrọ, kimtautáḫle li-mꞏậrṭọ. —. u-láḥmọ.   25

9. kítlī mẹ́de bīmọ́mọ ẹblậlyọ-yọ ꞏále, wubẹlậlyọ bīmọ́mọ-yọ
ꞏále, húwe ẹlḥúdẹ ẹkọ́rạḫ bú-imọmaíde. —. i-ḥaršaífe.

10. kítlī gaúrọ, ásḥam mẹ́ne laịt, lọ́-kmájre kọ́le bu-baíṭọ. —.
n-sậbꞏọ.

11. kítlī mẹ́de ậkɪnọ́ṭꞏan, u-farḥaíde lọ́-knọ́fạq bẹṭịze, ū-jág 30
ẹṭkọ́ve knọ́fạd ậffẹ́me. —. i-sị(n)nábras.

12. kítlī mẹ́de, mí-šátọ náqẹlā kšólaḫ ị-qmistaíde, kẹ́ọyim
ậrbꞏí yaúme ọọd-dẹkšọláḫlā. —. i-ḥaíye.

13. kítlī mẹ́de, fậlge dẹꞏámrẹ míṭọ-yọ, ufậlge dẹꞏámre ṣậḫ
-yọ, hol dẹmọ́yịṭ kmaḫšóvọ i-ḫọ́zẹbe. —. ú-nsán.   35

14. kítlī mẹẓára ḫẹvọ́rṭọ, lậṭlā tárꞏọ, kibā ṭậrte ꞏasẹ́kir, mí
-náqẹla dẹꞏamírọ, ꞏālá-ꞏasẹ́kir ꞏamírọ. —. i-bậḥṭọ.

15. kítlī mę́de sǎmyǫ, lǎtlē raglóṭǫ, ulǎtle jęnāḥát, ękrǫ́-ḥaṭ. —. á-(m)mǎi.

16. kítlī mę́de, lǫ gędómaḥ, lǫ bęlǎlyǫ ulǫ́ bīmǫ́mǫ, í-nǎqęla -ddómaḥ u-haunaíde lǫ-kmizǎyaḥ, bǎle kimᵴǎmęᵴ ᵴaíne. —. u-kǎlbǫ.

5 17. kítlī męzǎra ᵴal ḥá qaíṣǫ ᵴamǫ́rtǫ, ęlnǫ́ṣǫ lǫ́-mᵴamrǫ́le, lí-y-árᵴǫ maᵴamrǫ́la, knǫ́faq bíya ᵴáskaṛ. —. u-šíblǫ.

18. kítlī mę́de, lǫ́-kmǫ́yiṭ ulǫ-kmǎsū, dǫvǎlle mǫ́re, kul šáṭǫ gędǫ́ᵴaṛ ju(w)ǎn. —. u-kármǫ.

19. kítlī mę́de, ᵴásrǫ yaúme qǫd ęksǫ́yim ú-baitaíde, húwe 10 uᵴiy-ǎṭṭǫ, kǫvǎlle ábrǫ utǎrt-abnóṭǫ, kmaíṭǫ í-ḥḏō bǎrṭǫ, malǫ́ḥǫ -yǫ. —. ú-didvǫ́nǫ.

20. kítlī mę́de, kǫvę́le fǎrḫǫ, kyǫ́naq mí-y-ę́mǫ, ękómil šáṭǫ, bríše dí-šáṭǫ ksǫ́yim ᵴámí-y-ę́mǫ. —. ú-arvǫ́nǫ uᵴi-tǔrṭǫ.

21. kítlī mę́de, sǎmyǫ-yǫ uᵴaíne ftíḥę-ne, kmǫ́ḥę tízę biy-ǎr-
15 ᵴǫ wųkmǫ́yiṭ, ękómil šáṭǫ, knǫ́faq tǎrte wǎrbᵴi ḥabbóṭo mí-dúkṭǫ dękmǫ́ḥę tízę. —. ú-qámṣǫ.

22. kítlī mę́de, bęlǎlyǫ ubīmǫ́mǫ sāḥǫ́yǫ-yǫ, bail-sáma ḁlfá-ḍa ksǫ́ḥę; lǫ́-qǫdrįt bónįt á-gǎrme di-lāšaíde, í-nǎqęlā dękmǫskíle, lǫ́ -kmǫḥǎlle ulǫ́-knǫḥríle, húwe kmǫ́yiṭ; midmǎiṭ knǫḥríle.—. ī-nųntǫ.

20 23. kítlī mę́de lǫ́-kimhǎlaḥ ḁbędǎrbǫ, ulǎtle jęnāḥát, kęmǎ-fęríle ḁ-(n)nǒše; sǎmyǫ-yǫ ulaįt básrǫ ᵴǎlę ulaįt gǎrme bī-lāšaí-ḍe. —. í-kéfǫ.

24. kítlī mę́de, ḥǎšųn mę́ne laįt, uᵴáfḥaš mę́ne laįt, húwe uᵴiy-ǎṭṭǫ kmábarmi fēmaíye ukimᵴǎmęṣį ᵴaínaíye, ksaími ᵴam ḁḥḍǫ́-
25 de mláf tízaíye. —. i-gámlǫ.

25. kítlī mę́de kmǫ́ṭę liy-ǎṭṭǫ, kmǎḥiṭ fę́mę ḁffę́mę diy-ǎṭṭǫ utǫ́lę rúḥę tré yǎrḥę, lǫ́-kḥǫzyǫ́le iy-ǎṭṭǫ, klaídǫ iy-ǎṭṭǫ ḁhsár bęᵴe, kmǫ́fqǫ á-fǎrḫe; kǫ́ṭe u-gaúrǫ lų-baíṭǫ, u-yaúmǫ ḁdęmǫ́fq-a-fǎrḫe húwe kǫ́ḍaᵴ. —. ú-qaqvǫ́nǫ.

30 26. kítlī mę́de, mǎ-tloṭ íšne ksǫ́yim húwe uᵴiy-ǎṭṭǫ, u-yaumǎo ksǫ́yim (b)ríše dḁ-tlǫt íšne, u-yaumǎo kǫvę́la liy-ǎṭṭǫ; bḥá yaúmǫ ksǫ́yim, bḥá yaúmǫ kǫvę́la, kimhǎlaḥ u-fǎrḫǫ u-yaumǎo.—. ú-palǎñk.

27. kítlī mę́de, kúl šáṭǫ kimfǎrḁ̌ḫ tǎrté naqęlát. —. u-qųmbil.

28. kítlī mę́de, ḁdlǫ́ gáḥḥǫ udlǫ́ zęmǫ́rǫ, bų́-nęfúḥǫ krǫ́qzi.
35 —. á-(m)mǎi di-nargíle.

29. kítlī mę́de, mamtę́li ębkallát lų-baíṭǫ, ęknǫ́faq mu-baíṭǫ sā-víᵴǫ, gędǫ́ᵴaṛ lu-baíṭǫ kfóiš kāfínǫ, aí-dḁrbǫ-y-aúḥā? —. ū-sęᵴúnǫ.

30. kítlī mę́de aqauríle, kmǫfqįle ṣáḥ, kmǫḥálle, ęqǫtlíle, kǫ́tįn mątrą́lle, wųmꞏꜰadbíle wumbąṡlíle bi-nűrǫ. —. i-ḥę́tǫ.

31. kítlī mę́de lǫ́-kǫ́ḥįl ulǫ́- kṡǫ́te, ubęꞏaine dų-nsān mā'írǫ ‑yǫ, lǫ́-kǫdáꞏ ꞏalmįn kmīdábęr wųdló-gaúrǫ kǫvę́le. —. í-qálmǫ.

32. kítlī mę́de, klǫ́yįḍ tą́rte bę́ꞏe, kǫ́te u-gaúrǫ dų-mę́de ęk- 5
.ḥǫ́yir ꞏāla-bę́ꞏe, kǫ́dạꞏ ạina bą́ḥtǫ-yǫ dękibau-zęꞏűrǫ, ukǫ́dạꞏ i-bą́ḥ-
tǫ dękibā i-bą́rtǫ, kmaúfạq ú-ábrǫ qāmạítǫ ukmaúfạq ī-bą́rtǫ ḫārạí-
tǫ. —. ī-yaúnǫ.

33. kítlī mę́de, klǫ́yįḍ ḫámiṡ bę́ꞏe, kfǫ́yiṡ ꞏālạíye arbꞏó yaúme yātívǫ, kmaúbįl ạḥḍǫ́ bą́ḥtǫ, kimḥāláqla lárval, kǫ́te kmaúfạq 10
á-(f)fą́rḫe mán(n)-arbaꞏ bę́ꞏe, dlǫ́-mḥą́laq ī-bąḥtáyǫ lǫ-knǫ́fqị á-(f)-
fą́rḫe. —. u-sų́lḥǫ ką́rrǫ.

34. kítlī mę́de, ksǫ́yim ú-baitạíde ạbędúktǫ, ktǫlę́le mętą́mǫ,
kmāḥátle bęgę́r dúktǫ, ktǫlę́le mętą́mǫ, māḥátle bęgę́r dúktǫ, kim-
ḥāvéle tlǫ́t kǫ́re, klǫ́yįḍ, kmīzạíꞏi á-bēꞏaíḍe, kmǫblịnne á-jin. —. 15
ú-bắz.

35. kítlī mę́de kꞏǫ́bęr sítǫ biy-ą́rꞏǫ, wųkꞏǫ́le sítǫ miy-ą́rꞏǫ,
lą́tle lǫ́-jęnāḥą́t ulǫ́-dą́nvǫ. —. u-qályūn qǫ́tte.

36. kítlī mę́de bail-sámā ą́lfáda, u-galdạíḍe ḫā fą́lqǫ-yǫ, ḥākímǫ-yǫ, ạqǫtlíle, mǫ́fqi u-mę́de dękit bęgáve ǫḥlíle.—. ú-rimmúnǫ. 20

37. kítlī mę́de bạin ętré diyārát, ạbęlą́lyǫ knǫ́fįl u-ḫá diyár
ꞏáḷę, ukǫ́we u-ḫá táḥte, ālǫ́ḥǫ kmástạr ꞏáḷę ędlǫ́-kmų́pcạq má
‑diyārát, uqárꞏę lą́ltaḥ-yǫ, uragló́tę lą́lꞏạl-ne, bail-sámā ą́lfáda-yǫ. —.
ꞏu-zíbbǫ.

38. kítlī mę́de, kibe yāríḥǫ saúꞏǫ, lǫ-kǫ́dꞏạt qárꞏę ạina-yǫ 25
uragló́tę ạina-ne, kmázrạq męḥą́ṣę. —. í-tlaúꞏǫ ęnqą́ṡtǫ.

39. kítlī mę́de, qárꞏe rab mętį́zę, męḥą́ṣę kǫ́te dmų́qrif, ktǫ́-
ꞏạn mę́de ráb męrúḥę, kmaubę́le lų-bạítǫ, knǫ́fạq ḥály, gędǫ́ꞏar
mą́ly. —. ú-ṡiṡvǫ́nǫ.

40. kítlī mę́de ęmgą́ndạrǫ, ukítlī mę́de yāríḥǫ. ú-yāríḥǫ 30
mǫ́lle lų-mgą́ndạrǫ, ǫ́męr ǫ́nǫ ḥály-nǫ. u-mgą́ndạrǫ mǫ́lle lų́-yā-
ríḥǫ, ǫ́męr ḥāt lǫ́-kimṡạíli ꞏáḷǫḥ á-kętǫ́to, ǫ́nǫ kimṡạíli ꞏáli á-kę-
tǫ́to. ęṣlịḥ u-yāríḥǫ mú-qáḥạr. —.

41. ḥā zlám ęmhāvéle ꞏal ḥá, mǫllę́le ǫ́męr qai mhāvélǫḥ ꞏáli? ǫ́męr haúḥā. ǫ́męr bí-ḥǫvų́ltǫ maubę́lǫḥ qantǫ́rǫ mę́ni. ǫ́męr 35
ḥāt lạíbǫḥ qantǫ́rǫ. ǫ́męr kúlḥā ꞏáli-mízin uꞏálu-qyōsạíde. —. ú
‑safrúnǫ.

42. kítvō ḫắ zlắm, aḫzéle fartáꜥnọ, mọlléle lu-fartáꜥnọ, ómẹr laíkọ gi(m)mọblắtli? ómẹr gẹtọqánnọḫ. ómẹr kmọ́ qiyọ́se kíbī? ómẹr kíbọḫ rúꜥọ. ómẹr kibi ꜥásrọ qiyọ́se. azzẻ tqíle sụ-tāqọ́lọ, nắfạq fắlge dẹrúꜥọ. ómẹr lọ́-mọllilọḫ tắlge dẹrúꜥọ hắt? ómẹr lọ́ hặr-
5 ke tọqlắtli. ómẹr baꜥaíkọ? ómẹr bú-balad-diḍan. tqíle bu-bắlad
-dắtte, nắfạq ꜥásrọ qiyọ́se. ómẹr aḫzélọḫ mẹ́rẹkọ, lọ́-mdāgéli.

43. ắtí ḫā zlắm ẹlbaítọ, ómmi miṧgélan, mọ́re dụ-baítọ. ọ̌-
mẹr bắbī āṭílō-māláḫọ tšọ́qọr-rúḫẹ dẹbắbi, ómẹr qṭíle lẹbắbi ú
-māláḫọ. ómmi qúm bặs imdáglịt. ómẹr zọ́ḫū šaiyélu ẹ́mi, lọ́
10 -kmašrítụlli? ómmi ẹ́mọḫ aíkọ-yọ? ómẹr bu-baítọ. ázzịn dọ́mmi
liy-ẹ́mọ. íy-ẹ́mọ lắlẹ-yọ. ómmi lắlẹ-yọ. ómẹr bắꜥ mị́-sặmnọ, bọ́tr
mẹdāṭínọ lgābaíḫu haúwyọ lắlẹ.

44. ḫắ zlắm mọ́lle bí-jeyắte, ómẹr gẹdọmánnọlḫu ḫắbrọ. ómmi mắr. ómẹr bắbi ẹmsíkle fắrdọ dbọ́qọ, aṇḫẹrọ́le, nắfạq ḫa-
15 mišmọ́ qiyọ́se básrọ bíya unắfạq šéṭ rắṭle míšḫọ mẹ́na. ómmi
bặs, imdáglịt. ómẹr zọ́ḫu šayélu mẹbắbi. ómmi bắbọḫ aíkọ-yọ?
ómẹr kle bu-qaúrọ.

45. ắtī ḫā mú-ṭúrọ-dšígur, ắtí lbaítọ ẓaífọ, kítvụlle rọ́ꜥyọ,
ắti u-rọ́ꜥyọ ꜥaṣríye, ómẹr āḫíle lu-dévọ ꜥẹ́sri ꜥẹ́ze. ómẹr u-ẓaífọ:
20 gābaína á-ꜥẹ́ze kọ́ḫli á-déve. ómmi ꜥajá(y)ib.

46. kítvō ꜥọbúgrọ, zōyáꜥ(v)ọ mú-qāṭúnọ, ḫzắlle lẹtrẻ.zlāmắt.
ómmi kīt haiyắm aḍzọ́yạꜥ u-qāṭúnọ mú-ꜥọbúgrọ. madꜥálle lụ-zlắm
aḫrẹ́nọ, ómẹr ꜥajáyib.

47. kítvō ḫắ mọ́lle lụ-dévọ: u-hayāmánọ lắcyọ kaꜥísọ. ómẹr
25 u-dévọ: béle, u-hayāmắnọ kaꜥísọ-yọ, gdọ́ṭe hayắm ápyas mắnọ,
gẹdóve u-qắšọ káhya, gẹdóve u-šāmọ́šọ gẹzír, u-hayāmắvọ pís-yọ.

48. ḫắ mọ́lle ẹlḫắ, ómẹr u-fīl lọ́-kẹmúmsik. madꜥálle ꜥále lụ
-ḫrénọ, ómẹr kīt hayắm ẹdmúmsik u-fīl, mitắḫạt qmí-fādónọ uꜥú
-taúrọ hỏve fīl uló-múmsik.

30 49. ḫắ mọ́lle lḫắ ómẹr ắt-šắtọ lắṭílan zắd, íšqaḍ ṭaú ắtilan,
tụltạt heš ṭaú āṭí, ómẹr mẹmínyọ? madꜥálle lụ-ḫrénọ, ómẹr mā-
lỏḫọ-yọ.

50. kítvō ḫắ bẻmijál, lo sováꜥvọ láḫmọ, qmặ-šặqmắt dặ-(n)-
nỏše-ve, ṣobárvọ lī-hēvíye dālóhọ. hắvi u-mắlkọ aḍꜥúriyọ bu-šíb-
35 ḫọ dālóhọ. mọ́re du-sắbẹr haúḫa-yọ. mọ́re du-sábr umắlkọ dẹ-
mắṣẹr kmọ́lạḫ ꜥālí-ắrꜥọ kúla.

sắbẹr mụ-ráḫme uqálẹq mụ-šíḍọ, lỏ-kởve šúg̀lọ bẹꜥájạle.

51. u-yậrhọ dạzbắt mọ́lle lọrọ̇sỵọ ŏ́mẹr tăyim ạzbắt lọ·gzắ₃nọ
mẹ́nẹ, lọ-kŏ́ṭe mắṭrọ. ạzbắt mọ́lle ẹl'ọ̇dạr ŏ́mẹr yā ọ̇dạr. ŏ́mẹr
hắ. ŏ́mẹr dạiyậlli tre yaúme ẹtsámno šeliye. mdāyắllēle tre
yaúme, ₋ȿimle šēliye yāqúrto, qāfili á-₃ẹ́ze. mu-yaumáọ kómmi u-
dạ́ıno dọ́dạr ȿal ạzbắt.

LXXXVII (99).

havále vạ̊ižắrỵ, havále vạ̊ižắrỵ, havále vạ̊ižắrỵ,
maubậllē i-kắlo ạlsu-ĥáṭno, vạ̊ižắrỵ,
fa'ȿo íy-ḗmọ bĕmijále, vạ̊ižắrỵ.
ắṭi ú-maṭro u'ú-ṭịno,
ĥázẹr ú-ȿabáȿ kāṭịno.
ĥạzyŏ́li ₃āli-gŏ́ro,
dụ-ĥázo ĥẹvŏ́ro,
i-nȿuqtạ̊da bẹdīnŏ́ro,
ālŏ́ho sŏ́yim dŏ́ẹ mbiȿgŏ́lo.
azzíno li-pȿēríye,
ĥzĕli kīt bídạ ṭaȿíye,
tḗĥ dozận lụ-ȿáĥẹro dmọ̇r gabríye.
azzíno ẹlfḗme dí-mğára,
ĥẹzĕli tlŏ́ṭ a-dọstắt-dídi, í-ĥẹdo ȿímme, wí-ĥẹdo zạ̊de, wi-ĥrḗto
sắro,
gẹzậl-lụ-ȿáĥro dildāṭậlo.
i-ğaúmo dán(n)-arbŏ́ye
kmọ̇hyo ğére ȿậlŏ́ye,
ẹqạ̊ṭi bá-cạlkŏ́ye,
kúllẹ bíȿte milŏ́ye.
ĥạzyŏ́li ₃ắli-syọ̇ğo,
dāmíĥo ğắbi hól daqrḗle lụ-zọ̇ğo.
ĥạzyŏ́li qmi-ȿigọ̇rto,
ạffậlgẹt dí-dọ̇rto,
i-nȿụqtạ̊da bẹdīnọ̇rto.
ĥạzyŏ́li bī-sáĥa
i-nȿụqtạ̊da bi-(l)láȿa.
gẹzómri a-kácikāt sī-kắlo urọ̇qẹdi uksaúwȿi ịdạ́ıye bú-ĥẹ́no
ukóĥli ȿainạ́ıye ẹbkụ́hlo ukẹmậrfen á-biȿkắt-dậtte.

26

Berichtigungen.

8, 34 St. h̦i̦șo h̦u̦k̦i̦m 1. h̦i̦ș-o-h̦.
10, 14 St. fe̦rár-iy̦o 1. fe̦rári-y̦o.
.35, 35 St. a gré̦e schreibe a-gré̦e.
36, 25/26 teile ab: kma̦j- ré̦na.
74, 10 St. trán̦k 1. trán̦ek.
83, 12 St. ōme̦r 1. ő̦me̦r.

———————

DER

NEU-ARAMAEISCHE DIALEKT

DES

ṬÛR 'ABDÎN

VON

EUGEN PRYM und ALBERT SOCIN.

ν

ZWEITER TEIL.

UEBERSETZUNG.

Mit Unterstützung der Königl. Gesellschaft der Wissenschaften
zu Göttingen.

———————— • ————————

Göttingen,

Vandenhoeck & Ruprecht's Verlag.

1881.

SYRISCHE

SAGEN UND MAERCHEN

AUS DEM VOLKSMUNDE

GESAMMELT UND UEBERSETZT

VON

EUGEN PRYM und ALBERT SOCIN.

Mit Unterstützung der Königl. Gesellschaft der Wissenschaften
zu Göttingen.

Göttingen,

Vandenhoeck & Ruprecht's Verlag.

1881.

Das Recht der Uebersetzung in fremde Sprachen ist vorbehalten.

Vorwort.

Zur Einführung dieses zweiten Bandes bedarf es nur weniger Worte. Bei der Abfassung der Uebersetzung haben wir vor Allem zwei Arten von Lesern in's Auge gefasst. Zunächst wollten wir dem Orientalisten, welcher sich in unsre neusyrischen Texte hineinarbeiten will, ein Mittel zum Verständniss derselben an die Hand geben; in zweiter Linie war uns das Bedürfniss des Sagenforschers, dem oft ein geringfügiger und überflüssig erscheinender Zug als wichtige Parallele dienen kann, massgebend. Da das Buch somit ausschliesslich für wissenschaftliche Leser bestimmt war, so kam es uns, schon der Neuheit der Sprache des Originals zu Liebe, auf möglichst treue Wiedergabe des Ueberlieferten an. Dabei haben wir uns nicht gescheut, auch solche Stellen, welche einem andern Publikum gegenüber hätten unterdrückt werden müssen, wörtlich in's Deutsche zu übertragen; lateinisch anzuwenden, schien uns aus mehr als einem Grunde zwecklos.

Trotz dieses Strebens nach Genauigkeit durften wir nicht in den Ton einer Interlinearversion verfallen; wir mussten die lose an einander gereihten Sätze des Originals durch unsre syntaktischen Mittel in logische Verbindung mit einander bringen. Hierin haben wir uns bei den später übersetzten Geschichten sogar etwas mehr Freiheit gestattet. Einzelne Sätze, die sich jener Verbindung nicht fügten, mussten geradezu als Parenthesen angesehen und als solche durch Klammern kenntlich gemacht werden. Von ihnen wird man leicht die meist in eckige [1] Klammern eingeschlossenen Ergänzungen unterscheiden, welche wir statt besonderer Anmerkungen hin und wieder eingeschaltet haben. Etwaige sonstige Ungleichheiten sind darauf zurückzuführen, dass die Arbeit nicht bloss von Einem ausgeführt wurde.

---

[1] Statt der runden Klammern setze eckige 20, 29; 24, 30; 25, 28; 30, 3. 5; 33, 21; 39, 9 v. u.; 55, 15. 7 v. u.; 63, 3.

Da wir bei den oben an zweiter Stelle genannten Lesern eine Bekanntschaft mit den Lautverhältnissen der semitischen Sprachen nicht voraussetzen durften, so sind wir bei der Schreibung der Eigennamen von der in den Texten angewandten Transcription verschiedentlich abgewichen. Wo die, Laute sich mit denen des Deutschen irgendwie deckten, haben wir Buchstabenzusammensetzungen (wie tsch) der Anwendung diakritischer Zeichen vorgezogen; die letzteren führen, wie jeder weiss, in den Händen von Laien allzuleicht zu Verwirrungen und Missverständnissen. Der Nichtorientalist spreche einfach ḥ wie h, ṭ wie t, q wie k, th und dh wie das englische harte und weiche th, ç wie im Französischen, gh in allen Fällen wie das g der Ostpreussen z. B in „Tage", das ' in der Wortmitte als Hiatus, am Wortanfange mag er es ganz ignoriren; s ist stets scharf, ſ[1]) weich zu sprechen; als Majuskel des weichen Lautes dient S, als solche des scharfen Ss.

Als Zeichen der betonten Länge haben wir in den meisten Fällen den Circumflex angewandt, zuweilen falscher Betonung durch ein ˘ vorgebeugt. Von den Anmerkungen enthalten einige Nachträge und gelegentliche Mitteilungen des Erzälers, andere sollen das Verständniss schwierigerer Stellen fördern helfen. Zu diesem Zwecke haben wir öfters die neuere Literatur über Land und Leute herangezogen; wegen der durchgängigen Gleichheit orientalischen Lebens durfte hierbei auch über Kurdistan hinaus gegriffen werden. Die Anmerkungen wurden von uns gemeinschaftlich ausgearbeitet; einzelne mit Socin's späterer Reise in Zusammenhang stehende Zusätze sind, mit S. unterzeichnet, in Klammern gesetzt. Für einige zoologische Notizen sind wir unsern Collegen Bertkau und Eimer zu Dank verpflichtet. Was wir über die vorkommenden Orts- und Stämmenamen beizubringen wussten, wurde in einen besondern Index verwiesen. Ausserdem haben wir das Buch mit einem ausführlichen Sachregister ausgestattet und in demselben das für Märchenforschung und Volkskunde wichtige Material zusammengestellt.

---

1) ج und ظ haben wir hier nicht unterschieden.

16. April 1880.   Die Herausgeber.

Inhalt.

I.

Es war einmal ein Ortsschulze Jûsif-Agha, der lebte in der
Nähe von Indien; er hatte einen Vetter und war in die Schwester
desselben verliebt: er ging heimlich zu ihr, als sie noch ein Mädchen
war; darauf wurde sie zu Hause schwanger. „Von wem bist du
schwanger geworden?" fragte sie, ihr Bruder. „Ich bin von Jûsif-
Agha schwanger", antwortete sie. Die Einwohner der Stadt aber
ergriffen die Partei des Bruders des Mädchens und wollten Jûsif-
Agha nötigen das Mädchen zu heiraten; er antwortete: „Nachdem ihr sie mir mit Zwang habt aufdrängen wollen, mag ich sie
nicht heiraten". Darüber entstand Streit unter den Einwohnern
des Fleckens; aber gegen Jûsif-Agha konnte man nichts ausrichten. Unterdessen gebar das Mädchen einen Sohn und eine Tochter, und man gab dem Sohn den Namen Mammo, und der Tochter den Namen Amîna. Als Mammo gross wurde, erkundigte er
sich darnach, wer sein Vater wäre. Da wies man auf seinen
Oheim und sagte ihm: „Das ist dein Vater". „Der ist nicht
mein Vater", erwiderte er. — Darauf verliebte sich Mammo in
ein Mädchen, und diese seine Geliebte fragte ihn: „Weisst du,
wer dein Vater ist?" „Wer denn?" „Jûsif-Agha ist es; er hatte
ein Verhältniss mit deiner Mutter, als sie noch ein Mädchen war;
darauf haben die Angehörigen deines Oheims mit Jûsif-Agha Streit
geführt, aber nichts gegen denselben ausrichten können; so bist
du ausserehelich geboren worden". „Ist es so?" „Ja". — Als
er nach Hause kam, ging er hin und schnitt die Goldstücke vom
Kopfputz seiner Mutter ab: damit kaufte er sich ein Schwert und
ein Paar Pistolen; das Schwert hing er sich um die Schulter, und
die Pistolen steckte er vor sich in den Gürtel. So trat er in's Zimmer Jûsif-Agha's, der nichts davon ahnte und rief: „Mammo, komm
und setze dich her". Mammo setzte sich zu Jûsif-Agha hin und

sie redeten mit einander. Darauf bekamen sie Streit, Mammo zog
seine Pistole heraus und richtete sie auf Jûsif-Agha; der Schuss
traf in's Herz, und Jûsif-Agha schrie nur noch: „Mammo hat mich
getödtet!" Da rückten die Verwandten Jûsif-Agha's, die Brüder
und Söhne dem Mammo zu Leibe; aber ein Gerücht, dass man
Mammo getödtet habe, drang auch zu seinem Oheim; dieser eilte
in's Zimmer Jûsif-Agha's und nun gingen sie mit den Säbeln auf
einander los; im Kampfe erschlug Mammo sechs von den Verwandten Jûsif-Agha's. Darauf ging er nach Hause. Alle Einwohner des Fleckens aber kamen zu Mammo mit dem Anerbieten:
„Sei du unser Oberhaupt!" „Gut", antwortete er, und wurde
Schulze; aber es dauerte zwei Jahre, bis er die Amtsführung erlernt hatte. —

Unterdessen ging einer der Dorfleute in's Holz; auf den stiess
ein wütender Löwe und frass den Mann sammt dem Maultiere auf.
Da hiess es: „Der Mann hat sich verlaufen", und zwei Leute gingen ihn suchen; sie erblickten Blut auf dem Boden und verfolgten die Blutspur, bis zur Höle des Löwen; an der Oeffnung derselben sahen sie die Sattelhölzer, das Beil, den Strick und den
Packsattel liegen. Der Löwe aber sprang heraus, packte einen
und frass ihn, der andere entfloh; er kam in das Dorf zurück und
rief: „Warlich, es ist ein wütender Löwe da, der die beiden Männer getödtet hat". „Was erzält ihr da?" fragte Mammo. „So
und so ist die Sache", erwiderten sie. Da machte sich Mammo
auf, griff zu Säbel und Schild und zog gegen den Löwen, indem
er eine Kuh mitnahm. Wieder kam der Löwe hervor und wurde
wütend, als er sah, dass Mammo einen Säbel bei sich hatte. Vor
den Augen aller Einwohner des Dorfes hielt Mammo dem Löwen,
als dieser ihn packen wollte, seinen Schild entgegen, so dass der
Löwe ihm nichts anhaben konnte, und versetzte ihm einen Hieb
mit dem Schwerte; bis zum Mittag kämpften sie mit einander, wie
zwei Männer kämpfen; endlich erlegte er den Löwen und ging
nach Hause. Durch diese Tat erlangte Mammo Ruhm, und sein
Name wurde weltbekannt. —

Hierauf zog ein Kaufmann von Môçul nach Indien und kehrte
bei Mammo ein. „Bist du Mammo?" fragte er ihn. „Ja". „Wir
haben deinen Namen in unserer Heimat Môçul nennen hören; bist
du noch unverheiratet?" „Ja". „So passt für dich Sîne von
Dschefîre, die Tochter des Mîre-Sirâf; sie hat drei Brüder: Mîr-
Ssêfdîn, Hasso und Tschakko; sie wohnt im Schlosse von Dschefîre, und die Ketten ihres Hoftores sind von Gold". Da fragte

Mammo: „Wer wird dorthin reisen?" „Ich", antwortete jener.
„Wenn du dorthin gehst, so bring ihr diesen Ring", bat Mammo.
„Gerne", antwortete er. „Aber bringe mir Nachricht von ihr zu-
rück", trug er dem Kaufmann auf. Da ging der Kaufmann nach
Indien, betrieb seinen Handel und kehrte wieder um, kam zu
Mammo, nahm den Ring Mammo's mit und reiste nach seiner Heimat Môçul; dann zog er nach Dschefîre hinauf zu Sîne. Dort erblickte er Sîne am Fenster und rief sie an. Aber sie war nicht
Willens, sich mit dem Kaufmann zu unterhalten. „Sîne", rief er
noch einmal. „Was gibt's?" fragte sie. „Ich habe dir von irgendwo etwas mitgebracht". „Was hast du mir denn mitgebracht?"
„Sieh es an", sagte er. Da löste sie den Gürtel von ihrer Hüfte
und liess ihn durch das Fenster, worunter der Kaufmann stand
und woran sie oben sass, hinab mit den Worten: „Knüpfe es,
was es auch sei, an das Ende dieses Gürtels". Der Kaufmann
band es fest, und Sîne zog den Gürtel hinauf, dann löste sie das
Ding vom Gürtel ab, beschaute es und sah, dass es ein Ring war,
von dem der eine Stein ein Diamant der andere eine Perle war,
und auf dessen drittem Steine der Name Mammo's stand. „Wo befindet sich der Besitzer des Ringes?" fragte sie. „In seiner Heimat", antwortete jener. „Ich habe seinen Namen auch schon nennen hören; aber nun will ich mich nach ihm erkundigen; ist er
schön? oder nicht?" „Ein wunderschöner Jüngling", antwortete
jener; „ich bin nach Indien gegangen und nach Môçul zurückgekehrt, habe aber nirgends einen schöneren und männlicheren als
ihn gefunden". „Wirst du denn dorthin zurückkehren?" fragte
sie. „Ja". Da setzte sie sich hin und zeichnete ihr Bild, wie sie
aussah, auf's Papier und schrieb zum Bilde: „Komm in unser
Land; es soll fern von mir sein, dass ich einen andern Mann heirate, ausser dir selber; dass Männer Weiber suchen, ist aber keine
Schande; hingegen dass Weiber Männer suchen, ist eine Schande".
Darauf gab sie dem Kaufmann den Brief, und den Ring behielt
sie. Der Kaufmann reiste nach Môçul, packte seine Warenballen
und zog nach Indien. Als er zu Mammo gelangte, trat er vor
denselben hin. Jener rief ihm zu: „Willkommen! Rede!" „Was
soll ich reden? Mammo", antwortete dieser, zog den Brief aus seiner Busentasche und übergab ihn Mammo. Wie dieser den Brief
schaute und das Bild der Sîne ansah nebst den Worten, welche
sie geschrieben hatte, küsste er das Bild und fragte: „Wo ist mein
Fingerring?" „Sîne hat ihn angenommen", antwortete jener.
  Zwei Jahre hindurch schickten sie sich nun Briefe; dann aber

ereiferte sich Sîne über Mammo. Sie verschaffte sich für tausend
Piaster einen Boten und schickte durch denselben einen Brief an ihn
nach Indien, des Inhalts: wenn er kommen wolle, so möge er nun
kommen; „wenn er aber nicht kommt, so heirate ich den Mîr-
Akâbir, den Fürsten von Wân". Der Mann reiste, sich nach
Mammo's Wohnsitz erkundigend, bis zu demselben und übergab
ihm den Brief. Nachdem Mammo ihn gelesen hatte, rüstete er sich
zur Reise, stieg zu Pferde und brach mit zweiundvierzig Leuten
der Stadt (es waren aber das nicht seine Brüder, wie man sonst
in der Geschichte erzält) auf; diese zogen mit ihm des Weges,
ohne dass er ihnen gesagt hatte, wohin er reise. Nun aber riefen
sie: „Mammo!" „Ja". Wohin geht deine Reise?" „Ich will
nach Môçul reisen", antwortete dieser; „wer mitkommt, sei willkommen; und wer nicht mitkommen will, handle nach Belieben;
ich will in die Fremde ziehen". Da kehrten sie auf halbem Wege
um und verliessen Mammo. Unterwegs kam er zu einer Quelle
und legte sich bei derselben schlafen, denn es gab keine Dörfer
um die Quelle. Desshalb blieb auch seine Stute ohne Futter und hungrig; Mammo aber hatte vier Brote bei sich; er zerrieb dieselben
in den Futtersack der Stute; diese frass jedoch das Brot nicht;
da sagte Mammo zu sich selber — denn es war Niemand bei ihm
—: „Ich weiss nicht, warum sie nicht frisst". Plötzlich bekam
die Stute durch Gottes wunderbare Fügung Sprache und rief:
„Mammo!" „Ja, meine treue!" „Kehre von hier nach Hause zurück!" „Das geht nicht"; antwortete er, „ohne dass ich Sîne
mitbringe, geht das nicht an". „Gut, wie du willst", sagte die
Stute und sprach nicht mehr, so viel Mammo auch versuchte die
Unterhaltung fortzusetzen. — Dann sang er an der Quelle und
weinte über Sîne, früh Morgens aber brach er auf und reiste eine
Station weiter. Diesmal stieg er auf einer Wiese ab und legte sich
schlafen, wärend die Stute weidete. Da kam eine Schlange auf
ihn los und wand sich um sein Bein. „Geh herunter, Bestie",
rief er; sie aber sprach: „Habe keine Angst, ich werde dich nicht
beissen; denn deine Stunde ist noch nicht gekommen". Da ging
die Schlange herunter. „Wenn deine Stunde da wäre", fuhr sie
fort, „so hätte ich dich gebissen, was du auch gesagt hättest".
Darauf stand Mammo auf, stieg zu Pferde und machte sich
auf den Weg, bis er zu den Tennen vor der Stadt Dscheſîre gelangte; da stieg er ab, um sich die Stadt von aussen anzusehen.
Es wohnte daselbst ein gewisser Bakko der Schlimme, der im Rat
der Angesehenen ein solches Ansehen genoss, dass, wenn er ein-

mal etwas sagte, er es nicht zum zweiten male zu sagen brauchte.
Dieser Bakko hatte eine Tochter, welche ebenfalls Sîne hiess.
Eben ging sie an den Fluss hinunter, um Kleider zu waschen, als
sie den Mammo erblickte; da verliebte sie sich in ihn. Die Verwandten der schönen Sîne indessen hatten davon gehört, dass sie
und Mammo einander Briefe zugeschickt hätten, und wenn man
ihr riet: „Nimm einen Mann!“ so antwortete sie: „Ich will keinen
heiraten, ausser Mammo“; davon hatten alle Einwohner der Stadt,
alte und junge, Kunde. — Da redete die Tochter Bakko's ihn
an und fragte: „Wer bist du?“ „Ich bin Mammo“, antwortete
er. „Was suchst du denn?“ fragte sie. „Sîne suche ich!“ „Wenn
du sie siehst, wirst du sie erkennen?“ fragte jene. „Ja“. „Ich
bin Sîne“, sagte sie. Er schaute sie an und sagte: „Nein, du
bist nicht Sîne; nach der Beschreibung, welche man von Sîne
gibt, ist nichts süsseres als sie in der Welt; wärend du nicht
schön bist; du lügst!“ „Mammo“, rief sie, „Gott weiss, ich bin
Sîne“. „So ist vielleicht dein Name Sîne; aber du bist nicht die
Sîne, die ich zu haben wünsche“. „Mammo!“ antwortete sie;
„mein Name ist Sîne und ich bin die Tochter Bakko's des Schlimmen, Sîne vom Hause des Fürsten ist meine Freundin“. „So geh
und rufe sie hierher!“ bat er. Darauf ging die Tochter Bakko's
des Schlimmen und rief: „Sîne!“ „Ja“. „Komm, wir wollen an
den Fluss gehen einen Vogel zu beschauen; es ist ein fremder
Vogel da, wie es keinen schöneren gibt; ich habe die Kleider liegen lassen und bin gekommen, dich zu suchen, damit du diesen
Vogel dir ansiehst“. Da kam Sîne, nachdem sie ihre Schuhe angezogen hatte, in die Stadt hinunter; die Leute der Stadt und der
Kaufläden aber sagten, Sîne betrachtend: „Noch nie ist Sîne aus
dem Hause herausgegangen, ausser jetzt“. So gingen sie zur
Stadt hinaus und kamen an's Ufer des Flusses. Wie Mammo Sîne
erblickte, fiel er um vor Herzweh; sie aber setzte sich zu ihm
und rieb ihm die Herzgegend, wärend die Tochter Bakko's des
Schlimmen zuschaute. Dadurch, dass sie Mammo's Herzgegend
rieb, kam er wieder zu sich. Nun sah sie aber Mammo an und
nun bekam sie Herzweh, so dass Mammo ihr die Herzgegend rei-
ben musste; ihre Brust aber war weiss und weich wie Seide. Da
kam Sîne wieder zu sich, und nun küssten sie einander. — „Ich
will nach Hause gehen“, sagte sie, „steige du zu Pferde und
komm zu uns.“ „Ja“, erwiderte er. Hierauf ging Sîne nach
Hause, stieg auf die Zinne des Schlosses und schaute mit bren-
nendem Herzen um sich. Mammo kam in's Haus des Fürsten, zu

Mîr-Ssêfdîn, und setzte sich in's Empfangszimmer. „Woher bist du?" fragte man ihn. „Ich bin ein Fremder", antwortete er. Da sahen sie, dass er schöner war als sie selber, und hatten an ihm ihre Augenweide. Sîne aber sagte zu ihren Brüdern Tschakko und Ḥasso: „Das ist Mammo; erweist ihm Ehre und bewirtet ihn freigebig". Daher waren Mammo und die Brüder bald unzertrennlich. — Aber zu Bakko dem Schlimmen sprach seine Tochter: „Dieser da hat mich verschmäht und an Sîne Gefallen gefunden". „Ich will machen, dass man ihn tödte", antwortete ihr Vater.

Eines Tages befal der Fürst Ssêfdîn: „Lasst uns auf die Gasellenjagd gehen!" auch Mammo forderte er auf, und dieser sagte zu. Sîne aber sagte zu Ḥasso: „Nehmt Mammo nicht mit auf die Jagd; er ist ein Gast; es wäre eine Schande! Bakko könnte ihn tödten lassen!" „Fürchte nichts, Schwester", antwortete jener, „wir sind ja bei ihm". — Darauf sattelten die Diener die Pferde; Sîne aber stieg ebenfalls von ihrem Zimmer herunter und machte Mammo's Stute zurecht. Tschakko und Ḥasso sahen sie wol, aber sagten nichts; das blieb in ihrem Herzen verschlossen; der Fürst Ssêfdîn aber merkte nichts davon. Sie gingen auf die Gasellenjagd. Da sprang eine Gaselle auf, und man rannte ihr nach, bis Mammo sie einholte; als er sie dem Fürsten Ssêfdîn geben wollte, sagte dieser: „Nein, sie sei ein Geschenk für dich". „Ich nehme es dankbar von dir an," erwiderte Mammo. Dann aber wandte er sich zu Ḥasso: „Ich bin durstig geworden und will darum nach Hause gehen und warten, bis ihr zurückkehrt". „Gehe nur", sagte dieser. Hierauf ging Mammo und verliess sie. Sîne stand indessen auf dem Schlosse, indem sie auf die Strasse blickte und dachte: „Wann wird Mammo zurückkehren?" Da kam Mammo heran, stieg in das Zimmer hinauf, und nun küssten und umarmten sich Sîne und er einander. Darauf aber kamen auch die Brüder zurück und stiegen zum Zimmer hinauf, so dass sie ihr keinen Weg offen liessen zum Hinausgehen; desshalb schlüpfte sie hinter Mammo's Rücken, und er deckte sie mit seinem Pelz zu. Aber nun kam auch der Fürst Ssêfdîn, wärend Mammo da sass. Er begrüsste ihn, Mammo erhob sich nicht vor ihm; wäre er aufgestanden, so wäre Sîne zum Vorschein gekommen. Ssêfdîn und Bakko setzten sich ebenfalls. Letzterer sagte zu Mammo: „Der Fürst Ssêfdîn hat dich begrüsst, und du bist nicht vor ihm aufgestanden". Mammo antwortete: „Er ist ja wie mein älterer Bruder!" Ḥasso und Tschakko aber wussten, dass Sîne unter Mammo's Pelz versteckt war; daher winkten sie einander mit den Au-

gen. Sie sagten zu Mîr-Ssêfdîn: „Steh auf, wir wollen in deinen
Garten gehen". „Ich mag nicht mitgehen", antwortete der Fürst
und wurde zornig. Da ging Ḥasso hin, schlug seine Frau und
legte Feuer an sein Haus, um Mîr-Ssêfdîn aus dem Zimmer aufstehen zu machen, damit Sîne hinter Mammo hervorkommen
könnte; Mammo's wegen handelte er so. In Folge dessen kam
man dem Fürsten Ssêfdîn berichten, dass Ḥasso seine Frau geschlagen und an sein Haus Feuer gelegt habe. Jetzt ging Mîr-
Ssêfdîn aus dem Zimmer, nach dem Hause Ḥasso's hin, in Begleitung von Bakko dem Schlimmen, und da nun ausser Mammo und
Sîne Niemand mehr im Zimmer blieb, kam sie unter dem Pelz
hervor und stieg in ihr Oberzimmer hinauf. Bakko aber erzälte
dem Mîr-Ssêfdîn: „Mammo ist desswegen nicht vor dir aufgestanden, weil Sîne unter seinem Pelz versteckt war". Da geriet Mîr-
Ssêfdîn mit Ḥasso in Streit. Ḥasso aber und Tschakko stiegen
grollend zu Pferde und reisten hierher nach Damaskus. —
Unterdessen warf Mîr-Ssêfdîn den Mammo in's Gefängniss;
Sîne aber pflegte an die Thüre des Gefängnisses zu kommen, indem sie über Mammo weinte; dann sagte Mammo: „Sîne, weine
nicht! es zehrt wie Feuer an meinem Herzen". Jedoch sie weinte,
und Mammo weinte, bis letzterer aus Gram und Grimm dem Tode
nahe kam. Einmal kam ein Derwisch und fragte sie: „Warum
weinst du?" Da erzälte sie es dem Derwisch und fragte ihn:
„Wohin gehst du, Derwisch?" „Ich gehe auf die Wallfahrt". „Gehst
du nicht nach Damaskus?" „Freilich," antwortete er. „So geh und
sage meinen Brüdern: Bakko hat Mammo festnehmen lassen, und
jetzt wird er bald sterben; desshalb kommt und verweilt euch
nicht". „Gib mir einen Kuss", bat der Derwisch. „Komm, küsse
mich um Mammo's willen", antwortete sie. Da küsste er sie und
zog davon. — Sie aber pflegte Mammo mit Essen zu versorgen;
er jedoch genoss nichts; endlich starb er; auch Sîne brach vor
Gram und Grimm todt zusammen. Da legte man Sîne und Mammo
in ein und dasselbe Grab, indem man ihre Rücken einander zu-
kehrte; durch ein Wunder von Gott aber wurden ihre Gesichter
einander zugekehrt. — Der Derwisch ging unterdessen hin, fand
Tschakko und Ḥasso und richtete ihnen die Botschaft aus. Jene
stiegen zu Pferde und kehrten in ihre Heimat zurück. Daselbst
fragten sie: „Wo ist Mammo?" „Er ist gestorben". „Wo ist
Sîne?" „Sie ist gestorben". Da gingen sie hin, öffneten das
Grab und weinten um sie. Mîr-Ssêfdîn und Bakko begleiteten sie
dorthin, und letzterer sprach: „In diesem Leben liebten sie ein-

ander und in jenem lieben sie einander". „Wie so?" fragten jene.
„Wir haben ihre Rücken gegen einander gelegt; nun haben sie
einander die Gesichter zugekehrt". Da sagte Tschakko: „So lange
sie am Leben waren, hat er nicht von ihnen gelassen und auch
nun, da sie todt sind, lässt er nicht ab von ihnen". Nach diesen
Worten führte er einen Schwerthieb auf Bakko und tödtete ihn.
Ein Tropfen seines Blutes aber fiel in das Grab zwischen Mammo
und Sîne hinein; dieser wurde zum Dornstrauch zwischen den
beiden; darauf schloss man das Grab wieder.

II.

Es war einmal ein Häuptling der Kôtschär Namens Mirf-Agha,
dessen Wohnplatz war auf den Weiden. Ein Bruder, den er gehabt hatte, war gestorben und hatte einen Sohn und eine Tochter
hinterlassen; der Name des ersteren war Ose, der Name des Mädchens 'Amsche. Da sandte Ibrahîm-Agha, der Herr von Bitlis, einen Diener zu Mirf-Agha mit dem Auftrage: „Geh, sage ihm, er
möge mir 'Amsche zur Frau geben". Der Diener kam zu Mirf-
Agha und sagte: „Mirf-Agha!" „Ja!" „Ibrahîm-Agha hat mich
geschickt mit dem Auftrag: „Geh, sage dem Mirf-Agha, er möge
mir das Mädchen zur Frau geben". „Das werden wir nicht tun",
antwortete dieser. Da kehrte der Diener zurück und berichtete
dem Ibrahîm-Agha, dass jene sie nicht geben wollten. Darauf beklagte sich Ibrahîm-Agha über sie bei der Regierung, und man
vertrieb die Kurden aus dem Lande. Sie zogen in's Hochland,
bis eines Tages Ose, der Neffe des Mirf-Agha, zu diesem
sagte: „Wir sind nun ein Jahr im Hochland geblieben, lass uns
an unsern früheren Wohnplatz zurückziehen". Da schlugen die
Kurden ihre Zelte wieder ab und kamen an ihren früheren Wohnplatz zurück. Als Ibrahîm-Agha davon hörte, schickte er einen
Diener an sie mit dem Befehl: „Geh, vertreibe sie von dort".
Der Diener kam dorthin, zog das Schreiben aus seiner Brusttasche
und übergab es dem Mirf-Agha. Dieser sah in das Schreiben und
Ose fragte ihn: „Oheim, was steht in dem Brief?" „Mein Sohn",
antwortete er, „die Leute des Ibrahîm-Agha wollen uns von hier
wieder vertreiben". „Warum das?" fragte Ose. „Wegen 'Amsche,
weil wir sie ihm nicht zur Frau gegeben haben". Da erhob sich
Ose und gab dem Diener eine Ohrfeige, dass er zu Boden fiel

und ihm drei Zähne zerbrachen. Dann sagte er: „Packe dich, wir wollen sehen, was ihr nun tun werdet". Der Diener stand auf, stieg zu Pferde und machte sich aus dem Staube. Als er in die Stadt kam, traf er das Empfangszimmer angefüllt; da trat er vor Ibrahîm-Agha hin, und dieser fragte ihn: „Nun, wie ist es gegangen?" „Du siehst es, Herr!" antwortete jener, „einer Namens Ose, Bruder der 'Amsche, ist auf mich losgekommen und hat mir einen Schlag versetzt, so dass meine Zähne zerbrachen". Hierauf befal Ibrahîm-Agha: „Werft den Diener in's Gefängniss, du hast von ihnen Bestechung angenommen". „Nein, mein Herr", entgegnete jener. Dann schickte er einen andern Diener mit dem Auftrag: „Geh, sage dem Mirf-Agha: komm, wir wollen Freundschaft schliessen, Ibrahîm-Agha hat für seinen Sohn ein Hochzeitsgelage veranstaltet und wünscht, du mögest kommen". Da ging der Diener zu Mirf-Agha und sprach zu ihm: „Komm, wir wollen zu meinem Herrn gehen, er lässt dir sagen, er wolle Freundschaft mit dir schliessen". „Schön", antwortete jener. „Er hat seinem Sohne ein Hochzeitsgelage veranstaltet und wünscht, du mögest auch daran teilnehmen". Ose aber sagte: „Mein Oheim kommt nicht". Mirf-Agha hingegen sprach: „Ja, ich will kommen, höre nicht auf jenen". Hierauf reiste Mirf-Agha mit dem Diener nach Bitlis in die Stadt zu dessen Herrn. Er ging in das Ratszimmer, welches voll Vornehmer war, da hiess es: „Mirf-Agha ist gekommen, bereitet ihm einen Sitz, seit langer Zeit sind sie Feinde gewesen". Mirf-Agha setzte sich in die Ecke, dem Fürsten gegenüber. — Unterdessen aber stieg auch Ose zu Pferde, steckte die Pistolen zu sich und hing den Säbel um die Schulter; dann band er sein Kopftuch mit dem Kamelhaarstrick fest, zog einen baghdadischen Ueberwurf und rote Stiefel an und steckte seinen Dolch zu sich. So ritt er in die Stadt hinter seinem Oheim drein. Daselbst stellte er seine Stute in die Herberge und ging in's Schloss zu Ibrahîm-Agha; da das Zimmer gedrängt voll war, setzte er sich bei den Schuhen und Stiefeln nieder und stopfte sich seinen Pfeifenkopf, wie ein Beduine. Sein Oheim aber sass mit Ibrahîm-Agha drinnen im Zimmer, welches voller Vornehmer war. Man bereitete Kaffe und reichte die Schale zuerst dem Mirf-Agha; aber als dieser sie in die Hand genommen hatte und am Trinken war, nickte Ibrahîm Agha seinen Dienern mit den Augen zu: „Tödtet ihn". Da fielen die Diener über Mirf-Agha mit ihren Dolchen her. Dieser rief: „brr", zückte seinen Dolch und hieb damit auf die Diener ein; aber er konnte nichts ausrichten; man tödtete ihn im Ratszimmer. Da stand Ose auf, verrammelte die Thüre, griff nach seinem Säbel und stürzte sich auf die Versammlung. Er tödtete den Ibrahîm-Agha, dessen Sohn und die Vornehmen, und nachdem er volle siebzig erschlagen hatte, nahm er seinen Säbel und ging hinaus. Er begab sich in das Weibergemach Ibrahîm-Agha's; derselbe hatte zwei Töchter und eine Frau. Ose nahm die beiden Töchter mit, setzte sie eine jede auf ein Pferd und bestieg seine Stute; seinen ermordeten Oheim band er auf ein Maultier und brach nach Hause auf. Da stiess er auf einige seiner Kurden, die fragten ihn: „Was hast du ausgerichtet?" „Sie haben meinen Oheim ermordet, darauf habe ich siebzig von ihnen getödtet und die beiden Töchter des Ibrahîm-Agha mitgenommen, und da liegt auch mein ermordeter Oheim auf dem Maultiere". Hierauf kamen sie nach Hause und stiegen ab; dann begruben sie den Oheim. Ose aber heiratete eines der Mädchen, und das andere gab er dem Dschelâl, dem Sohne Mirf-Agha's, seinem Vetter, zur Frau.

Eines Tages log die Tochter des Ibrahîm-Agha, welche die Frau des Ose geworden war, ihrem Manne vor: „Ich habe Jemand zu deiner Schwester 'Amsche gehen sehen". Da rief Ose seiner Schwester: „'Amsche!" „Was gibt's? mein Bruder". „Ist es wahr, dass Jemand dich verführt hat?" „Nein, mein Bruder, sieh, ich bin so unverdorben wie süsse Milch; ich weiss, die Tochter des verfluchten Ibrahîm hat mir das angetan". Da nahm er sie mit sich und sagte: „Schwester!" „Ja!" „Komm, wir wollen zusammen spaziren gehen". Im Geheimen fürchtete sie sich und sprach zu sich selber: „Er will mich tödten". Er nahm sie mit, und sie gingen in's Gebirge. Im Vorbeigehen erblickten sie eine Höle und liessen sich darin nieder, Ose mit seiner Schwester 'Amsche, die so schön war, wie keine in der ganzen Welt. Sie sprach zu sich selber: „Ich will mich schlafen legen, dann mag er mich tödten; aber mit offenen Augen fürchte ich mich vor dem Tode". Darauf sagte sie weinend: „Bruder, ich will mich schlafen legen". „Lege dich hin, Schwester". Das tat sie, Ose aber begann die Oeffnung der Höle mit grossen Steinen zu verrammeln und ging dann fort nach Hause zurück.

Eines Tages aber ging Schêr-Bek, der Häuptling der Schêr, auf die Jagd; da sprang eine Gaselle auf, und die Jagdhunde rannten ihr nach; bei der Oeffnung der Höle aber hielten sie an. Schêr-Bek ritt auf einer Stute, deren Sattel, Zügel und Bügel von Silber und Gold waren. Als nun die Jagdhunde an der Oeffnung der Höle heulten, spornte er seine Stute an und gelangte zu den Hunden;

darauf befal er den ihn begleitenden Fussgängern vorzurücken.
Da kamen die Fussgänger, etwa tausend an der Zal (aber Dälli,
sein Bruder, war mit ihm zu Pferde) und fragten: „Was gibt's,
Herr?" Er befal ihnen: „Oeffnet den Eingang zu dieser Höle".
Das taten sie und erblickten, o Wunder, ein Weib, wie es nichts
schöneres gab. Sie führten sie hinaus und fragten sie: „Woher
kommst du?" Sie sagte aber nichts, sondern weinte bloss. Hierauf liess Schêr-Bek den Dälli von seinem Pferde absteigen und
liess sie sich darauf setzen. Dann gab er ihr Wasser zu trinken
und, da sie die Geberde des Essens machte, Brot zu essen. Da
redete das Mädchen und fragte ihn: „Woher seid ihr?" „Ich
bin Schêr-Bek, der Fürst der Schêrwa". „Und du, woher bist du?"
fragte man. „Ich bin die Schwester des Ose, des Kurdenhäupt-
lings; so und so hat die Frau meines Bruders an mir gehandelt;
die Frau meines Bruders aber ist die Tochter des Ibrahîm-Agha,
des Herrn von Bitlis". Darauf fragte man sie: „Hast du keinen
Mann?" „Nein", antwortete sie. „Oder einen Verlobten?" „Nein".
„Bist du noch Jungfrau?" „Ja". Da nahmen sie sie mit und
kamen zum Schlosse Schêr-Bek's. Dälli behauptete: „Sie gehört
mir". Schêr-Bek aber antwortete: „Geh nur, wie werde ich sie
dir zur Frau geben? sie gehört jedenfalls mir!" Schêr-Bek heiratete sie, und bei der Hochzeit ergab es sich, dass sie noch Jungfrau war. —

Einige Zeit nachher machte sich Ose auf und ging zu der
Höle; als er aber Niemand fand, erkundigte er sich bei den Hir-
ten; diese sagten, sie hätten sie nicht gesehen. Da stiess er auf
einen Fuchs, dieser floh und rief von der Spitze eines Hügels:
„Hollah!" Ose blieb stehen. „Deine Schwester, welche du suchst,
hat Schêr-Bek weggeholt". Ose ging in Folge dessen zu Schêr-
Bek und trat in dessen Empfangszimmer; dort setzte er sich hin.
Darauf zog man das Tischleder heran und setzte den Gästen die
Abendmalzeit vor. Ose sagte aber zu Schêr-Bek: „Schêr-Bek!"
„Ja!" „Hast du eine Frau in der Höle gefunden?" „Ja", antwortete er. „Wo ist sie denn?" „Sie ist bei mir, ich habe sie
geheiratet". „Es möge dir zum Segen gereichen, aber bei deiner
Liebe zu Gott, sage mir, war sie eine Jungfrau oder nicht?" „Sie
war noch Jungfrau". Da weinte Ose; Schêr-Bek aber fragte:
„Warum weinst du?" „Sie ist meine Schwester", antwortete er.
Hierauf stand Schêr-Bek auf, nahm ihn am Arme und führte ihn
in's Zimmer der ’Amsche: die beiden sahen einander an und weinten; darauf küssten sie einander, und Ose sagte: „Es macht nichts;

du bist wie in dein eigen Haus gekommen, da du in das Haus
des Bek aufgenommen worden bist". Schêr-Bek schenkte dem Ose
die mit Silber und Gold bekleidete Stute und ein Ehrenkleid.
Ose aber stieg zu Pferde, kam nach Hause, tödtete seine Frau
und lud all sein Hausgerät auf; damit zog er zum Schlosse Schêr-
Bek's und wohnte daselbst bei seiner Schwester.

III.

Es war einmal in Diârbekr ein Regierungsbeamter Namens
Aḥmed-Kahja. Die Regierung von Diârbekr aber war damals
schlaff. Auch lebte dort ein Mann Namens Imâm-Agha; der hatte
sieben Söhne und eine Tochter. Da sandte Aḥmed-Kahja seinen
Diener in's Haus des Imâm-Agha und liess ihm sagen: „Lass
mich deine Tochter Ḥalîme zur Frau nehmen". Der Diener ging
in's Haus des Imâm-Agha und wies demselben das Schreiben vor.
Man rief Ḥalîme in das Empfangszimmer, und ihr Vater nebst ihren Brüdern sagten zu ihr: „Aḥmed-Kahja will dich heiraten".
Sie aber schmähte ihn und seinen Diener. Als letzterer zu seinem
Herrn zurückkam, fragte dieser: „Nun, was hat man dir geantwortet?" „Herr", sagte der Knecht, „sie haben dich und mich
geschmäht". — Unterdessen war die Regierung von Diârbekr
streng geworden. Aḥmed-Kahja aber stieg zu Pferde und nahm
zwanzig Gensdarmen mit sich; mit diesen zog er zu der Wohnung
des Imâm-Agha und liess die sieben Söhne desselben ergreifen.
Dann liess er dieselben unter die Soldaten stecken. Imâm-
Agha, seine Frau und Ḥalîme blieben allein zu Hause und
weinten. Da ging Ḥalîme hin, zog ihre Feierkleider an, nahm
den grossen weissen Ueberwurf um sich und kam nach Diârbekr;
dort trat sie weinend in's Haus des Richters. „Warum weinst du?"
fragte der Richter. Sie antwortete: „Aḥmed-Kahja hat um mei-
netwillen zu meinem Vater geschickt; und weil ich ihn nicht zum
Manne genommen habe, hat er meine sieben Brüder unter die Soldaten
gesteckt". „Was soll ich tun?" sagte jener, „ich habe nichts zu
sagen". Da stand Ḥalîme auf und ging zu Ḥasan-Agha, dem
Herrn von Serekîje; sie trat in dessen Empfangszimmer, wärend
dasselbe voller Leute war, und weinte daselbst. „Warum weinst
du?" fragte er. „Aḥmed-Kahja hat, weil ich ihn nicht zum Manne
genommen habe, meine sieben Brüder unter die Soldaten gesteckt".

„Was soll ich tun?" erwiderte jener, „ich habe in dieser Sache
nichts zu sagen". Da ging sie herum bei allen angesehenen Herren; aber keiner war im Stande, ihre Brüder zu befreien. Endlich
riet man ihr: „Gehe zu Färcho vom Hause des ʾAefêr-Agha; jener ist ein tapferer Mann und nimmt es mit der Regierung auf".
Sie reiste zu Färcho in die Stadt Dêreke, fragte nach dessen
Hause und ging in sein Schloss. Als sie in das Zimmer Färcho's
eintrat, wo er allein sass, trat sie zum Grusse an ihn heran; dann
zog sie sich wieder zurück. „Was willst du? Frau", fragte er sie.
„Herr", antwortete sie, „möge es dir wol gehen; ich bin zu dir
gekommen", (sie weinte, indem sie dies sagte) „weil Ahmed-Kahja
darum, dass ich ihn nicht zum Manne genommen habe, meine sieben Brüder hat greifen und unter die Soldaten stecken lassen".
„Wessen Tochter bist du?" fragte er. „Des Imâm-Agha". Da
wurde Färcho zornig, seine Augen röteten sich vor Wut; er ergriff
seine Pfeife and zerschmetterte sie. Darauf rief er seinem Leibdiener ʾAmer: „Komm"! „Was gibt's? Herr". „Auf", befal dieser,
„sammle Soldaten aus unsrem Flecken; wir wollen nach Diârbekr
ziehen, um die Brüder der Halîme zu befreien; wenn aber Ahmed-
Kahja dieselben nicht freilässt, so wollen wir gegen die Stadt
Diârbekr Krieg führen". Darauf sammelten sie Soldaten und zogen nach Diârbekr; daselbst angekommen liess Färcho seine Soldaten ausserhalb des Tores und ging mit zwei Dienern hinein.
Wie sie zum Schlosse kamen, fragten sie nach Ahmed-Kahja:
„Wo ist er?" „Dort", antwortete man. Da ging Färcho zu ihm
hinein; Ahmed-Kahja aber stieg von seinem Sitze hinab und liess
Färcho auf denselben hinaufsteigen. Färcho setzte sich; man
brachte Kaffe und sie tranken; darauf holte man das Essen herbei; aber Färcho wollte nichts davon geniessen. Da fragte Ahmed-Kahja: „Warum issest du nicht?" „Ich mag nicht essen",
antwortete jener. „Warum denn nicht?" „Wenn du die sieben Brüder der Halîme freilässest, so will ich essen; wo nicht, so mag ich
nicht essen". „Ich kann sie nicht freilassen". „Willst du sie
nicht freilassen?" „Nein". Da zog Färcho den Säbel und schlug
den Ahmed-Kahja; dieser aber floh, und er traf nur seine Schulter; schreiend machte er sich davon. Hierauf schickte Färcho einen seiner Diener ab, um die Soldaten herbeizuholen und sie ein-
marschiren zu lassen. Färcho selbst aber stieg, den Säbel in der
Hand, die Treppe hinunter in den Hof des Regierungsgebäudes,
trat an den Eingang des Gefängnisses und erschlug mit dem Säbel den Gefängnisswärter. Darauf liess er alle Eingekerkerten, so

viele ihrer im Gefängniss waren, heraus und setzte sie in Freiheit. Da kamen seine Soldaten und fragten Färcho: „Was verlangst du von uns?" „Ich verlange nichts mehr", antwortete er, „aber nehmt diese sieben, die Brüder der Ḥalîme, mit euch". Dann zog Färcho mit seinen Soldaten nach Hause. Unterwegs aber traf er seinen jüngsten Sohn an; der hatte eine Schar Knaben gesammelt und war hinter seinem Vater drein ausgerückt. „Mein Lieber", fragte ihn der Vater, „wohin willst du gehen?" „Ich bin dir nachgezogen", antwortete jener. „Kehre um", sagte er zu seinem Sohne, „ich habe die sieben Brüder der Ḥalîme schon mitgebracht". Als sie nach Hause gekommen und abgestiegen waren, ging der älteste Bruder der Ḥalîme die Hand Färcho's küssen und sprach: „Herr, ich schenke dir die Ḥalîme, mache sie zu deiner Sclavin". „Das geht nicht", antwortete Färcho; „da ich nach Recht und Billigkeit gehandelt habe, will ich nicht, dass die Leute sagen, Färcho habe wegen eines Weibes so getan; ihr aber geht nach Hause zurück und wohnt dort in Frieden; jedoch eine jede Bedrückung von Seiten der Türken sei meine Sache". Da wurde der Name Färcho's weltberühmt.

IV.

Es waren einmal zwei, die liebten einander. Da sagten die Verwandten zu dem Mädchen: „Wir wollen dich in die Familie des Ḥadschi-Bek verheiraten". Sie antwortete: „Ich mag keinen andern als den, welchen ich liebe". Aber man weigerte sich, sie dem jungen Manne, dem Ssêfdîn-Aghâ, zur Frau zu geben. Jedoch die beiden liessen nicht von einander. Da kam ein Statthalter in ihre Gegend und zwar in das Haus des Ḥadschi-Bek. Dessen Leute sagten zum Statthalter: „Jener Ssêfdîn-Agha ist militärpflichtig, stecke ihn unter die Soldaten". Der Statthalter tat dies und steckte ihn unter die Consignirten in ein Haus, an dessen Thüre Schildwachen waren. Ssêfdîn-Agha aber hatte einen Dolch bei sich; einmal ging er heraus, um ein Bedürfniss zu befriedigen, und entfloh; als die Soldaten ihn verfolgten, tödtete er sechs derselben mit seinem Dolche; aber man packte ihn und tat ihn wieder unter die Consignirten. Da ging Särîfe (so hiess seine Geliebte) zum Statthalter und sprach: „Statthalter!" „Was gibt's?" „Ich verlange von dir und flehe dich an, dass du Ssêfdîn-Agha

freilässest". „Das geht nicht an", erwiderte dieser, „denn er hat
sechs Männer getödtet". Sie sagte: „Ich will dir dafür einen halben Scheffel voll Goldstücke zum Geschenk geben". „Es geht
nicht an", antwortete er. — Darnach machte sich der Statthalter
mit seinen Soldaten auf und liess auch die Consignirten mit sich
ziehen; so reisten sie von Stadt zu Stadt. Särîfe aber zog mit
ihnen, und in jeder Stadt, wohin sie kam, flehte sie den jeweili-
gen Statthalter an, aber sie drang mit ihren Bitten nicht durch,
bis sie nach Kars gelangten an der Grenze der Russen. Da gingen sie zum Oberstatthalter, der direct unter dem Befehl des Sultans steht. Särîfe aber schlich sich unter die Consignirten und
sagte zu Ssêfdîn-Agha: „Gib mir deine Kleider und nimm die meinigen". Ssêfdîn-Agha tauschte mit ihr seine Kleider; er zog Weiberkleider an, und sie zog Soldatenkleider an. Sie gab ihm die
Weisung: „Geh in die Stadt, miete dir ein Haus und wohne
darin, bis wir sehen, wie die Sache sich gestaltet". Hierauf ging
er hin und mietete ein Haus in der Nähe des Regierungspalastes.
Weli-Pascha (der Oberstatthalter) aber sprach zu Kerîm-Pascha,
den Obersten und Hauptleuten: „Holt die neuen Soldaten herbei
und exercirt sie ein". Da brachten sie dieselben heran, und unter
ihnen befand sich Särîfe in Soldatenuniform; jeder Unterofficier nahm
sich zehn und exercirte dieselben ein, wärend Weli-Pascha die Soldaten und das Exerciren der Rekruten inspicirte. Der Unterofficier aber, der die Särîfe unter sich hatte, gab ihr viel Schläge;
denn er wusste nicht, dass sie ein Weib war; wenn die Soldaten
den rechten Fuss vorsetzten, so setzte Särîfe den linken vor und
brachte Fehler in's Exerciren. Da sagte der Wachtmeister zu den
Hauptleuten: „Kommt und seht; dieser Mann da will gar nichts
lernen". Die Hauptleute sagten es den Obersten, auch diese kamen und sahen zu, und wärend Weli-Pascha inspicirte, gingen die
Obersten auf das Mädchen los und schlugen es heftig mit der flachen Klinge; da griff sie an ihre Brust und entblösste dieselbe;
so ging sie an den Sitz des Oberstatthalters heran und rief: „Ver-
zeihung, Herr, ich bin ein Weib", indem sie auf ihre Brust wies.
Da wurde Weli-Pascha zornig und wollte fünf Statthaltern den Kopf
abschlagen lassen, indem er sagte: „Steckt ihr denn nun auch noch
die Weiber unter die Soldaten!" Sie aber sagte: „Nein, mein Herr,
ich will es dir erzälen, gib mir die Erlaubniss dazu". „Rede",
befal er. Sie erzälte: „Ich hatte einen Verlobten, der nicht militärpflichtig war, den aber die Leute des Dorfes unter die Soldaten brachten. Da habe ich die Statthalter angefleht; aber sie ha-

ben ihn nicht losgelassen; ich jedoch liess nicht von ihm ab, bin bis hierher mit ihm gekommen und habe mich an seinen Platz gestellt". „Wo ist er?" fragte der Pascha. „Er wohnt hier", antwortete sie. „Rufe ihn", befal er; „wenn er schön ist, wie du, so will ich ihn freilassen; wenn er aber hässlich ist, so stecke ich ihn unter die Soldaten". „So möge es geschehen", entgegnete sie und rief ihn. Da legte jener seine Kleider an und trat vor den Statthalter; dieser betrachtete ihn und sagte: „Warlich, es ist ein schöner Jüngling; der passt zum Soldaten, aber ich habe ihn dir zum Geschenk gemacht". Darauf küsste sie die Hand des Statthalters und sagte: „O Herr, ich habe noch die Bitte an dich, dass du mir einen Schein ausstellst und darauf das Siegel der Regierung drückst, damit Niemand ihn wieder ergreifen lasse". Da schrieb er ihr den Schein und gab ihn ihr; sie aber kehrte nach Hause zurück, und sie heirateten einander.

V.

Es war einmal ein Statthalter zu Diârbekr, der hatte eine Tochter, und um diese freite der Sohn des Statthalters von Baghdad. Eines Tages sagte die Tochter des Statthalters, sie wolle in den Garten gehen. Sie ging dorthin, sich zu vergnügen; denn sie hatte es verabredet mit dem Sohne des Richters; auch dieser kam in den Garten, und als er die Tochter des Statthalters getroffen hatte, setzten sie sich zu einander; er aber scherzte mit ihr und wohnte ihr bei. Darauf kam sie nach Hause zurück. Als ein Jahr verflossen war, holten die Leute des Statthalters von Baghdad sie ab für dessen Sohn; sie brachten Soldaten und eine Sänfte mit, und in die Sänfte setzte man sie nebst einer ihrer Sclavinnen. Unterwegs bekam die Prinzessin Wehen. „Ich habe Schmerzen", sagte sie zu ihrer Sclavin. „Wo?" fragte jene. „Am Bauch und an den Hüften", antwortete sie. Die Dienerin sprach zu ihr: „Du wirst doch nicht etwa schwanger sein?" „Ich weiss nicht". „Sage es nur, es ist ja niemand hier". „Komm, befüle mich", bat die Braut. „Ja, du bist schwanger", sagte die Dienerin, „du wirst gleich gebären und uns bei den Leuten in Schande bringen". „Was sollen wir beginnen?" fragte die Tochter des Statthalters. Da rief die Sclavin den Dienern, welche die Sänfte führten. „Was gibt's?" fragten diese. „Haltet an", befal sie, „damit die Prinzes-

sin etwas absteigt, um ein Bedürfniss zu verrichten". Man liess
halten, und die Prinzessin stieg nebst ihrer Sclavin aus; sie gingen in's Gras hinein, welches eine Elle hoch war. Die Dienerin
rieb ihre Herrin am Rücken; da gebar diese ein Töchterchen. Sie
aber kehrten unverzüglich zurück, stiegen in die Sänfte und reisten weiter; das Mädchen liessen sie im Grase liegen. „Weiter",
befal die Sclavin den Dienern; die Prinzessin aber sprach zu derselben: „Nun gib mir guten Rat". „Verlass dich auf Gott und
auf mich", antwortete die Dienerin. So gelangten sie in ein Dorf
und stiegen ab; die Diener fragten die Sclavin: „Mädchen". „Ja".
„Was wollt ihr essen?" „Bringt uns ein schwarzes Huhn und holt
uns Brot, wir wollen das Huhn schon selbst schlachten". Da holten sie ihr das Verlangte; die Sclavin schlachtete das Huhn und
tat dessen Blut in ein kleines Fläschchen. So reisten sie weiter
und gelangten nach Baghdad; und die ganze Stadt, Männer, Weiber und Kinder machten sich zusammen auf, ihren Einzug anzusehen; man löste Kanonenschüsse bei der Ankunft der Braut des
Sohnes ihres Statthalters. Als sie ihren Einzug gehalten hatte,
brachte man sie nebst ihrer Sclavin in ein Zimmer; diese aber
sprach zu ihrer Herrin: „Wenn nun der Prinz kommt, in sein
eheliches Recht zu treten, so lege dein Tuch unter dich und
sprenge auf dasselbe einen Blutstropfen nach dem andern; so wird
dein Mann nichts sagen und dich nicht in Schande bringen". Als
es Nacht wurde, kam der Prinz zu seiner Braut; sie tranken und
belustigten sich; sie aber machte den Prinzen mit Brantwein betrunken. Wie er nun sich anschickte, in sein eheliches Recht zu
treten, legte sie das Tuch unter sich; und nach der Heirat war
dasselbe ganz voll Blutstropfen. Der Prinz betrachtete das Tuch
und sah, dass Blut darauf war; da küsste er seine Frau; diese
aber bat ihren Mann: „Gib der Sclavin ein grosses Geschenk;
denn sie hat sich sehr für mich abgemüht". Das tat er, ging
dann zum Zimmer hinaus zu seinem Vater und verkündete ihm:
„Vater, ich bin nun wirklich verheiratet". „Gott sei Dank, mein
Sohn", antwortete dieser; da feuerten sie Kanonen ab und freuten
sich. Die Sclavin aber zeigte das Tuch den Weibern des Statthalters, und diese gaben ihr ebenfalls ein Geschenk.

Auf dem Gebirge aber liess ein Kuhhirte sein Vieh weiden;
da fand er ein kleines Mädchen, welches schrie; er tat es in seinen Ranzen und gab ihm Kuhmilch zu trinken bis zum Abend;
dann kam er nach Hause und sagte zu seinem Weibe: „Frau".
„Was gibt's?" „Ich habe für uns ein Töchterchen gefunden".

„Wo denn?" fragte sie. „Auf dem Gebirge", antwortete er. „Sie
wird vielleicht Angehörige besitzen", meinte jene. „Fürchte nicht",
sagte er und zog das Mädchen aus dem Ranzen hervor. Da
freute sie sich sehr darüber: denn sie hatten keine Kinder; aber
als sie es im Backtrog wusch, bedeckte sich die ganze Oberfläche
des Wassers in demselben mit Silber und Gold. Da freute sich
der Hirt und seine Frau, lasen das Silber und das Gold zusammen, und der Hirt verkaufte es für zehntausend Piaster; jede
Woche einmal badete sie das Kind, und jede Woche verkaufte der
Hirt Gold und Silber für zehntausend Piaster, so dass er bald ein
grösseres Haus machte, als der Statthalter, und man sagte: „Gott
hat dem Hirten Reichtum geschenkt". Der Hirt aber wurde ein
Kaufmann, und seine Tochter wuchs heran; ihre Locken waren
abwechselnd die eine von Silber und die andre von Gold, wie es
nichts Schöneres in der Welt gibt. Daher sagte der Sohn des
Ministers: „Nur die Tochter des Hirten will ich zur Frau, keine
andere". „Schön", sagte man; denn der Hirt war ja Kaufmann
geworden. Man freite dem Sohn des Ministers die Tochter des
Hirten und holte sie ihm heim.

Sie pflegte aber ihren Vater, den Hirten, zu besuchen. Da
fragten sie die Leute: „Wer ist dein Vater?" Sie antwortete:
„Der Kuhhirt". „Nein", sagte man, „der ist nicht dein Vater".
„Aber wer denn?" fragte sie. Man antwortete ihr: „Auf dem
Gebirge hat er dich gefunden". Als das Mädchen das hörte,
brach sie vor Wut todt zusammen. In Folge dessen tödtete der
Sohn des Ministers manche Einwohner der Stadt mit dem Schwert.
„Warum tust du so"? fragte man ihn. Er antwortete: „Ihr habt
meiner Frau gesagt, der Hirte sei nicht ihr Vater". „Wir wollen
dir eine andere freien", boten sie ihm an; aber er entgegnete:
„Es sei fern von mir, dass ich nach dem Tode jener Frau je eine
andere heirate". Hierauf wurde er Derwisch und ging in die weite
Welt. Auf der Reise gelangte er nach Baghdad und kam vor
das Fenster der Schwiegertochter des Statthalters; dort schlug er
die Handtrommel und weinte. Die Schwiegertochter des Statthalters hörte zu und fragte ihn: „Derwisch, warum weinst du?"
Er antwortete: „Mein Kummer ist gross". Darauf weinte er und
sang ein Gedicht über die Geschichte des Mädchens, welches
der Hirte gefunden und auferzogen hatte; wie es dann schön geworden sei, und wie der Sohn des Ministers um dasselbe gefreit
habe, und wie man so und so zu ihr gesprochen habe und sie gestorben sei; „ich aber", sagte er, „bin dieser Sohn des Ministers".

Dazu weinte er immer fort, indem er diese Geschichte der Schwiegertochter des Statthalters von Baghdad, der Mutter des Mädchens, vorsang. Da fing auch diese an zu weinen, rief dem Derwisch und nahm ihn als ihren Diener zu sich. „O Herrin", sagte er einmal. „Was gibt's? Derwisch", fragte sie. Er entgegnete: „Dein Gesicht und deine Gestalt sind ganz wie die meiner Frau"; dann weinte er und sprach: „O Frau, so lange ich am Leben bleibe, will ich nicht von dir weggehen, sondern mich trösten mit deinem Anblick". „Derwisch", sagte die Frau. „Was gibt's?" fragte er. „Aber sag es Niemand". „Nein". „Jene war meine Tochter". Da erzälte sie dem Derwisch alles, und er blieb für immer ihr Diener.

VI.

Es war einmal ein Minister, der hatte weder Frau, noch Vater, noch Mutter. Es lebte dort auch eine Witwe, die war schön. Sie hatte Angehörige, und der Minister pflegte sie zu besuchen und ihr beizuwohnen; da wurde sie schwanger. Als ihre Zeit heranrückte, ging sie aus Scham vor den Leuten nicht mehr zum Hause hinaus. Sie gebar einen Sohn, den legte sie in eine Schachtel und tat ihm ein Stück Zucker in den Mund; darauf verschloss sie die Schachtel. Ihr Dorf war dem Meere nahe, daher nahm sie die Schachtel und warf sie in's Meer; die Schachtel schwamm davon und verschwand aus ihren Augen. Da kam ein Kaufmann auf dem Meer herangefahren; er sass auf dem Dampfschiff und rauchte gerade eine Cigarette. Plötzlich sagte er zu einem der Schiffer: „Schiffer!" „Ja!" „Geh in's Wasser und schwimme; da ist eine Schachtel, hole sie mir!" Der Schiffer mit zwei andern stieg in's Meer hinab; sie schwammen und trieben die Schachtel mit den Meereswogen vor sich her; als sie dieselbe zum Dampfschiff gebracht hatten, ergriffen sie sie und stiegen hinauf. Da sagte der Schiffer: „Ich will sie öffnen". „Warum willst du sie öffnen?" fragte der Kaufmann; „ich kaufe sie dir ungeöffnet ab". Also erstand sie der Kaufmann auf gutes Glück um zehn Beutel: aber auch er öffnete sie nicht, sondern legte sie zwischen seine Warenballen. Darauf kam er nach Hause, und wie er nun im Verlauf einer Woche seine dringendsten Geschäfte zu Ende gebracht hatte, sagte seine Frau zu ihm: „Mann!“ „Ja!“ „Was hast du uns in dieser Schachtel mitgebracht?“ „Bei Gott“, antwortete er, „ich weiss nicht, was es ist; ich habe sie dem Schiffer für zehn Beutel abgekauft; bringe sie, wir wollen sie öffnen“. Sie holte sie, um sie zu öffnen; aber wie sie es auch anfingen, die Schachtel liess sich nicht öffnen. Da sagte er: „Lass die Schachtel dort stehen bis morgen; dann will ich einen Schlüssel für sie machen lassen“. Sie setzten sie hin und liessen sie stehen; aber wärend sie noch redeten, fing das Knäbchen an zu weinen. Der Kaufmann und seine Frau hatten aber keinen Sohn, sondern fünf Töchter. Wie nun das Knäbchen weinte, freuten sie sich und sagten: „O Gott, vielleicht ist es ein Knäbchen“. Jede ihrer Töchter gelobte der Mutter Gottes ein Gelübde, jede ein Goldstück. Jene Nacht schliefen sie nicht bis an den Morgen. Als der Morgen anbrach, sagten sie zum Kaufmann: „Auf, lass einen Schlüssel machen für die Schachtel“. Da ging der Kaufmann auf den Markt und liess einen Schlüssel machen. Er brachte ihn, steckte ihn in die Schachtel und öffnete sie; da ergab sich, dass ein Knabe darin war, der ein Stückchen Zucker in der Hand hatte. Sie freuten sich sehr, und die ganze Stadt hörte davon, dass der Kaufmann ein Knäbchen gefunden habe. Darauf erzogen sie den Knaben Jahr um Jahr, bis er zwanzig Jahre alt wurde. Da starb der Fürst der Stadt, und die Einwohner derselben fragten einander, wen sie zum Fürsten machen sollten; sie sagten: „Wir wollen Niemand aus unsrer Stadt dazu machen, sondern den Knaben, welchen der Kaufmann gefunden hat“. So machten sie ihn zum Fürsten über die Stadt, und er regierte als solcher vortrefflich; er befreite die Stadt von den Abgaben, und wenn Soldaten kamen, quartierte er sie in die Herbergen ein, (und nicht bei den Bürgern), und benahm sich trefflich. Hierauf freite man dem Fürsten eine Frau, und zwar die Tochter des Richters.

Vier Jahre vergingen, da wurde dieselbe schwanger und gebar eine Tochter. Die Leute der Stadt aber riefen: „O weh darüber, wäre doch nur unserm Fürsten ein Sohn geboren worden!“ Das Mädchen wuchs indessen heran und wurde sehr schön. Sie verliebte sich in den Sohn des Kuhhirten, und jeden Tag, wenn sie vom Schlafe aufstand, nahm sie Speise mit sich und ging in's Haus des Kuhhirten. Da fragten sie die Leute und ihre Mutter und ihr Vater: „Wozu gehst du in's Haus des Kuhhirten?“ Sie antwortete: „Ich gehe um zuzuhören, denn der Kuhhirt spielt uns auf der Flöte etwas vor“. Zu ihrem Vater aber sprach sie:

„Ich will nie einen andern heiraten, als den Sohn des Kuhhirten". Da schmähte sie ihr Vater und schlug sie, indem er sagte: „Wer bin ich und wer ist der Kuhhirt"? „Wie du willst", sagte sie. Eines Tages rief sie dem Sohn des Kuhhirten: „Komm, entführe mich zu Abu Sêd, dem Häuptling der Hilâl; der ist ein tapferer Mann". Der Sohn des Kuhhirten machte sich auf und entführte die Tochter des Fürsten; dann reiste er mit ihr zu Abu Sêd, dem Häuptling der Hilâl; er und das Mädchen begaben sich unter das Zelt vor Abu Sêd; dann küssten sie dessen Hand und traten wieder zurück. Abu Sêd sah sie an und fragte: „Wer und was seid ihr?" Sie antworteten: „Wir sind Gäste". „Zu Diensten; setzt euch!" Da setzten sie sich hin, und man zog das Tischleder vor sie: der Jüngling ass; das Mädchen aber sagte: „Ich mag nicht essen". „Warum willst du nicht essen?" fragte Abu Sêd. „Darum". „Das geht nicht an", sagte Abu Sêd. „Ich will es dir sagen", entgegnete sie, „wenn du es tust, so will ich essen; wo nicht, so will ich nicht essen". „Rede, deine Sache steht bei Gott und bei mir". Da erzälte sie: „Ich habe mich in den Sohn des Kuhhirten verliebt, aber mein Vater hat mich ihm nicht zur Frau geben wollen; da hat er mich entführt, und so bin ich mit ihm zu dir gekommen". Da knirschte Abu Sêd mit den Zähnen und sprach: „Iss und habe keine Furcht, die Einwilligung deines Vaters ist m e i n e Sache". Hierauf speiste sie mit den Andern zu Abend und sie legten sich schlafen. Darnach rief Abu Sêd den Geistlichen und liess das Mädchen mit dem Sohn des Kuhhirten trauen; dann gab er ihm ein Zelt, sammelte ihm von jeder Familie ein Rind, ein Schaf und ein Kamel und schenkte sie ihm; da wohnte der Sohn des Kuhhirten bei ihnen. —

Unterdessen hörte die Familie des Fürsten, die Angehörigen des Mädchens, davon; in Folge dessen machte sich der Fürst mit seinen Räten auf, stieg zu Pferde und ritt zu Abu Sêd. Sie gelangten zu den Zelten und erkundigten sich nach dem Zelt des Abu Sêd: auch der Kaufmann, der Vater des Fürsten, war mitgekommen. Darauf traten sie unter das Zelt des Abu Sêd und setzten sich; man brachte ihnen das Abendessen und Kaffe, wie es in der Welt der Brauch ist; sie speisten, und man trug das Tischleder weg. Dann versammelte sich der Rat des Abu Sêd, und jene redeten mit ihm. Da fragte Abu Sêd: „Was ist euer Wunsch?" „O Abu Sêd", antworteten jene, „unser Fürst hatte eine Tochter, die hat sich vom Sohn des Kuhhirten entführen lassen und ist in deinen Bereich gekommen, und das haben wir nicht gern". „Sie

ist bei mir, sie und er", antwortete Abu Sêd. „Dann verlangen
wir, dass du sie uns auslieferest". „Nein, das geht nicht". „Ja
freilich geht das an". „Schlaft bis morgen", sagte er. Da schliefen sie bis zum folgenden Tag, dann sagten sie: „Schnell, übergib sie uns!" Abu Sêd jedoch liess den Fürsten und dessen Begleiter hinausführen und befal sie zu pfälen und zu erhängen.

Hierauf hörte der Sultan, dass Abu Sêd solches getan habe;
da sammelte er ein Heer und zog gegen ihn; sie kämpften mit
einander, aber Abu Sêd besiegte das Heer des Sultans; dann
sandte er diesem eine Botschaft und liess ihm sagen: „Führe nur
Soldaten heran; so viele du deren mitbringst, so möge ich untergehen, wenn ich nicht dem Reich des Islâm ein Ende mache".
Da schickte ihm der Sultan einen Brief mit freundlichen Worten:
„Ich verlange von dir, der du wie mein Sohn bist, dass du unsere
Befehle nicht übertretest und ein Jahr draussen bleibest, ohne
über die Hilâl zu gebieten, und dass dieses Jahr über ein anderer
an deiner Stelle regiere; dann kehre wieder unter die Hilâl zurück". Abu Sêd willfahrte der Bitte, setzte einen andern zum
Häuptling ein und sprach zu seinem Weibe: „Ich will in die
weite Welt gehen; schlage dein Zelt draussen auf zur rechten
Hand, und setze es auf einen Pfeiler". Abu Sêd hatte keine Söhne,
aber seine Frau war schwanger, ohne dass Jemand darum wusste.
Darauf ging Abu Sêd fort nach Süden und kam an einer Zeltnie-
derlassung der Beduinen vorbei. Nachdem er fünf oder sechs Tage
gereist war, fand er eine Niederlassung von etwa zweihundert Zelten. Auf diese ging er los und fragte nach der Wohnung des
Häuptlings Schêch Ghânim. Hierauf wohnte er bei ihnen als Gast,
und sie erwiesen ihm Ehre und bewirteten ihn. Als er drei Tage
sich bei ihnen aufgehalten hatte, bekamen die Beduinen des Schêch
Ghânim Streit mit den 'Aenĕse, deren Anführer Ssifûk hiess; daher machten sich die Leute des Schêch Ghânim auf und zogen in
den Kampf gegen die 'Aenĕse. Als Abu Sêd dies sah, röteten
sich seine Augen vor Grimm; er knirschte mit den Zähnen und
zog seinen Panzer an. In den Zelten blieb Niemand, die Männer
zogen in die Schlacht, und die Weiber gingen hin zuzusehen.
Abu Sêd bestieg seine Stute Werdăke, die tausend Truhen Geldes
wert war, und ritt auf den Kampfplatz. Da schwang er seine
Lanze mit der Hand und besichtigte die Lage. Er sah die 'Aenĕse alle ohne Mützen, stürzte sich auf sie und besiegte sie; drei-
tausend und einen tödtete er, bis er auf Ssifûk stiess. Da standen sich Abu Sêd und Ssifûk mit den Lanzen gegenüber; Abu

Sêd aber spornte Werdǎke .mit dem Steigbügel an und rief dem
Ssifûk zu: „Dein Vater möge verdammt sein, ich bin Abu Sêd, der
Vater der Fârḫa und der Häuptling der Hilâl". Sogleich stieg Ssifûk von seiner Stute ab, machte eine Verbeugung bis an den Boden und küsste den Fuss des Abu Sêd: dieser aber liess Ssifûk
aufsteigen und nahm ihn mit zu Schêch Ghânim. Als die Leute
des Schêch Ghânim erfuhren, dass jener Abu Sêd war, freuten sie
sich sehr, wie er heran kam und Ssifûk mit sich brachte; und
Männer und Weiber betrachteten den Abu Sêd und Ssifûk: die
Weiber stimmten das Freudengeschrei an; zwanzig kamen von
dieser und zwanzig von jener Seite und fassten den Abu Sêd, hoben ihn vom Pferde und führten ihn hinein. Da befal er: „Bringt
Ssifûk vor mich!" Sie führten denselben zu ihm hinein. Darauf
versammelte sich der Rat des Schêch Ghânim, und vor der Menge
der Leute blieb kein Weg mehr zum Zelte übrig; wer kam, ging
den Abu Sêd küssen. Kurz, der Tag ging vorüber, die Leute zerstreuten sich; Abu Sêd aber machte, dass Ssifûk und Schêch Ghânim einander küssten und Freundschaft schlossen. — Nachdem
Ssifûk zu den ʾAenêʿe zurückgekehrt war, sagte Schêch Ghânim
zu Abu Sêd: „Ich habe drei Töchter, heirate welche von ihnen
du wünschest; eine von ihnen hat einen Mann, und zwei sind unverheiratet und noch zu Hause". Da besah sich Abu Sêd die
drei und sagte: „Ich will diese, die jüngste, haben". Man traute
sie ihm an, und er bekam sechs Söhne von ihr, deren Namen waren: Ḥosein, Ḥasan, ʾAli, ʾAmer, Mûsa und Muḥammed. — Darauf
stieg Abu Sêd zu Pferde und liess auch seine Söhne und seine
Frau, ein jedes von ihnen auf ein Pferd steigen und zog nach
Hause. Daselbst hatte auch seine erste Frau einen Sohn geboren, Namens ʾAelâu. Die Hilâl freuten sich, dass Abu Sêd zurückgekehrt war und sechs Söhne und auch hier einen, also sieben
Söhne, bekommen hatte; aber sie zitterten aus Furcht vor seiner
Gewalt und zogen ihm entgegen mit Flöten und Pauken. — Darauf kam Abu Sêd heran und stieg mit seinen Söhnen beim Zelte
ab; man legte die Regierung wieder in seine Hände. Einen
Monat blieb er so zu Hause; dann stieg er mit seinen sieben Söhnen zu Pferde und reiste zum Sultan. Dieser hing dem Abu Sêd
fünf Ordenszeichen um und jedem seiner Söhne eines. Hierauf
kehrte er in seine Heimat zurück.

VII. ·

Abu Sêd war Häuptling der Hilâl, Ḥêtim-eṭ-ṭai Häuptling der Ṭai. Einmal kamen drei Zauberweiber zu Abu Sêd, da setzte er ihnen Speise und Trank vor und schenkte einer jeden zehn Beutel, indem er sagte: „Wen habt ihr gesehen, der freigebiger wäre als ich?“ Zwei derselben sagten nichts; aber die dritte sprach: „Gib mir Erlaubniss (zu reden)“. „Die hast du“, sagte er, „rede“. Sie sprach: „Ḥêtim-eṭ-ṭai ist freigebiger als du“. „O weh, das ist wunderbar, bin ich doch Abu Sêd, der Häuptling der Hilâl, und man sagt mir, es gebe noch einen, der besser sei, als ich! setzt die drei in eine Kammer; ich will gehen um auszukundschaften, ob ihre Rede wahr ist; ist es Lüge, so will ich den Zauberweibern den Kopf abschlagen lassen; wenn es aber wahr ist, ihnen die Schätze der ganzen Welt geben“. Abu Sêd verkleidete sich in einen Derwisch, hing sein Schwert um seine Schulter und reiste in der Welt herum. Er fragte den Ṭai-Beduinen nach und kam zu den Zelten derselben. Als es Abend wurde, stürzten die Diener des Ḥêtim-eṭ-ṭai in's Lager und liessen Niemand darin übrig, den sie nicht zum Tisch Ḥêtim's führten; auch den Derwisch trafen sie und riefen: „Derwisch!“ „Was gibt's?“ „Auf, komm zu Tische, zum Essen!“ „Ich mag nicht kommen“, antwortete dieser. „Warum?“ „Darum“. Die Diener gingen und berichteten es dem Ḥêtim-eṭ-ṭai: „Herr, es ist ein Derwisch da, der nicht zu Tische kommen will“. Ḥêtim-eṭ-ṭai zog seine Stiefel an und ging den Derwisch aufzusuchen. „Derwisch!“ rief er. „Was gibt's?“ „Komm zu Tische“. „Ich mag nicht kommen“. „Was hast du denn für eine Absicht im Herzen?“ fragte der Häuptling. Er antwortete: „Wenn du mir deine Frau gibst, so komme ich mit; wenn nicht, so komme ich nicht“. „Steh auf“, sagte jener; „ich gebe dir meine Frau; der Tisch ist bereit, es wäre Sünde, (Jemandem nicht zu essen zu geben)“. Da stand der Derwisch auf und ging mit; Ḥêtim-eṭ-ṭai erwies ihm Ehre und bewirtete ihn; darauf legte sich der Derwisch in Ḥêtim's Zelt zum Schlafe nieder. Ḥêtim-eṭ-ṭai aber ging zu seinen Weibern; dort stopfte er eine Pfeife nach der andern, rauchte sie und klopfte sie wieder aus, ohne zu reden. Seine Frau sagte: „Ḥêtim-eṭ-ṭai!“ „Ja!“ „Wesshalb bist du so?“ „Wie denn?“ „Du sagst ja gar nichts“. „Was soll ich sagen?“ entgegnete er, „da ist ein Derwisch, der nicht zu Tische kommen wollte: ich sagte zu ihm: „„was willst du? komm doch zu Tische““, er antwortete: „„deine Frau will ich!““ „„Steh auf““, sagte ich zu

ihm, „„ich will sie dir geben““; darüber denke ich nach". „Das
hat nichts zu sagen", antwortete sie. In der Frühe stand der
Derwisch auf und nach dem Frühstück verlangte er von Ḥêtim-
eṭ-ṭai, er möge ihm nun die Frau geben. Darauf führte er sie eine
Tagereise weit mit sich fort. Als die Sonne unterging, lagerten
sie sich im Gebirge und legten sich beide schlafen; er aber legte
sein Schwert zwischen sich und die Frau, bis es Tag wurde. —
Darauf gelangte er zu den Zelten seines Stammes, wies ihr ein
besonderes Zelt zur Wohnung an und blieb zu Hause.

Eines Tages aber machte er sich auf, liess seine Anführer mit
sich ziehen und ritt mit ihnen nach der Ruine von Ssärval; von
dort sandte er Boten an Ḥêtim-eṭ-ṭai und liess ihm sagen, er möge
kommen, „wir wollen Brüderschaft schliessen, sagt ihm: Abu Sêd
hat's gesagt". Ḥêtim-eṭ-ṭai kam mit seinen Anführern und sie trafen bei der Ruine von Ssärval zusammen. Abu Sêd sagte zu Ḥêtim-eṭ-ṭai: „Komm mit zu uns nach Hause". „Auf!" antwortete
dieser. Er ritt also nach dem Wohnplatz des Abu Sêd und letzterer liess ihm hundert Stück Widder schlachten, um ihm daraus
ein Mal zu bereiten. Am frühen Morgen sagte Abu Sêd zu Ḥêtim-eṭ-ṭai: „Bruder, ich habe gar nichts, was ich dir schenken
könnte; ich will dir meine Schwester zur Frau geben". „Schön",
sagte jener. Noch am selben Morgen gab er ihm die Schwester;
Ḥêtim-eṭ-ṭai nahm sie mit sich fort und kam mit ihr nach Hause.
Als es nun Nacht wurde, und er sich nicht zu ihr schlafen legte,
fragte sie den Ḥêtim-eṭ-ṭai: „Warum schläfst du nicht bei mir?"
„Darum", antwortete er; denn er hatte seine Frau nicht erkannt,
und desswegen sprach er so. Sie fragte: „Warum hast du meinen Bruder belogen, (du wollest mich heiraten)?" „Darum".
„Steh auf", sagte sie, „fürchte dich nicht, ich bin deine Frau".
Da sah er sie an und wurde nachdenklich. „Spürst du denn nicht
einen Zug deines Herzens?" fragte sie ihn. „Nein". „Was für
ein Zeichen hattest du denn an deiner Frau?" „Ich habe ihr",
sagte er, „einmal die Spitze meines Schwertes auf die Brust gesetzt". „Da", sagte sie. „Warhaftig", rief er und legte sich zu
ihr. — Sie gebar einen Sohn. — Diesem Sohne sagte er: „Du
sollst einmal über die Ṭai herrschen". Sobald der Sohn zum Manne
herangereift war, entehrte er jedes mannbare Mädchen aus seinem
Stamme. Da kamen alle seine Stammgenossen zusammen in's Haus
seines Vaters und sagten: „Diese Sachen lassen wir uns nicht
gefallen". „Wie so?" fragte dieser. „Dein Sohn", antworteten
sie, „entehrt die Mädchen des Stammes". — Darauf vertrieben sie

ihn mit seinem Vater, und die beiden zogen in die weite Welt hinaus. Die Ṭaijiten aber wälten sich einen andern Häuptling.

VIII.

Es war einmal ein Vater, der hatte zwölf Söhne; aber den jüngsten liebte er mehr, als alle andern; derselbe hiess Jûsef, und man liess ihn keine Arbeit tun, sondern müssig bleiben. Aber seine Brüder wurden zornig über ihn, und als sie einmal gingen die Ernte schneiden, sagten sie: „Väterchen!" „Ja!" „Schicke uns Essen durch Jûsef". „Ja", entgegnete dieser. Hierauf gingen sie ernten, Jûsef machte sich auf und brachte ihnen, auf einem Kamel reitend, Brot. Inzwischen besprachen sich die andern Söhne unter einander; einige sagten: „Wie nun?" andere: „wenn Jûsef kommt, wollen wir ihn in die Cisterne werfen; warum liebt ihn unser Vater mehr, als uns?" „So soll es geschehen", sagten sie. Als er nun heran kam und abgestiegen war, packten sie ihn und warfen ihn in die Cisterne. Gegen Abend kamen sie nach Hause, und ihr Vater fragte: „Wo ist Jûsef?" „Wir haben ihn nicht gesehen", antworteten sie. „Er hat für euch doch Speise mitgenommen und ist zu euch gegangen". „Er hat sich nach Hause zurückbegeben", meinten sie. „Ich habe ihn nicht gesehen", sagte sein Vater. Da weinte er Tag und Nacht. „Ihr habt ihn getödtet", sagte er. „Nein, wir haben ihn nicht getödtet", schwuren sie ihrem Vater, aber dieser weinte immerfort.

Unterdessen kam ein Kaufmann und lagerte sich bei der Cisterne; seine Diener wollten Wasser schöpfen, Jûsef fasste aber das Brunnenseil. Die Diener berichteten dem Kaufmann, es sei Jemand in der Cisterne; sie liessen ihm Stricke hinunter und Jûsef band sie sich um seine Hüften; darauf zogen sie ihn in die Höhe und brachten ihn hinaus. Dann fragten sie ihn: „Wesshalb sitzest du in der Cisterne?" „Meine Brüder haben mich hineingeworfen", erwiderte er. Da der Knabe schön war, nahm ihn der Kaufmann mit sich und kam mit ihm nach Egypten; auch dort blieb der Knabe bei ihm, und der Kaufmann gab ihm Kleider und gewann ihn lieb. Als der König von Egypten den Knaben erblickte, fragte er den Kaufmann: „Woher kommt dieser Junge?" „Ich habe ihn aus der Cisterne gezogen", antwortete dieser. „Verkaufe ihn mir", bat jener. „Wie du befiehlst, ich ver-

kaufe ihn dir". „Stelle eine Forderung!" sagte der König. „Fünf-
tausend Beutel". Da kaufte ihn der König und nahm ihn in sein
Haus. Bald gewann der König Jûsef sehr lieb, so dass er ihn
zum Aufseher machte über sein ganzes Haus, die Schlüssel, den
Schatz und über Speise und Trank. — Der König aber hatte eine
Frau, deren Gleichen es nicht gab; diese verliebte sich in Jûsef;
er hingegen redete nie mit ihr; jedesmal aber, wenn die Königin
den Jûsef sah, sagte sie zu ihm: „Komm, schlafe bei mir". Wenn
die Königin so sprach, sagte Jûsef: „Nein", aber er erzälte es
dem König nicht. — Eines Tages ging der König aus, sich zu
vergnügen, und Jûsef mit ihm. Da sprach er zu ihm: „Gehe
nach Hause und hole uns Wein, damit wir fröhlich werden". Jûsef kam nach Hause, füllte Wein in eine grosse Flasche und ging
zu der Frau hinein, um aus ihrem Zimmer die Pfeife des Königs
zu holen; da verschloss sie die Thüren hinter ihm, und als er fliehen wollte, schrie sie laut, fasste ihn von hinten beim Hemd, und
dieses zerriss. Jûsef aber sprengte die Thüren und floh davon.
Er ging zum König, sagte ihm aber nichts; sie sassen bei einander, tranken und waren vergnügt; dann kehrten sie nach Hause
zurück. Da schrieb die Königin einen Brief an den König; dieser las ihn und schüttelte den Kopf. Darauf versammelte sich
der Rat, und der König rief: „Jûsef!" „Ja!" „Warum hast du
so gehandelt, mein Sohn?" „Habe ich gefehlt?" sagte dieser,
„frage doch nach!" Da befal man der Frau, in die Versammlung
zu kommen, und fragte sie: „Frau, wie lautet deine Behauptung?"
„Jûsef hat seine Hand nach mir ausgestreckt". Jûsef antwortete:
„Wenn ich meine Hand nach ihr ausgestreckt hätte, so würde
das Hemd nicht hier zerrissen worden sein; es ist aber hier von
hinten zerrissen". Der König beschaute dasselbe und erkannte,
dass jene Behauptung Lüge war; aber es ging nicht an, dass er
seine Frau blosstellte; daher liess er Jûsef für sieben Jahre in's
Gefängniss werfen.

Im Gefängniss war ein Fleischer und ein Bäcker; der letztere sagte einst zu Jûsef: „Mir hat geträumt, dass ich Brot herumtrüge". „Da wird man dich herauslassen", antwortete Jûsef;
und wirklich liess man den Bäcker aus dem Gefängniss heraus.
Der Fleischer aber sagte: „Jûsef!" „Ja!" „Ich habe einen Traum
gehabt." „Möge er glücklich sein, wie war er denn?" „Mir
träumte, dass ich Fleisch herumtrüge", antwortete er. „Da werden sie dich tödten", sagte Jûsef; und wirklich rief man dem
Fleischer, führte ihn hinaus und richtete ihn hin. — Darauf sagte

der König: „Ich habe einen Traum gehabt"; aber Niemand konnte
ihn ihm erklären; nur der Bäcker sprach zum König: „Jûsef versteht sich auf die Träume". Man rief ihn also, führte ihn zum
Barbier und liess ihn scheren, darauf brachte man ihn in's Bad,
liess ihn sich baden, zog ihm schöne Kleider an und führte ihn
zur Audienz. Der König sagte: „Jûsef!" „Ja!" „Ich habe geträumt, ich hätte viel Korn". „O König", sagte Jûsef, „fülle deine
Scheunen, sieben Jahre hindurch kaufe Weizen; denn es wird eine
Hungersnot geben". Da kaufte der König Weizen und speicherte
ihn auf in den Scheunen; den Jûsef machte er zum Oberaufseher
derselben. Bald darauf starb der König, und man wälte Jûsef
zum König. Wie er nun König war, kam ein Jahr der Teurung
über die Heimat Jûsef's; daher machten sich seine Brüder auf,
bestiegen ihre Kamele und reisten nach Egypten, um Weizen zu
kaufen. Als nun Jûsef vom Schloss herabkam, um ihnen Weizen
zu verkaufen, erkannte er seine Brüder, sie aber erkannten ihn
nicht. Da tat er seinen Becher in den Kornsack seines ältern
Bruders von derselben Mutter. Jene luden auf und zogen zur Stadt
hinaus. Nun sandte Jûsef seine Knechte ihnen nach und liess sie
zurückbringen. Sie fragten: „Was willst du? o König". „Ihr
habt meinen Becher gestolen", sagte er. „Nein, bei Gott, das
haben wir nicht getan", antworteten sie. Da befal er: „Schüttet
ihre Säcke aus, damit wir sie durchsuchen". Man gehorchte; da
ergab sich der Becher in dem Sacke seines leiblichen Bruders.
Man packte diesen seinen Bruder, und jene reisten ab. Als sie
nach Hause kamen, fragte ihr Vater: „Wo ist Ja'qûb?" Sie antworteten: „Er hat den Becher des Königs gestolen; daher hat
man ihn festgenommen". „Auch diesen also habt ihr mir getödtet, wie Jûsef", rief der Vater. „Er ist beim König", antworteten
sie. Da sandte ihr Vater Botschaft an den König: „Ich flehe dich
an, du mögest den Ja'qûb freilassen". Der König aber liess ihm
antworten: „Mögen sie kommen und ihr Hauswesen hierher bringen". Da rief Jûsef dem Ja'qûb: „Ja'qûb!" „Ja!" „Ich bin Jûsef!" „Du bist Jûsef?" „Ja!" Darauf küssten sie einander und
weinten. Als sie nun dasassen, kam ihre Familie und das ganze
Hauswesen an den Hof Jûsef's. Sein Vater aber war davon, dass
er so viel geweint hatte, erblindet. Nun ging Jûsef hinunter, ihnen
entgegen. Der Vater sprach: „O Gott, das ist der Geruch Jûsef's,
der mir in die Nase steigt". Da wurden seine Augen geöffnet.
Jûsef aber sagte: „Vater, ich bin Jûsef". Sie liessen sich dort
nieder; Jûsef aber war König, und seine Brüder dienten ihm.

IX.

Es war einmal ein Mann, der hatte weder Mutter noch Vater mehr; aber er besass viel Geld, sein Name war Ḥosein der Jäger; denn jeden Tag ging er auf die Jagd. Die Leute rieten ihm zu heiraten; er aber sagte: „ich mag nicht heiraten". Da bekam sein Oheim eine Tochter; und sobald diese zur Welt gekommen war, nahm er sie an sich und trug sie nach Hause. Dort liess er sie auferziehen, indem er sie einer Amme übergab. Als das Mädchen herangewachsen und mannbar geworden war, rief er den Molla und liess sie sich antrauen. Darnach traf er einen schwarzen Sclaven und sagte zu ihm: „Willst du nicht als Diener bei mir bleiben?" „Ja", antwortete dieser, „für wie viel den Monat?" „Dreihundert Piaster". „Schön".- Da blieb der Schwarze. Wärend aber Ḥosein auf der Jagd war, schlief der Schwarze bei seiner Frau. Diese gebar darauf ein schwarzes Knäblein, und in Folge dessen tödtete Ḥosein sie, warf den Schwarzen zum Hause hinaus und blieb mit dem Knaben allein. Als dieser gross geworden war, liess er ihn sich verheiraten. Der Junge hütete den Fruchtgarten; als er einst Abends nach Hause kam, fand er seine eigene Frau in der Umarmung des Alten. Er griff zum Schwert und tödtete den Alten nebst der Frau. Darauf wurde sein Name weltberühmt, er hiess Kander, Kander mit dem Horn. Der Rat versammelte sich nicht ohne ihn; denn er besass vieles und zalloses Eigentum. Da sagte man ihm: „O Kander!" „Ja!" „Für dich passt die Tochter des Königs von Persien". „Wo ist sie?" fragte er. „Im Perserland", antwortete man ihm. Darauf traf er einen Derwisch; „Derwisch", rief er. „Ja, Herr". „Wohin willst du gehen?" fragte er. „Ich will in das Land der Perser", entgegnete dieser. „Wenn ich dir einen Brief gebe, willst du ihn vol überbringen?" „Freilich". „Ich will dich auch dafür belohnen," sagte Kander. „Schön", antwortete jener. Da schrieb er einen Brief, setzte seinen Namen darunter und versiegelte ihn mit einem Siegel. „Gib diesen Brief", sagte er, „der Tochter des Königs von Persien". „Schön", sagte er. „Von meiner Hand in deine Hand und unmittelbar in ihre Hand". „Schön", sagte der Derwisch und ging fort. Als er in's Perserland gekommen war, erkundigte er sich nach dem Aufenthalte des Königs von Persien, und man berichtete ihm: „Dort in der Stadt Schât-u-Ben-ât ist ein Palast". Da ging der Derwisch fort und gelangte zu jener Stadt. Er erkundigte sich nach dem Palaste. Zu demselben ge-

kommen, ging er hinein und fragte: „Wo ist die Tochter des
Königs?" „Im Zimmer des oberen Stockwerkes" antwortete man
ihm; „warum (willst du zu ihr)?" „Ich komme von der Wallfahrt",
antwortete jener, „und habe ihr einen Gruss mitgebracht von dem
(geistlichen) Schêch des Wallfahrtsortes". „Dort ist die Prinzessin",
sagte man. Wie er nun hinaufgestiegen war und an die Thüre
kam, sah er zwei Diener, ihre Leibwächter, vor derselben sitzen.
„Wohin?" fragten diese; aber die Leute im Hofe riefen: „Lasst
ihn zu unsrer Herrin hineingehen." Er trat ein und begrüsste sie.
„Tritt näher, Derwisch!" sagte sie. Da zog er den Brief hervor
und übergab ihn ihr. Als sie ihn gelesen hatte, küsste sie ihn
und legte ihn auf ihren Kopf. „Derwisch!" rief sie. „Ja!" „Gehe
nicht fort, du hast keine Erlaubniss dazu". Dann rief sie ihrem
Diener: „'Osmân!" „Ja!" „Lege dem Derwisch Brot vor, damit er esse, und du Derwisch iss und bleibe bei mir". „Schön",
antwortete dieser, ging und ass. Sie aber schrieb einen Brief,
des Inhalts: „Kander, werde mein Mann und komm mich entführen". Als sie den Brief geschrieben hatte, zog sie den Fingerring von Gold und Edelsteinen ab, legte ihn in den Brief, faltete
denselben zusammen, rief dem Derwisch und sagte ihm, indem sie
ihm denselben übergab: „Ueberbringe ihn und gib ihn dem Kander; ich will dir den Lohn dafür geben". Da nahm der Derwisch
den Brief mit sich, machte sich auf den Weg und gelangte nach
Môçul zu Kander. Er trat vor ihn, indem er seine Arme über der
Brust kreuzte. „Willkommen, o Derwisch", sagte jener, „erzäle!"
Da zog er den Brief heraus und gab ihn dem Kander. Dieser
las ihn, küsste ihn und legte ihn ebenfalls auf seinen Kopf; da
kam der Ring im Brief zum Vorschein; Kander beschaute ihn
und lachte; darauf küsste er ihn und steckte ihn sich an den Finger. Nun machte sich Kander auf und stieg zu Pferde; auch den
Derwisch nahm er mit und liess ihn zu Pferde steigen. So reisten sie und gelangten in die Stadt Schât-u-Ben'ât. In einem Baum-
garten liessen sie sich nieder und mieteten denselben vom Gärtner, indem sie ihm auftrugen, er solle an diesem Tage keinen
Menschen in den Garten hineinlassen. Dieser willigte ein. Dann
sandte Kander den Derwisch mit dem Auftrag: „Geh, rufe meine
Herrin, sage ihr, sie möge heute den Garten besuchen, um sich zu
vergnügen. Kander sitzt im Garten, auf dich wartend". Der
Derwisch ging hin, aber er musste Gewalt anwenden, dass sie ihn
zur Prinzessin hineinliessen; diese jedoch rief von innen: „Lasst
den Derwisch nur zu mir hineinkommen; sonst lasse ich euch den Kopf

abhauen". Als der Derwisch vor sie getreten war, redete sie ihn
an: „Nun? Derwisch!" „Auf!" sagte dieser, „Kander sitzt im
Garten deiner harrend". „Geh", antwortete jene, „ich werde gleich
erscheinen". Da rief die Prinzessin ihrer Dienerin und sagte ihr:
„Mache uns Butterwecken und Baqlâwa und sonstige Speise und
fülle eine Flasche mit Brantwein; wir wollen in den Garten hinausgehen, um uns zu vergnügen". In Begleitung ihrer Dienerin
ging sie in den Garten und sah Kander mit dem Derwisch dort
sitzen. Da traten die Prinzessin und ihre Dienerin näher, setzten sich zu ihnen, assen und tranken und vergnügten sich mit ihnen höchlichst. „Derwisch", sagte Kander. „Ja!" „Hier nimm
Geld, gehe, kaufe uns noch zwei Pferde". Der Derwisch tat das
und brachte die Pferde; und als sie sich in Bereitschaft gesetzt
hatten, stiegen sie auf, Kander und der Derwisch jeder auf sein
Pferd, und die Prinzessin nebst ihrer Dienerin jede auf ein Pferd,
und ritten davon; als sie fünf Tage lang gereist waren, gab es
Tumult in der Stadt und bei den Persern. Man fragte: „Was
gibt's?" „Man hat die Tochter des Königs entführt", hiess es.
Der König in Begleitung von Soldaten stieg zu Pferde und verfolgte sie; eilig zogen sie ihnen nach und holten sie ein. Da liess
sich Kander mit den Soldaten in einen Kampf ein; und wärend
die Prinzessin mit ihrer Dienerin nach Môçul weiter zog, blieben
Kander und der Derwisch zurück und kämpften. Kander tödtete
viertausend von den persischen Soldaten; aber jene brachten den
Derwisch in ihre Gewalt und tödteten ihn; denn sie sagten: „Dieser ist es, welcher die Frau entführt hat". Kander aber zog weiter
und holte die Prinzessin mit ihrer Dienerin ein. Darauf gelangte
er nach Hause und wohnte daselbst. Er veranstaltete ein Hochzeitsfest mit Lustbarkeit und Tanz, und der Molla traute sie ihm
an. Da kamen die Leute der Stadt herzu und sagten: „Gott,
wie sie doch wunderbar schön ist!" Kander aber blieb fortan zu
Hause und regierte über die Stadt.

X.

Es war einmal ein Mann und eine Frau, die blieben fortwärend kinderlos, da schenkte ihnen Gott zwei Söhne; den älteren
nannten sie Kander und den jüngeren Dschäninâr. Ihr Vater
starb, als sie noch jung waren; aber ihre Mutter erzog sie und
bettelte hier und dort, um ihnen Nahrung zu verschaffen, bis sie

gross wurden. Als sie heranwuchsen und älter wurden, verschaffte
sie ihnen bei den Leuten als Hirten ein Unterkommen; ein bis
zwei Jahre hindurch weideten sie die Ziegen; aber einmal des
Nachts redeten sie mit einander und sagten: „Das passt uns so
nicht mehr; wir wollen in die weite Welt gehen, jeder für sich,
damit wir sehen, was wir mitbringen". — In der Frühe machten
sie sich auf und setzten sich in Bereitschaft; ihre Mutter aber
fragte weinend: „Meine Kinder, wohin wollt ihr gehen, und was
soll ich allein hier tun?" „Fürchte dich nicht", antworteten sie,
„wir wollen reisen und wiederkehren". Darauf nahmen sie von
einander Abschied und küssten einander; Kander aber ging in
der Richtung nach Süden und Dschäninâr nach Osten. Da kam
Kander zu einer Stadt und erblickte eine Frau am Brunnen. Diese
rief ihn: „Heda! Mann!" „Ja!" „Willst du nicht als Diener hier
bleiben?" Kander beschaute sie; es war eine schöne Frau. „Wo
denn?" fragte er. „Bei mir", antwortete sie. „Wer bist du denn?"
„Ich bin die Tochter des Fürsten der Stadt", erwiderte sie. „Wen
hast du denn im Hause?" fragte er. „Niemand habe ich mehr,
mein Mann ist gestorben, und ich habe nur eine Tochter." „Ich
will kommen", sagte er. Da ging er mit ihr nach Hause und
wohnte bei ihr. Darauf fragte er sie: „Was ist das Geschäft,
das du mir zu tun geben willst?" Sie antwortete: „Nichts, als
dass du gehst die Baumgärten bewässern und dann wieder nach
Hause kommst; das soll deine Arbeit sein". „Schön", antwortete er.
Von nun an ging Kander täglich die Gärten bewässern und kehrte
wieder zurück. Darauf kamen die Leute, um die Tochter dieser
Frau zu freien; sie sagte: „sie ist noch zu jung"; Kander aber
riet ihr: „Verheirate sie, damit wir vor ihr Ruhe haben". Sie
verheirateten sie, und Kander blieb mit der Frau allein; er ging
täglich die Gärten bewässern und kam dann wieder nach Hause.
Einmal aber des Abends machte die Frau ein köstliches Essen,
und als Kander sagte: „Trage uns Speise auf, damit wir zu
Abend essen", entgegnete sie: „Nein, diese Nacht wollen wir,
ich und du, zusammen eine Wette machen". „Was für eine Wette
soll es denn sein?" „Wir wollen Brantwein trinken", antwortete
sie, „und wenn du betrunken wirst, so drücke ich dir einen Stempel auf; wenn aber ich betrunken werde, so drückst du mir ihn auf".
Da fragte er: „Wohin soll der Stempel kommen?" „Auf unsern
Hintern". „Schön". Hierauf holten sie Brantwein und tranken, die
Frau aber wurde zuerst betrunken. Da sagte sie: „Steh auf,
stemple mich". Er antwortete: „Erst wenn wir zu Abend geges-

sen haben". Da assen sie, und darauf sprach er: „Nun, lege
dich hin". Er machte das Siegel heiss und dachte: „ich will es
aufdrücken". Sie aber sagte: „Ich will nicht". „Warum?" fragte
er. „Nicht mit diesem Siegel", sagte sie. „Mit welchem denn?"
fragte er. „Mit deinem unteren Siegel", sagte sie. Da drückte
er ihr seinen unteren Stempel auf und beschlief sie; darauf sagte
sie: „Nun hast du mich gestempelt". „Ja". „Von nun an möge
ich untergehen, wenn ich andere Männer als dich heirate". Kander aber fuhr fort in den Garten zu gehen und Nachts nach Hause
zu kommen.

Eines Tages sagte er zu der Frau: „Ich will in die weite
Welt hinaus und dann wiederkehren". Da machte er sich auf,
stieg zu Pferde und zog von dannen. Als es Nacht wurde, kam
er zu einer Ruine und legte sich dort schlafen. Das Gras darin
war armhoch, und er liess daher sein Pferd in demselben weiden.
Es wurde heller Morgen, und die Sonne wurde heiss, wärend er
noch da lag; endlich stand er auf, stopfte sich seine Pfeife und
rauchte dieselbe. Da blickte er um sich und sah vor sich ein
Mausloch; er sah eine blinde Maus herauskommen und Erde her-
austragen; dann zerstreute die Maus die Erde nach allen Seiten.
Wärend Kander (immerfort) zuschaute, schlüpfte die Maus wieder
in ihr Loch hinein, holte ein Goldstück heraus und legte es dahin;
dann ging sie wieder hinein und brachte ein anderes heraus; so
brachte die Maus fünfhundert Stücke heraus; darauf ging sie hinein und kam nicht mehr heraus. Kander sammelte die Goldstücke
und tat sie in seinen Beutel. Dann stand er auf, und da er ein
breites kurzes Schwert bei sich hatte, grub er der Hölung nach
und verfolgte sie. Die Maus aber schlüpfte in einen kleinen Kel-
ler hinunter. Auch in diesen folgte ihr Kander, ging hinein und
sah ein kleines Zimmerchen, worin zwanzig Perlen waren, welche
funkelten; auch ein Fass voll Goldstücke erblickte er; von diesen
nahm er etwas weniges weg und ging wieder hinaus. Dann verschloss er die Hölung, stieg zu Pferde und ritt nach der Stadt;
dort kaufte er vier Maultiere und vier Doppelsäcke und kam mit
ihnen zu dem Mausloch zurück. Er öffnete die Hölung und trat hinein; da erblickte er einen blinden Unhold im Innern des Kellers,
der schrie: „Heda, was machst du hier?" Der blinde Unhold tappte
so nach ihm herum. Sie packten einander, um mit einander zu
ringen. Aber von früh bis zum Abend konnte keiner den andern
werfen; am Abend setzten sie sich hin, Kander für sich und der
Unhold für sich, ein jeder auf eine Seite. Kander stopfte seine

Pfeife; da erblickte er eine Frau, die herankam, dem Unhold das
Abendessen zu bringen; zierlicheres als dieses Mädchen gibt's
nicht, und ihre Kleider waren ganz von Silber und Gold, so dass
Kander fast vor Sehnsucht starb. „Weh! weh!" dachte er, „wie
könnte ich von hier fortgehen und diese Schöne bei diesem Blinden
lassen!" Darauf setzte sie dem Unhold das Abendessen vor und
kam heran, den Kander zu küssen; aber sie wagte es in Gegenwart des blinden Unholds doch nicht. Da ass der Unhold zu
Abend, wärend Kander hungrig blieb; sie aber ging und holte
noch ein zweites Abendessen; dann zog sie ihre Schuhe aus und
schritt auf den Zehenspitzen, trug dem Kander das Abendessen
auf und kehrte zurück. Sie sahen einander an und lachten; als
aber Kander speiste, fragte der Unhold: „Woher hast du dein
Abendessen?" „Ich habe es bei mir gehabt", antwortete Kander.
„Gut". Darauf legten sie sich schlafen bis zum folgenden Tag; am
Morgen aber standen sie auf und massen sich im Ringkampf bis
zum Abend, ohne dass einer den andern warf. Da rief der Riese
wiederum dem Mädchen; sie kam heran und hatte ein anderes Gewand angezogen, so setzte sie das Innere Kander's noch mehr in Glut.
Wiederum blickten sie einander an und lachten. Der Riese befal:
„Mache ein Abendessen, so gut du es kannst, für mich und Kander". „Schön", antwortete sie und bereitete für beide ein Abendessen; aber in den Teller des Riesen tat sie eine Handvoll Gift.
Als sie nun gegessen hatten, brach der Riese zusammen; Kander
ging auf ihn los und hieb ihn mit seinem Schwert in Stücke. Dann
zündete Kander die Lampe an und trat gleichsam wie durch ein
nach unten gerichtetes Fenster in eine Höle, da fand er das Mädchen
allein, auf eine Bettstatt hingestreckt, und ging zu ihr. Sie fragte:
„Wie hast du gewagt, hierher zu kommen?" „Ich bin dein Diener;
jenen habe ich getödtet". „Nein, ich habe ihn getödtet", antwortete
sie. Darauf sassen sie fröhlich beisammen. Kander aber sagte zu
dem Mädchen: „Auf, wir wollen fortgehen!" „Wohin?" fragte sie.
„Ich will dich mitnehmen", antwortete er. „Ich gehe nicht mit, bis
du dich zu mir gelegt hast". „Wir werden später schon noch dazu
kommen". „Nein", entgegnete sie. Da wohnte er ihr bei, und es
kam eine schwarze Schlange aus dem Mund des Mädchens hervor.
„Tödte diese Schlange", befal sie. Als er sie getödtet hatte, fragte
er: „Was will diese Schlange bedeuten?" „Das ist die Liebe
des Riesen", entgegnete sie; „warum habe ich dir befolen: „Tödte
sie hier?" damit sie nicht auf die Oberfläche der Erde komme;
nun aber auf! wir wollen weggehen!" Da ging sie hinaus; er

aber nahm das Geld, die Perlen und die Schätze, welche sich dort
befanden, lud sie auf die Maultiere und setzte auch das Mädchen
auf ein solches. Er selbst stieg zu Pferde und so reisten sie ab.
Sie kamen in die Heimat der Frau, welche den Garten besass.
Bei ihr lud er seine Lasten ab; die Frau sah das Mädchen an
und sagte zu sich: „möge das Haus deiner Mutter zusammenstür-
zen", denn jenes war wunderschön. Da bereiteten sie Speise
und assen; Kander blieb eine Woche bei der Frau mit dem Garten, dann rief er: „Frau!" „Ja!" „Willst du mit uns kommen?"
„Wohin denn?" „In meine Heimat", antwortete er. „Ja". „So
rüste dich, wir wollen reisen", sagte er. Da ging sie hin und
sprach zu dem Fürsten, ihrem Vater: „Väterchen!" „Ja!" „Ich
habe einen Mann genommen und will nun mit ihm ziehen; die
Gärten mögen dir gehören". „Gut, wie du willst", entgegnete er.
Da ging die Prinzessin wieder in ihr Haus. — Der Fürst aber hatte
einen Sohn im Jünglingsalter; zu diesem sagte sein Vater: „Mein
Sohn, geh mit deiner Mutter noch eine Weile zu der Prinzessin,
denn sie reist morgen früh ab". Der Prinz kam also mit seiner
Mutter zu seiner Schwester, der Prinzessin. Dort aber erblickte er
eine Kleine in Begleitung Kander's, sie war wunderschön, und
er verliebte sich zum Sterben in dieselbe; schnell zog er seine
Schuhe wieder an und kehrte nach Hause zurück. Dort sagte er
zu seinem Vater: „Väterchen!" „Ja!" „Kander hat ein Mädchen
bei sich; ich will nie eines heiraten, wenn nicht dieses; wenn du
sie ihm nicht für mich abkaufst, so tödte ich mich selber". Da
ging der Fürst zu Kander und beschaute sie sich; er wurde ganz
verwirrt vor dem Uebermass ihrer Schönheit. Darauf sagte er zu
Kander: „Ich verlange, dass du dieses Mädchen meinem Sohne
zur Frau gibst". Da stand Kander wütend und erbost auf und
sagte: „Wie sollte ich diese hergeben?" Der Fürst sagte: „So
werde ich sie mit Gewalt wegnehmen". „Gut, ich will zu Pferde
steigen und von hier weggehen; dann komm und nimm sie mit
Gewalt". Kander belud darauf seine Maultiere, stieg zu Pferde und
liess auch die beiden Weiber aufsitzen; dann zog er aus der Stadt
hinaus. Der Fürst aber machte sich auf und brachte die ganze Stadt
auf die Beine, um Kander zu verfolgen. Da sprach das Mädchen
zu Kander: „Ziehe dieses Hemd hier an und kämpfe; es lässt
keine Hiebe durchdringen". Kander tat dies, kämpfte und stürzte
sich unter sie; er tödtete die Soldaten und vernichtete das ganze
Heer; dann drang er in die Stadt ein und tödtete Weiber und
Kinder, so dass nur der Fürst und dessen Sohn übrig blieben.

Dann ging er in das Schloss, tödtete auch diese beiden und nahm ihre vier Ohren mit. Darauf kehrte er um und gelangte zu seinen Weibern; die fragten ihn: „Was hast du ausgerichtet?" „Warhaftig", antwortete er, „ich habe keinen entweichen lassen, sondern alle getödtet; hier sind auch die Ohren deines Vaters und deines Bruders". Da weinte sie, und er fragte: „Schmerzt dich ihr Verlust?" „Nein", antwortete sie. „Wenn du willst, so kehre zurück!" „Habe ich dir etwa Vorwürfe gemacht?" erwiderte sie.

Darnach kam Kander in seine Heimat und stieg in seinem Hause ab; da erhob seine Mutter ein Jubelgeschrei und freute sich. Kander hatte eine Lehmhütte gehabt; diese riss er nieder und begann einen Neubau; er baute sich ein Schloss mit Zimmern; er machte darin zwanzig Zimmer und in jedes derselben tat er eine Perle an Stelle des Leuchters; und diese stralten bei Tag und bei Nacht. Da sagte er: „Ich will untergehen, wenn ich mir diese Weiber erst antrauen lasse; ich will ohne Trauung sie zu meinen Frauen machen". Darauf fragte er seine Mutter: „Mütterchen!" „Mein Sohn?" „Hast du keine Kunde von Dschäninâr vernommen?" „Nein, mein Kind; die Augen deiner Mutter mögen blind werden; dein Bruder ist verschwunden!" Da zog Kander das undurchdringliche Hemd an und stieg zu Pferde, indem er sagte: „Ich will in die weite Welt gehen, um meinem Bruder nachzuforschen". Darauf reiste er in östlicher Richtung und gelangte in eine Stadt zu den Gawern; mit diesen redete er in ihrer Sprache. Es war das eine grosse Stadt, worin keiner den andern kannte; Kander aber ging in's Kaffehaus und setzte sich dort hin. Da schlug ein Sänger die Mandoline und sang und weinte dabei. Kander's Herz wurde davon heftig bewegt, und er sprach zu ihm: „Möchtest du mir doch die Erklärung zu deinem Lied geben, du sollst dafür ein Geschenk erhalten!" Jener aber antwortete: „O Herr, das lässt sich gar nicht erzälen". „Da nimm und erzäle!" Er berichtete: „Es war einmal ein Mann, Namens Dschäninâr, der reiste in das Land der Blinden und holte sich zwei Weiber, wie es nichts schöneres gibt; ich aber war sein Begleiter. Da kam er in diese Stadt, und es liess ihn der König der Gawer ergreifen und befal ihm: „Entweder übergibst du mir jene beiden, oder ich lasse dich nicht mehr los"; so ist es nun acht Jahre her, dass er hier gefangen sitzt". „Kannst du mir ihn zeigen?" fragte Kander den Sänger. „Freilich". „Auf denn! ich bin ja sein Bruder". „Warhaftig?" „Ja". „Wunderbar", sagte der Sänger, „du bist Kander?" „Ja, ich bin Kander". „Die Leute dieser Stadt",

sagte jener, „haben vernommen, dass du eine ganze Stadt vernichtet hast". „Das habe ich getan", sagte er. Darauf zog er
sein undurchdringliches Hemd an und ging mit dem Sänger zum
Gefängniss des Königs. Dort rief er dem Dschäninâr, und dieser
kam heraus. Da erkannten sie einander und weinten. Dann ging
Kander zum König hinauf und sagte: „Lass diesen Mann, der
im Gefängniss sitzt, los!" „Ich will ihn nicht freilassen", antwortete dieser. „Ich bin Kander, und dieser Gefangene ist mein Bruder." Da fing der König an zu zittern und befal: „Lasst ihn frei;
nachdem du gesagt hast: „Ich bin Kander", will ich ihn freilassen". Da liess man jenen frei, und Kander fragte ihn: „Was hattest du mitgebracht?" „Zwei Weiber", antwortete jener, „und
zwanzig geladene Maultierlasten; die hat der König an sich genommen und die beiden Weiber hat er mit zweien seiner Söhne
vermält". Da zog er das Schwert, trat zum König hinein und
tödtete ihn. Dann holte er die beiden Weiber und die Maultiere
herbei; auch die Tochter des Königs nahm er mit und stürzte
sich dann auf die Einwohner der Stadt und vernichtete alle. Da
rief der Sänger: „Kander!" „Ja!" „Gib mir eine von ihnen zur
Frau; ich bin euer Diener". Sie gaben ihm die Tochter des Königs, und der Sänger sang nun ein Lied über Iskänder Abu Qarnein, der zwei Städte vernichtet hat. Dann kamen sie nach Hause
und der Sänger mit ihnen (er sang auf Arabisch: Skander abu
qarnein qatal medînetein). Kander's Name aber wurde weltberühmt, und von dem Tage an hiess er: Skander Abu Qarnein (d. h.
der zweigehörnte).

XI.   •

Es waren einmal zwei Freunde, beide Juden; der eine war
reich, der andere arm. Der Arme pflegte zum Reichen zu gehen
und verliebte sich in dessen Frau. Wenn nun der Reiche in den
Kaufladen ging, kam der Arme in dessen Haus, gab sich mit der
Frau ab und erhielt Geld von ihr. „Woher kommt dieses Geld?"
fragte der Reiche den Armen. „Gott hat es mir gegeben", antwortete dieser. Einst sagte die Frau des Reichen zu dem Armen:
„Mache einen unterirdischen Gang von unserm Hause zu dem eu-
rigen, er soll dich nichts kosten". Der Arme antwortete: „Mit
Freuden", und rief Tagelöhner, bei ihm zu arbeiten. Er liess ei-

nen grossen unterirdischen Gang bis in das Haus der Frau machen. Eines Tages nahm er die Stute seines Freundes, des Reichen, mit sich durch den Gang, führte sie auf den Markt hinaus,
ging zum Kaufladen seines Freundes und sagte: „Bruder, ich habe
diese Stute gekauft". Der Reiche sprach zu sich selber: „das ist
die meinige", fragte aber: „Für wie viel hast du sie denn gekauft?" „Für zwanzig Beutel", antwortete er. „Schön", sagte
der Reiche, machte sich auf und ging nach Hause. Bevor er aber
dort anlangte, war der Arme schon durch den Gang zurückgekehrt
und hatte die Stute wieder an ihren Platz gebracht. Nun klopfte der
Reiche an der Thüre und rief: „Mach auf!" Seine Frau öffnete
ihm die Thüre. „Wo ist die Stute?" fragte er. „Drinnen", antwortete sie. Er schaute nach und sah die Stute drinnen stehen.
„Bei Gott", sagte er, „da hat eben mein Freund eine Stute gekauft, welche dieser da durchaus gleicht". „Kann nicht ein Ding
dem andern gleichen?" antwortete die Frau. „Möglich", sagte er
und ging zu seinem Laden zurück. Da kam der Arme durch den
unterirdischen Gang und holte den silberbeschlagenen Schuh der
Frau. Sie gab ihn ihm und sagte: „Geh, zeige ihn meinem Manne
und sage ihm: ich habe ihn gekauft, was ist er wert?" Er trug
ihn durch den Gang weg und kam zu seinem Freunde, ihrem Manne.
„Bruder", redete er ihn an, „was ist dieser Schuh wert?" Dieser
betrachtete denselben; bei sich sagte er: „der gehört ja meiner
Frau". Er schüttelte seinen Kopf und fragte: „Für wie viel hast
du ihn gekauft?" „Was ist er wert?" entgegnete der Arme, „ich
habe ihn für zwanzig Goldstücke bekommen". „Schön", sagte der
Reiche, lief nach Hause und klopfte an der Thüre, indem er rief:
„Mach auf!" Sie öffnete dieselbe; aber der Arme war vorher
hineingekommen und hatte den Schuh durch den unterirdischen
Gang zurückgebracht. „Frau!" rief er. „Ja!" „Wo ist dein
Schuh?" „Da ist er", entgegnete sie. Er besah den Schuh und
sprach: „Bei Gott, eben hat mein Bruder einen Schuh gekauft;
man sollte sagen, es ist dieser Schuh da". Die Frau sagte: „Ein
Ding gleicht dem andern". „Möglich", erwiderte er, und ging
in seinen Kaufladen. — Darauf sagte die Frau zu dem armen
Manne: „Auf, rüste ein Essen und einen Hochzeitsschmaus und
lade deinen Freund ein, ich will dann kommen und kochen".
„Schön", sagte jener, nahm Reis und Esswaren aus ihrem Hause
mit und ging heim. Dann erhielt er von der Frau noch Fleisch
und Brantwein, und sie kochte ihm drinnen in seinem Hause. —
Hierauf sprach er zu seinem Freunde: „Bruder, komm zu uns".

„Warum?" fragte dieser. „Ich habe einen Schmaus hergerichtet".
„Gern", sagte jener. Sie kamen in das Haus des Armen und dieser sagte: „Bruder, ich habe eine Frau genommen". „Möge es
dir zum Segen gereichen, mein Bruder", antwortete jener; „wo ist
denn deine Frau?". „Da ist sie". Er schaute sie an und dachte:
„Das ist ja meine Frau". Er kehrte nach Hause zurück; jene
aber gelangte durch den Gang vor ihm nach Hause und setzte sich
dort hin. Er rief: „Mach auf!" Sie öffnete. „Bei Gott", meinte
er, „mein Bruder hat geheiratet und sich eine Frau geholt, die
ganz und gar dir gleicht". „Verfluchter", sagte sie, „warum soll
ein Ding nicht dem andern gleichen?" Darauf kehrte er zu seinem Freunde zurück; sie aber gelangte vorher durch den Gang
dahin; als er zu seinem Freunde zurück kam, sah er sie bei ihm
sitzen. „Bruder!" sagte er. „Ja!" „Gesegnet sei dir deine Braut".
„Gesegnet von Gott", entgegnete dieser, „Gott schenke Dir langes
Leben". Darauf setzten sie sich, tranken und vergnügten sich alle
drei, die Frau mit ihnen. „Bruder", sagte er zu dem Reichen,
„warte an der Thüre, bis ich in mein eheliches Recht getreten
bin". Jener wartete nun draussen vor der Thüre; der Arme aber
legte sich zu der Frau, stand wieder auf und dann rief er: „Bruder, komm!" „Wohin?" fragte dieser. „Komm, schlafe auch bei
meiner Frau", sagte jener. „Gut", erwiderte der Reiche, ging
und legte sich zu ihr. Darauf erhob er sich, nahm Abschied von
dem Armen und sagte: „Morgen komm zu mir; dann ist die
Reihe an mir". Da machte der Reiche einen grossen Schmaus
nebst Brantwein zurecht und lud seinen Freund, den Armen, ein.
Der Arme kam; sie setzten sich hin, tranken, und assen Fleisch,
Reis und andere Speisen. „Bruder", sagte der Reiche zu dem
Armen, „schlafe doch bei meiner Frau". Der Arme sagte: „Das
geht doch nicht an". „Das gehört sich", antwortete jener, „warum
soll ich (allein) bei deiner Frau schlafen?" Der Arme legte
sich zu ihr; und als er sich erhob, trug man wieder Speisen und
Brantwein auf. Darauf machten sie den Reichen betrunken und
gaben ihm Gift zu trinken; dann trugen sie ihn fort und begruben ihn. Die Leute der Stadt und der Rat fragten die Frau:
„Wen willst du nun heiraten?" „Den Armen", antwortete sie,
„unsern Freund". Sie heiratete ihn und zog in sein Haus. Vergnügt wohnten sie darin zusammen. Von jenem aber sagten sie:
„der Dummkopf ist gestorben".

XII.

Es war einmal ein Molla, der traf einen Grindkopf und fragte ihn: „Willst du nicht mit mir gehen?" „Wohin?" „Wir wollen Rosinen aus den Weinbergen sammeln". „Freilich", antwortete der Grindkopf. Als sie weiter gingen, trafen sie einen Jeſîdi und riefen ihn an: „Jeſîdi!" „Ja!" „Willst du nicht mit uns kommen?" „Wohin?" „Zum Rosinensammeln in die Weinberge". „Freilich", erwiderte dieser. So gingen nun die drei nebst einem Esel und forderten Rosinen von den Besitzern der Weinberge. Als sie ihren Sack voll hatten, begaben sie sich in's Dorf. Der Molla trat in ein Haus und bat: „Beherberget uns". „Recht gern", war die Antwort, „kommt und setzt euch". Der Grindkopf aber sagte: „Hier setze ich mich nicht". „Wesshalb nicht?" fragte der Molla. „Desshalb! hier gibt's keine schönen Weiber". Sprach's und ging zu einer Frau an die Thüre, welche gerade dasass und Garn auf den Haspel drehte; an ihren Augen hatte sie Schminke, es war eine Schöne. Der Grindkopf sagte: „Wir wollen bei dir schlafen". „Nein", entgegnete sie. Der Grindkopf aber sagte: „Freilich!" und lud gegen ihren Willen die Last in die Halle ab. Die Frau sagte ihm: „Freundchen, unser Haus wird in der Nacht voll Wasser". Da rief der Molla: „Grindkopf, willst du mich ersäufen?" „Nein, nein, habe nur keine Angst, wir lassen dich in der Fensternische schlafen". Sie liessen sich nun drinnen nieder. Als es Abend wurde, setzte sich die Frau an's Feuer, wärend sie sich neben der Ladung Rosinen schlafen legten. Der Grindkopf aber sass mit offenen Augen da und beobachtete die Frau. Jetzt dachte sie, sie schliefen, holte darauf einen schwarzen Faden, tat ihn um ihren Finger und band ihn an die Thüre, für den Fall, dass ihr Liebhaber käme. Dann legte sie sich auch schlafen. Der Grindkopf stand auf, ganz langsam, zog der Frau den Faden von der Hand und tat ihn an die seinige. Als nun der Liebhaber der Frau kam, den Faden fasste und daran zog, stand der Grindkopf auf, stellte sich, als ob er die Frau wäre, und fragte: „Was wünschest du?" „Ich will bei dir schlafen", erwiderte jener. „Wir haben Gäste, den Grindkopf, den Molla und den Jeſîdi". „Wie sollen wir's denn nun anlegen?" fragte der Liebhaber. „Stecke dein Glied zwischen den Thürbrettern durch", entgegnete der Grindkopf. Da sagte der Liebhaber: „Nimm dir dieses gekochte Huhn", gab es dem Grindkopf und steckte dann sein Glied zwischen den Brettern durch, aber der Grindkopf packte es von innen und schnitt es mit einem Messer ab. Dann trat er zu seinem Gefährten, dem Jefîdi, indem er von dem Huhn ass. „Was issest du?" fragte dieser. „Ich esse einen Knorpel". „Liebster, gib ihn mir". Er gab ihm das Glied, und der Jefîdi biss darauf, aber er konnte nichts Essbares abbeissen. „Lege ihn an's Feuer", riet ihm der Grindkopf. — Darauf tat dieser den Faden wieder an den Finger der Frau, welche noch schlief. Der Liebhaber aber stand vor der Thüre mit abgeschnittenem Gliede. Er zündete ein Feuer an und legte einen Bratspiess in dasselbe. Darauf riss er an dem Faden von der Thüre aus; die Frau kam und fragte: „Was wünschest du? Makke". „Ich will bei dir schlafen". „Wir haben Gäste". „So lege deinen Rücken an die Bretter, ich stecke mein Glied durch". „Schön!" sagte sie und legte ihren Rücken an die Bretter. Er aber machte das Eisen heiss und steckte es zwischen den Brettern durch. Es war heiss; als es in die Frau drang, schrie sie: „Uff! ich bin verbrannt!" Jetzt dachte der Jefîdi, der Grindkopf habe das Fleisch vom Feuer genommen. Er streckte nun auch seine Hand nach dem Feuer aus, um das Fleisch heraus zu nehmen, da stiess aber seine Hand an die Wasserkanne, sie fiel um, und das Wasser tröpfelte auf dieselbe heraus. Da schrie der Molla: „Das Haus ist voll Wasser", sprang vom Fenster hinab, fiel und zerbrach seine Zähne. Die Frau starb und auch der Liebhaber starb. Der Grindkopf, der Molla und der Jefîdi luden ihre Rosinen auf und gingen nach Hause.

XIII.

Es war einmal ein Kurdenhäuptling, der hatte einen verwirrten, verrückten Sohn; er bot ihm an: „Ich will dir eine Braut heimführen". „Was soll ich mit einer Braut tun?" fragte jener. „Du legst dich zu ihr schlafen", sagte er. „Ich will nicht". — Der Sohn ging die Schafe hüten. Der Vater aber dachte, er wolle seinem Sohne dennoch ein Weib suchen. Er freite ihm also eine; wie er's aber auch anstellte, jener legte sich nicht zu ihr. Da sagte das Mädchen zu ihrem Schwiegervater: „Ziehe mir Männerkleider an, und ich will zu Pferde steigen, meinen Mann im Gebirge zu besuchen". Sie zog Männerkleider an, aber ihre Hosen noch darüber, stieg zu Pferde und begab sich zu ihrem Manne in's Gebirge. Der kannte sie nicht, denn sie hatte sich in einen Türmeverkleidet. Es fing an zu regnen. Da ging sie zu ihm hin

und rief: „Hirte!" „Ja!" „Ist kein Schwamm und Feuerstein
da?" „Wozu?" fragte jener. „Mache mir doch ein Feuer, damit
ich mich daran wärmen kann", sagte sie. Da machte er ihr ein
Feuer, sie aber knüpfte ihre Kleider auf vor dem Feuer, wärend
er dasselbe anblies. Sie hatte ein Loch in der Hose, und wie er
nun das Feuer anblies, fiel sein Blick auf dasselbe und
er sagte: „Herr!" „Ja!" Was ist das für ein Loch?" „Still,
du Schurke", antwortete sie, und er blies das Feuer weiter an.
Wärend dessen betrachtete er das Loch noch einmal und sagte:
„Herr, was ist denn das für ein Loch?" „Es hat mich an dieser Stelle
eine Lanze getroffen, und nun bin ich zu dir gekommen, damit du
es heilest". „O verstände ich doch es zu heilen!" antwortete jener.
„Du verstehst das", sagte sie. „Wie so denn?" fragte er. „Mache
das Ding da warm und richte es in die Höhe, dann komm und
lege es hierher, so wird es heil; das ist das rechte Pflaster dafür".
Da machte der Hirte sein Ding warm und richtete es in die Höhe;
der Ritter aber knüpfte sich auf und sagte zu ihm: „Lege das
eine meiner Beine hierhin und das andere dorthin und das Heilmittel lege hier an". Dies tat der Hirte, und es gefiel ihm wol.
Dann sagte er: „Herr, komm jeden Tag hierher; ich will dir das
Heilmittel auflegen. „Du Verfluchter", sagte jene, „bin ich nicht
deine Frau? so hat dich dein Vater ja tun heissen! und du sagst:
ich verstehe das nicht". Dann kehrte sie nach Hause zurück, und
auch er kam am Abend dorthin und fragte: „Wo ist meine Frau?"
„Da ist sie", antwortete man ihm. Da sagte er: „Nun will ich
meines Vaters Haus verlassen", und verliess es.

Eines Tages ging er fort, um zu pflügen; er besass aber viele
Hühner. Unterdessen kam ein Fremder und fragte seine Frau:
„Willst du mir nicht fünf Hühner und einen Hahn verkaufen?"
„Ja freilich", antwortete sie. Darauf gab sie ihm fünf Hühner
und einen Hahn und sagte: „Wo ist das Geld?" „Nimm den
Hahn", antwortete er, „und behalte ihn als Pfand für das Geld".
Sie nahm den Hahn und setzte ihn wieder in's Hühnerhaus; dabei
bückte sie sich mit ihrem Kopfe nach unten; der Mann aber, welcher die Hühner gekauft hatte, kam ihr von hinten bei. Darauf
machte er sich weg, die Frau aber sagte nichts. Als der Mann
vom Pflügen nach Hause kam, rief sie: „Mann!" „Ja!" „Ich
habe fünf Hühner und einen Hahn verkauft". „Wo ist das Geld?"
fragte er. „Er hat es noch behalten, aber er hat den Hahn als
Pfand zurückgelassen!" antwortete sie. „Oh", entgegnete er, „geh
zum Teufel! gehört denn der Hahn nicht dir? er wird einfach deu-

ken, er habe den Hahn gar nicht gekauft!" „Weh mir, weh mir", schrie die Frau. „Und warlich bei Gott, er hat dich beschlafen", fuhr der Mann fort. „Wenn ich nicht meinen Kopf im Hühnerstall gehabt hätte, hätte er mir dann beikommen können?" antwortete sie. Da tödtete er seine Frau.

XIV.

Man erzält sich, es war einmal ein Mann und eine Frau. Eines Tages, als der Mann in's Holz ging, schlug er sich mit dem Beile auf den Fuss und verwundete denselben. Da kam er nach Hause und sagte seiner Frau: „Frau, nimm mir die Last herunter". „Wesshalb?" fragte sie. „Ich habe mir mein Glied abgehauen". Darauf legte er sich in's Bett. „Frau!" sagte er, „bereite mir ein gutes Essen". „Es ist kein gutes Essen da", erwiderte sie. Da schlug er sie, sie aber schrie: „Oho! ich komme meiner Pflicht nach, du aber nicht der deinigen". Grollend ging sie weg und begab sich zu ihrer Mutter. Drei Tage blieb der Mann allein, dann ging er ihr nach und sagte ihr: „Frau, komm nach Hause". „Ich komme nicht", antwortete sie. „Warum willst du nicht kommen?" „Ich komme nicht". „Wesswegen willst du denn nicht kommen?" Da sagte sie: „Schläft denn eine Frau bei der andern?" Nun zeigte er ihr sein Glied. „Woher hast du dieses?" fragte sie. „Ich habe es gekauft". „Wie viel hast du dafür gegeben?" „Ich habe es für einen geringen Preis gekauft". Da rief sie: „Verfluchter! warum hast du nicht eins von hohem Preise gekauft?" „Solche habe ich nirgend gesehen". „Wo kamen sie denn zum Verkaufe?" fragte sie weiter. „Sie kamen an die Thüre", entgegnete er. „Waren's viele?" „Ein Korb voll". „So hättest du einen hohen Preis bezalen sollen, und hättest ein grosses bekommen".

XV.

Es war einmal ein Kaufmann, der hatte einen Diener, welcher der Derwisch hiess; dieser ging einst in's Holz und sah dort ein Hochzeitsgelage der Elfen. Die Elfen aber raubten ihm sei-

nen Verstand, so dass er besessen wurde, und er verlor sich unter
ihnen. Darauf suchte der Kaufmann nach ihm und seinem Maultiere; das Maultier fand man, den Diener hingegen fand man nicht.
„Was liegt uns an ihm?“ sagten der Kaufmann und die Leute
des Hauses. — Die Geister nahmen unterdessen jenen mit in ihre
Hölen, und er zerriss seine Kleider, so dass er nackt wurde; und
wenn es Hochzeitsgelage bei den Geistern gab, nahmen sie ihn
mit; auch heiratete er ein Mädchen von ihnen, und diese Frau
war die, von der er besessen war. Er bekam auch Söhne von
ihr. Vier Jahre blieb er so in nacktem Zustande unter den Geistern; sein ganzer Körper bedeckte sich mit Haren, und nur seine
Augen funkelten aus denselben hervor, so dass man sich vor ihm
hätte fürchten können. Da bekam der Wolf seine Frau zu Gesicht
und frass sie; dadurch wurde der Derwisch gesund und überlegte
in seinem Verstande: „Was tue ich eigentlich hier?“ Er machte
sich also auf und davon und kam bis vor die Stadt des Kaufmannes; dort dachte er: „Ich schäme mich und mag nicht in die
Stadt gehen“. Daher baute er sich eine Steinhütte ausserhalb der
Stadt und wohnte darin.

Eines Tages ging er aus, da erblickte er einen Erschlagenen,
und neben demselben lag sein Säbel und sein Gewehr; diese beiden Waffen trug er fort in seine Hütte. Die Angehörigen des Ermordeten jedoch stellten Nachforschungen nach ihm an, und wie
sie nun bloss seinen Leichnam fanden, fragten sie, wer jenen Mann
wol umgebracht habe. Einige von den Einwohnern der Stadt
sagten: „Wir wissen es nicht“, andere: „Der, welcher ihn tödtete, hat den Säbel und das Gewehr mitgenommen; bei wem wir
also diese Waffen finden, dem Manne müssen wir den Process
machen“. „Natürlich“, antworteten andere; aber so viel man sich
auch erkundigte, man konnte nicht in Erfahrung bringen, wer der
Mörder war. Da erblickten zwei Männer auf der Jagd den Derwisch und bekamen Angst vor ihm, er hatte aber den Säbel und
das Gewehr bei sich. „Das sind die Waffen des Ermordeten“,
sagten sie zu einander; „dieser da hat sie bei sich“. Darauf kehrten die Jäger nach Hause zurück und erzälten den Einwohnern
der Stadt: „Es wohnt Jemand draussen vor der Stadt in einer Hütte,
der hat den Säbel und das Gewehr des Ermordeten; wir fürchteten
uns vor ihm“. Da befal man zehnen hinzugehen und zu unter-
suchen, was das für ein Mann sei. Sie gingen hin, wagten sich
aber nicht an ihn heran, aus Furcht vor ihm, sondern kehrten in
die Stadt zurück und berichteten: „Wir wagen uns nicht an ihn

heran, das ist kein Mensch; er hat ja keine Kleider an und das
Har an seinem Körper ist eine Spanne lang". Da gab es ein
Gerede in der Stadt und man benachrichtigte den Statthalter davon. „Kommt", sagte man, „wir wollen ihn uns ansehen, aber
ihn nicht angreifen, sonst tödtet er Leute aus unsrer Mitte". Nun
zogen alle Leute der Stadt mit dem Statthalter aus: aber sie wagten sich nicht an den Derwisch heran; nur die Angehörigen des
Ermordeten sagten: „Das ist unser Säbel und unser Gewehr", gingen auf ihn los und wollten ihn packen; er jedoch hatte Geisterluft an sich; wenn er mit dem Schwerte dreinschlug, tödtete er;
aber wenn man ihm mit Säbel und Gewehr beizukommen suchte,
wurde er zu Rauch; desswegen konnten sie ihm nichts anhaben,
sondern blieben starr vor Verwunderung; denn jeden, den er an-
griff, brachte er um, wärend sie ihm gegenüber ganz machtlos
waren. Darnach pflegte er in die Stadt zu kommen, um zu essen,
und wieder hinauszugehen; auch auf die Strassen ging er, be-
raubte die Leute und brachte sie um, bis er sich masslose Reichtümer angeeignet hatte. Da sandte der Statthalter an den Sultan
Botschaft: „Es ist ein Mann von der und der Art bei uns; der
lässt sich weder tödten, noch fangen; so und so benimmt er sich
gegen die Stadt und tödtet jeden, der hinausgeht, und jeden, der
herein will, so dass der Handel der Stadt zu Grunde gegangen ist".
Darauf hin erliess der Sultan ein Schreiben und schickte es an
den Statthalter: „Könnt ihr ihn denn nicht festnehmen und ihn
mir schicken, damit wir sehen, wer er ist?" Der Statthalter antwortete dem Sultan: „Wir können es nicht; er hat alle unsere
Soldaten getödtet; wenn sie auf ihn schiessen, so wird er zu
Rauch; wenn er aber mit dem Schwert dreinschlägt, so tödtet er".
Da machte sich der Sultan auf, sammelte ein Heer aus der ganzen Welt und zog gegen ihn. Sie betrachteten ihn neugierig, aber
festnehmen konnten sie ihn nicht; wenn sie auf ihn schossen,
wurde er zu Rauch; er hingegen tat dem Heere vielen Schaden
an. Da setzte sich der Sultan ihm gegenüber und betrachtete ihn
durch's Fernrohr. „Wer bist du?" fragte er ihn; „bist du ein
Mensch oder ein Tier?" „Ich bin ein Geschöpf Gottes", antwortete jener, „du aber hast ein Heer gegen mich gesammelt, indem
du dachtest, ich würde mich fürchten; jedoch so viele Soldaten du
auch herbeiführst, ich werde sie mit Gottes Hülfe tödten". Darauf
befal der Sultan den Soldaten, sich zu zerstreuen und ihn zu verlassen; wenn er Leute ausraube und tödte, solle Niemand etwas
dazu sagen.

Eines Tages aber ritt die Tochter des Statthalters spazieren;
da erhaschte er sie und zog sie vom Pferde herab; sie fürchtete
sich und dachte, er werde sie umbringen. Er hingegen führte sie
in seine Hütte und rief: „Mädchen!“ „Ja!“ „Gewalt will ich
dir nicht antun; wenn du meine Frau werden willst, so werde es;
wenn du es nicht willst, so tödte ich dich“. „Ich will's werden“,
antwortete sie, „tödte mich nicht; könnte ich denn einen besseren
als dich heiraten?“ „Gut“, sagte er, und wohnte ihr bei. „Schere
doch dieses Har ab“, sagte sie zu ihm. „Nein, sprich nicht so“,
antwortete er. Sie hatte gewünscht, er möchte sagen: „Schere
mich!“, damit sie ihn umbringen könnte. Sie lebten nun weiter
zusammen, aber eines Tages sagte sie zu ihm: „Allein kann ich's
nicht mehr aushalten; hole dir noch eine andere, damit ich mich
mit ihr zusammen unterhalte.“ „Wo gibt's denn eine schöne?“
fragte er. Sie antwortete: „Es ist eine solche beim Dämon in
der Burg von Tschakko, die Tochter des Stadthauptmanns; ich
bin die Tochter des Statthalters, und sie ist die Tochter des Stadthauptmanns; er hat sie entführt“. „Ich will dorthin gehen; aber
entfliehe unterdessen nicht; wenn du entfliehst, so gehe ich in's
Haus deines Vaters, mache dich und deinen Vater zu Schnupftabak und schnupfe euch mit meiner eigenen Nase“. Sie versprach
ihm, nicht zu entfliehen. „Und wenn dein Vater in Person kommt,
so sage ihm: tritt dem Hause dieses Mannes nicht näher!“
„So soll es sein“, erwiderte sie. — Darauf reiste der Derwisch
ab, indem er sich nach der Burg von Tschakko erkundigte. Unterdessen aber kam der Vater des Mädchens und sagte: „Auf, ich
will dich wieder nach Hause zurückbringen“. „Ich mag nicht mitkommen; ich wage es nicht“, erwiderte sie. „So will ich das be-
wegliche Eigentum wegnehmen!“ „Nimm es nicht; sonst, wenn
er kommt, macht er dich zu einer Prise Tabak“. „Ah bah“,
sagte der Statthalter; „er soll Dreck fressen“, und nahm die Sachen mit sich. Das Mädchen aber ging nicht weg, sondern blieb
im Hause. — Wärend dessen reiste der Derwisch, bis er zur Burg
von Tschakko gelangte. Es war eine hohe Burg mit einem Tor
aus Eisen; da verwandelte er sich in Rauch und stieg auf die
Spitze der Burg; dann stieg er wieder hinunter in den Hof und
erblickte das Mädchen, wie es in Gesellschaft von vier Dämonen
dasass; alle die vier küssten sie. Die Dämonen aber sahen auf
und erblickten ihn; alsbald verschwanden sie alle viere vor ihm,
er ergriff das Mädchen und trug es hinaus. Da fragten die Dämonen einander: „Wer war dieser? er ist weder Geist, noch.

Mensch, noch Tier, noch Dämon, sondern ganz ein anderes Wesen; kommt, lasst uns auf ihn losgehen, sind wir doch unser vier, und er ist nur einer!" Also gingen sie auf ihn los. Aber wer ist's nun, der sich ihm nähert? Der älteste näherte sich ihm und führte einen Schwerthieb gegen ihn, aber jener wurde zu Rauch; nur das Mädchen stand da, der Derwisch war nicht mehr sichtbar. Aber er stürzte sich wie der Wind auf den Dämon herab und vernichtete ihn; du magst drei Tage lang suchen, bis du die Stückchen des Dämons zusammen gelesen hast; so sprang er auseinander. Nachdem er die vier einen um den andern umgebracht hatte, öffnete er das Tor und nahm das Mädchen mit sich; dieses aber hatte Angst vor ihm und fragte ihn: „Wohin willst du mich führen?"; aber er antwortete nicht. Da fragte sie noch einmal: „Wohin willst du mich führen?"; sie wollte wissen, ob seine Sprache eine tierische oder eine menschliche sei. „Ich will dich in die Stadt deines Vaters führen", antwortete er. „Das glaube ich nicht". „Auf, du wirst schon sehen; die Tochter des Statthalters ist bei mir; sie hat mich geschickt". „Wenn es wahr ist, was du sagst", entgegnete sie, „so will ich deine Füsse waschen und das Wasser trinken". „So geh nur", sagte er. „Ich bin müde", erwiderte sie. Da lud er sie auf den Rücken und machte sich unsichtbar; darauf legte er sie vor der Thüre seiner Hütte nieder. Aber seine Frau fand er daselbst weinend. „Warum weinst du?" fragte er sie. „Mein Vater ist gekommen und hat mich geschlagen und alle Habe weggenommen; von dem Tage an, wo du weggereist bist, bis zu diesem Augenblicke, bin ich hungrig geblieben." — Da setzte er die beiden Weiber zu einander, und sie freuten sich zusammen; dann erzälten sie sich, was für Taten er gegen die Stadt und was er gegen die Dämonen ausgerichtet hatte, und sagten: „Wir wollen nicht von ihm weichen; denn er hat nicht seines gleichen; er frisst uns nicht, wir sind ja seine Weiber, und er möge uns beiwohnen; es gibt keinen stärkeren Helden, als er ist." — Darauf sagte er zu seiner Frau: „Gibst du mir die Erlaubniss, dass ich deinen Vater zu einer Prise Tabak mache?" „Ja", antwortete sie; „du hast sie". Nun ging er in die Stadt, holte sich Hab und Gut und Speise aus derselben und sagte: „Nehmt, esst, kleidet euch und vergnügt euch!" Dann begab er sich in das Zimmer des Statthalters und packte denselben in Gegenwart seiner Grossen. Alle Anwesenden liessen vor Angst ihr Wasser unter sich gehen; auch ihr Mund bewegte sich nicht mehr zum Reden, sondern er war wie verschlossen, so dass sie stumm zusahen und vor Angst zitterten. Er aber verwandelte den Statthalter in seiner Hand zu einem Apfel, nahm ihn mit und kehrte nach Hause zurück; dann presste er ihn noch ferner mit der Hand und machte ihn zu Schnupftabak; damit kam er zu seiner Frau und sagte zu ihr: „Dies ist dein Vater“. „Er kann es nicht sein“, antwortete sie. Da wurde der Derwisch böse, kehrte seine Hand um und brachte sie wieder in die vorige Stellung; dadurch war jener zum Apfel geworden. Dann warf er den Apfel in die Höhe, dadurch wurde er wieder zum Statthalter. „Hast du gesehen?“ fragte er. „Ja“. „Sagst du dennoch, es sei nicht dein Vater?“ „Nun habe ich mich davon überzeugt“. „Soll ich ihn jetzt tödten? oder nicht?“ fragte er. „Wie du willst“. „Geh“, sprach er zu jenem, „ich will dich um deiner Tochter willen nicht umbringen; du hast mir Böses angetan, ich will's nicht vergelten; aber ich wünschte, dass deine Tochter nicht meine Frau wäre; dann hätte ich dich jetzt ganz vernichtet; bitte nur Gott um langes Leben für deine Tochter“. Ueber diese Rede freute sich sein Weib; der Statthalter aber ging zu seinen Vornehmen, welche sich sehr verwunderten und fragten: „Wie hast du dich denn aus seiner Gewalt befreit?“ „Redet nicht davon“, antwortete er, „er hat merkwürdige Dinge aus mir gemacht; aber Gott und meine Tochter haben mich befreit; er hat mich zu Schnupftabak gemacht und darauf wieder in einen Menschen verwandelt“. Da wurden die Leute des Rates taub vor Verwunderung.

Der Derwisch zog aus und traf einen Mann an. „Wohin gehst du? Mann!“ fragte er ihn. Der Mann aber weinte, so dass dem Derwisch das Herz um ihn weh tat. Nochmals fragte er ihn: „Warum weinst du?“ „Ich weine, weil ich so Angst habe“, versetzte jener. „Fürchte nichts; ich will dich nicht umbringen, das verspreche ich dir bei Gott; erzäle mir nur, wohin du gehst“. „Ich habe“, erzälte jener, „drei kleine Kinder von meiner Frau, eines ist noch in der Wiege, und die beiden andern sind etwas älter, als jenes; aber es ist Einer gekommen und hat mir meine Frau entführt, nun weint der Junge in der Wiege, so dass mir das Herz weh tat und ich fortging, um von jenem meine Frau zurück zu fordern; gibt er sie mir, so nehme ich sie mit; gibt er mir sie nicht, so möge er mich umbringen; dann quält mich doch nicht mehr der Gedanke an eine Verstündigung gegen jene Kleinen“. „Weisst du, wo sie ist?“ fragte er. „Ja“. „So komm und zeige mir's; ich will ihm deine Frau abnehmen und sie dir zurückgeben“. Darauf gingen sie beide und suchten; keinen Ort

liessen sie undurchsucht, bis sie eine Höle erblickten; da sagte er:
„Diese Höle ist noch nicht durchsucht worden"; desshalb stiegen
sie zur Höle hinauf; dort erblickten sie den Hût, wie er eben die
Frau schlug. „Tritt nicht näher", befal der Derwisch dem Manne;
„sonst tödtet er dich; aber sieh mir und ihm zu". „Gott vergelte
dir's", antwortete jener. Da ging der Derwisch auf ihn los; Hût
aber erhob sich gegen ihn, ergriff seine Schleuder, schwang sie
und zielte auf den Derwisch, aber dieser wurde zu Rauch; die
Keule fuhr in den Boden hinein und spaltete denselben wie der
Blitz. „Hast du nun nicht deinen Schlag geführt? Hût!" fragte
jener. „Freilich". „So ist nun die Reihe an mir". „Die Reihe
ist an dir", widerholte Hût. Da stürzte er sich auf ihn und führte
einen Hieb mit dem Luftschwert der Geister gegen ihn; dadurch
spaltete er ihn von einander, und Hût wurde zu Feuerfunken, die
auseinanderflogen. Als er ihn getödtet hatte, holte er die Frau
und kehrte mit ihr und dem Manne an den Ort zurück, wo er
diesen getroffen hatte. Dort sagte er zu ihm: „Geh nun mit deiner Frau nach Hause; nimm sie mit! auch ich will nach Hause
gehen". „Gott vergelte dir's", antwortete jener, „du hast mir eine
grosse Woltat erwiesen; ich will mit meinem Sohn und meiner
Frau für dich beten, so lange wir leben, und die edle Tat, die du
an uns getan hast, nicht vergessen". „Geh nur", sagte er, „ich
hab's um Gottes willen getan". Darauf ging der Mann mit seiner
Frau nach Hause, und die Kinder hatten grosse Freude über ihre
Mutter. Der Mann aber erzälte es den Einwohnern der Stadt, und
diese sagten: „Lasst ihn uns nur! das ist unser Beschützer; wenn
wir ihm nichts antun, so tut er auch uns nichts; es gibt keinen
besseren, als ihn".

Darauf hörte der Statthalter, es wohne Jemand in der Burg von
Schât-u-Ben'ât, der an Tapferkeit nicht seines gleichen habe;
man nenne ihn Bar'äbrân und er lasse nie Jemand lebendig da-
vonkommen. Da schrieb der Statthalter einen Brief an den Sultan, des Inhalts: „Schreibe in deinem Namen an Bar'äbrân, der
in der Burg von Schât-u-Ben'ât wohnt, und lass ihm sagen:
„Komm in die und die Stadt, wir wollen dir zwei Millionen Goldstücke geben: aber es wohnt Jemand vor der Stadt, welcher die Stadt
verwüstet hat; gegen diesen ziehe in den Kampf"". Hierauf schrieb
der Sultan, drückte sein Siegel auf den Brief und schickte ihn an
Bar'äbrân. Der Courier des Sultans machte sich auf die Reise,
indem er sich nach der Burg von Schât-u-Ben'ât erkundigte. „In
jener Burg wohnt er", antwortete man ihm, „aber wir wagen nicht

zu íhm zu gehen". „Ich will zu ihm gehen", sagte er, gíng zum
Burgtor und klopfte an. „Ha, ich bin Bar'äbrân", rief dieser;
wer hat am Tore angeklopft?" Dann stand er auf, öffnete das
Burgtor und erblickte den Mann; dieser zog das Schreiben hervor.
Jener aber rief: „Uhf". Da flog der Mann vom Hauche weit von
Bar'äbrân weg. Nun zeigte er ihm den Brief. „Bringe den Brief
nur heran, und fürchte dich nicht", sagte jener. „Aber ich fürchte
mich". „Fürchte dich nicht! ich habe dir ja gesagt, fürchte dich
nicht". Darauf trat der Mann näher und küsste die Füsse des
Riesen; Bar'äbrân aber las den Brief und lachte. „Geh", sagte
er, „antworte dem Sultan: wir haben die Millionen nicht nötig,
sondern wir scheissen auf die Millionen von Goldstücken, aber bei
meiner Ehre, ich will gegen jenen ausziehen und wir, er und ich,
wollen uns gegenseitig erproben. Geh, sage dem Sultan so; sage
bei diesem Zeichen" — Dabei legte er seine Hand auf den Stein —
„Sieh her". Indem er die Hand auf den Stein legte, zerquetschte
er ihn zu Stücken. „Das erzäle ihm", sagte er. „Ja, gerne",
sagte der Courier, reiste zum Sultan und erzälte ihm: „Vor meinen Augen legte er seine Hand auf den Stein, so dass derselbe
auseinander sprang, und hat versprochen zu kommen". Unterdessen schlachtete Bar'äbrân einen Büffel und speiste damit zu Abend,
ohne dass für den andern Tag etwas übrig blieb; am Morgen schlachtete er ebenfalls einen und frühstückte damit, ohne dass vom Büffel etwas übrig blieb. Dann stand er auf, hing das Schwert um
und machte sich auf den Weg. So kam er zum Sultan. Den befiel Schrecken. Aber der Diener erkannte ihn und rief: „O Sultan, erhebe dich vor ihm; das ist Bar'äbrân; wenn du nicht auf-
stehst, wird er dich umbringen". Hierauf stand der Sultan auf;
Bar'äbrân setzte sich hin und fragte: „Wo ist das Ding, von dem
ihr gesprochen habt?" „In der und der Stadt", antwortete man
ihm. „So komm und zeige mir es; aber ich kann mich nicht auf-
halten, ich will sehen, was es ist". Da brach der Sultan mit dem
Heere auf und begab sich zum Derwisch. „O Sultan", sagte
Bar'äbrân, „rücke du nicht vor mit dem Heere, sondern seht uns
zu, wie wir einander packen; entweder wird er mich vernichten,
oder ich werde ihn vernichten". Hierauf trat Bar'äbrân vor die
Thüre des Derwisch und rief: „Wer bist du?" „Ich bin ein Geschöpf Gottes", sagte dieser. „So sei so gut und komm zu mir
heraus". „Oh", sagte der Derwisch: „seit zwanzig Jahren suche
ich dich". „Schön, komm heraus". Da traten sie einander gegenüber, wärend der Sultan und die Soldaten zusahen. Bar'äbrân

schlug mit dem Schwert nach dem Derwisch, aber dieser verwandelte sich in Rauch; der Derwisch stürzte sich auf Bar'äbrân hinab, der aber schlüpfte in den Boden hinein. So kämpften sie bis zum Abend, ohne einander etwas anhaben zu können. Am Morgen standen sie wieder auf, um zu kämpfen. Wieder schlug Bar'äbrân mit dem Schwerte nach ihm; aber jener wurde zu Rauch. Da fegte Bar'äbrân Staub von der Erde auf; der Staub wurde zu einem Wirbel, und in diesen schlüpfte er hinein, damit ihn der Derwisch nicht sähe. Nun kam der Derwisch auf den Boden herunter, und Bar'äbrân schlug mit dem Schwerte nach ihm; aber er wurde wieder zu Rauch und strebte in die Höhe. Da fasste aber Bar'äbrân den Rauch und rieb ihn in den Händen. In Folge dessen kamen sie beide auf den Boden herunter und wurden zu Menschen; jetzt hieb Bar'äbran mit dem Schwert auf den Derwisch und trennte ihm den Kopf ab. „Komm herbei, Sultan", rief er, „nun hat die Stadt vor ihm Ruhe bekommen; aber Niemand hätte etwas gegen ihn auszurichten vermocht, denn er war aus Geisterluft; nur mit List habe ich ihn gefasst und umgebracht". „Fordere eine Belohnung, Bar'äbrân", sagte der Sultan. „Ich verlange nichts als seine beiden Weiber", antwortete er. „Sie seien dein", entgegneten jene. Da nahm er die beiden Weiber des Derwisch mit und zog nach seiner Burg; dort wohnte er, schlief bei ihnen und vergnügte sich mit ihnen, und sein Name ist weltberühmt.

XVI.

Rustem war König in Dâra. Er berief alle Einwohner der Stadt zu sich. Sie traten in seinen Empfangssal und fragten: „Was wünschest du?" Er sagte: „Wir wollen eine Mauer um die Stadt bauen". „Auf, das wollen wir tun", riefen sie und bauten eine Mauer um die Stadt.

Einst hatte Rustem einen Traum; auf Veranlassung desselben kaufte er Korn auf und tat es in die Scheunen; bis in die Ebene von Môçul mussten seine Diener sich verteilen und Korn aufbringen. Als ein teures Jahr gekommen war und man in der Stadt Hunger litt, öffnete er die Scheunen und gab den Armen Korn, bis die Teurung zu Ende war.

Einst pflog Rustem mit seinem Diener Rat und sagte ihm: „Mir fehlt eine schöne Frau". Da antwortete der Diener: „Ru-

4*

stem, ich will dir mal etwas sagen, in Môçul ist eine Namens Sä-
rife, die Frau des Consuls, schöner als die gibt's keine". „Auf!
die wollen wir holen", sagte Rustem, sass auf und ritt mit dem
Diener nach Môçul. Als sie in die Stadt gekommen waren und in
den Strassen umhergingen, staunten die Leute ihn an und fragten
unter einander: „Wer ist dieser?", denn sie kannten ihn nicht.
Einer trat zu Rustem heran und fragte ihn: „Woher bist du?"
„Ich bin aus Dâra". Andere fragten: „Wie heissest du?" „Ich
bin Rustem", war die Antwort. Da befiel die Leute Zittern. Rustem ging nun zum Consul, liess sich dort nieder, man machte ihm
Kaffe und bewirtete ihn freigebig. Darauf sprach die Frau des
Consuls, Särîfe, zu ihrem Manne: „Du hast Rustem bewirtet, jetzt
will ich ihn auch zu mir in mein Zimmer einladen". Der Consul
war damit einverstanden, und Särîfe lud Rustem zu sich in ihr
Zimmer. Der Consul schickte jedoch noch einmal zu ihr und liess
sagen, er wolle auch kommen, aber sie liess ihm vermelden, er
möge ihr Zimmer nicht betreten. Als sie nun den Rustem bewirtete und ihm Essen vorgesetzt hatte, hob sie an: „Rustem, das
Essen bekommt dir nicht ohne Wein und Brantwein". „Wie du
willst" sagte Rustem, und sie tranken Brantwein. Davon wurde
Rustem betrunken und sank auf's Kissen des Sofas hin. Da befal
Särîfe den Dienern: „Schliesst die Thüren ab, Rustem ist betrunken geworden und eingeschlafen". Die Diener taten das und gingen sich schlafen legen. Als nun Särîfe mit Rustem allein auf
dem Sofa war, zog sie ihm die Hose hinunter und spielte mit seinem Gliede. Davon wurde Rustem wieder munter und fragte sie:
„Was fängst du an?" Sie antwortete: „Du bist diese Nacht mein
Gast und seit dem Abend schläfst du!" „Was wünschest du denn?"
„Komm, umarme mich". „Nein, ich will dich entführen". „Erst
umarme mich, und dann wollen wir fliehen". Er aber wollte ihre
Bitte nicht erfüllen, und sie setzten die Flucht in's Werk. Sie benachrichtigten den Diener Rustem's, setzten sich zu Pferde (und
zwar bestieg Särîfe das Pferd des Consuls), verliessen die Stadt
und eilten in der Nacht auf dem Wege dahin wie die Post. Noch
in der Nacht kamen sie nach Dâra; als der Tag anbrach, waren
sie dort. — Es war so um diese Zeit, da erhob sich der Consul
vom Schlafe und begab sich in das Zimmer der Särîfe. Dort fand
er Niemanden. Er fragte in der Stadt herum, sie hatten Niemanden gesehen. Endlich fragte er einen Molla; der erwiderte ihm:
„Ich stieg in der Nacht auf's Minaret, um zum Gebete zu rufen,
da sah ich drei reiten, eine Frau und zwei Männer, sie eilten da-

hin wie die Post". Da war dem Consul klar, dass Rustem ihm seine Frau entführt hatte. Er setzte sich hin, schrieb einen Brief und schickte ihn an Rustem. Als aber Sârîfe den Brief erblickte, zerriss sie ihn und sprach zum Diener: „Sage ihm, was immer von ihm kommt, damit wird so verfahren; er kann tun was er will".

Qaratâschdîn hatte einen grossen Namen in der Welt; er hatte die Tochter Chalef-Agha's, des Herrn von Snâwer entführt. Sie hiess Mândsche und hatte an Schönheit nicht ihres gleichen: wenn sie trank, so konnte man das Wasser deutlich in ihrer Kehle sehen [so fein war ihre Haut], ihre Taille war so dünn wie eine Nadel. Sie war bei Qaratâschdîn auf der Burg von Schä᾿bâne. Zu diesem Qaratâschdîn begab sich der Consul und sagte ihm: „Rustem hat meine Frau entführt, geh hin, hole sie, und sie soll dir gehören, aber er soll sie nicht haben". „Wo ist denn Rustem?" fragte jener. „In Dâra".

Chalef-Agha kam mit Weibern und Kindern und begab sich unter den Schutz Rustem's. „Was wünschest du? Chalef-Agha!" fragte ihn Rustem. „Sieh, Rustem, meine ganze Familie steht hier᾿ vor dir, ich wünsche, dass du meine Tochter dem Qaratâschdîn abnimmst. Er hat sie entführt, aber sie ist eines besseren wert; hole sie, und sie soll dir gehören". „Wo ist denn Qaratâschdîn?" „In der Burg von Schä᾿bâne; wir vermögen nichts gegen ihn, du musst das Mädchen holen". „Voran denn!" sagte Rustem, bestieg das Luftpferd, nahm sein Schwert von neun Pfund und hing es um seine Schulter. Dann sprach er zu Chalef-Agha: „Lass einen von deinen Dienern mit mir gehen, dass er mir die Burg zeige und dann zurückkehre". Der Diener zog mit Rustem, bis sie vor die Burg kamen, und als er sie ihm gezeigt hatte, kehrte er zurück. Rustem stieg ab, ass Brot, stopfte sich eine Pfeife und betrachtete die Burg. Da erblickte er zwei Riesen, die kamen, um die Mândsche zu stehlen und mit Qaratâschdîn zu kämpfen. Obgleich Rustem sie sah, so sahen sie ihn doch nicht. Sie sprachen zu einander: „Wir wollen an das Tor klopfen, dann kommt Qaratâschdîn heraus, und wir erschlagen ihn; ist er aber nicht im Hause, so kommt Mândsche heraus, und wir rauben sie". Als Rustem dieses hörte, dachte er: „Ich will mich ruhig verhalten, damit ich sehe, was Qaratâschdîn und die Riesen anfangen". Die Riesen klopften nun an's Tor; Qaratâschdîn war aber nicht zu Hause, er war ja unterwegs nach Dâra. Aber der Consul war dort auf der Burg, und der kam herab, um das Burgtor zu öffnen. Sobald dasselbe offen war, drangen die Riesen ein und säbelten

den Consul nieder. Mändsche stieg oben auf die Burg hinauf und
schrie um Hilfe. Da bestieg Rustem sein Pferd und ritt dicht vor
das Burgtor. Die Riesen waren hinaufgestiegen und holten Mändsche, um sie zu entführen. Als sie nun mit ihr hinauskamen,
ging Rustem auf sie los, und sie mussten mit ihm kämpfen. Wie
gesagt, war das Pferd Rustem's von Luft und daher nicht sichtbar. So tödtete er die beiden Riesen, nahm Mändsche und machte
sich mit ihr auf den Heimweg.

Qaratâschdîn war unterdessen nach Dâra zur Burg Rustem's
gekommen. Särîfe war hinausgegangen, um am Wasser zu sitzen
und sich zu vergnügen. Dort erblickte sie Qaratâschdîn, raubte
sie und setzte sie hinter sich auf's Pferd. Unterwegs stiess er auf
Rustem: sie schrien sich einander an; jener rief: „ich bin Qaratâschdîn" und dieser erwiderte: „Ich bin Rustem". Rustem
setzte Mändsche ab und Qaratâschdîn setzte Särîfe ab. Die beiden Frauenzimmer gingen zu einander und standen beisammen
und sagten zu Qaratâschdîn und Rustem: „Wer den andern tödtet, dem gehören wir". Nun begannen die beiden zu kämpfen,
bis zum Abend konnten sie einer dem andern nichts anhaben; am
Abend schlossen sie Waffenstillstand und Rustem schlief bei der
Särîfe und Qaratâschdîn bei der Mändsche. Am Morgen stand
Särîfe auf, machte Rustem's Pferd zurecht, zog die Gurte fest an
und kochte Kaffe. Auch Mändsche stand auf, machte Qaratâschdîn's Pferd zurecht, zog die Gurte fest an und kochte ihm Kaffe,
und er trank. Dann bestiegen die Beiden ihre Pferde, griffen wieder zu den Schwertern und kämpften bis zum Abend, aber wieder
konnten sie einander nichts anhaben. Noch einmal ging Rustem
gegen Qaratâschdîn los; dessen Pferd wurde müde, und es gelang
Rustem, ihm in den Rücken zu kommen. Nun versetzte er ihm
einen Hieb, der ihn in zwei Hälften teilte. Qaratâschdîn fiel vom
Pferde, nur seine untere Hälfte blieb im Sattel; mit einem zweiten
Schlage warf Rustem auch diese vom Pferde. Dann setzte er
Mändsche und Särîfe auf Qaratâschdîn's Pferd, ritt nach Hause
und heiratete auch die Mändsche. Chalef-Agha zog darauf wieder von Rustem weg, um nach Hause zu gehen. „Rustem", sagte
er, „möge Mändsche dir zum Segen sein." — Rustem's Name ver
breitete sich darauf in der ganzen Welt.

Eines Tages sagte eine alte Frau zu Rustem: „Höre, Rustem".
„Ja!" „Unter den Beduinen am Ssindschârgebirge ist einer Namens Bilâl, bei dem ist die Tochter Ḥadschi-Bek's, er hat sie geraubt, sie ist einzig schön, und er ist ein Held wie du; wenn

du diesen tödtetest, so würde kein Held mehr in der Welt übrig sein ausser dir". Da bestieg Rustem sein Pferd und suchte den Bilâl-Tschäläbi auf. Als er zum Ssindschârgebirge kam, erblickte er ein grosses Zelt am Berge. „Dem sei wie ihm wolle", sagte er, „dieses ist das Zelt Bilâl-Tschäläbi's". Darauf näherte er sich dem Zelte, vor dem Eingange desselben war ein Pferd, und eine Lanze stak in der Erde. Nun schrie er gegen das Zelt, da kam Bilâl heraus und fragte: „Was wünschest du? Verwegener". „Ich bin Rustem", war die Antwort, „ich bin zu dir gekommen, mache dich kampfbereit". Da bestieg Bilâl sein Pferd, dasselbe war ein Luftpferd wie dasjenige Rustem's. Der Kampf begann. Bilâl kam Rustem in den Rücken und versetzte ihm einen Lanzenstich in denselben, so dass die Lanze bis in's Herz drang, und er Rustem vom Pferde warf. Nun pflegen die Beduinen nie mehr als einen Streich zu tun: (so liess auch Bilâl den Rustem ruhig liegen), führte (nur) dessen Pferd weg und band es vor dem Zelte an, dann nahm er ihm das Schwert ab und brachte es in's Zelt. Rustem grub sich in der Nacht eine Grube und legte sich in dieselbe schlafen: er bedeckte sich ganz mit Erde, nur den Kopf liess er draussen, und so schlief er bis zum Tagesanbruch; da war er wieder gesund. Er ging zum Zelte: da hing sein Schwert, und Bilâl lag da und schlief, er und die Tochter Ḥadschi-Bek's. Rustem erhob das Schwert, hieb nach Bilâl's Kopf und spaltete ihn ihm entzwei. Dann weckte er die Tochter Ḥadschi-Bek's, liess sie Bilâl's Pferd besteigen und bestieg selber sein eigenes, die Tochter Ḥadschi-Bek's nahm die Lanze auf die Schulter, und so kamen sie nach Hause. Als Rustem auf seiner Burg abgestiegen war, erzälte er den Leuten: „Bilâl hatte mich getödtet, aber ich wurde wieder gesund, da tödtete ich ihn und nahm das Mädchen mit". Die Leute sagten: „Gott sei Dank, dass du glücklich zurückgekehrt bist".

So bekam Rustem drei Frauen und er blieb (als alleiniger Held) in der Welt.

XVII.

Es war einmal ein Mann, Namens Ḥosein-Agha, der war Fürst von Ḥasno; auch ein Armer lebte dort, den man als Kuhhirt angestellt hatte. Dieser hatte zwei Söhne, Bärdawîl und Pelagân.

Ihr Vater starb, und nun führten Bärdawîl und Pelagân die Kühe
zur Weide; aber jeden Tag zerbrachen sie einem Rinde den Fuss
(aus Uebermut). Da berief sie Ḥosein-Agha vor sich und befragte
sie: „Warum zerbrecht ihr die Füsse der Rinder?" „Darum".
„Ihr seid von nun an nicht mehr nötig; packt euch aus der Stadt
fort!" Hierauf verliessen sie mit ihrer Mutter die Stadt und zogen in's Gebirge in eine Höle; dort starb auch ihre Mutter, und
die beiden blieben nun allein. Tag für Tag aber schlichen sie
sich um die Hirten herum und stalen eine Ziege; die brachten sie
in die Höle, um sie zu schlachten und zu verzehren. Eines Tages
ging Bärdawîl in's Gebirge und erblickte dort einen Riesen, welcher nach etwas grub. Da fragte ihn Bärdawîl: „Was machst du
hier?" „Hier liegt ein Schatz, den will ich heben, lauter Geld",
antwortete der Riese. „Ich will dir belfen", sagte Bärdawîl. „Gut".
Darauf grub der Riese weiter und gelangte zu der Tonne mit Geld;
er ergriff sie, hob sie in die Höhe und reichte sie dem Bärdawîl,
dieser fasste sie und zog sie ganz heraus. Nun wollte auch der
Riese aus dem Loche hinaufsteigen; Bärdawîl aber ergriff seine
Keule, und versetzte ihm damit einen Hieb über den Kopf,
der ihm den Schädel zerschmetterte, aber aus dem Kopfe des
Riesen sprang eine Perle heraus. Diese nebst der Tonne nahm
Bärdawîl mit nach Hause. Pelagân hatte unterdessen eine Ziege
geholt, welche sie dann kochten und verzehrten. Darauf fragte
Pelagân den Bärdawîl: „Bruder, was hast du mitgebracht?"
„Bruder", antwortete dieser, „eine Perle und eine Tonne voll Geld".
Als Pelagân dies beschaut hatte, sagte er: „Schön". —. Einst sagte
Pelagân zum Bärdawîl: „Bruder, wir brauchen nun auch Weiber".
„Wozu Weiber?" fragte jener. „Damit wir mit ihnen schlafen".
„Wie?" fragte Bärdawîl, „schläft man mit Weibern zusammen?"
„Ja freilich". Dann fuhr Pelagân fort: „Bruder, es gibt schöne,
und es gibt hässliche; wir wollen uns nicht hässliche holen, son-
dern schöne". „Gut", sagte jener. — Darauf kamen sie zur Stadt
Ḥasno und stiessen auf einen Mann aus der Stadt; den erschlugen
sie und kehrten in ihre Höle zurück. Ḥosein-Agha aber stellte
Nachforschungen an, wer diesen Mann erschlagen habe. Man berichtete ihm: „Warlich, Pelagân und Bärdawîl sind die Täter".
In Folge dessen sammelte Ḥosein-Agha ein Heer, marschirte gegen sie zur Höle und liess sich dort mit ihnen in einen Kampf
ein. Aber jene tödteten vierhundert Mann von den Soldaten und
verfolgten das Heer bis zur Stadt. Den andern Tag brachte Ḥosein-Agha von neuem viele Soldaten zusammen und marschirte

wieder gegen sie. Wiederum kämpften sie mit einander; diesmal
aber tödteten jene sechs hundert Mann von den Soldaten, so dass
sie in den zwei Tagen das Tausend vollmachten. — Ḥosein-Agha
hatte zu Hause eine Schwiegertochter und eine Tochter; jene
Räuber drangen Nachts in sein Haus ein, tödteten Ḥosein-Agha
nebst seinem Sohne, nahmen seine Schwiegertochter und Tochter
mit, und brachten dieselben in die Höle; dort wohnten sie ihnen
bei, ohne sie sich vorher antrauen zu lassen; eine Nacht schlief
Bärdawîl bei der Schwiegertochter, und dann wieder eine Nacht
bei der Tochter Ḥosein-Agha's; so wechselten sie ab. Bärdawîl
aber sprach zu Pelagân: „Ah, wie gut ist das!"

Einst sagte Pelagân: „Bruder". „Ja!" „Bruder, 'Osmân-Agha
hatte eine Tochter, als ich noch in der Heimat lebte und du noch
jung warst, von der hiess es, es gebe nichts schöneres als sie
unter der Sonne; sie ist die Tochter des 'Osmân-Agha aus Charpût". „Wo ist sie? Bruder", fragte jener. „Im Schlosse zu Charpût". „Auf denn, Bruder", sagte Bärdawîl, „lass uns zu ihr reisen; wir wollen unser Leben daran setzen, sie herzuholen".
„Bruder", antwortete jener, „aber sie ist ja im Schlosse!" „Wie
wollen wir's also anfangen?" fragte Bärdawîl. „Wir brauchen
eine Leiter von dreihundert Sprossen". „Ich will eine solche machen". Da zogen sie über das Gebirge zur Stadt Charpût. Bärdawîl
ging hinab in's Gartenland in die Baumgärten; dort fand er zwei
hohe Weisspappeln; die riss er mit den Händen aus. Da erwachte
der Gärtner und fragte:„ Wozu hast du diese Weisspappeln ausgerissen?" Bärdawîl aber packte ihn und drückte ihm mit der Hand
die Kehle zusammen, dass seine Augen aus ihren Hölen traten. Der
Gärtner machte sich aus dem Staube und legte sich zu Bette. Nun
machte Bärdawîl eine Leiter von dreihundert Sprossen und trug
sie zum Schlosse des 'Osmân-Agha. Pelagân stieg auf derselben
hinauf, aber Bärdawîl schüttelte unter ihm die Leiter; da fing
Pelagân vor Furcht zu zittern an. Jener rief: „Komm, steige herunter, du verfluchter Kerl!" Pelagân stieg wieder hinunter und
Bärdawîl hinauf: oben schwang er sich auf's Dach und ging —
es war Nacht — in die Zimmer. Er durchsuchte dieselben. In
dem ersten Gemache, in welches er kam, waren nur Diener, welche schliefen. Dann ging er in ein zweites; dort fand er 'Osmân-
Agha und dessen Frau; er kehrte um und ging in ein ferneres
Zimmer; darin fand er die Sclavinnen. Dann ging er noch in ein
anderes Zimmer; vor dessen Thüre sah er einen Diener schlafen. Derselbe erwachte; aber Bärdawîl drückte ihm seine Hand

auf den Mund und erstickte ihn. Darauf fasste er die Thüre und hob sie aus der Angel, trat hinein und fand die Tochter 'Osmân-Agha's auf dem Bette schlafend, das leinene Kopftuch über ihr Gesicht gezogen. Bärdawîl hob letzteres in die Höhe und küsste sie. Dann wickelte er sie in die Bettdecken und band sie sich mit einem Seile auf den Rücken, ohne dass sie erwachte. So kam er auf die Zinne des Schlosses und stieg die Leiter hinab. Pela-gân sass unten. „Bruder", rief er. „Hier bin ich". „Hast du sie mitgebracht?" „Ja". Da machten sie sich auf den Weg, ohne dass das Mädchen erwachte, und brachten sie in ihre Höle. Hier fanden sie jedoch ihre Weiber nicht mehr, denn die Leute von Hasno hatten dieselben entführt. Darauf band Bärdawîl das Mäd-chen von seinem Rücken los und stiess sie an, dass sie erwachte; da schaute sie sich um und weinte. „Weine nicht", sagte er zu ihr, „ich bin für dich noch etwas besseres, als dein Vater, wir wollen Mann und Frau werden". — Pelagân aber sagte: „Bruder, wie sollen wir's nun anfangen?" „Wie wir's anfangen sollen? wir ziehen nun gegen die Stadt!" „Wir wollen nicht zu zweien gehen". „So gehe denn du", sagte Bärdawîl zu Pelagân. „Ich mag nicht", antwortete dieser. — Da brach Bärdawîl auf und ging in die Stadt; daselbst erkundigte er sich bei einer Frau: „Wer hat unsre Weiber entführt?" Sie antwortete: „Die Leute der Stadt haben es getan". Da suchte er sie und fand sie. Darauf griff er zum Schwert und stürzte sich auf die Stadt; er erschlug alle ihre Einwohner und entführte die Mädchen. „Das ist mein Vergnügen, (Kêf)" sagte Bärdawîl, und von dem Tage an nannte man die Stadt Hasan-Kêf. Dann brachte er die Mädchen zur Höle und rief: „Pelagân!" „Ja!" „Hast du der Tochter ᵓOsmân-Agha's beige-wohnt?" „Ja", antwortete dieser. „Warum das, ohne meine Er-laubniss?" sagte er und zückte das Schwert, um Pelagân damit zu schlagen. „Nicht so, mein Bruder", sagte dieser, „ich bereue; ohne deine Einwilligung will ich's nicht mehr tun; ich habe ge-fehlt". — „Pelagân!" rief jener. „Ja!" „Diese beiden hier sollen dein sein und jene, die Tochter ᵓOsmân-Agha's, soll mir gehören". Darauf vergnügten sie sich in der Höle, assen, tranken und ruh-ten sich aus.

Eines Tages aber sprach die Tochter ᵓOsmân-Agha's: „Bär-dawîl!" „Ja!" „Jede Nacht liegst du bei mir bis früh am Mor-gen; du bringst mich damit um; dein Bruder hat zwei Weiber, da erholen sie sich abwechselnd; hole auch mir eine Gefährtin". „Wenn sie nicht so schön sind wie du", antwortete er, „hole ich

dir keine". Sie sagte: „Die Tochter Fataḥ-Bek's, des Fürsten von
Charfân, ist schön, geh hole sie". — Da blieb Pelagân zu Hause,
und Bärdawîl brach auf. Er erkundigte sich nach Charfân, zog
dorthin und gelangte zu dem Schlosse des Fataḥ-Bek. Am Fenster nähte eben die Tochter des Fataḥ-Bek einen Rock. Dort
legte er Nachts die Leiter an und stieg hinauf; da sah er, dass
sie sehr schön war. „Wie es auch sei", sagte er, „das ist gewiss
die Tochter des Fataḥ-Bek; denn eine schönere als diese gibt's
nicht". Da fasste er sie durch das Fenster und hielt ihr ein Tuch
auf den Mund, um sie am Schreien zu hindern, und trug sie weg.
Unterwegs traf er den Fed'ân an, der fragte: „Wohin willst du
diese da bringen?" „Nach Hause", antwortete jener. Aber auch
Fed'ân war ausgezogen in der Absicht, die Tochter des Fataḥ-Bek
zu holen, und daher fragte er den Bärdawîl: „Wer ist denn dieses Weib?" „Meine Frau ist es", sagte jener; da wagte Fed'ân
nichts zu entgegnen. So kam Bärdawîl mit ihr nach Hause und
schlief nun bei den beiden schönen, wärend Pelagân die beiden
hässlichen hatte, ohne dass er etwas dagegen zu sagen wagte. —
Es gab damals auch einen, der hiess der lange Ibrahîm; er
war aus Sse'ört und es gab keinen stärkeren als ihn; sein Name
war weltberühmt. Die Leute rieten ihm zu heiraten, er aber antwortete: „Ich mag nicht heiraten, wenn ich mir nicht Weiber im
Kampfe gewinnen kann". Diesen langen Ibrahîm suchte Fed'ân
auf und kam zu ihm, denn er hatte gehört, jener sei sehr tapfer.
Da sassen nun Fed'ân und Ibrahîm bei einander; beide hatten die
Leute erzälen hören, Bärdawîl habe die Tochter des Fataḥ-Bek
und die des 'Osmân-Agha von Charpût entführt, auch die Leute
von Ḥasno getödtet und sowol Schwiegertochter als Tochter des
Ḥosein-Agha geraubt. Nun fragten sie, wo jene sich denn aufhiel-
ten. Als die Leute es ihnen erzält hatten, brachen Fed'ân und
Ibrahîm auf. Das Haus deiner Mutter möge einstürzen: Ibrahîm
war so schlank wie ein Majoranstengel; er hatte ein Blitzschwert
und einen Schild, dessen Spangen aus Blitzeisen bestanden. Diese
Waffen legte Ibrahîm an und zog fort, begleitet von den Wünschen seiner Mitbürger: „Gott möge dich heil und unversehrt zurückkehren lassen; denn Niemand kann sonst mit Bärdawîl und
Pelagân kämpfen". Fed'ân und Ibrahîm fragten nach der Höle
Bärdawîl's, bis sie vor die Oeffnung derselben gelangten. Da erblickte die Tochter Fataḥ-Bek's Ibrahîm. Man hatte sie früher
für ihn freien wollen. Als sie ihn erblickte, fing sie an zu lä-
cheln. „Warum lachst du?" fragte Bärdawîl. „Darum", antwor-

tete sie.. „Du musst es sagen". „Geh hinaus", sagte sie, „du
wirst schon sehen". Da gingen Bärdawîl und Pelagân hinaus, nachdem sie sich die Säbel umgeschnallt hatten, und sahen, dass zwei
Männer da waren. Bärdawîl rief: „Das ist der, welcher mich unterwegs getroffen hat, der Fed'ân". Ibrahîm aber rief dem Bärdawîl und dem Pelagân zu: „Macht euch bereit; gegen euch geht's".
Da kämpften diese beiden mit jenen beiden, Bärdawîl mit Ibrahîm und Fed'ân mit Pelagân. Bärdawîl hieb mit dem Schwerte
auf Ibrahîm los; dieser aber fing den Hieb mit dem Schild auf,
so dass die Schneide von Bärdawîl's Schwert stumpf wurde; dann
hieb Ibrahîm mit Schwertschlägen auf ihn los. Da wurde Bärdawîl wütend und führte einen Hieb gegen ihn, aber sein Schwert
traf auf den Schild und flog in zwei Stücke auseinander. Dann
rief Ibrahîm: „Nun drauf los", fasste kräftig das Schwert und
und führte einen Hieb auf Bärdawîl, mit welchem er ihn tödtete.
Dann gingen sie alle beide auf Pelagân los. Dieser verwundete den
Fed'ân und wandte sich darauf gegen Ibrahîm. Er führte einen
Hieb gegen ihn; aber sein Schwert traf auf den Schild und zerbrach. Da versetzte Ibrahîm dem Pelagân einen Hieb, mit welchem er ihm beide Füsse vom Leibe trennte. Er fiel und jener
zerhieb ihn mit dem Schwerte. Darauf trat Ibrahîm in die Höle,
führte die Weiber hinaus und ging nach Ḥasno, um die beiden
im Hause Ḥosein-Agha's abzuliefern; aber es war Niemand von
ihnen am Leben geblieben. Die Weiber sagten daher: „Wir wollen mit dir ziehen und deine Sclavinnen werden". Nun machte er
sich auf den Weg nach Hause; Fed'ân aber sagte: „Gib mir eine
von den schönen zur Frau, entweder die Tochter Fataḥ-Bek's oder
die Tochter 'Osmân-Agha's". Ibrahîm aber wollte nicht. Da kämpften die beiden mit einander, und Ibrahîm tödtete den Fed'ân,
welcher ja schon verwundet war. Darauf kam Ibrahîm nach Hause,
und die Leute der Stadt freuten sich darüber. Die beiden schönen liess er sich antrauen, und die beiden andern wurden seine
Sclavinnen; er liess sie in der Citadelle von Sse'ört wohnen, und
sein Name wurde weltberühmt.

XVIII.

Es war einmal — wer aber auch immer war, besser als Gott
war keiner — es war einmal ein Mann, Namens Mîr-Ssêfdîn, der
Fürst von Boḥtan, der hatte drei Söhne und drei Töchter. Wer auch

immer kam, seine Töchter zu freien, keinem gab er sie, denn er
sagte: „Leuten von Bohtan will ich sie nicht zur Frau geben".
„Warum?" fragte man. Er antwortete: „Wenn ich dem einen
eine zur Frau gebe und dem andern eine versage, so nimmt dieser
mir's übel". Er verheiratete daher die eine an den Wolf Dêverâsch,
die andere an den Adler, den König der Vögel, und die dritte
an den Vogel Ssîmer. Noch blieben seine Söhne unvermält; da
erklärte der älteste derselben, Mîr-Seidîn, er wolle sich eine Frau
holen gehen. Er stieg zu Pferde und zog aus; zur Nachtzeit kam
er in's Gebirge und legte sich daselbst schlafen. Da erblickte er ein
Festgelage der Elfen, und diese verwirrten seinen Verstand. Eine
Frau tanzte beim Gelage, und da ging er mitten unter die Elfen
und fragte sie: „Wer ist diese da, welche tanzt?" Man antwortete ihm: „Die Tochter des Geisterfürsten ist es, Cheñge". Da
verliebte er sich zum Sterben in sie, denn sie war wunderschön,
und sagte zu sich selber: „Wenn ich nicht diese heiraten kann,
so mag ich keine". Darauf trat er in den Kreis; es war Nacht;
aber als Cheñge ihn erblickte, machte sie sich vom Reigen los
und nahm Mîr-Seidîn bei der Hand; und er ging mit ihr. Sie
führte ihn in das Haus ihres Vaters, des Elfenkönigs, welcher dort
auf einem Throne sass, und rief: „Väterchen!" „Ja!" „Ich mag
keinen andern heiraten, als Mîr-Seidîn". „Wer ist Mîr-Seidîn?"
fragte er. „Er ist der Fürst von Bohtan". „Ganz wie du willst",
sagte jener und gab sie ihm zur Frau. — Darauf verweilte er
zwei Jahre bei den Elfen; aber eines Tages sang er und weinte
dazu. Cheñge fragte ihn: „Warum weinst du, Mîr-Seidîn?" „Meine
Heimat ist mir in den Sinn gekommen", antwortete er. „Auf",
sagte sie, „lass uns denn in deine Heimat ziehen". Da machten
sie sich auf und nahmen Abschied von dem Elfenkönig; dieser
aber sagte zu seiner Tochter: „Nehmt euch zwei von unsern Tarnkappen mit, für den Fall, dass ihr deren benötigt wäret". Dies
taten sie und kamen nach Hause; dort liess er sie sich antrauen.

Da dachte der andere, jüngere Sohn: „Möge ich untergehen,
wenn ich mir nicht eine noch schönere Frau, als die meines Bruders ist, heimführe". Darauf zog er in die weite Welt und trieb
sich unter den Elfen herum, aber es gefiel ihm keine. Da kam
er zum Hause eines alten Mannes, welches am Wege stand; jener
Alte besass einen Weingarten und verkaufte Trauben. Bei diesem
kehrte er als Gast ein; sie sassen beisammen und unterhielten sich
mit einander. „Wohin willst du? mein Sohn", fragte der Alte.
„Onkel", antwortete dieser, „ich suche mir eine Frau". „Aha,

mein Sohn". Dann sagte er: „Hier ist ein Weg, auf dem die Leute reisen und auf dem sie nicht zurückkehren". „Warum? Onkel". „Auf dieser Strasse gibt es einen Riesen, Namens Hosein; einen stärkeren als ihn gibt es nicht, und der hat die Tochter des Königs der Gurdsch in seiner Gewalt; du magst die ganze Erde durch ein Sieb gehen lassen, du wirst keine schönere als sie finden". „Aber wie soll ich's anfangen? Onkel", fragte er. „Mein Sohn", antwortete jener, „Gott führe dein Unternehmen zu gutem Ende". Da machte sich der Jüngling auf, stieg zu Pferde und reiste fünf Tagereisen, ohne auf etwas zu stossen; am sechsten aber sah er ein Schloss weiss glänzen; und um dasselbe war ein See; an das Ufer dieses Sees setzte er sich und betrachtete das Schloss, indem er dachte: „Wie soll ich's anfangen? ich kann nicht schwimmen". Wärend er so da sass und hinschaute, stieg die Tochter des Gurdschkönigs auf das Schloss und schaute in die Welt; da sah sie, dass ein Mann am Ufer des Sees sass. Sie rief ihm zu: „Wozu sitzest du dort?" „Ich bin gekommen, um dich zu besuchen; aber es gibt keinen Weg". „Ich will dir Weisung geben", antwortete sie; „der Riese Hosein ist nicht zu Hause; wenn du einen Säbel bei dir hast, so mache dir eine Barke, setze dich hinein und komm zu mir". „Aber ich habe keine Nägel!" „Nimm Holznägel", entgegnete sie, „und bestreiche es von innen mit roter Erde". Da zimmerte er mit seinem Säbel eine Barke und nagelte dieselbe mit Holznägeln zusammen; dann verpichte er sie von innen und setzte sich hinein. Als er aber das Schiffchen in Bewegung setzte, zerbrach es, und das Wasser führte es davon. Er blieb indessen auf einem Brette sitzen und auf diesem Brette gelangte er an's Land zum Schlosse. Er trat hinein und ging zu der Prinzessin, der Tochter des Gurdschfürsten, hinauf. Da konnten sie sich nicht satt sehen an einander, und als es Abend wurde, grub sie ihm eine Hölung unter ihrem Sitze; dort schlüpfte er hinein, sie gab ihm Speise und er blieb dort sitzen. Darauf kam der Riese Hosein von der Jagd zurück und trat in's Zimmer mit den Worten: „Es riecht hier bei dir nach Menschenfleisch". „Aber, o Riese Hosein", entgegnete sie, „du hast mich aus dem Lande der Gurdsch entführt und hier in dieses Schloss mitten im Wasser gebracht; wie sollte da Jemand zu mir gelangen?" „Ich habe mich getäuscht", sagte jener. Darauf sassen der Riese Hosein und die Frau beisammen, unterhielten sich mit einander und legten sich schlafen; Hosein legte sich an ihre Seite und sagte: „Erlaube mir, dass ich dir beiwohne". „Das Jahr ist noch nicht um",

antwortete sie. Bis zum Morgen floh ihn der Schlaf; er biss sie,
küsste sie und kniff sie; mit solchen Dingen vertrieb er sich die
Zeit, bis das Jahr (das sie sich ausbedungen hatte) zu Ende gehen würde. Da hustete der Jüngling; der Riese aber erhob sich
in Wut und sprach: „Ich habe dir ja gesagt, es sei Jemand hier".
„Wer soll's sein?" „In diesem Augenblick hat Jemand gehustet!"
Er durchsuchte die inneren Räume und fand Niemand; dann stiess
er das Bettgestell zur Seite und fand darunter eine Hölung und
in derselben einen Mann sitzen. Da beugte er sich vorwärts, um
ihn zu packen und herauszuziehen. Die Frau aber dachte: „Was
soll ich tun, damit er nicht uns beide tödte?" Sie nahm das
Schwert mit der einen Hand; mit der andern griff sie nach seinen
Hoden und drehte sie herum. Da erhob der Riese ein Wehgeschrei; sie aber drehte noch stärker, zog ihn von der Oeffnung
des Loches weg und rief: „Komm heraus gegen ihn, du da unten!
habe ich dich denn darin begraben?" Jener kam heraus, und sie
sagte: „Da nimm das Schwert!" Der Riese aber rief: „Pardon,
lass mich los"; sie rief: „Schlag zu, schlag zu". Da schwang er
das Schwert gegen ihn und versetzte ihm zwanzig Hiebe, die ihm
den Garaus machten. Da fragte sie: „Wie wollen wir's nun anfangen?" „Wir wollen ihn hinauswerfen". Das taten sie. Dann
sagte sie: „Komm, wir wollen ihn verbrennen". Nachdem dies
geschehen war, fragte er weiter: „Wie sollen wir's nun machen,
um an's jenseitige Ufer überzusetzen?" Sie antwortete: „Es sind
zwei Schläuche da; die wollen wir aufblasen und uns darauf
setzen". „Wir werden aber untersinken", warf er ein. „Fürchte
dich nicht". Da bliesen sie die beiden Schläuche auf und banden
vier Stücke Holz darauf; so machten sie sich ein Floss und setzten sich darauf. Damit fuhren sie an's jenseitige Ufer und gelangten zu dem Pferde; er setzte sie auf dasselbe und machte sich
auf den Weg nach Hause. Da kam er zu dem Alten am Wege;
der fragte: „Hast du sie mitgebracht? mein Sohn". „Ja, Onkel".
„Habe ich dir nicht gesagt, mein Sohn, sie sei wunderschön?
Aber es gibt noch eine andere, die ebenfalls schön ist". „Wo
dies? Onkel", fragte jener. „Es ist die Tochter des Fürsten
von Dimdim und sie befindet sich bei Schamâl, dem Bruder des
Löwen, und ist sehr schön". „Onkel", sagte jener, „lass diese hier
bei dir bleiben; ich will gehen und mir auch noch jene herbeiho-
len". Er machte sich auf, stieg zu Pferde, zog in die Welt
und fragte nach, bis er zu einer Höle gelangte. Er trat in dieselbe hinein und legte sich dort schlafen; wärend er schlief,

hörte er im Traume eine Stimme: „Auf, gehe, das Schloss des
Schamâl ist noch eine Stunde von hier entfernt; Schamâl aber ist
fort und hat sich seit fünf Tagen nicht mehr blicken lassen, die
Tochter des Dimdimfürsten sitzt nun dort und wünscht, Jemand
möchte kommen und sie entführen". Da stieg er zu Pferde, begab sich zum Schlosse und trat hinein; die Prinzessin sass drinnen und Schamâl lag schlafend auf ihrem Schosse; sie aber rieb
ihm die Herzgegend. Nun erblickte die Prinzessin den Jüngling
und machte ihm ein Zeichen. Er aber griff zu seinem Dolche
und zeigte ihn ihr; ohne zu sprechen machten sie einander Zeichen mit den Händen. Sie winkte ihm; da gab er ihr den Dolch,
wärend sie immerfort dem Schamâl die Herzgegend rieb; dann
setzte sie ihm den Dolch auf's Herz, drückte ihn tief in dasselbe
hinein und schlitzte ihm den Bauch auf. Nun kam auch der junge
Mann gegen ihn, und er und Schamâl packten einander, trotz der
Verwundung des Schamâl. Das Mädchen kam von hinten mit dem
Schwert an ihn heran und versetzte ihm einen Hieb, wärend die
Hand des Jünglings auf dem Nacken Schamâl's lag. Mit dem
Hiebe aber traf sie zwei Finger des jungen Mannes und schlug
sie ab; darauf erschlugen sie den Schamâl. „Woher sind deine
Finger verwundet?" fragte sie ihn. „Du hast sie mit dem Schwerte
abgeschlagen", antwortete er. Da behandelte sie ihm seine Finger mit der Arznei Schamâl's, heilte sie und überzog sie mit Silber. Dann nahmen sie sich zwei Pferde aus Schamâl's Stall, bestiegen dieselben und machten sich auf nach Hause. Er sprach
zu sich selber: „Ein Mädchen soll für mich, das andere für meinen Bruder sein". Da kamen sie zum Alten und sahen, dass die
Tochter des Gurdschfürsten und der Alte in Streit mit einander
waren. „Warum zankt ihr?" fragte er. Sie antwortete: „Er hat
von mir Ungebürliches verlangt". Da griff er zum Schwerte und
hieb dem Alten den Kopf ab. Dann setzten sie sich zu Pferde
und kamen nach Hause; dort stieg er ab. Der jüngste Bruder
aber war unterdessen gestorben; darum liess er sich selber die
beiden Mädchen antrauen. — Nach Verlauf von zehn Tagen gingen die drei, die Tochter des Elfenkönigs, die des Gurdschfürsten
und die des Dimdimfürsten, aus, um Wasser zu holen. Schamâl
aber hatte sich erholt und war, Nachforschungen einziehend, dorthin gekommen. Er erblickte die drei bei der Cisterne und packte
sie; aber nur zwei konnte er rauben, denn die Tochter des Elfenfürsten legte ihre Tarnkappe an und wurde unsichtbar, so dass Schamâl sie nicht fand. Sie kam nach Hause und rief: „Bei Gott,

Schamâl hat die beiden Frauen geraubt". Da stieg der junge
Mann zu Pferde und verfolgte sie; er ritt zum Schlosse, Schamâl
sass drinnen. Wie Schamâl ihn ansah, wollte der Jüngling entfliehen; Schamâl aber kam auf ihn los, erreichte ihn und tödtete ihn.

Zehn Jahre waren seit seinem Tode vergangen, da vernahm
Dêve-räsch die Kunde, man habe den Sohn des Mîr-Ssêfdîn getödtet. Da weinte die Frau des Dêve-räsch um ihren Bruder;
Dêve-räsch aber machte sich auf, ging zum Adler und erzälte
diesem: „Man hat den Sohn des Fürsten getödtet; auf, wir wollen ihm nachforschen". Darauf gingen Dêve-räsch und der Adler
zum Vogel Ssîmer und sprachen zu diesem: „Man hat den Sohn
des Fürsten getödtet; auf, wir wollen ihm nachforschen". Der Vogel Ssîmer rief: „Dêve-räsch!" „Ja!" „Frage deine Wölfe nach
ihm". Da rief Dêve-räsch alle Wölfe zusammen und fragte sie:
„Habt ihr keinen Erschlagenen gesehen?" „Nein", antworteten
sie. Auch der Adler erkundigte sich bei allen Adlern: „Habt ihr
keinen Erschlagenen gesehen?" „Nein", antworteten sie. Der
Vogel Ssîmer rief allen Heuschreckenfressern: „Habt ihr keinen
Erschlagenen gesehen?" „Nein". Nur einer sagte: „Warhaftig,
vor langer Zeit, als wir noch jung waren, haben wir einen gese-
hen, zwischen dessen Knochen hat unser Vater sein Nest gebaut".
„Weisst du, wo er ist?" fragte jener. „Ja", antwortete dieser.
„Geh, wir wollen sehen, wo er ist!" Da fanden sie den Schädel.
Dêve-räsch sprach: „Meine Sache sei es, dass ich Knochen zu
Knochen sammle". Der Adler sagte: „Meine Sache sei, seinen
Leichnam wieder zusammenzufügen". Der Vogel Ssîmer aber sagte:
„Meine Sache sei es, Lebenswasser herbeizuholen". Da befal Dêve-räsch seinen Wölfen: „Lest Knochen um Knochen aus". Das
taten sie; dann setzte der Adler seinen Körper zusammen; nur
zwei Finger fehlten. Da suchten die Wölfe und durchsiebten das
ganze Gebirge, aber die beiden Finger fanden sie nicht. „Lasst ihn
so", sagten sie, „ohne die zwei Finger". Der Adler also setzte ihn
zusammen und streckte ihn aus, indem er sagte: „Jetzt gleich
wird er sprechen". Darauf ging der Vogel Ssîmer und holte Lebenswasser herbei und bespritzte ihn mit demselben. Da sagte er:
„Ah, wer hat mich aus diesem langen Schlafe aufgeweckt?" „Steh
auf", sagten sie; „es sind nun zehn Jahre her, dass du erschlagen
worden bist". Dann richteten sie ihn auf und fragten ihn: „Warum
bist du getödtet worden?" Er erzälte ihnen, welches Geschick ihn
betroffen hatte. Da sagten sie: „Auf, lasst uns nun nach Hause
gehen!" „Bei Gott", antwortete er, „ich will gegen Schamâl zie-

hen!" Da ging er mit Dêve-räsch zu Schamâl's Schlosse. Schamâl aber war krank; denn die Weiber hatten ihm Gift in die Speise getan. Dêve-räsch trat zu ihm hinein; er und Schamâl packten sich, um mit einander zu ringen; Schamâl aber war schwach geworden; und nun kam der Jüngling dem Wolfe zu Hilfe. Wärend die beiden einander gepackt hielten, säbelte der Jüngling den Schamâl nieder. So tödteten sie ihn und verbrannten ihn. Dann nahmen sie die Weiber mit und machten sich auf die Reise. Dêve-räsch ging nach Hause, und der junge Mann begab sich in das Haus seines Vaters, wohnte dort und hatte nun Ruhe vor Schamâl.

XIX.

Es war einmal einer Namens Dijâb, der Schulze des Dorfes, der hatte eine Tochter; und es war auch einer, Hamfo der Pahlawân hiess er; der war ohne Vermögen, hatte aber einen Laden eröffnet. Zu dem ging die Tochter Dijâb's, täglich ging sie zu ihm; und obgleich ihr Dijâb verbot, zu ihm zu gehen, so bestand sie doch darauf. Da wandte sich Dijâb an Hamfo und bat ihn, nicht zuzulassen, dass seine Tochter zu ihm käme. Der aber kümmerte sich nicht um ihn, und das Mädchen kam nach wie vor zu ihm, wollte gar nicht mehr von ihm fortgehen, so dass er sie ganz als seine Frau betrachtete.

Da schickte Dijâb zwei in der Nacht, sie sollten den Hamfo ermorden; wenn sie ihn aber nicht fänden, sollten sie ihm seinen Laden ausplündern. Die beiden gingen zum Laden, Hamfo zu tödten; als sie ihn aber nicht fanden, plünderten sie den Laden. Am Morgen kam Hamfo zu seinem Laden, da fand er nichts mehr darin. Er ging gleich zu Dijâb und klagte, dass man ihn ausgeplündert hätte. „Bah!" sagte Dijâb, „was soll ich tun?" Hamfo kehrte unverrichteter Sache nach Hause zurück; da kam Dijâb's Tochter zu ihm und sagte: „Hamfo, mein Vater hat deine Waren weggeholt". „Schön!" antwortete er. — Einige Zeit darauf ward das Mädchen in Folge des Umgangs mit Hamfo schwanger. Da schickte Dijâb zu Hamfo, er möchte zu ihm kommen; Hamfo aber beschied ihn abschlägig. Die Freunde und Verwandten Hamfo's kamen zu ihm, sie wollten nicht, dass ihm etwas geschähe, und so entstand Streit im Dorfe. Eine Hälfte des Ortes schlug sich auf die Seite Hamfo's und die andere auf die Seite Dijâb's.

Ḥamſo nahm seinen Säbel, ging zu Dijâb und erschlug ihn und seine Vettern, seine Tochter nahm er mit ſich und brachte sie nach Hause. Dann legte er Feuer an das Haus Dijâb's und verbrannte es. Ḥamſo wurde nun der Herr des Dorfes. — Bald darauf kam einer von einem andern Dorfe, der hatte eine entführt und begab sich in den Schutz Ḥamſo's. „Was wünschest du?" fragte Ḥamſo. „Ich und diese", antwortete er, „wir liebten einander, der Vater wollte sie mir nicht geben, da bin ich mit ihr zu dir geflohen". „Bleib hier, fürchte nichts!" erwiderte Ḥamſo. Nun kamen aber die Verwandten des Mädchens zu Ḥamſo und sagten, Ḥamſo möchte das Mädchen und den jungen Mann herausgeben. Da Ḥamſo das aber nicht tun wollte, so gerieten die beiden Dörfer in Streit; Ḥamſo erschlug den Herrn des andern Dorfes und plünderte dasselbe. Als er auch zu einer alten Frau kam, sie zu plündern, sagte diese: „Ḥamſo!" „Ja!" „Was hast du mit mir zu schaffen? ich bin eine arme Alte; wenn du ein Mann bist, so gehe in die Stadt Mûsch, da ist ein Riese in der Stadt, er hat die ganze Stadt ermordet und die Tochter des Königs genommen, — ich bin eine arme Frau". Da kehrte Ḥamſo nach Hause zurück — die Tochter Dijâb's hatte er geehelicht, und sie hatte ihm einen Sohn geboren, Namens Garnos. Ḥamſo machte sich auf, bestieg sein Ross und zog in die Welt, nach der Stadt Mûsch fragend. Er kam dort an: rund um die Stadt war eine Mauer, darin waren vier Tore von Eisen, aber alle vier waren verschlossen. Er ritt rings um die Stadt herum, aber er fand keine Lücke in der Mauer. Endlich entdeckte er eine alte Frau, die hatte eine Höle unter der Mauer. Er ging zur Oeffnung der Höle, von drinnen kam ein Geräusch. „Wer ist hier? fragte er. Da kam die Alte heraus und sagte: „Ich!" dann fragte sie ihn: „Wesswegen kommst du her?" „Ich will in die Stadt gehen". „Huh! gehorsamer Diener! Der Riese ist gekommen und hat alle Leute in der Stadt ermordet und die Tochter des Königs für sich genommen und vier meiner Söhne erschlagen". „Wo ist die Königstochter jetzt?" fragte er. „Die ist hier in der Stadt". „Ist der Riese jetzt bei ihr?" „Das weiss ich nicht". Nun zog Ḥamſo sein Pferd in die Höle und setzte sich zu der Alten; darauf fragte er sie: „Kannst du nicht zu ihr gehen?" „Gewiss! jederzeit gehe ich zu ihr". „So geh und sage ihr: Ḥamſo ist zu dir gekommen; sieh, was sie sagt". Die Alte ging, aber in's Innere der Höle hinein. „Wohin gehst du da?" rief er. „Ich gehe hier zu ihr, die Tore sind ja verschlossen". Als die Alte zur Prinzessin kam, rief diese ihr ent-

gegen: „Willkommen, Alte! komm, lass uns ein wenig plaudern“.
Die Alte ging und setzte sich zu ihr. „Wo ist der Riese?“ fragte
sie. „Der ist weggegangen, er sagte, es sei ein schönes Mädchen
bei dem blinden Unhold, die wolle er stehlen gehen“. „Es ist einer zu mir gekommen“, erzälte nun die Alte, „schöner als alle,
Ḥamfo heisst er, er ist deinetwegen gekommen, aber die Tore
waren nicht offen, und jetzt ist er bei mir; er ist es, der mich
hergeschickt hat“. „Wo ist er?“ „Bei mir“. Da stand die Prinzessin auf und ging mit der Alten zu der Höle. Dort sprachen
die beiden mit einander, gelobten sich Treue an und küssten einander. Dann nahm die Prinzessin den Ḥamfo mit zu sich; als
er durch die Stadt ging, war kein Mensch in derselben, die Läden standen offen, und die Waren darin, die Backöfen und das
Brot darin; der Markt war verpestet von dem Geruch der Erschlagenen. Sie führte ihn mit sich bis zu ihres Vaters Hause,
zum Königsschlosse; da sagte sie: „Das ist meines Vaters Burg,
und dieser Erschlagene ist mein Vater, und dieser mein Bruder,
und diese vier meine Brüder, und diese ist meine Mutter“. Dann
führte sie ihn weiter zum Hause ihres Oheims. „Das ist die
Familie meines Oheims“ sagte sie, „und dieser Erschlagene ist mein
Bräutigam“, und sie brach in Thränen aus. Ḥamfo, voll Grimmes,
fragte: „Wann kommt der Riese zurück?“ „Gegen Abend“.
„Sobald er schläft, so komm und benachrichtige mich, ich bin bei
der Alten“. Ḥamfo ging zu der Alten zurück, diese holte Reis
vom Markte, ohne zu kaufen (es waren ja keine Verkäufer da),
und sie bereiteten ein Mal und assen, die Alte und Ḥamfo. Als
es Abend geworden war, kam der Riese, stieg über die Mauer in
die Stadt und feuerte die Kanonen ab, vier Schüsse. Da sagte
die Alte zu Ḥamfo: „Der Riese ist gekommen“. Ḥamfo aber
fragte: „Was bedeuten diese Kanonenschüsse?“ „Jeden Abend,
wenn er kommt, tut er so“, erwiderte die Alte. Sie begab sich
nun auf's Schloss, um auszuspioniren, was vorging. Da hatte der
Riese die Prinzessin mit den Beinen nach oben und dem Kopfe
nach unten aufgehangen und peinigte sie, die Prinzessin aber
weinte, und die Alte hörte, wie der Riese zu ihr sagte: „Wer ist
heute zu dir gekommen, dass du lachest? Seit dem Tage, dass
ich die ganze Stadt und das Haus deines Vaters erschlagen habe,
hast du nicht mehr gelacht, heute lachst du“. „Niemand ist zu
mir gekommen“ antwortete sie, „die Alte ist ja da, [frage die nur]“.
Da durchsuchte der Riese die ganze Stadt und ging dann hinunter zur Wohnung der Alten, aber diese war noch gerade vor ihm

vom Schlosse hinabgestiegen und hatte Ḥamſo zugerufen: „Ent-
flieh!" Flugs war Ḥamſo hinaus und auf seinem Rosse und weg
in der Nacht. Als der Riese kam, durchsuchte er das Haus der
Alten, wie er aber Niemand fand, kehrte er zur Prinzessin zurück.
— Ḥamſo kam an einem Dornstrauche vorüber, da erblickte er in
der Dunkelheit einen Wolf, der seinen Kopf in den Dornstrauch
steckte und ein Knäblein aus demselben hinausholte; das weinte
im Maul des Wolfes. Ḥamſo richtete seine Pistole auf den Wolf
und schoss ihn todt, dann nahm er ihm den Kleinen aus dem Rachen. Da kam die Mutter desselben und weinte vor Ḥamſo und bat
ihn, ihr ihren Sohn zu geben. Ḥamſo aber sagte: „Ich gebe ihn
dir nicht, wenn du mir nicht eine von euren Tarnkappen schenkest".
Da holte sie ihm eine Kappe, und als sie sie ihm gegeben hatte,
kehrte Ḥamſo noch in der Nacht zur Alten zurück. „Alte!" fragte
er, „was gibt's?" „Ach, um Gotteswillen" antwortete sie, „er hat
die Prinzessin fast zu Tode geprügelt". Nun setzte Ḥamſo die
Geisterkappe auf, ging auf's Schloss und trat bei den beiden ein
— er brauchte sich jetzt ja nicht mehr zu fürchten — da sah er,
wie der Riese die Prinzessin zu seinen Lüsten zwang, wärend sie
in seinen Armen um Hilfe schrie. Ḥamſo nahm das Schwert des
Riesen und versetzte ihm einen Schlag. Der Riese erhob sich
nach seinem Schwerte, aber er sah kein Schwert — die
Schläge trafen ihn, aber er sah Niemanden. Nun packte
Ḥamſo das Schwert fest mit der Hand und versetzte ihm einen
Schlag zwischen die Augen, davon fiel der Riese zu Boden.
Ḥamſo erhob ein gewaltig Geschrei und zog die Kappe ab; nun sah
ihn der Riese, aber er konnte nicht mehr aufstehen. Ḥamſo zerhieb ihn in kleine Stücke und warf ihn hinaus; dann befreite er
die Prinzessin von ihren Banden. Diese überkam eine grosse
Freude, aber sie sagte: „Hole Holz und verbrenne ihn, damit er
nicht wieder in's Leben zurückkehrt". „Habe keine Furcht!" antwortete Ḥamſo, holte Holz, legte ihn darauf und zündete das Holz
an; so verbrannte der Riese mit dem Holze und ward zu einem
Häuflein Asche. — Die Prinzessin hatte nun Ruhe, sass mit Ḥamſo
im Zimmer, Essen fanden sie auch genug in den herrenlosen Häusern und Läden. Am andern Morgen öffnete Ḥamſo die Stadttore
und ging weg, sein ganzes Dorf und seine Familie dorthin zu
holen. Unterdess war seine Frau, die Tochter Dijâb's gestorben,
sein Sohn Garnos aber war noch am Leben. Er sagte den Leuten seines Dorfes: „Kommt in die Stadt Mûsch, der Riese hat alle
erschlagen, und ich habe den Riesen erschlagen, kommt und lasst

euch dort in der Stadt nieder, jeder Familie gebe ich ein Haus". So zog er mit seinem ganzen Dorfe dorthin, er selber wohnte im Königsschlosse und jeder Familie aus seinem Dorfe wies er ein Haus zur Wohnung an. Die Alte kam zu Ḥamfo und sagte ihm, sie wisse, zu welchen Häusern die einzelnen Läden gehörten, und sie durfte nun hingehen und jedem Hausbesitzer seinen Laden zeigen. Die Leute nahmen Besitz von ihren Läden und kauften und verkauften. Drei Arme waren ohne Läden geblieben, deren jedem eröffnete Ḥamfo einen neuen Laden. — Darauf versammelte Ḥamfo die Männer und sprach zu ihnen: „Kommt, wir wollen die Erschlagenen wegschaffen und Strassen und Häuser reinigen". Alle zusammen gruben nun Gräber, trugen die Leichen aus der Stadt und begruben sie alle. Dann befal Ḥamfo weiter: „Säubert die Häuser und Strassen vom Blute, damit die Stadt rein werde". So wurde Ḥamfo König von Müsch; sein Sohn Garnos war zum Manne herangewachsen. Er wollte ihm eine Braut werben, aber die Königstochter sagte: „Wir wollen ihm keine von den hiesigen Frauen werben". „Bah! woher denn sonst?" fragte Ḥamfo. „Ich habe eine Base, aus unserer Stadt ist sie, die hat der blinde Unhold geraubt, geh und hole sie ihm". „Wo ist sie denn?" „In der Riesenhöle". Da stieg Ḥamfo zu Pferde, setzte die Tarnkappe auf, nahm das Schwert des Riesen, hing es um seine Schulter, machte sich auf den Weg und fragte nach der Riesenhöle. Unterwegs traf er eine grosse Karawane, die fragte er, nachdem er seine Kappe abgezogen hatte: „Wohin geht ihr?" „Wir wollten in die Stadt Müsch, des Handels wegen, um zu kaufen und zu verkaufen, aber man sagt uns, es sei ein Riese darin, der habe die Einwohner erschlagen, und so wagen wir nicht hinzugehen". „Geht nur hin", erwiderte er, „ich habe den Riesen erschlagen, meine Leute sind in der Stadt und in den Läden". Die Kaufleute zogen weiter nach Müsch. Ḥamfo setzte seine Kappe wieder auf und kam zur Riesenhöle. Draussen vor ihr band er sein Pferd an und ging selber hinein. Drinnen sah er eine, wie das Licht leuchtete sie, lange schaute er sie an, aber sie vermochte ihn nicht zu sehen. Der blinde Unhold lag schlafend auf ihrem Schosse. Nun zog Ḥamfo die Kappe ab, da sah ihn das Mädchen, sie freute sich sehr und sagte: „Das ist eine Menschengestalt". Sie wollte sich erheben, aber der blinde Unhold merkte es — alsbald setzte Ḥamfo die Kappe wieder auf und fasste sein Schwert — und sagte zum Mädchen: „Wohin?" „Ich muss mal Wasser ausgiessen gehen" antwortete sie und ging hinaus. Ḥamfo zückte das Schwert gegen jenen und traf ihn an der

Schulter. Der Riese erhob ein grosses Geschrei in der Höle, auf welches hin zwölf Blinde herauskamen, die in der Höle herumspektakelten, dass man sich am jüngsten Tage hätte glauben sollen. Sie fragten den grossen Riesen: „Wesshalb hast du so geschrien?" „Es hat mir einer einen Hieb mit dem Schwerte versetzt" antwortete er, „er ist in der Höle". Sie gingen in der Höle herum und suchten, fanden aber Niemanden; die Schläge trafen sie, und sie, die Blinden, stürzten gegen einander los — Ḥamſo hatte seinen Spass daran — und tödteten sich gegenseitig, bis nur noch einer heil übrig blieb. Gegen den wandte sich Ḥamſo und schlug ihn todt. Dann holte er das Mädchen heraus und ging zu seinem Pferde, doch das hatte der Wolf gefressen, und so mussten sie zu Fusse gehen. Als er mit dem Mädchen nach Mûsch kam, war auf der Strasse kein Platz vor den Fremden, die Herbergen waren voll, der Handel blühte. Kaum war Ḥamſo in die Stadt eingetreten, so wurde er erkannt, man freute sich und jauchzte, und die Ausrufer riefen in der Stadt aus: „Niemand soll Handel treiben, Ḥamſo unser König ist zurückgekommen und hat dem Garnos eine Braut mitgebracht, vier Tage lang ist Fest in der Stadt".

Darauf fand die Hochzeit statt.

Die Kaufleute, welche wieder abreisten, erzälten in ihren Städten von Ḥamſo, dass er König in Mûsch geworden sei und seinem Sohne ein viertägiges Hochzeitsfest veranstaltet habe.

XX.

Es war einmal ein Mann, der hatte eine Frau, die gebar ihm einen Sohn und starb. Da nahm er eine neue Frau. Einst sagte der Junge: „Mutter, ich bin hungrig". Da schlug sie ihn, er aber fing an zu weinen und ging grollend weg. Weg ging er und legte sich draussen vor dem Orte schlafen. Eben dahin kam ein Kaufmann, stieg in seiner Nähe ab und kochte sein Essen. Da kam der Diener des Kaufmanns zu dem Jungen und fragte ihn: „Wesshalb bist du hier?" „Ich bin ein armer Teufel" antwortete er. Der Diener ging zu seinem Herrn und sagte: „Herr, es ist ein Armer hier". „Bringt ihm Essen" befal der Kaufmann. Als sie ihm aber Essen brachten, weigerte er sich, etwas davon zu geniessen. Der Kaufmann legte sich mit seinen Leuten schlafen.

Als es Mitternacht geworden, stand der Junge auf, suchte sich das Pferd des Kaufmanns aus, bestieg es und entfloh mit ihm in der Richtung nach Baghdad. Der Kaufmann erwachte und fragte: „Wo ist mein Pferd?" „Es ist verschwunden" erhielt er zur Antwort. „So seht zu, ob der Junge noch an seinem Platze ist". Die Diener gingen hin und fanden ihn nicht. „Er hat's weggenommen" sagte der Kaufmann, „aber lasst ihn nur". — Der Junge zog weiter und kam an ein Schloss; darin befand sich ein junges Mädchen. Er setzte sich zu ihr, bis es Abend wurde und sie das Abendessen bereitete, und vergnügte sich mit ihr.

Am Abend kamen die sieben Brüder des Mädchens von der Jagd. „Wer ist dieser?" fragten sie. „Ich bin ein Gast" entgegnete er. „Ganz zu Diensten" erwiderten sie. Als es Morgen wurde, sagten sie zu ihm: „Komm mit uns auf die Jagd". Das Mädchen aber wendete ein: „Er ist ein Gast, nehmt ihn nicht mit". „Gut!" sagten sie, „lass ihn heute hier bleiben". Sie gingen also, und er blieb; bis zum Abend lag er mit dem Mädchen zusammen und erfreute sich mit ihr an Brantwein, Wein und Liebe. Am Abend kamen die Brüder des Mädchens nach Hause, setzten sich und assen zu Nacht. Vier von ihnen sagten: „Wir wollen unsere Schwester diesem zur Frau geben", die drei andern aber sagten: „Nein, wir geben sie ihm nicht". Schliesslich überredeten jene diese und sie gaben sie ihm. Sie war aber schon dem Fürsten, ihrem Oheim, als Schwiegertochter versprochen. — Nachdem sie sie dem Jungen angetraut hatten, sagte dieser: „Ich will gehen und sieben Frauen für euch sieben holen". Er ging und begegnete einem Bauer. „Bauer!" redete er ihn an. „Ja!" „Hast du keine Töchter zu Hause?" „Gewiss". „Wie viele Töchter hast du?" „Sieben". „So komm, lass uns zu eurem Hause gehen". Er ging nun mit dem Bauern nach Hause und fand dort wirklich sieben Mädchen. Er nahm die sieben mit und begab sich wieder zum Schlosse der sieben Brüder. Da fand er aber das Schloss zerstört und die sieben Männer erschlagen, und seine Frau hatte man in's Haus des Fürsten geschleppt. — Er setzte sich in's Haus einer alten Frau und redete sie an: „Alte!" „Ja!" „Geh zu der Prinzessin". „Ich wage es nicht". „Wesshalb nicht?" „Die Leute des Fürsten haben ihre Brüder erschlagen". „Geh, sage ihr: dein Gatte schickt mich; nimm dir diese Schale mit Milch, ich lege meinen Ring hinein". Da ging die Alte zu ihr an die Zimmerthüre und rief: „Meine Herrin!" „Wer ist da?" „Lass mich zu dir hinein". „Nein". „Dein Mann schickt mich". „So komm". Die Alte trat ein, tauchte den Löffel in die Milch und holte den Ring heraus. „Wo ist der Besitzer dieses Ringes?" fragte die Prinzessin. „Er wohnt bei mir, komm zu uns". „Geh nur, ich komme schon". Da zog sie ihre Schuhe an und begab sich zu ihm. Nun entführte der junge Mann die acht in seine Heimat; dort wohnte er bei seinem Vater, und man verheiratete die acht mit ihm.

Eines Tages gingen die Frauen zum Brunnen Wasser holen, da kam ein Riese und raubte die Schöne. Als die übrigen nach Hause kamen, fragte ihr Mann: „Wo ist die Prinzessin?" „Ein Riese hat sie entführt". „Auf welchem Wege?" „Auf dem Wege oberhalb des Brunnens". Da machte er sich hinter ihn her; nach fünf Tagen begegnete er einem Hirten, den redete er an: „Hirte!" „Ja!" „Ist hier nicht Jemand vorbeigekommen?" „Ja wol". „Was war's?" „Ein Riese, er hatte eine Frau bei sich auf dem Pferde". „Wohin ist er gegangen?" „Zu jener Höle". Weiter verfolgte er ihn und gelangte zum Eingange der Höle. Dort erblickte er ihn schlafend, und die Prinzessin und noch eine andere sassen dabei, die Prinzessin weinte. Er trat ein. Die andere war noch schöner als seine Frau. Er ging auf den Riesen zu, erhob sein Schwert, um ihn zu schlagen, und hieb ihm mit demselben den Kopf ab. Dann nahm er die beiden mit sich und trat wieder aus der Höle hinaus, um nach Hause zu gehen. Nach Hause gekommen liess er sich auch jene noch antrauen. So hatte er nun neun Frauen. Gott war mit ihm und er wurde Fürst. Aber er liess Aussatz ihn befallen. Da fragte er die Aerzte: „Welches Mittel gibt's für diese Krankheit?" „Das Blut eines Knaben, welchen du schlachten musst". — Der Ausrufer musste in der Stadt ausrufen: „Wer hat einen Knaben zu verkaufen?" Einer sagte: „Ich habe einen". Aus Hunger verkaufte er ihn. Man brachte den Knaben in den Palast. Wie er nun in der Hand des Henkers war, dass er ihm den Kopf abschlüge, da schaute der Knabe um sich, so schaute er, keinen Menschen sah er, weder Mutter noch Vater sah er, da erhob er seinen Kopf zu Gott. Da fragte der Fürst: „Wesshalb schaust du so um dich?" „Ich schaute auf zu Gott", antwortete er, „Menschen habe ich nicht". Da befal der Fürst: „Lasst ihn los, er mag nach Hause gehen". Sie liessen ihn los, und er ging nach Hause, der Fürst aber genas.

XXI.

Es war einmal ein Sultan, der hatte vier Söhne. Alle vier sagten: „Wir wollen auf die Wallfahrt gehen". Sie reisten einen Monat weit; eines Tages, als sie früh aufbrachen, erblickten sie vier Mädchen; die fragten: „O Jünglinge, wohin geht ihr?" Sie antworteten: „Auf die Wallfahrt". „Kommt", entgegneten die Mädchen, „wir wollen uns mit einander verheiraten". Zwei sagten ja und zwei sagten nein; sie überredeten die letzteren und setzten sich zu den Mädchen. Der älteste sagte: „Die schönste ist für mich"; aber ein anderer Prinz schlug vor: „Wir wollen die älteste dem ältesten und die mittlere dem mittleren und die jüngste dem jüngsten geben". So verteilten sie sie unter sich. Da überfiel sie eine Schar von Unholden und Riesen, welche gesehen hatten, dass vier Mädchen und vier Männer beisammen sassen. Sie kämpften miteinander bis zum Abend; dann lagerten sie sich einander gegenüber, und die Feinde schlugen vor: „Die Weiber sollen uns Speise zubereiten, euch besonders, und uns besonders sollen sie kochen". Sie bereiteten Speise und machten eine Schüssel zurecht; aber die Weiber zogen ein Stück Gift hervor und taten es in die Schüssel. Dann setzten sie sie den Riesen vor: diese assen davon und starben. Darauf sagten die Weiber: „Auf, wir wollen nun auf die Wallfahrt gehen". Da zogen sie zu dem Dorfe der Angehörigen der Weiber und lagerten sich in einer Höle. Die Weiber sagten nämlich: „Das ist der Wallfahrtsort; kommt, lasst uns in der Höle Hochzeit halten". Sie legten sich hin, aber nun ergab es sich, dass zwei von jenen Männer und zwei Weiber waren. Als die Prinzen dies entdeckten, da hielten die, welche Weiber bekommen hatten, Hochzeit; die, welche Männer bekommen hatten, sahen, dass sie sich getäuscht hatten. In Folge dessen kämpften sie in der Höle miteinander; zwei von den Prinzen kamen dabei um, wärend die beiden übrigen jene beiden Männer tödteten. Die beiden Prinzen aber, welche übrig blieben, nahmen die Weiber mit sich und machten sich auf die Heimreise. — Unterwegs trafen sie einen Kaufmann, der fragte sie: „Woher kommt ihr?" Sie sagten: „Von der Wallfahrt". Sie kamen nach Hause und stiegen im Schlosse ab; dann erzälten sie: „das und das ist uns begegnet". Man fragte: „Wo?" Sie sagten: „Auf dem Ṭûr 'Abedîn". Nun heirateten sie in ihrer Heimat und hielten Hochzeit. Darauf gebar eine der Frauen einen Sohn. Einst weinte der Knabe und bat: „Mutter, gib mir Rosinen". Sie antwortete: „Beim Haupte deines Vaters, von dem ich nicht weiss, wo seine Knochen liegen, es sind keine Rosinen da". Der Prinz, ihr Mann, hörte sie so reden; er kam herzu und sagte: „Weib!" „Ja!" „Hast du noch einen andern Mann?" „Nein", sagte sie. „Warum sprichst du denn so zu meinem Sohne?" Sie entgegnete: „Es ist mir auch nur so in den Mund gekommen". Da tödtete er sie. Darauf gab die Frau des andern Prinzen ihrem Manne Gift, so dass er daran starb. Sie aber ergriff zur Nachtzeit die Flucht. — Sie traf einen Derwisch an, der fragte sie: „Wer bist du?" „Ich bin eine Frau," sagte sie. „Ich lasse dich nicht los", antwortete er, nahm sie mit sich, zog nach Indien und brachte sie auf den Markt, um sie zu verkaufen. Ein Kaufmann erstand sie, begab sich zum König und sagte: „O König, ich habe ein Mädchen gekauft". „Geh, hole sie" sagte er; „und für wie viel hast du sie gekauft?" „Für achtzig Beutel", entgegnete er. Darauf brachte er sie in's Audienzzimmer; der König schaute sie an, dann sagte er weinend: „Das ist ja meine Tochter; von wem hast du sie gekauft?" „Von einem Derwisch", antwortete der Kaufmann. Der König schickte die Ausrufer in der Stadt herum, und sie fanden den Derwisch. Dann sagte er: „Derwisch!" „Ja!" „Woher hast du dieses Mädchen gebracht?" „Ich habe sie zur Nachtzeit auf dem Tûr ʾAbedîn gefunden", entgegnete er. Da erkundigten sich auch die anderen indischen Könige bei dem Mädchen, wo ihre Töchter geblieben seien, die mit ihr gewesen waren. „Die sind todt", antwortete sie. Und nun ist's aus.

XXII.

Es war einmal ein Prinz, der hatte eine Schwester und eine Frau. Einst sagte seine Frau zu ihm: „Deine Schwester ist nicht von unbescholtenem Wandel". „Wie so?" fragte er. „Sie hat ihre Augen auf Verbotenes gerichtet"; antwortete sie. Er setzte daher seine Schwester in eine Kammer und riegelte die Thüre hinter ihr zu; ein Fensterloch liess er offen, und durch dieses brachte man ihr Brot und Wasser, zu essen und zu trinken. Einmal tat ihr die Frau ihres Bruders eine Schlange in den Wasserkrug; das Mädchen trank die Schlange hinunter und in Folge dessen schwoll

ihr Bauch auf. Da behauptete ihre Schwägerin gegenüber ihrem
Manne, seine Schwester sei schwanger geworden; der Bruder ging
sie besehen und fand, dass sie in der Tat sehr stark geworden
war; er sprach zu sich selber: „Ich will sie nicht umbringen,
sondern auf's Gebirge führen". Er rief ihr: „Schwester!" „Was
gibt's? Bruder". „Komm, wir wollen in's Gebirge auf die Jagd
gehen". „Wie du willst, Bruder", entgegnete sie. Sie stiegen ein
jedes auf ein Pferd und ritten in's Gebirge; das Wetter war heiss,
und sie klagte ihrem Bruder über Durst. „Bah, Schwester, da ist
kein Wasser", sagte er. Da kam eine Hummel. „Geh", fuhr er
fort, „dieser Hummel nach, sie wird sich beim Wasser niederlas-
sen, dann trinke und komm zurück; ich bleibe hier und warte auf
dich". Sie ritt hinter der Hummel drein, einen Tag, zwei Tage;
da liess sich die Hummel am Wasser nieder; und auch das Mädchen stieg ab und trank Wasser; dann kehrte sie um und kam
an jenen Platz zurück; aber ihren Bruder fand sie nicht mehr;
da legte sie sich nieder, band die Stute an ihren Fuss und schlief
ein. — Ein Fürst aber war auf die Jagd geritten und fand nun
das Mädchen da liegen; er redete sie an, aber sie sprach nicht;
und wie er es auch anstellte, sie antwortete ihm nichts. Er nahm
sie mit nach Hause; als sie zwei Tage lang fortfuhr, nicht zu sprechen, rief er die Aerzte und sagte: „Seht zu, was für eine Krankheit diese Frau hat". Sie antworteten: „Sie hat eine Schlange
im Bauch". „Was ist da zu tun?" fragte er. „Lass einen Kessel voll Milch am Feuer heiss machen und lege über die Oeffnung
desselben ein Sieb; dann hänge das Mädchen darüber auf, die
Füsse nach oben und den Kopf nach unten; dadurch wird die
Schlange aus ihrem Munde auf das Sieb hinabfallen, und hernach
wird sie reden können". Das tat man. Die Schlange kam aus
ihrem Munde hervor, und der Fürst fragte: „Warum redest du
nicht?" „Was soll ich reden?" antwortete sie. „Woher bist du?"
„Frage nicht, sieh, ich bin hier", entgegnete sie. — Einmal ging
sie vor dem Schlosse Wasser holen; da kam ein Riese und fand
sie am Brunnen, packte sie und trug sie fort; er brachte sie zu
einem Schlosse und setzte sie in dasselbe; drei Unholde befanden sich
drinnen. Er führte sie in das Innere desselben, und als sie ihm nicht
zu Willen sein wollte, warf er sie in ein unterirdisches Gefängniss.

Unterdessen hatte ihr Bruder seine Frau getödtet und stellte
Nachforschungen nach seiner Schwester an, bis man ihm sagte,
sie sei beim Fürsten. Er kam zu demselben und redete ihn an:
„Fürst!" „Was gibt's?" „Wo ist meine Schwester?" „Wer ist

deine Schwester?" fragte der Fürst. „Jene, die du auf dem Gebirge getroffen hast", antwortete er. „Freund", sagte der Fürst,
„jenem Mädchen ist eine Schlange zum Bauche herausgekommen,
und sie ist wieder hergestellt worden; darauf ist sie an den Brunnen gegangen, um Wasser zu holen; da ist ein Riese gekommen,
hat sie geraubt und nach dem Schlosse von Bän 'Amûd gebracht".
Als er das vernommen hatte, trat er den Weg nach dem Schlosse
an und reiste einen ganzen Monat weit. Er gelangte zu dem
Schlosse und trat hinein. Dort fand er seine Schwester im Gefängnisse nebst einem andern Mädchen, der Tochter des Elfenkönigs; schöneres als diese gibt's nicht. Er holte sie aus dem Gefängnisse heraus und nahm sie mit nach Hause. Als der Riese
und die Unholde erwachten, beschuldigten sie sich wechselseitig, die
Mädchen weggenommen zu haben; in Folge davon gerieten die vier
in Streit und tödteten sich untereinander. Jener aber führte seine
Schwester und die Tochter des Elfenkönigs nach Hause und vermälte sich mit der letzteren, wärend er seine Schwester bei sich
wohnen liess. Er bekam einen Sohn, aber derselbe verschwand;
dann wurde ihm eine Tochter geboren, und diese blieb ihm; so
oft er Söhne bekam, verschwanden sie, und so oft er Töchter bekam, blieben sie ihm. Da sagte er: „Frau, was ist das?" Sie
fragte: „Was?" „Dass, wenn du Söhne gebierst, sie verschwinden, und wenn du Töchter gebierst, sie bleiben". Die Tochter des
Elfenkönigs sagte: „Du weisst es, ich bin die Tochter des Elfenkönigs, meine Verwandten rauben sie". Er entgegnete: „Kannst
du sie nicht hindern, dies zu tun?" Da sagte sie: „Gib mir die
Herrschaft im Hause in allen Dingen". „Die sollst du haben",
sagte er; darauf holte sie ihm ihre Kinder, und nun ist's aus.

XXIII.

Es war einmal ein Fürst, der hatte drei Söhne. Er riet denselben zu heiraten, aber sie entgegneten: „Wir wollen nicht heiraten". „Warum nicht?" fragte er. „Wenn wir nicht drei Schwestern heimführen können, wollen wir nicht heiraten, sonst geht
unsre Familie ganz auseinander".

Da schickten sie einen Mann ihres Gesindes aus mit dem
Befehl: „Geh, treibe dich in der Welt herum und suche drei Schwestern; wenn du welche gefunden hast, so wollen wir um dieselben

freien". Der Diener machte sich auf und suchte, bis er in eine Stadt gelangte, wo er einen Fürsten fand, der drei Töchter besass. Diesen fragte er: „Willst du deine Töchter nicht verheiraten?" „An wen?" „An die drei Söhne des Fürsten von Hâch", entgegnete jener. „Ja, ich will sie ihnen geben, aber geh, hole Geld und komm wieder". Der Diener kam nach Hause und berichtete dem Fürsten, dass er drei Mädchen gefunden habe. „Wo hast du sie gefunden?" „In einer Stadt". Da liess er Soldaten mit sich ausrücken, belud Maultiere mit Geld und Gut, und sie reisten ab. Sie holten die drei Mädchen; aber unterwegs, als sie einmal Nachts auf einer Wiese gelagert waren, fiel sie eine grosse Schlange an. Die Leute gingen mit den Säbeln auf sie los; indessen so viel sie auf dieselbe einhieben, sie liess sich nicht tödten, sondern wurde immer grösser und dicker. Der Fürst fragte sie: „Was ist dein Wunsch?" „Ich verlange", antwortete sie, „die jüngste Braut". „Ich gebe sie dir nicht". „So nehme ich sie mir mit Gewalt". Da gab er sie ihr, und die Schlange führte sie weg und setzte sie in ein hohes Schloss. Sie selber aber verwandelte sich in ein Weib und redete mit dem Mädchen.

Der Fürst liess einen Sarg anfertigen; den lud er dem Maultiere auf und kam nach Hause. Seine Söhne blickten durch das Fernrohr und sahen, dass die Soldaten ihres Vaters heranzogen. Man liess die Bräute von den Tieren heruntersteigen. Da fragte der jüngste Sohn: „Wo ist denn meine Braut?" Der Vater sagte: „Sie ist gestorben". „Wohin habt ihr sie getan?" „In dem Sarge da ist sie". Er sprach: „Oeffnet den Sarg, damit ich sie mir ansehe". „Nein". „Doch". Man öffnete den Sarg; er sah, dass er leer war, und sprach: „Was ist ihr zugestossen?" Man erzälte ihm: „Die Schlange hat sie zu sich genommen". „Wohin ist die Schlange gegangen?" fragte er. „Den und den Weg hat sie genommen", antwortete man ihm. Da stieg er zu Pferde und ging sie suchen; er zog in's Land, bis er das Schloss fand. Er sah, dass Weiber droben waren. Die Schlange sagte dem Mädchen an: „Dein Mann ist gekommen". Das Mädchen ging hinunter und öffnete die Thüre, und auch die Schlange kam und fragte: „Was willst du?" Er sagte: „Ich bin wegen meiner Frau gekommen". „Ich will sie dir nicht geben", antwortete jene. „Warum?" fragte er. Sie sagte: „Geh, hole mir das Schwert und den Schild Hût's des siebenköpfigen". „Woher sollte ich wissen, wo der ist", sagte er. „Suche es zu erfahren", antwortete sie. — Da stieg er zu Pferde und machte sich auf den Weg; unterwegs im Gebirge

fand er eine Ruine und Weiber, welche Kleider wuschen. Er
dachte: „Es ist nicht recht, wenn ich zu ihnen gehe, ich will
eine Weile hier bleiben, bis sie fertig gewaschen haben". Er stieg
auf einen Baum und sah sich um; da kam der Wolf, packte einen
Knaben, welcher an dem Baume in einer Hängewiege sich befand,
und trug ihn weg. Der Mann stieg vom Baume, lief hinter dem
Wolfe her, nahm ihm den Knaben ab und legte ihn wieder an
seinen früheren Platz. Das Kind sagte: „Was hast du getan, du
Unvernünftiger?" „Wie so?" sagte er „ich habe dich doch dem
Wolfe aus dem Rachen gerissen". „Du hättest mich auf den Schoss
meiner Mutter bringen sollen, dann hätte sie gesagt: Verlange was
du willst von mir zum Lohne, ich gebe es dir". — [Das tat er
nun] und bat sie um die Tarnkappe und den fliegenden Teppich.
Sie sagte: „O hättest du doch diese Dinge nicht gefordert und
mir mein Söhnchen lieber nicht gebracht; aber nun nimm sie dir".
Er setzte sich auf den Teppich und sprach: „O Teppich, wo ist
die Höle Ḥût's des siebenköpfigen? ich wünsche dorthin zu fliegen". Im Nu gelangte er an die Oeffnung der Höle und fand
Ḥût den siebenköpfigen drinnen sich ausruhen, wärend ein eiser-
ner Balken auf seiner Brust lag. „Was willst du, Mann?" sprach
er. „Das Schwert und den Schild". „Geh", antwortete jener,
„und hole mir das Kopftuch der Tochter des Königs der Elfen".
„Ich weiss ja nicht, wie dorthin gelangen". „Freilich weisst du's".
Hierauf setzte er sich auf den Teppich und fuhr zum Schlosse der
Tochter des Elfenkönigs. Vor dem Hoftore sah er einen Dämon
stehen; da zog er die Tarnkappe an und ging hinein. Er fand
die Prinzessin auf einem Bette sitzen und schlüpfte unter dasselbe.
Als der Dämon hineinkam, sagte er: „Ohf, es riecht hier nach Menschenfleisch". Sie sagte: „Woher soll es hier nach Menschen rie-
chen; sassest du denn nicht am Tore; wer soll da hineingekommen sein?" „Ich habe mich getäuscht", sagte er. Als es Nacht
wurde, brachte man die Malzeit; der Prinz zog seine Kappe an
und ass mit ihr, so dass sie von dem Male nicht satt wurde.
Dann legte sie sich schlafen, und der Dämon verriegelte hinter
ihr sieben Thüren. Nun zog der junge Mann die Tarnkappe an,
griff nach dem Kopftuch und steckte es in seine Tasche. Sie
merkte es, blickte hin, sah aber Niemand; das Kopftuch aber war
verschwunden. Sie legte sich wieder schlafen. Jetzt griff er nach
ihren Füssen und liess einen derselben auf das Lager fallen; sie
erwachte davon und vernahm ein Geräusch; da rief sie: „Komm
hervor, wer du auch seist; ich gelobe dir Sicherheit, habe keine

Angst!" Er kam hervor und sie blickte ihn an; er setzte sich auf
das Bett; sie tranken Wein und Brantwein und vergnügten sich;
dann schlief er in ihrer Umarmung. Darauf setzten sie sich auf
den Teppich und fuhren davon. Sie gelangten an die Oeffnung
einer Cisterne und sahen, dass Jemand unten in derselben saass,
und zwar der Bruder des Dämons. Er rief ihnen aus der Cisterne zu, und baʔ: „Reiche mir deine Hand". Das Mädchen
riet ihm aber davon ab; er reichte ihm jedoch die Hand und zog
ihn heraus; darauf kämpften sie mit einander, und er tödtete den
Bruder des Dämons. Von hier begaben sie sich zur Höle Ḥût's
des siebenköpfigen. Nachdem er von diesem Schwert und Schild
[vergebens] verlangt hatte, tödtete er auch ihn und nahm diese
Waffen mit. So kam er zum Schlosse der Schlange; die Schlange
erblickte ihn und sah, dass er die Tochter des Elfenkönigs mitgebracht hatte. „Da nimm das Schwert und den Schild", sagte
er, sie aber erwiderte: „Was soll ich damit tun? Mir lag nur
daran, dass du die Tochter des Elfenkönigs holtest". Da nahm
der junge Mann die beiden Mädchen und führte sie nach Hause.
Auf dem Wege stiess er auf den Dämon und den Riesen; er stieg
ab, tödtete beide und langte endlich mit seinen zwei Weibern zu
Hause an; daselbst veranstaltete er ein Hochzeitsgelage. Sein
Vater war unterdessen alt und sein Bart weiss geworden; da holte
die Tochter des Elfenkönigs drei Trauben hervor und gab sie seinem Vater zu essen. Als er dieselben gegessen hatte, ward er
wieder zum Jüngling, und nun ist's aus.

XXIV.

Es war einmal ein Mann, der trieb Ackerbau. Als er eines
Tages pflügen ging, fand er einen Knaben auf dem Wege liegen,
hob ihn auf und steckte ihn in seinen Futtersack; am Abend beim
Nachhausegehen nahm er ihn mit. „Was ist dies im Sack?" fragte
seine Frau. „Ich habe einen Knaben gefunden", antwortete er.
Der Bauer hatte noch zwei andere Söhne; mit denen zusammen
erzog er den Knaben. Dieser wuchs heran und er gab ihm den
Namen: der schöne Jûsif. Als er gross geworden war, stritt
er einmal mit dem einen Sohne des Bauern und erschlug denselben. „Warum hast du meinen Sohn getödtet? fragte ihn der
Bauer. „Er hat mich beschimpft", antwortete jener. „Was hat er

dir denn gesagt?" „Er hat Hurenkind zu mir gesagt; desshalb
habe ich ihn getödtet". Der Bauer sagte: „Das ist auch dein wah-
rer Name". Da tödtete jener auch den Bauern. Darauf bekam
er mit dem andern Sohne des Bauern Streit und tödtete auch den
noch. Nun verklagten ihn die Dorfleute; er aber zog aus dem Dorfe
fort, hing sich Säbel und Gewehr um und ging in's Gebirge; dort
setzte er sich an den Weg. In einer Höle, welche sich dort befand, schlug er seine Wohnung auf; er betete nie und fastete nie,
sondern mordete und schändete, ohne je vor etwas Angst zu haben.
— Hierauf berief der Statthalter ihn vor sich; aber er kam nicht,
sondern tödtete jeden Diener, der ihn aufsuchte. Darauf wirkte
der Statthalter einen Achtsbrief gegen ihn aus: alle Soldaten zogen gegen ihn, und er kämpfte mit ihnen; aber sie konnten ihm
nichts anhaben. Im Gegenteil, der schöne Jûsif pflegte sich Nachts
aufzumachen und in die Stadt zu gehen, um zu rauben und zu
morden, so dass sich die Einwohner der Stadt vor ihm fürchteten
und aus Angst die Stadttore schlossen, bevor die Sonne unterging; jener aber sprengte dieselben und drang in die Stadt
ein und raubte. Hierauf kam ein neuer Statthalter in die Stadt,
und diesem erklärten die Bürger, sie würden auswandern. Jener
fragte nach dem Grunde. Sie erzälten ihm: „Es wohnt ein Mann
draussen vor der Stadt, der hat die Stadt zu Grunde gerichtet;
desshalb wollen wir wegziehen". „So sollen vier meiner Diener ihn aufsuchen gehen", befal jener, „und ihm sagen: „Der
Statthalter lässt dich einladen, zu ihm zu kommen; er will dich zum
Hauptmann über die Stadt machen". Die Diener gingen und begaben sich zu ihm; sie setzten sich zu ihm hin und redeten mit ihm;
als sie ihm ausrichteten, was der Statthalter befolen hatte, willigte
er ein, hing sich seinen Säbel und sein Gewehr um und ging zum
Statthalter. Dieser befal ihm, seinen Säbel und sein Gewehr ab-
zulegen und vorzutreten. „Nein", antwortete jener, „ich lege sie
nicht ab, sondern mit Gewehr und Säbel will ich vortreten". „So
packt ihn", rief der Statthalter; da wollten ihn die Gensdarmen
und andern Soldaten packen; er aber stürtzte mit dem Säbel auf
sie los und streckte sie damit alle zu Boden; dann entfloh er und
kehrte in seine Höle zurück. — Darauf erliess der Sultan an den
Statthalter ein Schreiben des Inhalts: „Fangt jenen Menschen;
aber lasst ihn weder hinrichten noch hängen; sondern werft ihn
in's Meer, damit er ertrinke; beim Hängen wird er nicht sterben,
und durch Hinrichten wird er sich nicht tödten lassen". Da suchten die
Statthalter ein wunderschönes Mädchen, indem sie sagten: „Wir wollen

6

das Mädchen zu ihm schicken, damit er bei ihr liege, und wärend er bei ihr liegt, wollen wir ihn packen". Alle waren einverstanden; man wälte also ein schönes Mädchen aus und schickte es zu ihm, nachdem die Statthalter ihr Verhaltungsbefehle gegeben hatten. Sie ging zu ihm hin und fragte: „Wie geht's dir? schöner Jûsif!" „Mögest du lange leben", antwortete jener. Dann setzte sich das Mädchen zu ihm hin und betastete ihn; denn so hatten die Statthalter sie tun heissen; da legte er sich zu ihr und wohnte ihr bei. Jetzt umringten die Soldaten die Höle, wärend er mit dem Mädchen beschäftigt war, griffen ihn, banden ihm die Hände hinter den Rücken und brachten ihn zum Statthalter. „Werft ihn in's Gefängniss", befal dieser, „bis ich an den Sultan ein Schreiben geschickt habe und mir Antwort auf meinen Brief zukommen wird". Da warf man ihn in's Gefängniss.

Unterdessen ging einmal die Tochter des Mîr-Akâbir mit ihrer Sclavin am Ufer des Meeres spazieren. Die Tochter des Mîr-Akâbir besass aber einen wunderschönen Fingerring, dessen Stein ein Diamant war. Als sie nun ihre Hände und ihr Gesicht im Meerwasser wusch, geriet ihr der Ring vom Finger, und ein Fisch nahm ihn mit fort. Sie stürzte sich auf den Fisch und ergriff ihn beim Schwanze ganz unten im Meere. Da kam der Hai und verschluckte das Mädchen nebst dem Fische in ihrer Hand. Das Mädchen blieb im Bauche des Haifisches; dort nahm sie ihren Ring dem Fische wieder aus dem · Maule und steckte ihn an ihren Finger. — Hierauf kam vom Sultan Botschaft an den Statthalter des Inhalts: „Lass den schönen Jûsif nicht hinrichten, sondern in's Meer werfen". Da führte der Statthalter Jûsif gebunden an's Meeresufer und befal den Schiffern, ihn auf ein Schiff zu bringen und weit von der Stadt wegzuführen; dann ihn in's Wasser zu werfen, damit er ertrinke. Die Schiffer nahmen ihn und führten ihn zwei Stunden weit vom Ufer weg; dann sagten sie: „Hier ist's tief", und warfen ihn dort, gebunden wie er war, hinein. Wie er aber in's Wasser fiel, schnappte ihn der Hai auf und verschluckte ihn. Als er in den Bauch des Haifisches kam, fand er dort ein wunderschönes Mädchen sitzen. Sie freute sich, dass ein Mann zu ihr hineinkam. Die beiden redeten mit einander und erzälten sich ihre Erlebnisse. Das Mädchen fasste im Herzen den bösen Gedanken, Jûsif möchte sich zu ihr legen; jedoch er tat es nicht. Darauf gaben sie sich das Versprechen, einander zu heiraten, aber inmitten des Meeres sich des Umgangs zu enthalten. —

Unterdessen wartete die Sclavin am Meeresufer auf die Prinzessin; eine ganze Woche blieb sie dort, aber Niemand zeigte sich und die Prinzessin kehrte nicht zurück. Da ging die Sclavin weinend nach Hause und trat vor Mîr-Akâbir. „Wo ist meine Tochter?" fragte dieser. Sie erzälte ihm, was geschehen war. Er aber nahm Schiffer und Fischer und befal ihnen, die Fische zu fangen. — Inzwischen war der Fisch, welcher den Ring weggenommen hatte, wieder aus dem Bauche des Haifisches hervorgekommen. — Als nun die Schiffer und Fischer die Fische fingen, befal Mîr-Akâbir ihnen, sie ja nicht zu tödten. Sie fingen sie also, ohne sie zu tödten; unter den vielen, die sie fingen, befand sich auch der Fisch, welcher den Ring weggenommen hatte. Nun fragte Mîr-Akâbir: „Wer versteht die Sprache der Fische?" Man antwortete ihm: „Es wohnt ein Molla in einem Dorfe, der versteht die Sprache der Fische". Diesen rief man herbei, und er redete mit den Fischen; aber jeder Fisch, den er nach dem Mädchen fragte, behauptete, sie nicht gesehen zu haben, und schwor es dem Molla. Da kam auch der dran, welcher den Ring weggenommen hatte, und auch mit ihm redete der Molla. Der Fisch aber antwortete: „Ich kann nicht dasselbe beschwören, sondern ich habe den Ring weggenommen; darauf hat mich das Mädchen im Wasser ergriffen; aber da ist der Hai gekommen und hat mich und sie hinuntergeschluckt, und jetzt ist das Mädchen noch in seinem Bauche; aber sie hat mir den Ring wieder abgenommen". „Ist das wahr?" fragte jener. „Ja". Da berichtete der Molla es dem Mîr-Akâbir: „So und so erzält der Fisch". Und dieser befal: „Lasst die Fische wieder frei in's Meer; anders wäre es eine Sünde; aber jenen, der den Ring weggenommen hat, den tödtet". Da liessen sie die Fische wieder frei in's Meer; aber jenen tödteten sie. Darauf rief der Fürst den Molla und sagte: „Ich verlange von dir den Hai". „Mein Herr!" antwortete jener, „ich bin nicht im Stande, denselben zur Stelle zu schaffen". „Aber du verstehst ja doch ihre Sprache!" „Ich verstehe ihre Sprache, aber ich bin nicht im Stande, sie zur Stelle zu schaffen!" Da befal er: „Wenn du ihn herschaffst, so ist's gut; wo nicht, so schlage ich dir den Kopf ab". „Ich kann ihn nicht herbeischaffen". „So schlagt ihm den Kopf ab!" Da schlug man dem Molla den Kopf ab. Mîr-Akâbir aber gab das Nachforschen nach seiner Tochter auf; und da Niemand im Stande war, sie zu befreien, hörte er auch auf, von seiner Tochter zu sprechen.

So ging ein Jahr vorüber, da wurde der Hai krank, denn er

fühlte sich beschwert und konnte nicht mehr schwimmen; daher ging er an's Meeresufer, rieb sich mit dem Bauche am Ufer an den Steinen und sperrte das Maul auf. Jûsif kam heraus. Er schaute auf und sah, dass er sich auf dem Lande befand und die Hand des Mädchens in der seinigen hielt. Er zog nun das Mädchen hinter sich her, und so kamen sie alle beide heraus. Sie sagten zu einander: „Wir wollen den Hai nicht tödten, denn er hat uns eine Woltat erwiesen". Dann machten sie sich beide auf und kamen in ein Schloss; dort fanden sie ein Weib aufgehängt mit dem Kopfe nach unten und den Füssen nach oben. „Warum bist du hier?" fragten sie. „Mîr-Mehamma hat mich hierher gebracht", antwortete sie; „ich war verheiratet, und er hat mich hierher entführt; er wohnte mir bei, dann sagte er zu mir: „Warum bist du keine Jungfrau mehr?" und hing mich so auf". — Das Weib war wunderschön; neben ihr waren Schwert und Schild [Mîr-Mehamma's] aufgehängt. „Wo ist denn Mîr-Mehamma?" fragte Jûsif. „Er ist hinausgegangen", antwortete jene. Da hing sich Jûsif das Schwert und den Schild um den Hals; bald darauf kam Mîr-Mehamma, trat hinein und schaute Jûsif an. Ohne mit einander zu reden, packten sie sich. Jûsif aber warf ihn zu Boden und setzte ihm das Schwert an die Kehle; aber jener öffnete die Brust und wies sich als Mädchen aus. „Wer bist du denn?" fragte Jûsif. „Ich bin ein Zwitter", antwortete jener. „Wenn er eine Frau wäre", dachte Jûsif, „so würde er mich nicht zu tödten suchen; aber da er auch etwas vom Manne an sich hat, so wird er mich tödten wollen". Desshalb nahm er ihm das Leben und erlöste das Mädchen. „Woher bist du?" fragte er sie. „Ich bin von Qara", antwortete sie. „Wie hat er dich denn in seine Gewalt gebracht?" „Man hat mich in's Haus meines Schwiegervaters heimgeführt und ich wurde schwanger; da ging ich Gras holen, um es den Kühen zu bringen; aber auf dem Berge gebar ich und legte das Kind auf den Boden, raufte Gras aus und füllte den Sack damit; beim Suchen nach dem Gras überwältigte mich der Schmerz, und da ich den Knaben nicht mehr erblickte, dachte ich, die Elfen hätten ihn weggenommen; darauf kam ich nach Hause zurück und erzälte dies der Familie meines Schwiegervaters; diese suchten den Knaben und forschten ihm nach; endlich erzälten die Leute, ein Bauer habe ihn gefunden, und bei dem Bauern sei er herangewachsen; dann habe er den Bauern und dessen Söhne erschlagen und sei von den Statthaltern festgenommen worden, und nun wisse man nicht, wohin diese ihn gebracht hätten; desshalb schlugen mich die Angehörigen mei-

nes Schwiegervaters, bis ich erzürnt fortging in's Gebirge; darauf
hat mich Mîr-Meḥamma hierhergebracht, dies ist meine Geschichte".
„Schön", sagte jener und erkannte, dass es seine Mutter war, „sei
du meine Mutter und diese hier meine Frau!" aber er sagte ihr
nicht: „Ich bin dein Sohn". Sie war es zufrieden.

Unterdessen hatte in der Stadt, wo man ihn gefangen genommen hatte, das Mädchen, welchem Jûsif beigelegen hatte, ihm einen Sohn geboren. Dieser hiess Dschinni. Auch er mordete täglich Jemand aus der Stadt und setzte die Stadt ganz in Belage-
rungszustand; auch den Statthalter tödtete er. Man sagte dem
Dschinni: „Du bist ja der Sohn Jûsif's", und meinte damit, er habe
den Statthalter dafür getödtet, dass dieser' seinen Vater in's Meer
geworfen habe. Niemand in der Stadt wagte mehr, in seiner
Gegenwart zu sprechen. Da zog Jûsif mit seiner Frau und seiner
Mutter wieder in die Höle auf dem Wege vor der Stadt, wo man
ihn gefangen genommen hatte, und tödtete jeden, der aus der Stadt
herauskam. Auch Dschinni vernahm, es wohne Jemand in der
Höle seines Vaters, der habe zwei Weiber bei sich. Die Mutter des Jünglings aber, welcher Jûsif beigelegen hatte, war noch
am Leben; und als sich nun Dschinni bereit machte, gegen jenen
auszuziehen, zog sie mit ihm, indem sie sagte: „Langsam, mein
Sohn; kämpft nicht mit einander; es könnte vielleicht dein Vater
sein". Das Weib ging hin, und wie Jûsif sie erblickte, rief er:
„Das ist die, welcher ich beiwohnte, als man mich festnahm".
„Die bin ich", antwortete sie. Er wollte auf sie los und sie umbringen, jedoch sie rief: „Das sei ferne von mir, dass nach dir
ein anderer Mann mich berührt hätte; und ich habe dir einen Sohn
geboren, der heisst Dschinni, und dieser hat mehr Leute als du
in der Stadt getödtet und hat auch den Statthalter umgebracht,
der dich damals hat festnehmen lassen, alles um deinetwillen, und
jetzt sagst du: „Ich will sie tödten!" „Wo ist mein Sohn?" fragte
er. Sie rief ihn herbei und sagte zu ihm: „Das ist dein Vater",
und zu Jûsif: „Das ist dein Sohn; wenn ihr nun wollt, so kämpft
mit einander". Jene aber küssten einander; dann brachen sie auf,
nahmen die Weiber mit und gingen beide in die Stadt. Dort liessen sie sich nieder und herrschten über die Stadt. „Das sind
meine Weiber", sagte er zu Dschinni; „und das ist deine Grossmutter; aber nenne sie nicht Grossmutter!" „Gut!" antwortete
dieser. Dann wohnten sie bei einander.

Einst sass Jûsif bei der Tochter des Mîr-Akâbir und fragte sie:
„Kennst du noch die Stadt deines Vaters?" „Ja". „Wo ist sie

denn?" „In Wân", antwortete sie. „So lass uns in die Heimat
deines Vaters ziehen", schlug er vor. „Auf". „Aber", fiel er ein,
„wenn nun deine Angehörigen sagen: „Wir wollen unsre Tochter
nicht hergeben", wirst du nach deines Vaters oder nach meinem Wunsche handeln?" „Nach dem deinigen", antwortete sie. „So lass uns
schnell reisen". Da machten sie sich auf und reisten bis vor die Stadt
Wân; daselbst liegt ein Dorf, welches Chischchischôke heisst; dort
stiegen sie ab. Um das Dorf liegen Gemüse- und Baumgärten; in
diese Gärten gingen sie hinaus, um sich zu vergnügen. In jenem
Dorfe wohnte ein Diener des Mîr-Akâbir zur Beaufsichtigung, und
dieser erkannte die Tochter seines Herrn, auch sie erkannte ihn; aber
er war der Sache nicht so sicher, um ihr sagen zu können: „Du
bist die Tochter des Mîr-Akâbir". Nachdem der Bursche sie angesehen hatte, stieg er zu Pferde und ritt, es ihrem Vater zu berichten: „Ich habe eine Frau gesehen in Begleitung von zwei
Männern; ich meine, es sei deine Tochter, kann's aber nicht glauben; es ist die Gestalt deiner Tochter, und der Gang deiner Tochter und die Sprache deiner Tochter". „Wo ist sie denn?" fragte
er. „Sie ist in Chischchischôke". Da stieg Mîr-Akâbir mit seinen
Söhnen zu Pferde, und sie ritten in Begleitung des Dieners nach
dem Dorfe. Dort fanden sie sie im Garten. Als ihr Vater sie
ansah, sagte er: „Sie ist es"; die Söhne aber behaupteten: „Sie
ist es nicht". „Ruft ihre Mutter", befal er; „diese wird sie erkennen; und wenn sie es nicht ist, wird sie es auch unterscheiden".
Man rief die Mutter herbei; alle Leute sahen ihnen zu; die Mutter
aber erkannte sie sofort und weinte. Da begann auch das Mädchen zu weinen, und jene riefen: „Warhaftig, es ist unsre Tochter". Hierauf nahm Mîr-Akâbir alle mit sich nach Wân, und man
hielt Rat. Man kündigte dem Jûsif an: „Wir wollen dir unsre
Tochter nicht zur Frau geben". „Hier ist das Mädchen", antwortete er; „mit Gewalt will ich sie nicht heiraten; wenn sie sagt:
ich will ihn nehmen, so könnt ihr nichts dawider haben, und wenn
sie sagt: ich will ihn nicht nehmen, so will ich nichts dawider
haben". „Was erklärst du? Mädchen!" fragten sie. Sie antwortete: „Ich will nicht von ihm lassen; wenn ihr mir den Kopf abschneidet, so will ich doch keinen andern als ihn zum Manne nehmen". Da hatten sie nichts einzuwenden. Jûsif aber sprach zu
ihrem Vater: „Bin ich gekommen, um sie zu freien?" „Nein",
antwortete dieser. „Habe ich sie entführt?" „Nein". „Ich war
in der Tiefe des Meeres", erzälte er, „und im Bauche des Haifisches; und dort habe ich sie gefunden; da ist sie; ist es denn

nicht so?" „Ja", erwiderte sie. '„Sie hat alles angewendet,
dass ich in der Tiefe des Meeres ihr beiwohnen sollte;
aber ich habe es nicht getan; Gott hat sie mir geschenkt,
dass sie mir zu Teil wurde, und du kannst sie mir mit Gewalt
wegnehmen?" „Nein", antwortete er. „Wenn du nicht ihr Vater
wärest, so hätte ich ein Gericht über die Stadt ergehen lassen".
„Aha", sagte jener; „du bist geworden wie der schöne Jûsif".
„Der bin ich selber, der schöne Jûsif", erwiderte er. „„Ist das
wahr?" „Frage deine Tochter!" „Ist es wahr? meine Tochter!"
„Ja, er ist es", antwortete diese. Darauf blieben sie einen Monat
bei Mîr-Akâbir; da erzälte ihm Mîr-Akâbir einmal: „Es gibt eine
Stadt Namens Höngelchan, bei der Stadt, wo du mit den Statthaltern gekämpft hast; wir haben vernommen, dass nach dir daselbst
Jemand sich hat sehen lassen, den man Dschinni nennt und der
ebenfalls tapfer ist; du bist tapfer und er ist es". „Das ist mein
Sohn", erwiderte Jûsif. „Ist das wahr?" „Ja". Darauf erzälte
ihm Jûsif seine Geschichte und die seines Sohnes, wie er sein Sohn
sei; dann rief er die Frau herbei und fragte sie: „Ist es nicht
so?" „Freilich", antwortete sie. „Haben mich nicht die Statthalter bei dir gefangen genommen?" „Freilich". — Hierauf verweil-
ten sie ein Jahr bei jenen; dann aber machten sie sich auf, nahmen von Mîr-Akâbir Abschied und zogen in das Land Qara, das
Vaterland Jûsif's. „Kennst du das Haus deines Schwiegervaters?"
fragte er seine Mutter. „Ja", antwortete sie. „Mutter", rief er.
„Ja". „Ich bin dein Sohn, welchen der Bauer gefunden hat; darauf habe ich in der Stadt das und das getan". Da küsste sie ihn
vor Freude. „O mein Sohn", rief sie; „Dank sei Gott, dass ich
dich gefunden habe, vater- und mutterlos, und du doch zwei Weiber und einen Sohn bekommen hast; jetzt kann ich wol sterben".
Nun zogen sie in das Dorf seines Vaters, den er nicht kannte;
aber seine Mutter kannte ihn; eines Abends gelangten sie dorthin.
„Wollt ihr nicht Gäste beherbergen?" fragten sie. „Freilich, willkommen", antworteten jene. Eben in jener Nacht wollte man dem
Vater Jûsif's ein Weib freien. Seine Familie hatte desshalb einen
Schmaus veranstaltet und lud die Leute ein, essen zu kommen und
für ihn freien zu gehen. Im Laufe des Gesprächs fragte Jûsif:
„Worüber beratet ihr euch denn?" Man antwortete: „Unsre Ge-
schichté lässt sich gar nicht erzälen". „Wie so?" fragte er. „Dieser Mann hatte eine Frau; dieselbe gebar im Gebirge, und ihr
Sohn ging verloren; desshalb schlug sie ihr Mann" — sie hörte
aufmerksam zu — „sie aber entfernte sich grollend; da fand sie

Mîr-Meḥamma der Räuber, entführte sie und tödtete sie; nun wollen wir für den Mann ein Weib freien, weil er keine Frau hat". „Hört auf mit dem Freien!" rief Jûsif. „Warum?" „Seine Frau ist bei mir! ich habe sie dem Mîr-Meḥamma abgenommen". „Du lügst", sagten jene; „du bist doch nicht der schöne Jûsif oder Dschinni?" „Komm hierher", rief er; (er sagte nicht: „Mutter!"). Sie kam herbei. „Welcher von allen diesen ist dein Mann?" fragte er. „Dieser ist es", antwortete sie. „Und welcher ist dein Schwiegervater?" „Dieser". „Bei Gott, es ist wahr", erwiderten jene. „Und ich bin der schöne Jûsif", sagte er. „Ist das wahr? Frau", fragten sie. „Ja". „Und ich bin ihr Sohn, und mich hat der Bauer gefunden, und so und so habe ich an der Stadt getan, und das ist mein Sohn Dschinni; wenn ihr's nicht glaubt, so sollen die Weiber euch alles erzälen, wie es geschehen ist". Da glaubten sie es und freuten sich sehr, und es entstand grosser Jubel; einen Monat hindurch bewirtete man die Leute und liess dazu die Pauken schlagen und die Flöten blasen.

XXV.

Es waren einmal fünf Brüder, die hatten eine Schwester; da schickte der Häuptling der Jefîden zu ihnen und liess sagen: „Ich will eure Schwester heiraten". Der Name dieses Häuptlings war Pirkân-Agha. Schêch-Mûs, der älteste Bruder des Mädchens, sprach zu seinen Brüdern: „Freunde, wir wollen sie ihm zur Frau geben". Jene aber entgegneten: „Es geht nicht an; wir wollen sie ihm nicht geben". Sie schickten also den Boten zurück, und dieser ging dem Pirkân-Agha berichten: „Herr, sie wollen sie nicht geben". Da sammelte er Soldaten und schickte sie gegen jene Leute; und der Bruder des Pirkân-Agha zog selbst zu Pferde mit den Soldaten. Sie entfalteten die Fahnen und zogen gegen jene fünf Brüder, deren Zelt auf dem Gebirge war; auf dieses Zelt marschirten sie los. Da stiegen die fünf Brüder zu Pferde, fassten ihre Lanzen und kämpften bis zum Abend; das ganze Heer tödteten sie; nur drei Soldaten blieben übrig; dem einen schnitten sie die Nase ab, dem andern die Zunge und dem dritten die Ohren und sagten zu ihnen: „Geht, und erzält eurem Herrn". Da gingen die drei in das Empfangszimmer des Pirkân-Agha. Als er den einen, dem die Nase abgeschnitten war, fragte: „Was ist gesche-

ben?", machte dieser: „hng hng hng". „Bringt den andern", befal er, und zu -diesem gewandt: „Rede du". Dieser machte: „mgâ-
umgâ". „Werft ihn hinaus", rief er, „und bringt den dritten".
Da führte man diesen herzu. „Rede", befal er ihm. Der sagte:
„Hêê". Da sagte Pirkân-Agha zu seiner Umgebung: „Steht auf,
es ist ein grosses Unglück geschehen". Darauf sammelte er Soldaten und zog gegen die Leute des Schêch-Mûs zu Felde. Sie
lieferten eine Schlacht, tödteten die fünf Brüder und führten die
Ssittîje [so hiess die Schwester] mit sich fort, und Pirkân liess
sie sich antrauen. Als es Nacht wurde, wandte er alle Mittel an,
um sie auf sein Lager zu bringen; es gelang nicht; da band er
sie mit einem Stricke und tat ihr Gewalt an. Zehn Tage blieb sie
dann in seinem Hause, ohne zu essen noch zu trinken. Eines
Tages ging sie hinaus in's Freie; da sagte sie zu Jemand: „Ich
will dir grossen Lohn geben, wenn du mich von hier wegbringst".
„Schön", sagte dieser. Sie gab ihm hundert Piaster, und er brachte
sie fünf Tagereisen weit weg, kehrte um und liess sie allein. Sie
ging in der öden Wüste weiter und stiess auf ein Schloss; als sie
näher kam, sah sie eine Affenmutter (Pîr Abôke) herauskommen;
deren Brüste waren so lang, dass sie bis zwischen die Beine reich-
ten; sie trug zottiges Haar; zwei ihrer Zähne gingen ganz in die
Höhe und zwei ganz nach unten. Als das Mädchen herankam,
öffnete sie ihr Maul, um es zu fressen; aber das Mädchen rief:
„Ich bin ein Weib". Wie die Schlossfrau von ihrem Zimmer aus
dies hörte, schrie sie der Pîr Abôke zu: „Lass von ihr ab!" Da
ging das Mädchen zur Schlossfrau hinauf: eine von ihnen war
schöner als die andere. Jene fragte: „Woher kommst du?" „O
meine Schwester", entgegnete sie, „meine Geschichte ist lang".
„Fürchte dich nicht", sagte die Frau, „so lange du bei mir bist,
brauchst du keine Angst zu haben". Da sassen sie bei einander
bis zum Abend; am Abend aber kam Einer, das war der
Löwenkönig, Namens Bani-Ssab'a, und setzte sich zu ihnen;
denn die Frau war seine Geliebte. „Meine Herrin", rief er. „Ja,
Herr". „Woher kommt diese da?" „Es ist eine Fremde". „Sie
sei willkommen", sagte er. Als es Schlafenszeit wurde, breitete
die Frau die Betten aus und legte sich nebst dem Mädchen und
dem Löwenkönig schlafen; letzterer legte sich zwischen die Frauen
und schlief mit beiden; so kam er jede Nacht und schlief bei ihnen, bis das Mädchen schwanger wurde. —

Eines Tages aber gingen die Frau und das Mädchen hinaus
an die Quelle, um ihre Kleider zu waschen. Wärend sie dort assen,

kamen die Soldaten des Pirkân-Agha, hoben sie beide auf und
nahmen sie mit sich fort. Als sie nach Hause kamen, brachte man
die Frauen in ein Zimmer, und Pirkân-Agha sprach zu ihnen:„ Ich
will euch beide mir antrauen lassen; diese hier war schon früher
meine Frau, und jene will ich auch zu meiner Frau machen“.
Er heiratete sie; aber die Frau, die er schon vorher gehabt hatte,
gebar einen Sohn, der zur Hälfte ein menschliches Kind, zur
andern ein Löwe war. Pirkân-Agha sagte: „Das geht nicht an; die
Löwen haben sie geschändet; ich muss sie tödten“, und tödtete sie.
Als nun ihr Sohn gross wurde, fragte er: „Wer ist meine
Mutter?“ Man sagte ihm: „Diese Frau da“, (indem man auf die
Schlossfrau wies). Aber er glaubte es nicht. Eines Tages gestand
ihm die Frau: „Du bist der Sohn des Löwenkönigs, und ich bin
dessen Frau; jener da hat uns geraubt; als du zur Welt kamst,
ermordete er deine Mutter“. Da schrieb der Knabe einen Brief,
drückte sein Siegel darauf und schickte ihn an Bani-Ssab›a: „Bringe
Soldaten von den Löwen mit und komm, den Pirkân-Agha zu
bekriegen“. Der Jüngling schlief aber heimlich bei der Frau Pirkân's. Als das Heer des Löwenkönigs herangezogen kam, erschlug der Jüngling den Pirkân-Agha, entführte die Frau und ging
unter die Soldaten der Löwen; darauf kämpften diese mit den
Soldaten des Pirkân-Agha, entführten zwanzig Töchter von dessen
Hause und kehrten zum Schlosse zurück. Dort wohnten sie. Da
sagte die Frau zum Löwenkönig: „Dieser da ist dein Sohn“. „Ist
es wahr?“ „Ja“. „Wo ist denn seine Mutter?“ fragte er. „Man hat
sie ermordet“, antwortete sie. Die Frau und der Sohn des Bani-
Ssab›a liebten aber einander; desshalb sagte der Löwenkönig zu
ihr: „Frau“. „Was gibt's?“ „Hat mein Sohn dir beigewohnt?“
fragte er. „O Löwenkönig“, entgegnete sie, „hier·hat er mir nicht
beigewohnt, aber dort“. „So sei ich von dir geschieden“, sagte
er und machte sie zu seiner Schwiegertochter. Die zwanzig Mädchen verheiratete er an zwanzig Löwen; da gebaren die Mädchen Söhne und Töchter, welche zur Hälfte Löwen und zur Hälfte
Menschen waren. Auf diese Weise veränderte sich ihre ganze Art.

XXVI.

Es war einmal ein Fürst, der hatte drei Söhne und drei Töchter. Er verheiratete die Söhne, wärend die Töchter noch ledig

blieben. „Nehmt euch Männer, meine Töchter", befal er ihnen.
„Gut", antworteten diese; die eine heiratete den Sohn des Richters, die andere aber den Sohn des Grossrichters, und es blieb nur
noch die jüngste ledig. Da kamen alle Männer der Stadt zusammen und sagten zu ihr: „Möchtest du an einem Gefallen finden
und ihn zum Manne wälen". Sie aber warf ihren Apfel auf einen
Grindkopf. Der Sohn des Geldwechslers rief: „Auf mich hat sie
ihn geworfen". „Nein", sagte sie. „Wirf noch einmal", sagten
die Leute. Da warf sie noch einmal auf den Grindkopf; ihr Vater aber schmähte sie und sagte: „Dass du mir nicht den Grindkopf heiratest, das geht nicht an". Sie antwortete: „Ich werde
nach meinem Gefallen handeln", da sagte er: „So gebt sie dem
Grindkopf zur Frau". Dies geschah. Der Grindkopf schlüpfte in
das Hühnerhaus hinein und setzte sich dorthin. „Frau", rief er.
„Was gibt's?" „Ich wünsche, Gott möge deinen Vater krank werden lassen". „So sei es", sagte sie. Der Fürst wurde in der Tat
krank, und rief die Aerzte; als er dem Tode nahe war, sagten
dieselben zu ihm: „Weisst du, was dir noch nützen würde?"
„Was denn?" fragte er. Sie antworteten: „Milch von einem Löwen in der Haut eines Löwen auf dem Rücken eines Löwen, das
heisst, ein Löwe muss sie herbeitragen; das wird dir helfen". Da
sprach der Fürst: „Wolan, auf, wer bringt mir das? meine Schwiegersöhne?" Seine Schwiegersöhne setzten sich in Bereitschaft, das
heisst, der Sohn des Richters und der des Grossrichters, den Grindkopf luden sie nicht zur Teilnahme ein. Dann setzten sie sich zu
Pferde, reisten ab und ritten zur Stadt hinaus. — Da sagte der
Grindkopf zu seiner Frau: „Auf, geh zu deinem Vater und bitte
ihn um einen Klepper; auch ich will mich auf den Weg machen". Das Mädchen ging zu ihrer Mutter und ihrem Vater und
sagte: „Vater!" „Gift in deinen Leib!" entgegnete er. „Gib uns
einen Klepper", bat sie, „auch der Grindkopf will sich auf den Weg
machen". „Nein, nein", antwortete er, „lass ihn nicht gehen". Da
weinte sie, bis er befal, ihr einen Klepper zu geben. Als dies
geschehen war, führte sie ihn nach Hause. „Grindkopf", sagte
sie, „da nimm ihn!" Der Mann stieg unter dem Gelächter aller
Einwohner der Stadt auf, und man rief: „Der Grindkopf will Löwenmilch holen!" — Als er sich etwas von der Stadt entfernt
hatte, rieb er eine Vogelfeder, die er bei sich hatte, da erschien
ein weisses Luftpferd und Kleider, wie Minister sie tragen; diese
zog er an und bestieg das Pferd. Er machte im Gebirge einen
Weg von vierzig Tagereisen, da traf er die Löwenmutter und fand

sie vor Schmerz brüllend da liegen; denn ihr Vorderfuss war gebrochen und voll Blut und Eiter. Er stieg vom Pferde, nahm sein
Gewehr und setzte sich ihr gegenüber nieder; darauf grub er sich
ein Loch und bedeckte sich mit Heu; dann legte er das Gewehr
auf sie an; sie hielt gerade ihren Vorderfuss in die Höhe und
hatte ihn nicht am Boden liegen; er schoss mit Bleischroten darauf und traf mitten auf das Bein. Davon brüllte sie so laut auf,
dass alle Löwen zusammenliefen; von ihrem Bein floss ein ganzer
Krug voll Blut und Eiter hinunter, und das Bein ward gesund.
Da gingen die Löwen wieder auseinander, jeder an seinen Ort.
Sie aber rief: „Komm hervor, wer du auch seist, ich gelobe dir
Sicherheit; was du verlangst, will ich dir geben". Da kam er
hervor, und sie sagte: „Wünsche dir etwas". Da sagte er: „Ich
bitte um Löwenmilch, in der Haut eines Löwen, auf dem Rücken
eines Löwen; ein Löwe soll sie tragen". „O weh über diese Rede",
antwortete sie; „hättest du doch nur das nicht verlangt! aber
wolan; ich habe dir mein Versprechen gegeben, hole mir dort mein
Junges! und nimm es und schlachte es an einem Orte, wo ich sein
Schreien nicht höre; wenn ich es höre, werde ich dir den Kopf
abreissen". So nahm er es mit, schlachtete es und brachte die
Haut zurück; sie füllte dieselbe mit Milch und lud sie einem Löwen auf. Darauf stieg er zu Pferde und machte sich auf den
Heimweg. Er kam zu einem Dorfe; da fand er eine Hündin, die
gerade geworfen hatte. Von ihr füllte er sich einen kleinen Schlauch
mit Milch. Darauf zog er weiter und liess sich im Schatten eines
Baumes nieder; wärend er seine Pfeife rauchte und sich etwas erholte, kamen der Sohn des Richters und der Sohn des Grossrichters heran, und mit ihnen vier Diener. Sie setzten sich zu ihm
hin, begrüssten ihn und er erwiderte ihren Gruss; im Verlauf der
Unterhaltung fragte er: „Was sucht ihr?" Sie antworteten: „Es
ist dir bekannt, wir haben einen Fürsten, der krank geworden ist;
da hat er die Aerzte kommen lassen; und diese haben in den Büchern nachgeschlagen und gesagt: „Nichts kann dir helfen ausser
Löwenmilch". Da erblickten sie den Löwen, den er bei sich hatte;
und er bot ihnen an: „Kommt, ich will euch solche Milch verkaufen". „Hast du denn welche?" fragten sie. „Ja". „Wolan, wie
viel kostet dieser kleine Schlauch da?" „Um Geld", antwortete
er, „verkaufe ich ihn nicht". „Um was denn?" fragten sie. Er
antwortete: „Einem jeden von euch will ich hinten einen Stempel
aufdrücken". Da pflogen sie mit einander Rat und sagten: „Wer
weiss, woher der ist, setzen wir uns hin, und mag er uns stem-

peln". Sie entblössten also ihre Hintern, und er machte sein Siegel am Feuer heiss, drückte es ihnen auf und stempelte sie; darauf gab er ihnen die Hundsmilch, und sie begaben sich nach
Hause, wärend jener noch zurückblieb.

Als der Sohn des Richters und der Sohn des Grossrichters
nach Hanse kamen, marschirten die Soldaten vor ihnen auf, und
Weiber und Männer stimmten ein Freudengeschrei an; auch der
Grindkopf kam herangezogen, auf dem Klepper reitend, und begab
sich zu seiner Wohnung unter dem Gelächter der Einwohner der
Stadt. Darauf gingen seine beiden Schwäger in den Palast des
Fürsten, zogen die Milch hervor und füllten ihm einen Becher.
Der Fürst trank ihn, wurde aber nur noch in höherm Grade krank
und genas nicht. Da sagte der Grindkopf zu seinem Weibe:
„Frau!" „Was gibt's?" „Bringe diesen Becher voll Milch deinem
Vater hin". Sie trug ihn hin, ging zu ihrem Vater und sagte:
„Väterchen!" „Ach!" „Nimm da Milch". Da schmähten die
Leute sie und sagten: „Der Sohn des Richters und der Sohn des
Grossrichters haben Milch gebracht, und er hat davon getrunken
und wird nun im Augenblick sterben". Hierauf aber kam die
Mutter des Mädchens, die Frau des Fürsten, herzu und sagte:
„Warum schmähst du deine Tochter? trinke auch dies noch, was
kann dir noch geschehen?" Er trank und wurde gesund. Da
sagte er: „Meine Tochter, ist nicht noch mehr davon da?" „Freilich, Vater", antwortete diese, ging zu dem Grindkopf, ihrem Manne,
und sagte: „Grindkopf!" „Ja!" „Steh auf, zieh deine schönsten
Kleider an, wir wollen in das Audienzzimmer zu meinem Vater
gehen". „Gut", sagte er, lud den Schlauch auf und nahm den
Löwen mit sich; so kam er in die Versammlung. Der Fürst sah
auf den Grindkopf; der war ein ausgezeichnet schöner Jüngling
geworden. „Tritt näher", sagte er zu ihm, „setze dich". Das tat
er. Nun fragte er ihn: „Woher kommt diese Milch?" „Sie geriet in meine Hände", antwortete er. Der Sohn des Richters und
der Sohn des Grossrichters sassen auch da; „ich bin es, der ihnen
jene Milch gegeben hat", sagte der Grindkopf. Da starben sie
beinahe vor Furcht. „Wann hast du sie uns gegeben?" fragten
sie. „Ich habe mir auch ein Zeichen an euch gemacht", sagte
er. „Was für ein Zeichen?" fragten die Versammelten. „Entblösst
ihre Hintern", sagte er. Das geschah; der Fürst schaute hin und
sagte: „Warhaftig". „Glaubst du es nicht", entgegnete der Grindkopf, „dass dies hier der Löwe ist, der hier in eure Mitte gekommen ist, und das hier ist die Haut, und hier die Milch; Löwe rede

du! nach deiner Weise". Der Löwe sprach: „Ich bezeuge bei
Gott, so ist es!" — Da liess der Fürst den Sohn des Richters und
den Sohn des Grossrichters greifen und in's Gefängniss werfen;
den Grindkopf aber liess er an seiner Statt über das Land regie-
ren, und die Untertanen schworen bei dem Haupte desselben, und
nun ist's aus.

XXVII.

Es war einmal — wer aber auch immer war, besser als Gott
war Niemand — es war einmal ein König über die Halbmenschen,
ein mächtiger König, der hatte ein kleines Söhnchen. Damals
lebte auch Bani-Ssab'a, der Fürst der Löwen, aber von ihren Vätern und Grossvätern her waren der König der Halbmenschen und
der König der Löwen mit einander verfeindet. Da starb der König der Halbmenschen und hinterliess sein kleines Söhnchen. Der
Löwenkönig aber berief die Vornehmen der Löwen zu sich. Diese
versammelten sich bei ihm zur Beratschlagung und fragten nach
seinem Begehr. „Macht euch bereit", befal er; „wir wollen zur
Todtenklage des Königs der Halbmenschen gehen, der gestorben
ist; obwol wir von unsern Vätern und Grossvätern her einander
feind sind, so will ich doch hingehen; das macht nichts aus".
Hierauf zog der Löwenkönig in Begleitung seiner Vornehmen zu
der königlichen Residenzstadt der Halbmenschen; dort fanden sie
das ganze Land der Halbmenschen im Königshause versammelt.
Nun hiess es: „Der Löwenkönig ist zu uns gekommen"; da hielten zwanzig Mann die Stute und zwanzig halfen ihm absteigen.
Dann trat er in's Zimmer, welches angefüllt war mit den Angesehenen der Halbmenschen; denn ihr König war gestorben. Daher
nahmen sie ihm die Krone ab und setzten dieselbe dem Sohne,
der im Zimmer sass, auf's Haupt. Darauf berichtete man ihm:
„Der Löwenkönig ist gekommen"; da erhob er sich vor ihm, und
der Löwenkönig machte eine tiefe Verbeugung bis an den Boden.
Dann setzten sie sich hin, und jene richteten für den Löwenkönig
und seine Angesehenen einen Schmaus her, den Schmaus für den
Todten; dann redeten sie mit einander bis zum Abend. Darauf
zerstreute sich die Versammlung, und es blieb nur der Löwenkönig
und der Sohn des Königs der Halbmenschen sitzen; dieser sprach
zu seinem Diener: „Ich bin schläfrig, bereite mein und des Lö-

wenkönigs Nachtlager oben auf dem Schlosse". Der Diener gehorchte und kam ihnen sagen: „Steht auf, euch schlafen zu
legen!" Da erhoben sich der Prinz und der Löwenkönig, und der
Königssohn ging dem Löwenkönig voran. Er war noch sehr jung,
nämlich erst sieben Jahre alt. So stieg er die Treppe hinauf, der.
Löwenkönig hinter ihm drein. Von den vielen und hohen Treppen
wurde der Prinz müde; da nahm ihn der Löwenkönig auf den
Arm und stieg höher hinauf; in Folge dessen wurde auch er müde
und sagte: „Wie ist doch dieses Kind eines verdammten Vaters so
schwer!" Der Königssohn verstand das, was der Löwenkönig gesagt hatte; aber dieser dachte bei sich: „Woher soll dieser verstehen,
was ich gesagt habe?" Indessen sagte der Prinz kein Wort, sondern sie legten sich für diese Nacht oben auf dem Schlosse schlafen; aber der Prinz war zornig; doch schliefen sie bis zum Morgen. Am andern Tage brach der Löwenkönig wieder auf, stieg zu
Pferde und ritt mit den Angesehenen, die ihn begleiteten, nach
Hause; der Königssohn aber vergass das Wort, welches der Löwenkönig gesprochen hatte, nicht. Inzwischen wurde er gross und
regierte über das Land der Halbmenschen noch besser, als sein
Vater getan hatte. Da berief er einmal die Angesehenen der
Halbmenschen, und diese versammelten sich vor ihm und fragten
nach seinem Willen. Er antwortete: „Der Löwenkönig hat mich
beschimpft; wir wollen nach ihm schicken und ihm sagen lassen:
„Komm hierher zu uns, damit wir uns einmal wieder sehen!"
Jene waren damit einverstanden. Da schickte er einen Diener an
ihn mit dem Auftrag: „Der König lässt dich bitten und ladet
dich ein". Der Löwenkönig brach in Folge dessen allein, nur in
Begleitung des Dieners, auf und kam zum König der Halbmenschen. Dort begrüsste er die Anwesenden, und diese bewillkomm-
ten ihn. Nachdem sich der Löwenkönig gesetzt hatte, brachte
man ihm Kaffe und reichte ihm die Tasse; da winkte der König
der Halbmenschen seinen Dienern mit den Augen, und sie umringten den Löwenkönig. Dieser aber griff zum Dolche, knirschte
mit den Zähnen und tödtete zwölf von den Dienern im Empfangszimmer; dann ging er auch auf den König zu mit dem Dolche in
der Hand; der aber sagte: „Ich habe nichts davon gewusst, die
Diener haben ganz ohne mein Vorwissen so gehandelt". Der Löwenkönig antwortete: „Es hat nichts zu sagen". Darauf ging der
König schlafen, wärend der Löwenkönig allein im Zimmer blieb,
der König aber ging zu seinen Weibern; doch legte er vor die
Thüre des Löwenkönigs vierhundert Mann mit dem Befehl: „Wenn

der Löwenkönig herauskommt, um zu beten, so tödtet ihn". Diesem Befehle zu Folge bewachten sie daher die Thüre des Zimmers. Als es Morgen wurde, erhob sich der Löwenkönig vom Schlafe, nahm das eiserne Becken und ging zur Thüre hinaus; da richteten sie vierhundert Flinten auf ihn und tödteten ihn; hierauf legten ihn die Halbmenschen in's Grab. —

Der Löwenkönig hatte aber einen kleinen Sohn, Namens Sâhär; einst spielte dieser mit dem Sohne einer alten Frau das Knöchelspiel. Als der Sohn der Alten die Knöchel Sâhär's gewonnen hatte, verlangte dieser, dass er ihm die Knöchel wieder heraus gebe. Da jener sich nicht dazu verstehen wollte, zankten sie mit einander. Sâhär. packte jenen beim Ohre und riss daran. Weinend ging der Sohn der alten Frau fort und sagte es seiner Mutter; diese fragte: „Warum weinst du?" „Sâhär hat mich am Ohre gerissen", antwortete er. Hierauf ging die Alte zu Sâhär und sagte: „Freund, habe ich denn etwa deinen Vater getödtet, dass du meinen Sohn am Ohre reissest?" Er antwortete: „Da nimm die Knöchel". Hierauf rief er: „Alte!" „Ja!" „Sage mir doch, wer hat meinen Vater getödtet?" „Geh", sagte sie, „und frage deine Mutter!" Da kam er und sprach zu seiner Mutter: „Mütterchen!" „Ja!" „Wer hat meinen Vater getödtet?" „Niemand hat ihn getödtet", antwortete sie; „sondern er ist eines natürlichen Todes gestorben". „Nein", entgegnete er, „ich will, dass du mir es erzälst". Da weinte seine Mutter; er aber bat: „Weine nicht, sondern erzäle es mir!" Nun erzälte sie ihm: „Der König der Halbmenschen hat deinen Vater umgebracht". — Hierauf nahm Sâhär sein Gewehr und seinen Dolch und zog in's Land der Halbmenschen; dort fragte er nach der Residenz des Königs. Bei Sonnenuntergang gelangte er zum Tore der Stadt; die Torwächter aber verrammelten dasselbe; da rief er: „Oeffnet das Tor!" „Wir öffnen es nicht", antworteten sie. „Ich habe etwas mit dem König zu tun". „Warte bis morgen!" antworteten sie. „Aber ich habe ihm ein Schreiben aus dem Affenland vom Affenkönig mitgebracht". Da öffneten sie ihm das Tor, rieten ihm aber: „Geh nicht in die Stadt hinein, damit dich nicht die Scharwächter greifen, sondern lege dich hier bei uns schlafen, bis zum Morgen". Er folgte ihrem Rate, am Morgen aber stand er auf und erkundigte sich nach dem Schlosse des Königs, und als er es gefunden hatte, fragte er: „Ist der König drinnen?" „Nein", antwortete man. „Wohin ist er denn gegangen?" „Auf die Gazellenjagd", sagten sie. „Auf welchem Wege?" fragte er. „Auf dem Wege der Erdgrube", ent-

gegneten sie, „warum?“ „Ich habe ihm einen Brief gebracht“, sagte
er. Darauf erkundigte sich Sâhär nach dem Wege zur Erdgrube
und schlug denselben ein. Dort erblickte er den König der Halbmenschen, wie er zu Pferde einer Gaselle nachjagte; da setzte
sich Sâhär mit dem Gewehr vor ihn auf den Boden und schoss
auf ihn. Der Schuss ging in die Schamhare und flog zum Rücken
wieder heraus; der König wurde dadurch vom Pferde herunterge-
worfen; Sâhär aber entfloh nach Hause, ohne dass ihn Jemand
sah. Darauf suchten die Soldaten der Halbmenschen, welche
den König begleiteten, denselben und fanden ihn wie todt
hingestreckt, da banden sie ihn auf ein Maultier und brachten ihn in die Stadt. Da noch Leben in ihm war, riefen sie die
Aerzte zum König, und diese heilten ihn. Darauf erkundigte sich
der König: „Wer hat jenes Gewehr auf mich abgeschossen?“, und
man antwortete ihm: „Es ist Jemand hergekommen und hat gesagt: „„Ich habe einen Brief für den König mitgebracht““; er kam
früh am Morgen und hat dir nachgefragt; hast du ihn nicht gesehen?“ „Nein“, antwortete er. „Dieser hat das Gewehr auf dich
abgeschossen!“ Da rief der König die Torwächter und fragte:
„Ist in der Nacht Jemand von draussen hereingekommen?“ „Ja“,
antworteten sie, „es ist Jemand angekommen, und wir haben ihm
das Tor geöffnet; denn er gab vor, er habe einen Brief für den
König gebracht“. Da sagte er: „Dieser hat das Gewehr auf mich
abgeschossen; forscht ihm nach!“ Man erkundigte sich nach ihm,
und da hiess es: „Es war Sâhär, der Sohn des Löwenkönigs“.
„Aha“, sagte der König, „er hat Rache für seinen Vater nehmen
wollen“. —

Als Sâhär vernahm, dass der König der Halbmenschen wieder
gesund geworden war, schrieb er einen Brief und schickte denselben an Dêve-räsch, den schwarzen Wolf, den König der Wölfe,
des Inhalts: „Ich will dir meine Schwester zur Frau geben, wenn
du ein Heer von Wölfen sammelst und zu mir stössest“. Das
Schreiben ging an den schwarzen Wolf ab; dieser zog alle Wölfe
zusammen, entfaltete die Banner und kam zu Sâhär unter die Löwen. Darauf versammelte Sâhär alle Löwen und vereinigte das
Heer der Löwen mit dem der Wölfe; so zogen sie gegen den König der Halbmenschen. Als der König der Halbmenschen davon
Kunde erhielt, sandte er an den König der Affen die Weisung:
„Sammle ein Heer und stosse zu mir“. Da versammelte der Affenkönig alle Affen, und das Heer der Affen wurde mit dem der
Halbmenschen vereinigt. Hierauf lieferten sie Sâhär eine Schlacht.

Da zog Sâhär sein Schwert, und der schwarze Wolf zog sein
Schwert; so stellten sie sich hinter die Reihe der Soldaten; wer
die Flucht ergriff, den schlugen sie todt. Aber auch auf jener
Seite stellten sich die Könige hinter die Soldaten und erschlugen
jeden, der die Flucht ergriff. So kämpften sie mit einander, ohne
dass ein Heer das andere besiegte. Darnach zog Sâhär seine
Kopfbedeckung ab, rief den Löwen zu und fasste sein Schwert;
da besiegten die Löwen und die Wölfe das Heer der Unholde und
der Affen, verfolgten sie und liessen sie nicht mehr in die Stadt
der Halbmenschen hinein, sondern die Halbmenschen und die Affen mussten mit einander in der Richtung des Affenlandes fliehen.
Jene nahmen die Stadt der Halbmenschen in Besitz, und Sâhär
hielt seinen Einzug in dieselbe, er, der schwarze Wolf und das
Heer; das Schloss des Königs nahm er zu seiner Wohnung. Der
König der Halbmenschen hatte aber eine Schwester und eine Frau;
da sagte Sâhär zum schwarzen Wolf: „Seine Schwester möge
mir, seine Frau aber dir zu Teil werden“. „So möge es sein“,
antwortete dieser. Ihre Soldaten misshandelten aber die Weiber
der Halbmenschen auf schreckliche Weise. Sâhär und der schwarze
Wolf schliefen in der Stadt. Als sie am Morgen aufstanden, fanden sie, dass das feindliche Heer die Stadt ganz umringt hatte.
Da machten sie sich mit ihrem Heere auf und zogen zur Stadt
hinaus zur Schlacht. Sie kämpften mit jenen und tödteten eine
grosse Anzal von den Soldaten der Halbmenschen und der Affen;
aber auch die Halbmenschen tödteten den Bruder des schwarzen
Wolfes und neun von den Soldaten der Löwen und der Wölfe;
doch wurde das Heer der Unholde endlich geschlagen. Da nahmen sie die Schwester und die Frau des Königs, ferner zwanzig
Knaben von den Unholden mit sich fort und brachten dieselben
als Gefangene nach Hause. Daselbst liess sich Sâhär die Tochter
des Königs, der schwarze Wolf hingegen die Frau des Königs antrauen, und Sâhär gab dem schwarzen Wolf obendrein noch seine
Schwester zur Frau. Darauf zog der schwarze Wolf nach Hause,
die Gefangenen aber blieben bei Sâhär.

XXVIII.

In der Stadt Dâra lebte ein König, und als dieser gestorben
war, fragten die Leute: „Wen wollen wir zum König machen?“
„Den Rustem, Sâl's Sohn“, sagten sie. Mag begab sich zu ihm

und bot ihm an: „Werde du König über unsere Stadt"; er aber antwortete: „Ich mag nicht". Doch wie er's auch anlegte, man bestand darauf, ihn zum Könige zu machen; sie setzten ihm die Krone auf's Haupt und so wurde er König. Er hatte noch keine Kinder, aber seine Frau wurde schwanger; sie wurde sehr stark und war dem Tode nahe, als sie Zwillinge, ein Knäblein und ein Mädchen gebar, die mit dem Rücken zusammengewachsen waren. Am Morgen berief Rustem die mohammedanischen und christlichen Geistlichen und hiess sie in den Büchern nachsehen, wie sich seine Sache verhalte. „Gut steht deine Sache", antworteten sie, „Gott hat dir ein Paar zusammen gegeben, zum Segen". Der König Rustem aber trug Kummer mit sich herum. Im folgenden Jahre wurde seine Frau wieder schwanger und gebar einen Knaben. Bei der Geburt war ausser einem Diener Niemand bei ihr, der nahm den Kleinen weg und legte an seine Stelle einen jungen Hund. Als der König nun Frauen schickte, um nachzusehen, was sie geboren hätte, brachten sie ihm die Antwort zurück, sie habe einen jungen Hund bekommen. „Nun! Gottes Wille!" sagte er, aber er war sehr bekümmert. — Er berief seine Ratgeber und fragte sie, was mit dem Jungen und dem Mädchen anzufangen sei. Sie erklärten aber dem Könige, dass sie keinen Rat wüssten. Nun war ein Grindkopf da, den fragten sie auch um Rat. Er liess sich eine Säge von Fischgräten geben und sägte zwischen den beiden durch, und so brachte er sie auseinander. Sie wurden dabei zwar verwundet, aber die Aerzte heilten sie, und bald waren sie ganz gesund. — Unterdessen säugte die Frau Rustem's den Hund; dieser pflegte in's Zimmer zu kommen, sich auf's Sofa oder auf den Schoss der Königin zu setzen und zu saugen — alles wie ein kleines Kind. Der Sohn Rustem's aber, welchen der Diener hinweggebracht hatte, wuchs auch heran, und als er grösser wurde, packte er die kleinen Kinder an und warf sie zu Boden. Einst prügelte er sich auch mit einem herum, und wärend des Streites fasste er dessen Ohr und riss es ihm ab. Da sagte jener: „Niemand weiss, woher du bist". Dieses Wort hörte Rustem, liess den Diener rufen und sprach zu ihm: „Gestehe die Wahrheit, oder ich tödte dich". Da antwortete der Diener: „Rustem, der Junge ist dein Sohn, ich habe den Hund an seine Stelle gelegt, ihn aber weggenommen und auf meine Verantwortung aufgezogen". Nun nahm Rustem den Jungen in sein Haus, den Diener aber liess er hinrichten, auch befal er: „Tödtet den Hund, wir werden sonst in's Gerede gebracht". Er hatte grosse Freude über seinen Sohn.

7 *

Eines Tages bestieg Rustem sein Ross und begab sich zum
Schlangenkönige, der eine schöne Tochter hatte. Als er nun beim
Schlangenkönige sass und man ihn mit Ehre bewirtet hatte, sprach
der Schlangenkönig zu ihm: „Rustem, du hast mich besucht; ich
habe nichts in meinem Hause, was würdig wäre, dass ich es dir
schenkte, nimm daher meine Tochter für deinen Sohn". „Gerade
in dieser Sache bin ich zu dir gekommen", antwortete Rustem,
dann nahm er das Mädchen mit sich und verheiratete es mit seinem Sohne. Nach Verlauf eines Jahres befiel dieselbe eine sehr
schlimme Krankheit, Rustem rief die Aerzte, und als sie die Kranke
in Augenschein genommen hatten, fragte er sie: „Welche Arzenei
hat sie nötig?" „Sie muss ein Mäldschämepflaster auf ihren Kopf
bekommen, denn ihr Uebel sitzt im Kopfe", erklärten die Aerzte.
Rustem liess seinen Diener aufsitzen und schickte ihn zum Schlangenkönig. Als er dort eingetroffen war, fragte ihn der Schlangenkönig: „Was wünschest du?" „Ich komme zu dir von Rustem abgesandt, ich möchte dir sagen, dass deine Tochter erkrankt
sei und ein Mäldschämepflaster haben müsse, und er lässt fragen,
ob ihr ein solches hättet". Da rief der Schlangenkönig die Schlangen und Schlangenmänner zusammen, die versammelten sich bei
ihm, und er sprach zu ihnen: „Ihr Schlangen und ihr Schlangenmänner!" „Was ist's?" „Habt ihr nicht ein Mäldschämpflaster
bei euch?" „Nein!" antworteten sie, aber einer von den Schlan-
genmännern sprach: „Warhaftig, ich war ein Jahr im Schlosse
der Tochter des Löwenkönigs, die der Dschennâwi geraubt hatte;
sie wurde krank und man legte ihr ein Mäldschämpflaster auf".
„Weisst du, wo das Schloss ist?" fragte der König. „Ja, ich
weiss, wo es ist". „So geh hin und bitte darum". „Ich darf
nicht hingehen, denn ich habe den Dschennâwi gebissen, und eines Abends lief er mir mit dem Schwerte nach, nur mit Mühe
konnte ich mich retten". Da liess der Schlangenkönig den Sohn
Rustem's zu sich kommen und sagte ihm: „Geh mit diesem Schlangenmanne, er wird dir das Schloss des Dschennâwi zeigen, der
hat Mäldschäm, bitte ihn darum; triffst du ihn aber nicht, so bitte
die Tochter des Löwenkönigs darum und sage, ihr Oheim habe
dich geschickt". Da reiste er mit dem Schlangenmanne ab, sie gingen weit in die Welt und nach einem Monate kamen sie vor dem
Schlosse an. Die Löwen hatten zu jener Zeit gerade ein Heer
gesammelt und zogen gegen den Dschennâwi. „Wie sollen wir's
anlegen?" fragte der junge Mann seinen Begleiter. „Wir wollen
zunächst zusehen und abwarten, was die anfangen", antwortete

jener. Die Löwen kämpften bis zum Abend, aber da sie dem
Dschennâwi nichts anhaben konnten, kehrte die Mannschaft nach
Hause zurück. Der Dschennâwi sagte zur Tochter des Löwenkönigs: „Ich will hingehen, ich weiss noch ein anderes Mädchen
unter den Löwen, die will ich mir diese Nacht holen". Als der
Dschennâwi weg war, begab sich der junge Mann in's Schloss,
wärend sein Begleiter zurückkehrte; er trat ein, da sah er die
Prinzessin, die Tochter des Löwenkönigs, sitzen; auch sie erblickte
ihn, als er näher kam, und fand Gefallen an ihm. „Verwegener,
wie kommst du hierher?" fragte sie ihn. „Frage nicht, ich bin
hier". „Wesswegen kommst du denn?" „Ich komme wegen eines Mäldschämepflasters zu dir, dein Oheim schickt mich". — Er
verging aber fast vor Liebe zu ihr. — „Woher kennst du denn
meinen Oheim?" „Nun, ich kenne ihn, seine Tochter ist meine Frau".
„Ich lasse dich nicht weg; hier ist das Mäldschämepflaster, ich
will es mit einem Schlangenmanne schicken". Nun riefen sie einen und sagten ihm: „Nimm diese Mäldschäme, gib sie dem
Schlangenkönig und sag ihm, seine Schwestertochter schicke sie".
Den Sohn Rustem's liess sie aber nicht weg, er blieb bei ihr. So
sassen sie da auf dem Sofa, tranken, assen und vergnügten sich.
Darauf sagte sie: „Komm, lege dich zu mir, denn mein Herz ist
sehr heiss geworden, da ich wieder einen Menschen sehe". Er
entsprach gern ihrem Wunsche und sie schliefen bis zum Morgen.
Als sie erwachten, sagte er: „Wenn der Dschennâwi kommt, was
sollen wir dann anfangen?" „Ich habe ein kleines Gelass für
meine Habseligkeiten", erwiderte sie, „davon führe ich den Schlüssel bei mir, der Dschennâwi geht nicht da hin; krieche dort hinein, bis wir sehen, was weiter zu tun ist". Der Dschennâwi kam
verwundet nach Hause, sie gab ihm Heilpulver, er aber sagte:
„Versorge du meine Wunde, denn sie ist auf meinem Rücken".
Als er sich nun hingelegt hatte, tat sie ihm Gift in die Wunde,
davon schwoll der Dschennâwi an, so dass er nicht mehr aufstehen
konnte. Jetzt sagte die Prinzessin zum Sohne Rustem's: „Komm
heraus". Er trat in's Zimmer, der Dschennâwi sah ihn an, seine
Augen röteten sich vor Zorn, aber er konnte nicht aufstehen. Sie
sagte zu jenem: „Komm, umarme mich vor dem Dschennâwi,
lass ihn platzen vor Aerger". Der Sohn Rustem's umarmte sie,
der Dschennâwi musste es ansehen und konnte nicht aufstehen:
er knirschte mit den Zähnen. Dann wandte sich der Sohn Rustem's
gegen ihn, zog sein Schwert und fragte: „Hast du noch etwas zu
sagen?" Darauf wurde der Dschennâwi ruhiger; es dauerte eine

Weile, da platzte er auseinander, und schon fing er an zu verwe-
sen in Folge des Giftes, welches sein Fleisch zerstört hatte. Sie
zündeten ein Feuer an und legten ihn darauf, sie selber aber vergnügten sich weiter. — Die Prinzessin sagte zu ihm: „Ich habe
eine Freundin, die Tochter des Fürsten von Sselopîye, die hat der
Dschinn, der Bruder des Dschennâwi geraubt, sie ist in der Höle
von Qajasât, schöner als die ist keine; ich will dir ein Briefchen
schreiben und mein Siegel darunter setzen, sie würde sonst nicht
mit dir gehen; sieht sie aber das Siegel, so kommt sie; denn sie
hat in der Heimat einen Bräutigam, einen wunderschönen, nach
dem sehnt sie sich und um den seufzt sie". Der Sohn Rustem's
machte sich zu Fusse auf den Weg und fragte nach der Höle von
Qajasât. Unterwegs traf er einen, der rief ihn an: „Holla! Wohin gehst du?" „Ich gehe zur Höle von Qajasât", antwortete er.
Dann forderte jener ihn auf, sich mit ihm zu messen. Bis zum
Abend rangen sie mit einander, am Abend warf der Sohn Rustem's jenen und brachte ihn unter sich. Nun zog er sein Schwert
und wollte ihn tödten. „Ahu!" rief jener, „Verfluchter! ich bin
ein Weib! du wirst mich doch wol nicht tödten?" Da sagte er:
„Steh auf, sei ohne Furcht!" dann fragte er: „wo ist die Höle
von Qajasât?" „Da ist sie!" war die Antwort. So ging nun
der Sohn Rustem's zur Höle, dort fand er den Dschinn schlafend,
und sie blickte betrübt vor sich hin. Eine schönere hatte er noch
nie gesehen, sie war sogar noch schöner als die Tochter
des Löwenkönigs. Er holte das Briefchen aus seiner Tasche, sie winkte ihm einzutreten, und er übergab es ihr. Als sie
es gelesen hatte, freute sie sich sehr und küsste das Blatt, dann
sprach sie: „Verbirg dich ein wenig, bis der Dschinn aufsteht und
auf die Jagd geht, dann wollen wir uns beraten". Er folgte dieser Weisung, und als der Dschinn aufgestanden und auf die Jagd
gegangen war, setzte er sich zu ihr, sie plauderten mit einander
und er genoss ihre Liebe; denn er dachte bei sich: „die hat kein
Gewissen, sie könnte mich tödten lassen, darum will ich ihr schon
in allem zu Willen sein, damit sie mich nicht tödten lässt". Nun
pflogen sie Rat; als aber der Geist zurückkam, verbarg er sich
wieder, und sie sagte zum Dschinn: „Wir kommen fast um vor
Durst, der Eimer ist in den Brunnen gefallen, steig einmal hinab".
Der Dschinn liess sich auch bereden, in den Brunnen zu steigen,
da holten die Beiden Steine und warfen sie in den Brunnen, so
dass sie den Dschinn tödteten und den Brunnen mit Steinen anfüll-
ten. Dann machten sie sich weg, unterwegs begegneten sie dem

Bräutigam des Mädchens, der fragte den Sohn Rustem's: „Wohin führst du sie?" „Nun, ich nehme sie mir mit". „So mache dich kampfbereit". Da packten sie einander — das Mädchen sagte: „Wer den andern wirft, dem gehöre ich an" — sie rangen bis zum Abend, da warf der Sohn Rustem's den Bräutigam. „Jetzt gilt's nicht!" sagte sie, „morgen ringt weiter". Sie legten sich schlafen; in der Nacht aber stand der Bräutigam auf, um das Mädchen zu entführen; der Sohn Rustem's trat ihm in den Weg, sie packten einander und der Sohn Rustem's warf jenen und tödtete ihn, dann nahm er das Mädchen mit zum Schlosse der Löwenprinzessin. Als er dort eintrat, fand er Niemand zu Hause; das Mädchen fragte: „Wo ist meine Freundin?" „Ich weiss es nicht", sagte er und ging hinaus sie suchen. Sie sass im Garten zwischen den Rosen. Er rief ihr, sie kam, und die beiden Freundinnen küssten sich und erkundigten sich nach ihrem Befinden. Dann bestiegen sie je ein Pferd, und vorwärts ging's nach Hause. Beim Schlangenkönige blieben sie eine Nacht und fragten ihn nach dem Befinden seiner Tochter. Er antwortete: „Gott sei Dank, sie ist wieder gesund". Als er nach Hause kam, freuten sich seine Leute sehr. Nun wollte er die Schlangenprinzessin seinem Bruder geben, aber der war nicht damit einverstanden, sondern verlangte, er möchte ihm die Tochter des Fürsten von Sselopîye geben. Da gerieten die beiden Brüder in Streit, und er erschlug seinen ältern Bruder und heiratete selbst die beiden Mädchen. Die Schlangen prinzessin aber ging beleidigt weg, zu ihrem Vater, und klagte, die beiden hätten sie nicht gewollt. In Folge dessen entstand Feindschaft zwischen dem Schlangenkönige und dem Hause Rustem's, jedes Jahr führen sie Krieg mit einander. —

XXIX.

Es war einmal ein Mädchen, das hatte vier Brüder. Sie war weltberühmt, denn es gab keine schönere als sie. Die Minister warben um sie, aber sie wollte keinen Mann nehmen. Nun lebte auch einer Namens 'Osmân Agha, ein wunderschöner Jüngling; zu ihm sagten die Leute: „'Osmân Agha! weisst du was?" „Nun?" „Wer für dich passt?" „Wer denn?" „Die Châneme", antworteten sie ihm, „sie wohnt im Schlosse von 'Abd-el-'afîf".

„Ich will mich zu ihr begeben", sagte er, und machte sich reisefertig.
Als er von Hause aufbrach, fragte ihn seine Mutter: „Mein Sohn,
wohin willst du gehen?" „Mutter", antwortete er, „ich will gehen,
lass mich, ich will gehen". So brach er auf und forschte nach dem
Schlosse; nach 15 Tagereisen gelangte er zu einem Wasserbehälter;
da zog er Brot aus der Tasche und ass; auch eine Pfeife stopfte er sich
und rauchte sie. Hierauf gelangte er zum Schlosse; dasselbe war
hoch, hatte ein eisernes Hoftor und eine Verschlusstange von Blei; an
diesem Tore klopfte er an. „Wer ist da?" fragte die Sclavin. „Ich
bin es", antwortete er. Da öffnete sie das Tor und verschloss es
wieder; dann ging sie zu ihrer Herrin hinauf und kündigte ihr an:
„Herrin, es ist Jemand vor dem Tore". „Geh", antwortete diese,
„wenn er hässlich ist, so lass ihn nur umkehren; aber wenn er
schön ist, so öffne ihm; sollte' er jedoch (im ersteren Fall) nicht
fortgehen, so will ich das Fernrohr nehmen und ihn mir ansehen,
und dann meinen Brüdern rufen, damit sie ihn in kleine Stücke
so gross wie Ohrläppchen hauen". Die Sclavin ging und öffnete
das Tor; er stieg hinauf und trat in das Oberzimmer; hierauf näherte er sich ihr und begrüsste sie. Sie aber erhob sich vor ihm
und sah, dass er schön war, und er gefiel ihr wol; auch er betrachtete sie und verliebte sich zum Sterben in sie; denn sie sass
da·auf dem Sofa auf seidenen Polstern, gestützt auf ein Kissen
von Straussenfedern, in ihrer Hand eine Pfeife, woran eine Bern-
steinspitze war; und ihre Finger voll kostbarer Ringe. „Was
willst du?" fragte sie ihn. „Du weisst es". „Woher soll ich es
wissen?" sagte sie. „Ich bin um deinetwillen hierher gekommen".
„Schön", antwortete sie, „aber ich habe eine Bedingung zu machen; wenn du sie erfüllst, so will ich dich heiraten, und wenn
du sie nicht erfüllst, so heirate ich dich nicht". „Sprich, was ist
das für eine Bedingung?" fragte er. „Wenn du mir eine Spanne
von der Edelsteinschärpe der Tochter des Löwenkönigs bringst,
so will ich dich heiraten". Er antwortete: „Ich weiss ja nicht,
wo die ist". „Wie hast du denn", fragte sie, „den Weg hierher
gefunden und kannst jenes nicht erfahren?" „Ich will gehen",
sagte jener. Da zog er in die weite Welt und fragte nach, Stadt
um Stadt, und reiste; endlich gelangte er in das Land der Finsterniss, wo Nachts Finsterniss ist und am Tage Finsterniss; dort
legte er sich Nachts schlafen; als er seine Uhr öffnete, war die
Nacht vorbei, aber der Tag war finster. Da stieg er zu Pferde
und stiess auf eine Affenmutter, die mit aufgerissenem Maule auf
ihn zu kam; er aber zog das Schwert und ging auf sie los; da

massen sie sich im Ringkampf und er warf sie; aber als er zum
Schwerte griff, um sie zu tödten, entblösste sie ihre Brust und rief:
„Halt, ich bin ein Weib". „Ich will dich aber umbringen", sagte
er. „Tödte mich nicht", bat sie; „was auch dein Vorhaben sein
mag, ich will es vollbringen". Er sagte: „Gib mir das Versprechen, dass du mich nicht mehr angreifen willst, und schneide eine
Zotte von deinem Hare ab und gib sie mir". Das tat sie, und
sie gingen zusammen weiter und reisten, bis sie das Land der
Finsterniss hinter sich hatten. Da rief sie: „'Osmân Agha! nun
zeige dich als Mann, denn wir sind in das Land der Löwen gelangt". Im Weitergehen stiessen sie auf ein Gelage der Elfen
und belauschten eine derselben, welche ein Knäblein zur Welt
brachte; dieses packte die Affenmutter, wärend die Mutter des
Knäbchens entfloh. „'Osmân Agha", rief die Affenmutter, „nimm
den Knaben da, und lass uns weiter gehen". So kamen sie in
ein Dorf der Elfen und machten daselbst Halt, er und die Affenmutter nebst dem Knaben, und assen ihr Brot. Da kam Jemand
und rief: „Steht auf!" „Wohin?" fragten sie. „Der König der
Elfen verlangt nach euch". Sie gingen zu ihm hin, und als sie
vor ihn traten, fragte er: „Wo habt ihr diesen Knaben gefunden?"
„Auf dem Gebirge", antworteten sie. „Er gehört zu uns", sagte
er. „Aber wir wollen ihn nicht hergeben". „Was immer ihr verlangt, wollen wir euch geben, gebt uns ihn nur heraus". Die Affenmutter antwortete: „Gebt uns zwei von euren Tarnkappen".
„Da nehmt sie euch!" Sie gaben ihnen solche, und jene lieferten
den Knaben wieder aus. Als sie sich anschickten weiterzugehen,
lud der Geisterkönig sie ein: „Wenn ihr von eurem Reiseziel zurückkehrt, so kommt zu mir". Sie sagten zu. Darauf gingen sie
mitten in's Land der Löwen hinein, dort zogen die Affenmutter
und 'Osmân Agha ihre Tarnkappen an; so gingen sie ungesehen
an den Löwen vorbei, aber die Löwen zitterten, und der Erdboden zitterte. Darauf gingen sie zur Wohnung des Löwenkönigs
und sahen, dass ungefähr hundert Löwen das Hoftor bewachten.
Sie aber traten hinein, ohne dass Jemand sie sah, und gingen in's
Zimmer der Königstochter. Diese war seit etwa einem Monate besessen geworden und lag nackt da. Die Affenmutter aber sagte
zu 'Osmân Agha: „Herr, ich kann die Edelsteinschärpe nicht entdecken". „Aber was sollen wir dann tun?" fragte dieser. „Ich
weiss nicht, aber langsam, warte!" Als es Nacht geworden war,
erschien die Affenmutter der Prinzessin und sprach zu ihr: „Du
wirst nicht gesund werden, wenn du nicht die Edelsteinschärpe in

die Nähe deines Kopfkissens legst". Darauf zog sie ihre Tarnkappe wieder an. [Am Morgen] rief die Königstochter ihrer Mutter: „Mutter, komm hierher!" „Was gibt's? mein Kind". „Bringe
mir meine Edelsteinschärpe und komm zu mir". Sie brachte ihr
dieselbe; sie zog sie an und sagte: „Mutter, ich bin gesund geworden". „Schön, Gott sei Dank!" Als der Tag sich neigte, setzte
man ihr Speise vor, und nachdem sie gegessen hatte, legte sie sich
schlafen; die Edelsteinschärpe aber legte sie neben ihr Kopfkissen.
Nun nahm die Affenmutter die Schärpe und machte sich mit ›Osmân Agha auf den Weg; die Königstochter aber wurde wieder
besessen, als die Schärpe weg war. Auf ihr Geschrei kam ihre
Mutter und ihr Vater, gingen zu ihr hinein und fragten: „Wo sind
die Edelsteine und die Schärpe?" Sie antwortete: „Hier waren
dieselben bei meinem Kopfkissen; man hat sie weggenommen, und
ich bin (wieder) besessen geworden; es ist eine Frau gekommen und hat
mir gesagt: „„Wenn du nicht die Schärpe neben dein Kopfkissen
legst, so wirst du nicht gesund werden""; da habe ich sie dorthin
gelegt, bin eingeschlafen, und nun ist sie verschwunden". Hierauf
forderte der Löwenkönig alle Löwen des Landes auf, die Edelsteinschärpe zu suchen. Man liess keinen Ort undurchsucht; aber die
Löwen gingen an jenen beiden vorbei, ohne sie zu sehen. Als
der Tag sich neigte, versammelten sich die Löwen bei ihrem Könige und berichteten ihm, sie hätten Niemand gesehen. „Aber was
sollen wir machen?" fragten sie, „die Elfen haben sie gestolen".
— Unterdessen reiste die Affenmutter und ›Osmân Agha weiter.
Der Löwenkönig aber stieg zu Pferde und zog zum König der Elfen. Er kehrte bei ihm ein, und jener erwies ihm grosse Ehre und
fragte ihn: „O König, was ist dein Anliegen, dass du mit deinen
Soldaten zu mir gekommen bist?" Dieser antwortete: „Meine
Tochter ist wahnsinnig geworden; sie besass eine Edelsteinschärpe,
und die ist verschwunden; nun wagt Niemand mehr zu ihr zu gehen;
ich bitte dich, du wollest deine Untertanen darnach fragen". Da
rief der König alle Elfen zusammen und fragte: „Heda, hat Niemand von euch die Edelsteinschärpe der Tochter des Löwenkönigs
gesehen?" „Nein", antwortete man. Nur einer in der Versammlung sprach: „Ich habe einen Mann und ein Weib gesehen, welche von unsern Tarnkappen auf dem Kopfe hatten; in der Nacht
habe ich sie hier vorbeigehen sehen, wärend ich (draussen) ein
Bedürfniss verrichtete; aber ich habe nicht mit ihnen gesprochen,
denn ich dachte, vielleicht geschieht es auf Geheiss unseres Königs". Da befal man jene zu verfolgen. Man ritt ihnen nach bis

in das Land der Finsterniss; dann aber kehrten die Verfolger nach Hause zurück, ohne Jemand gefunden zu haben, und berichteten dies den beiden Königen. Der Löwenkönig kehrte nun nach Hause zurück; seine Tochter aber starb, die Geister hatten sie erwürgt. ᵓOsmân Agha und die Affenmutter reisten weiter; als sie jedoch das Land der Finsterniss wieder hinter sich hatten, sagte sie zu ᵓOsmân Agha: „Nimm diese Kappe und geh; ich will in meine Wohnung zurückkehren; Gott sei mit dir! es ist nun keine Gefahr mehr vorhanden". Da zog ᵓOsmân Agha weiter; er gelangte zu dem Schlosse und ging hinein. Die Schärpe hatte er mitgebracht und gab sie der Prinzessin. Diese stand auf und küsste ihn. Darauf nahm er sie und die Sclavin mit sich nach Hause und liess sich die Prinzessin antrauen. Er veranstaltete einen grossen Hochzeitsschmaus; ein ganzes Jahr lang bewirtete er die Leute, und ich bin auch dabei gewesen.

XXX.

Es war einmal einer Namens Chân Dimdim unter den ᵓAkkarî, der hatte zwei Söhne, einen älteren und einen jüngeren. Der jüngere pflegte um Geld zu knöcheln, indem er mit zwei andern Knaben spielte. Einst rief ihn Chân Dimdim und sagte: „Jetzt hast du genug geknöchelt", und gab ihm Schläge. Dann rief er die Väter jener andern Kinder und befal ihnen: „Schlagt eure Knaben, damit sie nicht mehr knöcheln; ich habe den meinigen geschlagen". Da schlugen auch sie ihre Söhne. Der Sohn des Chân Dimdim aber machte sich auf, rief jene beiden und sagte: „Unsere Väter haben uns geschlagen; auf, wir wollen uns davon machen". Er riet ihnen: „Wir wollen in das Land der Löwen gehen; da ist ein Festplatz, zu welchem jeden Monat einmal die Mädchen der Löwen hinaufgehen". „Nur zu", sagten jene. Sie machten sich auf den Weg und gingen auf und davon. Darauf kamen sie in's Gebirge und legten sich Nachts daselbst alle drei schlafen. Sie horchten auf, da drang Geschrei der Wölfe zu ihnen, die einander zuheulten und riefen: „Wir sterben vor Hunger". Der Sohn des Chân Dimdim verstand aber, was die Wölfe sagten. Als es Tag wurde, zogen sie im Gebirge weiter, ohne in die Dörfer zu gehen; aber unterwegs wurden sie durstig und suchten nach Wasser. Da fanden sie ein Wasserloch im Felsen, tranken Wasser und legten

sich schlafen; dann gingen sie im Gebirge weiter und lagerten sich
an einem Orte. Als die Sonne untergegangen war, vernahmen sie
lautes Geräusch, die Stimmen der mit einander redenden Löwen
und Bären, welche zu dem Festplatze kamen. Da hörte man
die Stimme der Bärin, wie sie zum Löwen sagte: „Ich sterbe fast
vor Hunger". Die drei setzten sich hinter einen Stein und horchten auf die Bärin und den Löwen. Die erstere sagte zum Löwen:
„Lass uns nach Hause gehen, dort liege bei mir". Da lachte der
Sohn des Chân Dimdim; aber die Bärin und der Löwe kamen auf
die Knaben los; denn der Löwe sagte zur Bärin: „Es ist hier eine
Stimme laut geworden". Der Sohn des Chân Dimdim aber sprach:
„Jungen, nun ist's aus mit uns; sie werden uns fressen". Der
Löwe und die Bärin kamen an sie heran und packten sie, da
sagte die Bärin: „Einer sei für mich und einer für dich". Der
Sohn des Chân Dimdim verstand aber, was sie sagten. Da packte
der Löwe einen und die Bärin einen; einer blieb übrig; diesen
erwürgten sie und rissen ihn mitten durch, eine Hälfte für den
Löwen, die andere für die Bärin. Jedes frass seine Hälfte, dann
packten sie die beiden andern Knaben am Arm und führten sie
weg; die Bärin ging nach Hause und der Löwe ging nach Hause;
wir aber wollen von der Bärin erzälen. Sie nahm den einen Knaben mit sich fort, wärend der Sohn Chân Dimdim's vom Löwen
weggeführt wurde. Die Bärin ging also mit dem Knaben und
liess ihn in ihre Höle hineingehen; da fing er an zu weinen, aber
sie sagte: „Weine nicht!" — er verstand jedoch nicht, was sie
sagte —, nahm ihr Umschlagtuch, wischte seine Thränen ab und sagte:
„Weine nicht". Dann führte sie ihn hinein zu einem einzig schönen Mädchen; da erholte sich des Knaben Herz und er hörte auf
zu weinen. Sie liess ihn sich zu dem Mädchen setzen. Darauf
trugen sie ihm Speise auf und assen. Das Mädchen war die
Tochter des Fürsten der Unholde, und die Bärin hatte sie geraubt.
Als die Sonne untergegangen war, liess die Bärin das Mädchen sich
niederlegen und den Jüngling sich zu demselben legen, damit er
ihr beiwohne; sie selbst aber sass lachend dabei; darnach liess
sie den Jüngling sich erheben und sich zu ihr selber legen. So
taten sie von da an jede Nacht. Wenn die Bärin aber auf die
Jagd ging, so blieb der Jüngling und das Mädchen zu Hause, und
da sie nichts zu tun hatten, spielten sie mit einander bis zum
Abend. Nachts kam dann die Bärin zurück und liess den Jüngling bei sich schlafen; am Tage überliess sie ihn dem Mädchen.
So wuchs er heran und wurde zum Manne; das Har an seinem

Körper wurde fingerlang, und er war nackt wie eine Messerklinge.
Tag und Nacht kam er nicht heraus; er wusste nicht, wann es
Nacht war, und nicht, wann es Tag war. — Einmal besuchte die
Bärin den Löwen und fragte- ihn: „Wo ist dein Junge?" „Der
Löwenkönig hat ihn mir weggenommen", antwortete dieser. Der
Löwe, welcher den Knaben, den Sohn des Chân Dimdim, mitgenommen hatte, hatte ihn alle Tage geschlagen; da hörte der Löwenkönig, dass jener Löwe einen Knaben bei sich habe, und sandte
zwei Diener mit dem Befehl: „Geht und holt ihn mir!" Diese
gingen hin und holten ihn zum Löwenkönig. Wenn die Löwen
unter einander redeten, verstand aber der Sohn des Chân Dimdim,
was sie sprachen. Der Löwenkönig sagte: „Wir wollen ihn tödten"; da weinte der Knabe; daher liess es die Frau des Löwenkönigs nicht zu, sondern sprach zu diesem: „Deine Tochter
sitzt in einem Zimmer, dessen Thüre zwar hinter ihr verschlossen ist, aber du bist doch nicht sicher, dass nicht einer der Löwen zu ihr hineingeht; setze ihn daher zu ihr und lass ihn sie
bedienen". Darüber freute sich der Jüngling. Man brachte ihn
nun zu ihr, er wohnte bei ihr und wurde ihr Diener; wenn sie
Wasser verlangte, reichte er es ihr, und da er ihre Sprache verstand, tat er Alles, was sie befal. Da gewann ihn der Löwenkönig und die Frau desselben so lieb wie ihr eigenes Kind und
hätten ihn um keinen anderen hingegeben. Nachts aber schlief
er im Zimmer bei dem Mädchen, jedoch in einem besonderen Bette.
Bald machte ihn der Löwenkönig zum Aufseher über sein ganzes
Hauswesen. Eines Nachts aber erhob sich das Mädchen und rief
ihm; da kam er zu ihr; sie liess ihn sich in ihr Bett legen, und
er wohnte ihr bei. — Darauf freite der Löwenkönig seinem Sohne
die Tochter des Elfenkönigs mit Namen 'Adle; wenn du in der
ganzen Welt suchst, findest du keine ihres gleichen; sie war jung,
erst zehn Jahre alt. Der Löwenkönig liess sie holen und in sein
Haus führen; aber sie verstand die Sprache der Löwen nicht.
Weil nun der Sohn des Chân Dimdim die Sprache der Elfen sowol,
als die der Löwen verstand, wurde er Dolmetscher zwischen den
Löwen und der Tochter des Elfenkönigs und teilte den Angehörigen des Löwenkönigs mit, was jene verlangte. Da sagten sie:
„Vater, lass ihn nicht bei unsrer Tochter bleiben, sondern lass ihn
in den Dienst der Schwiegertochter treten; denn sie kennt die
Sprache hier nicht". Die Tochter des Löwenkönigs aber wurde
zornig über ihren Vater und sagte: „Ihr wollt mir meinen Diener wegnehmen, um ihn meiner Brudersfrau zu geben?" Der Löwenkönig

aber antwortete seiner Tochter: „Er soll euch beide bedienen“. So diente er den beiden, und auch die Tochter des Elfenkönigs bat ihn, ihr beizuwohnen. Dies tat er denn auch, ohne dass die Hausbewohner es merkten. Einst sagten der Löwenkönig und die Löwen: „Wir wollen unsere Mädchen und unsre Weiber auf den Festplatz schicken“. Da bestiegen die Tochter des Löwenkönigs und die Tochter des Elfenfürsten eine jede ihr Pferd, und ihr Diener begleitete sie. So gelangten sie zum Festplatz; dort stiegen sie von den Pferden ab. Auf diesem Festplatz versammelten sich alle Töchter und Weiber der Löwen; aber Männer kamen nicht hin; das war verboten. Der Diener aber kam mit der Tochter des Löwenkönigs und dessen Schwiegertochter dorthin; man tanzte und sang auf dem Festplatz. Da erblickte er auch die Bärin, welche seinen Freund mit sich genommen hatte, und redete sie in der Bärensprache an. Sie antwortete: „Woher verstehst du diese Sprache?“ „Das ist mir von Gott gegeben“, sagte er. Die Bärin erzälte: „Dein Freund war bei mir, und auch die Tochter des Königs der Halbmenschen befand sich bei mir; diese hat er entführt und ist davon gegangen; ich weiss nicht, wohin sie gezogen sind; suche sie; wenn du sie nicht suchst, so bringe ich dich um“. Da ging er hin und erzälte der Tochter des Löwenkönigs und der Tochter des Elfenkönigs: „Die Bärin hat zu mir gesagt, ich will dir den Kopf abreissen“. Die beiden riefen der Bärin; die kam heran, und sie fragten sie: „Warum sagst du unserm Diener, ich will dir den Kopf abreissen?“ Die Bärin starb beinahe vor Furcht, jene aber warfen sie zu Boden, und es kamen alle Weiber der Löwen vereinigt auf sie los; eine jede riss ein Stück von ihr ab und verzehrte dasselbe. Darauf stiegen sie zu Pferde und kamen nach Hause zum Löwenkönig zurück; der Jüngling aber bediente die beiden und lag bei ihnen beiden. Er traf mit ihnen die Verabredung, sie beide zu entführen. Die Tochter des Elfenkönigs schenkte ihm eine Tarnkappe der Elfen, und er sagte zu ihnen in ihren beiden Sprachen: „Ich will nach Hause reisen, dann wiederkommen und euch entführen“. „Gut“, sagten sie; „bitte den Löwenkönig um Urlaub; aber halte dich nicht auf!“ Er bat um drei Tage Verzug, und sie gestatteten es. Darauf schrieben die Tochter des Löwenkönigs und die Tochter des Elfenfürsten einen Brief und schickten ihn an den Löwenkönig; dieser las denselben und sagte: „Ja, er möge reisen“. Da zog er die Tarnkappe an und reiste in die Heimat, noch eine zweite Tarnkappe nahm er mit. Unterwegs aber gelangte er zu einer Höle und trat hin-

ein, die Tarnkappe auf dem Kopfe. Da fand er seinen Gefährten
und die Tochter des Königs der Halbmenschen; jener erzälte eben
das Schicksal, das ihn und seine Gefährten betroffen hatte,
der Tochter des Königs der Unholde, die bei ihm war.
Darauf zog er die Tarnkappe ab und rief: „Bruder". „O mein
Lieber", antwortete dieser; dann küssten sie einander, und jener
sagte zu dem Mädchen: „Dieser hier ist mein Bruder". Darauf
weinten sie über ihren dritten Gefährten; der Sohn des Chân Dimdim aber sagte: „Fürchte dich nicht, ich habe die Bärin getödtet".
Jene Nacht schliefen sie in der Höle, am Morgen aber brachen
sie auf. Als sie in ihre Heimat kamen, erkannte man sie nicht
mehr; da redete der Sohn des Chân Dimdim mit seinem Vater,
und dieser erkannte ihn. „Und wer ist dieser da?" fragte man.
„Das ist der Sohn des und des!" antwortete er. Da freuten sie
sich über sie und fragten: „Wo ist euer Gefährte?" „Man hat
ihn getödtet", antworteten sie. Da weinten dessen Eltern. Der
Sohn des Chân Dimdim aber sagte zu seinem Bruder: „Bruder,
es sind zwei Weiber bei den Löwen im Hause des Löwenkönigs,
die eine dessen Tochter und die andere dessen Schwiegertochter; es
gibt nichts schöneres, als jene; und ich habe ihnen versprochen,
ich würde sie entführen". Da sagte jener: „Auf, wir wollen sie
holen". Nun gab er seinem Bruder eine von den Tarnkappen der
Elfen, so reisten sie und kehrten in's Löwenland zurück. Dort
ging er in das Zimmer der Tochter des Elfenfürsten. Sie erblickte
die beiden, und sie redeten mit einander. „Wer ist dieser da?"
fragte sie. „Es ist mein Bruder", antwortete er; „du aber schicke
Botschaft an die Tochter des Löwenkönigs und lass ihr sagen:
komm heute zu mir; damit wir euch entführen können". Da
schickte die Tochter des Elfenkönigs zur Tochter des Löwenkönigs und
liess ihr sagen: „Komm heute zu mir". Die Tochter des Löwenkönigs
machte sich auf und kam; dort sassen sie beisammen; er aber
zog die Tarnkappe ab, so dass sie ihn erblickte; da freuten sie
sich sehr. Dann rief er seinem Bruder, hervorzutreten. „Wer ist
dieser?" fragte sie. „Es ist mein Bruder", antwortete er. „Auf
denn, lasst uns fliehen", sagten sie. Darauf zogen sie auch noch
der Tochter des Löwenkönigs eine Tarnkappe an und machten
sich alle viere auf die Flucht, ohne dass sie Jemand sah. Auf
dem Wege aber bekam der Sohn des Chân Dimdim mit seinem
Bruder Streit über die Tochter des Elfenfürsten; jener sagte: „Sie
soll mir gehören", und dieser sagte: „Sie soll mein sein"; da tödtete er seinen älteren Bruder und brachte die beiden Mädchen

nach Hause. „Wo ist dein Bruder?“ fragte man ihn. „Man hat
ihn getödtet“, antwortete er; er sagte nicht: „Ich habe ihn getödtet“, sondern: „man hat ihn getödtet“. Darauf liess er sich die
beiden antrauen. Als die Löwen davon hörten, fragten sie: „Wer
hat sie entführt?“ „Der Sohn des Chân Dimdim“, antwortete man.
Da hiess es: „Deren Schloss ist allzufest“.

XXXI.

Es war einmal ein Mann und eine Frau; sie war seine
Frau. Aber sie waren arm, und bekamen einen Sohn. Da
sagte die Frau zu ihrem Manne: „Mann, arbeite, damit wir
unser Brot zu essen haben“. So viel er aber auch arbeitete, so
wurden sie doch nicht satt. Eines Tages machte er sich daran,
eine Mauer, die er im Hofe hatte, niederzureissen, um die Steine
derselben zu verkaufen; da kam ein Fass voll Goldstücke zum
Vorschein. Er rief seiner Frau und seinem Sohne: „Kommt!“
„Was gibt’s?“ „Kommt, es hat sich ein Fass voll Goldstücke für uns
gefunden“. „Nur still“, antwortete die Frau, „schreie nicht, damit
es Niemand hört“. Darauf brachten sie den Schatz, den Gott ihnen geschenkt hatte, in’s Haus, kauften Maultiere, Pferde und Ziegen, der Arme wurde zum reichen Kaufmann, und wenn die Leute
fragten, woher dieser Reichtum komme, so hiess es: „Gott hat
ihm denselben gegeben“. In der Folge machten sie ihn zum Fürsten über die Stadt, und sein Sohn regierte. Diesem letzteren, der
Bischâr hiess, rieten die Leute sich zu verheiraten. Er entgegnete
aber: „Ich will nicht heiraten, das sei fern von mir, ausgenommen
die Tochter des Chalîfen von Baghdad“. Da machte sich sein Vater
auf, nahm zwanzig Mann mit sich und reiste zum Chalîfen von
Baghdad. Er trat in dessen Zimmer; sie setzten sich nieder und
man bereitete ihm Kaffe und Speise und erwies ihm Ehre, dann
unterhielten sie sich mit einander. Der Vater des Jünglings sprach:
„O Chalife, fragst du denn nicht, warum wir gekommen sind?“
„Ich weiss den Grund nicht“, antwortete jener. „Wir sind gekommen um deiner Tochter willen und für unsern Sohn“. „Frage meine
Tochter darnach“, entgegnete der Chalife; „wenn sie ihn neh-
men will, so wollen wir sie ihm geben“. Man liess sie in das
Empfangszimmer rufen, und sie kam. Da sagte der Chalife:
„Meine Tochter!“ „Was gibt’s?“ „Willst du heiraten? Man ist

gekommen um deine Hand anzuhalten". Sie wusste nicht, wer
jene waren, daher antwortete sie: „Vater!" „Ja". „Es sei fern
von mir, dass ich einen andern zum Manne nehme, als Bischâr,
den Sohn des Kaufmanns, dessen Name in der ganzen Welt berühmt ist, und dessen Schwert aus Blitzeisen ist". Da sagte der
Chalîfe: „Meine Tochter, dieser da ist der Kaufmann". „Ja, dann
will ich heiraten", sagte sie; „fordere das Heiratsgeld".
Der Chalîfe aber verlangte zehn beladene Maultiere, das Geld,
das sie tragen können, sammt den Tieren. „Zu Diensten", antwortete der Kaufmann. — Darauf machten sie sich auf
und kamen nach Hause; vier Monate blieben sie daselbst; dann
beluden sie zehn Maultiere und reisten ab. Sie übergaben dem
Chalîfen die zehn Maultiere und setzten die Braut in eine Sänfte.
Diese aber, die Tochter des Chalîfen, hatte einen Liebhaber; dem
hatte sie Weiberkleider angezogen und hatte ihn zu ihrer Sclavin
gemacht; nun stiegen sie in die Sänfte, sie nebst dieser Sclavin;
die Soldaten führten die Maultiere der Sänfte; so reisten sie, bis
sie sie an ihren Bestimmungsort brachten, und dort wies man ihr
und der Sclavin ein Zimmer an. So lange die Frau noch Mädchen war, trieb die verkleidete Sclavin Ungebürliches mit ihr.
Nun kam der Sohn des Kaufmanns in das Zimmer, um in sein
eheliches Recht zu treten. Nach ihm kam aber auch die Sclavin
und wohnte seiner Gemalin bei; so oft Niemand zugegen war, genoss sie ihre Liebe.

Eines Tages aber wurde die Frau krank; man holte die Aerzte
zu ihr, und der Kaufmann fragte dieselben: „Wo liegt das Uebel
der Frau?" Jene antworteten: „Im Kopfe". „Was bedarf sie?"
fragte er die Aerzte. Diese antworteten: „Um gesund zu werden,
bedarf sie die Haut eines Löwen, der sieben Jahre alt ist". Wer
soll nun gehen, die Haut herbei zu holen? Bischâr wird gehen.
Als Bischâr aufbrach, bat ihn sein Vater, Leute mit sich
zu nehmen. „Nein", sagte er, „ich will allein gehen". Da
hing er sein Schwert um seine Schulter und bestieg seinen brau-
nen Hengst. Er ritt vierzig Tage; da sah er an der Oeffnung einer Höle eine Frau, welche butterte; sie war so schön, dass sie
zur Sonne hätte sagen können: „Steige herab, damit ich an deine
Stelle hinaufsteige". Auch sie erblickte den jungen Mann, welcher
herangeritten kam, und rief ihm. Da ging er zu ihr und fragte
sie: „Was willst du? Mädchen". „Wohin ziehst du?" fragte sie
hinwiederum. „Ich ziehe in der Welt herum". „Was kann da
sein?" fragte sie; „bleibe diese Nacht nur bei uns". Das gefiel

dem Jüngling; er stieg vom Pferde und liess dasselbe in die Höle hineingehen; sie aber breitete ein Polster und Kissen aus, und sie setzten sich darauf. Da fragte sie der Jüngling: „Mit wem wohnst du hier zusammen?" „Mit meinem Vater", antwortete sie. „Wer ist dein Vater?" fragte er. „Ein Riese", antwortete sie. „Schön; und wenn er nun Nachts kommt und mit uns Streit anfängt?" „Fürchte dich nicht", sagte sie, „ich will dich nicht im Stiche lassen, du hast mein Versprechen". „Schön", antwortete er. Darauf holte sie Wein und Brantwein herbei, und sie tranken; damit machte sie den Jüngling betrunken, fasste ihn am Arm und zog ihn an sich; da lag er bei ihr, und sie vergnügten sich bis gegen Abend. Als der Unhold von der Jagd heim kam, rief er: „Ooof, ich rieche Menschenfleisch". Seine Tochter gebot ihm aber ruhig zu sein. Da kam Bischâr heran, und sie packten einander, um miteinander zu ringen. Die Höle erzitterte davon; Bischâr warf ihn zu Boden. Als er aber nach seinem Schwerte griff, ihn zu erwürgen, kam die Tochter des Riesen und sprach zu diesem: „Der da ist mein Mann und hat bei mir geschlafen; was dich betrifft, so geh zum Teufel! willst du, so soll er dich erwürgen, oder willst du, so setze dich dorthin, und halte dich ruhig". Da schlossen sie mit einander Frieden, setzten sich hin und küssten sich gegenseitig; darauf blieben sie ein Jahr beisammen. Einst fragte der Riese Bischâr: „Was führst du eigentlich im Schilde?" „Ich suche", antwortete dieser, „eine Löwenhaut von einem siebenjährigen Löwen". „Zu Diensten", entgegnete jener. Da stieg er nebst Bischâr zu Pferde und sie ritten in's Land der Löwen. Der Riese hatte aber eine Geliebte bei den Löwen; daher sagte er zu Bischâr: „Bleibe hier, ich will gehen". „Geh denn", antwortete jener. Der Riese ging zur Nachtzeit, Bischâr aber schlich hinter ihm her; er trat bei einer Frau in's Haus, Bischâr folgte ihm. Da erblickte ihn die Frau, die Gemalin der Löwen, und rief: „Riese! wer ist der da?" „Mein Schwiegersohn", antwortete dieser. Die Löwenfrau war aber noch viel schöner als Bischâr's eigene Gemalin und sie verliebte sich in ihn. Sie fragte nach ihren Wünschen. „Wir bitten um das Fell eines siebenjährigen Löwen", entgegneten sie. Der Riese fragte die Frau: „Wohin ist dein Mann gegangen?" „In das Haus des Königs", antwortete sie, „zur Abendunterhaltung". Darauf rief sie einen siebenjährigen Knaben von ihren Nachbarn herbei; sie schlachteten ihn und zogen sein Fell ab; als jene aber im Begriffe waren, aufzubrechen, erklärte die Löwenfrau, sie wolle mitkommen. „Auf denn, geschwind!" sagten jene. Sie stie-

gen zu Pferde, ritten weg und kamen in die Höle zu dem Mädchen; da stiegen sie ab und speisten zu Abend. Als der Riese
eingeschlafen war, sprach Bischâr: „Morgen will ich abreisen".
„Wohin?" fragten sie ihn. „In meine Heimat". „Wir wollen mit
dir kommen". „Aber wenn der Riese es nicht zulässt?" warf er
ein. „Kommt", sagten sie, „wir wollen ihn tödten". Da machte
sich Bischâr an ihn, griff zum Schwerte und setzte sich auf ihn;
dann erwürgte er ihn und hieb ihm den Kopf ab. Früh Morgens
brachen sie auf, bestiegen jedes ein Pferd und reisten ab. Endlich kamen sie in Bischâr's Heimat. Dort heiratete er die Weiber
und liess jede in einem besondern Zimmer wohnen. Seine Frau,
die Prinzessin, wurde darauf gesund; aber eines Tages, als er zu
ihr ging, sah er die Sclavin auf ihr sitzen; da packte er die Sclavin am Arm, schaute sie sich näher an und entdeckte, dass sie
ein Mann war. Er zog sein Schwert und hieb ihr den Kopf ab
und ebenso seiner Frau; da trugen sie sie fort und begruben sie.

XXXII.

Es war einmal ein Fürst, der hatte zwei Söhne. Der eine
derselben machte sich auf, mit einem Buche, welches er besass,
in's Kloster zu gehen. Er reiste, bis die Nacht anbrach, dann
blieb er im Gebirge und schlief bis gegen Mitternacht. Da hörte
er Jemand schreien. Er dachte: „ich will gehen und zusehen, was
dies wol ist". Er ging und fand eine Höle, in welcher ein Feuer
loderte. Er trat ein und sah Jemand beim Feuer schlafen, einen blinden Riesen. Der Junge setzte sich hin und pickte den
Riesen mit einer Nadel. Der erhob sich und suchte nach ihm, konnte
ihn aber nicht finden. Nach einer Weile stach er den Riesen zum
andernmal. Der Riese stand auf. Nach und nach wurde es Tag,
und die Ziegen fingen an, aus der Höle hinaus zu gehen. Der
Riese stellte sich mit gespreizten Beinen in die Oeffnung der Höle
und liess Ziege um Ziege hinauspassiren. Der Junge legte sich
unter den Bauch des Bockes und kam auf diese Weise hinaus.
Die Ziegen gingen zur Weide in's Gebirge, und der Junge ging
mit ihnen bis gegen Abend. Der Riese hatte inzwischen in der
Höle herumgesucht, aber Niemand gefunden. Als aber am Abend
der Junge die Ziegen nach Hause führte und mit ihnen in die
Höle eintrat, schrie der Riese: „Ooof! Geruch von Menschenfleisch

dringt zu mir!" Da sagte der Junge: „Ich bin's". „Du? wer bist
du?" „Dein Sohn bin ich; die Ziegen weide ich". „Junge! bist
du mein Sohn?" „Ja". „Nun, so will ich oben auf die Höle gehen und Wasser auf dich lassen: bist du mein Sohn, so 'hältst du
ruhig mein Wasser aus, bis ich komme und dich ablecke".
Nun legte der Junge einen Stein vor das Oberfenster der Höle
und bestrich seinen Körper mit Wasser und Salz. Der Riese liess
darauf von dem Fenster aus Wasser auf den Stein; brunnentief
ging der Stral in die Erde. Dann kam der Riese herab und
leckte den Jungen ab. „Nun bist du mein Sohn", sagte er, „geh
und weide meine Ziegen". Als er nun die Ziegen weidete, traf er eine
Bärin, welche von der andern Seite herankam. „Komm", rief sie
„und lause mich". „So steig auf diesen Baum", antwortete er.
Als die Bärin auf den Baum gestiegen war, band er ihre Zotten
an einen Ast desselben und dann stiess er sie hinab, so dass sie
an dem Aste hangen blieb. „Komm und mache mich los",
rief sie. „Nein, ich mache dich nicht los". „Wesshalb nicht?"
„Wo sind die Augen meines Vaters?" fragte er. „Komm, mache
mich los und nimm sie dir". „Lege sie in meine Hand", erwiderte er. Sie tat das und bat wieder: „Mache mich los". „Nein,
ich mache dich nicht los", gab er zur Antwort und ging weg.
Erst am Abend kam er nach Hause. „Wo bist du so lange geblieben, mein Sohn?" fragte der Riese. „Väterchen, ich habe deine
Augen geholt, lege dich hin, dann mache ich sie dir wieder gesund". Jener legte sich hin, und er setzte ihm seine Augen ein,
dann fuhr er ihm mit der Hand über dieselben und versteckte
sich, bis sie heil waren. Darauf befal ihm sein Vater hervor zu
kommen, und als er das getan hatte, sagte er ihm: „Jetzt bist du
wirklich mein Sohn, ich will nun die Ziegen weiden gehen, nimm
du dir diese drei Schlüssel, zwei Thüren darfst du öffnen, die
dritte öffne nicht". Als der Junge die beiden Thüren öffnete, fand
er ein Zimmer voll Kostbarkeiten und eins voll Goldstücke. Da
dachte er: „Ich will auch dieses hier öffnen, damit ich sehe,
wesshalb mein Vater gesagt hat, ich solle es nicht öffnen". Er
öffnete es; da fand er inmitten des Zimmers ein Bassin, daran liess
er sich nieder; da kamen drei Tauben, die verwandelten sich in
Frauen, legten ihre Ueberwürfe auf die Erde ab und stiegen in
das Bassin. Er ergriff den Ueberwurf einer von ihnen; alsbald
flogen die beiden andern weg, nur die eine blieb zurück. „Um
deines Heiles willen", hob sie an, „gib mir meinen Ueberwurf zurück". „Den habe ich", erwiderte er, „mir gehört er". Darauf

brachte er die Frau aus der Höle, holte ein Pferd heraus und entführte sie. Er nahm sie mit sich in seine Heimat; dort sagten die Leute: „Der Prinz ist zurück gekommen". Nun heiratete er die Frau. Als sie einst mit einander schäkerten, fiel der Ueberwurf in's Feuer, und es verbrannte etwas von ihm. Da flog die Frau, wieder zur Taube geworden, davon, mit ihr die Kinder, die sie ihm geboren hatte. — Er aber kehrte zum Riesen zurück und sagte: „Väterchen!" „Mein Sohn, wo bist du gewesen?" „So und so hat eine Frau an mir gehandelt", erzälte er ihm. „Woher war die Frau?" „Väterchen, aus dem Zimmer, von welchem du sagtest, ich solle es nicht öffnen". „Huh! mein Sohn, eben desswegen habe ich dir gesagt, du sollest es nicht öffnen; nun komm, lass uns zum Vogel Ssîmer gehen". Sie begaben sich zum Vogel Ssîmer und der Riese fragte ihn: „Wie steht dein Befinden, mein Bruder?" „Mögest du dich wol befinden", erwiderte der Vogel, „was ist dein Begehr?" „Eine Frau nebst ihren Kindern ist hierher geflogen, hast du sie nicht gesehen?" „Freilich!" „Wir bitten dich, sie uns zu zeigen". „Dort im Schlosse ist sie", entgegnete der Vogel. Der Riese kehrte nun um und der Junge ging zum Schlosse; dort setzte er sich an den vor dem Eingange befindlichen Teich. Bald darauf traten sein Sohn und seine Tochter heraus, kamen zum Wasser und füllten ihren Krug. „Ich bin durstig", sagte er zu ihnen. Die Tochter weigerte sich, ihm zu trinken zu geben, aber der Sohn sagte: „Da nimm", dann wandte er sich zu seiner Schwester: „Sage meiner Mutter nicht, dass wir Jemand zu trinken gegeben haben". „Nein!" erwiderte sie, und die beiden gingen nach Hause zurück. „Wer hat aus eurem Kruge getrunken?" fragte die Mutter. „Niemand hat getrunken", gaben sie zur Antwort. Darauf gestand aber der Junge: „Mütterchen, ja, es hat einer getrunken". „Ruft ihn!" Sie gingen ihn rufen: „He! Mann! komm zu uns". Er ging hinein. Als die Frau ihn erblickte, fragte sie ihn: „Wie kommst du in diese Gegenden?" „Genug, ich bin hier", antwortete er. Nun fragten sie ihn, was er wünsche. „Komm, lass uns gehen", erwiderte er und nahm sie mit sich nach Hause, und sie wurden wieder Mann und Frau. Und nun ist's aus.

XXXIII.

Es war einmal ein Mann, ein Fürst, der hatte drei Söhne und eine Tochter. Er freite für die Söhne drei Mädchen und führte sie ihnen heim, drei sehr schöne. Die Leute kamen und warben um seine Tochter, aber sie wollte Keinen zum Manne nehmen. Die drei Frauen ihrer Brüder gingen eines Tages zum Brunnen, die Tochter des Fürsten aber ging nicht mit ihnen. Da kamen drei Unholde zu Pferde, jeder von ihnen ergriff eine der Frauen, hoben sie auf die Pferde, entführten sie und brachten sie zu einem Schlosse zwischen den Seen. In diesem Schlosse liessen sie sie wohnen, aber eine jede in einem besondern Zimmer. Als die Söhne des Fürsten hörten, dass ihre Frauen verschwunden seien, suchten sie nach ihnen, fanden sie aber nicht; da lebten sie ruhig weiter und sprachen nicht mehr davon. —. Die drei Unholde begaben sich darauf in das Land der Gurdsch. Der Fürst der Gurdsch hiess Dêrschauwi; er hatte drei Töchter, gleich diesen gibt's keine unter den Menschen. Die Unholde beabsichtigten diese zu holen und gingen in das Land der Gurdsch; in diesem Lande gibt es viele Dornsträucher. Sie lagerten sich Nachts unten vor Dêrschauwi's Schloss; ihre Keulen hatten sie bei sich. Darauf schlugen sie Eisenpflöcke in die Schlossmauer, und einer stieg hinauf. Er kam zum Fenster, stieg ein und blieb in demselben sitzen und lauschte: Diener schliefen im Zimmer. Nun öffnete er die Zimmerthüre und stieg in den Hof hinab; dort öffnete er das Hoftor und rief den beiden andern Unholden. Diese gingen mit ihm in's Schloss hinein und sie durchsuchten die Zimmer nach den Mädchen; aber sie fanden sie nicht. Nun war noch ein Oberzimmer da, das hatten sie nicht durchsucht. Zu diesem stiegen sie jetzt hinauf, öffneten die Thüre und traten ein. In dem Zimmer befanden sich drei Bettgestelle, auf jedem lag eins der drei Mädchen und schlief. Sie wickelten sie in die Bettdecken und trugen sie weg, jeder eine, ohne dass die Mädchen erwachten. Als es Tag geworden, erwachten die Leute des Fürsten von Gurdsch und gingen nach den Mädchen sehen, aber sie fanden sie nicht. Da schickte der Fürst die Diener durch das ganze Land der Gurdsch; sie fanden sie nicht. Eine alte Frau fragte den Fürsten: „Wonach sucht ihr?" „Unsere Töchter sind verschwunden", gab er zur Antwort, „und wir wissen nicht, wer sie entführt hat". „Warlich", sagte die Alte, „gestern Abend habe

ich drei Unholde gesehen; dem sei wie ihm wolle, diese haben
sie entführt". „So ist's", sagten die Leute.

Der Fürst sammelte nun ein Heer und verfolgte die Unholde.
Als er sie erreicht hatte, erhob er und die Soldaten das Feldge.
schrei gegen sie. Die drei wandten sich darauf gegen das Heer,
und der Kampf begann. Die Soldaten tödteten einen von ihnen,
darob ergrimmten die beiden andern, stürzten sich unter das Heer
und erschlugen zweihundert von ihnen; die übrigen entflohen und
kehrten nach Hause zurück. Die beiden Unholde aber packten
die Mädchen wieder auf — der eine zwei, und der andere eine
— und brachten sie zu ihrem Schlosse. Dort fanden sie die drei
andern Mädchen; nun hatten sie deren sechse.

Jûsif-Agha (so hiess der erste Fürst) stellte Nachforschungen
nach seinen Schwiegertöchtern an; aber so viel er auch nach-
forschte, er konnte nicht in Erfahrung bringen, wer sie entführt
hatte. Einst kam ein fremder Gast zu ihnen; nach dem Nachtessen kam das Gespräch auf die Mädchen, und man sagte: „Wir
können nicht in Erfahrung bringen, wer sie entführt hat". Da
erzälte der Gast: „Unser Dorf liegt an der Strasse; eines Tages
habe ich drei Unholde gesehen, die hatten drei Mädchen bei sich,
welche sie geraubt hatten". „Wirklich?" fragten sie ihn. „Freilich", antwortete er und fuhr fort: „Das Schloss der Unholde liegt
zwischen den Seen". Da stiegen die drei Söhne Jûsif-Agha's zu
Pferde und zogen aus, nach dem Schlosse zwischen den Seen fragend. Es war sehr weit; fünf Tage waren sie unterwegs, da kamen sie zu einem Dorfe. Dort begaben sie sich als Gäste in ein
Haus; als sie nach dem Nachtessen zusammen im Zimmer sassen,
fragte man sie: „Woher seid ihr?" „Aus Sauq sind wir, die
Söhne Jûsif-Agha's", antworteten sie. „Wonach sucht ihr?" fragte
man weiter. „Unsere Geschichte ist so und so", erwiderten sie. Da
sagten die Leute: „Kehrt zurück; wenn ihr nach unsern Worten
handelt, so kehrt ihr zurück". „Wesshalb?" fragten sie. „Ihr
vermögt nicht zwischen die Seen zu gehen". Aber jene sagten:
„Wir werden gehen, mögen wir können oder nicht, wir werden
gehen". Am Morgen stiegen sie wieder zu Pferde und zogen weiter, bis sie zum Ufer der Seen gelangten. Dort sahen sie das
Schloss vor sich. Aber da war kein Weg durch's Wasser, um zu
ihm zu gelangen. Sie setzten sich daher an's Ufer des Sees, um
mit einander Rat zu halten, wie sie wol durch das Wasser zum
Schlosse kämen. Acht Tage blieben sie so am Rande des Wassers, aber sie fanden kein Mittel hinüberzukommen. Da kam ein

Vogel, liess sich am Ufer nieder und fragte sie: „Wesshalb seid
ihr hier?" Wie es sich verhielt, erzälten sie ihm. „Ihr könnt
nicht über den See hinüber", fuhr er fort. Da fragten sie ihn:
„Was sollen wir nun anfangen?" „Ich will es euch sagen", erwiderte er, „kauft euch drei Bretter, setzt euch auf dieselben und
fahrt so hinüber". „Warhaftig, das ist richtig", entgegneten sie.
„Ich gehe in meine Heimat zurück", sagte der Vogel. „Gehe
nicht, Vogel, bis wir die Bretter geholt haben", baten sie ihn.
„So geht", erwiderte er. Da ritt einer von den dreien zurück, bis
zu einem Dorfe, dort kaufte er Bretter und brachte sie. Nun befal der Vogel: „Setzt euch rittlings auf die Bretter und bindet sie
an einander". Sie taten das; dann baten sie den Vogel, er möchte
bei den Pferden bleiben. Er versprach dies, und nun fuhren sie
über den See zu dem Schlosse hinüber. Sie öffneten das Hoftor,
da lagen die Unholde und schliefen. Sie erblickten ihre drei Weiber und ausserdem drei andere, welche noch schöner als jene waren.
Diese sechs nahmen sie mit, setzten sich wieder auf die Bretter
und fuhren über den See, wärend der Vogel am jenseitigen Ufer
zuschaute. An's Land gekommen, bestiegen sie ihre Pferde und
galopirten davon. Als die beiden Unholde erwachten, waren die
Weiber verschwunden; sie ergriffen ihre Keulen und gingen hinaus, setzten über den See und erreichten die Söhne Jûsif-Agha's.
Sie kämpften mit einander, und die Unholde erschlugen die drei
Brüder und führten die Weiber wieder mit sich weg.

Nach Verlauf eines Monates hörte man bei Jûsif-Agha, dass
die Unholde jene getödtet hätten. Jûsif-Agha hatte eine Tochter,
die Keinen zum Manne nehmen wollte und noch im Vater-
hause lebte. Jûsif-Agha starb bald darauf vor Gram und Grimm.
Nach seinem Tode legte die Tochter Männerkleider an, gürtete
ein Schwert um ihre Hüften und machte sich auf den Weg, Nachforschungen nach ihren Brüdern anzustellen. Sie kam in's Gebirge, dort legte sie sich schlafen. Als sie am Morgen aufstand,
sah sie den Schlangenkönig, wie er gerade einer Schlange beiwohnte. „Mädchen!" sagte er. „Ja!" „Du hast mich mit der
Schlange Unerlaubtes tun sehen, noch hat mich kein anderer gesehen; ich wünsche, dass du mich nicht verrätst, dann gebe ich dir,
was immer du willst; verrätst du mich aber, so komme ich dich
beissen, wo du auch immer seist". „Nein, o König" erwiderte sie,
„ich werde dich nicht verraten". „So sprich: ich gelobe es dir".
Da sagte sie: „Ich gelobe es dir". Darauf fuhr er fort: „Fordere;
was du auch immer wünschest, werde ich dir geben". „So gib

mir", erwiderte sie, „eine Schlange, welche besessen ist, ich will
sie mit mir nehmen zum Schlosse der Unholde". „Wesshalb gehst
du dorthin?" fragte der Schlangenkönig. „Sie haben meine Brüder getödtet und ihre Weiber geraubt". „Gut", sagte der König,
rief eine besessene Schlange und gab sie dem Mädchen; dann
sagte er: „Zeige mir deine erschlagenen Brüder". „Ich weiss
nicht, wo sie sind", erwiderte sie. Da rief der König allen Schlangen, sie versammelten sich bei ihm, und er fragte sie: „Habt ihr
keine erschlagenen Männer gesehen?" Eine antwortete: „König!"
„Ja!" „Es liegen drei Erschlagene bei meinem Loche". „So
komm, zeige sie uns", befal der König. Darauf legte er Men-
schenkleidung an, damit sich das Mädchen nicht fürchte, und ging
mit dem Mädchen und den Schlangen dorthin. Als sie die drei Erschlagenen gefunden hatten, fragte er: „Sind das deine Brüder?"
„Ja". „So gehe, du und die besessene Schlange, geht zu dem
Schlosse, ich will hier bleiben, bis du zurückkehrst". Dann wandte
er sich zu der Schlange und sagte: „Schlange!" „Ja!" „Am
Ufer des Sees lass das Mädchen auf dich steigen und trage sie über
das Wasser". „Gut!" entgegnete sie. Niemand wusste, dass sie
ein Mädchen war, nur der König wusste es. Als sie an den See
gekommen waren, stieg sie auf die Schlange und fuhr hinüber
zum Schlosse. Sie trat ein, da sah sie die Unholde dort liegen
und schlafen, die Weiber sassen bei ihnen. „Schlange!" sagte sie.
„Ja!" „Diese beiden da, beisse sie". Da biss die Schlange den
einen, er erwachte nicht, sondern starb. Da biss sie den andern,
der rief: Ai! und griff nach seiner Keule. Die Schlange aber hing
sich fest an seine Hand und biss ihn, da entfiel die Keule seiner
Hand, aber er starb nicht; da biss sie ihn noch einmal, mit dem
dritten Bisse tödtete sie ihn. Nun nahmen sie die sechs Weiber
mit und kamen zum Ufer des Sees, um hinüber zu gehen. Da
fragten jene: „Wie sollen wir über das Wasser setzen?" Sie
holten einen langen Baumstamm, die Schlange liess sie sich auf
diesen setzen, dann band sie den Stamm an einen Strick und zog
ihn hinüber; so kamen sie über das Wasser und gelangten zum
Könige. Das Mädchen weinte über ihre Brüder. „Wesshalb weinst
du?" fragte der König. „Ueber meine Brüder". „Habe keine
Furcht", entgegnete er, „ich werde sie wieder in's Leben rufen".
Darauf rief er den Schlangen und befal ihnen, ihm Lebenswasser
zu bringen. Die Schlangen gingen hin, suchten, holten Lebenswasser und gaben es dem Könige. Der wusch die drei damit, da
standen sie auf und waren wieder gesund. Sie schauten um sich,

da sahen sie ihre Schwester und die sechs Frauen aus dem Schlosse bei sich. Einer fragte: „Wer hat uns auferweckt?" „Der König der Schlangen", antwortete sie. Da küssten sie den König und gingen alle mit ihm nach Hause. Dort sassen sie bei ihm in seinem Zimmer und plauderten jene Nacht mit einander. Als der Tag anbrach, nahmen sie Abschied vom Könige und brachen in ihre Heimat auf. „Wo ist unser Vater?" fragten sie. „Der ist gestorben", erhielten sie zur Antwort. Sie wohnten nun im Schlosse, heirateten die Gurdschmädchen, jeder von ihnen eine. So hatte nun jeder von ihnen zwei Frauen. Ihre Schwester aber starb. —.

Nun lebte einer Namens Dschammo der Uebeltäter, der war stärker als alle Menschen. Dieser forschte nach schönen Weibern, da sagte man ihm: „Der Fürst der Gurdsch hat drei einzigschöne Töchter". „Voran!" rief er „und vorwärts!" und begab sich in das Land der Gurdsch. Dort trat er bei einer alten Frau ein und fragte sie: „Willst du mich nicht diese Nacht bei dir beherbergen?" „Recht gern will ich dich beherbergen", gab sie ihm zur Antwort. Darauf trat er zu ihr ein, setzte sich und sagte: „Alte!" „Ja!" „Ist es wahr, dass der Fürst der Gurdsch schöne Töchter hat?" „Ahûh! Dein Opfer!" rief sie, „er hatte drei sehr schöne Töchter; ich will dir davon erzälen". „Erzäle!" sagte er. „Es kamen drei Unholde", hob sie an, „die stiegen Nachts in's Schloss, raubten die drei und führten sie mit sich weg. Als unser Fürst davon hörte, sammelte er ein Heer und verfolgte sie; sie erreichten die Unholde, tödteten einen von ihnen, aber da ergrimmten die beiden andern und tödteten zweihundert von den Soldaten und schlugen die übrigen in die Flucht; ich hatte drei Söhne bei dem Heere, alle drei tödteten sie, und die Mädchen raubten sie; das ist die Geschichte der Mädchen". „Ist's wahr?" fragte er. „Ja". „Und wo sind jetzt die Unholde?" forschte er weiter. „Die sind im Schlosse zwischen den Seen", erwiderte sie. Da machte sich Dschammo auf den Weg zu dem Schlosse, auf seinem Schwerte fuhr er über das Wasser, kam zum Schlosse und trat ein. Dort sah er die beiden Unhold todt liegen; ein hässlicher Geruch ging von ihnen aus, sie waren in Verwesung. Alsbald wandte er sich weg und fuhr auf seinem Schwerte wieder über's Wasser. Er traf eine Schlange, die fragte ihn: „Wonach suchst du? Dschammo". „Ich suche nach den drei Töchtern des Fürsten der Gurdsch", gab er zur Antwort. „Die hat man weggeführt", entgegnete die Schlange. „Wer denn?" „Die Söhne Jûsif-Agha's von Sauq". „Auf welche Weise haben sie sie weggeführt?" erkundigte er sich weiter. Da erzälte sie ihm, wie es sich zugetragen hatte. Nun fragte er nach Sauq und gelangte dorthin. Als er das Schloss Jûsif-Agha's gefunden hatte, legte er sich im Gebirge hin, bis es Nacht wurde. Dann begab er sich an das Schlosstor, machte sich einen Schlüssel und öffnete es. Vor demselben waren zwei Torhüter, die erwachten von dem Lärm, da tödtete er die beiden. Darauf stieg er hinauf zum Zimmer, dort fand er sie schlafend, aber es war stockdunkle Nacht, so dass er nicht wusste, welche die Mädchen waren. Er zündete daher ein Licht an und nun sah er die eine bei einem, die andere bei dem andern und die dritte bei dem jüngsten. Er weckte die drei auf, und als sie ihn fragten: „Wohin willst du uns führen? wir gehen nicht mit dir", erwiderte er: „Euer Vater hat mich geschickt". „Wo ist denn unser Vater?" „Er ist bei uns zu Hause". „Wirklich?" fragten sie. Da schwor er es ihnen, und nun glaubten sie's. Er aber nahm sie mit sich auf seine Burg. „Wo ist unser Vater?" fragten sie. „Ich habe euch belogen", erwiderte er. „So gehen wir wieder weg", sagten sie. Er aber schlug sie und zwang sie mit Gewalt zu seinem Willen. —. Als die Söhne Jûsif-Agha's am Morgen erwachten, sagten sie: „Unsere Weiber sind verschwunden, und man hat die beiden Torhüter getödtet". Der Vogel, welchen sie an dem See gesehen hatten, kam zum Schlosse und fragte: „Wonach stellt ihr Nachforschungen an?" „Man hat unsere Weiber weggeführt und die Torhüter getödtet", antworteten sie. „Forschet nicht!" sagte der Vogel. „Wesshalb nicht?" „Dschammo der Uebelthäter hat sie weggeführt". Da schwiegen sie still und dachten: „Mit Dschammo wagen wir nicht zu kämpfen". Der jüngste aber sagte: „Ich werde gegen Dschammo ziehen". Er machte sich gegen Dschammo auf, aber der tödtete ihn und auch die beiden andern Brüder. Die drei Mädchen aber heiratete er.

XXXIV.

Es waren einmal zwei Dörfer, zwischen welchen sich ein See befand. In dem einen Dorfe lebte ein junger Mann, ein Armenier, dessen Geschäft darin bestand, dass er mit der Flinte auf die Jagd ging und Gasellen erlegte. In dem andern Dorfe wohnte ein Pfaffe, der eine schöne Schwiegertochter hatte. Dieses Mäd-

chen erblickte der Armenier im Traume, und auch sie sah den
Armenier im Traume. Er lebte mit seiner Mutter zusammen, einen Vater hatte er nicht mehr. Eines Tages nahm er seine Flinte
und ging auf die Jagd, dem Seeufer entlang. Auch die Schwiegertochter des Pfaffen kam an den Strand, um die Kleider zu waschen. Der Armenier zog sein Fernrohr heraus und schaute nach
dem Mädchen; er kannte sie nicht, aber im Traume hatte er sie
gesehen. Da sprach er: „Dem sei wie ihm wolle, diese ist die
Schwiegertochter des Pfaffen". Er liess nun seine Flinte am Ufer,
stieg in den See und schwamm auf die andere Seite hinüber,
ohne dass das Mädchen etwas davon merkte; sie hatte ihre Kleider ausgezogen, um sich mit warmem Wasser zu waschen. Nun
kam er und stal ihre Kleider, ohne dass sie es sah; auch den
Kamm und die Seife nahm er weg. Sie goss Wasser auf ihren
Kopf, aber vergebens schaute und suchte sie nach Kamm und
Seife, sie fand sie nicht. Da schaute sie nach den Kleidern, auch
diese waren weg, und sie stand nackt da. „Komm heraus", rief
sie, „wer du auch immer seiest; ich gelobe dir, was du wünschest,
will ich dir geben". Da kam ein wunderschöner Jüngling hervor,
auch sie war wunderschön. Er gab ihr das Hemd, und sie zog
es an. Darauf fragte sie ihn: „Woher bist du?" „Ich bin der
Armenier", antwortete er, „und du, woher bist du?" „Ich bin die
Schwiegertochter des Pfaffen", erwiderte sie. „Ich habe dich im
Traume gesehen", fuhr er fort. „Auch mir hat von dir geträumt",
sagte sie. Dann setzten sie sich zueinander und unterhielten sich;
er legte sich zu ihr und wohnte ihr bei, dreimal wohnte er ihr an
jenem Tage bei. Darauf sagte sie: „Es geht nicht, dass wir uns
am Tage mit einander vergnügen; am Abend nach Sonnenuntergang
komm an den See, dann werde ich auch an's Ufer kommen, mich
auf diesen Stein hier setzen und eine Laterne in meine Hand nehmen; dem Scheine der Laterne folgend schwimm über den See
und komm zu mir; bis um Mitternacht wollen wir vergnügt sein,
nach Mitternacht aber kehre nach Hause zurück; so wollen wir's
machen". „So soll es sein!" sagte er, stand auf und ging nach
Hause. Die Schwiegertochter des Pfaffen wusch darauf die Kleider und begab sich auch nach Hause. Er war wie verwirrt geworden, seine Gedanken gingen dem Mädchen nach. Zu Hause
sass er, ohne zu reden; seine Mutter wollte sich mit ihm unterhalten, aber er gab nur Scheltworte zurück. So oft sie ihn aufffor-
derte zu essen, sagte er, er habe keine Lust. Nach Sonnenuntergang begab er sich an das Ufer des Sees. Als er eine Weile

dort gesessen und nach dem Dorfe des Mädchens hinübergeschaut hatte, sah er sie kommen, mit der Laterne in der Hand, und sich auf den Stein setzen. Die Schwiegermutter des Mädchens aber dachte: „Wohin mag unsere Schwiegertochter diesen Abend gegangen sein?" Sie folgte ihrer Spur und fand sie am Ufer des Sees; das Mädchen aber hatte die Schwiegermutter nicht bemerkt. „Warte", sagte diese zu sich selber, „ich will sehen, was sie anfängt". —. Der Armenier warf sich in den See und schwamm bis zur Hälfte hinüber. Da näherte sich die Schwiegermutter dem Mädchen, blieb hinter ihr stehen, ergriff die Laterne, warf sie in's Wasser und kehrte zurück. Das Mädchen blieb allein dort und fing an zu weinen. Nacht war's und finster. Der Armenier verirrte sich im See und wusste nicht, wo er hinüberschwimmen sollte. Da rief er: „Was hattest du gegen mich, dass du so an mir gehandelt hast?" Sie aber schwor ihm und sagte: „Nicht ich habe so getan". „Bah! wer denn?" fragte er. „Meine Schwiegermutter". Nun schwamm er nach der Richtung ihrer Stimme, ohne dass er wusste, wo sie selber war. Schon wurde er müde, als er auf sie zukam. „Komm hierher", sagte sie, und bereits näherte er sich ihr — da packte ihn der Meermann. Sie fasste seine Arme, aber der Meermann zog ihn. Sie zog, und der Meermann zog, schliesslich zog der Meermann die beiden zu sich in den See. Dort führte er sie mit sich weg zu einem von Gärten umgebenen Schlosse inmitten des Wassers. Hier brachte er sie in ein Zimmer, in welchem sich schon ein wunderschönes Mädchen, Namens Nûre, befand; bei dieser liess der Meermann die beiden wohnen.

Unterdessen fragte der Sohn des Pfaffen: „Wo ist meine Frau?" „Deine Mutter hat sie in den See gestürzt", antwortete man ihm. Da ergriff er einen Stein, schlug seiner Mutter mit demselben auf den Kopf, so dass er sie tödtete, und warf sie in den See. Darauf fragte der Pfaffe: „Wo ist meine Frau?" „Dein Sohn hat sie erschlagen", antwortete man ihm. Da ergriff der Pfaffe einen Stein, schlug seinen Sohn mit demselben todt und warf ihn in den See. Nun tödteten die Vettern des Pfaffen diesen und teilten sein Eigentum unter sich. —. Lassen wir den Pfaffen und kehren wir zu Nûre zurück. Sie fragte den Armenier: „Woher seid ihr?" „Jeder von uns beiden", antwortete er, „ist aus einem besondern Dorfe, wir liebten einander; so und so ist es uns ergangen". Wie es sich zugetragen hatte, so erzälte er ihr. Da sagte sie: „Sei guten Mutes". —. Der Meermann wollte den Armenier tödten, aber Nûre liess es nicht zu, sondern sagte ihm:

„Mache ihn zu deinem Sohne". Da machte er ihn zu seinem
Sohne, und er und das Mädchen blieben bei dem Meermann; sie
assen zu Nacht und legten sich schlafen, der Armenier schlief bei
der Schwiegertochter des Pfaffen, und der Meermann bei Nûre.
Aber der Armenier hatte sich zum Sterben in Nûre verliebt. Am
Morgen machte sich der Meermann auf in den See, und Nûre bat
den Armenier, an ihre Seite zu kommen. Er setzte sich zu ihr;
die Schwiegertochter des Pfaffen schickten sie an den Eingang
des Schlosses und trugen ihr auf: „Wenn der Meermann kommt,
so komm und sage es uns vorher". „Gut!" antwortete sie. Der
Armenier und Nûre unterhielten sich mit einander. „Komm!"
sagte sie. „Wohin?" „Mich zu umarmen". Das war, was der
Armenier wünschte: alsbald legte er sich zu ihr und umarmte sie.
Sie sassen eine Weile, da kam die Schwiegertochter des Pfaffen und
meldete, der Meermann sei gekommen. Der Armenier setzte sich
auf sein Bett, und die Schwiegertochter des Pfaffen setzte sich zu
ihm. Nun kam der Meermann und setzte sich zu Nûre. Als die
vier sich eine Weile unterhalten hatten, machte der Meermann
sich wieder auf in den See. Auch der Armenier wollte nicht dort
bleiben, denn er sagte: „Ich fürchte mich vor dem Meermanne, er
möchte mich tödten". „Fürchte dich nicht", beruhigte ihn Nûre,
„diesen Abend werde ich ihn tödten, sprich du nur nicht mit ihm".
„Gut", erwiderte er, „ganz nach deinem Belieben". Am Abend
kam der Meermann. Als er sich gesetzt hatte, fragte sie ihn:
„Wesshalb trinkst du keinen Brantwein?" „Bringe das Brant-
weinfässchen", erwiderte er. Sie holte dasselbe und füllte ihm
den Brantwein in den Becher, er trank, und sie liess ihn das
ganze Fässchen austrinken, so dass er trunken wurde. Dann holte
Nûre ein scharfes Messer und stach es ihm in den Bauch, ohne
dass er davon erwachte. Darauf schlitzte sie ihm den Bauch auf.
„Was machst du? Nûre" fragte er. „Ich hole den Brantwein aus
deinem Herzen heraus, damit dir wieder wol werde". „Du hast
aber meinen Bauch aufgeschlitzt". „Ich werde ihn wieder zunä-
hen", erwiderte sie „und dich heilen". „Gut", sagte er. Nun
zerschnitt sie auch sein Herz mit dem Messer, aber er starb noch
nicht, jedoch konnte er sich nicht mehr erheben. Darauf hieb
sie ihm mit dem Messer auf den Nacken und schlug ihm den
Kopf ab, da starb er. Sie aber rief: „Armenier!" „Ja!" „Hast
du jetzt Ruhe vor ihm?" „Ja", sagte er, und sie waren guter
Dinge. Darauf sagte sie: „Meine Schwester ist in einem andern
Schlosse, bei dem Meerriesen, auch sie ist schön; komm, lass uns

zu ihr geben". „Wo ist sie?" fragte er. „Im Seē". „So komm!"
Sie begaben sich nun in den See, die Schwiegertochter des Pfaffen liessen sie im Schlosse, um dasselbe zu bewachen. Nûre
zeigte dem Armenier die Sehenswürdigkeiten im Innern des Sees.
Sie kamen zu dem Schlosse von Nûre's Schwester und traten ein.
Da sass der Riese bei Nûre's Schwester. Sie begrüssten sie, und
der Riese erwiderte: „Willkommen, Nûre!" Als sie sich gesetzt
hatten, fragte er: „Woher ist dieser?" „Er ist unser Diener",
antwortete sie. „Hm!" sagte er. Nach einiger Zeit erhob sich
der Riese und begab sich in den See. Da sagte Nûre: „Steh auf,
Armenier, und umarme meine Schwester". Jene war noch schöner
als Nûre. Nachdem der Armenier sie umarmt hatte, sagte Nûre
zu ihr: „Ich habe den Meermann getödtet, tödte du nun auch
den Meerriesen, damit wir den See verlassen können, denn wir
sind's müde geworden unten im Wasser". „So soll es sein", antwortete sie. Als der Riese zurückkam, sagte er zu seiner Frau:
„Bereite uns ein gutes Abendessen". Sie erfüllte seinen Befehl,
aber in das Essen des Riesen tat sie eine Nadel. Als jener sein Essen
mit der Nadel verzehrte, kam ihm die Nadel in den Hals, seine
Augen fingen an zu stieren, und er fiel zurück. „Ich ersticke an
der Nadel", sagte er. „Warte", erwiderte sie, „ich will sie herausholen". Da legte er sich nieder und öffnete seinen Mund. Der
Armenier aber ergriff das Schwert und versetzte ihm einen Schlag
auf den Hals, so dass er ihm den Kopf abhieb. Darauf sagten
sie: „Kommt, lasst uns gehen". Die Schwester Nûre's sagte:
„Wir haben ein Pferd". „Gut!" sagte Nûre, „lasst uns es besteigen". Sie bestiegen es und riefen: „Pferd!" „Ja!" „Bringe uns
hinaus an die Oberfläche der Welt". „Schön!" erwiderte das
Pferd und brachte sie hinaus. Die Schwiegertochter des Pfaffen
liessen sie im See. Darauf befalen sie dem Pferde, an seinen Ort
zurück zu kehren, und das Pferd gehorchte.

Der Armenier und die beiden wunderschönen Frauen zogen nun
des Weges, aber sie irrten umher, da sie nicht wussten, wohin sie
gehen sollten. Da begegnete ihnen der Unhold und stürzte gleich auf
den Armenier los. Nûre sah ein, dass er ihn tödten würde. Desshalb rief sie: „Unhold!" „Ja!" „Komm, tödte mich und meine Schwester vor dem Armenier". „Wesshalb?" fragte der Unhold. „Wenn du
ihn tödtest", erwiderte Nûre, „so gehen wir nicht mit dir, bis du nicht
auch uns tödtest, aber lass ihn und tödte ihn nicht, denn er ist
unser Diener". „Er ist euer Diener?" „Ja". „Dann will ich ihn
nicht tödten", entgegnete der Unhold und nahm die drei mit sich

nach Hause. Dort fanden sie schon eine wunderschöne Frau bei
ihm, aber sie war blind, weil sie so viel geweint hatte. Sie liessen sich nieder, und der Unhold umarmte Nûre und ihre Schwester vor Augen des Armeniers. Dieser wagte nichts dagegen zu
sagen. Ein Jahr blieben sie zusammen, wärend der Armenier sie
bediente und der Unhold durchaus nicht hinausging. Als das Jahr
verflossen war, sagte er: „Ich will heute auf die Jagd gehen“,
und ging weg auf die Jagd. Nûre und ihre Schwester unterhielten sich mit der blinden und fragten sie, woher sie sei. „Ich bin
die Tochter des Häuptlings der Daqôrî“, antwortete sie. Da
fragten sie weiter: „Wie hat dich denn der Riese hierhergebracht?“
„Ich hatte zu Nacht gegessen“, erzälte sie, „und war hinausgegangen, meine Hände mit Wasser und Seife zu waschen, da warf
er mich auf seine Schulter und entfloh mit mir in der Nacht“.
„Wie kommt es denn, dass du blind bist?“ fragten sie. „Weil
ich so viel geweint habe, bin ich blind“, erwiderte sie. Da sagte
Nûre: „Ich will deine Augen heilen“. „Gut, heile sie“, entgegnete
sie, „wenn du sie heilst, so will ich dir sechs Jahre dienen“. Da
legte sie sich nieder, Nûre nahm Heilpulver heraus, legte es ihr
auf die Augen und sagte: „Oeffne deine Augen nicht bis zum
Mittag“. Bis zum Mittag hielt sie die Augen geschlossen, dann
legte jene ihr neues Pulver auf und sagte: „Oeffne sie nicht bis
zum Abend“. Bis zum Abend hielt sie sie geschlossen; am Abend
befal ihr Nûre dieselben zu öffnen. Sie öffnete sie; sie waren
besser als früher geworden, darüber freute sich die Tochter des
Häuptlings der Daqôrî. Sie war noch schöner als Nûre und ihre
Schwester.

Als der Unhold von der Jagd zurückkam, sah er, dass die
Augen der Tochter des Häuptlings offen und gesund waren. Er
schlief bei ihr und am Morgen ging er wieder auf die Jagd. „Um
Mittag werde ich zurückkommen“, sagte er, „bereitet mir ein gutes
Essen“. „Gut“, antworteten sie; darauf fragten sie einander: „Was
wollen wir mit dem Unhold anfangen?“ „Wir wollen ihm Gift
in's Essen tun“. Sie taten dies. Er kam und ass, da fiel er hin
und schwoll auf. Der Armenier griff nach der Schleuderkeule,
aber er vermochte nicht sie in die Höhe zu heben; die Weiber
halfen ihm und hoben sie in die Höhe. „Was macht ihr?“ fragte
der Unhold. „Wir wollen dich tödten“. Da knirschte er mit den
Zähnen, aber er vermochte nicht aufzustehen. Wärend er da lag,
schleuderten sie die Keule auf seinen Kopf; mit der Keule fuhr
derselbe in die Erde. So tödteten sie ihn. Darauf sagten sie:

„Auf! lasst uns gehen". Sie machten sich auf und kamen auf einen Weg längs dem Seeufer. Dort trafen sie Fischer, und Nûre und der Armenier fragten sie, aus welcher Stadt sie seien. „Wir sind aus der und der Stadt", gaben sie zur Antwort. Sie gingen weiter, und der Armenier sagte: „Wir sind in die Nähe unseres Dorfes gekommen". Weiter gingen sie und gelangten zum Dorfe des Armeniers. Da rief er: „Nûre!" „Ja!" „Sieh da, jenes ist das Dorf der Schwiegertochter des Pfaffen". „Wirklich?" fragte sie. „Ja". „So lass die Schwiegertochter des Pfaffen an unserer Statt im See bleiben". — Nun kam er nach Hause zu seiner Mutter, diese freute sich sehr. Er liess den Pfaffen kommen und sagte ihm: „Traue mir diese beiden an, jene ist eine Mohammedanerin, die heirate ich nicht". „Wesshalb willst du mich nicht heiraten?" fragte die Tochter des Häuptlings. „Du bist eine Mohammedanerin", antwortete er. „Nun so werde ich Christin". „Gut", sagte er, „werde es, so will ich dich heiraten". Der Pfaffe liess sie nun beichten und taufte sie, dann traute er ihm die drei Frauen an. —. Die Dorfbewohner betrachteten sich die Frauen des Armeniers, sie waren sehr schön. „Woher hast du diese Weiber?" fragten sie ihn. „Aus dem See", erwiderte er. „Gibt's im See schöne Weiber?" „Viele", erwiderte er. Da stürzten sich die jungen Burschen in den See und ertranken. Die Dorfbewohner sagten: „Unsere Burschen sind noch nicht zurückgekommen". „Sie werden sich Zeit dazu nehmen", entgegnete der Armenier und machte sich lustig über sie. —

XXXV.

Im Bohtân-Gebirge lebten einst zwei Brüder, ꜣAfdîn-Schêr und Mefûrbek, Gulsïnam hiess ihre Schwester. Sie führten Krieg gegen die Türken und wollten die Regierung nicht anerkennen. Als der Sultan davon hörte, verbannte er die beiden aus dem Bohtângebirge und wies ihnen ihren Wohnsitz in Môçul an. Dort schlossen sie mit dem russischen Consul Freundschaft. Sie sagten ihm: „Wir wollen gegen die Türken kämpfen". „Gut", erwiderte er, „geht hin und sammelt ein Heer aus den Bohtân-Kurden". Da sassen die beiden auf und begaben sich zu den Kurden; Gulsïnam liessen sie bei der Frau des Consuls zurück. Als sie in Dschefîre angekommen waren, blieben sie dort und beriefen die Kurdenhäuptlinge. In Folge dessen versammelten sich die Grossen der Kurden bei ihnen und fragten sie, was ihr Begehr sei. „Sammelt uns ein grosses Heer", erwiderten sie, „wir wollen gegen Baghdad ziehen und mit den Ungläubigen kämpfen". So sagten sie ihnen aber nur aus Verstellung, damit sie sähen, was die Häuptlinge dazu sagen würden. Sie antworteten: „Nein, damit sind wir nicht einverstanden, dass ihr gegen Baghdad zieht, wir wollen vielmehr ein Heer sammeln und mit den Türken kämpfen". „So soll es sein", erwiderten jene. Da zerstreuten sich die Diener im Lande der Kurden und brachten ein grosses Heer zusammen. In Begleitung der Häuptlinge zogen sie vor das Schloss von Dschefîre, in welchem sich ein Regierungsbeamter befand. Diesen und die Türken wollten sie tödten; desshalb zogen sie vor das Schloss. Als der Beamte hörte, dass man ihn tödten wolle, entfloh er nebst den Türken, aber jene nahmen vierzig Türken gefangen und tödteten sie. Darauf versammelte sich das ganze Heer auf einen Punkt, und sie teilten es in zwei Hälften, eine Hälfte für Meſûrbek und die andere für ʾAfdîn-Schêr. Der eine zog mit seinem Heere nach Telâne hinauf, der andere kam nach Midhjat, viele Menschen tödteten sie und plünderten die Dörfer. Darauf kam jener mit seinem Heere von Telâne zu seinem Bruder nach Midhjat, und dort vereinigten die beiden ihre Streitkräfte wieder. Unterdessen hatte auch der Sultan eine Armee aufgestellt und war mit ihr nach Môçul gezogen. Als jene von der Ankunft des Sultans in Môçul hörten, wandten sie sich gegen denselben und bekämpften ihn unterhalb Môçul's im Gebirge von Ninive. Das Gebirge von Ninive ist voller Hölen und Ruinen, und durch diese Ruinen war das Kurdenheer gut verschanzt. Zudem bestand das Heer des Sultans aus Reiterei, die sich zwischen den Ruinen nicht entfalten konnte. Das Kurdenheer dagegen bestand aus Fussvolk, welches mit Flinten bewaffnet war. Daher tödteten sie viele vom Heere des Sultans und blieben zwischen den Ruinen. Nun erliess der Sultan einen Befehl, zog viele Truppen heran und liess Lager rings um die Ruinen herum aufschlagen. So kämpfte er vier Monate lang mit den Kurden, aber er konnte ihnen nichts anhaben. Einst sagte der Sultan: „Speise und Wasser haben sie nicht, wovon leben sie diese vier Monate?" ʾAfdîn-Schêr und Meſûrbek hörten, dass der Sultan so gesprochen habe. Nun hatte die Stute Meſûrbek's gerade geworfen; sie melkten sie und liessen die Milch dick werden. Diese dicke Milch schickten sie dem Sultan. Er besah sie und geriet in Erstaunen. „Vier Monate schon", sagte er, „kämpfe ich mit ihnen, ich sollte denken, sie hätten nichts mehr zu essen, nun schicken sie mir noch dicke Milch".

Unterdessen schickten ʾAfdîn-Schêr und Mefûrbek Nachricht in's Bohtângebirge und liessen sagen: „Grabt unter dem Gebirge her, und wir wollen von hier aus graben, so dass wir unter der Erde zusammentreffen und einen unterirdischen Gang herstellen, durch diesen mögt ihr uns Korn und Wasser bringen und uns Proviant verschaffen". Sie taten, wie jene gesagt hatten, und brachten ihnen Speise und Wasser aus dem Kurdengebirge durch den unterirdischen Gang. So kämpften jene mit dem Sultan weiter; drei Jahre stand der Sultan mit seinen Truppen ihnen gegenüber, aber er konnte ihnen nichts anhaben. Da schrieb der Sultan einen Brief und schickte ihn ihnen zu, in welchem er sagte: „Lasst uns Frieden schliessen". Jene antworteten: „Ganz gut, aber wir fürchten, dass du uns mit List gefangen nehmest". Der Sultan aber erwiderte: „Mein Heil verpfände ich euch, fürchtet euch nicht, Gott sei zwischen mir und euch". Da glaubten sie ihm. Die Soldaten verbrüderten sich, und der Sultan selbst kam zu ihnen und sah sich das Gebirge von Ninive mit seinen Ruinen und Hölen an; er geriet in Erstaunen darüber. Darauf fragte er: „Woher bekamt ihr Essen und Trinken?" „Komm und schau, was wir unter der Erde gemacht haben", antworteten sie ihm. Da ging der Sultan hin und sah, wie sie unter der Erde einen Gang gemacht hatten, welcher in's Gebirge auslief und ihnen als Strasse gedient hatte; das machte den Sultan staunen. Dann zog er hinauf in's Kurdengebirge und sah sich dieses an, es war unbezwinglich. Darauf kehrte er zu den Ruinen zurück. „Wenn wir euer Herr geworden wären", fragte er, „wie wäret ihr geflohen?" „Durch den unterirdischen Gang", erwiderte ʾAfdîn-Schêr. Der Sultan gab den beiden Ehrenkleider, verlieh jedem einen Orden und sagte: „Regiert über die Kurden". Dann entliess er seine Truppen und kehrte in seine Residenz zurück. Die Soldaten der Kurden zogen auf's Gebirge und füllten den unterirdischen Gang mit Steinen an. Die beiden Häuptlinge nahmen ihren Wohnsitz unter den Kurden und hatten unumschränkte Gewalt über Leben und Tod. Ihre Schwester Gulsînam holten sie auch dorthin.

Nun lebte unter ihnen ein Häuptling Namens Melek-Diwân, welchen jene sehr gern hatten. Er kam zu ihnen und bat um Gulsînam's Hand. Er war ein tapferer Mann, vier Dörfer hatte er unter sich, deren Haupt er war. Die beiden Brüder gaben ihm

9 *

zur Antwort: „Wir wollen sie dir geben, wenn du sechs Jahre als Knecht bei uns wohnst und uns dienst, nach den sechs Jahren wollen wir sie mit dir verheiraten". „So sei es!" sagte er.

Unter den ꞌAkkarî war ein sehr schönes Mädchen, die Tochter Mîr-Derwisch's. „Diese möchte ich heiraten", sagte einst ꞌAîdîn-Schêr. „Sie werden sie dir nicht geben", entgegnete man ihm. „Wesshalb nicht?" „Sie sitzt in einem Zimmer, von zwanzig Dienern mit gezogenem Schwert Tag und Nacht bewacht, Mîr-Derwisch gibt sie keinem Menschen". Da rief er: „Auf! Melek-Diwân, lass uns hingehen, ich und du". „Vorwärts!" sagte dieser. Sie gürteten das Schwert um die Hüften und machten sich zu Fusse auf den Weg. Denn Pferde können auf ihm nicht gehen, so steil ist das Gebirge. Sie erkundigten sich nach dem Lande der ꞌAkkarî, und als sie dorthin gelangt waren, nach der Stadt Mîr-Derwisch's. „Da ist sie", sagte man ihnen, und sie traten in dieselbe ein. In derselben befindet sich ein hohes Schloss. Sie fragten, was das für ein Schloss sei. Da erhielten sie zur Antwort, es sei das Schloss der Tochter Mîr-Derwisch's. „Gut!" sagten sie, und begaben sich in das Haus einer alten Frau. „Alte!" riefen sie. „Ja!" „Willst du uns nicht bei dir beherbergen?" „Freilich, recht gerne". So setzten sie sich zu der Alten hin und erkundigten sich bei ihr: „Wo ist die Tochter Mîr-Derwisch's?" „Die ist im Schlosse", erwiderte sie. „Können wir nicht zu ihr gehen?" „Nein!" „Wesshalb nicht?" „Zwanzig Diener sind bei ihr, mit gezogenem Schwert, die bewachen sie Tag und Nacht, sie werden euch tödten, wenn ihr hingeht". „Kannst du denn nicht zu ihr gehen?" fragten jene weiter. „Ich wage es nicht, sie möchten mich schlagen". Da sagten sie: „Wir wollen Honig kaufen, den bringe ihr; wenn sie dich hinein lassen, so gib ihr diesen Ring". „Gut!" erwiderte die Alte. Sie kauften nun Honig, die Alte tat ihn auf einen Teller; sie gaben ihr den Ring, und sie begab sich zum Schlosse Mîr-Derwisch's und stieg zum Zimmer des Mädchens hinauf. „Wohin? Alte!" riefen die Diener sie an. „Ich habe da den Honig", erwiderte sie, „den will ich der Prinzessin bringen, ich bin eine arme Frau, sie wird mir ein Geschenk geben". Aber die Diener liessen sie nicht hinein. Da fing sie an zu weinen. Als Mîr-Derwisch die Alte weinen hörte, schaute er zum Fenster hinaus und fragte: „Wesshalb weint jene arme Frau?" Sie teilten ihm den Grund mit. Da befal er, sie sollten sie zur ihr hineingehen lassen. Sie liessen sie hinein, die Alte trat ein und setzte sich neben die Prinzessin; diese schenkte ihr ein Goldstück. Die

Alte holte den Ring hervor und gab ihn der Prinzessin. Als diese
ihn angeschaut hatte, fragte sie: „Wo ist der Besitzer dieses Ringes?" „Der ist bei mir", antwortete die Alte. „So geh hin und
sage ihm: „sei ein Mann, komm in der Nacht und entführe mich",
da, nimm meinen Ring und gib ihn ihm, den seinigen lass
mir". Da ging die Alte und erstattete ʾAfdîn-Schêr und Melek-Diwân Bericht. Diese kauften sich zwei lange Balken und verfertigten eine Leiter. In der Nacht gingen sie hin und stellten die
Leiter an's Schloss. Sie stiegen hinauf und schwangen sich auf's
Schloss. Da sass die Prinzessin, sie schlief nicht, die Diener aber
schliefen. Sie öffnete den Beiden die Thüre des Zimmers, sie traten ein und setzten sich zu ihr. Melek-Diwân sagte: „Ich werde
die Diener ermorden". „Sie schlafen", erwiderte sie, „was hast
du mit ihnen zu schaffen?" „Ich werde sie morden", wiederholte
er und schnitt den zwanzig Dienern die Kehle ab. Dann führten
sie die Prinzessin hinaus, stiegen auf der Leiter hinab und kamen
zu der Alten. Aber schon brach der Tag an, so dass sie nicht
mehr fliehen konnten, desshalb blieben sie bei der Alten in der
Stadt. Um Mittag sagten die Leute des Schlosses: „Was mag nur
den Dienern sein, dass sie heute nicht erwacht sind?" Da schickte
Mîr Derwisch einen und trug ihm auf: „Geh und wecke die Diener aus dem Schlafe". Der Diener ging, schaute, und Schrecken
befiel ihn: da lagen die Diener ermordet, und die Prinzessin war
verschwunden. Eilig kehrte er zurück und meldete es Mîr-Derwisch. Da ging Mîr-Derwisch selbst und sah sie da liegen. Wehgeschrei erhob sich in der Stadt. Die Leute, welche noch nichts
von der Sache gehört hatten, fragten: „Was ist das für ein Wehgeschrei?" Die es schon wussten, antworteten: „Man hat die Diener ermordet und die Prinzessin weggeführt". Mîr-Derwisch nahm
nun Soldaten zu sich, sie zogen aus und suchten, fanden aber Niemand. Auch in der Stadt suchten sie, aber auch dort fanden sie
Niemand. Bis zur Nacht suchten sie, dann waren sie des Su-
chens müde. In der Nacht machten die beiden sich auf, entflohen
mit der Prinzessin und brachten sie in's Kurdenland. Dort heiratete sie ʾAfdîn-Schêr. Als Mîr-Derwisch erfuhr, dass ʾAfdîn-Schêr
sie entführt habe, wagte er keinen Einspruch, denn er sagte:
„Gegen die Kurden vermag ich nichts".

Mefûrbek blieb noch unverheiratet.

Chalaf-e-Schuvî hatte eine wunderschöne Tochter, die entführte
Seidîn, der Sohn Mîr-Derwisch's. Melek-Diwân, welcher gerade
auf der Jagd war, traf Seidîn und rief: „Seidîn!" „Ja!" „Wo-

her·hast du diese Kleine?" „Aus der Gegend von Sꞩe·ört", antwortete er. „Ich werde sie dir wegnehmen", fuhr jener fort.
„Aber ich gebe sie nicht heraus". „Ich habe auch deine Schwester geraubt", erwiderte jener. Da griffen sie beide zum Schwert;
Melek-Diwân versetzte ihm einen Streich, der ihn tödtete, führte
das Mädchen mit sich weg und verheiratete es mit Meſürbek. Als
Mîr-Derwisch erfuhr, dass man seinen Sohn getödtet hatte, wagte
er keinen Einspruch, denn er sagte: „Gegen die Kurden bin ich
machtlos". — . Melek-Diwân hatte die beiden verheiratet, nun sagte
er: „Jetzt will ich auch heiraten, wollt ihr mir Gulsïnam nicht
geben?" „Freilich", antworteten sie. Sie wurde jedoch krank,
und man holte die Geistlichen; diese beschauten sie und erklärten:
„Wenn ihr ihr Aepfel bringt, so wird sie gesund werden". „Von
welchen Aepfeln?" fragten sie. „Von den und den Aepfeln".
„Wer wird dorthin gehen?" fragten sie weiter. „Melek-Diwân
wird gehen". Da sass Melek-Diwân auf und machte sich auf den
Weg. Er traf einen alten Mann; auf der Mitte des zurückzule-
genden Weges stand sein Haus. Der fragte ihn: „Wohin ziehst
du? Melek-Diwân". „Ich gehe Aepfel holen von den Wassern, die
singen, und den Bäumen, die tanzen". „Du kannst nicht dorthin
gehen", erwiderte der Alte. „Mag ich können oder nicht, ich
gehe". „Wenn du denn durchaus gehen willst, so will ich dir
ein Wort sagen". „Sprich!" „Bist du hingegangen", hob jener
an, „so schwimm über den Fluss; hast du ihn durchschwommen,
so pflücke vier Aepfel; wenn du die Aepfel genommen hast und
zurückkommen willst, so werden die Berge und die Täler schreien,
und die Vögel und die wilden Tiere; wenn sie schreien, schau
nicht zurück; wenn du zurückschaust, so wirst du zu einem schwarzen Steine vor Schrecken; sondern komm voran, tauche wieder in
den Fluss und schwimm herüber; die Wellen werden dich in die
Höhe heben und dich in die Tiefe führen, aber fürchte dich nicht".
„Gut", gab er zur Antwort. „Und am Tage gehe nicht unter die
Löwen", setzte der Alte noch hinzu. Darauf zog er weiter und
kam zum Lande der Löwen; dort liess er sein Pferd zurück und
passirte bei Nacht ihr Land. So kam er an den Fluss: die Wellen sangen und die Bäume tanzten. Er schwamm über den Fluss
und kam zu den Aepfeln. Wie der Alte ihm gesagt hatte, so geschah es: die Erde und der Himmel schrie auf, aber er schaute
nicht hinter sich, sondern ging hinab zum Flusse und schwamm.
Die Wellen hoben ihn in die Höhe und führten ihn in die Tiefe,
aber er fürchtete sich nicht, sondern schwamm hindurch. Nachts

durchwanderte er das Land der Löwen, bestieg sein Pferd und ritt nach Hause. Dort gab er ihr die Aepfel, und sie genas. Da dachte er, nun will ich heiraten, aber sie erkrankte wiederum. Zum zweitenmale ging er Aepfel holen, und sie genas wieder. Nun dachte er sie zu heiraten, aber noch einmal erkrankte sie. Da ging er wieder nach den Aepfeln; sein Pferd liess er zurück, ehe er bei Nachtzeit das Land der Löwen passirte; er kam zum Flusse, die Wellen sangen und die Bäume tanzten. Er schwamm über den Fluss und füllte seine Tasche mit Aepfeln. Da erhob sich die Erde und der Himmel, und es ward finster über ihm, aber er schaute nicht zurück, sondern warf sich in's Wasser, um hinüber zu schwimmen. Die Wellen hoben ihn in die Höhe und führten ihn in die Tiefe. Da dachte er: „Diesmal geht's zu Ende mit mir; aber vorwärts!" setzte er hinzu und schwamm hinüber. Die Löwen jedoch waren alarmirt worden, er passirte noch glücklich ihr Land, aber sie erblickten sein Pferd. Da versteckte er sich in einer Cisterne und blieb zehn Tage in derselben. Darauf kam er heraus, aber die Löwen fassten ihn und führten ihn zum Löwenkönig. Wegen des Löwenkönigs wagten die Löwen nicht ihn zu tödten. „Wesswegen bist du hergekommen?" fragte ihn jener. „In deinem Schutze bin ich hergekommen", antwortete er, und erzälte ihm, wie es sich verhielt. „Fürchte dich nicht", erwiderte jener. —.

Als die Kurden von seinem Ausbleiben hörten, sagten sie: „Die Löwen haben Melek-Diwân getödtet". Nun war einer Namens Reschîd-Bek in Môçul, der warb um Gulsïnam, führte sie heim, und sie wurde ihm angetraut. In dem Zimmer, wo sie ihre Brautnacht halten wollten, befand sich ein brennendes Licht. Als er sich nun in seine ehelichen Rechte setzen wollte, löschte das Licht aus. Dreimal zündete er es an, und dreimal erlosch es. Da sagte er: „Ich habe keine Lust mehr zu heiraten". — Unterdessen hatte Melek-Diwân vom Löwenkönig Urlaub genommen und war nach Hause gekommen. „Wo ist Gulsïnam?" fragte er. „Reschîd-Bek hat sie heimgeführt", erhielt er zur Antwort. Da schickten sie nach Reschîd-Bek, und er kam mit Gulsïnam und dem Lichte. „Wesshalb hast du Gulsïnam heimgeführt?" fragte ihn Melek-Diwân. „Man sagte, du seiest todt", erwiderte er, „desshalb habe ich sie heimgeführt, aber noch ist sie nicht meine Frau. Ist's nicht so?" „So ist's", fiel der Leuchter ein. Der Leuchter hatte Sprache bekommen und redete: „So ist es", sagte er, „so wahr Gott lebt; das Mädchen gehört dem Melek-Diwân". Da ver-

heirateten sie sie mit Melek-Diwân. Reschîd-Bek aber kehrte mit
dem Leuchter nach Môçul zurück.

XXXVI.

Der Schai war der Fürst der Elfen, und der Sâlim ihr König.
Des Schai Lautenschläger hiess der ᾽Afrît. Obwol der Schai schon
zwei Frauen hatte, rief er doch eines Tages dem ᾽Afrît und sagte:
„Der König hat eine Tochter, geh hin und freie sie mir". Der
᾽Afrît zog aus und erkundigte sich nach dem Sâlim. Wohin er
immer kam, überall sagten ihm die Leute: „Geh in dieser Richtung". So kam er in die Stadt des Königs. Als er beim Könige
Platz genommen hatte, fragte dieser ihn: „Was wünschest du,
᾽Afrît?" „Ich komme", erwiderte er, „für den Schai um deine Tochter zu werben". „Der Ssôlnâs hat schon um sie geworben", sagte
der König. „Das geht nicht an", rief jener. „Er hat um sie geworben", wiederholte der König. Da machte der ᾽Afrît sich auf
den Weg und kehrte zum Schai zurück. „Schai!" sagte er. „Ja!"
„Man hatte schon um die Prinzessin geworben". „Wer hat um sie
geworben?" „Der Ssôlnâs". Da befal der Schai: „Mach dich
auf in das Land, zieh umher und bringe ein Heer zusammen".
Da zog der ᾽Afrît im Lande der Elfen umher und sammelte ein
Heer ohne Zal. Der Schai sass auf und begab sich zum Könige.
„Wie verhält sich das?" fragte er, „ich habe den ᾽Afrît zu dir
geschickt, und du hast deine Tochter nicht gegeben?" „Der Ssôlnâs hatte schon um sie geworben", erwiderte er. „Wer ist der
Ssôlnâs?" „Ein König von den Elfen". „So schicke ihm einen
Brief, er möge herkommen". Da schickte der Sâlim dem Ssôlnâs einen Brief des Inhalts, er möge mit seinem Heere kommen.
Als der Ssôlnâs dies hörte und den Brief empfangen hatte, brach
er mit einem grossen Heere auf und kam zu Sâlim. Die Stadt
Sâlim's füllte sich mit Truppen. Nun sassen die drei im Versammlungszimmer, Sâlim, der Schai und der Ssôlnâs, und redeten
mit einander. „Wesshalb hast du um die Tochter Sâlim's geworben?" fragte der Schai. „Nun, ich habe um sie geworben", ant-
wortete· der Ssôlnâs. „Ich aber will sie haben", sagte jener.
„Aber ich gebe sie nicht", versetzte der andere. Nun ergriff Sâlim das Wort und sagte: „Ich will Chänge rufen, sie mag wälen".
„Rufe sie", antworteten die beiden. Sâlim rief ihr, sie zog ihr

Feierkleid an und kam in die Versammlung. Ihr Vater redete
sie an und fragte: „Wen nimmst du zum Manne? den Ssôlnâs?
oder den Schai?" „Den Schai", erwiderte sie. „Gut!" sagte er,
„wie du willst". Ssôlnâs aber ward zornig und sie begannen im
Versammlungszimmer zu streiten; das liess Sâlim aber nicht zu,
sondern sagte: „Geht hinab, unten vor die Stadt, und kämpft dort".
Da machten sie sich auf, liessen die Truppen aus der Stadt auf-
brechen und kämpften draussen vor der Stadt. Viele Leute fielen
auf beiden Seiten. Ssôlnâs ergriff sein Schwert, stürzte sich auf
das Heer des Schai und erschlug viele; den Schai selbst nahm
er lebendig gefangen; er tödtete ihn nicht, sondern führte ihn gefangen mit sich fort in sein Land und setzte ihn dort in's Gefängniss. Vier Jahre blieb er beim Ssôlnâs gefangen. Ssôlnâs begab
sich zu Sâlim, holte Chänge und heiratete sie. Als der Kaiser der
Elfen erfuhr, dass der Schai beim Ssôlnâs gefangen sitze, befal
er: „Geht hin und holt die beiden hierher, damit wir sehen, wesshalb sie gekämpft haben". Die Diener des Kaisers gingen die
beiden holen und führten sie vor den Kaiser. Sie erzälten ihm
die Sache, wie sie sich verhielt. Da entschied der Kaiser: „Der
Schai ist im Unrecht, denn der Ssôlnâs hatte früher um sie geworben". Darauf nahm er den Schai gefangen und schickte ihn
in die Verbannung, in's Land der Zwerge. Die Zwerge haben
auch einen Kaiser. Der Schai blieb eine Zeitlang bei ihnen gefangen, bis der König der Zwerge ihn frei liess und ihn zu sich
nahm. Der König hatte eine wunderschöne Tochter, Namens Chadra. „Ich will dir meine Tochter geben, Schai!" sagte er einst.
„Einverstanden!" erwiderte dieser, hielt um ihre Hand an und
heiratete sie. Darauf nahm der Schai Urlaub vom Könige, indem
er sagte: „Ich will nach Hause gehen". „Geh", sagte er. Er
nahm die Königstochter mit und begab sich mit ihr, nachdem er
eine fremdartige Kleidung angelegt hatte, zum Ssôlnâs. Dort erkannte man ihn nicht. Chänge weinte um des Schai willen. Da
fragte er sie: „Wesshalb weinst du?" „Ich weine um den Schai".
„Wo ist der Schai denn?" „Unser Kaiser hat ihn gefangen genommen", erwiderte sie, „und in die Verbannung zu den Zwergen in das ferne Land geschickt". Da sagte er zu seiner Frau:
„Sage der Chänge: dieser ist der Schai, er ist zurückgekehrt".
Einst gingen die beiden Frauen aus sich zu vergnügen, die Zwergprinzessin und Chänge. Da fragte Chänge sie: „Woher bist du?"
„Ich bin die Tochter des Königs der Zwerge". „Hast du den
Schai nicht bei den Zwergen gesehen?" „Freilich habe ich ihn

gesehen". „Wo ist er jetzt?" fragte sie weiter. „Er ist hier bei
mir". „Wirklich?" „Ja". Da rief ihn die Prinzessin, er kam,
und sie küssten einander. Sie hatte ihn nicht erkannt. In der
Nacht machte er sich auf und floh mit den beiden in seine Heimat. Die Leute des Ssôlnâs sagten: „Chänge ist verschwunden".
Sie gingen zu Sâlim, aber dort fanden sie sie auch nicht. Ssôlnâs erkundigte sich überall nach ihr, aber er erfuhr nicht, wer sie
entführt habe, bis einer von seinen Elfen ihm sagte: „Ich habe
sie gesehen, sie und noch eine andere, mit dem Schai, der floh
mit ihnen". „Wirklich?" fragte der König. „Ja". Da sass Ssôlnâs
auf, begab sich zum Kaiser und fragte ihn: „Hast du den Schai
freigelassen?" „Nein, ich habe ihn nicht freigelassen", erwiderte dieser. „Wolan denn! so schicke zum Kaiser der Zwerge,
damit wir sehen, ob er noch gefangen ist oder nicht?" Sie schrieben mit der Post an den Kaiser der Zwerge, und dieser antwortete: „Ich habe ihn freigelassen". Da ergrimmte der Kaiser der
Elfen, stellte ein Heer auf und brach auf zum Kriege gegen die
Zwerge. Auch der Schai bildete ein sehr grosses Heer aus den
Elfen und zog gegen den Kaiser und den Ssôlnâs, wärend diese
mit den Zwergen kämpften. Als er zur Stadt des Ssôlnâs kam,
verbrannte er dieselbe; und auch jedes Dorf, welches er fand, verbrannte er. Darauf kam er zur kaiserlichen Hauptstadt, auch
diese verbrannte er. Da erhielt der Kaiser der Elfen die Nachricht, dass der Schai ein grosses Heer heranführe und Land und
Städte verbrenne. Auch die Zwerge erfuhren, dass der Schai die
Städte und Dörfer verbrannt habe. Endlich erreichte er das Heer
des Kaisers und des Ssôlnâs und richtete die Kanonen auf sie.
Da kamen die Truppen des Kaisers und des Ssôlnâs zum Schai,
küssten seine Füsse und sprachen: „Werde du unser Kaiser!" Er
befal: „Nehmt den Kaiser und den Ssôlnâs gefangen und bindet
sie". Sie banden sie, und alle Truppen der Elfen vereinigten sich
zu einem einzigen Heere; alle bewiesen dem Schai Verehrung und
riefen ihn zum Kaiser aus. Das Heer der Zwerge kehrte nach
Hause zurück. Der Schai begab sich mit seinem Heere zu Sâlim;
Chänge war noch unverheiratet. „Wesshalb hast du Chänge dem
Ssôlnâs gegeben?" fragte der Schai den Sâlim, „mich hatten sie
festgenommen, und du hast sie ihm gegeben". „Mit Gewalt hat
er sie genommen", antwortete Sâlim. Da packte er auch den Sâlim und band ihn. So führte er die drei weg und liess sie auf-
hängen. Er aber blieb Kaiser und regierte über die Elfen.

Eines Tages gingen Chänge und die Tochter des Zwergkö-

nigs hinaus, sich zu vergnügen, und begaben sich in die Gewäs-
ser der Menschenwelt. Da erblickten sie Aḥmed den Gärtner;
er war einzig schön. Er sass allein auf der Erde der Menschenwelt und trank Brantwein. Die beiden kamen hinaus zu ihm;
als Aḥmed sie erblickte, starb er fast vor Entzücken. Er wollte
sich auf sie stürzen, aber sie gingen zurück in's Wasser. Da
stürzte er sich auf sie und verschwand. Sie nahmen ihn mit und
alle drei verschwanden. Die Prinzessin führte sie hinaus in's Land
der Zwerge. Chänge schaute um sich, das war nicht ihr Land.
„Wo sind wir hier, 'Amsche?“ fragte sie. „Das ist unser Land“,
entgegnete sie. Aḥmed wurde ganz verwirrt, er schaute auf sie
und vermochte nicht zu sprechen. Sie begaben sich zum Könige;
dort setzten sie sich hin und liessen sich's wol sein. „Woher ist
dieser Mann da bei euch?“ fragte der König. „Der ist von den
Menschen“, erwiderten sie. Da riefen die Zwerge: „Wir wollen ihn
tödten“; aber jene liessen es nicht zu. Zwei Tage blieben sie beim
Könige, dann machten sie sich auf, um zum Schai zurück zu kehren.
Unterwegs sprachen die beiden zu einander: „Wir wollen Aḥmed
nicht mit zum Schai nehmen, damit er ihn nicht tödte“. Da
sagte Chänge: „Ich will ihn in meine Brieftasche legen“. „Kannst
du das?“ fragte jene. „Ja; so oft wir wollen, holen wir ihn heraus,
und so oft wir wollen, verstecken wir ihn“. Da sagte die Prinzessin: „Lass ihn uns vorher umarmen“. „Schön“, sagte die andere.
Nachdem er beide auf dem Wege umarmt hatte, blies sie auf ihn,
verwandelte ihn in ein Blatt Papier und steckte ihn in die Brieftasche. Als sie nun zum Schai kamen, fragte dieser: „Wo wart
ihr diese drei Tage?“ „Wir haben's uns wol sein lassen“, antworteten sie. Aḥmed horchte. Da prügelte der Schai sie und rief:
„Ihr geht weg und treibt euch herum!“ Dann setzte er die beiden in ein Zimmer, verrammelte die Thüre mit Steinen und ebenfalls die Fenster, so dass kein Weg mehr war, auf welchem sie
hinausgekonnt hätten. Nur ein Loch liess er offen im Zimmer;
jedoch die Mädchen wussten nicht, dass er dieses Loch gelassen
hatte, er aber beobachtete sie durch dasselbe. Chänge holte den
Aḥmed heraus, und er umarmte sie drinnen im Zimmer. Der Schai
hatte aber vor das Loch einen Wächter gesetzt. Wie dieser nun sah,
dass sie einen Mann herausholten, der sie umarmte, sagte er zum
Schai: „Höre Schai!“ „Ja!“ „Es ist ein Mann von den Menschen
bei den Prinzessinnen“. „Wirklich?“ „Komm nur“, versetzte der
Wächter. Der Schai kam und öffnete die Thüre. Sie verbargen
Aḥmed. „Wo ist der Mann, der bei euch ist?“ fragte jener.

„Was für ein Mann?" „Der Wächter hat ihn gesehen". „Suche
nur", versetzten sie, „da ist das Zimmer". Er suchte, fand aber
Niemand. Da hieb er dem Wächter den Kopf ab, indem er
sagte: „Du hast gelogen". Hierauf setzte er einen andern Wächter hin und verrammelte die Thüre. Jene holten Aḥmed wieder
heraus, und er umarmte sie. Alsbald begab sich der Wächter
zum Schai und meldete: „Es ist ein Mann von den Menschen
bei den Prinzessinnen". Der Schai öffnete die Thüre, jene verbargen Aḥmed wieder. Der Schai fragte: „Wo ist der Mann, der
bei euch ist?" „Woher sollte ein Mann bei uns sein?" versetzten
jene. „Der Wächter hat ihn gesehen". „So suche doch; wenn
du ihn findest, so tödte uns". Er suchte, fand aber Niemand
und hieb dem Wächter den Kopf ab. Ebenso erging es einem
dritten. Darauf sagte er: „Nun will ich selber Wache halten".
Da sah er, wie sie den Mann herausholten und sich von ihm umarmen liessen. In diesem Augenblicke schaute Chänge auf und
entdeckte das Loch. Der Schai kam hinab und begann die Thüre
zu öffnen. Da verwandelten die beiden sich in Rauch und flogen
durch das Loch davon. Als jener die Thüre geöffnet hatte, sah
er Niemand. „In diesem Augenblicke waren sie hier", dachte
er. Er suchte nach ihnen, aber er konnte sie nicht entdecken.
Da schickte er die Elfen in die Welt, nach ihnen zu suchen, aber
sie fanden sie nicht. —. Chänge führte sie an den Ort, wo sie Aḥmed zuerst gesehen hatte; dort holte sie ihn aus der Brieftasche
heraus und fragte: „Wo sind wir hier? Aḥmed". „Das ist das
Land der Menschen", erwiderte er, „der Ort, wo ich euch zuerst
gesehen habe". „Wolan denn, komm und führe uns in dein Haus".
Da führte er sie zu seinem Hause. Als die Leute der Stadt sie
sahen, betrachteten sie sie neugierig. Nachdem Aḥmed sie in's
Haus geführt hatte, erfuhren die Einwohner der Stadt, dass er
Frauen habe, die nicht zu den Menschen gehören. Da kamen sie,
sie sich anzusehen, und fanden, dass sie wunderschön waren.
Auch Schamâl-Bek, der Fürst von Gherfa, ein wunderschöner
Jüngling, vernahm, dass Aḥmed zwei einzigschöne Weiber habe.
Da machte er sich allein auf, um sich die Frauen Aḥmed's
anzusehen. Als Schamâl-Bek hinkam und sie sah, verging
er fast vor Entzücken über sie. Drei Tage blieb er bei ihnen,
und ihr Herz wandte sich ihm zu. Als Aḥmed einmal hinaus-
ging, um Speise auf dem Markte zu kaufen, entführte Schamâl-
Bek die beiden und brachte sie auf sein Schloss. Aḥmed zog
Erkundigungen ein, und die Leute sagten ihm, dass Schamâl-Bek

sie geraubt habe. Da begab er sich zu diesem und fragte ihn:
„Warum hast du so gehandelt?" „Wie so?" fragte jener. „Du
hast meine Frauen entführt". „Sie liebten mich", erwiderte jener,
„und sind mit mir gegangen; ist's nicht so?" „Freilich", antworteten die beiden, dann wandten sie sich zu Aḥmed: „geh, wir
kennen dich nicht, und du kennst uns nicht". Zehn Jahre blieben sie bei Schamâl-Bek, dann wurden sie des Landes der Menschen überdrüssig und überlegten mit einander, indem sie sprachen: „Lasst uns in unser Land gehen, Schamâl-Bek wollen wir
mitnehmen, lasst uns aber in das Land der Zwerge gehen, nicht
in das der Elfen". Da führten sie Schamâl-Bek mit sich
weg und verschwanden. Die Angehörigen Schamâl-Bek's fragten
Aḥmed: „Wo hast du diese Mädchen gefunden?" „Ich sah sie
im Wasser", erwiderte er, „die eine ist aus dem Lande der Zwerge,
die andere aus dem Lande der Elfen". „Sie haben Schamâl-Bek
entführt, und wir wissen nicht, wohin sie ihn gebracht haben".
Da sagte Aḥmed: „Macht euch nur keine Sorge um ihn, sie werden ihn schon wieder zurückbringen".

Als die beiden mit Schamâl-Bek in das Land der Zwerge
kamen, fragten diese: „Woher ist dieser Mann?" „Der ist aus
dem Lande der Menschen", antworteten sie. „Wo ist jener andere?" fragte sie weiter, „der von damals?" „Der ist weg", sagten sie. „Habt ihr diesen zum Manne genommen?" „Bewahre,
wir sind ja die Frauen des Schai". Schamâl-Bek blieb bei ihnen,
und sie waren guter Dinge im Lande der Zwerge. Davon hörte
der Schai, sass auf und begab sich in's Land der Zwerge. Als
er die Frauen gefunden hatte, stieg er beim Könige ab. Die beiden erzälten, wie es sich zugetragen hatte, und sagten: „Von jenem, [den er bei uns gesehen zu haben behauptet], wissen wir
nichts und haben uns ihm auch nicht preisgegeben; diesen haben
wir uns als Diener geholt". Da sagte die Versammlung: „Dann
ist's gut". —. Schamâl-Bek blieb nun zwanzig Jahre im Lande
der Elfen als Diener beim Schai. Darauf sagte der Schai zu
Chänge: „Dieser Mann ist's hier müde, bringe ihn in sein Land
und komm zurück". Wenn du den Schamâl-Bek jetzt ansiehst,
möchtest du dich vor ihm fürchten, [so hässlich ist er in den zwanzig Jahren geworden]. Da brachte sie ihn an die Oberfläche der
Welt und sagte ihm: „Geh nach Hause, ich kehre jetzt um". Er
aber versetzte: „Komm, lass uns ein wenig zu uns nach Hause gehen, und dann kehre zurück". „Aber der Schai wird böse werden".
„Schadet nichts, bleib zwei Tage und dann geh". So überredete er

sie und nahm sie mit sich. Darauf sagte er: „Lege deinen
Schleier ab, damit sie deine Schönheit bewundern können". Da
nahm sie den Schleier ab, und er legte ihn in eine Kiste. Als sie
zwei Tage bei ihm geblieben war, verlangte sie ihren Schleier,
er aber sagte: „Geh nur, ich gebe ihn nicht". „Bei allem was dir
heilig ist, gib mir den Schleier", bat sie, „damit ich gehen kann".
„Nein!" sagte er, „den Schleier gebe ich nicht". Ohne Schleier
vermag sie nicht weg zu gehen; so musste sie zehn Jahre bei ihm
bleiben, bis sie ihm den Schlüssel stal, die Kiste öffnete, den
Schleier anlegte und wegging. Er suchte nach dem Schlüssel,
konnte ihn aber nicht finden; er ging zur Kiste, der Schleier war
weg. Da ward er besessen, irrte im Gebirge umher und rief:
„Change!" aber Niemand antwortete ihm. So blieb er besessen,
bis er starb.

XXXVII.

Es waren einmal zwei Brüder; der eine war ein Kaufmann,
der andere ein armer Teufel. Der Kaufmann besass grossen Reichtum, auch hatte er einen Sohn. Aber der Kaufmann wurde krank;
da gab er die Maultiere und die Waren seinem Bruder, indem er
ihm sagte: „Treibe du an meiner Statt Handel, bis ich wieder gesund werde". „So sei es!" sagte der Bruder, trieb Handel, kaufte
und verkaufte, so dass des Geldes viel wurde. Der Kaufmann
aber sprach zu seinem Sohne: „Mein Sohn!" „Ja!" „Meine Stunde
komme über dich — Brantwein trinke nicht, mit Würfeln spiele
nicht, iss so lange du gesund bist, das Geld wird nicht zu
Ende gehen". „So soll es sein!" sagte der Junge, und der Kaufmann starb. Der Junge wusste aber nicht, dass die Maultiere und
die Waren sich bei seinem Oheim befanden. Er ging hin, trank
Brantwein und spielte mit Würfeln; zehn junge Burschen nahm er
mit sich und liess nicht zu, dass sie etwas ausgaben; für sein Geld
liess er sie trinken und auf seine Kosten essen, bis dass er ganz arm
wurde und nicht Brot genug hatte, um satt zu werden. Da traf
ihn sein Oheim und fragte ihn: „Wie kommst du in diese Lage?"
„Wie so?" erwiderte er. „Du bist ja arm geworden". „Mein
Vater befal mir, ich solle keinen Brantwein trinken und nicht
mit Würfeln spielen, aber ich habe nicht nach meines Vaters Worten gehandelt, so bin ich arm geworden". „Wie nun?" fragte der

Oheim. „Ich weiss es nicht", versetzte er. „Willst du umkehren
und keinen Brantwein mehr trinken?" „Vor Gott gelobe ich Um-
kehr", antwortete er, „keinen Brantwein mehr zu trinken und nicht
mehr mit Würfeln zu spielen". „So komm zu mir", sagte der
Oheim und nahm ihn mit sich nach Hause. Dort sagte er ihm:
„Nimm dir hundert Beutel und treibe damit Handel". „Gut!"
sagte er, nahm die hundert Beutel, kaufte Maultiere und kaufte
Waren, reiste nach Baghdad, trieb dort Handel, verkaufte und
kaufte und kehrte wieder nach Hause, nach Diârbekr, zurück.
Auf den Piaster hatte er einen Piaster gewonnen. Als sein Oheim
davon hörte, sagte er: „Ja, so ist's gut, er treibt Handel und hat
schon grösseren Reichtum erworben, als sein Vater besass". Er
begab sich nun zu ihm und schlug ihm vor: „Ich will dir eine
Braut werben". „Wie du willst, Oheim", antwortete er. Da reiste
sein Oheim zu den Beduinen, zum Häuptling der Tai. Dieser
hatte eine unvergleichlich schöne Tochter. Als er sich beim Häuptling niedergelassen hatte, fragte dieser ihn: „Wesswegen bist du
hergekommen? Kaufmann!" „Wegen deiner Tochter bin ich gekommen", erwiderte er. „Für wen denn?" „Für den Sohn meines Bruders". „Schön!" sagte der Häuptling, „geh und hole mir
drei Maultiere und belade sie mit Goldstücken, bring sie her und
nimm das Mädchen mit". Der Oheim stand auf, ging nach Hause
und belud drei Maultiere mit Goldstücken. Darauf kehrte er zum
Häuptling zurück, gab ihm die drei Maultiere und das Gold; dafür nahm er dessen Tochter mit, kam mit ihr nach Hause und verheiratete sie mit seinem Neffen. Der wich nicht mehr von ihr,
vom Morgen bis dass der Tag sich neigt, Nacht und Tag liegt er
bei ihr. So ging's drei Jahre lang, ohne dass er von ihr wich.
Da sagte sie ihm: „Geh hin, treibe Handel; wenn du nach Hause
zurückkommst, bin ich ja wieder deine Frau". Er aber erwiderte:
„Ich kann mich nicht von dir trennen". „Wenn du nicht gehst"
versetzte sie, „und Handel treibst, so bleibe ich nicht mehr bei
dir". „So will ich gehen", seufzte er. „Zeichne dir mein Bild
und nimm es mit", riet sie ihm, „so oft ich dir in den Sinn komme,
nimm das Bild heraus und küsse es". Da zeichnete er ihr
Bild auf ein Blatt Papier und steckte es in seine Tasche. Unterdessen war auch der Oheim gestorben, und in Folge davon war
das ganze Vermögen an ihn gekommen. Nun packte er seine
Warenballen und begab sich mit sechs Dienern auf die Reise nach
Baghdad. Unterwegs in Dschefîre traf er einen andern Kaufmann,
aus Baghdad, welcher nach Diârbekr reiste, wärend Dälli — so

hiess der junge Mann — auf dem Wege nach Baghdad war. Sie
setzten sich zu einander und schwatzten mit einander. Nun hatte
der Kaufmann aus Baghdad einen Diener von den Elfen, Namens
Ssillo. Diesen hatte er als kleines Kind gefunden und auferzogen
und liess ihn nun mit sich herumreisen. —. Dälli nahm das Bild
heraus und küsste es; da sagte der Kaufmann aus Baghdad:
„Diese Frau ist meine Geliebte". „Du hast genug gesagt", versetzte Dälli. Ssillo aber sagte heimlich zum Kaufmanne: „Sage:
meine Geliebte ist die Tochter des Beduinenhäuptlings, man hat
sie heimgeführt, und ich weiss nicht, wo sie sich jetzt befindet".
So sprach der Elfe zum Kaufmann. „Glaubst du nicht, dass sie
meine Geliebte ist?" fragte dieser den Dälli. „Nein". „Nun, meine
Geliebte ist die Tochter des Beduinenhäuptlings, man hat sie heimgeführt, und jetzt weiss ich nicht, wohin man sie gebracht hat".
Dälli dachte: „Bei meinem Heil, es ist wirklich so"; dann sagte
er zu dem Kaufmanne: „Wenn du mir ein Zeichen von ihr bräch-
test, so könnte ich glauben, dass sie wirklich deine Geliebte ist".
„Was für ein Zeichen denn?" fragte der Kaufmann. „Bring mir
ihr Kopftuch". „Ich will meinen Diener schicken und ihn es holen lassen". „Schicke ihn". „Und wir bleiben hier", fuhr der
Kaufmann fort, „bis der Diener nach Diârbekr gegangen und zurückgekehrt ist". „Gut!" „Und wenn er das Kopftuch von ihr
bringt, so nehme ich deine Maultiere und deine Waren, bringt er
es aber nicht, so gebe ich dir meine Maultiere und meine Waren".
So wetteten sie mit einander. Der Kaufmann schickte nun den
Ssillo ab, indem er sagte: „Ssillo!" „Ja!" „Ich wünsche, dass
du das Kopftuch seiner Frau stiehlest". „Gut!" sagte Ssillo und
begab sich nach Diârbekr. Dort fragte er nach dem Hause Dälli's,
und man sagte ihm: „Da ist es". Nach Sonnenuntergang kroch
er unter der Thüre durch — er war ja ein Elfe — und trat ein:
da lag die Frau und schlief. Er nahm ihr das Kopftuch weg und
küsste sie. —. Sie hatte früher Dälli anempfolen, nur ja nicht
das Bild zu verlieren. —. Als Ssillo dem Kaufmanne das Kopftuch geholt und es ihm gegeben hatte, rief dieser: „Dälli!" „Ja!"
„Kennst du das Kopftuch?" „Ja wol". „Nun, da ist es, der Diener hat's gebracht". Dälli schaute es an und sprach bei sich:
„Es ist's", laut aber sagte er: „Das ist nicht das Kopftuch meiner Frau". „Bah! Wessen denn?" „Der Diener wird es gekauft
haben". Da fragte ihn der Kaufmann: „Was wünschest du, dass
ich dir ferner von ihr hole?" „Wenn du ihren Nasenring holst,
dann verhält sich's wirklich so". „Ssillo!" rief der Kaufmann.

„Ja!" „Ich wünsche, dass du ihren Nasenring holest". „Schön!" antwortete Ssillo, machte sich auf und kam nach Diârbekr; das Haus kannte er schon; bis zur Nacht wartete er, dann kroch er wieder unter der Thüre durch, nahm ihr den Ring aus der Nase und küsste sie. Darauf kehrte er zurück und überbrachte ihn dem Kaufmanne. „Dälli!" sagte dieser. „Ja!" „Kennst du den Ring?" „Ja wol". „Da ist er". Dälli sah ihn an und rief: „Warhaftig, mein Lieber, das ist er". „Auf denn, gib mir die Maultiere", verlangte der Kaufmann. So nahm er Dälli die Maultiere und die Waren ab, auch das Bild bekam er von ihm. Darauf reiste er weiter nach Diârbekr, wärend Dälli in Dschefîre blieb. In Diârbekr kehrte jener in der Herberge ein und lud dort seine Waren ab; dann begab er sich mit Ssillo zum Hause Dälli's, und Ssillo klopfte an die Thüre. „Wer ist da?" rief die Sclavin. „Mache auf!" antwortete er. Sie öffnete die Thüre, und die beiden stiegen zu der Hausfrau hinauf. „Wesswegen bist du hergekommen? Kaufmann!" fragte diese. „Ich und Dälli haben mit unsern Frauen getauscht", antwortete er, „er sagte: gib mir deine Frau, und ich gebe dir die meinige; ich war damit einverstanden". „Wirklich?" fragte sie. „Da ist Ssillo". „Wirklich? Ssillo", fragte sie diesen. „Ja". „Glaubst du es nicht?" fuhr der Kaufmann fort, „siehe, ich habe das Bild bei mir". Als sie das Bild anschaute, sagte sie: „Es ist wirklich so", und glaubte es. Dann rief sie der Sclavin und befal ihr: „Bereite uns Essen und hole uns Brantwein, mir und dem Kaufmanne". Darauf tranken sie Brantwein und assen. Als es Nacht wurde, legte sich der Kaufmann mit der Frau schlafen und umarmte sie zehnmal. Ssillo aber schlief bei der Sclavin und wohnte ihr auf unnatürliche Weise bei. Da fragte sie ihn: „Wesshalb umarmst du mich auf diese Weise?" „Bah! wie denn anders?" „So, von hier". „Nein, bei uns ist es auf jene Weise Sitte". —. Als der Kaufmann am Morgen mit Ssillo in die Herberge zu den Waren gegangen war, fragte die Sclavin die Frau: „Auf welche Weise hat der Kaufmann dir beigewohnt?" „Ganz so, wie's Brauch ist", erwiderte sie, „recht gut; wie hat dir denn Ssillo beigewohnt?" „Mich hat er von hinten umarmt", antwortete die Sclavin. Da lachte die Herrin. —. Als Dälli nach Diârbekr gekommen und in sein Haus gegangen war, seine Frau und die Sclavin gesehen hatte, setzte er sich hin und redete kein Wort. Da fragte ihn seine Frau: „Warum hast du so gehandelt? Dälli". „Wie denn?" „Du und der Kaufmann, ihr habt mit den Frauen getauscht; du hast mich dem Kaufmanne gegeben und

hast dir seine Frau genommen". „Bewahre! du lügst!" rief er
„du bist seine Geliebte". Da schwor sie ihm und sagte: „Ich
weiss nichts von ihm". Er erzälte ihr, wie es sich zugetragen
hatte. Nochmals schwor sie ihm, aber Dälli glaubte ihr nicht.
Nun kam der Kaufmann in's Haus, und wärend Dälli dasass, trank
er mit der Frau Brantwein und umarmte sie vor Dälli's Augen.
Dieser brach vor Wut zusammen und starb. Da liess der Kaufmann die Frau ein Pferd besteigen, lud Dälli's Hab und Gut auf
und machte sich mit der Frau auf den Weg nach Baghdad. Unterwegs lagerte er sich in der Ebene von Qarrösje. Dort ist ein
hohes Gebirge, und in einer Höle dieses Gebirges befand sich ein
Riese. Dieser kam gerade in die Ebene hinab und erblickte dort
den Kaufmann und die Frau. Er nahm sie ihm weg und entführte sie. Der Kaufmann aber und seine Diener gingen mit den
Flinten auf ihn los. Da wandte sich der Riese gegen den
Kaufmann; aber dieser war beritten und entkam. Nun verfolgte der Riese die Diener; diese verkrochen sich zwischen den
Warenballen, aber er tödtete sie alle, sie und die Maultiere. Dann
brachte er das Hab und Gut und die Frau hinauf in seine Höle.
Dort wohnte er mit ihr und vergnügte sich mit ihr; sie sprach jedoch kein Wort mit ihm. Eines Tages liess er sie und die Reichtümer in der Höle und ging sich in der Welt herumtreiben. Da
fand er eine, die ihrem Manne entlaufen war, die Tochter Tätär
Agha's, die an Schönheit ihres Gleichen sucht. Er griff sie auf
und entführte sie — aber vier Hirten sahen sie bei ihm — ging
zur Höle, setzte sie zu der andern und vergnügte sich mit den
beiden. Als Tätär Agha erfuhr, dass seine Tochter ihrem Manne
im Zorne davongelaufen sei, suchte er mit ihrem Manne nach ihr,
aber sie fanden sie nicht. Sie kamen auch zu den Hirten, und
diese fragten sie: „Wonach sucht ihr?" „Wir suchen nach der
Kleinen". „Besser, ihr sucht sie nicht". „Wie so?" „Der Riese
hat sie entführt", versetzten die Hirten. „Wo ist der Riese?"
fragten jene. „Auf dem hohen Gebirge dort". Da ging Tätär
Agha und der Mann, stiegen zur Höle hinauf und fanden dort die
Beiden; Niemand war bei ihnen. Sie holten sie heraus und entflohen mit ihnen auf einem andern Wege. Als der Riese nach
Hause kam und sie nicht mehr fand, suchte er wie besessen nach
ihnen und verfolgte sie. Darüber wurde es Nacht. Ein Vogel
kam am Riesen vorbeigeflogen und erreichte Tätär Agha. „Flieh!"
rief er ihm zu, „und flieh gut!" „Wesshalb?" fragte jener. „Der
Riese kommt hinter euch her". Da machten jene eine Grube in der

Erde, krochen hinein und bedeckten sie mit Heu. Als der Riese herankam, trat er auf den Rand der Grube und entdeckte jene nicht. Er erblickte aber den Vogel und fragte ihn: „Woher kommst du?" „Von Sonnenuntergang", versetzte dieser. „Hast du keine Weiber, keine Männer gesehen?" „Nein", antwortete der Vogel, „hier ist Niemand vorübergekommen". Da kehrte der Riese zurück. —. Tätär Agha, die Weiber und der Mann irrten umher in der Nacht und trafen auf Beduinenzelte. Dort fragten sie nach dem Zelte des Häuptlings. Als sie es gefunden, liessen sie sich dort beim Häuptling nieder. Der Häuptling aber hatte seine Tochter wiedererkannt und rief: „Dies ist meine Tochter". Dann fragte er den Tätär Agha, woher er sie geholt habe. „So und so ist es uns ergangen", antwortete dieser, „in der Höle habe ich sie gefunden". „Wie bist du denn in die Höle gekommen?" fragte jener seine Tochter. Da erzälte sie ihrem Vater, wie es sich zugetragen hatte. Darauf bat er sie, bei ihm zu bleiben; so blieb sie bei ihrem Vater. Tätär Agha aber zog mit seiner Tochter weiter, um sie nach Hause zu bringen. Aber der Riese traf ihn und erschlug ihn sammt seinem Schwiegersohne; das Mädchen führte er mit sich weg.

XXXVIII.

Es war einmal ein Statthalter, der hatte drei Söhne, die er sehr liebte, so dass er sie neben sich auf's Sofa zu setzen pflegte. Er hatte einen tapfern Diener, der ging eines Tages in's Gebirge, da sah er eine grosse Schlange auf sich zu kommen, die ihn beissen wollte. Er hatte einen Säbel bei sich; die Schlange fasste dessen Scheide, er aber zog den Säbel aus derselben. Die Schlange liess jedoch die Scheide nicht los, sondern behielt sie im Munde. Nun versetzte der Diener ihr einen Hieb mit dem Säbel, darauf einen zweiten, mit einem dritten endlich tödtete er sie. Die Schlange hatte eine blinde ältere Schwester: diese blinde war noch stärker als jene, die er getödtet hatte, aber sie war blind. Als der Diener nach Hause kam, erzälte er dem Statthalter: „Gott hat mich heute beschützt". „Wie so?" „Eine Schlange kam gegen mich heran, aber in dem Augenblicke, wo sie mich beissen wollte, tödtete ich sie". „Du hast recht getan, dass du sie getödtet hast", erwiderte der Statthalter. —. Die blinde Schlange

10*

weinte, als ihre Schwester nicht nach Hause kam. Sie fragte alle
Schlangen nach ihr, aber diese sagten, sie hätten sie nicht gesehen.
Da dachte sie, ein Mensch hat sie getödtet, und weinte. Darauf
kam ein Vogel. „Wesshalb weinst du, Schlange?" fragte er sie.
„Wegen meiner Schwester; ich weiss nicht, wohin sie ist; seit zehn
Tagen ist sie nicht nach Hause gekommen". „Der Diener des
Statthalters hat eine getödtet". „Das wird sie sein". Darauf
fragte sie die Schlangen: „Ist nicht in diesen Tagen eine von
euch getödtet worden?" „Nein". „So haben die Leute des Statthalters meine Schwester getödtet". Dann wandte sie sich an den
Vogel: „Komm zeige mir, wo der Statthalter wohnt; ich schenke
dir zwei goldene Ohrringe". „Schön! gib mir die Ohrringe,
und ich komme". „Da, nimm die Ohrringe". Damit gab sie
sie ihm. „Wem gehören diese Ohrringe?" fragte der Vogel. „Der
Tochter des Löwenfürsten; meine Schwester ging auf sie los, biss
sie aber nicht, dagegen brachte sie die Ohrringe mit". „Hm! so
komm, lass uns gehen, dass ich dir zeige, wo der Statthalter
wohnt". Als der Vogel mit der blinden Schlange dorthin kam,
sagte er: „Hier wohnt der Statthalter". Die Schlange kroch in
die Mauer des Schlosses, und der Vogel kehrte nach Hause zurück. Die Schlange ging durch die Mauern bis in's Zimmer des
Statthalters: er sass gerade mit einem Sohne auf dem Sofa. Die
Schlange wand sich auf's Sofa hinauf, biss den Sohn und kehrte
in die Mauer zurück. Der Junge fing an zu weinen. „Warum weinst
du?" fragte man ihn. „Es hat mich etwas gekniffen", gab er
zur Antwort. Wärend die Andern sich sorglos weiter unterhielten,
schwoll der Junge auf. Da liess man die Aerzte kommen; als sie
ihn besehen hatten, sagten die einen, es komme vom Blute, andere
verordneten ihm Blutegel, noch andere liessen ihm Schröpfköpfe
setzen. Zwei Stunden vergingen, da war er todt. Sie trugen ihn
weg und begruben ihn. —. Die Frau des Statthalters sass auch
da: die Schlange kam wieder heraus, biss sie und kehrte an ihren
Ort zurück. Die Frau fing an zu schreien. „Wesshalb schreist
du?" fragte man sie. „Es hat mich etwas gekniffen". „Was
denn?" „Ich weiss es nicht". „Hast du es nicht gesehen?"
„Nein." Sie starb auch. So hatte die Schlange die beiden an
einem Tage getödtet; nun blieb sie bis zur Nacht in der Mauer.
Der Statthalter fragte: „Beim Frieden meines Hauses! wer ist nur
der, welcher uns kneift?" „Wir wissen es nicht", antwortete man
ihm, „es ist kein Scorpion, es ist keine Schlange, und es ist keine
Pocke, wir wissen es nicht". —.

Als sie Nachts eingeschlafen waren, kam die Schlange wieder
heraus und biss den andern Sohn des Statthalters. Der fing an
zu weinen, sie zündeten Licht an, fanden aber nichts, denn sie
war wieder in die Mauer an ihren Ort gegangen. Die Aerzte
wurden gerufen, sie setzten ihm Blutegel an, aber er genas nicht,
sondern starb. —. Wieder kam die Schlange aus der Mauer heraus: da sahen sie sie. Sie warfen mit Steinen nach ihr, aber sie
verkroch sich in die Mauer. Der Statthalter sagte zu seinen Untertanen: „Die Schlange hat meine Söhne und meine Frau gebissen".
„Wo ist sie?" fragten sie. „Sie hat sich in die Mauer des Schlosses
verkrochen". „Was sollen wir anfangen?" „Ich werde das Schloss
niederreissen". Er liess es niederreissen; aber die Schlange entfloh
nach Hause, und sie fanden sie nicht. „Ich habe die Schlange nicht
gefunden", sagte der Statthalter, „ich habe das Schloss niederge-
rissen, und sie zeigt sich nicht". — Er liess ein neues Schloss
bauen.—. „Was soll ich nur anfangen?" fragte er. Da riet man
ihm, er solle zum Könige der Schlangen gehen, der werde ihm
die Schlange zeigen, welche seine Söhne gebissen habe.

Da machte der Statthalter sich auf, bestieg sein Pferd, nahm
den Diener mit sich und fragte nach dem Könige der Schlangen.
Man zeigte ihm den Ort, wo der König hauste. „Wo ist der König?" fragte er. „Er ist nicht zu Hause". „Wohin ist er gegangen?" „Er hat sich zum Fürsten der Vögel begeben, im Augenblicke muss er zurückkommen". Der Statthalter wartete ein wenig, da kam der König. „Was ist dein Begehr? Statthalter",
fragte er ihn. „Ich komme zu dir". „Wesshalb?" „Eine Schlange
hat meine beiden Söhne und meine Frau gebissen". „Kennst du
sie?" „Nein, aber ich weiss, dass eine Schlange sie gebissen hat".
Da rief der König den Schlangen, alle kamen heran, und keine
blieb an ihrem Orte. „Wer hat die Söhne und die Frau des
Statthalters gebissen?" fragte er sie. „Wir wissen nichts davon".
„Sind sonst keine Schlangen mehr da?" „Es ist noch ein alter
Schlangenmann da". Sie riefen diesen und holten ihn herbei. „Hast
du Jemand gebissen?" fragte ihn der König. „Es ist ungefähr
zehn Jahre her", antwortete er. Da wandte sich der König zum
Statthalter: „Niemand ist da, der deine Söhne gebissen hat; aber
geh, frage den König der blinden Schlangen". Hierauf ging der
Statthalter den König der blinden Schlangen fragen, der rief die
blinden Schlangen zusammen und fragte sie: „Wer hat die Söhne
des Statthalters gebissen?" Jene antwortete: „Ich". „Wesshalb
hast du sie gebissen?" fragte der König weiter. „Sie haben meine

Schwester getödtet". „Wesshalb habt ihr ihre Schwester getödtet?" fragte der König den Statthalter. „Ich habe sie nicht getödtet, sondern der Diener". „Wesshalb hast du sie getödtet, Diener?" „Sie hatte meinen Säbel gepackt, da tödtete ich sie". Au-
genblicklich stürzte sich die blinde Schlange auf den Diener und
biss ihn. Der König wehrte ihr, da zog sie sich grollend zurück.
Nun sagte der König zum Statthalter: „Geh, hole Soldaten und
und komm sie tödten, ich will dir ihre Wohnung zeigen". Der
Statthalter ging in seine Stadt, nahm Soldaten, ging wieder
zum Könige der blinden Schlangen zurück und bat ihn, ihm
die Wohnung jener Schlange zu zeigen. Der König tat das,
die Schlange kam heraus und begann mit den Soldaten zu
kämpfen. Sie versetzten ihr Säbelhiebe, aber sie ward nicht davon getödtet. Je mehr Hiebe sie trafen, um so dicker ward sie.
Sie vermochten nichts gegen sie; sie aber biss viele der Soldaten,
bis der Statthalter endlich entfloh. In der Stadt erzälte er, wie
es ihnen ergangen sei, und fragte dann: „Was sollen wir nur gegen diese Schlange machen?".

Nun war ein Derwisch in die Stadt gekommen, der erkundigte
sich, was es gebe und wovon die Rede sei. Als sie ihm nun erzälten, was sich zugetragen hatte, sagte er: „Wenn ich sie tödte,
was gebt ihr mir?" Der Statthalter antwortete: „Meine Tochter ist
verheiratet; ich will sie von ihrem Manne scheiden und dir geben".
„Schön!" sagte der Derwisch. „Wie willst du sie tödten?" fragten ihn die Leute. „Ich habe Schlangenwasser getrunken, daher
kann sie mich nicht beissen; ich werde sie nicht schlagen, sondern erwürgen". Nun zeigten sie dem Derwisch die Schlange,
und er fing an mit ihr in der Schlangensprache zu reden. Dann
griffen sie einander an; sie wollte ihn beissen, aber er konnte
nicht gebissen werden; er packte sie an der Kehle und erwürgte
sie; dann zerschnitt er sie mit einem scharfen Messer in kleine
Stücke und legte diese auf's Feuer. Aber das Feuer erlosch und
ward zu Kole gemacht durch das Gift. „Schaut", sagte er, „was
sie mit dem Feuer angefangen hat, mit ihrem Gift hat sie es aus-
gelöscht". „Wirklich?" „Ihr seht es doch wol".

Nun gab ihm der Statthalter seine Tochter, er nahm sie und
steckte sie in seinen Reisesack und ging auf die Wallfahrt. Als
er mit den Pilgern zurückkam, um nach Hause zu gehen, lagerten
sie eines Abends auf einer Wiese und schliefen dort. Am Morgen
früh luden die Pilger auf, der Derwisch schlief weiter, und Niemand weckte ihn. Als er erwachte, sah er die Pilger nicht mehr.

Allein zog er weiter, verfehlte aber den Weg und gelangte in das Land der Löwen. Er begab sich zum Fürsten der Löwen und liess sich dort nieder. „Woher kommst du?" fragte man ihn. „Von der Wallfahrt". „Unsere Tochter ist verrückt geworden". „Wesshalb?" „Es kam eine Schlange, um sie zu beissen, aber sie biss sie nicht, sondern nahm ihre Ohrringe mit, und wegen der Ohrringe ist sie verrückt geworden". „Kennt ihr die Schlange?" „Nein". „Komm", sagte er zum Fürsten, „lass uns in's Schlangengebirge gehen, ich rufe die Schlangen in ihrer Sprache; diejenige, welche die Ohrringe hat, wird schon sagen: hier sind sie". „Komm". „Aber was gibst du mir, wenn ich die Ohrringe hole". „Dann gebe ich dir meine Tochter". „Schön!" Nun gingen sie in's Schlangengebirge; der Derwisch rief den Schlangen, den blinden und den sehenden, und sie versammelten sich alle bei ihm und fragten ihn: „Was ist dein Begehr? Derwisch". „Wer hat die Ohrringe des Fürsten der Löwen geholt?" „Wir haben sie nicht gesehen", antworteten sie, eine aber sagte: „Die Schlange, welche du getödtet hast, hatte sie geholt". „Wem hat sie sie gegeben?" fragte er weiter. „Sie hat sie dem Vogel gegeben, dafür dass er ihr zeigte, wo der Statthalter wohnte". „So sind sie also beim Vogel?" „Ja". Darauf befal er, dass eine jede wieder an ihren Ort gehen solle. Sie taten das; er rief den Vögeln in der Vogelsprache und fragte sie: „Wer hat Ohrringe von einer Schlange bekommen?" Einer antwortete: „Ich". „Wo sind sie?" fragte der Derwisch weiter. „Meine Frau trägt sie im Ohre". „So geh und hole dieselben". Der Vogel ging und holte sie dem Derwisch; dann kehrte letzterer mit dem Löwenfürsten nach dessen Hause zurück. Als sie dem Mädchen die Ohrringe brachten, genas sie. —. Der Fürst sagte: „Nimm dir meine Tochter mit, Derwisch", und dieser steckte sie in seinen Reisesack und ging in's Schlangengebirge. Dort fing er zwei Schlangen. „Wozu sind diese Schlangen?" fragten die Mädchen. „Wenn einer euch angreift", antwortete er, „so sollen diese beiden Schlangen ihn beissen; wenn einer mit euch anbinden will, so befehlt ihnen nur zu kommen und ihn zu beissen; ich habe mit ihnen darüber gesprochen". „Gut", sagten die Mädchen.

Der Derwisch begab sich mit ihnen in seine Heimat. Die Derwische hatten ein Oberhaupt, Namens ʾAiſar. Als nun der Derwisch die beiden Mädchen aus seinem Reisesacke herausgehen liess, und ʾAiſar sie sah, fragte er: „Woher hat der Derwisch diese schönen Frauen?" „Wir wissen es nicht", sagten die andern.

Nun gedachte ʾAiſar, sie ihm wegzunehmen; zuerst forderte er sie von ihm; als er sie aber nicht geben wollte, nahm er sie ihm mit Gewalt ab und zwang sie zu seinen Lüsten. Da rief der Derwisch die Schlangen, die kamen zu ihm und fragten nach seinem Begehr. „Wer von euch hat kein Wasser getrunken?" fragte er sie. Eine kam und sagte: „Ich habe kein Wasser getrunken seit langer Zeit". „Wie viele Jahre ungefähr ist es her?" „Etwa zwanzig Jahre". „So geh und beiss den ʾAiſar". Sie ging, biss ihn, und ʾAiſar starb. Der Derwisch wollte seine beiden Frauen nehmen, aber die übrigen Derwische wollten sie ihm nicht geben. „Dann lasse ich die Schlangen gegen euch los", erwiderte er. „Die Schlangen werden doch wol nicht deinem Befehle gehorchen?" „Gewiss". „So rufe sie, damit wir es sehen". Er rief sie, sie versammelten sich und fragten nach seinem Begehr. „Habt ihr nun gesehen?" sagte er zu den Derwischen. „Bei Gott, es ist wahr", erwiderten sie. Dann erzälte er ihnen: „Ich habe sie den ʾAiſar beissen lassen". Da baten sie: „So werde du nun unser Oberhaupt". So ward er ihr Oberhaupt. Den Schlangen befal er, sich zu zerstreuen, die beiden dem ʾAiſar wieder abgenommenen Mädchen heiratete er. Jede von ihnen gebar einen Sohn. Der Sohn der Tochter des Löwenfürsten war zur Hälfte ein Löwe und zur Hälfte ein Mensch. Jener Derwisch aber herrschte weiter über die Derwische.

XXXIX.

Es war einmal ein Fürst, der hatte zwei Söhne; auch hatte er hundert Gänse, welche Eier legten. Die Gänse hatten ein besonderes Gelass für sich. Ein Riese kam jede Nacht und nahm eine derselben weg; jeden Morgen, wenn man die Gänse zälte, waren sie um eine weniger geworden. Endlich unterrichteten die Söhne des Fürsten ihren Vater davon. „Vater!" sagten sie. „Was gibt's?" „Der Gänse sind weniger geworden". „Wie so?" „Jede Nacht verschwindet eine, und wir wissen nicht, wer sie holt". Da rief der Fürst die Bürger der Stadt und fragte sie: „Was für Diebe gibt's in der Stadt?" Sie zeigten ihm drei, indem sie sagten: „Diese sind Diebe; das sind die Spitzbuben, welche in der Stadt sind". Der Fürst liess die drei verhaften, legte ihnen Ketten an den Hals und setzte sie in's Gefängniss. Nachts kam der Riese und holte wieder eine Gans weg. Als die Söhne die Gänse am Morgen zälten, fehlte wieder eine; sie benachrichtigten ihren Vater, indem sie sprachen: „Es ist wieder eine weg". „Wirklich?" „Ja". „So haben nicht die Diebe sie gestolen; die habe ich in's Gefängniss gesetzt; sie wissen nichts davon". Darauf entliess er sie aus dem Gefängnisse. Wie auch immer er sich erkundigte, er konnte nicht in Erfahrung bringen, wer der Dieb sei. Da sagte er: „Ich will diese Nacht vor dem Gänsestall schlafen, damit ich sehe, wer der Dieb ist". Bis um Mitternacht blieb der Fürst wachend sitzen, dann aber schlief er ein. Der Riese kam, holte eine Gans, der Fürst merkte nichts davon. Am Morgen stand er auf und zälte die Gänse, sie waren wieder um eine weniger geworden. „Wer mag nur derjenige sein, welcher sie holt?" dachte er, „gestern habe ich mich vor den Gänsestall gelegt, habe Niemand kommen sehen, und es fehlt doch wieder eine". Nun sagte der Bruder des Fürsten: „Ich will mich dort hinlegen". Aber auch dieser schlief ein, und es verschwand wieder eine Gans. Darauf schlief der ältere Sohn des Fürsten vor dem Stalle, aber auch er erwachte nicht, als der Riese kam und eine stal. Endlich erbot sich der jüngere Sohn, die Nacht dort zuzubringen. Er legte sich hin und rauchte seine Pfeife; dann ritzte er sich mit einem Messer die Hand auf und tat Salz in die Wunde, damit ihn kein Schlaf ankäme; die Flinte hielt er in der Hand. Der Riese kam und packte eine Gans; der Junge sah ihn, legte auf ihn an und traf ihn am Kopfe. Da liess der Riese die Gans los und entfloh. Als der Fürst am Morgen die Gänse zälte, sagte er: „Heute sind die Gänse vollzälig". „Vater!" sagte der Junge. „Ja!" „Ich habe etwas gesehen, es war kein Mensch und auch kein Tier; wie ein Ungeheuer sah es aus, es kam und fasste eine Gans, ich legte das Gewehr auf es an und schoss, da floh es, ich weiss nicht, ob ich es getroffen habe oder nicht". „Wohin ist es gegangen?" fragte der Vater. „Zum Tore hinaus". „Du hättest uns rufen sollen". „Ich konnte meine Zunge vor Schrecken nicht bewegen". Darauf erklärte der Sohn des Fürsten, er wolle es aufsuchen gehen; sein Bruder und sein Oheim begleiteten ihn. Sie fanden die Blutspur, verfolgten dieselbe und kamen zu einer Höle. Da war eine ganze Blutlache: dort hatte der Riese geschlafen, er war aber von da wieder aufgebrochen. Sie verfolgten die Spur weiter bis zum Rand einer Cisterne. „Er ist in der Cisterne", dachten sie, „er ist von der Höle aufgebrochen und zu der Cisterne gegangen". Der Sohn des Fürsten ging nun nach Hause

zurück und holte Stricke. Als er damit zur Cisterne zurückkam,
bat der Oheim, sie möchten ihn hinunterlassen. Sie liessen ihn
bis zur Hälfte der Cisterne hinunter, da rief er: „Ich ersticke vor
dem Geruche, zieht mich hinauf". Da zogen sie ihn wieder her-
auf. Darauf liessen sie den ältern Bruder bis zur Hälfte hinunter, da rief er: „Ich sterbe vor dem Geruche, zieht mich hinauf".
Sie zogen ihn wieder herauf. Nun sagte der jüngere Bruder:
„Lasst mich hinunter; aber zieht mich nicht wieder in die Höhe,
so viel ich auch immer rufen mag: ich ersticke, zieht mich hinauf". Sie banden ihn an die Stricke und liessen ihn hinab, er
schwieg und dann hiess er sie, ihn ganz hinunter zu lassen. Auf
dem Boden der Cisterne angekommen, löste er die Stricke von seinem Leibe. Von der Cisterne aus gingen nach verschiedener Richtung drei Hölen. Er trat in eine; da schlief ein Riese. Ein Mädchen war bei ihm, wie eine Perle, wunderschön. „Wie kommst du
hierher?" fragte sie ihn. „Wie so?" „Wenn der Riese dich bemerkt,
so frisst er dich". „Was soll ich denn machen?" „Nimm das Schwert",
sagte sie. Er tat das. „Schlage ihn auf den Fuss, dann wirst
du ihn tödten; schlägst du ihn aber auf den Nacken, so tödtest
du ihn nicht". Er erhob das Schwert, traf seinen Fuss und hieb
ihn ab. Der Riese starb. Der Prinz brachte das Mädchen und
die in der Höle befindlichen Schätze hinaus, band sie an die
Stricke und rief: „Zieht auf". Jene zogen das Mädchen und die
Schätze in die Höhe, und als sie sie aus der Cisterne hinausgebracht hatten, sagte der Oheim: „die ist für mich".

Der Prinz trat in die zweite Höle, da erblickte er ein
Mädchen noch schöner als jenes; auf ihrem Schosse schlief ein
Riese. „Wie kommst du hierher?" fragte sie ihn. „Ich bin in die
Cisterne hinab gestiegen". „Wenn der Riese dich bemerkt, so
macht er dich zu Schnupftabak". „Wie soll ich's denn anfangen?" „Ich will's dir sagen: da hängt sein Schwert, hole es".
Er holte es. „Stich es ihm in den Bauch und schlitze ihm denselben auf, dann tödtest du ihn; wenn du aber einen Schlag gegen seinen Nacken führst, so tödtest du ihn nicht". Er bohrte
ihm das Schwert in den Bauch und riss ihm denselben auf, da
schrie er: Uh! und starb. Der Jüngling fiel zu Boden und es
dauerte drei Stunden, bis er wieder zur Besinnung kam, wärend
welcher Zeit das Mädchen ihm die Herzgrube rieb. Dann brachte
er das Mädchen und die Schätze aus der Höle hinaus, band sie
an die Stricke und rief: „Zieht auf!" Sie zogen, und als sie das
Mädchen und die Schätze aus der Cisterne hinausgebracht hatten,

sagte der ältere Bruder: „die ist für mich". —. Der jüngere trat
in die letzte Höle, da fand er ein Mädchen, das war noch
schöner als jene beiden. In seinem Herzen sprach er: „diese ist
für mich". Das Mädchen spielte mit einer Henne von Gold nebst
Küchlein von Silber, welche Perlen aufpickten; es hatte ein Kleid,
das war mit keiner Schere geschnitten und mit keiner Nadel genäht; endlich hatte sie einen goldenen Pantoffel, der die Erde
nicht berührte, wenn sie ging. Bei ihr war der verwundete Riese.
„Wie kommst du hierher?" fragte sie ihn. „Siehe, ich bin hier".
„Da liegt der Riese verwundet". Er erhob das Schwert, hieb nach
seinem Kopfe und spaltete ihm den Schädel; der Riese wollte aufstehen, aber jener versetzte ihm einen zweiten Hieb, mit welchem
er ihm das Haupt vom Rumpfe trennte. Dann wandte er sich zu
dem Mädchen: „Komm, lass uns gehen". Sie kamen in die Cisterne. „Komm, steige hinauf", sagte er ihr. „Steige du hinauf",
entgegnete sie. „Nein, du". „Du wirst es bereuen; wenn ich
hinaufsteige, so nehmen mich deine Brüder weg und lassen dich in
der Cisterne; steigst du aber zuerst hinauf, so lässest du mich
nicht hier, sondern ziehst mich hinauf". „Nein", antwortete er,
„fürchte nicht, dass meine Brüder so schlecht handeln könnten".
„Gut! nach deinem Belieben; aber nimm dir diese drei Siegelringe; wenn du diesen drehst, so erscheint die Henne, und wenn
du diesen drehst, so erscheint das Gewand, und wenn du diesen
drehst, so erscheint der Pantoffel". „Schön!" sagte er und steckte
sie in die Tasche. „Nimm dir auch noch diesen Vogel", fuhr sie
fort, indem sie einen Vogel herausnahm, „wenn deine Brüder dich
in die Höhe gezogen haben, so werden sie den Strick durchschnei-
den und dich fallen lassen; du wirst in die Cisterne fallen, und
durch sie hindurch bis zum untern Erdschlund auf den Boden der
Welt; der Vogel wird mit dir gehen; im Erdschlund sind drei
Rosse, einem jeden ziehe ein Haar aus dem Schweife und stecke
sie in deine Tasche; dann wirst du nicht wissen, wie du wieder
auf die Oberfläche der Welt kommst, aber bitte nur den Vogel, er
möge dich an die Erdoberfläche bringen, und er wird es tun".
Nachdem sie ihn so unterwiesen hatte, rief er: „Zieht auf!" Sie
zogen das schöne Fräulein in die Höhe und brachten es aus der
Cisterne hinaus. Sie schauten sie an; sie war noch schöner als
die beiden andern, und jeder von ihnen sagte: „die ist für mich".
Darauf überlegten sie, sie wollten den Bruder bis an den Rand
der Cisterne hinaufziehen, dann die Stricke durchhauen und ihn
fallen lassen und das schöne Mädchen mitnehmen; zu Hause woll-

ten sie dann sagen, er sei im Kampfe erschlagen worden. Nun rief der Bruder: „Zieht mich in die Höhe!" Sie zogen ihn bis zur Hälfte der Cisterne, hieben die Stricke mit ihren Säbeln durch, und er fiel hinab in die Cisterne, kam in den Erdschlund hinein und gelangte bis auf den Boden der Welt. Zehn Tage blieb er dort liegen, ehe er wieder zum Bewustsein kam. Als er erwachte, erblickte er die drei Pferde: er zog einem jeden ein Haar aus dem Schweife und steckte es in seine Tasche. Nun wusste er nicht, wie er wieder auf die Oberfläche der Welt gelangen sollte, da sah er den Vogel neben sich und forderte ihn auf, ihn an die Erdoberfläche hinauszubringen. Der Vogel brachte ihn hinaus vor den Rand der Cisterne. Darauf befal er dem Vogel an seinen Ort zurück zu kehren, und dieser kehrte zurück. Er aber begab sich in die Stadt seines Vaters und kaufte sich die Blase eines Zickleins; diese tat er auf seinen Kopf, so dass er wie ein Kalkopf aussah, damit ihn Niemand kenne. ◦

Der Fürst hatte seinen Bruder und seinen älteren Sohn gefragt: „Wo ist euer Bruder?" „Sie haben ihn erschlagen", gaben sie zur Antwort. Dann fragte der Fürst weiter: „Welche ist seine Frau?" „Diese, die schöne". „So soll mein ältester Sohn seine eigene Frau und die seines Bruders bekommen, alle beide sollen ihm gehören; jenen haben sie erschlagen". —. Sie bereiteten dem Bruder des Fürsten das Hochzeitsfest. Er sass auf und ritt mit den Rittern aus zum Turnier. Der Kalkopf nahm ein Haar aus seiner Tasche, da erschien ein schwarzes Luftpferd; er zog ein schönes Gewand an und mischte sich unter die Reiter. Sie schauten ihn an und fragten sich: „Woher ist dieser Kalkopf? er hat ein schönes Ross". Andere erwiderten: „Er ist ein Fremder". Der Kalkopf ging hin, sein Pferd zu vertauschen; er nahm ein anderes Haar heraus, da erschien ein Schimmel. Er mischte sich wieder unter die Reiter. Diese sagten: „Eben hatte der Kalkopf ein schwarzes Pferd, jetzt ist es weiss geworden". Andere sagten: „Was geht es euch an? er ist ein Fremder". Wieder ging er sein Pferd vertauschen; diesmal war's ein braunes. Er mischte sich wieder unter die Reiter und nahm seinem Oheim die Mütze weg. Sie verfolgten ihn, konnten ihn aber nicht erreichen. Er stieg nun vom Pferde und steckte die drei Haare wieder in seine Tasche. Jene suchten ihn, fanden ihn aber nicht. Hierauf wurde die Heirat des Bruders des Fürsten vollzogen. Dann veranstalteten sie auch das Hochzeitsfest des Sohnes des Fürsten. Als der Molla sich anschickte, ihm die beiden Mädchen anzutrauen, weigerte sich die Geliebte des Vermissten; sie wusste ja, dass er gekommen, denn sie hatte die Pferde unter ihm gesehen. Inzwischen hatte ihr Geliebter bei einem Gold-arbeiter Dienst genommen, den Monat für einen Piaster. —. Der Molla begab sich zum Fürsten und sagte: „Das Fräulein gibt nicht zu, dass ich sie mit deinem Sohne verheirate". Der Fürst ging zu ihr und fragte sie, wesshalb? „Ich wünsche", antwortete sie, „dass du mir eine Henne von Gold und Küchlein von Silber, welche Perlen aufpicken, gebest". Der Fürst begab sich zum Gold-schmied und befal ihm solches anzufertigen. „Das kann ich nicht machen", entgegnete dieser. „Mache es, oder ich schlage dir den Kopf ab". Da fing der Goldschmied an zu weinen, der Kalkopf aber sagte: „Weine nicht, ich will es machen". „Geh zum Teu-fel, verfluchter Kalkopf!" Aber der Kalkopf drehte den Ring, und die Henne und die Küchlein erschienen. Der Goldschmied brachte sie zum Fürsten, und dieser gab sie dem Fräulein. Nun sagte diese: „Bringt mir ein Gewand, das mit keiner Schere geschnitten und mit keiner Nadel genäht ist". Der Kalkopf ging und ver-dang sich beim Schneider. Der Fürst forderte vom Schneider ein Gewand, wie sie es angegeben hatte. Der Kalkopf drehte den Ring, das Gewand erschien, der Schneider brachte es zum Für-sten, und der gab es dem Fräulein. Diese verlangte darauf einen Pantoffel von Gold, mit dem man die Erde nicht berühre. Der Fürst sprach mit den Pantoffelmachern davon, aber diese erklär-ten, sie könnten es nicht machen. Da sagte der Kalkopf: „Ich kann's machen". „So mache es", erwiderte der Fürst. „Bei euch im Hause will ich's machen". Er begab sich nun zum Fürsten in's Schloss, drehte den Ring und der Pantoffel war da. Als sie ihn ihr gaben, sagte sie: „Ich nehme Niemand zum Manne, ausser jenem, welcher diesen Pantoffel gemacht hat". Man antwortete ihr: „Derjenige, welcher den Pantoffel gemacht hat, ist der Kal-kopf". Da sprach sie zum Fürsten: „Bei Gott, er ist dein Sohn". „Mein Sohn?" „Ja". Darauf rief sie dem Kalkopf: „Komm her-auf und erzäle uns deine Geschichte". Der Kalkopf kam und erzälte ihnen alles, wie es sich zugetragen hatte, und schloss seine Erzälung mit den Worten: „und die Pferde sind hier bei mir". Da küsste ihn der Fürst und verheiratete die Prinzessin mit ihm; er aber sagte: „Meine Brüder haben verräterisch an mir gehandelt".

XL.

Kaläsch-Agha, der Stadthauptmann von Sseᵏört, besass grossen Reichtum und war mächtiger als alle Menschen. Sein Sohn, Namens Dschauhar, war ein schmucker Jüngling, den im Ringkampf Niemand niederzuwerfen vermochte. In Folge dessen war sein Name berühmt geworden. Nun war auch einer Namens Ḥânûn, ebenso stark. Er und Dschauhar rangen mit einander, aber keiner vermochte den andern zu werfen. Da wurden die beiden Freunde. Einst sagte Ḥânûn zu Dschauhar: „Komm, wir wollen uns etwas in der Welt umsehen". „Komm", erwiderte dieser, und sie bestiegen ihre Pferde und nahmen Abschied von ihren Vätern. Sie kamen zu einer Stadt. Der Statthalter, welcher sich dort befand, liess gerade in der Kampfbahn zwei Männer mit Schwert und Schild gegen einander fechten, und der eine von ihnen tödtete den andern. Da sagte der Statthalter: „Wer immer Lust hat, gehe hinab gegen den Sieger". Aber die Leute aus der Stadt wagten es nicht. Da fragte Dschauhar den Statthalter: „Wenn ich ihn im Kampfspiel tödte, wird mich dann auch Niemand nachher zur Rechenschaft ziehen?" „Nein", antwortete der Statthalter, und nun kämpfte Dschauhar mit dem Manne. Bald gab dieser ihm eine Blösse, und Dschauhar versetzte ihm einen Schwertschlag, womit er ihm einen Fuss abhieb. „Bravo!" rief der Statthalter, „dir will ich meine Tochter zur Frau geben". „Schön", sagte Dschauhar und ging mit Ḥânûn und dem Statthalter nach des letztern Hause. Als sie dort Platz genommen hatten, fragte er: „Wo ist deine Tochter? Statthalter". „Sie ist hier im Hause". „So rufe sie, damit ich sie sehe". „Nein, komm, wir wollen lieber zu ihr gehen". Der Statthalter führte ihn zu seiner Tochter; als er sie aber betrachtete, fand er kein Gefallen an ihr. „Deine Tochter ist schön", sagte er, „aber lass sie einstweilen hier bei dir bleiben, bis ich wiederkomme". „Wohin willst du denn gehen?" „Ich will an's Ende der Welt gehen, da ist ein Mädchen, man sagt, es gebe kein schöneres, die hat zwanzig Unholde als Diener bei sich". „Ja, auch ich habe von ihr gehört", erwiderte der Statthalter. Nun machten Dschauhar und Ḥânûn sich auf, gürteten sich ihre Schwerter um, bestiegen ihre Rosse und zogen fort, nach dem Ende der Welt fragend. Sie kamen in ein ödes Gebirge, da entdeckten sie eine Hüle, deren Eingang mit Steinen verschlossen war. Drinnen in der Hüle hörten sie Jemand weinen, aber sie konnten nicht unterscheiden, ob es ein Mann oder eine

Frau war. Sie öffneten den Zugang und traten in die Höle ein. In derselben befand sich eine Cisterne, von deren Rande riefen sie hinab: „Wer bist du da unten?" „Ich bin eine Frau", war die Antwort. Da sagte Dschauhar: „Wir müssen hinabsteigen und sie herausholen". Hânûn erklärte, er wolle hinabgehen. Als er unten war, machten sie sich daran, sie hinaufzuziehen. Einen Strick hatten sie nicht bei sich, da banden sie sie an ihre Gürtel und zogen sie hinauf in die Höle. Darauf rief Hânûn: „Zieh mich hinauf", und Dschauhar fing an zu ziehen. Nun war aber noch Jemand in der Cisterne, den hatte Hânûn nicht gesehen, und als er zwei Ellen vom Boden in die Höhe gekommen war, fasste jener seinen Fuss und zog ihn nach unten. „Dschauhar", rief er, „lass mich los". Alsbald liess Dschauhar los, und Hânûn und der Mann packten einander, sie gingen in die Höle, zu der die Cisterne sich unten erweiterte, und rangen dort mit einander, aber keiner vermochte den andern zu werfen. Dschauhar wartete oben an der Cisterne. „Hânûn ist weg und kommt nicht wieder", sagte er zu dem Mädchen. „Es ist Jemand in der Cisterne", antwortete diese; „als ihr mich heraufzogt, schlief er, vielleicht ist er jetzt wach geworden". „Wirklich?" „Ja". „Dann muss ich hinabsteigen". Das Mädchen liess ihn hinab; als er unten ankam, erblickte er Niemand; er trat in die Höle, da sah er die beiden kämpfen. „Hânûn!" rief er, „was machst du?" „Ich kämpfe mit dem Dämon". Da kam Dschauhar ihm zu Hilfe, sie packten beide den Dämon, schlugen ihn zu Boden und hieben ihm den Kopf ab. Ehe sie wieder hinaufstiegen, entdeckten sie zwei Perlen, die nahmen sie mit. Als sie hinauf zu dem Mädchen gekommen waren, fragten sie sie: „Wie hat dich der Dämon hierher gebracht?" „Ich sass am Fenster und nähte, da kam er und raubte mich". „Woher bist du denn?" „Ich bin die Tochter des Fürsten von Almadîna". „Willst du nach Hause zurückkehren?" „Nein, ich will mit euch gehen". „Wir gehen in ein fernes Land". „Das macht nichts". Sie stiegen nun auf, und Hânûn nahm sie hinter sich auf's Pferd. Sie kamen zu einer Stadt, dort kauften sie ihr ein Pferd und zogen ihr Männerkleider an, auch kauften sie ihr ein Schwert. Du würdest sie für einen Mann halten: und auch Niemand erkannte sie. Als sie diese Stadt verlassen hatten, kamen sie zu einem Schlosse; darin befand sich ein Riese, der vierzig Mädchen weniger eine geraubt hatte. Dschauhar und Hânûn hielten Rat und kamen zu dem Entschlusse, diesen Riesen zu tödten und ihm die Mädchen zu entreissen. Der Riese schlief gerade; die Mädchen stiegen auf's Dach des Schlosses und riefen: „He, ihr Männer!“ „Ja!“ „Bei eurem Heil, befreit uns aus der Hand dieses Ungläubigen“. „So öffnet uns das Tor“. Als das Tor offen war, gingen die drei mit blossen Schwertern hinein. Der Riese erwachte und sagte: „Oof! woher sind diese? In der Nacht suche ich euch [um euch zu fressen], und nun sehe ich euch am hellen Tage“. „Steh auf!“ riefen die drei. Der Riese erhob sich und sie griffen einander mit den Schwertern an. Das Mädchen aus der Cisterne versetzte ihm einen Hieb, der seine Schulter zerschnitt. Er wandte sich gegen das Mädchen, indem er es für einen Mann hielt; aber Hânûn hieb ihm den Kopf herunter: ohne Kopf wandte er sich noch gegen Hânûn, aber da versetzte ihm Dschauhar einen Schlag, der ihn zu Boden warf, und darauf hieben sie ihn in Stücke.

Die neununddreissig waren alle schön. Auf die Frage, woher sie seien, antworteten sie: „Wir sind jede aus einem besondern Lande“. Der Riese hatte sechs Pferde, die nahmen sie mit, ebenso ein Fass mit Goldstücken. Als sie mit den Mädchen in eine Stadt kamen, schafften sie ihnen Pferde und Männerkleider an und kauften ihnen Säbel und Pistolen. So sahen die Mädchen alle vierzig wie schmucke Jünglinge ohne Schnurrbärte aus. Nun zog er ihnen noch rote Mützen an und sie ritten als zweiundvierzig Reitersmänner wie Soldaten aus der Stadt.

Sie kamen in die Stadt des Sultans, dort fragten sie nach dem Sultan, bis man ihnen sagte: „Da sitzt er auf dem Divan“. Dschauhar näherte sich ihm zum Handkusse; da befiel den Sultan Schrecken und er erhob sich vor ihm. Lange betrachtete er Dschauhar und seine Soldaten, er bewunderte und beneidete ihn um sie, einer schöner als der andere, alle ohne Schnurrbart. „Wohin gehst du?“ fragte er den Dschauhar. „Ich gehe an's Ende der Welt, dort ist eine, wie's keine schönere gibt, ich gehe sie holen“. „Geh nicht, sondern bleib bei mir, du und deine Soldaten; ich will euren Sold höher ansetzen als den meiner Soldaten“. „Ich kann nicht, Sultan, ich kann nicht bleiben“. —. Einer von Dschauhar's Gefolge sagte zu einem andern, in Bezug auf den Sultan: „Dieser ist mein Vater“. „Wirklich?“ „Ja“. „So sprich nur nicht davon“. —. Dschauhar stieg wieder zu Pferde und verabschiedete sich vom Sultan. Der fing an zu weinen, und als Dschauhar und sein Gefolge zum Aufbruch bereit waren, sagte er: „Dschauhar, es ist schade um diese Jungen, dass du sie von den Unholden tödten lässest“. „Nein, Sultan“, antwortete er, „wenn Gott

oben einmal beschlossen hat, dann ist unten alles eitel". „Nun
denn, glückliche Reise". —. Weiter zogen sie, nach dem Ende der
Welt fragend. Schon hatte das bewohnte Land aufgehört, sie zogen in der Wüste einher, da war kein Wasser und kein Brot.
Einen Monat lang assen sie nicht und tranken nicht. „O Gott!"
sagte Dschauhar, „könnte ich doch eine Cigarette haben". Da
holte einer vom Gefolge drei Cigaretten aus seiner Tasche und
gab sie dem Dschauhar. Der nahm eine, und Ḥânûn eine, und
eine das Mädchen aus der Cisterne, und rauchten sie. Darauf gelangten sie zu dem Schlosse des Weltendes, das lag am Abhange
eines Berges, und auf diesem Berge ruhte der Himmel. In der
Nacht stiegen sie vor der Schlosspforte ab, und Ḥânûn und
Dschauhar befalen den Soldaten: „Zieht eure Schwerter, wir wollen uns vor dem Tore aufstellen und warten, einundzwanzig von
dieser Seite und einundzwanzig von jener Seite; wer immer herauskommt, auf den stürzen wir uns mit dem Schwert und tödten
ihn". Es ward Morgen, sie standen vor dem Tore: einer von den
Unholden kam heraus, sie fielen mit den Schwertern über ihn her
und tödteten ihn, dann zogen sie ihn vom Tore weg und warfen
ihn bei Seite. Ein zweiter kam heraus, dem erging's ebenso, dann
ein dritter u. s. w., bis sie fünfzehn getödtet hatten. Einer war
noch übrig, das wussten sie aber nicht, sondern sie dachten: „das
sind sie, wir haben sie erschlagen, und die Tschelkalîje (eig.
Vierziglockige) ist allein". Sie begaben sich nun in's Schloss hinein, Dschauhar im Prachtgewande und mit zwei Orden, die er vom
Sultan erhalten hatte. Er stieg mit seinem Gefolge zum obern
Zimmer der Prinzessin, der noch übrig gebliebene Unhold lag dort
auf dem Boden und schlief. Als die Prinzessin Dschauhar und
sein Gefolge mit den blossen Schwertern in der Hand erblickte,
fragte sie: „Wie seid ihr hier hereingekommen?" „Sieh, wir sind
nun einmal hier". „Die Unholde werden euch fressen". „Wie
viele sind ihrer?" „Sechzehn". „Nun, fünfzehn haben wir getödtet". „Dann ist noch einer übrig". „Ist dieser es?" „Ja".
„Ist er stark oder nicht?" „Er ist sehr stark". Der Unhold
schlief und merkte nichts von dem allem, da stiessen sie ihn mit den
Säbeln an, er schaute auf und wollte sich aufrichten, aber sie hieben ihn in Stücke. Dann trat Dschauhar zur Tschelkafîje ein
und sprach zu ihr: „Ich bin von Sse'ört bis hierher gekommen
um deinetwillen". „Dann hast du gewiss keine andern Frauen
bekommen können, desshalb bist du hergekommen". „Frauen
habe ich bekommen können, aber nicht gewollt, alles um deinet-

willen". „Wenn du eine Frau hättest bekommen können, wärest
du nicht hergekommen". „Dieser ist ein Mann", erwiderte er, indem er auf Ḥânûn wies, „mein Bruder, und diese alle sind Mädchen". „Das ist gelogen!" „Steh auf und besieh sie dir". Da
sagte sie zu ihnen: „Entblösst eure Brust, damit ich sehe". Als
die Mädchen das getan hatten, rief sie: „Bei Gott, es ist wahr, es
sind Mädchen", dann fragte sie: „Von wo hast du sie her-
geholt?" „Mir ist es so und so ergangen", erzälte er. „Hm!
schön!" erwiderte sie. „Verrate aber nicht, dass es Mädchen sind",
bat er. „Nein; komm denn und setze dich zu mir auf's Sofa".
Sie holte Wein, und sie tranken. Darauf bat sie ihn: „Umarme
mich, ich bin deine Frau". „Nein!" erwiderte er, „das tue ich
nicht". „Wesshalb nicht?" „Ehe ich nicht auch meinem Bruder
eine Frau geholt habe, berühre ich dich nicht". Ḥânûn sagte
zwar: „Schlafe nur bei ihr, ich habe Zeit", aber Dschauhar wollte
nicht, und sie brachen wieder auf und nahmen die Prinzessin mit.
Sie schlugen den Weg zur Heimat ein; die Wüste hatten sie passirt und kamen zum Sultan. Der fragte: „Hast du die Tschelkafîje geholt?" „Ja". „Wo ist sie denn?" „Hier ist sie". Der
Sultan betrachtete sie und wurde nicht satt von ihrem Anblick.
„Ist sie schön, Sultan?" fragte Dschauhar. „Sehr schön ist sie,
Gott schütze sie". Dann fuhr er fort: „Diesmal bleibe bei mir".
„Nein, ich bleibe nicht; gib mir ein Diplom, das mich zum Herrscher über Sseᵊört einsetzt". Als der Sultan ihm dies Diplom aus-
gefertigt hatte, zog Dschauhar mit seinem Gefolge und der Prinzessin ab. Sie kamen nach Almadîne. Der Vater des Mädchens
aus der Cisterne hatte Bankerott gemacht und hatte viele Schulden; gerade als sie ankamen, musste seine Tochter ihn in den
Händen der Polizeidiener sehen, die ihn zum Statthalter führten,
damit er ihn in's Gefängniss werfe. „Dschauhar", sagte sie, „das
ist mein Vater, mit dem sie so verfahren, ich wünsche, dass du
ihn befreiest". Da begab Dschauhar sich mit seinem Gefolge zum
Statthalter. Dieser erhob sich vor ihm, und Dschauhar nahm Platz.
„Warum verfährst du so mit diesem Manne?" fragte er den Statthalter. „Er hat Schulden". „Hatte dieser Mann früher eine hohe
Stellung?" „Ja, er war Statthalter und Commandant, jetzt ist er ein
armer Teufel geworden". „Rufe die Gläubiger". Da sagte der Richter: „Ich bin Gläubiger, und der Grossrichter und der Statthalter".
„Für was ist er Bezalung schuldig?" fragte Dschauhar weiter.
„Er hatte uns Bestechung versprochen, nun hat er aber sein Wort
zurückgezogen und uns nichts gegeben". „Für was soll er dir

denn Bezalung geben?" „Dafür, dass wir ihn zum Commandanten gemacht haben". „Du bist ein Richter; geht es an, dass du Bestechung annimmst?" „Ja". Da befal er seinem Gefolge, Hand an den Richter zu legen und ihm seine Hände auf den Rücken zu binden. Als das geschehen war, befal er, auch den Grossrichter so zu binden. Und als der Statthalter sich der Ausführung dieses Befehles widersetzen wollte, sagte er: „Ich werde auch deine Hände binden lassen"; und alsbald wurden dem Statthalter selber die Hände auf den Rücken gebunden. Darauf liess er die drei vor den Pferden marschiren und nahm sie so mit zum Sultan. Diesem erzälte er ihre Sache, worauf derselbe sie verhaften und in's Gefängniss werfen liess, denn Dschauhar's Anordnungen wollte er nicht rückgängig machen. Darauf sagte Dschauhar: „O Sultan, ich wünsche, dass du diesem Manne ein Diplom ausfertigst, das ihn zum Fürsten von Almadîne macht". Der Sultan entsprach diesem Wunsche, und sie kehrten nach Almadîne zurück, und Dschauhar machte daselbst den Vater des Mädchens zum Fürsten. Dieser aber sagte: „Dschauhar, wenn du Staub in die Hand nimmst, so möge er zu Goldstücken werden; du hast mir eine grosse Woltat erwiesen; wenn meine Tochter hier wäre, so würde ich sie dir zur Frau geben". „Wo ist denn deine Tochter?" fragte Dschauhar. „Der Dämon hat sie geraubt". „Wohin hat er sie gebracht?" „Das weiss ich nicht; er hat sie geraubt". „Wenn du sie siehst, kennst du sie dann?" „Ja". Dschauhar sagte ihm aber nicht: da ist deine Tochter, sondern sie sassen wieder auf und ritten weiter nach Sse'ört. Als Kaläsch Agha vernahm, Dschauhar sei gekommen, in Begleitung von Soldaten, und habe sich eine Frau mitgebracht, zog er und der Statthalter und die ganze Stadt ihnen entgegen. Kaum hatte Dschauhar sich in Sse'ört niedergelassen, als er den Statthalter absetzte und ihm sagte, er möge sich packen. Er selbst wurde nun Statthalter; die Diener, die Türken des Statthalters, schickte er weg, sein eigenes Gefolge behielt er. In Sse'ört war eine schöne Frau, deren Mann tödtete er und gab sie dem Hântin. Der Molla kam und segnete beider Ehen ein. So waren sie verheiratet und regierten in Sse'ört. Die Mädchen blieben fünf Jahre bei ihm, dann baten sie um Urlaub, indem sie sagten: „Wir wollen in unsere Heimat und zu unsern Familien gehen". „Wisst ihr denn den Weg?" fragte er. „Ja". „Nun, so habt ihr die Erlaubniss, geht". „Wir wollen dir einen andern Vorschlag machen: wenn du uns zu Frauen nehmen willst, dann bleiben wir". „Nein, das geht nicht; wenn der Sultan die Leute erzälen hörte, dass ich meine Diener wie Frauen behandelte, so käme ich in schlechten Ruf". Da verwandelten sie sich in Tauben und flogen weg; Dschauhar beobachtete sie vom Schlosse aus: jede einzelne flog für sich allein, nur zwei gingen zusammen. Er rief diesen beiden: „Kommt, kehrt zurück". Als die beiden zurückgekehrt waren, fragte er sie: „Wesshalb geht eine jede für sich allein, und nur ihr beide zusammen?" „Jede ist aus einem besondern Lande", antworteten sie, „aber wir beide sind aus einem und demselben Lande, unsere Häuser sind neben einander". „Aus einer Stadt?" „Ja". „So geht". So ging eine jede in ihre Heimat und erzälte dort, wie es sich zugetragen hatte. Dschauhar's Name aber erlangte Ruhm in der Welt: er hatte ja die Tschelkafije geholt, die am Ende der Welt war.

XLI.

Es waren einmal drei Brüder, die waren Diener beim Fürsten. Eines Tages stalen sie dem Fürsten Geld. Der Fürst merkte wol, dass sie die Diebe waren, und fragte sie: „Wer hat das Geld gestolen?" Der eine sagte: ich nicht, und der andere sagte: ich nicht. Darauf setzte der Fürst sie alle drei in's Gefängniss. Der eine hiess Kôsa (Dieb); der zweite Ssärkôsa (Hauptdieb), und der jüngste Çâfikôsa (Lauterdieb). „Sprecht", sagte der Fürst, „wer hat es gestolen?" Aber sie verrieten einander nicht und sagten: „Wir wissen nichts davon". Da sagte der Fürst: „Geht weg aus meinem Hause, ich kann euch nicht mehr brauchen, an dem Gelde liegt mir nichts", und entliess sie aus dem Gefängnisse. Die drei gingen nach Hause und teilten dort das gestolene Geld. Als aber der Fürst dies hörte und zudem auch noch der Jüngste bekannte, dass Kôsa der Dieb gewesen sei, nahm er ihnen das Geld wieder ab. Als sie so nun von allen Mitteln entblösst waren, sagte Kôsa: „Ich will Fische fangen gehen", Ssärkôsa sagte: „Ich will Hasen jagen gehen", und Çâfikôsa sagte: „Ich will euch auf dem Wege Wache halten; was wir nach Hause bringen, sei gemeinschaftlich". Die andern waren damit einverstanden und sie begaben sich jeder an sein Geschäft. Kôsa ging an's Meer, Fische zu fangen, da fand er drei Perlen. Als er sie nach Hause brachte, traf er seinen Bruder auf dem Wege und ging mit ihm nach Hause. Seine Brüder hatten aber nichts mitgebracht. Sie fragten den Kôsa: „Was

hast du mitgebracht?" „Ich habe drei Perlen mitgebracht, und
ihr, was habt ihr mitgebracht?" „Wir haben nichts mitgebracht".
„Ich teile sie nicht mit euch, ein jeder möge für sich sammeln".
„Wesshalb?" „Desshalb". —. Darauf verkaufte Kôsa die Perlen, jede
für tausend Piaster. Er ass und trank mit seiner Frau (sie waren
nämlich alle drei verheiratet), wärend seine Brüder mit ihren
Frauen Hunger litten. —. Des andern Tages gingen sie wieder
auf die Jagd, da fand Ssärkôsa eine Höle, darin waren drei Fässer, eins mit Goldstücken, eins mit Sechspiasterstücken und eins
mit Talern. Er kehrte um und rief seinem jüngeren Bruder: „Bruder!" „Ja!" „Komm, hilf mir". „Was hast du denn gefunden?"
„Komm nur". Sie kamen zur Höle, aber der Eingang derselben war geschlossen, sie wussten nicht einmal, wo er war. Bis zum
Abend gingen sie um dieselbe herum, aber sie konnten den Eingang zu ihr nicht entdecken. Als sie Abends nach Hause kamen,
kam auch Kôsa und brachte drei Perlen und einen Sack voll Fische mit. Sie wohnten in einem Hause zusammen. Kôsa sagte
zu seiner Frau: „Gib die Fische meinen Brüdern, damit sie essen".
Die fragten ihn: „Was hast du gefangen? Kôsa". „Drei Perlen
und einen Sack Fische, und ihr, was habt ihr gefangen?" Da
antwortete Ssärkôsa: „Ich habe eine Höle gefunden, in der sind
drei Fässer, eins mit Goldstücken, eins mit Sechspiasterstücken und
eins mit Talern. Ich ging meinen Bruder rufen und nahm ihn
mit, damit wir die Fässer herausholten, aber der Eingang der Höle
war geschlossen, und wir konnten nicht herausbringen, wo er ist".
„Kommt morgen und zeigt sie mir: was wir aus ihr herausholen,
wollen wir zusammentun". Die beiden andern waren damit einverstanden und am Morgen gingen sie und zeigten ihm die Stelle
der Höle. „Schliesst eure Augen", sagte Kôsa. Als sie das getan
hatten, schlug er mit Steinen an die Felswand und sagte: „Wo
es wiederhallt, da ist die Höle". Er klopfte an zwei Stellen an,
aber es kam kein Wiederhall, endlich schlug er an eine Stelle, wo
Wiederhall kam. „Hier ist die Höle", sagte er und machte ein
Zeichen an der Stelle. Dann sagte er: „Kommt, wir wollen Brecheisen und grosse Hämmer holen". Sie begaben sich zu einem
Schmied und forderten ihn auf, ihnen zwei Brecheisen und einen
grossen Hammer zu machen. Er tat das, und sie bezalten ihn.
Als sie zur Höle zurückkamen, fanden sie zwei Fremde da, auch
mit Oeffnen beschäftigt. „Was macht ihr da?" riefen die Kôsa.
„Wir öffnen diese Höle". „Die Höle gehört uns". „Nein, sie ge-
hört uns". So gerieten sie in Streit und erschlugen die beiden

Fremden (diese hatten übrigens die Höle zuerst entdeckt). Sie öffneten nun die Höle. Als sie den Eingang zu derselben ganz offen gelegt hatten, erblickten sie die drei Fässer. Sie sahen, dass im Innern der Höle noch eine zweite war, die einen sehr engen Eingang hatte. „Bleibt hier“, sagte Kôsa, „ich will hineinge- hen und sehen, was es dort gibt“. Als Kôsa hineinkam, fand er drei schwarze Luftpferde. Er rief einem Bruder, indem er sagte: „Einer bleibe dort und einer komme hierher“. Da ging der zweite Bruder Ssärkôsa zu ihm. „Sieh, Bruder“, sagte Kôsa, „da sind drei Pferde, wir wollen ein Licht anzünden und in der Höle herumgehen, damit wir sehen, was es gibt, denn es ist fin- ster hier“. Sie zündeten eine Lampe an, da sahen sie ein Schwert am Eingange der Höle hängen. Im Innern dieser Höle war wie- der eine andere Höle. Kôsa hing das Schwert um seinen Hals, dann zog er es aus der Scheide, und stand nun da, in der einen Hand das blanke Schwert, in der andern die Lampe. „Bruder“, sagte er, „bleibe hier bei den Pferden“. „Ja“. Dann ging Kôsa hinein und fand einen schlafend, es war weder ein Mensch, noch ein Tier, noch auch ein Unhold. Er stiess ihn mit dem Schwerte an, davon sprang der Schlafende in die Höhe und rief: Uuf. Auf sein „Uuf“ hin wieherten die Pferde. „Bruder!“ rief Kôsa, „lass die Pferde und rufe meinen Bruder zu Hilfe, und kommt zu mir“. Ssärkôsa rief dem andern Bruder: „Komm zu meinem Bruder“. Die beiden, Kôsa und der Riese Bärdawîl, hatten sich gepackt und rangen mit einander. Der Bärdawîl warf Kôsa zu Boden, in dessen Hand war aber das Schwert, er zog daran und auch der Bärdawîl zog daran. Nun kamen die Brüder an und fanden Kôsa unter dem Riesen. „Packt ihn“, rief er, „— er erstickt mich — dass ich aufstehen kann“. Ssärkôsa fasste ihn, aber er vermochte nicht, ihn von seinem Bruder in die Höhe zu heben. Da fasste der jüngste ihn, schlang seine Arme um seine Brust und befreite so seinen Bruder von ihm. Kôsa konnte aufstehen, die drei Brü- der griffen den Riesen an und warfen ihn zu Boden. Ein einzi- ges Schwert hatten die vier, und das war in der Hand Kôsa's: damit versetzte er dem Riesen einen Schlag und tödtete ihn. „Du hättest mich ohne mein eigenes Schwert nicht tödten können“, sagte der Bärdawîl und starb. Die Brüder zündeten das Licht wieder an, da erblickten sie noch eine weitere Höle. Sie gingen hinein und fanden drei wunderschöne maghrebinische Frauen darin. Im Schosse der Aeltesten lag einer und schlief: Kôsa stiess ihn mit dem Schwerte an, der Schlafende merkte es nicht. Da sagte

die Frau: „Sein Schwert hängt dort, holt es". Kôsa nahm das
Schwert und gab es seinem jüngsten Bruder. „Gib mir es", sagte
Ssärkôsa. „Nein, mein jüngster Bruder ist stärker als du". „Nun
fuhr die Frau fort: „Wenn er aufsteht, so könnt ihr ihn nicht hin-
werfen, packt aber seine Hoden, dann könnt ihr es". Die drei
stellten sich ihm darauf zu Häupten und stiessen ihn mit den
Schwertern an: er sprang in die Höhe, die Höle erdröhnte. Er
und Kôsa packten einander, Ssärkôsa schlich sich hinter ihn und
fasste seine Hoden. „Mein Bruder, komm mir zu Hilfe", schrie
der Riese, indem er dem Bärdawîl rief. Aber Ssärkôsa drehte ihm
seine Hoden und sagte: „Deinen Bruder haben wir getödtet".
Weil Ssärkôsa ihm solches sagte, fiel der Gabûs zu Boden; sie
stürzten sich mit den Schwertern auf ihn und tödteten ihn. Dann
holten sie die drei Frauen heraus, gingen zurück in die Höle des
Bärdawîl, dann in die der Pferde, wo sie die Frauen auf die Pferde
setzten, und dann in die der Fässer. Jeder von ihnen lud ein
Fass auf und so nahmen sie die Fässer und die Frauen mit.
Kôsa sagte: „Wir wollen aber nicht in die Stadt gehen, lasst uns
lieber draussen vor derselben ein Schloss bauen, damit die Leute
unsere Frauen nicht sehen, sonst nehmen sie sie uns weg". Die
Brüder waren damit einverstanden. Sie bauten sich also draussen
vor der Stadt ein Schloss und liessen die drei Frauen darin wohnen, auch ihre frühern Frauen holten sie und machten sie zu Sclavinnen. So waren die Kôsa zu grossem Reichtum gelangt.
Abends kamen sie von der Jagd und vergnügten sich mit ihren
Frauen. Wärend der Unterhaltung fragten sie sie einmal: „Woher seid ihr?" „Wir drei sind Schwestern, die Töchter des Fürsten der Maghrebiner". „Wie kam es, dass der Bärdawîl und der
Gabûs euch wegholten?" „Sie belagerten unsere Stadt und kehrten
sie um, das unterste zu oberst, und zerstörten sie; wir waren an
der Quelle und wuschen, da holten sie uns und brachten uns in die
Hölen; darauf seid ihr gekommen und habt sie getödtet: das ist unsere Geschichte". „Lasst euch's nicht betrüben", erwiderten jene. —.
Nach wie vor gingen sie auf die Jagd. Einst war
Kôsa allein am Meere, um Fische zu fangen; er warf den
Hamen aus, da biss ein Haifisch an. Am Ufer war ein Baum:
Kôsa zog und band den einen Strick an diesen Baum, und an
dem andern zog er den Hai und brachte ihn bis an's Ufer. Da
kam der Wasserriese und sah den Hai an den Stricken hangen,
wärend Kôsa zog. „Bei deinem Heile, Riese", rief der Hai, „lass
nicht zu, dass der Kôsa mich hinauszieht". Da zog der Riese an

den Stricken, Kôsa kam mit dem Stricke und fiel in's Meer, und
der Riese nahm ihn mit sich weg. Als es Nacht geworden und
Kôsa noch nicht nach Hause gekommen war, fragten die Brüder
nach ihm, aber die Frauen sagten: „Er ist noch nicht nach Hause
gekommen". Jene Nacht schliefen sie, Kôsa kam noch immer
nicht, am Morgen gingen die Brüder an's Meer und fanden dort
den einen Strick am Baume befestigt. „Er ist in's Meer gefallen",
dachten sie, „und ist ertrunken", gingen nach Hause zurück und
sprachen nicht weiter von ihm. —. Der Riese aber nahm den Kôsa
mit sich und führte ihn im Meere umher. „Ich werde dich tödten, Kôsa!" sagte er. „Wesshalb willst du mich tödten?" „Wozu
bist du an's Meer gekommen?" „Ich wollte Fische fangen".
„Hm! nun, ich werde dich nicht tödten, wir wollen Freundschaft
schliessen". Er nahm ihn darauf mit sich und zeigte ihm die
Perlen des Meeres und ein Schloss im Meere. In dieses Schloss
mitten im Meere begaben sie sich, es sass in demselben ein Mädchen mit Namen Chäntim Chatûn. Als diese den Kôsa erblickte,
freute sie sich sehr, und er und der Riese setzten sich zu ihr.
Als der Riese wieder hinaus in's Meer ging, blieb Kôsa mit ihr
allein. „Wie sollen wir's mit dem Riesen anfangen?" fragte Kôsa.
„Habe nur keine Furcht, ich werde dir schon Gelegenheit geben,
ihn zu tödten". „Aber wer wird uns denn aus dem Meere bringen?" „Das schwarze Meerpferd". „Gut". Darauf bat sie ihn:
„Komm, umarme mich". „Wenn uns der Riese nur nicht sieht",
erwiderte er. „Komm nur, habe keine Angst". Da nahm er sie
in seine Arme und wollte sie gar nicht mehr loslassen. Als er
den Riesen kommen hörte, entwand er sich ihrer Umarmung und
fragte ihn: „Wo warst du, Riese?" „Bei den Elfen, der König
der Elfen hat eine Tochter mitten im Meer, die wollte ich stehlen,
aber sie haben mich bemerkt". „Komm, ich will sie dir stehlen",
erwiderte Kôsa und ging mit dem Riesen. Als dieser sie ihm gezeigt hatte, nahm er sie auf, wärend sie schlief, und brachte sie
dem Riesen und sagte: „Da ist sie, Riese". Dieser nahm sie auf
die Schulter und brachte sie zu der Prinzessin. Am Abend brei-
teten die beiden die Decken hin, und der Riese legte sich zwischen die zwei schlafen. Aber die Prinzessin band einen Faden
an die Hand Kôsa's, das andere Ende des Fadens behielt sie selber in der Hand. Als der Riese eingeschlafen war, zog sie an
dem Faden, Kôsa kam und fragte: „Was gibt's?" „Lege dich
so nahe hinter mich, dass du mich umarmen kannst". Er tat das,
und der Riese merkte nichts davon. Dann stand Kôsa auf, ging

auf die andere Seite zu der Tochter des Königs der Elfen und
legte sich auch hinter diese, um sie zu umarmen. Aber die Hand
des Riesen ruhte auf ihrem Halse, und daher erwachte er. Alsbald lag Kôsa wieder auf seinem Platze. „Wer war das?" fragte
der Riese. Niemand antwortete. „Kôsa!" „Ja!" „Warst du es
nicht, der hierher gekommen war?" „Nein". „Aber wer denn
sonst?" „Ich war es", sagte die Prinzessin, „ich war aufgestanden, um zu trinken, es war dunkel, und da konnte ich mich nicht
zurechtfinden". Der Riese sagte nichts weiter. Als er am Morgen wieder weg in's Meer gegangen war, machten die drei, Kôsa,
die Prinzessin und die Königstochter, ihren Plan. Sie machten ihm
Essen zurecht, dass er es am Abend, wenn er zurückkehre, esse,
und taten ihm Gift hinein. Als der Riese am Abend kam, sagte
er: „Ich bin hungrig". „Wir haben dir Essen zurecht gemacht",
erwiderten sie und setzten es ihm vor. Er ass, fiel zu Boden und
schwoll auf. Kôsa näherte sich ihm mit dem Schwerte und versetzte ihm einen Streich, wodurch er ihn tödtete. Dann legte er
sich zwischen die beiden und schlief vergnüglich bis zum Morgen.
Am Morgen sagte er der Prinzessin, sie solle das Pferd bolen.
Als sie das Meerpferd gebracht hatte, stiegen sie alle drei auf
dasselbe, und sie sprach zu ihm: „Pferd, bringe uns aus dem
Meere hinaus". Das Pferd tat dies; darauf sagte sie: „Kehre zurück an deinen Ort". Kôsa aber sagte: „Wir wollen es mitnehmen". „Nein", entgegnete sie, „es gehört dem Meere, wir können
es nicht mitnehmen". Darauf kam Kôsa nach Hause; die Brüder
und die Frauen freuten sich sehr darüber; er hatte nun drei Frauen.

Als der Fürst der Stadt, welcher fünf noch unverheiratete
Söhne hatte, davon hörte, kam er mit seinen fünf Söhnen zu Kôsa;
er nahm dort Platz, und Kôsa fragte ihn, was sie zu ihm führe.
„Wir kommen zu dir", antwortete der Fürst, „damit du diese
Frauen meinen Söhnen geben mögest". „Das geht nicht, Fürst,
es sind unsere Frauen". „Ich will sie aber haben". „Und wir
geben sie nicht". So gerieten sie in Streit, sie erschlugen den
Fürsten, und die Söhne des Fürsten erschlugen den Kôsa und seine
Brüder, nahmen die Frauen und führten sie weg, die Sclavinnen
aber liessen sie zurück. Jeder von ihnen heiratete eine, aber der
jüngste Sohn des Fürsten war mit der ihm zugefallenen Frau nicht
zufrieden, desshalb fing er Streit an und erschlug seine vier Brüder; und danach heiratete er die Frauen alle fünf. [Aber auch
ihm sollten sie nicht bleiben], Riḥân [nämlich], ein unwiderstehli-
cher Held, der schon viele erschlagen und viele ausgeplündert hatte,

hörte, dass der Sohn des Fürsten schöne Frauen habe. Alsbald kam er in dessen Schloss, erschlug ihn, entführte die Frauen und heiratete sie.

XLII.

Es war einmal ein Räuber und Spitzbube, der hatte eine Schwester, die verheiratete er, und sie bekam einen Sohn, den nannten sie ʾÂjiſ. Sein Oheim pflegte Nachts stehlen zu gehen; als ʾÂjiſ aber herangewachsen war, da ward er ein noch vorzüglicherer Dieb als sein Oheim. Einst ging er mit seinem Oheim in's Holz, da erblickten sie auf einem Baume ein Vogelnest. „ʾÂjiſ, klettere hinauf", sagte der Oheim. „Das kann ich nicht", erwiderte dieser. Da kletterte der Oheim hinauf. Er hatte aber Hosen an, und die stal ihm jetzt ʾÂjiſ vom Leibe, ohne dass er es merkte. Er brachte das Nest hinunter, zwei Eier waren darin, jeder von ihnen ass eines derselben, und dann gingen sie nach Hause. „Oheim, wo ist deine Hose?" fragte ʾÂjiſ. „Ich weiss es nicht". „Siehst du? Ich habe sie dir gestolen, ohne dass du es merktest". „So bist du ein noch vorzüglicherer Dieb als ich geworden, ʾÂjiſ". —. Eines Tages forderte der Oheim ʾÂjiſ auf, mit ihm den Schatz des Statthalters stehlen zu gehen. Der Statthalter hatte vor dem Schatze eine Grube voll Pech und Harz angelegt und Erde darüber streuen lassen, damit jeder, der etwa stehlen würde, in das Pech und Harz einsinke und nicht mehr herauskomme, so dass man ihn fassen könne. Als die beiden nun zum Schatzhause kamen, sahen sie die Goldstücke, und der Oheim sagte: „ʾÂjiſ, geh hin und fülle den Ranzen". Der aber antwortete: „Ich kann das nicht, Oheim, geh du lieber", denn er hatte gemerkt, dass da Pech und Harz war. Nun ging der Oheim und sank ein. „ʾÂjiſ", rief er, „komm und zieh mich heraus". „Warte, Oheim, ich will erst den Schatz nehmen und darauf ziehe ich dich heraus, ich lasse dich nicht im Stiche". Darauf trat er auf die Schulter des Oheims und sprang in die Schatzkammer, füllte sich den Ranzen, trat wieder auf die Schulter des Oheims und kehrte an seinen früheren Platz zurück. Dann erfasste er einen Arm des Oheims und zog; aber der Arm allein blieb in seiner Hand zurück, vom Körper abgerissen, und der Oheim steckte noch in der Grube. Da fasste er dessen Kopf und zog, aber auch die-

ser wurde vom Halse abgerissen. Nun nahm er den Arm und den
Kopf und den Schatz und ging nach Hause. Dort erzälte er seiner Mutter, was geschehen war, und die fing an zu weinen und
sagte: „'Âjif, lass den Leichnam deines Oheims nicht dort". „Nein,
ich werde ihn nicht im Stiche lassen", antwortete er, „habe nur
keine Angst". Die Leute des Statthalters fanden am andern Morgen, dass man den Schatz weggebracht hatte und dass ein Mann
ohne Kopf und Arm in der Grube stak. Sie sagten: „Kommt,
lasst uns den Leichnam bewachen, er hat Verwandte; wenn sie
ihn holen kommen, können wir sie ergreifen". Die Tochter des
Statthalters sagte: „Ich will ihn bewachen, gib mir zehn Diener
und ein Zelt". Ihr Vater erfüllte ihr diese Bitte, sie nahm die
Diener mit und schlug das Zelt auf.

Unterdessen ging 'Âjif sich eine Laute kaufen, bestieg seinen
Esel und kam vor das Zelt; dort schlug er die Laute und sang
dazu. Da sagte die Tochter des Statthalters zu ihm: „Komm,
singe uns diese Nacht". „Ich kann nicht hier bleiben", antwortete
er, „ich werde mit euch zu Abend essen und dann gehen". Sie
bat nochmals: „Bleib diese Nacht hier". „Nein, man könnte meinen Esel stehlen". „Wenn man deinen Esel stiehlt, so — ich
schwöre es dir bei Gott, so gebe ich dir, was du nur immer willst".
„Gut", sagte er, „gebt mir nur einen Futtersack mit Gerste, damit ich ihn meinem Esel anhänge". Sie gaben ihm das Verlangte.
Als er ihn nun dem Esel anhing, raunte er ihm in die Ohren:
„Esel, wenn ich meinen Oheim auf deinen Rücken binde, so bringe
ihn nach Hause". „Ja", gab der Esel zur Antwort. Nun schlug
'Âjif die Laute und sang dazu, bis die Diener des Statthalters
einschliefen; weiter sang er, bis die Tochter einschlief. Als sie
fest schliefen, stand er auf und holte den Oheim heraus; darauf
band er ihn auf den Esel und schickte diesen mit ihm nach Hause.
Dann begab er sich unter das Zelt, noch schliefen sie; er näherte
sich dem Mädchen, machte sich mit ihr zu schaffen und wagte
alles mit ihr, ohne dass sie etwas davon merkte. Darauf hustete
er, die Diener erwachten, und auch die Tochter des Statthalters.
„Steht auf", befal sie den Dienern, „und seht zu, ob nicht einer
an dem Leichnam gewesen ist". Als die Diener nachsahen, fanden sie, dass der Leichnam weg war und der Esel verschwunden.
Sie kamen zurück und meldeten: „Fräulein, der Leichnam und
'Âjif' Esel sind verschwunden". Da fiel 'Âjif ein: „Habe ich dir
nicht gesagt, sie würden meinen Esel stehlen? wirst du ihn mir
bezalen?" „Was du willst, werde ich dir geben". „So gib mir

dich selbst". Da befal sie den Dienern: „Geht und sagt meinem Vater, sie hätten den Leichnam weggeholt, ohne dass wir etwas von ihnen gemerkt hätten". Als die Diener gegangen waren, genoss ꞌÂjiſ ihre Liebe; darauf ging er nach Hause, und auch sie ging nach Hause. Zu Hause fragte ꞌÂjiſ seine Mutter: „Hat der Esel meinen Oheim gebracht?" „Ja, ich habe ihn begraben". „Gut!" sagte ꞌÂjiſ.

ꞌÂjiſ setzte seine Diebereien in der Stadt fort; als er eines Tages beim Statthalter war, sagte dieser: „Wir können nicht in Erfahrung bringen, wer dieser Dieb ist". „Ich will dir mal etwas sagen", entgegnete ꞌÂjiſ. „Sprich!" „Streue Goldstücke auf die Strasse; wer nach ihnen die Hände ausstreckt, der ist der Dieb". „Bei Gott, das ist wahr", sagte der Statthalter und tat nach seinem Rate. Nun machte sich ꞌÂjiſ ein Paar Schuhe mit Solen von Wachs. Wenn er auf dem Markte umherging, so fasste das Wachs die Goldstücke. Auf diese Weise bekam er die Goldstücke alle, ohne dass man erfuhr, wer der Dieb war. „Wir sind betroffen und ratlos", erklärte der Statthalter (unter dem wir den Statthalter von Damascus zu verstehen haben).

Der Statthalter von Aleppo hörte von dem Diebe in Damascus. Da schrieb er einen Brief an den Statthalter von Damascus, in welchem er ihm sagte: „In deiner Stadt ist ein Dieb, du kannst ihn nicht fassen, du bist kein Statthalter". „Hm! Gut!" sagte jener und schickte die Ausrufer in Damascus umher und befal ihnen: „Ruft aus in Damascus, der Dieb, wer auch immer er sei, soll sich selber angeben; bei Gott sei's gelobt, ich gebe ihm hundert Beutel und meine Tochter, er möge sich nur selber angeben". Da sagte ꞌÂjiſ: „Ich bin es". „Du bist es?" fragte der Statthalter. „Ja". „So empfange hundert Beutel und nimm dir meine Tochter", und darauf verheiratete er seine Tochter mit ꞌÂjiſ. Dann sagte er: „ꞌÂjiſ!" „Ja!" „Ich wünsche, dass du den Statthalter von Aleppo stehlest und zu mir bringest". „Schön!" entgegnete ꞌÂjiſ, „gib mir nur ein Ziegenfell und hundert kleine Schellen". Der Statthalter holte ihm ein Ziegenfell und hundert Schellchen; ꞌÂjiſ fädelte diese in die Zotten des Felles ein und zog dasselbe an. Dann nahm er noch eine Keule mit, setzte seine Mütze auf und machte sich auf den Weg nach Aleppo. Dort langte er bei Sonnenuntergang an. Der Statthalter ass zu Nacht und legte sich schlafen. Als es Mitternacht geworden, stieg ꞌÂjiſ in's Schloss und ging in das Zimmer des Statthalters: der schlief dort allein. Er stiess den Statthalter mit der Keule an, der erwachte und öffnete seine Augen. Da schüttelte ᾽Âjif die Keule und die Schellchen; der Statthalter geriet sehr in Furcht. „Wer bist du?" fragte er. „Ich bin der Todesengel; ich bin gekommen, deine Seele zu holen". „Gnade! bei deinem Heil!" rief der Statthalter, „hole meine Seele nicht diese Nacht, ich habe Kinder, die will ich morgen noch sehen, auch will ich für einen Sarg sorgen, morgen Nacht komm und hole meine Seele". „Ja, aber ich will dir etwas sagen, tue nach meinem Worte". „Wie denn?" „Ich werde dich vor den Thron Gottes bringen, wärend du im Sarge bist; wenn ich dir nun sage: belle wie ein Hund, dann belle!" „Ja". „Wenn ich dir sage: krähe wie ein Hahn". „Ja". „Wenn ich dir sage: mache wie eine Katze". „Ja". „Nun, so will ich diese Nacht deine Seele nicht nehmen, aber in der nächsten Nacht, dann hole ich sie". „So soll es sein", sagte der Statthalter. Wärend des Tages hielt sich ᾽Âjif im Palaste versteckt. Als die Nacht gekommen, stieg er hinauf zum Statthalter, dieser lag im Sarge. „Was hast du gemacht, Statthalter?" fragte er ihn. „Siehe, ich bin bereit, nimm meine Seele". Da holte ᾽Ajif einen Strick heraus, band den Sarg auf seinen Rücken und ging nach Damascus. Dort begab er sich gleich in die Ratsversammlung des Statthalters (es war um Mittag), setzte den Sarg im Ratszimmer nieder, wo alle Beamten versammelt sassen, und sprach: „Statthalter im Sarge!" „Ja!" „Belle wie ein Hund". Da bellte er. „Krähe wie Hahn", da krähte er wie ein Hahn. „Mache wie die Katzen", da machte er wie die Katzen. „Wiehere wie ein Esel", da wieherte er. ᾽Âjif hatte unterdessen seine Kleider gewechselt und sich unter die Versammelten gesetzt. Dann befal er: „Oeffnet den Sarg". Da öffneten sie den Sarg und fanden den Statthalter darin. Als der Statthalter von Aleppo sich umschaute, sagte er: „Das ist ja Damascus". Da lachten die Anwesenden über ihn. Als sie ihn aus dem Sarge herausgeholt hatten, sagte der Statthalter von Damascus zu ihm: „Hast du gesehen, Statthalter von Aleppo? Du sagtest, es sei ein Dieb in Damascus und ich könne ihn nicht fangen; eben jener Dieb hat dich hierhergeholt, er sitzt hier unter diesen, steh auf und finde ihn heraus". „Ich habe gefehlt", antwortete jener. „Geh jetzt nach Hause, nach Aleppo". So musste er zu Fusse dorthin zurückkehren. —.

Schämdîn-Agha hatte eine sehr schöne Tochter, die bekam Aussatz im Gesicht, und der Arzt hatte ihr befolen, das Gesicht im Meere zu waschen, dann würde es gesund werden. Sie ging an's Meer, wusch ihr Gesicht und ward gesund. Als sie es ein

zweites mal wusch, fiel ein goldner Ring, den sie in der Nase
trug, in's Wasser, ein Fisch schnappte ihn, sie stürzte sich auf
den Fisch, aber ein Haifisch verschlang sie. Als Schämdîn-Agha
und seine Söhne davon hörten, schickte er die Taucher in's Meer
hinab, aber sie fanden nichts. Sie fingen Fische, durchsuchten
ihren Bauch, aber sie fanden nichts. Ein Fisch sprach: „Tödtet
mich nicht, ich will euch etwas sagen". „Sprich!" antworteten
sie. „Ich sah eine am Meere, die wusch ihr Gesicht, da fiel ihr
Nasenring in's Wasser, ich nahm ihn weg und sie stürzte sich auf
mich, da verschlang sie der Hai". „Lügen!" „Wollt ihr mir
nicht glauben?" erwiderte er und spuckte den Ring aus seinem
Munde. Sie besahen ihn und sagten: „Bei Gott, es ist wahr".
Darauf warfen sie Hamen in's Meer, aber der Hai wurde nicht
gefangen. „Sie ist dahin", dachte der Vater und die Brüder.

›Âjif hatte gehört, dass der Sultan gestorben sei und dass
man ihn in Kleidern von Silber und Gold in's Grab gelegt habe.
Er begab sich zum Grabe des Sultans, um die Kleider zu stehlen.
In der Nacht öffnete er das Grab, stieg hinab und zog dem Sultan die Kleider aus, da erblickte er einen Fisch im Grabe; er
wollte ihn tödten, indem er dachte, es sei eine Schlange. „Tödte
mich nicht", bat der Fisch, „ich bin die Tochter des Königs der
Fische, mein Vater war erkrankt, und man sagte mir, ich möchte
etwas vom Haare des Sultans holen, dann würde mein Vater ge-
nesen". „Hm!" erwiderte er und gab ihr vom Haar des Sultans,
dann fuhr er fort: „Gelobe mir, dass du mich zum Manne nehmen
willst". „Ich gelobe es dir; wir wollen zusammen gehen, meinem
Vater die Haare bringen, und dann nehme ich dich zum Manne".
„Wo ist dein Vater?" „Im Meere". „Ich kann aber nicht schwimmen". „So setze dich auf mich". Sie gingen nun aus dem Grabe
hinaus, vergruben die Kleider am Meeresufer, er stieg auf den
Rücken des Fisches und sie schwammen dahin im Meere. Da
kam ein Hai, packte den ›Âjif und verschlang ihn. Die Fischprinzessin mochte anfangen, was sie wollte, gegen den Hai vermochte sie nichts. Sie ging zu ihrem Vater, gab ihm die Haare,
und er genas. Darauf sagte sie: „Väterchen!" „Ja". „Ich habe
in dem Grabe einen getroffen, dem habe ich gelobt, ich würde ihn
zum Manne nehmen, und er gab mir Haare; ich nahm ihn mit mir
in's Meer, da entriss ihn mir der Hai". „Ist's wahr?" fragte er.
„Ja". Da rief der König alle Haie zusammen, und als sie sich
bei ihm versammelt hatten, fragte er: „Wer ist der unter euch, in
dessen Bauch sich Jemand befindet?" Der, welcher den ›Âjif ver-

schlungen hatte, sagte: „In meinem Bauche ist einer", und der, welcher das Mädchen verschlungen hatte, sagte: „In meinem Bauche ist eine". „So geht", befal der König, „an's Ufer des Meeres und spuckt sie aus, damit sie herauskommen". Die beiden Haie folgten dem Befehle, und jene kamen aus den Fischbäuchen heraus. ʾÂjiſ sah das Mädchen, es war einzig schön. Auch die Fischprinzessin hatte sich in eine sehr schöne Frau verwandelt. „Woher bist du?" fragte ʾÂjiſ sie. „Ich bin der Fisch, die Tochter des Fischkönigs, und bin gekommen, dich zum Manne zu nehmen". Da zog er die Kleider des Sultans an und nahm die beiden mit sich nach Hause. Auch die Tochter des Statthalters war noch seine Frau: so hatte er nun drei Frauen. —. Nachdem er ein Jahr zu Hause gewesen war, sagte die Tochter Schämdîn-Agha's zu ihm: „ʾÂjiſ, komm, wir wollen zu meines Vaters Haus reisen und dort vier Tage bleiben, und dann kehren wir zurück". Die Familie Schämdîn-Agha's freute sich bei ihrer Ankunft sehr, dass sie die Tochter wiedersahen. „Wie bist du wieder herausgekommen?" fragten sie. Da erzälte ihnen ʾÂjiſ, so und so sei es ihnen ergangen. „Sie sei dir gesegnet", erwiderten sie, „sie ist dein dir zugefallenes Teil". Da nahm er sie wieder mit nach Hause. Als man jedoch an ihm die Kleider des Sultans erblickte, wurden Soldaten gegen ihn gesandt, aber sie vermochten nichts gegen ihn. Da gab man ihm hinterlistiger Weise Gift zu trinken, woran er starb.

Nach seinem Tode kehrte die Fischprinzessin nach Hause zurück, auch die Tochter Schämdîn-Agha's begab sich in ihre Heimat, und endlich die Tochter des Statthalters ging zu ihrem Vater.

XLIII.

Es war einmal ein Statthalter, der hatte zwei Frauen, und es war auch ein Minister, der hatte auch zwei Frauen. Die beiden wohnten in einer Stadt, aber keiner von den beiden hatte Kinder. Da sagte der Statthalter zum Minister: „Wir bekommen keine Kinder, weder ich noch du; was sollen wir nur anfangen?" „Ich weiss es nicht". „Komm, lass uns mit den Frauen tauschen: ich gebe dir meine beiden, gib du mir deine beiden". Damit war der Minister einverstanden. Nun war aber die Frau des Statthalters guter Hoffnung, und das wusste der Statthalter nicht. Sie tauschten, der Statthalter bekam die Frauen des Ministers, und der Minister die des Statthalters. Nach einiger Zeit wurde dem Minister von der Frau des Statthalters ein Sohn geboren. Als der Statthalter dies hörte, fragte er seine frühere Frau: „Ist der Sohn von mir? oder ist er vom Minister?" „Ich weiss es nicht", antwortete sie. „Sprich die Wahrheit". „Ich will's nicht sagen". Nun begab sich der Statthalter zum Minister und sagte ihm: „Ich will den Jungen an mich nehmen". „Ich gebe ihn aber nicht heraus". „Wesshalb willst du ihn nicht herausgeben?" „Wir haben mit den Frauen getauscht, und damit ist's gut". „Er ist aber mein Sohn". „Nein, er ist von mir". So gerieten sie in Wortwechsel, bis sie dahin übereinkamen, zum Sultan zu gehen und dort gegen einander Klage zu führen. Als sie dem Sultan das Geschehene vorgetragen hatten, befal dieser: „Bringt die Frau her, sie weiss, von wem er ist". Wärend man die Frau rief, empfal der Sultan den beiden an, zu schweigen, er werde mit ihr sprechen. Darauf wandte er sich an die Frau und sprach: „Höre, Frau, ich will dich etwas fragen: wenn du nicht die Wahrheit sagst, so schlage ich dir den Kopf ab". „Sprich!" „Der Sohn, den du geboren hast, ist er vom Statthalter? oder vom Minister?" „Vom Statthalter", antwortete die Frau. „So gebt ihn dem Statthalter", entschied der Sultan, „so spricht das Gesetz; nun geht nach Hause". Als sie nach Hause kamen, nahm der Statthalter den Sohn zu sich und liess eine Amme kommen, die ihn säugen sollte. —. Einige Zeit nachher gebar auch die Frau des Statthalters ihm einen Sohn. Als der Minister das hörte, sagte er: „Der Junge ist mein Sohn", der Statthalter dagegen behauptete: „nein, er ist von mir". So auf's Neue in Streit geraten, gingen sie wieder zum Sultan klagen. Dieser fragte sie: „Werdet ihr nach meinem Ausspruche tun?" „Ja". „So nimm dir, Minister, deine frühern Frauen und den jetzt geborenen Sohn, und gib dem Statthalter seine Frauen; kehrt ganz in euer früheres Verhältniss zurück, jeder mit seinen Frauen". „Gut!" antworteten sie, gingen nach Hause und jeder nahm seine Frauen.

Die Jungen wuchsen heran. Der Sohn des Ministers liess sich in dessen Hause nicht halten, er war ja der Sohn des Statthalters. Was der Minister auch tat, er hatte keine Gewalt über ihn. Als er ihn einmal schlug, fragte ihn seine Frau: „Warum schlägst du ihn?" „Er will nicht bei mir bleiben". „Wie sollte er auch bei dir bleiben, er ist ja der Sohn des Statthalters". Da ergrimmte der Minister, erstickte vor Wut und starb. Seine bei-

den Wittwen führte der Statthalter heim. Nun sagten die Verwandten des Ministers: „Den Sohn des Ministers geben wir dem
Statthalter nicht, die Frauen hat er genommen, die gehen uns
nichts an, dagegen den Sohn geben wir nicht heraus“. Da sagte
aber die Frau: „Er ist ja gar nicht der Sohn des Ministers“.
„Wessen Sohn ist er denn?“ „Des Statthalters“. Da schwiegen
sie, und der Statthalter behielt die vier Frauen und die beiden
Söhne. Die beiden trugen Kleider von einer Art, sie waren gleich
gross und wurden stark wie Löwen. Jeder von ihnen hatte einen
Hengst, zusammen ritten sie spaziren.

Der Statthalter gab seine Absicht zu erkennen, ihnen
Frauen zu werben, und als man ihn darin bestärkte, warb er für den
einen um die Tochter des Richters und für den andern um die des
Grossrichters. —. Ihre Namen erlangten Ruhm in der Welt, der
eine hiess Hosein, der andere Hassan. —. Einst sprachen sie untereinander: „Komm, wir wollen uns vergnügen, im Garten ist ein
grosses Wasserbassin, an demselben steht eine Halle, und in dieser ist ein Kaffewirt, wir wollen hingehen und uns bei ihm einen
lustigen Tag machen“. Sie nahmen Wein und Brantwein mit und
gingen in den Garten, dann kauften sie ein junges Lamm und
gaben es dem Kaffewirt, er möchte es ihnen zubereiten. Darauf
setzten sie sich an's Bassin; Brantwein zu trinken; die Flasche
stellten sie in's Wasser, damit der Brantwein kühl werde. Wärend
sie nun tranken, erblickten sie zwei wunderschöne Mädchen im
Wasser, über welche sie in starres Entzücken gerieten. Die Mädchen wollten die Flaschen im Wasser wegnehmen, da stürzten sich
die Beiden auf die Mädchen in's Wasser hinein, aber diese führten die Beiden mit sich weg, und sie verschwanden im Wasser.
Der Kaffewirt erhob ein grosses Geschrei, auf welches hin die
Leute der Stadt heranliefen und ihn fragten: „Wesshalb schreist
du so?“ Er antwortete: „Die Söhne des Statthalters sind in's
Wasserbassin gefallen“. Die ganze Stadt kam heran, auch der
Statthalter; dieser schickte die Taucher in's Wasser hinab,
aber sie fanden nichts. Da erliess der Statthalter eine Verord-
nung an die Stadt: alle, Gross und Klein, sollen Gefässe bringen
und das Bassin ausschöpfen. Darauf kamen sie mit grossen Was-
serkrügen, Holzeimern und Kesseln und schöpften das Bassin aus,
aber sie fanden sie nicht. Da sagte der Statthalter zum Kaffewirt: „Du lügst“. „Nicht doch“, antwortete dieser, „vor meinen Augen sind sie hineingefallen“. „Bah! wo sind sie denn? man sieht
sie ja nicht, wir haben ja das Wasser ausgeschöpft und sie doch

nicht gefunden". „I c h habe gesehen, dass sie hineingefallen sind",
erwiderte der Kaffewirt. Nun gab der Statthalter Befehl, ihn zu
tödten, aber der Richter sagte: „Werft ihn lieber in's Gefängniss
und tödtet ihn nicht, vielleicht kommen deine Söhne gesund wieder heraus, warum solltest du ihn tödten?" Der Statthalter liess
sich bereden und befal, ihn in's Gefängniss zu werfen; von den
Söhnen sprach er nicht weiter, er dachte, sie sind weg und verschwunden. —.

Die Mädchen hatten die beiden jungen Leute mit sich in ein
Land genommen, mit dem sich kein anderes an Schönheit und
Lieblichkeit vergleichen konnte. Es stellte sich heraus, dass die
eine die Tochter des Königs von Gog und Magog war, und die
andere die Tochter des Oberpriesters jenes Volkes. Die Königstochter nahm den einen mit sich nach Hause und die Tochter des
Oberpriesters den andern. Letztere sagte zu ihrem Vater: „Schau,
Papa! ich habe mir einen geholt, einen wunderschönen". „Woher
ist er? meine Tochter". „Von den Menschen". „Nun, schön!"
gab er zur Antwort. Der Sohn des Statthalters betrachtete staunend seine Umgebung, es war kleines Volk, von der Erde sich
nicht weit erhebend. Auch die Königstochter sagte zu ihrem Vater: „Ich habe mir einen geholt". „Woher ist er?" fragte er.
„Von den Menschen". „Wir werden ihn tödten". „Das lass ich
nicht zu", sagte das Mädchen, und als man sich wirklich anschickte, ihn zu tödten, floh sie mit ihm und brachte ihn zur Tochter des Oberpriesters. Diese fragte: „Wesshalb bist du von deinem Vater weggelaufen?" „Sie wollten den Sohn des Statthalters
tödten". „O! zum Teufel! du und dein Vater! ich habe meinen
Vater geholt und er sagte, er sei's zufrieden". Darauf wohnten
die beiden Brüder und die beiden Mädchen in e i n e m Zimmer zusammen, und der Oberpriester traute sie. Er gab ihnen Essen
und Geld, und sie gewannen ihn sehr lieb. Die Zwerge kamen
sie sich besehen und lachten über sie, und sie besahen sich die
Zwerge und verwunderten sich. —. Nun veranstaltete der Kaiser
der Zwerge seinem Volke ein grosses Fest; er hatte zwei einzig
schöne Töchter. Er liess auch den König und den Oberpriester
zu diesem Feste einladen. Der Oberpriester machte sich auf und
nahm die Söhne des Statthalters und die Mädchen mit zum Feste.
Als sie zum Kaiser gekommen waren, sah dieser sie staunend an
und fragte: „Woher sind diese, Oberpriester?" „Von den Menschen". „Wesshalb sind sie zu dir gekommen?" „Meine Tochter
und die Tochter des Königs haben sie sich geholt". „Schön!"

antwortete der Kaiser und freute sich über sie. Dann sagte
er zu seiner Gemalin: „Da sind zwei schöne junge Leute, die
Tochter des Königs und die des Oberpriesters haben sie geholt
und sind von ihren Vätern ihnen angetraut worden". „Wo sind
sie?" fragte sie. „Komm, ich will sie dir zeigen". Als sie sie
besah, fand sie, dass sie sehr schön waren; dann ging sie in's
Zimmer ihrer Töchter und sagte: „Meine Töchter, kommt, beseht
euch mal die beiden jungen Leute". „Was für junge Leute?"
„Von den Menschen". Da gingen sie sie ansehen und sagten zu
ihnen: „Kommt hinauf zu uns". Die jungen Leute folgten ihnen,
aber ihre Frauen kamen mit ihnen. Als sich die Söhne des Statthalters die Töchter des Kaisers recht besahen, fanden sie, dass
sie schöner waren als die Töchter des Oberpriesters und des
Königs; daher schauten sie ihre Weiber nicht mehr an, jene ge-
fielen ihnen ja besser. Die Brüder sagten zu einander: „Wenn
sie uns haben wollen, dann nehmen wir sie und lassen jene laufen". Die Töchter des Kaisers verliebten sich sterblich in die beiden Brüder und sagten: „Wir lassen sie nicht mehr los, und wenn
auch jetzt der jüngste Tag anbräche". Sie setzten sich auf's Sofa,
jeder zu einer; ihre Frauen wagten gegen die Töchter des Kaisers nichts zu sagen. —. Der Kaiser veranstaltete einen Gast-
schmaus, und er und der Oberpriester schickten den Diener nach
den Söhnen des Statthalters. Aber die Mädchen antworteten dem
Diener: „Wir lassen nicht zu, dass sie dorthin gehen, wir werden
hier einen Schmaus veranstalten, wir und sie; aber nehmt die
Töchter des Oberpriesters und des Königs mit zu euch". Diesem
Befehl entsprach der Diener. Die Priestertochter sprach zur Königstochter: „Sie werden sie uns wegnehmen". Die andere
sagte: „Dein Vater hat uns hergebracht, uns und sie". Sie
begaben sich nun in's Audienzzimmer des Kaisers, da sassen
die Väter. Sie forderten ihre Töchter auf zu essen, aber die sagten: „Wir essen nicht". „Wesshalb nicht?" „Die Töchter des
Kaisers haben uns unsere Männer genommen", entgegneten sie.
Da schickte der Kaiser und liess ihnen sagen, sie möchten jene
jungen Leute in die Versammlung kommen lassen. Als der Diener
den Töchtern seine Botschaft vermeldet hatte, sagten diese: „Gehe
er möge Kot fressen, wir lassen sie nicht gehen." Der Diener
sah, wie die vier Brantwein zusammen tranken. Darauf sagten
die Mädchen zu den beiden: „Kommt, vor dem Diener umarmt
uns, er mag dann hingehen und unserm Vater und seinen Beamten
es erzälen, damit sie sicher wissen, dass wir euch zu Männern

12 *

genommen haben." Nachdem sie die Umarmung vor Augen des Dieners stehend vollzogen hatten, fuhren die Mädchen fort: „Hast du
gesehen, Diener?" „Ja." „So geh! und erzäle es in der Versammlung." Der Diener ging. „Wo sind sie?" fragte der Kaiser.
„Sie lassen sie nicht gehen, sie sitzen da und trinken Brantwein
und vor meinen Augen haben sie sich umarmt!" „Damit sind
wir nicht zufrieden", riefen der Oberpriester und der König, „gebt
uns unsere Jungen." Aber der Kaiser sagte: „Sie haben sie zu
Männern genommen." Da begaben sich der Oberpriester und der
König zu ihnen und sagten: „Kommt, wir wollen gehen." „Nein,
wir kommen nicht." „Warum habt ihr unsere Töchter geheiratet?"
„Die Töchter des Kaisers lassen uns nicht gehen," erwiderten sie.
„Wesshalb lasst ihr sie nicht gehen?" wandten sie sich nun an
diese. „Wir lassen sie nicht." „So werden wir sie euch wegnehmen." „Kot fressen mögt ihr!" Da gingen der Oberpriester und der
König zornig mit ihren Töchtern weg, rüsteten ein Heer aus und
zogen gegen den Kaiser zum Kampfe. Auch der Kaiser rüstete,
und der Kampf begann. Da sagten die beiden Brüder: „Wir
wollen auch hinab in die Schlacht ziehen und mitkämpfen." Die
Mädchen antworteten: „So nehmt unsere Kleider und zieht
sie an, damit die Hiebe nicht in euren Körper eindringen." Sie
waren damit einverstanden und jene brachten ihnen zwei Panzer.
Diese zogen die Brüder an, nahmen die Schwerter und bestiegen
die Rosse der Töchter des Kaisers. Die letzteren beobachteten
sie von der Burg aus: wie Wölfe fielen sie in das Heer des
Oberpriesters und des Königs; sie erschlugen das Heer, verfolgten
den Oberpriester und den König und kehrten dann nach Hause
zurück, wo sie sich mit den Mädchen weiter vergnügten. Einmal
erzälten sie ihnen vom Lande der Menschen, da fragten die Mädchen: „Habt ihr einen Vater?" „Ja, unser Vater ist Statthalter."
„So kommt, lasst uns in euer Land gehen." „Kommt!" Da zogen
die Mädchen die Panzer an, zogen auch den Brüdern zwei
an und wollten sich von dem Kaiser verabschieden. Der
aber sagte: „Das geht nicht an." „Wir gehen aber", antworteten
sie, verwandelten sich alle vier in Tauben und flogen weg.
Sie kamen zu dem Bassin des Kaffewirtes und tauchten aus ihm
heraus. Es war ein neuer Kaffewirt in dem Garten; als der die
Söhne des Statthalters erblickte, erkannte er sie und brachte alsbald dem Statthalter die Freudenbotschaft, seine Söhne seien zurückgekommen. „Wo sind sie?" fragte dieser. „Im Kaffe." Nun
begab sich der Statthalter und die ganze Stadt dorthin, um sie

sich anzusehen. Als sie hinkamen, sahen sie, dass sie zwei Weiber bei sich hatten, deren ähnliche es unter den Menschen keine gab, denn ihre Statur war klein. Sie gingen nach Hause, zogen die Panzer aus und legten sie in eine Kiste, schlossen diese ab, und den Schlüssel nahmen die Söhne des Statthalters zu sich. Ohne die Panzer können jene nicht entfliehen; wenn sie aber die Panzer anhaben, so können sie es. Der Statthalter fragte seine Söhne, wo sie gewesen seien. Da erzälten sie ihm alles, wie es sich zugetragen hatte, „und diese sind die Töchter des Kaisers" schlossen sie ihre Erzälung. Die ganze Stadt geriet in grosses Staunen über sie. — Den Kaffewirt entliessen sie aus dem Gefängnisse. Sie blieben in der Stadt wohnen und bekamen Kinder. Zehn Jahre blieben sie so beim Statthalter. Da starben die Söhne des Statthalters und eine von den Zwergmädchen. Die übrig gebliebene stal den Schlüssel der Kiste, der nun beim Statthalter in Verwahr war, nahm die Panzer heraus, sie und ihre Kinder zogen dieselben an, dann flogen sie weg und kamen wieder in ihr Land. —

XLIV.

Es war einmal ein Kaufmann aus Märdîn, der ging nach Baghdad Waren holen. Dort blieb er einen Monat, füllte mit seinen Dienern seine Säcke und begab sich auf den Heimweg. Oberhalb der Strasse war ein Dorf, da sagte der Kaufmann: „Lasst die Maultiere ausruhen, dass sie weiden, ich will in das Dorf gehen Essen holen." Die Diener führten die Maultiere etwas von der Stadt auf hier zu, liessen sie ruhen und weiden. Da gewahrten sie plötzlich, dass die Berge erdröhnten, die Erde sich öffnete, die Maultiere in die Erde versanken und diese über ihnen sich wieder schloss, nur blieb eine Oeffnung in der Erde. Die Diener flohen entsetzt. Als der Kaufmann zurückkam, fragte er: „Wo sind die Maultiere?" „Weisst du denn nicht, was uns begegnet ist?" erwiderten die Diener. „Was ist euch denn begegnet?" „Wir liessen die Maultiere hier weiden, da erdröhnten die Berge, die Erde öffnete sich, die Maultiere versanken in die Erde und verschwanden vor unsern Augen, dieser Spalt hier in der Erde ist offen geblieben." Da fragte der Kaufmann: „Habt ihr ein Seil bei euch?" „Ja!" „So befestigt es an meinen Gürtel, ich will zu

den Maultieren hinabsteigen." Da banden sie das Seil an den
Gürtel des Kaufmanns und liessen ihn hinab. Aber das Seil langte
nicht. Sie riefen ihm zu: „Das Seil langt nicht." „So lasst es
los". Da liessen sie das Seil los, er schloss die Augen und fiel
hinab in das Land der Gog und Magog [Zwerge]. Wärend die
Diener ihm nachschauten, schloss sich der Spalt, welcher in der
Erde offen gewesen war. Nun sprachen die Diener zu einander:
„Wir sind nicht mit dem Kaufmanne gegangen, wir wissen nicht,
wohin er gegangen ist; wenn wir nun gehen, was sollen wir in
Märdîn sagen?" Da kamen sie überein, es so zu erzälen, wie es
sich zugetragen hatte, und so taten sie auch, als sie nach Märdîn
kamen.

Der Kaufmann blieb ein Jahr lang auf dem Boden liegen, bis
er aus seiner Betäubung erwachte. Dann schaute er um sich und
sah, dass er sich in einer ganz andern Welt befand. Die Leute
waren klein, eine Elle, eine halbe Elle oder gar eine Spanne hoch.
Er geriet sehr in Erstaunen und rief aus: „O Herr, was ist das
für ein Volk?" Die Zwerge besahen ihn und lachten über ihn.
Er erblickte einen Alten mit einem Barte (er war so gross), der
fragte ihn: „Woher bist du? Mann!" „Ich weiss es nicht." „Wie?
du weisst es nicht?" Da sagte er: „So und so ist es mir ergangen,
meine Maultiere sind fort." „Die sind bei mir, komm, lass uns
gehen, ich will sie dir zeigen." Da ging er mit ihm zu einer
Stadt. Der Kaufmann sah sich staunend in der Stadt um: die
Waren der Läden waren von ganz anderer Art, es war nicht die
Art der Waren, wie sie bei uns ist. Der Mann geriet in Verwunderung über ihr Kaufen und Verkaufen. Weiter ging er mit dem
bärtigen Manne und fand die Maultiere wirklich bei ihm. „Da
sind deine Maultiere", sagte jener. „So gib sie mir." Aber jener
erwiderte: „Du kannst doch nicht in dein Land zurückkehren, bleib
hier als Diener neun Jahre bei uns." Er war's zufrieden und blieb
bei ihnen. Das Haus war voll von Weibern und Männern, Jungen
und Mädchen, einer war darunter, etwa einen Finger gross, der
hatte einen Schnurrbart. Der Kaufmann besah ihn und lachte.
„Worüber lachst du?" fragten sie ihn. „Ueber diesen lache ich,
über Qûlin, er ist sehr lang." „Hm!" sagten sie. —. Es fanden
Feste statt, da nahmen sie den Kaufmann mit, dass er zuschaue.
Er sah sein Wunder an ihrem Treiben: die Männer und Weiber
vollzogen ihre ehelichen Umarmungen stehend. Der Kaufmann
hatte sein Vergnügen daran, er ergriff nun Mädchen und Weiber, um
dem Beispiele jener zu folgen, aber da schalten sie ihn aus.

Einen König oder Fürsten haben sie nicht; wenn ein hässlicher Kerl mit zerrissenen Kleidern vorhanden ist, so sagen sie: „den wollen wir zu unserm Könige machen." —. In der Familie des Bärtigen, in welcher der Kaufmann lebte, waren vierzig Söhne und jener Qûlin, mit Qûlin waren es einundvierzig. Jener war nicht verheiratet, die vierzig waren verheiratet; jede Frau hatte eine Wiege. Die Frauen hatten geboren und die Kleinen lagen in den Wiegen und der Alte mit dem Barte schaukelte sie; er war der Grossvater der ganzen Familie. Wenn eines in der Nacht weint, so weckt er dessen Mutter und sagt: „Auf, säuge deinen Kleinen." Das war eine grosse Familie. — Eines Tages war der Alte zum Pflügen gegangen; Qûlin brachte dem Vater Brot. Wenn Qûlin ging, sah man ihn nicht; die Schüssel aber, die er in der Hand trug, sah man, ihn selbst aber nicht. Als er auf's Feld kam, sagte er: „Vater, nimm das Essen und iss." Der Vater setzte sich hin, um zu essen, Qûlin legte sich in die Furche schlafen. Als der Vater gegessen hatte und wieder zu pflügen anfing, dachte er: Qûlin ist nach Hause gegangen. Er wusste ja nicht, dass er noch da war. Wie er nun weiter pflügte, wurde Qûlin von der Erde ganz bedeckt. Der Vater rief ihm noch einmal, aber Niemand antwortete, und so pflügte er weiter bis zum Abend. Am Abend wollte er nach Hause gehen, da rief Qûlin: „Väterchen!" „Ja!" „Du willst gehen und mich hier zurücklassen?" „Wo bist du?" „Hier unter der Erde." Wie der Vater auch suchte, er konnte nicht herausbringen, wo er war; bestürzt ging er endlich nach Hause und liess Qûliu dort. Zu Hause fragten sie ihn: „Wo ist Qûlin?" „Ich habe ihn nicht gefunden", antwortete er und erzälte ihnen, was sich begeben hatte. Am folgenden Tage gingen sie alle nach ihm suchen, er schrie, aber sie konnten nicht herausbringen, wo er war; so mussten sie wieder gehen und ihn lassen, und er blieb unter der Erde. Nun grub ganz in seiner Nähe eine Maus ein Loch, durch dieses Mauseloch kam Qûlin wieder heraus. Er ging nach Hause und fragte: „Warum habt ihr mich nicht unter der Erde herausgeholt?" „Wir haben ja nach dir gesucht, aber wir konnten dich nicht finden", antworteten sie. Aber Qûlin fing Streit mit ihnen an und erschlug sie alle, dann brachte er auch noch die Weiber und Kinder um, nur den Kaufmann und den Vater liess er am Leben. — Eines Tages ging Qûlin auf's Dorf, da erblickte er sieben ungesattelte Esel, die stal er, setzte sich auf einen und zälte sie: da waren's nur sechs. Nun stieg er wieder ab, um sie noch einmal zu zälen; da waren's wieder sieben. „Wie verhält sich das?" dachte er, „ich zäle sie, so ergeben sich sieben, ich sitze auf, dann sind's nur sechs." Er gab's auf, dahinter zu kommen, und ging nach Hause. Dort sah er, dass es sieben Esel waren. Er dachte: die Leute, die ihn mir gestolen hatten, haben Angst bekommen und ihn zurückgebracht.. Er erzälte darauf dem Kaufmann von der Sache. „So ist es", sagte dieser, „du rittest auf einem, da blieben vor dir nur sechs übrig; den, der unter dir war, hattest du nicht mitgezält." „Bei Gott!" sagte er, „das ist wahr." Darauf fuhr er fort: „Komm, ich will dich etwas in der Welt umher führen." Der Kaufmann war's zufrieden und zog mit Qûlin in der Welt umher; er sah sein Wunder am Lande der Zwerge. In einer Stadt fanden sie einen Mann wie den Kaufmann. „Woher bist du?" fragte ihn der Kaufmann. „Ich bin aus Môçul." „Wie bist du hierher gekommen?" „Ich schlief, da erblickte ich im Traume eine Taube und stürzte mich auf dieselbe; ich schaute auf, da war ich hier, das ist meine Geschichte." „Was sollen wir nun anfangen?" fragte der Kaufmann. „Ich weiss es nicht." „So komm, wir wollen in diesem Lande umherziehen." So gingen die beiden mit Qûlin und er brachte sie zu einer Höle, die war voll von Goldstücken. Qûlin fragte sie: „Gilt diese Münze bei euch?" „Ja!" antworteten sie. „So kommt und nehmt euch davon." „Wir haben keine Säcke bei uns", erwiderten sie. „Habe nur keine Angst, Kaufmann; ich fülle dir die Säcke der Maultiere damit und entlasse dich nach Hause." „Aber ich kann ja nicht dorthin gehen", warf dieser ein. „Ich werde dich hinbringen, wenn die neun Jahre abgelaufen sind, von welchen mein Vater dir gesprochen hat,"

Sie kamen weiter zu einer andern Höle, da sahen sie eine wunderschöne Frau, von der Art des Kaufmanns, nicht von der der Zwerge. Der Kaufmann und der Môçulaner setzten sich zu ihr und unterhielten sich mit ihr. „Woher bist du?" fragten sie sie. „Ich bin die Tochter des Bahlûl in Baghdad." „Wesshalb bist du hierher gekommen?" „Wesshalb seid ihr gekommen?" Da erzälten sie ihr, was ihnen begegnet war, und fuhren fort: „Erzäle uns nun auch, was dir begegnet ist." „In der Wasserquelle", sagte sie, „war eine einzig schöne Frau, die wollte ich greifen, aber sie fasste meinen Arm und zog mich unter die Erde, bis ich hierher gelangte, dann liess sie mich in dieser Höle wohnen." „Wo ist sie?" „Sie ist eben ausgegangen, im Augenblick kommt sie." Da ging Qûlin sie rufen, sie kam heran, wunderschön war sie, von kleiner Statur, ihre Kleider von Gold. „Wo warst du?“ fragte Qûlin sie. „Ich habe die Tochter des Perserschahs geholt.“ „Wohin hast du sie gebracht?“ „Ich habe ihr eine besondere Höle zum Wohnort angewiesen.“ „So komm und zeige sie uns.“ „Kommt!“ Der Kaufmann war zum Sterben in das Zwergmädchen verliebt. Als sie zu der Höle kamen, fanden sie die Tochter des Schahs, und der Kaufmann und der Moçulaner, bei denen nun auch noch die Tochter des Bahlûl war, fragten sie: „Wie bist du hierher gekommen?“ „Ich wollte hinaus in den Garten gehen“, erzälte sie, „verirrte mich aber unterwegs und diese Zwergin nahm mich mit sich fort.“ Darauf sagte Qûlin: „Höre mal, Kaufmann, die Tochter des Bahlûl soll für den Moçulaner sein, und die Tochter des Schahs für dich, und das Zwergmädchen für mich.“ „Nein, Qûlin“, antwortete er, „das Zwergmädchen soll für mich sein, und die Tochter des Schahs für dich.“ „Du kannst ihr ja nicht beikommen.“ „Doch wol.“ „Nun, dann magst du sie alle beide haben, ich will sie nicht.“ Nun machten sie sich alle zusammen auf und begaben sich zu Qûlin's Haus. Dér holte die Maultiere des Kaufmannes, belud sie mit Goldstücken und dann sagte er: „Komm, ich will dich nach Hause bringen, dich und den Moçulaner und eure Weiber.“ Darauf brachen sie mit Qûlin auf. Dieser sagte: „Schliesse deine Augen, du und der Moçulaner.“ Als sie dieser Weisung nachgekommen waren, waren sie auch schon auf die Erdoberfläche hinausgelangt, sie und die Weiber, Qûlin war unten zurückgeblieben. Der Kaufmann zog mit seiner Ladung und den beiden Weibern ab, und der Moçulaner nahm die Chalîfentochter mit sich und ging nach Môçul. Als der Kaufmann nach Märdîn kam, freuten sich die Leute; sie sahen zu ihrer Verwunderung, dass er zwei Frauen bei sich hatte, neugierig betrachteten sie die Zwergin. Nachdem der Kaufmann sich mit ihnen häuslich niedergelassen hatte, liess der Statthalter ihn zu sich kommen und fragte ihn: „Wo warst du diese neun Jahre?“ „So und so ist es mir ergangen.“ „Du hast eine Frau von ihnen mitgebracht?“ „Ja.“ „So bringe sie vor uns, damit wir sie uns mal besehen.“ „Das ist Sünde, Herr!“ „Ich wünsche, dass du sie bringest.“ Da ging der Kaufmann und sagte ihr: „Komm, der Statthalter und seine Grossen wollen dich sehen.“ „Nein, ich komme nicht“, erwiderte sie. „Gewiss!“ „Du wirst mich dann verlieren.“ „Komm nur, lass dich das nicht kümmern, er kann dich mir nicht wegnehmen.“ „Es ist ein Wort; ich habe es dir gesagt; gut, ich komme.“ Als sie in das Empfangszimmer trat, schauten sie sie an und wurden nicht satt, ihre Gestalt zu bewundern, sie war sehr schön und von kleiner Statur. Der Statthalter sagte: die ist für mich, und der Richter sagte: die ist für mich, und der Grossrichter sagte: die ist für mich. Sie prügelten den Kaufmann durch und warfen ihn hinaus, traurig ging er nach Hause. Als der Tag vorüber war, sagte der Statthalter zu ihr: „Komm, lass mich bei dir schlafen; morgen Nacht soll dann der Richter bei dir schlafen und die folgende der Grossrichter." „Gut!" erwiderte sie, „gib mir die Wasserkanne, damit ich beten gehe, und dann soll's so sein." Sie ging mit dem Wassergefässe hinaus, begab sich aber in das Haus des Kaufmannes, nahm dort die Tochter des Schahs mit sich und verschwand. Die Diener des Statthalters fragten überall nach ihr, aber sie fanden sie nicht, sie begaben sich auch zum Kaufmanne und fragten ihn: „Ist das Zwergmädchen nicht hergekommen?" „Nein!" antwortete er. „Frage mal deine Frau." Der Kaufmann stieg in's obere Zimmer, aber da fand er die Frau nicht. „Sie sind beide geflohen", dachte er und fing an zu weinen. Dann begab er sich an die Stelle, wo er aus der Erde hinausgekommen war, dort weinte er und rief nach Qûlin. Da öffnete sich die Erde, Qûlin kam heraus und fragte: „Was wünschest du, Kaufmann?" „Das Zwergmädchen und die Tochter des Schahs sind entflohen." „Bleib hier," sagte Qûlin, „ich gehe sie holen." Darauf ging Qûlin sie suchen, und als er sie gefunden hatte, nahm er sie mit sich und brachte sie hinauf zu dem Kaufmann. Der freute sich. „Warum seid ihr entflohen?" fragte Qûlin. „Er hatte mich dem Statthalter gegeben, dass er bei mir schliefe", antwortete sie, „da bin ich entflohen." „Geh, aber gib sie nicht mehr dem Statthalter, lass ihn sie mit Gewalt nehmen, sie wird ihn blind und verrückt machen." So nahm der Kaufmann sie wieder mit, Qûlin kehrte nach Hause zurück. Als der Statthalter davon hörte, kam er, um sie ihm mit Gewalt zu entreissen, aber sie machte ihn blind und verrückt, Niemand durfte sich ihr nähern ausser dem Kaufmanne ganz allein. Sie wurde dessen Gattin und gebar ihm Söhne von ihrer Art, über die die Leute sich verwunderten. Als der Kaufmann gestorben war, floh sie mit den Söhnen; die Tochter des Schahs liess sie zurück, und diese begab sich wieder nach Persien und erzälte dort ihrem Vater, was sie erlebt hatte. —

XLV.

Selîm-Pâscha, der Statthalter von Dschefîre hatte zwei Söhne, der ältere hiess Bekr-Pâscha und der jüngere Ssleimân-Bek. Sie besassen grossen Reichtum, ihre Beschäftigung aber war die Jagd. Weil Selîm-Pâscha soviel auf's Korn der Flinte blickte, trat schwarzes Wasser in seine Augen, und er ward blind. Man erkundigte sich nach Aerzten, aber keiner war im Stande, seine Augen zu heilen. Da hiess es: „Es gibt in Russland einen Arzt [dafür]." Was man auch tat, um Bekr-Pâscha, den älteren Sohn, zu veranlassen, dorthin zu gehen, er wollte nicht gehen. Da machte sich Ssleimân-Bek, der jüngere Sohn, auf, bestieg sein Pferd und zog hin; er war ungefähr zwölf Jahre alt. Einen kleinen Sack mit Goldstücken legte er hinter sich auf's Pferd. Er zog seine Erkundigungen ein und reiste nach Russland. Von dort brachte er den Arzt mit, aber auf der Rückreise verfehlte er den Weg. Er kam zu einem öden Gebirge; dort erblickte er ein Schloss, auf dem stand eine, die schaute auf Ssleimân-Bek und rief ihm zu: „Komm zum Schlosse, mein Anblick ist tausend wert." Sie verging fast vor Entzücken über Ssleimân-Bek, denn er war ein schöner Jüngling. Als er im Begriffe war, zum Schlosse zu gehen, liess der Arzt es nicht zu, sondern sagte: „Diese ist die Geliebte des Dämons; ihr Anblick ist tausend wert; wer immer zu ihr geht, der kehrt nicht mehr zurück, sie tödten ihn." Also liess der Arzt es nicht zu, sondern nahm ihn mit sich. Da schrie sie ihm vom Schlosse aus nach, und Ssleimân-Bek antwortete: „Ich gehe den Arzt zu meinem Vater bringen, und dann kehre ich zu dir zurück." „Versprich es mir sicher!" erwiderte sie. „Ich verspreche dir sicher, dass ich zurückkehren werde." Ssleimân-Bek kam mit dem Arzte nach Hause. Die Leute des Statthalters weinten gerade über ihn, indem sie sagten: „Er hat sich verirrt." Als sie nun hörten, er sei gekommen, freuten sie sich. Der Arzt stieg vom Pferde, brachte dem Statthalter Arzeneien und legte sie ihm auf die Augen. Als diese aber trotzdem nicht gesund wurden, erklärte er: „Ich vermag sie nicht zu heilen," und kehrte nach Hause zurück.

Eines Tages traf Ssleimân-Bek seine Geliebte und sagte ihr: „Komm, lass uns in jene Ruine gehen und dort der Liebe pflegen." Er begab sich mit ihr in die Ruine, sie tändelten mit einander und suchten sich gegenseitig hinzuwerfen. Als er sie zu Fall gebracht hatte, setzte er sich rittlings auf sie. Wärend er nun ihre Liebe genoss, sah er, wie zwei Mäuse herauskamen, die eine hatte einen Grashalm im Munde, die andere kam auf jene los, und sie kämpften mit einander um das Gras — Ssleimân-Bek schaute zu, wärend er dem Mädchen beiwohnte. Dann stand er auf, nahm das Gras der Maus aus dem Munde und steckte es in seine Tasche, die Maus aber sagte: „Ssleimân-Bek!" „Ja!" „Zerstosse das Gras und siede es in Wasser, dann giesse es in eine Tasse und lege es deinem Vater auf die Augen, so werden sie gesund werden; ich kam, um es dir zu bringen, aber mein Bruder stritt mit mir, denn er sagte: „„Bringe es ihm jetzt nicht, es wäre Frevel, er wohnt ja gerade dem Mädchen bei,"" da bist du aufgestanden und hast es selbst genommen." Ssleimân-Bek nahm das Kraut mit nach Hause, zerstiess es im Mörser und kochte es in Wasser; dann goss er es in eine Tasse und legte es seinem Vater auf die Augen. Da wurden sie gesund. „Siehst du? Vater!" sagte er, „ich habe deine Augen geheilt." „Mein Sohn, suche dir eine Frau; an welcher immer du Gefallen findest, und wenn sie auch verheiratet ist, die will ich dir freien." „Nein, Väterchen," erwiderte er, „so werde ich's nicht machen! ich gehe — ich weiss eine, deren Anblick gilt tausend, sie ist die Geliebte des Dämons, die will ich mir holen gehen." „Mein Sohn, sie werden dich tödten", entgegnete der Vater. „Sei ohne Furcht, Väterchen." Damit stieg er auf und begab sich zu dem Schlosse; das Tor war verriegelt und der Dämon drinnen. Die Prinzessin stieg gerade auf's Schloss hinauf, den Weg Ssleimân-Bek's zu beobachten. Als sie hinschaute, erblickte sie Ssleimân-Bek vor dem Schlosse. „Mach auf!" rief er. „Der Dämon schläft", entgegnete sie. „Wie sollen wir's anfangen?" „Ich weiss nicht", erwiderte sie, stieg hinab und öffnete ihm das Schlosstor. Als er hineingetreten war, fragte er: „Wo ist der Dämon?" „Er ist drinnen." Nun ging er mit der Prinzessin zu ihm; er schaute ihn an und geriet in Furcht vor ihm. Dann aber deckte er ihn auf, fasste seine Hoden, wog dieselben in der Hand und sagte: „Ich werde ihn tödten." „Aber nicht mit deinem Schwerte, es schneidet nicht", warf sie ihm ein. „Wo ist sein Schwert?" „Unter seinem Kopfe ist es." Da zog Ssleimân-Bek an dem Schwerte und zog es aus der Scheide, dann holte er gegen den Dämon aus und versetzte ihm einen Schlag auf den Nacken, dass er aufsprang und wieder hinfiel, darauf gab er ihm einen zweiten Schlag, und so weiter schlug er ihn sechsmal, beim siebenten war er mit ihm fertig. Nun setzte er sich mit der Tausendwerten auf's Sofa und vergnügte sich mit ihr. Als er ihr aber beiwohnen wollte, liess sie es nicht zu. „Warum lässest du es nicht zu?" fragte er. „Ich lasse es nicht zu; bis du mir meine Schwester von dem siebenköpfigen Unhold holst, lasse ich es nicht zu." „Wo ist er?" „In der Höle von Haubo." „So komm, lass uns gehen." Die beiden machten sich auf, unterwegs trafen sie einen, den fragten sie: „Wohin gehst du?" „Ich gehe den Ssleimân-Bek aufsuchen." „Wesshalb?" „Die Frau des siebenköpfigen Unholdes hat mich geschickt, sie befal mir, ich möchte zu ihm gehen und ihm sagen: sie wünscht sehr, dass du zu ihr kommst, denn dein Name ist weltberühmt." „Wo ist sie jetzt?" fragte er, „In der Höle von Haubo." „So geh und suche den Ssleimân-Bek auf." Damit ging er mit der Prinzessin weiter. Als sie unterhalb der Höle angekommen waren — dieselbe liegt auf einem hohen Berge, Pferde können nicht zu ihr hinaufsteigen — sagte die Prinzessin: „Dieses ist die Höle meiner Schwester." Dann banden sie die Pferde an einen Stein und fingen an hinauf zu steigen; wenn sie eine Stunde gestiegen waren, setzten sie sich ermüdet nieder; drei Tage dauerte es, bis dass sie zu der Höle hinauf kamen. Die Tausendwerte ging auf die Höle zu und fand, dass ihre Schwester allein war. Wärend Ssleimân-Bek sich verbarg, trat sie zu ihr hinein, die weinte und Lieder auf Ssleimân-Bek sang. Sie küssten einander und freuten sich sehr. „Wo ist der siebenköpfige Unhold?" fragte sie. „Er ist auf die Jagd gegangen, er wird im Augenblick kommen." „Fürchte dich nicht, Ssleimân-Bek ist bei mir." „Wie werden wir's anlegen mit dem Unhold, Schwester?" „Wo schläft er?" „Er schläft hier bei mir." „Sobald er kommt, so sage ihm: gib mir dein Schwert, damit ich es aufhänge, denn du bist müde geworden." Darauf trat der Unhold ein; als er die Beiden erblickte, freute er sich und fragte die Tausendwerte: „Warum bist du hier?" „Ich habe mich mit dem Dämon überworfen," erwiderte sie, „er drohte mich zu tödten, da bin ich zu dir gekommen." „Fürchte dich nicht; was ist seine Macht! ich will ihn zum Frühstück verspeisen." Dann legte er sich schlafen und hing sein Schwert auf; die Tausendwerte ging den Ssleimân-Bek rufen. Dieser kam, ergriff das Schwert und schlug den Unhold so, dass er ihm drei Köpfe abhieb, und nur noch vier übrig blieben. Der Unhold sprang auf, Ssleimân-Bek kroch unter einen grossen Korb, den sie drinnen hatten, die Höle dröhnte. Sobald der Unhold aufgesprungen war, fragte er: „Wer hat mich geschlagen?" Da antworteten sie ihm: „Der Dämon." „Wohin ist er gegangen?" „Er ist geflohen." Er lief hinaus nach ihm, aber als er Niemand sah, kehrte er zurück und legte sich wieder hin. Da kam Ssleimân-Bek wieder unter dem Korbe heraus, ergriff das Schwert und hieb ihm mit einem Schlage noch drei weitere Köpfe ab. Der Unhold ward schwindelig, da gab er ihm noch einen Schlag, damit war er fertig. Nun setzte er sich mit den beiden hin und vergnügte sich mit ihnen; darauf aber standen sie auf, stiegen zu den Pferden hinab, jede von den beiden bestieg eines derselben, Ssleimân-Bek ging zu Fuss. So kamen sie zum Schlosse der Tausendwerten, dort sahen sie einen sitzen und setzten sich zu ihm. Er hiess Ḥassan [oder auf syr. Osmar] Ghenâmi, auch er war ein schöner Jüngling; er war der Sohn des Fürsten der Barâvi. Sie fragten ihn: „Wesswegen bist du gekommen?“ „Ich bin wegen der tausendwerten Prinzessin gekommen.“ Ssleimân-Bek antwortete: „Da ist sie und ihre Schwester, hier bei mir.“ Gleich sagte Osmar Ghenâmi: „Eine ist für mich, und eine für dich.“ Ssleimân-Bek aber sagte: „Nein!“ Da kämpften sie mit einander, und Osmar Ghenâmi erschlug den Ssleimân-Bek. Er nahm die beiden mit sich und kam nach Dscheſîre, der Stadt Ssleimân-Bek's. Als er dort beim Statthalter, dem Vater Ssleimân-Bek's, eingekehrt war, fragten sie ihn: „Woher hast du diese beiden geholt?“ „Diese ist die Tausendwerte, und diese ist ihre Schwester,“ antwortete er. „Hast du den Ssleimân-Bek, unsern Sohn, nicht gesehen?“ „Nein,“ gab er zur Antwort, aber die Tausendwerte sagte: „Bei Gott! er hat ihn erschlagen, jener hat uns geholt, und dieser hat ihn erschlagen.“ Da sprangen die Leute des Statthalters auf und · erschlugen den Osmar Ghenâmi, die beiden aber liessen sie dem Bekr-Pâscha antrauen.

XLVI.

Es war einmal ein Fürst, der hatte einen Garten. Einst fand er einen Kern, da rief er die Gärtner und sagte ihnen: „Schaut euch mal diesen Kern an und seht, was das für ein Kern ist.“ Sie besahen ihn sich, aber sie wussten nicht, was es war. Darauf setzten sie ihn im Garten, und er ging auf und ward ein Granatbaum. Er setzte einen Granatapfel an, und der Fürst empfal dem Gärtner, ein wachsames Auge auf ihn zu haben. Als der Apfel reif geworden war, kam ein Riese und nahm ihn weg. Als nun der Fürst fragte, wo der Apfel sei, antwortete der Gärtner: „Bei

Gott, ich weiss nicht, wer ihn weggenommen hat." Der Fürst
aber liess dem Gärtner den Kopf abschlagen. —. Im folgenden
Jahre schlief der Sohn des Fürsten Nachts vor dem Baume bis
zum Morgen. Aber wieder kam der Riese und nahm den Apfel
weg. Als nun der Fürst fragte, wo der Apfel sei, sagte sein Sohn:
„Ich weiss nicht, wer ihn geholt hat." Da liess sein Vater ihn
festsetzen. —. Wiederum trug der Baum Frucht: da sagte der
jüngste Sohn: „Vater, ich will ihn bewachen." Als es Nacht wurde,
legte er sich vor denselben hin bis zum Anbruch des Morgens.
Aber er ritzte sich seine Hand auf und tat Salz hinein. So sass
er und hielt sein Gewehr gefasst. Als nun der Riese kam, nach
dem Apfel griff, legte jener das Gewehr auf ihn an und verwundete ihn. Dann pflückte der Prinz den Apfel und brachte ihn
seinem Vater. Dieser brach ihn entzwei, und es fanden sich drei
Kerne in ihm, von welchen er einen ass: da ward er wieder ein
schöner junger Mann. —. Der Sohn aber verfolgte nebst seinen
beiden Brüdern die Blutspur des Riesen und sie gelangten auf
ihr bis zum Rand einer Cisterne. In diese liessen sie den ältesten Bruder hinab; als er aber bis zur Mitte der Cisterne gelangt
war, schrie er: „Ich ersticke, zieht mich hinaus." Da zogen sie
ihn wieder heraus. Darauf liessen sie den zweiten Bruder hinab,
aber auch dieser rief, bis zur Mitte gelangt: „Ich ersticke, zieht
mich hinaus", und sie mussten ihn wieder herausziehen. Nun
sagte der jüngste Bruder: „Bindet mir den Strick fest um den
Leib und lasst mich hinunter in die Cisterne; wenn ich sage:
ich ersticke, dann zieht mich nicht in die Höhe." So liessen sie
diesen ganz hinunter, und er gelangte auf den Boden der Cisterne.
Dort erblickte er den Riesen, der verwundet war; sein Kopf ruhte
auf den Knieen einer Gurdsch. Da fasste er sein Schwert und
hieb dem Riesen den Kopf ab. Dann liess er die Schöne zu seinen Brüdern hinaufsteigen, indem er sagte: „Diese ist für meinen
ältesten Bruder." Darauf trat er in die Höle ein und fand ein
zweites Mädchen: „Die ist für meinen zweiten Bruder," sagte er.
Weiter ging er und fand noch eine dritte. Er befal, sie in die
Höhe zu ziehen, und jene zogen sie. „Die soll für mich sein,"
sagte er. Darauf zogen sie auch ihn selber wieder hinaus. Als
alle hinaufgekommen waren, begaben sie sich nach Hause; dort
veranstalteten sie ihr Hochzeitsfest und heirateten. —. Der jüngste
Sohn sagte: „Vater, der Riese war es, der solches tat und die
Granatäpfel wegnahm; aber ich habe ihn getödtet und diese drei
Frauen von ihm weggeholt."

Die drei Frauen aber verwandelten sich in Tauben und flogen davon, und nun ist's aus.

XLVII.

Es war einmal einer Namens Ḥassan, der hatte keine Eltern mehr, sondern stand ganz allein in der Welt. Jeden Tag pflegte er auf Raub auszugehen. Einst kam eine Karavane; einem Manne derselben fiel die Last [vom Maultier] hinunter, und während er sie wieder auflud, zogen seine Gefährten weiter und liessen ihn hinter sich zurück. Als er mit Aufladen fertig war und ihnen nachzog, kam er an einer durch einen Blitzschlag entstandenen Grube vorbei und entdeckte in derselben einen eisernen Spiess. Er stieg in die Grube hinab, holte den Spiess heraus und schlug damit seinem Maultiere auf den Rücken, [um schneller weiter zu kommen]. Der aber zerbrach. Wie er nun gerade über dieses Unglück zu weinen anfing, da kam Ḥassan auf einem Gaul herangeritten. „Wesshalb weinst du?" fragte er ihn. „O Gott!" antwortete er, „ich fand einen Spiess in dieser Grube da, holte ihn heraus und schlug damit meinem Maultiere auf den Rücken; davon zerbrach der Rücken; meine Gefährten sind weiter gezogen und haben mich zurückgelassen." „Nimm dir meinen Gaul," entgegnete Ḥassan „und gib mir dafür den Spiess und das Maultier." „Topp!" sagte der Mann. Ḥassan gab ihm den Gaul, sie luden ihm die Last auf, und jener zog seines Weges. Ḥassan aber nahm das Maultier und den Spiess mit nach Hause — er hatte erkannt, dass er aus Blitzmaterie war. Dort holte er zehn Goldstücke, begab sich nach Sseʾört, ging zu den Schwertfegern und sagte ihnen: „Macht mir aus diesem Eisen ein Schwert!" Aber alle, die es ansahen, erklärten, sie könnten das nicht. Da brachte er es zu einem Meister und fragte den: „Kannst du hieraus ein Schwert machen?" „Ja." „Sag, wie viel du dafür haben musst." „Zehn Goldstücke!" „Einverstanden! aber mach mir vorher einen Pfriem davon, und dann will ich gehen." Als der Meister ihm den Pfriem gemacht hatte, steckte Ḥassan ihn zu sich und begab sich nach Hause. Dort blieb er zehn Tage, dann wollte er nach seinem Schwerte sehen und kam zum Schmied. „Meister!" sagte er. „Ja!" „Hast du das Schwert gemacht?" „Ja!" „Dann hol's heraus." Da brachte er ihm ein schönes Schwert, Ḥassan aber schlug mit dem Pfriem darauf, und

dieser durchbohrte es. „Das ist nicht mein Schwert, Meister!"
erklärte er. „Gewiss!" „Nein! hol mir mein Schwert heraus."
Da brachte ihm der Schmied das Schwert; Ḥassan schlug wieder
mit dem Pfriem darauf, diesmal drang er nicht durch. „Das ist
mein Schwert!" sagte er, nahm es, bezalte den Schmied und
ging nach Hause. Dort holte er vierhundert Piaster, ging nach
Sseꜣört und kaufte sich ein Füllen. Dieses fütterte er gross und
zog es auf, bis dass es geritten werden konnte; dann kaufte er
ihm einen Sattel, legte ihn ihm auf, bestieg es, hing sich sein
Schwert um die Schulter und zogauf die Landstrassen, um zu plündern.

Einmal kam ein alter Mann von der Mühle; Ḥassan überfiel ihn
und nahm ihm die Säcke und den Esel ab. „Ḥassan!" sagte der
Alte, „ich bin arm, Familienvater, und du nimmst mir meine Säcke,
du, der du doch ein Ritter bist; es gibt einen, Gändsch-Chalîl-Agha
nennen sie ihn, unter den Drufen, er hat die Tôren-ꜣAischane geheiratet, jener ist ein tapferer Held, ich bin ein armer Teufel."
Da gab Ḥassan dem Armen den Esel samt der Last zurück,
machte sich auf und ging nachfragen, wo die Drufen wohnten.
„Immer gerade aus!" sagte man ihm, „da ist Gändsch-Chalîl-
Agha, ein trefflicher Mann." —. In jenen Tagen sagte Tôren-ꜣAischane
zu Gändsch-Chalîl-Agha: „Ritter, es gibt einen Namens Ḥassan
unter den Aleki, tapferer als dieser ist Niemand; wollte Gott er
käme her und ihr zwei schlösset Brüderschaft, dann vermöchte
die ganze Welt nichts gegen euch." „Wo ist der denn?" fragte
jener. „In seinem Lande." —. Ḥassan aber war unterwegs; er
begegnete einer Karavane — „Holla! Reitersmann!" warnten ihn
deren Leute „wohin eilst du so wie besessen? Wenn dich Gändsch-
Chalîl-Agha trifft, tödtet er dich und nimmt dir dein Pferd weg."
„Ich suche ihn", erwiderte er. „Ganz nach Belieben," sagten die
Leute. —. Als Ḥassan weiter auf's Gebirge kam, sah er eine Lanze
in der Erde stecken und an ihr ein Pferd angebunden; und
Gändsch-Chalîl-Agha lag da neben dem Pferde und schlief. Im Schlafe
merkte er nicht, wie Ḥassan zu ihm kam. Der aber stieg vom
Pferde und packte ihm an Fusse, da sprang Gändsch-Chalîl-Agha
auf, bestieg sein Pferd, auch Ḥassan sass wieder auf, sie zogen die
Schwerter und Gändsch-Chalîl-Agba rief: „Ich bin Gändsch-Chalîl-
Agha." „Ich dagegen bin Ḥassan", sagte dieser. Da küssten sie
einander und gingen zu Tôren-ꜣAischane. Die sass unter einem
Baldachin; jener hatte sie nämlich ihrem Vater mit Gewalt geraubt und ihr einen Baldachin ausserhalb der Stadt aufgerichtet.
Gändsch-Chalîl-Agha sprengte nun voraus und sagte ihr: „Mache
13

einen Sitz zurecht und setze Kaffe auf's Feuer, Ḥassan ist zu uns
gekommen." Da ging Tôren-'Aischane hinaus an die Thüre,
schaute aus und sah, wie Ḥassan zu Pferde angekommen war:
da brach sie in Jubel aus. Nun stieg Ḥassan ab, sie setzten sich,
tranken Kaffe, assen und vergnügten sich mit Lachen und Tän-
deln. Tôren-'Aischane aber sagte: „Ihr zwei seid jetzt zusammengekommen, ich wünsche nichts mehr in der Welt." —.

Nach einiger Zeit kam Ḥadschi-Bedrân-Agha, das Haupt einer
Karavane, und brachte Waren von Baghdad nach Stambul. Der
hatte zehn Lasten süsser Aepfel mit sich. Tôren-'Aischane sagte
zu ihren beiden Helden: „Meine Augäpfel sollt ihr werden, wenn
ihr diesem Kaufmann Aepfel stehlt." Er war vor dem Stadtthore
abgestiegen, sie hatten die Säcke abgeladen und sich schlafen gelegt. Als es Mitternacht war, kamen Ḥassan und Gändsch-Chalîl-
Agha, stalen die Säcke mit den Aepfeln und brachten sie unter
den Baldachin. Bei Tagesanbruch erhob sich Ḥadschi-Bedrân-Agha
und befal seinen Dienern aufzuladen. Als sie sich dazu anschickten, konnten sie die Säcke mit den Aepfeln nicht finden. „Herr!"
sagten sie. „Ja!" „Man hat die Säcke mit den Aepfeln gestolen."
Da zog er seine Stiefel an und begab sich zum Fürsten der Stadt.
„In deiner Stadt", sagte er ihm, „hat man mir zehn Lasten süsser
Aepfel gestolen." Da schickte der Fürst die Ausrufer durch die Stadt,
sie forschten in der ganzen Stadt umher, aber da war keiner, der gestolen hatte. „Freundchen", sagte der Fürst, „Niemand aus der Stadt
hat etwas gestolen, aber da sind zwei draussen vor der Stadt, das sind
Räuber, die plündern die Leute aus, und wir können nicht gegen sie an,
die haben deine Aepfel gestolen." „Wo sind sie?" fragte der
Kaufmann. „Sie wohnen da in der Bingôle." —. Am Morgen waren Gändsch-Chalîl-Agha und Ḥassan auf die Jagd gegangen.
Ḥadschi-Bedrân-Agha ging nun mit den Soldaten, die er bei sich
hatte, zum Baldachin der Tôren-'Aischane und fragte diese nach
den Beiden. Sie antwortete, sie seien auf die Jagd gegangen.
Ḥadschi-Bedrân-Agha befal, sie und den Baldachin aufzuheben
und auf die Maultiere zu binden. Seine Leute banden den Baldachin auf die Maultiere, Tôren-'Aischane sass darunter, und so
führte Ḥadschi-Bedrân-Agha sie fort als Ersatz für die Aepfel.
Unterwegs erblickte Tôren-'Aischane einen Grindkopf, den rief
sie an: „Grindkopf." „Ja!" „Geh in's Gebirge, wenn du Gändsch-
Chalîl-Agha und Ḥassan findest, so sage ihnen: Warhaftig, Ḥadschi-Bedrân-Agha hat Tôren-'Aischane und den Baldachin geraubt,
eilt ihnen nach." Der Grindkopf ging hin, suchte und fand

die Beiden. „Ihr Ritter!“ sagte er. „Nun!“ „Ḥadschi-Bedrân-Agha hat Tôren-ʾAischane nebst dem Baldachin geraubt als Ersatz für die Aepfel.“ „Wohin ist er gezogen?“ fragten sie. „Auf Kôtschḥassar zu.“ Da eilten sie ihm nach. Unterwegs wurde Gändsch-Chalîl-Agha's Pferd müde, und so erreichte Ḥassan sie zuerst, als sie sich um die Mittagszeit gerade auf einer Wiese gelagert hatten. Auf sprangen sie und griffen Ḥassan an, der aber tödtete vierzig von ihnen, dagegen wurde sein Pferd verwundet. Nun kam auch Gändsch-Chalîl-Agha an und kämpfte mit ihnen, wärend Ḥassan zum Baldachin ging, Heilpulver herausnahm und seinem Pferde auflegte. Inzwischen war auch Gändsch-Chalîl-Agha verwundet worden, da bestieg Ḥassan dessen Pferd. Tôren-ʾAischane aber pflegte Ḥassan's Pferd und den Gändsch-Chalîl-Agha. Als den beiden wieder wol war, stieg Gändsch-Chalîl-Agha auf und schlug mit Ḥassan die Soldaten Ḥadschi-Bedrân-Agha's in die Flucht. Tôren-ʾAischane und die Maultiere, welche den Baldachin trugen, nahmen sie mit und kehrten nach Hause zurück. Als sie dort bei einander sassen, hob Gändsch-Chalîl-Agha an: „Hast du gesehen, Ḥassan, wie ich mit den Soldaten verfahren bin?“ „Ich hab's getan,“ erwiderte jener, „ich habe die Soldaten todtgeschlagen.“ So stritten die beiden mit einander, da zog Ḥassan sein Schwert: er zückte es nur gegen Gändsch-Chalîl-Agha's Kopf, da war dieser schon auf der Stelle todt. Ḥassan aber liess Tôren-ʾAischane auf dessen Pferd steigen und zog in seine Heimat. Dort baute er ihr Schlösser und heiratete sie. Sein Name wurde in der ganzen Welt berühmt. Sie gebar ihm einen Sohn, einen Tollkopf.

XLVIII.

Unter den ʾAkkarî lebte ein Kaufmann, der grossen Reichtum besass. Daher sagten die Leute: „Wir wollen ihn zum Landesfürsten machen.“ Er hatte eine Frau, die aber kinderlos war, und da nahm er sich zwanzig Weiber, von welchen eine einen Sohn gebar. Als er nun Fürst der ʾAkkarî geworden war, wurde er als solcher in der Welt berühmt; freigebig teilte er sein Brot aus, sein Besitz vermehrte sich und er herrschte über die ʾAkkarî. Einst schlug er seinem Sohne vor: „Mein Kind, wir wollen dir eine Braut werben.“ Der aber antwortete: „Ich nehme keine hässlichen

Weiber, ich nehme nur eine, die mir gefällt." Er suchte nun im
ganzen Lande der ʾAkkarî umher, aber an keiner fand er Gefallen. Da versammelte sich der Rat und sagte zu seinem Vater:
„Der Häuptling der persischen Nomaden hat eine schöne Tochter,
die wollen wir für ihn werben." Daraufhin entsandte der Fürst
vier Leute zum Perserhäuptling. Als diese dort angekommen waren, traten sie in sein Zimmer, setzten sich hin, speisten zu Abend
und warteten, bis der Häuptling aus dem Frauengemache kam.
Als er in den Empfangsraum eingetreten war, sagten sie zu ihm:
„Schêch!" „Ja!" „Wir kommen in einer Angelegenheit zu dir."
„In welcher Angelegenheit?" „Wir kommen zu dir, um für den
Sohn des Fürsten um deine Tochter zu werben." „Ah!" erwiderte
er, „ich will's mit ihrer Mutter überlegen." Noch an jenem
Abende begab er sich zur Mutter und teilte ihr mit, dass die
Leute des Fürsten um ihrer Tochter willen gekommen seien. Als
sie sich damit einverstanden erklärt hatte, sie ihnen zu geben, begab der Häuptling sich wieder in das Versammlungszimmer zurück
und erklärte: „Wir wollen sie geben." „So stelle deine Forderung," sagten jene. „Zwanzig Maultiere mit Geld beladen." „Einverstanden!" sagten sie und kehrten nach Hause zurück. Dort
sagten sie dem Fürsten: „Wir haben sie gefreit." „Schön!"
sagte dieser, „wie viel Geld hat er gefordert?" „Zwanzig Lasten
Geld und die Maultiere dazu." „So holt zwanzig Maultiere und
beladet sie mit Geld und zieht hin." Sie machten sich auf und
zogen unter Begleitung von Soldaten zum Häuptling. Dort luden
sie die Lasten ab und bereiteten ein Mahl, die Leute des Häuptlings aber brachten den Baldachin und die [dazu gehörigen]
Maultiere hinaus und übergaben ihnen das Mädchen. Sie setzten
sie in die Sänfte und machten sich auf den Weg. Unterwegs erkrankte das Mädchen und kam nicht bis zu den ʾAkkarî, sondern
starb vorher. Als man sie nun in den Versammlungsraum des
Fürsten gebracht hatte, betrachteten sie sie, und der Sohn des Fürsten
sagte: „Gott hat gemacht, dass sie gestorben ist, sie würde mir nicht
fallen haben." Darauf befalen sie: „Bringt sie ihrem Vater zurück, sie ist ja todt". Als sie sie nun dem Häuptling zurückbrach-
ten, fragte er: „Wesshalb bringt ihr sie zurück?" „Sie ist gestorben." „Ja, sie ist gestorben, gestorben!" Und da machten sie ein
Grab und begruben sie. Jene aber sagten: „Gib uns das Geld
und die Maultiere zurück." Der Häuptling aber entgegnete: „Ich
gebe sie nicht." Jene begaben sich zum Fürsten zurück und sagten
ihm: „Er will das Geld und die Maultiere nicht herausgeben."

Der Fürst stieg alsbald nebst seinem Sohne und den Soldaten zu
Pferde und sammelte ein grosses Heer. Mit diesem begab er
sich in's Land der Perser und liess dem Häuptling durch einen
Abgesandten melden: „Gib uns das Geld und die Maultiere zurück:
tust du das nicht, so kämpfen wir miteinander." Der Abgesandte
ging und überbrachte dem Häuptling die Botschaft. Darauf sammelte auch der Häuptling ein Heer und erklärte: „Ich gebe sie
nicht." So zogen sie zum Kampfe heraus und kämpften gegen einander
mit Flinten. Nachdem sie einen Monat lang Krieg geführt hatten, kam
ein Statthalter nach Baghdad, und es wurde ihm gesagt, dass zwischen
den 'Akkarî und Persern Krieg geführt werde. Da bildete auch
er — As'ad-Pâscha hiess er — ein Heer aus regulären Truppen und Arnauten, führte zwanzig Kanonen in's Feld und begab
sich alsbald in's Land der Perser, wo er den Häuptling gefangen
nahm. Dann wandte er sich gegen die 'Akkarî; diese empörten sich
aber gegen die Regierung, und so begannen die Regierungstrup-
pen den Kampf mit ihnen. Der Fürst zog sich mit seinen Truppen in die Burg Chân-Dimdim's [seines Vetters] zurück, und der
Statthalter nahm das Land der 'Akkarî mit Ausnahme dieser Burg
ein. Zur Bekämpfung des in derselben befindlichen Heeres richtete nun As'ad-Pâscha die Kanonen auf die Burg und · liess sie
beschiessen, aber sie konnten derselben nichts anhaben. So wurde
zwei Monate weiter gekämpft, da gewährte der Statthalter dem
Fürsten einen Waffenstillstand, und dieser kam mit Chân-Dimdim
von der Burg herab in's Lager des Statthalters. Als sie aber in
seinem Zelte waren, befal As'ad-Pâscha den Soldaten, sie gefangen
zu nehmen. Da zog Chân-Dimdim sein Schwert und stürzte auf die
anwesenden Grossen los, hundert und einen erschlug er, der Fürst
aber tödtete den Statthalter selber. Dann eilten die beiden hinaus, wandten sich gegen die Arnauten und regulären Truppen,
nahmen ihnen die Kanonen ab und brachten sie auf die Burg
Chân-Dimdim's. Da entflohen die Arnauten, denn sie wagten nicht
mehr, sich ihnen entgegen zu stellen. —.

Der Sohn des Fürsten hatte einen Freund in meinen Jahren,
der sagte ihm eines Tages: „Unter den Kôtscher [kurdischen No-
maden] gibt's eine, die Tochter Fâris-Agha's, besser passt keine
für dich, sie haben sie jetzt einem Manne gegeben, Benäfsche
heisst sie, und sie ist sehr schön." Der Sohn des Fürsten — Dschambalîjo war sein Name — machte sich alsbald auf, legte einen
schlechten Mantel an, aber unter demselben steckte er hinten in
seinen Gürtel einen Dolch von Gold und Silber, und so begab er

sich zu den Kôtscher, zum Hause des Vaters der jungen Frau, der
Benäfsche. Nachdem er vier Tage im Hause Fâris-Agha's gewesen war, gegessen und getrunken hatte, sah er Benäfsche heran-
kommen. Ihr Blick fiel auf den Jüngling und ihr Herz entbrannte
in Liebe zu ihm. Auch er schaute sie an, sie war schön und gefiel ihm sehr. Sie sagte zu ihrem Vater: „Lass diesen Mann als
Hirten bei dir bleiben." Er war damit einverstanden und fragte
ihn: „Willst du als Hirte bei mir dienen?" Dschambalîjo bejahte
dies und weidete nun [am Tage] die Ziegen, Abends kam er nach
Hause. Als man ihn fragte: „Wie heissest du?", sagte er: „Mein
Name ist Muçtafa", und verschwieg ihnen seinen wirklichen Namen, der Benäfsche aber sagte er: „Ich heisse Dschambalîjo, bin
der Sohn des Fürsten der 'Akkarî, um deinetwillen bin ich gekommen, aber ich sage, ich heisse Muçtafa, damit sie mich nicht
kennen." „Schön!" antwortete sie, und als er ihr nun noch den
Dolch zeigte, da war sie ganz überzeugt. Sie war aber, wie gesagt, mit einem andern verheiratet. Vier Jahre lebte er bei ihnen
als Hirte, Abends kam er von seinen Ziegen nach Hause, und sie
hatten kein Arg. Da überredete er Benäfsche eines Abends,
mit ihm zu fliehen. Die ganze Nacht hindurch flohen sie bis zum
Morgen. Als der Tag anbrach, kamen sie in's Gebirge und versteckten sich in einer Höle. Unterdessen hatten die Leute Fâris-
Agha's entdeckt, dass Benäfsche und der Hirte zusammen entflohen waren; sie suchten überall herum, fanden sie aber nicht.
Als der Tag sich geneigt hatte, flohen Dschambalîjo und Benäfsche weiter. In der Nacht kamen sie nach Hause zu den 'Akkarî.
Da fragte sie: „Wo sind wir hier? sorge nur, dass wir uns nicht
verirren." „Nein, nein!" antwortete er, „habe nur keine Furcht". So
waren sie nach Hause gekommen. Dem Fürsten verkündete man
gleich die frohe Botschaft, Dschambalîjo sei gekommen und habe
sich eine Frau mitgebracht. Der Fürst machte den Ueberbringern
dieser Botschaft ein Geschenk von zwanzig Beuteln und liess Benäfsche dem Dschambalîjo antrauen.

XLIX.

In Ghurs lebte die Familie Hassan-Agha's, er hatte zwölf Töchter, von welchen die älteste Nûre hiess und von unübertrefflicher
Schönheit war. Sie hatten einen Diener Ahmed; zu dem sprach

Nûre: „Ich gelobe feierlich, dass ich keinen andern als dich zum
Manne nehmen werde." Ihre Herzen waren für einander in Liebe
entbrannt. Sie erklärte auch ihrem Vater: „Vater, ich werde Aḥmed
zum Manne nehmen." Der aber antwortete: „Nein! Die Vornehmen werden kommen, werde ich dich ihnen nicht geben? und
sollte dich dem Aḥmed geben?" Da jagte Ḥassan ihn zum Hause
hinaus, Aḥmed aber ging nach Schêcha und verdang sich als
Knecht bei Schahîn-Agha, der mit seinem Bruder Ibrahîm-Agha
zusammen hauste. Bald darauf teilten diese ihr Hauswesen.
Nun hatten sie eine schwarze Sclavin; obgleich jeder von beiden
dieselbe für sich beanspruchte, nahm Ibrahîm-Agha sie mit, wärend Aḥmed als Diener bei Schahîn-Agha blieb. Ibrahîm-Agha
ging hin, die Sclavin in Diârbekr zu verkaufen, da sagte Schahîn-
Agha zu Aḥmed: „Mach dich auf, geh hin und nimm sie ihm;
wenn er sie nicht gutwillig gibt, so kämpft mit einander." Da
ging Aḥmed hin und forderte sie von ihm; als er sie ihm aber nicht
ben wollte, kämpften sie, und Aḥmed tödtete den Ibrahîm-Agha.
Als er mit der Sclavin zu Schahîn-Agha kam, fragte dieser ihn:
„Was hast du getan?" „Ich habe Ibrahîm-Agha erschlagen und
sie genommen." „Wesshalb hast du ihn getödtet?" „Du hast es
mir ja gesagt." „Ich war zornig; wie konntest du meinen Bruder tödten!" „Es ist nun einmal so." „Ich gehe dich in Märdîn
bei ʼOsmân-Pâscha verklagen," sagte Schahîn-Agha, ging hin und
verklagte ihn. Man holte den Aḥmed, warf ihn in's Gefängniss
und legte eine Kette um seinen Hals und ein Fusseisen an seine
Füsse. —

Im Hause Schêch-Mûs-Agha's war ein Sohn, der sagte: „Für-
wahr ich will Nûre haben." Da machte Schêch-Mûs-Agha sich
auf und kam nach Ghurs zu Gâro's [des Vaters Ḥassan-Agha's]
Haus. Dort nahm er mit seinen Vornehmen Platz, und man setzte
ihnen Essen und Kaffe vor. Dann sagte Schêch-Mûs-Agha zu
Ḥassan, dem Vater Nûre's: „Wir sind zu dir gekommen." „Wesshalb?" „Wir sind gekommen, um Nûre zu werben." „Zu Diensten!" erwiderte Ḥassan, Nûre aber weinte und sagte: „Ich nehme
Niemand zum Manne." Da schlug ihr Vater sie und sagte: „Hört
nicht auf sie." Sie warben um sie und gingen. Aḥmed sass inzwischen gefangen. Er schrieb einen Brief und schickte ihn an
Nûre; Nûre schaute hinein, sie verstand zu lesen, sie schaute hinein und weinte. Dann machte sie sich auf und schlug den Weg
nach Märdîn ein; einen Diener nahm sie mit sich. Dort begab
sie sich zum Statthalter, trat vor ihn und blieb stehen. „Was

wünschest du?" fragte er sie. „Ich bitte dich, Aḥmed frei zu
lassen." „Den gebe ich nicht heraus." „Von Ghurs bin ich
gekommen, bin die Tochter Ḥassan-Gâro's, lass ihn frei." „Du
bist die Tochter Ḥassan's?" „Ja!" „So setzt ihn in Freiheit, um
ihretwillen", befal er den Dienern. Diese liessen ihn frei, und
Aḥmed gab ihnen ein Geschenk von zwanzig Goldstücken.
Dann kauften die beiden sich je ein Pferd, sassen auf und
kamen wieder nach Hause, zu Gâro's Familie. Dort blieben sie
eine Woche, da sagte sie zu ihrem Vater: „Niemand werde ich
zum Manne nehmen, wenn nicht Aḥmed selber". „Das geht nicht;"
antwortete er, „ich habe dich bereits der Familie Schêch-Mûs-
Agha's versprochen." Als Aḥmed hörte, dass sie schon verlobt war,
sagte er zu Nûre: „Komm, ich will dich entführen." „Voran!"
antwortete sie, und sie stiegen Nachts zu Pferde und flohen auf's
Gebirge. Dort trafen sie den Sohn Schêch-Mûs-Agha's, der war
da mit fünf andern auf der Wiese bei den Pferden. Sie gingen
zu ihnen, da sie sie nicht kannten, und jene fragten: „Wohin
geht ihr?" „Wir ziehen in die weite Welt," war die Antwort. Da
sagte einer von den Genossen zu Mirf-Meḥamma — so hiess der
Sohn Schêch-Mûs-Agha's —: „Mirf-Meḥamma!" „Ja!" „Diese ist
Nûre, sie ist deine Braut, dieser da hat sie entführt." Da sprang
Mirf-Meḥamma auf, zog seinen Säbel und lief hinter ihnen her.
Der Kampf begann: Aḥmed tödtete zwei, aber sie entrissen ihm
Nûre, ihn selbst traf ein Lanzenstich, der ihn verwundete, da
wandte er sich zur Flucht, und obgleich ihn jene verfolgten, er
entkam. Aber Nûre nahm Mirf-Meḥamma mit sich; als er nach
Hause gekommen war, ging er zum Vater in's Zimmer. Dieser fragte
ihn: „Wesshalb bist du von den Pferden weggegangen?" „Mein
Vater," antwortete er, „wir sassen da, ich und meine Genossen, da
kamen zwei zu uns, eine Frau und ein Mann, zu Pferde, die ich
nicht kannte; wir fragten sie: wohin geht ihr? sie antworteten:
wir ziehen in die weite Welt; sie kannten uns auch nicht; nun sagte
mir mein Genosse: diese ist Nûre, Aḥmed hat sie entführt; da zog
ich meinen Säbel und lief hinter ihnen her, ich und meine Genossen; zwei von ihnen tödtete er, aber ich verwundete ihn durch
einen Lanzenstich, entriss ihm Nûre und brachte sie hierher."
„Wo ist sie?" fragte jener. „Sie ist hier bei den Frauen." „Du
sollst mein Augapfel sein," sagte der Vater. Darauf schrieb Schêch-
Mûs-Agha einen Brief und schickte ihn an Ḥassan-Gâro, darin
sagte er: „Wir wollen kommen, Nûre heim zu holen," natürlich zum
Scherz. Als der Diener mit dem Briefe zum Hause Ḥassan's ge-

kommen war und ihn dem Vater Nûre's überbracht hatte, sah dieser ihn an und las ihn, dann nahm er ihn und steckte ihn in seine Busentasche. Alsbald sass er auf und kam gleich mit dem Diener zu Schêch-Mûs-Agha; dort stieg er vom Pferde, ging zum Zimmer hinauf und begab sich zu ihm. Als sie zusammen sassen, sagte Schêch-Mûs: „Gib uns Nûre, wir wollen kommen, sie heim zu holen." „Nûre ist verschwunden, Ahmed hat sie entführt, wir haben nach ihr gesucht, aber sie nicht gefunden, sonst hätten wir sie getödtet." „Mein Sohn hat sie angehalten, sie und Ahmed, letztern hat er verwundet und sie selbst hergebracht, Ahmed aber hat zwei Genossen meines Sohnes getödtet." Da fragte der Vater: „Wo ist denn Nûre?" „Sie ist hier." „So ruft sie!" Sie riefen sie; als sie in die Versammlung getreten war, fragte ihr Vater sie: „Warum hast du das getan?" „Darum", gab sie zur Antwort, „ich liebte ihn, und entführte ihn." Er befal sie zu schlagen, und sie schlugen sie drei Tage und drei Nächte. Da stellte sie sich besessen, und seitdem galt Nûre für eine Besessene.

Ahmed aber hatte sich zu Qaratâschdîn begeben; als er zu ihm in's Zimmer trat, fragte ihn dieser: „Wie kommt's, dass du so vor mir erscheinst?" „O Qaratâschdîn, was soll ich dir's sagen?" „Rede, fürchte dich nicht." „Mich liebte Nûre", hob er an, „die Tochter Hassan's aus dem Hause Gâro, aber der Vater wollte sie mir nicht geben; da freite die Familie Schêch-Mûs-Agha's sie für Mirf-Mehamma, ich entführte sie und wollte mit ihr zu dir kommen, aber unterwegs trafen mich Mirf-Mehamma und seine Genossen, sie setzten mir nach, zwar tödtete ich zwei, aber ich wurde verwundet, und sie entrissen mir Nûre und schlugen sie drei Tage und drei Nächte; nun bin ich zu dir gekommen, was sagst du?" „So! ja, fürchte dich nur nicht," antwortete er. Darauf machten sich Qaratâschdîn und seine Brüder Tschâko und 'Arfo nebst Ahmed auf, bestiegen ihre Pferde und kamen Nachts zu dem Dorfe Schêch-Mûs-Agha's; dort waren sie in einem Hause bekannt, sie gingen in dieses Haus und schickten eine Frau zu Nûre, welche ihr sagen sollte: „Nûre! Ahmed und Qaratâschdîn und Tschâko und 'Arfo sind bei uns, sie lassen dir sagen, du mögest dorthin kommen." Als die Frau diese Bestellung ausgerichtet hatte, erwiderte Nûre: „Geh, ich komme schon." Unterdess war Qaratâschdîn zum Hause Schêch-Mûs-Agha's gegangen, hatte dort ein schönes Pferd gestolen und dasselbe mitgebracht. Als Nûre kam, setzten sie sie auf dieses Pferd, auch die vier sassen auf, zogen die Säbel und entflohen. Als sie aus dem Dorfe hinaus waren, riefen sie laut: „Wir haben Nûre geraubt; wer immer will, der komme und kämpfe mit uns." Als das die Leute Schêch-Mûs-Agha's hörten, kamen sie und die Dorfbewohner hinab zum Kampfe. Jene tödteten zwanzig aus dem Dorfe und den Mirf-Meḥamma; die Leute Schêch-Mûs-Agha's aber tödteten den Bruder Qaratâschdîn's Tschâko. Qaratâschdîn nahm Nûre mit und zog nach Hause. Plötzlich sagte er: „Nachdem sie meinen Bruder getödtet haben, tödte ich Aḥmed," und damit erschlug er Aḥmed. Nûre aber brachte er zu sich nach Hause und traute sie sich an. Als er einen Sohn bekam, nannte er ihn Tschâko, nach seinem Bruder, denn er sagte: „Tschâko ist wiedergekommen."

L.

Es war einmal einer Namens Mîrfo, der lebte mit seiner Frau, und es wurde ihnen ein Sohn geboren. „Wie sollen wir ihn nennen?" fragte er sie. „Lass uns ihn Kandar nennen", antwortete sie. Da nannten sie ihn Kandar. —. Als der Vater eines Tages auf die Jagd ging, erschlugen ihn Leute aus einem andern Dorfe. Man brachte seiner Frau die Trauerkunde, Mîrfo sei erschlagen; da fing sie an zu weinen. Darauf nahm sie zwei Männer aus dem Dorfe, holte mit ihnen den Leichnam und brachte ihn auf dem Maultiere nach Hause. Wer ihn getödtet hatte, konnten sie nicht in Erfahrung bringen. Einen Monat nachher hörte die Frau, ʾAṭmân habe ihn erschlagen; sie wagte nichts zu sagen. —. Kandar wuchs heran. Einst sagte er: „Mütterchen, ich will unser Korn zur Mühle bringen und es mahlen lassen." „Das kannst du nicht, mein Sohn", warf sie ihm ein. „Gewiss kann ich es", erwiderte er, lud unter Beihilfe seiner Mutter den Sack auf den Esel und ging zur Mühle. Als er halbwegs war, überschlug sich der Esel köpflings unter der Last und fiel zu Boden. Kandar band den Sack los und richtete den Esel wieder auf; aber da er allein war, konnte er den Sack nicht wieder aufladen. Da kamen drei Räuber zu ihm (er wusste aber nicht, dass es Räuber waren), die fragten ihn: „Wohin gehst du?" „Ich gehe zur Mühle." „Wie kommt es, dass dein Sack herunter gefallen ist?" „Der Esel ist gestolpert." „Wir wollen ihn dir aufladen helfen." Er war das gern zufrieden und fasste mit einem der Räuber den Sack an;

wie er sich aber bückte, packten ihn die beiden andern Räuber.
Nun hatte er aber einen Dolch in seinem Gürtel, rasch ergriff er
diesen und stach den einen Räuber todt. Darauf kämpfte er mit
den beiden andern und tödtete auch diese. Dann lud er den Sack
selber auf, ging zur Mühle, liess mahlen und kehrte nach Hause
zurück. Dort erzälte er seiner Mutter, dass er drei Räuber getödtet habe. „Gott gebe," erwiderte diese, „dass es der Mörder
deines Vaters gewesen ist, den du getödtet hast." Da fragte er:
„Wer hat meinen Vater ermordet?" „'Atmân." „Wo ist 'Atmân?"
„Er wohnt in jenem Dorfe." „So will ich gegen ihn ziehen."
„Das kannst du nicht; er möchte dich tödten." Kandar aber
nahm sein Gewehr auf die Schulter, den Dolch hatte er noch
im Gürtel stecken, ging hin und fragte nach 'Atmân. Als man
ihn ihm gezeigt hatte, begab er sich als Gast in sein Haus. „Woher bist du?" fragte 'Atmân ihn. „Ich bin ein Fremder." 'Atmân
kannte ihn nicht. „Wesshalb kommst du?" „Ich will einen Ochsen zum Pflügen kaufen." „Ich habe einen hier, morgen früh
will ich ihn dir zeigen." „Gut." Sie assen zu Nacht und legten
sich schlafen. Kandar merkte sich, wo 'Atmân schlief. Um Mitternacht stand er auf, ging zu 'Atmân, der fest schlief, und durchbohrte ihn mit tödtlichen Dolchstichen. Darauf entfloh er und
kam nach Hause. Als am Morgen 'Atmân's Leute aufstanden
und ihn ermordet fanden, da fragten sie untereinander: „Wer hat
'Atmân ermordet?" „Wir wissen es nicht." „Wo ist der Gast?"
„Er ist verschwunden." „So hat der Gast ihn ermordet." Sie
forschten weiter nach ihm und erfuhren, er sei geflohen. —.
Nach einem Monate erfuhr man, dass Kandar der Mörder sei.
„Wesswegen hat er ihn ermordet?" hiess es. „'Atmân hatte seinen Vater ermordet, und er hat nur seinen Vater gerächt." Daraufhin sprach man nicht mehr darüber.

'Atmân hatte zwei kleine Knaben hinterlassen. Kandar machte
sich in der Nacht auf und ward ein Räuber. Er brach in's Haus
'Atmân's ein, tödtete die beiden Knaben und plünderte sie aus. Da
führte das Dorf 'Atmân's Klage gegen ihn in Môçul. Der Statthalter
schickte fünf Diener nach ihm und befal ihn zu sich. „Kandar!"
sagten die Diener. „Ja!" „Der Statthalter befiehlt dich zu sich."
„Wesshalb?" „Man hat dich verklagt." „Wer?" „Das Dorf 'Atmân's." „Geht und sagt dem Statthalter, ich käme nicht." Die
Diener gingen und meldeten es dem Statthalter. Darauf
schickte dieser zehn Diener und befal ihnen: „Bindet ihn und bringt
ihn." Die Diener richteten ihren Auftrag an ihn aus; als er sich

aber zu kommen weigerte, legten sie Hand an ihn, um ihn zu
binden. Aber da fiel er über sie her und tödtete fünf von ihnen.
Die übrigen eilten zum Statthalter zurück und erzälten ihm: „Er
hat fünf getödtet und will nicht kommen." Nun nahm der Statthalter Soldaten und zog selber gegen ihn. Das Dorf aber ergriff
Kandar's Partei und liess nicht zu, dass man ihn verhaftete. So
kämpften sie gegen den Statthalter. Kandar selber verfolgte ihn
bis vor's Tor von Môçul. Da sagte der Statthalter zu seinen Räten: „Lasst ihn jetzt, ich will darüber an den Sultan berichten."
So ward Kandar's Name berühmt.

Einst sagte er: „Ich will mir eine schöne Stute kaufen." Da
hiess es: „Es ist irgendwo eine Stute, die ist sehr schön, eine
bessere gibt's nicht." „Wo ist sie?" „Bei dem Häuptling der
ʼAenĕſe, unterhalb Baghdad's." „Ich will sie kaufen gehen," erwiderte er. „Er gibt sie nicht; wenn du ihm auch zwei Millionen bietest, er gibt sie nicht." „Ich will verflucht sein, wenn ich
sie nicht hole," entgegnete er, nahm Flinte und Säbel und begab
sich unter die Beduinen. Dort fragte er, wo die ʼAenĕſe seien.
„Du musst noch weiter abwärts ziehen," sagten die Beduinen.
Als er nun zu den ʼAenĕſe kam, fragte er nach dem Zelte des
Häuptlings. „Dieses ist das Zelt des Häuptlings", hiess es. Er
ging hin und liess sich dort nieder: „Woher bist du?" fragten
sie ihn. „Ich bin euer Gast", antwortete er, „sie wollten mich
zum Soldaten nehmen, da bin ich hergekommen." „Habe darum
keine Sorge mehr," sagten sie, und er blieb jene Nacht dort. Nach
dem Abendessen schaute er sich unter den Pferden um und fand
bald heraus, welches das schöne war. In jener Nacht fand er
aber keine Gelegenheit, es zu stehlen, er wartete daher bis zur folgenden Nacht. Nach dem Abendessen machte er sich heimlich
auf, legte der Stute den Sattel auf, band sie los und stieg auf.
An dem Zelteingange war eine Lanze in die Erde gesteckt, die
nahm er auch weg und eilte auf dem geraubten Pferde davon.
In der Nacht kam er zu den Beduinen. „Woher bist du?" fragten sie
ihn. „Ich bin ein ʼAenĕſe." „Wohin gehst du?" „Meine Frau
ist mir weggelaufen, ich suche sie, habt ihr sie nicht gesehen?"
„Nein!" Von neuem trieb er sein Pferd an; zwischen Baghdad
und Môçul fand ihn der anbrechende Tag. Aber die ʼAenĕſe waren wie Vögel hinter ihm. Er schaute sich um, da sah er, dass
die Beduinen und die ʼAenĕſe hinter ihm her waren. Er wandte
sich gegen sie und nahm den Kampf mit ihnen auf. Sechsund-
dreissig hatte er schon getödtet, da bekam er einen Lanzenstich

in den Arm. Er umwickelte den verwundeten Arm und kämpfte
weiter. Acht andere tödtete er, da wandten sich die Beduinen zur
Flucht. Er setzte seinen Weg fort. Noch einmal rückten sie gegen ihn an: „Unsere Männer hat er erschlagen“, sagten sie, „die
Stute geraubt, auf! hinter ihm her!“ Sie erreichten ihn, wieder
wandte er sein Pferd und sprengte auf sie los. „Ich bin Kandar“,
rief er, „Kandar bin ich.“ Auf seinem schnellen Rosse eilte er den
auf's Neue fliehenden nach. Einen erreichte er und stiess ihm
die Lanze in den Rücken, dass sie am Herzen herauskam; mit
der Lanze hob er ihn vom Pferde in die Höhe und auf der Lan-
zenspitze nahm er ihn mit sich. Er kam in ein Dorf, da sahen
die Leute, dass er einen Todten auf der Lanze hatte. „Gott
möge dich stärken!“ sagten sie, „er hat einen Mann auf seiner
Lanze.“ Ihr Staunen war gross. Er kam nach Hause. „Hast
du die Stute geholt?“ fragten sie ihn. „Ja!“ „Hast du sie gestolen? oder hast du sie gekauft?“ Da erzälte er ihnen, wie es
sich zugetragen hatte, und fragte sie: „Glaubt ihr es nicht? da
ist der todte Mann auf der Lanze.“ „Wo?“ „Hier!“ „Bei Gott,
es ist wahr.“ —. Darauf machten sie ihn zum Herren des Dorfes.
Sie hatten ihn sehr gern und schworen bei seinem Haupte.

Einst sagten sie ihm: „Deine Stute ist schön; du müsstest
nun noch ein schönes Schwert haben.“ „Wo ist ein schönes
Schwert?“ fragte er. „Qaratâschdîn hat ein schönes Schwert, ein
besseres gibt's nicht, aber du kannst nicht wagen, gegen ihn zu
ziehen.“ „Wesshalb nicht?“ „Qaratâschdîn ist ein gewaltiger Held,
viele Menschen hat er schon getödtet.“ „Ich gehe zu ihm: entweder
tödtet er mich auch, oder ich hole das Schwert.“ „Steh ab! bitte
geh nicht hin, er wird dich tödten.“ „Ich bin unter die Beduinen
gegangen: der Staub konnte gezält werden und die Beduinen konnten nicht gezält werden, und trotzdem fürchtete ich
mich nicht vor ihnen; und vor Qaratâschdîn sollte ich mich fürchten? bei der Erde und beim Himmel, ich gehe zu ihm.“ Kandar
stieg auf sein Ross, hing sein Schwert um den Hals, nahm die
Lanze auf die Schulter, zog hin und fragte, wo Qaratâschdîn
wohne. Er kam in ein Dorf, da sah er ein Mädchen am Brunnen
Wasser ziehen. Sie war sehr schön. Kandar's Herz erglühte in
Liebe zu ihr. Und auch sie schaute Kandar lange an. „Giesse
meinem Pferde einen Eimer Wasser in den Trog, damit es trinke“,
bat er sie. „Recht gern“, entgegnete sie und goss den Eimer in
den Trog vor das Pferd. Dann fragte sie ihn: „Woher bist du?“
„Ich bin ein Fremder.“ „Vielleicht bist du Kandar?“ „Welcher

Kandar?" fragte er, sich verstellend. „Kandar, welcher den ›Af-
mân und seine Söhne erschlagen hat." „Wenn du ihn sähest,
würdest du ihn kennen?" „Nein, bei Gott, ich kenne ihn nicht,
aber ich habe gehört, wie sie im Zimmer meines Vaters von ihm
erzälten." „Wer ist denn dein Vater?" „Metrûsbek." „Nun, ich bin
nicht Kandar." „Ich aber bitte von Gott, dass Kandar mich zum
Weibe nehmen möge, magst du es nun sein oder nicht." Da
sagte er: „Bei Gott, ich bin Kandar." Sie legte seine Hand an
seinen Fuss und bat: „Steige vom Pferde." „Wesshalb?" „Komm
zu uns, ich will meinem Vater sagen: dieser ist Kandar, und ich
nehme Niemand anders als ihn zum Manne." „Wie heissest du?"
„Färdscha-Châtûn." „Schau, ich will dir etwas sagen, ich gelobe
dir bei Gott, dass ich dich zum Weibe nehmen will, aber jetzt
lass mich, ich gehe zu Qaratâschdîn, um ihm sein Schwert zu
nehmen, dann komme ich wieder, und nachher will ich dich heiraten; tödtet er mich aber, so steht dir frei, zu heiraten wen du
willst." „Jetzt eben ist Qaratâschdîn von uns weggegangen," entgegnete sie, „er kam in unser Haus, [um mich zu werben], aber wie er's
auch anlegte, ich habe ihn nicht zum Manne nehmen wollen." „Wohin ist er gegangen?" „Gerade aus in der Richtung nach Westen."
Kandar eilte ihm nach. Färdscha-Châtûn aber ging in's Obergemach und weinte. Da fragte ihr Vater sie: „Warum weinst du?
bis jetzt habe ich dich noch nie weinen sehen." „Es brennt wie
Feuer in meinem Herzen, Vater." „Wie so?" „So so." „Willst du
etwa einen Mann? so gebe ich dir einen." „Ich will keinen andern Mann als Kandar." „Kandar! wie sollen wir den hierher bringen?"
„Gott wird ihn schon schicken." —. Kandar war unterdessen zur
Burg Qaratâschdîn's gelangt, vor derselben war eine Wiese, auf
dieser liess er seine Stute grasen und band sie an einen eisernen
Pflock fest; die Lanze steckte er neben sie in die Erde. Dann ging
er auf die Burg und trat bei Qaratâschdîn ein: „Woher bist du?"
fragte dieser. „Ich bin ein Fremder." Qaratâschdîn schaute ihn
an, und Schrecken befiel ihn. Dann sagte er: „Komm, setze
dich." „Nein, ich setze mich nicht." „Wesshalb nicht?" „Ich
komme um deines Schwertes willen, wenn du es mir geben willst,
so gib es; wenn nicht, so fassen wir einander." „Wie sollte ich
dir mein Schwert geben? Wir wollen um dasselbe wie gute
Freunde mit einander ringen: wenn du mich wirfst, so gebe ich
es dir; wirfst du mich aber nicht, so gebe ich es dir nicht." Die
Frau Qaratâschdîn's hatte sich in Kandar verliebt. Ihr Mann
fragte ihn: „Wer bist du?" Er antwortete: „Ich bin Kandar."

Da sagte sie: „Steh auf vor ihm, er ist ein Held und du bist ein
Held; wer den andern tödtet, [dem will ich gehören]." Das er-
regte Qaratâschdîn's Zorn. Er stand nun auf, und er und Kandar packten einander. Kandar presste Qaratâschdîn's Brust so
zusammen, dass ihm die Augen vor den Kopf traten. „Lass mich
los", rief er, „meine Augen tun mir weh." Er fürchtete sich.
Kandar aber sagte: „Ich lasse dich nicht los", warf ihn zu Boden
und setzte sich rittlings auf ihn. Qaratâschdîn rief seiner Frau zu:
„Gib mir mein Schwert!" Sie zog es aus der Scheide, gab es aber
dem Kandar. „Mir gib es", rief ihr Mann. „Du kannst ihn doch
nicht tödten", entgegnete sie, „du liegst ja unter ihm." Nun tödtete
Kandar den Qaratâschdîn; dann hing er sich dessen Schwert
um und ging zu seiner Stute. Die Frau Qaratâschdîn's sagte: „Nimm
mich mit!" „Was soll ich mit dir anfangen?" „Mache mich zu
deiner Frau." „Pah!" „Wesshalb nicht?" „Bis jetzt hat Qaratâschdîn bei dir geschlafen, ich kann dich nicht brauchen," entgegnete er. „Wehe! ich bin blind gewesen!" rief sie, „ich gab
dir das Schwert und gab es nicht dem Qaratâschdîn." „Wenn du
es ihm auch gegeben hättest, was würde er angefangen haben?"
Damit stieg er zu Pferde und ritt weg. Er kam nach Hause.
Dort fragten sie ihn: „He! Hast du das Schwert mitgebracht?"
„Ja." „Hast du Qaratâschdîn getödtet?" „Ja, ich habe ihn getödtet und habe seine Frau dort gelassen." „Warum hast du sie
denn nicht mitgenommen?" „Was sollte ich mit ihr tun?" „Du
brauchst eine schöne Frau." „Ich habe eine sehr schöne gesehen."
„Wo?" „Die Tochter Metrûsbek's, des Fürsten der Dschawalî."
„Ist das weit?" „Herwärts von Qaratâschdîn ist ihr Land."

Färdscha-Châtûn war in's Obergemach gestiegen, in ihrem Herzen
sprach sie: „Kandar ist nicht gekommen, Qaratâschdîn hat ihn
getödtet", und weinte. —. Unterdessen war Kandar aufgebrochen
und in's Land des Metrûsbek gekommen. Wie nun Färdscha-Châtûn in
dem Obergemache durch's Fernrohr schaute, erblickte sie ihn und erkannte ihn. Da freute sie sich sehr. Sie dachte: „Sonderbar! er
ist zum Qaratâschdîn gegangen, und jetzt kommt er von Osten."

Kandar ritt in den Schlosshof, sie stieg hinab zu ihm und
führte ihn hinauf in's Zimmer, wo ihr Vater sass. Er trat ein
und begrüsste die Anwesenden, alle erhoben sich vor ihm, nur
Metrûsbek blieb sitzen. Das verstimmte Kandar; aber Metrûsbek
wusste ja nicht, wer er war. „Komm, nimm hier Platz, Kandar",
sagte die Tochter. Wie Metrûsbek den Namen Kandar hörte, stand
er vor ihm auf. Dann nahm Kandar Platz, höher als Metrûsbek,

und sie begannen die Unterredung. Man brachte Kaffe, und sie tranken. „Woher kommst du?" fragten sie ihn. „Von Hause." „Wie hast du den 'Aṭmân getödtet?" Da erzälte er ihnen von der Ermordung 'Aṭmân's, von den dreien, die er auf den Wege zur Mühle getödtet hatte, vom Raub der Stute und von der Tödtung Qaratâschdîn's, und ihre Blicke hingen an ihm. Dann fragten sie ihn: „Wesswegen bist du jetzt gekommen?" „Das lasst Färdscha-Châtûn erzälen," erwiderte er. Diese kam und erzälte, wie sie sich mit einander verabredet hätten, und darauf sagte sie: „Ich nehme keinen zum Manne als ihn." Metrûsbek antwortete: „Hm! schön! ich will dich dem Kandar geben." Nun veranstaltete Metrûsbek Kandar's Hochzeitsfest bei sich, er liess hundert Hämmel schlachten und zubereiten, und verheiratete Färdscha-Châtûn mit Kandar. Sie wurden dort Mann und Frau, und Metrûsbek duldete nicht, dass Kandar ein Fünfparastück aus seiner Tasche ausgäbe. Dann liess er seine Tochter ein Pferd besteigen und entliess sie mit Kandar. Dieser sagte ihm beim Abschied: „Wenn Jemand Streit mit dir anfängt, so schicke nur nach mir, und du kannst ganz ruhig sein." Als Kandar nach Hause kam, veranstaltete er auch dort ein Hochzeitsgelage. Alle Leute sagten: „Schöner als deine Frau ist keine." Kandar baute sich ein schönes Schloss, sein Name erlangte Ruhm in der Welt. Er tödtete tapfere Männer und liess ihre Köpfe auf der Mauer des Schlosses aufspiessen.

Einst hatte er einen Gast bei sich von den Bohtân-Kurden, wärend er mit seiner Frau zusammen sass und sie liebkoste; da fragte er den Kurden: „Hast du je eine schönere Frau als die meinige gesehen?" „Wirst du mich nicht tödten, wenn ich es dir sage?" gab er zur Antwort. „Nein, habe keine Furcht und sprich." „Ich habe in der Tat eine schönere Frau als die deinige gesehen." „Wo?" „Die Tochter des Mîr-Seidîn, unseres Bohtân-Häuptlings, sie heisst Gule, die ist schöner als deine Frau." „Ist das wahr?" „Ja!" „Wenn sie nicht schöner als meine Frau ist, so tödte ich dich." „Lass mich so lange hierbleiben, bis du hingehst und sie siehst," entgegnete der Gast; „ist sie schöner als deine Frau, nun so habe ich Recht, ist aber deine Frau schöner, so tödte mich." „Schön!" erwiderte Kandar. Färdscha-Châtûn aber ärgerte sich über den Kurden und hiess ihn das Zimmer verlassen. Jedoch Kandar sagte: „Lass ihn in Ruhe", und sie schwieg. —. Kandar stieg zu Pferde, nahm das Schwert Qaratâschdîn's mit und fragte nach dem Gebirge der Bohtân. In ihr Land gelangt fragte er: „Wo wohnt Mîr-Seidîn?" „In Dêrgule", war die Antwort. Er ritt nach Dêrgule und kam vor's Schloss. Gule und ihre Mutter sassen am Fenster; Gule fragte: „Wer ist jener, der da zu uns kommt?" „Ich weiss es nicht", gab die Mutter zur Antwort, „gewiss ein Freier für dich." „Ich nehme keinen als Kandar." „Wo hast du denn Kandar gesehen?" „Im Traume." —. Unterdessen hatte Kandar im Zimmer Mîr-Seidîn's Platz genommen. Zwischen diesem Zimmer und dem der Frauen war ein offenes Fenster. Letztere besahen ihn von diesem Fenster aus, wärend er sie nicht sah. Er unterhielt sich mit den Anwesenden. „Woher bist du?" fragten sie ihn. „Ich bin Kandar." Sobald er sagte, er sei Kandar, entbrannte Gule in Liebe zu ihm. Die Versammlung staunte ihn an. „Kandar", sagten sie, „hat viele Menschen getödtet." Sie glaubten nicht recht, dass er Kandar sei. Da erzälte er ihnen seine Geschichte. Darnach fragten sie ihn: „Wesswegen bist du hergekommen?" „Ich komme, um Gule zu sehen." „Die geben wir dir nicht." „Wollt ihr sie nicht geben, so will ich sie nur sehen und dann wieder gehen." Da sagten sie: „So ruft Gule, dass sie herkomme und er sie sehe." Gule trat in's Zimmer, er schaute sie an und ein Weh befiel sein Herz und er brach zusammen. Da sprangen sie auf und wollten ihn tödten, aber Gule liess es nicht zu, sondern sagte: „Wartet, bis er wieder aufsteht, und dann tödtet ihn, damit wir sehen, ob ihr in Wirklichkeit ihn zu tödten vermögt." Darauf rieb sie ihm die Herzgrube vor den Anwesenden, er schlug die Augen auf, da sah er Gule neben sich sitzen und freute sich. „Steh auf", sagte sie, „sie wollten dich tödten, aber ich habe es nicht zugelassen." Nun fragte er sie: „Willst du mich zum Manne nehmen oder nicht?" „Ich gelobe dir, dass ich dich nehmen will." „Wenn aber dein Vater nicht zugibt, dass du mich heiratest?" „Mein Vater sitzt da und hört es: gibt er's zu, so ist's gut; gibt er's nicht zu, so tödte ihn vorher." Da zog Kandar sein Schwert und fragte ihn: „Willst du sie geben oder nicht?" „Ich gebe sie nicht", erhielt er zur Antwort. Da verriegelte er die Zimmerthüre, damit keiner entfliehen könne, und machte sich mit dem Schwerte über sie her. Er mordete und tödtete sie alle; eine Elle hoch stand das Blut im Zimmer. Die Einwohner des Dorfes entflohen vor Furcht. Kandar aber führte Gule hinunter aus dem Schlosse, bestieg sein Pferd, setzte Gule hinter sich auf dasselbe und ritt nach Hause. Dort heiratete er sie. Dem Kurden schenkte er zwanzig Beutel Geld und ein Ehrenkleid. „Du hast Recht, Kurde," sagte er ihm, „sie ist schöner

14

als Färdscha-Châtûn." So ward der Name Kandar's und seiner beiden Frauen berühmt in der Welt.

Die Bohtân aber rüsteten und zogen gegen ihn; da steckte sich Kandar die beiden Schwerter wie Hörner auf den Kopf und kämpfte mit der Lanze gegen sie. Viele von ihnen tödtete er, und die übrigen flohen vor ihm. „Kandar hat zwei Hörner", sagten sie. Die ganze Welt erfuhr, dass er zwei Hörner habe, und man gab ihm den Beinamen: Abuqarnain (der Zweigehörnte).

LI.

Ḥassan-Agha in Kefr Dschauf und ʾAlî Ghammo in Tschêlik waren Feinde. Einst gingen die Leute Ḥassan's nach Tschêlik, um Baumwolle zu kaufen; da plünderte ʾAlî sie aus, und sie kamen zu Ḥassan und sagten: „Man hat uns geplündert." „Wer?" fragte er. „Die Leute ʾAlî's." „Gut!" erwiderte er. Darauf sahen sie Leute aus Tschêlik mit Rosinenladungen, welche sie zum Verkauf nach Diârbekr bringen wollten. Da machten sich Ḥassan und seine Leute auf und plünderten die Karavane ʾAlî's. Die Kaufleute aber gingen zu ʾAlî und klagten ihm: „Ḥassan hat uns ausgeplündert." Darauf sammelten die Leute ʾAlî's ein Heer, und die Leute Ḥassan's ebenfalls. Bei Sâf kam es zum Kampfe. Viele Soldaten hatten sie, und auf beiden Seiten fiel eine grosse Menge. ʾAlî zog seinen Säbel und stürzte sich unter die Soldaten Ḥassan's. Ḥassan ergriff seinen Säbel und ging auf ihn los. Die beiden waren beritten; nun stieg Ḥassan von seiner Stute ab und schlüpfte unter den Hengst ʾAlî's. In demselben Augenblicke hieb ʾAlî mit dem Säbel nach ihm, aber der Hieb traf seinen eigenen Fuss, Ḥassan nahm seinen Dolch, stiess ihn dem Hengste in den Bauch und schlitzte denselben auf. Das Pferd fiel mit ʾAlî zu Boden. Nun erhoben sie sich mit den Säbeln gegen einander, aber die Soldaten umringten sie und brachten sie durch Gewehrfeuer aus einander. Die Stute Ḥassan's war entflohen und unter die Soldaten ʾAlî's gelaufen. Sie fingen sie ein und ʾAlî bestieg sie. Sie kämpften weiter. ʾAlî griff an und stürzte sich mit dem Säbel unter sie, aber sein Heer wurde geschlagen, und die Soldaten Ḥassan's nahmen ihn auf der Stute gefangen. Sie tödteten ihn, nahmen die Stute und verfolgten sein Heer. Jedes Dorf, zu welchem sie kamen, plünderten und verbrannten sie. Nachdem sie viele Dörfer geplündert hatten, kamen sie nach Hause und die Soldaten zerstreuten sich. — Darauf kam ʾOsmân Pâscha, nahm Ḥassan und seine Vornehmen gefangen und schickte sie nach Diârbekr. Die Leute ʾAlî's kamen und klagten bei ʾOsmân Pâscha; wenn einer sagte: es ist mir das und das weggekommen, so nahm ʾOsmân Pâscha dies den Leuten Ḥassan's weg und gab es jenen. So beruhigte er das Land.

LII.

Es war einmal ein Jude, der hatte eine Frau; die beiden liebten einander sehr. Auch besass er grossen Reichtum. Eines Tages sagte ihm die Frau: „Meine Sünde komme über dich, wenn du nicht nach meinem Tode nur eine solche zur Frau nimmst, der meine Schuhe passen." „Schön!" antwortete er. Als die Frau gestorben war, blieb er mit seiner Tochter drei Jahre allein. In diesen drei Jahren probirte er allerwärts den Weibern die Schuhe an, aber keiner passten sie. Nun ging einst seine Tochter zum Wasser und zog die Schuhe an: sie passten ihr wie angegossen. Als der Vater das gewahr wurde, sagte er: „Töchterchen! ich werde dich freien." „Wie so?" fragte sie. „Die Schuhe passen dir." Und alsbald fasste er das Mädchen, um sich in seine ehelichen Rechte zu setzen. Da fing sie an zu weinen und sagte: „Geh, hol mir schöne Kleider aus der Stadt, und dann komm." Mittlerweile ging das Mädchen einen Schlosser rufen und fragte ihn: „Kannst du mir an diesen Kasten ein Schloss von innen machen?" „Ja." „Ich werde es dir bezalen." Da machte er ihr ein Schloss von innen, sie gab ihm, was ihm zukam, stieg in den Kasten und legte sich Essen und Geld hinein. Als nun ihr Vater, der Jude, aus der Stadt kam und ihr schöne Kleider brachte, suchte er im ganzen Hause herum, ohne das Mädchen zu finden, auch draussen suchte er sie vergebens, vier Tage lang forschte er nach ihr, aber er fand sie nicht. Da ward er zornig, brachte den Kasten auf den Markt und stellte ihn zum Verkaufe aus. Ein Fürst kaufte ihn und schickte ihn mit den Dienern nach Hause, und als er selbst auch nach Hause gekommen war, liess er ihn sich in's Zimmer setzen. Am Abend ging der Fürst aus, verschloss die Thüre und begab sich in die Stadt. Nun öffnete das Mädchen

den Kasten und kam heraus; dann nahm sie Reis heraus und
kochte ihn, kehrte drinnen im Zimmer und breitete die Teppiche
aus, stopfte die Pfeife und legte sie auf's Sofakissen, und dann
begab sie sich wieder in den Kasten hinein. Darauf kam der
Sohn des Fürsten, welcher auch ein Fürst war, öffnete die Thüre
und schaute hinein; da sah er, dass drinnen gekehrt war, der
Teppich hingebreitet, die Pfeife auf dem Sofakissen, das Essen ge-
kocht. Er zündete sich die Pfeife an und fing an zu rauchen;
bei sich überlegte er, wer wol das alles so zurecht gemacht haben könnte. Als er zu Nacht gegessen, legte er sich schlafen.
Am andern Morgen stand das Mädchen vor ihm auf und bereitete
das Frühmal, die Kaffekanne setzte sie auf's Feuer und machte
Kaffe mit Zucker, dann stieg sie wieder in den Kasten. Als der
Prinz vom Schlafe erwachte, schaute er um sich, und siehe!
da war das Frühstück schon fertig und der Kaffe gemacht. Er
trank den Kaffe und ass; bei sich sprach er: „Bei Gott! es
muss Jemand hier drinnen sein." Er blieb drinnen, verschloss
die Thüre und verbarg sich. Als es Abend geworden, kam das
Mädchen heraus, kehrte drinnen, breitete die Teppiche hin,
bereitete das Abendessen, stopfte die Pfeife, legte sie auf's Sofakissen und wollte sich wieder in den Kasten hineinbegeben. In
diesem Augenblicke rief er Halt und gebot ihr, ruhig stehen zu
bleiben. Sie bewegte sich nicht, er kam und setzte sich, und befal ihr, dessgleichen zu tun. Als sie sich zu ihm gesetzt hatte,
plauderten sie mit einander und er fragte sie: „Wie kommt es,
dass du in dem Kasten bist?" Da antwortete sie: „Mein Vater
hat so an mir gehandelt" — und erzälte ihm von den Schuhen;
dann fuhr sie fort: „Wenn mein Vater kommt, Prozess gegen dich
zu führen, indem er geltend machen wird, dass er dir den Kasten,
aber nicht die Tochter verkauft habe, dann rufe mich in die Ge-
richtssitzung, ich werde ihm seine Antwort geben." „Ja", antwortete er und heiratete sie. So schön wie sie war keine unter
den Jüdinnen, sie hiess übrigens Çabḥa. Als der Jude, ihr Vater,
hörte, dass der Fürst ein einzig schönes Weib Namens Çabḥa in
der Kiste gefunden habe, begab er sich, nachdem er sich das
Gerücht noch von anderer Seite hatte bestätigen lassen, zum Fürsten, und dieser liess das Gericht zusammentreten. „Was wünschest du, Jude?" fragten sie. „Ich will meine Tochter haben."
„Woher hast du eine Tochter zu fordern?" „Meine Tochter hatte
sich mit mir überworfen und sich in den Kasten versteckt, ich
verkaufte den Kasten und nachher fand es sich, dass meine Toch-

ter in ihm war, nun will ich meine Tochter wieder haben." Der
Fürst sagte: „In dem Augenblicke, als ich den Kasten kaufte,
sah ich Niemand darin; ruft meine Frau, sie soll in die Sitzung
kommen." Als sie gekommen war, fragte der Fürst: „Ist dies
deine Tochter?" „Ja, das ist sie." Sie aber sagte: „Ich bin nicht
deine Tochter; wenn ich deine Tochter gewesen wäre, würdest du
nicht so mit mir verfahren sein" — und sich zu der Versammlung wendend — „wenn er mein Vater wäre, hätte er mich dann
zur Frau begehrt? bei seinem Heil! ist es nicht so?" „Ja", antwortete der Vater und dann erzälte er dem Gerichte: „Ihre Mutter
band mir's auf's Gewissen, nach ihrem Tode keine andere zu nehmen, als der ihre Schuhe passten; fände sich aber keine, so sollte
ich lieber gar nicht wieder heiraten; überall probirte ich herum,
aber auf keinen Fuss passte der Schuh, nur ihr, meiner Tochter,
passte er; da sagte ich ihr: meine Tochter, nenne mich nicht für-
der Vater, denn ich will dich heiraten; verhält sich's nicht so?"
— „In der Tat", antwortete die Tochter — „Du gingst in den
Kasten", fuhr er fort, „und ich verkaufte diesen dem Fürsten: ich
will meine Tochter haben." Da erkannte das Gericht: „Schlagt
ihm den Kopf ab! Ein Vater, der seine Tochter heiraten will!
Schlagt ihm den Kopf ab!"

Vier Jahre waren nach seiner Hinrichtung verflossen, sie hatte
unterdessen ein Knäblein und ein Mägdlein mit Gold- und Silber-
locken geboren, da ging der Fürst eines Tages auf die Jagd.
Wärend er auf der Jagd war, begab sich sein Haushofmeister, der
zu Hause geblieben war, zu Çabḥa und verlangte Ungebührliches
von ihr; als sie aber sein Ansinnen mit Entrüstung von sich wies,
ermordete er ihren Sohn, und als der Fürst von der Jagd zurück
kam, brachte er den Kleinen vor ihn und sagte: „Schau, was
die Çabḥa getan hat, sie hat den Kleinen ermordet; sie wollte
mich zu einer Sünde verführen, aber ich war standhaft, da
ermordete sie den Kleinen, indem sie sagte: ich will dir Un-
heil bereiten; so hat Çabḥa getan!" Da befal der Fürst zween
Dienern: „Wickelt sie und die Kinder in eine Filzdecke und
bringt sie in's Gebirge, dass ich sie nicht sehe; dort tödtet sie
und bringt mir von ihrem Blute, dass ich es trinke." Die Diener
holten sie, wickelten sie in eine Decke und brachten sie in's Gebirge. Nun sagte der eine Diener: „Komm, wir wollen sie tödten,"
der andere aber sagte: „Bewahre, lass uns sie nicht morden,
denn wir haben Brot von ihrer Hand gegessen, lass uns lieber
einen Vogel schlachten und dem Fürsten dessen Blut bringen,

das mag er trinken; was weiss er?!" Der andere war damit einverstanden und sie fingen einen Vogel, schlachteten ihn und füllten
ein Fläschchen mit dem Blute desselben. Das brachten sie dem
Fürsten. Als sie es ihm gegeben hatten, trank er das Blut, und
fragte: „Habt ihr sie getödtet?" „Ja." „Gut!" antwortete er, aber
schon begann Reue in seinem Herzen zu brennen. —.

Unterdessen hatte Çabḥa die Decke geöffnet, das Mädchen
war gestorben, und dem Jungen war ja der Kopf abgeschlagen.
Da hob sie die beiden auf und ging weiter, bis sie zwei Quellen
fand, eine mit trinkbarem und eine mit schlechtem Wasser. „Bei
Gott!" sprach sie, „nicht will ich sie in diesem Wasser, das getrunken wird, waschen, sondern lieber in dem schlechten." Darauf wusch sie sie, um sie zu begraben. Aber durch die Gnade
Gottes kam den Beiden Leben zurück. Da freute sie sich sehr,
dankte Gott und bat weiter: „Möchte uns doch hier an diesem
Wasser ein schattiger Ort durch die Gnade Gottes werden." Alsbald entstand ein grosses, unvergleichlich herrliches Schloss an
dem Wasser. In diesem wohnten sie nun, den Jungen nannte sie
Tschälänk ʾAfdâl und das Mädchen Ḥafno. —. Eines Tages erblickte Tschälänk ʾAfdâl in der Quelle des schlechten Wassers
einen Ring; er holte ihn aus dem Wasser heraus, rieb ihn und
sprach dabei: „O Herr! gib mir viele Goldstücke!" Da gab Gott
ihm viele Goldstücke. Ebenso sagte er: „O Herr! gib mir
Pferde", und er gab ihm viele Pferde. Als er nun nach Hause
kam, fragte ihn die Mutter: „Kind, woher hast du dieses Geld?"
„Mütterchen! forsche nicht! was immer du willst, fordere von mir."
„Schön!" antwortete sie, und er forderte Reichtümer, rieb den
Ring, und Gott gab sie ihm.

Da kam einmal ein Derwisch zu ihm als Gast, der sang ihm
zur Handpauke, und er füllte ihm den Ranzen mit Goldstücken.
„Tschälänk ʾAfdâl!" sagte der Derwisch, „ich wüsste eine passende
Frau für dich, die Tochter des Beduinenhäuptlings." „Ist sie
schön, Derwisch?" fragte er. „Tschälänk ʾAfdâl! geh hin, sieh
sie dir an und komm wieder, ich bleibe so lange hier; ist sie
nicht schön, so schlage mir den Kopf ab; ist sie aber schön, nun,
dann hast du mir mein Geschenk schon gegeben." „Wie heisst
sie denn? Derwisch." „Sie heisst Frâidscha." Da rieb er den
Ring, indem er sagte: „O Herr! gib mir Frâidscha, die Tochter
des Beduinenhäuptlings." Wie er noch da sass, kam sie zu ihm;
er schaute sie an und konnte nicht satt werden sie zu schauen.
Der Derwisch aber traute sie ihm zum Weibe an.

Einst sass Tschälänk ›Afdâl oben auf dem Schlosse auf dem Sofa mit seiner Mutter, seiner Schwester und seiner Gattin. Es war Morgen, der Tag war noch nicht heraufgekommen, er schaute durch's Fernrohr und sagte: „Ein Fürst kommt mit seinem Gefolge zur Jagd." Da antwortete seine Mutter: „Mein Kind, lade ihn zu dir ein" — sie wusste, dass es ihr Mann war. „Gut! Mütterchen!" antwortete er, wälte ein schönes Ross aus seinem Stalle, zog sein Festkleid an, nahm den Derwisch mit sich und ging auf die Jagd. Das Gefolge des Fürsten hatte eine Gazelle aufgescheucht und die Reiter waren hinter ihr her. Der junge Mann jagte ihr nach und fing sie. Als der Fürst kam, legte er die Gazelle ihm zu Füssen. „Woher bist du?" fragte ihn der Fürst. „Von diesem Schlosse." „Wie heissest du denn?" „Ich heisse Tschälänk ›Afdâl." „Hast du Angehörige?" „Ich habe eine Mutter, eine Schwester, eine Frau und den Derwisch, er ist mein Diener". „Hast du denn keinen Vater?" „Nein!" Im Herzen des Fürsten brannte es wie Feuer und er fing an zu weinen. „Wesshalb weinst du?" fragte ihn Tschälänk ›Afdâl. „Desshalb!" „Komm, lass uns auf mein Schloss gehen." Trotzdem der Diener des Fürsten einwandte: „Die Hitze fängt schon an zu brennen", ging der Fürst mit Tschälänk ›Afdâl und stieg im Schlosse ab. Die Mutter aber hatte sich verborgen. Der Fürst und sein Gefolge nahmen Platz, man bereitete ihnen viel Essen — Schüsseln und Löffel waren alle von Silber — man zog das Tischleder herein vor den Fürsten, und dieser ass. Dann fragte er den Tschälänk ›Afdâl: „Welche ist deine Schwester? und welche ist deine Frau?" „Diese ist meine Frau, und jene meine Schwester." „Schön! Wo ist deine Mutter?" „Meine Mutter ist da im Zimmer." „So rufe sie." „Sie kommt nicht." „Rufe sie nur, ich will ihr ein Geschenk machen." Da ging er sie rufen, sie aber antwortete ihm: „Geh, sage ihm, ich liesse ihm sagen, wenn er Gericht halten wolle, so käme ich, wenn aber nicht, so käme ich nicht." Tschälänk ›Afdâl ging zurück und berichtete dies dem Fürsten, und der sagte: „Gut, lass sie kommen." Da kam sie in die Versammlung, der Fürst betrachtete sie, aber sie hatte ihr Gesicht verschleiert, damit er sie nicht kenne. „Sprich!" sagte er. Da hob sie an: „Es war einmal ein Fürst, der hatte eine Frau, die Tochter eines Juden" — hier fing der Fürst an zu weinen — „der Fürst hatte sie genommen und geheiratet, er bekam zwei Kinder, einen Knaben und ein Mädchen, ihre Locken waren eitel Silber und Gold. Einst ging der Fürst auf die Jagd; er hatte aber einen Diener, einen Haushofmeister, der begab sich zu Çabḥa und verlangte Ungebührliches von ihr. Mit Entrüstung wies sie sein Ansinnen zurück, da ermordete er ihren Sohn, und als der Fürst von der Jagd zurückkam, brachte er den Kleinen vor ihn und sagte: „Schau, was die Çabḥa getan hat; sie verlangte von mir, ich möchte mit ihr sündigen oder sie würde ihren Sohn ermorden." Da befal der Fürst zween Dienern, sie und die Kinder in eine Filzdecke zu wickeln, in's Gebirge zu bringen und dort zu ermorden, und ihm von ihrem Blute zu bringen, damit er es trinke. Die beiden Diener gingen und trugen sie weg. Als der eine sie morden wollte, sagte der andere: „Lass uns sie nicht ermorden, denn wir haben Brot von ihrer Hand gegessen, lass uns lieber einen Vogel schlachten und das Blut dem Fürsten bringen, dass er es trinke; was weiss er!?" Sie gingen und liessen die Frau liegen. Diese stand auf, fand eine Quelle mit kühlem Wasser und eine mit schlechtem Wasser; da wusch sie die Kinder, um sie zu begraben, aber sie kamen beide wieder in's Leben zurück, und durch die Gnade Gottes wurde ihnen hier ein Schloss," — damit zog sie den Schleier von ihrem Gesichte und sagte: „Ich bin dein Weib, und dieser ist dein Sohn und diese ist deine Tochter, und dein Diener da hat so gehandelt." Da schlug er dem Diener den Kopf ab und wohnte fortan in dem Schlosse bei seiner Frau und liess sein ganzes Haus dorthin schaffen. —

LIII.

Es war einmal ein König in Aegypten, der hatte eine Tochter, die war besessen. Sie zerriss ihre Kleider und rief fortwährend: „Malke." Es war kein Arzt mehr übrig, den sie nicht geholt hätten, aber die Aerzte vermochten nichts. Nun fragten der König und die Leute der Stadt: „Was ist nur Malke?" Man sagte ihnen: „Es ist Einer auf dem Ṭûr-el-'Abdîn, der heisst Malke und er ist ein Heiliger." Da schickte der König von Aegypten die Diener und trug ihnen auf: „Geht hin, ruft ihn und sagt ihm: „Es verlangt nach dir der König von Aegypten, er wird dir viele Goldstücke geben." Als die Diener zum Ṭûr-el-'Abdîn kamen, fanden sie Malke gerade mit dem Bau des Heiligtums beschäftigt; sie küssten seine Hand, er aber sagte: „Gott segne euch, wozu seid

ihr gekommen?" „Wir sind zu dir gekommen." „Woher seid ihr?"
„Wir sind die Diener des Königs von Aegypten." „Wozu seid ihr
gekommen?" „Die Tochter des Königs ist besessen, da hat er
uns zu dir geschickt; er sagt: wenn er kommt und meine Tochter
heilt, gebe ich ihm viele Goldstücke." „Geht, ich werde kommen", erwiderte er. „Komm mit uns." „Nein, geht, ich werde
kommen; wenn ihr nach Aegypten kommt, werdet ihr mich dort
finden." Da gingen die Diener, wärend Malke an dem Heiligtum
weiterbaute. Dann machte auch er sich auf den Weg und langte
in einer Stunde in Aegypten an, vor den Dienern kam er dort
an. Er begab sich gleich in den königlichen Palast, und alsbald
wurde das Mädchen gesund und zog ihre Kleider an. Er hiess
den Teufel aus ihrem Leibe herausgehen und nahm ihn gefangen,
dann betete er über ihr, und sie war geheilt. Da sagte der König zu ihm: „Fordere Gold von mir, so viel du immer willst."
Er aber antwortete: „Ich bedarf deines Goldes nicht." Nun hatte
der König einen Brunnen vor der Thüre, der hatte einen Brunnenrand aus einem Steine und einen Brunnentrog von Marmor. Da
sagte der heil. Malke zu ihm: „Gib mir diesen Brunnenrand und
diesen Brunnentrog." „Du kannst sie ja nicht tragen." „Lass dich
das nicht kümmern." „So nimm sie." Nun hing er den Brunnenrand dem Teufel um den Hals und den Trog legte er ihm auf den
Kopf, und sagte: „Voran! Teufel!" „Ich kann nicht." „Du kannst,
Verfluchter!" Da ging der Teufel, der heilige Malke folgte ihm
und betete. Da sagte der Teufel: „Das fehlte mir noch: den
Brunnenrand um den Hals, den Trog auf dem Kopfe, und nun
noch das Geplapper hinter mir." „Voran! Teufel!" sagte der
Heilige. So kamen sie zu Beduinenzelten. Da sagte der Teufel
zum heiligen Malke: „Ich bin müde geworden." „Dann lege den
Brunnenrand von deinem Halse hin, und auch den Trog, und ruhe
dich aus." Der Teufel tat das, und der heilige Malke legte sich
schlafen. Nun war da ein Kalb angebunden, die Kuh kam
von der Weide, die Frau aber, der die Kuh gehörte, ging Wasser
holen. Da stand der Teufel auf, band das Kalb los und liess es
zu der Kuh hin, und das Kalb fing an, an der Kuh zu saugen.
Der Herr des Kalbes kam gerade nach Hause und sah das Kalb
saugen, er band es daher wieder fest. Da kam auch die Frau
vom Wasser zurück. „Warum hat das Kalb gesaugt?" fragte er
sie. „Ich war Wasser holen gegangen, ich habe es nicht gesehen."
Da erschlug er die Frau; nun kamen aber die Verwandten der
Frau und erschlugen den Mann; diesen wollten wieder seine Ver-

wandten rächen und schlugen sich auf Leben und Tod mit den
Verwandten der Frau. — Der heilige Malke hatte unterdessen geschlafen und nichts gemerkt, nun aber fragte er: „Was hast du
angefangen, Teufel?" „Ich habe gar nichts getan." „Was hast
du angefangen? sprich!" „Da war ein Kalb angebunden, die
Kuh kam gerade von der Weide, da habe ich es zu seiner Mutter
gelassen, und es hat an ihr gesaugt." „Gott verfluche dich!"
sagte der Heilige und trat zwischen die Beduinen und liess nicht
zu, dass sie weiter stritten; über ·den Gefallenen betete er, da
wurden sie wieder alle heil und standen auf. Dann ging er weiter,
nachdem er dem Teufel den Brunnenrand wieder um den Hals und
den Trog auf den Kopf gelegt hatte. Unterwegs trafen sie einen
andern Teufel, der sass auf dem Felsen, auf dem Gipfel des Berges.
Der rief dem Teufel mit dem Troge auf dem Kopfe zu: „Wol bekomme
dir dieser Turban!" Da sagte der andere: „Sieh mal, heiliger
Malke, was der zu mir sagt." Malke antwortete: „Geh nur voran,
der soll dafür dort oben auf dem Felsen bis in alle Ewigkeit
bleiben." — Der Heilige kam mit seinem Teufel nach Hause und
befal ihm: „Setze den Trog langsam zur Erde." Als er das getan hatte, fuhr jener fort: „Lege den Brunnenrand auf die Oeffnung der Cisterne." Als der Teufel auch das getan hatte, stiess
der Heilige ihn in den Brunnen, dass er hineinfiel, und rief ihm
nach: „Nicht mehr mögest du auf die Oberfläche der Welt kommen." So blieb der Teufel im Brunnen. So oft die Leute den
Eimer hinablassen, um Wasser hinaufzuziehen, hält der Teufel den
Eimer fest; dann sagen sie: „Lass los, Malke kommt." Dann
lässt er ihn los.

LIV.

Es war einmal ein Mann und eine Frau; da starb der Mann
und hinterliess ein Töchterchen; sein Haus aber fiel dem Fiscus
zu. Da machte sich die Frau auf, nahm das Töchterchen und
ging davon, denn sie dachte: „Ich will hingehen und Nonne werden." So ging sie nach Mar Gabriel, setzte sich daselbst in's
Heiligtum und weinte; das Töchterchen hatte sie bei sich. Sie
schläferte es ein, und sie schliefen beide bis zum Morgen. Als
sie aufstand, weckte sie auch das Töchterchen; da war dasselbe
ein Knäbchen geworden. Sie rief dem Mönch: „Herr, komm."

„Was gibt's?" fragte dieser. „Unser Töchterchen ist ein Junge
geworden", antwortete sie. „Sprich nicht davon; es wäre Sünde",
sagte dieser. Es ist nun zwei Jahre her, dass dies in unserem
Städtchen Midhjât geschah.

LV.

1. Die ganze Welt war ein grosses Meer, und Christus
schwebte wie ein Vogel über dem Wasser; dann blies er in die
Meere, dadurch erhob sich der Himmel aus den Meeren, und auch
Fische stiegen mit ihm empor, durch Christi Gnade wurden diese
zu Sternen; aber die Fische fürchteten sich am Tage, weil er da
das Meer in Bewegung gesetzt hatte; daher kommen sie bei Tage
nicht hervor, sondern bei Nacht, und schauen herunter, und Gott
schickt den Mond als Hüter für die Sterne.

2. Gott und ein Engel waren im Himmel. Da rief Gott:
„Engel." „Ja." „Geh, hole mir Staub von den vier Enden der Welt,
damit wir Adam erschaffen." Da ging der Engel fort. Inzwischen
aber holte Christus, ihm sei Ehre, Staub und schuf den Adam;
so dass er wurde wie er. Als der Engel zurückkam und jene
beiden da sassen, konnte er nicht unterscheiden, welcher von beiden Christus sei. Da sagte er: „Gott segne", Adam antwortete:
„Gott segne dich." Darauf trat der Engel vor Christus. Der aber
sagte: „Ich brauche keinen Staub mehr." Hierauf setzte er Adam
in der Gegend von Jerusalem auf die Erde.

. 3. Adam war auf der Tenne; da befal er den Tieren: „Esst
kein Korn, sondern eure Augen sollen darüber wachen, bis ich
die Scheune erbaut habe." Als er zurückkam, sagten ihm die
Tiere: „Der Rabe hat sieben Körner gefressen, noch sind sie in
seinem Munde." Da sprach Adam: „Seine Kehle soll durchbohrt
sein und die Körner sollen zu Boden fallen." Eines aber hatte
er vorher verschluckt; sechse fielen zu Boden. Von dem Tage an,
wo Adam dies gesagt hat, ist die Kehle des Raben durchbohrt,
bis auf den heutigen Tage durch göttliche Fügung; wenn er sieben
Happen isst, fallen sechs zu Boden und einer nur bleibt ihm und
geht in den Magen hinab. Er bekommt zwei Junge, der Hals
des Männchens hat ein Loch, der des Weibchens aber nicht.

LVI.

Der Riese Dschimdschim war vierzig Ellen hoch **und die**
Breite seiner Brust betrug zehn Spannen, die seiner Stirne **aber**
sechs Spannen; sein Körper hatte den Umfang von fünf **Männern**,
und jeder seiner Füsse war eine Elle lang. Er glaubte **an das**
gesprenkelte Kalb und wusste nicht, dass es einen Tod gab, **noch**
dass es einen Gott gab; er fastete nicht und betete nicht, sondern
diente dem Kalbe. Da sprach Gott: „Es ist nun genug; **steige**
zu ihm hinunter, o Friedensengel (Todesengel)!" Der Friedensengel
stieg zu ihm hinunter, konnte ihm jedoch nichts anhaben, **sondern**
musste unverrichteter Sache zu Gott zurückkehren. Da befal dieser: „Steige du zu ihm hinunter, grosser Engel." Da stieg der
grosse Todesengel zu ihm hinunter und rief: „Riese Dschimdschim,
lege dich hin!" „Ich will mich nicht hinlegen", antwortete jener.
Darauf packten sich der Engel und er gegenseitig, und der Engel
sprach: „Mit Gottes Hilfe"; damit warf er den Riesen Dschimdschim zu Boden und nahm ihm seine Seele; dann brachte er sie
hinauf und führte sie zu Christus. Dieser rief: „Nun, Riese Dschimdschim!" „Ja!" „Wen betest du an?" „Das Kalb." „Warum?"
„Ich weiss nicht." „Meinst du denn nicht, dass es einen Gott
gebe? der die Erde, die Berge und den Himmel auf einander gesetzt hat, und der Kirchen und Schulen eingerichtet hat, damit
die Leute beten und fasten; du aber folgst dem Kalbe." „Ich
habe gesündigt, Herr", erwiderte er. „Das nützt nichts." „Ich
bin ein Sünder, Herr", wiederholte jener. „So bringt ihn an einen
guten Ort," befal er den Engeln, „weder in die Hölle, noch in den
Himmel." Auf kurdisch aber singt man über den Riesen Folgendes: O Riese Dschimdschim, o Profet Simeon, am Rande des Meeres
schritten sie mit einander dahin; da trafen sie den lichtumglänzten
Jesus; dieser fragte: „O Riese Dschimdschim, o Profet Simeon,
warum streitet ihr gegen den Engel Afrael?" Jener antwortete:
„O stralender Jesus, wir waren Sünder."

LVII.

In der Stadt Wân waren einmal zwei Kater, welche beide
Taugenichtse waren; denn sie pflegten die Hühner und die Eier

zu fressen. Als die Einwohner der Stadt auf sie aufmerksam
wurden, ergriffen sie sie und führten die Jagdhunde herbei; der
Statthalter und die ganze Stadt gingen hin um zuzuschauen; man
führte die beiden Kater in die Ebene von Wân, liess sie los und
hinter ihnen her liess man die Jagdhunde laufen, diese verfolgten
die Kater und verhinderten sie, wieder in die Stadt zu kommen.
Daher irrten sie im Gebirge umher und gingen nach einem Kloster
Namens Dêra-Dschängäli; dieses Kloster liegt in einem Dorfe.
Als die Kater dorthin kamen, wurden sie von den Dorfkindern ergriffen; darauf nahmen diese Stangen, steckten sie in den Boden
und spannten ein Seil darüber; dann zwangen sie die Kater auf's
Seil hinaufzusteigen; die Kater machten Künste auf dem Seil und
wurden Seiltänzer. Sie übten sich einen Tag; dann stiegen sie
herunter und traten in's Kloster, gingen zum Mönch, küssten dessen Hand und riefen: „Mönch." „Ja." „Wir wollen Seiltänzer werden und auf dem Seile Künste machen; dabei wollen wir für das
Kloster Geld sammeln." „Schön!" antwortete jener. „Gib uns
aber den Hund und den Esel mit", baten sie. Er willigte ein.
Namentlich der eine Kater tanzte vortrefflich; er hiess daher auch
Tärstschi: mit dem Esel und dem Hund reisten sie ab; unterwegs
trafen sie eine Kuh; die schlachteten sie, zogen ihr die Haut ab
und machten sich eine Pauke daraus. „Wir brauchen nun noch
eine Flöte", sagten sie; daher schickten sie den Hund nach Wân,
um ihnen eine solche zu holen; der Hund spielte auf dem ganzen
Wege, bis er wieder zu ihnen gelangte, auf derselben, um sich zu üben.
Von nun an schlug der Esel die Pauke und der Hund spielte auf
der Flöte; der Kater Namens Tärstschi tanzte auf dem Seil und
der Kater Bülbül machte mit der Achselhöle ein unanständiges
Geräusch nach: so zogen sie in den Ortschaften des Hochlandes
umher. Darauf reisten sie nach Erferûm zum Statthalter; als man
sie befragte: „Was seid ihr für Leute"? antworteten sie: „Wir sind
Possenreisser." „Merkwürdig", rief der Statthalter und die Einwohner der Stadt, „was ist denn das, ein Possenreisser?" „Wir
wollen's aufführen", antworteten sie; „du wirst schon sehen." Sie
schlugen ihr Gerüst auf und spannten das Seil darüber; dann
betete Tärstschi und wandte sein Gesicht nach den vier Richtungen
der Welt, indem er rief: „O Gott, o Dêra-Dschängali!" Darnach
stieg er auf das Seil; der Esel schlug unterdessen die Pauke, der
Hund blies die Flöte und der andere Kater machte das Geräusch
mit der Achselhöle; Tärstschi tanzte auf dem Seil. Die Einwohner
der Stadt lachten bei dem seltsamen Anblick und sagten: „Wenn

der Kater nur nicht vom Seil herabfällt!" Der Statthalter aber
wünschte, er möchte fallen, und rief daher: „Tärstschi!" „Ja." „So
ist's nicht erlaubt!" „Wie so denn?" fragte dieser. „Binde an
deine Füsse Schwerter und Dolche; dann tanze damit auf dem
Seil." Da band Tärstschi sich Schwerter und Dolche an die Füsse
und stieg wieder auf's Seil hinauf. „O Dêra-Dschängali", rief er
und machte Künste, so dass die Leute erstaunten. Wiederum rief
der Statthalter: „Tärstschi!" „Was gibt's?" „So ist's nicht erlaubt!"
„Wie so denn?" „Ziehe die Säbel und Dolche dir von den Füssen
ab und binde zwei Pfannen an deine Füsse; dann steige wieder
auf's Seil hinauf." Er tat so, stieg auf das Seil und machte seine
Künste mit den beiden Pfannen an den Füssen. Noch einmal rief
jener: „Tärstschi!" „Ja." „So ist's nicht erlaubt!" „Wie so denn?"
„Fülle eine Schale mit Wasser, setze sie dir auf den Kopf und
tanze auf dem Seile; wenn du sie zu Boden wirfst, so lasse ich
dir den Kopf abschlagen, wirfst du sie aber nicht herab, so gebe
ich dir, was du auch verlangen magst." Da stieg Tärstschi vom
Seil herunter und sagte zum Esel, zum Hund und zum andern
Kater: „Macht eine kleine Balgerei auf dem Boden, damit die
Leute e u c h anblicken; ich will unterdessen auf's Seil hinaufsteigen
und mit der Schale Wasser auf dem Kopf tanzen; sie möchten
mich sonst mit einem bösen Blick ansehen, wärend ich Künste
mache." Darauf bestieg er das Seil, mit der Schale voll Wasser
auf dem Kopfe; er tanzte und machte Künste. Unterdessen traten
alle Weiber, die nicht hatten schwanger werden können, unter das
Seil hin, indem sie sagten: „Tärstschi ist ein Heiliger!" Dann stieg
er vom Seil herab und sie hörten auf mit der Vorstellung. Da
erliess der Statthalter einen Befehl an die Einwohner der Stadt
und schickte seine Diener herum mit der Weisung: „Von jeder
Familie begehre ich hundert Piaster." So sammelte er Geld von
der Stadt und erhielt zehntausend Piaster; diese übergab er dem
Tärstschi; der aber küsste die Hand des Statthalters und zog weiter.
Sechs Jahre hindurch durchzog er die Ortschaften von Sôfan, indem er Geld sammelte; dann brachte er alles Geld nach Dêra-
Dschängali und gab es dem Mönch. Darauf aber sagte er zu ihm:
„Mönch!" „Ja." „Von nun an wollen wir für unsre eigene Rechnung
sammeln." „Gut", antwortete dieser, „sammelt für euch selber." —
Darauf schlug Tärstschi vor: „Auf; nun wollen wir in die Ort-
schaften der Türken und Araber gehen." So kamen sie nach
Diârbekr; am Tage tanzte er auf dem Seil, und bei Nacht spielten
sie Puppentheater. — Darnach aber sagte Tärstschi zum Hund und

zum Kater: „Zieht ihr gegen Môçul und Baghdad hin; und wir, der
Esel und ich, wollen gegen Stambul hin zum Sultan reisen." Da
stritten die beiden Kater mit einander; denn jener sagte: „Ich mag
nicht wegreisen, wir wollen einander nicht verlassen, sondern zusammen weiterziehen." Tärstschi aber wurde zornig und sprach zu
dem Kater: „Macht euch auf den Weg, wie ich euch geheissen
habe!" Jener aber weigerte sich noch immer. Tärstschi wurde
wütend und beschimpfte den andern Kater: „Ich will deine Mutter
schänden, wenn du nicht nach meinem Befehl handelst!" „Und ich
deine Schwester", entgegnete jener. So zankten sie sich und gingen einander drei Tage lang aus dem Wege, denn sie waren sehr
grimmig auf einander. Dann aber pflog der Esel mit dem Hund
Rat und sie bewirkten, dass Tärstschi und der Kater einander
wieder küssten. Der Kater reiste darauf in der Tat mit dem Hund
gegen Baghdad hin und sie führten das Puppentheater in den
Kaffehäusern auf, um Geld zu sammeln. Auch Tärstschi brach auf,
in Begleitung des Esels, und sie besuchten die Ortschaften in der
Richtung nach Stambul; den Tag über machte er seine Seiltänzerkünste, und Nachts gab er Theatervorstellungen in den Kaffehäusern.
Die Statthalter aber telegraphirten einer dem andern; diejenigen
nämlich, welche es gehört und gesehen hatten, an die, welche es
noch nicht gesehen hatten: „Es zeigt sich in den Ortschaften ein
ganz wunderbares Schauspiel." Die, welche es noch nicht gesehen
hatten, fragten: „Was denn für eines?" Jene antworteten: „Ein
Puppenspieler und ein Esel; am Tage tanzt er auf dem Seil, und
Nachts gibt er Vorstellungen in den Kaffehäusern." Da sandten
die Statthalter so viele Boten nach ihm hin, dass dieselben sich
gegenseitig im Wege waren; von hier kam der Courier des Statthalters von Ssîwas, den Tärstschi zu holen, und von dort kam der
Courier des Statthalters von Qars, ihn zu holen; der erstere sagte:
„Ich will ihn mit mir nehmen", und der letztere sagte: „Nein, ich
will ihn mit mir nehmen." Daher gerieten die Couriere, welche
Oberste waren, in der Stadt Bûdschach in Streit mit einander; der
Statthalter von Bûdschach aber rief die beiden Obersten zu sich
und fragte sie: „Warum streitet ihr euch denn?" Sie antworteten:
„Wir streiten uns um das Puppenspiel; jeder von uns will es mit
sich nehmen." Der Statthalter aber schlug vor: „Wir wollen dies
anders machen, damit ihr nicht in Streit geratet." „Wie so denn?"
fragten die Obersten. Er antwortete: „Wir wollen das Los darum
werfen; wem von euch beiden das Puppenspiel durch's Los zufällt,
der soll es mitnehmen dürfen". „So soll es sein." Das Los fiel

zu Gunsten des Obersten von Ssîwas; daher nahm dieser das Puppenspiel mit; der Oberst von Qars aber kehrte unverrichteter Dinge zurück; er ging zum Statthalter von Qars und berichtete ihm auf dessen Nachfrage, man habe das Puppenspiel zum Statthalter von Ssîwas geführt. Da wurde der Statthalter von Qars zornig. „Ist denn der Statthalter von Ssîwas mehr als ich?" fragte er, „ich will Qars fahren lassen und fort gehen!" — Als das Puppenspiel zum Statthalter von Ssîwas gekommen war, erliess dieser einen Befehl an die Einwohner der Stadt, des Inhalts: „Niemand soll kaufen und verkaufen, oder die Läden öffnen zwei Tage hindurch, sondern zuschauen, denn das Puppenspiel ist zu mir gekommen; kommt, betrachtet es!" Am Tage machten sie Seiltänzerkünste, und Nachts gab's Puppenspiel. — Da ging eine ungesattelte Eselin vorüber; darüber freute sich der Esel und fing an zu tanzen; die Leute sahen zu und lachten darüber, dass der Esel tanzte; aber der Puppenspieler sagte zum Esel: „Du freuest dich und tanzest wegen einer Eselin! hebe dich weg von mir." Der Esel entfernte sich von ihm; der Possenreisser aber schlüpfte der Eselin zum Hintern hinein und blieb eine Weile drinnen; einige von den Bürgern, welche zuschauten, sagten: „er wird wieder herauskommen"; andere: „er wird nicht herauskommen." Da kam er zum Munde heraus wieder zum Vorschein; und die Leute staunten gewaltig. Dann schlüpfte er ihr zur Nase hinein und kam unten wieder heraus. Die Einwohner der Stadt sahen aufmerksam zu, und zwei Tage dauerte die Vorstellung. — Der Statthalter von Ssîwas aber telegraphirte dem Sultan und fragte: „Hast du das Schauspiel gesehen, welches sich sehen lässt?" „Nein", antwortete dieser. „Es ist jetzt bei mir." „So schicke es mir zu", antwortete der Sultan. Da sandte er das Puppenspiel dem Sultan zu, und in Stambul entstand ein Gerede: „Innerhalb dieser zwei Tage wird das Puppenspiel anlangen." Militair escortirte es, der Puppenspieler sass auf einem Pferde, der Esel aber ritt auf einem Kamele; so zogen sie in Stambul ein, und die Einwohner der Stadt betrachteten sie neugierig, dann begaben sie sich zum Sultan. Der Sultan liess der Stadt einen Erlass verkündigen: „Dahin geht mein Befehl über die Stadt, dass ihr zehn Tage lang kein Geschäft betreiben sollt, sondern dass Weiber und Männer dem Puppenspiel zusehen sollen." Da gingen alle Einwohner mit dem Sultan vor die Stadt hinaus; dort machte der Puppenspieler Künste auf dem Seil, wärend jene verwundert zusahen. Darauf befal der Sultan dem Puppenspieler: „Komm, setze dich zu mir her, und lass den Esel auf's Seil hinaufsteigen". Der Esel aber antwortete: „O Sultan, das ist nicht meine Sache! meine Kunst ist nicht in der Luft; ich kann nicht auf's Seil steigen". „Doch, du musst hinaufsteigen", befal jener. Da wurde der Esel gezwungen, auf's Seil zu steigen; er fiel hinunter und brach ein Bein. Auch junge Leute aus der Stadt stiegen hinauf; aber auch sie konnten nicht tanzen und fielen herunter. Der Kater aber stieg hinauf und tanzte; und als es Nacht wurde, gab er eine Vorstellung mit dem Puppenspiel, und man versammelte sich um ihn, um zuzusehen. Im Verlauf des Spieles bat er den Sultan: „Gib mir einen Mann, ich will ihn tödten." „Das geht nicht an", erwiderte jener, „ich bin ein Sultan und du willst in meiner Gegenwart einen Mann umbringen?" „Ja ich will ihn umbringen, aber ihn gleich darauf wieder lebendig machen." „Du kannst ihn aber nicht wieder zum Leben erwecken!" sagte der Sultan. „Wenn ich ihn nicht wieder erwecke, so lass mir den Kopf abschlagen", antwortete jener. Da übergab er ihm einen Mann, und der Puppenspieler tödtete denselben in Gegenwart des Sultans; dann fragte er: „Habe ich nicht den Mann getödtet?" Alle antworteten: „Ja freilich." Hierauf befal er: „Schliesst eure Augen fest zu!" Dies taten die Leute; nur einer war da, der nicht gehorchte; daher konnte der Possenreisser den Getödteten nicht auferwecken; man fragte ihn: „Warum hast du ihn nicht wieder auferweckt?" Er aber entgegnete: „Die Augen einiger Leute sind offen geblieben; erlasse einen Befehl an Alle, dass sie ihre Augen schliessen, und auch du schliesse die Augen." Wie sie nun alle die Augen geschlossen hatten, brachte er den Mann wieder in's Leben zurück. Alles geriet in tiefes Erstaunen. —. Darauf bat er den Sultan um eine Stute; vor den Augen der Leute verwandelte er dieselbe in eine Ziege und wollte diese zum Spass dem Eigentümer der Stute zurückgeben. Dieser wollte aber die Ziege nicht annehmen, sondern sagte: „Was fange ich mit einer Ziege an; gib mir meine Stute zurück." Da lachten die Leute; er aber verwandelte sie wieder in eine Stute und gab sie ihrem Herrn zurück. So zeigte der Possenreisser alle seine Künste in Stambul, und sein Name wurde weltberühmt. Der Sultan aber belud ihm zehn Maultiere mit Geld; dann machte sich der Possenreisser in Begleitung des Esels auf, nach seiner Heimat zu ziehen. Unterwegs kamen sie in ein Dorf und stiegen daselbst Nachts in der Herberge ab. Der Possenreisser sagte zum Esel: „Geh, hole uns doch eine Kerze, damit wir ein Licht anzünden". Der Esel ging hin, aber er konnte keine Kerze bekommen; endlich fand er eine Frau,

welche eben Ricinusoel auspresste; er bat sie daher um etwas Oel.
Als sie, vor dem Feuer sitzend, ihm dies verweigerte, goss er
den Kessel voll Oel über die Frau aus, und dieselbe verbrannte.
In Folge dessen ergriffen die Bauern den Esel und nahmen ihnen
ihre Maultiere sammt den Geldsäcken weg. Was für Mittel der
Possenreisser auch anwandte, um sie zu bewegen, den Esel frei
zu lassen und die Maultiere herauszugeben, sie gaben ihm dieselben
nicht wieder. Da reiste er zum Sultan zurück und erzälte diesem
die Sache, welche zwischen dem Esel und den Bauern sich zugetragen hatte. Der Sultan aber schickte einen Erlass: „Zündet das
Dorf an und nehmt ihnen die Maultiere des Puppenspielers ab,
und befreit den Esel." Die Soldaten zogen hin, Zündeten das
Dorf an, nahmen ihnen die Maultiere ab und befreiten den Esel. —.
Hierauf reiste der Puppenspieler nach Dêra Dschängali zu dem
Mönch. Der Hund und der andere Kater hingegen waren noch
nicht von Baghdad zurückgekehrt. Deswegen liess der Puppenspieler das Geld und die Maultiere im Kloster Dschängali zurück
und zog in die Ortschaften nach der Richtung von Baghdad hinunter; überall gab er Vorstellungen, die schöner waren, als die
jenes Katers. So kamen sie nach Baghdad und spielten vor dem
Chalifen, dass die Leute sich verwunderten. Aber als sie sich
in Baghdad nach dem Kater und dem Hund erkundigten, antwortete man ihnen: „Der ist nach Baçra hinunter gezogen". Da
zog er mit dem Esel jenen nach nach Baçra und gab dort ebenfalls Vorstellungen, welche schöner als die jenes Katers waren,
so dass die Einwohner der Stadt sagten: „Jener Kater hat schöne
Künste gemacht; aber der Puppenspieler macht sie noch viel besser."
„Wo ist denn der Kater?" erkundigte er sich bei den Einwohnern.
„Der Zar von Russland hat ihn zu sich genommen", antwortete man.
Hierauf gingen sie auch nach Russland zum Zaren und spielten
vor demselben; dieser aber gab ihnen keine Erlaubniss mehr, nach
ihrer Heimat zurückzukehren; sie blieben bei ihm und wurden
weltberühmt, indem sie in den Ortschaften nach gewohnter Weise
Vorstellungen gaben.

LVIII.

Es war einmal einer, der hiess Mîr Kanûn, der Fürst der
Katzen. Er hatte eine Frau, aber keine Kinder; ihm gehörten

zwei Mühlen und ein Garten. Was auch immer er tun mochte,
die Mühlen gingen nicht, und der Garten brachte keine Früchte.
Sein Schloss mit dem Garten und den Mühlen war draussen vor
der Stadt. Da dachte er: „Meine Mühlen gehen nicht, und mein
Garten trägt nicht, ich will in die Stadt ziehen und die Mühlen
und den Garten lassen". So zog er in die Stadt und wohnte
dort unter dem Katzenvolk. —. Eines Tages kam ein Aegypter
zu jenem Schlosse Mîr Kanûn's im Garten; er traf eine alte Frau
dort, die fragte er: „Wem gehört dieser Garten und die Mühlen?"
„Dem Mîr Kanûn", antwortete sie. „Warum lässt er sie so her-
renlos?" „Er ist's müde geworden; die Mühlen gehen nicht, und
der Garten trägt nicht." Nun setzte sich der Aegypter an die
Mühlen und brachte sie in Ordnung; da der Aegypter zu lesen
verstand, so konnte er den Zauber, der auf den Mühlen lag, aufheben; da fingen die Mühlen an zu gehen, jeden Tag mahlte er
hundert Lasten auf den beiden, und der Garten trug Früchte.
Als Mîr Kanûn davon hörte, kam er zu dem Aegypter und fragte
ihn: „Wie hast du's angefangen, dass du die Mühlen in Gang gebracht hast?" „Durch Gottes Beistand!" antwortete dieser. „Sie
sollen dein sein, Aegypter", sagte Mîr Kanûn, dann fuhr er fort:
„Hör mal, Aegypter!" „Ja!" „Ich habe eine Frau, die bekommt
keine Kinder, hast du dafür keine Arznei bei dir?" „Gewiss, aber
du musst einen Vertrag mit mir eingehen, dass du mir den ersten
Sohn, welcher geboren wird, gibst." Da schwor er: „Ich verspreche vor Gott und dir, er soll dir gehören." Darauf nahm er
den Aegypter mit sich nach Hause in die Stadt; dieser bereitete
eine Arznei und gab sie dem Mîr Kanûn und dessen Frau zu
trinken; dann kehrte der Aegypter zu den Mühlen zurück. —.
Nach Verlauf eines Jahres bekam Mîr Kanûn einen Sohn; im folgenden Jahre bekam ·er einen zweiten; in drei Jahren hatte er
drei Söhne. Darauf kam der Aegypter zu ihm und sagte: „Mîr
Kanûn, gib mir den Sohn, den du mir vertragsmässig versprochen
hast". Er aber erwiderte: „Ich gebe dir meinen Sohn nicht."
„Das geht nicht an", entgegnete der Aegypter und nahm den
Jungen, dann fuhr er fort: „Die Mühlen und der Garten mögen
dir gehören." Darauf nahm der Aegypter (der eigentlich ein
Dämon war und sich nur für einen Aegypter ausgegeben hatte)
ein Pfund Weihrauch und machte sich mit dem Jungen und dem
Weihrauch auf den Weg. Im Gebirge setzten sie sich auf einen
Felsen, der Aegypter, der Dämon, schlug Feuer, zündete Reisig
an und legte den Weihrauch auf das Feuer. Da öffnete sich ein

tiefer Spalt in dem Felsen, und der Aegypter stieg mit dem Jungen
in denselben hinab; drei Tage und drei Nächte stiegen sie in dem
Spalte abwärts, bis sie in eine andere Welt gelangten. Dort gab
es Früchte und Lustgärten und alles Gute. Er setzte den Jungen
in ein Zimmer wie dieses hier (das Zimmer war in einem Schlosse),
gab ihm ein Buch und sagte: „Lerne lesen; ich wünsche, dass du
binnen zwanzig Tagen von heute an gerechnet vollständig lesen
lernst." Darauf ging er hinaus und schloss die Thüre hinter sich
zu. Der Junge aber lernte lesen, und durch das Lesen empfing
er Zauberkräfte, so dass er sich in einen Esel, in einen Maulesel,
in einen Menschen, kurz in alles mögliche verwandeln konnte.
Der Aegypter aber erschien wärend der zwanzig Tage nicht. —.
  Nun war an dem Zimmer ein Fenster, dieses öffnete der Junge
und gelangte durch dasselbe in den Hof des Schlosses. Daselbst
kam er zu einem Zimmer, in welchem er einen Jungen fand, der
dort mit einer Kette um den Hals gefangen sass. „Wesshalb
sitzest du hier, mein Junge?" fragte er ihn. „Der Dämon hat
mich gefangen", antwortete jener, „hat mich Lesen gelehrt, und
mich dann an die Kette gelegt; sechs Jahre schon sitze ich gefangen." „Woher bist du?" fragte der andere. „Ich bin der Sohn
des Königs der Maulwürfe." Darauf befreite ihn der Sohn Mîr
Kanûn's. Jener aber sagte: „Der Dämon wird mit dir gerade so
verfahren, wie er mit mir verfahren ist." „Wie sollen wir's denn
nur anlegen?" fragte er. „Komm mit mir in dieses Zimmer!"
Sie gingen hin und fanden ein Pferd und einen Löwen: vor dem
Pferde lag Fleisch zum Fressen und vor dem Löwen Gras. „Nimm
das Fleisch", befal der Maulwurfprinz, „und lege es dem Löwen
vor, dann bringe das Gras und lege es vor das Pferd." Jener
legte das Fleisch vor den Löwen und das Gras vor das Pferd.
Da fragte das Pferd: „Was wünscht ihr?" „Bringe uns hinauf
an die Oberfläche der Welt", erwiderte jener. Darauf stieg einer
auf den Löwen und einer auf das Pferd, und die beiden Tiere
brachten sie hinauf bis zu der Oeffnung des Spaltes. Das Pferd
und der Löwe kehrten dann an ihren Ort zurück; die beiden
Jungen blieben allein. Sie küssten sich und nahmen Abschied
von einander, jeder von ihnen zog des Weges nach seiner Heimat.
Unterwegs kam der Sohn Mîr Kanûn's in ein Dorf, dort sah er
eine Alte in ihrem Hause sitzen, die fragte er: „Willst du mich
nicht diese Nacht beherbergen?" „Gehorsamer Diener", erwiderte
sie, „ich habe keinen Platz!" „Da hast du zehn Piaster, beher-
berge mich diese Nacht." „Gut!" antwortete sie und nahm die

zehn Piaster. Als sie eine Weile da sassen, sagte er: „Da hast du noch ein Fünfpiasterstück, geh und hole uns was zu essen." Sie ging, holte für das Fünfpiasterstück Essen, brachte es herein, und sie assen. Dann plauderten sie mit einander, und er fragte: „Hast du keine Söhne, Alte?" „Gehorsamer Diener, gewiss, ich hatte vier Söhne, aber Mîr Kanûn sammelte ein Heer und fing Krieg mit uns [Maulwürfen] an, in diesem wurden meine vier Söhne erschlagen." „Lass es gut sein!" entgegnete er, dann sagte er: „Alte!" „Ja!" „Ich werde mich in eine Mauleselin verwandeln, geh auf den Markt und verkaufe mich, aber die Halfter verkaufe nicht." „Gewiss nicht!" antwortete sie. Am Morgen verwandelte er sich in eine Mauleselin, die Alte führte sie auf den Markt und verkaufte sie für tausend Piaster. „Gib uns die Halfter", sagten die Leute; sie aber erwiderte: „Nein! die gebe ich nicht." Darauf nahm sie ihre tausend Piaster und die Halfter und kam nach Hause. Dort sass der Junge. „Hast du sie verkauft?" fragte er. „Ja." „Hebe dir das Geld auf, du bist eine arme Frau." —. Als sie zu Nacht assen, sagte er wieder: „Alte!" „Ja!" „Ich werde mich in ein Kamel verwandeln, führe mich auf den Markt und verkaufe mich, aber die Halfter gib ja nicht, hörst du?" „Schön!" erwiderte sie. Am Morgen verwandelte er sich in ein Kamel, die Alte führte dasselbe auf den Markt und verkaufte es für drei tausend Piaster, aber die Halfter gab sie nicht. Als sie nach Hause kam, sass der Junge da. „Alte!" sagte er. „Ja!" „Hast du es verkauft?" „Ja." „Schön! hebe dir das Geld auf, du bist eine arme Frau." —. Darauf sagte er: „Ich will mich in ein Badehaus verwandeln; setze du dich in dasselbe: die Leute werden kommen sich zu baden, und du nimmst Geld von ihnen ein; wenn aber der Dämon kommt und in das Badehaus hinein will, dann lass es nicht zu, bis dass ich mich in einen Falken verwandelt habe und ihm die Augen aushacke." „Gut!" erwiderte sie. Er verwandelte sich nun in ein Badehaus, die Alte setzte sich hinein, die Leute kamen sich baden, und sie nahm Geld von ihnen ein. Eines Tages kam auch der Dämon wie ein Rasender heran, nach den entflohenen Jungen suchend. Die Alte wollte ihn nicht hineingehen lassen, bis der Junge sich in einen Falken verwandelt hatte. Aber der Dämon suchte mit Gewalt hineinzukommen, der Falke jedoch fuhr mit dem Schnabel auf ihn los und hackte ihm ein Auge aus. Der Dämon hatte noch nicht das Blut abgewischt, als der Falke zum zweitenmale auf ihn losfuhr und ihm auch das andere Auge aushackte. So wurde der Dämon

blind, der Junge aber nahm ihn beim Arme und sagte: „Komm,
ich will dir zeigen, 'wer deine Augen ausgehackt hat.“ Darauf
führte er ihn an den Rand des Felsspaltes und stiess ihn mit
einem tüchtigen Stosse in den Abgrund. Er selbst aber ging
wieder zu seinem frühern Orte hinunter, nahm Abschied von der
Alten, verwandelte sich in eine Taube und flog weg; die Alte
weinte ihm nach.

Er begab sich zu seinem Vater, dem Mîr Kanûn; aber dieser
war alt geworden und gestorben: nun ward sein Sohn an seiner
Statt Fürst, Mîr Kanûn, über die Katzen. Er bildete ein Heer
aus Katzen und fing Krieg mit den Mäusen an. Einen seiner
Diener schickte er zum König der Maulwürfe mit einem Briefe
folgenden Inhalts: „Mîr Kanûn und dein Sohn waren bei dem
Dämon in der Cisterne, sie sind zusammen entflohen; er liebt dich
sehr; du hast eine Tochter, gib sie mir, wenn ich für mich um
sie werbe.“ Diesen Brief überbrachte der Diener dem König der
Maulwürfe und gab ihn ihm. Nun war aber der alte Maulwurfs-
könig gestorben, und sein Sohn, der in der Cisterne gewesen war,
an seiner Statt König geworden. Als dieser den Brief gelesen
hatte, sagte er: „Ich gebe meine Schwester den Katzen nicht, die
sind falsch, er wird meine Schwester tödten; geh, sage: er gibt
sie nicht.“ Da ging der Diener und erzälte dem Mîr Kanûn, wie
der König zu ihm gesprochen hatte. Mîr Kanûn aber sammelte
ein Heer aus dem Katzenlande und zog in den Krieg gegen die
Maulwürfe. Das Land der Maulwürfe liegt unter der Erde: wenn
ein Maulwurf sich an die Oberfläche der Erde hinaus wagte, so
tödteten ihn die Katzen. Und sie, wie tödten sie die Katzen? Sie
machen Gänge unter der Erde, füllen dieselben mit Pulver und
bringen Feuer an das Pulver: die Katzen werden verbrannt und
fallen in das Pulver hinein. So tödten sie die Katzen. Auf diese
Weise führen die Maulwürfe und die Katzen Krieg. —. Als viele
von den Katzen gefallen waren, kehrte Mîr Kanûn in sein Land
zurück. Nun war da unter den Katzen eine alte Katze, die hatte
einen einzigen Sohn gehabt, den hatten die Maulwürfe im Kriege
getödtet. Da fluchte die Alte: „Nicht möge eine Katze mehr im
Lande bleiben,“ — das erbat sie von Gott — „nachdem mein Sohn
todt ist, mögen sie zerstreut werden, jede möge in einem Hause
der Menschen bleiben.“ So wurden die Katzen zerstreut, jede ging
in ein Haus und wurde Diener des Menschen; das Katzenland
wurde vom Erdboden vertilgt.

Mîr Kanûn aber war allein übrig geblieben, er war alt ge-

worden und trieb sich in der Welt umher. Um dieselbe Zeit war
der König der Mäuse gestorben, da sagten diese: „Wir wollen
uns aus den Mäusen keinen König mehr wälen, lasst uns uns einen König aus den Katzen wälen; denn unser Land ist schlecht
geworden, sie stehlen, tödten und treiben unnatürliche Laster mit
einander, lasst einen Starken unter uns kommen, damit sich die
Mäuse fürchten.“ Ihr Blick fiel auf Mîr Kanûn, und sie baten ihn:
„Komm und werde unser König.“ Er willigte ein, und sie hoben
ihn auf den Thron, und er herrschte über sie. Er schickte die
Ausrufer durch das Land und liess verkünden: „Tödtet einander
nicht, und bestehlt einander nicht und treibt nicht unnatürliche
Laster mit einander: wer immer aber solches tut, den tödte ich.“
Da fürchteten sich die Mäuse. Wenn Mîr Kanûn den Mäusen
Audienz gab, und eine allein bei ihm blieb, dann tödtetete er sie
und frass sie auf. Weil sie sich aber vor ihm fürchteten, fragten
sie nicht nach den Gemordeten. Eines Tages sagte er: „Ruft die
Mäuse alle zusammen, damit wir sehen, ob sie mich gern haben
oder nicht.“ Als man die Mäuse alle zur Audienz gerufen hatte,
verriegelte er die Thüre. „Wesshalb verriegelst du die Thüre?“
fragten sie, denn sie fürchteten sich. „Das ist so Gewohnheit bei
uns“, antwortete er, „jedesmal wenn Audienz ist, schliessen wir
die Thüre zu.“ Dann fuhr er fort: „Sprecht!“ „Was sollen wir
sprechen?“ „Ob ihr mich gern habt oder nicht?“ Einige sagten
ja, andere sagten nein. „Wesshalb nicht?“ fragte er diese. „Du
tödtest die Unsrigen“, gaben sie zur Antwort. Da stürzte er sich
auf sie und tödtete sie alle. Er frass bis er satt war, die übrigen
liess er todt liegen; vier nur entflohen unter der Thüre durch,
den Schwanz einer derselben fasste er mit dem Munde. Der
Schwanz wurde zwar abgerissen, aber die Maus entkam, wärend
der Schwanz beim Mîr Kanûn blieb. Diese Maus mit dem abgerissenen Schwanze ging nun hin und führte Klage beim Fürsten
der Flöhe. Der Fürst der Flöhe sass da und hatte einen Kater
als Richter und eine Ameise als Grossrichter. Sie fragten die
Maus: „Was wünschest du?“ Sie erzälte ihnen, wie es ihnen
ergangen war. Da schickten sie einen Diener nach Mîr Kanûn,
dieser kam zu ihnen und liess sich in der Versammlung nieder.
Man sagte ihm: „Diese strengt einen Prozess gegen dich an.“
„Gut!“ erwiderte er. „Tritt vor!“ befal der Richter der Maus.
Die Maus trat zum Richter, dem Kater, vor, und dieser forderte sie auf, zu erzälen. Da erzälte sie: „Wir hatten den Mîr
Kanûn als König, er berief eine grosse Audienz, verriegelte die

Thüre und tödtete alle; nur wir vier entflohen, er griff nach mir und packte mich beim Schwanze, ich aber zog mich heraus, und mein Schwanz wurde abgerissen; nun führe ich hier Klage vor euch, was sagt ihr?" Da fasste der Richter sie, sagte: „Du bist für mich übrig geblieben", und frass sie auf.

Der Fürst der Flöhe aber machte den Mîr Kanûn zu seinem Richter, so dass er nun zwei Richter hatte. Diese beiden Richter sprachen eines Tages in Abwesenheit des Fürsten der Flöhe zu einander: „Wir wollen die Flöhe verbrennen." In Folge dessen sagte Mîr Kanûn zum Fürsten der Flöhe: „Fülle dein Zimmer mit Heu, rufe die Flöhe insgesamt, begib dich unter sie und lass sie alle hereinkommen, dann macht ihr euch lustig; die Ameise soll bei euch bleiben, wärend wir hinausgehen wollen." Der Fürst rief die Flöhe alle zusammen und füllte das Zimmer mit Heu; die Flöhe kamen alle in das Zimmer hinein — die Ameise und der Fürst mitten unter ihnen — und machten sich zwischen dem Heu lustig. Darauf kam der Kater, holte ein Schwefelhölzchen, Mîr Kanûn zündete es an und steckte es in das Zimmer zwischen das Heu. Dieses verbrannte mitsamt den Flöhen und dem ganzen Hause. Die beiden Kater aber, Mîr Kanûn und der Richter, wollten in ihre Heimat gehen, da stiessen sie auf zwei Jäger, die zwei Jagdhunde und ein Frettchen bei sich hatten. Diese liefen hinter den Katzen her, welche sich in ein Loch hineinmachten. Die Jagdhunde vermochten ihnen nicht dorthin zu folgen, aber das Frettchen ging zu ihnen hinunter, tödtete eine, brachte sie hinaus und gab sie den Jägern, dann ging es wieder hinunter, packte auch die andere und brachte sie hinaus. Die Jäger aber zogen ihnen das Fell ab und nahmen es mit. —.

LIX.

Mîr Kanûn, der Fürst der Katzen, war gestorben, und die Katzen waren ohne Fürst. Da kam drei Jahre lang Teuerung über das Land, nichts blieb mehr zum Essen übrig. Die Kamele starben, und sie assen deren Fleisch, die Knochen trockneten sie, mahlten sie und machten Brot daraus. In dieser Not beriefen die Grossen unter sich eine Versammlung und sagten: „Lasst uns Rat schaffen für das Land." Da sagten einige: „Es ist da ein Grindkopf, ruft den, damit wir sehen, was er sagt; der Grindkopf hat

Verstand." Sie suchten also den Grindkopf auf, um ihn herbei
zu rufen, und trafen ihn, wie er gerade ein Bedürfniss befriedigte,
zugleich ein Stück Weizenbrot ass und mit der einen Hand seinen
Kopf kratzte. „Auf, Grindkopf!" sagten sie zu ihm. „Wohin?"
„Zur Ratsversammlung." „Wozu soll ich dorthin kommen?" wandte
er ein. Sie nahmen ihn aber mit, und er trat in die Versammlung
ein. „Grindkopf!" sagten sie. „Ja!" „Schaffe uns Rat; das Land
stirbt vor Hunger." „Wer ist denn der Fürst?" fragte er. „Wir
haben keinen Fürsten." „Dann macht Seidîn zum Fürsten, er
soll einen Ort aufsuchen, wo keine Teuerung herrscht." Da
machten sie Seidîn, den Sohn Mîr Kanûn's, zum Fürsten. Er
brach nebst zwei andern auf und zog in der Welt umher, um
einen Ort ausfindig zu machen, wo sich billig leben liesse. Nach
einer Reise von zehn Tagen kamen sie zu einem grossen Flusse,
den sie nicht zu überschreiten vermochten. Sie legten sich an
demselben schlafen. In der Nacht, als sie schliefen, kam ein Wolf
an den Rand des Wassers und rief den Wölfen zu. Diese antworteten: „Was willst du?" „Ich sterbe vor Hunger auf dieser
Seite des Wassers." Da rief diesem hungrigen Wolfe, wärend
Seidîn lauschte, ein anderer vom jenseitigen Ufer zu: „Geh durch's
Wasser und komm zu uns, wir leben hier im Ueberfluss." Der
Wolf ging also durch's Wasser, an einer Stelle, wo es nicht tief
war. Seidîn aber machte ein Zeichen an dem Orte, wo der Wolf
hinübergegangen war. —. Am Morgen standen die beiden Kater
und Seidîn auf, gingen über das Wasser, bestiegen die Kamele
und kamen vor eine Stadt, die Stadt der Mäuse. Der Fürst der
Mäuse hiess Senâti. Er hatte eine Tochter, die wohnte für sich
allein mit zwei Mäusen als Dienern. Sie hatte einen Garten, auf
welchen ihre Fenster gingen. Gerade vor diesem Garten stieg
Seidîn mit den Katern ab; sie lagerten sich, schliefen ein und
kümmerten sich nicht um die Kamele, welche sich im Garten
zerstreuten. Als die Tochter des Senâti hinausschaute, sah sie
die Kamele im Garten zerstreut denselben abweiden. Als nun
Seidîn die beiden Kater ausschickte, nach den Kamelen zu
suchen, sagte man ihnen, die Tochter des Senâti habe die
Kamele wegbringen lassen. Sie begaben sich zu dieser und
fragten: „Wo sind unsere Kamele?" „Die sind bei mir", gab
sie zur Antwort. „So gib sie uns", baten sie. „Warum habt ihr
sie in den Garten gelassen?" warf sie ihnen vor. „Wir schliefen."
„Sie haben den Garten verwüstet." Darauf liess sie die beiden
in's Gefängniss werfen; sie aber baten: „Lass uns frei, damit wir

zu unserm Fürsten, dem Seidîn, gehen." „Wo ist denn Seidîn?"
fragte sie. „Er sitzt da beim Garten." Da befal sie den Mäusen:
„Ruft ihn!" Sie gingen ihn rufen, und Seidîn kam zu dem
Mädchen. Sie fragte ihn: „Wesshalb hast du die Kamele in den
Garten gelassen?" „Wir schliefen", gab er zur Antwort. „So
bleibe du bei mir als Pfand für den Garten, und diese beiden
will ich aus dem Gefängnisse hinauslassen und ihnen die Kamele
geben." Sie liess sie frei und gab ihnen die Kamele, Seidîn aber
blieb als Pfand gefangen. Er sagte zu den beiden Katern in
einer andern Sprache: „Geht, lasst alle Katzen der Stadt auf-
brechen, sie und ihre Familien, sie sollen in dieses Land kommen,
hier ist's billig." Da gingen die beiden Kater, nahmen die Kamele
mit sich und stiegen jeder auf eines; das Kamel Seidîn's, welches
leer blieb, zogen sie hinter sich her. So kamen sie in das Katzenland. „Wo ist Seidîn?" fragte man sie. „Der ist dort geblieben",
entgegneten sie. Aber die Einwohner der Stadt glaubten ihnen
das nicht, sondern sagten: „Man hat ihn wol getödtet." Da be-
schworen die beiden Kater, dass man ihn nicht getödtet habe.
Darauf veranlassten sie alle Katzen, nebst ihren Familien aus
der Stadt weg zu ziehen. Unterwegs stiessen sie auf das Heer der
Maulwürfe und liessen sich in eine Schlacht mit ihnen ein. Aber
die Maulwürfe tödteten viele von den Katzen, nahmen zweihundert
nebst ihren Familien gefangen, und führten sie vor ihren König.
Da flohen die übrigen Katzen. Als sie in das Land kamen, in
welchem Seidîn gefangen sass, schlugen sie ihre Zelte bei jener
Stadt der Mäuse auf. —. Die Tochter des Senâti hatte inzwischen
den Seidîn zum Manne genommen. Ihr Vater, der Senâti, hatte
zwar gesagt: „Es will mir nicht in den Sinn, dass du den Seidîn
heiratest", aber sie hatte geantwortet: „Ich nehme ihn", und so
hatte sie ihn geheiratet, ohne auf ihren Vater zu hören. Seidîn
aber sagte zu ihr: „Ich will deinen Vater und die Mäuse tödten;
ist's dir recht? oder nicht?" „Tödte sie, du hast die Erlaubniss
dazu", antwortete sie. Nun hatte sie eine Maus als Diener bei
sich. „Diese tödte nicht", bat sie, „aber die andern tödte alle,
sie und meinen Vater." Da schickte er die Maus, seinen und
seiner Frau Diener, nach den Katzen und sagte: „Sie sind in den
Zelten, sage ihnen: Kommt alle ohne eure Familien zum Seidîn,
lasst die Familien dort." Der Diener, die Maus, begab sich zu
den Katzen. Als diese aber die Maus sahen, sagten sie: „Wir
wollen sie tödten." Sie erklärte jedoch: „Ich bin der Diener des
Seidîn." Da tödteten sie sie nicht, sondern fragten: „Wesshalb

bist du gekommen?" „Mich hat Seidîn zu euch geschickt", erwiderte er, „er lässt sagen: sie sollen kommen, aber die Familien und die Weiber sollen sie dalassen." Da gingen die Katzen mit der Maus, in der Nacht kamen sie zum Seidîn, und das Schloss Seidîn's füllte sich mit Katzen. Das Mädchen, die Frau Seidîn's, fragte ihn: „Sind viele in deinem Heere?" „Viele", antwortete er. „In der Stadt meines Vaters sind auch viele", entgegnete sie. „Schon gut!" beruhigte er sie. Sie schliefen nun bis zum Morgen, am Morgen standen Seidîn und die Katzen auf, fielen über die Stadt der Mäuse her und tödteten den Senâti und die ganze Stadt; von der ganzen Stadt blieb Niemand übrig, ausser der Frau und dem Diener. Seidîn aber entsandte die Katzen mit dem Befehl: „Holt eure Familien, damit wir hier in der Stadt wohnen." Da brachten sie ihre Familien in die Stadt, Seidîn gab jedem von ihnen ein Haus, und sie bauten die Stadt wieder so auf, wie sie früher war. Darauf fragte er: „Wo sind die andern Katzen?" Man antwortete ihm: „Wir kämpften mit den Maulwürfen, die tödteten einen Teil von uns, und einen Teil nahmen sie gefangen, die sitzen bei ihnen gefangen." Da bildete er ein Heer aus den Katzen und zog in das Land der Maulwürfe, auch die Maus, den Diener, nahm er mit sich. Er befal ihr: „Begib dich zum König der Maulwürfe und sieh zu, ob er unsere Gefangenen getödtet hat oder nicht?" „Ich gehe", erwiderte die Maus. Gegen die Mäuse haben die Maulwürfe nichts, so konnte sie ungestört bis in den Palast des Königs durchdringen, dort sah sie die Katzen gefangen, kehrte zurück und berichtete dem Seidîn: „Sie sind noch gefangen, man hat sie noch nicht getödtet." Darauf führte Seidîn die Katzen zum Kampfe gegen die Maulwürfe. Der Palast des Königs war vor der Stadt gelegen, die Katzen drangen in denselben, nahmen ihn ein und tödteten den König. Seidîn befreite die Gefangenen nebst ihren Familien; die Kinder des Königs und seine Frauen erwürgte er. Der König hatte aber eine schöne Tochter, die tödtete Seidîn nicht, sondern liess sie für sich am Leben. Darauf kam er in die Stadt selbst; dort tödteten sie viele von den Maulwürfen; einige aber flohen unter die Erde, und die Katzen konnten sie nicht herausholen. Als Seidîn darauf mit seinen Katzen in's Land der Mäuse in die Stadt zurückkehrte, fanden sie Niemand in derselben. Es waren nämlich die Mäuse, welche draussen vor der Stadt wohnten, die Dorfbewohner, gekommen und hatten die Stadt geplündert und die Tochter des Senâti weggeführt. Als nun Seidîn in die Stadt kam, fragte er: „Wer hat uns geplündert und meine Frau weggeführt?" Man antwortete ihm: „Die Mäuse." Da zog er mit seinen Katzen vor die Stadt und steckte jedes Dorf, zu welchem immer er kam, in Brand. Nachdem er alle Dörfer der Mäuse verbrannt und seine Frau zurückbekommen hatte, kehrte er nach Hause in die Stadt zurück und hatte nun zwei Frauen, die Tochter des Königs der Maulwürfe und die Tochter des Senâti. Einst sagten die beiden in seiner Abwesenheit zu einander: „Er hat unsere Väter getödtet; wie sollen wir uns an ihm rächen?" Da sagte die Tochter des Maulwurfskönigs: „Wir wollen ihm Gift in's Essen tun." Sie taten ihm Gift in's Essen, Seidîn ass davon und starb. —. Von den Katzen wagte Keiner seine Frauen zu nehmen, die beiden blieben daher allein im Schlosse, wärend die Katzen in der Stadt wohnten. Darauf schrieben die beiden einen Brief, gaben ihn der Maus, dem Diener, und sagten: „Bringe ihn zu Abu Derwisch, dem Fürsten der Eichhörner, und sprich: so lassen dir die Tochter des Königs der Maulwürfe und die Tochter des Senâti sagen: „„Komm du mit den Eichhörnern in die Stadt des Senâti und kämpfe mit den Katzen, denn sie haben unsere Väter getödtet; wenn du kommst, so nehmen wir dich zum Manne."" Die Maus ging hin und überbrachte den Brief dem Abu Derwisch. Dieser las denselben und küsste ihn; dann erhob er sich und bot die Eichhörner insgesamt auf, zog gegen die Stadt des Senâti und lieferte den Katzen eine Schlacht. Die Eichhörner schlugen die Katzen, Abu Derwisch nahm die Stadt ein und heiratete die beiden Frauen. —.

LX.

Es war einmal ein Mann, der hatte eine Mühle, aber sein Müller war gestorben, und er konnte keinen neuen bekommen, so dass die Mühle still stand. Da kam ein Kater, den fragte er: „Kannst du nicht mein Müller werden?" „Gewiss", antwortete dieser, „was gibst du mir das Jahr?" „Ich gebe dir hundert Piaster und die Kost." „Gut", erwiderte der Kater, ward ein Müller und mahlte den Leuten das Getreide. —. Es kam ein teures Jahr. Da war eine Füchsin, die hatte einen Jungen und ein Mädchen, die waren beide hungrig. „Ich will zu den Mühlen gehen", sagte sie, „und um Mehl bitten." Sie kam auch zu dem

Kater und bat: „Kater!" „Ja!" „Gib mir ein wenig Mehl!" „Sei
mir zu Willen, dann gebe ich dir Mehl." Sie willfahrte ihm, und
er gab ihr Mehl. Jeden Tag kam sie nun, war ihm zu Willen,
und er gab ihr Mehl. Da wurde die Füchsin schwanger. Die
Füchse führten sie zum Fürsten der Füchse und sagten: „Die
hat keinen Mann, sie ist ja Witwe, und ist schwanger!" Als sie
zum Fürsten kam, fragte dieser sie: „Wie kommt es, dass du
schwanger bist?" „Ich bin nicht schwanger", entgegnete sie.
„Gewiss! sprich die Wahrheit! wer hat dir beigewohnt?" Da
gestand sie: „Der Kater." Der Fürst befal: „Geht und ruft den
Kater." Ein Diener ging zur Mühle und rief: „Kater!" „Ja!"
„Auf, der Fürst der Füchse lässt dich rufen." „Ich komme nicht",
erwiderte der Kater, denn er wusste wol, um was es sich handelte.
Was der Diener auch tun mochte, der Kater ging nicht mit. Der
Diener kehrte zurück und erklärte dem Fürsten: „Er will nicht
kommen." Da erhob sich der Fürst selber und begab sich nebst
vier Füchsen zum Kater. Sie fragten ihn: „Wesshalb hast du
der Füchsin beigewohnt?" „Bewahre! Lügen!" rief er, „ich
kenne sie nicht." „So wollen wir die Füchsin rufen." „Ruft sie."
Sie riefen sie und fragten sie: „Von wem bist du schwanger?"
„Vom Kater", erwiderte sie. „Lügen!" rief er. „Gewiss! bei
Gott!" beteuerte sie, „von dir bin ich schwanger!" Darauf gingen
sie zum Herrn der Mühle und verklagten einander bei ihm. Jener
entschied: „Der Kater sagt: „„ich bin's nicht gewesen"", und die
Füchsin sagt: „„der Kater ist's gewesen"": gebiert sie nun eine
junge Katze, so ist's der Kater gewesen; bekommt sie aber keine
Katze, so haben die Füchse ihr beigewohnt." „So wollen wir es
halten!" erwiderten die Füchse und gingen nach Hause. —. Nach
Verlauf von vier Monaten gebar die Füchsin eine junge Katze.
Sie brachten die Füchsin und das Junge zum Herren der Mühle
und sagten: „Da ist das Junge des Katers, das hat die Füchsin
geboren." „Gebt es dem Kater", befal er, „der soll's aufziehen."
Da fragten sie den Kater: „Wesshalb hast du dich mit ihr einge-
lassen? sprich die Wahrheit." „Sie kam und wollte Mehl haben",
erzälte er, „ich sagte, sie möchte mir zu Willen sein, dann würde
ich ihr Mehl geben; so wohnte ich ihr bei und gab ihr das Mehl;
es war also nur was mir zukam und nichts geschenktes." „So
ist es", versetzten jene und gaben ihm das Junge: „Zieh es auf,
es ist dein Kind." „Gut!" antwortete er. Sie legten es neben
ihn hin in die Mühle und gingen. Er aber nahm das Junge,
warf es in's Wasser und ertränkte es. Dann ging er zum Herrn

der Mühle und sagte: „Mein Sohn ist gestorben." „Gut", versetzte
dieser, „du bist ihn los geworden." —. Als der Kater wieder sein
Müllerhandwerk betrieb, kam die Tochter der Füchsin zu ihm und
sagte: „Ich will dich zum Manne nehmen." „Gut!" antwortete
er und erklärte sich bereit, sie zu heiraten. Er rief dem
Esel: „Komm, traue sie mir an", und der Esel traute sie.
Darauf hörte die Füchsin, die Mutter des Mädchens, davon, begab sich zum Fuchsfürsten und klagte: „Der Kater hat meine
Tochter zum Weibe genommen." Der Fuchsfürst schickte nach
dem Kater und befal: „Bringt ihn und das Mädchen her." Als
man die beiden herbeigeführt hatte, fragte er: „Warum hast du
dieses Mädchen zum Weibe genommen?" „Sie kam," erwiderte
er, „als ich in der Mühle war, und sagte: „„Kater, ich will dich
zum Manne nehmen"", ich antwortete: „„gut"", und so nahm ich
sie und der Esel traute uns." „Sie ist aber die Tochter der
Füchsin, mit welcher du dich abgegeben hast." „Das wusste ich
nicht, dass sie die Tochter ist." „Es ist Sünde", sagten die Füchse,
„lass dich von ihr scheiden." „Aber ich lasse mich nicht von
ihm scheiden", rief das Mädchen. Und die Füchsin behauptete:
„Mit mir hat er sich vorher abgegeben, mein Mann ist er." „Aber
du," warf die Tochter wieder ein, „mit dir hat er sich heimlich
und unrechtmässiger Weise abgegeben, mein Mann ist er nach
allem Recht, denn der Esel hat uns mit einander verheiratet."
So stritten die beiden, Mutter und Tochter, mit einander, der Kater
aber sagte: „Ich nehme keine von euch beiden, ich gehe den
Esel rufen, damit er uns scheide." Er ging zum Esel, aber dieser
weigerte sich zu kommen; er sass an des Katers Statt als Müller
in der Mühle. Der Kater [kehrte allein zurück und] sagte: „Ich
spreche die Scheidung gegen dich aus und will dich nicht zur
Frau haben", dann begab er sich zum Herrn der Mühle und klagte:
„Der Esel hat sich an meine Stelle gesetzt." Jener aber antwortete: „Ich selbst habe ihn dorthin gesetzt, du buhlst ja mit den
Leuten, solche Diener kann ich nicht brauchen, der Esel ist brav."
Da ging der Kater heimlich zur Mühle und stellte sie still. Wärend
der Esel sich bemühte, sie wieder in Gang zu bringen, suchte
der Kater eine Eselin und sprach zu ihr: „Eselin!" „Ja!" „Geh
zum Esel, er ist an der Mühle beschäftigt, er hat sich mit leckerm
Essen gütlich getan, geh, iss bei ihm und lass ihn bei dir liegen."
Die Eselin ging zur Mühle; als der Esel sie erblickte, freute er
sich, liess die Mühle in ihrem schlechten Zustande und beschäftigte
sich nur mit der Eselin. Der Kater aber ging gleich zum Herrn

der Mühle und sagte: „Die Mühle steht still, und der Esel versteht nicht sie wieder in Gang zu bringen." Der Herr der Mühle ging nun mit dem Kater, und sie trafen den Esel, wie er sich gerade mit der Eselin abgab. Da sagte der Kater: „Du meintest: „„der Esel ist brav““, nun hat er die Mühle verdorben und gibt sich mit der Eselin ab." „Geht alle beide eures Weges," befal der Herr, „ich brauche euch nicht." So jagte er die beiden weg, die Eselin aber liess er durchprügeln. Der Kater und der Esel stritten nun miteinander, dann gingen sie hin und verklagten einander beim Wolfe. Als sie ihm ihre Geschichte erzält hatten, entschied der Wolf: „Der Esel hat Unrecht", und frass ihn auf. Der Kater aber zog seines Weges.

Nach einiger Zeit traf er einen Mann, der einen Garten hatte; dieser fragte ihn: „Willst du nicht diesen Garten in deine Obhut nehmen?" „Gewiss!" „Verstehst du denn auch den Garten zu besorgen?" „Ja, mein ganzes Leben habe ich nur Gärten besorgt," erwiderte er. Als nun der Kater den Garten hütete, kamen die Hasen zu ihm und baten: „Lass uns Gurken fressen." „Wenn ihr mir zu Willen seid," entgegnete er, „so lasse ich euch sie fressen." Sie willfahrten ihm und durften dafür die Gurken fressen und zertraten die Bohnen. Als nun der Herr der Gurken kam, fragte er: „Wo sind die Gurken?" „Das Kamel hat sie gefressen", antwortete der Kater. „Und wer hat die Bohnen verwüstet?" „Das Kamel, es kam mit Gewalt, es war gross, ich konnte nichts dagegen tun." „Lass es gut sein", beruhigte ihn der Herr, „ich werde das Kamel schon finden." —. Ein andermal, als der Kater die Eierpflanzen bewachte, kamen vier Leute, die wollten dieselben stehlen. Einer von ihnen führte Brantwein mit sich, er rief dem Kater: „Komm, wir wollen Brantwein trinken und uns lustig machen." So beschäftigte er den Kater, und die drei andern konnten sich über die Eierpflanzen hermachen, ohne dass der Kater etwas davon merkte, und sie abpflücken; der Kater aber trank soviel Brantwein, dass er betrunken wurde. Darauf gingen die Leute, welche die Eierpflanzen abgepflückt hatten, und jener, welcher dem Kater Brantwein zu trinken gegeben hatte, weg. Als sie fort waren, kam der Herr des Gartens mit seinen Lasttieren, um die Eierpflanzen zu pflücken, sie aufzuladen und in die Stadt zu bringen; aber er sah keine Eierpflanzen mehr, und auch der Kater war nicht sichtbar, der schlief nämlich in seiner Betrunkenheit; er rief dem Kater, aber der merkte nichts, dann suchte er ihn und fand ihn endlich schlafend. Er weckte ihn auf

und fragte ihn: „Wo sind die Eierpflanzen?" „Das Kamel hat
mich todtgeschlagen", erwiderte er, „und die Eierpflanzen weggenommen." Der Mann ging zum Kamel und fragte: „Kamel!"
„Ja!" „Wesshalb hast du die Eierpflanzen gefressen? und die
Gurken? und den Garten verwüstet?" „Wer hat das gesagt?"
versetzte das Kamel. „Der Gärtner." „Wer ist denn der Gärtner?"
„Der Kater." „So komm zu ihm." „Komm." Als sie zum Kater
kamen, sagte das Kamel: „Kater!" „Ja!" „Ich habe den Garten
verwüstet?" „Ja." „So schwöre!" „Wobei soll ich schwören?"
fragte der Kater. „Steige auf meinen Rücken, und ich setze mich
in Trab: fällst du dann hinunter, so habe ich sie nicht gefressen,
fällst du aber nicht, so habe ich sie gefressen." Der Kater war
aber von dem Brantwein noch betrunken; als er daher auf das
Kamel gestiegen war, und dieses sich in Trab setzte, fiel er hinunter. Da rief das Kamel: „Ich habe sie nicht gefressen." „Du
hast sie gefressen", entgegnete der Kater. „Bah! warum bist du
denn gefallen?" „Vom Tage meiner Geburt an habe ich noch
nie auf einem Kamele gesessen, ich bin's nicht gewohnt." Darauf
erwiderte das Kamel: „So sage mir, wobei ich schwören soll."
„Wenn du über das Wasser springst und glücklich hinüber kommst,
dann hast du sie nicht gefressen, fällst du aber hinein, dann
hast du sie gefressen." In dem Garten war nämlich ein Wasser,
ein Bach. „Springe du zuerst", sagte das Kamel. Der Kater
sprang und kam hinüber; nun sprang auch das Kamel und fiel
in's Wasser; die Kamele können nämlich nicht springen. „Das
Kamel hat sie gefressen", rief der Kater. Das Kamel blieb im
Wasser liegen, es konnte nicht aus demselben hinaus: „Komm",
rief es, „hilf mir hinaus, ich habe sie gefressen." „Du kannst
nicht herauskommen? und ich, ein Kater, sollte dich herausholen
können?" So blieb das Kamel im Wasser liegen; der Herr des
Gartens aber sagte zum Kater: „Du bist nicht weiter nötig." Da
zog der Kater seines Weges. —

Er kam in ein Dorf, da sah er eine Frau, die hatte zweihundert Hühner und einen Hahn. Was war das Geschäft der
Frau? Die Frau trieb kein Geschäft: die Hühner legten ihr Eier,
und sie verkaufte die Eier. Als sie den Kater erblickte, rief sie:
„Kater!" „Ja!" „Willst du nicht Aufseher meines Hühnerstalles
werden?" „Gewiss." „Wenn die Hühner Eier legen, so sammelst
du dieselben." „Gut!" erwiderte der Kater und sass als Aufseher
bei den Hühnern; wenn sie aber Eier legten, raffte er sie auf
und frass sie. Wenn die Frau, der die Hühner gehörten, kam

und den Kater nach den Eiern fragte, so antwortete er: „Sie
legen keine Eier." Da schlachtete die Frau jeden Abend zwei
Hühner und ass sie. „Hai!" sagte sie, „sie legen ja keine Eier."
Als sie so jeden Abend zwei verzehrte, sagten die Hühner zum
Hahn: „Geh, frage die Frau, wesshalb sie uns schlachtet, wir
legen ja Eier, aber der Kater frisst sie, und sie schlachtet uns."
Der Hahn begab sich also zu der Frau und sagte: „Der Kater
frisst die Eier, die Hühner legen wol Eier, aber er frisst sie, und
du schlachtest jene." „Wirklich?" fragte sie. „Ja." Da kam
die Frau zum Kater und fragte ihn: „Wesshalb frissest du die
Eier?" „Nein, bei Gott! wer hat das gesagt?" „Der Hahn."
„Wirklich, Hahn?" fragte er diesen. „Ja, es ist doch wol keine
Lüge?" „So komm und schwöre." „Wobei soll ich schwören?"
„Bei dem Kamel, welches im Wasser liegt." „Wo ist es, dass
ich schwöre." „Komm, ich will es dir zeigen." Er ging mit dem
Hahn zum Kamele, das war im Wasser gestorben, und seine
Augen waren weit aufgerissen. „Da ist es", sagte der Kater,
„schwöre bei ihm." Als der Hahn es aber ansah, fürchtete er sich
und wollte nicht schwören. „Du schwörst", rief der Kater und
stiess ihn in's Wasser. Der Hahn ertrank, und der Kater kehrte
zu der Frau zurück. „Wo ist der Hahn?" fragte sie. „Er hat
geschworen und ist gestorben." „Setze dich nur wieder zu den
Hühnern", sagte sie, „er hat Lügen über dich ausgesagt." Darauf
sprachen die Hühner zum Kater: „Kater!" „Ja!" „Errette uns
von der Hand der Frau." „Wollt ihr mit mir kommen?" fragte
er. „Ja." „So kommt, ich will euch in's Gebirge führen, weidet
da und legt Eier, und ich fresse die Eier." „Gut!" erwiderten
sie und liessen sich von ihm in's Gebirge führen. Dort schlugen
sie ihre Wohnung in einer kleinen Höle auf, die Hühner legten
Eier und er frass dieselben. Der Marder aber kam zu der Höle,
sah die Hühner, fiel über sie her und frass sie auf, der Kater
konnte nichts gegen ihn ausrichten, da fing er an zu weinen und
rief: „Wehe mir und meinen Sünden! ich habe viele Sünden begangen, ich will hingehen und Pfaffe werden." Er ging zu einem
Färber und bat denselben: „Färbe mich um Gotteslohn, mein
Vater ist gestorben." Da färbte er ihn um Gotteslohn und gab
ihm einen schwarzen Turban. So zog der Kater in das Land
der Mäuse, die fragten ihn: „Wer bist du?" „Ich bin ein Pfaffe."
„Woher kommst du?" „Von Jerusalem." Da baten sie ihn:
„Werde doch bei uns Pfaffe." „Habt ihr denn eine Kirche?" „Ja."
Darauf führten sie ihn in die Kirche und er liess sich dort nieder.

„Schickt mir eure Mädchen", befal er, „und eure Jungen, damit ich sie lesen lehre." Er eröffnete zwei Schulen, eine für die Jungen und eine für die Mädchen: zuerst gibt er den Jungen Leseunterricht, dann geht er zu den Mädchen und verführt sie, schärft ihnen aber ein, ihren Eltern nur ja nichts davon zu verraten, was die Mädchen ihm auch versprachen. Wenn die Weiber zu ihm kamen, dass er ihnen die Beichte höre, und eine schöne darunter war, so sagte er zu ihr: „Sei mir zu Willen, dann geht deine Sünde von dir", und verführte sie. Darauf liess er den Mäusen befehlen: „Morgen ist Sonntag, da kommt alle zur Kirche, um zu beten, aber ohne die Weiber, die lasst zu Hause bleiben." Als sie nun alle in die Kirche gekommen waren, verschloss er die Thüre und frass sie auf. Zehn aber entkamen, ohne dass er es merkte, die gingen hin und verklagten ihn beim Könige der Mäuse. Dieser hatte als Diener zwei Hunde, die schickte er nach dem Kater. Als sie ihn geholt hatten, fragte er ihn: „Wesshalb hast du die Mäuse getödtet und ihre Weiber und ihre Mädchen verführt?" „Ich, ich bin ein Priester", antwortete er, „diese lügen." Aber sie legten ihm einen Strick um den Hals und hingen ihn auf. „Was macht ihr?" fragte er. „Wir machen einen Mönch aus dir", antworteten sie und erhängten ihn.

LXI.

Es war einmal ein König der Fliegen, der herrschte über das Land der Fliegen, aber er hatte keine Macht über sie. Er hatte eine Wache, die in jeder Nacht die Runde machte. Einmal Nachts gerieten zwei Fliegen mit einander in Streit und tödteten sich gegenseitig. Darauf kam eine andere Fliege, die fand die beiden Erschlagenen da liegen und besah sich dieselben. Obgleich sie mit den beiden nichts zu schaffen hatte, wurde sie von der Wache abgefasst und vor den König gebracht. „Diese hat zwei erschlagen", berichtete die Wache. „Wesshalb hast du sie erschlagen?" fragte der König. „Bewahre!" antwortete jene, „ich weiss nichts von ihnen, o König!" „Aber die Wache hat dich bei ihnen betroffen." „Ich war zu einer Familie gegangen, um etwas zu plaudern", rechtfertigte sie sich, „und war auf dem Wege nach Hause, da fand ich Erschlagene und besah sie mir, in diesem Augenblicke fassten mich die Wächter." „So sollen die Leute, bei

welchen du warst, schwören", entschied der König. „Ja." „So
geht und ruft sie", befal er. Man ging sie rufen, und sie wurden
gefragt: „War diese Fliege in der letzten Nacht bei euch?" „Ja",
antworteten sie, und der König liess die Fliege frei und hielt sie
nicht länger gefangen. In einer andern Nacht, als die Scharwache wieder ihre Runde machte, erblickten sie eine Ameise, sie
liefen ihr nach, aber dieselbe entfloh, und die Wächter verfolgten
sie. Nun stak da ein Ring in der Erde, sie zog an demselben,
da öffnete sich eine Thüre in der Erde, von welcher Stufen abwärts
führten. Die Wächter verfolgten sie immer weiter, stiegen auch
die Stufen hinunter und fanden, dass unter der Erde eine andere
Welt war. Nun kam auch die Scharwache der Ameisen, verhaftete die der Fliegen und führte sie vor den Fürsten der Ameisen. „Woher seid ihr?" fragte dieser. „Wir sind die Scharwächter
des Königs der Fliegen." „Wesshalb seid ihr hierher gekommen?"
„Wir sahen Nachts eine Ameise in unserm Lande und verfolgten
sie, da war ein Ring in der Erde, daran zog sie, es öffnete sich
eine Thüre, von der Stufen abwärts führten, wir gingen ihr nach
und stiegen so in dieses Land herunter, und da verhafteten uns
deine Scharwächter." Darauf bewirtete der Fürst sie freigebig
und sagte: „Schlaft bis zum Morgen hier und dann beseht euch
unser Land." Sie schliefen bis zum Morgen, dann besahen sie sich
jenen Tag das Land der Ameisen. Auch sahen sie die schöne
Tochter des Fürsten. Als der Tag sich neigte, nahmen sie Abschied und sagten: „Wir wollen gehen." „Geht!" antwortete er.
Sie kamen, öffneten die Thüre und gelangten wieder auf die Erdoberfläche. Gleich begaben sie sich zum Könige der Fliegen, der
fragte sie: „Wo wart ihr gestern Nacht und heute?" Als sie es
dem Könige erzält hatten, sagte er: „Kommt, zeigt mir die Ameisen." „Komm!" erwiderten sie. Darauf gingen die drei Wächter
mit dem Könige zu dem Ringe, zogen an ihm, die Thüre öffnete
sich, sie traten ein, stiegen die Stufen hinunter in das Land der
Ameisen und begaben sich zum Fürsten. Er fragte: „Wer ist
dieser?" „Das ist der König der Fliegen", antworteten sie. Da
bewirtete er ihn mit grossen Ehren, sie assen und vergnügten sich.
Darauf fragte er ihn: „Zu welchem Zwecke bist du, o König, in
unser Land gekommen?" „Ich bin gekommen, es zu besehen."
„So besieh es dir." Da sah der König sein Wunder am Lande
der Ameisen. Als er auch die Tochter des Fürsten gesehen hatte,
sprach er: „Fürst!" „Ja!" „Gib mir deine Tochter für meinen
Sohn." „Ich will sie geben", erwiderte er. Da warben sie in

16*

aller Form um sie, und der Fürst entgegnete: „Wenn ihr kommt, sie zu holen, so bringt mir hundert Lasten Honig." „Zu Diensten!" antworteten jene. Nach der Werbung kehrten sie in das Land der Fliegen zurück; der König kam und erzälte seinem Sohne: „Ich habe für dich um ein Mädchen geworben, wie es kein schöneres gibt." „Wer ist sie denn?" fragte er. „Die Tochter des Fürsten der Ameisen." „So bringt sie, damit ich sie sehe." „Dazu brauchen wir hundert Lasten Honig." „So gehe ich hundert Lasten Honig beim Fürsten der Bienen holen", versetzte er und begab sich alsbald zum Bienenfürsten. Dieser fragte ihn: „In welcher Absicht kommst du?" „Ich komme wegen Honigs", antwortete er, „mein Vater schickt mich, ich wünsche hundert Lasten Honig." „So geh und bringe uns Gras", versetzte jener, „damit die Bienen es fressen und dir Honig machen." Da berief er alle Fliegen, Gras zu sammeln, gab es den Bienen, und diese gaben ihm hundert Lasten Honig; er lud den Honig auf und brachte ihn nach Hause. Darauf brachte der König der Fliegen den Honig zum Fürsten der Ameisen. Er begab sich zu ihm und sagte: „Da ist der Honig." Jener aber antwortete: „Ich gebe meine Tochter nicht in das Land der Fliegen." „Wie so?" „Gib mir deinen Sohn, lass ihn zu mir kommen, dann gebe ich ihm meine Tochter, und er soll bei mir bleiben." Da ward der Fliegenkönig zornig, stritt mit dem Fürsten und kehrte zornig nach Hause zurück. „Wo ist die Braut?" fragte sein Sohn. „Er hat mich belogen", erwiderte er, „und sie nicht gegeben; er sagte: „„gib mir deinen Sohn, lass ihn zu mir kommen""; ich aber antwortete: „„ich gebe meinen Sohn nicht; du gibst mir deine Tochter nicht, wie soll ich dir meinen Sohn geben?!"" So stritten wir, und ich kehrte zurück." —. Darauf rüstete der König ein Fliegenheer aus und zog gegen die Ameisen, um dem Fürsten seine Tochter mit Gewalt zu entreissen. Als der Fürst der Ameisen hörte, dass der König ein Heer gesammelt habe und komme, die Braut mit Gewalt zu entführen, da machte er sich auch auf und führte das Ameisenheer auf die Oberfläche der Erde hinaus, und nun begann der Krieg der Ameisen und Fliegen. Die Ameisen stechen die Fliegen und tödten sie so, die Fliegen aber setzen sich den Ameisen auf den Rücken, und diese bersten vor Aerger; auf diese Weise tödten sie die Ameisen. So kämpften sie einen Monat lang, auf beiden Seiten gab es viele Todte und Verwundete. Darauf kehrte das Heer der Fliegen nach Hause zurück, und das der Ameisen ebenfalls; die Fliegen brachten die Verwundeten in die

Häuser, ebenso die Ameisen. Der Fürst der letztern fragte nach einem Arzte, der die Verwundeten heile. Man sagte ihm: „Da ist der Wurm, der ist ein guter Arzt." Da begab der Fürst sich zu demselben. Auch der König der Fliegen fragte nach einem Arzte, und auch ihm sagte man: „Da ist der Wurm, der ist Arzt und heilt die Verwundeten." Da begab sich auch der König zu dem Wurm, aber er fand den Fürsten schon bei ihm. Der Fürst wollte ihn mitnehmen, der König aber sagte: „Mit mir geht er", und der Fürst sagte: „Mit mir geht er." Die beiden gerieten an einander, und der Fürst tödtete den König. Dann nahm er den Wurm mit, und dieser heilte die Verwundeten der Ameisen alle. Darauf sagte der Wurm: „Ich will nach Hause gehen." „Gut! gehe!" antworteten sie. Als er in das Land der Fliegen kam, fragte man ihn: „Hat dich der König nicht gefunden?" „Allerdings." „Wo ist er denn?" „Der Fürst hat ihn getödtet", erwiderte er. Da wurden die Fliegen rasend vor Zorn. Der Wurm aber heilte die Verwundeten der Fliegen. Die Ameisen kamen Nachts in's Land der Fliegen, um zu stehlen, aber sie gerieten in das Fliegengewebe, und da sie aus demselben nicht entfliehen können, so tödteten die Fliegen sie. Darauf rüstete der Sohn des Königs ein Fliegenheer aus, schickte zum Fürsten der Bienen und liess ihm sagen: „Rüste ein Bienenheer aus und stosse zu mir." Der Fürst der Bienen sammelte ein Heer und kam zum König der Fliegen. Darauf brachen die beiden Heere auf und zogen gegen die Ameisen. Auch das Heer der Ameisen rückte aus und begann den Kampf mit den Fliegen; das Bienenheer kam diesen zu Hülfe, und sie schlugen die Ameisen. Darauf stiegen sie in das Land derselben hinab, nahmen es ein, tödteten den Fürsten und führten seine Tochter weg. Die Bienen zwangen die Weiber der Ameisen, ihnen zu Willen zu sein, und schändeten die Mädchen; jede von ihnen raubte sich ein Ameisenmädchen. Da erliess der König der Fliegen eine Bekanntmachung: „Jeder Fliege, welche ein Ameisenmädchen nimmt, lasse ich den Kopf abschlagen." „Wie?" fragten die Fliegen, „aber die Bienen rauben doch die Mädchen?" „Ueber die Bienen habe ich keine Gewalt", antwortete der König. Die Tochter des Fürsten aber nahm er mit, und als er nach Hause gekommen war, liess er sie sich antrauen. Die Bienen kehrten auch in ihr Land zurück und nahmen die Ameisenmädchen mit. — Bald erreichte den Kaiser der Ameisen die Kunde: „Sie haben den Fürsten und die Ameisen seines Landes getödtet, das Land haben sie geplündert, die Weiber geschändet und die Mädchen geraubt." „Wer, hat das getan?" fragte er. „Die Fliegen und die Bienen." Da machte sich der grosse Kaiser der Ameisen auf, versammelte ein Heer ohne Zal und zog gegen die Bienen. Oberhalb des Bienenlandes befindet sich ein Fluss, dessen Wasser lenkte er in der Nacht auf das Bienenland, so dass die Bienen alle ertranken, die Ameisenmädchen aber kamen heraus auf die Oberfläche des Wassers und wurden von den Ameisen und den Mücken, welche über dem Wasserspiegel weben, herausgezogen. Darauf wandte der Kaiser sich gegen die Fliegen und lieferte ihnen eine Schlacht. Als der König der Fliegen aber einsah, dass das Heer des Kaisers in der Uebermacht war, befal er den Fliegen: „Fliegt weg, denn ihr seid zu schwach gegen die Ameisen." Die Fliegen flogen weg und nahmen die Tochter des Fürsten mit sich in die Lüfte. Als die Ameisen zuschauten, sahen sie das Heer der Fliegen nicht mehr auf der Erde; da kehrten sie in ihr Land zurück.

Nicht lange darauf erkrankte die Tochter des Fürsten, die Frau des Königs der Fliegen, an einer schlimmen Krankheit; der König suchte nach einem Arzte, konnte aber keinen finden. Da traf er einen Käfer, der fragte ihn: „Wohin, o König?" „Meine Frau ist von einer schlimmen Krankheit befallen worden", erwiderte er, „ich suche nach einem Arzte." „Die Tochter des Königs der Schlangen war auch sehr schwer erkrankt", versetzte der Käfer, „da haben sie einen Arzt zu ihr geholt, und sie ist wieder gesund geworden, geh hin und frage die Schlangen nach dem Arzte." Da machte der Fliegenkönig sich auf den Weg, den König der Schlangen aufzusuchen. Er traf eine Schlange, die fragte ihn: „Wohin, o König der Fliegen?" „Woher weisst du, ob ich ein König bin oder nicht?" entgegnete er. „Ich weiss es", sagte sie. Darauf fragte er sie: „Wo ist der König der Schlangen?" „Lege dich zu mir", versetzte sie, „dann sage ich dir, wo er ist." „Das geht nicht an", erwiderte er. „Gewiss", wiederholte sie, „lege dich zu mir, oder ich beisse dich." Damit setzte sie den König in Furcht, und er wollte ihr Begehr erfüllen. „So komm", sagte sie, „lass uns dort hineingehen." „Nein, hier", versetzte er. „Hier, unter freiem Himmel", entgegnete sie, „das wäre Sünde." Da ging er mit ihr hinein. Sie streifte das Schlangenkleid ab und legte Menschenkleider an, und ward eine Frau, wie es keine schönere gibt. Da vergass er die Ameisenprinzessin, und als die Schlange ihn fragte: „Willst du mich zum Weibe nehmen?" antwortete er: „Ja." Sie riefen den Sperling, und dieser traute die beiden. Darauf legte die Schlange wieder ihr Schlangenkleid an und sagte:

„Komm, ich will dir das Haus des Königs der Schlangen zeigen." Sie gingen hin, sie zeigte ihm dasselbe, er trat zum König der Schlangen ein, ging auf ihn zu, ergriff seine Hand und küsste dieselbe. „Wer bist du?" fragte er ihn. „Ich bin der König der Fliegen." Da rief der Schlangenkönig allen Schlangen, die versammelten sich und fragten: „Was wünschest du, o König?" „Macht eine Illumination", befal er, „eine grosse Illumination, zehn Tage lang, der König der Fliegen ist zu mir gekommen, er wird dann den Fliegen Befehl geben, dass sie sich nicht auf euch setzen, wenn die Menschen euch tödten." Als die Schlangen die Illumination veranstaltet hatten, fragten die übrigen Tiere sie: „Was ist das für eine Illumination, die euer König veranstaltet hat?" „Der König der Fliegen ist zu uns gekommen", erwiderten sie, „desshalb hat er die Illumination veranstaltet." Als nach zehn Tagen die Illumination zu Ende war, sprach der König der Fliegen: „Deine Tochter ist krank gewesen, wer ist der Arzt, der sie geheilt hat?" „Wer ist denn deine Frau?" fragte jener. „Die Tochter des Ameisenfürsten." Da teilte er ihnen mit: „Die Schildkröte und der Wurm haben sie geheilt." Jener begab sich zur Schildkröte und sagte: „Meine Frau ist krank geworden, komm und heile sie, was du willst, gebe ich dir." Die Schildkröte ging mit ihm, und auch die Schlange, der er zu Willen gewesen war, seine Frau. So kamen sie zum Wurme. „Wurm!" sagte er. „Ja!" „Meine Frau ist krank geworden, du und die Schildkröte sollt sie heilen; was du forderst, gebe ich euch." So nahm er den Wurm und die Schildkröte mit, und auch die Schlange begleitete ihn. Als er nach Hause gekommen war, verwandelte die Schlange sich in den Todesengel der Frau, und sie starb. Da sagten die Schildkröte und der Wurm zum Könige: „Gib uns den Lohn für unsere Reise." Der aber antwortete: „Nichts gebe ich euch, meine Frau ist gestorben." Der Wurm und die Schildkröte kehrten nach Hause zurück.

Einst erzälte der König der Schlange die Geschichte seines Krieges mit dem Kaiser; da sagte sie: „Der Kaiser hat eine Tochter, eine schönere gibt's nicht." „Wir können nicht dorthin gehen", antwortete er. „Ich lege dir Schlangenkleidung an", versetzte sie, „wir gehen zum Kaiser, ich beisse ihn, und wir entführen die Tochter." „So soll es sein!" erwiderte er. Sie legte dem König Schlangenkleidung an, dann machten sie sich auf den Weg und fragten nach dem Sitze des Ameisenkaisers. Als sie dorthin gekommen waren, traten sie bei ihm ein. Der Kaiser aber wusste nicht, dass es der Fliegenkönig war, er meinte, sie seien Schlangen. Die Schlange sprach mit dem Fliegenkönig in der Sprache der Sehlangen und erklärte ihm: „Dieser ist der Kaiser, und diese ist die Tochter, und das ist seine Frau, Söhne hat er nicht." „Wie sollen wir's anfangen?" fragte der König auch in der Schlangensprache. „Wir gehen einen Geistlichen suchen, der uns einen Zauberspruch schreibt, dann rauben wir dem Mädchen den Verstand, so dass sie mit uns flieht, und ich beisse den Kaiser, dass er stirbt." Sie begaben sich nun zum geistlichen Oberhaupte der Füchse, zum Schêch Nâïb, der hat einen Turban auf dem Kopf. Sie setzten sich zu ihm, und er fragte: „Wesshalb seid ihr gekommen?" „Schreibe uns einen Zauberspruch", antwortete die Schlange, „verwirre den Verstand der Tochter des Kaisers der Ameisen für den König der Fliegen." „Ja", erwiderte er, „was wollt ihr mir dafür geben?" „Wenn wir nach Hause gehen", versetzte sie, „so komm in das Land der Fliegen, und wir geben dir eine Ziege." „Gut!" sagte er, fertigte den Zauberspruch aus und fuhr fort: „Legt ihn in Wasser und gebt ihr dasselbe zu trinken; wohin immer ihr dann geht, folgt sie euch." Sie kehrten mit dem Zauberspruch zum Kaiser zurück und nahmen bei ihm Platz. Darauf bat die Schlange die Tochter des Kaisers um Wasser, legte den Spruch hinein, trank vorher selber und gab das übrige dem Mädchen zu trinken. Wo sie nun immer sassen, da setzte sie sich zu ihnen. Darauf fragten sie sie: „Willst du mit uns kommen?" „Ja", antwortete sie. Da legte die Schlange ihr Schlangenkleidung an, biss den Kaiser, und die drei entflohen. Als sie in das Land der Fliegen gekommen waren, heiratete der König die Tochter des Kaisers; und die Schlange war auch seine Frau; es stellte sich aber heraus, dass diese Schlange die Tochter des Schlangenkönigs war. Als die Ameisen hörten, dass die Tochter des Kaisers mit den Schlangen entflohen war (von dem König der Fliegen wussten sie natürlich nichts), und dass die Schlange den Kaiser gebissen hatte, setzten sie einen neuen Kaiser auf den Thron, rüsteten ein Heer und zogen gegen den König der Schlangen, indem sie behaupteten: „Die Schlangen haben die Tochter des Kaisers geraubt und den Kaiser gebissen." Da rief der Schlangenkönig allen Schlangen und fragte die Ameisen: „Kennt ihr die, welche den Kaiser gebissen hat?" „Ja", antworteten sie. Die Schlangen kamen alle zusammen, aber die Ameisen konnten diejenige nicht darunter entdecken, welche den Kaiser gebissen hatte. Daher sagten sie: „Unter diesen ist sie nicht."

„Es gibt aber weiter keine Schlangen mehr als meine Tochter", antwortete der König. „Wo ist denn deine Tochter?" fragten jene. „Die hat den König der Fliegen geheiratet." „Jene ist es", riefen sie, „es ist ein Werk des Fliegenkönigs, auf zu ihm!" Aber der König sagte: „Greift mich an, zieht nicht gegen den König der Fliegen, denn er ist mein Schwiegersohn." Nun begann der Kampf der Schlangen und Ameisen. Der Schlangenkönig aber liess tausend Lasten Schmalz holen und verteilte dasselbe über das Schlachtfeld. Die Ameisen glitten auf dem Fette aus und verwirrten sich zu einem Knäuel, und dann erschlugen die Schlangen sie. Auf diese Weise tödteten sie die Ameisen. Als der König der Fliegen hörte, dass die Schlangen und die Ameisen mit einander kämpften, rüstete er auch ein Heer, um seinem Schwiegervater zu Hilfe zu ziehen, dieser aber schickte zu ihm und liess ihm sagen: „Du brauchst nicht zu kommen, ich habe die Ameisen schon todt geschlagen.

Ein Jahr war verflossen nach der Niederlage der Ameisen, da starb auch der König der Fliegen. —.

LXII.

Mír Sofân, der Fürst der Flöhe, hatte einen Vetter, der war verrückt, und sein Verstand schwach. Derselbe ging eines Tages zum Molla der Flöhe und bat: „Molla!" „Ja!" „Schlage mir das Schicksalsbuch auf." Der Molla schlug das Buch auf und sagte: „Floh!" „Ja!" „Ich will dir sagen, wann du stirbst." „Wann?" fragte er. „Wenn du deine Eselin" (— der Verrückte hatte nämlich eine Eselin —) „beladest, und dieselbe einen Hügel hinaufgeht und dabei ihre Winde lässt, dann stirbst du." Der Floh begab sich nach Hause, wo er eine Frau hatte. Nach Hause gekommen verrichtete er kein Geschäft mehr; da sagte die Frau zu ihm: „Beschäftige dich doch!" Er aber antwortete: „Ich habe mir beim Molla die Zukunft schauen lassen, der sagte: „„Du stirbst, wenn deine Eselin ihre Winde lässt"", ich tue keine Arbeit mehr." Nach einiger Zeit ging der Floh in's Holz; als er mit der Axt auf den Strauch hieb, traf das Holz sein Glied und verwundete es. Er setzte sich auf seinen Esel und kam nach Hause, ohne Holz mitzubringen. „Wesshalb hast du kein Holz mitgebracht, damit wir es brennen?" fragte seine Frau. „Ich habe mich mit der Axt auf mein Glied geschlagen und dasselbe abgehauen.“ „Dann mag ich dich nicht mehr“, entgegnete sie. „Wie du willst“, versetzte er. —. Zwei Monate blieb der Floh ohne Frau, dann verklagte er sie bei Mîr Sofân. Dieser liess sie vor sich rufen und fragte sie: „Warum kommst du nicht zu dem Floh?“ „Er hat sich sein Glied abgehauen“, antwortete sie, „und verrichtet kein Geschäft.“ „Ist das wahr, Floh?“ fragte er den Floh. „Nein, sie lügt“, gab dieser zur Antwort, „sie liess mich nicht zu ihr kommen, da habe ich mein Glied abgehauen, bah! wozu sollte ich es noch haben! und tue nichts.“ „So will ich euch von einander scheiden“, erklärte Mîr Sofân. „Scheide uns!“ bat der Floh. Da schied er sie von einander, der Floh ging nach Hause, und die Frau zu ihrem Vater.

Der Floh hatte einen Sack Weizen, aber er starb fast vor Hunger, da Niemand da war, der ihm den Weizen mahlte; da lud er den Sack auf die Eselin und wollte zur Mühle gehen. Die Eselin stieg den Hügel hinauf und liess einen Wind, da fiel der Floh zur Erde, obgleich er völlig gesund war, und rief: „Ich bin gestorben.“ Seine Augen waren weit aufgerissen und er starrte die Eselin an. Da kam der Wolf und frass die Eselin. Der Floh aber sagte: „Verfluchter! du weisst, dass ich todt bin, daher hast du die Eselin gefressen; wenn ich nicht todt wäre, hättest du die Eselin nicht fressen können; aber was soll ich tun, ich bin ja todt.“ Ein Mann kam an dem Floh vorüber und fragte ihn: „Wesshalb liegst du hier?“ „Ich bin todt“, erwiderte er. „Unsinniger! kann denn ein Todter sprechen!?“ „Ja wol.“ „Steh auf und lüge nicht, ein Todter spricht nicht.“ Da stand der Floh auf und rief: „Weh! Weh mir! ich bin völlig gesund, und der Wolf hat die Eselin gefressen.“ —. Darauf kam auch der Fuchs und raubte den Sack Weizen, und der Mann lief mit dem Strick weg. Der Floh kehrte nach Hause zurück und ging bei Mîr Sofân Klage führen. „Was wünschest du?“ fragte dieser ihn. „Sprichst du Recht?“ fragte der Floh. „Ja.“ Da erzälte der Floh: „Ich ging zum Molla und bat ihn, er möchte im Schicksalsbuche sehen, wann ich stürbe; er tat dies und sagte: „„Du hast eine Eselin, wenn du sie beladest, und sie lässt einen Wind, dann stirbst du““, ich belud sie und ging zur Mühle, da liess die Eselin einen Wind, ich fiel zu Boden, mit weit geöffneten Augen; da kam der Wolf und frass die Eselin, und der Fuchs kam und raubte den Sack, und ein Mann kam und lief mit dem Strick davon; was sagst du dazu?“ „Ist das wahr, Molla?“ fragte der

Fürst. „Ja", antwortete dieser (man hatte ihn inzwischen rufen lassen), „ich habe mich über ihn lustig gemacht; er bat mich, ich möchte ihm im Schicksalsbuche nachsehen, wann er stürbe; der Tod liegt doch nicht in meiner Hand?! in Gottes Hand liegt er." „Du hast so gehandelt!" sagte der Floh. „Lass es gut sein!" sprach Mîr Sofân; „was hat der Molla denn getan?" Der Floh ging nach Hause und dachte: „Ich selbst will nun auch solche Lügen wie der Molla schmieden." Er machte sich auf und begab sich in das Land der Läuse, dort traf er eine Laus und sprach zu ihr: „Laus!" „Ja!" „Ich bin hungrig." „Wir haben kein Brot", erwiderte sie. „Habt ihr einen Molla?" fragte er. „Ja, wir haben einen, aber man ist nicht mit ihm zufrieden." „So geh zum Fürsten der Läuse und sage ihm, ein guter Molla sei zu euch gekommen." Die Laus ging zum Fürsten und sagte: „Fürst!" „Ja!" „Es ist ein guter Molla bei uns." „Wo ist er?" fragte der Fürst. „Komm, ich will ihn dir zeigen." Der Läusefürst kam, sah den Floh und fragte ihn: „Ist es wahr? bist du ein Molla?" „Ja", erwiderte er. „So komm und werde bei uns Molla." Der Floh willigte ein, sie führten ihn in die Moschee und liessen ihn dort wohnen. Den andern, frühern Molla wiesen sie hinaus, und es geriet derselbe darüber sehr in Zorn. Fünf Tage war der Floh Molla, da dachte er: „Ich kann die Läuse nicht verführen, wenn ich den frühern Molla nicht vorher tödte; habe ich ihn getödtet, so habe ich Ruhe, und ich kann tun, wie ich will." Nun hatte der Fürst der Läuse Getreide, das ging der Floh Nachts in Brand stecken. Als der Fürst gewahr wurde, dass man sein Getreide in Brand gesteckt hatte, fragte er: „Wer hat mein Getreide in Brand gesteckt?" Da sagte ihm der Floh: „Ich habe Feuer in der Hand eures Molla's gesehen." Man rief den frühern Molla und fragte ihn: „Ist es wahr? hattest du Feuer in der Hand?" „Bewahre!" antwortete er, „wer hat das gesagt?" „Der neue Molla." „Ist das wahr?" fragte er diesen. „Ja, ich, ein Molla, werde doch wol nicht lügen?" Darauf schlugen sie dem frühern Molla den Kopf ab. Nun hatte der Floh Ruhe und wurde in Wirklichkeit ihr Molla, da sie jetzt ausser ihm keinen andern Molla hatten. Was ihm einfällt, tut er nun: die Mädchen der Läuse lehrt er lesen und verführt sie; mit den Weibern spricht er und verführt sie. Nun war da auch eine schöne Laus, zu der er zu gehen pflegte. Einst war ihr Mann den Acker bauen gegangen, da begab der Molla sich zu ihr; aber der Mann kam vom Felde heim und traf jenen gerade wie er ihre Liebe genoss. Alsbald ging der Mann zum Fürsten der Läuse,

Klage zu führen, und sagte: „Ich habe gesehen, wie der **Molla** sich mit meiner Frau abgegeben hat." Man liess den Molla und die Frau des Mannes rufen und fragte ihn: „Ist es wahr, Molla?" „Was denn?" „Dass du die Frau dieses Mannes verführt hast?" „Bewahre! hier ist die Frau, habe ich dich verführt?" Als sie dies verneint hatte, sagten sie: „Dein Mann lügt, setzt ihn in's Gefängniss, er verleumdet den Molla." So warf man ihn in's Gefängniss; als er ein Jahr gefangen gesessen hatte, war die Frau, die noch immer mit dem Molla verkehrte, unterdessen schwanger geworden und gebar einen Sohn. Als der Fürst dies hörte, liess er die Frau rufen und fragte sie: „Von wem bist du schwanger und von wem hast du das Kind?" „Von meinem Manne", antwortete sie. Man schwieg.

Nun hatte auch der Fürst eine schöne Frau, die ging zum Molla und klagte: „Ich bin krank am Herzen, welches Mittel soll ich einnehmen, damit ich gesund werde?" „Wenn ich es dir sage, wirst du dann nach meinem Worte tun?" fragte er. „Ja." „So lass mich dir beiwohnen, dann wirst du gesund werden." „So komm." .... Darauf kam die Laus nach Hause, und nachdem sie dort vier Tage geblieben war, erklärte sie: „Mein Herz ist gesund geworden." In der Folge kam der Molla häufiger in's Haus des Fürsten, wegen der Frau. Eines Tages, als er wieder dort war und mit der Frau des Fürsten vertraulichen Umgang pflog, kam die Tochter des Fürsten hinab in das untere Zimmer ihrer Mutter und gewahrte, wie der Molla bei ihrer Mutter war; und zwar sah sie die beiden, wärend diese sie nicht bemerkten. Gleich begab sie sich zu ihrem Vater und sagte: „Vater!" „Ja!" „Komm!" „Wozu?" „Komm und sieh!" Da folgte ihr der Vater, und sie zeigte ihm die Mutter und den Molla. Er ging hinein auf die Beiden los und fragte: „Was macht ihr?" Die gaben keine Antwort. Den Floh liess er verhaften und in's Gefängniss werfen, die Frau aber liess er pfälen. —. Als der Floh ein Jahr gefangen gesessen hatte, und der Fürst ihn noch nicht freiliess, sagte er: „Welches Recht hast du eigentlich über mich, dass ich hier gefangen sitze?" „Du hast mein Weib verführt", erwiderte er. „Dein Weib hat mich gerufen", entgegnete er, „und mich mit Gewalt dazu gebracht, ihr Begehr zu erfüllen; was soll ich machen! ich habe gefehlt." Da sagten einige vom Rate des Fürsten: „Das ist richtig! Ist Jemand im Stande mit einer Frau zu buhlen ohne ihr Einverständniss?" „Nein!" antworteten die andern, „du hast kein Recht über den Floh." So liessen sie ihn frei, aber sie rieten ihm, in seiner bisherigen Lebensweise nicht fortzufahren. „Ich

bereue!" antwortete er. Da nahmen sie ihn wieder als Molla an.
Nun war da ein schönes Mädchen unter den Läusen, die packte
er und wollte ihr auf unnatürliche Weise beiwohnen. Das Mädchen fing an zu weinen. Sie wurden aber von drei Leuten bemerkt, die verfolgten den Floh, und dieser entfloh.

Darauf verliess er das Land der Läuse 'und begab sich zu
den Wanzen. Dort fragte er: „Seid ihr Christen? oder Muslime?"
„Ein Teil von uns sind Christen und ein Teil Muslime", antwortete man ihm. „Ich bin ein Pfaffe aus Abessinien", versetzte er.
Da fragten sie ihn: „Willst du nicht bei uns Pfaffe werden?"
„Gewiss, ich will es werden." So wälten sie ihn zum Pfaffen,
und er befal: „Schickt mir eure Mädchen, damit ich sie lesen
lehre." Als sie aber ihre Mädchen schickten, damit er sie lesen
lehre, trieb er Unzucht mit denselben und sagte ihnen: „Das ist
das Lesen; wenn eure Eltern euch fragen, ob der Pfaffe euch lesen gelehrt habe, so sagt ja." „Gut!" antworteten sie; und jeden
Tag ging es in dieser Weise fort. Wenn die Weiber zu ihm
beichten kamen, küsste er sie; aber sie erzälten einander, dass
er sie küsse, dann teilten sie es auch ihren Männern mit und
sagten: „Wenn wir 'beichten, küsst er uns." Da riefen diese den
Pfaffen und fragten ihn: „Wesshalb küssest du die Weiber?"
„Das ist so Sitte bei uns", antwortete er, und jene schwiegen.
Als die Weiber wieder beichten kamen, kniff er sie; aber sie erzälten einander, dass er sie kneife, und teilten es auch ihren
Männern mit: „Wenn wir beichten, kneift uns der Pfaffe." Da
riefen diese den Pfaffen und fragten ihn: „Wesshalb kneifst du
die Weiber?" „Das ist bei uns so, damit sie bereuen und Zucht
lernen", antwortete er, und jene schwiegen. Darauf kam eine
beichten, die warf er gar hin und buhlte mit ihr; dann kamen
noch fünf andere, mit denen er ebenso verfuhr. Sie klagten es
ihren Männern, diese riefen ihn und fragten ihn: „Wesshalb hast
du die Weiber geschändet?" „Das ist so Sitte bei uns, jedes Jahr
schlafe ich bei fünfen." Da riefen sie: „Packt ihn!" Er aber
lief weg, und sie verfolgten ihn. Er lief zu den Muslimen, die
fragten ihn: „Wesshalb laufen sie dir nach? wozu?" „Ich bin
ein Muslim", antwortete er, „ein Derwisch, von der Wallfahrt bin
ich gekommen, ich bin fremd und wusste nicht, wohin ich gehen
sollte, da sahen mich jene und sagten: „Komm, werde ein Christ!"
„Wie solltest du ein Christ werden?" entgegneten jene, „wir wollen dich zum Molla machen." Sie machten ihn zum Molla und
liessen ihn in der Moschee wohnen. Er aber konnte sich nicht

beherrschen und verführte die Weiber der Muslime. Als er sich
eine mit Gewalt willfährig machen wollte, hörten die Muslime davon und riefen ihn, damit sie ihn schlügen. Er aber entfloh zu
den Christen. Als diese ihn fragten: „Wesshalb fliehst du?" antwortete er: „Sie sagten, ich sollte Muslim werden, und ich, ich
bin doch ein Priester." Da sagten sie: „So bleibe bei uns; was
du getan hast, sei dir verziehen." Darauf kamen die Muslime und
verlangten von den Christen seine Auslieferung. Die Christen
aber sagten: „Er ist ein Pfaffe", die Muslime dagegen: „Er ist
ein Derwisch, von der Wallfahrt ist er gekommen." So gerieten
sie wegen des Flohes mit einander in Streit und tödteten einander;
dann gingen sie zum Sultan der Wanzen und verklagten sich gegenseitig um des Flohes willen. Zuerst erzälten die Muslime dem
Sultan ihre Geschichte, indem sie sprachen: „Dieser kam von der
Wallfahrt, er ist ein Derwisch, nun sagten die Christen, er sei
ein Pfaffe, und wir stritten seinetwegen mit einander". Darauf
sagten die Christen: „Nein, er ist kein Derwisch, er ist ein Pfaffe,
der aus Abessinien gekommen ist." Da fragte ihn der Sultan
selbst: „Was bist du?" „Ich bin Molla und Pfaffe zugleich", antwortete er. „Nein, sprich ordentlich", versetzte der Sultan. Da
sagte er: „Ich bin ein Molla." Wegen des Sultans wagte er nicht
zu sagen, er sei ein Pfaffe. So nahmen die Muslime ihn mit und
machten ihn wieder zu ihrem Molla. Er aber machte sich wieder
an jene, die ihm damals nicht willfahrt hatte, und zwang sie mit
Gewalt dazu. Darauf lebten die beiden mit einander in heimlicher
Ehe; aber er wurde bei ihr betroffen, und man wollte ihn schlagen. Da entfloh er zu den Christen, die schlugen ihn aber auch,
er floh weiter, ganz aus dem Wanzenlande hinaus, und kehrte in
sein eigenes Land zurück. Dort begab er sich zu Mîr Sofân und
sagte: „Ich verlange meine Frau." Dieser liess die Frau rufen,
und als dieselbe in den Gerichtssaal gekommen war, befal er ihr:
„Gehe zu deinem Manne." „Der hat ja kein Glied", entgegnete
sie. Da entblösste er sein Glied im Gerichtssaal und sagte: „Ich
habe mir ein neues gekauft." Darauf gaben sie ihm die Frau, und
er ging mit ihr nach Hause. Als er seinen ehelichen Pflichten
nachkam, fragte sie ihn: „Wo hast du dieses Glied gekauft?"
„Bei den Läusen." „Du hättest ein grösseres kaufen sollen."
„Verfluchte! bei Gott! mein Glied ist das frühere." Da sagte sie:
„Ich will nichts mehr von dir wissen." „So komm", entgegnete
er, „lass uns gegen einander Prozess führen." Sie gingen zu
Mîr Sofân, und die Frau sagte: „Ich will nichts mehr von ihm

wissen.“ „Wesshalb?“ „Sein Glied ist zu klein.“ „Nimm sie
mit Gewalt“, entschied Mîr Sofân, „woher sollte er ein Glied bekommen, das grösser wäre als dieses?!“ Da nahm der Floh sie
mit, und sie wurden Mann und Frau.

LXIII.

Es war einmal ein Minister, der hatte drei Frauen, auch hatte
er einen schwarzen Diener. Die Frauen hatten ihm noch keine
Kinder geboren, nun bekam er von der jüngsten Frau einen Sohn,
der aber ganz schwarz war. Der Diener hatte ihr nämlich beigewohnt, daher war der Sohn, den sie gebar, wie der Diener
schwarz. Die Leute sagten: „Der Minister hat einen Sohn bekommen.“ Der Minister kam sich seinen Sohn besehen und fand,
dass er schwarz war. Da fragte er die Frau: „Sprich die Wahrheit, von wem ist der Sohn?“ „Von dir“, antwortete sie. „Nein!“
rief er, „du lügst, ich werde dich tödten, sprich.“ „Der Wahrheit
gemäss?“ fragte sie. „Ja.“ „Wirst du mich auch nicht schlagen?“
„Nein.“ Da gestand sie: „Er ist der Sohn des Dieners.“ Er rief
den Diener und fragte ihn: „Warum hast du so gehandelt, Diener?“
„Sie bat mich ihr beizuwohnen“, erwiderte dieser. Da liess er
ihm die Haut vom Nacken ab und über den Kopf ziehen, so dass
er ein Scalpirter wurde, und liess ihn so ohne Kopf herumführen;
dann befal er, ihn nackt in die Dornen zu werfen und dort liegen
zu lassen. —. Der Sohn des Ministers wuchs heran und ward so
stark, dass Niemand ihm etwas anhaben konnte. Einst schlug
der Minister ihm vor: „Ich will für dich um eine Frau werben.“
„Ich mag keine Weiber“, erwiderte er, „wenn ich nicht selbst an
ihnen Gefallen finde und sie mir selbst hole.“ „Wie du willst“,
antwortete jener. Da stieg der Sohn des Ministers zu Pferde und
zog in der Welt umher nach einer Frau, vier Jahre lang; als er
aber keine Frau fand, wie er sie wünschte, kehrte er nach Hause
zurück. „Ich habe keine Frau gefunden“, sprach er zu seinem
Vater. „Suche nur weiter“, entgegnete dieser, „wo immer du eine
siehst und Gefallen an ihr findest, die will ich dir holen, mag sie
schon verheiratet sein oder nicht.“ „Schön“, antwortete er und
suchte nun im Lande der Vögel nach einer, aber er fand keine.
Da sagten ihm die Vögel: „Der Falk hat eine schöne Tochter.“
Er begab sich zum Falken und nahm bei ihm Platz. „Wesshalb

bist du gekommen, Sohn des Ministers?" fragte ihn der Falk. „Ich komme um deiner Tochter willen, um sie zu werben." „Da ist meine Tochter." Er schaute sie an und fand sie sehr schön, aber sie hatte ein krummes Bein. „Deine Tochter ist schön", sagte er, „aber sie ist lahm." „Dies ist sie", erwiderte jener, „willst du sie, so nimm sie; willst du sie nicht, so lass sie." „Ich will gehen", antwortete er, „und weiter suchen; finde ich keine schönere als sie, so komme ich sie holen; finde ich aber eine, dann lasse ich sie." „Geh nur", erwiderte jener, „ich gebe sie dir gar nicht." Er suchte weiter, aber er fand keine. Einst traf er einen Vogel, der fragte ihn: „Willst du mich nicht als Diener bei dir wohnen lassen?" „Gewiss", antwortete er und nahm den Vogel mit sich nach Hause. Dort sprach er zu seinem Vater: „Ich habe keine gefunden; beim Falken habe ich eine gesehen, die war schön, aber sie hatte ein krummes Bein." Da fragte der Vogel: „Wonach suchst du?" „Nach einer schönen Frau." „Ich will dir etwas sagen." „Sprich." „Ich bin in der ganzen Welt umhergezogen und habe keine schönere Frau gesehen als die Tochter Osmar's des Färbers, des Fürsten der Kraniche." „Ist sie wirklich schön?" fragte er. „Wenn du eine schönere als sie findest", entgegnete der Vogel, „so schlag mir den Kopf ab." „Gut; weisst du, wo die Kraniche sind?" „Ich will sie dir zeigen, ich komme mit dir." Da brach er mit dem Vogel auf, und sie begaben sich an den Ort, wo die Kraniche hausten. Aber diese waren von dort aufgebrochen und hatten sich an einen andern Ort begeben. „Dieses war ihr Ort", sagte der Vogel, „nun weiss ich nicht, wohin sie gegangen sind." Sie trafen einen Hasen; dieser fragte sie: „Wonach sucht ihr?" „Nach Osmar dem Färber suchen wir." „Die sind auf die Baglâe Futter suchen gegangen", entgegnete der Hase. Da zogen sie ihnen nach und fanden sie dort. Die ganze Hochebene der Baglâe war voll von Kranichen. Sie fragten nach Osmar dem Färber. „Er ist dort im Zelte", antwortete man ihnen, auf ein alleinstehendes Zelt hinweisend. Sie begaben sich zu ihm und begrüssten ihn. „Zu Diensten", erwiderte er, „kommt, setzt euch." Als sie Platz genommen hatten, fragte er: „Wesshalb seid ihr gekommen?" „Wir kommen um deiner Tochter willen." „Für wen soll meine Tochter sein?" „Für mich", versetzte der Sohn des Ministers. „Dich mag ich nicht zum Schwiegersohne." „Ich bin der Sohn des Ministers, und du sagst, ich mag dich nicht?" „Du bist der Sohn des Ministers, und sie ist die Tochter des Kaisers, des Kaisers der Kra-

niche." „So rufe sie wenigstens", bat er, „damit wir sehen, ob
sie mich will oder nicht." Da riefen sie sie, aber sie kam nicht,
sondern schickte eine andere an ihrer Statt. Diese führte man in
die Versammlung, es war nicht die Tochter Osmar's, sondern eine
andere. „Das ist sie", sagten sie. „Ist sie das?" fragte er.
„Ja." „Wirklich, Vogel?" „Nein", entgegnete der Vogel, „das
ist sie nicht." „So holt sie." Da gingen sie die Tochter Osmar's
holen, aber sie zogen ihr schlechte Kleider an, damit der Vogel
sie nicht erkennen möchte, und führten sie in die Versammlung.
„Da ist sie", sagten sie. Der Vogel schaute sie an und erklärte:
„Das ist sie." „Nein, das ist sie nicht", riefen die Kraniche.
„Freilich ist sie es", erwiderte der Vogel. Der Sohn des Ministers
aber sagte: „Sie gefällt mir; mag sie es nun sein oder nicht, diese
gefällt mir." „So will ich sie dir geben", entgegnete Osmar,
„bring mir zehn Lasten Goldstücke, nebst den [sie tragenden]
Maultieren." „Schön!" antwortete er; dann schickte er den Vogel
zu seinem Vater und trug ihm auf: „Sage meinem Vater: lade
zehn Lasten Goldstücke auf, bringe sie und die Maultiere und
komm; ich bleibe so lange hier." „Geh du und hole sie", riefen
die Kraniche. „Sie werden sie schon bringen", gab er zur Antwort, „was habt ihr mit mir zu schaffen?" „Wie du willst", entgegneten sie. Der Vogel begab sich zum Minister und richtete
ihm den Auftrag seines Sohnes aus. Der Minister liess die Säcke
aufladen und schickte sie mit dem Vogel. Der Vogel brachte sie
dem Sohne des Ministers, und dieser gab sie den Kranichen, die
Säcke nebst den Maultieren. Die Kraniche aber erklärten: „An
dem einen Sacke fehlt ein Goldstück." „Ich werde es euch später
geben", erwiderte er. „Damit sind wir nicht zufrieden." „Nun
so will ich den Vogel als Pfand für das Goldstück bei euch lassen."
Damit waren sie einverstanden, und er liess den Vogel dort. Das
Mädchen nahm er mit, und als er mit ihr nach Hause gekommen
war, schickte er das Goldstück durch den Esel. Aber dieser liess
es unterwegs fallen und verlor es. Wärend er darnach suchte,
kam der Fuchs und fragte ihn: „Was machst du, Esel?" „Ich
habe das Goldstück fallen lassen und verloren." Da suchte der
Fuchs mit ihm und fand es. „Gib mir es, Fuchs", bat der Esel.
„Ich gebe es dir nicht, wenn du mich nicht auf dir reiten lässest",
erwiderte jener. Der Esel bekam nun das Goldstück vom Fuchs,
und dieser stieg auf den Esel. Aber dem Esel näherte sich eine
Fliege, er fing an zu laufen und warf den Fuchs hinunter. Er
selbst kam zu den Kranichen, gab dem Osmar das Goldstück, nahm

den Vogel mit und kehrte mit demselben nach Hause zurück. Unterwegs trafen sie den Fuchs. „Wie, bist du noch hier?" fragte der Esel. „Ja, du hast mich herunter geworfen und mir dadurch meine Beine zerbrochen, hebe mich auf deinen Rücken, ich kann nicht zu Fusse gehen." Als sie zum Minister kamen, verklagten sie einer den andern bei diesem. Da hiess es: „Macht euch darum keinen Kummer, werdet Diener bei uns, esset und trinket." Sie waren damit einverstanden, und so wurden der Fuchs und der Esel und der Vogel Diener bei ihnen. Der Sohn des Ministers heiratete die Tochter Osmar's.

Der Minister hatte auch noch einen andern Diener, der hiess der Derwisch. Stärker als dieser war Niemand, im Ringkampfe vermochte Keiner ihn hinzuwerfen. —. In dem Orte, in welchem der Minister wohnte, waren Märkte und Läden. Nun hatte sich aus einem Hause desselben ein Ochse verlaufen, und man suchte nach ihm. Auch die Frau, die Herrin jenes Hauses, lief hinaus und suchte im Gebirge nach dem Ochsen. Da erblickte sie der Bär, packte sie und nahm sie mit. Er hatte erkannt dass sie eine Frau war. Er nahm sie mit zu seiner Höle und liess sie in dieselbe hineingehen. Dort wohnte er ihr bei, wie wenn er ein Mann wäre, und sie wagte nichts zu sagen. Wenn er hinausging, legte er einen grossen Stein in die Oeffnung der Höle, damit sie nicht entfliehen könnte. Sie gebar dem Bären zwei Töchter; als sie wieder schwanger wurde, war der Bär sicher geworden, denn er dachte: „Sie entflieht nicht mehr, sie hat ja Kinder von mir." Er ging hinaus auf die Jagd. Da machte die Frau sich auf und entfloh; die Töchter wollten aber nicht mit ihr gehen, wie sie sie auch zu bereden suchte. Sie kam in die Stadt ihres Mannes. Als die Strassenjungen sie nackt umherlaufen sahen, fürchteten sie sich vor ihr und warfen sie mit Steinen. Sie aber rief: „Ich bin die Frau des und des, werft mich nicht." Da gingen sie es ihrem Manne melden; dieser brachte Kleider, zog sie ihr an und führte sie nach Hause. Dort erzälte sie ihnen, was sich zugetragen hatte. Der Bär aber kam in die Stadt wie der böse Feind und tödtete das Vieh. Er schlief nun bei der Tochter an Stelle der Mutter. Als er aber gar einen Mann aus der Stadt tödtete, da griffen sie zu den Flinten und begaben sich zu seiner Höle. Er kam heraus, und sie schossen ihn todt. Die Höle zerstörten sie und nahmen die Mädchen mit nach Hause. —. Die Frau gebar einen Sohn, halb Mensch halb Bär. Als er herangewachsen war, war ihm Niemand an Stärke überlegen. Der Diener des Ministers war sehr

stark, im Ringkampfe vermochte Niemand ihn hinzuwerfen. Da
hiess es: „Geht, holt den Sohn des Bären." Sie brachten ihn zum
Minister, und dieser befal: „Ringt mit einander." Als aber der
Sohn des Bären jenen zu Boden warf, sagte der Minister: „Ich
werde dem Diener den Kopf abschlagen lassen, warum hat der
Sohn des Bären ihn zu Boden geworfen?" Aber der Sohn des Bären bat für ihn und liess nicht zu, dass er ihm den Kopf abhieb.
Da fragte der Minister ihn: „Wie kommt es, dass du meinen Diener hingeworfen hast?" „Meine Kraft stammt vom Bären", antwortete er. „Wirklich?" sagte der Minister, „so bleibe du als Diener
bei mir." Er war damit einverstanden.

LXIV.

Es war einmal eine Waise, ein Grindkopf, der weder Mutter
noch Vater hatte. Er pflegte in die Häuser zu gehen und Brot
zu stehlen, und die Leute schlugen ihn. Der Molla des Dorfes
sagte einst zu ihm: „Du stiehlst immer Brot, bitte nur, so werden
sie dir schon welches geben." Da sagte er: „Molla!" „Ja!" „Ich
möchte, dass du mir mein Schicksal im Buche aufschlügest, siehe,
ob ich ein Armer werde oder ein Vornehmer." „Schön!" entgegnete der Geistliche und schlug das Buch auf. Dann sagte er:
„Grindkopf!" „Ja!" „Wenn du nicht stiehlst, so wirst du Richter
werden." Da freute sich der Grindkopf und verdang sich als
Diener bei den Türken; von der Regierung bekam er Monatsgelder
und Kleidung. Er ward Officier. Einst rief der Gouverneur ihn
zu sich und sagte: „Grindkopf!" „Ja!" „Werde Richter in der und
der Stadt." „Da du es befiehlst, so will ich es werden", erwiderte
er. Er legte einen weissen Turban an, nahm sein Patent vom Gouverneur in Empfang und ritt mit zwei Dienern zu der Stadt, welche ihm der Gouverneur angewiesen hatte. Er begab sich in's
Regierungshaus, wo sich schon ein Richter befand, und nahm in
der Versammlung Platz. „Wer bist du?" fragten ihn die Versammelten. „Ich komme als Richter her", erwiderte er. „Wer
hat dich denn geschickt?" „Der Gouverneur." „Wo ist das Patent, welches du mitgebracht hast?" „Ich habe keins mitgebracht",
entgegnete er, sich verstellend. „So mach dich weg." „Nein, ich
weiche nicht", sagte er und holte das Patent hervor. Sie lasen
es und sagten: „Es ist wirklich so." Er nahm den Richtersitz

ein, und der frühere Richter war abgesetzt. So war er Richter
in der Stadt geworden und sprach Recht. Die Ratsbeamten gewannen ihn sehr lieb. Einst bat er sie: „Macht mir ein Gerichtslocal, abgesondert vom Regierungshaus." Sie erfüllten seinen
Wunsch, und nun wohnte er in dem Gerichtslocale und sprach
Recht. So verlief ein Jahr. —. Jene Stadt lag am Fusse eines
Berges. —. Die kleinen Mädchen pflegten an der Thüre des Gerichtslocales vorüber zu gehen; jeden Tag holte er sich eine von
ihnen herein und trieb Notzucht mit ihr. Nachdem er auf diese
Weise zwanzig geschändet hatte, erfuhren es die Leute in der
Stadt. Da sagten sie: „Richter, dergleichen darfst du nicht tun."
„Wie so?" fragte er. „Du·schändest die Mädchen." „Bewahre!"
rief er, „ich weiss nichts davon." „So schwöre uns auf das heilige Buch, dass du nichts davon weisst." „Heute ist Freitag",
entgegnete er, „da schwöre ich nicht, das wäre Sünde, morgen will
ich schwören." Damit waren sie einverstanden. Als der folgende
Tag anbrach, verbarg er den Qorân und legte ein Buch ohne
Schrift auf die Kiste. Der Rat kam und forderte ihn auf: „Nun
schwöre." „Ja, ich will schwören", antwortete er. „Gut", sagten
sie. Da schwor er: „Bei diesem Buche, ich weiss nichts von den
Mädchen." „Es ist wirklich so", sagten jene und glaubten es.
Sie dachten, es sei der Qorân, bei dem er schwöre, und wussten
den wahren Sachverhalt nicht, daher glaubten sie ihm. Da fragte
er: „Habt ihr sonst noch etwas?" „Nein." —. Nach vier Tagen
holte er sich ein ausgewachsenes Mädchen herein und buhlte mit
ihr. Sie verriet ihren Eltern nichts davon. Aber sie ward schwanger. Als ihre Eltern sie in diesem Zustande sahen, fragten sie
sie: „Wesshalb hast du so gehandelt?" „Wie so?" „Du bist
schwanger." „Was soll ich anfangen?" versetzte sie. Da fragten
sie weiter: „Von wem bist du's?" „Vom Richter." „Wenn das
Kind zur Welt kommt, so geh hin und lege es vor den Richter",
rieten sie ihr, „aber lass die Leute nichts von der Sache merken, denn du bringst uns in Schande, wenn die Leute es hören."
„Gut", erwiderte sie. Sie gebar einen Knaben, wickelte ihn in
Windeln und brachte ihn ohne Aufsehen in der Nacht zum Richter.
Als sie ihn ihm auf den Schoss legte, fragte er: „Was ist das?"
„Du hast meine Liebe genossen", versetzte sie, „und ich bin
schwanger geworden; als der Kleine zur Welt kam, sagten meine
Eltern, ich möchte gehen und ihn dir zu Füssen legen; nun habe
ich ihn zu dir gebracht, ziehe ihn auf." Damit ging das Mädchen
hinaus und liess das Kind beim Richter. Am andern Morgen er-

zälte der Richter: „Meine Frau in meiner Heimat hat einen Sohn geboren und ist gestorben; sie haben ihn mir geschickt und mir sagen lassen, ich möchte ihn aufziehen." „Wirklich?" fragten die Leute." „Ja, da ist er." „Was willst du nun mit ihm anfangen?" fragten sie weiter. „Sucht ihm eine Amme, ich will ihr monatlichen Lohn geben", antwortete der Richter. Da erkundigten sie sich nach einer solchen für ihn. Eine bot sich an: „Ich will ihn säugen." Sie brachten ihn zu ihr, und der Richter gab der Frau ihre Kost und ihre Kleidung, und gab ihr Monatslohn, hundert Piaster den Monat. Als der Kleine herangewachsen war, nahm der Richter ihn zu sich, und er blieb bei ihm. —. Unterdessen hatten die Verwandten des Mädchens dasselbe einem Manne zur Frau gegeben. Als er bei ihr schlief und ihre Liebe genoss, stellte es sich heraus, dass sie nicht mehr Jungfrau war. Da sagte er: „Kehre zurück in deines Vaters Haus, ich kann dich nicht brauchen." „Wesshalb?" fragte sie. „Es hat sich gezeigt, dass du nicht mehr Jungfrau bist." „So gib mir meinen Hurenlohn", versetzte sie. Er aber entgegnete: „Geh, lass dir deinen Hurenlohn von dem geben, der dich geschändet hat." Da kam sie zu ihren Eltern und erzälte es ihnen; diese verklagten den Mann, aber der Gouverneur entschied nach dem Gesetz: „Das Mädchen fällt dem zu, welcher sie geschändet hat, nicht aber dem Manne." Jedoch der Richter sagte: „Sie fällt dem Manne zu." „Du lügst, Richter!" riefen die anwesenden Räte, „ruft das Mädchen, damit wir sehen, wer sie geschändet hat." Der Richter verging fast vor Furcht. Sie gingen sie rufen, und sie kam in die Versammlung. „Wer hat dich deiner Jungfrauschaft beraubt?" fragten sie, „wenn du es nicht der Wahrheit gemäss sagst, so zünden wir ein Feuer an und verbrennen dich." Der Richter flüsterte ihr zu: „Sage es nicht, nenne einen andern." „Nun sprich", sagten die Räte. Da antwortete sie: „Wenn ich's der Wahrheit gemäss sagen soll, der Richter." „Nein! Lügen!" rief dieser. Aber sie sagte: „Freilich wol! woher ist denn der Kleine? von mir ist er." „Wirklich?" „Ja." Da sagte der Mann: „Sie hat offen gestanden, jetzt will ich sie als meine Frau anerkennen und sie annehmen." Da gaben sie dem Manne die Frau und den Jungen, dem Richter aber schnitten sie die Zunge ab. Dann liefen sie hinter ihm her, um ihn zu tödten; er aber entfloh, und da er nicht wusste, wohin er sich wenden sollte, irrte er im Gebirge umher.

Dort traf ihn eine Bärin und fragte ihn: „Wonach suchst du?" Er gab keine Antwort, er war ja stumm. Da fasste sie ihn beim

Arme und führte ihn mit sich zu ihrem Aufenthaltsorte unter den Bären. Diese fragten: „Woher hast du diesen?" „Er ist in meine Hände geraten", erwiderte sie. „Wirst du ihn fressen?" „Nein, ich will ihn zu meinem Manne machen." Als sie ihn in ihre Wohnung geführt hatte, fragte sie ihn: „Wesshalb sprichst du nicht?" Da zeigte er mit der Hand auf seine Zunge, und die Bärin merkte, dass er stumm war. Sie legte ihm eine Kette um den Hals, und er musste bei ihr schlafen. So oft sie hinausging, legte sie ihm die Kette um den Hals, und er konnte sie nicht losmachen. Die Bärin gebar ihm zwei Söhne und eine Tochter, acht Jahre blieb er bei ihr. Eines Tages war die Bärin auf die Jagd gegangen, da machte der Richter seinem Sohne durch Zeichen verständlich, er möchte ihm die Kette vom Halse losmachen. Als jener die Kette losgemacht hatte, fragte der Richter die Kinder: „Wollt ihr mit mir gehen?" „Wohin?" „Ich will euch in meine Heimat führen." Die Söhne sagten ja, aber das Mädchen erklärte: „Ich gehe nicht mit, ich will bei meiner Mutter bleiben." Da entfloh der Richter mit den Knaben und kam in die Stadt, wo er Richter gewesen war. Die Leute sagten: Wir wollen ihn nicht mehr tödten, wir haben ihm die Zunge abgeschnitten, es ist genug, er hat jetzt gebüsst." Darauf sprachen sie zu ihm: „Wohne ruhig in der Stadt." „Ja", versetzte er. „Diese Knaben, woher sind sie?" fragte man ihn. Er erzälte es ihnen, wie es sich zugetragen hatte. Da sagten sie: „Es macht nun nichts mehr." Als die Bärin nach Hause kam, fand sie ihren Mann und ihre Söhne nicht mehr; da wurde sie wie toll und fragte das Mädchen: „Wo ist dein Vater und deine Brüder?" Sie antwortete: „Mein Vater hat sie weggeführt und ist mit ihnen entflohen." „Wohin ist er gegangen?" „Das weiss ich nicht." Wie besessen lief die Bärin hinaus, die Tochter folgte ihr; aber die Bärin wusste nicht, dass die Tochter hinter ihr war. Als das Mädchen müde wurde und sich hinsetzte, ging die Bärin immer weiter, nach dem Manne'suchend. Die Tochter der Bärin war sehr schön, von menschlicher Gestalt. Nun war gerade ein Fürst auf die Jagd hinausgezogen; nach Gasellen suchte er. Seine Leute fanden die Tochter der Bärin und fragten sie: „Wesshalb bist du hier?" Sie erzälte ihnen, wie es sich verhielt. Da befal der Fürst, sie auf ein Pferd zu setzen. Sie setzten sie auf ein Pferd, der Fürst nahm sie mit sich und gab sie seinem Sohne zur Frau. Ihr Name wurde berühmt in der Welt, denn sie war sehr schön. Die Leute erzälten sich: „Der Fürst hat seinem Sohne eine wunderschöne Braut von den Bären geholt."

Als die Bärin erfuhr, dass der Richter in jener Stadt war, begab sie sich in dieselbe und fragte nach ihrem Manne und ihren Söhnen. Aber die Leute schossen mit Flinten auf sie, da frass sie viele der Bewohner. Endlich vertrieben sie sie. Sie begegnete einem Fuchse, der fragte sie: „Wesshalb ist man so mit dir verfahren?" „Mein Mann und meine Söhne sind hier", erwiderte sie, „er ist entflohen, und ich suche nach ihm, aber sie lassen nicht zu, dass ich sie sehe, sondern schiessen mit Flinten auf mich; aber ich habe viele von ihnen gefressen und getödtet." Da sprach der Fuchs: „Ich will dir ein Wort sagen." „Sprich!" „Gegen die Stadt hast du keine Macht", hob er an, „aber auf dem Berge ist ein grosser Fluss, welcher mit Pech und Harz wol eingedämmt ist; mache dem Wasser eine Oeffnung und lass es gegen die Stadt los, dann werden sie die Flucht ergreifen, und du wirst deinen Mann und deine Söhne sehen." „Ich weiss nicht, wo der Fluss ist", entgegnete sie. „Was gibst du mir, wenn ich ihn dir zeige?" fragte der Fuchs. „Ich habe eine schöne Tochter", versetzte die Bärin, „sie ist einzig schön, von menschlicher Gestalt, die will ich dir geben." „Schön!" sagte er, „aber schwöre, dass du nicht lügest." Als die Bärin geschworen hatte, forderte er sie auf, ihm zu folgen. Sie ging mit ihm, er zeigte ihr den Fluss; sie machte dem Wasser eine Oeffnung, und wie ein Meer ergoss sich der Fluss über die Stadt. Ein grosses Getöse erhob sich in derselben, und sie füllte sich mit Wasser. „Wir ertrinken", riefen die Leute, „lasst uns fliehen." Sie ergriffen die Flucht; viele Kinder ertranken. Unter den Fliehenden bemerkte die Bärin einen ihrer Söhne und ihren Mann; der andere war ertrunken. Sie ging nun auf die Leute der Stadt los, diese riefen: „Liebste, wir wollen dir nicht widerstreben, da ist dein Mann und dein Sohn." Sie antwortete: „Erhebt keinen Widerspruch gegen mich, dann werde ich euch nicht tödten; ich will der Fürst eurer Stadt werden." „So sei es!" sagten sie — der Fuchs war noch immer bei ihr. —. Darauf baten die Leute sie, sie möchte den Fluss wieder verstopfen. Sie willfahrte diesem Wunsche. Nun regierte sie über die Stadt, und die Leute wagten nicht mehr, einander etwas zu stehlen, aus Furcht vor ihr. Sie fragte ihren Mann: „Wo ist mein anderer Sohn?" „Du hast ihn ertränkt", erwiderte er. Da sagte sie: „Das hat der Fuchs getan." —. Nach einiger Zeit gingen die Leute der Stadt einer zum andern und sprachen: „Die Bärin regiert über uns, kommt, lasst uns sie tödten." Als sie schlief, richteten sie zwei Kanonen auf sie und legten Lunte an dieselben. So tödteten sie die Bärin und verbrannten sie. Der Richter war nun mit seinem Sohne allein. Da kam der Sohn des Mädchens zu ihm und sagte: „Dieser ist mein Vater." „In der Tat, er ist dein Vater", antwortete man ihm. Die beiden Söhne des Richters wuchsen heran und regierten über die Stadt. Der Fuchs war noch immer im Hause des Richters. Einst fragte dieser ihn: „Wesshalb bist du hier, Fuchs?" „Die Bärin hat mir versprochen", antwortete er, „mir ihre Tochter zu geben." „Komm", erwiderte der Richter, „wir wollen sehen, ob sie zu Hause ist, und sie hierher bringen." „Vorwärts!" sagte der Fuchs. So ging er mit dem Richter zur Wohnung der Bärin; aber sie fanden das Mädchen dort nicht. „Es hat sie einer weggeführt", dachten sie und kehrten zurück. Der Richter ging nach Hause, und der Fuchs begab sich in's Gebirge. Da kam ein hungriger Wolf heran; als der den Fuchs erblickte, wollte er ihn fressen. „Was willst du, Wolf?" fragte der Fuchs. „Dich fressen will ich." „Wesshalb willst du mich fressen? Ich bin ein Kaiser." „Bah! ich bin hungrig." „Ich will dir einen Schein geben", versetzte der Fuchs, „damit gehst du in jenes Dorf, dann werden sie dir drei Ziegen geben, die kannst du fressen." „Wenn sie sie mir aber nicht geben?" warf der Wolf ein. „Zeige nur den Schein, sie werden sie dir schon geben." Der Wolf nahm den Schein und begab sich in das Dorf. Da bellten die Hunde ihn an; er zeigte den Hunden den Schein, aber sie kamen auf ihn los; von neuem zeigte er ihnen den Schein, aber die Hunde verstanden nicht, was der Schein bedeuten sollte, sondern packten den Wolf. Er entfloh, die Hunde verfolgten ihn, aber er entwischte und kam glücklich zum Fuchse. „He! haben sie sie dir gegeben?" fragte dieser. „Nein", erwiderte er. „Wesshalb nicht?" „Ich ging in das Dorf", erzälte der Wolf, „da griffen die Hunde mich an, ich zeigte ihnen den Schein, aber sie verstanden nicht, was der Schein bedeutete, wussten nicht, wer ihn annehmen und wer ihn lesen sollte, sondern sie wollten mich fressen." „So geh in jenes Dorf", antwortete der Fuchs, „und nimm den Schein mit." „Aber die Hunde werden mich angreifen", warf der Wolf ein. „Dort gibt's keine Hunde", beruhigte der Fuchs. Der Wolf ging; aber die Bewohner des Dorfes zogen mit Flinten gegen ihn. Sie sagten: „Da ist der Wolf, welcher unsern Esel gefressen hat", und schossen die Flinten gegen ihn ab. Verwundet kam der Wolf zum Fuchse zurück. „Fuchs!" rief er. „Ja!" „Sie haben mich todt geschossen." „Sei nicht traurig, es wird dir schon wieder besser werden"; dann fuhr der Fuchs fort: „Ich werde hingehen und das ganze Dorf verhaften lassen; wesshalb haben sie dich verwundet!" Der Wolf aber starb.

Der Fuchs kehrte zum Hause des Richters zurück und sagte: "Richter!" "Ja!" "Hast du deine Tochter nicht gefunden?" "Nein." "Wenn ich nach ihr suche und sie finde, was gibst du mir?" "Dann gebe ich dir, was immer du willst", versetzte der Richter. Der Fuchs brach auf, sie aufzusuchen. Als er in die Stadt kam, wo das Mädchen sich befand, fragte er nach der Wohnung des Fürsten. Er begab sich zu derselben und sah dort die Tochter der Bärin. "Dem sei, wie ihm wolle", dachte er, "das muss die Tochter der Bärin sein." "Bist du nicht die Tochter der Bärin?" fragte er sie. "Freilich", antwortete sie, "aber woher weisst du, dass ich die Tochter der Bärin bin?" Da erzälte er ihr alles, wie es sich zugetragen hatte, und schloss: "Dein Vater und dein Bruder sind noch am Leben." "Ist mein Bruder bei meinem Vater?" "Ja." "So geh und sage meinem Vater und meinem Bruder, ich lasse sie bitten, sie möchten kommen und mich zu sich holen." "Ja", antwortete der Fuchs, "ich will gehen; dein Vater hat mich hergeschickt, indem er sprach: „geh und suche nach ihr."" Darauf ging der Fuchs und erstattete dem Richter und dessen Söhnen Bericht. Diese gürteten ihre Schwerter um, stiegen zu Pferde und baten den Fuchs: "Komm und zeige uns sie, damit wir sehen, wo sie ist." Der Fuchs kam mit ihnen dorthin und sagte: "In dieser Stadt ist sie." Die drei begaben sich zum Fürsten und stiegen bei ihm ab. Als das Mädchen sie sah, küsste sie ihren Bruder und freute sich sehr. Da fragte ihre Umgebung sie: "In welcher Beziehung stehst du zu diesen Leuten?" "Der eine", antwortete sie, "ist mein Vater, die beiden andern sind meine Brüder, aber der eine von ihnen hat nicht dieselbe Mutter, wie ich." Das hatte ihr der Fuchs erzält. Nun sagte auch der Richter: "Sie ist meine Tochter." Aber die Leute sagten: "Wir haben sie gefunden." "Gebt sie uns", bat der Richter. Aber sie weigerten sich, sie ihm zu geben. Da sprang der Bruder auf, fasste sein Schwert und erschlug den Fürsten und dessen Sohn. Dann gingen sie hinaus und nahmen das Mädchen mit; die Bewohner der Stadt aber wagten nicht, sie anzugreifen. So brachten sie das Mädchen nach Hause. Ein Jahr blieb sie dort. Viele Leute kamen, um ihre Hand anzuhalten, aber ihr Bruder gab sie Keinem zur Frau. Einst erzälte man ihm, der Löwenkönig habe eine schöne Tochter. Da machte er sich auf zum Löwenkönig. "Wesswegen bist du hergekommen?" fragte ihn dieser.

„Ich bin zu dir gekommen", erwiderte er, „ich möchte deine Tochter haben." „Für wen?" „Für mich selber." „So bringe meinem Sohne eine Frau, dann will ich dir meine Tochter geben." „Ich habe eine Schwester", erwiderte er, „die war verheiratet, aber ihr Mann ist gestorben, diese wollen wir deinem Sohne geben, und du gibst mir deine Tochter." „So geh und hole sie, damit wir sehen, ob sie schön ist." „Ich gehe", antwortete er und ging seine Schwester holen. Sie besahen sie und erklärten sich einverstanden. Dann verheirateten sie sie mit dem Sohne des Löwenkönigs, und die Tochter des letztern verheirateten sie mit dem Sohne des Richters. Als dieser nun nach Hause gehen wollte, bat ihn seine Schwester: „Bleib hier, Brüderchen, bei uns." „So will ich gehen und auch meinen Vater holen", antwortete er. Er ging in die Stadt und holte seinen Vater. Aber den Sohn der andern liessen sie dort zurück. Der Grindkopf und sein Sohn blieben darauf im Hause des Löwenkönigs wohnen.

LXV.

Die Geschichte des Fuchses, welche der Derwisch dem Statthalter von Baghdad erzälte, wofür er ein Kleid und ein Pferd erhielt.

Es war einmal ein Fuchs, der traf einen Hasen und sagte zu ihm: „Komm, wir wollen Brüder werden." „Es sei", antwortete dieser. Da gingen sie weiter und trafen einen Wolf an. „Wolf!" riefen sie. „Ja!" „Komm, wir wollen Brüder werden." „Es sei." Da gingen sie ihrer drei weiter und erblickten ein Pferd. „Pferd!" riefen sie. „Ja!" „Komm, wir wollen Brüder werden." „Es sei." Da gingen sie ihrer viere weiter. Sie wurden durstig und fanden kein Wasser: da stiegen sie zu einer Cisterne hinunter und tranken, konnten aber nicht wieder hinauf kommen. Als sie nun beinahe Hungers starben, sagten sie: „Was wollen wir tun? wir sind hungrig, wir wollen den Hasen schlachten und ihn essen." Sie schlachteten ihn und frassen ihn auf; dann sagte der Fuchs zum Pferde: „Wir wollen den Wolf schlachten." Sie taten es und frassen ihn auf. Nun blieb noch der Fuchs und das Pferd, und als das Pferd schlief, erwürgte es der Fuchs, und nun blieb der Fuchs allein übrig. Da kam ein Hirte und wollte Wasser aufziehen für seine Ziegen, der Fuchs aber schwang sich an dem

Seile in die Höhe; der Hirte zog ihn hinauf und brachte ihn heraus. Der Fuchs machte sich davon und dachte: „Ich will in
der Welt herumstreifen." Er ging zu einer Höle und legte sich
bei der Oeffnung derselben nieder; aber eine Bärin kam heraus
und lief hinter dem Fuchs drein; der floh. Da traf die Bärin einen Hirten, ergriff ihn und nahm ihn mit. Darauf liess sie ihn
in ihre Höle kriechen und in ihr Zimmer hineingehen. Der Hirte
dachte: „O Gott, was will sie mit mir machen? wird sie mich
tödten, oder wird sie mich am Leben lassen?" Als es Nacht
wurde, setzte sie dem Manne Speise vor, und er ass; wie es aber
Schlafenszeit wurde, packte sie den Jüngling und zog ihn zu sich;
dann legte sie sich nach Art der Weiber hin und griff nach seinem Gliede; da wohnte er ihr bei. So sassen sie täglich beisammen bis zum Abend, und Nachts wohnte er ihr bei. So blieb der
Hirte ein Jahr bei der Affenmutter, und sie bekam eine Tochter
von ihm, die war sehr schön. Sieben Jahre blieb der Hirte bei
der Affenmutter, ohne hinauszukommen; eines Tages aber ging er
hinaus, wärend sie auf die Jagd gegangen war; er floh davon
und kam in seine Heimat. Die Leute fragten ihn: „Hirte, wo
bist du gewesen?" „Ihr habt das nicht erfahren?" antwortete er;
„was über mein Haupt gekommen ist, ist noch über Niemandes
Haupt gekommen." „Wie so denn?" fragte man ihn. „Die Affenmutter hat mich mit sich genommen", erzälte er, „und hat mich
in ihre Höle geführt; dann hat sie mich in ein Zimmer gebracht
und mich zu ihrem Manne gemacht, und eine Tochter habe ich
von ihr bekommen; sieben Jahre war ich bei ihr, da ist sie auf
die Jagd gegangen, und ich bin entflohen; so ist's mir ergangen."
Sie antworteten: „Gott hat dich beschützt."

Als die Affenmutter nach Hause kam, fand sie ihre Tochter
in Thränen. „Warum weinst du?" fragte sie. „Mein Vater ist verschwunden", antwortete jene; „es sind nun zehn Tage her, seit
er nicht mehr nach Hause gekommen ist." Da nahm sie ihre
Tochter bei der Hand, und sie gingen hinaus, um nach dem Hirten zu suchen. Darauf sagte die Tochter: „Mutter, ich bin müde
geworden." „Bleibe hier, mein Töchterchen", sagte die Affenmutter; „ich will gehen und deinen Vater suchen." Das Mädchen
legte sich schlafen; so fand es ein Fürst, der auf die Jagd gegangen war. „Mädchen!" rief er, „woher bist du?" Sie aber
antwortete nicht, denn sie verstand seine Sprache nicht. „Warum
bist du hier?" fragte er, aber sie redete nicht. Da nahm er sie
mit sich nach Hause und verheiratete sie an seinen Sohn; sie war

so schön, dass man sie für eine Gurdsch halten konnte. Sein Sohn
heiratete. Ein Jahr war es, dass das Mädchen sich bei dem
Sohne des Fürsten befand, ohne die Sprache der Leute zu verstehen, da nahm sie eines Tages den Jüngling am Arm und wollte
ihn mit fortziehen; der Fürst sagte: „Folge ihr, damit wir sehen,
wohin sie geht." Da ging der Prinz mit dem Mädchen, und sie
führte ihn zu der Höle, worin die Affenmutter sass und weinte.
„Mutter", rief sie, „weine doch nicht." Nun freute sich ihre Mutter, und das Mädchen ging mit ihrem jungen Manne hinein. Er
sah sich um und verlor seine Besinnung, wie ein von Brantwein
Trunkener, denn die Affenmutter wollte ihn fressen. Aber das
Mädchen sagte: „Mutter, das ist mein Ehemann." Da sagte sie:
„So ist es gut, mein Kind." Darauf nahm die Affenmutter sie mit
und öffnete ein Zimmer unter der Erde, sie traten hinein und kamen wieder heraus in einer andern Welt, einer schönen Welt, die
ganz aus Baum- und Fruchtgärten bestand, in der Heimat der
Affen. Sie haben die Gewohnheit, dass die Töchter ihre Männer
mitnehmen und alle zusammen in einen Garten gehen, um sich
zu belustigen, daher nahm auch das Mädchen den Prinzen mit
unter sie. Da schaute die Tochter des Affenkönigs auf, erblickte
den Prinzen und sagte: „Ich will ihn für mich haben." Man warf
ihr ein: „Du hast ja einen Mann." „Nein", sagte sie, „ich will
diesen haben, gewiss, ich will ihn haben." Da führte man ihn
zum Affenkönig; dieser beschaute ihn und sagte: „Knabe, woher
bist du?" „O König", antwortete dieser, „ich habe mich verirrt."
„Sprich", sagte der König, „meine Tochter hat sich in dich verliebt; wenn sie sich nicht in dich verliebt hätte, so hätte ich dir
den Kopf abgeschlagen." „O König", erwiderte er, „ich bin ganz
in deiner Gewalt." Da kam die Tochter des Königs in das Ratszimmer, fasste den Jüngling beim Arm und sagte: „Komm, was
will mein Vater tun?" Sie führte ihn auf ihr Zimmer, dann ver-
riegelten sie die Thüre, setzten sich hin und vergnügten sich; sie
heirateten einander, und er blieb zehn Jahre lang bei ihr und bekam von ihr einen Jungen. Eines Tages weinte ihr Mann, der
Prinz; da fragte sie ihn: „Warum weinst du?" Er sagte: „Mein
Vaterland ist mir in den Sinn gekommen." „Hast du denn ein
Vaterland?" fragte sie ihn. „Ja", antwortete er, „mein Vater ist
König"; (er sagte nicht „Fürst", weil man dort keine Fürsten kennt).
„Aber wie soll's denn werden?" fragte sie. „Du weisst es", ant-
wortete er. „Warte", sagte sie. Eines Tages erblickte das Mäd-
chen den Glücksvogel, den Courier ihres Vaters, und rief ihn:

„Glücksvogel!" „Was gibts?" „Ich verlange von dir", antwortete sie, „dass du mich und meinen Mann und meinen Sohn auf
die Oberfläche der Menschenwelt tragest." „Gerne", antwortete
dieser. Da stiegen sie auf ihn, und er flog hoch empor. Sie gelangten in's Land der Halbmenschen und stiegen ab, um anszuru-
hen; aber die Halbmenschen, Männer und Weiber, schrieen und
packten sie; darauf führten sie sie zum König der Halbmenschen.
Als das Mädchen vor denselben trat, fragte er sie: „Woher seid
ihr?" „Ich bin die Tochter des Affenkönigs." „Und wer ist dieser da?" „Mein Mann", sagte sie. „Und wer ist der da?"
„Mein Sohn", antwortete sie. „Bleibt hier", befal er, „bis ich Botschaft an deinen Vater gesandt habe, dann reist wieder weiter."
„So schicke denn hin", sagte sie. Er rief: „Glücksvogel!" „Ja!"
„Geh, hole mir einen Brief vom Affenkönig und komm zurück."
Da schrieb das Mädchen einen Brief, drückte das Siegel ihres
Vaters, welches sie bei sich hatte, darauf und gab dem Glücksvogel das Schreiben. Dieser flog davon, kehrte wieder zurück
und überbrachte dem König der Halbmenschen das Schreiben.
Der las es, besah das Siegel und sagte: „Geh." Als er ihnen so
die Erlaubniss fortzugehen gegeben hatte, stiegen sie wieder auf
den Glücksvogel, und der flog hoch empor. Darnach kam er in
die Heimat der Nackten, das Land der Hunde; die Tochter des
Königs aber sagte: „Glücksvogel!" „Ja!" „Fliege hoch, wir wollen hier nicht absteigen." Da blickten die Nackten auf und sahen einen Vogel, der flog und hatte einen Menschen bei sich;
da schrieen sie, so dass Erde und Himmel erbebten und grosser
Staub entstand. Da flog der Vogel nach oben und kam auf die
Oberfläche der Menschenwelt hinaus. „O Gott, Dir sei Dank",
sagte der Prinz; „Glücksvogel!" „Ja!" „Kehre zurück, es ist genug."
Da kehrte der Vogel zurück, und sie gingen zu Fuss weiter. —.
Darauf trafen sie einen Kaufmann an, der Prinz rief ihn an:
„Kaufmann, lass meine Frau und meinen Sohn bis zur Stadt
Baçra reiten; ich werde dir den Lohn dafür zalen." „Ja", ant-
wortete dieser, und sie reisten weiter; er brachte sie hin und liess
sie in der Herberge absteigen. Der junge Mann, das heisst der
Prinz, sagte: „Kaufmann!" „Ja!" „Komm mit mir." „Wohin?"
„In den Palast zu meinem Vater", antwortete jener. Da nahm
ihn der junge Mann mit; sie gingen hin, traten vor den Fürsten
und setzten sich. Der Fürst aber schaute ihn an und fragte:
„Wer seid ihr?" „Ich bin dein Sohn", sagte er; da freuten sich
alle. „Und wer ist dieser da?" „Dieser ist ein Kaufmann."

„Und wer ist dieser da?" „Das ist mein Sohn." „Und wer ist
diese da?" „Das ist meine Frau." Darauf gab er dem Kaufmann seinen Lohn, und dieser ging ab. „Mein Sohn", sagte der
Fürst. „Was ist?" fragte dieser. „Erzäle mir deine Geschichte."
„Vater", antwortete er, „meine Geschichte ist lang, ich will sie
dir auf Arabisch erzälen." —.

LXVI.

Es war einmal ein Mann, der hatte einen Ochsen, einen Esel
und einen Hahn; mit dem Ochsen pflügte er, und auf dem Esel
schaffte er Holz herbei. Einst redete der Hahn den Esel an:
„Esel!" „Ja!" „Wenn man dir Fressen vorlegt, so friss es nicht."
„Warum?" fragte der Esel. „Dann wird man dich nicht mehr
belästigen, sondern du wirst Ruhe haben." Als man dem Esel
nun Häcksel und Gerste im Futtersack umhing, frass er nicht;
vier Tage hindurch enthielt er sich des Fressens und hatte Ruhe.
Die Leute des Hauses sagten: „Unser Esel ist krank geworden."
Der Hahn aber sprach zu ihm: „Friss, sonst stirbst du Hungers."
Da frass der Esel wieder. Hierauf redete der Ochse den Hahn an:
„Hahn!" „Ja!" „Gib mir einen Rat, dass man mich nicht so plage."
Der Hahn antwortete wiederum: „Wenn man dir Fressen vorlegt,
so friss nicht!" „So sei es." Als man nun dem Ochsen Häcksel und
Kichererbsen vorlegte, frass er nicht, und die Leute sagten: „Warhaftig unser Ochse ist krank geworden." Desshalb pflügten sie mit
dem Esel. Drei Tage hindurch frass der Ochse nichts; da sagte der
Esel zum Ochsen: „He da! friss doch!" „Das geht dich nichts an",
antwortete jener. Die Besitzer des Ochsen aber sagten: „Warhaftig morgen wollen wir den Ochsen schlachten." Da kam der Hahn und
rief dem Ochsen zu: „Sie sagen, sie wollen dich morgen schlachten." „Das wird doch nicht wahr sein?" meinte dieser. „Ja,
warhaftig, so haben sie gesagt." „Aber wie soll ich's denn anfangen?" „Diese Nacht, wenn man dir Fressen vorlegt, friss!" Sie
legten dem Ochsen Fressen vor, und er frass; darauf nahmen sie
ihn wieder mit zum Pflügen und schlachteten ihn nicht; den Esel
aber liessen sie auf die Weide gehen.

Dort traf der Esel einen Fuchs an, und dieser rief ihm zu:
„Auf, lass uns nach unsrer Wohnung gehen; wir wollen ein Hochzeitsfest veranstalten und unserm Vater eine Frau zuführen; denn

meine Mutter ist gestorben.“ Da ging der Esel mit dem Fuchs zu dessen Wohnung. Unterwegs klagte der Fuchs, er sei müde geworden. Der Esel hiess ihn auf seinen Rücken steigen; dies tat der Fuchs. Darauf fragte der Esel: „Kommen auch Eselinnen zum Hochzeitsfeste?“ „Ja freilich, es kommen deren viele, mein lieber Bruder“, antwortete jener. Da freute sich der Esel, schrie vor Geilheit, schlug mit den Hinterbeinen aus und lief davon; der Fuchs aber fiel von seinem Rücken und brach ein Bein. Nun kam der Esel wieder zu ihm heran, und rief: „O weh, mein Bruder ist von meinem Rücken heruntergefallen“; der Fuchs aber weinte. „Auf“, sagte der Esel, „weine nicht; ich will dich zu einem Arzte führen.“ Da gingen sie weiter, und er brachte den Fuchs zum Arzte; sie gingen nämlich zur Höle des Hasen. Der Esel rief dem Hasen, und dieser kam heraus: „Hase!“ „Ja!“ „Kannst du das Bein des Fuchses heilen?“ „Ja.“ „Ich will dir dafür tausend Piaster geben.“ Auch der Schakal befand sich eben beim Hasen und klagte ihm: „Meine Augen tun mir weh, heile sie!“ „Ja, ich will sie heilen“, antwortete der Hase. „Esel!“ rief er, „geh, hole mir eine Wage.“ Da ging der Esel und bat Jemand um eine Wage. Als der Esel die Wage gebracht hatte, befal ihm der Hase, dieselbe zu halten; das tat der Esel. Hierauf legte der Hase den Fuchs auf die eine Wagschale, und den Schakal auf die andere. „Nun wäge“, sagte er zum Esel. Da hob der Esel die Wage in die Höhe; aber es ergab sich, dass der Fuchs schwerer war, als der Schakal. Daher schnitt der Hase die Rute des Fuchses ab und steckte sie in den Hintern des Schakals; auf diese Weise wurde der Schakal schwerer, als der Fuchs. Desshalb schnitt der Hase die Zunge des Schakals ab und steckte sie in den Hintern des Fuchses. „Nun wäge“, sagte er zum Esel. Der Esel hob die Wage in die Höhe; da waren die beiden ganz gleich geworden an Schwere. „Jetzt sind sie beide wieder hergestellt“, sagte der Hase; „Esel, gib mir nun die tausend Piaster.“ Da schlug der Esel aus und lief davon. Der Schakel aber forderte vom Fuchs seine Zunge: „Ich kann sonst nicht reden“, sagte er. „Gib mir meine Rute“, sagte dieser. „Ich weis nicht, wo deine Rute ist.“ „So weiss auch ich nicht, wo deine Zunge ist.“ Da bekamen der Schakal und der Fuchs mit einander Streit, und der Fuchs versetzte dem Schakal einen Dolchstoss. Der Schakal aber ging hin und klagte bei der Hyäne: „Der Fuchs hat mir einen Dolchstoss versetzt und mir die Zunge weggenommen.“ Die Hyäne aber ist Fürst der Tiere, das Pferd Richter, das Maul-

tier Grossrichter und der Hund Gerichtsdiener. Dessbalb rief die
Hyäne dem Hund. Der Hund fragte: „Was gibt's, Herr?" „Geh,
rufe den Fuchs, die Belohnung für deine Dienstleistung werden
wir schon von dem Schakal einziehen." Der Hund ging und rief
dem Fuchs: „Die Hyäne, das Pferd und das Maultier verlangen
dich zu sehen." Da versammelte sich das Gericht; der Hund
führte den Fuchs herbei, und der Fuchs trat vor die Hyäne.
„Fuchs!" rief diese. „Ja!" „Warum hast du dem Schakal einen
Dolchstich versetzt und ihm seine Zunge weggenommen?" „Mein
Gebieter", entgegnete jener, „erkundige dich beim Esel!" Da
schickte man den Hund, den Esel zu suchen; dieser kam, vom Hunde
herbeigeführt, und trat vor die Hyäne. „Esel!" rief diese, „wie
steht's um die Angelegenheit des Fuchses und des Schakals?"
„Mein Herr", antwortete dieser, „ich traf den Fuchs an — „Sprich
nur die Wahrheit", warf der König dazwischen, — und er sagte
zu mir: „„Auf, wir wollen in unsere Wohnung gehen, denn wir führen meinem Vater eine Braut heim."" Da fragte ich den Fuchs:
„Kommen denn auch Eselinnen zum Festmal?" „„Ja"", sagte er;
da erfasste mich — er aber sass auf meinem Rücken — die Lust;
ich jauchzte laut auf und lief schnell weiter. Da fiel der Fuchs
von meinem Rücken herunter und brach ein Bein. Darauf führte
ich ihn zum Arzte, dem Hasen; das weitere weiss der Hase; frage
ihn!" Die Hyäne rief: „Hund!" „Ja!" „Rufe den Hasen!" Der
Hund ging den Hasen zu suchen und brachte ihn mit. Der Hase
trat in die Versammlung, und die Hyäne rief: „Hase!" „Mein Gebieter!" „Was hast du mit dem Fuchs und mit dem Schakal gemacht?" „Was ich getan habe?" antwortete dieser, „der Schakal
kam zu mir und sagte: „„Heile meine Augen."" Ich erklärte mich
dazu bereit. Darauf kam der Esel und brachte den Fuchs, dessen Bein war gebrochen. Ich beschaute das Bein, es war nichts
Schlimmes daran, sondern seine Rute war verwundet; dann beschaute ich die Augen des Schakals, auch an diesen war nichts
Schlimmes; aber seine Zunge war krank. Daher befal ich dem
Esel, er solle eine Wage holen. Er aber versprach mir tausend
Piaster, wenn ich den Fuchs heile. Er ging hin, holte eine Wage;
ich setzte den Fuchs in die eine Wagschale und den Schakal in
die andere. Der Esel hob die Wage in die Höhe; und da es
sich ergab, dass der Fuchs schwerer als der Schakal war, schnitt
ich die Rute des Fuchses ab und steckte sie in den Hintern des
Schakals; jetzt war aber der Schakal schwerer, daher schnitt ich
ihm die Zunge aus und steckte dieselbe in den Hintern des Fuch-

ses, da wurden sie gleich schwer; ich sagte: „Nun sind sie gesund geworden", und forderte das Geld vom Esel; aber er gab es mir nicht, sondern rannte davon und schlug mit den Hinterbeinen aus. Hierauf forderte der Schakal seine Zunge vom Fuchs zurück, und der Fuchs von jenem seine Rute; darüber gericten sie in Streit, und der Fuchs versetzte dem Schakal einen Dolchstoss; das ist's, was ich weiss; ist darin etwas, was mir zur Last fällt?" „Nein", antwortete man, „du bist Arzt, geh nur nach Hause." Das tat der Hase. — Die Hyäne indessen pflog mit dem Pferd und mit dem Maultier Rat, und sie befalen, jene in's Gefängniss zu werfen. Dies geschah. Zwei Tage lang blieben sie eingeschlossen; dann rief man sie wieder vor und liess den Esel nach Hause gehen. Der Esel tat dies. Darauf befalen die Richter dem Schakal, die Rute des Fuchses herauszugeben. Da gab er die Rute des Fuchses heraus. „Aber nun Fuchs, gib auch die Zunge des Schakals heraus." „Sie ist mir in den Bauch hineingeschlüpft", antwortete dieser. „Ziehe sie heraus", befal man. „Ich kann nicht." „So legt den Fuchs hin." Man legte ihn hin. „Hund", hiess es weiter, „strecke deine Pfote dem Fuchs zum Hintern hinein und hole die Zunge des Schakals heraus!" Da streckte der Hund seine Pfote in den Hintern des Fuchses und zog die Zunge heraus; aber dem Fuchs tat sein Hinterteil sehr weh. „So geht nun", befal man; der Hund indessen fragte: „Wo ist denn der Lohn für meine Dienstleistungen?" Das Pferd antwortete: „Deine Belohnung ist, dass du deine Pfote zum Hintern des Fuchses hast hineinstrecken dürfen." „Möget ihr mit eurem Urteilsspruch alle zum Teufel gehen", sagte der Fuchs und machte sich davon; man lief ihm nach, fing ihn aber nicht ein. —

Der Fuchs ging weiter und fand ein altes Weib; aber die Alte war nicht zu Hause; indessen hatte sie im Hause einen Vorratskorb. Nun hatte der Hase zum Fuchs gesagt: „Wenn du süsse Milch trinkst, so wird dein Hinterer gesund werden"; daher hob der Fuchs jenen Korb in die Höhe und siehe, es war Milch darunter. Wie der Fuchs am Trinken war, kam die Alte und schlug ihm mit einem Scheit Holz auf den Schwanz, so dass dieser abbrach. Der Fuchs machte sich davon und ging ohne Schwanz unter die Füchse; da sagten sie: „O mögest du crepiren, du ohne Schwanz." Weinend kam der Fuchs zu der Alten zurück und bat sie: „Gib mir meinen Schwanz zurück!" „Geh", antwortete diese „hole mir erst Milch." Der Fuchs trat weinend vor die Ziege und bat: „Gib mir Milch, damit ich sie der alten Frau gebe, damit sie mir meinen Schwanz wiedergibt." „Geh, hole mir ein Beil", sagte die Ziege, „damit ich Blätter abhaue; dann will ich dir Milch geben." Da ging der Fuchs zum Schmied, und rief: „Schmied!" „Ja!" „Gib mir ein Beil." „Wozu?" fragte dieser. „Damit ich der Ziege Blätter abhaue, damit sie sie fresse, damit sie mir Milch gebe, damit ich die Milch der alten Frau gebe, damit die alte Frau mir meinen Schwanz wiedergebe." „Hole mir erst Eier!" sagte der Schmied. Da ging der Fuchs zur Henne und rief: „Henne!" „Ja!" „Gib mir Eier." „Wozu?" fragte diese. „Damit ich sie dem Schmied gebe, damit er mir ein Beil gebe, damit ich Blätter abhaue, damit die Ziege dieselben fresse, damit sie mir Milch gebe, damit ich diese der alten Frau gebe, damit diese mir meinen Schwanz zurückgebe." Die Henne antwortete: „Hole mir Gerste, die will ich fressen und dann Eier legen." Da ging der Fuchs zum Schnitter und rief: „Schnitter!" „Ja!" „Gib mir Gerste!" „Wozu?" fragte dieser. „Ich habe etwas damit zu tun", entgegnete der Fuchs. „Geh", antwortete er, „hole mir einen Schlauch voll Wasser." Da ging der Fuchs und holte einen Schlauch Wasser vom Brunnen; den gab er dem Schnitter, und dieser gab ihm Gerste; er nahm die Gerste mit und gab sie der Henne; diese gab ihm Eier; dann gab er die Eier dem Schmied, dieser gab ihm ein Beil; dieses nahm er mit und hieb Blätter ab; die Ziege frass dieselben und gab ihm Milch; die Milch gab er der alten Frau, und diese gab ihm seinen Schwanz wieder. Nun ging der Fuchs zum Schwanzmacher und bat ihn: „Mache mir meinen Schwanz wieder." Der Mann aber antwortete: „Geh, hole mir erst einen Laib Brot." Darauf ging er zum Bäcker und stal ein Brot; der Bäcker aber hieb mit dem Messer auf den Fuchs und schnitt ihm einen Vorderfuss ab. Da entfloh er weinend und ging in's Gebirge unter die Füchse, indem er zu sich sagte: „Der Schakal hat meine Rute abgehauen, die alte Frau hat meinen Schwanz abgehauen, und der Bäcker hat mir die Finger abgehauen!" Die Hyäne jedoch entgegnete: „Das ist die Vergeltung, die dir gebührte." Der Fuchs aber starb.

LXVII.

Man erzält: Es war einmal — was aber auch immer war, besser als Gott im Himmel war nichts — es war einmal ein Bär,

der hatte einen Sohn; diesem Sohne führte er eine Frau heim.
Da rief er dem Wolf, dem Fuchs und dem Hund und lud dieselben
zum Hochzeitsschmause seines Sohnes ein. Der Bär besass aber
einen Stein in einem Siegelring, das war der Stein des Reichtums
und des Besitzes. Nun hatte er auch eine Sclavin, und zu dieser
sagte der Wolf: „Kannst du jenen Stein mir nicht stehlen?"
„Freilich", antwortete jene. „Wo ist er?" fragte er. „Er steckt
in der Nase der Bärin", antwortete sie. Als die Bärin schlief,
ging die Sclavin hin und zog ihr den Ring aus der Nase, kam
zurück und rief: „Wolf!" „Ja!" „Da nimm ihn." Der Wolf nahm
ihn mit und ging nach Hause; dort rieb er den Stein und sprach:
„O Herr, gib mir Goldstücke." Da gab er ihm Goldstücke. Dann
rieb er ihn wieder und sagte: „O Herr, gib mir alle Reichtümer
des Bären, und seine Frau und seine Schwiegertochter mögen
zu mir kommen, und der Bär mit seinem Sohne möge in eine
Cisterne fallen und nicht heraus kommen können, bis ich sie daraus befreie." Da geschah es, wie er gewünscht hatte, und der
Wolf wurde reich. Darauf kam der Fuchs zum Wolf und klagte
ihm: „Bruder! wir sterben fast vor Hunger, ich und meine
Kleinen." „Was willst du denn?" fragte jener. „So gib uns doch
etwas Geld", bat dieser. Da versetzte der Wolf dem Fuchs einen
Schlag und verfolgte ihn. Der Fuchs aber rief: „Gott möge dich
schlagen; warum schlägst du mich?" Der Fuchs lief nach Hause.
Als er zur Wohnung des Bären kam, fand er diesen in der Cisterne. „Fuchs", rief er aus der Cisterne heraus, „ziehe mich doch
aus der Cisterne." „Bruder", antwortete dieser, „ich kann dich
nicht herausziehen; aber wir wollen eine Beratung anstellen, ich
und der Hund und die Katze und der Hase und wollen den Ring
suchen." Da rief der Fuchs dem Hund, dem Hasen und der
Katze; der Fuchs aber war das Oberhaupt des Rates, daher
sprach er: „Hund, gehe du in Begleitung des Hasen und der Katze
den Ring suchen; wenn ihr ihn bringt, können wir den Bären
aus der Cisterne herausziehen, und er wird uns dafür reichliches
Fressen geben." Der Hund erwiderte: „Ich will mit der Katze
gehen, bis wir an's Wasser kommen; dann mag die Katze auf
mich steigen, dass ich sie hinübertrage; aber dann soll die Katze
gehen und unter der Thüre durchschlüpfen und nach dem Ringe
suchen, wärend ich auf sie warten will, bis sie ihn herausgebracht
hat; dann soll sie wiederum auf mich steigen, und ich will sie
über das Wasser zurücktragen." Die Katze erklärte sich damit
einverstanden. Da zogen der Hund und die Katze zum Hause des

Wolfes. Die Katze ging hinein, die Leute des Wolfes erblickten
sie aber und sagten: „Diese Katze ist eine Fremde." Als die
Sonne untergegangen war, legten sich die Angehörigen des Wolfes
zur Ruhe; der Wolf aber sprach zu seinem Weibe: „Nimm den Ring
zu dir." Die Frau des Wolfes jedoch entgegnete: „Behalte ihn
nur selber." Da steckte ihn der Wolf in sein Maul und schlief
ein. Hierauf suchte die Katze nach Tabak, sie fand welchen,
machte daraus eine Prise Schnupftabak und streute dieselbe in
die Nase des Wolfes. Der Wolf nieste, und dabei flog der Ring
ihm aus dem Maule. Die Katze raffte schnell den Stein auf, doch
der Wolf lief hinter ihr her. Sie schlüpfte unter die Thüre; aber
der Wolf packte sie am Schwanze, da kam auch der Hund und
zog an der Katze, wärend der Wolf sie am Schwanze zerrte; auf
diese Weise rissen sie ihr den Schwanz aus; aber sie machte sich
mit dem Hunde davon. Als sie an's Wasser gelangten, setzte sie
sich dem Hunde auf den Rücken. Da sagte der Hund: „Zeige
mir doch den Ring, Katze!" „Nein", entgegnete diese, „ich habe
ihn ja bei mir; nur vorwärts; du lässest ihn fallen!" Sie setzten
an das jenseitige Ufer über. Da schlug der Hund vor: „Katze,
wir wollen hier uns etwas schlafen legen und ausruhen." „Nein",
sagte jene, „komm lass uns gehen!" „Nein, wir wollen schlafen;
denn wir sind müde geworden." Da legten sich der Hund und die
Katze schlafen. Unterdessen kam der Fuchs und rief der Katze
leise; sie ging zum Fuchs. „Habt ihr den Ring mitgebracht?"
fragte dieser. „Ja." „So gib ihn mir." „Nein, ich gebe ihn nicht
her", erwiderte sie. Da warf der Fuchs sie zu Boden und entriss
ihr den Ring. „Gib mir den Ring zurück", sagte die Katze.
„Ich habe ihn gar nicht gesehen", log der Fuchs. Die Katze aber
kam zum Hunde zurück und rief: „Hund!" „Ja!" „Ich bin mit
dem Fuchs in Streit geraten; dabei ist mir der Ring zum Maul
heraus gefallen, und ich weiss nicht, wohin er geraten ist, ich
forderte ihn vom Fuchs zurück, aber der behauptete, ihn gar nicht
gesehen zu haben." Der Hund erwiderte: „Ich will eine Grube
machen und in dieselbe hineinschlüpfen; dann decke mich mit
Heu zu, nur meine Augen lass draussen!" (so befiehlt er der Katze)
„und rufe den Fuchs herbei, sage ihm: Komm, schwöre bei dem
Wallfahrtsort Blauaugen." Sie machten eine Grube, dann deckte
die Katze den Hund mit Heu zu und liess nur seine Augen frei.
Diese aber funkelten zwischen dem Heu. Dann ging die Katze
den Fuchs suchen; der Fuchs und der Hase waren beisammen,
die Katze rief ihm: „Fuchs!" „Ja!" „Gib mir den Ring zurück."

„Ich habe ihn nicht gesehen!" „So komm und beschwöre dies bei dem Wallfahrtsort." Der Fuchs erklärte sich dazu bereit. Darauf machten sich der Hase, der Fuchs und die Katze auf zum Wallfahrtsort. Der Hase aber schaute hin, bekam Furcht und sprach: „Nein, bei meiner Treu, ich habe Kinder", und entfloh. Der Fuchs hingegen kam, trat an den Wallfahrtsort heran, und sprach: „Bei diesem Wallfahrtsort schwöre ich, ich habe den Ring nicht gesehen." Noch war das Wort im Munde des Fuchses, als der Hund ihn niederwarf und mit dem Rufe: „Da ist er, da ist er", ihm den Ring abnahm. Nun brachte er denselben zu der Wohnung des Bären; sie traten an die Oeffnung der Cisterne, worin der Bär sass. „Bär", rief der Hund, „ich habe den Ring mitgebracht." „So, gib ihn der Katze, damit sie ihn mir in die Cisterne hinunterbringe." Da brachte die Katze den Ring hinunter; der Bär rieb ihn und sprach: „Schnell, mögen wir aus der Cisterne hinauskommen!" Sie wurden befreit und setzten sich in's Zimmer, der Bär, sein Sohn, der Hund und die Katze. „Katze", fragte er, „sind unsre Weiber im Hause des Wolfes?" „Ja." Da rieb der Bär den Ring wieder und sprach: „Es soll all mein Reichtum, meine Weiber und die Frau des Wolfes hierherkommen." Da kamen sie alle. „Hund!" rief der Bär. „Ja!" „Ich will den Schakal, die Frau des Wolfes, dir antrauen." „Gut", antwortete dieser, und jener traute sie ihm an; der Hund aber blieb als Diener im Hause des Bären.

Unterdessen machte sich der Wolf auf, ergriff ein Gewehr und kam heimlich heran; wie er den Hund erblickte, legte er das Gewehr auf ihn an und erschoss ihn; er selbst machte sich davon. Hierauf schickte der Bär den Fuchs mit dem Befehl: „Geh suche den Wolf, und sieh, wo er ist; wenn du ihn gefunden hast, so komm, sage mir's." Der Fuchs ging und suchte den Wolf; da sah er einen Vogel. „O Vogel!" rief er. „Ja!" „Hast du den Wolf hier nicht vorübergehen sehen?" „Freilich habe ich ihn hier gesehen!" „Wohin ist er gegangen?" „Er ist wie auf der Flucht weitergegangen." Da kam der Fuchs zu einer Ebene, wie die des Haurân. Er sah, dass alle Leute am Pflügen waren; daher legte er sich im Gebirge schlafen. Aber die Leute liessen ihre Pflughölzer auf den Feldern liegen, und der Fuchs ging hin und frass die Riemen der Pflughölzer auf. Als die Bauern kamen, um zu pflügen, fanden sie die Pflughölzer von einander gelöst und fragten: „Wer hat das getan an den Pflughölzern?" „Der Fuchs", hiess es. Hierauf fiel Regen; die Bauern sammelten Asche und streuten dieselbe auf den Boden; als der Fuchs herauskam, drückten sich die Spuren seiner Füsse ab, und jene erkannten, dass der Fuchs die Riemen gefressen hatte. Der Fuchs schlüpfte in sein Loch, aber auch die Bauern kamen dorthin, doch konnten sie ihn nicht herausholen. Da kam der Esel und fragte: „Was wollt ihr mir geben, wenn ich euch den Fuchs fange." Sie versprachen ihm einen Futtersack voll Gerste. Hierauf legte sich der Esel vor das Loch hin, hob sein Bein in die Höhe und liess seine Hoden herabhängen. Der Fuchs kam, trat aus dem Loch hinaus und betastete den Kopf des Esels; dieser aber stellte sich todt; da streckte er seine Pfote in das Ohr des Esels hinein; der Esel verhielt sich ruhig; jener streckte seine Pfote in die Nase des Esels; der Esel sagte kein Wort. Da griff er nach den Hoden des Esels; nun presste dieser seine Kniee um den Kopf des Fuchses; der Fuchs aber rief: „Pardon, Esel, ich habe einen Festschmaus veranstaltet und bin gekommen dich dazu einzuladen; da du nicht erwachtest, packte ich dich an den Hoden, um dich zu wecken." „Das ist nicht wahr", sagte der Esel, und rief die Bauern; diese kamen und packten den Fuchs; sie zogen ihm die Haut ab und wickelten dieselbe um die Pflughölzer, darauf liessen sie ihn laufen.

Weiter ging der Fuchs und heulte kläglich, weil ihn der Wind traf; er kam zum Bären, und dieser fragte ihn: „Wie bist du in diesen Zustand geraten, Fuchs?" „Man hat mir die Haut abgezogen", antwortete dieser. „Wer das?" „Die Bauern." „Da hast du jedenfalls einen schlechten Streich gemacht." „Ich war hungrig", erzälte er, „und frass desshalb etwas von den Riemen." „Warum hast du sie gefressen?" „Es ist nun geschehen, ich habe gefehlt." — Die Maus aber sagte zum Bären: „Bei meiner Treu, der Kater hat dem Wolfe den Aufenthaltsort des Hundes verraten; darauf ist der Wolf gekommen und hat ihn getödtet." In Folge dessen zog der Bär dem Kater die Haut ab, indem er sagte: „Du also hast durch dein Plaudern den Tod des Hundes veranlasst!" Ohne Haut ging der Kater hin, rief den Mäusen und sagte: „Kommt, schliesst Frieden mit mir! ich will auf die Wallfahrt gehen"; dabei band er sich eine weisse Binde um den Kopf. Die Mäuse fragten: „Wo wollen wir mit einander Frieden schliessen?" „Im Backofen", entgegnete der Kater. Der Kater schlüpfte in den Backofen, und alle Mäuse versammelten sich dort bei ihm; er sprach: „So schliesst denn Frieden mit mir!" Sie antworteten: „Mache du Friedensvorschläge, da du doch unsre Väter getödtet hast." Plötzlich zog der Kater seine Binde ab und steckte sie

in die Oeffnung des Backofens; dann stürzte er sich auf die
Mäuse; da diese nicht im Stande waren zu entfliehen, frass er
sie alle, indem er sprach: „Das ist meine Rache dafür, dass die
Maus beim Bären gegen mich Zeugniss abgelegt hat." Darauf
bekam der Kater eine neue Haut. Er ging weiter, traf den Fuchs
an, der rief: „Bruder!" „Ja!" antwortete der Kater. „Woher
hast du dieses Fell?" „Oho, geh zum Henker", entgegnete dieser;
„ich bin die Mäuse fressen gegangen; davon ist mir ein neues
Fell gewachsen." „Warte!" sagte der Fuchs, „auch ich will gehen und mich mit dem Wolfe befreunden; dann wollen wir den
Esel tödten, damit mir ein neues Fell wachse." Der Fuchs ging
hin und fand den Wolf; „Wolf!" rief er. „Ja!" „Bist du hungrig, oder bist du satt?" „Warhaftig ich sterbe fast vor Hunger",
antwortete dieser. „So wollen wir hingehen, den Esel holen und
ihn tödten; willst du mich mitfressen lassen?" „Ja." Der Fuchs
ging hin und erblickte den Esel. „O Esel!" rief er, „man hat meinem Vetter eine Frau heimgeführt, und es ist eine so grosse Malzeit hergerichtet, dass Niemand es aufessen kann." Der Esel
fragte: „Werden wol auch Eselinnen zu dem Hochzeitsschmaus
kommen?" „Ja freilich", antwortete der Fuchs. „So lass uns gehen." Da ging der Esel mit dem Fuchs. Unterwegs sprach der
Fuchs zu ihm: „Lege dich hierhin, ich will gehen und dir eine
Eselin herschicken!" „So geh", antwortete jener, „aber halte dich
nicht auf!" „Nein, nein." „Und schicke mir eine junge und keine
alte!" „Habe keine Furcht!" Der Fuchs indessen ging hin und
rief dem Wolfe; dieser kam herzu, erblickte den Esel, wie er da
lag, da biss er sich in den Bauch des Esels hinein und tödtete
ihn. Dann frass der Wolf, aber als der Fuchs sich näherte, um
zu fressen, liess es der Wolf nicht zu. Da wurde der Fuchs böse.

So traf ihn ein Vogel, der rief ihn an: „Wie bist du in diesen Zustand geraten, Fuchs?" „Ach", antwortete dieser, „ich habe
den Esel herbeigerufen; dann hat der Wolf denselben getödtet und
lässt mich nun nicht von ihm fressen." „Schmeckt dir denn das
Eselsfleisch?" fragte jener. „Ja, ja, sehr!" „So komm und werde
Priester bei uns, Priester der Vögel; dann kannst du jeden Tag
Eselsfleisch fressen." „Ist das wahr?" fragte der Fuchs. „Ja, bei
Gott." Da liess der Vogel den Fuchs aufsitzen und flog mit ihm
davon; und wärend der Fuchs auf dem Rücken des Vogels: „Gott
ausser Gott, und Muhammed ist der Gesandte Gottes" declamirte,
trug ihn der Vogel hoch in die Höhe. „Mein Gebet", sagte der
Fuchs, „ist ein vollkommen richtiges Gebet, und ich bin in den

Augen Gottes wol angesehen. Da trug ihn der Vogel noch höher empor; dann warf er ihn ab, so dass er auf die Erde herunter fiel und seinen Rücken brach; „das fehlte noch", sagte er, „dass ich Priester bei den Vögeln werden wollte", und starb.

LXVIII.

Es war einmal ein Leopard, dem tödtete man Vater und Mutter, als er noch ganz klein war; aber Gott liess ihn aufwachsen, so dass er gross und stark wurde. Da führte er sich als Frau die Tochter des Vogels heim, bekam aber von ihr keinen Sohn; dann holte er sich die Tochter des Wolfes, und darauf die Tochter des Löwen zur Frau, so dass er nun drei Weiber hatte; von diesen drei Weibern schenkte ihm Gott einen Sohn. Als dieser herangewachsen war, wurde er todtkrank, jedoch genas er wieder. „Da nun mein Sohn gesund geworden ist", sagte der Vater, „so will ich ihm eine Frau zur Ehe begehren, und zwar die Tochter des Elfenkönigs." Er tat dies, und dann befal er dem Wolf, dem Vogel, dem Fuchs und dem Hund hinzureisen und die Braut heimzuführen. Der Fuchs sagte: „Ich kann nicht zu Fuss hingehen!" „Aber wie so denn?" fragte jener. „Gib mir den Esel, dass ich auf ihm reite." Da stieg der Fuchs auf den Esel, und sie brachen auf; sie reisten in's Land der Elfen, um dem Sohn des Leoparden die Braut heimzuführen. Als sie zum Elfenkönige gelangten, sagte der Fuchs zu demselben: „Schnell gib uns deine Tochter, damit wir sie heimführen." Da wurde der König zornig über den Fuchs; der Vogel aber und der Wolf sprachen zu ihm: „Warum hältst du nicht dein Maul? es bedarf eines grösseren, als du, um zu reden." Der Fuchs antwortete: „Wer ist grösser als ich?" Hierauf warfen die Elfen den Fuchs in's Gefängniss und übergaben die Braut dem Vogel, dem Wolf und dem Hunde; diese nahmen sie mit fort, wärend der Fuchs als Gefangener dort blieb. Der Hund aber führte das Pferd, auf welchem die Prinzessin sass. „Hund!" rief sie. „Ja!" „Ich gebe dir mein Wort bei meiner Seele, du hast viel Mühe mit mir gehabt, dafür werde ich mich von dir küssen lassen." „Schön", antwortete dieser. So zogen sie weiter und brachten die Braut

zur Wohnung des Leoparden; dort liessen sie sie vom Pferde steigen und man vermälte sie mit dem Sohne des Leoparden; letzterer veranstaltete einen grossen Schmaus und lud alle Tiere
dazu ein. Aber der König der Mäuse und der König der Flöhe
waren zornig und schlugen es aus, an dem Hochzeitsschmaus Teil
zu nehmen. „Warum?" fragte man sie. Wesshalb hat man uns
damals bei der Werbung nicht um Rat gefragt? jetzt ladet man
uns zum Hochzeitsessen ein; wir haben ihr Essen gar nicht nötig."
Sie gingen nicht hin; aber er veranstaltete seinen Schmaus, und
die, welche hingingen, assen. Da erkundigte er sich nach dem
Fuchse: „Wo ist der Fuchs geblieben?" fragte er. „Er ist gefangen." „Wo das?" „Beim König der Elfen." In Folge dessen
machte sich der Leopard auf den Weg, ihn zu befreien, er begab sich zum Elfenkönig und stieg bei' ihnen ab; dabei erwies
man ihm Ehre und bewirtete ihn reichlich. Er bat um den Fuchs,
und man liess denselben frei.

Hierauf machten sich der Fuchs und der Leopard auf die
Heimreise; als sie aber eine Tagereise weit gekommen waren und
die Sonne untergangen war, fanden sie eine alte Schlange. Der
Fuchs rief derselben: „Schlange, hast du keinen Platz bei dir im
Hause, woselbst ich diese Nacht mich schlafen legen könnte, denn
ich bin müde geworden." „Freilich, mein Kind, habe ich Platz
bei mir", antwortete diese. Der Leopard aber sprach: „Fuchs,
lass uns weitergehen!" Der Fuchs sagte: „Ich kann nicht mitkommen, ich bin müde, auch schmerzen mich meine Füsse noch
von den Fussfesseln." „Wie du willst", entgegnete jener und ging
weiter. Der Fuchs aber legte sich bei der Schlange zur Ruhe,
und auch diese schlief ein; da durchstöberte er die Wohnung.
Die Schlange hatte zwanzig Piaster in einem Beutel; er band
sich denselben an den Schwanz und machte sich in der Nacht
auf und davon. Er kam damit zur Füchsin; die hatte eine Tochter.
Er fragte die Mutter: „Willst du mir nicht deine Tochter zur Frau
geben?" „Ja wol." „Wie viel Heiratsgeld verlangst du von mir?"
„Vierzig Piaster", antwortete sie. „Schön, mit Vergnügen", sagte
jener und gab ihr die zwanzig Piaster, welche er bei sich hatte,
indem er sprach: „Du hast noch zwanzig Piaster von mir zu gut;
unterdessen gib mir deine Tochter, dass ich sie heimführe, und
lass die andern zwanzig als Schuld bei mir stehen." Jene aber
wollte nicht einwilligen. Da ging der Fuchs zum Leopard und
bat ihn: „Leihe mir doch zwanzig Piaster." „Ich habe keine
bei mir", entgegnete dieser. Als der Fuchs nun zur Füchsin zu-

rückkam, hatte diese die zwanzig Piaster ausgegeben. „Füchsin!"
rief er. „Ja!" „Entweder gib mir deine Tochter, oder gib mir die
zwanzig Piaster zurück!" „Meine Tochter gebe ich dir nicht, und
die zwanzig Piaster habe ich verbraucht", antwortete sie. Da
ging er zum Häuptling der Füchse und klagte; dieser aber schickte
einen Diener nach der Füchsin, der brachte sie vor ihn. Der
Häuptling der Füchse trägt Schellen am Schwanze. Als die Füchsin
sich zum Handkusse ihm genähert und sich wieder etwas zurückgezogen hatte, rief er: „Füchsin"! „Ja!" „Wie verhält es sich
mit deiner und des Fuchses Sache?" „Ich will es dir erzälen,
Herr", sagte sie. „So rede." Da erzälte sie: „Der Fuchs kam
eines Tages zu mir und sagte: „„Füchsin! gib mir deine Tochter zur
Frau!"" „„Warum nicht? gut, ich will sie dir zur Frau geben!""
antwortete ich. „„Fordere Heiratsgeld"", sagte er. Ich verlangte
vierzig Piaster. Er hatte zwanzig Piaster bei sich und gab mir dieselben mit den Worten: „„Lass die übrigen als Schuld bei mir stehen!"" Aber ich willigte nicht ein. Da sagte er: „„So will ich die
übrigen zwanzig holen gehen."" Er ging und ich gab die zwanzig,
welche er mir gegeben hatte, aus; da er kein Geld erhalten konnte,
kehrte er zurück und sagte: „„Füchsin, entweder gib mir deine
Tochter zur Frau, oder gib mir die zwanzig Piaster zurück!"" Ich
antwortete: „„Meine Tochter gebe ich dir nicht, und die zwanzig
Piaster habe ich ausgegeben."" Darauf hin ist er zu dir gekommen und hat geklagt; nun sieh zu, was meinst du? hier ist
mein Kopf, und dort ist dein Schwert." „Ist das wahr? Fuchs!"
fragte der Häuptling, „ist es so?" „Ja, so ist es", antwortete dieser. „Du bist ihr gegenüber schuldig, Fuchs," sagte
er, „auf! schaffe die übrigen zwanzig Piaster zur Stelle und
führe deine Braut heim." Da ging die Füchsin nach Hause; der
Fuchs aber machte sich auf den Weg, indem er dachte: „Ich will
gehen, um die übrigen zur Stelle zu schaffen." Er überlegte sich
die Sache und ging zum Hasen. „Hase!" rief er. „Ja!" „Willst
du mich nicht für diese Nacht beherbergen?" „Freilich, gerne!"
Darauf legte er sich beim Hasen schlafen. In der Nacht stand
er auf; denn der Hase besass zehn Piaster und eine Pfanne. Die
zehn Piaster knüpfte er sich an den Schwanz, und die Pfanne
legte er sich auf den Kopf. So kam er beim Hund vorbei; der
rief: „Fuchs!" „Ja!" „Woher kommst du?" „Von der Wallfahrt."
„Möge deine Wallfahrt gesegnet sein!" „Und mögest du lange
leben." Dann kam er, gab der Füchsin die zehn Piaster nebst
der Pfanne und führte ihre Tochter heim. Er rief den Hahn und

nahm ihn zum Priester; dieser segnete die Ehe ein; denn der Hahn war ihr Priester.

Die Schlange aber suchte nach ihrem Geld und fand es nicht, da weinte sie. Darauf ging sie zum Schlangenkönig und klagte: „Mein Geld ist mir verloren gegangen." „Wo ist es verloren gegangen?" fragte dieser. „In meiner Wohnung." „Wer ist zu dir gekommen?" „Der Fuchs hat eine Nacht bei mir geschlafen", antwortete sie. „Was hatte der Fuchs bei dir zu tun?" fragte jener. „Er bettelte und sagte: „„Ich bin müde""; dann schlief er in meinem Hause." „Er hat es gestolen; geh klage beim Häuptling der Füchse." Da begab sich die Schlange zum Häuptling der Füchse; unterwegs traf sie den Hasen und rief: „Wohin? Hase!" „Zum Fuchs!" antwortete dieser. „Wozu?" fragte die Schlange. „O Schwester", erwiderte der Hase, „der Fuchs ist zu mir gekommen und hat bei mir übernachtet; ich besass zehn Piaster; die hat er nebst einer Pfanne gestolen." Darauf trafen sie auf ihrer Weiterreise den Hund, und dieser erzälte: „„Ich habe den Fuchs angetroffen; er trug eine Pfanne auf dem Kopfe; ich fragte ihn: „„Woher kommst du?"" Er antwortete: „Von der Wallfahrt""; ich aber dachte, er habe eine schwarze Binde um den Kopf. Was ist dir denn verloren gegangen, Schlange?" „Auch mir hat er zwanzig Piaster gestolen." „Gut", sagte der Hund; „geht nur und klagt ihn an; ich will dabei als Zeuge auftreten." Also ging die Schlange mit dem Hasen zum Fuchs, und beide forderten ihr Geld zurück; doch er antwortete: „Ich weiss gar nichts von Geld!" Wie sie's auch angriffen, er gestand nichts ein, sondern läugnete. Da gingen sie zur Füchsin und fragten: „Was hat dir der Fuchs als Heiratsgeld gegeben?" Sie antwortete: „Er hat mir erst zwanzig Piaster gegeben, und dann zehn nebst einer Pfanne." „Das gehört uns", sagten sie, „gib es uns heraus!" „Ich will's aber nicht herausgeben", antwortete sie. „Warum nicht?" „Er hat ja bei meiner Tochter schon eheliche Rechte genossen." Darauf gingen sie zum Oberhaupt der Füchse und klagten; dieser schickte einen Diener nach dem Fuchs, welcher ihn herbeirief. „Fuchs!" sagte er darauf. „Ja!" „Hast du das Eigentum dieser Leute gestolen?" „Nein, mein Herr!" antwortete er. „Lass sie Zeugen beibringen". Da sagten die Schlange und der Hase: „Wir haben das Geld mit unsern eigenen Augen bei der Füchsin gesehen, und auch die Pfanne ist bei der Füchsin; die Pfanne ist Zeuge!" „Ich habe sie käuflich erworben", sagte der Fuchs. „Von wem?" fragte man. „Vom Hund." Da rief man den Hund und fragte:

„Ist es wahr? Hund!" „Was denn?" „Dass der Fuchs dir eine
Pfanne abgekauft hat?" „Von mir?" „Ja, da steht der Fuchs."
Da fragte der Hund den Fuchs: „Ist das wahr?" „Ja." „Habe
ich dich denn nicht mit einer Pfanne auf dem Kopf gesehen?
und zu dir gesagt: „„Woher kommst du?"" Da sagtest du: „„Von
der Wallfahrt!"" Ich sagte: „„Möge deine Wallfahrt gesegnet sein!""
und du sagtest: „„Mögest du lange leben!"" — Die Schwalbe aber
hatte ihr Nest am Hause des Fuchses und sagte: „Bei meiner
Treu, so verhält es sich, und der Fuchs lügt." Darauf sandte der
Häuptling der Füchse einen Diener mit dem Befehl: „Geh, rufe
die Füchsin; sie soll hierher kommen." Der Diener ging und
holte sie. Als sie in die Versammlung kam, befal das Oberhaupt
der Füchse: „Füchsin! gib der Schlange ihre zwanzig Piaster zurück, und gib dem Hasen seine zehn Piaster und die Pfanne!"
Jene gehorchte. Dann sagte er: „Ich will deine Tochter von
ihm frei machen, — Fuchs!" „Ja!" „Gib ihr ihre Tochter zurück."
„Rufe den Hahn", antwortete dieser, „damit er uns scheide." Da
rief man den Hahn und sagte ihm: „Du hast sie getraut; scheide
sie nun wieder." Der Hahn aber sprach: „Das geht nicht; die,
welche ich einander angetraut habe, kann ich nicht von einander
scheiden." „So werft den Fuchs in's Gefängniss", befal man. Dies
geschah. Die Füchsin aber ging und holte ihre Tochter; und zu ihr
kam der Hund und freite sie sich zum Aerger des Fuchses. Sie
gebar ihm einen Sohn und· eine Tochter. Nachdem der Fuchs
ein Jahr gefangen gesessen hatte, liess man ihn los; schnell lief
er zum Hund und fragte ihn: „Warum hast du dir meine Frau
genommen?" „Darum." Da klagten sie einander beim Leoparden
an; dieser aber konnte gar nichts zwischen ihnen schlichten. Hierauf
klagten sie bei der Hyäne, woselbst das Pferd Richter und das
Maultier Grossrichter ist; und die Hyäne befal dem Hund: „Gib
dem Fuchs seine Frau; aber deine Kinder sollen dir gehören!"
Der Fuchs nahm seine Frau zurück, und der Hund zog mit seinen
Kindern davon; er ging aber zu seiner Schwiegermutter und sagte:
„Entweder sind hier deine Kinder, oder du heiratest mich!" Sie
wälte das letztere und nahm ihn zum Manne. Darnach ging der
Fuchs zum Leoparden und klagte: „Zur Zeit, als man deine Schwie-
gertochter heimführte, hat sie der Hund geküsst." Da nahm der
Leopard Soldaten von den Tieren und zog gegen den Hund.
Man ergriff ihn drinnen im seinem Hause, tödtete ihn und seine
Kinder nebst der Füchsin und verbrannte sie alle. Als der Leopard
hierauf nach Hause zurückkam, jagte er seine Schwiegertochter

hinaus und schlug sie. Da wurde diese zornig und kehrte wieder
in das Haus ihres Vaters zurück.

LXIX.

Es war einmal ein Fuchs, ein Wolf und ein Marder; die
waren Freunde und sagten zu einander: „Auf, wir wollen in den
Weingarten gehen und Trauben fressen." Im Weingarten aber
war ein Wächter, der hatte einen Hahn und einen Esel bei seinem
Wächterhäuschen; auch hatte er eine Falle gerichtet. Da kam
der Wolf mit dem Fuchs und dem Marder zur Umzäunung des
Weingartens, der Marder schaute hin und sagte vergnügt lachend:
„Da ist ein Hahn." Auch der Wolf schaute hinein und erblickte
den Esel; der Fuchs schaute ebenfalls hinein und sah, dass
Trauben da waren und der Wächter schlief. Der Marder ging
den Hahn fressen, der Wolf ging hin und zerriss den Esel;
der Fuchs aber ging Trauben fressen; dabei fing er sich in der
Falle. Da weinte der Fuchs und erhob ein Wehgeschrei, indem er rief: „Wolf, Marder, kommt, befreit mich." Der Aufseher erwachte und erblickte die Federn des Hahnes und die
Haut des Esels; er ergriff seine Flinte und schoss dieselbe auf
die Diebe ab; da entfloh der Wolf und der Marder. Hierauf
ging der Wächter auf den Fuchs los und fragte ihn: „Warum hast
du so gehandelt, Fuchs?" „Was habe ich getan?" antwortete
dieser. „Wer hat den Hahn gefressen?" „Der Marder." „Und
wer hat den Esel gefressen?" „Der Wolf", antwortete er. „Warum bist
du denn gefangen worden?" fragte jener. „Meine Mutter ist krank
geworden", erzälte der Fuchs, „und hat nach Trauben verlangt;
da dachte ich, es ist eine Sünde, einer alten Frau einen Wunsch
zu versagen; ich will gehen und ihr etwas Trauben holen; darum
bin ich hergekommen, als du dich schon schlafen gelegt hattest,
und habe dich nicht wecken wollen, sondern bin zum Weinstock
gegangen, um etwas Trauben abzuschneiden; dabei habe ich
mich in der Falle gefangen." „Weist du gar nichts vom Esel
und vom Hahn?" fragte jener. „Nein, bei Gott nicht", beteuerte
er, „mein Vater ist Priester; beim Gebet meines Vaters schwöre
ich, dass ich nichts davon weiss." Darauf schlug jener den Fuchs
mit einem Prügel, so dass er meinte sterben zu müssen; dann

nahm er ihn mit hinauf in's Wächterhäuschen und band ihn mit seiner Kopfbinde. Als der Wächter wieder eingeschlafen war, begann der Fuchs mit seinen Zähnen die Binde zu lösen und ging in den Weingarten hinunter; dort frass er sich satt und füllte obendrein das Tuch mit Trauben. Dann machte er sich auf den Weg nach Hause; da traf er den Marder und den Wolf an. „Der Fuchs ist gekommen", riefen diese. Er aber antwortete: „Ihr habt die Flucht ergriffen; ich hingegen habe mich an den Trauben ergötzt." „Hat dich denn der Wächter nicht geschlagen?" fragten sie. „Keineswegs", antwortete er, „warum sollte er mich schlagen; er sagte: „„Iss, bis du satt bist, und nimm noch dieses Tuch voll mit."" Jene antworteten: „Das ist uns nun entgangen, weil wir geflohen sind." Der Fuchs aber schlug vor: „Auf, lasst uns in jenes Dorf gehen; es ist dort ein Hühnerstall." Sie gingen hin und fanden denselben; aber es schlief Jemand darin, um die Hühner zu bewachen. Da schlich der Marder hinein und der Fuchs hinter ihm her; als der Marder drinnen war, beknabberte der Fuchs den Mann, so dass er erwachte; dann machte er sich davon, der Marder aber blieb drinnen. Der Mann verschloss die Thüre, packte den Marder und tödtete ihn. Der Fuchs und der Wolf jedoch machten sich aus dem Staube und zogen weiter, indem sie sagten: „Warhaftig, man hat den Marder getödtet."

So kamen sie zu einem Dorfe und erblickten einen Esel, welcher sich auf der Tenne wälzte. Da schlug der Fuchs dem Wolf vor: „Ich will in's Dorf gehen und uns Brot zusammenbetteln." Der Wolf aber ging lauernd um den Esel herum. Inzwischen ging der Fuchs in's Dorf und verkündigte dessen Insassen: „Der Wolf will jenen Esel da zerreissen." Da liefen die Bauern, ohne Geräusch zu machen, hin, packten den Wolf und tödteten ihn. Aber auch den Fuchs packten sie und sagten: „Du bist ja sein Gefährte." „Nein, bei Gott", schwor er; „ich weiss nichts davon." Sie liessen ihn daher los, und er entfloh.

Unterwegs erblickte er ein Melonenfeld; da band er sich die schwarze Binde um den Kopf und sagte: „Liebt ihr Gott, so gebt mir doch eine Wassermelone; ich komme von Jerusalem und bin hungrig." „Von Jerusalem kommst du?" fragten sie ihn. „Ja." Sie sagten: „Hebe deinen Arm in die Höhe, damit wir sehen, ob er den Stempel trägt." „Ach, ich habe ihn mir nicht machen lassen", antwortete er. Da packten sie den Fuchs und sagten: „Das ist die Kopfbinde unsres Bruders im Weingarten; die hat er gestolen." „Warhaftig nein", antwortete er, „sondern vom Wolf habe ich sie gekauft." Jene sagten: „Der Wolf hat ja unsern Esel gefressen!" „Nein", sagte der Fuchs, „vom Marder habe ich sie gekauft." „Der Marder hat ja unsern Hahn gefressen." Da tödteten sie den Fuchs, nahmen ihm die Binde weg und zogen ihm das Fell ab.

LXX.

- Es war einmal ein kranker Esel, der dachte: „Ich sterbe fast vor Hunger, ich will in's Gebirge gehen." Dort weidete er und wurde wieder hergestellt. Da kam der Wolf, ihn zu fressen, der Esel aber sprach zu ihm: „Warum willst du mich fressen? mein Vater selig und dein Vater waren ja doch Freunde." „Ist das wahr?" fragte der Wolf. „Weist du denn das nicht?" antwortete der Esel. „So lass uns zusammen uns in der weiten Welt herumtreiben." Sie gingen miteinander; der Esel aber machte sich eine Handpauke und spielte darauf; dann sagte er: „Wolf, mache dir eine Mandoline und spiele darauf; wir wollen uns Geld sammeln." Der Wolf sagte: „Wir brauchen dazu Hare vom Schwanze eines Pferdes." „So geh", antwortete der Esel, „und lass uns ein Pferd suchen." Sie gingen ein Pferd suchen und fanden eines. „Da ist ein Pferd!" rief der Esel, „geh, ziehe ihm Hare aus." „Meine Pfoten tun mir weh, ich kann keine ausziehen", entgegnete der Wolf. Da ging der Esel hin, dieselben auszuziehen; aber so wie er den Schwanz des Pferdes ergriff, gab ihm dieses einen Hufschlag, so dass er davon zu Boden fiel. Darauf kam der Wolf an den Esel heran, um ihn zu fressen; dieser aber sagte: „Sind wir denn nicht Vettern?" Jener antwortete: „Bis jetzt waren wir Vettern; aber nun sind wir einander nichts mehr", und frass den Esel. „Warum hast du den Esel gefressen?" fragte das Pferd. „Er hat dir Hare aus dem Schwanz ziehen wollen, und ich wollte dies nicht zugeben!" versetzte der Wolf. „Wir wollen Brüder sein", sagte das Pferd zum Wolf. „Auf", sagte dieser, „wir wollen gehen, uns Nahrung zu suchen." Das Pferd ging mit dem Wolf in die weite Welt; da sagte der Wolf: „Ich bin durstig; wir wollen Wasser suchen." Im Weitergehen erblickten sie eine kleine Cisterne, worin Wasser war. Der Wolf bückte sich, konnte aber nicht hinlangen, um mit seiner Mütze Wasser

herauszuholen, und sagte zum Pferd, er könne es nicht erreichen.
Da bückte sich das Pferd zum Wasser hinunter; der Wolf aber
packte es bei den Hoden. Schnell stand das Pferd auf, um den
Wolf zu schlagen, und fragte, warum er das getan habe. „Wie
so denn?" fragte dieser. „Wärend ich Wasser herausholen will,
packst du mich bei den Hoden!" Der Wolf antwortete: „Ich
dachte, du wärest vielleicht hineingefallen, desswegen wollte ich
dich herausziehen!"

   Das Pferd aber bewahrte diesen Umstand im Gedächtniss.
Sie gingen ohne Wasser weiter; da erblickten sie einen Hirten.
„Geh, stichl uns eine Ziege", sagte das Pferd zum Wolf. „Ich
kann nicht laufen", antwortete dieser, „ich bin krank und
schwach." „Aber wie sollen wir's denn anfangen?" fragte das
Pferd, „komm setze dich auf mich, packe die Ziege und lege
sie mir auf den Rücken; du sitzest dann auf mir, und ich laufe
davon." „So soll es sein", sagte der Wolf. Der Wolf stieg
auf das Pferd, und dieses schritt auf den Hirten zu; der Wolf
beugte sich hinunter, ergriff eine Ziege, legte sie vor sich aufs
Pferd, und dieses entfloh. Die Ziege aber meckerte; der Hirt
schoss sein Gewehr auf sie ab, doch traf er nicht. Wärend das
Pferd davon lief, frass der Wolf die Ziege auf dem Rücken des
Pferdes, ohne dass dieses es merkte. Darauf sagte das Pferd
zum Wolf: „Wir sind nun weit genug geflohen; der Hirte kann
uns nicht mehr finden." Da stieg der Wolf vom Rücken des
Pferdes herunter. „Wo ist die Ziege? Wolf!" fragte das Pferd.
„Ich habe sie dem Hirten hingeworfen", antwortete dieser, „er
holte uns mit dem Gewehr ein und wollte auf uns schiessen; da
habe ich ihm die Ziege hingeworfen, und er kehrte um und liess
uns in Ruhe." „Du lügst", antwortete das Pferd. „Ich schwöre
beim Wallfahrtsort, ich lüge nicht." Bei welchem Wallfahrtsort?"
fragte das Pferd. „Bei dem von Chalbûbe!" „Ich glaube es nicht,
wenn du mir nicht den Wallfahrtsort zeigst; komm, zeige mir
ihn; dann will ich dir glauben." „Bleibe hier", sagte der Wolf,
„ich will hingehen und mich darnach erkundigen, wo er ist."
Das Pferd blieb daselbst; der Wolf ging weg. Da traf er ein
wildes Schwein an und rief: „Schwein, bist du hungrig?" „Ja;
was hast du denn zum Fressen gefunden, Wolf?" „Willst du mir
auch davon zu fressen geben?" fragte er das Schwein. „Ja."
„So mache eine Grube und decke dich mit Heu zu; ich will hingehen das Pferd herbeizuholen; ich muss ihm einen Eid leisten;
ich werde vortreten, denselben zu schwören; wenn dann das Pferd

auf dich hinschaut, tödten wir es." Das Schwein war damit einverstanden, machte eine Grube, und der Wolf deckte es zu: nur
die Augen des Schweines liess er unbedeckt; darauf ging er hin,
um das Pferd herbeizurufen. „Komm, Pferd", sagte er, „ich habe
den Wallfahrtsort gefunden." Als das Pferd sich näherte, liess
sich ein Grunzen vernehmen, das vom Rüssel des Schweines her-
kam. „Was ist das für ein Grunzen? Wolf", fragte das Pferd.
„Das ist der Wallfahrtsort von Chalbûbe", antwortete der Wolf,
„derselbe ist ganz ausgezeichnet wirksam! niemand kann dabei
falsch schwören!" Das Pferd trat näher hinzu; der Wolf aber
ging hinten um dasselbe herum und sagte: „Blicke nur scharf
darauf." Da blickte das Pferd dorthin; aber das Schwein
packte es, und wie es rückwärts gehen und entfliehen wollte,
wurde es von hinten durch den Wolf gepackt; darauf warf das
Schwein das Pferd zu Boden. „Wolf!" rief das Pferd, „handle
nicht so an mir." Der Wolf antwortete: „Ich schwöre dir, aber
du willst ja nicht glauben." Dann tödteten sie das Pferd; das
Schwein frass davon, liess jedoch den Wolf nicht mitfressen.
Dieser dachte bei sich selber: „Du handelst schön an mir!"

Das Schwein frass das Pferd auf, wurde aber nicht satt davon.
„Bist du satt, Bruder?" fragte der Wolf. „Warhaftig, nein."
„So komm, wir wollen weiter gehen und noch etwas suchen."
Sie gingen also weiter und zogen im Gebirge umher. Als die
Sonne unterging, fragte das Schwein: „Wo wollen wir uns
schlafen legen?" „Hier wollen wir schlafen", antwortete jener,
„lege du dich in jene Grube, damit du nicht frierst; und ich will
hier schlafen und dich bewachen." „Schön", sagte jenes. Darauf
schliefen das Schwein und der Wolf bis zum Morgen; am Morgen
aber machte sich der Wolf auf den Weg und traf zwei Jäger an,
welche Gewehre bei sich hatten; er fragte sie, was sie suchten.
Sie entgegneten: „Wir suchen ein Schwein, um eine Arznei für
die Gicht daraus zu bereiten." „Ich will euch ein Schwein weisen",
sagte er; „wollt ihr mir dafür ein Zicklein geben?" Sie versprachen dies. Da führte der Wolf sie dahin, wo das Schwein
schlief, und sagte: „Da ist es; tödtet es!" Jene legten ihre Gewehre auf dasselbe an und tödteten es. „Du hast mich nicht
gewarnt, Wolf!" rief es noch. „Du hast mir ja vom Pferd
nichts zu fressen gegeben, Schwein!" versetzte dieser. Sie tödteten
also das Schwein und schafften es mit sich fort; der Wolf aber
verlangte nun das Zicklein. „Komm mit uns!" antworteten jene.
Er folgte ihnen; sie gaben ihm das Zicklein, und er frass es,

Unterdessen kam singend der Fuchs hinzu und sah den Wolf
fressen. Da rief er: „Wolf!" „Ja!" „Was frissest du?" „Ich
fresse ein Zicklein", antwortete er. „Ueberlass mir auch ein
Stückchen davon!" bat der Fuchs. Dies tat der Wolf, und der
Fuchs verzehrte es, indem er sagte: „Ah, wie schmeckt das so gut.
woher hast du das bekommen? Wolf!" „Es ist mir durch Zufall
in die Hände gekommen", antwortete dieser. Darauf sagte er
zu ihm: „Wir wollen zum Hochzeitsschmaus der Nachtigall gehen;
denn sie hat ein grosses Essen zugerüstet; wir wollen hingehen
und uns satt fressen." In Folge dessen gingen sie zu einem alten
Schlangenweibe, und der Fuchs rief: „Alte! wo ist die Wohnung
der Nachtigall?" „Nach dieser Richtung hin", antwortete jene.
Der Wolf ging also mit dem Fuchs zur Wohnung der Nachtigall,
und sie fragten sie, ob sie einen Hochzeitsschmaus zugerichtet
habe. „Warhaftig nein, noch habe ich dies nicht getan." Darauf
schliefen sie im Hause der Nachtigall; diese war aber alt; und
da ihr Weibchen gestorben war, wollte sie sich ein anderes Weibchen heimführen. Nun besass die Nachtigall einen Widder, der
im Hofe angebunden war. Daher standen der Wolf und der
Fuchs zur Nachtzeit auf, banden den Widder los und entführten
ihn. Als die Nachtigall erwachte und den Widder nicht mehr
fand, erhob sie ein Geschrei nach Hilfe, aber Niemand kam. Indessen ging der Wolf mit dem Fuchs weiter; der Wolf frass den
Widder, ohne den Fuchs mitfressen zu lassen; und als er ihn
ganz verzehrt hatte, sagte er: „Ich brenne vor Begierde nach
Trauben; lass uns an die Trauben gehen." Hierauf gingen der
Fuchs und der Wolf vor den Weingarten, der Fuchs voraus, der
Wolf hinterdrein. Da erblickte der Fuchs eine Falle, die gestellt
war, und auf ihr lag ein Stück Käse; der Fuchs merkte, dass es
eine Falle war, und rief: „Wolf! nimm doch das Stück Käse!"
„Warum greifst du denn nicht zu?" fragte dieser. „Ich muss
fasten", antwortete er. Wie nun aber der Wolf das Stück Käse
fassen wollte, geriet er in die Falle. Dabei sprang das Stück
Käse aus der Falle heraus; der Fuchs ergriff es und frass es.
„Warum hast du es gefressen? Fuchs", fragte der Wolf, „musst du
denn nicht fasten?" „Ich faste nur so lange, bis du in die Falle
hineingetreten bist, nun ist aber das Fest angebrochen." „Gut",
sagte der Wolf; „aber komm, befreie mich aus der Falle!" Das
tat er und zog die Falle von seinem Bein. „Warum hast du den
Käse gefressen?" fragte der Wolf. Jener erwiderte: „Du willst

nmer alles für dich; du hast den Widder gefressen, ich habe
en Käse gefressen; jetzt sind wir quitt."

Sie gingen weiter und trafen einen Löwen an; der schlug
inen vor, sich mit ihm zu verbrüdern. Sie erklärten sich einver-
tanden und verbrüderten sich mit ihm. Darauf sagte der Wolf:
Wir wollen Ziegen stehlen gehen." Als sie unterwegs eine Hürde
iegen gefunden hatten, fragten sie: „Wer soll in die Hürde hin-
bsteigen?" „Der Wolf", hiess es. Der Wolf stieg hinunter, und
ie stalen einen Widder, einen Bock und ein Zicklein; darauf ent-
ohen sie und gingen in ein einsames Gebirge, wo kein Mensch
vohnte. Da sagte der Löwe zum Wolf: „Verteile die Beute!"
Gut", sagte der Wolf und verteilte sie: „der Widder soll dein
ein", sagte er zum Löwen, „der Bock mein und das Zicklein
ür den Fuchs." Da versetzte der Löwe dem Wolf einen Schlag
iber den Kopf, dass seine Augen aus ihren Hölen sprangen; dann for-
lerte er den Fuchs auf, zu teilen. Der sprach: „Der Widder soll
lein sein zum Abendessen, der Bock für das Frühstück und das Zick-
ein für das Mittagessen." „Bravo, Fuchs!" sagte der Löwe, „woher
iast du so vernünftig urteilen lernen?" „Von den Augen des Wolfes
iabe ich es gelernt", antwortete dieser. Jener sagte: „So komm, wir
vollen miteinander fressen." Darauf frassen sie und machten
iich wieder auf den Weg. „Komm, wir wollen auf Raub ausgehen",
ichlug der Löwe vor; der Fuchs aber hatte gemerkt, dass der
Löwe ihn tödten wollte, und antwortete daher: „Ich will geschwind
iach Hause gehen, denn ich habe kleine Kinder; wenn ich nach
ihnen gesehen habe, will ich wieder kommen." Der Fuchs lief
'ort und liess sich nicht mehr blicken; der Löwe wartete auf ihn,
iber der Fuchs kam nicht zurück. Sie sahen sich niemals wieder.

LXXI.

Es war einmal ein Sultan, der fragte, wer kommen wolle,
das Kamel lesen zu lehren. Da fand sich Jemand, der sagte:
„Gib mir monatlich tausend Piaster nebst Speise und Trank; auch
frisst das Kamel, wenn es lesen soll, kein Häcksel, sondern will
Zucker und Mandeln zur Kost haben." „Ich bin's zufrieden", antwortete der Sultan. Jener Mann nahm das Kamel mit und erhob
vom Sultan Essen für das Kamel und für sich; dem Kamel aber
legte er Häcksel vor, und es frass. Da besuchte Jemand den Lese-

lehrer und fragte ihn: „Was treibst du denn?" „Ich lehre das Kamel lesen und erhalte dafür meine monatliche Besoldung", antwortete jener. Der andere sagte: „Das Kamel wird aber nicht
lesen lernen." Der Lehrer antwortete: „Wir wollen's schon durch-
führen; die Verabredung geht ja auf drei Jahre; entweder stirbt
der Sultan, oder das Kamel stirbt, oder der Lehrer stirbt." Hierauf
starb das Kamel, und der Sultan hörte davon; da rief er den
Lehrer zu sich und fragte: „Das Kamel ist gestorben?" „Ja."
„Hat es denn lesen gelernt?" „Ja, es hat's gelernt und ist gestorben." Da zog der Sultan dem Kamel goldene Gewänder an
und liess es in's Grab legen.

Unterdessen traf der Fuchs den Wolf an und rief: „Wolf!"
„Ja!" „Das Kamel des Sultans ist gestorben; darauf hat er es
ganz in Silber und Gold eingehüllt und in's Grab legen lassen;
komm, wir wollen jenes stehlen gehen." Der Fuchs ging mit dem
Wolf vor das Grab, und sie öffneten dasselbe. „Wolf!" sagte der
Fuchs, „steige du in's Grab hinab!" Jener antwortete: „Nein, sondern steige du hinunter!" Der Fuchs stieg hinab; aber als er die
Zähne des Kamels erblickte, bekam er Angst und kam eilends
heraus. Dann forderte er den Wolf auf, hinunter zu steigen.
„Warum?" fragte dieser. „Die Zähne des Kamels haben mir einen
Schrecken eingejagt." Der Wolf stieg hinunter, und sie holten
das Silber und Gold heraus. Sie zogen weiter, und der Fuchs
sagte zum Wolfe: „Teile." Jener antwortete: „Ich will nicht
teilen." „Warum nicht?" „Du bist hinunter gestiegen und hast
den Reissaus genommen; ich dagegen bin hinunter gestiegen und
habe es herausgeholt." Daher gab ihm der Wolf nichts. Der Fuchs
aber wand sich eine Binde um den Kopf, verkleidete sich in einen
vornehmen Mann und trat vor den Sultan: „O Sultan!" sagte er.
„Ja!" „Du hast das Kamel begraben lassen und es kostbar angezogen; doch der Wolf ist gegangen und hat das Silber und Gold
weggeholt." „Ist das wahr?" fragte jener. „Ja." „Wo ist der
Wolf?" „Er ist in seiner Wohnung." „Kannst du nicht gehen
und ihn herrufen?" sagte jener. Der Fuchs antwortete: „Er und
ich stehen nicht auf gutem Fusse mit einander; aber o Sultan, lege
eine Falle vor seine Hausthüre, dann wird sich der Wolf darin
fangen." Der Sultan tat dies, und als der Wolf heraus kam, fing
er sich in der Falle. Darauf kam der Fuchs, ging in's Haus des
Wolfes hinein und trug das Silber und Gold, ohne dass der Wolf
es merkte, weg. Wie nun der Sultan hinzukam, fand er den Wolf
gefangen und rief: „Wolf!" „Ja!" „Wo ist das Silber und Gold,

das du dem Kamel abgenommen hast?" „Wer hat dir das gesagt?" fragte der Wolf. „Der Fuchs", antwortete jener. Der Wolf sagte: „Es liegt hier drinnen." Da ging der Sultan in die Wohnung des Wolfes hinein, aber er fand nichts. „Wolf!" sagte er, „es ist nichts da!" „Dann hat es der Fuchs weggenommen", erwiderte dieser; „lass mich frei; ich will gehen und den Fuchs suchen." „Nein, ich lasse dich nicht frei", erwiderte jener und liess den Wolf in's Gefängniss werfen, woselbst er gefangen blieb. — Der Fuchs aber, der das Silber und Gold weggetragen hatte, ging zum Häuptling der Füchse und hielt um die Hand seiner Tochter an. Der rief: „Geh zum Henker! du bist ja ein armer Teufel." Da wies ihm aber jener das Silber und Gold, und nun gab dieser ihm seine Tochter zur Frau und erhielt dafür vom Fuchse das Silber und Gold. Der Fuchs nahm die Tochter des Häuptlings mit und führte sie heim; dann rief er dem Esel und sagte: „Komm, traue uns." „Gib mir erst einen Futtersack voll Gerste", antwortete dieser, „dann will ich euch trauen."

Da ging der Fuchs hin und traf einen Mann an, der hatte einen Ranzen auf der Schulter. „Heda, Mann!" rief er. „Ja!" „Willst du dich nicht mit mir verbrüdern?" „Freilich." Da verbrüderten sie sich und gingen miteinander in ein Dorf; dort traten sie in ein Haus, denn sie waren durstig. In dem Hause war eine Frau mit geschminkten Augen, eben hatte sie das Brot warm aus dem Ofen genommen. Der Fuchs bat die Frau: „Weib, wir sind hungrig, gib uns ein Stück Brot." „Weg mit dir!" rief sie. — Darauf zerkrümmelte die Frau zehn Brote, nahm zwei Lot Butter und tat sie auf das zerkrümmelte Brot; dann ging sie hinaus, um ihren Geliebten aufzusuchen. Unterdessen traten der Fuchs und der Mann wieder in's Haus und hingen den Ranzen an einen Pflock; dann sagte der Fuchs: „Bruder!" „Ja!" „Schlüpfe in den Korntrog, ich will in meine Höle gehen." Dies taten sie. Hierauf kam die Frau und brachte ihren Geliebten mit; sie assen das Brot mit der Butter und vergnügten sich miteinander. Plötzlich vernahm man im Hofe die Schritte des Mannes der Frau; da riet die Frau ihrem Geliebten: „Schlüpfe in den Korntrog und verbirg dich daselbst." Der Liebhaber gehorchte ihr, aber er fand einen Mann im Troge und fragte ihn: „Wer bist du?" „Und du! wer bist du?" fragte jener. „Still", sagte er. Da blieben die beiden in dem Korntrog. Der Fuchs aber sass in seiner Höle. Als der Mann der Frau nun vom Pflügen heimgekommen und in's Zimmer getreten war, rief er: „Frau! ich bin

hungrig." · Sie erwiderte: „Da ist Brot, iss." Da ass er trockenes
Brot. Hierauf kam auch der Fuchs aus der Höle hervor und
sagte: „Ich bin hungrig, gib mir Brot." Aber die Frau rief von
Neuem: „Fort mit dir!" „So werde ich dich verraten", drohte er.
„Meinetwegen verrate nur alles", antwortete sie. Da rief er:
„Mann! es ist zerriebenes Brot mit Butter da", und holte es dem
Manne aus dem Verstecke hervor. Der fragte: „Für wen ist
dies?" „Für dich ist es", antwortete sie. „Aber warum hast du
mir es denn nicht vorgesetzt?" „Ich hatte es vergessen." Der
Fuchs jedoch sagte: „Das sind Lügen; es ist für ihre Liebhaber:
die sind da im Korntrog." Da stand der Mann auf, nahm seinen
Säbel und zerbrach den Korntrog; es fanden sich zwei Männer
darin; beide tödtete der Mann; dann tödtete er auch seine Frau.
Als er nun mit· dem Fuchs allein war, assen sie das Brot mit der
Butter; dann sagte der Fuchs: „Ich will mit deiner Erlaubniss
nun fortgehen." „Geh", sagte jener. „Aber lange mir doch
meinen Ranzen dort herunter." Der Mann gab ihm den Ranzen,
der Fuchs nahm ihn und hing ihn sich über die Schulter. Der
Ranzen aber war leer, daher blies der Fuchs ihn auf und ging
damit zu einer Mühle, wo ein blinder Müller wohnte. Zu diesem
ging der Fuchs und rief: „Müller!" „Ja!" „Willst du mir
nicht diesen meinen Weizen mahlen?" „Worin ist er?" „Hier im
Ranzen", antwortete er. „Leg ihn hierher und lass ihn hier;
morgen komm und hole ihn ab", sagte jener. „Schön", sagte der
Fuchs. Da sah er einen genähten Sack voll Gerste; den lud er
sich auf; denn der Müller war blind. Auch hatte der Müller vier
Hühner; diese packte der Fuchs und nahm sie nebst der Gerste
mit sich fort; seinen Ranzen liess er beim Müller. — Als er nach
Hause kam, rief er den Esel und sagte: „Komm, traue uns nun."
Der Esel kam und fragte: „Hast du denn Gerste gebracht?"
„Ja." Erst frass der Esel die 'Gerste, und der Fuchs verzehrte
mit der Tochter des Häuptlings die Hühner; dann traute der Esel
sie, und der Fuchs hielt Hochzeit.

Als sie einen Monat verheiratet waren, liess der Sultan den
Wolf holen und befal ihm: „Zeige mir den Fuchs, damit ich
ihm das Silber und Gold wieder abnehme." Sie kamen zum
Fuchs und fragten: „Wo ist das Silber und das Gold?" Der
antwortete: „Ich habe es für eine Frau gegeben." „Wem
denn?" „Dem Häuptling der Füchse." Da ging der Sultan mit
dem Wolfe zum Häuptling der Füchse und fragte denselben:
„Wo ist unser Silber und Gold?" „Welches Silber?" entgegnete

dieser. „Das Silber, welches du vom Fuchs bekommen hast",
antworteten sie. „Aber ich habe es als Heiratsgeld für meine
Tochter erhalten!" „Es gehört uns", sagten jene; „ruft den Fuchs
vor den Rat." „Fuchs!" rief man. „Ja!" „Wem gehört das
Silber und das Gold?" fragte ihn der Häuptling. „Es gehört dem
Sultan", sagte er. „Wer hat es gestolen?" „Der Wolf", erwiderte
er. „Woher hast du es denn geholt?" „Vom Wolfe." Da gab
der Häuptling der Füchse das Silber und Gold dem Sultan zurück.
Nun hiess es weiter: „Ruft die Frau des Fuchses, damit wir sie
von ihm scheiden." Es geschah; dann erkundigte man sich, wer
die Trauung vollzogen habe. „Der Esel", antwortete der Fuchs·
Da rief man den Esel herbei und sagte: „Esel!" „Ja!" „Du
hast die Frau des Fuchses getraut; scheide sie nun auch!" Der
Esel aber antwortete: „Ich kann mit meinem Munde die Scheidung
nicht aussprechen; darum will ich sie mit meinem Hintern aussprechen." „Sprich sie nur mit deinem Hintern aus", sagte man·
„Sörrt", machte der Esel und sprang in die Höhe. Da sagten
sie: „Nun hat er sie geschieden; aber packt den Fuchs, damit
wir ihn in's Gefängniss werfen." Der aber machte sich mit dem
Esel auf und davon, und jene verwiesen den Fuchs des Landes.
Darauf ging der Sultan mit dem Wolfe nach Hause, und der
Häuptling der Füchse nahm seine Tochter vom Fuchse wieder
zurück.

Hierauf sagte der Fuchs zum Esel: „Lass uns zum Müller
gehen; ich habe noch einen Ranzen bei ihm liegen." Sie gingen
dorthin, und der Fuchs fragte den Müller: „Hast du das Getreide
in meinem Ranzen gemahlen?" „O scheer dich zum Teufel!" antwortete dieser. „Warum denn, Müller?" „Hast du doch die vier
Hühner gefressen und den Sack voll Gerste fortgetragen!" „Ich
will dir die Wahrheit sagen", sprach der Fuchs. „So sprich."
„Der Esel hat die Gerste gefressen, und ich habe die Hühner gefressen; nun versöhne dich mit mir." „Nein, das geht nicht an",
erwiderte jener. — Der Müller aber hatte auch noch einen Hahn;
diesen raubten der Fuchs und der Esel, gingen in's Gebirge und
verzehrten ihn; dann erklärte der Esel: „Ich will nun nach Hause
zurückkehren." „Wie du willst", sagte jener, „mich lassen sie
nicht wieder in's Land hineinkommen; daher will ich weiter gehen
und mich in der Welt umhertreiben." — Darauf ging der Fuchs
zu einer alten Frau bei den Elfen und bat dieselbe: „Willst du
mich nicht für diese Nacht beherbergen?" „Ja freilich, gern",
antwortete sie. Dann bereitete die Frau ein Abendessen, und sie

assen zusammen zu Nacht, sie und der Fuchs. Die Alte hatte
aber drei Töchter, die waren verheiratet. Sie sagte zum Fuchse:
„O Fuchs, ich und meine Töchter besitzen ungefähr vier
Pfund Garn; aber wir haben Niemand, der es webt und uns
Leinwand daraus macht, damit wir uns Kleider daraus verfertigen
und Ueberzüge für unsre Bettdecken." „Ich will es weben", antwortete er. „Verstehst du denn das?" „Es gibt keinen geübteren
Weber als mich", versetzte er, „ich webe sogar Seide; das ist
mein Geschäft." „So trage es fort und webe es uns", sagte sie.
„Gern", antwortete er. Die Alte ging und holte ihr und ihrer
Töchter Garn, dann sagte sie: „Aber das Garn einer jeden webe
besonders!" „Schön", sagte er. Darauf übergab sie es dem Fuchse;
der lud es auf und nahm es mit fort. So kam er in eine Stadt;
dort kauften die Krämer ihm das Garn für Seife ab. Da wurde
der Fuchs in der Stadt ein Kaufmann; er packte die Seife in
Säcke, lud sie den Lastträgern auf und zog des Weges; so kam
er in seine Heimat. Dort legten die Lastträger ihre Lasten hin
und forderten ihren Lohn. Da sagte er: „Geld ist keines da,
nehmt Seife für so viel, als euer Lohn beträgt." „Gut", antworteten die Lastträger, nahmen Seife und gingen nach Hause.
Der Fuchs eröffnete einen Laden und verkaufte Seife; aber eines
Nachts, wärend er im Laden schlief, kam der Hund, öffnete die
Thüre und frass die Seife. Als der Fuchs am Morgen aufstand
um Seife zu verkaufen, war keine mehr da. „Wer hat meine
Seife weggenommen?" Die Katze antwortete: „Der Hund." Da ging
der Fuchs zum Oberhaupt der Hunde und beklagte sich über den
Hund; aber wärend er seine Klage anbrachte, kam die alte Frau
von den Elfen, den Fuchs zu suchen. Der Fuchs trug also seine
Klage vor; die Alte war zugegen, redete aber nicht, bis der Hund
und der Fuchs ihre Sache in's Reine gebracht hatten. Man rief
den Hund vor Gericht und fragte ihn: „Warum hast du die Seife
des Fuchses gefressen?" Der Hund antwortete: „Lass ihn dafür
Zeugen beibringen." Da rief der Fuchs die Katze als Zeugen
auf; sie trat in die Versammlung. Der Fürst der Hunde fragte:
„Katze, wie steht's mit dieser Sache?" Sie antwortete: „Ich will
dir die Wahrheit erzälen." „So rede." Sie erzälte: „Der Fuchs
ist zur alten Elfenfrau gegangen — hier ist dieselbe — und hat
von ihr Garn, vier Pfund, erhalten." Der Fuchs verging beinahe
vor Angst und rief: „Lege kein Zeugniss ab, Katze"; aber man
befal ihr fortzufahren. „Er versprach der Alten, ihr das Garn
zu weben; daher vertraute sie ihm die vier Pfund Garn, die sie

und ihre Töchter besassen, an; der Fuchs aber nahm es mit, kam
in eine Stadt und verkaufte es für Seife" — (der Fuchs zitterte)
— „er verkaufte es also den Krämern für Seife; diese lud er den
Maultiertreibern auf; die brachten sie ihm nach Hause, und da
er kein Geld hatte, gab er den Treibern Seife anstatt ihres Lohnes;
darauf eröffnete er einen Laden; da kam der Hund, machte die
Thüre auf und frass die Seife; da ist die alte Frau, da steht der
Fuchs, und da ist der Hund vor deinem Gericht; verhält es sich
nun nach eurer Ansicht nicht so, wie ich sage?" „Freilich ja",
antworteten sie. Hierauf befalen sie: „Alte, geh nach Hause; dein
Garn ist unwiederbringlich verloren; den Fuchs und den Hund
aber werft in's Gefängniss." Der Fuchs bat: „Tut dies nicht; ich
will einen Bürgen stellen dafür, dass ich das Garn zur Stelle
schaffe." Darauf verbürgte sich der Esel für ihn, und der Fuchs
ging davon, sammelte Papierchen und tat Kalk, Pfefferkörner,
Pulver und Sand hinein; damit zog er fort und ging in's Land
der Flöhe, nachdem er sich eine Binde um den Kopf gewunden
hatte. Da fragte man ihn: „Wer bist du?" Er antwortete: „Ich
bin ein Arzt." „Wo ist deine Heimat?" „Im Perserland bin ich
zu Hause", antwortete er. „Verstehst du dich darauf, die Augen
zu heilen?" „Ja", erwiderte er. „So heile Jemandes Augen, damit wir sehen, wie's ausfällt." Er betrachtete die Augen des
Flohes und sprach: „Lege dich nieder!" Da legte sich der Floh
hin, und er tat ihm einen Wurf Kalk in die Augen; die Augen
des Flohes wurden gesund. „Auf und hole mir nun zwei Pfund
Garn als Gebühr für deine Augen", sagte der Fuchs. Sie gaben
ihm zwei Pfund. Er behandelte nun die Augen der Flöhe und
bekam Garn von ihnen. Bald darauf aber erblindete der Floh,
den er behandelt hatte; denn seine Augen wurden vom Kalke weiss,
der Kalk hatte sie verbrannt. Da sagten jene: „Sucht den Arzt."
Man suchte und fand ihn; darauf schlugen sie ihn und nahmen ihm
das Garn wieder weg. Der Fuchs entfloh; aber auch seine Arz-
neien hatte man ihm weggenommen. Da trafen ihn die Elfen
und fragten ihn nach dem Garn der alten Frau. „Es ist weg",
antwortete er. Da tödteten sie den Fuchs; den Esel indessen, der
sich für ihn verbürgt hatte, warf man in's Gefängniss, und er blieb
daselbst nebst dem Hunde sitzen.

LXXII.

Es war einmal ein Mann, der hatte einen Sohn; auch besass er viel Geld; da kam Jemand aus einem andern Dorfe zu ihm und bat ihn um ein Darlehen. Er gab ihm sechstausend Piaster und sagte zu seinem Sohne: „Wenn ich sterbe, so haben wir von Jemand Geld zu fordern; hier habe ich die Schuldscheine; nimm sie und geh das Geld holen; aber wenn du auf dem Wege bist und einen Reisegefährten bei dir hast und du Brot mitgenommen hast, so brich dasselbe, und gib die grössere Hälfte deinem Reisegefährten." „Schön", antwortete dieser. Darauf starb der Vater; jener aber machte sich auf, nahm die Schuldscheine und steckte sie in seine Brusttasche; so zog er seines Weges. Da traf er unterwegs einen schönen Jüngling, dieser fragte ihn: „Wohin reisest du?" „Ich reise, weil ich Geld von Jemand zu fordern habe; ich gehe dasselbe holen." Hierauf kamen sie zu einer Quelle und tranken; der Gläubiger hatte ein Stück Brot bei sich; davon gab er den grösseren Teil dem Jüngling, und nachdem sie gegessen hatten, zogen sie weiter. Da fragte der Gläubiger jenen Jüngling: „Wer bist du denn?" „Ich bin der Todesengel", antwortete jener. „Wohin gehst du?" „Ich gehe die Seele eben desjenigen holen, von welchem du dein Geld zu fordern hast." „Ach nein; ich stehe ja unter deinem Schutze, darum bitte ich dich: lass mich erst mein Geld in Empfang nehmen, und nachher hole seine Seele." Der Engel sagte zum Gläubiger: „Geh sogleich hin und übergib ihm die Schuldscheine; das Geld liegt in der Wandnische; sobald du hinkommst, gib ihm die Schuldscheine und nimm dir selber das Geld aus der Wandnische; wenn er sagt: „„Komm, setze dich!"" so sage: „„Nein, meine Gefährten sind weitergegangen"", gehe in den Hof hinaus und verlass ihn; dann will ich zu ihm hineintreten." — So gingen sie miteinander und gelangten dorthin; der Gläubiger ging zu dem Manne, der krank war, überreichte ihm die Schuldscheine und bat um das Geld. „Setze dich doch", sagte jener. „Ich mag mich nicht setzen", antwortete er, „meine Reisegefährten sind weiter gegangen"; dann nahm er selber das Geld aus der Wandnische, steckte es in seine Brusttasche und ging in den Hof hinaus; da sah er den Todesengel zu jenem hereintreten, und der Engel nahm die Seele des Schuldners; darauf kehrten sie miteinander zurück, der Reiche und der Engel. Wiederum kamen sie zur Quelle, wo sie das Brot gegessen hatten, und verbrüderten sich dort miteinander. Da fragte der Reiche den Engel: „Sage mir, wann wirst du meine Seele holen?" Jener antwortete: „Sobald du eine Frau heimführst; in der Nacht, wo du heiratest, werde ich deine Seele holen." „Gut", sagte jener. Darnach ging der Engel seines Weges, und der Jüngling ging seines Weges; ein jeder nach seiner Richtung.

Unterwegs kam den Reichen, der nun das Geld bei sich hatte, Schlaf an; er tat das Geld in den Ranzen und legte sich den Ranzen unter den Kopf. Da kam der Fuchs hinzu und sah, dass Jemand schlief und einen Ranzen unter dem Kopfe liegen hatte. Der Fuchs zog daher den Ranzen weg und legte statt desselben einen Stein unter den Kopf des Mannes; darauf ging er nach Hause. Als der Mann aufstand, fand er sein Geld nicht mehr; er suchte, konnte aber nicht in Erfahrung bringen, wer es weggenommen hatte. Darauf kam er nach Hause; daselbst hatte er noch viel Geld und Gut. Die Leute forderten ihn oft auf zu heiraten; er aber antwortete immer: „Ich mag nicht heiraten"; denn er wusste, was ihm der Todesengel gesagt hatte: „Wenn du heiratest, so will ich deine Seele holen." Daher blieb er vierhundert Jahre unverheiratet; aber wie er nun alt geworden war, freite er sich doch ein Weib und führte dasselbe heim. Da stieg der Todesengel vom Himmel herab, um seine Seele zu holen; er aber schrie: „Gnade, Gnade, das kann nicht sein." Jener antwortete: „Habe ich dir nicht gesagt: „„Sobald du ehelichst, will ich deine Seele holen?"" „So lass mich noch fünf Tage", bat er. „Nein", antwortete jener; „Gott hat mich zu dir geschickt." „So lass mich noch, bis ich ein Vaterunser gesprochen habe!" Da ging der Todesengel hin und berichtete dies dem Herrn; der Herr aber befal ihm: „Hole seine Seele nicht eher, als bis er ein Vaterunser gesprochen hat!" Der Engel stieg wieder herunter und sagte ihm: „Sprich nun schnell ein Vaterunser!" Jener antwortete: „Ich mag nicht." Gott hatte ja dem Todesengel gesagt: „Hole seine Seele nicht eher, als bis er ein Vaterunser gesprochen hat." Deswegen sprach er zwanzig Jahre hindurch kein Vaterunser und vergass den Tod völlig. Aber einmal, als man ihm Speise vorsetzte, sprach er: „Unser Vater, der du bist im Himmel, geheiligt werde von der Stunde" — Da kam der Todesengel herab und packte ihn bei der Gurgel. Er schrie: „Gnade, Gnade!" Der Engel aber antwortete: „Nun ist's vorbei; du hast das Vaterunser gesprochen."

Die Frau, welche der Reiche gehabt hatte, hütete einst die Rinder und hatte Brot und Käse bei sich. Da kam der Fuchs, welcher das Geld gestolen hatte, stal auch ihr Brot und ihren Käse und nahm es mit nach Hause. Bis jetzt hatte er den Ranzen noch gar nicht geöffnet; nun aber, nachdem er das Brot und den Käse gefressen hatte, band er den Ranzen auf und leerte ihn aus, um das Geld zu zälen; aber er konnte nicht heraus bringen, wie viel es war. Da ging er zum Marder und rief: „Bruder!" „Ja!" „Verstehst du Geld zu zälen?" „Ja freilich verstehe ich mich darauf, Geld zu zälen; denn ich bin vier Jahre lang Wechsler gewesen." Da nahm er den Marder mit; der ging hin und zälte das Geld; dann bat er um seinen Lohn für das Zälen; der Fuchs aber bot ihm an: „Das Geld soll mir und dir zusammen angehören." „Gut", antwortete jener. Da gingen sie und trugen das Geld mit sich fort; unterwegs trafen sie den Wolf an. „Wohin geht ihr?" fragte dieser. Der Fuchs antwortete: „Wir gehen Handel treiben." „Habt ihr denn Geld?" „Ja." „So macht mich zum Compagnon." „Es sei so", erwiderte der Fuchs. Darauf zogen sie weiter, um in eine Stadt zu gehen; unterwegs, als die Sonne untergegangen war, legten sie sich im Gebirge schlafen. Da fragte der Fuchs den Wolf: „Wie wollen wir's nun anfangen? Was wollen wir für das Geld kaufen?" „Wir wollen Ziegen dafür kaufen", schlug der Wolf vor. Hierauf gingen sie in eine Stadt und kauften Ziegen für das Geld; die Ziegen nahmen sie mit und zogen weiter. In der Nacht schliefen sie abwechselnd; aber wenn der Marder und der Fuchs schliefen und der Wolf wach blieb, frass er eine Ziege; wenn der Fuchs aufstand und der Wolf sich schlafen legte, frass der Fuchs eine Ziege, und wenn der Fuchs und der Wolf schliefen und die Reihe an den Marder kam, frass dieser eine Ziege; ohne dass sie von einander wussten, verübten sie diese Schlechtigkeit an einander, und zwar jede Nacht, bis die Ziegen alle wurden. Da fragte der Fuchs: „Wer hat unsre Ziegen gestolen?" „Ich weiss es nicht", antwortete der Wolf; sie fragten den Marder. „Ich weiss nichts", antwortete dieser; dann aber sagte er zum Fuchs: „Eine Nacht habe ich dem Wolf aufgepasst und gesehen, wie er eine Ziege frass." „So lasst uns weitergehen!" Da machten der Fuchs und der Marder gemeinschaftliche Sache.

Sie gingen weiter zu einem Weingarten und erblickten einen Esel, der drinnen weidete. Der Wolf sagte: „Ich will diesen Esel fressen gehen." Darauf schwangen sie sich alle drei über die Mauer in den Weingarten hinein; aber um den Esel herum waren fünf Fallen gestellt. Als nun der Fuchs näher an den Esel herantrat, erblickte er dieselben, und zog sich daher zurück mit den Worten: „Ich habe gerade keine Lust auf Eselsfleisch." Darauf näherte sich der Marder dem Esel; er trat auf eine Falle, die machte: knack, packte jedoch das Bein des Marders nicht. Dieser sprang daher zurück, aber ohne zu sagen: „Es sind Fallen hier"; sondern er sagte nur: „Die Trauben sind schmackhafter, als der Esel." — Da ging der Wolf hin und packte den Esel; dieser aber schrie auf; denn er war angebunden. Er sprang nach dieser Richtung, der Wolf folgte ihm; dann kehrte er wieder nach jener Richtung zurück, der Wolf kam an ihn heran und tappte in zwei Fallen hinein, mit einem Vorderfuss und einem Hinterfuss; der Marder und der Fuchs sahen ihm ruhig zu. Da rief der Wolf: „Kommt und befreit mich!" Aber der Fuchs antwortete: „Du hast die Ziegen alle gefressen, und ich soll dich jetzt befreien?" Darauf erwachte der Gartenaufseher und tödtete den Wolf.

Der Fuchs aber zog mit dem Marder weiter, und sie trafen unterwegs einen Ziegenbock und einen Widder. „Wohin geht ihr?" fragten diese beiden den Marder und den Fuchs. „Wir gehen auf die Wallfahrt." „So wollen wir mit euch kommen!" „Gut", sagten jene. „Wer hat den Wallfahrtsort schon gesehen?" fragten sie. Der Fuchs antwortete: „Ich, ich habe ihn gesehen; ich bin schon viermal dorthin gegangen." „Vorwärts denn", sagten jene. Darauf trafen sie einen Hasen und einen Hahn; die fragten: „Wohin geht ihr?" „Wir gehen auf die Wallfahrt." „Auch wir wollen mitkommen", erwiderten jene. „So kommt." Der Fuchs aber sprach: „Der Widder sei unser Anführer; der Ziegenbock sei unser Richter; der Hase soll uns Brot kneten und Essen kochen; der Hahn soll unser Priester sein und der Marder unser Diener." Alle waren es zufrieden und zogen weiter. Als sie aber in ein einsames freies Feld gekommen waren und sich schlafen gelegt hatten, ging der Fuchs hin und machte ein Steinhäuschen; und wie sie nun am Morgen aufstanden, führte er sie zu diesem Steinhäuschen und sagte: „Das hier ist der Wallfahrtsort." „Ist er das?" „Ja, legt euch nur hinein." Da legten sie sich drinnen schlafen; unterdessen streifte der Fuchs umher, bis er vier Wölfe fand; die riefen: „Fuchs!" „Ja!" „Wir kommen fast um vor Hunger." Jener antwortete: „Warhaftig, da habe ich drei oder vier zum Fressen gesehen, aber sie sind auf der Wallfahrt begriffen; es wäre daher Sünde." „Wer sind sie denn?" fragten jene. „Es sind der Widder, unser Anführer; der Ziegenbock, unser Richter; der Hase, unser Koch; der Hahn, unser Priester; und der Marder, unser Diener."

„Zeige sie uns doch", baten jene, „wir wollen sie uns ansehen."
„Nein", sagte der Fuchs; „aber wenn ihr schwört, dass ihr mir
den Ziegenbock geben wollt, so will ich sie euch weisen, sonst
werde ich sie euch nicht zeigen." Sie antworteten: „Bei Gott sei
es versprochen: der Ziegenbock soll dein sein." Darauf ging der
Fuchs hin und fand jene noch im Wallfahrtsort liegen; da trat er
zu ihnen hinein und sagte: „Macht Platz; es sind noch andere
Pilger angekommen!" „Woher sind sie?" fragten jene. „Es sind
Wölfe", sagte er. Der Widder und der Ziegenbock bekamen Angst;
aber der Hahn rief: „Fuchs!" „Ja!" „Ich bin ein Priester; du
wirst mich doch nicht von ihnen fressen lassen!" „Nein, nein",
antwortete dieser. Darauf kamen drei Wölfe; denn der vierte
hatte gesagt: „Der Fuchs lügt doch nur", und hatte ihm nicht
geglaubt. Als die drei herankamen, sagten sie zum Ziegenbock
und zum Widder: „Möge eure Wallfahrt gesegnet sein." Der eine
Wolf aber packte den Widder, der andere den Ziegenbock, und
der dritte packte den Hasen; der Marder packte unterdessen den
Hahn; dieser rief zwar: „Gnade, Schutz! ich bin ein Priester",
aber der Marder antwortete: „Ich will dich fressen!" Darauf
frassen die Wölfe, doch ohne den Fuchs mitfressen zu lassen;
dieser bat: „Marder, gib mir etwas vom Hahn"; aber der Marder
antwortete: „Ich war sehr hungrig und habe den Hahn mit einem
Biss verschlungen." Darauf bat er: „Lasst mir ein wenig vom
Ziegenbock und vom Widder übrig"; doch jene antworteten: „Geh
zum Teufel!" „Gut", sagte er. — Darnach machten sie sich
auf und gingen fort, die drei Wölfe mit dem Fuchs und dem
Marder. Da sagte der Fuchs: „Warhaftig, ich habe irgendwo
eine Hürde Ziegen gesehen." „Wo denn? Fuchs!" fragten jene,
„zeige sie uns doch!" Der antwortete: „Ja, habt ihr mich denn
vom Widder und vom Ziegenbock fressen lassen, dass ich sie euch
zeigen sollte?" Nun aber schworen ihm die Wölfe und sagten:
„Diesmal wollen wir alles, was wir erbeuten, wie Brüder miteinander fressen." Sie gingen weiter und trafen einen Löwen an;
der fragte sie: „Wohin?" „Wir suchen Ziegen", antworteten sie.
Der Löwe aber sagte: „Wir hatten zwei Hühner, die hat der
Marder gefressen"; dabei schlug er mit seiner Tatze auf den Marder und frass ihn; dann sagte er: „Nun will ich mit euch kommen." „So komm!" erwiderten sie. — Darauf gingen sie zur
Ziegenhürde, aber es waren drei Hirten da, welche bei den Ziegen
schliefen, um dieselben zu hüten. Der Fuchs sagte zum Löwen:
„Geh du nicht hinein, sondern die Wölfe sollen hineingehen; ich

will machen, dass die drei umkommen." Hierauf gingen sie zum
Eingange der Hürde, und der Löwe sagte: „Geht ihr drei hinein;
der Fuchs aber soll bei den Hirten bleiben, und euch als Späher
dienen, damit, wenn die Hirten erwachen, er euch davon benachrichtige." Die Wölfe erklärten sich bereit und drangen hinein
unter die Ziegen. Der Fuchs aber leckte das Gesicht eines Hirten;
unterdessen schleppte der eine Wolf zwei Ziegen heraus — da
erwachten die Hirten; jedoch der Fuchs holte einen Widder heraus
und entfloh. Nun besetzten die Hirten den Ausgang, denn zwei
Wölfe waren noch drinnen geblieben; diese wurden von den Hirten gefangen und getödtet.

Jetzt war noch ein Wolf, der Löwe und der Fuchs übrig.
Diese drei trugen die beiden Ziegen und den Widder weg und
gingen auf ein einsames Feld. Dort sagte der Löwe: „Wolf!"
„Ja!" „Verteile die Beute!" Er antwortete: „Die beiden Ziegen
gehören mir, und der Widder gehört dem Fuchs; du, Löwe, hast
nichts!" Da packte der Löwe den Wolf und riss ihm die Augen
aus; dann forderte er den Fuchs auf zu teilen. Der antwortete:
„Alle drei sollen dir gehören!" „Woher hast du diese Art des
Teilens gelernt?" fragte jener. „Davon, dass du den Wolf gepackt
hast", antwortete dieser. „So nimm dir eine Ziege; die andere
und der Widder sind für mich!" Darauf wurde der Löwe krank,
so dass er nicht fressen konnte. Da rief der Fuchs die Schlange
herbei und bat dieselbe: „Komm, der Löwe ist krank geworden,
beisse ihn! was immer du verlangst, werde ich dir geben!" „Ja",
sagte sie, „es soll geschehen; aber die Elfen haben meine Jungen
entführt; wenn du ihnen dieselben wieder abnimmst, so will ich ihn
beissen." „Ja, ich will sie ihnen abnehmen; habe keine Furcht."
Da kam die Schlange heran, den Löwen zu beissen; sie wickelte
sich um seine Schnauze und biss ihn; der Löwe aber öffnete das
Maul; da zerriss die Schlange in vier Stücke. Hierauf kam der
Fuchs heran; da nun sowol die Schlange als auch der Löwe gestorben war, nahm er die Ziegen und den Widder mit und kam
nach Hause. Daselbst fragte man ihn: „Woher kommen diese
Ziegen? Fuchs!" Er antwortete: „Sie sind von den Kurden."
„Gibt es denn viele dort?" „Ja, eine grosse, grosse Menge." „So
lasst uns gehen und uns welche holen", sagten jene. „Gut." Da
versammelten sich die Füchse, es wurden ihrer ungefähr zwanzig.
Unterwegs fanden sie den todten Löwen und die todte Schlange;
darnach kamen sie zu der Ziegenhürde und sagten: „Da sind die
Kurden." Darauf drangen alle Füchse in die Hürde ein, ausser

einem einzigen; die Hirten aber fingen sie und tödteten sie; dann verfolgten sie noch den einen, der draussen geblieben war; doch dieser entfloh. Die Hirten zogen den Füchsen das Fell ab und gingen in eine Stadt, um die Felle zu verkaufen. Der Fuchs aber frass seinen Widder und seine Ziegen; dann ging auch er in die Stadt, wohin die Hirten gegangen waren um die Felle zu verkaufen, und trat bei einem Kaffewirt in Dienst. So wurde er Kaffewirt. - Da gingen vor der Bude des Fuchses jene Hirten vorbei; der Fuchs aber ergriff sie am Arm und schrie: „Das sind die Felle meiner Brüder." Dann verklagte er sie, und einer der Hirten trat vor Gericht. „Wie viel Brüder hast du gehabt?" fragte der Statthalter den Fuchs. „Ich hatte deren neunzehn", antwortete dieser; denn er wusste, dass zwanzig ausgezogen waren, jene aber neunzehn gefangen hatten, und einer entflohen war. Darauf befal der Statthalter: „Bringt die Felle herbei; wenn es neunzehn sind, so spricht er die Wahrheit; aber wenn es mehr sind, oder wenn es weniger sind, so lügt er." Man brachte die Felle und zälte sie; es ergab sich, dass es neunzehn waren, wie der Fuchs behauptet hatte; da hiess es: „Es ist die Wahrheit; werft die Hirten in's Gefängniss." Als dies geschehen war, verkaufte der Fuchs die Felle und übergab das Geld seinem Herren, dem Kaffewirt, indem er sagte: „Ich muss irgendwohin reisen; behalte das Geld, bis ich zurückkehre." „Gut", antwortete jener. Der Fuchs aber ging zu der Hürde, holte die Ziegen alle heraus und trieb sie weg; da traf ihn aber ein Löwe an und rief: „Du hast die Schlange aufgefordert, meinen Bruder zu beissen." Deshalb tödtete der Löwe den Fuchs und nahm die Ziegen als Beute mit sich fort.

LXXIII.

Es war einmal ein Fuchs; der hatte eine Frau und hatte Kinder; er wurde krank, und bald hatte er kein Geld mehr für seinen Lebensunterhalt; aber er besass eine Stute, die verkaufte er nun. Als er auch den Erlös der Stute verzehrt hatte, blieb ihm nichts mehr; daher sagte die Füchsin zu ihm: „Du bist nun gesund geworden; geh, hole uns etwas zu essen." Der Fuchs machte sich auf, ging in ein Dorf und traf einen Mann; dieser sagte zu ihm: „Fuchs!" „Ja!" „Willst du nicht bei mir bleiben als Hirt bei den Zicklein?" „Gern", antwortete jener, „aber für wie viel den Monat?" „Den Monat für dreissig Piaster", sagte der Mann, „also den Tag für einen Piaster." „So sei es", erwiderte der Fuchs, setzte sich zu den Zicklein und liess sie weiden, aber gleich an jenem Tage frass er ein Zicklein. Am Abend kam er nach Hause, und man sagte ihm nichts. So weidete der Fuchs einen Monat lang die Zicklein und verzehrte dabei zwanzig derselben; dann sagte er: „Ich will austreten." „Wie du willst", antwortete man ihm. „So gebt mir also meinen Lohn", sagte er. „Wir wollen erst die Zicklein zälen", antworteten jene. „Zält sie nur!" Als sie dieselben zälten, waren zwanzig zu wenig da. „Wo sind die Zicklein? Fuchs!" fragten sie. „Woher soll ich's wissen? Sie sind verloren gegangen, sind sie doch immer mit den Herden des Dorfes gelaufen." Da suchten sie dieselben, fanden sie aber nicht; daher weigerten sie sich, dem Fuchs sein Geld zu geben. Weil er aber weinte und beteuerte, er sei ganz unbemittelt und habe Kinder und wisse nichts von den Zicklein, gaben sie ihm seinen Lohn, und der Dorfschulze bot ihm an, als Rinderhirt in Dienst zu treten. „Ja", antwortete er, „das will ich tun." „Die Rinder gehen nicht leicht verloren", sagte der Dorfschulze zu ihm. So führte er nun die Rinder zur Weide und sammelte jeden Abend Brot bei den Eigentümern der Rinder ein; dieses Brot gab er jeden Abend einer alten Frau, daher wurde der Fuchs gleichsam der Sohn der Alten. Wärend er so die Rinder weidete, traf er einen Wolf an; dieser schlug ihm vor: „Gib mir jeden Tag ein Rind." „Ja." „Ich will es dann für Geld verkaufen, und das Geld teilen wir hernach unter einander." „So soll es sein", sagte der Fuchs und gab dem Wolf täglich ein Rind. Wenn die Eigentümer der Rinder fragten: „Wo bleiben denn unsere Rinder?" so antwortete er: „Der Wolf tödtet sie, und die Spitzbuben stehlen sie." Darauf ergriffen sie den Fuchs und setzten ihn zehn Tage in's Gefängniss; da verbürgte sich die alte Frau für ihn und sagte: „Lasst ihn bei mir wohnen, bis ihr den Rindern nachgespürt habt." — Der Fuchs aber traf den Wolf und fragte: „Wo ist das Geld für die Rinder?" „Welches Geld?" antwortete dieser. „Das Geld für die Rinder, welche ich dir gegeben habe." „Die Rinder habe ich gefressen und nicht verkauft", sagte dieser. Der Fuchs bat: „Komm doch heute Abend zu uns; ich will dich bewirten." So brachte er den Wolf in's Haus der Alten, und sie setzten sich dort hin; darauf sagte der Fuchs zur

Alten: „Geh, sage dem Dorfschulzen: „der Wolf, welcher die Rinder getödtet hat, ist zu uns gekommen; der Fuchs hat ihn da hingebracht." Die Frau ging dies dem Dorfschulzen sagen; dieser machte sich auf, benachrichtigte die Einwohner des Dorfes und sie kamen zum Hause der Alten. Daselbst fanden sie den Wolf, packten ihn und fragten: „Wo sind die Rinder?" „Ich habe sie gefressen", antwortete dieser. „Warum hast du sie gefressen?" „Der Fuchs hat sie mir gegeben", antwortete der Wolf. „Ist das die Wahrheit? Fuchs!" „Nein, er lügt", sagte der Fuchs, „sondern er schlug mich immer und nahm sie mir weg." Da packten sie den Wolf und tödteten ihn.

Der Fuchs aber machte sich des Nachts auf, stal das Geld, welches die alte Frau besass, und entfloh. Vor dem Dorfe aber floss ein Bach; der Fuchs trat in das Wasser hinein; aber dasselbe war zu tief; als er einsah, dass er nicht hinüber gelangen könne, sondern dass das Wasser ihn fortreissen und ersäufen würde, kehrte er um. Da erblickte er einen abgezehrten Esel und rief: „Esel!" „Ja!" „Was treibst du hier?" „Ich weide." Der Fuchs sagte: „Geh zum Teufel, was für Weide gibt's denn hier!" „Wo denn sonst?" fragte jener. „Es ist dort eine Wiese, wenn du über das Wasser hinübergehst!" Der Esel antwortete: „Ich weiss nicht, wo das ist." „Ich will dir's zeigen", antwortete der Fuchs. „Auf denn!" „Komm, lass uns Brüder werden, Esel!" „Gut", erwiderte dieser. Als der Esel in's Wasser hineintrat, rief der Fuchs: „Langsam, mein Bruder; ich möchte auf dir reiten!" Darauf setzte er sich auf den Esel, und sie gelangten an's jenseitige Ufer. Da trafen sie einen Widder an, der fragte: „Wohin geht ihr?" „Wir gehen auf die Wiese", antworteten sie. „So will ich mit euch kommen!" „Komm nur!" Darauf trafen sie einen Hasen an und einen Hahn; die fragten ebenfalls: „Wohin?" „Wir gehen auf die Wiese", antworteten jene. „So wollen wir mit euch kommen." „Kommt nur!" Darauf zogen sie mit ihnen und gingen auf die Wiese; dort weideten sie, aber der Esel wurde krank und starb. „So kommt, wir wollen den Esel begraben", sagte der Fuchs, „der Widder soll das Todtenhemd nähen; der Hase soll das Grab offen legen, und der Hahn soll Priester sein und die Leichenceremonien vollziehen." „So soll es sein", antworteten jene. Der Widder setzte sich wiederkäuend hin; der Hase scharrte den Boden auf, der Hahn recitirte, und der Fuchs weinte. Indem er weinte, nahm er die Rute des Esels in die Hand und rief aus: „Ach, mein Bruder, in wie viele Eselinnen ist diese Rute hineingegangen!" So sprach der Fuchs unter Thränen. Dann gruben sie das Grab und bestatteten den Esel. —

Hierauf kam ein Wolf herbei, sah den Fuchs mit dem Widder, dem Hahn und dem Hasen und sagte: „Ich will gegen den Widder eine Klage erheben." „Bei wem denn?" fragte der Fuchs. „Beim Fürsten der Wölfe." „Aber wir geben ihn nicht her." Da kämpften sie mit dem Wolf, und der Wolf biss den Fuchs, so dass er verwundet wurde. Der Widder aber war unterdessen so dick und fest wie eine Mauer geworden, so dass Niemand es mit ihm aufnehmen konnte. Der Fuchs ging auf listige Weise um ihn herum, konnte ihm aber nicht beikommen. Daher rief er: „Hahn!" „Ja!" „Wenn der Widder sich niederlegt, so picke ihm mit deinem Schnabel die Augen aus." „Ja." Als der Widder sich niederlegte, ging der Hahn zu ihm hin, pickte mit dem Schnabel auf ihn los und riss ihm ein Auge aus. Da erhob sich der Widder gegen ihn und rief: „Warum hast du mir mein Auge ausgerissen?" Der Hahn aber antwortete: „Es hatte sich eine Fliege auf deine Augenbraue niedergesetzt; ich wollte die Fliege mit meinem Schnabel fangen; da geriet dir derselbe in's Auge." „Es hat nichts zu sagen", meinte der Fuchs, „du musst nun mit einem Auge leben." Der Hase aber sagte: „Lege dich nieder, ich will dein Auge heilen." Als der Widder sich niederlegte, kam der Hahn wieder und pickte ihm das andere Auge aus; da wurde der Widder wütend; aber er war blind und konnte nichts sehen. Darauf ging der Fuchs um ihn herum, packte seinen Fettschwanz und verzehrte ihn; dann warf er den Widder zu Boden. Aber dieser erhob sich, packte den Fuchs, warf ihn unter sich, und stiess ihn mit den Hörnern. Der Fuchs schrie: „Ich bin es, Widder!" „Wer bist du?" „Der Fuchs bin ich!" „Wer hat meinen Fettschwanz gefressen?" fragte jener. „Der Wolf", antwortete dieser. Da liess der Widder ihn los und kauerte sich nieder; der Fuchs aber packte ihn am Bauch und zerfleischte ihn; zehn Tage frass er an dem Widder, bis er damit fertig wurde. Nun blieb noch der Hase und der Hahn übrig. „Hahn", rief der Fuchs, „biete dem Hasen an, du wollest ihn lausen; dann wollen wir ihn erwürgen." „Gut." Darauf rief der Hahn: „Hase! komm, ich will dich lausen!" „Komm nur!" Wärend aber der Hahn ihn lauste, packte der Fuchs ihn an der Gurgel und erwürgte ihn; dann verzehrte er ihn, und nun blieb nur noch der Hahn übrig. — „Hahn!" rief der Fuchs. „Ja!" „Komm, wir wollen uns schlafen legen!" „Ich mag nicht schlafen", antwortete der Hahn. „Warum nicht?" „Du willst mich tödten."

20*

„Habe keine Furcht; wir sind ja Brüder"; dann schlug er seinem Begleiter vor, weiter zu gehen. Da gingen sie zu einem Dorfe, bei welchem sich eine Höle befand; dort sagte der Fuchs: „Hahn komm, lass uns einander schwören, dass wir Brüder sein wollen." Da schworen sie einander, und der Hahn glaubte daran. „He du!" rief der Fuchs, „hole mir doch zwanzig Hühner aus jenem Dorfe; locke sie durch Krähen, damit sie zu dir kommen, du bist ja ein Hahn." „Ja, Bruder; habe keine Angst, ich will sie dir herbeibringen", antwortete dieser. Darauf lockte er zwanzig Hühner durch sein Rufen herbei; der Fuchs aber versteckte sich in der Höle; jene kamen in die Höle hinein, und der Hahn trat sie an ihrem Steisse; der Fuchs lachte dazu. Dann trat der Fuchs an die Oeffnung der Höle und rief: „Hahn!" „Ja!" „Steige auf ihren Rücken und tritt sie an ihrem Steisse, damit sie Eier legen." Da stieg der Hahn auf den Rücken eines jeden; hierauf aber sagte der Fuchs: „Hebe dich nun weg, Bruder! jetzt kommt die Reihe an mich, dass ich sie Eier legen mache." Mit diesen Worten stürzte sich der Fuchs mitten unter sie, tödtete alle und verzehrte sie — Die Bauern lauerten aber dem Hahn auf; denn sie sagten: „Unsre Hühner sind verschwunden"; und andere meinten: „Gewiss, der wilde Hahn hat sie weggelockt"; daher lauerten sie ihm mit den Flinten auf. Inzwischen schickte der Fuchs den Hahn ein zweites mal aus, ihm Hühner zu holen. Als aber der Hahn hinkam und die Hühner lockte, schossen sie zehn Flintenschüsse auf ihn ab, wovon einer ihn traf; so tödteten sie ihn. Der Fuchs aber ging, sowie er den Schall der Flintenschüsse hörte, aus der Höle hinaus, sah, dass sie den Hahn getödtet hatten, und ergriff die Flucht. —

Hierauf kam er vor das Thor einer Stadt; dort traf er einen Kaufmann an und schlich sich, da es Nacht war, unter die Warenballen desselben; daselbst fand er ein Fass voll Käse, öffnete dasselbe und frass von dem Käse. Die Diener sahen, dass das Fass offen war, und verschlossen es wieder; der Fuchs blieb drinnen im Fasse. Darauf legte man die Fässer in Transportsäcke und lud sie auf, wärend der Fuchs sich noch immer im Innern des Fasses befand. „Nun ist's aus mit mir", dachte er, „denn man wird mich tödten; nun, wenn sie mich doch tödten, will ich auch allen Käse auffressen." Der Kaufmann reiste in eine andere Stadt und verkaufte die Fässer mit Käse. Der Käufer beschaute zwei Fässer und sah, dass der Käse gut war; daher öffnete er das Fass mit dem Fuchse nicht; jedes Fass kaufte er für fünfzehnhundert Piaster. Darauf liess er die Fässer in die Warenhalle legen und rief Lastträger herbei, dieselben nach seinem Hause zu schaffen. Die Lastträger wurden mit dem Transport fertig; nur das Fass des Fuchses blieb noch als letztes übrig. Die Lastträger sagten: „Dieses Fass ist leicht!" und als sie damit zur Wohnung des Käufers kamen, öffnete dieser dasselbe. Da kam ein Fuchs heraus; den fingen sie, legten ihm eine Kette um den Hals und banden ihn fest an. Darauf suchten sie den Kaufmann auf, riefen ihn und sagten: „Du hast uns ein leeres Fass verkauft, worin sich ein Fuchs befand." Der Kaufmann kam herbei, betrachtete das Fass und sah den gefangenen Fuchs. „Ihr lügt", sagte er, „mein Fass war voll Käse." Darauf verklagten der Kaufmann und der Käufer einander; aber man sagte zu Letzterem: „Du hast das Fass gekauft; nun ist's vorbei; so spricht das Gesetz; hättest du deine Augen geöffnet und zugesehen!" Hierauf kehrte der Käufer zurück, der Kaufmann reiste ab; der Fuchs aber blieb ein ganzes Jahr gefangen. — Jener Käufer des Käses hatte eine kleine Tochter, welche den Hof kehrte; einmal rief diese: „Fuchs!" „Ja!" „Ich mag nicht kehren; komm, kehre du!" „Komm", antwortete er, „mach mich los, so will ich kehren." Sie wollte ihn los machen, er aber sagte: „Geh, suche den Schlüssel zum Schloss meiner Fessel, öffne es und entferne die Fessel von meinem Hals, dann will ich kehren." „Ja", antwortete sie und ging den Schlüssel suchen, denn sie war jung. Sie fand denselben unter dem Kopfkissen ihres Vaters und brachte ihn herbei. Der Fuchs sprach: „Stecke ihn hier in das Schloss der Fessel hinein." Das tat sie; der Fuchs drehte den Schlüssel um und befreite seinen Hals aus der Fessel; dann sagte er zu dem Mädchen: „Ich gehe schnell mein Wasser abschlagen; ich komme gleich wieder, um zu kehren." „Geh, aber verweile nicht, sondern komm wieder." „Ja", antwortete er. Jedoch der Fuchs ging hinaus und ergriff die Flucht; Niemand wusste, wohin er gegangen war. Als der Käufer des Käses hinzukam und den Fuchs nicht mehr erblickte, fragte er: „Wer hat den Fuchs los gemacht?" „Wir wissen es nicht", antworteten sie; nur das Töchterchen sagte: „Ich; ich habe zu ihm gesagt: „„Komm, kehre""; und er antwortete: „„Hole erst den Schlüssel""; da habe ich den Schlüssel geholt, und er hat die Fessel los gemacht; dann sagte er: „„Ich will hinaus gehen, mein Wasser abzuschlagen"", und hat sich auf und davon gemacht." — Da tödtete der Mann seine Tochter; denn er sagte: „Ich habe um des Fuchses willen fünfzehnhundert Piaster verloren, und ihr habt ihn frei gelassen!" — Darauf schimpfte seine Frau ihn aus und sagte: „Warum hast du deine Tochter getödtet?" Da tödtete er auch seine Frau. Darauf schimpfte ihn sein Sohn aus und fragte: „Warum hast du meine Mutter getödtet?" Da tödtete er auch seinen Sohn. Darauf kamen seine Verwandten und fragten: „Warum hast du deinen Sohn getödtet?" „Darum", antwortete er. Da tödteten sie ihn, und sein Haus fiel dem Fiscus anheim. Der Fuchs aber kam unterdessen nach Hause; dort fand er seine Frau und seine Kinder alle todt; da barst er vor Grimm über den Verlust seiner Kinder.

LXXIV.

Es war einmal ein Mann, der hatte eine Frau und einen Sohn; auch hatte er eine Stute. Er führte die Stute hinaus und dachte: „Ich will gehen und sie auf die Wiese führen." Als er sie dorthin geführt hatte, liess er sie grasen und legte sich selber schlafen. Da kam eine Schlange, wickelte sich um seinen Hals und legte ihren Kopf zwischen seine Augen. Packte er nun ihren Kopf, so zog sie sich mit dem Schwanze fest an und schnitt ihm den Hals durch: packte er sie aber beim Schwanze, so biss sie ihn mit dem Kopfe zwischen den Augen. So blieb er ratlos liegen. Da sagte die Schlange: „Mann! suche dir einen Ausweg, ich beisse dich!" „Das geht nicht an", sagte er, „geh erst von meinem Halse hinunter auf die Erde, bis ich aufstehe, und dann beiss mich." „Weisst du denn nicht", antwortete die Schlange, „dass wir und ihr von unsern Vätern und Grossvätern her Feinde sind? wenn ihr uns seht, tödtet ihr uns, und wenn wir euch sehen, beissen wir euch." „Komm, lass uns vor Gericht gehen." „Voran!" So ging er mit der Schlange um den Hals gewickelt zu einem alten Kamel, das auf dem Berge frei herumlief. Diesem sagten sie: „Wir wollen bei dir uns unser Urteil holen." „Sprecht!" antwortete das Kamel. „Ich lag auf der Wiese", erzälte der Mann, „da kam die Schlange, wickelte sich um meinen Hals und wollte mich beissen; ich sagte: „„Geh hinunter auf die Erde, bis ich aufgestanden bin, und dann beiss mich"", aber sie sagte: „„Weisst du denn nicht, dass wir und ihr von unsern Vätern her Feinde sind?"" Darauf antwortete das Kamel: „So lange ich jung war, hat mir mein Herr zu essen und zu trinken gegeben, jetzt bin ich alt geworden — da hat er mich weggejagt, gibt mir weder

:n fressen noch zu saufen, der Mensch ist ohne Treu und Glauben
)eiss ihn!" So sagte es zur Schlange, der Mann aber erwiderte:
,Ich nehme das Urteil des Kameles nicht an, komm, wir wollen
:um Ochsen gehen, unsere Sache bei ihm zu führen." Sie gingen
ilso zum Ochsen, der gerade einen Hügel hinaufstieg und dabei
'or Kraftlosigkeit seine Winde liess. Sie sagten: „Ochs!" „Ja!"
,Wir sind um eines Urteilspruches willen zu dir gekommen."
,Kommt heran!" „Kannst du uns Recht sprechen?" „Ja, von
neinen Vorfahren her sprechen wir Recht." — Da erzälte der Mann:
,Ich lag auf der Wiese, da kam die Schlange und wickelte sich
im meinen Hals, um mich zu beissen; ich sagte: „„geh hinunter
iuf die Erde, bis ich aufgestanden bin, und dann beiss mich!""
iie aber sagte: „„nein, ich beisse dich"", nun sind wir zum Ge-
·icht gekommen; wie entscheidet dein Urteil?" „So lange ich
ung war", antwortete der Ochs, „zog ich den Pflug, und mein
Ierr gab mir Häcksel und Gerste zu fressen, ich wurde alt —
la trieb er mich weg, der Mensch ist ohne Treu und Glauben;
)eiss ihn." So sagte er zur Schlange, der Mann aber erwiderte:
,Ich folge seinem Urteile nicht, denn der hat etwas gegen den
Menschen; komm, wir wollen zum Fuchse gehn." So gingen sie
:um Fuchse; sie fanden ihn auf dem Polster sitzen und seine
.ange Pfeife rauchen. „Verstehst du was vom Recht?" fragten
iie ihn. „Ich sitze hier auf dem Polster", antwortete er, „und
ipreche das Recht allen Tieren; tragt eure Sache vor!" In-
:wischen streckte der Mann dem Fuchse heimlich zwei Finger
intgegen, um ihm anzudeuten, dass er ihn mit zwei Hühnern be-
itechen wolle; und der Fuchs verstand das Zeichen. Darauf er-
:älte der Mann: „Ich schlief auf der Wiese, da kam die Schlange,
wickelte sich um meinen Hals und wollte mich beissen, ich sagte:
„„das geht nicht an, geh hinunter auf die Erde, bis ich aufstehe,
lann beiss mich"", sie aber sagte: „„wie? weisst du nicht, dass
wir von unsern Vätern und Grossvätern her Feinde sind?"" —
,Nein!" fiel der Fuchs ein, „so ist das nicht richtig; geh rasch
'on seinem Hals hinunter auf die Erde, und dann kämpft mit
iinander, wer den andern tödtet. So spricht das Gesetz." Da
iess sich die Schlange auf die Erde hinunter und kämpfte mit
lem Manne; dieser warf sie mit einem Steine und tödtete sie.
Darauf sagte ihm der Fuchs: „Geh, hol zwei Hühner, ich habe
lich von der Schlange befreit." „Ich gehe", sagte der Mann.
Er ging nach Hause, in den Hühnerstall hinein, um zwei Hühner
:u nehmen. Als diese aber zu gackern anfingen, kam die Frau

des Mannes und fragte: „Was machst du?" Er erzälte ihr, wie
es ihm ergangen war. „Dummkopf!" antwortete sie, „du willst
dem Fuchse zwei Hühner zu fressen geben! Die geben den Bach
hinunter! bringe ihm zwei Hunde, dass sie ihn packen und erwürgen; wir ziehen ihm dann die Haut ab, verkaufen sie für
zwanzig Piaster und geben diese für unser Vergnügen aus." „Richtig!" antwortete der Mann, und holte zwei Hunde, steckte jeden
in einen Sack und hing sie über seine Schultern, aber den Kopf
der Hunde hatte er draussen gelassen. So ging er zum Fuchse und
rief: „Fuchs!" — Der aber fing an wegzulaufen, als er die Ohren
der Hunde sah. — „Da nimm diese Hühner!" „Lege sie dorthin",
antwortete der Fuchs und floh immer weiter weg, er hatte gemerkt, dass es Hunde waren. Nun liess der Mann die Hunde
auf den Fuchs los, der entkam, wurde aber bei seiner eiligen
Flucht von den Dornen verwundet und schlüpfte in ein Loch.
Der Mann und die Hunde kehrten zur Wiese zurück, aber die
Stute war verschwunden.

Als der Fuchs verwundet aus dem Loche herauskam, hielt
er sich selber folgende Anrede: „Du Hund und Hundesohn! Das
fehlte dir noch, Recht zu sprechen! Du liessest die Schlange ihn
nicht beissen, weil er dir Hühner versprach — bis er ausser Gefahr war, dann holte er Hunde und liess sie auf dich los; nun
sieh deinen Jammerzustand! o! ich und Rechtsprechen!" Weg
ging der Fuchs, verwundet und zum Sterben hungrig; da sah er
ein altes Kamel daliegen, dem setzte er sich zu Häupten. „Was
machst du da, Fuchs?" fragte dieses. „Ich bewache dich, bis du
stirbst, dass ich dich dann fresse." „Oho! mein Hals ist lang und
gewunden, ein Jahr kann's dauern, bis die Seele zu meinem Halse
herauskommt." „Langsam, langsam! nur ruhig! was schadet's?
wann immer du stirbst, fresse ich dich." Da öffnete das Kamel
das Maul und riss die Augen weit auf — zum Schein. Der Fuchs
freute sich, ging um es herum und setzte sich auf seinen Rücken.
Nun hob das Kamel den Kopf in die Höhe; der Fuchs dachte,
es bewegt sich vor dem Geiste, aber das Kamel stand mit dem
Fuchse auf, der vor Furcht fast umkam. „Wenn es nur nicht vorwärts geht!" sagte er, „sonst wirft es mich ab und zerbricht mir die
Beine", dann zum Kamel gewandt, „Kamel, der Todesengel ist
gekommen." Das Kamel glaubte ihm, kauerte nieder und legte
sich hin, der Fuchs aber stieg von ihm herab. Als das Kamel
ruhig liegen blieb, sagte er: „Kamel, ich habe den Engel zurück-
gehalten, indem ich ihn bat, er möchte deine Seele nicht eher

nehmen, als bis ich gegangen wäre und dir ein Todtenhemd geholt hätte, da hat er mir geantwortet: „„Nein, nein, deinetwegen nehme ich seine Seele nicht eher, als bis du ihm das Todtenhemd geholt hast.““ — „Geh, Fuchs“, sagte das Kamel, „lass mich nicht ohne Todtenhemd und mach mir ein Grab, damit die wilden Tiere mich nicht fressen.“ Der Fuchs ging und traf einen Wolf, der sagte zu ihm: „Fuchs, dieses Jahr habe ich noch gar nichts gefressen.“ „Bei Gott! ich habe Nahrung für ein ganzes Jahr entdeckt“, versetzte der Fuchs, „davon wollen wir fressen, aber du bist ohne Treu und Glauben, ich fürchte, wenn ich es dir zeige, lässest du mich nicht davon mitfressen.“ „Ich habe vier Söhne“, verschwor sich der Wolf, „die will ich alle vier begraben, wenn ich dich nicht davon mitfressen lasse; bist du nun sicher?“ „Ja.“ Die beiden gingen und kamen zum Kamel. Der Fuchs rief: „Kamel!“ „Ja!“ „Mach dich bereit, leg dich hin, der Todesengel ist gekommen, deine Seele zu holen.“ Der Fuchs und der Wolf liessen Wasser auf die Erde, machten Kot daraus, und der Fuchs bestrich damit Gesicht und Kopf des Wolfes, so dass seine weit aufgerissenen Augen herausglotzten. Letzterer stellte sich nun gerade vor das Kamel hin, und der Fuchs sagte: „Kamel, da ist der Engel, schlag ein Kreuz über dein Gesicht und schliesse die Augen; er hat's eilig, deine Seele zu holen, aber wir haben ihn aufgehalten, der Messias wird mit ihm zanken.“ Das Kamel bewegte den Fuss gegen den Kopf hin, schlug ein Kreuz über's Gesicht und schloss die Augen. Der Wolf aber packte es am Halse und erwürgte es. Wärend er nun davon frass, versuchte auch der Fuchs zu fressen, aber der Wolf schlug nach ihm und liess ihn nicht fressen. So war der Fuchs vom Wolfe getäuscht und ging weg.

Da sah er einen Spatz auf einem Steine schlafen, er fing ihn und freute sich. „Worüber freust du dich?“ fragte der Spatz. „Ich freue mich, dass ich dich gefangen habe“, antwortete der Fuchs. „Danke deinem Herren, dass du mich gefangen hast.“ „O Herr“, sagte der Fuchs, wärend er den Sperling im Maule hatte, „ich danke dir.“ Der Spatz machte „Prr“ und flog dem Fuchse aus dem Rachen; er liess sich auf's Dach nieder und rief: „Hast du gesehen, Fuchs?“ Der aber sprach: „Ich will den Vater des Menschen verbrennen, der da ohne satt zu sein sagt: „Herr, ich danke dir“; ich hätte den Sperling fressen sollen, nachher hätte ich sagen können: „O Herr, ich danke dir“, ich aber sagte, ohne zu essen: „Herr, ich danke dir“, weg ist er geflogen, und ich habe nichts gegessen.“

— Weiter zog der Fuchs; da erblickte er einen Esel, der weidet. Als er um ihn herum ging, fragte der Esel: „Was machst du da, Fuchs?" „Ich fresse dich, ich vergehe vor Hunger." „Du frisst mich?" „Ja." „Dann komm, beschlag meine beiden Hinterfüsse, und dann friss mich." Der Fuchs trat heran und griff nach den Hinterbeine des Esels, um es zu beschlagen. Da schlug der Esel aus und traf ihn gerade in's Maul, so dass er ihm zwei Zähne zerbrach; dann machte er sich springend und wiehernd aus dem Staube. Der Fuchs sah zu: seine Zähne waren entzwei, und Blut lief heraus. Da sprach er zu sich selbst: „Du Lumpenkerl! Dein Vater hat keine Beschlägerei getrieben, du wirst Hufschmied, bis dir der Esel die Zähne zerbrochen, womit soll ich jetzt fressen?" Nach einem Arzte sich umsehend, der ihm seine Zähne heilen könnte, kam der Fuchs und erblickte eine Ziege, die frei auf dem Berge herumlief; dieser näherte er sich und warf sie hin, aber, weil ihm die Zähne fehlten, konnte er sie nicht fressen. Aus Zorn schlägt er sich selbst mit Steinen und jammert: „Da habe ich eine Ziege bekommen und kann sie nicht fressen." Die Ziege aber fragte ihn: „Fuchs, warum bist du so?" Er erzälte ihr, was ihm begegnet war: „Ich war im Begriffe den Esel zu fressen, da zerschlug er mir die Zähne, dann fand ich dich und kann dich nicht fressen, wegen der Zähne." „Ich bin Arzt", antwortete sie, „der Wolf hat mir zwei Böckchen getödtet, geh, hol mir vier Wolfszähne, zwei setze ich an Stelle der deinigen, und zwei lass mir, damit ich sie als Sühne für meine beiden Böckchen verbrenne." „Gut, warte hier!" gab der Fuchs zur Antwort und ging. Zwei Hirten, die er mit Flinten in den Händen gewahrte, fragte er: „Wonach sucht ihr, ihr Hirten?" „Wir suchen nach dem Wolfe, damit wir ihn tödten, er hat unsere Ziegen und unser Kamel gefressen." „Ich gehe euch den Wolf holen, damit ihr ihn tödtet, aber zieht mir nachher zwei seiner Zähne aus." „Gut", sagten sie. Der Fuchs ging weg und fand den Wolf, welcher damals das Kamel gefressen hatte. Dieser rief: „Fuchs, ich vergehe vor Hunger." „Wie so?" fragte der Fuchs, „hast du das Kamel nicht gefressen?" „Allerdings, aber ausser dem Kamele, welches du mir gezeigt hast, habe ich nichts mehr gefressen." „Hast du denn keine Ziegen gefressen?" „Ich habe zwei Ziegen gestolen, das ist alles." „Du hast kein Gewissen", versetzte der Fuchs, „du gibst mir nichts zu fressen, ich zeige dir, und du lässest mich nicht mitfressen." „Nur diesmal noch zeige mir etwas", bat der Wolf, „Gott ist Zeuge zwischen mir und dir, was

wir finden, fressen wir zusammen." „So leg dich hier hin, verbirg deinen Kopf im Heu, ich gehe dir den Gaul holen, damit wir
ihn fressen." „Geh", antwortete der Wolf. Der Fuchs aber ging
zu den Hirten und sagte ihnen: „Kommt, da ist der Wolf." Sie
gingen mit ihm und sahen den Kopf des Wolfes im Heu verborgen.
Der Fuchs sagte: „Schliess die Augen, Wolf, der Gaul ist da."
Der Wolf schloss die Augen, die Hirten aber legten die Gewehre
auf ihn an und tödteten ihn. Nun bat der Fuchs: „Zieht mir
seine Zähne aus." Sie zogen ihm zwei Zähne aus; die nahm der
Fuchs mit sich und kam zur Ziege. „Hast du Zähne gebracht?"
fragte diese. „Ja", antwortete der Fuchs, „setze mir diese beiden
ein, die beiden andern habe ich in der Tasche, ich gebe sie dir."
„Leg dich hin", sagte die Ziege. Der Fuchs legte sich hin, und
die Ziege setzte ihm die Wolfszähne an die Stelle der seinigen,
dann tödtete sie eine Schildkröte und liess ihn das Blut derselben
trinken. Da wurden die Zähne des Fuchses besser als vorher.
„Nun gib mir jene beiden andern", bat die Ziege. „Ich habe
dich belogen! ich habe nur diese beiden gebracht", antwortete der
Fuchs und frass die Ziege, der Schurke.

Darauf begann der Fuchs sich in der Welt herumzutreiben.
In einem Orte, wohin er gekommen, fragten die Leute ihn: „Welches
Handwerk treibst du?" „Ich flicke Schuhe", antwortete er. „Ich
habe ein leeres Zimmer", sagte ein Mann, „komm, setz dich dorthin und flicke den Leuten die Schuhe." „Ja", sagte der Fuchs
und setzte sich in das Haus des Mannes. „Wo ist denn dein
Handwerkszeug, Fuchs?" fragte der Mann. „Mein Werkzeug", entgegnete dieser, „sind mein Mund und meine Zähne". „Gut!" erwiderte der Mann. Nun war bei dem Hause, in welchem der
Fuchs wohnte, ein Hühnerstall. Als der Tag vorüber war und
die Leute sich schlafen gelegt hatten, ging der Fuchs zum Hause
heraus, kroch in den Hühnerstall, frass die Hühner und entfernte
sich aus dem Orte. Aber draussen vor dem Orte war eine Falle
gespannt; da es Nacht war, geriet er in diese und wurde
gefangen. Als der Mann, dem das Haus gehörte, aufstand, fand
er den Fuchs nicht mehr und sah, dass auch die Hühner verschwunden waren; er ging vor den Ort und fand den Fuchs in
der Falle gefangen. „Fuchs!" sagte er. „Ja!" „Warum hast
du so gehandelt?" „Was habe ich denn getan?" „Du hast die
Hühner gefressen." „Ich habe sie nicht gefressen, Bruder; ich
habe sie geholt und sie geschlachtet, dann ihnen die Haut abgezogen und dieselbe in's Wasser gelegt; ich dachte, sie wird feucht

bis zum Morgen, so dass ich sie zum Flicken benutzen kann; der
Gewinn daraus soll uns beiden zur Hälfte gehören." „Wenn
ich dich frei lasse, zeigst du mir dann die Hühner?" fragte der
Mann. „Gewiss", antwortete der Fuchs. Darauf liess er ihn
frei und sagte: „Komm, zeig mir die Hühner." Der Fuchs stellte
sich auch so, als ob er sie ihm zeigen wollte, entfloh aber.
„Komm", sagte der Mann, „zeig sie mir, lauf nicht weg!" „Ich
habe sie gefressen", rief der Fuchs, „und sie vor eurer Thür
hingemacht; geh hin und beschau dir das!" —

LXXV.

Es war einmal ein Reicher, der pflegte Brantwein zu trinken
und mit Würfeln zu spielen; so vergeudete er seine Habe, bis
ihm nichts mehr übrig blieb. Seine Frau verliess ihn aus Aerger
darüber und ging zu ihrem Vater zurück; er blieb allein und
starb fast Hungers; denn Niemand reichte ihm Brot. Daher ver-
dang er sich als Knecht; da er aber nicht im Stande war, ein
Geschäft zu verrichten, trat er wieder aus dem Dienste und ging
in's Gebirge, woselbst er sich hinter einer Mauer schlafen legte.
Es lebte dort ein Fuchs, und dieser kam und trat an den Mann
heran, wärend derselbe noch wach war und nur seine Augen fest geschlossen hatte; der Fuchs beleckte das Gesicht des Mannes,
dieser aber packte ihn am Beine und hielt ihn fest. „Lass mich los,
bei deinem Heil!" rief dieser. „Nein, warhaftig", antwortete jener,
„ich lasse dich nicht los; denn du bist gekommen und hast mein
Gesicht beleckt." Wie auch der Fuchs sich anstellte, jener liess
ihn nicht los, sondern nahm ihn mit nach Nisibis hinunter, um ihn
zu verkaufen. Als er an einem Backofen vorbeiging, suchte er
ihn dem Bäcker um Brot zu verhandeln. Da war aber auch ein
Kaufmann, der sah dem Handel zu; der Bäcker bot jenem ein
Pfund Brot dafür, und er wollte ihn ihm eben verkaufen, als der
Kaufmann ihm winkte und sagte: „Ich will dir anderthalb Pfund
dafür geben." Hierauf ging der Mann mit dem Kaufmann fort,
und sie gelangten auf den Trödelmarkt; die Mäkler nahmen ihm
den Fuchs aus der Hand, und die Ladenbesitzer steigerten, bis er
auf zwanzig Piaster kam; der Kaufmann aber gab ihm dreissig
Piaster dafür, indem er dachte: „Ich will ihn mitnehmen, damit
meine Kinder sich an ihm ergötzen." Er kaufte ihn daher und

band ihn in der Herberge bei seinen Warenballen an. Nachdem der Kaufmann sich gerüstet hatte, nach Hause zu ziehen, setzte er den Fuchs auf das Maultier hinauf. Da rief der Fuchs: „Kaufmann, bei deinem Heil, lass mich hinunter, ein Bedürfniss zu verrichten." „Aber wenn du entfliehst!" versetzte dieser. „Wie soll ich entfliehen?" sagte der Fuchs und schwor ihm, es nicht zu tun. Hierauf setzten sie ihn hinunter, damit er sein Bedürfniss verrichte; der Knecht aber hielt ihn mit der Hand fest; unterdessen begannen die Pferde gegen einander zu schlagen, und der Knecht sah nach denselben; dadurch wurde seine Aufmerksamkeit von dem Fuchs abgelenkt, und er liess denselben los, und dieser entfloh. „Ha Schurke", rief der Kaufmann; aber der Fuchs entfloh. Da stiegen die Knechte und der Kaufmann zu Pferde und sprengten dem Fuchs nach, indem sie die Maultiere im Stich liessen; unterdessen kam eine Schar Beduinen und nahm die Maultiere nebst den Warenballen weg. Der Kaufmann aber mit seinen Dienern suchte den Fuchs, und als dieser in ein Dorf hineinschlüpfte, gingen auch jene hin; alle Einwohner wurden aufgeboten, alle suchten den Fuchs; endlich nahmen sie ihn fest. Wie sie aber zu ihren Maultieren zurückkehrten, fanden sie dieselben nicht und fragten einander: „Wer hat die Maultiere weggeführt?" „Wir wissen es nicht", sagten andere. Da schlug der Kaufmann den Fuchs, indem er sagte: „Um deinetwillen hat man die Maultiere mit den Warenballen entführt." Unterdessen kam eine Bärin und begegnete ihnen. „Was macht ihr?" fragte sie. „Der Fuchs war entflohen", antworteten jene, „wir aber haben ihn verfolgt und dabei die Maultiere zurückgelassen; nun wissen wir nicht, wer sie entführt hat." Die Bärin fragte den Kaufmann: „Willst du mir den Fuchs geben, wenn ich dir sage, wer jene entführt hat?" „Ja, ich will ihn dir geben." „Die Tai-Beduinen haben sie weggenommen, geh, du wirst sie bei ihnen finden; gib mir nun den Fuchs!" Der Kaufmann übergab ihr den Fuchs, dann zog er unter die Beduinen und forderte seine Maultiere zurück; jene aber brachten ihn nebst seinen Dienern um. —

Die Bärin nahm den Fuchs mit fort und ging nach Hause. Sie hatte aber eine Schwester, die war blind und lahm. Da sagte die Bärin: „Fuchs, komm! entweder schwöre mir, dass du nicht entfliehen willst, oder ich tödte dich." „Ich will's dir schwören", antwortete der Fuchs und schwor es ihr. Darauf liess sie ihn sich zu ihr legen. — Wenn die Bärin auf die Jagd ging, blieb

die Blinde zu Hause; sie band den Fuchs an und setzte sich n
ihm hin; aber der Fuchs sagte kein Wort. Darauf bat die Blinde
den Fuchs: „Schlafe bei mir, so will ich dich freilassen." Er indessen antwortete: „Ich will weder bei dir schlafen, noch will ich
entfliehen." Wie sie's auch anfing, er schlief nicht bei ihr; sie
schlug ihn und öffnete ihren Rachen, um ihn zu fressen; da sagte
der Fuchs: „Lass mich doch für heute; ich habe geschworen, ich
tue es nicht; morgen will ich dir den Willen tun." Sie liess von
ihm ab. Am Abend kam die Bärin zurück und brachte eine Berg-
ziege von der Jagd heim; die kochten und assen sie, dann legten
sie sich schlafen. Da rief die Bärin: „Steh auf, Fuchs, lege dich
zu mir!" Jener antwortete: „Ich vermag es nicht." „Warum nicht?"
„Deine Schwester lässt das nicht zu!" „Was hat denn meine
Schwester getan?" fragte sie. „Sie hat mich von früh an, seitdem du fortgegangen bist, bis jetzt geschlagen, damit ich bei ihr
liege!" „Ist das wahr? Blinde", fragte sie. „Ja", antwortete diese.
„Was? habe ich denn den Fuchs für dich mitgebracht?" Darauf stritten die beiden mit einander, wärend der Fuchs zusah;
bis zum andern Abend kämpften sie miteinander und brachten sich
gegenseitig blutige Wunden bei; dann ging die Bärin fort, indem
sie dachte: „Ich will meine andere Schwester herbeirufen, damit
wir die Blinde erwürgen." Dem Fuchs befal sie: „Bleibe hier!"
„Ich bleibe schon hier; wohin sollte ich gehen?" antwortete er.
Die Bärin ging hin, rief ihre Schwester — denn sie waren drei
Schwestern — und nahm dieselbe mit. Als sie nun mit ihr
nach Hause zurück kam und wieder mit der Blinden stritt,
wollte jene, die frisch gekommen war, die beiden nicht miteinander kämpfen lassen, sondern fragte sie nach der Ursache
ihres Zwistes. Da erzälte jene: „Ich bin blind und lahm und
kann nicht ausgehen; nun hat diese sich den Fuchs geholt,
damit er bei ihr liege, darüber bin ich böse geworden." Die,
welche frisch gekommen war, war die älteste Schwester; sie
nahm daher jenen beiden den Fuchs weg und liess ihn bei sich
schlafen. Jene aber riefen: „Fuchs!" „Ja!" „Gibt es keine andern
Füchse, die du uns herbringen könntest, für eine jede einen?"
Er antwortete: „Nein, Füchse gibt's nicht, hingegen einen Kater
und einen Marder." „So geh sie uns holen; du wirst dann der
Herr unseres Hauswesens." Der Fuchs erklärte sich bereit, zu
gehen, die Blinde aber rief: „Fuchs, sieh zu, schon jetzt trage ich
es dir auf, der Marder soll mir zugeteilt werden, der Kater mag
meiner Schwester angehören." „Gut", versetzte der Fuchs und ging.

Er traf eine Katze. „Katze", fragte er, „hast du keinen Kater gesehen?" „Freilich." „Wo ist er denn?" „Er ist da und da!" „Was tut er?" „Er hat mich gepackt", erzälte die Katze, „nur mit Mühe konnte ich mich seiner erwehren; bin ich doch eine verwitwete Frau; aber er hat mir unehrerbietige Anträge gemacht; darauf haben wir einander ausgeschimpft." „Ihm hast du's nicht gestattet, so gestatte mir, dass ich bei dir liege", bat der Fuchs. Sie antwortete: „Du! es sei, komm, lege dich zu mir." Der Fuchs legte sich zu ihr; dann aber rief er: „Geh zum Teufel, Katze! du gibst vor, eine Witwe zu sein; warhaftig, der Kater hat bei dir gelegen, mögest du bersten ob deiner Lüge." „Bei Gott", erwiderte sie, „ich hab's nicht gestattet, aber er hat mir Gewalt angetan." „Packe dich fort und crepire, du Teufelin; sie gibt vor, eine Witwe zu sein, und tut, als ob sie eine Büsserin sei." — Darauf ging der Fuchs weiter und fand den Kater. „Bruder!" rief er. „Ja!" „Was treibst du hier?" „Ach, Bruder", antwortete jener, „meine Geschichte ist lang." „Was ist's denn?" fragte der Fuchs. „Nun, ich bin Mönch gewesen und pflegte im Kloster Gott zu dienen; da kam die Katze und raubte mir den Verstand, indem sie mich aufforderte, bei ihr zu liegen, ich tat es und habe gesündigt." „Geh zum Teufel!" antwortete der Fuchs; „er sagt, er habe gesündigt; in unser Land ist Botschaft vom Himmel gekommen: „Wer Weibern beiwohnt, soll in's Himmelreich kommen." „Ist das wahr?" fragte der Kater. „Ja." „Oweh, ich Blinder, dass sich die Katze wieder von mir losgemacht hat." „Komm, ich weiss dir eine, die besser ist, als die Katze." „Wo denn?" „Komm nur mit mir!" Da ging der Kater mit dem Fuchs. — Unterwegs trafen sie den Marder. „Was treibst du, Marder?" fragte der Fuchs. „Gerade eben bin ich von der Wallfahrt zurückgekommen und will nun ein Bethaus bauen", antwortete er. „Geh zum Teufel", versetzte der Fuchs; „vom Sultan ist Botschaft gekommen, des Inhalts: „Wo auch immer ein Bethaus steht, da zerstört es und tödtet diejenigen, welche in den Bethäusern sind." „Ist das wahr?" fragte jener. „Ich werde doch nicht lügen!" versetzte der Fuchs. „O weh", rief jener, „ich Blinder, da ist die Katze zu mir gekommen und hat mich aufgefordert ihr beizuwohnen, und ich habe es nicht getan; nur einmal habe ich es getan." Der Kater aber sagte: „Auch ich habe ihr beigewohnt", und der Fuchs erwiderte: „Auch ich." „Also wir alle drei", sagten sie, „haben es getan; aber wir wollen einer vom andern nichts ausschwatzen." Darauf sprach der Fuchs zum Marder: „Komm! ich weiss dir eine Frau." „Auf! abe wenn sie nicht schön ist, mag ich sie nicht heiraten." „Es gibt keine schönere, als sie." —

So zog der Fuchs mit dem Marder und dem Kater davon, und sie reisten, bis sie die drei Bärinnen fanden, welche auf den Fuchs warteten. Als der Kater in die Höle trat, bekam er Angst: er konnte jedoch nicht mehr umkehren. Die Blinde aber rief „Fuchs, wo ist der Marder?" „Da ist er." „So gib mir ihn, und überantworte ihn meinen Händen!" bat sie ihn, und den Marder forderte sie auf: „Setze dich zu mir her!" Da setzte sich der Marder zu ihr und blickte sie an; sie war aber blind und lahm: er wagte indessen nicht, etwas zu sagen. Die andere Bärin erklärte: „Ich mag den Kater nicht haben." Darüber zankten um die drei und stürtzten auf einander los, bis der Marder rief: „Ich will euch etwas sagen!" „Sprich!" „Wollt ihr damit zufrieden sein?" fragte er. „Ja." „Wir wollen das Los werfen." „Topp", antworteten sie; nur die Blinde sagte: „Ich tu's nicht." „Doch, du tust es", versetzten jene. „Aber wenn mir der Kater zufällt, so mag ich ihn nicht." „Wer weiss", sagte der Marder, „wem der Kater zu Teil werden wird." „Werft das Los!" befalen jene; sie brachten dasselbe herbei und losten. Da fiel der Kater der Blinden zu, der Fuchs der ersten Bärin, welche ihn dorthin gebracht hatte, und der Marder fiel der ältesten zu. „Ich will aber den Kater nicht!" rief die Blinde. „Warum nicht?" fragten jene. „Sein Glied ist zu klein!" antwortete sie. „Nein", sagte der Fuchs, „dasselbe ist grösser, als das eines jeden von uns beiden; nimm ihn diese Nacht zur Probe!" Damit war sie einverstanden. Dem Kater aber gab der Fuchs einen guten Rat, wie er sich durch eine List der Bärin angenehm machen könne. Er befolgte denselben, und es gelang ihm, die Bärin zu täuschen. So lebten sie einen Monat lang miteinander, da sagten die Bärinnen zu ihren Männern: „Geht doch auf die Jagd!" Daraufhin ging der Fuchs mit dem Kater und dem Marder auf die Jagd. Sie erstiegen einen hohen Berg, auf dessen Gipfel eine Burg stand; dorthin gingen sie und fanden daselbst Ssaï'd-Beg, den Fürsten der Igel, welcher dort wohnte. Sie setzten sich zu ihm, und er fragte sie: „Woher seid ihr?" „Wir kommen von der Wallfahrt", antworteten sie. „So möge Gott eure Wallfahrt in Gnaden annehmen", sagte er. — Wärend sie dasassen, kam ein Igel und beklagte sich über einen andern Igel: „Er hat unser Trinkgefäss gestolen." „Geht, holt ihn", befal der Fürst, „wir wollen sehen, warum er

s gestolen hat." Da brachte man ihn herbei, und der Fürst
fragte ihn: „Warum hast du das Trinkgefäss dieses Mannes gestolen?" „Ich habe daraus getrunken", entgegnete dieser, „und es
aus Versehen in meine Tasche gesteckt." „So ruft die Scharf-
richter herbei!" befal jener. Man rief dieselben, der Fuchs aber
bat: „Lass ihn nicht enthaupten, Ssa'îd Beg." „Aber wie denn?"
„Steige auf die Zinne der Burg und stosse ihn von derselben
hinunter; wir wollen zuschauen, wenn er fällt." „So soll es sein",
erwiderte Ssa'îd Beg, stieg auf die Burg hinauf, und man führte
den Dieb ebenfalls dorthin. Auch der Fuchs, der Kater, der
Marder und der Priester der Igel stiegen hinauf; der Dieb aber
trug ein Hemd. Der Fuchs schaute unterdessen von der Spitze
der Burg hinunter in das Tal, welches sehr tief war; ein Kamel,
welches eben in demselben unterhalb der Burg sich befand, erschien nicht grösser als ein Parastück; als der Fuchs hinab sah,
bekam er Angst und sagte: „Stosse ihn hinunter, Ssa'îd Beg."
Wie nun Ssa'îd Beg den Dieb hinunter stiess, zerriss dessen
Hemd und wurde wie zwei Flügel, und da zugleich ein Wind
kam, wurde der Igel einem Vogel gleich; so kam er bei dem
Kamel herunter, ohne dass ihm ein Schaden zustiess. Ssa'îd Beg
sagte: „Wir haben ihn hinuntergestossen, damit er in tausend
Stücke zerschmettere, aber es ist ihm nichts geschehen: Gott hat
ihn gerettet." Der Priester aber sagte: „Nein, das Hemd hat ihn
gerettet, weil es ihm als Flügel gedient hat." Ssa'îd Beg antwortete: „Warhaftig, wir wollen dich hinunterstossen, lass auch
dich das Hemd erretten." „Gnade, Schutz, o Ssa'îd Beg",
schrie der Priester, aber jener sagte: „Nein, das geht nicht, ich
sage, Gott hat ihn errettet; du behauptest: Nein, das Hemd."
Hierauf stiessen sie den Priester hinunter, und derselbe zerschmetterte in tausend Stücke. „Nun sind wir ohne Priester",
sagten sie. Der Fuchs aber erwiderte: „Ich bin Priester, und
der Marder ist Gelehrter, und der Kater ist Ascet." „So bleibt bei
uns", bot ihnen Ssa'îd Beg an. Sie willigten ein, blieben daselbst,
wohnten in dem Bethaus und beteten. Ssa'îd Beg aber hatte
eine Frau, eine Tochter und eine Schwester, welche alle drei
schön waren. Der Fuchs sagte: „Die Tochter soll für mich sein,
die Schwester für den Marder und die Frau für den Kater." „So
sei es", entgegneten jene und stellten dies im Rate fest. Es war
aber auch eine alte Igelfrau da, welche beständig an der Thüre
des Bethauses sass; sie hatte Krücken und bettelte. Diese rief
der Fuchs an: „Alte!" „Ja!" „Kannst du die Weiber der Familie

Ssa'ïd Beg's herbeirufen?" „Freilïch." „So geh und sage ïhnen:
der Priester und der Gelehrte lassen euch rufen." „Gut", sagte
die Frau und richtete den Auftrag aus. Da kamen die Weiber
und fragten: „Was verlangst du, Priester?" „Wir wollen euch
entführen", antwortete er, „wollt ihr mit uns kommen?" „Ja; aber
wie wollen wir's machen mit Ssa'ïd Beg, dem Igel?" „Wir werden euch ganz in der Stille entführen", versetzten jene. „Gut",
sagten sie und machten sich bereit zu entfliehen; bis zur Nacht
blieben sie noch; als es aber Nacht wurde, entführten sie sie.
Ssa'ïd Beg fragte: „Wo sind die Weiber?" Man hatte sie nicht
gesehen. Er benachrichtigte die Igel und fragte sie: „Habt ihr
unsre Weiber nicht gesehen?" „Nein", antworteten jene; nur die
Alte von dem Bethause sagte: „Warhaftig, der Priester, der Gelehrte und der Ascet haben sie entführt." Da verfolgte man
sie. — Unterdessen kamen der Fuchs, der Marder und der Kater
wieder zu den Bärinnen. „Ha, was sind denn das für Weiber?"
fragten diese. Der Fuchs antwortete: „Es sind Sclavinnen; ein
jeder von uns hat sich eine Sclavin geholt." „Gut, schön", antworteten jene. Aber wärend sie ruhig dasassen, drang Ssa'ïd
Beg mit seinen Soldaten in die Wohnung der Bärinnen ein und
rief: „Der Fuchs und der Marder haben unsere Weiber entführt."
„Ja", versetzten jene. „Wo sind dieselben?" „Da sind sie!" „Gebt
sie uns!" verlangte er. Die Bärinnen aber erhoben sich gegen
Ssa'ïd Beg und begannen mit ihm zu kämpfen; sie tödteten
ihn und viele von seinen Soldaten. Die Blinde hatte eine eiserne
Keule; nun geriet die andere Bärin an sie; da dachte jene, es
sei einer von den Soldaten, schlug mit der Keule nach ihrer
Schwester und tödtete dieselbe. Als nun der Kampf beendigt war,
fragte die dritte Bärin: „Warum hast du meine Schwester getödtet?" „Ich tat es unwissentlich", antwortete jene; der Fuchs
hingegen sagte: „Nein, absichtlich hat sie dieselbe getödtet; sie
wusste wol, dass es meine Frau war." Darüber stritten nun
jene beiden mit einander; die Blinde aber schlug mit der Keule
zu und tödtete ihre Schwester, so dass sie nun allein übrig blieb.
„Wie wollen wir's nun anfangen?" fragte der Fuchs, „wir wollen
auch diese noch tödten und dann entfliehen." Die Blinde rief:
„Kater!" „Ja!" „Du bist mein Mann!" „Ja." „Nimm daher die
Keule; aber gib sie Niemand!" „Topp", sagte der Kater und nahm
die Keule. Der Fuchs indessen nahm dem Kater mit List die
Keule ab und schlug der blinden Bärin, wärend sie schlief, damit auf den Kopf, wodurch er sie verwundete, jedoch nicht

tödtete; dann gab er dem Kater die Keule zurück. „Ai, Ai",
schrie die Bärin, so dass von ihrem Geschrei die Höle erbebte,
packte den Kater und zerquetschte ihn wie ein Ei: „Hast du gesehen", fragte der Fuchs: „was der Kater dir getan hat?" Sie antwortete: „Ich will nun den Marder zum Mann nehmen", legte
die Keule unter ihren Kopf und schlief ein. Da holte der Fuchs
einen Stein, schmiss ihn ihr auf den Kopf und legte sich hin.
Sie aber sprang auf, schrie und ergriff den Marder; in einem
Bissen verschlang sie ihn, so dass er wolbehalten in ihren Bauch
hinunterging. „Wo ist der Fuchs?" fragte sie. „Er schläft hier",
antworteten die Weiber. Da rief sie: „Fuchs!" „Ja!" „Steh auf
und schwöre mir, dass, wenn ich schlafe, du mich nicht erschlagen
willst, so will ich dich nicht fressen." Der Fuchs schwor ihr,
und sie legte sich schlafen; denn sie sagte: „Nachdem du mir
geschworen hast, bin ich vor dir sicher; nimm die Keule." Er
nahm sie, und sie legte sich schlafen. Da führte er mit derselben
einen Schlag auf ihre Zähne, indem er dachte: „Wenn ich sie
auch nicht tödte, so kann sie mich wenigstens nicht mehr fressen;
denn ihr Maul tut ihr weh; mit den Tatzen mag sie mich immerhin schlagen!" So versetzte er ihr einen Schlag auf die Schnauze
und zerbrach ihr die Zähne. Sie aber erhob sich und wollte den
Fuchs packen; dieser ging hinten um sie herum, und sie konnte
ihn nicht finden; dann versetzte er ihr noch einen Schlag mit der
Keule und warf sie zu Boden, stürzte sich auf sie und tödtete
sie. Nun rief er: „Auf, ihr Weiber, wir wollen gehen"; aber der
Marder schrie aus dem Bauch der Bärin: „Wohin? Bruder!" Der
Fuchs kehrte wieder um; als er aber Niemand erblickte, fragte
er: „Wo bist du denn, Marder?" „Ich bin in ihrem Bauch; zieh
mich hinaus." Da holte der Fuchs ein Messer, stach es der
Bärin in den Bauch und schlitzte denselben auf, aber die Spitze
des Messers fuhr dem Marder in die Augen und stach sie ihm
aus. Als der Marder nun wieder hervorgekommen war, machten
sie sich auf den Weg. Da sagte der Marder; „Meine Frau gehört doch noch mir." Sie aber antwortete: „Ich mag dich nicht
mehr, du bist ja blind." Darüber stritt der Marder mit dem
Fuchse, bis der Affe dazu kam und fragte: „Warum macht ihr
solchen Lärm?" „Darum", antworteten sie. Da tödtete sie der
Affe, führte die Weiber mit sich fort und liess sie sich selber
antrauen.

LXXVI.

Es war einmal ein Kaufmann, der hatte viel Geld und Gut: einst fiel er vom Dach herunter und brach den Arm; die herbeigerufenen Aerzte verordneten: „Bringt das Fell eines Fuchses, damit wir seinen Arm damit überziehen." Es begaben sich daher einige Leute in's Gebirge, einen Fuchs zu suchen. Als sie einen antrafen, fragte sie dieser: „Wonach sucht ihr?" „Wir suchen dich", antworteten sie. „Wesshalb?" „Wir haben einen Schmaus hergerichtet und Leute eingeladen, zu kommen und zu essen; aber es fehlt Jemand, der das Fleisch zerteilt." „Ich will kommen und das Fleisch zerteilen", versetzte jener. „So komm!" Als er aber mit ihnen ging, packten sie ihn. „Warum fasst ihr mich so an?" fragte er. „Wir wollen dich umbringen", antworteten sie. „O bringt mich nicht um", bat er, „ich habe einen blinden Bruder, den will ich herbeirufen, den schlachtet." „Gut", entgegneten sie, „auf, zeige uns deinen Bruder!" „Schön", sagte er, ging zu seinem Bau und rief in denselben hinein; aber es war Niemand darin, sondern es war alles Verstellung. „Lasst mich doch frei, dass ich hineingehe und ihn heraus hole", bat er, „denn er schläft." Da liessen sie ihn frei; er jedoch machte sich aus dem Staube und trotz aller Verfolgung konnte man seiner nicht wieder habhaft werden.

Nun ging der Fuchs unter die Bären; dort packte ihn eine Bärin und rief: „Willkommen, Fuchs! komm, werde mein Mann." „Ich bin ein Geistlicher", versetzte er. „Geht's denn nicht an, dass du bei mir schläfst?" meinte jene. „Komm zur Bärenfürstin", erwiderte der Fuchs, „wenn sie es zugibt, so will ich dein Mann werden." Sie gingen zur Bärenfürstin und legten ihr die Sache vor. „Ist es wahr, dass du ein Geistlicher bist?" fragte sie. „Ja." „So werde unser Pfaffe!" „Topp", erwiderte der Fuchs, wurde Pfaffe und wohnte in der Kirche. Wenn die Bärinnen bei ihm beichteten und eine derselben schön war, so bat er sie: „Lass mich bei dir liegen", und wenn sie sagte: „Es ist Sünde", so antwortete er: „Den Pfaffen ist dies keine Sünde", dann ergaben sie sich ihm. Auch lehrte er ihre Mädchen lesen. Mit einem derselben trieb er Unzucht; da lief diese weinend zu ihrer Mutter und erzälte es derselben. Die Mutter kam auf den Fuchs los und fragte: „Warum hast du das an meiner Tochter getan, Pfaffe?" „Die Teufelin wollte nicht lesen lernen", antwortete er,

„da schlug ich sie, und sie lief ärgerlich weg." Jene schwieg.
Ein schönes Mädchen war krank geworden, zu ihr ging der
Fuchs und zwang sie, ihm zu Willen zu sein. Da schrie sie und
weinte, so dass die Bärinnen herbeikamen und fragten: „Warum
beträgst du dich so, Pfaffe?" „Sie ist krank geworden", erwiderte er, „da bin ich gekommen, um über ihrem Haupte zu
beten, dass sie gesund werde; daher weinte sie." Wiederum
schwiegen jene; aber einmal kam die Bärenfürstin zum Fuchs
und klagte ihm: „Ich bin krank." „So gestatte mir, dass ich
dir beiwohne, dann wirst du gesund werden", antwortete er. Jene
aber rief den Bärinnen und sprach: „Kommt, wir wollen ihn
tödten; unser Pfaffe ist ein Kuppler." Da stürzten sie sich auf
ihn, er aber entfloh; jene verfolgten ihn, jedoch ohne ihn fangen
zu können.

Hierauf ging der Fuchs unter die Katzen. „Warum fliehst
du?" fragte man ihn. Er erzälte: „Ich bin ein Kirchensänger,
die Bischöfe schlugen mir vor, Mönch zu werden; ich aber antwortete: „Ich will's nicht werden." Da sagten jene: „So bleibe
doch bei uns und lehre unsere Kinder lesen." „Gut", versetzte der Fuchs. Jene aber hatten einen Kater zum Pfaffen;
der Fuchs dachte: „Bei Nacht soll der Pfaffe nicht schlafen,
sondern beten", und fing einen Mistkäfer. Dann holte er eine
Kerze und befestigte dieselbe auf dem Rücken des Käfers; darauf
zündete er sie an und steckte den Käfer unter der Hausthüre des
Pfaffen durch; so kam derselbe in's Zimmer, wärend die Kerze
auf seinem Rücken brannte. Als der Pfaffe dies sah, erschrak
er und sagte zu seiner Frau: „Steh auf, der Todesengel ist gekommen." „Wo denn?" fragte jene. „Dort ist die Kerze, die
er in der Hand hält", sagte der Pfaffe und starb vor Entsetzen.
Die Katze aber ergriff die Kerze, welche auf dem Rücken des
Käfers brannte, und tödtete diesen, indem sie sagte: „Das ist der
Todesengel des Pfaffen; der Mistkäfer hat den Pfaffen getödtet,
und ich will ihn tödten." So tödtete sie denselben; als es aber
Tag wurde, hiess es: „Der Pfaffe ist gestorben." „Wen wollen
wir nun zum Pfaffen machen?" fragte man. „Hier ist ja der
Kirchensänger, der Fuchs", antworteten andere, „den wollen wir
zum Pfaffen machen." So machten sie ihn zum Pfaffen; er
unterrichtete die Kinder und bediente die Kirche, so dass sie
sagten: „Wir haben einen guten Pfarrer." Auch heiratete er die
Katze, die Frau des verstorbenen Pfaffen. Aber einmal sah er
eine schöne Katze und rief ihr: „Komm doch zu uns, ich habe

ein Geschäft für dich." Sie kam zu ihm in's Haus; er jedoch
ergriff sie und wohnte ihr bei. Unterdessen kam seine Frau
hinzu, und wie sie sah, dass er bei der Katze lag, rief sie den
Katzen und sprach: „Da liegt der Pfarrer eben bei einer Katze."
Darauf ergriffen sie ihn, zündeten ein Feuer an und warfen ihn
lebendig hinein. Wärend er im Feuer sass, rief er noch: „In's
Feuer der Hölle und nicht in dieses Feuer." Sie aber verbrannten ihn.

LXXVII.

Es war einmal ein Minister, der hatte viel Geld und Gut;
auch hatte er eine schöne Frau. Einst wurde er krank und liess
die Aerzte zu sich rufen; diese beschauten ihn und sagten:
„Wenn du bei einem Fuchse schläfst, so wirst du gesund." In
Folge dessen setzte sich der Minister zu Pferde und ritt in's
Gebirge; daselbst fand er einen Fuchs. „Fuchs!" rief er. „Ja!"
„Komm hierher!" Der Fuchs kam zu ihm heran und fragte:
„Was gibt's, Minister?" „Willst du als Diener bei mir eintreten?"
„O ja", antwortete der Fuchs. „Jede Nacht will ich dir ein
Goldstück geben." Der Fuchs versprach zu kommen. Aber jener
hatte dem Fuchs nicht die Wahrheit gesagt. Als nun der Fuchs zu
ihm gekommen war, schlief er mit dem Minister in einem Zimmer;
der Minister aber ging nicht zu seiner Frau, sondern rief: „Fuchs!"
„Ja!" „Lege dich bei mir schlafen!" Da legte sich der Fuchs zu
ihm; er aber schlief die ganze Nacht bei dem Fuchse; dann gab
er ihm ein Goldstück. Die Frau des Ministers hatte darauf Acht;
und als sie bemerkte, dass der Minister nicht bei ihr schlief, rief
sie den Fuchs zu sich und bat ihn: „Fuchs, schlafe bei mir, ich
will dir dafür jedesmal ein Goldstück geben." So schlief der Minister bei dem Fuchs und gab ihm jedesmal ein Goldstück; und
der Fuchs schlief bei der Frau des Ministers und erhielt dafür
jedesmal ein Goldstück. Nachdem aber der Minister wieder gesund
geworden war, sagte er: „Fuchs, du bist nun nicht mehr nötig."
„Schön", antwortete dieser; er hatte sich aber unterdessen zwei-
tausend Goldstücke gesammelt. Die Frau des Ministers fragte
ihren Gemal: „Wie viel hast du dem Fuchs gegeben?" „Ich habe
ihm tausend Goldstücke gegeben", antwortete er. „Und auch ich
habe ihm tausend gegeben." „Weshalb?" fragte jener. Sie aber
antwortete: „Du schliefst bei dem Fuchs, und er schlief bei mir."
Er erwiderte: „So sind wir quitt." —

Darauf kam der Fuchs nach Hause; er hatte aber daselbst noch zwei Brüder und eine Mutter. Seine Brüder fragten ihn: „Wo bist du gewesen?" „Ich habe mich herumgetrieben", antwortete er. „Zu welchem Zweck?" fragten sie. „Ganz nach meinem Belieben", erwiderte er. Sie versetzten: „Unsere Ehre duldet das nicht, dass wir arbeiten und du issest!" „Wie es euch beliebt", antwortete er. „Hebe dich weg von uns", riefen sie. Da ging der Fuchs von ihnen fort, aber seine Mutter zog mit ihm. Doch sagte er ihnen nicht, dass er Geld mitgebracht habe. Er liess nun das Lehmhüttchen, das er hatte, abbrechen und sich ein Schloss bauen. Darauf riet ihm seine Mutter: „Verheirate dich nun, mein Lieber!" Er aber erwiderte: „Nein, nein, Mutter!" — So hatte der Fuchs grossen Reichtum gewonnen; seine Brüder hingegen waren unvermögend; wenn sie aber kamen, Geld von ihm zu verlangen, so schlug er sie. Seine Mutter jedoch bat ihn: „Fuchs, gib deinen Brüdern Geld; sie sind unbemittelt." Der Fuchs aber sprach kein Wort. —

Darauf traf er den Hund an und rief: „Hund!" „Ja!" „Willst du nicht mitkommen? wir wollen zu den Mäusen gehen." „Ja freilich!" „Verstehst du zu weben?" fragte der Fuchs. „Ja", antwortete der Hund. Da machte sich der Fuchs mit dem Hund auf die Reise. Nun aber gingen die Brüder des Fuchses zu ihrer Mutter in's Schloss und assen und tranken dort auf Kosten des Fuchses. — Als der Fuchs und der Hund im Lande der Mäuse angelangt waren, fragten diese: „Was treibt ihr für ein Handwerk?" „Wir sind Weber", antworteten sie; darauf schlugen sie einen Webstuhl auf, und der Hund wob, wärend der Fuchs haspelte; jedes Pfund Garn aber beschnitt der Fuchs ohne Wissen des Hundes um eine Strähne. Er hatte dort eine Familie, auf die er sicher rechnen konnte; bei diesen Leuten hinterlegte der Fuchs das Garn. So woben sie ein Jahr lang und verdienten sich hundert Goldstücke. Dann teilten sie dieses Geld, so dass ein Jeder von ihnen fünfzig Goldstücke erhielt. Darauf schlug der Hund vor: „Komm, lass uns wieder in die Heimat ziehen!" Der Fuchs antwortete: „Ich mag noch nicht mitkommen." Der Hund jedoch brach auf, unterwegs aber hielt er sich auf, um den Fuchs zu erwarten. Unterdessen nahm der Fuchs sein Garn aus jenem Hause, in welchem sich dasselbe befand, verkaufte es für tausend Piaster, steckte das Geld zu sich und machte sich ebenfalls auf die Heimreise. Da fand er den Hund am Wege sitzen; der fragte: „Was hast du denn noch gemacht, Fuchs?" „Ich hatte noch ein Geschäft zu verrichten." „Komm, lass mich dein Geld zälen", schlug der Hund vor, aber der Fuchs wollte das durchaus nicht zugeben. Sie gerieten daher miteinander in Streit: aber der Hund zälte das Geld des Fuchses, und es war mehr als das seinige. Da fragte er: „Woher kommt dieses Geld?" „Es gehört mir." „So komm und lass uns vor Gericht gehen", sagte jener. „Nur vorwärts!" Auf der Weiterreise trafen sie einen Löwen, einen Wolf und einen Esel an; da fragte der Hund: „Wer und was seid ihr?" Der Esel antwortete: „Der Löwe ist Fürst, der Wolf Richter und ich bin Oberrichter." „So wollen wir, der Fuchs und ich, euch unsre Sache vortragen", sagte der Hund. Jene waren's zufrieden. Der Fuchs aber rief dem Löwen und bot ihm an: „Ich will dir hundert Piaster geben; aber verurteile den Hund"; der Hund aber sagte leise zum Wolf: „Verurteile den Fuchs; ich will dir zweihundert Piaster geben." — Darauf setzten sich der Löwe, der Wolf und der Esel hin und sagten: „Tretet vor, Fuchs und Hund, und tragt euren Rechtshandel vor." „Ich will zuerst reden", sagte der Hund. „Nein, ich will zuerst reden", entgegnete der Fuchs. Sie entschieden: „Der Hund soll sprechen!" Da erzälte dieser: „Wir, ich und der Fuchs, sind in's Land der Mäuse gezogen; daselbst haben wir uns einen Webstuhl aufgestellt; ich wob, wärend der Fuchs den Haspel trieb. So haben wir ein Jahr lang gewoben, und dabei jeder fünfzig Goldstücke verdient, da habe ich vorgeschlagen: „„Fuchs, lass uns heimziehen!"" „„Ich mag nicht mitkommen"", antwortete er. Darauf bin ich fortgegangen und habe ihn dort gelassen. Aber unterwegs hielt ich mich auf, um ihn zu erwarten; und wie er nun kam, der Fuchs, fragte ich ihn: „„Was hast du denn noch getan?"" Er antwortete: „„Ich hatte noch ein Geschäft zu verrichten."" Da habe ich gesagt: „„Komm, lass mich dein Geld zälen."" Und wie ich nun sein Geld zälte, ergab sich, dass er tausend Piaster mehr hatte, als ich; diese hat er unterschlagen. Jene fragten: „Ist das wahr, Fuchs, dass du sie unterschlagen hast?" „Durchaus nicht", antwortete der Fuchs, „sondern ich will euch den wahren Sachverhalt erzälen." „So rede." „Als er wob und ich den Haspel drehte, habe ich von jedem Pfund Garn eine Strähne auf die Seite getan; diese Sünde gegen die Mäuse habe ich mir auf den Hals geladen; dann habe ich das Garn verkauft, so bekam ich tausend Piaster mehr als der Hund, und nun fragt er, woher das Geld sei." Der Löwe wandte sich zum Hund und sprach: „Du hast nichts von ihm zu fordern, es ist dies nicht von deinem Gelde." Der Wolf hingegen entschied: „Sie sind ja doch Geschäftsgenossen; das Geld, welches da ist, mag es nun gerecht oder ungerecht erworben sein, soll in zwei gleiche Hälften geteilt werden." Da erhob sich aber der Esel, liess einen Wind in der Versammlung und sprach zum Wolf und zum Löwen: „Euer Urteil ist kein Urteil; ihr habt Bestechung angenommen, der Löwe steht auf Seiten des Fuchses, und der Wolf auf der des Hundes." Darüber gerieten sie miteinander in Streit, und der Löwe tödtete den Hund und den Wolf; den Esel aber frass er auf, indem er sagte: „Warum hast du gesagt: „„Euer Urteil ist kein Urteil?"" Dann nahm der Löwe das Geld des Hundes und des Fuchses an sich, indem er sagte: „Fuchs, ich will dich nicht tödten, aber gib mir das Geld!" Mit dem Gelde ging der Löwe nach Hause. —

Der Fuchs aber weinte lange, dann sagte er: „O weh über mich, und über die Sünde, die ich begangen habe; ich will hingehen und Mönch werden. Ich habe so viele Sünden auf mir: der Minister hat bei mir geschlafen, und ich habe Garn gestolen; ja ich will hingehen und Mönch werden!" Darauf wand er sich eine schwarze Binde um den Kopf und ging in eine Stadt. Daselbst war ein Färber, zu diesem begab sich der Fuchs, schlüpfte in's Indigofass hinein und färbte sich. „Warum hast du dies getan?" fragte ihn der Färber. „Lass mich!" bat der Fuchs, „es sind mir zehn Brüder gestorben; desshalb habe ich mich, um Leid zu tragen, dunkel gefärbt." „Es hat nichts zu sagen", erwiderte jener, „lass es um Gotteslohn geschehen sein; um Gottes Willen kann mir schon ein Pfund Indigo verloren gehen!" Die Leute der Stadt aber hatten einen Pfaffen, der starb, und nun hatten sie keinen mehr. Da ging der Fuchs in die Kirche, und man fragte ihn: „Wer und was bist du?" „Ich bin ein Mönch", antwortete er. „Kannst du denn lesen?" „Ja." „Welche Sprache verstehst du zu lesen?" „Abessinisch", erwiderte er. „Schön", sagten jene, „bleibe in der Kirche und werde unser Mönch." Wenn er nun in der Kirche betete, verstanden sie zwar nicht, was er redete; sie sagten aber: „Unser Mönch macht seine Sache gut." Darauf befal der Fuchs den Einwohnern der Stadt: „Schickt eure Kinder zu mir, damit ich sie lesen lehre." Auch pflegte ihnen der Fuchs jeden Sonntag zu predigen: „Tödtet nicht und treibt keine Unzucht, lügt nicht und richtet nichts Böses an, seid nicht neidisch aufeinander und stehlt nicht; betet und preist Gott, so wird euch Gott vergelten." Dann pflegten sie zu sagen: „Ach wie schön kann's unser Mönch." Auch die Weiber kamen zu ihm, um bei ihm zu beichten; wenn aber eine von ihnen schön war, sagte der Fuchs zu ihr: „Ergib dich mir, du hast dann keine Sünde mehr, sondern ich bin Bürge für deine Sünde", dann glaubte die Frau den Worten des Mönches. Darauf machte er sich ein besonderes Zimmerchen auf seine eigenen Kosten, und wenn man ihn fragte: „Wozu dient dieses Zimmerchen?" antwortete er: „Um darin Gott zu dienen"; aber jede schöne Frau, die zu ihm kam, führte er dorthin und lag bei ihr. Die Kirche hatte auch einen Kirchendiener; zu diesem sagte der Fuchs, wenn er in das Zimmerchen ging: „Ich will beten gehn." Da kam einmal eine schöne Frau zu dem Mönch, und eben lag er bei ihr, als auch der Ortsschulze zur Kirche kam und fragte: „Wo ist der Mönch?" „Er dient Gott im Betzimmerchen", antwortete man ihm. „So will ich gehen und zusehen, wie er denn Gott dient", sagte dieser. Der Schulze ging hin und ertappte den Mönch, wie er eben bei einer Frau lag; er erkannte wol, dass der Mönch der Frau beiwohnte, aber er fragte: „Was machst du Mönch?" Er antwortete: „Diese Frau legt mir eben eine geheime Beichte ab." Der Schulze aber ging in die Kirche und setzte sich dorthin, bis der Mönch zu ihm kam; dann berief er den Rat in die Kirche zusammen und befal, Holzscheite und Feuer zu bringen. Dies geschah, und sie verbrannten den Mönch; das Feuer jedoch sprach dabei: „Ich will nicht schnell brennen; denn er hat so viele Sünden auf sich."

LXXVIII.

Es war einmal ein Richter, der hatte eine schöne Frau; auch wohnte in demselben Dorfe ein Fuchs mit seiner alten Mutter; der Fuchs indessen betrieb kein Geschäft. Einst sagte er: „Mütterchen!" „Ja!" „Geh, halte für mich um die Frau des Richters an!" „Lieber", antwortete sie, „sie werden es nicht zulassen, sondern uns schlagen!" „Doch, ich will's, gehe!" erwiderte er und zwang sie hinzugehen. Die Alte ging an die Thüre des Richters und klopfte an; man öffnete ihr und fragte sie: „Wohin?" „Zur Hausfrau", antwortete sie. Sie ging zur Frau hinein, sprach indessen nichts und sagte auch nicht: „Der Fuchs begehrt dich zu haben." So blieb sie bis zum Abend

.tzen; die Frau des Richters aber sagte: „Sie ist arm und alt; chenkt ihr etwas Brot!" Darauf kam die Alte nach Hause, und ls der Fuchs sie fragte, was die Frau des Richters gesagt habe, ant-rortete sie: „Sie hat gar nicht mit mir geredet!" „So geh und a.ge ihr: „„Der Fuchs will dich haben."" Die Alte entgegnete: Ich mag nicht gehen." Da schlug sie der Fuchs und rief: „Doch; ich will, dass du gehst", und zwang sie hinzugehen, in-lem er ihr auftrug: „Geh, sage ihr: „„Der Fuchs begehrt dich .u haben!"" Wieder ging die Alte zu jener Frau. „Warum bist lu gekommen?" fragte diese. „Ich bin zu dir gekommen —" „Wozu denn?" „Weil der Fuchs dich zu haben begehrt." Jene antwortete: „Geh und sage dem Fuchs, er möge zur Nachtzeit n das Haus des Richters kommen und sich in der Futterkammer rerstecken!" Die Alte ging hin und sagte es ihm. „Was hat sie lir gesagt?" fragte er. „Sie hat gesagt, du sollest dich in der Futterkammer verstecken." — Darauf ging der Fuchs hin und schlüpfte in die Futterkammer im Hause des Richters. Als der Richter am Abend nach Hause kam, sagte seine Frau zu ihm: „Man hört ein Geräusch in der Futterkammer; sieh doch zu, was es ist!" Der Richter ging hin und fand dort den Fuchs. „Wozu bist du hier, Fuchs?" fragte er ihn. „Ach Richter", antwortete dieser, „ich habe Gäste bekommen; da ist unser Häckselvorrat alle geworden; nun bin ich gekommen, um etwas Häcksel zu holen." „Nimm nur", sagte jener; „es hat nichts zu sagen." Darauf ging der Fuchs wieder nach Hause. — Die Frau des Richters aber schickte zu ihm und liess ihm sagen, er solle kommen und sich im Backofen verstecken, bis dass der Richter in die Sitzung gehe; dann solle er zu ihr hineinkommen. Als man dem Fuchs diese Botschaft ausgerichtet hatte, kam er und schlüpfte in den Backofen. Die Frau des Richters jedoch sagte zu ihrem Manne: „Man hört ein Geräusch im Backofen; es wer-den doch wol keine Hunde in den Backofen hineingeraten sein; geh schlage sie; es wäre ja eine Sünde!" Der Richter ging hin und blickte in den Backofen; da mass der Fuchs eben das Innere des Backofens nach Spannen aus. „Was treibst du hier, Fuchs?" fragte er ihn. Er antwortete: „Meine Mutter hat gewünscht, einen Backofen gleich dem im Hause des Richters zu haben; desshalb messe ich das Innere desselben nach Spannen ab, um ganz nach dessen Masse einen bauen zu lassen." „Miss nur", sagte der Richter. Darauf ging der Fuchs nach Hause. Wiederum schickte die Frau des Richters zu ihm und liess ihm sagen, er solle zur Nachtzeit kommen, „ich will einen Faden um meinen Finger wickeln und ihn an der Thüre anknüpfen; dann soll der Fuchs kommen und daran ziehen, damit ich erwache und er sich zu mir lege." Sie befestigte wirklich einen Faden an die Thüre; dann legte sie sich neben den Richter schlafen, den Faden aber band sie dem Richter, wärend er schlief, an die Hoden, ohne dass er erwachte. Als der Fuchs kam, griff er nach dem Faden und ging demselben nach, da bekam er die Beine des Richters zu fassen, und dieser fragte: „Wer ist da?" Der Fuchs aber legte seine Pfote an die Hoden des Richters. „Was machst du da, Fuchs?" fragte jener. „Ach", antwortete der Fuchs, „es sind Gäste zu mir gekommen, die haben behauptet, du habest nur eine Hode; ich aber sagte, du habest deren zwei; da haben wir miteinander gewettet." „Wäge sie recht und sieh zu, ob es zwei sind oder eine", versetzte der Richter; der Fuchs erwiderte: „Ja, es sind zwei!" „So hast du die Wette gewonnen", rief der Richter. Der Fuchs aber ging nach Hause. - Wiederum schickte die Frau des Richters zu ihm und liess ihm sagen, er solle die nächste Nacht kommen und sich in der Küche verstecken. Der Fuchs ging und versteckte sich daselbst. Als es Nacht wurde und der Richter zu Hause war, sagte seine Frau aus Verstellung zu ihm: „Steh auf, man hört Glöckchen im Garten." Der Richter ging in den Garten, um nachzusehen, ob etwa Tiere eingedrungen wären; als er fort war, rief die Frau dem Fuchs, und dieser kam zu ihr hinein; dann legte sie sich mit dem Fuchs schlafen, und sie vergnügten sich; die Thüre aber verschloss sie. Der Richter kam zurück und klopfte an. „Wer ist da?" riefen sie. „Ich bin's, öffnet", antwortete er. „Du bist nicht an der richtigen Thüre", riefen sie ihm zu, „du irrst dich." Da kehrte der Richter um, suchte, konnte aber die Thüre nicht finden, sondern kam wieder an dieselbe Thüre und klopfte an. „Das ist nicht eure Thüre", riefen sie, „du hast dich geirrt!" „So will ich gehen und mich bis Morgen früh im Garten schlafen legen", dachte er. Als es Morgen wurde, machte sich der Fuchs davon; der Richter aber kam nach Hause. Da zankte seine Frau mit ihm. „Wo bist du denn geblieben?" fragte sie. „Ich bin im Garten gewesen", antwortete er. „Nein", sagte sie, „in die Hurenhäuser bist du gegangen." Darauf liess sie den Richter fahren und heiratete den Fuchs; der Richter aber platzte vor Aerger und starb.

Einst traf der Fuchs den Hund und fragte ihn: „Willst du nicht mit mir auf die Gasellenjagd gehen?" „Freilich." Sie zogen

aus und trafen einen Esel; nachdem sie sich gegenseitig nach
ihrem Befinden erkundigt hatten, fragte der Esel: „Wohin geht
ihr?" „Auf die Gasellenjagd", antworteten sie. „So will ich mitkommen." „Komm nur!" So zogen sie ihrer drei des Weges,
der Fuchs zuvorderst, der Hund in der Mitte und der Esel hinterdrein. Da kam eine von den geflügelten Schlangen, warf den
Esel zu Boden und biss ihn, ohne dass der Fuchs und der Hund
merkten, dass er gebissen worden war. Hierauf griff die Schlange
den Hund an, warf ihn ebenfalls zu Boden und biss ihn. Da
sah sich der Fuchs um und erblickte die Schlange, wie sie den
Hund frass. Es stand aber daselbst ein Nussbaum. Der Fuchs
warf die Schlange mit einem Stein, und diese stürzte sich nun
auf den Fuchs; er aber sprang hinter den Nussbaum, und sie
fuhr eine Spanne weit in den Baum hinein; alsbald versetzte ihr
der Fuchs einen Säbelhieb, mit dem er ihr den Kopf abschlug;
er wickelte diesen in einen Lappen und steckte ihn in seine
Tasche. Darauf ging er andere Schlangen aufsuchen, um dieselben zu tödten. Es war aber ein Wolf Oberpriester bei den
Schlangen, der verstand auch ihre Sprache. „Wonach suchst du,
Fuchs?" fragte dieser. „Ich suche nach Schlangen, um sie zu
tödten." „Da gehst du fehl, Fuchs", entgegnete jener; „den
Schlangen kannst du nichts anhaben." „Da habe ich doch eine
getödtet", sagte er. „Gut, so komm mit; ich will dir Schlangen
zeigen." Der Fuchs ging mit dem Wolf, und sie kamen in
ein hohes steiles Gebirge, woselbst Bäume und Felsen waren.
Dort rief der Wolf einer Schlange, indem er ihr pfiff; in Folge
dessen kam eine blinde Schlange hervor. „Wie viel Tage ist es
her, dass du kein Wasser getrunken hast?" fragte er sie. „Drei
Tage", antwortete diese. „So kehre an deinen Platz zurück; mit
der ist nichts zu machen." Dann pfiff er einer andern; es kam
eine hervor mit gespaltenem Rücken. „Wie viel Tage ist es her,
dass du kein Wasser getrunken hast?" fragte er sie. „Ein Jahr",
antwortete diese. „Mit der ist auch nichts zu machen", sagte er;
„kehre an deinen Platz zurück." Dann pfiff er einer dritten;
da kam eine Schlange hervor mit einem Kopfe gleich dem einer
Katze; das Haar auf demselben war spannenlang. „Was willst
du, Wolf?" fragte sie. „Seit wann hast du kein Wasser getrunken?"
Sie antwortete: „Ich weiss nicht, was Wasser ist." Der Fuchs
hörte fortwährend zu. Nun befal der Wolf dieser Schlange:
„Beisse diesen Stein und mache ihn zu Staub." Sie biss auf den
Stein, und derselbe wurde zu Staub. „Kämpfe nun mit dem Fuchs",

fuhr der Wolf fort. Da kämpfte sie mit dem Fuchs und biß ihn in's Bein; davon schwoll der Fuchs an und kam dem Tode nahe. „Gnade", schrie er, „Wolf! heile mich." „Habe ich's dir nicht gesagt, dass du nicht mit den Schlangen kämpfen kannst?" „Ich habe gefehlt", erwiderte jener. Da rief der Wolf alle Schlangen herbei, und diese versammelten sich um den Fuchs. „Wer kann den Fuchs heilen?" redete er sie an. „Was ist's denn?" fragten sie. „Er ist von der und der Schlange gebissen worden." Da kam ein alter Schlangenmann und bot sich an: „Ich will ihn heilen"; darauf steckte er seinen Mund in die Nase des Fuchses und saugte das Gift der Schlange auf; der Fuchs wurde gesund, der Schlangenmann jedoch barst von dem Gift der Schlange. „Hast du gesehen, Fuchs?" versetzte der Wolf, „der Schlangenmann selbst kann das Gift der Schlange nicht ertragen!" „Ich habe gefehlt", sagte jener. Darauf machte er sich mit dem Wolf auf den Heimweg, nachdem letzterer den Schlangen befolen hatte, sie sollten sich zerstreuen und in ihre Löcher begeben. Der Wolf und der Fuchs kamen nach Hause, der Fuchs aber erzält seinem Weibe, der Frau des Richters, seine Erlebnisse. —

Der Fuchs war Bauer und hatte Korn auf dem Halme; er ging nun schneiden und setzte den geschnittenen Weizen auf dem Felde auf Haufen. Da kam die Dehoqlâlo, die Elfenmutter, und warf in dem auf dem Felde aufgeschichteten Weizen Junge, drei an der Zal. Als nun der Fuchs anfing, den Weizen nach der Tenne zu tragen, nahm derselbe kein Ende, und der Fuchs erzälte dies seiner Frau. Dann ging er auf's Feld zu seinem Weizen und streute ihn armvoll um armvoll umher; da kamen drei junge Elfen zum Vorschein. Er steckte dieselben in einen Sack und kam nach Hause; dort hing er sie bei seinem Webstuhl auf; den Weizen liess er auf dem Felde liegen und fing an zu weben. Da kam die Elfenmutter, die Mutter der Kleinen, und bat: „Fuchs, gib mir meine Jungen!" „Ich will nicht." „Was auch immer du verlangst, will ich dir schenken, gib mir nur meine Jungen zurück; o hab Erbarmen!" „So gib mir die Macht deiner Zunge", entgegnete er. „Da, nimm die Macht meiner Zunge", entgegnete sie. „Ich kann das nicht tun." „Aber wie soll ich's denn anfangen?" fragte sie. „Speie mir in den Mund, und sage dazu: „„Die Macht meiner Zunge gehört dir""; dann gebe ich dir die Kinder." Da spie sie ihm in den Mund und sprach: „Die Macht meiner Zunge soll dem Fuchs gehören, und keinem andern." „Doch", sagte der Fuchs, „auch meiner Frau." „Und auch deiner

Frau", fügte jene hinzu; aber sie spie der Frau nicht in den Mund. Darauf übergab er ihr die Jungen, und sie nahm dieselben mit sich fort. Aber die Frau des Fuchses wurde besessen, weil jene ihr nicht in den Mund gespieen hatte. Da ging der Fuchs die Elfenmutter aufsuchen und fand dieselbe unter den Elfen; als er an sie herantrat, fragte sie: „Was begehrst du, Fuchs?" Er antwortete: „Meine Frau ist besessen geworden, denn du hast die Kraft deiner Zunge auf sie übertragen, ohne ihr in den Mund zu speien." „Aber wie soll ich's nun anfangen?" fragte jene. „Das weisst du am besten", versetzte der Fuchs. Da sagte sie: „Ich will dir in Aufrichtigkeit ein Wort mitteilen; warum habe ich dir in den Mund gespieen? wer auch immer krank ist, dem speie auf gleiche Weise in den Mund, dann wird er gesund; warum habe ich dir die Macht meiner Zunge gegeben? Desswegen war es!" Der Fuchs kam nach Hause, spie seiner Frau in den Mund, sie wurde gesund und alle Leute sagten: „Der Fuchs ist ein Arzt." Wenn Jemand besessen wurde, spie der Fuchs ihm in den Mund, und er wurde wieder hergestellt. Nun wurde auch die Tochter des Löwenkönigs besessen; sie zerriss ihre Kleider, ihre Augen wurden rot, und sie liess keinen Menschen in ihre Nähe kommen; nackt sass sie da, und wer zu ihr in's Zimmer trat, den biss sie und erwürgte sie. Von allen Orten berief man die Aerzte zu ihr, aber umsonst. Da kam einst ein Fuchs als Gast zum Löwen und erzälte demselben: „In unsrer Heimat lebt ein Fuchs; man nennt ihn den Fuchs, der die Frau des Richters geheiratet hat; der ist ein gewaltiger Arzt." Der Löwenkönig schickte fünf Löwen nach ihm aus; diese reisten in's Fuchsland und erkundigten sich nach dem Fuchse; sie begaben sich zu ihm und sagten: „Der Löwenkönig verlangt nach dir, denn seine Tochter ist krank geworden." Der Fuchs aber entgegnete: „Ohne Pferd mag ich nicht dorthin reisen." Daher kehrte ein Löwe zum König zurück, und als dieser fragte: „Wo ist der Fuchs?" antwortete er: „Er sagt, ohne Pferd könne er nicht reisen, das Land sei weit entfernt." Da befal der König: „Nimm ihm meinen schönsten Hengst mit; wenn er sie heilt, mag er ihn behalten, ausser der Belohnung, welche ich ihm geben werde." Der Löwe nahm das Pferd mit, kam zum Fuchs und sagte zu ihm: „Auf, steige zu Pferde!" Der Fuchs stieg auf und reiste mit den Löwen ab. Als er zum Löwenkönig kam, bewirtete man ihn mit grossen Ehren. „Zeigt mir das Mädchen", sagte er. Sie zeigten ihm dasselbe; er öffnete die Thüre und

ging hinein, da wichen die Geister von ihr. Sie selbst aber rief:
„Oeffne die Thüre nicht, sondern lass mir erst meine Kleider
bringen, damit ich sie anziehe; es wäre ja eine Schande." Da
sagten die Angehörigen des Löwen voll Freude: „Sie ist wieder
gesund geworden." Man brachte ihr nun seidene mit Gold durch-
wirkte Kleider, der Fuchs gab sie ihr, und sie zog dieselben an;
dann setzte sie sich mit dem Fuchse hin; er spie ihr in den
Mund, und sie wurde gesund. „Bereitet dem Fuchs Kaffe", befal
sie. Man bereitete ihm Kaffe, und die beiden sassen nun bei
einander; man hätte meinen können, sie sei nie besessen gewesen. Darauf kam der Löwenkönig zu ihnen, und die Vornehmen machten der Prinzessin ihre Aufwartung; der König aber
sagte: „Da nichts anderes würdig ist, dass ich es dem Fuchse
für die Heilung meiner Tochter schenke, so will ich ihm meine
Krone geben, und er soll König über die Füchse sein." Er
schenkte dem Fuchs die Krone, dieser stieg zu Pferde und kam
nach Hause; so war er König über die Füchse geworden. —
Darauf wurde die Tochter des Schlangenkönigs besessen;
sie sandten daher nach dem Fuchse, und dieser begab sich zum
König der Schlangen. Die Prinzessin aber war mit Ketten gefesselt. Nachdem der Fuchs in's Haus des Schlangenkönigs gekommen war und die Prinzessin geheilt hatte, sagte man ihm:
„Fordere Gold; so viel du forderst, wollen wir dir geben." „Ich
verlange kein Gold", antwortete er, „sondern ich bitte mir die
Schlange aus, welche mich gebissen hat, sie soll mir dienen und
bei mir bleiben bis zum Tode." Der König sagte: „Aber ich
weiss nicht, welche Schlange es ist." „So rufe die Schlangen,
ich will sie schon erkennen", erwiderte jener. Da rief der
Schlangenkönig alle Schlangen und Schlangenmänner herbei;
nirgends blieb eine zurück, alle kamen. Der Fuchs aber suchte
unter ihnen allen, fand indessen jene nicht. Nun liess der
Schlangenkönig sich und seiner Familie die Schlangenkleidung
anlegen; da rief der Fuchs: „Diese da ist es!" und es ergab sich,
dass es die Tochter des Königs war. „Hättest du doch meine
Tochter nicht verlangt!" sagte der König. Er aber antwortete:
„Konnte ich denn wissen, dass es deine Tochter sei?" „So möge
sie dein sein; nimm sie mit." Er nahm sie mit, und sie zog
wieder Menschenkleider an und verwandelte sich in eine Frau.
So kam der Fuchs nach Hause. Der Richter aber hing ihm
einen Prozess an wegen der Frau. Als der Richter sich Nachts
im Hause schlafen gelegt hatte, befal der Fuchs der Schlange

„Geh, beisse den Richter!" Da zog sie ihre Schlangenkleider an, ging den Richter beissen und kehrte zurück. Als die Leute am Morgen aufstanden, sahen sie, dass der Richter aufgeschwollen war, wie ein Schlauch; da trugen sie ihn fort und begruben ihn.

LXXIX.

Es war einmal ein Pfaffe, der ging den Acker bauen. Als er bis zum Mittag gepflügt hatte, legte er sich schlafen. Da kam der Fuchs und frass dem Pfaffen sein Brot auf und soff ihm sein Wasser aus. Als der Pfaffe sich vom Schlafe erhob und kein Brot und kein Wasser mehr fand, fragte er die Ochsen: „Wo ist das Brot und das Wasser?" „Bei Gott!" antworteten sie, „der Fuchs hat es gefressen und das Wasser gesoffen." „Wohin ist er gegangen?" „Er hat sich in sein Loch hineingemacht." Da ging der Pfaffe hin, streifte seine Kleider herauf und versuchte in das Loch einzudringen. Aber der Fuchs packte das Glied des Pfaffen, der schrie: „Au! Gift in deinen Leib! Fuchs! gib mir mein Glied." Der Fuchs aber antwortete: „Bei Gott! ich gebe es nicht heraus." Als der Pfaffe nach Hause kam, sagte er zu seiner Frau: „Der Fuchs hat mir mein Glied abgerissen." „Wo?" „Im Loche." „Wesshalb hast du ihn nicht todtgeschlagen?" „Er kommt nicht heraus." „So mag ich dich nicht mehr." „Was soll ich tun?" fragte er weinend. „Hol dein Glied." „So komm, wir beide wollen es holen gehen." Die Frau ging mit ihm, und der Pfaffe rief: „Fuchs, gib mir mein Ding und nimm dafür das ihrige." „Gut!" erwiderte der Fuchs und gab dem Pfaffen sein Glied. Die Frau besah es und erklärte: „Das ist es nicht, der Fuchs hat es vertauscht." Da prügelte der Pfaffe sie. Als sie aber nach Hause kamen, schaffte die Frau sich einen muslimischen Liebhaber an.

LXXX.

Es war einmal ein Mann, einen stärkern als ihn gab's nicht, er suchte um eines Pfennigs willen Streit mit den Leuten. Mit seinem Säbel und seiner Flinte zog er einst des Weges, da ge-

sellte sich eine Frau zu ihm und fragte ihn: „Wohin gehst du?“
„Zu diesem Dorfe gehe ich“, antwortete er. „Dann will ich mit
dir gehen“, versetzte sie, „aber ich fürchte mich.“ „Komm nur“
sagte er, „fürchte dich nicht.“ So ging sie mit ihm. Als sie das
Dorf erreicht hatten, hob sie an: „Bürschchen, Gott bewahre dich
vor Weiberbosheit!“ „Pest!“ rief er, „ich sage dir, hundert Männer
vermögen nichts über mich.“ „Sprich nicht so“, warnte sie ihn
„Doch wol!“ trotzte er. „Die Bosheit des Weibes ist schlimm·
versetzte sie. „Lass sie schlimm sein!“ Da rief sie Halloh und
wandte sich mit Hilfegeschrei an die Bewohner des Dorfes. Diese
fragten: „Was willst du, Frau?“ „Dieser hat sich an mir ver
griffen“, antwortete sie. Da kamen sie heran, schlugen ihn und
nahmen ihm den Säbel und die Flinte ab und wollten ihn tödten
aber das liess die Frau nicht zu, sondern sie nahm ihnen den
Säbel und die Flinte weg, gab sie ihm zurück und sprach: „Geh
nach Hause; ich habe es dir ja gesagt: Weiberbosheit ist schlimm
du aber wolltest nichts davon wissen.“ „Ich hatte Unrecht“
sagte er, „Gott möge mich vor Weiberbosheit bewahren.“ Als er
nach Hause kam, wo er einen Weingarten hatte, legte er sich
angesichts dieses Weingartens zur Ruhe, nachdem er eine Falle auf
gespannt hatte. — Nun waren da auch drei Füchse, drei Brüder
waren es, die sagten: „Kommt zu den Trauben“, und gingen dort
hin, um Trauben zu fressen. Einen von ihnen schickten sie auf
er solle die Trauben stehlen. Dabei geriet er aber in die Falle
und fing sich in ihr. Da dachte der andere Bruder: „Mein Bru
der ist nicht zurück gekommen“, ging nach ihm sehen und fand
ihn gefangen. „Was ist dir, mein Bruder?“ fragte er. „Ich habe
mich in der Falle gefangen“, antwortete er. Da plante jener
„Ich werde mich neben dich legen; wenn dann der Herr der
Falle kommt und sieht, dass du gefangen bist, ich aber nicht
gefangen bin, so wird er deinen Fuss aus der Falle herausziehen
um uns beide mit dem eisernen Pflock zu schlagen, dann fliehen
wir; denn ich fürchte, auf andere Weise würde ich dich nicht
befreien können.“ Der andere war mit diesem Plane einverstanden
und jener legte sich neben ihn hin. Darauf kam auch der dritte
Fuchs, ihr Bruder, und fragte: „Wie kommt es, dass ihr gefangen
seid?“ Sie erzälten es ihm und sagten: „So ist es uns ergangen.“
Auch er legte sich zu ihnen: ein Fuchs war gefangen, die beiden
andern aber nicht. Als nun der Herr des Weingartens zu der
Falle kam und die drei Füchse in dieser Lage fand, zog er den Fuss
des einen Fuchses aus der Falle heraus und schlug mit dem

eisernen Pflocke nach ihnen: da entflohen sie. „Ich Blinder!" rief
der Mann, „was habe ich getan? ich habe den einen aus der
Falle befreit, da sind sie alle drei entflohen." — „Hast du gesehen, Bruder", sagte der eine Fuchs, „ich habe dich befreit."
Darauf schlugen sie vor: „Kommt, lasst uns nach Hause gehen",
der Fuchs aber, welcher gefangen gewesen war, sagte: „Geht
nur, ich komme nicht mit, ich will mich etwas in der Welt
herumtreiben."

Er zog hin und kam zu einer Wiese, auf welcher ein Pferd
weidete; neben dieses setzte er sich. „Was sitzest du da, Fuchs?"
fragte das Pferd. „Ich betrachte dich", gab er zur Antwort.
„Wie?" versetzte das Pferd, „hast du noch nie Pferde gesehen?"
„Nein! die Pferde, welches Geschäft treiben die?" „Die Menschen
besteigen sie und lassen sie galopiren." „So lass mich mal auf
dich steigen", bat er. „Komm." Der Fuchs vermochte aber nicht
aufzusteigen, daher sagte er: „Pferd, ich kann nicht aufsteigen."
„Aber was soll ich denn tun?" entgegnete dieses. „Kauere nieder, damit ich aufsteige, und dann steh mit mir auf wie ein
Kamel." Das Pferd kauerte nieder, und der Fuchs stieg auf.
„Steigen so die Menschen auf?" fragte er. „Ja." „Nun galopire mal, damit ich sehe, wie das Galopiren ist." „So halte
dich auf meinem Rücken fest, Fuchs, jetzt galopire ich." „Ich
halte mich fest." Das Pferd fing an zu galopiren, der Fuchs
aber fiel herab; er verletzte sich am Rücken und begann zu
weinen. „Wesshalb weinst du, Fuchs?" fragte das Pferd. „Du
hast mich hingeworfen und hast mir Rückenschmerzen verursacht."
„Ich habe dir nicht gesagt, dass du fallen solltest." „Als ich
fiel, hättest du mich halten sollen." „Ich! wie hätte ich dich
halten können, du fielst ja von meinem Rücken." Darauf ging
das Pferd zurück auf die Weide, der Fuchs stand auf und sagte:
„Ich gehe mich nach einem Arzte umsehen, bleib du hier, Pferd!"
„Ja, geh", antwortete das Pferd. Der Fuchs ging und traf einen
Wolf. „Wolf!" sagte er. „Ja!" „Ich habe ein fettes Pferd gesehen; wenn ich es dir zeige, lässest du mich davon mitfressen?"
„Ja, ich lasse dich davon fressen." „Schwöre!" „Gott sei Zeuge,
dass ich dich davon fressen lasse." „So warte hier." „Ja, wohin gehst du denn?" „Ich gehe, ich hatte einen Vetter hier, ich
will ·sehen, ob er noch wartet oder nicht." „Verzieh aber nicht
zu lange!" Der Fuchs ging hin und traf einen Eber. „Eber!"
rief er. „Ja!" „Bist du hungrig? bist du satt?" „Seit drei Tagen
habe ich nichts gefressen." „Wenn ich dir ein Pferd zeige,

lässest du mich davon mitfressen?" „Ich lasse dich davon fressen und gebe dir die Hode und die Rute noch obendrein." „So schwöre mir's!" „Du weisst, wir Eber lügen nicht, unsere Rede und unser Körper sind gerade aus." „Gut!" erwiderte der Fuchs und ging mit dem Eber, bis sie den Wolf trafen, der in Erwartung des Fuchses dastand. „Bist du da, Fuchs?" sagte er. Der aber wollte mit dem Wolfe nicht reden, sondern ging mit dem Eber weiter; der Wolf schloss sich ihnen an. „Wohin, Wolf?" fragte der Eber. „Es gibt ein Pferd." „Zu dem geh' i c h und der Fuchs, mach dich weg!" „Aber der Fuchs hatte es m i r versprochen!" „Dann hat er dich belogen." „Nein, er lügt nicht." Darauf fuhren die beiden auf einander los. Der Wolf rief: „Fuchs, hilf mir!" Der aber versetzte: „Geh zum Teufel, wir und ihr sind Feinde." Der Eber tödtete den Wolf, dann ging er mit dem Fuchse weiter. „Ich will vorgehen", erklärte der Fuchs, „damit ich es dem Pferde sage; ich will ihm sagen: leg dich hin und stelle dich todt, denn damit meine Brüder keine Klage gegen dich erheben, habe ich dem Arzte erzält, wir seien beide gefallen." „Geh!" versetzte der Eber. Der Fuchs ging darauf zum Pferde und sprach: „Pferd, ich habe den Arzt mitgebracht; ich habe ihm gesagt, wir seien beide gefallen, damit meine Brüder keine Klage gegen dich erheben; leg dich nun hin, der Arzt wird Zeuge." „Gut!" erwiderte das Pferd und legte sich hin. Der Eber kam. „Stell dich todt!" sagte der Fuchs; das Pferd stellte sich todt. Da fuhr ihm der Eber mit der Schnauze in den Bauch, und mit einem Bisse riss er ihm alle Eingeweide heraus. „Eber!" bat der Fuchs, „gib mir die Hode und die Rute, die du mir besonders versprochen hast." Der Eber gab sie ihm, und darauf frassen die beiden zusammen das Pferd auf. Dann sagte der Fuchs: „Eber, ich gehe und suche noch mehr." „Geh!" antwortete er. —

Der Fuchs ging und nahm die Hode und die Rute mit. Die Hode frass er, die Rute aber nicht, sondern wickelte sie in einen Lappen und steckte sie in seinen Gürtel. Wenn die Leute fragten: „Was ist das da, Fuchs, in deinem Gürtel?" so antwortete er: „Das ist meine Pfeife!" Er ging zu einem Hause und bat um Brot; als die Frau des Hauses ihn aber mit leeren Ausflüchten hinhielt, zog er seine vorgebliche Pfeife aus dem Lappen und verübte mit derselben einen losen Streich gegen die Frau, so dass diese laut aufschrie. Da fragte der Mann der Frau: „Fuchs, was hast du getan?" „Was soll ich getan haben? ich sah deinen Tabaksbeutel und holte meine Pfeife heraus, um sie aus ihm zu füllen; dabei stiess ich deine Frau, was kann ich dafür?" „Heb deine Pfeife in die Höhe", versetzte der Mann, „damit ich sie sehe." „Nein, du liessest mich sie nicht füllen, ich zeige sie dir auch nicht." Damit war er weg, sie liefen ihm nach, aber er entkam. —

Auf seinem Wege traf er eine Wildkatze, die fragte ihn: „Wohin gehst du, Fuchs?" „Ich gehe in diesem Dorfe die Geschirre verzinnen", antwortete er. „Verstehst du das denn, Fuchs?" „Ja freilich!" „Dann gehe ich als Geschäftsgenosse mit dir." „So komm!" Sie setzten zusammen ihren Weg fort und trafen einen Teufel, der fragte sie: „Wohin geht ihr?" „Wir gehen Geschirre verzinnen", war die Antwort. „Versteht ihr das denn?" „Ja freilich", sagte der Fuchs. „Dann gehe ich mit euch." „So komm!" Da holte er die Rute des Pferdes hervor und sagte: „Trag das, Teufel!" „Was ist das?" fragte der Teufel. „Das ist der Ambos." Der Teufel lud ihn auf, und sie zogen weiter, bis sie einen Schmied trafen. „Schmied", sagten sie, „mach uns Werkzeug zum Kesselflicken, wir bezalen dich dafür; einen Ambos haben wir, du brauchst also keinen Ambos zu machen." „Gut!" antwortete der Schmied und verfertigte das Werkzeug. Jene steckten die Werkzeugsgeräte in den Ranzen, der Schmied aber sagte: „Gib mir das Geld!" Der Fuchs antwortete: „Lass meinen Freund bei dir bleiben, ich nehme das Werkzeug mit und hole das Geld." So liess er den Teufel als Bürgen für das Werkzeug beim Schmied und zog mit dem Kater weiter. Bald nachher verschwand der Teufel aus der Wohnung des Schmieds; der Schmied suchte nach ihm, aber er konnte ihn nicht finden. Der Teufel hingegen erreichte den Kater und den Fuchs wieder und ging mit ihnen zu dem Dorfe. Da fragten die Leute: „Was für ein Handwerk treibt ihr?" „Wir sind Kesselflicker", antworteten sie. Sie stellten nun ihre Werkzeuge auf, um an die Arbeit zu gehen, die Rute des Pferdes steckte der Fuchs in die Erde und machte sie zum Ambos. Der Fuchs verzinnte, der Teufel führte den Blasebalg und die Katze scheuerte; das Geld, welches als Lohn für das Verzinnen einkam, gaben sie dem Fuchse in Verwahr. Darauf sagte der Teufel: „Fuchs!" „Ja!" „Du verzinnst, du könntest das Geld in's Feuer fallen lassen, gib es lieber mir in Verwahr." Der Fuchs liess sich überreden und gab es ihm. Als sie mit dem Verzinnen fertig waren, hatte der Teufel das Geld und verschwand damit. Der Kater und der Fuchs stritten mit einander und verwundeten sich gegenseitig. Als sie ihre Strasse weiter zogen, kam der Teufel, in einen Esel verwandelt, ihnen auf dem Wege entgegen. „Wir wollen bei dem Esel unsern Streit schlichten", erklärten sie. „Sprecht!" sagte jener. Sie erzälten es ihm, wie es sich zugetragen hatte. Darauf fragte der Esel: „Seid ihr das Geld für das Werkzeug noch schuldig?" „Ja", antworteten sie. „Der Schmied hat den Teufel gefasst und ihm das Geld abgenommen und dann ihn selbst gefangen setzen lassen." Da schlug der Fuchs dem Kater vor: „Komm, wir wollen zum Schmied gehen, wir geben ihm von dem Gelde, was ihm zukommt, und nehmen den Rest." „Voran!" rief der Kater. Sie gingen zum Schmied; als dieser aber des Fuchses ansichtig wurde, nahm er ihn fest. „Wesshalb hast du unsern Bruder festgenommen?" fragte ihn der Fuchs. „Ich habe euren Bruder nicht gesehen", antwortete der Schmied. Da baten sie: „Lass uns los!" „Gebt erst das Geld für das Werkzeug, dann lasse ich euch frei", entgegnete er. „Verflucht!" riefen sie, „was hat der Esel mit uns angefangen!" So blieben sie gefangen, und der Teufel trug das Geld davon.

LXXXI.

Es war einmal ein Fuchs, der hatte eine Frau. Eines Tages wollte er Granatäpfel stehlen, da geriet sein Schwanz in eine Schnappfalle und wurde abgerissen, er selbst entkam. Als er nun so nach Hause kam, lachten die andern Füchse über ihn und sagten: „Sein Schwanz ist abgerissen"; seine Frau aber wollte nichts mehr von ihm wissen. Da überlegte er bei sich: „Ich will mich aufmachen, die andern Füchse holen und ihnen einen Streich spielen." „Nicht weit von hier ist ein Weinberg", sagte er zu ihnen, „der ist voller Trauben." „Auf!" erwiderten sie, „lasst uns dorthin gehen!" Sie gingen hin und fanden auf der Spitze des Weinberges einen Maulberbaum. „Fuchs!" sagten sie, „blase uns auf der Flöte, damit wir hier im Schatten dieses Maulberbaumes tanzen." „Ja", antwortete er, „aber lasst mich eure Schwänze an den Maulberbaum anbinden und dann tanzt." Sie erklärten sich damit einverstanden, und er band ihre Schwänze an den Maulberbaum, ganz fest band er sie mit Stricken, und dann spielte er ihnen auf. Da kam der Wächter des Weinberges, der Fuchs mit dem abgerissenen Schwanze entfloh, die übrigen waren fest angebunden. Jedoch auch sie suchten zu entkommen,

.ussten aber alle ihre Schwänze im Stiche lassen. So kamen
.e nach Hause und klagten: „Fuchs! was hast du mit uns an-
estellt!" Der aber antwortete: „Was soll ich mit euch angestellt
aben! und ich, wer hat's denn mit mir angestellt?" Da erwiderten
ie nichts.

Kurz darauf wurde der Fuchs mit dem abgerissenen Schwanze
:rank, seine Frau aber wollte nichts mehr von ihm wissen; wenn
r aufstand und drinnen an der Thüre sein Wasser lassen
vollte, dann verbot sie ihm das. Eines Nachts musste er wieder
ein Wasser lassen, da veranlasste die Frau ihn hinaus zu gehen,
iess ihn darauf aber nicht wieder herein. „Mach mir die Thüre
auf!" rief er; sie aber antwortete: „Ich öffne sie nicht." Da
nachte er sich auf und ging zum Dorfe hinaus. Draussen vor
lem Dorfe war eine Quelle, an dieser liess er sich nieder, da
tauchte plötzlich ein Mann aus dem Wasser auf und fragte:
„Wesshalb bist du hier, Fuchs?" „Ich komme um vor Hunger",
antwortete dieser, „und meine Frau hat mich herausgeworfen."
„Ich will dir etwas schenken, aber du darfst es deiner Frau nicht
zeigen." „Gewiss nicht!" versprach er. „So nimm diese Schüssel; wenn du mit dem Finger auf sie schlägst, so wird Gott dir
soviel Speise du immer verlangst geben." „Schön!" versetzte der
Fuchs und schlug mit dem Finger auf die Schüssel, „fülle dich
mit Gekochtem." Alsbald füllte sich die Schüssel mit Gekochtem, und der Fuchs liess sich's schmecken. Darauf nahm
er die Schüssel mit nach Hause, seine Frau aber rief ihm
entgegen: „Ich nehme dich nicht im Hause auf." „Ich will ja
gar nichts aus deiner Tasche essen", erwiderte er. Da öffnete
sie ihm die Thüre und sagte: „Dass du mir ja nichts issest."
Wenn er auf die Schüssel schlug, erschien Speise von jeglicher
Art. Die Füchsin geriet in Entzücken über ihren Mann und
schlug vor: „Wir wollen den Fürsten der Füchse zu uns einladen." „Nein!" entgegnete er. „Ja", sagte sie, ging hin und
rief den Fuchsfürsten, und dieser kam zu ihnen. Sie schlug auf
die Schüssel und forderte Essen von ihr, alsbald füllte sich der
Tisch mit Speisen. Als der Fuchsfürst das sah, verwunderte er
sich sehr. Er ass und ging nach Hause, dann schickte er zwei
Diener und befal ihnen: „Geht und holt die Schüssel; wenn sie
sie nicht gutwillig geben, nehmt sie mit Gewalt." Die Diener
gingen hin und verlangten die Schüssel. „Die geben wir nicht",
entgegneten jene; da nahmen sie sie mit Gewalt, und der Fuchs
war wieder ein Hungerleider. Am Abend ging er zu der Quelle

und setzte sich an dieselbe. Der Mann tauchte aus dem Wasser auf und rief: „Fuchs!" „Ja!" „Habe ich dir nicht gesagt, du möchtest sie deiner Frau nicht zeigen?" „Ich habe gefehlt", erwiderte er. „Ich schenke dir jetzt einen Esel", versetzte der Mann, „aber zeige ihn nur ja nicht deiner Frau." „Gewiss nicht!" versprach er. „Jedesmal wenn du ihn mit der Hand auf den Rücken schlägst, macht er Dukaten." Der Fuchs nahm den Esel und kam mit ihm nach Hause. „Was bringst du da?" rief ihm seine Frau entgegen. „Einen Esel." „Was sollen wir mit dem Esel machen! Der braucht ja Häcksel und Gerste." „Lass dich das nicht kümmern!" entgegnete er, schlug den Esel auf den Rücken, und dieser machte gleich eine ganze Schachtel voll Goldstücke. Da freute sich die Füchsin. — Bald riss der Fuchs sein Haus nieder, rief Baumeister und nahm Werkleute und liess sich ein neues Haus, einen Palast, bauen. Er hatte Geld in Hülle und Fülle. Eines Tages sagte seine Frau: „Ich will auf den Esel steigen und in's Bad reiten." Wie der Fuchs sich auch dagegen wehrte, er vermochte nichts über seine Frau, sie nahm den Esel mit zum Bade. Nun hatte die Badefrau auch einen Esel ganz von der Art jenes; die beiden waren zum Verwechseln ähnlich. Als die Füchsin an's Bad gekommen war, schlug sie den Esel auf den Rücken, er machte vier Goldstücke. Die Badefrau hatte zugesehen; darauf ging sie hin, holte ihren Esel und vertauschte ihn mit dem Dukatenesel. Als die Füchsin aus dem Bade gekommen war, bestieg sie den Esel und ritt nach Hause. So brachte sie den Esel der Badefrau nach Hause, die beiden waren ja nicht von einander zu unterscheiden. Gewohnter Weise schlugen der Fuchs und seine Frau den Esel auf den Rücken, damit sie Goldstücke bekämen; soviel sie aber auch schlugen, es kam nichts. Der Fuchs war wieder ein armer Teufel geworden. Er ging zu der Quelle, der Mann kam aus ihr hervor und rief: „Fuchs!" „Ja!" „Habe ich dir nicht verboten, ihn deiner Frau zu zeigen?" „Ich bin blind gewesen!" seufzte der Fuchs. „Nimm diesen Ranzen und nimm ihn mit, es sind zwei Riesen darin: fordere deine Schüssel vom Fuchsfürsten; wenn er sie nicht geben will, so öffne den Ranzen, die beiden Riesen werden herauskommen, den Fuchsfürsten tödten und die Schüssel nehmen." Der Fuchs nahm den Ranzen mit und ging nach Hause. Als er in die Nähe desselben kam, rief seine Frau ihm entgegen: „Ich lasse nicht zu, dass du hereinkommst." Da öffnete er den Ranzen, zwei Riesen kamen heraus und fragten: „Was ist dein Begehr?"

„Tödtet das Weib da, meine Frau", befal der Fuchs. Alsbald
tödteten die Riesen sie und frassen sie auf. Dann gebot der
Fuchs: „Kommt, geht wieder in den Ranzen!" Sie gingen hinein,
er band ihn fest zu und begab sich zum Fuchsfürsten. „Gib mir
meine Schüssel", bat er ihn. „Nein", erwiderte dieser, „ich gebe
sie nicht heraus." „Dann nehme ich sie", entgegnete der Fuchs.
„Werft ihn in's Gefängniss", gebot der Fürst. Der Fuchs aber
öffnete den Ranzen, die Riesen kamen heraus und fragten: „Was
ist dein Begehr?" „Tödtet den Fuchsfürsten!" befal er. Sie
tödteten ihn und frassen ihn auf. Der Fuchs nahm die Schüssel
und sagte: „Kommt, geht wieder in den Ranzen hinein." Sie
gingen hinein, und er band ihn fest zu. Darauf begab er sich
zu der Badefrau und sagte: „Gib mir meinen Esel!" „Welchen
Esel?" „Den du meiner Frau im Bade vertauscht hast." „Ich
habe keinen Esel gesehen", erklärte sie. Da öffnete der Fuchs
den Ranzen, die beiden Riesen kamen heraus und fragten: „Was
ist dein Begehr?" „Tödtet die Badefrau!" Alsbald tödteten sie sie
und frassen sie auf. Der Fuchs führte den Esel mit sich weg
und kam zur Quelle. Da fragte der Mann ihn: „Was hast du
getan, Fuchs?" „Wie du mir aufgetragen hast, habe ich getan",
antwortete er. „Gib mir die Schüssel", fuhr der Mann fort, „und
den Esel und die Riesen, dass ich sie dir aufhebe; wann immer
du ihrer bedarfst, gebe ich sie dir." „Nein!" bat der Fuchs,
„lass mir wenigstens die Riesen." Der Mann nahm den Esel und
die Schüssel an sich, der Fuchs aber hing den Ranzen mit den
Riesen über die Schulter und ging in die weite Welt.

Er kam in eine Stadt, da traf er einen Bäcker, der fragte
ihn: „Willst du nicht mein Geselle werden?" „Gewiss!" antwortete er. „Ich gebe dir", fuhr jener fort, „zwanzig Piaster den Monat
und die Kost." „Gut!" sagte der Fuchs, wurde Bäckergeselle,
buk Brot und verkaufte es. Wenn er aber ass, assen die Riesen
immer mit ihm. Ein Jahr blieb er so beim Backofen, da sagte
der Bäcker: „Ich habe dieses Jahr Verlust erlitten", jagte den
Fuchs weg und wollte ihm seinen Lohn nicht geben. „Holla!
Bäcker!" sagte der Fuchs, „gib mir meinen Lohn." „Nein, ich
gebe dir ihn nicht", versetzte jener. Der Fuchs aber öffnete den
Ranzen, die Riesen kamen heraus und fragten: „Was ist dein
Begehr?" „Tödtet den Bäcker!" befal er. Alsbald tödteten sie
den Bäcker und frassen ihn auf; der Fuchs nahm seinen Lohn,
und die Riesen fuhren wieder in den Ranzen. — Darauf verliess
der Fuchs die Stadt und begab sich auf einen Berg. Auf diesem

traf er eine wunderschöne Frau. Sie war die Tochter des Schlangenkönigs, die im Groll ihrem Vater entflohen war und sich verirrt hatte. Der Fuchs fing ein Gespräch mit ihr an und sagte: „Lass mich deine Liebe geniessen." Als sie ihm aber wehrte, drohte er: „Ich werde dich tödten." „Das vermagst du nicht", antwortete sie. Da öffnete er den Ranzen, die Riesen kamen heraus — als sie aber die Frau erblickten, gerieten sie in Entzücken, hoben sie auf und entführten sie. Der Fuchs fing an zu weinen und rief den Riesen, aber die waren weg, er bekam sie nicht mehr zu sehen, sie hatten die Tochter des Schlangenkönigs entführt. So blieb der Fuchs allein auf dem Berge mit dem leeren Ranzen. Er begab sich nun auf den Weg nach Hause, da traf er den Schlangenkönig in Begleitung von hundert Schlangen. „Fuchs!" rief der König. „Ja!" „Hast du hier auf dem Berge keine Frau gesehen?" „Gewiss! bei Gott! ich habe eine gesehen." „Wo ist sie?" „Die beiden Riesen haben sie entführt." „Wohin sind sie gegangen?" fragten die Schlangen. „Dorthin." „Komm, führe uns." „Das kann ich nicht", entschuldigte er sich. „Auf der Stelle kommst du", erwiderten sie und nahmen den Fuchs mit Gewalt mit; einen Monat lang suchten sie, aber sie fanden nichts. Da trafen sie eine Schwalbe, die fragte sie: „Wonach sucht ihr?" „Wir suchen nach Riesen, sie haben eine Frau entführt." „Geht in der Richtung nach Mekka, da ist eine Ebene, dort liegt ein Schloss zwischen den beiden Seen, in diesem ist sie, gerade jetzt komme ich von dort." „Komm, zeige es uns", baten sie. „Ich kann nicht", entschuldigte sie sich. „Wenn du nicht kommst", fiel der König ein, „so lasse ich die Schlangen deine Jungen fressen." Da fürchtete sich die Schwalbe, ging mit ihnen und zeigte ihnen das Schloss. „Da ist das Schloss", sagte sie und kehrte zurück. Der Fuchs blieb am Rande des Wassers, er konnte nicht hinüber schwimmen, die Schlangen aber mit ihrem Könige zogen über das Wasser und gelangten zu dem Schlosse. Sie gingen in dasselbe hinein und sahen, wie die Riesen die Liebe des Mädchens genossen. Da bissen sie die Riesen, diese starben, das Mädchen aber nahmen die Schlangen mit. Als sie zum Fuchse zurückkamen, fragte dieser sie: „Wo sind die Riesen?" „Wir haben sie gebissen, und sie sind gestorben." Die Königstochter aber sagte: „Dieser hier hat die Riesen aus dem Ranzen herausgelassen." „Wirklich?" fragten die Schlangen. Da entfloh der Fuchs, sie eilten ihm nach und riefen: „Beisst ihn!" aber sie erreichten ihn nicht mehr, und er entkam.

Darauf traf der Fuchs einen Mann, den fragte er: „Was
lhrst du mit dir, Mann?" „Ich habe Leinwand zum Verkaufe
ei mir", antwortete jener. „Gerade suche ich nach Leinwand",
ef der Fuchs, „mein Bruder und mein Vater sind gestorben, sie
rauchen Todtenhemden, miss mir zwanzig Ellen und nimm was
ir zukommt." „Gut!" versetzte der Mann und mass ihm zwanzig
llen. Der Fuchs nahm sie in Empfang und wickelte sie sich
ls Turbanbinde um den Kopf — die zwanzig Ellen! „Bezale
nich!" mahnte der Mann. „Ja", antwortete der Fuchs, „mein
teld liegt hier in der Nähe verborgen, ich hole es heraus und
ezale dich." Damit ging er weg und entfloh, der Mann rief ihm
iach, aber er lief immer weiter. Da fing der Mann an zu weinen.
)er Fuchs aber begegnete einem Manne mit einer Kuh. „Wohin
;ehst du, Mann?" fragte er ihn. „Meine Kleinen sind nackt",
rwiderte er, „ich will daher die Kuh für Leinwand verkaufen."
,Komm, ich will dir Leinwand für die Kuh geben." Sie wurden
Iandels einig, und der Fuchs nahm die Kuh mit nach Hause.
Jnterwegs begegnete ihm der Wolf und fragte ihn: „Fuchs, wo-
ier hast du die Kuh da bekommen?" „Ich habe sie gekauft."
,Lass uns beide zusammen sie fressen." Davon wollte aber der
Fuchs nichts wissen, jedoch der Wolf machte sich an sie heran, tödtete
ile und frass sie auf, ohne den Fuchs mitfressen zu lassen. Zor-
iig ging dieser von dannen und fand in einer Falle Brot mit
Schmalz. Da sagte er zum Wolfe: „Komm und friss das Brot
hier." „Warum frissest du es denn nicht?" fragte jener. „Ich,
ich habe geschworen, kein Fett zu fressen, seit der Zeit, da ich
meinen Schwanz verlor." Der Wolf kam, griff nach dem Brote
und geriet in die Falle, das Brot flog aus derselben hinaus,
und der Fuchs frass es auf. „Fuchs!" rief der Wolf, „komm,
befreie mich." Der aber antwortete: „Das ist für die Kuh,
welche du gefressen hast; bleib du gefangen." So blieb der Wolf
gefangen, der Fuchs aber kam nach Hause.

LXXXII.

Es war einmal ein Fuchs, der traf eine Eule, die sagte zu
ihm: „Fuchs!" „Ja!" „Komm, wir wollen mit einander Freundschaft schliessen." „Gut!" erwiderte er, und sie schworen sich
Freundschaft. Darauf schlug der Fuchs vor: „Komm, lass uns

zu mir nach Hause gehen, ich will dich bewirten." „Gut!" versetzte sie und ging mit dem Fuchse. Dieser bereitete einen süssen Brei, tat ihn auf die Rückseite der Schüssel und setzte ihn vor sich und die Eule. Er leckte und die Eule pickte, so frass er den ganzen Brei, der Eule aber kam nichts in den Schnabel. Da sagte sie: „Du hast mir einen Streich gespielt." „Wie so?" fragte er. Sie antwortete: „Du leckst und ich picke und das ist Brei, ich bekomme nichts in den Mund." „Das wusste ich nicht, Schwester", entschuldigte er sich, „sonst hätte ich etwas anderes bereitet." Darauf schlug sie ihm vor: „Komm zu mir nach Hause, i c h will dich bewirten." Sie röstete Erbsen und legte sie auf die Erde: der Fuchs leckte und bekam nichts an die Zunge, die Eule dagegen pickte die Erbsen alle auf. Da sagte er: „Schwester, du hast mir einen Streich gespielt." „Wie so?" fragte sie. Er antwortete: „Du hast Erbsen geröstet, ich lecke und bekomme nichts auf meine Zunge, du aber pickst sie mit deinem Schnabel alle auf." — Darauf beredete sie den Fuchs mit ihr auf die Jagd zu gehen. Sie machten sich auf den Weg und kamen zu einer Cisterne; dort fanden sie einen Hahn und einen Besessenen, der Besessene war in der Cisterne und der Hahn auf dem Rande derselben; der Hahn krähte und der Besessene betete. Da fragten jene: „Was macht ihr da, Hahn?" „In der Cisterne liegt ein Schatz", erwiderte er, „den hebe ich und der Besessene." „An diesem Geschäfte wollen wir uns beteiligen", erklärten jene. Der Hahn aber wollte nichts davon wissen, jedoch der Besessene liess es zu. Darauf sagte der Fuchs: „Besessener, lass die Eule zu dir hinabsteigen, sie wird dir helfen, und ich und der Hahn, wir bleiben hier und ziehen das, was ihr an den Strick hängt, in die Höhe." „Gut!" rief jener. Die Eule stieg zu dem Besessenen hinab, aber gerade in diesem Augenblicke wurde dieser verstört, die Teufel fuhren in ihn, und er erschlug die Eule. „Wesshalb hast du meine Schwester erschlagen?" rief der Fuchs. „Ich habe sie erschlagen", gestand er. Da frass der Fuchs den Hahn und erklärte: „Das ist die Rache für meine Schwester." Der Besessene entgegnete: „So sind wir quitt ich habe deine Schwester erschlagen, und du hast meinen Bruder gefressen." „Gut!" sagte der Fuchs. Darauf hoben sie den Schatz, der Besessene stieg aus der Cisterne hinaus und forderte den Fuchs auf, das Geld zu teilen. Als der Fuchs es aber teilte, legte er immer zwei Goldstücke für sich hin und eines für den Besessenen. „So darfst du nicht teilen", rief der

Besessene. „Wie denn anders?“ „Eins für mich, und eins für dich“, erwiderte er, und so gerieten sie mit einander in Streit. „Komm“, sagte er, „lass uns zu Jemand gehen, der sie teilt.“ Sie gingen und trafen eine von den schnell laufenden Ameisen. Diese baten sie, das Geld zu teilen. Sie erklärte sich dazu bereit, und sie häuften das Geld vor dem Neste der Ameisen auf. Sie aber sprach in ihrer Sprache zu den andern Ameisen: „Wir haben das Geld vor dem Neste aufgehäuft, stehlt es von innen.“ Die Ameisen stalen viel, den Rest teilten jene. Der Besessene sah zu und sagte: „Unser Geld ist weniger geworden.“ „Liebster“, entgegnete die Ameise, „wie sollte ich etwas unterschlagen haben, sieh, ich habe ja nichts.“ Darauf ging der Besessene mit dem Fuchs nach Hause, erschlug den Fuchs und nahm das Geld. Dann kehrte er zu der Ameise zurück und fragte: „Wo ist das Geld?“ „Ich habe kein Geld gesehen“, entgegnete diese. „Ich werde dich tödten“, drohte der Besessene, „gib das Geld heraus.“ Da sagte sie: „Ich will dir Kaffe kochen, trink, und nachher wollen wir mit einander reden.“ Sie kochte ihm Kaffe, tat ihm Gift hinein und liess ihn denselben trinken. Davon starb der Besessene, und die Ameise behielt das Geld.

LXXXIII.

Ssa'îd war der König der Heuschrecken, Ssa'îd nannten sie ihn. Er hatte drei Frauen, aber er hatte keine Kinder von ihnen. Nun gebar ihm die Jüngste einen Knaben und ein Mädchen. Die beiden andern Frauen waren bei ihr, als sie gebar; jene riefen dem Diener und befalen ihm, zwei junge Katzen zu bringen. Er brachte sie, und jene legten sie an die Stelle der Kinder, diese aber legten sie in eine Schachtel und gaben sie dem Diener, mit der Weisung, sie in's Meer zu werfen. Der Diener ging und warf sie in's Meer. Dem Ssa'îd aber brachten jene die Nachricht: „Es sind dir zwei junge Katzen geboren worden.“ „Ersäuft sie!“ befal er, „bis jetzt hat es noch keiner vernommen.“ Man warf sie in's Wasser. Darauf befal er weiter: „Steckt die Frau in eine Büffelhaut, verpicht sie mit Pech und Harz und legt sie in das Stadtthor; Jeder, welcher vorübergeht, soll mit einem Stocke auf jene Haut schlagen.“ Da steckten sie sie in eine Büffelhaut, verpichten sie mit Pech und Harz, und Jeder, der vorüberging, schlug sie, nach dem Befehl des Ssa'îd.

. Ein Fischer ging eines Tages mit seinem Netze auf den Fischfang und warf dasselbe in's Meer. Aber das Netz geriet auf das Kästchen, er zog dasselbe heraus, öffnete es und fand einen Knaben und ein Mädchen darin. „Das ist heute meine Beute", dachte er. Der Fischer hatte auch eine Frau; als er mit dem Kästchen nach Hause gekommen war, fragte diese ihn: „Wo sind die Fische, die du mitgebracht hast?" „Ich habe keine Fische mitgebracht", antwortete er, „sondern ich habe dieses Kästchen gefunden." „Oeffne es", sagte sie. Er öffnete es, und die Frau freute sich. Jede Woche wuschen sie die Kinder, und dann konnten sie jedesmal von dem Waschwasser Silber und Gold abschöpfen. Da er nun soviel Silber und Gold bekam, ward der Fischer ein Kaufmann, er baute sich Paläste und Schlösser, aber auf den Fischfang ging er nicht mehr. — Der Knabe und das Mädchen wuchsen heran, das Mädchen wurde einzig schön, aus allen Ländern kamen die Freier zu ihr, aber ihr Bruder wollte sie keinem zur Frau geben. — Der Bruder hatte eine Schleuder, damit pflegte er an den Strand des Meeres zu gehen, um Steine nach den Vögeln zu schleudern. Dort am Strande wuschen aber die Weiber, und einst traf ein Stein, den er nach einem Vogel schleuderte, eine Frau an den Kopf und verwundete sie. Da fing sie an zu weinen und zu schimpfen, er aber sagte: „Ich habe ja dich nicht treffen wollen." Sie aber versetzte: „Niemand weiss, woher dein Vater ist, und du willst nach Vögeln jagen." Da nahm er seine Schleuder, ging nach Hause und fragte den Fischer: „Wer ist mein Vater und meine Mutter?" „Ich bin dein Vater", erwiderte er, „und diese", indem er auf seine Frau deutete, „ist deine Mutter." „Nein!" entgegnete er, „sage mir die Wahrheit." Da antwortete der Fischer: „Ich weiss nicht, wer deine Eltern sind, im Meere habe ich dich gefunden, dich und deine Schwester." Da sprach er zu seiner Schwester: „Auf, lass uns gehen und unsere Eltern suchen." Sie brachen auf und zogen dem Meeresufer entlang, bis sie in das Land der Füchse gelangten. Dort ging er zu einer alten Füchsin und sagte: „Füchsin!" „Ja!" „Willst du nicht mich und meine Schwester diese Nacht beherbergen?" „Zu Diensten!" antwortete sie. Er kehrte also bei der Füchsin ein, sie assen zu Nacht und plauderten miteinander, er und seine Schwester und die Füchsin. Die Füchsin fragte ihn: „Woher bist du?" „Ich weiss es nicht", antwortete er. „Du hast doch wol deine Mutter, deinen Vater gesehen?" entgegnete sie. „Ich habe keine Mutter und keinen Vater gesehen; uns hat der

Fischer in einer Schachtel im Meere gefunden." „Wann? in welchem Jahre hat er euch gefunden?" forschte sie. „In dem und dem Jahre." „Dann weiss ich, wer eure Eltern sind." „Wer denn?" „Der Ssa'îd, der König der Heuschrecken; eure Mutter ist seit dem Tage eurer Geburt in die Büffelhaut gewickelt, mit Pech und Harz haben sie sie verpicht; euch, als ihr geboren ward, haben sie in eine Schachtel gelegt, und der Diener hat euch in's Meer geworfen, an eure Stelle aber haben sie zwei junge Kätzchen gelegt; die Frauen deines Vaters haben so gehandelt, ohne dass dein Vater etwas davon wusste; desshalb liess er deine Mutter in das Harz und in's Stadtthor legen." „Schön!" versetzte der Junge und ging mit dem Mädchen in das Land der Heuschrecken.

Gegenüber dem Schlosse ihres Vaters lag eine Hütte. Der Besitzer dieser Hütte war arm, und sie kauften sie ihm ab. Dort wohnte er nun mit seiner Schwester, sie badete ihn und schöpfte vom Wasser Silber und Gold ab, und er badete sie und schöpfte wie sie vom Wasser ab. Da sie sich jede Woche einmal badeten, bekamen sie viel Geld, indem sie das Silber und das Gold verkauften. Er riss die Hütte nieder, rief die Baumeister und nahm Werkleute, und baute sich ein Schloss höher als das seines Vaters. Als der Vater eines Tages auf sein Schloss hinaufstieg, fragte er die Diener: „Wem gehört dieses Schloss?" „Einem Fremden", antworteten sie, „gerade ist er hergezogen." Der Vater hatte auf dem Dache seines Schlosses einen Ruhesitz; der Junge liess sich auf dem Dache seines Schlosses ganz eben solchen Sitz machen. Wenn Ssa'îd Abends zu seinem Ruhesitz hinaufging und sich dort niederliess, begaben sich auch die beiden Geschwister zu ihrem Sitz hinauf. Ssa'îd schaute mit seinem Fernrohr nach den beiden: etwas herrlicheres als sie hatte er nie gesehen. Die Geschwister hatten auch ein Fernrohr, sie betrachteten durch dasselbe den Ssa'îd. Die Schwester schaute hindurch und sagte: „Brüderchen, die Gestalt dieses gleicht der deinigen." Ssa'îd dagegen verging fast vor Bewunderung der beiden jungen Leute. — Eines Tages traf Ssa'îd den Jungen in der Stadt; da fragte er ihn: „Woher bist du?" „Ich bin ein Fremder", erwiderte er. Der Jüngling wusste wol, dass der Ssa'îd sein Vater war, die Füchsin hatte es ihm ja gesagt. „Woher bist du denn?" fragte jener weiter. Der Junge verstellte sich und antwortete: „Ich bin der Sohn des Königs der Vögel." Ssa'îd glaubte es ihm und sagte: „Komm, lass uns zu mir gehen, ich will dich bewirten." Schon wollte er ihn mit sich nehmen, aber der Junge entgegnete: „Ich komme nicht zu dir." „Wesshalb nicht?" „Wenn du nicht jene Frau freilässest, welche im Thore liegt." „Was geht sie dich an?" „Nein!" erwiderte er, „lass sie frei, dann komme ich." Da ging Ssa'îd mit dem Jungen zum Tore und sie setzten die Frau in Freiheit. Sie war aber wie todt; wie Feuer wühlte es im Herzen des Jünglings; er wusste ja, dass sie seine Mutter war. Er rief zweien und befal ihnen: „Tragt sie zu meiner Schwester und nehmt euren Lohn dafür." Sie brachten sie zu seiner Schwester, diese bereitete ihr ein Bad und setzte ihr kräftiges Essen vor; da kehrten ihre Kräfte zurück. — Der Jüngling aber ging mit Ssa'îd nach Hause, und dieser bewirtete ihn bis zum Abend. Anderntags bewirtete er den Ssa'îd; als dieser das Mädchen (seine Tochter) ansah, verging er fast vor Bewunderung; er wusste nicht, dass sie seine Tochter war. Sie assen und sassen vergnüglich beisammen. Da fragte Ssa'îd: „Wie heissest du?" „Ich heisse Ssa'd." „Höre, Ssa'd!" „Ja!" „Gib mir deine Schwester zur Frau." Die Mutter wusste nicht, dass jene ihre Kinder waren, Ssa'îd wusste es auch nicht, aber Ssa'd und seine Schwester wussten, dass Ssa'îd ihr Vater und dass jene ihre Mutter war. Ssa'îd fragte nochmals: „Was sagst du dazu, Ssa'd." „Es geht nicht, Ssa'îd." „Wesshalb geht es nicht?" „Ich will dir eine Geschichte erzälen", versetzte er. „Erzäle!" „Wesshalb hast du diese Frau" — er meinte seine Mutter — „verhaften, in die Haut stecken und mit Pech bestreichen lassen?" „Sie war meine Frau", erzälte er, „ich hatte keine Kinder, da gebar sie zwei junge Katzen; man meldete mir dieses, und ich befal die Katzen zu ersäufen, damit niemand davon höre, und mit der Frau so zu verfahren; das ist, was sich mit mir und dem Weibe zugetragen hat." „Wesshalb liessest du sie fest nehmen?" fragte Ssa'd, „jenes war doch ein Geschenk Gottes." „Gewiss", erwiderte er, „aber ich schämte mich vor den Leuten." „Und wenn die Sache sich nun als ein Betrug herausstellte? Wer hat denn gesehen, dass sie Katzen geboren hat?" „Meine beiden Frauen und der Diener." „So lass sie mal hierher rufen." Ssa'îd freute sich und befal sie zu rufen. Ein Diener ging nach ihnen und rief die Frauen und den Diener, welcher die Kinder in's Meer geworfen hatte. Ssa'd sprach zu ihnen: „Berichtet über die gefangene Frau! Warum hat Ssa'îd sie festnehmen lassen?" Da erzälten sie es ihm gerade so, wie Ssa'îd es ihm erzält hatte. „Das sind Lügen", rief er, „ich bin der Sohn" — Ssa'îd freute sich — „und diese ist die

Tochter. Als wir zur Welt gekommen waren, habt ihr uns in die Schachtel gelegt, den Diener gerufen, der hat uns in's Meer geworfen, an unsere Stelle aber legtet ihr zwei junge Katzen und berichtetet deren Geburt dem Ssa'îd, und er befal, die Kätzchen zu ersäufen und die Frau fest zu nehmen. Diener, ist es nicht so? Sprich die Wahrheit, sonst tödte ich dich." „Bei Gott! so ist es", gestand dieser. Ssa'd aber fuhr fort: „Die Schachtel fand der Fischer, Gott liess uns nicht sterben; und diese ist unsere Mutter." Da erhob sich Ssa'îd, schlug den beiden Weibern den Kopf ab und liess sie in's Meer werfen. Auch den Diener wollte er tödten, aber Ssa'd liess es nicht zu, sondern sagte: „Er hat die Wahrheit gestanden, schlage ihm den Kopf nicht ab." Ssa'îd blieb bei seinem Sohne wohnen, sie waren Vater und Sohn geworden, und ihre Mutter wurde wieder wie früher die Frau des Ssa'îd.

Nicht lange darauf wurde die Tochter des Ssa'îd krank, besessen. Man forschte nach Aerzten, in alle Lande zerstreuten sich die Diener und fragten nach Aerzten. Da trafen sie einen Fuchs, der hatte ein Buch bei sich; er hatte eine Hose an ohne ein Hemd. „Wonach sucht ihr?" fragte er sie. „Nach einem Arzte", erwiderten sie, „die Tochter des Ssa'îd ist besessen geworden." „Ich bin ein Arzt", sagte er, und sie nahmen ihn mit sich in das Land der Heuschrecken. Er ging in das Haus des Ssa'îd, da bewirteten sie ihn mit grossen Ehren. Darauf bat er sie, ihm das Mädchen zu zeigen. Sie zeigten es ihm und er ging zu ihr hinein. Die Teufel hatten sie gerade ohnmächtig hingeworfen. Der Fuchs ging also hinein, legte sich zu ihr und kam dann wieder heraus. Die Leute sagten: „Sie hat den Fuchs ohne Widerrede hinein gelassen." Dann fragten sie: „He! Fuchs! was sagst du? wie ist es?" Er antwortete: „Mein Buch sagt: „„Es soll rufen Ssa'îd die „„Heuschrecken insgesamt, und sie sollen in eine weite Cisterne „„hinabsteigen, und Ssa'd und Ssa'îd sollen mit ihnen in die Cisterne „„hinabsteigen, ich werde den Teufel von dem Mädchen wegnehmen „„und ihn in die Cisterne zwischen die Heuschrecken werfen, die „„sollen ihn tödten; in der Grube werden sie ihn sehen können, „„draussen können sie ihn nicht sehen"", so spricht das Buch." Ssa'îd rief alle Heuschrecken zusammen, sie stiegen in die Cisterne, und Ssa'îd und Ssa'd mit ihnen. Bei der Cisterne befanden sich viele Steine, mit diesen füllte der Fuchs die ganze Cisterne und tödtete so die Heuschrecken alle. Das Mädchen aber, die Besessene, nahm er mit sich. Sie trafen eine Bärin, die fragte:

„Wohin, Fuchs?" „Meine Frau ist besessen geworden", versetzte er, „ich suche nach einem Arzte." „Ich bin Arzt", entgegnete sie. „Gut!" sagte er und ging mit der Bärin in ihre Höle. Die Bärin hatte eine Tochter. „Bleib hier, Fuchs", sagte die Bärin, „du und deine Frau bei meiner Tochter, ich gehe Arzeneien holen." Sie ging aber und rief den Stacheligel (der Igel ist ein Arzt.) „Igel!" sagte sie. „Ja!" „Ich habe eine Frau für dich gefunden, sie ist sehr schön." „Wo?" „Bei uns." Darauf führte sie ihn nach Hause, er trat ein, sah das Mädchen und nahm es mit sich, heilte es und machte es zu seiner Frau. Als sie gesund geworden war, schaute sie um sich und fragte: „Wo bin ich? und wo ist das hier?" und weinte. — Die Bärin sagte zum Fuchse: „Ich will dir meine Tochter geben." „Gut!" antwortete er. Er war aber gar nicht damit zufrieden, jedoch gegen die Bärin konnte er nichts machen. Darauf sagte sie: „Ich will auf die Jagd gehen." Als sie weg gegangen war, knetete die Frau des Fuchses, die Tochter der Bärin, Brot und machte ein Feuer im Backofen. Da packte sie der Fuchs, steckte sie in den Backofen, und sie verbrannte. Als die Bärin nach Hause kam, saß der Fuchs weinend da. „Wesshalb weinst du?" fragte sie ihn. „Meine Frau ist in den Ofen hineingekrochen und verbrannt", antwortete er und weinte immer mehr. „Weine nicht! lass es gut sein", tröstete sie, denn sie glaubte ihm. „Geh", sagte sie, „lege dich vor der Tenne nieder, es ist Getreide auf derselben." Der Fuchs aber rauchte eine Pfeife und steckte das Getreide und die Tenne in Brand. Dann ging er und sagte der Bärin: „Der Stacheligel hat die Tenne in Brand gesteckt." „Wirklich?" fragte sie. „Ich werde doch wol nicht lügen." Die Bärin ging zum Igel und sagte: „Du hast meine Tenne in Brand gesteckt." Sie gerieten an einander, und sie tödtete den Igel. Dann holte sie das Mädchen und ging nach Hause. Als das Mädchen den Fuchs sah, freute es sich. Die Bärin sagte: „Ich bin müde geworden, weil ich so eifrig mit dem Igel gekämpft habe, ich will mich schlafen legen, weckt mich nicht vor drei Tagen, damit ich genug schlafe." So legte sie sich schlafen, der Fuchs aber stand auf, hob einen grossen Stein in die Höhe und liess ihn auf den Kopf der Bärin fallen, so dass er ihr den Schädel zerschmetterte und sie starb. Der Fuchs machte sich auf und nahm das Mädchen mit sich. Unterwegs traf er mit dem Fürsten der Vögel zusammen, der auf die Hasenjagd ging; dessen Name ist Ssîmer, der Fürst der Vögel. „Woher kommst du, Fuchs?" fragte er ihn. „Meine

Frau war erkrankt, besessen war sie geworden, ich habe sie heilen lassen." Nun war da ein Vogel, der war Diener beim Ssaʾîd gewesen, und jetzt war er beim Ssîmer, dem Fürsten der Vögel, der sagte: „Diese ist die Tochter des Ssaʾîd." Da tödteten sie den Fuchs und nahmen ihm das Mädchen ab. Ssîmer führte sie nach Hause und heiratete sie.

LXXXIV.

Es war einmal — wer aber auch immer war, besser als Gott war Keiner — es war einmal ein Kater, Kater Mûdhi hiess er. Einst traf er einen Fuchs; den fragte er: „Fuchs!" „Ja!" „Wollen wir nicht mit einander Brüderschaft schliessen?" „Gewiss!" erwiderte jener. Sie schlossen Brüderschaft und gingen zusammen weiter, da trafen sie einen Esel, den fragten sie: „Esel!" „Ja!" „Wollen wir nicht Brüderschaft mit einander schliessen?" „Gewiss!" erwiderte jener, und schloss mit ihnen Brüderschaft. Darauf schlug der Fuchs vor: „Kommt, wir wollen in die Weinberge gehen." Die beiden andern wollten aber nicht. Der Kater schlug vor: „Kommt, wir wollen betteln gehen." Das wollten die beiden andern nicht. Endlich schlug der Esel vor: „Kommt, wir wollen Handel treiben." Damit waren sie einverstanden. „Gott segne den Handel!" sagte der Esel. „Nun, was sollen wir für unsern Handel einkaufen?" fragten die andern. „Wir nehmen Wein", erwiderte der Esel, „wir nehmen Ziegenhäute und wir nehmen Butter, bringen sie in die Stadt und verkaufen sie da." „Aber wir haben kein Geld!" entgegneten sie. Da sagte der Fuchs: „Ich weiss eine alte Katze, die hat Geld; ich will es stehlen gehen." Und der Kater sagte: „Ich weiss einen Mann, der hat Geld, ich will es stehlen gehen." Endlich sagte der Esel: „Ich weiss einen, der ein Fass Wein hat, ich gehe hin, lasse es mir aufladen, dann laufe ich weg und schlage mit den Hinterbeinen aus." — Der Fuchs ging zu der alten Katze und fragte: „Alte, willst du mich nicht hier beherbergen?" „Mit Vergnügen!" versetzte sie. Der Fuchs kehrte also bei ihr ein und schlief bis zum Morgen. Am Morgen stand die Katze auf und sagte: „Fuchs, bleib hier, gib auf das Haus Acht, ich gehe Brot backen." „Gut, geh!" erwiderte er. Als die Katze weggegangen war, um Brot zu backen, stand der Fuchs auf, durchsuchte das Haus und fand das Geld im Wasserkruge. Er nahm es heraus und machte sich

weg, kam und traf den Esel und den Kater, die fragten ihn:
„Was hast du ausgerichtet?" „Ich habe das Geld geholt", erwiderte er. — Darauf machte sich der Kater auf und begab sich
zu dem Manne. Dieser freute sich sehr über den Kater und sagte
zu seiner Frau: „Setze der Katze Essen hin, damit sie bei uns
bleibt und die Mäuse fängt." Der Mann vergrub sein Geld vor
Augen des Katers. Da ging der Kater hin, kratzte das Geld
heraus, machte etwas an die Stelle, wo es gelegen hatte, und
vergrub dieses an Statt des Geldes, lief weg und traf den Esel
und den Fuchs, die fragten ihn: „Was hast du ausgerichtet?"
„Ich habe das Geld geholt", versetzte er. — Endlich machte
sich auch der Esel auf und ging in ein Haus, wo man Wein
machte; dort sah er im Hofe ein Fass. „Lade mir den Wein
auf", sagte er zum Besitzer desselben, „ich will ihn dir in der
Stadt verkaufen gehen." Der Mann lud ihm das Fass auf und
band es mit einem Stricke fest; da schlug der Esel mit den
Hinterbeinen aus und lief weg, der Besitzer des Weines rief ihm,
aber der Esel antwortete: „Den hast du gehabt, frage nicht mehr
darnach!" So kam er zum Fuchse und zum Kater. —

Sie zogen zusammen weiter und trafen Hirten, welche vor ihren
Hölen die Ziegen weideten. Sie fragten sie: „Hirten, habt ihr keine
Butter zum Verkauf und Häute?" „Gewiss!" „So gebt uns Butter und
Häute." Sie kauften also Butter und Häute, füllten die Butter in
Schläuche und banden die Oeffnung der Schläuche zu; die Häute nahmen sie, und der Fuchs und der Kater luden sie dem Esel auf. So schlugen sie den Weg nach der Stadt ein. Unterwegs aber überraschte sie
die Nacht; der Fuchs und der Kater legten sich hin und sagten:
„Esel! bewache du die Waren!" „Ja", erwiderte er. Als der
Fuchs und der Kater schliefen, stand der Esel auf und trank den
Wein aus, dann verstopfte er die Oeffnung des Fasses wieder,
damit sie es nicht merkten. — Am folgenden Tage zogen sie ihres
Weges weiter, es ward wieder Nacht, da legten der Esel und der
Fuchs sich nieder und sagten: „Kater, bewache du die Waren."
„Gut!" erwiderte er. In der Nacht aber stand er auf und frass
die Butter, die leeren Schläuche blies er auf. — Am dritten Tage
endlich, als es Nacht geworden war, sagten sie: „Fuchs, bewache
du die Waren, wir wollen schlafen." „Gut!" erwiderte er. Sobald sie aber schliefen, stand er auf und frass die Häute. Als
sie nun Morgens aufstanden und die Häute nicht mehr sahen,
fragten sie: „Wo sind die Häute, Fuchs?" „Ich weiss es nicht",
versetzte er. „Du hast sie gefressen." Er aber schwor: „Ich

habe sie nicht gefressen." „Du hast sie wol gefressen." Da
sagte er: „Gut, ich habe die Häute gefressen, lasst sie mein Anteil sein." Sie sahen nun auch nach dem Weine und fragten: „Wo
ist der Wein, Esel?" „Ich habe ihn nicht gesehen." „So schwöre!"
„Ich schwöre nicht; ich war durstig, ich habe ihn getrunken."
Sie sahen auch nach den Schläuchen und fragten: „Wo ist die
Butter, Kater?" „Ich habe sie nicht gesehen." „So schwöre." „Gut,
ich will schwören." „So komm", riefen sie, „schwöre bei der
Falle." „Ich komme schon." Sie gingen zu einem Manne und fragten
ihn: „Hast du eine Falle?" „Ja", antwortete er. „Der Kater kommt,
um bei der Falle zu schwören", erklärten sie. Der Fuchs spannte
die Falle auf und sagte: „Kater, geh in die Falle hinein, schwöre,
und dann komme heraus." Der Kater ging in die Falle hinein,
und als er sich anschickte wieder hinauszugehen, liess der Fuchs
sie zuschnappen: der Kater kam heraus, aber sein Schwanz blieb
darin, die Falle hatte ihn abgeschnappt. Der Fuchs sagte:
„Siehst du, du hast geschworen, und dein Schwanz ist zurückgeblieben, du hast die Butter gefressen." „Wahrhaftig", rief er,
„ich habe sie gefressen." — Der Esel war aber von dem Wein
betrunken geworden und fiel bewustlos hin. Der Fuchs und der
Kater machten ihm einen Schnitt an der Kehle und zogen ihm
die Haut ab; sie brachten sie in die Stadt und verkauften sie
dort den Schuhmachern; der Kater hob das Geld auf. — Als der
Esel aus seiner Betäubung erwachte, schaute er nach seiner Haut:
sie hatten sie ihm abgezogen. Er folgte dem Fuchs und dem
Kater in die Stadt und traf die beiden dort, — die Leute in den
Läden aber lachten, als sie den Esel sahen. — „Wo ist meine
Haut?" fragte er die Beiden. „Wir haben sie nicht gesehen",
antworteten sie. Der Kater aber zwinkerte dem Esel mit den
Augen und deutete auf den Fuchs. Da fragte er nochmals: „Wo
ist meine Haut?" „Wir haben sie den Schuhmachern gegeben",
versetzten sie. Sie gingen zu den Schuhmachern und forderten
die Haut von ihnen zurück, aber diese sagten: „Wir haben sie
in Stücke zerschnitten." Nun ging der Esel und verklagte den
Fuchs und den Kater. Der Richter sprach das Urteil: „Zieht
dem Fuchs das Fell ab und verkauft es, so dass er und der Esel
einander gleich werden, den Kater aber fasst und setzt ihn in's
Gefängniss." Da zogen sie dem Fuchs das Fell ab und verkauften
es, den Kater nahmen sie fest. Der Fuchs starb in Folge dessen,
und der Esel ging seiner Wege. Er ging zum Wolf und bat
ihn: „Verschaffe mir eine Haut; was du willst, gebe ich dir."

Der antwortete: „Lege dich nieder, ich will dir eine Haut holen.“ Der Esel legte sich nieder, da frass der Wolf ihn auf.

Als der Kater ein Jahr gefangen gesessen hatte, liess der Statthalter alle Mezger tödten, indem er sagte: „Sie verkaufen das Fleisch mit schlechtem Gewicht, wir wollen einen Fremden zum Mezger machen.“ Im Gefängniss sass eine Anzal Fremder gefangen, die fragte man: „Wer versteht zu schlachten? der soll Mezger werden.“ Da sagte der Kater: „Ich.“ „Verstehst du denn zu schlachten?“ fragten sie. „Ja“, erwiderte er. Sie liessen ihn also aus dem Gefängnisse, und er ward Mezger. Als es Winter geworden war und Schnee lag, kamen keine Ziegen mehr in die Stadt: der Kater lief in der Stadt umher und wollte zwanzig Goldstücke für die Ziege geben, aber es fand sich keine in der ganzen Stadt. Aber der Statthalter verlangte Fleisch vom Kater. „Herr“, sagte dieser, „es ist Winter, es kommen keine Ziegen in die Stadt.“ „So hol sie unter der Erde heraus“, antwortete jener. Der Kater ging und traf einen fetten Hund, dem rief er: „Hund!“ „Ja!“ „Erlaube, dass ich dich schlachte, wir verkaufen dein Fleisch dem Statthalter und bekommen dafür Geld von ihm, nachher mache ich dich wieder lebendig, kaufe dir Brot frisch vom Ofen und gebe es dir zu fressen.“ Der Hund glaubte ihm und liess sich schlachten; der Kater zog ihm die Haut ab und brachte das Fleisch zum Statthalter und zum Richter. „Was ist das für Fleisch?“ fragten diese ihn. „Das ist Bockfleisch“, erwiderte er. „Wie gut ist das Fleisch!“ versetzten sie. „Ich habe es für zwanzig Goldstücke bekommen.“ Da bezalten sie ihm seinen Preis, zwanzig Goldstücke. So oft darauf der Statthalter und der Richter Fleisch von ihm verlangten, schlachtete er ihnen einen Hund und gab ihnen so Hundefleisch zu essen, ohne dass sie es merkten. Eines Tages schlachtete er gerade wieder einen Hund, da schickte der Statthalter seinen Diener und befal ihm: „Geh, hole uns Fleisch vom Mezger.“ Als der Diener zum Mezger kam, sah er, dass er einen Hund schlachtete. „Was machst du da?“ fragte er ihn, aber der Kater schwieg. Der Diener kehrte zum Statthalter zurück, dieser fragte: „Wo ist das Fleisch, das du geholt hast?“ „Herr“, erwiderte er, „der schlachtet einen Hund und gibt euch Hundefleisch zu essen.“ Da ward der Statthalter zornig und befal: „Geht und holt den Kater her.“ Sie gingen und brachten ihn vor ihn. „Ist es wahr?“ fuhr der Statthalter ihn an. „Was denn?“ „Du gibst uns Hundefleisch zu essen?“ „Bewahre“, entgegnete der Kater, „der Diener lügt, schicke einen mit mir, ich will ihm das Fleisch und die Haut und en Kopf und die Füsse zeigen; stellt es sich heraus, dass es ein [und ist, so schlage mir den Kopf ab; ist es aber ein Bock, so erlange ich, dass du den Diener tödtest." „Gut!" versetzte der [tatthalter. Der Kater aber rief einen Hund und sagte: „Da und [a ist ein Bock, geh hin und schlachte ihn; ich wollte zwanzig ₹oldstücke für ihn geben, aber seine Besitzer wollten ihn dafür nicht geben, sie verlangten einundzwanzig; geh hin, schlachte [hn, ehe ich komme, sonst tödtet mich der Statthalter." Darauf <ehrte er zum Statthalter zurück und sagte: „Herr, ich bin dein Hofmezger, gibst du mir nicht eine Schale Kaffe zu trinken?" Da befal der Statthalter: „Bringt dem Kater eine Schale Kaffe." Der Kater suchte nur den Statthalter zu beschäftigen, bis der Hund den Bock geschlachtet hätte. Man brachte ihm eine Schale Kaffe und er trank sie, dann stand er auf und sagte: „Gib mir einen Diener, der das Fleisch beseben soll." Er gab ihm zwei Diener, die gingen mit ihm. Inzwischen hatte der Hund den Bock geschlachtet. Der Kater führte die Diener hinzu, diese besahen den Bock und erklärten: „Das ist Ziegenfleisch." „Dann ladet ihn euch auf, dass wir ihn zum Statthalter bringen." Sie brachten das Fleisch und die Haut und den Kopf vor den Statthalter, und der Kater sagte: „Herr, steh auf und besieh das Fleisch." Der Statthalter und der Richter besahen das Fleisch und erklärten: „Das ist Ziegenfleisch", dann besahen sie auch den Kopf und die Haut. Darauf sagte der Kater: „Tödte den Diener, Herr, er hat mich verleumdet, damit du mich tödten möchtest." Der Statthalter liess den Diener tödten, und der Kater ging nach Hause. — Anderntags beauftragte die Frau des Richters ihren Gemal: „Geh und hole uns gutes Fleisch für unser Fest." „Schicke den Diener", versetzte er. „Nein, geh du", entgegnete sie, „sage es dem Mezger selber." Da ging der Richter zum Mezger und sah dort mit eigenen Augen, wie er einen Hund schlachtete. „Was machst du da, Kater?" fragte er, aber der Kater schwieg. Da nahm er ihn bei der Hand, um ihn vor den Statthalter zu führen. Es war dem Richter eingefallen, dass jener den Tod des Dieners verursacht hatte, desshalb nahm er ihn fest. Wärend sie nun unterwegs zum Statthalter waren, bat der Kater: „Lass mich nur los, ich komme schon." Er liess ihn los und schritt voraus, der Kater hinter ihm drein. Nach einer Weile setzte der Richter sich hin, um sein Wasser zu lassen; wärend dessen riss der Kater ihm seine Mütze ab und machte sich aus dem Staube. Der Richter rief die Gensdarmen und Polizisten; benachrichtigte den Statt-

halter, man suchte nach dem Kater, aber der war weg. Selbst
die Soldaten rückten aus und zogen Erkundigungen über ihn ein,
aber sie fanden ihn nicht.

Der Kater aber war in die weite Welt gegangen und geriet
in das Land der Mäuse. Er tat Blätter in einen Blechkasten,
hing sich diesen um den Hals und setzte sich die Mütze des
Richters auf. Als er so in das Land der Mäuse kam, fragten
sie ihn: „Wer bist du?" „Ich bin ein Geistlicher." „Woher
kommst du?" „Von der Wallfahrt." Da baten sie ihn: „Werde
bei uns Geistlicher." „In meiner Heimat ist kein Geistlicher, ich
gehe in meine Heimat." Die Mäuse kamen zusammen und sagten:
„Da ist ein Geistlicher, er kommt von der Wallfahrt, wir bitten
ihn, bei uns zu bleiben, und er will nicht, kommt, wir wollen ihn
überreden." Da begaben sie sich alle zu ihm und sagten: „Möge
deine Wallfahrt gesegnet sein!" „Möge es euch wolergehen!"
gab er zur Antwort. „Werde unser Geistlicher!" baten sie. „Da
ihr es nun einmal wollt", versetzte er, „so willfahre ich euch:
baut mir eine Moschee ohne Fenster, kalkt sie inwendig und
macht ihre Thüre so, dass kein Floh unter ihr hinein kann; denn
es ist Sünde, wenn ein Floh in die Moschee hinein kommt." Die
Mäuse erfüllten alle diese Bedingungen, und er ward ihr Geistlicher. „Wo sind denn deine Bücher?" fragten sie ihn. Da öffnete er den Kasten, nahm die Blätter heraus und sagte: „Das
sind meine Bücher." „Das sind keine Bücher", entgegneten sie.
„Der Sultan hat ja einen Befehl erlassen", erwiderte er, „„in
allen Ländern soll man die alten Bücher verbrennen, und schreibt
auf diese hier""; dieser Befehl gelangte auch zum Wallfahrtsorte,
da habe ich meine Bücher verbrannt und mir diese angeschafft."
„Wirklich?" fragten sie. „Ich werde doch nicht lügen? wie?
habt ihr nichts davon gehört?" „Nein, erst jetzt hören wir davon." Darauf verbrannten die Mäuse ihre Bücher. „Schickt mir
eure Kleinen, dass ich sie lesen lehre", befal der neue Geistliche
und richtete eine Schule ein. — Eines Tages schickte er zu
allen Mäusen und liess ihnen sagen: „Kommt morgen zum Gebete,
es ist Freitag; ich nehme keine Entschuldigung an, wenn einer
zurückbleibt." Als sie so alle in die Moschee gekommen waren,
verschloss er die Thüre. „Wesshalb verschliessest du die Thüre?"
fragten sie. „Damit das Gebet nicht hinausgeht, das wäre Sünde."
Dann steckte er den Schlüssel in seinen Gürtel, fiel über die
Mäuse her, zog die Mütze des Richters ab und schlug damit
zwischen die Mäuse, bis er sie alle getödtet hatte, und dann frass

er sie auf. Darauf öffnete er die Thüre, verunreinigte noch die Moschee, setzte die Mütze des Richters auf seinen Unrat und sagte: „Mütze, sei du Richter für den Unrat." Damit ging er hinaus, zog weiter und kam zu einem Dorfe, dort fragten sie ihn: „Willst du dich nicht als Diener verdingen?" „Gewiss!" erwiderte er, „welche Arbeit soll ich tun?" „Geh in's Holz", sagten sie, „steige auf den Esel und reite in's Holz." Die Leute des Dorfes, bei welchen der Kater Diener war, hatten den Esel aber in der Stadt des Richters gekauft; als nun der Kater aufgestiegen war, schlug der Esel mit seinen Hinterbeinen aus und lief mit dem Kater auf dem Rücken im Galop nach jener Stadt. Dort erkannten die Leute den Kater und sagten: „Da ist der Mezger." Sie nahmen ihn gefangen und benachrichtigten den Richter und den Statthalter davon, und diese liessen den Kater schlachten. Die Besitzer des Esels aber sagten: „Der Diener hat sich mit dem Esel weggemacht." Sie suchten nach ihm, fanden ihn aber nicht.

LXXXV.

Es war einmal ein Fuchs, der hatte einen Vater und eine Mutter. Er pflegte aber stehlen zu gehen, und obgleich sein Vater ihm zu stehlen verbot, so vermochte er doch nichts über ihn. Da nahm er ihn und brachte ihn zum Pfaffen in die Schule. Dieser sagte zum Vater: „Wen immer ich lesen lehre, dem gebe ich Schläge." „Schlage ihn nur, ich gebe dir die Erlaubniss dazu", antwortete der Vater. So lernte nun der Fuchs beim Pfaffen lesen, und dieser sagte ihm: „Geh, Fuchs, und lest zusammen, du und mein Sohn." Als der Fuchs aber mit dem Sohne des Pfaffen zusammen lesen lernte, stal er des Pfaffen Tintenfass, ging hin und verkaufte es. „Fuchs!" rief der Pfaffe. „Ja!" „Wo ist mein Tintenfass?" „Ich habe es nicht gesehen." Der Pfaffe sagte nichts weiter, sondern ging auf den Markt, und als er dort das Tintenfass fand, fragte er den Makler: „Woher ist dieses Tintenfass?" „Ich habe es gekauft." „Von wem?" „Vom Fuchse." Der Pfaffe ging nach Hause und rief den Fuchs: „Fuchs!" „Ja!" „Du hast das Tintenfass dem Makler verkauft." „Bewahre!" erwiderte der Fuchs, „ich gehe den Makler holen." „Geh!" Der Fuchs ging zum Makler und sagte: „Makler!"

„Ja!" „Ich habe gestolene Sachen bei mir, die will ich dir zum Verkaufen geben." „Gut!" „Aber, du verrätst mich." „Nein, nein! ich verrate nichts." „Ich habe dir ja das Tintenfass gegeben, das hast du doch dem Pfaffen verraten; komm, sage ihm: nicht von diesem Fuchse habe ich es bekommen." „Ich komme!" versetzte der Makler, ging zum Pfaffen und sagte: „Nicht dieser Fuchs hat mir das Tintenfass verkauft." „Aber welcher denn?" „Ein anderer Fuchs." Der Pfaffe sprach nicht weiter davon. — Einst ging der Fuchs mit dem Sohne des Pfaffen Wasser aus dem Brunnen ziehen. Der Fuchs sagte: „Ich werde ziehen", und auch der Sohn des Pfaffen sagte: „Ich werde ziehen." Wie nun der Sohn des Pfaffen zog, stiess der Fuchs ihn in den Brunnen; dann ging er zum Pfaffen und rief: „Pfaffe!" „Ja!" „Dein Sohn ist in den Brunnen gefallen." „Wirklich?" „Ja." Da ging der Pfaffe, stieg in den Brunnen hinab und ertrank. Seine Hausleute kamen, stiegen ihm nach, holten ihn und auch seinen Sohn heraus und brachten sie nach Hause. „Wer hat den Sohn des Pfaffen in den Brunnen geworfen?" fragten sie; einige sagten: „Er ist von selbst hineingefallen", aber der Kater sagte: „Ich habe mit eigenen Augen gesehen, wie der Fuchs ihn hineinwarf." „Der Fuchs hat ihn hineingeworfen?" fragten sie. „Ja." „So packt ihn." Sie packten den Fuchs, brachten ihn zum Statthalter auf die Polizei und liessen ihn in's Gefängniss werfen. Jeden Tag musste einer von den Gefangenen das Gefängniss kehren; als an den Fuchs die Reihe zu kehren kam und man ihm sagte: „Auf, Fuchs! kehre", antwortete er: „Lasst mich von der Kette los, dann kehre ich." Sie machten ihn von der Kette los, und er nahm den Besen zur Hand; dann sagte er: „Ich habe grosse Not", ging hinaus, wie um seine Notdurft zu verrichten, und entfloh. Der Pförtner, welcher am Eingange war, fragte ihn: „Wohin, Fuchs?" „Der Statthalter hat mich freigelassen", erwiderte er. Der Pförtner ging den Statthalter fragen: „Hast du den Fuchs freigelassen?" „Nein!" „Er ist entflohen." „Schickt ihm Reiter nach und nehmt ihn fest", befal jener. Die Reiter sassen auf und verfolgten ihn; der Fuchs aber kam zum Bauern und sagte: „Bauer!" „Ja!" „Bei deinem Heil! die Reiter suchen nach mir, verbirg mich." Da verbarg ihn der Bauer, indem er ihn in seinen Doppelsack steckte. Die Reiter kamen heran und fragten: „Bauer, hast du keinen Fuchs gesehen?" „Nein." Sie suchten weiter, aber als sie ihn nicht fanden, kehrten sie zurück und berichteten dem Statthalter: „Wir haben ihn nicht gefunden."

Der Bauer ging nach Hause und nahm den Fuchs mit sich;
darauf sagte er ihm: „Geh, Fuchs, wohin du willst, ich habe dich
vor den Reitern gerettet." Der Fuchs aber antwortete: „Ich will
diese Nacht bei euch schlafen." „Schlaf nur", versetzte jener.
Die Bauersleute hatten eine Henne und Küchlein. In der Nacht
stand der Fuchs auf und frass die Küchlein. Als die Bauersleute
am Morgen aufstanden, fragten sie: „Wo sind die Küchlein?"
„Ich habe gesehen, dass der Kater sie gefressen hat", antwortete
der Fuchs. Sie riefen den Kater und fragten ihn: „Wesshalb
hast du die Küchlein gefressen?" „Ich habe sie nicht gefressen;
wer hat das gesagt?" „Der Fuchs hat das gesagt." „Wirklich,
Fuchs?" fragte der Kater. „Ja." „So schwöre." „Ich will
schwören; wobei soll ich schwören?" „Schwöre bei der Wall-
fahrtskapelle von Bâdschänne." „Gut, ich will dabei schwören."
Der Kater ging mit dem Fuchse zur Kapelle, unterwegs trafen
sie eine Bärin, die fragten sie: „Wohin, Bärin?" „Man hat meine
Tochter angeschossen, wer? weiss ich nicht —" „Der Kater hat
sie geschossen", fiel der Fuchs ein, „gerade habe ich ihn gefasst
und zu dir gebracht." „Wirklich, Kater?" „Nein!" „Da ist
aber der Fuchs, der sagt es und zeugt gegen dich", damit gab
sie dem Kater einen Schlag mit der Tatze, dass er davon starb.
Dann fragte sie den Fuchs: „Wohin gehst du?" „Ich treibe
mich in der Welt herum." „So komm zu mir", bat sie. „Nein",
entgegnete er, „ich habe Kinder zu Hause." Da riss die Bärin
ihr Maul auf, um den Fuchs zu fressen. „Nein", rief er, „ich
komme mit dir." So nahm sie ihn mit sich nach Hause. Dort
bat sie ihn: „Sei mein Mann!" „Gut!" antwortete er und schlief
bei ihr. — Die Bärin hatte eine Arznei. „Lege von diesem
Heilmittel", sagte sie zum Fuchse, „auf die Wunde meiner Tochter,
ich will auf die Jagd gehen." „Gut!" antwortete er. Die Bärin
ging auf die Jagd, und der Fuchs behandelte die Wunde der
Tochter, bis sie gesund wurde; am Tage schlief er bei der
Tochter und Nachts bei der Bärin, die war seine Frau. Als auf
diese Weise ein Jahr vergangen war, wurde die Bärin krank.
„Fuchs!" sagte sie. „Ja!" „Geh, hole mir einen Arzt." „Ja;
und wenn ich keinen Arzt finde, komme ich zurück." „Wenn du
ohne Arzt zurückkommst, so schlage ich dir den Kopf ab." „Gut",
sagte er, ging hin und traf eine Heuschrecke. „Was machst du
hier, Heuschrecke?" „Ich bin das geistliche Oberhaupt der
Schlangen." „Auf welche Weise bist du dies geworden?" fragte
der Fuchs weiter. „Ich habe hier diese Mütze, wenn ich sie auf-

setze, kommen alle Schlangen zu mir, und ich verstehe ihre Sprache." „Bleib hier, Heuschrecke", bat der Fuchs, „ich gehe eben in jenes Dorf, ich habe da etwas zu tun, ich bin im Augenblick wieder hier." „Gut!" versetzte sie. Der Fuchs ging und traf einen Ssimermervogel. „Vogel!" rief er. „Ja!" „Wonach suchest du?" „Ich suche nach einer Heuschrecke, zur Arznei für unsern Fürsten." „Komm, ich will dir eine Heuschrecke zeigen." „Voran!" Er zeigte dem Vogel die Heuschrecke, und dieser kämpfte mit ihr. Die Heuschrecke griff nach der Mütze, um sie aufzusetzen, damit die Schlangen kämen, den Vogel zu beissen; aber der Fuchs riss sie ihr aus der Hand. Da tödtete der Vogel die Heuschrecke und trug sie im Schnabel davon. Der Fuchs blieb allein zurück und setzte sich die Mütze auf, da kamen die Schlangen. Als sie den Fuchs erblickten, sagten sie: „Wir haben ein neues geistliches Oberhaupt bekommen." „Ich bin der Freund der Heuschrecke", sagte der Fuchs, „sie hat mir die Mütze gegeben und mich zu ihrem Stellvertreter eingesetzt." „Gut!" erwiderten sie. Als die Schlangen insgesamt zu ihm gekommen waren, fragte er: „Ist nicht eine kühne unter euch?" „Gewiss!" antworteten sie und riefen eine kühne. „Komm mit mir", sagte ihr der Fuchs. „Voran!" „Ihr andern kehrt an euren Ort zurück!" befal er. Die Schlangen verzogen sich, der Fuchs nahm die kühne mit sich und kam zur Bärin, die war unterdess wieder gesund geworden. „Schlange!" sagte der Fuchs. „Ja!" „Krieche in die Wand, bis dass ich dich rufe." „Wo warst du, Fuchs?" fragte die Bärin. „Ich habe nach einem Arzte gesucht." „Wo suchtest du?" „In den Ländern." „Wo ist der Arzt?" „Ich habe keinen gefunden." „So fresse ich dich." „Friss mich nicht diesen Abend, warte bis zum Morgen, damit ich mich ausruhe." „Nein!" erwiderte die Bärin. Da sagte die Tochter: „Lass ihn bis zum Morgen." Als sie sich schlafen gelegt hatten, rief der Fuchs der Schlange; diese biss die Tochter der Bärin, dann sagte sie: „Ich habe sie gebissen." „So geh nach Hause", erlaubte er ihr. Die Schlange hatte aber aus Versehen die Tochter der Bärin gebissen, er denkt, sie hätte die alte Bärin gebissen, desshalb erlaubte er ihr, nach Hause zu gehen. Am Morgen stand er auf und auch die Bärin, da fand er, dass die Bärin ganz gesund war; bei sich dachte er: „Sie hat sie gebissen, und doch ist sie gesund." Dann sagte er ihr: „Wecke deine Tochter." Als sie sie aber wecken wollte, gab diese keine Antwort, und sie fanden, dass sie todt war. Da sagte der Fuchs: „Siehe! Um meiner

Sünde willen ist deine Tochter gestorben." „Bei Gott! es ist
wahr", erwiderte die Bärin, „ich will dich nicht fressen." Einen
Tag lang weinte die Bärin über ihre Tochter, dann trugen sie
sie weg und begruben sie, sie und der Fuchs.

Als sie nach Hause zurückgekehrt waren, (sie waren ja Mann
und Frau), sagte die Bärin: „Fuchs!" „Ja!" „Komm, lass uns
zum Marder gehen, damit wir sehen, wer stärker ist, du oder er."
(Sie sagte ihm das aber nur aus List). „Der Marder ist stärker
als ich", versetzte der Fuchs. „Nein! komm!" Als sie in ein
ödes Gebirge gekommen waren, sagte sie: „Fuchs, wir wollen
uns hier schlafen legen." „Gut!" erwiderte der Fuchs. Als sie
sich aber niedergelegt hatten, stand die Bärin auf, um den Fuchs
zu fressen. „Was machst du, Bärin?" fragte der. „Ich will dich
fressen." „So warte, dass ich meine Mütze aufsetze." Er setzte
seine Mütze auf, da kamen die Schlangen insgesamt und fragten:
„Was wünschest du?" „Beisst die Bärin, denn sie will mich
fressen." Die Schlangen machten sich an die Bärin, wickelten
sich um ihre Beine und ihren Hals und bissen sie. „Fuchs! bei
deinem Heil!" rief sie. Der aber erwiderte: „Das verfängt nicht
mehr! du willst mich ja immer fressen." So tödteten die Schlangen sie. Darauf befal er: „Kehrt an euren Ort zurück!" „Komm
mit uns!" baten sie. „Wesshalb?" „Unser König hat seinem
Sohne eine Braut heimgeführt, komm und traue sie." „Gut! —
woher ist die Braut, die er seinem Sohne zugeführt hat?" „Sie
ist die Tochter des Fürsten der Vögel." Der Fuchs begab sich
zum Palaste des Schlangenkönigs und nahm dort Platz. Die Leute
des Königs freuten sich und sagten: „Unser Oberpriester ist zu
uns gekommen." Als der Fuchs im Audienzsale des Schlangenkönigs sass, sagte er: „Berufe die Grossen der Schlangen." Der
König berief die Grossen, und die Beratung ging vor sich. Da
fragte der Fuchs: „Wer ist jene, welche du für deinen Sohn gefreit hast, o König?" „Die Tochter des Fürsten der Vögel."
„Ich werde die Verlobung wieder aufheben." „Wie so?" „Wenn
ich euer Oberpriester bin, so hebe ich die Verlobung auf; wenn
ihr mich nicht weiter als solchen haben wollt, wie ihr wollt."
Da sagten alle: „Was du auch befehlen magst, wir werden dein
Gebot nicht verletzen." „So freit sie nicht." „Wesshalb denn
nicht?" „Es geht nicht an, dass die Schlangen Vögel heiraten,
noch auch, dass die Vögel Schlangen nehmen; freie deinem Sohne
eine Schlange." „Es gibt aber keine schönen Schlangen mehr",
warf der König ein. „So will ich ihm eine Frau suchen gehen." —

Der Fuchs begab sich zum Panther, der hatte eine schöne Tochter. „Wesshalb bist du gekommen, Fuchs?" fragte er. „Ich bin gekommen, um deine Tochter für den Sohn des Schlangenkönigs zu freien." „Geh zum Teufel! Wie werde ich meine Tochter der Schlangen geben? die beissen sie, ich gebe sie nicht." Da setzte der Fuchs die Mütze auf, und alsbald versammelten sich die Schlangen um ihn und fragten: „Was wünschest du?" „Beiss den Panther." Sie bissen ihn, der Fuchs aber nahm das Mädchen mit und traute es dem Sohne des Schlangenkönigs an. Er selbst aber wohnte ihr heimlicher Weise bei.

Ein Jahr lang lebte er unter den Schlangen, in vertrautem Umgange mit der Schwiegertochter des Königs. Eines Tages aber sah der König, dass der Oberpriester bei seiner Schwiegertochter lag. Da biss er ihn, aber der Fuchs hatte die Mütze bei sich, und der Biss war machtlos. Man nahm ihn nun fest und warf ihn in's Gefängniss des Königs. Der König aber begab sich zum Fürsten der Heuschrecken und fragte ihn: „Wo ist die Heuschrecke, die du uns zum Oberpriester gegeben hast?" „Die ist bei euch." „Nein, bei uns ist keine Heuschrecke, ein Fuchs ist an ihrer Stelle, als Vertreter eingesetzt; er besitzt die Mütze." „Sonderbar!" erwiderte der Fürst, bestieg sein Ross und begab sich mit dem Schlangenkönige zu dessen Wohnung. „Fuchs!" rief er. „Ja!" „Wer hat dir die Mütze gegeben?" „Sie lag hingeworfen am Wege." „Nein, du lügst, sprich die Wahrheit, oder wir hängen dich auf." Da erzälte der Fuchs: „Ich traf eine Heuschrecke und einen Vogel, die mit einander kämpften, der Vogel tödtete die Heuschrecke, diese gab mir die Mütze und bat mich, ihr Stellvertreter zu werden; der Vogel nahm die getödtete Heuschrecke mit sich, ich fragte ihn, wozu? Da sagte er: Für unsern Fürsten zur Arznei." Darauf begaben sich der Schlangenkönig und der Heuschreckenfürst zum Fürsten der Vögel und fragten ihn: „Wesshalb hat der Vogel die Heuschrecke getödtet?" „Ich weiss nichts davon", erwiderte dieser, „kennt ihr den Vogel, der die Heuschrecke getödtet hat?" „Wir kennen ihn nicht, aber der Fuchs kennt ihn." Sie riefen die Vögel alle zusammen, der Fuchs suchte unter ihnen herum, aber er fand den betreffenden nicht. Da fragte der Schlangenkönig den Vogelfürsten: „Bist du nicht krank gewesen?" „Bewahre! ich bin nicht krank gewesen; an welcher Krankheit denn?" „So ist es dieser Fürst gar nicht", versetzte der Schlangenkönig, „kommt, lasst uns zum Ssîmer, dem Fürsten der Vögel, gehen." Sie kamen

zu ihm und der König fragte: „Wo ist der Vogel, der die Heuschrecke getödtet hat?" (Der Fürst der Heuschrecken ist in
Feindschaft mit dem Ssîmer, desshalb wagt er nicht zu sprechen,
und der Schlangenkönig und der Fuchs müssen die Verhandlun-
gen mit ihm führen). „Welcher Vogel?" erwiderte jener. „Der
die Heuschrecke getödtet hat." „Er ist da unter den Vögeln;
was soll er?" „Die Heuschrecke war unser Oberpriester, und der
Vogel hat sie getödtet." „Weisst du denn nicht, dass wir und
die Heuschrecken Feinde sind?" „Mögt ihr immerhin Feinde sein,
diese war unser Oberpriester." „Ich habe sie verbrannt und mir
ein Pflaster für meinen Kopf daraus gemacht." Da sagten der
König und der Heuschreckenfürst: „Fuchs, gib uns die Mütze."
Dieser aber weigerte sich, sie zu geben. Die Heuschrecke brach
auf, kehrte zu ihrem Volke zurück, rüstete ein Heer — der
Fuchs und der Schlangenkönig waren beim Vogelfürsten geblieben — und führte es heran. Nun kämpften die Heuschrecken
mit den Ssimermer. Da der Fuchs die Mütze noch besass,
konnten die Schlangen nicht beissen. Da sagte der Ssîmer:
„Fuchs, gib mir die Mütze, wir sind ja Freunde, fürchte nicht,
dass der König sie dir stehle, denn wenn wir ihn sie stehlen
lassen, dann beissen uns ja die Schlangen." Der Kampf der
Ssimermer und Heuschrecken entschied sich zu Gunsten der erstern, da bat die Heuschrecke die Schlangen ihnen zu helfen,
aber die Schlangen sagten: „Hole die Mütze, dann helfen wir dir,
ohne die Mütze können wir nicht beissen." Schliesslich tödteten
die Ssimermer die Heuschrecken, und der Ssîmer nahm den
Schlangenkönig gefangen. Als der Fuchs aber die Mütze von dem
Vogel zurückforderte, wollte dieser sie nicht herausgeben. „Vogel!"
sagte er, „gib mir die Mütze." „Geh zum Teufel!" antwortete
dieser und wollte nichts von der Mütze wissen. Wie der Fuchs
es auch anlegte, der Ssîmer gab sie nicht. Da blieb der Fuchs
beim Ssîmer wohnen. Einst traf er eine Katze und sagte zu ihr:
„Katze, komm, lass uns Brüderschaft machen." „Gut!" erwiderte
sie. „Was ich dir auftrage, wirst du das tun?" fragte der Fuchs.
„Ja; und was ich dir auftrage, wirst du das auch tun?" fragte
sie. „Ja; geh, beim Ssîmer ist eine Mütze, wenn du die stiehlst,
sollst du meine Schwester sein." „Ich gehe!" sagte sie und
begab sich in das Zimmer des Ssîmer. Dieser wollte sich gerade
schlafen legen, er öffnete den Kasten, legte die Mütze hinein —
die Katze schaute zu — verschloss den Kasten und legte den
Schlüssel unter's Kopfkissen. Dann schlief er ein. Da ging die

Katze, stal den Schlüssel, öffnete den Kasten, nahm die Mütze heraus und gab sie dem Fuchse. Dieser sagte: „Geh jetzt und schlafe bis zum Morgen." Darauf begab er sich zum Schlangenkönig in's Gefängniss und rief noch in der Nacht: „König!" „Ja!" „Ich will dir die Mütze geben, wenn du mir Sicherheit gibst, dass die Schlangen mich nicht beissen und dass du mir deine Schwiegertochter gibst." „Gott sei Zeuge zwischen mir und dir, dass ich ihnen nicht erlaube, dich zu beissen, und dass ich dir meine Schwiegertochter gebe." „So spucke in meinen Mund, dass du dein Wort nicht brichst." Da spuckte der König in seinen Mund, und der Fuchs gab ihm die Mütze. Der König versammelte alle Schlangen, wie besessen kamen sie heran, und er gebot ihnen: „Den Fuchs, dass ihr mir den nicht beisst, hört ihr!" „Nein! Nein!" antworteten sie. Darauf befal er ihnen den Ssîmer und die Vögel anzugreifen. Sie bissen die Vögel und den Ssîmer, dann kamen sie nach Hause, und der Fuchs kam mit ihnen. Der König gab ihm die Schwiegertochter, und der Fuchs führte sie mit sich weg und zog in seine Heimat, aber unterwegs begegneten ihm die Panther, die erschlugen ihn und nahmen das Mädchen weg.

LXXXVI.

Rätsel.

1. Ich weiss etwas, das ist schwarz und ist kein Ochse; es fliegt und ist kein Vogel; es läuft und ist kein Wolf; rate was es ist oder gib mir Damaskus, dass ich es veresse und vertrinke. Nimm dir Damaskus (antwortet der andere, welcher das Rätsel nicht lösen kann). Damaskus, ich will dich veressen und vertrinken; ich will auf eine weisse Stute steigen, die mit einem Sprung nach 'Ilôfe springt, und du sollst hungrig bleiben; warum hast du nicht gesagt: der Mistkäfer. •

2. Ich weiss ein Ding mit nacktem Kopf, mit Beinen wie die einer Fliege; es hinterlässt sechzig weniger einen. (Die Ameise; sie hinterlässt 59 Junge).

3. Ich weiss etwas, wenn es keine Speise bekommt, kann es zwanzig Tage hungern; und wenn es Speise bekommt, wird es nicht satt. (Der Wolf).

4. Ich weiss drei Wölfe; einer liegt da und steht nicht auf;

einer wird nicht satt, so viel er auch frisst, und einer entflieht (Die Asche, das Feuer und der Rauch).

5. Ich weiss einen Garten, der frisst die Bäume und macht sie verschwinden; man sucht sie und findet sie nicht. (Die Erde und die Menschen).

6. Ich weiss etwas, es ist ein Bret und nicht von Holz; es frisst Blätter und ist doch kein Zicklein. (Die Schildkröte).

7. Ich weiss etwas, das frisst, verrichtet aber nie ein Bedürfniss. (Der Getreidebehälter).

8. Du stiehlst deiner Mutter Brot, zermalmst es mit Knochen gibst es einem Rotkopf, und der lässt es in eine Höle hinunterfallen. (Das Brot; die Knochen sind die Zähne, der Rotkopf die Zunge).

9. Ich weiss etwas, am Tage ist Nacht für dasselbe und Nachts ist Tag für dasselbe; zu seiner Tageszeit streift es allein umher. (Die Fledermaus).

10. Ich weiss einen Mann, einen stärkeren gibt es nicht; aber er wagt nicht, zu Hause zu bleiben. (Der Löwe).

11. Ich weiss etwas, das wird schwanger; aber sein Junges kommt ihm nicht hinten heraus, sondern wenn es gebiert, kommt ihm dasselbe zum Maule heraus. (Eine Eidechsenart).

12. Ich weiss etwas, das einmal im Jahr sein Hemd auszieht und vierzig Tage lang fastet, bis es dasselbe ausgezogen hat. (Die Schlange hat vierzig Glieder und streift, so oft sie einen Tag nichts frisst, die Haut um ein Glied ab, zuerst am Maul).

13. Ich weiss etwas, die Hälfte seiner Lebenszeit ist es todt, und die Hälfte seiner Lebenszeit lebendig; wenn es stirbt, wird die Rechnung zusammengezält. (Der Mensch).

14. Ich weiss ein weisses Zimmerchen, das hat keine Thüre, darin sind zwei Soldaten; als es gebaut wurde, wurde es über den Soldaten erbaut. (Das Ei, Eiweiss und Dotter).

15. Ich weiss etwas, das ist blind; es hat weder Füsse noch Flügel und läuft doch. (Das Wasser).

16. Ich weiss etwas, das schläft nicht, weder bei Nacht noch bei Tag; wenn es sich niederlegt, so entschwindet seine Besinnung nicht, sondern es schliesst nur seine Augen. (Der Hund).

17. Ich weiss ein Zimmerchen, gebaut auf ein Holz; kein Mensch hat es gebaut, sondern die Erde hat es gebaut, es entstehen in ihm Soldaten. (Die Aehre).

18. Ich weiss etwas, das stirbt nicht und altert nicht: wenn man für dasselbe sorgt, wird es jedes Jahr wieder jung. (Der Weinberg).

24

19. Ich weiss etwas; es dauert zehn Tage, bis es sein Haus gemacht hat mit seiner Frau; sie bekommen einen Sohn und zwei Töchter, aber eine Tochter stirbt; Gott will es so. (Die Fliege).

20. Ich weiss etwas, das bekommt ein Junges, welches an der Mutter saugt: es vergeht ein Jahr und am Ende des Jahres bespringt es seine Mutter. (Kalb und Kuh).

21. Ich weiss etwas, das ist blind obwol mit offenen Augen; es steckt sein Hinterteil in den Boden und stirbt: wenn ein Jahr um ist, kommen zwei und vierzig Kügelchen heraus an der Stelle wo es sein Hinterteil hingesteckt hat. (Die Heuschrecke).

22. Ich weiss etwas, das schwimmt Tag und Nacht zwischen Himmel und Erde, du kannst die Knochen seines Körpers nicht zählen; wenn man es fängt, schlägt man es nicht und schlachtet es nicht, es stirbt von selber; erst wenn es gestorben ist, schlachtet man es. (Der Fisch).

23. Ich weiss etwas, das geht nie auf einem Wege und hat keine Flügel, aber die Menschen machen es fliegen; es ist blind und hat weder Fleisch noch Knochen an seinem Körper. (Der Stein).

24. Ich weiss etwas, es gibt nichts plumperes und nichts hässlicheres als dies; sowol der Mann als die Frau verdrehen ihr Maul und schielen mit den Augen; sie begatten sich mit einander zugekehrten Hintern. (Das Kamel).

25. Ich weiss etwas, das kommt zu seiner Frau und steckt seinen Mund in den Mund seiner Frau: dann verbirgt es sich zwei Monate, ohne dass die Frau es sieht. Darauf legt die Frau die Eier und brütet die Jungen aus; nun kommt der Mann nach Hause, denn er kennt den Tag, an welchem sie die Jungen ausbrütet. (Das Rebhuhn).

26. Ich weiss etwas, das alle drei Jahre sich mit seinem Weibchen begattet, und an dem Tage, an welchem es sich paart, gebiert auch das Weibchen: an einem Tage begattet er sich und an demselben Tage gebiert sie und an eben demselben Tage läuft das Junge schon. (Der Leopard).

27. Ich weiss etwas, das bringt jedes Jahr zweimal Junge zur Welt. (Der Kornwurm Abu 'Alî).

28. Ich weiss etwas, das nicht lacht und nicht singt; aber wenn man es anbläst, tanzt es. (Das Wasser der Nargîle).

29. Ich weiss etwas: für Geld habe ich's in's Haus gebracht, gesättigt geht es aus dem Hause; wenn es aber nach Hause zurückkehrt, wird es hungrig, wie geht das zu? (Der Schuh).

30. Ich weiss etwas, das begräbt man und zieht es gesund
ꞈieder heraus: dann schlägt man es und tödtet es; man kommt
ꞁd benetzt es, drückt es und kocht es am Feuer. (Der Weizen).

· 31. Ich weiss etwas, das nicht isst und nicht trinkt: dem
ꞁuge des Menschen ist es unangenehm; ich weiss nicht, wovon
ꞁ lebt, aber es gebiert ohne Mann. (Die Laus).

32. Ich weiss etwas, das legt zwei Eier; dann kommt das
ꞁännchen und beschaut die Eier. Er unterscheidet, in welchem
ꞁi ein Männchen und in welchem ein Weibchen ist; das männ-
ꞁiche Junge wird zuerst ausgebrütet und das weibliche nachher.
ꞁie Taube).

33. Ich weiss etwas, das legt fünf Eier und bleibt auf ihnen
ꞈier Tage sitzen: dann nimmt es ein Ei weg und wirft es hinaus.
ꞁierauf kommt es und brütet die Jungen aus den vier Eiern aus;
ꞈenn es nicht ein Ei wegwirft, kommen keine Jungen zum Vor-
chein. (Das Erdhuhn).

34. Ich weiss etwas, das baut sich sein Haus an einem Orte und
ꞁimmt es von da wieder fort, setzt es an einen andern Ort, nimmt
ꞁ wieder fort und setzt es wieder an einen andern Ort: dreimal
ꞈersetzt es dasselbe; dann legt es Eier, und die Eier gehen ver-
ꞁoren, die Elfen tragen sie weg. (Der Falke).

35. Ich weiss etwas, das geht eine Spanne weit in die Erde
ꞁinein und kann sich eine Spanne über die Erde erheben; es hat
ꞈeder Flügel noch einen Schwanz. (Ein Insect).

36. Ich weiss etwas, das ist zwischen Himmel und Erde, seine
ꞁaut ist aus einem Stück: es ist ein Arzt; man tödtet es und
ꞁimmt das, was in seinem Bauche ist, heraus und isst es. (Der
ꞁranatapfel).

37. Ich weiss etwas zwischen zwei Bergen: Nachts fällt ein Berg
ꞁuf dasselbe, und der andere legt sich darunter; Gott beschützt es,
ꞁass es nicht von den Bergen zerquetscht wird. Sein Kopf schaut
ꞁach unten, seine Beine nach oben; es schwebt zwischen Himmel
ꞁnd Erde. (Das männliche Glied).

38. Ich weiss etwas, das ist ungefähr einen Finger lang: man
ꞈeiss nicht, was sein Kopf ist, noch was seine Füsse sind; es
ꞁarnt aus seinem Rücken. — (Die bunte Raupe, vielleicht die
ꞁes kleinen Nachtpfauenauges).

39. Ich weiss etwas, sein Kopf ist grösser als sein Hinterteil,
ꞁn seinem Rücken kann es umgebogen werden; es trägt etwas, das
ꞁrösser ist als es selbst, und bringt es nach Hause: leer geht's
ꞁinaus und beladen kehrt's heim. (Die Ameise).

40. Ich weiss etwas rundes und weiss etwas langes; das lange sprach zum runden: „Ich bin süss“, aber das runde sagte zum langen: „Nach dir suchen die Hühner nicht; aber mir fragen die Hühner nach.“ Da spaltete sich das lange vor Zorn. (Mais- und Weizenkorn)

41. Ein Mann holte gegen einen andern aus, da fragte ihn dieser: „Warum hast du gegen mich ausgeholt?“ „Darum.“ „Durch das Ausholen hast du mir einen Centner weggenommen.“ „Aber du hast keinen Centner an dir!“ „Jeder nach seiner Wage und nach seinem Gewichte.“ (Der Sperling).

42. Es war einmal ein Mann, der erblickte einen Floh. „Wohin willst du mich tragen?“ fragte ihn der Floh. „Ich will dich wägen“, sagte jener. „Wie viel Pfund bin ich schwer?“ fragte der Floh. „Ein Quentchen“, sagte der Mann. „Nein“, behauptet der Floh, „ich wiege zehn Pfund.“ Da ging jener hin und wog ihn beim Wagemeister; es ergab sich ein halbes Quentchen. „Hab ich's dir nicht gesagt, du wiegst ein halbes Quentchen?“ „Du musst mich nicht hier wägen“, versetzte jener. „Aber wo denn?“ „In unserm Lande.“ Darauf wog er ihn in ihrem Lande, und es ergaben sich zehn Pfund. „Siehst du, Mann“, sagte der Floh „ich habe nicht gelogen.“

43. Es ging einmal ein Mann in ein Haus, und die Leute forderten ihn auf, ihnen etwas zu erzälen. Er sagte: „Zu meinem Vater kam der Todesengel, um seine Seele zu holen; da hat mein Vater den Todesengel getödtet.“ „Genug! du lügst!“ riefen jene. „So geht und fragt meine Mutter, wenn ihr mir nicht glaubt.“ „Wo ist deine Mutter?“ fragten sie. „Zu Hause“, antwortete er. Da gingen sie hin, um es seiner Mutter zu sagen; aber die Mutter war stumm. „Sie ist ja stumm“, sagten sie zu ihm. „Ja, was soll ich denn da tun?“ antwortete er, „sie ist erst stumm geworden, nachdem ich von ihr weggegangen bin.“

44. Einmal sagte Jemand in der Versammlung: „Ich will euch etwas erzälen.“ „Rede.“ „Einer fing eine Mücke und schlachtete sie; da ergaben sich an ihr fünfhundert Pfund Fleisch und sechs Pfund Fett.“ „Genug! du lügst!“ riefen jene. „Geht und erkundigt euch bei meinem Vater!“ sagte er. „Wo ist denn dein Vater?“ „Im Grab“, versetzte jener.

45. Einmal kam Jemand aus dem Ssindschârgebirge als Gast in ein Haus; die Bewohner desselben hatten einen Hirten, und als dieser am Abend nach Hause kam, erzälte er: „Der Wolf hat zwanzig Ziegen gefressen.“ Da sagte der Gast: „Bei uns fressen die Ziegen die Wölfe.“ „Wunderbar“, riefen sie.

46. Es war einmal eine Maus, die fürchtete sich vor der Katze; a erblickten sie zwei Menschen, und der eine von ihnen sagte: Es wird eine Zeit kommen, wo sich die Katze vor der Maus irchtet.“ „Wunderbar“, versetzte der andere.

47. Es war einmal einer, der sagte zum Wolf: „Unsere Zeit ist icht schön!“ „Nein“, antwortete der Wolf, „diese Zeit ist schön: s kommt aber eine Zeit, die ist noch schlechter als diese; dann ird der Pfaffe Dorfschulze und der Kirchensänger Marktaufaher; jene Zeit wird schlecht sein.“

48. Einer sagte zum andern: „Der Elefant lässt sich nicht angen.“ Da antwortete der andere: „Es wird eine Zeit kommen, ro sich der Elefant fangen und vor den Pflug spannen lässt; ann wird aber der Ochse ein Elefant und lässt sich nicht angen.“

49. Einer sagte zum andern: „Dieses Jahr ist uns kein Korn gewachsen; das vorige Jahr ist uns mehr gewachsen und das orvorige Jahr noch mehr: woher kommt das?“ „Das kommt ron Gott“, antwortete der andere.

50. Es war einmal ein Armer, der hatte kein Brot, sich satt u essen, und war den Schlägen der Leute ausgesetzt; doch war er geduldig und harrte auf Gott, da wurde er König über Uria lurch Gottes Fügung: so geht's dem Ausharrenden. Der Gedullige und der König von Aegypten sind Herren über die ganze Erde; Geduld kommt von der Gnade Gottes und Ungeduld vom Teufel: etwas Rechtes wird nicht in Eile vollbracht.

51. Im Monat Februar sagte ein Hirte: „Der Februar ist zu Ende; ich fürchte mich nicht vor ihm, denn es kommt kein Regen mehr“. Da sprach der Februar zum März: „März, borge mir zwei Tage, damit ich frieren lasse“. Er borgte ihm zwei Tage, und jener liess es heftig frieren, so dass die Ziegen erfroren. Seitdem sagt man [von den beiden ersten Märztagen]: „Das Anlehen des Februar“.

LXXXVII.

„O Gefährtin, o Freundin! Man hat die Braut zum Bräutigam geführt, und die Mutter ist arm geworden.

Es ist der Regen und der Schmutz nun gekommen; setze in Bereitschaft das Geschenk, ich bin gekommen.

Ich habe sie gesehen auf dem Dache mit weissem Gürtel; ihr Kuss ist ein Goldstück wert. Gott möge es wahr machen.

Ich ging in die Ebene hinaus und traf sie dort an mit einer Spindel in der Hand; komm, wir wollen zum Fest des heiligen Gabriel gehen.

Ich ging an die Oeffnung der Höle und traf daselbst meine drei Freundinnen an, die erste Schimme, die zweite Seide, die dritte Ssâro: auf, wir wollen zum Fest der Muttergottes gehen.

Die Leute vom See von Arbôi schiessen die Kugeln hoch, sie treffen die Jefiden, welche alle schwarze Röcke tragen.

Ich sah sie auf der Mauer, und sie schlief bei mir, bis der Hahn rief.

Ich erblickte sie hinter dem Baum, der mitten im Hofe steht: ihr Kuss ist ein Goldstück wert.

Ich erblickte sie auf dem freien Platz; ihr Kuss ist einen Taler wert."

So singen die Mädchen bei der Braut und tanzen; sie färben ihre Hände mit Henna und schwärzen ihre Augen mit Schminke und lassen ihre Locken frei herabhängen.

Anmerkungen.

1, 1 Der Stoff der hier erzälten Geschichte ist der kurdischen Volks-
sage Mâm-û-Sîn (vgl. Alex. Jaba·, Recueil de notices et récits kourdes. Pe-
ersb. 1860, p. 10) entnommen [die ich aus dem Volksmunde aufgezeichnet in
urdischer Sprache besitze S.]. Auch in letzterer Erzälung ist wie hier 4, 9
on Brüdern nicht die Rede. In Dschefire zeigt man heute noch nicht nur das
chöne alte Schloss als Schauplatz dieser sehr bekannten Liebesgeschichte,
ondern auf dem Friedhofe im Westen der Stadt sogar den 8, 8 genannten
Dornstrauch.

1, 24 Der *Kopfputz* der kurdischen und syrischen Weiber besteht aus
iner Haube oder auch bloss einem Stirnbande von Goldmünzen; doch ist die-
er Kopfputz auch sonst im vorderen Oriente verbreitet, vgl. LN. I, 199. 296;
BN. I, 55 (Abbildung); Sdz. R. II, 10; III, 218. 231. 350. 453; NR. I, 164—65;
BM. 55; LMC. 44. 568. Diese Goldmünzen werden nur im Falle der äusser-
ten Not verkauft.

1, 4 v. u. Das *Schwert*, oder den Säbel, tragen die Helden unserer
Erzälungen auf zweierlei Weise: entweder hängen sie es wie hier mittelst eines Gehenkes *um die Schulter* oder den Hals, vgl. 9, 27; 24, 14; 84, 17;
66, 14; 205, 9 v. u., oder schnallen, gürten es um die Hüften 60, 3; 120, 29;
32, 11.

2, 19 Auf den gerüstartigen *Sattelhölzern* zu jeder Seite des Lastticres
vird das geschlagene und gesammelte Holz festgebunden.

7, 16 Darüber, dass die Geschichten in *Damaskus* erzält wurden, vgl.
lie Einleitung.

7, 17 Das hier gemeinte *Gefängniss* (zindânîye) befindet sich unter der
Erde; Brot und Wasser werden von oben hineingereicht, vgl. Jaubert, Voyage
en Arménie. Paris 1821, p. 42, dessen Beschreibung Morier im XVIII. Cap. seiner Ayescha so trefflich verwertet hat. Vgl. auch PP. I, 331. Übrigens sind
lie Gefängnisse im Orient nicht immer als unterirdische vorzustellen, sondern
sie bestehen häufig aus vergitterten Räumen, die im Innern des Regierungsgebäudes oder um den Hof desselben herum liegen. [Solche Zellen sah ich
noch i. J. 1873 in Ghaffa S.] Vgl. Morier's Ayescha Cap. XIII.

9, 25 *in die Ecke, dem Fürsten gegenüber.* Der Hausherr sitzt in einer
ler beiden Ecken des Zimmerpodiums; ihm gegenüber in der andern Ecke befindet sich der Ehrenplatz für den Gast, vgl. Burckhardt, Arabische Sprüch-
wörter, deutsch von Kirmss. Weimar 1834, p. 343. Über das Sitzen je nach
Rang und Vornehmheit und das Aufstehen des Dasitzenden vor dem Eintre-
tenden (6, 35) vgl. LMC. 201; BM. 80. Derjenige, welcher „höher sitzt", als
der andere, 207 ult., nimmt einen ehrenvolleren Sitzplatz ein.

9, 28 *Ose* verkleidet sich in einen arabischen Beduinen mit Kopftuch
(vgl. 22, 39), welches durch einen aus Kamelhaaren verfertigten Strick auf dem
Kopfe befestigt wird (vgl. ZDMG. 11, 494; BB. 38), gestreiftem baghdadischen
Mantel (BB. 37; Bäd. XLVII) und Stiefeln aus rotem Saffianleder (BB. 38).
Die beiden letzteren Kleidungsstücke sind übrigens nicht allein den Beduinen
eigen, vgl. auch Nicolas de Nasakine im Ausland 1877, No. 28, 558; PP. I,
155. Ose setzt sich unterhalb des Zimmerpodiums, wo die das letztere be-

tretenden Leute ihre Stiefel (vgl. 24, 23; 25, 21) zurücklassen, an dem Platz nieder, den nur die Besucher niedrigsten Ranges einnehmen (vgl. Burton, Unexplored Syria I, 277; LANE. I, 212; abgebildet bei LMC. im I. Cap. Titelbild und sonst), und erhält daher auch keine Pfeife, sondern raucht seinen Pfeifenkopf „wie ein Beduine" · (vgl. ZDMG. 24, 471; Ausland 1873, 703. Den Dolch, welchen er zu sich steckt, bezeichnete der Erz. als ein grosses krummes Messer, das man vorn rechts im Gürtel trage, dem Jataghân ähnlich, den man links um die Schulter hänge.

9, 38 Eine besondere Perfidie, die jedoch bei den Kurden nicht selten geübt wird, liegt in dem Umstande, dass der Gast niedergehauen wird, während er den Empfangstrank schlürft, vgl. 95, 31.

10, 20 u. fgg., 76, 2 u. fgg. Über das Recht und die Pflicht des Bruders , das Vergehen der Schwester zu bestrafen, vgl. LMC. 197.

11, 10 Im Texte heisst es einfach: sie machte so. Dabei bewegte der Erzäler seine Kinnladen und führte die rechte Hand zum Munde.

11, 31 Über den Gebrauch des Tischleders, d. h. der ledernen Decke auf welche die Speiseschüsseln gesetzt und das Brot gelegt wird (21, 12. 6 v. u. 215, 24), vgl. TD. 182; NR. II, 372; Sdz. R. I, 82; GN. 53; LANE. I, 41 II, 242; PP. I, 127; Ritter XI, 115; daher auch der Ausdruck „an Jemes des Teppich essen" BM. 137.

12, 21 die Regierung war streng geworden, d. h. es war unterdessen ein neuer Statthalter hingekommen.

12, ·28 In den grossen weissen Überwurf hüllen sich die Frauen in Mesopotamien (LD. 404) und Syrien ein, wenn sie ausgehen, vgl. FE. 317. In Aegypten sind diese Ueberwürfe dunkelfarbig, ebenso in Persien indigoblau: PP. I, 161. — 116, 5 v. u. haben wir mit dem Ausdruck Überwurf das syrische Wort dâlqo übersetzt, das 142, 2 mit „Schleier" wiedergegeben worden ist.

13, 26 Der Sitz ist ein grosses bettstellartiges Gerüst mit Schranken Vgl. Ausland 1873, 703.

14, 18 Türken ist sowol hier wie 41, vorl.; 129, 9 v. u.; 163, 31; 25, 24 Übersetzung von rimōye. Wie man schon im Altsyrischen mit dem ursprünglich Römer, Byzantiner bedeutenden Rhūmōyē oft geradezu Soldaten bezeichnete, vgl. Lit. C. Bl. 1876 Sp. 1421, so haben wir auch an obigen Stellen, jenem alten Bedeutungsübergange folgend, die im Laufe der Geschichte an die Stelle der Byzantiner getretenen Türken als ein Synonymum von Soldaten gesetzt. Der Gebrauch des syrischen Wortes ist jedoch heutzutage auf irreguläre oder Soldtruppen im Gegensatze zu regulären (nazām) beschränkt. vgl. 197, 13 u. fgg., wo wir es durch das in diesem Sinne übliche (vgl. z. B das 7. und 14. Cap. in Burton's· Pilgrimage) Arnauten ausgedrückt haben. Irreguläre Truppen werden in Gensdarmeriediensten verwendet, daher auch so wiedergegeben 12, 23; 81, 9 v. u.; 359, ult.

14, 10 v. u. Statt militärpflichtig ist ein Deserteur zu übersetzen. Über die Militärpflicht im türkischen Reiche vgl. U. et P. 177. Das dort erwähnte Auslosen der Rekruten beschreibt der Erz. folgendermassen: Der Rekrut wird von zwei Soldaten vor den Pascha geführt und zieht aus dessen Schoss einen kleinen, mit weissem oder schwarzem Pulver gefüllten Rohrcylinder (cîteke) Der Pascha öffnet denselben, nimmt etwas von dem Pulver heraus und zeigt es; ist dasselbe weiss, so lässt er den Mann frei; ist es schwarz, so befiehlt er, ihn zu den „Gefassten" (msîkôye, was wir 8 v. u., vielleicht nicht ganz richtig, mit Consignirten wiedergegeben haben) hineinzuführen.

15, 10 Kars war nicht Sitz eines Oberstatthalters, sondern bloss Hauptort eines Liwâ, vgl. U. et P. 94.

15, 26 Nach dem Erz. sollen die Männer gewöhnlich mit dem rechten, die Weiber mit dem linken Fusse antreten.

15, 8 v. u. Im Texte wieder, vgl. zu 11, 10, ein sie machte so, wobei der Erz. pantomimisch andeutete, dass sie das Kleid über ihrer Brust auseinanderhielt.

16, 19 um diese freite der Sohn des Statthalters. Gewöhnlich wird durch eine Mittelperson in aller Form um die Braut geworben, 243 ult. (vgl. auch

l7, 8 v. u.), wobei n. d. E. der Braut ein Goldstück auf die Stirne gelegt
vird. Das Heiratsgeld beträgt bisweilen nur eine sehr geringe Summe 281,
l v. u. Zu den Heiratsgebräuchen vgl. Perk. 236 ff.; Grant 196 ff.; TD. 317 ff.;
VB. 35 ff.; zu dem Seite 17 beschriebenen Betruge vgl. 1001 N. Hab. IV, 375, 8.
Die verheirateten Söhne bleiben im elterlichen Hause wohnhaft vgl. 77, 35,
vozu JRGS. 38, 319.

17, 3 v. u. Unter dem *Ranzen*, türe, ist eine Art Hirtentasche zu ver-
:tehen, die man unter der Achsel trägt.

18, 13 Hier, wie 112, 21 und 350, 13 ist das Wort *Kaufmann* wol eher
als Bezeichung eines reichen, angesehenen Mannes zu fassen, ein Gebrauch,
auf welchen auch Sdz. R. I, 188 hindeutet.

18, 8 v. u., vgl. 214, 30 Über die *Derwische* als Bänkelsänger und Mär-
chenerzäler vgl. PR. II, 215; PP. I, 40; LMC. 326. — Nach d. E. reden die
Derwische eine besondere, dem Kurdischen ähnliche Sprache, die er arab.
kurdī 'āṣī (schwieriges Kurdisch) nannte und mit der zu 234, 10 zu erwähnenden „Sperlingssprache" verglich. Mit der letzteren zeigen jedoch die wenigen Worte, die er anzugeben wusste, wie *naī* Brot *dedwā* Tintenfass, keine
oder nur geringe Ähnlichkeit. Wenn sie langsam sprächen, verständen die
Kurden sie.

18, 8 v. u. Die *Handtrommel*, dāfo, 214, 30 oder Handpauke 287, 17
(NR. I, 181) wird bisweilen von der Mandoline, támbūr, 36, 27 (LMC. 363;
NR. I, 177) begleitet 287, 18, welche letztere wir 171, 14 auch Laute genannt
haben. Ebenfalls verbunden werden die Flöte und Pauke, zärnāi und naqāra,
23, 7 v. u.; 88, 16; 221, 26 (ähnlich LD. 44. 95). Vgl. auch TD. 308. Ausserdem kommt 342, 7 v. u. noch eine andere Flötenart, ballūre, vor, nach d. E.
aus Holz (Rohr?) verfertigt, mit sieben Löchern oben und einem unten.

19, 26 Der Erzäler hat warscheinlich erst in Damaskus das *Cigaretten*-
rauchen als etwas besonders feines kennen gelernt. Vgl. 161, 6.

19, 4 v. u. *Zehn Beutel.* Folgende Geldsorten (vgl. Bâd. XXVI) kommen
in unseren Geschichten vor: das Parastück 321, 15; 337 vorl.; Fünfparastück
208, 15; Fünfpiasterstück (von Silber oder Nickel, der Piaster hatte damals
den Wert von ungef. 17 Pf.) 229, 2; Sechspiasterstück 165, 9 (BN. I, 366);
Taler 165, 10; 374, 16; Goldstück ebds. Ein Beutel ist gleich 500 Piastern 75, 16
(woselbst im Text 40000 Piaster steht) vgl. LANE. II, 330; LMC. 115. 573.
Den Wert einer „Truhe Geldes" 22, 6 v. u. gab d. Erz. auf 300 Beutel an,
wärend LMC. 573 ihn als 1000 Beutel bezeichnet.

20, 22 Durch *Fürst* haben wir hier wie an vielen Stellen, mit Rücksicht
auf die selbständige Rolle, vgl. Kuroglu, welche die Pascha's in unseren Geschichten spielen, das Wort pâsa wiedergegeben, an andern, wo dieselben in
einer abhängigeren Stellung auftreten, durch „Statthalter", vgl. auch 15, 10
Oberstatthalter. Überhaupt haben wir vorgezogen, die orientalischen Titula-
turen durch deutsche Ausdrücke wiederzugeben, weil manchen jener Wörter
sehr verschiedene Bedeutungen zukommen. So ist āga mit „Schulze", „Fürst",
„Häuptling", „Ritter", „Herr" u. s. w., šēḥ mit „Häuptling", „geistliches Oberhaupt", „Oberpriester" übersetzt worden. Statt Kadi sagen wir einfach „Richter", statt Mufti „Grossrichter", weil er die höhere Instanz ist. Für „Sultan"
haben wir, wo es allgemeinere Bedeutung hatte, „Kaiser" gesetzt. Das
Medschlis wird durch „Rat", „Ratsversammlung", „Ratszimmer", „Ratsbe-
amte", „Vornehme" u. dgl. vertreten.

21, 7 Noch heute spielt die Erzälung von *Abu-Sêd* und den Bani Hilâl
24, 1 (vgl. Ibn Chaldûn, Histoire des Berbères I, 41; d'Escayrac, Le désert
et le Soudan 259 u. a.) eine grosse Rolle in der Steppe, vgl. SR. II, 361;
III, 40. 181.

21, 27 Die eigentlichen Beduinen haben keine *Schaf*- und *Rinder*herden;
in den Eufratländern jedoch gibt es sehr viele halbbeduinische Stämme, welche
Rinderherden besitzen, vgl. FK. I, 374; LD. 174; PR. II, 142.

22, 6 (vgl. 252, 31) Dass die Todesstrafe der *Pfälung* in Kurdistan noch
in neuester Zeit vorkam, ersieht man aus BN. I, 49. D. E. beschreibt diese
Art der Hinrichtung aus eigener Anschauung folgendermassen: „Ein Spiess

oder Pfal wird aufgepflanzt, der Verbrecher mit dem **Hintern daraufgesteckt**; der Spiess kommt in der Nähe des Kopfes zum Vorschein." Moltke **a** ein zur Hinrichtung von Verbrechern bestimmtes Gerüst mit vier **Fuss lange** Messern MB. 203.

22, 21 *setze das Zelt auf einen Pfeiler.* Nach BB. 33 haben die Zelte der Ahl el Schemâl genannten Beduinen gewöhnlich neun **Pfeiler oder Pfäle**.

. . .

wovon einer in der Mitte steht, · o · , die Anführer haben jedoch statt **ei**-

nes einzigen Mittelpfeilers deren drei, die der 'Aenĕfe vier oder fünf: bei den Tai erwähnt LD. 171 sogar sechs, allerdings als Ausnahme. Wenn nun **Ab**. Séd seiner Frau aufträgt, „das Zelt auf *einen* Pfeiler zu setzen", so ist hiermit jedenfalls ein solcher Mittelpfeiler gemeint, und er will damit sagen, **er** solle ihr Zelt wärend seiner Verbannung demjenigen eines gewöhnlichen **Man**nes gleich machen. Denselben Sinn wird das „*zur rechten Hand*" haben; **das** Zelt des Häuptlings liegt immer an der Seite des Lagers, von welcher **die** meisten Fremden, Feinde oder Gäste, eintreffen; bei der zeitweiligen Abdankung des Abu Séd muss daher sein Zelt dem des neuen Häuptlings Platz machen, vgl. BB. 26.

22, 27 *Ghânim.* Auch FK. I, 337 nennt einen Beduinenhäuptling Solymaun Gunnum bei Baghdad.

22, 30 Der Erz. macht hier den *Ssifûk* zu einem Häuptling der 'Aenĕfe, wärend es sich warscheinlich gerade umgekehrt um den langjährigen Feind derselben, den grossen Schämmarhäuptling dieses Namens handelt, vgl. LN. I, 93. 111; BN. I, 302. 338; JA. 1879 I, 222. Bei FK. I, 271 kommt ein Ssifûk als Schéch der *Dscherbâ'* vor, warscheinlich derselbe wie oben, **da** nach BB. 24 die „el-Dscherba" ein Zweig der Schämmar sind, welche im arabischen 'Iráq zelten.

22, 3 v. u. *ohne Mützen*, d. h. nur mit dem zu 9, 28 erwähnten Tuche. der *Kefftje*, auf dem Kopfe. Beduinen tragen eben nie die rote türkische **Mütze**.

23, 1 Es ist bekannt, dass die spitzen Ecken der schaufelförmigen **Steig**bügel die Stelle der Sporen vertreten. Vgl. LANE. II, 55; Kremer II, 260.

24. VII. Das Vorkommen eines „Hatem Tai Kalla" (vgl. JRGS. 1865, 57) zwischen Niçibîn und Dscheffire, spricht für eine Localisirung der Sage von *Hêtim-et-tai* in der Nähe des Tûr.

25, 9 Dazu, dass die Beduinen, von denen selbst der reichste nie mehr als ein Zelt hat, einer Frau aus besondern Gründen ein kleineres Zelt neben dem eigenen aufschlagen, vgl. BB. 33.

25, 10 Über die Stellung und die Rechte der *Anführer* (*'Agíd*) bei den Beduinen vgl. BB. 238 u. fgg.

28, 17 Nach einer andern vom Erz. erwähnten Version unserer Geschichte wurde nicht der *Becher*, sondern das Kopftuch in den *Kornsack* gesteckt.

29, 21 *Kander*, d. i. Alexander, *mit dem Horn* heisst er n. d. E., „weil er qarrān قرأن war." Letzteres ist sonst die Bezeichnung des Schah's von Persien, des Zaren und des Kaisers der Ameisen; die Ableitung des Beinamens „du-qárno" von „qarrān" im Hinblick auf Alexanders Weltherrschaft, sein „Kaisertum", erscheint hier jedoch um so willkürlicher, als von dem letztern noch gar nicht die Rede ist. Dagegen kann aus dem Beinamen „mit dem Horn" sehr leicht die Erzälung entstanden sein, wie Kander zum *Hahrei* gemacht wird und sich an seinem Beleidiger rächt. Wenn man Dschano's قرأن im Sinne von قرنان nehmen dürfte, so würde hierüber kein Zweifel sein.

30, 12 Sie *legt den Brief auf ihren Kopf* zum Zeichen der Hochachtung. So legen die Priester nach LN. I, 174 den Brief des Patriarchen an ihre Stirne.

30, 17 Dass Entführungen von Mädchen und Frauen in Kurdistan besonders häufig vorkommen, erfahren wir aus RN. II, 86; LD. 39. 46; WR. **2, 229**.

31, 5 Unter *Butterwecken* ist in Butter gebackenes Brot zu verstehen, Baqlâwa ist „ein Backwerk aus Zucker und einem Teig von süssen **Mandeln**"

Muradgea d'Ohsson, Allg. Schilderung d. Othom. Reiches, übers. v. Beck, Leipz. 1788. I, 440. Ausführliches Recept bei Brg. 265, No. 84.

31, 6 Dass das Trinken von *Brantwein* (Raqi) in unsern Geschichten so läufig vorkommt und einen wesentlichen Bestandteil aller Vergnügungen bildet, wird nach dem in der Einl. Gesagten Niemand wundern. Wie viel hierin die Christen schon im Jahre 1816 zu leisten verstanden, siehe bei BM. 81; gl. auch PR. I, 165.

32, 23. 25. 30 *die Gärten bewässern* hat nach d. E. eine obscöne Neben-)edeutung.

32, 6 v. u., vgl. 92, 3 v. u. Zu der Sitte des Aufdrückens eines *Stempels* oder Brandmals als Preis der Wette oder des Spieles (Kl. 183) vgl. das :u Bêrût gedruckte kleine arabische Lustspiel روايـة عـوم الـهـلـي, in welchem lieselbe eine grosse Rolle spielt.

33, 8 v. u. *Doppelsäcke* sind sehr gut beschrieben ZDMG. 22, 92, vgl. Bäd. XXXVIII.

36, 24 Zu der Fähigkeit Alexander's, mit jedem Volke in dessen eigener Sprache zu reden, vgl. das Niẓâmî'sche Alexanderbuch bei Bacher, Niẓâmî's Leben und Werke, Göttingen 1871. S. 92.

36, 33 Das *Land der Blinden* gehört nicht zu den zu 269, 3 aufzuführenden mythischen Ländern, sondern soll n. d. E. östlich von Baghdad liegen. Es habe seinen Namen davon, dass viele seiner Bewohner in Folge der dort läufigen Masern des Augenlichtes beraubt seien.

40, 1 *Grindkopf.* Der Grind ist im Oriente sehr verbreitet und hat oft Kalköpfigkeit im Gefolge, vgl. PP. I, 357; II, 308. Der Grind- oder Kalkopf st die komische Person des Orients, vgl. Chodzko, Théatre persan, Paris 1878, XV u. fgg. Das Volk schreibt ihm wie allen mit körperlichen Gebre-:hen behafteten besondern Verstand und Schlauheit zu. Er wird zwar veracht und verachtet, 93, aber auch um Rat befragt 99, 22, und zu wichtigen Aufträgen 194 und Entscheidungen berufen 232; seine Schlauheit und sein Glück sichern ihm immer den Erfolg 259, vgl. Socin, Arab. Sprichw. u. Redensarten, Tübingen 1878, No. 275. — Blosse Maske ist er 156 u. fgg.; in Anbetracht des die Verkleidung bewirkenden Mittels haben wir dort „Kalkopf" übersetzt. — 259 u. fgg. muss schlecht erzält sein, der Grindkopf hat nur infangs Sinn, im weiteren Verlaufe nähme besser ein Kater oder ein Fuchs seine Stelle ein.

40, 5 Mit *Jeîîdi* haben wir das syrische Wort *cülkôye* übersetzt, welches edoch eigentlich nur einen im Tûr ansässigen besonderen Stamm derselben)ezeichnet, vgl. NR. II, 388; Ch. d. I, 59. 151. Tchilky, Djilguy, Tchilkuy,)jilky, Tchéléky. Nach PR. II, 333 gehen die Priester der Jeîîden in den Gemeinden herum, um Tribut, der in Naturallieferungen besteht, einzusammeln.

43, 1 Bei dem Ausruf „*weh mir!*" schlug sich d. Erz. auf die linke Hand.

43, ult. *Hochzeitsgelage der Elfen.* Wegen dieser Gelage und der Tänze haben wir das Wort *jinn* mit Elfen (vgl. d. Sachreg.) übersetzt (selten mit Geister 107, 4). Über die *jinn* vgl. besonders LANE. I, 29. 35; Demîrî I, 253 ff.; 'E. 164. Wie in unserer Geschichte 44 wird auch sonst erwähnt, dass Menschen sich mit Dschinninnen verheiraten (Kremer II, 258). N. d. Erz. ist der Wolf (vgl. LANE. l. l.) das einzige Tier, welches keine Furcht vor den Elfen hat, sondern sie widerstandlos in Dorngebüsche hineintreibt und dann aufrisst, besonders Elfenkinder, vgl. 44, 13; 79, 5; 69, 6 u. ff. (wo von Elfen die Rede ist). Wenn ein Kind auf Elfen tritt, so schlagen sie es nicht, sondern holen gegen dasselbe aus, so dass sein Bein von der „Elfenluft" getroffen wird, was die Lähmung des Beines zur Folge hat. — Über das Land der Elfen vgl. zu 269, 3.

44, 1 *besessen.* Von einer Frau, welche als Besessene im Gebirge lebte, vgl. 61, 11) erzält RN. I, 190. Die Besessenen werden geschildert als von den Teufeln hingeworfen 353, 25 (vgl. LANE. II, 330), zerreissen ihre Kleider 216, 27; 335, 19 und sind daher nackt ebd. (vgl. ThLB. 148). Sie werden gefesselt 336, 20, was vielleicht mit der im Oriente gebräuchlichen Behandlung zusammenhängt, vgl. Bäd. 428; BN. I, 253. Sie werden auch durch Spuck in den Mund geheilt, vgl. Anm. zu 77, 26, oder auch durch Gebet 217. 11 Die Krankheit weicht, so bald die Elfe stirbt, welche den Zauber angerichtet hatte 44, 14; ebenso tritt Heilung ein, sobald etwa ein Talisman, dessen Wegnahme das Verlieren des Verstandes verursacht hatte, zur Stelle geschafft wird 151, 4 u. ff.

46, 31 *er soll Dreck fressen* d. h. das Ziel seiner Absichten oder Wünsche nicht erreichen vgl. 179, 37 (Kot); 180, 15; häufig bei Kur. z. B. in LN. I, 32. 237. Die Redensart kommt auch im Arabischen, Persischen u. Türkischen vor.

49, 3 Nach dem Erzäler ist *Hât* einem Dämon ('afrīt) ähnlich, er frißt Schlangen, Tiere, Menschen, bes. auch Weiber; er wohnt in den Bergen u. geht auf die Jagd.

49, 7 (vgl. 128, 7 v. u.) Auch die Beduinen gebrauchen noch eine *Schleuderkeule*, vgl. SR. II, 247. Nach d. Erz. ist diese Waffe von Eisen und gleicht dem oberen Mühlstein; man setzt sie mittelst einer Eisenstange in rotirende Bewegung und schleudert sie dann ab. Nur sehr starke Männer vermögen sie zu gebrauchen. Dieser Schleuderdiscus ist in unsern Märchen die besondere Waffe der Unholde.

49, 7 v. u. Wir haben hier *zwei Millionen* übersetzt, obwol im Text 200 Millionen stehen. Die Orientalen haben durchgängig keinen klaren Begriff von einer Million.

51, 7 v. u. Unter den *Scheunen*, ambâr, sind tiefe Gruben zu verstehen, in welchen man grosse Getreidevorräte aufspeichern und gut verbergen kann, vgl. Otter bei BM. 212. Ähnlich in Persien, aber mit einem konischen Turm überbaut PP. II, 133.

52, 2 Unter dem *Consul* (bailos) ist wie auch 129, 6 v. u. der russische zu verstehen; das Amt eines solchen kann, wie es hier der Fall zu sein scheint, von einem Eingeborenen bekleidet werden. Nach d. E. wird dieser Consul zum Schutze der Christen von Baghdad geschickt und hat seinen Sitz in Moçul; er habe eine dunkelblaue, weiss und rote (oder gelbe) Fahne.

52, 8 v. u *wie die Post*, d. h. wie Postcouriere, für den mit der Eisenbahn noch unbekannten Orientalen die denkbar grösste Beförderungsgeschwindigkeit. Dieselben legen nach PP. I, 177 an 18—24 deutsche Meilen, nach Perk. 341 an 70—100 engl. Meilen, (vgl. auch Kremer I, 197) täglich zurück wärend eine Karawane nach BM. 58 es auf nicht mehr als 15 englische Meilen im Tage bringt. Es wird meist Galop geritten. Wenn es 138, 15 heisst *sie schrieben mit der Post* (nicht durch einen Boten), so soll auch dieses die grösstmögliche *Eile* der Briefbesorgung ausdrücken.

52, 6 v. u. *so um diese Zeit*, d. h. die Zeit, um welche Dschano die Geschichte erzälte. Es war gegen sieben Uhr morgens.

52, vorl. *in der Nacht auf's Minaret, u.s.w.* hiermit ist die „ēlâ" gemeint, der kurz nach Mitternacht stattfindende Ruf zu dem ersten der beiden freiwilligen Nachtgebete, welche einzelne besonders fromme Muslime noch über die vorgeschriebenen fünf Gebete hinaus verrichten, vgl. LMC. 73.

55, 14 Darüber, dass die *Beduinen nie mehr als einen Streich zu tun pflegen*, ist uns nichts weiter bekannt, es müsste denn der Umstand gemeint sein, dass sie das Tödten eines schon verwundet daliegenden Feindes für völkerrechtswidrig erachten, vgl. BB. 126.

55, ult. Ein *Berdewil* Kassr in der Nähe von Nisibis erwähnt Cernik II, 16.

58, 2 Die *Angel* (siyâra) ist bei den orientalischen Thüren höher oben und tiefer unten als bei uns.

58, 25 *Das ist mein Vergnügen*. Ähnliche arabische Namensetymologien des syrischen Namens „Steinfeste" s. bei Ch. d. I, 144 (450); Ritter XI, 63 nach Hammer.

59, 11 Den *Fed'ân* beschrieb der Erzäler als ein Ungeheuer mit Ochsenaugen, einer Nase wie ein Schweinsrüssel; sein Maul ist breit, wie das eines Kamels; die Füsse wie Bärenfüsse; er ist nackt und trägt bloss einen

llenen Lappen um den Leib. Er ist so gross wie ein Esel und läuft auf
rei Füssen, die Arme nach hinten gerichtet.

59, 31 *„Das Haus deiner Mutter möge einstürzen"* ist einer der vielen
üche, welche durch häufigen Gebrauch ihren Sinn vollständig eingebüsst ha-
n und Beteuerungsformeln geworden sind; vgl. „may thy house fall in ruins"
ur. 107. 133. 204 u. öfters. Auch die Imprecation „mögest du sterben",
elche wir 306, 19 u. anderswo mit „Geh zum Teufel" übersetzt haben, ist
f diese Weise zu erklären gegen Chodzko Kur. 68.

59, 10 v. u. *Blitzschwert.* Unter dem durch seine Härte ausgezeichneten
litzeisen, aus welchem die Blitzschwerter und Eisenspangen auf den Schilden
), 9 v. u. verfertigt sind, ist Meteoreisen zu verstehen; der Blitz ist also
it der feurigen Erscheinung des Meteors verwechselt worden. Die Härte
es Meteoreisens war schon Qafwini bekannt, vgl. el-Kazwini's Kosmographie
. d. Arab. von H. Ethé 19 und de Sacy, Chrestom. III, 428. 437, so wie auch
ie Anwendung desselben zum Schmieden von Schwertern, vgl. Kremer II, 284
nm.; Barker, Syria and Egypt under the last five Sultans of Turkey, Lon-
on 1876, I, 218. Das Luftschwert der Geister 49, 13 ist ein Schwert aus
emselben Meteoreisen. D. E. berichtet, dass man mit dem Blitzschwert den
egner schon dadurch tödten könne, dass man gegen ihn aushole.

60, 3 v. u. Die Einleitungsworte vor solchen Erzälungen gebrauchte
)schano auch vor kurdischen Geschichten: *go hábū unábū cĕtīr šḥradë nábū.* [Auch
on Nestorianern hörte ich *itva litva* es war und war nicht; von einem Juden
us Sácho: *isva biätu mīlāha läsva*, es war, besser als Gott gibt es nichts. S.]

61, 5 Der kurdische Eigenname *Dĕverüsch* kann wol nichts anderes als
„schwarzer Dêv" (Dämon) bedeuten. Die Syrer haben ihn mit ihrem Worte
lēvo Wolf in Verbindung gebracht. Dies konnte um so leichter geschehen,
ils schwarze Wölfe (Canis lycaon) in Vorderasien tatsächlich vorkommen,
rgl. W. Ainsworth. Researches in Assyria, Babylonia etc. London 1838, 38.

61, 6 *Adler.* Wir haben uns erlaubt, dasselbe syrische Wort (*ηā̊go*)
iier mit *Adler*, 219, 5 v. u. mit *Rabe* zu übersetzen, weil der Erz. sagte, es
gebe zwei Vögel dieser Art: 1) der grosse *qā̊go*; derselbe sei selten; er habe
die Grösse eines Truthahns, fresse Schafe, Pferde- und Kamelfleisch; gewöhnlich tödte er Tauben und Sperlinge; er niste auf Bäumen, in einsamen Gegenden zuweilen auch auf dem Boden; er rufe grgrgr; er sei König der Vögel.
2) Die kleinere Art sei schwarz, man jage und schiesse ihn, er sitze auf Bäumen, Dächern u. s. w.

61, ult. Mit *Onkel* redet man im Oriente sehr gewöhnlich den Unbekannten an, vgl. BB. 298.

62, 5 Die *Gurdsch* wohnen n. d. E. in einem besonderen Lande am Ende
der Welt, weiter als Indien entfernt; 118, 18 wird bemerkt, dass es in ihrem
Lande viele Dornsträucher gebe, was wol auf Verwandtschaft mit den Elfen
hindeutet. Es herrscht unter ihnen Weibergemeinschaft; jedoch haben sie
keine Regierung (dagegen ist hier und 118, 15 u. ihrem König und Fürsten
die Rede). Die Leute gehen nackt, sie essen und trinken den ganzen Tag.
Ihre Frauen sind von ganz besonderer Schönheit; Dschano sagte: „Eine
Gurdsch ist wie eine Frau"; er meinte damit wol ein feenartiges Wesen. Vgl.
dazu 62, 6; 118, 15; 268, 1. Bisweilen gehen Männer bei Nacht auf Frauen-
raub in das Land der Gurdsch; die geraubten Mädchen werden den reichen
Türken um vieles Geld verkauft. Auch letzterer Umstand scheint darauf hinzuweisen, dass die Sage sich an ein reales, keineswegs so weit abliegendes
Land anschliesst, nämlich an Gurien, die SW. Provinz des russischen Cauca-
sus; man vergleiche die Sage, welche Bodenstedt über die Mädchen von Gurien gehört hat, Tausend und Ein Tag im Orient. 3. Aufl. Berlin 1859, S. 166.

63, 6 v. u. Nach d. Erz. ist der *Schamâl* ein Tier wie ein Affe, und
es gibt ein unter der Erde befindliches Land, welches bloss von solchen Tieren bewohnt ist. Niemand wagt in ihr Land zu gehen, da sie Menschenfres-
ser sind; doch gelingt es bisweilen, ihnen ihre schönen Weiber zu stehlen. Ihre
Sprache versteht Niemand. Sie sind sehr stark und gefrässig. 'Osmân-Páscha,
der vorige Statthalter von Märdin, hatte einen Schamâl an einer Kette.

65, 18 Der *Heuschreckenfresser* (Ssimermer) ist ein Vogel aus dem Ge-
schlecht der Stare (Sturnus purpureus PP. II, 134, Pastor roseus Brehm[3] V,
895); füge zu den bei Dozy s. v. citirten Stellen Muhît s. v.; SR. I 104; IV,
67; JAOS. 1851, 76; W. Ainsworth, Researches in Assyria, Babylonia and
Chaldaea. London 1838, 43; M. Wagner, Reise nach dem Ararat und dem
Hochland Armenien 183 Sturnus roseus. Der Heuschreckenfresser war bereits
im Altertum bekannt, s. Plinius Hist. natur. X, 39, vgl. H. O. Lenz, Zoologie
der Griechen und Römer. Gotha 1856, 296. Auch das Schifâ el-ghalîl (Cairo
1282) 128 bezeichnet ihn als eine Art Star. Unser Erzäler sagte, es gebe
auch im Haurân solche Vögel. Der Ssimermer komme im Frühjahr von Sôfân
und suche Heuschrecken; im Winter gehe er wieder dorthin zurück; er fresse
auch Gras und Fruchtkörner. Er sei schwarz, etwas kleiner als ein Da-
mascenertäubchen und schreie dscherr-dscherr-dscherr. Man tödte und esse
ihn. — Als Fürst der Ssimermer (was im klassischen Arabisch auch eine Art
dämonischer Wesen bezeichnet) wird in unseren Geschichten der vollkommen
mythische Ssîmer genannt, vgl. d. Sachreg. Dass Ssîmer dem Ssîmur der syrischen Pantschatantraversion und dieser dem Ssîmurgh des Schâhnâmeh ent-
spricht s. Kalîlag u Damnag LXXII und JLZ. 1878 Art. 118 (auch bei Firdôsî
König der Vögel S. 139, v. 191 ed. Vullers).

66, 15 Das Wort *Pahlawân*, einst Ehrentitel der Helden Alt-Irân's ist
im Laufe der Jahrhunderte zur Bezeichnung von Kunstreitern, Ringern, Kraft-
menschen und Seiltänzern herabgesunken; letztere Bedeutung ist heutzutage
die gewöhnlichste. Vgl. Bd. I, S. 152, 33, und Dozy, Supplément sub بهلول;
zur Sache LMC. 387; PR. II, 307 und PP. I, 188. 384. — Hier jedoch, im
Beinamen des ritterlichen Hamfo, scheint noch ein Rest des ursprünglichen
Sinnes fortzuleben, wir haben es desshalb, nach Art der Eigennamen, unübersetzt gelassen.

70, vorl. *Wasser ausgiessen*, ein Euphemismus, dessen sich die *Frauen*
bedienen müssen, entweder Umschreibung des natürlichen Vorganges, oder auf
das Ausgiessen des zur Reinigung bestimmten Wassers aus der zu 96, 4 zu
erwähnenden Kanne sich beziehend.

73, 6 v. u. Die Worte *so schaute er* begleitete d. E. mit einem flehent-
lich suchenden Blicke.

77, 27 Derselbe Ausdruck, welcher n. d. E. hier mit der Uebertragung der
Herrschaft im Hause erklärt wurde, kehrt 105, 6 im Sinne der Gewährleistung
der Unverletzlichkeit, 334, 34 in dem der Uebertragung einer gewissen
Zaubergewalt wieder, wobei an der ersten Stelle als Pfand eine Harzotte
verlangt, an der zweiten demjenigen, welcher die Zaubergewalt erhält, in den
Mund gespien wird. Letzteres kommt bei der Aufnahme in gewisse Der-
wischorden vor, vgl. Maltzan, Drei Jahre im Nordwesten von Afrika IV, 279.
Aehnliches vgl. NB. 138; BN. I, 113; WR. II, 275; Fachri 168, 5.— Auch
368, 9 spuckt der Schlangenkönig dem Fuchs in den Mund zur Bekräftigung
seines Versprechens.

79, 2 Er hält es für Unrecht, näher zu gehen, weil die Waschenden ihr
Gesicht, sowie auch die unteren Körperteile (vgl. FK. I, 49) entblössen.

89, 2 Zur Hervorbringung des als *mgā-umgā* aufgefassten Lautes bewegte d. Erz. die Zungenspitze vor dem Munde und in den beiden Winkeln
desselben.

89, 19 Die *Affenmutter* ist Mutter aller Affen (sâdi); sie sieht aus wie
ein Mensch, ist vier Ellen lang, ihr Bein ist so dick wie ein Mannsleib, ihr
Hinterer ist rot. Sie geht auf vier Füssen; die grossen Tiere jedoch greift
sie wie ein Bär mit den Vordertatzen und den Zähnen an; sie tödtet Menschen, Löwen und Schlangen und selbst Kamele; sie trägt letztere ihren
Jungen, die unter der Erde in einem Loche sind, zu. Es gibt viele solcher
Geschöpfe im Dschebel Ssindschâr, Jessûn (?)

91, 6 *Sie aber warf ihren Apfel auf einen Grindkopf.* N. d. E. ist es
eine Schande, wenn ein Mädchen frei aussprechen würde, dass sie den oder
jenen zum Manne haben möchte, sondern es gibt dem Betreffenden seine Nei-
gung durch ein solches Zeichen zu erkennen.

94, 5 Der Umstand, dass sie beim *Haupte ihres Fürsten schwören*, soll ausdrücken, dass er sehr beliebt war, vgl. 205, 20 und 1001 N. Br. 8, 23.

96, 4 *nahm das eiserne Becken*, vgl. 186, 10. Da das Beten an den beiden Stellen in den Vordergrund gerückt ist, so ist anzunehmen, dass das Becken zur Vollziehung der religiösen Waschung dienen soll. Es ist jedoch warscheinlich, dass die obigen Worte ausserdem auch dem gleichbedeutenden arabischen *aḥd el-ibrīq*, dem in Mesopotamien gewöhnlichen Ausdrucke für das auf den Abtritt Gehen, entsprechen, vgl. PP. I, 68.

96, 8 Das *Knöchelspiel* besteht darin, dass der Werfende gewinnt, wenn die beiden geworfenen Knöchel (Schafknöchel) so fallen, dass sie nicht in gleiche Stellung kommen. Ueber die verschiedenen Arten des Knöchelspieles vgl. PR. I, 155 u. fgg.

96, 9 v. u. Da zwischen dem Worte ṣādi und maimûn ein Unterschied gemacht werden musste, so haben wir vorgezogen, ersteres durch *Affe*, letzteres durch Halbmensch (vgl. d. Sachreg.) zu übersetzen. Die Affen werden gewöhnlich in Verbindung mit den Halbmenschen genannt. Der „Affe" wird geschildert als ein Tier, welches spielt, um sich greift, den Kopf hin- und herwendet, bläulich und so gross wie ein Hund ist. Sein Urahn stammt von der Affenmutter vgl. Anm. zu 89, 19. Nach uns. St. (vgl. 268, 20) haben die Affen einen König, vgl. Anm. zu 268 ult.; über ihr Land vgl. Anm. zu 269, 3.

96 ult. N. d. E. ist die *Erdgrube* eine Grube, aus welcher man Lehm für den Häuserbau holt. Vielleicht wäre aber an unsrer Stelle, wo von Gazellenjagd die Rede ist, eher an einen Graben zu denken, wie er zum Behuf des Gazellenfangs bei einer sogenannten *masyada* angebracht ist, vgl. BB 178.

98, 7 Er zieht seine *Kopfbedeckung* ab, um damit seine Todesverachtung auszudrücken und die Truppen durch seinen Mut anzufeuern.

98, 30 Die *Tochter* des Königs wird vorher die Schwester des Königs genannt. Unter dem erstern ist daher der *verstorbene* König zu verstehen.

98 ult. *Rustem, Sāl's Sohn* haben wir übersetzt, müssen jedoch bemerken, dass dem Erz. Sâl als Vater Rustem's nicht mehr bekannt war, er das Wort vielmehr als Beinamen fasste und volksetymologisch durch Anlehnung an das Verbum ظلم als identisch mit الظالم *der Gewalttätige* erklärte:

كان يظلم الناس

100, 12 *Müldschämepflaster.* Zur Bereitung dieses kostbaren Heilmittels hat Dschano folgendes Recept dictirt: ṣárṣo ɛddévo uṣárṣo ɛdsábṣo mītǫ́qdi umīdǫ́qi bi-hǎvun, ubǎṛto ạdhaúwyo miy-ę́mo umā'íṭo īy -ę́mo, lǫ-ináqlā u-hǎlvo diy-ę́mo, kāmílo bǎṛto, ạhlúla mębéza hǎlvo ṣǎlu-ṣárṣo dų-dévo udų-sábṣo, símme mǎljame; lu-kę́vo dų -ríṣo ǵálabe kā'ísto-yo d. i. ein Wolfszahn und ein Löwenzahn werden verbrannt und im Mörser zerstossen, dann muss ein Mädchen, dessen Mutter bei der Geburt gestorben ist, und das ohne Muttermilch herangewachsen und mannbar geworden ist, aus seiner Brustwarze Milch auf den Wolfs- und Löwenzahn spritzen; so macht man Mäldschäme; gegen Kopfweh ist es sehr gut. — Aehnliche abergläubische Ansichten über die Wirksamkeit von gewissen Teilen von Tieren sind auch folgende: Wenn Jemand ein Stückchen von der weiblichen Scham einer Wölfin abschneidet und es in einen Lappen gewickelt in der Kopfbinde mit sich herumträgt, so werden die Weiber in ihn verliebt. Wer Sperlingsknochen bei sich trägt, bewirkt damit, dass die Liebe seiner Braut zu ihm und die seinige zu ihr zunimmt.

101, 16 *mit einem Schlangenmanne; sie riefen einen* ist wörtlich nach dem Texte übersetzt, man erwartet „dem" und „ihn".

101, 29 Wir haben das vielleicht etwas auffällige Wort *Heilpulver* gewält, weil das gegen Verwundungen (128, 19 sogar gegen Blindheit!) allgemein angewandte Mittel kein eigentliches Pflaster ist, vielmehr aus einer pulverisirten gelblichweissen Masse besteht, in der hauptsächlich Schwefel zu sein scheint. Dieselbe wird angefeuchtet in die Wunde hineingelegt und soll blutstillend wirken. Wir lernten dieses Mittel im Haurân kennen, wo wir eines späten Abends noch zu einem Verwundeten gerufen wurden. Der

Mann hatte eine tiefe breite Stichwunde im Rücken, und seine Umgebung hatte das erwähnte Mittel schon angewandt.

105, 6 Vgl. zu 77, 27.

107, 4 *die Geister hatten sie erwürgt.* Nach einer ergänzenden Mitteilung d. E. hatte der Elfenkönig sich durch die Reclamation des Löwenkönigs gekränkt gefühlt; um diesen zur Rückkehr zu bewegen, sandte er zwei Elfen aus, das Mädchen zu tödten. Wir hätten daher besser übersetzt: seine Tochter *war gestorben.*

107, 18 *'Akkari* ist ursprünglich Name eines Kurdenstammes, · vgl. Ibn Haukal 144, 8. Ibn el-Atbîr 8, 521; Jâqût IV, 978 schreibt Hakkârîje, während Cb. d. I, 66. 73. 175. 226 Hakkâry hat. Vgl. Ritter IX, 650 u. fgg. In zweiter Linie bezeichnet *'Akkari* auch einen bestimmten District, welcher N. von Môçul liegt und n. d. E. von Kurden, Nestorianern und Chaldaeern bewohnt ist. Er sagte, die Gegend der Mirân-Kurden sei das Centrum von 'Akkari.

107, 20 Im ganzen Orient, auch bei den Christen der besseren Classen, gilt das Spielen um Geld für schändlich, vgl. 142, 23; 316, 15; gerade die Kurden werden freilich als spielsüchtig geschildert [was ich aus eigener Erfahrung bestätigen kann. S.]

110, 6 *Festplatz.* N. d. E. versammeln sich die Weiber monatlich je zwei Tage an einem bestimmten baumreichen Platze, um sich mit Essen, Trinken, Singen und Tanzen zu unterhalten; an diesen Zusammenkünften sollen keine Männer teilnehmen, vgl. jedoch 108, 4 u. fgg.

112, 27 Vgl. 226, 21 und Anm. zu 184, 9 v. u. 185, 27. In *Baghdâd* residirt n. d. E. stets ein *Chalife* aus einer arabischen Familie; die Würde ist erblich. Der Chalife unterhält ein Heer; der Statthalter von Baghdâd ist sein Untergebener, und wenn der letztere nichts taugt, so schreibt der Chalife an den Sultan, er solle ihm einen andern schicken. Wenn die Herrschaft des Sultans zu Ende geht, so kommt der Chalife an die Reihe und wird Herrscher über die ganze Welt.

113, 29 Die Prinzessin soll in der *Löwenhaut* warscheinlich *schwitzen*, ebenso wie RF. lx u. cvi der Löwe in der Wolfshaut; an der letztern Stelle liegt das *Uebel* des Königs ja ebenfalls *im Kopfe.*

116, 18 Man muss annehmen, dass die Bärin den Riesen früher seiner *Augen* beraubt habe; auch d. E. gab dies auf Befragen zu. Die Geschichte ist warscheinlich nicht vollständig, oder schlecht erzält; sie ist eine der zuerst mitgeteilten.

124, 12 Die Wäsche wird am Bache, jedoch in *warmem Wasser* gewaschen; man bringt Kessel und Feuerung mit.

129, 12 *Mohammedanerin.* Muslimische Frauen oder Mädchen können unter keinen Umständen einen Andersgläubigen heiraten, vgl. LMC. 97, daher hier vorheriger Uebertritt erforderlich. Auffallend ist, dass der Erzäler bei den christlichen Armeniern Vielweiberei voraussetzt.

130, 4 Die *Ungläubigen (gāwir)* wurden ausdrücklich als Christen, beziehungsweise Russen, vgl. 15, 9, bezeichnet, die der Erz. sich gleich hinter Baghdâd denkt; *gegen* soll nur die Richtung ausdrücken. — 36, 24 u. fgg. haben wir *gāwir* unübersetzt gelassen: *zu den Gawern.* Dort, bei den fabelhaften Zügen Alexanders, sind gewiss die Guebern gemeint. PR. II, 152. 203 u. ff. gemeint.

132, 12 *Pferde können auf ihm nicht gehen.* In den höher gelegenen Teilen Kurdistan's, wie im Tûr, gibt es [auch nach meiner eigenen Erfahrung S.] viele Partien, welche so rauh und steinig sind, dass man gezwungen ist. zu Fuss zu gehen, vgl. Perkins im JAOS. 1851, 94; JRGS. 1865, 48; BN. I. 207; LN. I, 159.

134, 19 Die Worte *Wasser, die singen, und Bäume, die tanzen* sind im Texte, gerade als wenn sie ein zusammengesetztes Nomen geographicum bildeten, in *kurdischer* Sprache ausgedrückt.

136, 14 *Ssôlnds* ist eigentlich ein kurdisches Appellativum: der Schuhkenner (vgl. JJ. sub سول u. ناس), woraus der Artikel vor demselben zu erklären; man bezeichnet damit den Aufseher über die Schuhe, die die Mitglieder des Staatsrates an der Thüre ausziehen, also· eine Art Hofmarschall.

137, 22 Mit *Zwergen* haben wir, dem heutigen Sprachgebrauche und
der schon länger im Oriente herrschenden Anschauung folgend, die beiden
Völkernamen *Gog* und *Magog* (*yājūj u' mājūj*) übersetzt, vgl. Bocthor unter
nain جوج ماجوج. In Damaskus rufen die Strassenjungen auffallend kleinen
Leuten nach: *yā zilzu, yā mūzu, yā abū tiz emhanna.* (Zwerg, kleiner
Zwerg, mit dem hennagefärbten Steisse). — Vom Erz. selbst werden sie als
solche beschrieben 178, 19 und 182, 16; vgl. hierzu Ibn Churdâdbeh IA. 1865,
102 u. 495; Moqaddasî ed. de Goeje, Leiden 1877, p. 365, 1; Géographie
d'Édrisi, trad. par Am. Jaubert, Paris 1836—40, II, 349 und 420; Ibn al-
Wardî, Charîdat al'adschâïb, Cairo 1872, p. 68; Cazwini's Kosmographie hrsg.
von Wüstenfeld, Göttingen 1848, II, 416; Mehren, Manuel de la Cosmographie
du moyen âge, Kopenhagen 1874, p. 383; Demîri, Bûlâq 1867/8 II, 476. Von
der grossen Mauer wusste d. E. nichts, er schreibt ihnen vielmehr eine besondere Welt unter der Erdoberfläche zu, die sie nach Belieben verlassen
können, vgl. Anm. zu 269, 3; auch zu 148, ult.

138, 10 v. u. *bewiesen — Verehrung:* geschieht nach d. E. durch Ab-
ziehen des Tarbûsch; jedoch ist diese Art der Ehrfurchtsbezeugung sonst nur
bei den orientalischen *Christen* gegenüber ihren höhern Geistlichen üblich, vgl.
BM. 80.

139, 10 *'Amsche* ist ein zweiter Name der S. 137 Chadra genannten
Zwergprinzessin, vgl. die Einl. S. xii.

139, 20 Die *Brieftasche* hängt an einer Schnur, die um den Hals geht,
unter dem linken Arm.

142, 23 *Meine Sünde komme über dich,* wenn du den Anweisungen, die
ich dir jetzt gebe, zuwider handelst.

144, vorl. Der *Nasenring* wird noch vielfach von Mädchen und jungen
Frauen der untern Klassen der Städte, auf dem Lande und namentlich bei
den nomadisirenden Stämmen getragen. Für letztere vgl. BB. 40. 188; PP. I,
162. Auch die junge Frau unserer Geschichte trägt ihn als Tochter des Beduinenhäuptlings.

145, 14 Es könnte sonderbar erscheinen, dass bei dieser nach unserer
eigenen Erfahrung auch in Damaskus, vgl. Kremer I, 128, stereotypen Wech-
selrede die Frage: „*Wer ist da?*" gar nicht beantwortet wird. Mit der Antwort „*Mach auf!*" will der an den eisernen Klopfer bewegende Aussenstehende,
wenn er nicht schon an der Stimme erkannt wird, nichts weiter sagen als:
„Ich bin ein anständiger Mensch, der wirklich etwas in diesem Hause zu
suchen hat".

147, 27 Die Söhne stehen gewöhnlich in Gegenwart des Vaters; sie *neben sich auf dem Sofa sitzen* zu lassen, ist eine ganz besondere Auszeich-
nung von Seiten des Vaters, vgl. LMC. 56.

148, 29 *Blutegel und Schröpfköpfe.* Als drittes blutentziehendes Mittel
kennen die Syrer den *Aderlass,* ohne einen besondern Namen dafür zu haben.
Sie umbinden den Oberarm, darauf schwillt die Ader des Unterarmes an;
der Arzt sticht nun mit dem *naštar* (plur. *nšêtûr*), der Lanzette, hinein,
wärend der Patient den Arm ausgestreckt von sich hält. Der Arzt sagt:
bnai kallât (zäle Geld!), der Patient macht die bekannte Bewegung mit
den drei ersten Fingern, wodurch das Blut trefflich hinausfliesse.

148, 31 vgl. 115, 16 *und begruben ihn.* Das Begräbniss findet im Oriente
aus sanitären Gründen gewöhnlich am Tage des Ablebens selbst oder späte-
stens am folgenden Tage statt. LMC. 512.

148, ult. Unter der *Pocke* ist warscheinlich eine Pestbeule zu verstehen,
von welchen d. E. annimmt, dass sie von dem Zwergenvolke der Gog und
Magog, vgl. Anm. 137, 22, herrühren. „Sie werfen mit ihren unsichtbaren
Lanzen die Menschen, jede Verwundung ist eine Beule. Am Ende der Tage
vertilgen sie auf diese Weise die Menschen". Diese „Pocken" sollen zuerst
in Haleb aufgetreten sein, was jedoch wol nur auf einer Verwechslung mit
der nicht tödtlichen Aleppobeule (bouton d'alep) beruht. Auch im Arabischen
heisst die Pest rimâh el-dschinn, Dschinnenlanzen.

150, 25 Das *Schlangenwasser* ist vielleicht mit dem *Lebenswasser* 65, 27 verwandt; im Syrischen heisst das erstere *mâye da-haiyât*, das letztere *mâye da-hâye*; vgl. auch 121, 3 v. u., wo die *Schlangen* Lebenswasser holen.

152, 5 Es wird hier angenommen, dass je länger eine *Schlange* sich des *Wassertrinkens* enthalten habe, desto condensirter ihr Gift und desto wirksamer ihr Biss sei, vgl. S. 333.

155, 17 Gerade weil auf der folgenden Seite der Fürst den Oheim und den älteren Bruder fragt: „Wo ist euer *Bruder?*", so können auch hier diese beiden der Kürze halber „*deine Brüder*" genannt sein; jedoch ist bemerkenswert, dass in den sonstigen Versionen dieses Märchens es in der Tat *drei Brüder* sind, welche den Riesen aufsuchen und die Mädchen erlösen, vgl. No. XLVI und R. Köhler im Jahrb. für rom. u. engl. Lit. VII, 24—27.

155, 29 Mit *Erdschlund* haben wir das Wort *zŭrzŭmîne* übersetzt, welches ursprünglich einen kellerartigen Raum unter dem Boden (زم زمين) eines andern Zimmers bezeichnet, den man namentlich in Persien, vgl. PP. I, 63, auch in Baghdâd Ausland 1873, 894, und zum Teil noch in Môçul in der heissen Jahreszeit bewohnt. So denkt sich auch d. Erz. unterhalb der Cisterne mit den drei seitlichen Hölen, dem eigentlichen Wohnraume der drei Riesen, ein solches, allerdings bis auf den „Boden der Welt" gehendes, Sirfemîn, welches er uns als „den weiten Aufenthaltsort der Riesen u. Unholde" erklärte.

156, 35 Einem die *Mütze* wegzunehmen, gilt als Schimpf und grobe Beleidigung, vgl. 359 vorl. Unser Held erlaubt sie sich seinem Oheim gegenüber, weil derselbe schlecht an ihm gehandelt hatte.

159, 31 *Almadîna* soll n. d. Erz. eine Ortschaft in der Nähe von Charpût sein. Ein Armenier aus Charpût, Herr stud. Solikian, welcher darüber um Auskunft gefragt wurde, sagte, es gebe auf sechs Stunden Entfernung von seiner Vaterstadt keine Ortschaft dieses Namens.

161, 11 *Auf diesem Berge ruhte der Himmel.* Die kosmologischen Begriffe d. E. waren zum Teil sehr eigentümlich. Unter anderm berichtete er, die vier Ecken der Erde ruhten auf einem Felsen; dieser aber auf grossen Säulen von Eisen. Wenn man hinuntersteige auf der schiefen Erdebene, so komme man schliesslich zu dem Punkte, wo der Himmel ruhe; dieser liege wie ein grosser Deckel über der Erde. Die Sonne bewege sich am Tage an der inneren Seite dieses Gewölbes nach Westen; bei Nacht kehre sie auf der oberen Seite desselben an ihren Platz nach Osten zurück. Bei einer andern Gelegenheit sprach er von *sieben* Himmeln: „Die sieben Himmel sind wie Glas; am ersten Himmel sind nur zwei Sterne, am zweiten vier und die Sonne (wenn die Sonne sich am untersten Himmel befände, würde sie uns verbrennen); am dritten Himmel sind fünf, am vierten sieben Sterne und der Mond; am fünften zehn, am sechsten fünfzehn, am siebenten alle übrigen Sterne. Das Ganze ist wie eine Kirche mit angezündeten Lampen; von Gott werden dieselben jede Nacht angezündet". (Eine andere Vorstellung über die Sterne s. 219 LV, 1). — „Am Himmel oben befindet sich auch die Feuerhölle; in der Mitte zwischen dieser und dem Paradiese sitzt der Messias. Die Engel bringen die Seelen der Todten zu ihm und führen sie dann entweder nach rechts oder nach links ab".

162, 22 *Gott schütze sie.* Ganz wie unser: unberufen! zur Abwendung böser Vorbedeutung gebraucht.

164, 24. 25 *Kôsa* ist n. d. E. ein kurdisches Wort und bedeutet einen Strassenräuber (arab. qát'i); auch in seinem Arabisch gebrauchte er den Ausdruck: lâ tsaúwî kamâ al-kawâsa, handle nicht wie die Strassenräuber.

165, 8 v. u. Das *Brecheisen* (*šauke*, arab. *blk*) hat die Form eines Steinhammers und läuft oben an beiden Enden spitz zu; der *grosse Hammer* (*mârzûbe*, arab. *šaqûf*) ist ein massiver Schlägel oder Klopfer, an der rechten Seite in zwei Spitzen ausgezackt, die aber, da mit der anderen Seite aufgeschlagen wird, keinen besondern Zweck haben.

166, 24 Ueber den *Riesen Bŭrdawŭl* berichtete d. E., er sehe wie ein Mensch aus, nur sei er drei- bis viermal so gross.

167, 12 Es ist nicht ganz klar, ob *der Gabûs* ein Eigenname oder ein Gattungsname ist. Dschano's Angaben lauten widersprechend. Er sagte, es sei ein syrischer (?) Name, und der Riese heisse so; ein andermal dagegen erklärte er, der Gâbûs sei ein Riese, der in der Nacht zu den Leuten komme, eine Art Alp. In der Tat heisst das Alpdrücken im Arabischen *kâbûs*.

169 vorl. *Rihân* wurde vom E. als ein Beduine bezeichnet; er ist vielleicht mit dem Araber Reyhan Kur. 75. 203 zusammenzustellen.

174, 18 vgl. 292, 12 u. fgg. Das orientalische *Grab* ist ein aus Backsteinen gemauertes Gewölbe, welches so hoch ist, dass man darin bequem aufrecht sitzen kann. Zum besseren Verständniss der Scenerie vgl. die Abbildung LMC. 524 und die genaue Beschreibung 522.

181, 27 *auf hier zu* d. h. in der Richtung nach Damaskus.

182, 19 *er war so gross.* Bei diesen Worten zeigte d. Erz. die Höhe des kleinen Mannes mit seiner Hand an.

182, 6 v. u. *er ist sehr lang* — ein ironischer Scherz des Kaufmannes.

183, 5 *einundvierzig Söhne.* Géographie d'Édrisi par Jaubert II, 350: „leur tempérament est très-ardent et leur race *très-prolifique.*"

184, 15 [Mein Diener aus Môçul behauptete öfters, dass man in den entlegensten Ortschaften stets einen *Môçulaner* finde. S.]

184, 9 v. u. *Bahlûl* ist n. d. E. der ständige Titel des Bruders des Chalifen, vgl. zu 112, 30; er habe letztern bei Audienzen und an der Spitze des Rates zu vertreten, in welchen der Chalife, der stets allein sitze, nicht komme. Bahlûl bezeichnet erstens einen alle trefflichen Eigenschaften in sich vereinigenden Edeln oder Fürsten, vgl. Ibn Hischâm ed. Wüstenfeld I, 140, 18; Fachri 178, 5; in dieser Bedeutung wäre es hier der den Chalifen nach aussen vertretende Fürst, vielleicht eine dunkle Erinnerung an den Emir al Umarâ. Zweitens bedeutet Bahlûl einen, der viel oder häufig lacht, daher einerseits einen Dummkopf, andererseits einen Spassmacher und Hanswurst. Der Chalife Harûn ar-Raschîd hatte einen witzigen und gescheiten Hofnarren, der Bahlûl Dâne hiess und zugleich ein *Verwandter* des Chalifen war. Derselbe muss eine höchst populäre Persönlichkeit gewesen sein, da die Inschrift auf seinem Grabe, welche NR. II, 301 mitteilt, erst 501, also etwa dreihundert Jahre nach seinem Tode, gesetzt worden ist. Ausserdem hatte man zu Niebuhr's Zeit noch „ein ganzes Buch voller kleiner Historien von ihm, die noch bisweilen im Caffehause erzählt werden". Darf man vermuten, dass aus dieser in den erwähnten Anekdoten gewiss immer in Verbindung mit dem Chalifen genannten und mit ihm verwandten Person unser Bahlûl entstanden sei?

185, 27 wird die Tochter des Bahlûl *Chalifentochter* genannt, weil sie die Nichte, also aus dem Hause des Chalifen ist.

187, 5 *schwarzes Wasser.* Auch im Persischen nennt man den grauen Staar nuzûle âb PP. II, 346. Im Allgemeinen nehmen die Syrer an, dass die Augenkrankheiten aus Verderbniss des Blutes entstehen; das verdorbene Blut könne durch *Nasenbluten* entfernt werden. Sie stillen daher auch letzteres nie, sondern reizen sich sogar oft mit einem Grashalme dazu. Ueber Therapie scheinen die Syrer überhaupt noch sehr eigentümliche Ansichten zu haben. So berichtete d. E., dass man, um einen mit Gicht oder Rheuma behafteten zu heilen, ihn mit Schweinefett einschmiere, einwickle, sodann auf das Dach hinaufziehe und mit dem Kopfe nach unten an einem schraubenförmig zusammengedrehten und nun sich rasch lösenden Stricke hinunterlasse. Der Kranke dreht sich beständig mit, bis er den Boden berührt, und gilt dann als geheilt.

187, 18 *mein Anblick ist tausend wert* soll n. d. E. heissen: um mich unverschleiert zu sehen, möchte einer wol gern tausend Piaster hergeben. Auffallend ist nur, dass diese (mehr auf subjectiver Schätzung beruhende) Eigenschaft stehendes Epithet des Mädchens wird: vgl. 188, vorl. u. fgg. die Tausendwerte. — Hierzu würde besser die auch mögliche Erklärung passen, dass ihr blosser Anblick den tausend anderer Mädchen aufwiege; vgl. den Ausdruck *hazârmard* bei Nöldeke, Geschichte der Perser und Araber zur Zeit der Sasaniden, Leiden 1879, S. 284, Anm. 2.

187, 5 v. u. *seine Geliebte,* gleichbedeutend mit Maîtresse, ist von dem unterwegs getroffenen Mädchen, der „Geliebten" des Dämons, verschieden.

25 *

187, 4 v. u. *Ruinen* bilden im Oriente den Unterschlupf für allerlei unsittliches Treiben, das die Oeffentlichkeit zu scheuen hat, so z. B. für Hazardspiel PP. I, 344; vgl. schon Sindban 31.

189, 4 v. u. Der hier erwähnte *Korb* ist ein dichtes Rohrgeflecht von der Form einer immensen Käse- oder Fliegenglocke, welches über die Speisevorräte gesetzt wird, um dieselben vor Insecten, Mäusen u. dgl. zu schützen. [Solche Rohrdeckel sah ich nördlich von Môçul in den Bauernhäusern neben der Treppe. S.]

190, 10 *oder auf syr.* Osmar, haben wir in eckige Klammern (vgl. Vorwort) gesetzt, um damit den spätern Wechsel des Namens zu erklären. D. E. sagte, es sei der *syrische* Name für Hassan, was sich freilich bezweifeln lässt; es wird eher ein Doppelname sein, wie 139, 10, vgl. auch die Einl. XII.

193, 19 *Immer gerade aus!* Diese an das italienische *sempre diritto* erinnernde Antwort erhält man im Oriente gewöhnlich auf die Frage nach dem Wege, auch wenn das Ziel desselben in nichts weniger als „gerader" Richtung liegt; namentlich in Diârbekr soll sie gebräuchlich sein: *dughri, dughri!*

193, 3 v. u. *Baldachin*, nicht *Sänfte* haben wir gesetzt, um die *meḥâfe* von dem *taḥtrawân* zu unterscheiden. Beide bedeuten allerdings eine grosse Sänfte, die auf Reisen von zwei Kamelen oder Maultieren, BB. 371 und BA. 396, von denen das eine ihr voraus, das andere nachgeht, getragen wird. 196, 27 u. 29 werden übrigens die beiden Wörter ununterschiedlich gebraucht, vgl. auch LMC. 487; aber das letztere, der Palankin, ist ringsum geschlossen, mit Glasfenstern versehen, PR. II, 35, und oben gewölbt, wärend die erstere nach allen Seiten hin offen ist, oben nur ein Schutzdach gegen die Sonne hat, mithin mit einem Thronhimmel oder Baldachin gewisse Aehnlichkeit zeigt.

196, 26 Die Abgesandten des Bräutigams müssen hier, statt vom Brautvater gastlich aufgenommen und bewirtet zu werden, sich selbst ein *Mahl bereiten*; d. Erz. erklärte, es sei dies dort Sitte.

197, 9 *mit Flinten*. In Bezug auf nomadisirende Stämme ist es für den Orientalen immer von grosser Wichtigkeit zu wissen, ob dieselben Schiesswaffen haben oder nicht, vgl. ZDMG. 17, 225, wo das Fehlen derselben bei einigen Stämmen hervorgehoben wird; ferner PR. II, 57.

197, 8 v. u. *in meinen Jahren*. Der Erzäler war ein junger Mann (*šebb*) von etwa 25 Jahren.

204, 14 Zu den *'Aenêfe unterhalb Baghdad's* vgl. BB. 2: „Die Aenexe haben auch, soviel man weiss, den Euphrat passirt und Irak Arabi und die Umgegend von Baghdad zum Aufenthalte gewählt".

204, 18 Es ist nicht klar, was d. E. im Gegensatze zu den 'Aenêfe unter *Beduinen* ('árab) versteht; vielleicht sind dies Stämme, die seiner Heimat näher liegen, oder Halbbeduinen wie die Ṭai.

204, vorl. u. fgg. Aehnliche Taten der Tapferkeit, die nicht allein auf dichterischer Uebertreibung beruhen sollen, werden berichtet BB. 109. 236; PR. II, 96.

206, 29 Ueber den *eisernen Pflock* oder Nagel, an welchen das Pferd, da Krippen nicht vorhanden sind, mittelst einer Kette oder eines Strickes angebunden wird, vgl. BB. 37; BM. 5, auch PP. II, 112.

212, 13 Kaffe *mit Zucker* hebt d. E. als etwas besonders feines hervor, vgl. zu 19, 24, weil man in der Levante den Franken ihn so trinken sieht und ihm denselben gewöhnlich stark versüsst anbietet, vgl. Bâd. LIII.

216, 2 v. u. Nach d. E. befindet sich das *Heiligtum* des h. Malke in Ehbâb (s. die Einl. VII). Vielleicht hängt dasselbe mit dem Kloster Deir Melka bei PR. II, 46 (vgl. auch Assemani Bibl. Or. Dissert. unter Monasterium S. Malchi) zusammen.

218. LIV [Ueber diese im Ṭûr sehr berühmte Geschichte erzält man Folgendes: Bei den Kurden und Syrern des Ṭûr erbt ein Mädchen beim Tode des Vaters gar nichts (bei den Chaldäern die Hälfte dessen, was ein Sohn erhält). In Midhjät starb nun einmal ein Mann und hinterliess eine Frau, welche schwanger war. Sie gebar eine Tochter und war daher gezwungen,

da weder diese noch sie selbst erbberechtigt war, das Haus ihres verstorbenen Mannes zu räumen und dessen Brüdern zu übergeben. In ihrer Verzweiflung nahm sie das Kind und pilgerte nach Dêr el-'Amr zum heiligen Gabriel (373, 35). In der Nacht legte sie das Kind in die Kirche, sie selbst blieb weinend und betend vor der verschlossenen Kirchthüre. Das Kind schrie unterdessen fortwärend; da entstand in der Nacht ein grosses Getöse, welches sowol die Mutter als die Mönche hörten; da wurde das Kind ruhig. Als die Mutter am andern Morgen das Kind in der Kirche aufnahm, sah sie, dass aus dem Mädchen ein Junge (andere sagen ein Zwitter) geworden war. Da lief Alles herbei, wegen des geschehenen Wunders; selbst der türkische Qâimmaqâm von Midhjât kam mit seinen Effendis geritten und vergewisserte sich über die Verwandlung durch einen Militairarzt: dieser hatte das kurz vorher an einem Halsübel erkrankte Kind behandelt und erkannte die Spuren seiner Einschnitte. Der Türke küsste darauf den Mönchen die Hände; die Begebenheit wurde in die Chronik des Klosters eingetragen; mir selbst zeigte man in Midhjât den damals etwa sechsjährigen Jungen, der nun mit seiner Mutter das Haus seines Vaters bewohnte. Das Kloster erhielt in Folge des Wunders grossen Zulauf, wie es auch besonders bei den Jefîden in hoher Verehrung steht. S.] Dass dieses „Wunder" nicht geradezu in's Bereich des Unmöglichen gehört, ergibt sich aus Ernst Krause's „Ursprung der Iphis-Dichtung" in Caspari's Kosmos I, 496 ff. (citirt bei Liebrecht, Zur Volkskunde 507.) Er zeigt dort, dass die männlichen Geschlechtsteile der für weiblich gehaltenen Personen, besonders in Folge einer gewaltsamen Anstrengung, später deutlich hervortreten.

219, 5 Nach dem monophysitischen Glauben ist *Christus* vollständig Gott und wird daher mit dem Schöpfer identificirt; vgl. 313, 23.

219, 5 v. u. Davon dass die *Kehle des Raben durchbohrt* sei, wissen die Zoologen nichts. Vielleicht stammt die Sage aus der Beobachtung, dass der Rabe mit grosser Gier nach Körnern pickt, und dabei in der Regel einige derselben wieder aus dem Schnabel fallen lässt.

220, 29. Denselben Ausdruck *lichtumglänzter Jesus* gebrauchen nach WR. II, 268 die Jefîden.

221, 20 *Tärstschi*, von dem in Kurdistan in der Form *türs* gebräuchlichen arabischen طرز, Art und Weise, vgl. JJ. s. v., bezeichnet denjenigen, der etwas nach vielen Arten und Weisen auszuüben versteht (arab. Orig. Erkl. *yiʿab ʿalā kul šikl*.)

224, 14 Der syrische Ausdruck, welchen wir mit *ungesattelt* übersetzt haben, bedeutet eigentlich nackt, ebenso im Arabischen.

224, 18 Von dem heil. Georg erzälen die Chewsuren, dass er in ähnlicher Weise, wie hier der Possenreisser, durch den Leib eines Pferdes hindurchgegangen sei, vgl. Radde, Die Chews'uren und ihr Land, Cassel 1878, S. 111.

226, 1 *Ricinusoel* wird besonders in Persien als Brennmaterial verwendet, vgl. Perk. 169; Polak in O. Monatsschrift f. d. Orient. 1876, 138.

227, 7 Für d. Erz. ist *Aegypter* beinahe gleichbedeutend mit Zauberer vgl. *LANE. I, 65 u. fgg.* und LMC. cap. 12; für die ältere Zeit Fihrist 309.

228, 5 *wie dieses hier*, wie unser, ziemlich kleines, einfenstriges und auf den Hof gehendes, Wohnzimmer in Damaskus.

228, 11 *in einen Menschen*, unser Zauberlehrling ist ein junger Kater, vgl. die Einleitung xxiv.

228, 3 v. u. *Gehorsamer Diener*, vgl. 67, 30, hat dieselbe ironisch abweisende Bedeutung wie 122, 20 der dem syrischen Worte noch näher stehende Ausdruck *dein Opfer!* Der Perser führt dieselbe Formel bei allen an ihn gerichteten Bitten und Befehlen, mag er sie erfüllen wollen oder nicht, als stereotype Antwort im Munde, vgl. PP. II, 2 u. 39.

230, vorl. Im Manuscripte des Textes findet sich noch der Zusatz: mú-yaumáo haúwyọ i-qátun i-kafîye dạmšîhọ, máqbil ú-ḥabraídạ sälọ̈họ: „von jenem Tage an wurde die alte Katze das Handtuch des Messias; Gott hatte ihre Bitte erhört". Die Syrer erzälen nämlich, bei der Taufe

Jesu habe sein Pate (*qârĭvo*), einer der Profeten, ein Handtuch in der Hand gehalten, welches ursprünglich eine, auf wunderbare Weise in dasselbe verwandelte, alte Katze gewesen sei.

231, 5 *unnatürliche Laster:* das im Texte stehende Wort wäre wol besser durch „Unzucht" wiedergegeben worden. Der Begriff der *zĭna* umfasst n. d. E. alle ausserehelichen geschlechtlichen Verbindungen mit Ausnahme des Ehebruches und der Hurerei, also die Schändung einer Jungfrau, durch Notzucht oder mit dem freien Willen des Mädchens, Notzucht an einer verheirateten Frau, Päderastie (den hierbei Ertappten pflegen sie aufzuhängen), Sodomiterei und Blutschande. Das Heiratsverbot erstreckt sich bis auf die Cousine, doch kann hier vom Geistlichen ein besonderer Dispens gegeben werden.

234, 10 *in einer andern Sprache.* Es ist n. d. E. an eine jener künstlichen Geheimsprachen zu denken, die man im Oriente „Sperlingssprache", *lisân el-'asfûr*, (die Hühnersprache unserer Mädchenschulen), nennt. Sie besteht darin, dass man zwischen Consonant und Vocal jeder Silbe einen beliebigen Consonanten, über welchen man sich vorher verständigt hat, nebst vorhergehendem Vocale, meistens e, einschiebt; z. b. qûm izóḥ lu-bálaḍ -dídoḥ (auf, geh in deine Heimat) würde mit Einschub von z lauten: qozúm izizóḥ lezú-bezálazád dezidezóḥ, oder básim márke-yọ (sie ist schöner als [es] hier [ist]), mit Einschub von f: befásefám mefárkefē yefó. — Dschano erzälte, zwei türkische Richter seien von Diàrbekr nach Midhjât gekommen und hätten im Medschlis, damit sie Niemand verstehe, in dieser Sprache Türkisch mit einander geredet; von diesen hätten es einige junge Leute in Midhjât gelernt. Auch gab er noch an, zwischen Qars und Erferûm sei ein Ort Gümri, wo alle Leute das Türkische in diesem Slang sprächen.

236, 16 Das durch *Eichhörner* übersetzte Wort *siḥor* wird in den kurdischen Wörterbüchern durch Stachelschwein oder Igel wiedergegeben. D. E. gab von diesem Tiere folgende Beschreibung, welche weder auf das Stachelschwein noch auch vollständig auf das Eichhörnchen passt: es sei so gross wie ein Hase, habe jedoch kürzere Beine als dieser, es springe, lebe auf Bäumen, namentlich Nussbäumen, nähre sich von Schlangen, kleinen Vögeln, Mäusen, Gurken und Gras, Nüsse fresse es nicht; Kopf und Maul seien denen des Fuchses ähnlich, die Schnauze der des Schweines, unter den Augen habe es dunkle Streifen, wie mit Kuhl gezogen; man fange es in Fallen, aus seinem Felle mache man Pelze, gegessen werde es nicht. Ueber die Körperfarbe machte er ganz unklare u. verschwommene Angaben, wie überhaupt alle Farbenbezeichnungen Dschano's mit grosser Vorsicht aufzunehmen sind.

239, 27 Die *Eierpflanze*, oder Eierfrucht, ist die französische Aubergine (*Solanum melanogena*).

240, 5 v. u. Der *Aufseher des Hühnerstalles* (*bakci*), oder besser: des Hühner*hofes* hat sich bei Tage und bei Nacht in der Nähe der Hühner zu halten, um sie vor Raubtieren zu schützen und die Eier zu sammeln.

242, 20 *machen einen Mönch aus dir*, ein Henkerwitz, der Mann am Galgen ist ein Einsiedler!

243, 28 *gestern Nacht und heute*, im Texte steht: *und gestern*, da nach orientalischer Anschauung mit dem Abend schon der *folgende* Tag angebrochen war.

244, 7 v. u. Statt *stechen* hätten wir *beissen* schreiben sollen. Der Erz. gab ausdrücklich an, der Stachel der Ameisen sei im Munde. Es ist mithin die stachellose Gattung *Formica*, die eigentliche Ameise, gemeint, die sich mit ihren Kiefern wütend in das Fleisch ihres Gegners ein*beisst*. Das syrische Wort bedeutet sowol *stechen* wie *beissen*.

245, 19 Unter dem *Fliegengewebe*, auch Fliegennest (*u-qaino dadidvône*), ist das Spinnengewebe zu verstehen, welches der Erz. wegen der in demselben hangenden Fliegen für das Werk dieser ansieht.

247, 27 Der *Todesengel* soll hier dasselbe bezeichnen, was man im Arabischen durch *ǵarīm* ausdrückt. Dies ist ursprüngl. der Gläubiger (auch der Schuldner), daher der Bedränger, der nicht von einem lässt, der Todfeind und Unstern. So ist der Affenführer der *ǵarīm* des Affen, die Katze der der Maus, der Hagel der des Weinberges. So wird auch hier die Schlange das Unglück und die *Todesursache* der Frau. Statt *verwandelte sich in den* ist wörtlicher zu übersetzen *wurde der*.

248, 10 *der hat einen Turban auf dem Kopf*. Wie die Schêche, so tragen überhaupt die vornehmen (292, 28) Kurden, z. B. Aerzte, Turbane. Sie setzen eine Ehre darein, dieselben ausserordentlich gross zu machen (347, 8) vgl. LD. 389; LN. I, 170; Perk. 191; WR. II, 99. Die Richter tragen 259, 26 weisse Turbane; ebenso die muslimischen Wallfahrer 278, 7 v. u. vgl. die Angabe von RN. I, 115, wonach die Kurden, welche in Mekka gewesen sind, weisse Turbane tragen. Dem entgegengesetzt tragen christliche Wallfahrer schwarze Turbane 286, 7 v. u., wie die Mönche 329, 20 vgl. RN. II, 92.

248, 18 Der *Zauberspruch*, hier wol keine Qorânstelle, da wir es mit *siḥr* wicked enchantment LMC. 264, zu tun haben, wird auf ein Blatt geschrieben und in ein Trinkgeschirr voll Wasser gelegt; sobald das letztere die Tinte vollständig absorbirt hat, wird es der Person, auf welche der Zauber wirken soll, zu trinken gegeben. Aehnlich bei LMC. 253, wo der Spruch auf den Boden der Trinkschale geschrieben wird.

249, 25 *Verstand*. Die Psychologen werden es uns vielleicht Dank wissen, wenn wir hier einiges darüber anmerken, wo unsere Syrer sich den Sitz der intellectuellen und moralischen Fähigkeiten im Menschen denken. Sie unterscheiden derselben drei. Im *Kopfe*, zu beiden Seiten der Stirne, thront *u-'aql*, die Vernunft (beziehungsweise der Verstand); im *Herzen* wohnt *u-fāhm*, das Verständniss, das Auffassungsvermögen, und *u-fākr* die Ueberlegung, das Nachdenken. Die beiden letzteren Eigenschaften haben auch die Tiere, jedoch nicht die erstere, mit Ausnahme des Pferdes, welches *'aql* zeigt, da es auf Kinder, die vor ihm liegen, nicht tritt, sich lenken lässt u.s.w. Man spricht von den Augen des Herzens und sagt z. B. von einem Blinden, der die einzelnen Geldstücke unterscheiden kann: *samyo-yo , a-'aine edlébe efūhe-ne* (er ist blind, aber die Augen des Herzens sind offen). Das ist *fāhm*; ein Beispiel des *fäkr* wäre: *ähzälli blébi dözı lü-bäläd* (ich habe in meinem Herzen gesehen, d. h. ich habe bei mir überlegt, den Entschluss gefasst, in die Heimat zu gehen). Aus dem *Herzen* kommen ferner die Affekte: Liebe, Streit, Zank, Geiz, Neid, Mitleid, Erbarmen, Gehorsam. Im *Bauche* endlich sitzt *ı-näfso*, arab. *en-näfüs*, das moralische Princip, die Gabe der Unterscheidung des Guten und Bösen. Man sagt z. B. von einem Geistlichen, der nicht nach den Weibern sieht, arab. *hada kamil, näfüsu mlīḥ*. (Dieser ist ganz trefflich, seine Moral ist gut).

249, 22, vgl. 259, 22. Als *Schicksalsbuch* dient der Qorân (in Persien auch Hâfis PP. I, 346), indem man über ihn nach vorhergehender Recitation entweder durch Einstechen an einer beliebigen Stelle aufschlägt oder so hinfallen lässt, dass er aufgeschlagen liegen bleibt. Näheres bei LMC. 260. — Ebenfalls zur Enthüllung von Geheimnissen dient das Buch über die Sandkunst (vgl. LANE. II, 228; 1001 N. Br. VIII, 23; KB. 398), welches Belehrungen darüber enthält, wie man vermittelst in den Sand gezogener Linien unbekannte Dinge erfahren, z. B. Quellen entdecken und besonders auch Schätze heben kann. Wenn man mittelst des Buches den Ort, wo der Schatz liegt, entdeckt hat, findet man ferner, welches Tier „vor demselben liegt", z. B. ein Skorpion, ein Huhn, ein Wolf. Ein solches Tier muss vorher an der betreffenden Stelle geschlachtet werden, ehe man ihn heben kann. Von einem ähnlichen Aberglauben berichtete der Erz. in Betreff einer alten, angeblich von Malek Hanna (s. die Einl. xvi) in Mârdîn gebauten Kirche. Eine in derselben eingefügte Steininschrift soll nämlich auf dort befindliche sechs bis sieben Millionen Goldstücke hinweisen, einen Schatz, der dem Volksglauben gemäss nur gehoben werden kann, wenn man an jener Stelle ein schwarzäugiges Mädchen schlachtet.

253, 9 Die Jakobiten sind sich der religiösen Zugehörigkeit zu den Monophysiten in Aegypten und *Abessinien* wol bewusst, vgl. 329, 32. Abessinische Geistliche niedern Grades suchen häufig ihre Glaubensgenossen in Kurdistan und Mesopotamien auf.

255, 22 *ohne Kopf* ist wörtliche Uebersetzung; d. E. gab als Grund für diese auffallende Ausdrucksweise an, der Diener habe dadurch, dass der Kopf sich unter der über ihn gezogenen Kopfhaut befand, ausgesehen wie einer, der gar keinen Kopf habe. Dem Zusammenhange nach ist aber wol eher *ohne Kopfhaut* gemeint.

260, 17 Ueber den Reinigungseid auf den *Qorân* vgl. LMC. 114; er ist einer von denen, die selten ein Muslim falsch schwören wird, ibid. 305, weil man glaubt, dass ein Mensch, der dies tue, unmittelbar dem Tode verfallen sei, PP. II, 83. Wie man jedoch auch ihn zu umgehen versteht, zeigt unsere Geschichte.

260, 18 *auf die Kiste*, ein Kistchen, in welchem er Schreibmaterial, Papiere und den Qorân selbst aufbewahrt.

263, 12 Der Erz. denkt sich *Pech und Harz* an Stelle von Kitt oder Mörtel angewendet, um das Durchsickern des Wassers zu verhindern, vgl. über eine weitere Anwendung dieser beiden Gegenstände 349, vorl.

268 ult. D. E. berichtete, es gebe bloss *einen Glücksvogel* in der Welt; derselbe gehöre dem Könige der Affen, der ihn in den andern Welten herumschicke. Der Glücksvogel ist so gross wie ein Zicklein, etwas grösser als ein Truthahn. Er hat eine Frau, die ihm einen Sohn und eine Tochter gebiert; wenn er stirbt, heiraten diese untereinander.

269, 3 Unter der *Oberfläche der Menschenwelt* befinden sich n. d. E. noch sechs andere Welten oder Länder (vgl. LANE. I, 20 und LMC. 221). Unsere Erde (1) heisst das allgemeine Land (*u-bülåd du-'åm*); unter diesem liegt 2) das Land der Nackten (*uw-atro da-zaltône*) oder der Hunde (kurd. *valåte tåzi*, arab. *bülåd bani kilåb*; es folgt dann 3) das der Elfen (*uw-atro da-jin*); 4) das der Halbmenschen (*da-maimåndt*), 5) der Affen (*da-šådîye*, kurd. *valåte kalci*, 6) der Löwen (*da-sab'e*, kurd. *valåte šera*) vgl. 107, 28; 7) der Finsterniss (*di-'ütmo*, kurd. *valåte tåriståne*) vgl. 104, 6 v. u.; 107, 1. Von den Nackten berichtete er, dieselben trügen nur ein Tuch um die Lenden. — Bei der Aufzälung dieser Länder scheint jedoch d. E. über ihre Reihenfolge nicht recht im Klaren gewesen zu sein: hier an unserer Stelle (269, 3) folgen 5. 4. 2. 1 aufeinander, in der Erzälung S. 104 dagegen 1. 7. 3. 6. Es werden ausser diesen auch noch andere unterirdische Länder genannt, z. B. das der Sselopîje 102, 5 und das der Zwerge, vgl. zu 137, 22, in welches man durch ein Wasserbassin (139, 1; 177, 22) oder auch durch einen Erdspalt (181, 28) hinuntersteigt; vgl. auch den Spalt, durch welchen 228, 3 der Zauberer in „eine andere Welt" hinabsteigt. Ob unter den Bewohnern des Löwen- und Hundelandes nicht arabische Stämme *Bani Ssab'a* (PR. II, 36; JA. 1879, 224) und *Bani Kilåb* gemeint sein können?

270, 5 Der Schluss ist nicht recht verständlich. Es wäre möglich, dass hier die ganze Geschichte noch einmal hätte erzält werden sollen, unser Erz. aber darauf hindeuten wollte, dass er uns nun, wie wir stets von ihm verlangten, die syrisch dictirte Geschichte arabisch wiedergeben werde.

271, ult. und 284, 29 Statt *Hyäne* lies *Dahĕba*. D. E. wusste von diesem Ungeheuer (vgl. 153, 29) folgende Schilderung zu geben: Der Dahĕba ist ein Vierfüssler, weiss und schwarzblau; er hat den Körper und den Schwanz eines Büffels, einen Pferdekopf und eine Eselsnase. Er vertritt die Stelle des Königs der Tiere. Da wir nicht wissen, was für ein Tier unter Dahĕba zu verstehen ist, und derselbe nach obiger Beschreibung ein Fabelwesen zu sein scheint, so halten wir es für besser, an beiden Stellen den fremden Namen beizubehalten.

277, 4 v. u. *Die Riemen der Pflughölzer* sind n. d. E. von sehr hartem

Leder; sie dienen dazu, die einzelnen Teile des Pfluges zusammenzuhalten. Die
Pflüger lassen die Pflughölzer über Nacht auf dem Felde liegen, das Eisen
nehmen sie mit nach Hause. Eine Abbildung des gewöhnlichen Pfluges findet
man bei ThLB. 143; etwas anders bei LANE. III, 700. Ueber den in Armenien und Persien gebräuchlichen Pflug vgl. LD. 21. 22; Southgate I, 170; FK.
I, 51; Perk. 427; PP. II, 131.

279, 4 v. u. Wir haben den Anfang des muslimischen Glaubensbekennt-
nisses hier sinnlos übersetzt, weil auch die beiden ersten Worte des Textes
absichtlich verdreht sind und nichts bedeuten.

282, 3 v. u. Der von der *Wallfahrt* Heimkehrende wird stets mit dem
Glückwunsch: möge deine Wallfahrt gesegnet sein! empfangen, vgl. 320, 4 v. u.;
mit letzterem stimmt wörtlich PP. I, 335. — Wallfahrten sind ein beliebtes
Mittel der Zerstreuung ebd. 225.

284, 30 Vom *Maultiere* berichtete d. E. noch Folgendes: St. Georg
(Mâr Dschirdschis) ritt auf einem Maultiere; dieses warf die Hinterbeine in
die Höhe und liess einen Wind, St. Georg fiel hinab und sagte: „Dein Same
sei ausgerottet in der Welt!" Daher seien die Maultiere zeugungsunfähig.

285, 9 Die *Wächterhäuschen* sind n. d. E. aus Steinen erbaut; auf dem
Dache derselben ist eine Brüstung, die dem Manne, oder den beiden Männern,
welche aufpassen, bis an die Brust reicht. Auch in den Melonenfeldern
stehen solche Wächterhäuschen, vgl. Perk. 428.

286, 3 v. u. Alle orientalischen Christen, welche nach Jerusalem pilgern,
lassen sich daselbst ein Kreuz auf den Vorderarm tättowiren, vgl. TD. 205;
BM. 71. 95.

290, 17 Die *Nachtigall* ist im Syrischen generis masculini.

293, 23 Das Brot schmeckt dem Orientalen am besten warm, wenn es
eben aus dem Ofen genommen worden ist; daher die Verwünschungsformel bei
den Nestorianern in Urmia: „Möge dein Brot kalt sein". — [Was die Z. 26
erwähnte Speise betrifft, so wurde auch mir im Ṭûr ein Gericht aus zerkrüm-
meltem, und mit Eiern in Butter gebackenem Brote vorgesetzt. S.].

293, 31 Der *Korntrog* ist ein oft mannshoher grosser Behälter aus Lehm;
in jedem Bauernhause gibt es einen solchen (vgl. 369, 9), vgl. SR. I, 45; Fleischer de Glossis Hab. 41 und in Levy's Chaldaeischem Wörterbuche I, 428;
Wetzstein Reiseber. 45.

293, 31 u. fgg. Es ist hier dem Zusammenhange der Erzälung zu Liebe
angenommen, dass die Höle des Fuchses sich in der Nähe befindet.

296, 6 Die *Bettdecke* ist nicht bloss, wie PD. I, 149, LMC. 153, Brg. sub
couverture angeben, eine Ueberdecke, sondern sie ersetzt dem Orientalen das
Bett überhaupt. Sie ist ebenso lang wie breit und wird in der Mitte gefalten, so
dass der Schlafende sie zur Hälfte über sich, zur andern Hälfte unter sich hat.

297, 19 Die *persischen Augenärzte* geniessen des Rufes besonderer Ge-
schicklichkeit PP. II, 205, wesshalb auch vielfach Schwindler sich als solche
ausgeben; einen unsrer Stelle sehr ähnlichen Fall erzält LD. 20; vgl. auch
PP. II, 212 u. fgg.

299, 6 v. u. Das *Vaterunser* hören und lernen die Jakobiten in alt-
syrischer Sprache, jedoch augenscheinlich ohne es zu verstehen. Den ver-
dorbenen Text desselben: „abûn bašmâyo, niẓqādáš maḥṭiṭe, umalkûṭe,
wanắḥwē ṣabyốne ốf bárṣo ubašmâyo, hábli láḥmo simkōnán yaú-
mōnán yaumốno, wašbúqlān u'išbák hậyō bain, lō-mtáṣelan lisyúne
mfāselan min ẹmbíše, ḥaílo utišbâḥto lālốho" legte sich d. E. in folgender Weise zurecht: ابونا بالسماء مقدّس (في يده الملكوت[1]) فيه سبّاح الله
(انا قائم في سبحان الله) oder (انا قائم في الارض وانت بالسماء) اعطيني

---

1) Er hat noch eine schwache Ahnung davon, dass in dem aus مصحر ܡܚܛܐ
entstandenen maḥṭíṭe das Subject zu dem folgenden malkúṭe stecken muss,
ausserdem lehnt er den letzten Teil desselben an íḏe „seine Hand" an.

خبزى فى عرق جبينى يوم بيوم   خذ خطيتنا (خطايتنا) ‏(oder: أنت

مغينا من خطية   أنت مبيّن لا تنزعنا من بين الشيطان أنت تفرّقنا

من بين الشياطين فيه قوتك واسبّح لله d. i. etwa: Unser Vater im
Himmel, geheiligt (rein) bist du (von den Sünden), in seiner Hand ist das
Himmelreich, dort findet Gottes Lob statt (oder: beständig lobe ich Gott), ich
bin auf der Erde und du bist im Himmel, gib mir mein Brot im Schweisse
meines Angesichtes Tag für Tag; nimm weg unsere Sünden, reinige du uns
von Sünde, du machst (sie) deutlich erkennbar, verstosse uns nicht zum Teufel, (sondern) du mögest uns trennen von den Teufeln, du bist mächtig, und
ich preise Gott (mache das Zeichen des Kreuzes, Orig. Erkl.).

Man sieht, wie wenig das Vaterunser bei Völkern, die sich schon länger
zum Christentume bekennen, als Sprachprobe taugt.

301, 31 Es kommt in unsern Erzälungen öfter vor, dass der Führer
einer Wallfahrtskarawane einen beliebigen Ort als *Wallfahrtsort* angibt, vgl.
S. 74. Auch Burckhardt berichtet, dass die Beduinen im Ramadân und wärend des Opferfestes durch Umfriedigung eines Raumes mit lockern Steinen
sich Betplätze herstellen, BB. 71. Man erzält in Môçul, dass Jemand den
Kopf eines Esels verscharrt, diese Stelle als Wallfahrtsort ausgegeben und,
um seiner Angabe Glauben zu verschaffen, dabei gesagt habe: *bidi dâfänt*
šêḥ zändi: mit meiner eigenen Hand habe ich den Schêch Sändi (erfundener
Name!) begraben. Diese Redensart wurde in der Folge sprichwörtlich. Eben
so erfunden scheinen die Namen der Wallfahrtsorte Blauaugen 276, 5 v. u.
und Chalbûbe 288, 31; über Bâdschänne 363, 14 vgl. den Index.

314, 4 *beschlag meine Hinterfüsse*, „damit ich nicht barfuss vor den
Herrn zu treten brauche", setzte d. E. bei der Erklärung hinzu.

316, 13 Beim Würfelspiel gewinnt n. d. E. derjenige, welcher einen
Pasch wirft. Es gibt auch ein Spiel mit *einem* Würfel; man lässt denselben
mittelst eines Hölzchens springen. Dieses Spiel heisst *qa'ǐš*. Auch beim
Triktrak (*tāule*) wird natürlich gewürfelt.

316, 5 v. u. Ueber die Art des Versteigerns auf dem *Trödelmarkt* vgl.
Bäd. 369.

320, 28—30 Der syrische Text von 220, 19—24 ist in der Uebersetzung
zusammengezogen, weil der Inhalt desselben zu obscön und für den Fortgang
der Erzälung unwesentlich erschien.

321, 13 Zu der Lage von Ssa'îd-Beg's Schloss vergl., was MB. 257 über
die am Rande tiefer Schluchten gelegene Festung Sayd-Bey-Kalessi (auf der
Kiepert'schen Karte östlich von Dschefîre) berichtet.

326, 6 Mit dem Ausdrucke *in's Feuer der Hölle, und nicht in dieses*
Feuer! sucht er sich noch im letzten Augenblicke zu retten, indem er seine
Richter daran erinnert, dass ihm ja ohnehin die noch grössere Qual des Höl-
lenfeuers bevorstehe.

326, 14 Zu der anempfolenen Behandlung der Krankheit vgl. SR.
III, 393.

329, 25 Bei einem Trauerfall werden die Kleider mit *Indigo* dunkelblau,
fast schwarz gefärbt, vgl. LMC. 527; LANE. I, 134 Note 52; I, 518 Note 22.
Vgl. auch 241, 7 v. u.

333, 31 Die *Schlange mit gespaltenem Rücken* ist wol eine alte Schlange
mit Runzeln. Nach Prof. *Eimer's* Mitteilung weisen alte Vipern, wenn sie
sehr fett sind, tatsächlich einen gespaltenen Rücken auf.

334, 22 Die *Elfenmutter* wohnt n. d. E. in Häusern und Hölen; sie hat
lang herabhängendes Haar und aufgerichtete Augenbrauen; man sieht sie häufig ihr Haar waschen. Ihre Finger sind über einander gekrümmt, sonst würde
sie allzu grossen Schaden anrichten. Sie erwürgt Kinder, vgl. das Sachreg.

336, 3 v. u. D. E. hat nicht daran gedacht, dass er den Richter 332,
3 v. u. schon hat sterben lassen.

338, 10 v. u. Der, etwa zwei Spannen lange, *eiserne Pflock* steckt, mit der eigentlichen Falle durch eine Kette verbunden, in der Erde, um die Falle festzuhalten. Er ist dem zu 206, 29 beschriebenen, an welchen das Pferd angebunden wird, ähnlich.

340, 2 *die Hode.* Das Pferd wird hier als verschnitten gedacht; n. d. E. ist die andere Hode durch Unterbinden in den Leib zurückgedrängt. Dr. Bertkau ist hiervon nichts bekannt; ihm scheint der Gebrauch des Singulars eher darauf zu beruhen, dass man beim Pferde die beiden Testikel leicht für einen einzigen ansehen könne.

340, 4 *und unser Körper sind gerade aus.* Die Schweine können sich nicht umsehen. Vielleicht lässt sich die Bezeichnung des Starrkrampfes bei den Pferden durch خنزير bei BB. 175 hierauf zurückführen.

340, 6 v. u. *als die Frau — laut aufschrie* ist eine Zusammenfassung von zwölf Zeilen des Textes (233, 31 — 234, 5), die aus dem schon oben zu 320, 28 angegebenen Grunde einer wörtlichen Uebersetzung widerstrebten.

341, 8 Das *Verzinnen der Geschirre* ist im Oriente ein wichtiges Geschäft, da man nur kupfernes Kochgeschirr hat, vgl. NR. II, 372. BM. 10. PP. I, 126.

349, 4 Die *schnell laufenden Ameisen* wurden von dem Erzäler als eine ungewöhnlich grosse Art beschrieben. Sollte eine dunkle Erinnerung an die goldgrabenden Ameisen der Alten vorliegen?

350, 23 *Niemand weiss* u. s. w. Die Jagd ist im Oriente Privilegium grosser Herren; ein Findelkind, ein Bastard darf sich solchen Sport nicht erlauben!

351, 14 Die *Hütte*, vgl. 36, 11. 44, 18, besteht nur aus einem einzigen Raume, ist aus Stein oder Lehm erbaut, vorn offen; oben mit Holzwerk, Zweigen und Blättern gedeckt. In einzelnen Ortschaften Haurân's fanden wir das Gastzimmer des Dorfschulzen in dieser verandenartigen Gestalt.

354, vorl. u. fgg. Es ist auffallend, dass *Ssîmer*, sonst der Todfeind der *Heuschrecken*, vgl. zu 65, 18, und 367, hier mit denselben in Frieden lebt. Man müsste annehmen, dass er hier ohne Rücksicht auf seine Eigenschaft als Heuschreckenfresser ganz allgemein als König der Vögel gedacht sei.

359, 4 v. u. *setzte sich hin.* Man sieht nie einen Orientalen stehend sein Wasser lassen; er verrichtet dies immer in hockender Stellung, vgl. PP. I, 66.

364 ult. *um meiner Sünde willen.* Der nach der Meinung der Bärin dem Tode verfallene Fuchs macht sich die Lehre vom stellvertretenden Leiden zu Nutzen.

368 LXXXVI. Viele der hier folgenden *Rätsel* beziehen sich auf naturgeschichtlichen Aberglauben, dessen Entstehung im Einzelnen zu verfolgen kaum möglich sein wird. In den Nummern 41 u. fgg. sind keine Rätsel, sondern allerlei Scherze, Lügenmärchen, Verdrehungen u. a. enthalten.

369 No. 10 N. d. E. kann den *Löwen* in seiner Höle jedes Tier, beispielsweise ein Fuchs, oder sogar eine Maus, tödten.

369 No. 12 Die *Häutung* der *Schlange* geht viel öfter vor sich; auch wird die Haut dabei rasch abgestreift. Das Fasten der Schlange zum Zwecke der Häutung kommt auch im Physiologus vor.

369 No. 16 Was d. E. hier vom *Hunde* aussagt, wird Freytag, Arabum Proverb. I, 456 No. 108 vom Wolf behauptet.

370 No. 21 Bekanntlich legen die *Heuschrecken* in der Tat mit ihrem langen Legebohrer die Eier in die Erde, vgl. arab. غرز.

370 No. 22 In vielen Gegenden des Orients, z. B. auch in Damaskus, lässt man die gefangenen *Fische* crepiren, vgl. Ausland 1873, 705.

370 No. 24 Dass sich die *Kamele* in der angegebenen Weise *begatten*, stellen die Zoologen in Abrede; jedoch erklärt sich der Volksglaube vielleicht aus der eigentümlichen Art, wie das Kamel sein Wasser lässt, FE. 234, Lane sub بشم. Ueber den jedenfalls merkwürdigen Akt des Beschälens der Kamele berichtet Niebuhr aus eigener Anschauung NB. 164; vgl. auch FE. 231.

370 No. 25 In Bezug auf das *Haselhuhn* bekämpft schon Albertus Magnus sub *bonasus* die Angabe, dass das Männchen seinen Schnabel in den des Weibchens stecke. Rebhuhn wie Haselhuhn legen mehr als elf Eier.

371 No. 30 Der letzte Teil dieses Rätsels bezieht sich auf die Bereitung des *Burghul* (BB. 47; PD. I, 184; ZDMG. 11, 483) aus Weizen.

371 No. 31 Was d. E. hier von der *Laus* berichtet, trifft bekanntlich bei der Blattlaus zu.

371 No. 32 Dass die Taube zwei Eier legt, ist richtig.

371 No. 33 Nach Brehm finden sich in der Tat zuweilen Eier der Sand-hühner neben dem Neste.

371 No. 34 N. d. E. fürchten sich die *Elfen* vor dem *Falken* und neh-men ihm, wo sie können, die Eier weg.

371 No. 35 Das *Insect qalyān qotte* (eig. zerbrochene Pfeife) beschrieb d. E. als ein Tier mit sechs Beinen, etwas grösser als eine Wespe, es laufe sehr schnell und fresse Staub. — Dr. *Bertkau* denkt an die Grab- oder Wegwespen, welche in eigentümlich springender Weise fliegen.

371 No. 38 Es gibt Raupen, z. B. die des kleinen Nachtpfaues, an deren Haarspitzen sich kleine aus Drüsen hervorkommende Tröpfchen ansetzen.

373, 24 *Geduld* u. s. w. ist ein ursprünglich arabisches Sprichwort, dem man im Volksmunde und in der Literatur äusserst häufig begegnet; es geht auf

einen Ausspruch Moḥammed's zurück التأنّي من اللّه والعجلة من الشيطان

al-'Afīī's Commentar zu Ssujūṭī's الجامع الصغير Cairo 1278 d. Fl. III, 42. Der Form nach stimmt mit dem unsrigen am genauesten, weil derselben Gegend angehörig, No. 370 bei Socin, Arab. Sprichw. u. Redensarten, Tüb. 1878:

الصبر من الرحمان والقلق من الشيطان.

373 LXXXVII Gedichte in syrischer Sprache scheinen bei den Jakobiten des Ṭûr selten geworden zu sein, da die Gesänge dort meist kurdisch sind. Dagegen finden sie sich bei den sogenannten Chaldäern nördlich von Môçul, vgl. ZDMG. 27, 489; Mémoires du Congrès International des Orientalistes, Paris 1873, II, 262. Die dort angekündigte Sammlung wird den besten Commentar zu Form und Inhalt der vorliegenden Schnadahüpfel bilden.

374, 4 Unter dem *Feste des heiligen Gabriel* ist jedenfalls ein in Dêr 'Amer (syr. Môr Gabrīje, Sdz. R. III, 351 Deir Mar Gabriel), dem Hauptwall-fahrtsorte des Ṭûr, gefeiertes Fest zu verstehen. Von sonstigen Festen nannte uns der Erz. noch das am 20. Juni gefeierte *Reschaisch*fest, an welchem man sich mit Wasser bespritzt (arab. raṡṡ), weil Jesus Nusswasser nahm und das-selbe mit einem Nussblatt auf seine Jünger spritzte; ferner das Fest Johannis des Täufers (24. Juni), auf welches zugleich die Geburt des Messias falle (!), und das Kreuzfest am 26. oder 27. September.

Sachregister.

Häuptling der F., trägt Schellen am Schwanze 282; geistliches Oberhaupt der F., s. Schêch Nâïb, macht durch einen Zauberspruch die Tochter des Ameisenkaisers dem Fliegenkönig geneigt 248; Land der F. 350.

Fuchs u. Füchsin. F. stiehlt einer alten Schlange Geld 281, dem Hasen Geld u. eine Pfanne 282, gibt beides der Füchsin als Heiratsgeld für ihre Tochter, Gerichtsverhandlung vor dem Häuptling der F. 284.

Fuchs u. Füchse, erhält die Tochter des Häuptlings oder Königs der F. zur Frau 293; erhält die Felle der von ihm in's Verderben getriebenen F. 303—4; wegen seines verlorenen Schwanzes von den F. verspottet (*Aes.* 46), beraubt diese der ihrigen durch Anbinden an einen Baum 342.

F. u. Bär, sucht sich vergebens den Glücksring des B. anzueignen 276.

F. u. Bärin, rät der B., die Stadt unter Wasser zu setzen 263, erhält die Tochter der B. versprochen 263 u. 265, sucht dieselbe auf 265; soll der B. einen Arzt holen 363, lässt die Tochter der B. aus Versehen 364, und mit Absicht die B. von Schlangen tödten 365; schiebt die Tochter der B. in den Backofen, steckt die Tenne in Brand, zerschmettert der schlafenden B. den Schädel 354; s. Bärin.

F. u. Daḧba, s. Daḧba.

F. u. Eber, s. F. u. Pferd.

F. u. Elfen, als Brautführer des Leoparden bei den E., vorlaut u. in's Gefängniss geworfen 280, s. Leopard; s. Elfenmutter, heilt Besessene durch Spucken in den Mund 335.

F. u. Esel, fällt vom E. und bricht ein Bein 257; 271; von dem sich todt stellenden E. gefangen (*RF CXXXI*) 278, verrät ihn dem Wolf 279; reitet auf dem kranken E. über's Wasser 306, hält ihm die Leichenrede ibid.; soll den E. beschlagen (*Wolf u. E., Vart. 11*) 314; s. Esel; s. Fuchs u. Hund.

F., E. u. Kater, treiben Handel mit Häuten, Wein u. Butter 355, betrügen sich gegenseitig 356, F. u. K. ziehen dem betrunkenen E. die Haut ab 357, s. Wolf.

F. u. Eule, (*Kranich, Aes. 34, Storch, Phaedr. 1, 28*) 347.

F. u. Hahn, F. u. Eule, H. u. Besessener heben einen Schatz, F. frisst den H. 348, teilt zu seinem Vorteil, vom B. erschlagen 349; s. Hahn.

F., H., Hase u. Widder, bestatten den Esel 306, F. tödtet die beiden letztern unter Beihülfe des erstern 307, lässt sich von ihm Hühner herbeilocken 308; s. F. u. Marder.

F. u. Hase, s. Fuchs u. Füchsin; s. F. u. Schakal.

F., H., Pferd u. Wolf in der Cisterne, fressen einander auf, F. allein übrig 266.

F. u. Heuschrecke, verrät die H. dem Heuschreckenfresser u. entreisst ihr die Mütze, s. Oberhaupt, 364; heisst alle H. in eine Cisterne steigen u. steinigt sie dort 353.

F. u. Hund, vor Gericht 284; 296; 328, gehen beide leer aus 329; als Weber bei den Mäusen, F. betrügt den H. um Garn 327; s. Hund; s. Katze.

F., H. und Esel auf der Gasellenjagd von einer Schlange angegriffen, s. F. u. Schlange, 333.

F. u. Igel, s. Igel.

F. u. Kamel, wartet auf den Tod des K. (*Vart. 39*) 312, verrät es dem Wolf 313.

F. u. Kater, vom K. angezeigt 362, verleumdet den K., s. Bärin, 363.

F., K. u. Marder bei den Bärinnen 320, 322—23, bei den Igeln, als Geistliche 321, entführen die Weiber des Igelfürsten 322, s. Bärin.

F., K. u. Teufel als Kesselflicker 341, F. u. K. vom Teufel betrogen 342.

F. u. Katze, stiehlt einer alten K. Geld 355; s. Katze; s. F. u. Ssmer.

F. u. Löwe verraten die Wölfe in der Ziegenhürde den Hirten 303; lässt den L. von einer Schlange beissen 303; heilt die besessene Tochter des Löwenkönigs 336; s. Löwe.

F. u. Marder gehen mit Hahn, Hase, Widder u. Ziegenbock auf die Wallfahrt (*vgl. RF LXII*) 301, u. verraten diese den Wölfen 302; s. F. u. Kater; s. Affe.

F., M. u. Wolf als Geschäftsgenossen, betrügen einander 300, wollen einen Esel fressen, F. u. M. lassen den W. in die Fallen treten u. entfliehen 301; im Weingarten 285, F. gerät in die Falle u. wird von M. u. W. im Stiche gelassen 286, verrät den M. dem Aufseher des Hühnerstalles, den W. den Bauern ibid.

F. u. Mäuse, s. F. u. Hund.

F. u. Mensch, befreit durch sein Urteil den M. von der Schlange 311, bekommt Hunde statt der versprochenen Hühner (*Schl. L. M., S. 8*) 312.

ter des Elfenkönigs 280, bittet für den Fuchs 281, s. F. u. Elfen; s. Hund.

Leuchter, sprechender, 135.

Licht, verlöscht in der Brautnacht, da der frühere Bräutigam noch lebt 135.

Liebende, kehren im Grabe das Gesicht einander zu 7.

Löwe wagt nicht zu Hause zu bleiben s. Anm. zu 369 No. 10; nimmt als Vorsitzender des Gerichtes den Gegenstand der Klage für sich 329.

L., Wolf (*Esel*) u. Fuchs teilen die Beute (*Aes.* 260. *Vart.* 10.) 291; 303; s. Fuchs u. Löwe; s. Marder.

Löwen bekämpfen den Dschennâwi vergeblich 100. Melek-Diwân passirt Nachts das Land der Löwen (s. Anm. zu 269, 3) 134, ergriffen und zum Löwenkönig geführt 135. Löwe frisst einen Begleiter des jungen Chân-Dimdim zur Hälfte und führt diesen weg s. Ch.-D. 108 u. fg.; Sprache der L. 109. Festplatz der L. und Bären 108. König der L., Bani Ssab'a, verfeindet mit dem Könige der Halbmenschen qu. v. 95 u. fg.; L.könig hat eine Geliebte 89, von L. mit Menschen erzeugte Kinder halb Mensch, halb L. 90. Wohnung des L.k.'s von hundert L. bewacht 105. Sohn des Richters heiratet Tochter des L.k.'s, Sohn des L.k.'s Tochter des Richters 266. Die T. d. L.k.'s vom Leopard geheiratet 280. 'Osmân-Agha holt die Edelsteinschärpe der Tochter des L.k.'s 104. 105. L.k. lässt den Fuchs als Arzt zu seiner besessenen Tochter holen, s. F. u. L. 336. T. des L.k.'s mit Mäldschämepflaster behandelt 100, der Sohn des Rustem bei ihr 101. Ohrringe der T. d. L.k.'s von einer Schlange geraubt 148 u. fg., s. Derwisch. — Milch eines L. in der Haut eines L., auf dem Rücken eines L. als Arznei verordnet 91, der Grindkopf trifft die Löwenmutter, heilt sie und erhält von ihr das Gewünschte 92. Haut eines siebenjährigen L. als Arznei (vgl. Anm. zu 113, 29) 113, Bischâr mit dem Riesen zieht in's Land der L. und erhält eine solche von der Frau, der Gemalin der L.; diese zieht mit ihnen 114. Der Bruder des L. Schamâl 63. L. beim Aegypter gefangen, hat Gras statt Fleisch vor sich (vgl. *Gons. 13*), s. Pferd, bringt einen Jungen auf die Erdoberfläche 228.

Luftpferd. Drei schwarze L. von Kôsa in einer Höle gefunden 166; unsichtbares L. des Rustem 53. 54. Weisses L. vom Grindkopf hervorgezaubert 91; Luftpferde vom jüngsten Sohne hervorgezaubert 156. s. Pferd.

Luftschwert s. Anm. zu 59, 10 v. u.

Mädchen in Männerkleidern 159. 160; kämpft mit dem Sohne Rustem's 102; s. Tochter Jûsif-Agha's 120; M. als Soldat 15.

Maghrebiner, drei Töchter des Fürsten der M., von Bärdawîl und dem Gabûs geraubt 166, s. auch Kôsa, Rîhân.

Mäldschämepflaster 100, 12 u. Anm. dazu.

Marder im Bauch der Bärin 323; versteht sich auf's Geldzälen 300; vom Löwen gefressen 302; s. Fuchs u. M.; s. F., Kater u. M.

Maultier ist Grossrichter beim Dahêba 272; 284; warum zeugungsunfähig Anm. zu 284, 30.

Maulwürfe, Sohn des Königs der M. sitzt beim Zauberer gefangen 228.

M. u. Katzen s. Katzen 230; 234.

M. u. Mäuse 235.

Maus legt Zeugniss gegen den Kater ab 278; gibt dem Sseimân-B. ein heilsames Kraut für seinen blinden Vater 188; blinde M. leitet den Kander zu einem Schatze in die Höle eines blinden Unholds (*vgl. Wiesel, Gest. Rom.* 172) 33.

Mäuse, Stadt der M. 233; Fürst der M. s. Senâti 234; König der M., hat zwei Hunde als Diener 242; s. Kater, Kater u. M., Katzen; s. Maulwürfe.

M. u. Flöhe s. Kater.

Meermann zieht den Armenier u. seine Geliebte zu sich in den See, bringt sie in sein Schloss zu Nûre 125, von N. betrunken gemacht und getödtet 126.

Meerpferd, das schwarze, bringt den Kôsa und seine Geliebte aus dem Meere hinaus 168, kehrt in's Meer zurück 169, s. Pferd.

Meerriese wohnt im See, hat die Schwester Nûre's bei sich; es wird ihm eine Nadel in's Essen getan, hierauf der Kopf abgehauen 127.

Meerschloss s. Schloss.

Meisterdieb s. 'Ajîf.

Mensch ist ohne Treu u. Glauben 311, (*vgl. Gr. KM.* 132), undankbar, s. Fuchs u. M., 312.

M. u. Schlange (*Pantsch.* §. 36. *Oesterley zu Gest. Rom.* 174) suchen im Urteil beim Kamel 310, beim Ochsen und beim Fuchs 311.

Mistkäfer s. Todesengel 325; Käfer gibt über einen Arzt Auskunft 246.

Molla, Geistlicher, Priester, vollzieht die Trauung 21. 29. 31. 156; als Gebetsrufer 52; Geistliche als Aerzte 134;

schlägt das Schicksalsbuch auf 249. 259; versteht die Sprache der Fische, hat aber keine Macht über sie 83. Priester vorwitzig, bestraft 321. M. mit Grindkopf u. Jeŭdi s. Grindkopf 40. Priester s. Floh, Hahn, Fuchs.

Mücken u. Ameisen 246.

Nachtigal s. Fuchs u. Wolf.

Nackte, Land der N., Anm. zu 269, 3.

Oberhaupt, geistliches, Schêch, Oberpriester, der Derwische, s. Derwisch 151. 152; vom geistlichen Schêch des Wallfahrtsortes bringt der Derwisch einen Gruss 30. Oberpriester der Zwerge 178 s. Zwerge. Wolf Oberpriester bei den Schlangen, versteht ihre Sprache 333. Heuschrecke g. O. der Schlangen mittelst einer Mütze 364, versteht die Sprache der Schlangen; der Fuchs setzt sich die Mütze auf und wird g. O.; kann nicht gebissen werden, kann die Schlangen herbeirufen 364 u. fg.; s. Füchse 248.

Ochse spricht Recht, s. Mensch u. Schlange, 311.

O., Esel u. Hahn (*1001 N. Br. I 20* u. fg.) 270.

Panther erschlagen den Fuchs 368; s. Fuchs u. Schlangen.

Pantoffel, goldener, der den Boden nicht berührt 155.

Panzer, 1) undurchdringlicher, s. Hemd; 2) *(Flughemd)* s. Schleier.

Perle, im Kopfe eines Riesen 56.

Perser, Persien; Tochter des Königs von P. 29; bei den Zwergen 185; Persische Nomaden, führen Krieg mit den 'Akkarî 196, 4; Perserland 27, 19.

Pfaffe tauft eine Mohammedanerin, und traut sie 129; holt sein Glied, das ihm der Fuchs genommen hat, wieder 337; als Lehrer s. Fuchs 361; Pf. — Fuchs 324. 325. 329; Floh 253; Kater 241. Schwiegertochter des Pf. vom Armenier im Bade betroffen, erwartet denselben mit der Laterne am Seeufer 124, vom Meermann geraubt, was Todtschlag im Hause des Pf. zur Folge hat 125.

Pferd Richter beim Dahĕba 271. 284; s. Fuchs u. Pf.; s. Wolf u. Pf.

Pferde im Erdschlunde; wenn man ihnen Hare auszieht, kann man sie mittelst derselben herbeizaubern, s. Luftpferd 155, 6. Pf. beim Zauberer, hat Fleisch statt Gras vor sich (s. Löwe, bringt einen Jungen auf die Erdoberfläche und kehrt an seinen Platz zurück 228. Pf. bringt Nûre und

ihre Begleiter aus dem See auf die Erdoberfläche, kehrt an s. Platz zurück 127, s. Meerpferd.

Priester s. Molla.

Quelle mit schlechtem Wasser, belebt die in ihr gewaschenen Kinderleichen 214, Wunschring in derselben ebd.

Rabe, seine Kehle durchbohrt, 219, Anm. zu 219, 5 v. u.

Ranzen, in welchem sich zwei Riesen befinden *(Knüppel aus dem Sack, vgl. Gr. KM. 54)* 344.

Riese gräbt nach einem Schatz, von Bärdawîl getödtet; aus seinem Kopf springt eine Perle 56. R. stiehlt Gänse 152, vom jüngsten Sohn beobachtet, angeschossen 153, in einer Cisterne gefunden, hat ein Mädchen bei sich, durch einen Schlag auf den Fuss getödtet 154. R. stiehlt Granatäpfel vom jüngsten Sohn verfolgt, in einer Cisterne mit einer Gurdsch gefunden, getödtet 191. R. raubt ein Mädchen beim Brunnen, ebenso 73, kerkert sie in seinem Schlosse Bân 'Amûd ein, hat drei Unholde bei sich 76, das Mädchen befreit; R. und Unholde tödten sich gegenseitig 77. R. in einem Schloss, hat 39 Mädchen geraubt 159, durch Hânîs enthauptet, in Stücke gehauen 160. Dem R. wird vom Prinzen der Bauch aufgeschlitzt, stirbt mit Geschrei 154. R. hat die Stadt Mûsch ausgemordet, feuert Kanonen ab, peinigt die Prinzessin 68; (ebenso 63); von Hamfo durch einen Schlag auf den Kopf getödtet, zerstückelt, verbrannt 69. R. Hosein 62 u. fg. s. Hosein⁴. R. bei den Löwen 114, s. Löwen. Zwei R. im Ranzen *(Knüppel aus dem Sack)* 344. Blinder R. *(Polyphem)* vom Prinzen besucht, stellt sich mit gespreizten Beinen vor die Oeffnung der Höle 115, nimmt den Prinzen als Sohn an; erhält durch ihn seine Augen von der Bärin wieder, gibt ihm Schlüssel s. Zimmer, s. Schleier 116. Drohung: „der R. macht dich zu Schnupftabak" 154, auch 46. Riesenhöle 70. Riese mit Unholden, vergiftet 74; *Riese wird secundär Unhold genannt* 114; s. auch 34. 69. 71. Riese 146 s. Dämon; s. Wasserriese.

Ring, in's Trinkgefäss gelegt, als Erkennungszeichen des Gatten *(L. V. 168; vergl. W. M. 100)* 72, unt.; s. auch 132.

Ring, drei Siegelringe, wenn man sie dreht, erscheinen Henne, Gewand und Pantoffel 155. Wunschring in der

gen sie 367, s. Schlangen u. Ss.; Ss. tödtet die Heuschrecke, die ihm der Fuchs gezeigt hat 364; die Heuschreckenfresser vom Ssîmer, qu. v., zusammen gerufen 65.

Stacheligel s. Igel.

Stein, Verwandlung in einen schwarzen St., (*vgl. Gr. KM.* III 178), dem Melek-Diwân angedroht, wenn er zurückschaue 134. St. des Reichtums und des Besitzes s. Ring, s. Hund u. Katze.

Sterne, ursprünglich Fische 219; Anm. zu 161, 11.

Stute, sprechende, warnt den Mammo 4.

Sultan s. Abu Sêd 22. Die Statthalter berichten an den S. über den Derwisch 45, S. zieht vergebens gegen diesen, fordert Bar'abrân auf, ihn zu bekämpfen 49. Dschauhar hat Audienz beim S. 160. Puppenspiel und Seiltänzer beim S. 224, S. hat allein Macht über Leben und Tod 225. S. will, dass das Kamel lesen lerne 291. S. gestorben, seine Leiche bestolen 174.

Tarnkappen s. Elfen.

Tauben, verwandeln sich in Mädchen u. steigen in's Wasserbassin, s. Schleier, 116. Die Töchter des Kaisers der Zwerge verwandeln sich sowie Hosein und Hassan in T. und fliegen weg 180. Die vierzig Mädchen des Dschauhar verwandeln sich in T. und fliegen weg 164; ebenso drei Frauen 192.

Tausendwerte, die, Anm. zu 187, 18, Geliebte des Dämons 187 u. fg., s. Sseleimân-Bek.

Teppich, fliegender, (*1001 N. Br.* IX 132; *J. r. L.* III 147) 79.

Teufel in Besessenen s. B., s. Elfen, 353; ausgetrieben s. Malke 217, Beten hören ist ihm unangenehm, als die schwerste Last tragen 217; T. verursacht durch Losbinden eines Kalbes grosse Todtschlägerei 217; in einen Brunnen gebannt, hält den Eimer fest, bis er mit dem heil. Malke bedroht wird 218. Spottender T., vom heil. Malke auf einen Felsen gebannt 218. T. verwandelt sich in einen Esel 342; s. auch Fuchs u. Kater.

Todesengel, Unterschied zwischen dem gewöhnlichen Todesengel [Friedensengel] und dem grossen [Todes]engel 220. Ein junger Mann teilt mit dem Todese. sein Brot 298, T. kann seine Seele erst holen, wenn er ein Vaterunser (*vgl. Gr. KM.* III 182) ge-

betet hat, wird betrogen 299. 'Âjiř holt in den T. verkleidet den Statthalter von Aleppo 172. Schlange in den T. verwandelt 247, s. Anm. zu 247, 27. Fuchs bringt den Wolf als T. zum Kamel 312. 313. Mistkäfer vom Fuchs als T. mit der brennenden Kerze (*vgl. die Krebse, Gr. KM.* 192) zum Pfaffen hineingeschickt 325.

Todter, nach zehn Jahren belebt 65, s. Lebenswasser 121, s. Quelle 214.

Trauben als Verjüngungsmittel 80.

Träumen, die einander unbekannten Geliebten tr. von einander (*vgl. 7 w. M.* 115) 124.

Türken 222, 3 v. u.; s. auch Anm. zu 14, 18.

Ueberwurf (*Flughemd*) s. Schleier.

Ungeheuer s. Anm. zu 271 ult.

Ungläubige s. Anm. zu 130, 3.

Unhold. Drei Unholde beim Riesen im Schlosse 76; eine Schar Unholde und Riesen (zusammengefasst Riesen genannt) kämpfen mit drei Prinzen, werden vergiftet 72. Unholde als Diener 158, bei der Tschelkaffje, von Dschauhar getödtet 161. Drei Unh. rauben Frauen, s. Jûsif-Agha, s. Dêrschauwi 118 u. fg., s. Nûre 127. U. (falsch „Riese" übersetzt) zwingt eine Prinzessin zu seinen Lüsten, s. Hamfo 69. U. vergiftet und todtgeschlagen 127. Der blinde U. hat ein Mädchen bei sich, (ebenso 70), kämpft mit Kander, von dem Mädchen vergiftet; die Liebe des U. kommt als schwarze Schlange aus dem Munde des Mädchens heraus 33. 34. Bl. U. in der Riesenhöle von Hamfo verwundet; zwölf bl. U., die ihm helfen wollen, tödten sich gegenseitig 70. Tochter des Fürsten der U. bei der Bärin, kommt mit dem Sohne des Chân-Dimdim zusammen 108. Der siebenköpfige U. in der Höle von Hamfo, hat ein Mädchen bei sich, von Sseleimân-Bek bekämpft und getödtet 190 (vgl. Hût). „Der U. wird euch fressen" 161. Ü. secundär auch Riese genannt 34, 20; 71, 1; 128, 11; Unholde so viel als Halbmenschen 98, 8; 111, 2.

Verjüngung s. Granatapfel 191, s. Trauben 80.

Verwandlung in einen Apfel, zu Schnupftabak 48; in ein Blatt Papier 139; in Rauch 140; s. Teufel 342; s. Tauben.

Vögel, s. Fuchs und V. — Der Geliebte mit einem V. verglichen 5; V. warnt vor Dschammo 123; warnt die Verfolgten

Verzeichniss der Personennamen.

[A. = Agha, B. = Bek, M. = Mîr, P. = Pàscha].

Abu Derwisch, Fürst der Eichhörner, schlägt die Katzen, s. Senâti, 236.

Abuqarnain, Beiname Kandar's, Kander's, qu. v. 210. 37.

Abu Sêd, Häuptling der Hilâl Anm. zu 21, 7, gewährt einem Liebespare Schutz 21, geht ein Jahr freiwillig·in die Verbannung 22, hilft Schêch Ghânim gegen die 'Aenêſe, versöhnt ihn mit Ssifûk, seine sieben Söhne, reist mit ihnen zum Sultan 23; geht als Derwisch verkleidet Ḥêtim-eṭ-ṭai'ſ, qu. v., Freigebigkeit prüfen 24.

Adam, von Christus erschaffen, grosse Aehnlichkeit mit ihm 219; A d. u. der Rabe 219.

'Adle, Tochter des Elfenkönigs, s. Chân Dimdim 109.

'Aelâu, Sohn Abu Sêd's 23.

'Aefêr-Agha, Vater Fârcho's 13.

'Afrît, der, Lautenschläger des Schai 136.

Ahmed, Diener im Hause Ḥassan-A.'sʳ 198 unt., wegen Nûre weggejagt, Knecht bei Schahîn-A., tödtet dessen Bruder Ibrahîm-A., von 'Osmâṇ-P. gefangen gesetzt 199, auf Bitten Nûre's freigelassen, entführt sie, Mirſ-Mehamma entreisst sie ihm 200, flieht zu Qaratâschdîn 201, raubt sie mit dessen Hilfe, von Q. erschlagen 202.

Ahmed der Gärtner, s. Chänge u. Chadra 139.

Ahmed - Kahja, Regierungsbeamter in Diârbekr, von Ḥalîme verschmäht, lässt deren sieben Brüder unter die Soldaten stecken 12, s. Fârcho 13.

'Aifar, Oberhaupt der Derwische 151 unt. 152.

'Ajlf, (*der Meisterdieb*), stiehlt seinem Oheim die Hosen vom Leibe (*vgl. Hebel, Schatzkästl., Die drei Diebe*) 170, mit ihm zusammen den Schatz des Statthalters 170, den von der Tochter des St. bewachten Leichnam des Oheims 171, auf die Strasse gestreute Goldstücke mittelst Wachssolen 172, den Statth. von Aleppo, s. Todesengel, 173, (*Gr. KM. 192*), Abenteuer mit der Tochter des Fischkönigs und im Meere 174. 175.

Alexander s. Kandar, Kander, Anm. zu 29, 21; 36, 24.

'Alî, Sohn Abu Sêd's 23.

'Alî Ghammo, in Tschêlik, Raubritter, von Ḥassan-A'. bei Sâf geschlagen und getödtet 210.

'Amer, 1) Leibdiener Fârcho's 13; 2) Sohn Abu Sêd's 23.

Amîna, Schwester Mammo's 1.

'Amsche, 1) Schwester Ose's, s. Ibrahîm-A.8, s. Ose 10, von Schêr-B. befreit u. geheiratet, mit dem Bruder versöhnt 11. 2) anderer Name der Chadra 139.

'Arfo, Bruder Qaratâschdîn's, 201.

As'ad-Pâscha, Statthalter von Baghdad, sucht die mit einander kämpfenden Perser u. 'Akkarî zu pacificiren, s. Dschambalijo, belagert vergebens die Burg Chân-Dimdim's, übt an diesem u. dem Fürsten der Akk. Verrat, von letzterm getödtet 197.

'Afdîn-Schêr, u. Mefürbek, Brüder der Gulsînam, im Kurdengebirge 129, erregen einen Aufstand gegen die Regierung, ihr Kriegszug nach Midh-jât, 130, in den Ruinen von Ninive drei Jahre vom Sultan belagert 131, s. Melek-Diwân 132. 133.

Afrael, der Engel, 220 u.

'Atmân, s. Kandar 202. 203.

Bahlûl, in Baghdad, Anm. zu 184, 9 v. u.; 185, 29; Tochter des B., bei den Zwergen gefangen 184, s. Qûlin, 185.

Bakko der Schlimme, Vater der falschen Sîne 4, vorl., sucht Mammo's Verderben 6. 7, wegen schnöder Rede an M.'s Grab von Tschakko er-schlagen 8.

Banî-Ssab's, der Löwenkönig 89, führt Krieg mit Pirkân-A. 90; s. Löwenkönig.

Bar'ûbrân, Held und Riese, in der Burg von Schât-u-Ben'ât 49, früh-stückt einen Büffel 50, s. der Derwisch 51.

Bârdawîl 1) B., Anm. zu 55, ult., u. Pelagân, Kuhhirten bei Ḥo-sein-A. 55 u., werden Räuber 56, schlagen Soldaten H.-A's und tödten ihn 57, entführen Mädchen, s. 'Osmân-A.' 57, s. Fatah-B. 59, von Fed'ân u. Ibrahîm im Kampfe erschlagen 60. 2) der Riese B., s. Kôsa, Anm. zu 166, 24.

Bekr-Pâscha, älterer Bruder des Ssleimân-B. 187. 190.

Benûfsche, Tochter Fâris-A.'s, s. Dschambaltjo 197 u. 198.

Bilâl, oder Bilâl-Tschälâbi, ein Beduine im Ssindschârgebirge, s. Ḥadschi-B.' 54, vorl., s. Rustem 55.

Bischâr, Sohn eines Armen, 112, heiratet die Tochter des Chalîfen von Baghdad 113, holt ihr mit Hilfe eines Riesen die Haut eines siebenjährigen Löwen 114, tödtet den Riesen 115, die Sclavin seiner Frau ein Mann (*vgl. 7 w. M. 134*) 115.

Bülbül, Name eines Katers 221.

Çabha, Tochter eines Juden, soll ihren Vater heiraten, s. Schuhe, 211, ver-langt schöne Kleider, versteckt sich in einem Kasten (*O. u. O. II, 295*), wird in ihm einem Fürsten verkauft, dessen Sohn sie heiratet 212 (*Gr. KM. 65. vgl. 21*), ihr Vater zum Tode verurteilt 213 (*Gr. KM. III 116*), vom Haushof-meister verleumdet, von den Dienern verschont 214 (*Genoveva*), s. Tschä-länk 'Afdâl, 215. 216.

Çaflkôsa, Bruder des Kôsa, qu. v., 164.

Chadra, Tochter des Königs der Zwerge, s. Schai 137. 138, s. Chänge.

Chalaf-e-Schuvî, Tochter des, s. Seidîn 133 u., s. Melek-Diwân 184.

Chalef-Agha, Herr von Snâwer, Vater der Mândsche, qu. v., begibt sich in den Schutz Rustem's 53, gibt ihm M. zur Frau 54.

Chân Dimdim, unter den 'Akkarî 107, Vetter des Fürsten der 'Akk. 197, sein Schloss ist allzufest 112, s. As'ad-P. 197; Sohn des Ch. D., mit zwei andern Knaben im Lande der Löwen 107, belauscht eine Bärin mit einem Löwen 108, Diener bei der Tochter des Löwenkönigs 109, und dessen Schwiegertochter 'Adle 110, s. Bärin, entführt die Beiden 111, tödtet seinen ältern Bruder im Streit um 'Adle 112.

Châneme, im Schloss von 'Abd-el-'afîf 103 u., s. 'Osmân-A. 104 u. fg.

Chänge, Tochter des Elfenkönigs Sâlim 186, s. Schai 138, Ch. u. Cha-dra entführen Ahmed d. Gärtner in's Land der Zwerge, täuschen den Schai 139, verwandeln sich in Rauch u. entfliehen 140, lassen sich von Scha-mâl-B. entführen u. verleugnen A. 141, mit Sch.-B. zum Schai zurück 141, s. Schamâl-B.

Chânîm Chatûn, im Meerschloss beim Wasserriesen gefangen 168, von Kôsa befreit 169, von Rîhân entführt 170.

Cheñge, nur andere Schreibung st. Chänge, Tochter des Elfenkönigs, s. M.-Seidîn 61. 64 u.

Christus, als Schöpfer 219, s. Adam, Anm. zu 219, 5; als Richter 220.

Dâlli, 1) Bruder des Schêr-B. 11. 2) Kaufmann aus Diârbekr, hei-ratet die Tochter des Häuptlings der Tai 143, wettet mit einem Kaufmann aus Baghdad um ihre Treue (vgl. die Einl. xxi) 144, wird um seine Waren 145, u. mittelst des Bildes seiner Frau um diese selbst betrogen 146.

Hadschi-Bek, 1) Familie des, 14, s. Särffe; 2) Tochter des, 54 u., von Bilâl geraubt, von Rustem befreit 55.

Halîme, Tochter Imâm-A.'s, s. Aḥmed-Kaḥja 12, s. Ḥassan-A., s. Färcho 13.

Hamfo der Pahlawân, hat Umgang mit der Tochter Dijâb's 66. 67, tödtet den Riesen, der die Stadt Mûsch ausgemordet hat 68, u. befreit die Königstochter 69, lässt sein Dorf nach M. übersideln, wird König von M. 70, führt seinem Sohne Garnos eine Braut zu 71.

Hânûn s. Dschauhar 158 u. fg.

Hafno, Tochter der Çabha, stirbt und wird wieder belebt 214.

Ḥassan, 1) Sohn Abu Sêd's 23. 2) H. mit dem Blitzschwert 192, Freundschaft mit Gândsch-Chalîl-A. 193, stehlen dem Ḥadschi-Bedrân-A. Aepfel 194, kämpfen mit ihm um Tôren-'Aischane, Wortwechsel mit G. Ch. A., erschlägt diesen und heiratet Tôren-'Aischane 195. 3) Sohn eines Statthalters, 177, s. Ḥosein.

Ḥassan-Agha, 1) Herr von Serekîje, von Halîme vergebens aufgefordert, ihre Brüder zu befreien 12 u. 2) in Kefr Dschauf, s. 'Alî Ghammo, 210, von 'Osmân-P. gefangen u. in Diârbekr internirt 211, auch einfach Ḥassan genannt. 3) in Ghurs, Vater der Nûre 198 u., s. Aḥmed, verspricht sie Mirf-Mehamma 199, begibt sich nach ihrer Entführung zu Schêch-Mûs-A., lässt sie schlagen 201, heisst auch

Ḥassan-Gâro 200, 3 s. Gâro.

Ḥassan Ghenâmi, Sohn des Fürsten der Barâvi, sucht die „Tausendwerte" auf, s. Ssleimân-B., in Dschefîre von den Verwandten Ssl.-B.'s getödtet 190, s. Osmar Gh.

Hasso, der Sîne zweiter Bruder 2 u., Mammo freundlich gesinnt 6, schlägt seine Frau u. steckt sein Haus in Brand, Entzweiung mit M.-Ssêfdîn u. Weggang nach Damaskus 7.

Hêtim-et-tai, Häuptling der Ṭai, Anm. zu 24, VII, schenkt Abu Sêd, qu. v., seine Frau 24, erhält sie als dessen Schwester unberührt zurück 25, von seinem Stamme vertrieben 26.

Ḥosein, 1) Sohn Abu Sêd's 23. 2) H. u. Hassan, Söhne eines Statthalters, erblicken in einem Wasserbassin schöne Mädchen, von denen sie zu den Zwergen entführt werden 177, ihre Erlebnisse dort 178-181. 3) H. der Jäger, Stiefvater Kander's, qu. v., von diesem getödtet 29. 4) H. der Riese, hat die Königstochter der Gurdsch in seiner Gewalt 62, durch den von ihr versteckten (*vgl. Gr. KM. III 207*) Sohn M.-Ssêfdîn's getödtet u. verbrannt 63.

Ḥosein-Agha, Fürst von Ḥasno 55 u., s. Bärdawîl 56. 57.

Hût 1) s. der Derwisch 49; beschrieben Anm. zu 49, 3. 2) der siebenköpfige, sein Schwert u. sein Schild, 78. 79, getödtet 80.

Ja'qûb, der ältere Bruder Jûsef's von derselben Mutter, in seinem Sacke der Becher (*Benjamin*) 28.

Ibrahîm, der lange, aus Sse'ört, zieht mit Fed'ân gegen Bärdawîl u. Pelagân, qu. v., 59, s. Fataḥ-B. u. 'Osmân-A. 60, tödtet den Fed'ân 60.

Ibrahîm-Agha, 1) Herr von Bitlis, begehrt vergebens 'Amsche zur Frau 8, lässt den ihn besuchenden Mirf-A. ermorden 9, von Ose getödtet 10. 2) in Schêcha, Bruder des Schahîn-A., s. Aḥmed 199.

Jesus 220 u. Anm. zu 220, 29.

Imâm-Agha, Vater der Ḥalîme 12.

Iskânder Abu Qarnein s. Kander 37.

Jûsef (der bibl. *Joseph*), s. d. Einl., der jüngste der zwölf Brüder, dem König von Aeg. verkauft 26, Scene mit der Königin 27, der König träumt, er habe viel Korn 28, wird König 28, s. Ja'qûb.

Jûsif, der schöne, Findelkind, 80, wird Räuber 81, in's Meer geworfen, findet im Hai die Tochter M.-Akâbir's 82, ausgespuckt, tödtet Mîr-Mehamma u. findet seine Mutter 84, sein Sohn Dschinni 85, erhält die Tochter M.-Ak.'s zur Frau 86, findet seinen Vater 87.

Jûsif-Agha, 1) Fürst in Sauq, seine drei Schwiegertöchter von Unholden

Simeon, der Profet, mit dem Riesen Dschimdschim gegen den Engel Afrael 220 u.

Sîne, 1) Tochter Mîre-Sirâf's von Dschefîre 2 u., erhält durch einen Kaufmann einen Ring von Mammo, qu. v., 3, droht ihm, M.-Akâbir zu heiraten 4, kommt vom Schlosse hinab, ihn zu begrüssen 5, zieht ihre jüngern Brüder in's Vertrauen, sattelt Mammo's Stute zum Jagdritt, s. M. 6, geht zu ihm an die Gefängnissthüre, sendet ihren Brüdern durch einen Derwisch Nachricht, stirbt zugleich mit M., mit ihm in éin Grab gelegt 7. 2) Tochter Bakko's des Schlimmen, von Mammo verschmäht 5, beklagt sich bei ihrem Vater 6.

Skander Abu Qarnein s. Kander 37.

Ssa'd, Sohn des Ssa'îd, und seine Schwester bei der Geburt mit jungen Katzen vertauscht, im Meere ausgesetzt u. s. w. (*die neidischen Schwestern, s.* die Einl. XXI) 349—52, s. Ssa'îd 349.

Ssa'îd, König der Heuschrecken, Vater des Ssa'd (*s.* die Einl.) 349—52, seine Tochter besessen 353, Ss. u. Ssa'd nebst allen Heuschrecken vom Fuchs in der Cisterne gesteinigt, s. F. u. Heuschr. 353, die Tochter mitgenommen, s. Ssîmer 354. 355.

Ssa'îd-Beg, Fürst der Igel, 320 u., lässt einen Dieb von seiner hohen Burg, Anm. zu 321, 13, hinabstürzen; wunderbare Rettung; will, dass auch den Priester das Hemde rette 321, seine Weiber vom Fuchs entführt, s. F., Kater u. Marder 322.

Ssâro, Mädchenname 374.

Ssärkôsa, Bruder Kôsa's, qu. v., 164.

Ssêfdîn, s. Mîr-Ssêfdîn 6.

Ssêfdîn-Agha, Geliebter der Sârîfe, qu. v., 14.

Ssîfûk, Anführer der 'Aenêfe, Anm. zu 22, 30, s. Abu Sêd 22. 23.

Ssillo, ein Elfe, Diener des mit Dälli wettenden Kaufmannes, holt Kopftuch und Nasenring von D.'s Frau 144. 145.

Ssîmer, der Vogel 61, der Fürst der Vögel 354 (s. Anm. zu 65, 18), heiratet eine Tochter M.-Ssêfdîn's 61, s. Dêverâsch, bespritzt seines Schwagers Leichnam mit Lebenswasser 65; eine als Taube zu ihm geflogene Frau von ihrem Manne bei ihm aufgesucht (s. die Einl. XX: *Dschdnschâh*) 117; rächt die Heuschrecken am Fuchs und heiratet die Tochter Ssa'îd's 355, s. Fuchs u. Schlangen, F. u. Ssîmer 367. 368.

Ssittîje, Schwester des Schêch-Mûs, von Pirkân-A. zur Frau begehrt 88, nach ihrer Brüder Tod mit Gewalt dazu gemacht, entläuft, vom Löwenkönig schwanger 89, von P.-A.'s Soldaten zurückgebracht, gebiert den Sohn des Löwenk., von P.-A. getödtet 90.

Sslelmân-Bek, jüngerer Sohn Sselîm-P.'s, holt seinem erblindeten Vater einen Arzt aus Russland 187, sucht die „Tausendwerte" auf und erschlägt den Dämon, der sie gefangen hält 188, befreit ihre Schwester von dem siebenköpfigen Unhold 189, von Hassan Ghenâmi im Streit erschlagen 190.

Ssôlnâs, der, Anm. zu 136, 14, ein König von den Elfen, Rivale des Schai 136, nimmt ihn gefangen 137, s. Chänge, s. Schai.

Tärstschi, Name eines Katers, 221 u. fg., Anm. zu 221, 20.

Tätär Agha, befreit seine Tochter von einem Riesen und flieht mit ihr 146 u., vom Riesen angetroffen und erschlagen 147.

Tören-'Aischane, von Gändsch-Chalîl-A. entführt 193, von Hadschi-Bedrân-A. geraubt 194. 195, s. Hassan².

Tschakko, jüngster Bruder der Sîne 2 u., mit Mammo eng befreundet 6, mit Hasso, qu. v., nach Damaskus 7, s. Bakko.

Tschâko, 1) Bruder des Qaratâschdîn 201, beim Raub der Nûre getödtet 202. 2) Sohn Qar.'s und der Nûre, nach dem vorherg. genannt 202, 11.

Tschälänk 'Afdâl, Sohn der Çabha (*Genoveva*), vom Haushofmeister ermordet (*Ges. Ab.* No. 7 vs. 655 u.fg.) 213, in der Quelle schlechten Wassers belebt (*vgl. Musäus, Nymphe d. Bru.*) 214, findet einen Wunschring in derselben, heiratet Frâidscha, ladet seinen Vater zu sich ein u. s. w. 215. 216.

Tschelkafîje, die, d. i. die Vierziglockige, am Ende der Welt, in einem

Schlosse von Unholden gefangen gehalten, von D s c h a u h a r, qu. v. , befreit 161 u. fg.

Weli-Pascha, Oberstatthalter in Q a r s, inspicirt das Exerciren der Truppen 15, s. S ä r í f e.

Werdäke, Stute A b u S ê d' s 22, 36.

Verzeichniss der Orts- und Stämmenamen.

'Abd-el-'aßſ, Schloss von, 103, ult. Vielleicht auf den von Märdîn aus sichtbaren Gebirgszug dieses Namens, Ritter XI, 261 u. ö., zu beżiehen.

Abessinien s. Aœm. zu 253, 9; 254, 18; abessinisch 329, 10 v. u.

Aegypten. König von A. (*Potiphar des Josef*) 26; mit dem heil. Malke 216; Herr über die ganże Erde 373, 23. — Aegypter als Zauberer 227, s. Anm. zu 227, 7.

'Aenêfe, Beduinenstamm (s. Anm. zu 22, 30.) 22. 204.

'Akkarî s. Anm. zu 107, 18. Kurdenstamm und Land 107. 132, 4. 'A. bekriegen die Perser 195.

Alekî 193, 22. N. d. E. ein Nomadenstamm, ursprünglich in Sse'ört und Bitlis, jetzt aber im Dschebel Ssindschâr in der Nähe von Schahr Wêrân, vgl. PR. II 35.

Aleppo, Statthalter von A. 172.

Almadîna, Tochter des Fürsten von A. 159 u. fg., s. Anm. zu 159, 31.

Araber, Ortschaften der A. 222.

Arbôî, See von A. 374, zwei Stunden von Midhjât.

Baçra 226. 269.

Bâdschânne, Wallfahrts-Kapelle von, 363, 14, eine Stunde S. von Midhjât, 40 Häuser Jefiden n. d. E.

Baghdad 72. 130. 143. 181. 194. 204. 223; Statthalter von B. 16. 197. 266. Chalîfe von B. 112; Bahlûl von B. 184; vgl. Anm. zu 184, 9 v. u.

Baglâe (auch Aglâe), Hochebene der, n. d. Erz. zwischen Hasan Kêf und Charfân, 256, 29 u. fg.

Bân 'Amûd, Schloss, Wohnung eines Riesen 77, 6. Warscheinlich mythisch und aus dem türk. bin 'amûd „tausend Säulen" zu erklären; viell. auch mit Hefâr sitûn = Persepolis (Ritter VIII 889) zu identificiren.

Barâvi, Sohn des Fürsten der, 190. N. d. Erz. ein Landstrich südlich von Môçul. Bei Jaba recueil 4 ein Kurdenstamm Barawi.

Beduinen 22. (am Ssindschâr) 54. 143 (vgl. Tai). 204. 317. Beduinenhäuptling 214.

Bingôle, die, n. d. E. ein Wiesenort ausserhalb der Stadt (?) 194, 28; doch wol eher mit dem Bingöl Dagh S. von Erſerûm zusammenzubringen.

Bitlis 8, 16, Stadt in Armenien, Ritter IX 1004; XI 93.

Bohtân, Gebirge N. von Dscheßre 129; B.-Kurden 129. 208. Fürst von Bohtan 60.

Bûdschach, Stadt, n. d. E. zwischen Diârbekr und Charpût 223.

Chalbûbe, Wallfahrtsort 288, s. Anm. zu 301, 31.

Charpût, Stadt 57, 15 u. fg. Ritter X 809.

Charfan 59, 2. Ein Land W. von Sse'ört und Bitlis mit der Hauptstadt Sûk (vgl. Sauq); n. d. E. gibt es dort Syrer, die aber kurdisch sprechen. Ritter XI 132, vgl. bes. auch JRGS 1865, 26; MB. 269.

Chischchischôke, Dorf nahe bei Wân 86, 7.

Damaskus 7. 368. Statthalter von D. 172.

Daqôrî, Tochter des Häuptlings der D. 128, Stamm, nach d. E. der syrische Name für die Milli-Kurden; vgl. PR. II 35 Taqorije, District in welchem Amûda liegt.

Dâra 51. 98, Stadt zwischen Märdîn und Nisibis, Ritter XI 398.

Dêra-Dschängâli, Kloster 221, s. Ritter X 703 (JRGS. 1835, 43 ?), siehe jedoch auch RN. I 375.

Dêreke 13. N. d. E. Ortschaft zwischen Märdîn und 'Orfa, also Deyrik JRGS. 1868, 353 und Karte bei pag. 281, ca. 21 engl. Meilen W. von Märdîn, PR. II 34.

Dêrgule, Wohnort der Gule 208 vgl. LD. 54 (Feste des Bedr-Chân); JRGS. 1865, 51 Deyr Gul.

Diârbekr 12. 16. 143. 199. 210. 222. Ritter XI 37 u. fg.

Dimdim, Fürst von 68, 6 v. u. wol identisch mit Chân Dimdim; zu dessen festem Schloss 112, vgl. FK. I 70 Veste Dumdum bei Rewàndif O. von Môçul. Kiepert's K. Damdam.

Drufen 193, hier jedenfalls nicht das Volk in Syrien.

Dschawali, Dschawalije 207. N. d.
E. ein Kurdendistrict W. von Môçul.
Auch eine Unterabteilung der Ṭai heisst
el - Dschawwâle JA. 1879, I 224, vgl.
PR. II 36.

Dschefire, Dscheſiret ibn 'Omar
2, 3 v. u.; 129, 2 v. u.; 143, 2 v. u.; 187,
1; vgl. Ritter XI 146; PR. II 45; JRGS.
1865, 51.

Erferûm 221, 30.

Gawer 36, 24; s. Anm. zu 130, 4.

Gherfa, Fürst von, 140, 33 n. d. E.
bei Charpût gelegen; vielleicht aber
gleich Charfân.

Ghurs 198, 3 v. u., Dorf (von ungefähr 500 Häusern?) S. von Mârdîn,
von den Kurden Sûr genannt (Ritter
XI 366), vgl. Kiepert's K. „Sûr (Kursa)".
Taylor in JRGS. 1868, 356.

Gog und Magog siehe Zwerge Anm.
zu 137, 22.

Gümri bei Qars s. Anm. zu 234, 10
viell. Kümerly der Karte.

Gurdsch s. Anm. zu 62, 5. 62 uͤ. fg.
118. 191. 268.

Hâch 78, 4 früher grosse Ortschaft
JRGS. 1865, 35 Haa.

Hasan-Kêf vide Hasno.

Ḥasno 55, 2 v. u. oder Ḥasan-Kêf
58, 25 (s. Anm.) am Tigris, noch zum
Tûr gehörig Ritter X 94; XI 82;
Ŝdz. R. I 276; JRGS. 1865, 32;
MB. 235; Jâqût II 277.

Haubo, Höle von, 189, 4.

Haurân, Landschaft S. von Damaskus 277, 35.

Hilâl, Beduinen 21, 5; 24, 1; Anm.
zu 21, 7.

Höngelchan, Stadt 87, 12.

Jerusalem; Adam dort auf die Erde
gesetzt 219, 24; Wallfahrt nach J. 241,
3 v. u.; 286, 36.

Jefiden; ein J. mit Molla und Grindkopf 40; Häuptling der J. 88; J. mit
schwarzen Röcken 374 s. Anm. zu 40, 5.

'Ilôfe 368, 30, Ortschaft bei Midhjât.

Indien, Heimat Mammo's 1; Tochter
des Königs von I. 75.

Kefr Dschauf 210, 11, kurd. Kär-
dschôf, Ortschaft von ungef. 300 Häusern zwischen Hasan Kêf und Midhjât,
vgl. JRGS. 1865, 35.

Kôtschâr, Kôtscher, kurdische
Nomaden 8. 197.

Kôtschhassar 195, 4, Städtchen SW.
von Mârdîn, Ritter XI 373; Černik II 16.

Kurden s. Kôtschâr 8; haben viele
Ziegen 303, 7 v. u.; dumm 41. Bohtân-
Kurden 129, 4 v. u.; 208, 24.

Mârdîn 181.199, Stadt, Ritter XI 379.

Mar Gabriel 218, 5 v. u. so viel als
Dêr el-'Amr im Tûr s. Anm. zu 374, 4.

Mekka 346, 23.

Midhjat, Midhjât, 130, 19; 219, 4,
vgl. die Einleitung IX.

Môçul 51, 6 v. u.; 203, 8 v. u.; 204, 5
v. u.; 223, 1; Kaufmann aus M. 2, 7
v. u., bei den Zwergen 184, 15 (s.
Anm. zu d. St.); Reschîd-Bek in M.
135, 26; Kandar 30, 24; Consul 52.
129, 7 v. u.

Mûsch 67, 22, Stadt in Armenien,
Ritter X 676.

Ninive, Gebirge von, unterhalb
Môçul 130, 24; vgl. Ritter XI 222
Nunia.

Nisibis 316, 24, Ritter XI 413, Ch.
d. I 456.

Qajasât, Höle von, 102, 7; n. d.
E. Name eines Berges in Sselopíje.

Qara 84, 27, n. d. E. District der
Kurden Qaravîn 1—2 Tagereisen O.
von Wân. Vielleicht Kurden des Qara-
Gebirges (Ritter IX 606) W. vom obe-
ren Lauf des Dijâle, oder Qaratschôlân
Ritter IX 566; Ch. d. I 70. 378.

Qars, Stadt, 15, 9; Statthalter von
Q. 223, 30 s. Anm. zu 15, 10.

Qarrôsje, Ebene von, 146, 10, n. d.
E. Wiese beim Dschebel Ssindschâr.

Sâf 210, 21, Ortschaft im Tûr JRGS.
1865, 35.

Sauq 119, 28 W. von Bitlis, das
oben bei Charfan genannte Suk, vgl.
Kiepert's K. NO. von Tigranocerta.

Schâbâne, Burg von, Wohnsitz des
Qaratâschdîn 53, 11; n. d. E. Schloss
bei Nisibis.

Schât-u-Ben'ât, Wohnsitz des Riesen
Bar'âbrân 49, 30; sowie des Perserkö-
nigs 29, 3 v. u.; als letzteres vielleicht
so viel als Bän 'Amûd; n. d. E. Name
zweier Städte.

Schêcha 199, 7; nach d. E. Dorf
bei Dêreke, vgl. PR. II 35 District
Scheichanije. Es gibt jedoch auch einen Ort Schêchân N. von Mârdîn.

Schêrwa 11, 12, warscheinlich der
District Schirwan N. von Môçul LD. 373,
von einem unabhängigen Fürsten be-
herrscht MB. 269; RN. I 377; vgl.
Ch. d. I 371 und 364. Im Text steht
auch 10, 6 v. u. Schêrwa.

Serekije 12, 4 v. u., Ortschaft, (viell.
Sirki auf der Karte zwischen Mârdîn
und 'Orfa), Schloss und mächtige Familie nach Ch. d. I 147. 465 Anm.
No. 225; PR. II 35 District Surkije.

Snâwer 53, 7, Ortschaft bei Nisibis
Ritter XI 256; PR. II 35.

27

Sôfan, das kurdische Hochland (8,24; 221, 29 mit Hochland übersetzt) 222, 9 v. u.; vgl. BN. I 208; JJ. n. d. W.; Grant 204 u. ö.

Ssârval, Ruine von, 25, 11.

Sseloptje, Tochter des Fürsten von Ss. 102 u. fg., mythisches Land.

Sse'ört, Stadt 59, 20; 134,1; 158,1; 193, 7. Ritter XI 99; Ch. d. I 463.

Ssindschârgebirge, S. von Môçul 54, 3 v. u.; 372, 5 v. u.

Ssîwas 223, 29, Stadt in Armenien, Ritter X 641; Sitz eines Statthalters U. et P. 94.

Stambul 194, 9; 223, 2.

Tai, Taibeduinen, Taijiten, Beduinen besonders in der Gegend von Môçul gegen Nisibis hin, halb Acker-bauer 24, 3; 317, 30; Tochter des Häuptlings der T. 143 u. fg. Vgl. PR. II 35; JRGS. 1865, 54 u. ö, d. W.;

Telâne 130, 19 n. d. E. das Land S. und O. vom Wânsee.

Tschakko, Burg von, von einem Dämon bewohnt 46, 18.

Tschêlik, Dorf im Tûr, 210, 11. Ritter XI 116. JRGS. VIII 80.

Tûr 'Abedîn, 74 vorl., Tûr-el-'Abdîn 216, 7 v. u., vgl. die Einleitung.

Urîa, König über, 373, 21, vgl. die Einleitung XVI.

Wân, Stadt 4, 5; 86, 1; 220, 2 v. u. von schönen Gärten umgeben, Ritter IX 977; Ch. d. I 163; LD. 387; Grant 96.

Verzeichniss der gebrauchten Abkürzungen.

Aes. Fabulae *Aes*opicae collectae. E*x* recognitione Caroli Halmii. Lipsiae 1875.

Av. St. Julien, Les *Av*adânas. Contes et Apologues Indiens. Paris 1859.

Aw. T. A. Schiefner, *Aw*arische *T*exte [Mémoires de l'Académie Impériale des Sciences de St. Pétersbourg, VIIe Série, Tome XIX, No. 6] St. Petersburg 1873.

BA. J. L. *B*urckhardt, Reisen in *A*rabien. (Aus dem Engl. übers.) Weimar 1830.

Bäd. K. *Bäd*eker [A. Socin], Palästina und Syrien. 2. Aufl. Leipzig 1880.

BB. J. L. *B*urckhardt, Bemerkungen über die *B*eduinen und Wahaby. Weimar 1831.

BM. J. S. *B*uckingham, Reisen in *M*esopotamien. (Aus dem Engl. übers.) Berlin 1828.

BN. G. P. *B*adger, The *N*estorians and their Rituals. 2 vols. London 1852.

Brg. J. *B*erggren, Guide français-arabe vulgaire. Upsal 1844.

B Spr. J. L. *B*urckhardt, Arabische *S*prüchwörter, hrsgg. von W. Ouseley, deutsch von H. G. Kirmss. Weimar 1834.

BUS. R. F. *B*urton and Ch. F. Tyrwhitt Drake, *U*nexplored *S*yria. 2 vols. London, 1872.

Cernik. J. *Cernik*'s technische Studien-Expedition durch die Gebiete des Euphrat und Tigris bearb. und hrsgg. von A. v. Schweiger-Lerchenfeld. 2 Hälften. Ergänzungsheft No. 44 und 45 zu Petermann's Geographischen Mittheilungen. Gotha 1875 und 1876.

Ch. d. *Ch*èref-ou'd*d*îne, Chèref-Nâmeh ou Fastes de la nation Kourde. Trad. du persan et commentés par Fr. B. Charmoy. 2 vols. Petersburg 1868—75.

FE. G. W. *F*reytag, *E*inleitung in das Studium der Arabischen Sprache. Bonn 1861.

FK. J. Baillie *F*raser, Travels in *K*oordistan, Mesopotamia etc. 2 vols. London 1840.

Ges. Ab. F. H. v. d. Hagen, *Ges*ammt*ab*enteuer. 3 Bde. Stuttgart und Tübingen 1856.

Gest. Rom. H. Oesterley, *Gest*a *Rom*anorum. Berlin 1872.

Gonz. L. *Gonz*enbach, Sicilianische Märchen, hrsg. von O. Hartwig. 2 Bde. Leipzig 1870.

GN. oder Grant. Asahel *Grant*, The *N*estorians or the lost tribes. II ed. London 1843.

Gr KM. *Gr*imm, *K*inder- und Hausmärchen. Grosse Ausgabe. Band I u. II. 6. Aufl. Göttingen 1850; Bd. III. 3. Aufl. Göttingen 1856.

JA. Journal Asiatique.

JAOS. Journal of the American Oriental Society.

JJ. Dictionnaire Kurde-français par M. Auguste Jaba publié par M. Ferdinand Justi. St.-Pétersbourg 1879.

JRGS. Journal of the Royal Geographical Society.

J. r. L. Jahrbuch für Romanische und Englische Literatur.

Jülg S.-K. B. Jülg, Die Märchen des Siddhi-Kür. Leipzig 1866.

Kl. C. B. Klunzinger, Bilder aus Oberägypten, der Wüste und dem Rothen Meere. Stuttgart 1877.

Kremer. Alfred von Kremer, Culturgeschichte des Orients unter den Chalifen. 2 Bände. Wien 1875 und 77.

Kur. Specimens of the popular poetry of Persia as found in the adventures and improvisations of Kurroglu orally collected and transl. by Alexander Chodzko. London 1842.

LANE. E. W. Lane, The Thousand and One Nights commonly called The Arabian Nights' Entertainments. 3 vols. London 1841.

LD. Austen H. Layard, Discoveries in the Ruins of Nineveh and Babylon. London 1853.

LMC. E. W. Lane, An Account of the Manners and Customs of the Modern Egyptians. 5th edition. London 1860.

LN. Austen Henry Layard, Nineveh and its remains. 6. ed. 2 vols. London 1854 u. 1856.

LV. F. Liebrecht, Zur Volkskunde. Heilbronn 1879.

MA. J. Morier, Ayesha, the maid of Kars. Paris 1834. Aejischa, Die Jungfrau von Kars. Aus d. Engl. Braunschweig 1837.

MB. H. v. Moltke, Briefe über Zustände und Begebenheiten in der Türkei a. d. Jahren 1835 bis 1839. 2. Aufl. Berlin 1876.

NB. Carsten Niebuhr, Beschreibung von Arabien. Kopenhagen 1772.

NR. C. Niebuhr's Reisebeschreibung nach Arabien und andern umliegenden Ländern. 3 Bde. Kopenhagen 1774—1837.

O. u. O. Orient und Occident, hrsg. von Th. Benfey. 3 Bde. Göttingen 1862—66.

Pantsch. Th. Benfey, Pantschatantra: Fünf Bücher indischer Fabeln, Märchen und Erzählungen. 2 Bde. Leipzig 1859.

PD. J. L. Porter, Five years in Damascus. 2 vols. London 1855.

Pent. G. Basile, Der Pentamerone oder: Das Märchen aller Märchen, übers. von F. Liebrecht. 2 Bde. Breslau 1846.

Perk. J. Perkins, A residence of eight years in Persia among the Nestorian Christians. Andover 1843.

PP. J. E. Polak, Persien. Das Land und seine Bewohner. 2 Thle. Leipzig 1865.

PR. H. Petermann, Reisen im Orient. 2 Bände. Leipzig 1860 u. 1861.

RF. J. Grimm, Reinhart Fuchs. Berlin 1834.

Ritter. Carl Ritter's Erdkunde von Asien.

RN. Cl. J. Rich, Narrative of a residence in Koordistan etc. 2 vols. London 1836.

Schl. Lit. M. A. Schleicher, Litauische Märchen, Sprichworte, Rätsel und Lieder. Weimar 1857.

Sdz R. C. Sandreczki, Reise nach Mosul und durch Kurdistan nach Urumia. 3 Theile. Stuttgart 1857.

7 w. M. K. Simrock, Die sieben weisen Meister [Deutsche Volksbücher III]. Berlin o. J.

SR. Ulrich Jasper Seetzen's Reisen durch Syrien, Palästina u. s. w. (hrsgg. u. comm. von Kruse u. s. w.) 4 Bde. Berlin 1854—1859.

Sthg. N. Hor. Southgate, Narrative of a tour through Armenia, Kurdistan, Persia and Mesopotamia. 2 vols. London 1840.

1001 N. Hab. Tausend und Eine Nacht. Arabisch hrsgg. von M. Habicht, fortges. von H. L. Fleischer. 12 Bände. Breslau 1825—43.

1001 N. Br. Tausend und Eine Nacht. Arabische Erzählungen. Deutsch von Max. Habicht, Fr. H. von der Hagen u. Carl Schall. 5. Aufl. 15 Bde. *Breslau* 1840.

T. D. T. T*obler, D*enkblätter aus Jerusalem. 2. Ausg. Constanz 1856.

ThLB. W. M. T*homson, The L*and and the *Book*. London 1870.

U. et P. A. U*bicini et P*avet de Courteille, Etat présent de l'empire ottoman. Paris 1876.

. Ulensp. Dr. Th. Murners U*lenp*iegel, hrsg. von J. M. Lappenberg. Leipzig 1854.

Vart. Choix de Fables de V*art*an en Arménien et en Français. Paris 1825.

W. M. A. Schott, W*alachische M*ährchen. Stuttgart u. Tübingen 1845.

W. R. M. W*agner, R*eise nach Persien und dem Lande der Kurden. 2 Bände. Leipzig 1852.

ZDMG. Z*eitschrift der D*eutschen M*orgenländischen G*esellschaft.

Druckfehler und Berichtigungen.

S. 12, 17. St. Ahmed l. Ahmed

„ 12, 5 v. u. St. Ḥasan l. Hassan; ebenso 23, 25.

„ 102, 5. St. Sseloptye l. Sseloptje; ebenso 103, 22.

„ 171, 2 u. 5. St. Selim l. Sselim

„ 174, 23. St. etwas vom Hare l. einige von den Haren; ebenso Z. 24 von den Haren

„ 178, 28. St. ich habe meinen Vater geholt und er sagte l. *mein* Vater sagte, als ich jenen brachte,

„ 181, 26. St. von der Stadt l. von dem Dorfe

„ 193, 9 v. u. St. ihm an l. ihn am

„ 196, 8 v. u. St. fallen l. gefallen

„ 198, 1. 2. St. Hause l. Zelte

„ 199, 18. St. ben l. geben

„ 209, 4. Hinter keinen füge bei: andern

„ 226, 12. St. Zündeten l. zündeten

„ 232, 22. St. Frettchen l. Dachshund

„ 285, 8. St. dalassen l. da lassen

„ 270, 15. St. Häcksel und Gerste im Futtersack l. den Futtersack mit Häcksel und Gerste

„ 271, 7 v. u. St. weis l. weiss; ebenso 285, 5 v. u. und 287, 14 weisst

„ 281, 5. St. Wesshalb l. „Wesshalb —. Einige andere nicht sinnstörende Auslassungen von Spatien, Anführungs- und Interpunktionszeichen, welche noch nach Vollendung der zweiten Correctur dem Setzer begegnet sind, führen wir hier nicht an.

„ 288, 14. St. komm setze, l. komm, setze

„ 314, 15. Streiche das Komma nach aber

„ 320, 7 v. u. St. Ssaï'd l. Ssa'îd

„ 825, 16. St. Kirchensänger l. Diakon; ebenso 373, 8

„ 828, 9 v. u. Nach unterschlagen setze ".

„ 834, 24. St. Dehoqlâlo l. Dehoqlâlo

„ 343, 13. St. Drausen l. Draussen

„ 343, 17. St. herausgeworfen l. vor die Thüre gesetzt

„ 843, 26. St. im Hause l. in's Haus

„ 348, 6 v. u. Nach quitt setze :

„ 852, 3. St. Thore l. Tore

„ 854, 18. St. steckte l. schob

„ 379: 40, 5. St. *Jeſîdi* l. *Jeſîdi*

„ 380: 55, ult. St. Cernik l. Černik

„ 382: 66, 15 Z. 4. St. بهلوان l. بهلوان

„ 384, 10. St. Haukal l. Hauqal

„ 385, 17. St. Tarbûsch l. Ṭarbûsch

„ 386, 3. St. *da-ħâye* l. *da-ħâye*

„ 391, 12 v. u. St. KB. l. Kl.